Eugen Drewermann
Glauben in Freiheit

Eugen Drewermann

# Glauben in Freiheit

oder

Tiefenpsychologie und Dogmatik

Band 1
Dogma, Angst und Symbolismus

Walter-Verlag
Solothurn und Düsseldorf

Die Deutsche Bibliothek – CIP-Einheitsaufnahme

**Drewermann, Eugen:**
Glauben in Freiheit oder Tiefenpsychologie und Dogmatik /
Eugen Drewermann. – Solothurn ; Düsseldorf : Walter.
Bd. 1. Dogma, Angst und Symbolismus. – 1993
ISBN 3-530-16896-3


2. Auflage 1993

Umschlag und Satz: Jung Satzcentrum GmbH, Lahnau
Druck und Einband: Clausen & Bosse, Leck
Printed in Germany
ISBN 3-530-16896-3

*Da sprach es wieder ohne Stimme zu mir: ...*
*«Der Tau fällt auf das Gras,*
*wenn die Nacht am verschwiegensten ist ...*
*Großes vollführen ist schwer: aber das Schwerere ist,*
*Großes befehlen ...*
*Die stillsten Worte sind es, welche den Sturm bringen.*
*Gedanken, die mit Taubenfüßen kommen, lenken die Welt.»*
*Und ich antwortete: «Ich schäme mich.»*
*Da sprach es wieder ohne Stimme zu mir:*
*«Du mußt noch Kind werden, ohne Scham ...*
*spät bist du jung geworden; aber wer zum Kinde werden will,*
*muß auch noch seine Jugend überwinden.»*

F. NIETZSCHE: Also sprach Zarathustra,
2. Teil, Die stille Stunde

# Inhalt

Die Stunde des Jeremia . . . . . . . . . . . . . . . . . . . . . . . . . . .   9

A.  Dogma und Zwangsidee oder: Glauben als Ichfunktion . . . . . . . . . . .   47

   1. Das prophetische Vorbild . . . . . . . . . . . . . . . . . . . . . . .   51

   2. . . . und die lehramtliche Travestie oder: Ätiologie einer Krankheit . . . . . .   62

   3. Kirchenlehre als Entfremdung oder:
     Die Symptomatologie einer Krankheit . . . . . . . . . . . . . . . . . . .   96
     a) Das System notwendiger Abspaltungen . . . . . . . . . . . . . . . .   96
     b) Der «Untertan» oder: Die Wahl zwischen Selbstbehauptung
        und Selbstpreisgabe . . . . . . . . . . . . . . . . . . . . . . . .   123

   4. Kirchliche Sozialpsychologie und Zwangsneurose oder:
     Die Diagnose der Erkrankung . . . . . . . . . . . . . . . . . . . . . .   140
     a) Sigmund Freuds Theorie von der Kirche als einer
        zwangsneurotischen Urhorde . . . . . . . . . . . . . . . . . . . .   142
     b) Theodor Reiks Konzept vom Dogma als Zwangsidee . . . . . . . . . .   161
     c) Geistige und psychische Ursachen für Dogmatismus und Fanatismus . .   174

   5. Eine neue Synthese von Erfahrung und Poesie oder:
     Die Suche nach dem Medikament . . . . . . . . . . . . . . . . . . . . .   192
     a) Die Wende zum Menschen in der Theologie Karl Rahners und der
        Vorwurf der Gnosis – ein theologischer Exkurs in tiefenpsycholo-
        gischer Absicht . . . . . . . . . . . . . . . . . . . . . . . . . .   209
        1) Größe und Grenze im Denken Karl Rahners . . . . . . . . . . . .   213
        2) Die Problematik der Gnosis, vornehmlich am Beispiel Marcions . . .   227
     b) Zwischen Identifikation und Dogma oder: Zwei gegenläufige Formen
        der Angstberuhigung – ein notwendiger Brückenschlag . . . . . . . .   244

B. Die Bilder des Unbewußten oder: Voraussetzungen, «Gott zu schauen» . . . . 269

    1. Sigmund Freud, C. G. Jung und die Verhaltensforschung . . . . . . . . . 269
       a) Psychologie zwischen Biologie und Soziologie – von anima und animus
          zum Beispiel . . . . . . . . . . . . . . . . . . . . . . . . . . . . . . . . 271
       b) Programme des Zwischenhirns . . . . . . . . . . . . . . . . . . . . . 281
       c) Prägung – eine Form des programmierten Lernens und die Entstehung
          des menschlichen Großhirns . . . . . . . . . . . . . . . . . . . . . . . 292
       d) Das Postulat der Integration von Emotionalität und Rationalität oder:
          der eigentliche Auftrag der Religion . . . . . . . . . . . . . . . . . . . 303

    2. Die Angst der Tiere und die Angst des Menschen . . . . . . . . . . . . 309
       a) Die Angst in der Verhaltensforschung . . . . . . . . . . . . . . . . . 309
       b) Die Angst in der Psychoanalyse . . . . . . . . . . . . . . . . . . . . 318
       c) Die Angst in der Existenzphilosophie . . . . . . . . . . . . . . . . . 336
       d) Angst löst sich nur im Gegenüber einer anderen Person oder:
          Der Archetyp von Mutter und Vater – Versuch einer Ortsbestim-
          mung des Religiösen . . . . . . . . . . . . . . . . . . . . . . . . . . . 352

    3. Symbolische Felder der Geborgenheit oder: Das Wesen der religiösen
       Erfahrung und des religiösen Ausdrucks . . . . . . . . . . . . . . . . . 385
       a) Krise und Kritik des Symbolbegriffs . . . . . . . . . . . . . . . . . 385
       b) Wert und Bewertung der religiösen Symbolsprache . . . . . . . . . . 398
       c) Vier Zentralsymbole der Religion in Antwort auf die vier Grund-
          formen der Angst . . . . . . . . . . . . . . . . . . . . . . . . . . . . 419
       α) Die schizoide Angst und die Symblolik von Wasser und Höhle . . . . . 425
       β) Die depressive Angst und die Symbolik von Baum und Berg, von
          (Totem)Mahl und Eucharistie . . . . . . . . . . . . . . . . . . . . . . 443
       γ) Die zwangsneurotische Angst und die Symbolik von Spiel und
          Initiation («Firmung» und «Konfirmation») . . . . . . . . . . . . . . 460
       δ) Die hysterische Angst und die Symbolik der Heiligen Hochzeit oder:
          Leben zwischen Individualität und Tod . . . . . . . . . . . . . . . . . 479

Glauben in Freiheit: Rückblick und Ausblick . . . . . . . . . . . . . . . . . 503

Anmerkungen . . . . . . . . . . . . . . . . . . . . . . . . . . . . . . . . . 519
Verzeichnis der zitierten Literatur . . . . . . . . . . . . . . . . . . . . . . . 677

# Die Stunde des Jeremia

*«Siehe, ich setze dich heute . . .*
*auszureißen und niederzureißen,*
*zu verderben und zu zerstören,*
*zu pflanzen und aufzubauen.»*
(Jer 1,10)

An den Leuten liegt es nicht, auch wenn die Oberhirten der Kirche sich und ihren Gläubigen es gerne so vorreden möchten. Nicht das religiöse Bewußtsein ist im Schwinden begriffen. Wohl aber die Bindung an den Kirchen- und Kinderglauben. Und das aus guten Gründen. Ihnen nachzugehen ist der Sinn dieses Buches: Wohl ist es, wenn nötig, auch Klage und Anklage über und gegen die bestehende Kirche, doch weit eher ist es ein Freispruch der Menschen, in jedem Falle aber der Versuch einer Bestandsaufnahme und einer Formulierung längst überfälliger Konsequenzen.

Man kann den Menschen zuhören, wo immer Gelegenheit sich bietet; der Eindruck ist stets derselbe: Die Menschen sind Suchende. Doch eben deshalb kommen sie nicht zurecht mit einer Kirche fertiger Wahrheitsbesitzer. Die Menschen sind Hungernde. Doch eben deshalb wird ihnen speiübel vom Vorkauen der immer gleichen und ewig gestrigen Phrasen. Die Menschen verlangen danach, wirklichen Personen zu begegnen. Doch eben deshalb sind sie überdrüssig dieser gottseligen Scharlatanerie hochwürdiger Amtsträger, die immer noch glauben, sie stünden näher dem Himmel, sobald sie sich einen Zweispitz von Mitra auf den Kopf setzen oder eine violette Prälatenbinde um den Bauch wickeln. Man glaubt ihnen nichts mehr, schon weil sie ihre Glaubwürdigkeit zu einer Frage des Kostümzwangs erniedrigt haben. Gewiß: Man benötigt sie noch als ein gesellschaftliches Dekor – ihre Vortragskünste werden geschätzt bei Trauung und Beerdigung; ihr Erscheinen putzt ungemein bei jedwedem Empfang irgendwelcher Durchlauchtigster Herren. Doch die Menschen in ihrer Ohnmacht und Hilflosigkeit überkommt die angewiderte Wut oder die kopfschüttelnde Gleichgültigkeit über diesen beamteten Ungeist, der sich vermißt, den Geist Gottes als Gründung und Grund seiner eigenen Nicht-

Existenz im Schilde zu führen. Es ist ein Grundgefühl – ähnlich der wachsenden Wärme des Gesteins im Untergrund eines Gletschers: es kann nicht lange mehr währen, bis er zu Tal bricht; und längst schon am Grunde erblüht entlang seinen Schmelzwassern ein anderes Leben als Bote des kommenden Frühlings.

Ein paar persönliche Erinnerungen zur Verdeutlichung:

Ich sitze in einer Čessna der Regionalfluggesellschaft Paderborn/Lippstadt mit Kurs auf München. Der Pilot macht mir das Geschenk, ihn im Cockpit begleiten zu dürfen. Er möchte mit mir reden. «Ich bin vor vielen Jahren aus der Kirche ausgetreten», sagt er; und wie zur Begründung streckt er die Hand aus: das Panorama der Voralpen beim Landeanflug auf die bayrische Hauptstadt. «Das da!» Die zwei Worte genügen. Man kann Gott nicht einsperren. Er ist überall und unfaßbar groß. «Der Pfarrer erschien mir immer wie ein Gefängniswärter. Alles, was ich ihn fragen wollte, war für ihn schon Lästerung.»

Oder: Während einer dreieinhalbstündigen Überfahrt von Rügen nach Bornholm. Wir passieren soeben mit der «First Lady» die Kreideklippen der Insel – die «Wissower Klinken», den «Kaiserstuhl» – achtzig Millionen Jahre aufragender Erdgeschichte ziehen an uns vorbei wie im Fluge. «Sehen Sie hier!» Der Mann, mit dem ich wie zufällig ins Gespräch gekommen war, zog stolz ein etwa fünf Zentimeter langes walzenförmiges Stück Stein aus der Tasche, das bei einem Durchmesser von höchstens einem Zentimeter in der Mitte eine Art Bohrung aufwies. «Das habe ich am Rand der Klippen drüben gefunden: der ‹Donnerkeil› eines Belemniten, das ‹Rostrum›, wie die Biologen sagen. Dieses weißgraue Gebilde war einmal lebendig – vor über siebzig Millionen Jahren. Können Sie sich vorstellen, daß unser Lebensalter, wenn es hochkommt, gerade ein Millionstel des Alters dieses Steinchens ausmacht? Alles, was uns umgibt, übersteigt unsere menschliche Vorstellung. Die christliche Religion aber macht alles klein. Sie stellt den Menschen in den Mittelpunkt der Welt. Sie erklärt die Natur für verdorben von Sünde und Schuld, statt den großen Gang des Lebens selbst in seinem Entstehen und Vergehen auch nur zur Kenntnis zu nehmen. Ich habe mir schon in der Schule vorgenommen, eines Tages aus der Kirche auszutreten. Noch mit fünfzehn Jahren wurde ich gezwungen zu glauben, Jesus sei mit seinem Auferstehungsleib durch verschlossene Türen gegangen, um vor seinen staunenden Jüngern Fisch und Honig zu verzehren. All das sind für mich sinnreiche Bilder, aber doch keine äußeren Tatsachen. Ich will und kann den kirchlich verordneten Aberglauben nicht länger ernst nehmen. Aber so ein kleines Stückchen Stein, wie Sie es allerorten in den Ablagerungen der Kreidezeit finden können, ist für mich wie ein Gottesbeweis. Da ist etwas, das ich nicht verstehen kann. Dieses Etwas ist für mich Gott.»

Oder: In dem Speisewagen eines Intercity-Zuges von Dortmund nach Mainz. Eine Frau, etwa fünfzigjährig, spricht mich an. «Was soll ich denn meiner Tochter sagen? Seitdem sie einen Freund hat, glaubt sie an nichts mehr, geht nicht mehr in die Kirche und ist jeden Abend weg.» – «Vielleicht hat es sie nur selbstbewußter gemacht, daß sie von jemandem geliebt wird.» – «Ja, das kann schon sein; aber man darf doch nicht so hochnäsig werden.» Was, fragte ich mich, ist nur mit einer Religion los, die ein siebzehnjähriges Mädchen ohne weiteres bereit ist aufzugeben, sobald es sich selber ein wenig freier und glücklicher fühlt? Wie steht es mit den Inhalten einer Religion, wenn diese sich scheinbar nur von außen her: durch Gehorsam und Abhängigkeit, «beglaubigen» lassen?

Oder: «Seitdem ich denken kann, erlebe ich die Religion als eine Form der Verdummung und der Unterdrückung.» Der Student, der so sprach, wollte von mir keine psychologische Beratung, er wollte lediglich seinem Unmut Luft machen. «Was glaubt die Kirche denn immer noch, den Leuten weismachen zu können! Die biologische Jungfräulichkeit Mariens zum Beispiel, – man brauchte in meiner Schulklasse nur davon zu sprechen und wurde ausgelacht. Unser Religionslehrer versuchte zwar, den kirchlichen Standpunkt noch irgendwie hinzubiegen – dieses Dogma sei nicht so zentral, erklärte er; aber wenn dafür auch heute noch Menschen um ihre Existenz gebracht werden können, scheint es doch wohl zentral genug zu sein, oder? Was mich dabei erbittert, ist die Verbindung von Macht und Aberglaube, auch gegen Ende dieses Jahrhunderts noch. Wie kann man nur im Namen Jesu verkünden wollen, eine Frau stehe Gott um so näher, als sie niemals einen Mann geliebt habe? Ich würde meiner Freundin ganz einfach sagen, sie solle zum Psychotherapeuten gehen, wenn sie solche Lehren wirklich glauben würde – irgendwann müßte sie dann ja wohl wählen zwischen dem Lieben Gott und mir. So viel ist für mich klar: Die Kirche verkündet nicht Gott, sie hat sich einen Götzen zurechtgemacht, der ihr hilft, ihre Macht zu legitimieren. Vor allem will sie die Menschen immer noch mit absurden Schuldgefühlen vergiften, nur um sich selber als Vergebungsinstanz wichtig zu machen. Doch über mich hat sie keine Macht mehr. Wenn ich etwas falsch gemacht habe, sehe ich zu, wie ich mit den Betreffenden selber klarkomme; dazu brauche ich keine Kirche. Und dann gibt es eine Menge Dinge, die für mich moralisch wirklich wichtig sind; die Frage, wann ich mit meiner Freundin zum Standesamt gehe, um sie ordnungsgemäß zu heiraten, zählt für mich nicht dazu. Haben Sie je gehört, daß die Kirche etwas gegen die Zerstörung der Tropen oder gegen die Massentierhaltung gesagt hätte?» – «Sie spricht ihr Bedauern aus, daß so viel...» – «Ach, hören Sie mit den Phrasen auf.»

Gespräche dieser Art führe ich Tag um Tag, seit vielen Jahren. Sie alle offenbaren bei der Mehrheit der Bevölkerung ein Grundgefühl, eine Evidenz, daß die Kirche nicht länger mehr ein Ort ist, wo Gott lebendig erfahrbar wird, sondern eher eine Stätte, an der im Namen Gottes beamtete Macht über verschüchterte Menschen ausgeübt werden soll. Diese Kirche ist für sie keine Gründung, keine Stiftung, kein Spiegelbild des Göttlichen, eher wirkt sie in ihren Augen wie eine Wolke aus Vulkanasche, die atmosphärisch die Sonne verdunkelt und einfach durch ihr Dasein alles Leben unterhalb ihres Schattengürtels zum Absterben verurteilt.

Zur Bestätigung dieses Eindrucks braucht man nur den einfachen Statistiken zu folgen: nach über tausend Jahren christlicher Verkündigung in deutschen Landen, nach dem Einsatz jeder Art von geistlicher und weltlicher Gewalt, nach vielen Jahrhunderten der Fürstendiktatur und des kaiserlichen Machterhalts in Fragen des Glaubens, nach all der Zeit der Ketzerverfolgungen und der Bücherverbrennungen, der Kreuzzüge und der Scheiterhaufen, glauben heute nur noch höchstens dreißig Prozent an so etwas wie ein Leben nach dem Tod.[1] Der «Lehrsatz» von der Auferstehung der Toten, sollte man meinen, ist das Kernstück des ganzen Christentums; doch muß man in die dreißig Prozent derer, die an eine irgendwie geartete Form von Unsterblichkeit glauben, gewiß noch all diejenigen mit einbeziehen, die, von der Esoterik oder vom Buddhismus oder vom Islam herkommend, eine Wiedergeburt oder ein Leben im Himmel annehmen. Mit anderen Worten: selbst in den Kernbereichen des christlichen Glaubens hat die kirchliche Verkündigung es dahin gebracht, rund vier Fünftel der deutschsprachigen Bevölkerung von ihren Inhalten auszuschließen. Für den gesamten westeuropäischen Kulturbereich dürften die Bilanzen im übrigen gewiß ähnlich ausfallen.

«‹Christus ist auferstanden›. – ‹Na, und?› antworten mir heute die Schüler», klagte vor Jahren schon ein Berufsschullehrer.

Kein Wort der Kirchensprache erreicht mehr die Herzen der Menschen. *Das* ist ein Kernpunkt des bestehenden Problems, und es kommt nicht von ungefähr. Vor vierhundertfünfzig Jahren mochte es als ein bedeutsamer Fortschritt des religiösen Bewußtseins erscheinen, daß MARTIN LUTHER die Bibel in die Landessprache übersetzte und damit die Mündigkeit und «Freiheit eines Christenmenschen»[2] gegenüber der kirchlichen Institution auf neue Füße stellte: zu dem Einzelnen, der die Bibel zur Hand nimmt, sollte Gott reden – unmittelbar[3]; es sollte dazu keiner bischöflichen oder päpstlichen Lehrschreiben mehr bedürfen. Das, ohne Zweifel, war am Anfang der Neuzeit ein wichtiger Schritt in die richtige Richtung. Im Katholizismus hingegen bedeutet es schon einen Fortschritt, wenn heute, ein halbes Jahrtausend nach dem Reformator, den Kirchengläubigen eine eigenständige Lektüre der Bibel überhaupt zugetraut wird. Doch endgültig zu spät. Inzwischen ist die Bibel wirklich ein «heiliges Buch» geworden – kaum jemand wagt es, sie anzufassen. Ihre Sprache ist fremd, ja, überfremdend geworden, der historische Abstand zu den Vorstellungen ihrer Entstehungszeit erscheint als allzu groß, die kirchliche Verstellung der ursprünglichen Botschaft schier unüberwindlich. Selbst die verspätete «Erlaubnis» einer historisch-kritischen Bibellektüre vor ca. dreißig Jahren durch die Zensoren des katholischen Lehramtes[4] konnte daher die Lage nicht verbessern, sie mußte sie eher verschärfen.

Jahrhundertelang, Aufklärung hin, Aufklärung her, hatte die katholische Kirche ihren Gläubigen versichert, daß die Bibel auch in historischem Sinne «wahr» sei[5]; wie nun, wenn sich da herumspricht, daß gerade die zentralen Texte des Alten und des Neuen Testamentes eher Legenden und Mythen, gewiß aber keine historischen Berichte sind? Für viele, auch Bischöfe, scheint allein schon in dieser Frage historischer Redlichkeit der Glaube der kirchlichen Dogmen selber infrage gestellt[6], und so verfestigt sich ihr religiöses Bekenntnis notgedrungen zu einem Bollwerk gegen die Freiheit des Forschens und des Denkens; niemals hat man in der Kirche die Menschen gelehrt, es könne Wirklichkeiten und Wahrheiten geben, die der Legende und des Mythos *bedürften*, um sich mitteilen und verwirklichen zu können; und so treibt die dumpfe Angst der Kirchenzensur vor dem vermutlich drohenden Glaubensverlust immer neue Denkeinschränkungen und «Glaubens»-Definitionen, Formulierungen, Lehrschreiben und Formulare so zahlreich hervor wie modriger Waldboden bei schwülwarmem Wetter die Pilze. Was die Katechismussprache der Kirche ihren Gläubigen nach wie vor als ewige, göttliche, geoffenbarte und unfehlbare Wahrheit aufzuzwingen sucht, ist indessen nichts weiter als ein Katalog tradierter Sprachregelungen aus dem fünften und sechsten nachchristlichen Jahrhundert, unverändert in mehr als tausend Jahren; nicht ein einziges Wort davon klingt so, daß es irgendeine Erfahrung des Alltags *heute* zu beschreiben vermöchte. Es ist eine weihrauchdurchtränkte, außengeleitete Macht- und Verwaltungssprache zum Klang der Sonntagsglocken, ein unerhörter geistiger Byzantinismus, ein ohnmächtiges Spielen mit magischen Vorstellungsresten und kultischen Gesten am Rande unserer Gesellschaft, das sich da aufspielen möchte als Deutung des Ganzen der Welt, als göttliches Leben, als Wahrheit, die nur noch gehorsam geglaubt werden muß. *Leben* – das müßte religiös heute damit beginnen, daß man nicht allein die Bibel, sondern das gesamte Theologengerede entrümpelt und einen wirklichen Neuanfang wagt.

Es ist vor allem nicht länger mehr möglich, in Fragen der gläubigen Existenz «Wahrheiten» von oben nach unten, aus dem Munde eines fertigen Lehramtes auf Kanzel und Katheder, in die Ohren von sogenannten «Laien» verkündigen zu wollen und eine Zunft von geistlichen Hofbeamten dazu einzusetzen, das Gefälle der Macht und den Abstand von der Wirklichkeit mit windigen Phrasen als immer noch irgendwie «sinnvoll» und «glaubenverpflichtend» erscheinen zu lassen. Die Menschen sind es müde, sich sagen zu lassen, daß eine Institution wie die Kirche in Anbetracht so vieler Fehler, Verbrechen und Irrtümer trotz allem in allem unfehlbar, göttlich und geisterfüllt sei[7]; sie sind es ebenfalls müde, ihr Leben nach wie vor von irgendwelchen bischöflichen und kurialen Amtsstuben aus sich genehmigen oder verbieten zu lassen. Was Gott uns zu sagen hat, sagt er durch Menschen, durch Tiere, durch Bäume, durch alles, was lebt, durch Sterne und Steine, durch Meere und Wolken, durch alles, was schön ist, aber gewiß nicht durch Barette und Birette, Talare und Bäffchen, Chormäntel und Uniformen; sie sind in seinen Augen nur eitel, überflüssig und lästig.

Nach einem Vortrag: Ein Achtzehnjähriger steht auf. «Sie sagten vorhin, Religion sei so wichtig. Warum aber ist sie dann so langweilig? Ich meine, in meiner Schulklasse – die haben Null Bock auf ‹Reli›.» Gelächter und Beifall. So denken die meisten. So *fühlen* sie. Die Antwort ist einfach, aber die Kirchensprache von Gott wäre endgültig zu Ende, wenn sie gehört würde. Der dänische Religionsphilosoph SÖREN KIERKEGAARD hat sie vor über hundertfünfzig Jahren bereits gegeben: Es kostet nichts, in der Weise der etablierten Kirchenfrömmigkeit ein «Christ» zu sein, meinte er.[8] Alle Zweifel sind da beruhigt in der standardisierten Auskunftei der offiziellen, der behördlich geregelten Wahrheit. Nicht das Leben gilt hier als Ort der Wahrheit, sondern die Musterblätter irgendeiner bischöflichen Kommission für Glauben und Sitte; und nur wer so spricht, wie man es hier ausgedrückt findet, redet «befriedigend» und «angemessen» für die Lehramtsinhaber der Kirche. Alles das muß man und soll man glauben, um Mitglied der Kirche eines unfehlbaren Lehramtes zu sein, mag es auch jeder im Grunde anders erleben und aufgrund seines Lebens längst besser wissen.

*Die Konfessionalisierung der religiösen Wahrheit* zum Beispiel. Sie ist nur die Kehrseite der Professionalisierung und Verbeamtung einer Schicht von

Wahrheitsbeaufsichtigern im Bischofsrang. «Du bist katholisch? Dann mußt Du unter anderem glauben, daß das protestantische Abendmahl ungültig ist. Denn nur ein katholischer Priester, der von einem katholischen Bischof geweiht worden ist, hat Teil an der Nachfolge der Apostel, die Christus eingesetzt hat; nur ein solcher geweihter Vertreter des Bischofs verfügt in der Kraft des Heiligen Geistes über die Macht, im Meßopfer der katholischen Kirche die Gaben von Brot und Wein in das Fleisch und in das Blut Jesu Christi zu wandeln. Ein protestantisches Abendmahl demgegenüber ist ein unwürdiger Gottesdienst, an dem Du nicht teilnehmen darfst.»[9] Da wird mit Seelenruhe die Frage der «Wahrheit» in die Verwaltungsangelegenheit einer bestimmten Kirchenstruktur verwandelt, da wird Geist zu einer Frage von Kirchenrecht und Rubrikenordnung erklärt, da wird das Bekenntnis zu Gott oder zu Christus gleichgesetzt mit der Unterwerfung unter den päpstlichen Machtanspruch, und am schlimmsten: da verwandelt sich bei den Wandlungsworten der Priester einer solchen Kirche die Provokation des Propheten aus Nazareth in ein Sonntagsvormittagsspiel aus Selbstgewißheit und Intoleranz.

Man kann über *das «Abendmahl»* der Kirchen denken, was man will, *eines* ist klar: als Jesus die Zöllner und Dirnen einlud, sich mit ihm unter den Augen Gottes an *einen* Tisch zu setzen, da wollte er, daß man endlich damit aufhört, Menschen im Namen Gottes voneinander abzugrenzen und gegeneinander auszugrenzen[10]; er wollte, daß man Gott nicht länger mehr dazu mißbraucht, Menschen moralisch abzuqualifizieren und auf ihrem Unglück mit den Stiefeln der Rechthaberei herumzutrampeln. «Richtet nicht, damit nicht Gott euch richten muß», hielt er *den Superfrommen* vor. Und nicht genug: den *messiastheologischen Nationalisten* seiner Zeit erklärte er, daß Menschlichkeit nicht aufhört, sobald man einem Römer[11] oder Samariter begegnet, – selbst die Zöllner, die der römischen Besatzungsmacht halfen, die Provinz Syrien auszuplündern[12], verdienten in seinen Augen Offenheit und Verständnis als Menschen; ja, sogar die Gestalt ausgerechnet eines Samariters wählte er in einem seiner herausforderndsten Gleichnisse zum Beispiel einer Menschlichkeit ohne Grenzen, in bewußtem Kontrast zu der Bigotterie der beamteten Gottesdiener im Gewande von Kultpriestern und Leviten, die ernsthaft glaubten, Gott mit der pünktlichen und exakten Aufführung ihrer ebenso altertümlichen wie eigentümlichen Riten besser dienen zu können, als wenn sie sich einem Hilferufenden am Wege zuwendeten.[13]

«Gott wohnt in keinem Tempel aus Stein, und er bedarf keiner sakralen Riten und Opfer; Gott wohnt in jedem Menschen, der leidet; und was er will, ist einfache Güte, Verstehen und Menschlichkeit. Menschen aber sind überall

unter der Sonne, gerade so, wie Gott selber die Sonne aufgehen läßt über Gute
und Böse, Gerechte und Ungerechte.[14] Da gibt es, wenn Ihr es recht versteht,
nichts auszugrenzen und auszumerzen, nur anzunehmen und aufzunehmen.»
So einfach lautete die Botschaft des Propheten aus Nazareth.

Wie aber lassen sich dann in seinem Namen «Dogmen» über Gott «definieren», die immer erneut dazu führen, ganze Menschengruppen zu exkommuni-
zieren, indem man den Glauben an Gott konfessionalisiert, die Verkündigung
von Gott professionalisiert und den Umgang mit Gott ritualisiert? Hier liegt
der Skandal. Denn auf solche Weise erstickt man die Angst der Ungesichertheit und des Wagnisses, die zur Freiheit des menschlichen Daseins gehören, im
Gegenüber der Menschen nicht minder als im Gegenüber Gottes; was man am
Ende übrig behält, ist notwendigerweise dann die verschlafene Korrektheit
eines «Glaubens» nicht an Gott, wohl aber an den Machtanspruch bestimmter
allwissend sich gebender Gottesvertreter. *Darum* ist Religion «langweilig».

Der Unterschied kann größer nicht sein. Wenn *Jesus* von Gott sprach, hielt
er den sadduzäischen Theologen seiner Zeit entgegen, Gott sei kein Gott der
Toten, sondern der Lebenden[15], und er warf dem gesamten Stand der Schriftgelehrten kategorisch und prinzipiell vor, sie hinderten mit allem Reden von
Gott die Menschen systematisch daran, daß jemals sich ereignen könnte, *wovon* sie redeten. «Diese Leute sitzen auf dem Lehrstuhl des Moses und halten
die Schlüssel zum Himmelreich in Händen», rief er, «doch sie selber kommen
nicht hinein, und sie lassen auch niemanden hinein.»[16] Die Theologen der Kirche heute glauben immer noch, sie könnten mit dem Mann aus Nazareth
«Staat» machen, indem sie ihren *Kirchenstaat* mit einer Fülle von Richtlinien,
Paragraphen, Verordnungen und Dogmen just auf die Jesusbotschaft zu gründen suchen[17]; doch ihre ganze Kunst besteht lediglich darin, aus lebenden Bäumen das Holz ihrer Kniebänke und Beichtstühle zu zimmern und jede Buche
und Kiefer in einen Sargdeckel zu verwandeln.[18]

Nehmen wir als einen Ernstfall biblischer Gotteserfahrung das *Buch Hiob*.[19]
Jahrhundertelang hatten die Gottesgelehrten Israels gelehrt, daß die Geschichte der Menschen der Vorsehung Gottes gehorche und daß Gott gerecht
sei in seinen Entscheidungen. Ein solches «Dogma» des biblischen Glaubens
zerbricht indessen an der Erfahrung eines Mannes, der in seinem Leiden auf-
steht und Gott schlechterdings ungerecht findet: was ihm an Unheil auferlegt
wurde, das glaubt Hiob zu sehen, ist keine Strafe für irgendein Vergehen, das
er begangen hätte, es ist nichts als freventliche, sinnlose Zerstörung; doch
einen solchen Gedanken auch nur für möglich zu halten, grenzt schon an Got-
teslästerung in den Augen seiner theologischen Freunde. Wohl sind sie re-

spektvoll genug, eine Woche lang sich stumm an die Seite des schweigend Leidenden zu setzen; doch als dann Hiob seinen Mund auftut und anhebt zu Gott zu klagen und anzuklagen den Gott der Väter, da weisen sie ihn zurecht als im Unrecht befindlich entsprechend den Weisungen der Vätertradition selbst sowie der uralt heiligen Gottesoffenbarung, die in Vorzeit erging. Doch das *Buch Hiob* schließt wie mit einem Paukenschlag für alle zünftigen Parteigänger Gottes: Gott selbst steht am Ende auf seiten des ehrlich fragenden, des infragestellenden Hiob, dem der Glaube Israels fraglich und fragwürdig wurde aufgrund der nicht zu leugnenden Erfahrungen seines eigenen Lebens.

Daß solcher Zweifel möglich ward, macht die Bibel wahrhaftig zu einem Buch Gottes. Denn auch umgekehrt, in allem Ernst: Wenn so etwas, wie das Buch Hiob es in seinen Schlußkapiteln für möglich erklärt, nicht länger gelten darf, dann muß Gott verstummen zugunsten der Redseligkeit seiner theologisch gebildeten Gottesgelehrten. Und genau diesen Zustand, wer wollte das leugnen, haben wir heute in der gegenwärtigen Zuständigkeit der Kirche.

Daß die Offenbarung Gottes endgültig *abgeschlossen* ist mit dem Tode des letzten Apostels[20] – mit diesem Dogma vor allem *beginnt* geradezu die göttliche Nachlaßverwaltung der Kirche am Grab ihres historisch verstorbenen Gottes. Dieser Kirchengott hat ein für allemal alles gesagt, was er seit Bestehen des Kosmos uns sagen wollte, – *das* ist zu setzen als Grundtatsache und Ausgangspunkt aller weiteren Überlegungen im Rahmen kirchlicher Theologie. Gott mag vielleicht wieder beginnen zu reden am Ende der Tage, beim Jüngsten Gericht, im Zerbersten der Welt; in der Zwischenzeit aber, solange die Erde besteht, redet einzig die Kirche, indem sie auslegt und zerlegt, zulegt und auferlegt, was Gott ihrer Meinung nach sagen wollte. Die *Gegenwart* der *vergangenen* Gottesrede, – das, wohlgemerkt, ist die Kirche, und auf sie soll man hören.[21] Selbst was ein Mann wie Jesus zu sagen hatte, kann man nach kirchlicher Lehre nicht wissen, es sei denn, man hörte die Kirche. *Sie* besitzt das ganze vollgültige Wissen, das Patentrecht, den Totalanspruch auf die Botschaft Jesu. Wer also so vermessen sein sollte, die Kirche selber messen zu wollen an der Person und Botschaft des Mannes aus Nazareth, der ist in sich selbst schon ein «Jesuologe», ein wahrer Irrlehrer und ein rechter Antichrist. Kirchlicherseits gilt: Man kann zu Gott nur kommen durch Christus, und man kann zu Christus nur kommen durch die Kirche. Die Kirche selbst aber – das ist schon der fortlebende Christus[22], das ist das Werk und die Präsenz seines Geistes. Nur wer so glaubt, hat nach Kirchenglauben ein Recht, sich einen Christen zu nennen. Doch ein solcher Glaube erstickt das Leben. Schon weil er den Zweifel erstickt. Schon weil er verhindert, daß das Schicksal eines Hiob sich je wieder-

holt. Schon weil er die Provokation der Existenz des Propheten Jesus zur
Weisungsgebundenheit eines priesterlichen Lehramts verfälscht. Die Homo-
genisierung frommgläubiger Redensarten erscheint im Rahmen eines solchen
Glaubensverständnisses jetzt als weit wichtiger denn die Identität der Person.

*Drei kleine Beispiele* für die notwendigen Folgen eines derartigen Wahrheitsanspruchs von Amts wegen in der katholischen Kirche mögen diesen Eindruck belegen.

In den dreißiger Jahren formulierte der spanische Dichter und Philosoph
MIGUEL DE UNAMUNO seine Fragen, Zweifel und Einsichten, die sich ihm,
einem zutiefst religiösen, suchenden Menschen, in Unabweisbarkeit aufdräng-
ten. Wenn je in unserem Jahrhundert ein christlicher Autor der Gestalt des
biblischen Hiob in seinem Denken nahekam, so war es dieser große Spanier.
Er litt bis zum Rand der Verzweiflung unter der Agonie des Religiösen[23], die er
in der Stunde von Gethsemane im Leben Jesu vorgebildet fand. Wissen wir
wirklich mehr über Gott als der Mann aus Nazareth in seinem Ringen, Bitten
und Beten am Ölberg?

Die kirchliche Theologie tut sich groß, ihre Gläubigen zu versichern, daß
Jesus «in Gehorsam» gegenüber dem «Willen des göttlichen Vaters» «zur
Sühne für die Sünden der Menschen» sein Leben «geopfert» habe und «freiwillig» in den Tod gegangen sei[24]; alles, was einer wie immer gearteten Obrigkeit
lieb und wert ist: Gehorsam und Opfer, Autorität und Schuld versammeln sich
hier zur Deutung der Person und Botschaft Jesu. Doch «wollte» der Mann aus
Nazareth wirklich «leiden» für die Frevel der Menschen? Schaut man genau
hin, so lehrte Jesus an vielen Stellen einen Gott, der den Menschen vergibt ohne
jede Vorleistung. Gott, meinte er, läßt seine Sonne aufgehen über «Gute» und
«Böse», das heißt unterschiedslos über *alle* Menschen; und eben dies: *voraus-
setzungslos* einander zu vergeben und sich nicht wechselseitig auszugrenzen,
womöglich mit der Berufung auf Gott, war das Kernanliegen seiner ganzen
Botschaft. Keinerlei «Opfertheologie» ist damit vereinbar.[25] Im Gegenteil. Die
Haltung Jesu ist so diametral den archaisch-priesterlichen Opfergedanken und
-praktiken entgegen, daß er allein schon deshalb sich die Todfeindschaft der
Jerusalemer Tempelhüter zuziehen mußte.[26] Und jetzt allerdings: im Namen
der Menschen nahm er keine einzige seiner religiösen Überzeugungen zurück:
lieber im Bekenntnis der Menschlichkeit Gottes an der religiös gerechtfertigten Unmenschlichkeit der «Hohenpriester» und «Schriftgelehrten» zugrunde-
gehen, als sich dem Diktat der Angst im Schatten eines dämonisierten Götzen
im Getto einer fanatisierten Schar abhängig gehaltener, grausamer Kinder zu
beugen! Gott, wenn es ihn gibt, ist nichts als die befreiende Güte, die auf-

scheint in jeder Gebärde der Liebe und des Verstehens unter den Kreaturen, so sehr, daß jeder, der an diese Güte glaubt, die Kraft gewinnt, die gesamte Menschheit von ihren Obsessionen zu befreien; *das* war die feste Zuversicht Jesu, wenn *er* von der Nähe Gottes sprach.

Die Menschen *brauchen* die Idee eines Gottes, der sie tröstet in ihrer Verlassenheit, der sie umfängt in ihrer Schuld und der sie aufnimmt in der Stunde des Todes – das alles glaubte so innig, als er nur konnte, auch MIGUEL DE UNAMUNO.[27] Doch wenn die Menschen so sehr eines Gottes bedürfen, ist dann nicht Gott vielleicht nur die Projektionsgestalt menschlicher Ängste, Wünsche und Sehnsüchte? Erschaffen dann nicht die Menschen selber sich ihren Gott nach ihrem eigenen Bild – als einen strafenden Gott für diejenigen, die der Strafe bedürfen, um «gut» zu sein, als einen gütigen Gott für die, welche gut sein können aus reiner Güte? Wie, wenn es einen Gott gar niemals gäbe, sondern nur menschliche, nur allzu menschliche Gottesvorstellungen? Und ein jeder ersänne sich seinen «Engel» zum Trost, um einen Sinn zu gründen gegen das Sinnlose, eine Hoffnung gegen das Scheitern und Unsterblichkeit gegen das Sterben? Was, wenn man zeigt, wie nötig die Botschaft Jesu den Menschen ist, bleibt hier stehn als Bestätigung der Botschaft dieses Gottesbegeisterten oder wird durch sich selber zur Widerlegung des ehdem Geglaubten?

Der große Spanier stellte seine Fragen so ehrlich, so ungeschützt, so verzweifelt, so hoffend, wie nur je ein Mensch religiös sich um Wahrheit und Klarheit in seinem Leben bemühen mag. Doch es ist ungeheuerlich zu sagen: *Genau das* betrachtete das Lehramt der katholischen Kirche als eine tödliche Gefahr für sich selbst. Es verbot kurzerhand alle Schriften DE UNAMUNOS; es setzte sie ganz einfach auf den Index – kein Katholik durfte unter Sündenstrafe die Bücher des Spaniers lesen, kein katholischer Buchhändler sie verbreiten; mehr noch: es exkommunizierte den Suchenden selber für sein beharrliches Fragen[28], es stieß ihn aus von der Gemeinschaft der Gläubigen (und mithin, dem Selbstverständnis der Kirche zufolge, aus der Gemeinschaft mit Christus selbst!) – kein Katholik hatte mit diesem Zweifelnden, diesem oft Verzweifelten Umgang zu pflegen!

Ein gläubiger Katholik, das lehrt dieses Beispiel, hat den Zweifel selbst schon als Sünde gegen den Heiligen Geist zu betrachten. *Fragen* stellen – das darf man im Zensurbereich einer solchen beamteten Selbstgewißheit allenfalls nach dem Vorbild des jüdischen Passah-Ritus: «Warum ist diese Nacht so anders als alle anderen Nächte...?» fragt da der heranwachsende Sohn.[29] Die Antwort steht immer schon fest, und einzig zu dieser «Feststellung» mag es auch erlaubt sein, Fragen zu stellen. Doch niemals ernsthaft. Nie wirklich als

*Infragestellung.* Wir werden auf die Psychologie des Zweifels noch ausführlich zu sprechen kommen. Doch schon jetzt sieht man deutlich, daß es ein und dasselbe sein muß, im Namen Gottes einen wahrheitbesitzenden Stand von wahrheitgarantierenden Amtsträgern und Oberhirten einzurichten, und die beunruhigende Suche des Menschen nach Gott ins Langweilige und Verlogene herabzudrücken.

Und damit zugleich ins Doppelbödige und Heuchlerische, *das* kann ein anderes Beispiel uns zeigen. – Kaum zwanzig Jahre nach der Exkommunikation DE UNAMUNOS und der Indizierung all seiner Schriften, Anfang der fünfziger Jahre, schrieb der englische Konvertit GRAHAM GREENE den Roman *Die Kraft und die Herrlichkeit*[30]. Darin schildert er einen Priester, der einer Frau, die er liebt, trotz seiner kirchlichen Gelübde treu zu sein versucht, wenngleich er seine seelische Kraft eher aus dem Alkohol schöpft als aus der Feier der Eucharistie. Doch gerade in seinen Schwächen rückt die Menschlichkeit dieses Mannes dem Leser sehr nahe, denn er spürt: der englische Dichter stellt nicht, wie sonst üblich, ein heiliges Idol in die Sphäre des Göttlichen, er zeigt, wie Gottes Liebe Kraft gewinnen kann gerade in den Schwachen. Das Buch GRAHAM GREENES wurde gerade deshalb von Millionen Lesern aller europäischen Sprachen verschlungen – es lebte so viel an tröstlicher Sehnsucht nach Verständnis und Güte in diesem «Schnapspriester»; nur der Vatikan sah das alles ganz anders: Gott, der Allmächtige, gewiß, in seiner Barmherzigkeit vergibt auch dem Sünder, das lehrt auch die Kirche, doch nur, wenn er Buße tut und bereut, wenn er seine schweren Sünden der Kirche beichtet und in gutem Vorsatz Besserung gelobt. Von all dem kann in GREENES Roman allerdings nicht die Rede sein; an keiner Stelle läßt diese versoffene und verhurte Karikatur eines «ordentlichen» Priesters erkennen, *daß* er und *wie* er sein Leben zu «bessern» gedenkt. Ja, man begreift, daß die kirchliche «Besserung» seines Lebens ihn mit aller Wahrscheinlichkeit nur weniger menschlich erscheinen ließe: er müßte die Frau vereinsamt zurücklassen, die im Busch auf ihn wartet und die nicht gewillt ist, ihn nur nach der Weise der Engel im Himmel zu lieben. Für die römische Glaubenskongregation (das Heilige Officium, die Nachfolgebehörde der alten Inquisition) war das alles selbstredend Grund genug, das Werk des viel gelesenen Autors als ein weiteres auf die Liste der verbotenen Bücher zu setzen[31] – GERTRUD VON LE FORTS «*Schweißtuch der Veronika*»[32] wurde auf die gleiche Weise «behandelt». Es war der einfache Widerspruch zwischen der Menschlichkeit der GREENESCHEN Romanfigur und den Vorstellungen der kirchlichen Moraltheologie, der die Leser des Buches unweigerlich ins Nachdenken über den Zustand der katholischen Kirche bringen mußte. Hatte Jesus nicht wieder und wieder als erstes Erbarmen, Güte und Verständnis mit der menschlichen Not gefordert? Gemessen daran erschien die Kirche als ein starres, unverständliches, weil unverständiges Rechtssystem von lebensfremden Abstraktionen. Hatte Jesus nicht mehrfach erklärt: «Barmherzigkeit will ich, nicht Opfer?»[33] Die Kirche aber verlangte ihren eigenen «Amtsinhabern» den Verzicht auf die persönliche Liebe zu einer Frau als ein «Opfer» im Namen Gottes ab. Mit welchem Recht? Wer GREENES Roman liest, dem müssen noch heute die Augen sich auftun über den Zustand des real existierenden Katholizismus. Und das, natürlich, durfte und darf nimmermehr sein. Also: auf den Index damit!

Ein drittes im Grunde noch betrüblicheres Beispiel für die Doppelbödigkeit, Starrheit und Unwahrhaftigkeit eines unfehlbaren Lehramtes im Namen göttlichen Wissens bietet der Fall des großen griechischen Dichters und Staatsmannes NIKOS KAZANTZAKIS. Es war im Jahre 1954, als er sein wichtiges Buch über *Die letzte Versuchung* schrieb.[34] Darin schildert er einen Jesus, der nicht fertig vom Himmel her zu den Menschen kommt, sondern selber zutiefst herausgefordert wird von der Gewalttätigkeit seiner Zeit und dem Bemühen, darauf zu antworten mit der Güte des Mitleids und der Kraft des Vertrauens. Schon daß Jesus hier nicht nach dem Vorbild des katholischen Lehramtes mit dem Anspruch irrtumsfreier göttlicher Allwissenheit auftritt, bedeutete einen Affront gegen den Supranaturalismus einer bestimmten Form von Theologie. Vollends das Maß zum Überlaufen aber brachte die Hauptszene im letzten Drittel dieses Buches, in dem KAZANTZAKIS seinen Jesus am Kreuz ein letztes Mal auf die Probe gestellt sieht durch seinen «Schutzengel»: wäre es nicht weit menschlicher, legt der Teufel dem Gepeinigten in Gestalt seines Wächterengels nahe, Himmel und Erde nicht länger zu versöhnen durch das finstere Martyrium der Kreuzigung, sondern durch das zärtliche Werk der Liebe zwischen Mann und Frau, in dem sich Geist und Materie, Seele und Körper, Göttliches und Menschliches wie in einer Heiligen Hochzeit miteinander verbinden und verbünden?[35] Nicht Schmerz, sondern Glück, nicht Leid, sondern Freude sollte das Werk der Erlösung bereiten. Für den griechischen Dichter selbst bedeutete dieser «dionysische» Gedanke eine echte Versuchung seiner apollinischen Christusgestalt. Doch was half's? Es genügte, daß er es gewagt hatte, Jesus überhaupt durch die Werke eines «Weibes» als versuchbar erscheinen zu lassen, und man verhängte über ihn unverzüglich in der orthodoxen wie in der römisch-katholischen Kirche alle nur zur Verfügung stehenden Abwehrstrafen. Daß Jesus unter Umständen selber hätte *zum Schwert* greifen mögen, das war eine Versuchung, welche die kirchliche Machtausübung durch die Jahr-

hunderte selber nur allzu gut kannte[36] – so etwas versteht und verstand sie; daß
aber Jesus *zur Liebe* hätte versucht werden können sowie zu den Annehmlichkeiten eines ganz und gar normalen bürgerlichen Lebens mit einem Haus voller
Kinder, einem Gemüsegärtchen auf einem bescheidenen Anwesen und den
Aussichten eines ruhigen, beschaulichen und zufriedenen Alters – das war zu
viel in den Augen zölibatär lebender Kleriker, die eine solche «Versuchung» ihr
Leben lang leugnen müssen. Als KAZANTZAKIS hörte, daß die *römische* Kirche
sein Buch indiziert habe, telegrafierte er dem Heiligen Officium den Satz des
Kirchenvaters TERTULLIAN: «*Ad tuum, Domine, tribunal appello*» – «An Deinen Gerichtshof, Herr, wende ich mich»[37], die Kirche, mit anderen Worten, ist
nicht die Stellvertreterin Gottes auf Erden, wenn sie Werke der Menschlichkeit
im Namen Gottes glaubt ausschließen zu können. An die *orthodoxe* Kirche aber
schrieb der griechische Dichter: «Sie haben mich verflucht, heilige Väter, ich
dagegen segne Sie. Ich wünsche Ihnen, daß Ihr Gewissen ebenso rein ist wie das
meine und daß Sie ebenso moralisch und fromm sind wie ich.»[38]

Das alles, könnte ein Einwand lauten, ist aber doch immerhin schon fast vierzig Jahre her; hat die Kirche sich inzwischen nicht doch ein wenig geändert? Da
gab es zum Beispiel das 2. Vatikanische Konzil, da gab es und gibt es doch auch
gewisse ernsthafte Bemühungen um eine Reform. Daran ist etwas Richtiges.
Doch wie ist der Reformwille eines kirchlichen Systems einzuschätzen, das von
der Idee des Konziliarismus im fünfzehnten Jahrhundert(!)[39] im zwanzigsten
Jahrhundert, nach einem halben Jahrtausend, gerade so viel übrig behält, daß,
wie Kardinal Groer bei seiner Weihe im Stephansdom zu Wien erklärte, «der
Geist des 2. Vaticanums nur deshalb der Geist des 2. Vaticanums ist, weil die
Beschlüsse dieses Konzils die Unterschrift des Heiligen Vaters tragen»[40]?

Was NIKOS KAZANTZAKIS angeht, so hatte sein «Fall» jedenfalls noch ein
Nachspiel, das ziemlich genau zeigt, wo wir heute stehen: Als 1988 der italo-
amerikanische Filmregisseur MARTIN SCORSESE den griechischen Roman zur
Vorlage eines Jesusfilms nahm, lief die katholische Kirche augenblicklich dagegen genauso Sturm wie fünfundvierzig Jahre zuvor.[41] Noch war der Film in
Deutschland gar nicht angelaufen, da wußten die zu Fulda versammelten katholischen Bischöfe bereits, daß er boykottiert werden müsse; er sei ästhetisch
schlecht gemacht, befanden denn auch im voraus bereits ihre Claqueure und
Hoftheologen; und wirklich: als gäbe es immer noch die Filmkontrolle der katholischen Kirche in den fünfziger Jahren, wurden selbst Ende der achtziger
Jahre dieses Jahrhunderts viele Kinos in katholisch dominierten Städten derart
unter Druck gesetzt, daß sie den Film gar nicht erst zeigten.[42] Man merke: Gott
hat etwas dagegen, daß Menschen nur einfach in der Liebe miteinander glück-

lich sind. Die Menschen müssen weiter als Individuen sich opfern dem «Wohle» des Gesamtsystems Kirche zuliebe, um wirklich gottwohlgefällig zu leben.

Triebunterdrückung? – Wohl auch. Doch weit mehr noch die konsequente Unterdrückung der Selbstentfaltung des Individuums. *Ihm* gilt der Kampf, *ihm* die göttliche Verdammung. Denn: glückliche, freie, suchende, denkende Menschen – brauchten die noch die heutige Kirche?

Die Künstler zum Beispiel, die Dichter, die Maler, alle kulturell kreativen Persönlichkeiten – es mag sein, daß die Kirche ihre Werke irgendwann im Verlauf von Jahrhunderten adaptiert oder rezipiert, doch akzeptieren und integrieren kann sie in aller Regel nicht einmal die *Lebensform,* in welcher die schöpferische Freiheit eines Künstlerdaseins sich zu verwirklichen pflegt. GAUGUIN[43] oder VAN GOGH[44] zum Beispiel – was täten die in der Kirche? Die Ehrlichkeit und der Geschmack, die Kühnheit und die Leidenschaft großer Gestaltung vertragen sich nicht mit dem Muff und den Scheuklappen eines weisungsgebundenen Denkens und Fühlens – man kann nicht beides gleichzeitig sein: ein freier Mensch und die Kreatur einer göttlichen Behörde, ein Künstler und ein Lakai. Irgendwann muß man wohl wählen.

Und das ist der Punkt: die meisten heute *haben* gewählt. Schweigend. Durch Fernbleiben. Eine Abstimmung mit den Füßen. Im Zweifel zwischen Leben und Kirche natürlich im Namen Gottes: für das Leben!

All das ist nicht gerade neu. Man weiß es seit langem, auch in den kirchlichen Amtsstuben.[45] Doch verleugnet man es. Denn sonst müßte man es ändern. Inzwischen freilich wächst der Widerstand, stumm, verstört, gelangweilt, entsetzt, je nachdem. Welch eine Partei, welch eine Institution oder Gemeinschaft könnte es sich leisten, wie die katholische Kirche, in weniger als fünfzehn Jahren mehr als fünfzig Prozent ihrer Sonntagsmeßbesucher zu verlieren und ungeniert einfach so weiterzumachen? Vor allem: die offenkundige Diastase von Kirchendoktrin und persönlichem Leben macht mittlerweile Tag um Tag die Tatsache deutlicher, daß der etablierte Kirchenglaube sich keinesfalls auf die Kräfte des Ichs: auf Freiheit und Erfahrung, Sensibilität und Selbständigkeit, Eigenverantwortung und Realitätssinn, Traum und Phantasie, mithin auf Lieben und Hoffen, Nachdenken und Zweifeln, Entwerfen und Argumentieren zu gründen versucht, sondern im Gegenteil auf eine Reihe stabilisierender Faktoren der Außenlenkung und der Überichzensur wie: Strafangst und Autoritätshörigkeit, Meinungskonformität und Gruppenzwang, Triebunterdrückung und Entwicklungsfixierung.

Schon die simpelsten Fragen der religiösen Erziehung werfen heute in

Schule und Elternhaus schier unlösbare Konflikte auf: Soll, nur weil in drei
Tagen Weihnachten oder Ostern ist, das vierzehnjährige Mädchen, der fünf-
zehnjährige Junge mit «Gewalt» noch zum Kirchgang gezwungen werden?
Ist es «richtig», im Namen eines «Gottes», wie die Kirche ihn lehrt, als Vater
oder Mutter dem eigenen Kind mit Liebesentzug und einem gestaffelten System von Züchtigungen zu drohen, wenn es zu «faul» ist, zu tun, was «wir
früher auch» haben «ungefragt» tun müssen? Ist es gerade im Sinne einer
wirklich religiösen Erziehung[46] überhaupt noch verstehbar, die Schülerinnen
und Schüler an die kirchlich vorgeschriebenen Lehrinhalte des deutschen
*«Erwachsenenkatechismus»* aus der Feder des Rottenburger Bischofs
W. KASPER[47] oder des neuen *römischen Katechismus* aus der Feder von Kardinal J. RATZINGER «heranzuführen»?[48] Lange Zeit haben die kirchlichen
Verkünder von den Kanzeln herab die Eltern beschworen, ihre Kinder
«christlich» nach Maßgabe ihrer konfessionellen Sonderlehrsätze zu erziehen; seit Jahrzehnten inzwischen beklagen und bedauern sie es, mitansehen
zu müssen, wie das religiöse Band zwischen den Generationen schier unaufhaltsam zerreißt, doch immer noch schreiben sie dem «Zeitgeist» (oder den
«Medien»[49] oder einzelnen «Irrlehrern» oder dem eigenen politischen Machtzerfall) zu, was in Wahrheit den Hauptfehler des Gesamtsystems Kirche selber darstellt: es gründet sich wesentlich auf Abhängigkeit und Indoktrina-
tion, statt auf Freiheit und Überzeugung durch eigene Einsicht, und so fällt es
augenblicklich in sich selbst zusammen, sobald es nicht mehr imstande ist,
mit Hilfe aller möglichen Ängste und Schuldgefühle die Menschen an sich zu
binden. Selbst die Priester dieser Kirche nennen es heute nicht mehr ohne
weiteres eine «Todsünde», die Gott mit ewiger Verdammnis strafen wird,
wenn jemand des Sonntags den *Meßbesuch* schwänzt[50] – aber *das*, diese Entla-
stung, ist auch schon der Grund, warum heute so viele der katholischen Meßfeier fernbleiben. Selbst die strengsten Moraltheologen werden heute wohl
zögern, es als eine «schwere sittliche Verfehlung» zu bezeichnen, wenn zwei
erwachsene Menschen miteinander auch ohne kirchliche Eheschließung zusammenleben[51] – aber bereits die bloße Schwäche, in Fragen der Sexualethik
nicht mehr wie bisher buchstäblich *tödliche* Schuldgefühle und Höllenängste
in die Seelen schon von heranwachsenden Kindern pressen zu können, genügt offensichtlich, um etwa *das Institut der Beichte,* einen uralten Zankapfel
der «Kontroverstheologie» gegenüber den Kirchen der Reformation, wie
über Nacht absterben zu lassen.[52]
    Dabei ist das Suchen der Menschen nach hilfreichen Gesprächen über ihr
Leben gleichzeitig ins Ungemessene gestiegen – die psychotherapeutischen

Gesprächsräume sind hoffnungslos überfüllt, – hier besäße eine menschlichere Form religiöser «Verkündigung» durchaus ihre Chance; doch was man ein für allemal nicht mehr duldet, das ist ein Gott, verkündet in der Sprache kirchlicher Kommissionen und Konzilien und drapiert mit den Kostümen kirchlicher Kleiderschränke. «Begegnet dir der Buddha auf dem Wege – töte ihn.» Dieses Wissen um die Unmöglichkeit, das Geheimnis des Göttlichen in fertige Formeln zu fassen, weitet sich heute aus zu einer Grundbedingung religiöser Begegnung. Es ist, als stünde der Gott vom Sinai in unseren Tagen mit Macht erneut auf, um den Götzendienst seiner kirchlichen Schnitzbilder ein für allemal zu zerschlagen.[53] Religiöser Glaube, gleich welcher Konfession, ist eine Funktion von Mystik; nie mehr, in alle Zukunft nicht, eine Funktion behördlich verwalteter Dogmatik. So steht es, Gott sei Dank, heute.

Egal deshalb, was ein kirchlicher «Seelsorger» oder «Verkündiger» der Kirche in unseren Tagen zu tun versucht: ob am Krankenbett oder beim Hausbesuch, ob in der Schulstunde oder in der Sterbestunde eines seiner «Gemeindemitglieder»: das Problem, das Dilemma ist allerorten das gleiche: «verkündet» man Gott, indem man die ein für allemal ergangene Offenbarung Gottes aus biblischem Wortlaut und kirchlicher Lehrvorschrift an die Menschen heranträgt, oder indem man dem zuhört, was Gott uns heute, in dieser Stunde, durch einen anderen Menschen zu sagen hat? Ist die Bibel, wie die Kirche zu glauben verlangt, eine Urkunde fertiger Lehren oder ein offenes Vorbild des Lebens? Ist Hiob, ist Jeremia, ist Jesus ein Abschluß oder ein Anfang der Gotteserfahrung? Verkörpern die großen Gestalten der Bibel eine Existenzform oder eine Doktrin, eine Vision des Lebens oder eine Verordnung kirchlicher Selbstverwaltung? Fragen dieser Art auch nur zu stellen, heißt in gewissem Sinne schon, sie zu beantworten; die Antwort nämlich kann diesmal nicht länger liegen in dem üblichen «katholischen» «Sowohl-als-auch». Ja, gewiß, alles soziale Zusammenleben braucht seine Ordnungssysteme, seine hierarchischen Schaltungen, seine identifikatorischen Vorgaben[54]; aber all das lebt nur, solange es getragen wird von den ständig sich wandelnden Prozessen des Lebens der jeweiligen Gruppenmitglieder selbst.

Mit anderen Worten: keine geistliche Behörde besitzt die Legitimation, sich ein göttliches Wissen zuzusprechen, das sie von oben nach unten über «ihre» «Gläubigen» ausgießen könnte oder müßte. Alles im Leben ist Austausch, ist oben *und* unten, innen *und* außen, Freiheit *und* Ordnung, Leben *und* Inhalt, Menschliches *und* Göttliches, Seele *und* Stoff, Geist *und* Materie, alles ineins. Denn Gott ist die Einheit. Nur das ist seine «Macht». Es ist keine andere als die Macht der Liebe, wenn sie das ganze Leben ergreift und durchdringt. Mit dem

Willen zu äußerer Herrschaft ist «Geist» nicht vereinbar. Mit Ketzermacherei ist kein Gott zu «bezeugen». In der Sprache von Kanzel, Kanzlei und Katheder läßt sich «Heilsnotwendiges» Menschen nicht sagen. Die Verkündigungssprache des kirchlichen Lehramtes mit anderen Worten hilft nicht, sie hindert nur die Menschen, die nach Gott suchen.

«Es wird besser sein», schrieb R. M. RILKE bereits im Jahre 1913[55], «das Wort Glauben, so, wie es sich in uns verbildet hat, zunächst nicht anzuwenden, um die arglose Gottesnähe nicht von Anfang an zu erschrecken. Dieses Wort hat einen Nebensinn von Zwang, von Anstregnung angenommen, daß man fast nur noch die langen Mühen einer Bekehrung darin erkennt und vergißt, daß Glaube nur eine leise Färbung der Liebe ist, auf derjenigen Seite, mit der sie sich dem Unsichtbaren zukehrt. Ich begreife immer weniger, *was* eigentlich uns in der Liebe zu Gott aufhält und irre macht. Eine Zeit lang konnte man denken, daß es die Unsichtbarkeit sei – aber gehen nicht seither alle unsere Erfahrungen dahin, daß die Gegenwart eines geliebten Gegenstandes zwar für den Beginn der Liebe hülfreich ist, ihrem späteren Großsein aber Kummer und Abbruch tut?»

Nein, das Unendliche hindert uns keinesfalls, Gott zu lieben, sondern eben: ins Unendliche lieben zu wollen, ist die ganze Sehnsucht der Liebe selber. Doch daß man das Göttliche machtversessen und abergläubig hineinzieht ins Endliche, *das* versperrt den Menschen den Zugang zu Gott, indem es selbst noch die Sprache der Liebe zum Werkzeug des Hasses instrumentalisiert.

Die Mehrheit der Menschen begreift heutigentages nur allzu gut das zutiefst Unreligiöse in dem Unwesen jeder religiösen Bürokratie, und sie begreift noch weit tiefer das zutiefst Unchristliche an dem Monopolanspruch der christlichen Kirche auf die Gestalt Jesu hinter ihren Dogmen. Was, fragen sich heute die Schulkinder schon, hat denn der Kirchenglaube mit der einfachen Botschaft des Jesus von Nazareth zu tun? Hat Jesus jemals sich hingestellt und gesagt: Wenn Du nicht glaubst, daß ich die 2. Person eines dreifaltigen Gottes bin, wesensgleich dem Vater und gezeugt vom Heiligen Geiste, so kannst Du mein Jünger nicht sein? Hat er nicht im Gegenteil gesagt: Du kannst so viele Bekenntnisse ablegen, wie Du willst, entscheidend vor Gott ist einzig Dein Leben (Mt 7,21)[56]? An den Fragen der sogenannten Trinitätslehre der Kirche hängt es noch heute, nach mehr als 1200 Jahren, daß *der Islam* und das Christentum zueinander nicht finden können.[57] Stand aber der Mann aus Nazareth in der ganzen Art seines Auftretens dem Propheten aus Mekka, der kam, die Botschaft Jesu von ihren dogmatischen Verfälschungen zu *reinigen*[58], nicht weit näher als etwa dem Kirchenvater HIERONYMUS[59] oder dem heiligen CY-

RILL[60]? Die Brücke ist eingestürzt, die zwischen der Person des Nazareners und den Verformungen und Bizarrerien des kirchlichen Dogmas theologisch den Abgrund der Geschichte überwölben könnte. Versteht man Jesus denn wirklich, wenn man in ihm etwas anderes sieht als einen Weg und somit das Leben, und das Ziel schon insofern, als ein Weg ins Unendliche immer schon selbst sich genügt (Joh 14,6)[61]? Der Kirchenglaube *verfälscht* die Früchte des Lebens und der Liebe zu «sittlichen Forderungen» eines «richtigen» Lebens und einer «wahrhaft göttlichen» Liebe, und statt die Konflikte stets neu zu bestehen, die Jesus im Kampf gegen die Gottesvorstellungen der Hohenpriester und Schriftgelehrten seiner Tage und aller Zeiten für unvermeidbar hielt, hat man auch seine Kreuzigung zu einem heiligen Ritual und einem göttlichen Erlösungsmysterium gemacht, das die Bedeutung der Kirche als einer heiligen Institution begründet, doch zugleich das profane Glück des Lebens der Menschen entwertet. Was in der Person des Jesus erfüllt ist von Aufbruch und Freiheit und sich selber vollzieht in einer unerhörten Dankbarkeit gegenüber dem Dasein, das hat in der kirchlichen Lehre sich fixiert in Festlegung, Unterwerfung und ständiger Schuld.

«Ich war achtzehn Jahre alt», erzählte mir eine Ordensschwester, «als ich in die Gemeinschaft eintrat, um meine Sünden abzubüßen und um nicht in die Hölle zu kommen. Ich habe immer ernst genommen, was sie mir gesagt haben, aber wie sollte ich als Kind denn unterscheiden können, was eine läßliche Sünde und was eine Todsünde ist?[62] Für mich war beizeiten alles schwere Sünde; ich konnte nur noch büßen, büßen, büßen, um alles wiedergutzumachen. Erst in diesem Jahr (nach mehr als dreißig Jahren im Orden) las ich zum ersten Mal mit wachen Augen den 50. Psalm: ‹Ich mag nicht den Stier aus deinem Hause, noch Böcke aus deinen Hürden. Mein ist ja alles Getier des Waldes, das Wild auf meinen Bergen zu Tausenden. Ich kenne alle Vögel des Himmels, und was auf dem Felde sich regt, ist mir kund. Wenn mich hungerte, ich brauchte es dir nicht zu sagen; denn mein ist der Erdkreis und was ihn erfüllt. Sollte ich das Fleisch von Stieren essen und das Blut von Böcken trinken?›»[63]

Fast triumphierend blickte sie mich an, als sie das Buch zuschlug. «Gott will doch gar kein Opfer, nicht wahr? Er hat sie überhaupt nicht nötig!»

«Und?» fragte ich.

«Ja, jetzt kommt's», fuhr sie fort. «Ich meldete mich mit meiner neu gewonnenen Erkenntnis bei meiner Oberin. ‹Das sind aber mal wieder typisch Sie›, erklärte sie; ‹Sie wollen offenbar alles allein machen. Gehen Sie doch mal damit zu einem Priester, der Sie beraten kann.› Offenbar wußte sie's auch nicht richtig. Ich aber wollte nichts falsch machen. Also ging ich wirklich zu einem Or-

densgeistlichen. Er war sofort dagegen. ‹Aber Schwester›, erklärte er, ‹diese
Gedanken, die Sie da äußern, stammen doch alle aus dem Alten Testament.
Uns geht es doch aber um Christus. Wollen Sie denn wirklich aufhören, durch
eigene Bußwerke mitzuhelfen an dem Opfer Christi und der Erlösung der
Welt?› Von da an war es wieder aus mit mir. Ich weiß nicht mehr, ob ich richtig
liege oder nicht.»

»Sie sind doch eine Krankenschwester», wandte ich ein. «Wie ist das, wenn
Sie abends die Betten machen? Wie erkennen Sie, ob eine Ihrer Patientinnen
‹richtig liegt›?»

«Das weiß ich nicht.»

«Wer weiß es dann?»

«Die Patientin spürt es.»

«Eben.»

«Wie meinen Sie?»

«Nun, ich meine, daß nicht einmal Sie bei allem Fleiß und allem Bemühen
wissen können, ob Sie eine Frau ‹richtig› zu Bett gebracht haben. Dabei sollte
man doch meinen, es sei ganz einfach, wenigstens zu wissen, ob man die Füße,
die Schultern oder den Kopf eines Menschen richtig gelagert hat. Es geht aber
nicht. Nicht einmal bei so einfachen mechanischen Aufgaben kann man wissen, was für den anderen richtig ist. Wie soll es da bei weit schwierigeren Sachverhalten, die man weder sehen noch betasten kann, für uns möglich sein, im
Leben eines anderen Menschen Bescheid zu wissen, selbst wenn wir es wirklich gut mit ihm meinen? Wir können uns bestenfalls nach ihm richten und ihm
dabei helfen, in die ‹richtige› Lage zu kommen. Er selber spürt ganz deutlich,
wie es ihm gut tut und ob es während der Nacht so bleiben kann. Kann Gott
deutlicher zu uns sprechen, als indem er uns durch all unsere Empfindungen
mitteilt, was uns gut tut und was uns weh tut?»

«Dann darf ich einfach tun, was mir gut tut?»

«Wüßten Sie's denn?»

«O ja.» Sie lachte ganz laut. Doch dann fuhr sie sich mit der Hand übers
Gesicht. «Nein», murmelte sie. «Ich hätte sofort das Gefühl, vor einem Abgrund zu stehen. Ich habe das doch nie gedurft.»

«Sie fürchten, vor Schuldgefühlen umzukommen, wenn Sie mal tun, was
Ihnen Freude macht?»

«Freude? Leiden stand bisher auf dem Programm.»

«Ja, aber hat nicht Jesus selber Ihren Psalm immer wieder aufgegriffen?
Zweimal sagt er selber im Matthäusevangelium: Geht und lernt zuerst, was das
heißt: Barmherzigkeit will ich und nicht Opfer (Mt 9,13; 12,7). Das ist doch

nicht nur Altes Testament; Jesus nimmt einfach auf, was schon der Prophet Hosea gesagt hat (Hos 6,6).»[64]

«Ja, *Sie* mögen das wissen. Aber was soll *ich* denn machen? Bei mir ist immer alles verwirrt.»

Erschütternder läßt sich wohl kaum ausdrücken, was die kirchliche Lehre aus der prophetischen Revolte des Jesus von Nazareth gegen die Opfermentalität der Hohen Priester im Tempel gemacht hat. Was ehedem heilend, wirkt hier neurotisierend, was einmal aufrichtend, wirkt hier hinrichtend, was ursprünglich bestärkend, wirkt hier verstörend. Es läßt am Ende nichts als verschüchterte Menschen zurück, in deren Seelen die Angst vor «Gott» und die Unterwerfung unter die Willkür der kirchlichen Obrigkeiten jedes eigene Urteil und jede Regung eigenen Lebens verdrängt haben.

Und nun muß man sich vorstellen, daß dies seit Jahrhunderten so geht! Aus dem «Königtum» Gottes in der Botschaft des Jesus von Nazareth wurde die «Christologie» der Kirche – die dogmatisierte Lehre eines archaischen Typos priesterlicher Herrschaft dehnte sich aus über alle Lebensbereiche.

«Wer», fragte im Februar 1922 R. M. RILKE in seinem *Brief eines Arbeiters*[65], «wer, ja, – anders kann ich es jetzt nicht ausdrücken, *wer* ist denn dieser Christus, der sich in alles hineinmischt. – Der nichts von uns gewußt hat, nicht von unserer Arbeit, nicht von unserer Not, nicht von unserer Freude, so wie wir sie heute leisten, durchmachen und aufbringen –, und der doch, so scheint es, immer wieder verlangt, in unserem Leben der *erste* zu sein. Oder legt man ihm das nur in den Mund? Was will er von uns? Er will uns helfen, heißt es. Ja, aber er stellt sich eigentümlich ratlos an in unserer Nähe. Seine Verhältnisse waren so weitaus andere.[...]

Ich kann mir nicht vorstellen, daß das Kreuz bleiben sollte, das doch nur ein Kreuzweg war. Es sollte uns gewiß nicht überall aufgeprägt werden, wie ein Brandmal. In ihm selber sollte es aufgelöst sein. Denn, ist es nicht so: er wollte einfach den höheren Baum schaffen, an dem wir besser reifen könnten. Er, am Kreuz, ist dieser neue Baum in Gott, und wir sollten warme glückliche Früchte sein, oben daran.

Nun soll man nicht immer von dem reden, was vorher war, sondern es sollte eben das Nachher begonnen haben. Dieser Baum, scheint mir, sollte mit uns so eines geworden sein, oder wir mit ihm, an ihm, daß wir nicht immerfort uns mit ihm beschäftigen müßten, sondern einfach ruhig mit Gott, in den uns reiner hinaufzuhalten doch seine Absicht war.

Wenn ich sage: Gott, so ist das eine große, nie erlernte Überzeugung in mir. Die ganze Kreatur, kommt mir vor, sagt dieses Wort, ohne Überlegung, wenn

auch oft aus tiefer Nachdenklichkeit. Wenn dieser Christus uns dazu geholfen
hat, es mit hellerer Stimme, voller, gültiger zu sagen, um so besser, aber laßt ihn
doch endlich aus dem Spiel. Zwingt uns nicht immer zu dem Rückfall in die
Mühe und Trübsal, die es ihn gekostet hat, uns, wie ihr sagt, zu ‹erlösen›. Laßt
uns endlich dieses Erlöstsein antreten. – Da wäre ja sonst das Alte Testament
noch besser dran, das voller Zeigefinger ist auf Gott zu, wo man es aufschlägt,
und immer fällt einer dort, wenn er schwer wird, so grade hinein in Gottes
Mitte. Und einmal habe ich den Koran zu lesen versucht, ich bin nicht weit
gekommen, aber so viel verstand ich, da ist wieder so ein mächtiger Zeigefinger, und Gott steht am Ende seiner Richtung, in seinem ewigen Aufgang begriffen, in einem Osten, der nie alle wird. Christus hat sicher dasselbe gewollt.
Zeigen. Aber die Menschen hier sind wie die Hunde gewesen, die keinen Zeigefinger verstehen und meinen, sie sollten nach der Hand schnappen. Statt
vom Kreuzweg aus, wo nun der Wegweiser hoch aufgerichtet war in die Nacht
der Opferung hinein, statt von diesem Kreuzweg weiterzugehen, hat sich die
Christlichkeit dort angesiedelt und behauptet, dort in Christus zu wohnen
[...] – Und darum wohnen sie auch nicht in Christus, die Eigensinnigen des
Herzens, die ihn immer wieder herstellen und leben von der Aufrichtung der
schiefen oder völlig umgewehten Kreuze. Sie haben dieses Gedräng auf dem
Gewissen, dieses Anstehen auf der überfüllten Stelle, sie tragen Schuld, daß die
Wanderung nicht weitergeht in der Richtung der Kreuzarme. Sie haben aus
dem Christlichen ein métier gemacht, eine bürgerliche Beschäftigung, sur
place, einen abwechselnd abgelassenen und wieder angefüllten Teich. Alles,
was sie selber tun, ihrer ununterdrückbaren Natur nach (soweit sie noch Lebendige sind), steht im Widerspruch mit dieser merkwürdigen Anlage, und so
trüben sie ihr eigenes Gewässer und müssen es immer wieder erneun. Sie lassen
sich nicht, vor Eifer, das Hiesige, zu dem wir doch Lust und Vertrauen haben
sollten, schlecht und wertlos zu machen, – und so liefern sie die Erde immer
mehr denjenigen aus, die sich bereit finden, aus ihr, der verfehlten und ver-
dächtigten, die doch zu Besserm nicht tauge, wenigstens einen zeitlichen, rasch
ersprießlichen Vorteil zu ziehn. Diese zunehmende Ausbeutung des Lebens,
ist sie nicht eine Folge der durch die Jahrhunderte fortgesetzten Entwertung
des Hiesigen? [...]
   Der rechte Gebrauch, das ists. Das Hiesige recht in die Hand nehmen, herzlich liebevoll, erstaunend, als unser, vorläufig, Einziges: das ist zugleich, es gewöhnlich zu sagen, die große Gebrauchsanweisung Gottes, die meinte der heilige Franz von Assisi aufzuschreiben in seinem Lied an die Sonne, die ihm im
Sterben herrlicher war als das Kreuz, das ja nur dazu da stand, in die Sonne zu

weisen. Aber das, was man die Kirche nennt, war inzwischen schon zu einem solchen Gewirr von Stimmen angeschwollen, daß der Gesang des Sterbenden, überall übertönt, nur von ein paar einfachen Mönchen aufgefangen war und unendlich bejaht von der Landschaft seines anmutigen Tals. Wie oft mögen wohl solche Versuche gemacht worden sein, die Versöhnung herzustellen zwischen jener christlichen Absage und der augenfälligen Freundschaft und Heiterkeit der Erde. [...]

Nun gibt es, scheint mir, ein völlig Unermeßliches, an dem mit Maßstäben, Messungen und Einrichtungen sich zu vergreifen, die Menschen nicht müde werden. Und hier in jener Liebe, die sie mit einem unerträglichen Ineinander von Verachtung, Begierlichkeit und Neugier die ‹sinnliche› nennen, hier sind wohl die schlimmsten Wirkungen jener Herabsetzung zu suchen, die das Christentum dem Irdischen meinte bereiten zu müssen. Hier ist alles Entstellung und Verdrängung, obwohl wir doch aus diesem tiefsten Ereignis hervorgehen und selber wieder in ihm die Mitte unserer Entzückungen besitzen. Es ist mir, wenn ich es sagen darf, immer unbegreiflicher, wie eine Lehre, die uns dort ins Unrecht setzt, wo die ganze Kreatur ihr seligstes Recht genießt, in solcher Beständigkeit sich, wenn auch nirgends bewähren, so doch weithin behaupten darf. [...]

Warum [...], wenn man uns helfen will, uns so oft Hülflosen, warum läßt man uns im Stich dort an den Wurzeln alles Erlebens? Wer uns dort beiständе, der könnte getrost sein, daß wir nichts weiter von ihm verlangten. Denn der Beistand, den er uns dort einflößte, wüchse von selbst mit unserem Leben und würde größer und stärker mit ihm zugleich. Und ginge nie aus. Was setzt man uns nicht ein in unser Heimlichstes? Was müssen wirs umschleichen, und geraten schließlich hinein, wie Einbrecher und Diebe, in unser eigenes schönes Geschlecht, in dem wir irren und uns stoßen und straucheln, um schließlich wie Ertappte wieder hinauszustürzen in das Zwielicht der Christlichkeit. Warum, wenn schon Schuld oder Sünde, wegen der inneren Spannung des Gemüts, mußte erfunden werden, warum heftete man sie nicht an einen anderen Teil unseres Leibes, warum ließ man sie fallen dorthin und wartete, daß sie sich auflöse in unserem reinen Brunnen und ihn vergifte und trübe? Warum hat man uns das Geschlecht heimatlos gemacht, statt das Fest unserer Zuständigkeit dort hin zu verlegen?

Gut, ich will zugeben, es soll nicht uns gehören, die wir nicht imstande sind, so unerschöpfliche Seligkeit zu verantworten und zu verwalten. Aber warum gehören wir nicht zu Gott von dieser Stelle aus?

Ein Kirchlicher würde mich darauf verweisen, daß es die Ehe gäbe, obwohl ihm nicht unbekannt wäre, wie es mit dieser Einrichtung bestellt ist. Es nützt auch nichts, den Willen zur Fortpflanzung in den Gnadenstrahl zu rücken –, mein Geschlecht ist nicht nur den Nachkommen zugekehrt, es ist das Geheimnis meines eigenen Lebens –, und nur weil es dort, wie es scheint, den mittleren Platz nicht einnehmen soll, haben so viele es an ihren Rand verschoben und darüber das Gleichgewicht verloren. Was hilft alles! Die entsetzliche Unwahrheit und Unsicherheit unserer Zeit hat ihren Grund in dem nicht eingestandenen Glück des Geschlechts, in dieser eigentümlich schiefen Verschuldung, die immerfort zunimmt und uns von der ganzen übrigen Natur trennt, ja sogar von dem Kind [...] Um die eigentümliche Lage unserer Sinnlichkeit zu bezeichnen, müßte man also sagen dürfen: Einmal waren wir überall Kind, jetzt sind wirs nur noch an einer Stelle. – Wenn aber nur ein einziger unter uns ist, dem das gewiß wäre und der die Beweise dafür aufzuzeigen die Fähigkeit besäße, warum lassen wirs geschehen, daß eine Generation nach der anderen unter dem Schutt christlicher Vorurteile zu sich kommt und sich rührt wie der Scheintote im Finstern, in einem engsten Zwischenraum zwischen lauter Absagen!? [...]

Ich will mich nicht schlecht machen lassen um Christi willen, sondern gut sein für Gott. Ich will nicht von vornherein als ein Sündiger angeredet sein, vielleicht bin ich es nicht. Ich habe so reine Morgen! Ich könnte mit Gott reden, ich brauche niemanden, der mir Briefe an ihn aufsetzen hilft.»

Dieser «*Brief*» greift all die Punkte auf, die religionspsychologisch im gesamten zwanzigsten Jahrhundert die Kritik an dem überkommenen Kirchenglauben bestimmt haben und die bis heute den Massenexodus der Menschen aus den Kathedralen der Bischöfe und Kardinäle motivieren:

*Zuoberst* das Bild eines «Christus», der ebenso allwissend und mächtig wie aufgesetzt und fremd wirkt, der mit allem in Beziehung steht und doch mit nichts etwas zu tun hat, der nicht aus dem Leben hervorgeht, sondern der dazu verordnet scheint, permanent in ein Leben hineinzureden und hineinzuregieren, das er überhaupt nicht kennt –, ein Christus mithin, der nichts weiter ist als die konsequent zu Ende geführte «Verkündigung» der Kirche, der Widerhall ihres eigenen Echos, das Konterfei ihres eigenen Spiegelbildes, ein Theologengott, der unerreichbar und unbelehrbar über den Menschen schwebt, während er vorgibt, «ganz menschlich», «zweinaturig» und «fleischgeworden» sich «verleiblicht» zu haben, – ein Maschinengott aus dem Barocktheater, eine museale Staffage zur Ausstattung gesellschaftlicher Winkelecken im Dasein derer, die sich solchen Zierat leisten können, und am allerschlimmsten deshalb: die vollständige Travestie des Jesus von Nazareth.

*Sodann:* Die offenkundige Pervertierung einer Botschaft des Aufatmens und des Glücks in ein erstickendes Korsett zur Modellierung schlaffen Fleisches: die Feindschaft gegen alles Singende und Springende, das nicht dem Taktstock seiner Treiber folgt; die Opferideologie eines ewig durstigen, nimmermüden Vampirs von Gott. «Man muß aber Opfer bringen» – wer diesen Satz leugnet, rührt an das Heiligste des verfaßten Kirchenglaubens. Die Menschen aber wollen sich nicht mehr opfern; sie haben genug gelitten. Und sie sind mißtrauisch, *das* zumindest; sie sind, hoffentlich, wütend, wenn sie wieder etwas hören von höheren Zielen, für die sie sich opfern sollen. Noch wird die Kunst, glücklich zu sein und Leid zu vermeiden, als «EPIKUReisch»[66] und antichristlich gebrandmarkt.

Doch was wollte Jesus schon anderes, als den Menschen den «Frieden», den Einklang, das *Glück* des Vertrauens in einen Gott zu bringen, der gütig genug ist, um Opfer nicht länger zu brauchen? Der Gott der Kirche aber, das spüren die Menschen, ähnelt weit eher einem Obermafioso, der von seinen verschüchterten Fronsklaven ständige Schutzgelder erpressen möchte, damit ihnen nicht ihre Boutique oder ihr Wirtshaus in die Luft gesprengt wird. Höllendrohungen und Höllenstrafen[67] – man ist es leid; man bedauert inzwischen die armen Geschöpfe, die sich davon noch schrecken lassen. Denn: was für ein Gott, der es nötig hätte, sich so zu beglaubigen! Nein, Jesus starb nicht, damit wir uns noch mehr in die Pflicht nehmen ließen, um von ebenso opferseligen wie opferscheuen Priestern zu lernen, daß es ein gutes Recht auf persönliches Glück im Namen ihres Gottes nicht gibt. Im Kampf gerade gegen einen solchen Strafe- und Würgegott, im Kampf gegen die Priesterherrschaft der Angst und des Opfers setzte der Mann aus Nazareth alles auf eine Karte; *das* war der Sinn *seines* «Opfers».[68] Doch man begreift: wer auf solche Weise sich «opfert», *gewinnt* sich – er läßt sich nicht ducken; er bleibt sich treu; er will durch die Wand, und er geht am Ende womöglich gar durch verschlossene Türen.[69] Wohl: jeder trägt in diesem Leben ebenso die Hypothek seines Schicksals wie seiner Fehler. Doch eben deshalb wartet er auf jemanden, der da sagt: «Meine Bürde ist leicht» (Mt 11,30).[70] So einer *war* Jesus. *Das* wollte er sein. Wieviel Verleumdung, Verfälschung und Herrschaftswissen ist abzutragen, um ihn wiederzufinden?

*Und schließlich:* Die Verleumdung der Liebe! Sie ist gewiß der Punkt, den man der Kirche noch in Jahrzehnten nicht vergeben wird; schon weil sie sich in der Unfehlbarkeit ihres Lehramtes aus allen Fehlern, statt sie offen zu gestehen, still davon zu schleichen pflegt (nach irgendeinem Konzil ändert sie einfach die Sprachregelung, und alles, was man vorher zu hören geglaubt hat, war

nichts als eine akustische Grille), fühlen unzählige Menschen sich allein schon
durch die unselige Sexualmoral der katholischen Kirche genasführt: man hat
sie betrogen um die Unschuld ihrer Kindheit – Achtjährigen predigte man die
ewige Verdammnis, wenn sie entdeckten, Jungen zu sein oder Mädchen; man
hat sie gebracht um die Leidenschaft ihrer Jugend – die Glut ihrer Sehnsucht
nannte man Wollust, und die Träume ihrer Liebe erklärte man zu unzüchtigen
Phantasien, und die tastenden Berührungen ihrer Zärtlichkeit erniedrigte man
zur Unkeuschheit – «zu zweit?», in der Sprache des Beichtstuhls; man raubte
ihnen die Freude und Unbefangenheit ihrer Nähe – spätestens elf Monate nach
ihrer Hochzeit stand der Pfarrer des Ortes vor ihrer Haustür, um sich danach
zu erkundigen, wo der «Ehesegen» blieb, und es waren die besten unter den
Geistlichen noch, die so taten. Doch kein Wort der Entschuldigung bis heute
für die unsinnige Moralauffassung der Kirche, die Sexualität sei «göttlich» nur
in der möglichen Weitergabe von Leben.[71] Ganz zu schweigen von der Total-
verurteilung der *Homosexualität*[72], die schon der heilige Paulus für ein todwür-
diges Verbrechen erklärte (Röm 1,26–27.32)[73]; kein Wort des Verstehens auch
für die oft verzweifelten Um- und Seitenwege der Liebe[74] – sogar die Prosa-
dichtung des Mittelalters von *«Lancelot du Lac»*[75] scheint da im dreizehnten
Jahrhundert weit menschlicher als über ein halbes Jahrtausend danach immer
noch das kirchliche Sprechen in den Kategorien von Untreue, Unmoral und
Todsünde.

*So steht es deshalb:* man begreift nur zu gut, daß es letztlich nicht so sehr um
die «Regelung» der «Liebe» geht, als vielmehr um die Unterdrückung der
stärksten Gefühle des Individuums. Wer die Macht besitzt, einem Menschen
die innigsten Empfindungen seines Körpers und seiner Seele als eine ständige
Gefahr zur Unanständigkeit vor Augen zu stellen, der vernichtet im Grunde
das Selbstvertrauen, das sich im Umgang mit sich selber bilden könnte. Jedes
totalitäre System muß deshalb ein Interesse daran haben, die Liebe zu zensieren.[76] *Opfer*, ja, bis hin zu Kriegsdienst und Wehrpflicht, *das* muß man gebieten, denn die Welt ist böse, und die Menschen sind schlecht[77], aber *die Liebe*
muß man unterdrücken, so gut es geht, damit die Menschen nur ja nicht beginnen, einer den anderen für das Wichtigste auf Erden zu nehmen. Die Unterdrückung der Sexualität mit andern Worten dient lediglich als Instrument zur
Unterdrückung der Persönlichkeit.

*Am schlimmsten aber:* Man spürt genau, daß diese Art der kirchlichen Sexualmoral zugleich mit der Erniedrigung der Person des Einzelnen auch die Person Gottes, der doch nach aller Theologenauskunft die Liebe selber ist und
sein soll (1 Joh 4,7–8), in den Schatten des Gegenmenschlichen hinabzieht. So-

lange es von seiten des kirchlichen Lehramtes den Menschen immer noch zur Entscheidung vorgelegt wird, *wählen* zu müssen zwischen der Liebe zu Gott und der Liebe zu einem Menschen (wie zum Beispiel in der unseligen und unsinnigen, jetzt schon 450 Jahre währenden Zölibatsdiskussion um den «besonderen» Stand der Kleriker der Kirche), solange die Menschen von der Kirche gezwungen werden, zwischen Selbstfindung und Gottfindung, zwischen Selbstvertrauen und Gottvertrauen, zwischen persönlicher Reifung und entfalteter Frömmigkeit, zwischen Diesseits und Jenseits, zwischen Zeit und Ewigkeit alternativisch wie zwischen Entweder-Oder zerrissen zu werden, fliehen sie zu Recht die Kirche als Form einer mittelalterlich anmutenden Zerrissenheit des Geistes, die es nicht fertigbringt, die Religion als ein System symbolischer Verweisungen des Irdischen ins Unendliche aufzufassen und die Menschen gütig genug bei der Hand zu nehmen, um sie aus dem Irrgarten ihrer Ängste und Widersprüchlichkeiten herauszuführen. Wenn Gott nicht der *Stolz* des Menschen ist: das Widerspiel und der Spiegel, in dem seine eigene Schönheit und Größe sich malt, wenn er nur ist und bleiben soll ein Popanz zur Erniedrigung der Menge unter der aufgeblasenen Attitüde der Rechthaberei und des Machtbesitzes einiger weniger Kirchenangestellten, ist von Gott nicht wahrhaft die Rede, sondern es verwaltet sich unter dem Namen Gottes nur das alte Götzentum, innerhalb dessen das Wesen des Menschen, entsprechend der Religionskritik L. FEUERBACHS[78] und K. MARX'[79] zu Beginn und Mitte des neunzehnten Jahrhunderts, in projizierter Gestalt, entfremdet in den Händen der Mächtigen, dem Menschen selber als sein eigener Feind gegenübertritt. Man begreift auf diese Weise auch die Gründe der eigentümlichen Mesalliance, die noch heute zwischen Kirche und Kapital besteht, indem die Erniedrigung der Kreatur im Namen Gottes sich verpaart mit der Ausbeutung der Natur im Namen des Geldes – ca. achtzig Prozent aller Kirchenbesucher sind noch heute notorische Wähler traditioneller Rechtsparteien[80]!

Liest man RILKES «Brief eines Arbeiters», so lassen sich, in einfachem Umkehrschluß, mindestens *fünf Bedingungen* angeben, die erfüllt sein müssen, um dem Reden von Gott mit Berufung auf die Botschaft des Mannes von Nazareth seine ursprüngliche Glaubwürdigkeit und humane Evidenz zurückzugeben; sie werden im folgenden die Gliederungspunkte des vorliegenden Buches bilden.

1. Es macht keinen Sinn mehr, den Menschen einen zu Ende geoffenbarten und letztgültig erklärten Theologengott zu präsentieren, dessen Dogmen jederzeit dazu dienen, immer neue Ausgrenzungen und Abgrenzungen im Namen einer von Gottes Geist geleiteten Lehramtsbürokratie vorzunehmen; es

kommt im Gegenteil darauf an, die gedankliche Offenheit, die existentielle Redlichkeit und die dichterische Dichte zurückzugewinnen, die als unverwechselbares Gütezeichen jede wahre Gottesrede kennzeichnet und auszeichnet: ‹Dogma und Zwangsidee oder: Glauben als Ichfunktion› werden wir diesen ersten Punkt überschreiben.

2. Die Zeit ist endgültig vorüber, in welcher man es sich erlauben konnte, den Menschen einen Gott zu predigen, der nicht als erstes Antwort gibt auf ihre Ängste und Nöte, ihre Hilflosigkeiten und Verzweiflungen, ihre Tragödien und ihre Untergänge. Als allererstes, nach der Hinwegnahme der dogmatischen Decke, muß es folglich darum gehen, aus dem Leiden und Suchen, dem Fragen und Hoffen der Menschen die Sehnsucht eines religiösen Verlangens wieder zu wecken und bewußt zu machen.

«Einer fragte Herrn K., ob es einen Gott gäbe», erzählt BERTOLT BRECHT in den «*Geschichten von Herrn Keuner*».[81] «Herr K. sagte: ‹Ich rate dir, nachzudenken, ob dein Verhalten je nach der Antwort auf diese Frage sich ändern würde. Würde es sich nicht ändern, dann können wir die Frage fallenlassen. Würde es sich ändern, dann kann ich dir wenigstens noch so weit behilflich sein, daß ich dir sage, du hast dich schon entschieden: Du brauchst einen Gott!»

Wann je hätten Theologen *so* nach Gott gefragt, daß sich entsprechend der Antwort *ihr ganzes Leben* geändert hätte? Doch die Menschen, wenn überhaupt, *fragen* so, und es bedürfte einer anderen, einer neuen «Theologie», um zu solchen Fragen hinzuführen. Die *Sprache* einer solchen «Theologie» müßte frei sein von den Formeln des gefrorenen «Glaubenswissens» der Vergangenheit; sie müßte so bildhaft und persönlich verbindlich sein, daß sie die Erfahrungen auch wirklich vermittelt, von denen sie spricht. Statt in herkömmlichem Sinne mit Begriffen wie «Sünde» und «Erlösung» als mit fertigen Vokabeln um sich zu werfen, müßte sie die Gefühle der Verlorenheit, der Nicht-Akzeptiertheit, des Verstoßenseins so radikal artikulieren, daß im Hintergrund des Daseins die zentrale Spannung zwischen Angst und Vertrauen als den alternativen Vorentscheidungen über Mißlingen und Gelingen des Lebens wieder deutlich würde. Ein halbes Jahrtausend nach MARTIN LUTHER fragen die Menschen den Worten nach wohl nicht mehr: Wie finde ich einen gnädigen Gott? Doch sie haben nicht aufgehört, nach wenigstens *einem* Menschen auf Erden zu suchen, der sie wirklich liebt[82]; und was wäre eine «Theologie», die den Namen «Gottesrede» für sich beansprucht, wohl wert, die nicht in dem Verlangen der Menschen nach Liebe das Haupt- und Grundthema aller Religion sichtbar zu machen verstünde? Noch sieht es in der tradierten «Dogmatik» so aus, als wenn es in Fragen des Glaubens als erstes eine Menge intellektueller Informationen zu «lernen» gäbe, um danach mit moralischer Anstrengung das Leben «richtig» zu gestalten. Doch genau das stimmt nicht. Umgekehrt: Es ist die Liebe, die das Vertrauen begründet; ein dogmatischer Kirchenglaube hingegen fördert durchaus nicht die «Liebe», die er den Worten nach fordert, ja, er steht der Liebe und Verständigung unter den Menschen, wie man in der Geschichte bis heute sattsam hat sehen müssen, auf schlimme Weise im Wege. Mit der Liebe und dem Vertrauen ist nach dem Vorbild Jesu *zu beginnen*. Dann kommt man wie von selbst auch zur *Hoffnung*. «Verlorenheit und Rückkehr oder: Zwischen Angst und Freiheit» wird dieser Punkt heißen, der die klassische «Erlösungslehre» vertreten wird.

3. Was dürfen wir hoffen? Diese Frage stellt sich immer wieder angesichts der Brüchigkeit aller menschlichen Beziehungen im Gegenüber der einzig gewissen Tatsache unseres Lebens: Eines Tages werden wir sterben müssen. Wie ist es möglich, die Angst vor der unwiderruflichen Trennung des Todes zu *überlieben?* Die klassische Form religiöser Hoffnung in der Konfrontation mit der offensichtlichen Vorläufigkeit und Endlichkeit unseres Daseins kristallisierte sich in der tradierten Dogmatik zu dem metaphysischen Konstrukt von der «Unsterblichkeit» der «Seele»; doch einmal ganz abgesehen von der naturphilosophischen Problematik einer materieunabhängigen «Seele» hat RILKE ganz recht: Die Lehrentwicklung der Kirche hat es mit ihrem Sprechen von einer unsterblichen Seele geschafft, selbst die großen mythischen Visionen einer jenseitigen Welt aus dem Reichtum der Religionsgeschichte der Menschheit in Schreckbilder der Ewigkeit zur Entwertung des irdischen Lebens zu verwandeln und am Ende gar noch das «Seelische» zur Verleumdung des «Fleischlichen» zu verwenden. Ganz anders hingegen verhält es sich, wenn die Inhalte menschlicher Hoffnung nicht länger als Destillate metaphysizierter «Glaubenstatsachen» des göttlichen «Heilswirkens» genommen, sondern aus der Evidenz der Liebe selber gewonnen werden. Ist es denn möglich, einen Menschen, ohne zu heucheln, nur «seelisch», nicht aber «körperlich» liebzuhaben? Ja, ist nicht die Liebe selbst die Innigkeit jener Erfahrung, durch welche Seele und Körper im Menschen allererst wieder zu ihrer Einheit finden? Die tiefste Sehnsucht der Liebe aber besteht darin, einander umfangen zu dürfen, ohne je wieder voneinander lassen zu müssen. *Eine Liebe ohne Abschied* – das ist es, was die Religion den Menschen verheißt; und all ihre Bilder sind nichts als der Aufschein des Lichts einer anderen Welt an den Durchbruchstellen der Wände der irdischen Existenz, wenn die Wärme der Liebe den Eismantel schmilzt. Wir werden dieses Kapitel nennen: ‹Visionen der Unsterblichkeit,

oder: Vom Mut zum Leben angesichts des Todes› und dabei die klassischen Fragen der «Eschatologie» erörtern.

4. In all dem wird wie selbstverständlich Zug um Zug auch die Gestalt Jesu als die Ursprungs- und Vorbildperson der entsprechenden Erfahrungen des Vertrauens und Hoffens im Umfeld einer Grundbejahung des Daseins zur Sprache kommen, ohne daß es indessen notwendig oder auch nur von weitem als sinnvoll erscheinen könnte, all die uralten Ketzerdebatten und Dogmenfixierungen der «Christologie» aus zweitausend Jahren Theologiegeschichte noch einmal mitanklingen zu lassen. Ob in der Person Jesu «zwei Naturen» sich «vereinigten»[83] und wie ein solches Mysterium in strengem Sinne «ohne Vermischung» und ohne «Trennung»[84] möglich war, interessiert, mit Verlaub, nur noch jene verschwindende Minderheit kirchlicher Gralshüter, denen wir all diese Theorien und Spekulationen zur Interpretation eines ganz einfachen grundgütigen Daseins verdanken; gemessen an der religiösen Not unserer Zeit wirken die aufgehäuften Arsenale all dieser theologischen Lehrsätze der Kirche wie eine Ausstellung mittelalterlicher Geräte zum Gehirnzertrümmern und Herzenzerspalten – man war, so scheint es, recht tüchtig darin; doch was soll uns das heute! Der Mann aus Nazareth selber würde nicht einen einzigen dieser Lehrsätze über seine «Zweinaturigkeit» oder über die Doppelheit seiner «zwei» «Willen»[85] verstanden haben. Was er sein wollte, hat in der Tat weit mehr mit dem ausgestreckten Finger RILKES als mit den Summarien des Nicaenokonstantinopolitanischen Glaubensbekenntnisses[86] zu tun. Wie wird eine menschliche Person in der Kraft der Liebe einem anderen Menschen so durchsichtig, daß dahinter ein absoluter Bezugspunkt des Vertrauens wahrnehmbar wird? *Das* war die Art Jesu, nach Gott zu fragen; es ist keine andere als die Form, die seit eh und je als einzige einen Menschen, wenn überhaupt, in der Nähe eines anderen Menschen aufwachsen läßt zu jener Größe und Schönheit, die im Hintergrund von allem uns selber erscheint als *Person*. Nicht ob die Gottheit, eines Wesens, durch zwei Hervorgänge in drei Personen sich an sich selber durch Zeugung und Hauchung hervorbringt[87], ist dabei die Frage, sondern ob und wie sie überhaupt sich im menschlichen Leben zeigt und mitteilt. All die dogmatischen Erhabenheiten der christlichen Trinitätstheologie verhindern eher das einzig Wesentliche der Botschaft Jesu: zu glauben, es sei da ein Gott, dessen Welt alle Menschen umfasse, von Sonnenaufgang bis Sonnenuntergang; keinerlei Prinzip ständiger Ausgrenzungen und Glaubenskriege gegen vermeintliche Irrlehrer im inneren und gegen «die» Juden und Muslime «draußen» ist damit vereinbar. Nennen wir dieses Kapitel also vorsichtig: ‹Mutmaßungen über Gott oder: Wege im Unendlichen.›

5. Aber: kann es einen «Gott» geben angesichts des Übermaßes an Unrecht und Leid in der Welt? *Das,* nicht die theologischen Be- oder Aufweise von Gott als dem allmächtigen «Schöpfer» einer durch Vorsehung und Weisheit geordneten Welt[88] steht im Zentrum eines lebendigen Fragens nach Gott. Nicht «die fünf Wege» der Gotteserkenntnis des hl. Thomas von Aquin[89], einzig die Fragen des *Hiob,* wie sie in unseren Tagen sich stellen, müssen der «Rechtfertigung» Gottes angesichts «seiner Schöpfung» dienen, indem, damals wie heute, die Ehrlichkeit und die Radikalität des Fragens selber durchgehalten werden muß, bis das Problem selber sich öffnet zur Antwort. ‹Sinnsuche und Absurdität zwischen Zuversicht und Scheitern› wird das Thema dieses Abschnitts sein, das wesentlich der klassischen Schöpfungslehre gewidmet ist.

6. Dann bleibt (über Rilkes Brief hinaus) das Problem der Stellung des Menschen in dieser Welt selber. Überholt ist die Form einer «Moral», wie die Kirche bis heute sie lehrte: anthropozentrisch auf den Menschen fixiert, logozentrisch und voluntaristisch einzig den «vernunftgeleiteten», ‹freien› «Willen» des Menschen ansprechend, objektivistisch allein die faktische Handlung eines Menschen nach dem simplen Schema einer zweiwertigen Logik von Gut und Böse, von Geboten und Verboten, von Tugenden und Lastern betrachtend[90]; erfordert demgegenüber wäre als erstes eine «Moral», die von der Radikalität menschlicher Hilflosigkeit und Ausgesetztheit nicht nur am Rande redet, sondern davon als dem entscheidenden Datum alles weiteren ausgeht: Keine «Definition» des «Guten» erweist sich als «gut», die nicht als erstes dem Menschen hilft, sich selber in seinen Ängsten und Verzweiflungen tiefer zu verstehen und den Mut zu einem eigenen Leben zurückzugewinnen.[91] Insbesondere gilt es, die Entdeckung des *Unbewußten* in der Psychoanalyse am Anfang dieses Jahrhunderts endlich als eine Einsicht aufzugreifen, die alles bisherige Sprechen von Gott und vom Menschen neu zu zentrieren nötigt. Nicht die bisherige Verdrängungsethik fertiger Normen müßte das Ziel einer solchen neu zu erstellenden Ethik bilden, sondern was «gut» und was «böse» ist, müßte sich messen lassen an dem Maßstab der Integration und der Personalisation der Psyche selber.[92]

Vor allem wird in unseren Tagen immer deutlicher, daß die Abspaltung des Unbewußten, des «Naturhaften», des ‹Tierischen› im Menschen durch den tradierten Typ einer vereinseitigten Moral *notwendig,* nicht aus einem vermeidbaren Malheur, sondern absolut unvermeidbar, auch und wesentlich zu der Zerstörung und Zurückdrängung der Natur an unserer Seite geführt hat. Die Problematik der «Umwelt», mit anderen Worten, ist kein Nebenthema der Ethik, sondern sie erweist sich als ein Zentralthema der Anthropologie[93]:

Wir werden mit den Tieren und Pflanzen ringsum nicht anders umgehen, als
wie wir mit uns selbst verfahren. In der Welt von morgen, das kann man sicher
sagen, wird nur eine Religionsform als glaubwürdig erscheinen, die den Weg
des Menschen zur Integration seiner unbewußten Antriebe ebenso aktiv
unterstützt und begleitet wie seine Einbeziehung in die ihn umgebende Natur.
Anders gesagt: Keine Religionsform wird in Zukunft noch eine Chance haben,
die, wie bisher in der christlichen Moraltheologie, das Verhältnis des Menschen zur «Natur» drinnen wie draußen lediglich auf Herrschaftskategorien
im Rahmen einer auf das menschliche Zweckdenken zentrierten Definition
von «Verantwortung» zu gründen sucht. ‹Zwischen Fremdbestimmung und
Selbstbestimmung oder: Vom Nutzen und Nachteil der Moral für das Leben›
überschreiben wir dieses Kapitel.

   7. Dabei ist es klar, daß man künftig von jeder Religion erwartet, sie möge
aufhören, im Erbe der eigenen kulturellen Überlieferung sich gegenüber allen
anderen Religionen und Kulturen absolut zu setzen. Der Wert einer Religion
wird künftig nicht länger mehr danach bemessen werden, wie rabiat sie ihren
eigenen Anhängern den Totalanspruch ihrer göttlichen Wahrheitsbehauptun-
gen aufzuoktroyieren vermag oder wie stark sie ihre Kraft demonstriert, Ab-
weichler und Andersdenkende von sich auszuschließen; der Maßstab für den
Wert einer Religion wird wesentlich darin liegen, wie groß ihre Integrations-
fähigkeit, Toleranz und Lernbereitschaft gegenüber Abweichungen im eigenen
Inneren und gegenüber den fremden Religionen und Kulturen ringsum ist.
Eine Glaubenslehre, die immer wieder Menschen als Ketzer und Häretiker
ausschließen *muß*, um sich selber bestätigen und betätigen zu können, wird in
alle Zukunft nicht länger mehr als eine glaubwürdige Form des Glaubens erscheinen, sondern nur noch als eine unmenschliche, ja, gefährliche Ideologie.
Selbst um das Wesen des «Christlichen» zu beschreiben, werden wir daher
nach Formen und Wendungen suchen müssen, die *alle* Menschen verstehen
und mitvollziehen können, gleichgültig, ob ihre geistige Heimat der Buddhismus, der Islam, der Hinduismus, das Judentum, der Taoismus oder was auch
immer ist. Es muß dabei bleiben: Alle Inhalte des religiösen Glaubens sind
Chiffren und Zeichen für eine Hoffnung, die sich entzündet an der Liebe. Die
Liebe aber ist nicht der «Anwendungsfall», sondern der Grund allen Glaubens, und es stellt einen schweren Fehler in der Geschichte des Christentums
dar, zugunsten einer kirchenamtlich leicht zu verwaltenden «Orthodoxie» die
Liebe mit brutaler Gewalt in eine bloße Funktion der «richtigen» Lehrsätze
verwandelt zu haben. Um die Welt von morgen zu gewinnen, gilt es, im Namen des Glaubens die Glaubenssätze des kirchlichen Lehramtes zu relativie-

ren, neu zu interpretieren und sie praktisch verbindlich zu instrumentalisieren. ‹Zwischen Verbindlichkeit und Lernbereitschaft oder: Von der notwendigen Vielfalt der Religionen› werden wir diesen Abschnitt überschreiben.

Das alles, so scheint es, ist ein weitgespanntes, ein gefährliches, ja, ein revolutionäres Ziel. Klar jedenfalls ist im voraus: es läßt sich dabei gewiß nicht auf irgendeine Anerkennung von seiten der offiziellen Lehramts- und Lehrstuhlinhaber der heutigen Form von (katholischer) Kirche zählen. Doch was soll's? Das wirklich Erschütternde für jeden Kirchengebundenen, das innerlich Befreiende für jeden der Kirche schon ferner Stehenden ist die Tatsache der offenbaren Inkompetenz und Inadäquatheit des tradierten Kirchenglaubens gegenüber den Fragen der heutigen Zeit. Immer noch beansprucht die Kirche ein unbedingtes Auslegungsmonopol in allen Fragen des Glaubens. Doch die Menschen spüren genau: diese Kirche hat zweitausend Jahre lang Zeit gehabt, die Welt nach ihren Vorstellungen zu gestalten; dabei herausgekommen ist nicht in einem einzigen Punkt irgendeine wenn auch noch so hauchdünne Annäherung der Wirklichkeit wenigstens des kirchlichen Lebens selber an die Bergpredigt. Ganz im Gegenteil, dabei herausgekommen ist eine Art Betonbunker zum Schutz gegen die drohende Möglichkeit, es könnte immer noch jemand ernsthaft daran glauben, die Vorstellungen des Mannes aus Nazareth ließen sich außerhalb der Klostermauern, in der tatsächlichen Welt, wirklich leben. Zur 2000-Jahr-Feier des Geburtstages Christi stehen wir weiter entfernt vom eigenen Ursprung denn je.

Mit andern Worten: diese Kirche verkündet nicht die Botschaft Jesu, sie tut alles, um sie in ihren lehramtlichen Abstraktionen von der lebendigen Erfahrung abzuschneiden. Die Folge ist danach. Diese Kirche ist tot. Das ist die bittere Wahrheit; wer sie (immer noch) nicht wahrhaben will, der muß nur sehen, wie seit Jahrhunderten die Besten und Sensibelsten unter den glaubensuchenden Menschen von ihr in den Status der «Häresie» oder des «Atheismus» getrieben werden: JAN HUS[94], MARTIN LUTHER[95], GIORDANO BRUNO[96], BLAISE PASCAL[97], HERMANN SCHELL[98], IGNAZ DÖLLINGER[99], GEORGE TYRRELL[100], ALFRED LOISY[101], JOSEPH WITTIG[102], sogar beinahe TEILHARD DE CHARDIN[103] ... die Liste läßt sich beliebig bis in die Gegenwart verlängern. Wie kann man Wahrheitsliebe und Wahrhaftigkeit von einem System erwarten, das so konsequent jedes Fragen vernichtet aus Furcht vor der eigenen Fragwürdigkeit?

Die religiöse Situation, in der wir heute leben, ähnelt aufs verzweifeltste der Lage des Propheten JEREMIA um 600 vor Christus.[104] In einer Zeit des äußeren Wohlstandes und der politischen Sicherheit Jerusalems ging dieser Mann jahrzehntelang als Mahner und Warner durch die Straßen und Gassen der Heiligen

Stadt, bis alles das eintrat, was er in seinen düsteren Weissagungen in Aussicht
gestellt hatte: das ganze Land werde verheert werden infolge der Schuld der
Propheten und Priester, die das Volk in Lügen erstickten und nur sich selber
aufspielten als Mittler zu Gott. Das gesamte veräußerlichte Unwesen des Religiösen müsse zerbrechen, meinte der Priestersohn aus Anatot, damit Gott endlich von neuem sein Wort in das Herz der Menschen schreiben könne. Und so
ging er in den Tempel und verkündete, Gott selber werde sein Heiligtum niederreißen, wie er es schon mit Schilo getan hatte (Jer 26,1–6)[105], und er sprach
seinen Fluch über die verkehrten Heiligtumswächter und Worteverdreher in
geistlichen Ämtern (Jer 23,9–39)[106]. Erst nach dem Untergang von allem, was
das Wort Gottes an die steinernen Tafeln äußerer Verordnungen binde, werde
der Allmächtige beginnen können, sein «Gesetz» «in das Innere des Menschen
zu legen» und «es ihnen ins Herz zu schreiben»: «Da wird keiner mehr den
anderen, keiner seinen Bruder belehren und sprechen: ‹Erkenne den Herrn!›,
sondern sie werden mich alle erkennen, klein und groß, spricht der Herr»
(Jer 31,31–34).[107] Es sollte die Aufgabe und Berufung dieser großen, einsamen
Prophetengestalt Israels werden, «auszureißen und niederzureißen, zu verderben und zu zerstören» und erst nach dieser langen Kette der Negation und der
Destruktion wieder «zu pflanzen und aufzubauen» (Jer 1,10).[108]

Geistesgeschichtlich betrachtet hat im westlichen Europa die Stunde des Jeremia bereits vor fünfhundert Jahren begonnen, am Anfang des «Humanismus» und der «Renaissance», als man, angeregt durch die Vermittlung der
Araber[109], den Geist der griechischen Antike wiederentdeckte: exakte Na-
turforschung durch die Kombination von Beobachtung und Berechnung; –
plötzlich ahnte man, in welch einen Abgrund von Blindheit und Angst das
christliche Weltbild den Menschen geworfen hatte; – der Kampf zwischen
naturwissenschaftlichem Forschen und kirchlichem Dogma, der damals ent-
brannte, sollte nicht mehr aufhören bis heute. Mehr noch: Die freie, von
kirchlichem Vorurteil unabhängige, historisch getreue Erforschung der geschichtlichen Urkunden in Religion und Gesellschaft: aus diesem Sprengstoff
sollte vor fünfhundert Jahren die Reformation hervorgehen. Dann vor zweihundert Jahren: die Selbstbestimmung der menschlichen Freiheit, die Forderung der Mündigkeit des Denkens und Urteilens in der Aufklärung: auch da
wußte die katholische Kirche sich nicht anders zu helfen als mit Verboten, Ei-
den[110], Indizierungen – mit Machtsprüchen statt mit Argumenten. Doch eben
dies: daß Gott eine Macht ist *im Inneren* des Menschen, ist der Grund für den
Niedergang jedes statuarischen Kirchenglaubens. «Der Dogmatismus ist ein
Nihilismus, der seiner nur noch nicht inne ist», schrieb J. G. FICHTE sinnge-

mäß schon um 1800.[111] Man glaubt in Fragen der Religion absolut nichts mehr, was nicht von innen her zum Menschen redet. Alle äußere Kirchenverwaltung im Namen eines äußerlich vorgestellten Gottes, der sich beglaubigt durch äußere Wunder und Machttaten, findet nicht länger mehr Achtung und Glauben, sie erntet nur noch Spott oder Desinteresse.

Wenn wir im folgenden uns daher der *Tiefenpsychologie* bedienen, um von der Religionspsychologie her die Fragen heutigen Glaubensverständnisses neu zu erörtern, so gewiß nicht, um eine bestimmte Methode der Anthropologie absolutzusetzen, wohl aber, um die Tiefenschichten wieder freizulegen, in denen so etwas wie ein religiöses Fragen aufbrechen kann. Nach einer vorbereitenden *Kritik* der traditionellen *Moraltheologie* (E. DREWERMANN: *Psychoanalyse und Moraltheologie*, drei Bände, Mainz 1982–84) sowie der gängigen Form der *Bibelauslegung* (DERS.: *Tiefenpsychologie und Exegese*, zwei Bände, Olten 1984–85; DERS.: *Das Markus-Evangelium*, zwei Bände, Olten 1987–88; DERS.; *Das Matthäusevangelium*, 1. Band, Olten 1992) sind wir jetzt so weit, in einem dritten Schritt den gesamten dogmatischen Überbau der kirchlichen Lehre mit Hilfe wesentlich der *Tiefenpsychologie* und der *Existenzphilosophie* einer gründlichen Revision zu unterziehen. Einfacher scheint eine Rückgewinnung des Religiösen unter den Versteinerungen der Kirche Petri am Ende dieses Jahrhunderts nicht möglich.

Anfang Oktober 1992, am Ende eines Fernsehabends, gab der Kabarettist HANNS DIETER HÜSCH die folgende Geschichte zum besten:[112]

> «Als die Nachricht um die Erde lief
> Gott sei aus der Kirche ausgetreten
> Wollten viele das nicht glauben
> Lüge Propaganda und Legende
> Sagten sie
> Bis die Oberen und Mächtigen der
> Kirche sich erklärten
> Und in einem sogenannten Hirtenbrief folgendes erzählten:
> Wir die Kirche haben Gott dem Herrn
> In aller Freundschaft nahegelegt
> Doch das Weite aufzusuchen
> Aus der Kirche auszutreten
> Und gleich alles mitzunehmen
> Was die Kirche immer schon gestört:
> Nämlich seine wolkenlose Musikalität
> Seine Leichtigkeit

Und vor allem Liebe Hoffnung und Geduld
Seine alte Krankheit
Alle Menschen gleich zu lieben
Seine Nachsicht seine fassungslose Milde
Seine gottverdammte Art und Weise
Alles zu verzeihen und zu helfen
Sogar denen, die ihn stets verspottet
Großzügig bis zur Selbstaufgabe
Seine Heiterkeit seine Komik
Sein utopisches Gehabe
Seine Vorliebe für die, die gar nicht an ihn glauben
Seine Virtuosität des Geistes überall und allenthalben
Auch sein Harmoniekonzept bis zur Meinungslosigkeit
Seine unberechenbare Größe
Und vor allem seine Anarchie des Herzens und so weiter
Darum haben wir, die Kirche,
Ihn und seine große Güte unter Hausarrest gestellt
Äußerst weit entlegen
Daß er keinen Unsinn macht
Und fast kaum zu finden ist

Viele Menschen
Als sie davon hörten
Sagten
Ist doch gar nicht möglich
Kirche ohne Gott
Gott ist doch die Kirche
Ist doch eigentlich gar nicht möglich
Gott ist doch die Liebe
Und die Kirche ist die Macht
Und es heißt die Macht der Liebe
Andere sprachen
Auch nicht schlecht
Kirche ohne Gott
Warum nicht
Kirche ohne Gott
Ist doch gar nichts Neues
Gott kann sowieso nichts machen
Heute läuft doch alles anders
Gott ist out
War als Werbeträger nicht mehr zu gebrauchen

Und die Kirche hat zur richtigen Zeit
Das Steuer rumgeworfen
Kirche ohne Gott, das ist der Slogan
Doch den größten Teil der Menschen
Sah man hin und her durch alle Kontinente ziehen
Und die Menschen sagten:
Gott sei dank
Endlich ist ER frei
Kommt
Wir suchen ihn.»

# A. Dogma und Zwangsidee oder: Glauben als Ichfunktion

*«Wie alt bist du, Mulla?»*
*«Vierzig.»*
*«Aber dasselbe hast du gesagt, als ich dich vor zwei Jahren gefragt habe.»*
*«Ja, denn ich stehe stets zu dem, was ich gesagt habe.»*

I. SHAH: Die fabelhaften Heldentaten des vollendeten Narren
und Meisters Mulla Nasrudin, S. 106.

Wer irgend versuchen will, den Menschen heute religiös Orientierung und Halt zu bieten, kommt nicht umhin, von der tradierten Kirchensprache über Gott endgültig Abschied zu nehmen. Sie stimmt nicht mehr, ja, vermutlich hat sie noch niemals gestimmt, zumindest wenn man sie am Vorbild Jesu mißt. «Jesus aber war anders.» Das ist ein unwiderlegliches Grundgefühl, das die Mehrheit der Menschen heute der Kirche entgegenbringt. Dem Mann aus Nazareth würde man glauben, der Kirche nicht, gerade weil sie sich auf ihn beruft. Zu deutlich ist der Unterschied, die Pervertierung in allem und von allem.

Gewiß, wer heute irgendetwas über die Gestalt des Nazareners sagen will, wird gleich einem doppelten Vorwurf begegnen:

Die *«Kirchentreuen»* werden ihm mit dem Kirchenvater TERTULLIAN sagen, daß er überhaupt kein Recht besitze, sich religiös als Christ zu äußern, gleich, ob außerhalb oder innerhalb der Kirche, wenn er sich nicht der Kirchenmeinung anschließe.[1]

In der Tat: Alles, was wir über die Person und Botschaft Jesu wissen, entnehmen wir dem *Neuen Testament;* das Neue Testament aber ist sozusagen von der Kirche beschlagnahmt worden: Es ist geschrieben von glaubenden Menschen zur Verbreitung des Glaubens – daraus ist in kirchlicher Selbstauslegung die Meinung entstanden, das Neue Testament sei überhaupt nur zu verstehen als ein Buch der Kirche, und nur, wer die Kirche im Sinne trage, könne sich daher legitim auf die Bibel berufen[2]; daß es die Bibel gibt, *verdankt* man, so verstanden, der Kirche, und um zu verstehen, was in der Bibel steht, muß man folglich hören, was die Kirche sagt. Nur sie verschafft angeblich Zugang zu der Wahrheit des Christus.

*Jedoch:* so eindrucksvoll und einschüchternd dieses Argument auch vorgebracht wird, man begreift sogleich die Anmaßung, die darin steckt. Da setzt sich die heutige Kirchenverfassung, mir nichts, dir nichts, identisch mit jener Gruppe gläubiger Menschen vor zweitausend Jahren, in deren Kreisen die Texte des NTs entstanden sind, ja, sie übernimmt es sogar, die Stelle Jesu selber zu vertreten. Die Person Jesu, recht betrachtet, ist da eigentlich nur noch der Anlaß für die Bedeutsamkeit des heutigen Papstes[3]; – auf *diesen* zu hören ist allemal einfacher und vor allem sicherer, als in der Bibel zu lesen. Doch wer in die Bibel schaut, bemerkt sofort die Verkehrung der Wahrheit: Hier wedelt der Schwanz mit dem Hund! So, wie es sich gibt, war es nicht gemeint! *Jeder* begreift das, der nicht völlig vom kirchlichen Lehramt verschreckt ist. «Es ist so», sagte eine Frau, die aus der Kirche ausgetreten war, «wie wenn man in einer römischen Villa aufgewachsen wäre, die nur aus dem Innenhof den Blick auf die Sonne freigegeben hätte; und jetzt sagen ‹die›: Du mußt der Villa dankbar sein, daß sie Dir die Sonne geschenkt hat. Die Sonne ist viel größer als die Mauern dieser Villa, in denen ihr Licht sich in Schatten verwandelt hat.» Dieses Gefühl ist inzwischen so etwas wie ein Grundkonsens des religiösen Bewußtseins in unseren Tagen geworden: Die Kirchen vertreten nicht den Christus, sie verraten und verdunkeln ihn unter dem Vorwand, ihm dienstbar zu sein. An jeder Stelle, wo es darauf ankommt, wissen sie es scheinbar besser als ihr Meister.

Es hilft somit keine Ausflucht mehr: die Kirchen, ob sie wollen oder nicht, müssen sich messen lassen an ihrem eigenen Vorbild, gleichgültig, wie die Bilanz ausfällt.

Freilich, kaum so gesagt, kommen dem Kirchenglauben paradoxerweise heute am meisten *die historisch-kritischen Bibelausleger* zu Hilfe; von ihnen stammt *der zweite Vorwurf.* Denn: «*Historisch-kritisch*» – so siehst Du aus! Was in den Tagen des ERASMUS[4], des SPINOZA[5] und des REIMARUS[6], was noch am Anfang dieses Jahrhunderts in den Tagen eines JULIUS WELLHAUSEN[7], HERMANN GUNKEL[8], ALBERT SCHWEITZER[9], MARTIN DIBELIUS[10] und RUDOLF BULTMANN[11] ein geistiges Abenteuer ersten Ranges in Fragen historischer Wahrhaftigkeit sein konnte, ist längst verkommen zu der Dienstbarkeit wohldotierter Kirchenbeamter, die nichts weiter wollen, als in Ruhe den Ertrag ihrer «Forschungen» tabellieren.[12] Religion – das ist keine Sache der «Wissenschaft», wissen sie; Religion – das macht «die Kirche», sagen sie[13]; und wer sich da noch auf Jesus berufen will als Einspruch gegen so vieles, was im Kirchenraum sich noch als «göttlich» gibt und doch erkennbar nur allzu menschlich ist, dem werden sie augenblicklich stirnrunzelnd, mit strengem Blick über den Rand ihrer Lesebrillen hinweg, entgegenhalten, daß man von dem «historischen Jesus» durchaus keine wissenschaftlich gesicherten Aussagen machen könne.[14] Er hat gelebt, er wurde von den Römern gekreuzigt – so viel scheint sicher, und es gab später, als alles vorüber schien, Leute, die glaubten, er sei ihnen nach seinem Tode erschienen – als «von Gott auferweckt», verkündete man, als «zum Messias erhoben», wie man auch sagte, als «sitzend zur Rechten Gottes», wie es auch hieß. Doch all das ist Glauben, es entzieht sich dem Wissen. Wer also über Jesus von Nazareth *mehr* sagen will, als die Kirche in diesen Formeln ihm sagt, der fällt unter das «wissenschaftliche» Veto, mit dessen Hilfe das kritische Denken zur Ideologie des Machterhaltes der Kircheninstitution umfunktioniert wird. «Außerhalb der kirchlichen Lehre macht jeder sich seinen Christus zurecht und verfällt den rein subjektiven Projektionen seiner Wünsche», so lautet die Warnung der heutigen Schriftgelehrten davor, in Sachen Christentum eigene Wege gehen zu wollen.[15]

Und wer wollte dem schon widersprechen?

Dann natürlich, das ist einzugestehen, ist in religiösen Fragen die Gefahr eines bloßen Wunschdenkens besonders groß. Wer aber sagt denn, *die kirchliche Lehre* sei «objektiv» und schon deshalb «wahr» in bezug zu der ursprünglichen Botschaft Jesu? – Sie tritt *kollektiv* auf durch den Zwang zur Vereinheitlichung einer bestimmten Sprachregelung, das stimmt, aber mit *Objektivität* hat das nichts zu schaffen.

Und «subjektiv»? Damit etwas religiös verbindlich sei, muß es gerade das «Subjekt» erreichen.[16] *«Objektivität»* im Sinne der Abspaltung des persönlichen Interesses an einer bestimmten Fragestellung ist in jedem Falle das genaue Gegenteil religiöser Erkenntnis. *Religiös* ist eine Erkenntnis nur, die sich aus einem wirklichen Suchen unter Einsatz der gesamten eigenen Existenz ergibt.[17] Selbst die größten religiösen Irrtümer der Menschheitsgeschichte besaßen doch mindestens die Chance, sich kraft ihrer inneren Dynamik auf Gott hin zu läutern; existentielle Belanglosigkeiten im Gewande wissenschaftlich objektiver Erkenntnisse hingegen vermögen gerade das nicht. Ihre feststellbare «Richtigkeit» ist geradewegs identisch mit ihrer religiösen Nichtigkeit. *Religiös* gilt, daß nur der eine bestimmte Wahrheit finden wird, der sie von ganzem Herzen benötigt. Das *subjektive* Moment stellt religiös eine unerläßliche Erkenntnisbedingung dar; wer sie als «nur subjektiv» oder «rein projektiv» verwirft, behält nichts weiter übrig als einen Haufen toter Götzen, nichts von dem, was einem persönlichen Gott gleicht. Wenn wir von der Person Jesu *religiös* sprechen, darf daher das *subjektive* Erkenntnisinteresse nicht verleugnet werden. Daß jedoch «Projektion» nur die Umschreibung für eine standpunktbedingte Verfälschung der Wirklichkeit sei, ist nicht wahr. «Projektion»[18] – das ist vielmehr so etwas wie der Schein einer Taschenlampe in einem an sich unbeleuchteten Keller: nur wo der Lichtstrahl der Lampe hinfällt, wird etwas sichtbar. So jetzt bei uns.

# 1. Das prophetische Vorbild

*Eines Tages machte der Teufel mit einem Freund einen
Spaziergang. Sie sahen, wie sich vor ihnen ein Mann
bückte und etwas aufhob.
«Was hat dieser Mann gefunden?», fragte der Freund.
«Ein Stück Wahrheit», sagte der Teufel.
«Beunruhigt dich das nicht?», fragte der Freund.
«Nein, durchaus nicht», sagte der Teufel, «ich werde
ihm gestatten, ein religiöses Glaubensbekenntnis
daraus zu machen.»*
A. DE MELLO: Warum der Vogel singt, S. 35–36.

Wir möchten wissen, wie Jesus auftrat, wie er redete, wie er den Menschen
Gott zu verkünden suchte, und wir stellen diese Fragen, um aus dem Schatten
der Kirchendoktrinen herauszutreten und den Jesus wiederzufinden, an dem
auch die Kirchen sich orientieren sollten. Was wir dabei finden werden, ist keineswegs eine bloße Bestätigung eigener Vorurteile, es sind *wirkliche Momente*
des Jesusbildes, dem wir auf dem Boden der neutestamentlichen Evangelien
begegnen, die wir aber in dieser Schärfe erst wahrnehmen können aufgrund
eines bestimmten Frageinteresses: *Dieses Bild* soll der Maßstab sein, um daran
die Art und Weise der kirchlichen Lehre zu überprüfen. Allerdings: Wer von
vornherein dogmatisch weiß, daß es einen Widerspruch zwischen der Art des
Mannes von Nazareth und der kirchlichen Verkündigung prinzipiell nicht
geben kann, der wird wirklich so viele projektive und subjektive Wahrneh-
mungsblockaden mitbringen, daß er im folgenden die einfachsten Dinge nicht
sehen *darf.*

Zum Beispiel: War Jesus *ein Priester* im Sinne der heutigen «Verkündiger»
der katholischen Kirche[1]? Ganz sicher nicht. War er *ein Schriftgelehrter* nach
der Art der heutigen Theologiedozenten[2]? Auf gar keinen Fall. Und zwar
nicht, weil damals die Zeiten halt anders waren beziehungsweise sich inzwischen eben geändert hätten, sondern infolge einer alles entscheidenden We-
sensverschiedenheit: Der Mann aus Nazareth, so viel wissen wir ganz sicher,
trat auf als *Prophet.* Diesen «Titel» gebrauchte er selber von sich, auch und ge-

rade angesichts der Anfeindungen in seinem Heimatort Nazareth: «Als es Sabbat war», schreibt Markus zum Beispiel (Mk 6,2), «fing er an, in der Synagoge zu lehren, und die Menge, die zuhörte, erstaunte und sagte: Woher der das hat?» Offenbar tritt Jesus hier zur Verwunderung seiner eigenen Angehörigen und Bekannten *ohne schulische Vorbildung,* als Autodidakt sozusagen, auf, um die Schrift auszulegen.[3] Die Leute empfinden seinen Auftritt als Anmaßung, sie sind verwirrt und wissen nicht, wie sie «den Sohn der Maria», den «Zimmermann» (Mk 6,3), einordnen sollen; «sie nehmen», heißt es, «Anstoß an ihm» – das Vorgehen Jesu, mit andern Worten, war für sie *skandalös.* «Da aber sprach Jesus zu ihnen: Ein Prophet ist nirgends verachtet außer in seiner Vaterstadt und bei seinen Verwandten und in seinem Hause» (Mk 6,4).

Ein *Prophet* zu sein – das ist demnach der Anspruch und die Selbstaussage Jesu zu Beginn seines öffentlichen Wirkens.[4] «Einer der Propheten» sei er, glaubten auch die Leute von ihm (Mk 8,28). Und selbst seine Gegner später werden seine Gestalt in diesem Kontext deuten; sie werden ihn einen «Lügenpropheten» nennen, aber immerhin einen «Propheten». Selbst bei dem (weitgehend legendären) Verhör vor dem Hohenpriester verspotten die Gerichtsdiener Jesus als einen angeblichen «Wahrsager», der mit verbundenen Augen ihnen sagen soll, wer ihn geschlagen hat (Mk 14,65)[5].

Man konnte also zu Jesus stehen, wie man wollte – er war in Bejahung und Widerspruch zu betrachten als *ein Prophet.* Sogar nach seinem Tode, auf dem Wege nach Emmaus, erklärt Kleophas dem Auferstandenen, wer der Mann aus Nazareth war: «ein Prophet, mächtig in Tat und Wort vor Gott und allem Volke» (Lk 24,19). Nur nach der Art *eines Propheten* ist die Gestalt und Erscheinung des Mannes aus Nazareth demnach zu verstehen, und das ist das entscheidende Stichwort. Denn man braucht die Merkmale eines Propheten nur aufzuzählen – sie sind typisch für alle Zeiten – und man wird sogleich den Abstand und Gegensatz zur Verkündigung der Kirche begreifen.

Da ist zunächst der *Zwang zur Entscheidung.* Es ist nicht allein die Dringlichkeit des Inhalts, mit der Jesus erklärt: «Die Zeit ist erfüllt, das Reich Gottes genaht – kehrt um» (Mk 1,15)[6], es ist vor allem die Polarisierung zwischen gläubiger Zustimmung und haßerfüllter Ablehnung, die seine Rede Mal um Mal hinterläßt. Es ist *nicht vermeidbar,* so oder so auf ihn zu reagieren; wer einem Mann wie Jesus zuhört, mag anschließend tun, was er will, nur: *gleichgültig* bleiben, das kann er nicht. «Er ist dämonisch», sagen die Jerusalemer Schriftgelehrten (Mk 3,22)[7]; «er ist wahnsinnig», sagen seine eigenen Familienangehörigen von ihm[8], die vergeblich versuchen, seinem Treiben mit Gewalt ein Ende zu setzen (Mk 3,21). Selbst wer den Mann aus Nazareth *ablehnt,* wird

zu den entschiedensten Vokabeln greifen müssen, um ihn zu kennzeichnen, –
so sehr überragt er das Maß des Normalen; «in ihm ist der Satan», sagen seine
Widersacher, die ihn hinrichten; doch die in seiner Nähe sich aufrichten, werden sagen: «in ihm lebt Gott» (vergleiche Mk 5,19.20).

Hinter diesem Eindruck der Unausweichlichkeit steht zum zweiten, wie bei
jedem Propheten, das *Geheimnis seiner eigenen unverwechselbaren Person.*
Schon im Alten Testament treten die Männer und Frauen, die als Propheten
wirken, mit dem Anspruch auf, die Träger einer unbedingten, alles entscheidenden Botschaft zu sein. In ihnen spricht Gott, das glauben sie selber, und das
soll man von ihnen glauben, so sehr, daß sie immer wieder, als seien sie die
bloßen Boten einer übermenschlichen Wahrheit, Gott selber zu zitieren vorgeben: «So spricht der Herr...!»[9] In gerade einem solchen Sendungsbewußtsein
erklärt auch Jesus: «Ich aber sage euch...»[10] (Mt 5,27.32.39.44). Natürlich: «Er
macht sich nur wichtig.» «Er ist ein Scharlatan.» «Er lästert Gott» (Mk 14,64).[11]
Und: «Er wiegelt das Volk auf» (Lk 23,5). So lauten verständlicherweise sogleich die üblichen Repliken auf das Auftreten eines Propheten. Und doch liegt
diesen Leuten nichts ferner als persönlicher Ehrgeiz und Profilierungssucht.
Im Gegenteil. Niemals, ausgenommen den äußersten Notfall, machen Propheten sich selber zum Thema. Von den meisten der Gottesmänner des Alten Testamentes wissen wir nicht einmal den ungefähren Ablauf ihres Lebens[12]; und
von der Biographie Jesu überliefern die Evangelien kaum die notdürftigsten
Informationen. Man spürt ganz deutlich, daß es darum nicht geht. Die überragende Größe der Persönlichkeit eines Propheten entstammt nicht der Stärke
seines eigenen Ichs – ein Mann wie Jeremia etwa hält sich von Anfang an für
überfordert durch das Übermaß seines Auftrags (Jer 1,6)[13], und selbst Jesus
wird am Ende seines Lebens zu seinem Vater flehen, er möge den bitteren
Kelch des Schicksals an ihm vorübergehen lassen (Mk 14,36).[14] Niemals ist der
Lebenslauf eines Propheten einer Heldensage vergleichbar.[15] Umgekehrt: Was
groß ist an diesen glühenden Gestalten der Religionsgeschichte, das ist der größere Atem, der sie durchweht. Es ist die *Größe der Aufgabe,* der sie sich weihen, die ihre Persönlichkeit ausmacht und hinter der das Private zum unbedeutenden Beiwerk herabsinkt. Eben dieser Kontrast: mit der gesamten eigenen
Person für eine Wahrheit einzutreten, die unendlich viel größer ist als alles
Eigene, macht das Wesen einer prophetischen Existenz aus: auf höchst persönliche Weise durchdrungen zu sein von dem überpersönlichen Anruf ihrer
Mission – das ist die Art ihres Lebens.

Daraus, des weiteren, ergibt sich die spezifische *Wirkung der prophetischen
Rede:* sie erlaubt keinen Rückzug in die private Ausrede; sie reißt den Einzel-

nen unter der Schutzdecke des Allgemeinen hervor; *sie stellt den Hörer unmittelbar sich selbst gegenüber.* Es ist nicht länger mehr möglich, beim Hören einer Prophetenrede sich auf fremde Autoritäten zu stützen: «*Vater und Mutter* haben gesagt» – es gilt eben, «Vater und Mutter zu verlassen» (Mk 10,29).[16] Oder: «*Die Hohenpriester* haben gesagt» – nun, schon deshalb, weil sie sich zwischen Gott und die Menschen stellen, sind sie verwerfenswert (Mt 23,7). Oder «*Die Schriftgelehrten* haben gesagt» – aber wenn sie nichts als getünchte Gräber sind (Mt 23,28)! Daß Menschen *unmittelbar ihrem Schöpfer gegenüber* stehen, ist der Grundzug im Auftreten der Propheten. Wer ihnen widersprechen will, kann es nicht tun in der Hoheit eines Amtes – es wirkt lächerlich, gemessen an der einfachen Redlichkeit einer prophetischen Existenz[17]; er kann es auch nicht tun in der Feierlichkeit von Belesenheit und Gelehrsamkeit; er muß *selber* Zeugnis geben *mit seinem eigenen Dasein. Das* ist das Provozierende, das Ängstigende und Ärgerliche an den Propheten: sie stoßen in den Raum einer Freiheit hinein, die keine autoritäten Bindungen und Sicherungen mehr zuläßt. Hier heißt es, Antwort geben; und wie immer man sich entscheidet – man ist am Ende ein anderer Mensch. Und: es bleibt keine andere Berufungsinstanz mehr als Gott allein.

Deswegen auch wirkt alle Prophetenrede zunächst wie ein entwurzelnder Sturmwind; sie reißt die Boote aus ihren Halterungen und peitscht sie hinaus auf das offene Meer. «Anarchie», «Aufruhr», «Skandal» und «Frevel» – so rufen denn bald schon die Ruhebewahrer und Ordnungshüter.[18] Ihr Ansehen schwindet in der Nähe eines Propheten. Was da geschieht, unterminiert ihre Macht. Es rührt an ihre geheiligten Fundamente.

Vielleicht gibt es in der *neueren Malerei* auch in unserem Jahrhundert noch gewisse Analogien, um zu verstehen, was *religiös* einmal ein Prophet war oder wieder sein müßte: da gibt es «die Wilden» (die «Fauvisten»)[19], da gibt es die «Sezessionisten»[20], da gibt es den Protest eines van Gogh gegen die gesamte akademische Malerei[21]. All die Ausstellungen, die Preisverleihungen, die bestellten Fachbesprechungen in den renommierten Journalen, das ganze Mäzenatentum ästhetischer Eitelkeit zerbirst hier unter dem Willen, «richtig» zu sehen und die «Wirklichkeit» «auszudrücken». – «*Entartete Kunst*», sagen die Gegner und machen sich lustig. «Tiefer gebunden an die Wahrheit», sagen die, denen es nahe geht. Doch wieder: wie immer man antwortet, – die schon vorhandenen Gegensätze treiben einer äußersten Klärung zu.

Auch im Raum der *Philosophie* gibt es ähnliches. A. Schopenhauer zum Beispiel hatte niemals das Zeug, Universitätslehrer zu werden; er war zu lebendig, um den fürstlichen Dogmatismus der Lehrstuhlinhaber zu vertragen.[22]

F. Nietzsche gab selber seine Professur auf.[23] Für S. Kierkegaard, den wohl letzten großen Propheten des Abendlandes, bedeutete es von vornherein eine Kardinalfrage seines Lebens, ob es wirklich erlaubt sei, im Namen des Mannes aus Nazareth sich um einen Lehrstuhl für «Theologie» zu bewerben; er tat es nicht.[24] Schon aber wer die Titelsucht ablehnt, überwirft sich mit der bürgerlichen Ordnung.

Doch gerade von dieser Art sind die Propheten. Wenn irgend sie ein Richtmaß ihrer Entscheidung anerkennen, so liegt es gewiß nicht in der Ehrwürdigkeit der überkommenen, autoritär geheiligten und beamtet verwalteten Tradition; sie liegt, wenn überhaupt, einzig *in der Gegenwart* der jeweiligen Situation.[25] «Gott ist kein Gott der Toten, sondern der Lebenden» (Mk 12,27)[26], sagte Jesus zu den Sadduzäern, als diese ihn nach der Auferstehung fragten; und von der zerreißenden Wirkung seiner Botschaft war er selber so überzeugt, daß er sie mit der Sprengkraft von neuem Wein in alten Schläuchen verglich (Mk 2,22).[27] Zwar hat *die Formgeschichte* der biblischen Überlieferungen gezeigt, daß auch die Propheten in ihren Reden vorgegebene Aussageschemata, Stilformen und Anschauungsweisen übernehmen[28]; doch bilden die Vorbilder der Tradition für sie lediglich die Klaviatur unerhörter neuer Kompositionen.[29] Denn eben das Wissen, daß Gott immer wieder neu gesucht und entdeckt werden muß und man sich in keinem Falle mit der überkommenen Formel beruhigen darf, macht die innere Spannung und Ungeschütztheit prophetischen Erlebens aus.

Es gibt zum Beispiel unter den Gesetzen Israels als eines der heiligsten *das Sabbatgebot*[30]*; was aber besagt die Treue zu Gott in Anbetracht menschlicher Not? Das kann man niemals vorweg entscheiden – man muß es lernen in der *Bindung an die jeweilige Situation.* Unter Umständen verleugnet man Gott, gerade indem man seine Worte zu halten versucht; – es wäre so ähnlich, wie wenn ein Kind nur prompt und pünktlich ableisten wollte, was die Mutter oder der Vater ihm einmal geboten hat, statt sich zu fragen, was die Eltern ihm jetzt, in einer veränderten Lage, nahelegen würden.[31]

In gewissem Sinne sind die Propheten stets «*Reformatoren*»: sie verlangen und erwarten die Wiederherstellung des «Ursprünglichen», des wesenhaft Gemeinten, sie betreiben mit äußerster Leidenschaft die Zerstörung all der Verfälschungen und Übermalungen, die sich über den reinen Anfang der göttlichen Offenbarung gelegt haben. Das «Im Anfang war es nicht so», mit dem Jesus die Frage nach dem vermeintlichen Recht der Männer zur Entlassung ihrer Frauen beantwortet (Mk 10,6)[32], gehört zentral zur Prophetenrede. Doch dieser «restaurative» bzw. «konservative» Zug prophetischer Frömmigkeit hat nichts zu tun mit der nostalgischen Sehnsucht nach der Wiederherstellung einer «guten alten Zeit»; die Propheten möchten ganz im Gegenteil die Erlebnisdichte, die Offenheit, die kreative Ursprünglichkeit des Anfangs für die Gegenwart zurückgewinnen.[33]

Man hat, vor allem für das *Lukasevangelium*, immer wieder hervorgehoben, daß dort die Vokabeln *«jetzt»* und *«heute»* als Signale der «anbrechenden Gottesherrschaft» verstanden werden müßten.[34] In Wahrheit aber gehört es zur Grundüberzeugung prophetischer Rede, daß sich Entscheidendes religiös überhaupt *nur* in den gegenwärtigen Augenblick hineinsprechen läßt. Fälschlich gelten die «Propheten» im Volksmund als Ansager einer fernen Zukunft; in Wirklichkeit nehmen sie den *Augenblick* jetzt – eine Lieblingskategorie SÖREN KIERKEGAARDS[35] – als die Kreuzungsstelle von Zeit und Ewigkeit so radikal ernst, daß sie alle weiteren Ereignisse als Konsequenz gegenwärtiger Entscheidung begreifen. Anders als etwa die sogenannten *Apokalyptiker*[36] verfügen sie über keinerlei gelehrtes Vorwissen, wie sich die menschliche Geschichte nach ehernen Regeln gestalten wird – keineswegs sind sie eingeweiht in die Pläne des Allerhöchsten; sie glauben lediglich zu wissen, was vor Gott jetzt «dran» ist – und was sich ergeben wird, wenn man es nicht tut.

*Nichts* ist deshalb den Propheten *verhaßter als die Ritualisierung, die Stilisierung* und *die Formalisierung des Religiösen.* Ein «prophetischer» Psalm wie der *Psalm 50* beispielsweise – die Ordensschwester vorhin zitierte ihn schon – kann das gesamte Opferritual im Tempel für null und nichtig erklären: «Wenn ich Hunger hätte», sagt Gott dort, «müßte ich's dir wohl nicht sagen. ... Ja, soll ich denn das Fleisch von Ochsen essen und das Blut von Böcken trinken?» (Ps 50,12.13).[37]

«Ein Mensch ging von Jerusalem nach Jericho hinab und fiel Räubern in die Hände», erzählt *Jesus* im Neuen Testament; «die zogen ihn aus und schlugen ihn und gingen davon und ließen ihn halbtot liegen. Zufällig aber ging ein Priester jene Straße hinab; er sah ihn – und ging vorüber. Ebenso kam auch ein Levit an den Ort, sah ihn – und ging vorüber» (Lk 10,31.32).[38] Kein Tempeldienst, kein priesterlicher Kult, soll das heißen, ersetzt die Begegnung eines Menschen mit seinem Gott *jetzt*, im Gegenteil, alles Rituelle verführt zu einem unmenschlichen zeitlosen Götzendienst. Die menschliche Situation jetzt in ihrer *Forderung nach unmittelbarer Menschlichkeit* – darin allein besteht das eigentlich prophetische Metier. *Aus der jeweiligen Situation heraus* in die aktuelle Gegenwart hinein, in ständigem *Dialog mit den Angeredeten,* – so reden Propheten.

Es gibt dafür im AT ein berühmtes Beispiel[39]: Der Prophet JEREMIA, um dem Volk von Jerusalem die Unabwendbarkeit der Zerstörung der heiligen Stadt zu verdeutlichen, hat sich ein Holzjoch auf seine Schultern gelegt und geht damit durch die Straßen und Gassen der Stadt. «So führt der babylonische König Nebukadnezzar Jerusalem in Gefangenschaft», sagt er. Da tritt sein Gegenspieler, der Hofprophet Chananja, auf ihn zu und zerbricht das hölzerne Joch: «Und so zerstößt der König von Jerusalem das Joch des Königs von Babel», ruft er. Jeremia ist durch diesen Vorfall wie gelähmt. *Eine neue Situation ist eingetreten;* er weiß nicht, ob jetzt noch stimmt, was er soeben gesagt hat. Tagelang sitzt er zu Hause, um eine *neue* Botschaft Gottes zu vernehmen. Dann, schließlich, tritt er heraus mit einem *Eisen*joch: die ursprüngliche Botschaft gilt noch viel mehr, gerade weil man ihr keinen Glauben schenken wird (Jer 28,1–17). – Ein *«Falschprophet»* weiß immer und ein für allemal, was Gott gesagt hat und was er sagen wird; ein *wahrer* Prophet nie.

Daran auch wird es wohl liegen, daß ein Mann wie Jesus *nicht eine einzige Zeile* seiner Worte uns *schriftlich* hinterlassen hat.[40] Alles Geschriebene, damals gewiß noch weit mehr als heute, erweckt den Eindruck, als sei es niedergelegt für die Ewigkeit[41]; es ist aber, wenn es aus der Feder eines Propheten stammt, berechnet auf den Augenblick *jetzt.* «Heute, da ihr meine Stimme hört» (Ex 19,5); *das* ist die göttliche Stimme im Mund eines Propheten.[42] Sich in Ruhe aus der Gegenwart zu stehlen, um später gemütlich den Gang der Ereignisse nachzulesen und am liebsten: ihn zu «beurteilen» und «einzuordnen» in Kenntnis des Ausgangs, den die Sache seinerzeit nahm – genau diese Flucht aus dem Existieren ins Kommentieren und Dozieren erscheint, prophetisch betrachtet, als absolut unstatthaft, als der einzig wirkliche Fehler in religiöser Hinsicht. Wieviel an philologischer und exegetischer Sorgfalt und Mühewaltung zum Beispiel hätte Jesus den Schriftauslegern der heutigen theologischen Fakultäten ersparen können, wenn er auch nur zwei Nachmittage lang sich hingesetzt und etwa die Bergpredigt schriftlich niedergelegt oder einem zuverlässigen Schreiber zu Protokoll gegeben hätte! Aber nichts davon. Man soll das Gotteswort eben nicht «schwarz auf weiß besitzen», um es «getrost nach Haus zu tragen»[43], man soll im Augenblick davon ergriffen werden durch den Menschen, der es jetzt ausspricht; alles darüber hinaus gilt schon als Verfälschung.

«Ein frommer Mensch *braucht* nicht die Bibel, er *ist* die Bibel», meinte SCHLEIERMACHER.[44] – Bleibt ein solches Wort nicht als bloßer Ausdruck eines liberalen Kulturprotestantismus stehen, enthält es eine prophetische Wahrheit: *nicht das Geschriebene, Rezitierbare, Fertig-Gestaltete,* einzig das gesprochene Wort, gefunden in einem flüchtigen Moment und dennoch das Ewige streifend, hat die prophetische Kraft eines Gotteswortes.

Wenn man so will, geht es in all dem um eine wörtliche Ernstnahme des ersten Gebotes Israels: «Du sollst dir kein Schnitzbild (von Gott) machen» (Ex 20,4).[45] Als der Gott des Moses am brennenden Dornbusch sich seinem Propheten offenbarte, fragte dieser ihn nach seinem «Namen» – nach dem *Begriff* seines *Wesens*[46], philosophisch gesprochen; doch als einziges erhielt er zur Antwort: «Ich bin da, als der ich dasein werde – *das* ist mein Name» (Ex 3,14).[47] Mit anderen Worten: es gibt kein «ewiges Wesen» Gottes, das dem Menschen, und sei es auch nur durch den Gnadenakt einer besonderen Offenbarung des Höchsten, zugänglich würde; im Gegenteil gilt es religiös, sich ohne jede Vorwegerklärung dem Gott auszuliefern, der dem Menschen so und nicht anders begegnet, als es im Augenblick stimmt.

Natürlich ist es von daher nicht möglich, eine rational begründete, eine ein für allemal «richtige» «Lehre» von Gott aufzustellen. Solange es eine «Lehre» von Gott gibt, wird es «Theologen»: Schriftgelehrte und Priester, geben, die auf ihre Weise Gott im Munde führen: nicht unter Einsatz ihrer eigenen Existenz, sondern in der Ableitung ihres tradierten Wissens, in Obwaltung ihres Amtes. Ihnen, gelinde gesagt, sind die Propheten wie verzehrendes Feuer über die gesetzte Behäbigkeit ihrer Gesetze. Wo diese sind, können jene nicht sein; soviel ist sicher.

Wenn zum Beispiel Jesus von Gott spricht, scheinen Welten zwischen *seiner* Art zu denken und dem Gebaren der *Schriftgelehrten* zu liegen. Nehmen wir ein Beispiel:

In Joh 8,1–11 stoßen wir auf ein Erzählstück, das offensichtlich erst später (und nur unter erheblichem Widerstand schon der frühen «Kirche»)[48] in das Evangelium geraten ist. Berichtet wird dort, wie eines Morgens auf dem Tempelplatz von Jerusalem Männer eine junge Frau zu Jesus bringen, die man auf frischer Tat beim Ehebruch ertappt hat. Darf man, muß man sie steinigen, wie Moses es befiehlt (Lv 20,10; Dt 22,22–24) – das ist ihre Frage an Jesus.[49]

Wie löst ein *«Schriftgelehrter»* ein solches Problem? Jahrzehnte später wird *Jochanan ben Zakkai* unter Heranziehung einer Stelle des Propheten Hosea (Hos 4,14) erklären, daß man eine Ehebrecherin nicht steinigen dürfe wegen Befangenheit der urteilenden Männer in dieser Sache.[50] Eine solche Entscheidung, ganz ohne Zweifel, verdient menschlich höchsten Respekt. Was aber, wenn ein passendes Schriftzitat als «Beweis» sich nicht hätte auftreiben lassen? Und was, wenn, wie meistens, dem einen Bibelzitat ein anderes und der einen Autorität unter den Rechtsgelehrten eine andere entgegengestanden wäre? Und vor allem: wie lange soll es dauern, bis auf juristischem Wege durch Mehrheitsbildung und Fraktionenentscheid eine Gesetzesnovelle eingebracht

und beschlossen werden kann? Zu spät allemal für die Opfer in der Zwischenzeit!

Ganz anders Jesu. «Wer unter euch ohne Schuld ist, der werfe den ersten
Stein.» – Da wird nicht aus der Schrift doziert, da werden Menschen aufgefordert, sich selber zu prüfen, welch ein Urteil ihnen eigentlich zusteht. So viel ist
sicher: Hätte irgendjemand an diesem Morgen selbst unter den Augen Jesu
noch an seine eigene «Unschuld» und an sein «gutes Recht» geglaubt, so wäre
dieses Mädchen – eine erst zwölfjährige vermutlich, wenn man das mosaische
Gesetz genau liest – unter dem Steinhagel seiner selbsternannten Richter zu
Tode gekommen. Doch das ist der Unterschied: Jesus wartete nicht auf eine
schriftgelehrte Änderung des Gesetzes, der Prophet aus Nazareth *änderte* in
dieser Stunde *die Menschen*, die ihm entgegentraten.

Wenn man Menschen ändern will, indem man von Gott spricht, so gibt es
dazu wohl nur ein einziges Mittel: statt Gott zu lehren, muß man Gott *leben;*
denn: Gott zu «lehren», das ist nicht anders denkbar, als wie man die Liebe
lehrt oder die Lyrik: man lehrt das Lieben nur durch das Lieben, das Dichten
nur durch das Dichten, den Glauben an Gott nur durch eine ansteckende Art
von Vertrauen. Was Wunder also, daß Jesus immer wieder den Menschen
*Gleichnisse* erzählt hat! In gewissem Sinne kann man sagen, daß diese Redeform die einzige Art darstellt, von Gott nicht «autoritär» oder «doktrinär» zu
sprechen, sondern existentiell verdichtend, psychologisch bestimmte Affekte
und Grundeinstellungen verwandelnd, die Aufmerksamkeit der Zuhörer zu
einer bestimmten Einsicht hinlenkend. Jede *theologische* Darlegung über Gott
spricht allenfalls den *Intellekt* an, sie geht nicht tiefer, sie erreicht niemals die
Stelle, an der sich im Leben eines Menschen wirklich etwas entscheidet. *Ein
Gleichnis,* eine Bildrede schon. Das *Denken in Bildern* ist auf das engste dem
*Träumen* verwandt; es läßt sich niemals begrifflich festlegen, doch eben deshalb ist es von einer hohen *emotionalen* Verbindlichkeit. Wer *ein Gleichnis*
hört, wieder, der *muß sich entscheiden,* und zwar nicht unter äußerem Zwang,
sondern aus innerer Nötigung.[51] Er muß Antwort geben auf das, was er gehört
hat. Es wird nicht «theologisch» von ihm «verlangt», es ergibt sich ganz
einfach. – In der katholischen Theologie definiert man ein «Sakrament» für
gewöhnlich als eine Einheit von Worten und Zeichen, die durch sich selber
bewirken, worauf sie hinweisen.[52] In diesem Sinne ist die Struktur eines gut
erzählten Gleichnisses allemal «sakramental».

Fehlt nur noch *die Gestalt des Gleichniserzählers selber.* Es gehört zum Auftreten eines Propheten, daß er nicht nur aus bestimmten Anlässen hier und da
mal ein Gleichnis erzählt, sondern daß sein ganzes Leben zum Gleichnis wird.

Alles, wovon er spricht, ereignet sich als erstes an ihm selber. Die Wirklichkeit, auf die er hinweist, realisiert sich als erstes in seiner eigenen Person. Und so viele «Zeichen» er seinen Zeitgenossen auch geben mag, so wird sein Leben doch mehr und mehr selber zum Zeichen.[53] «Seht, welch ein Mensch» (Joh 19,5), dieser Satz des Pilatus über den verspotteten «König der Juden» steht unsichtbar über dem Leben eines jeden wahren Propheten.

«Seht, welch ein Mensch!» Darin liegt als ein letztes, besonders wichtiges Merkmal prophetischer Rede ihre *menschliche Universalität*. Situationsgebundenheit, Bildhaftigkeit, Subjektivtät der Rede – ein solches Bündel von Kennzeichen könnte den Eindruck vermitteln, als sei die prophetische Art des Goteszeugnisses dazu bestimmt, niemals über den historischen Ort ihres Auftritts hinausdringen zu können. Paradoxerweise aber ist gerade das Gegenteil der Fall. Die Sprache der *Schriftgelehrten* und *Priester,* so rational klar, allgemeingültig und überzeitlich sie sich auch zu geben sucht, wird niemals verständlich sein außerhalb der engen Gleise der eigenen Kultur- und Begriffsgeschichte, ja, es zeigt sich, daß sie nicht einmal innerhalb ein und derselben Kultur allgemein zu vermitteln ist; – näher betrachtet, handelt es sich stets um eine Stände- oder Kastensprache zum Zwecke einer elitären Verständigung der Zunftmitglieder und Machtinhaber untereinander – GOETHES «spanische Stiefel» sind hier nach wie vor das Vorbild.[54] Die *prophetische* Rede hingegen, gerade weil sie dichterisch den *Augenblick* gestaltet, erhebt sich wie von selbst über die Enge ihres Ausgangspunktes und wird zum *Sinnbild* menschlicher Erfahrung insgesamt.

Immer wieder werden die Propheten deshalb versuchen, die Eingrenzung der Gottesbotschaft auf das eigene Volk, auf die eigene Kultur, auf die eigene Religion aufzusprengen, und mit *Amos* sagen, daß Gott keinesfalls nur das Volk der Erwählung «erwählt» hat, sondern daß er auch «Philister aus Kaphtor» (aus Kreta) bestellt hat (Am 9,7)[55]; und *Jesus* wird nicht zögern, einen Samariter als Beispiel für die Menschlichkeit eines wahren Gottesdienstes zu wählen (Lk 10,30–36); und von einem römischen Soldaten wird er sagen, er habe einen größeren Glauben bei ihm gefunden als bei allen anderen in Israel (Mt 8,10).[56] Ja, am Ende wird er überhaupt nur die Frage der Menschlichkeit zum Richtmaß Gottes erheben: «Was ihr dem Geringsten meiner Brüder getan habt, das habt ihr mir getan» (Mt 25,40)[57], wird der ewige Richter am Jüngsten Tage den Barmherzigen unter den Menschen erklären. Keinerlei religiöse Sonderrechte und Privilegien sind daher mit dem Gottesbild der Propheten vereinbar. Ihr Gott ist immer ein Gott, «der die Sonne aufgehen läßt über Gute und Böse» – über *alle* Menschen (Mt 5,45).[58] Es gibt keine Möglichkeit, im Namen dieses Gottes Menschen voneinander auszugrenzen, sondern daß alle Menschen nur leben, wenn Gott ihrer Armut vergibt und ihrer Armseligkeit aufhilft – *das* ist der feste und sichere «Glaube der Propheten».[59]

Dabei haben wir bislang die *inhaltliche* Seite der Botschaft Jesu noch gänzlich zurückgestellt; es geht hier zunächst nur um die formale Art seines Auftretens: als eines *Propheten*. Es wird aber bei dieser einfachen Übersicht bereits deutlich, daß all die genannten Merkmale untereinander zusammenhängen und sich wechselseitig bedingen: das *persönliche* Engagement prophetischer Existenz ist nicht verschieden von der *Bindung an den Augenblick*, es ist *identisch* mit ihr; die Augenblicksbindung wiederum verlangt eine *konkrete Unmittelbarkeit der Sprache,* ja, sie gründet darin; und damit notwendig gegeben ist *die Unmöglichkeit einer abstrakten Lehre* außerhalb der jeweiligen Situation; *die Offenheit und die Unableitbarkeit der jetzt zu treffenden Entscheidung* wiederum verdichtet dabei den einzelnen Augenblick und erhebt ihn zu *exemplarischer Bedeutung*. Kein einziges Merkmal ist hier gesondert von den anderen verstehbar; sie alle gemeinsam bilden das unverwechselbare Portrait der *prophetischen* Art, Religion zu verkünden und Religiosität zu verkörpern.

Von *Jesus von Nazareth* wissen wir, daß er auftrat als *ein Prophet*. Es ist kein Produkt unseres Wunschdenkens oder einer antiklerikalen, ideologisch bedingten Kirchenkritik, wenn wir behaupten, in der angegebenen Weise müßten wir uns die Weise seines Auftretens vorstellen; es ist vielmehr ein Datum gesicherten Wissens, das wir hier vortragen: *so war er*. Und von diesem sicheren Grund aus muß man nun betrachten, welche Merkmale das *kirchliche* Sprechen von Gott auszeichnet: gegenüber dem prophetischen Vorbild.

## 2. ... und die lehramtliche Travestie oder:
## Die Ätiologie einer Krankheit

*«Die Fähigkeit zu zweifeln, ist etwas Besonderes,*
*sie ist erlesen, philosophisch, amoralisch,*
*übersinnlich, ungeheuerlich,*
*voller Bosheit, schädlich für Personen und Sachen,*
*der Staatspolizei und der Wohlfahrt der Reiche zuwider,*
*ein Verhängnis für die Menschheit,*
*eine Macht, die Götter zerstört,*
*im Himmel und auf Erden verabscheut.»*
A. FRANCE: Die Insel der Pinguine, S. 179–180.

Als man JAN HUS 1415 in Konstanz wegen seiner «Wiclifitischen Abendmahlslehre» verbrannte[1] – die Gegenwart Christi unter den Gestalten von Brot
und Wein sollte selber «nur» als ein «Symbol», nicht, wie die Kirche vorschrieb, als eine «reale Präsenz» des «erhöhten Herrn» zu verstehen sein –, bemerkte ein Zeitgenosse, hier sei gestorben ein «vir praeter fidem egregius» – ein
ausgezeichneter Mann, abgesehen vom (rechten) Glauben.[2] Was, muß man fragen, ist das für ein «Glauben», das sich in einen tödlichen Gegensatz setzen läßt
zu der Vortrefflichkeit der Charakterart eines Menschen? Wie ist es möglich,
eine «göttliche *Wahrheit*» zu lehren und zu verkündigen unabhängig von der
Lebensart, ja, in erklärtem Widerspruch zu der inneren *Wahrhaftigkeit* einer
bestimmten Existenzform? «Die Kardinäle und Prälaten sind *nicht* die Nachfolger der Apostel, es sei denn, sie lebten wie dieselben»[3], hatte HUS in der Be-
thlehem-Kirche von Prag gesagt; *das,* darf man vermuten, war der wirkliche
Grund seines Todesurteils. Er hatte es gewagt, den gesamten Wahrheitsanspruch der Kirche zurückzuführen auf das wirkliche Leben ihrer «Verkünder». Das allein genügte. Schon vor mehr als einem halben Jahrtausend. Es be-
drohte tödlich ein Lehrgebäude, das über Jahrhunderte hinweg, bis noch in die
Gegenwart hinein, all seine Kraft daran gesetzt hatte und nach wie vor setzt,
jedes persönliche Element religiöser Wahrheit tunlichst zu eliminieren und an
seiner Stelle ein vermeintlich unfehlbares Lehr*amt* zu etablieren. Ist der christliche Glaube eine Lehrform oder eine Lebensform, und wie verhalten sich
Lehre und Leben religiös zueinander? Darum geht es.

Dazu ein anderes Beispiel. Niemals wohl war der Mönch MARTIN LUTHER der Gestalt eines Propheten so nahe wie im Jahre 1521 auf dem Reichstag zu Worms. «Und wenn der Teufel dort so viele wären wie Schindeln auf den Dächern, da muß ich hin», hatte er all denen gesagt, die ihn vor der Hinterhältigkeit seiner Gegner warnten[4] – man werde die Reichsacht über ihn verhängen, und von dem Moment an sei er vogelfrei; jeder, der ihn dann hinterrücks ermordete und ausraubte, würde ein kirchlich gesegnetes, ein gottwohlgefälliges Werk an ihm vollbringen.[5] In der Tat, man disputierte und diskutierte auf dem Reichstag, bis Kaiser Karl V. den Streit der Theologen auf den für ihn einzig bündigen Punkt brachte: «Es will mir nicht erscheinen», sprach der Herrscher eines Reiches, über dem die Sonne nicht unterging, «wie ein einzelner Mönch sollte Recht haben können gegen die gesamte Christenheit.»[6] Wohlgesprochen, möchte man meinen, *für einen Politiker*. Doch eben diese Möglichkeit, daß ein Einzelner im Recht sein kann gegen *alle* anderen, bildet, wie wir gerade sahen, den Schlüssel zum Verständnis *prophetischer* Existenz. Sie in sich selbst schon zwingt zur Entscheidung zwischen zwei grundverschiedenen Zielvorgaben: Wer politische Macht will, der kann und darf als maßgebendes Urteil allein die Meinung der Mehrheit verwalten; – sie, diese Stimme des Volkes, ist in sich selbst eine nicht weiter zu überschreitende Macht; sie ist im wahrsten Sinne des Wortes Wort «Gottes». *Oder* es ist für völlig gleichgültig zu achten, was «die Leute» denken und sagen, es gilt allein, was menschlich stimmt: – in den Tagen LUTHERS zum Beispiel war mit Händen zu greifen, daß es nicht länger angeht, im Namen Gottes aus der Gewissensnot und Seelenqual der Menschen Geld zum Bau des Petersdoms zu pressen. So etwas ohne Zögern zu sagen und dafür einzustehen ohne Rücksicht auf den möglichen Erfolg, das ist die Auffassung und Aufgabe eines «Propheten». Nicht wie etwas nach außen hin politisch wirkt, sondern wie es innerlich im Leben des Menschen stimmt, ist hier der Maßstab.

Jedoch, wenn es so steht, erweist sich der prophetische Standpunkt von vornherein als politisch unhandlich[7], was freilich nicht heißt, daß er «unpolitisch» wäre, im Gegenteil: zur Konkretheit des prophetischen Engagements gehört es immer wieder, in angegebener Weise gegen die Mächtigen Partei zu ergreifen zugunsten der Ohnmächtigen, und allein schon die Respektlosigkeit, mit welcher Propheten den herrschenden Verwaltern der Macht entgegenzutreten pflegen, stellt ein Politikum in sich dar.[8] Gleichwohl ist es prinzipiell nicht möglich, mit der prophetischen Botschaft «Staat» zu machen. Genau das aber ist die Grundlage der heutigen Kirche. Sie ist als erstes ein *Kirchenstaat*, dessen heutige politische Unbedeutendheit durchaus nicht etwa einer inneren

Einsicht in die Fehlerhaftigkeit der eigenen Prinzipien entstammt, sondern einzig dem allmählichen Machtzerfall im Gefälle der Entfaltung rechtsstaatlichen, demokratischen Denkens in der Neuzeit.[9] Diese Kirche als Staat gründet sich *wesentlich* auf den Kampf gegen das prophetische Moment der religiösen Verkündigung, und so muß sie, um «Kirche» in einer solchen Form zu sein und zu bleiben, zuoberst das Beispiel des Mannes aus Nazareth in einem Mantel verdeckender Scheinerklärungen unsichtbar machen.

Der Wege dazu sind viele, doch sie alle hängen zusammen und führen zu ein und demselben Ziel. Die im Grunde frechste und unverschämteste Lüge der Kirche über ihre Gläubigen lautet wohl: «Wir alle sind Propheten.»[10] Wunderbar, möchte man denken. Und wie das? «Indem du durch die Gnade des Taufsakramentes teilhaftig geworden bist an dem Tod und an der Auferstehung Jesu Christi, bist du zu einem wirklichen Christen geworden, und ein wirklicher Christ – das beinhaltet neben vielen anderen Vorzüglichkeiten natürlich auch ein prophetisches Dasein.»[11] – Dreister, fürwahr, läßt das Ding sich nicht drehen: da wird eine Frage der Existenz verwandelt in eine Frage des kirchlichen Ritus, und dann wird der Ritus für «mächtig» erklärt, das ganze menschliche Dasein zu bestimmen. Selbstredend muß man solche Tiraden nur hören, um ihre Wirklichkeitsferne, ja, offene Verlogenheit zu begreifen[12], – schon an dieser Stelle muß man sich fragen, was eigentlich mit Menschen los ist, die allen Ernstes glauben, es bedeute unter den Sterblichen für alle Ewigkeit, auf Himmel und Hölle, einen absoluten Unterschied, ob jemand das Glück hatte, im Alter – sagen wir: – von drei Wochen in einer (katholischen) Kirche getauft zu werden, oder ob er nach dem unvorhersehbaren Ratschluß der göttlichen Vorsehung mit dem Unglück geschlagen wurde, als ein ungetauftes (Heiden)Kind noch vor dem Empfang der «Taufgnade» an Hirnhautentzündung zu sterben.[13] Worauf es indessen *hier* ankommt, ist der beispiellose Trick, mit dem in der kirchlichen Lehre die gesamte Frage der Existenz ritualisiert oder, genauer, «naturalisiert» oder auch «inflationiert» wird.[14]

Ein «Christ», ein «Nachfolger» Christi, müßte man ohne kirchlichen Kommentar denken, ist jemand, der sich hält an Mt 7,21: «Niemand, der lediglich (orthodox redend) zu mir sagt: Herr (bist du), Herr, hat irgendetwas mit Gott zu tun, – einzig wer tut, was mein Vater will.»[15] Nur derjenige, sollte man ohne die Aufklärungshilfe des kirchlichen Lehramtes denken, besäße das Zeug zu einem Propheten, der den Mut hat, bis in den Kessel des Vulkans, der da «göttliche Offenbarung» heißt, vorzudringen. Der Kirchenglaube hingegen weiß das alles ganz anders – weit einfacher, scheinbar, und praktischer erklärt er ohne Umschweife in Bausch und Bogen einen jeden zu einem «Propheten», der in korrekter Einhaltung des formalisierten Ritus schon in Säuglingstagen das «Sakrament» der Taufe empfangen hat.

Es war für die Ernsteren unter den Christen seit jeher ein schweres Problem, ob man die «Kindertaufe» überhaupt akzeptieren könne.[16] Doch selbst abgesehen davon – was für ein Husarenstück, sich der wahren Propheten, sich des Vorbildes Jesu im Handstreich zu entledigen, indem man alle rechtsgültig «getauften Christen» dem Namen nach zu «Propheten» stempelt! An die Stelle persönlicher Entscheidung rückt hier ganz einfach die Allmacht der Umstände, wie SÖREN KIERKEGAARD es vor einhundertsechzig Jahren schon beschrieb: erst gerät irgendwo eine Frau, wie man sagt, in «Umstände», dann schaffen diese «Umstände» Umstände, dann ist es nötig, sich die passenden Paten zu besorgen, die treusorgend das Neugeborene zur Gültigkeit der Taufe «umstanden» haben müssen, und dann ergibt sich, aufgrund all dieser Umstände, was man so nennt: ein kirchlicher Christ.[17] Was Wunder, meinte der dänische Religionsphilosoph, daß sich seither die Christen so zahlreich vermehren wie die Heringe auf den Laichgebieten der Doggerbank[18] – die natürliche Paarung und ein paar günstige «Umstände», und schon schlüpft es in Massen, das Christsein. Wer aber «zeugen» wollte dagegen und hätte die Stirn eines Propheten wie der Lehrmeister Jesu, wie *Johannes der Täufer*[19], und spräche, all das sei «Natterngezücht» (Mt 3,7) und widergöttliche Unnatur, auf diese Art könne Gott eher noch «aus diesen Steinen hier Kinder Abrahams schaffen» (Mt 3,9), dem wird die Kirche erklären, er habe nicht das Recht, als Prophet aufzutreten, man bedürfe nicht länger des Wortes von «*selbsternannten*», *das heißt* von *nicht kirchenbestellten* «Propheten», denn: wir alle sind ja Propheten! Als im kirchlichen Ritus Getaufte sind wir alle ja immer schon *ipso facto* Propheten!

Man sagt für gewöhnlich, daß *Judas* gemein gehandelt habe, als er mit einem Kuß seinen Meister verriet. Was aber ist dann zu halten von dieser Weise des Kirchenglaubens, sich Christus zu nähern, die darin besteht, die wirkliche Nachfolge, das Tun der Wahrheit, in einen bloßen Ritus, in ein festliches Kirchenspiel zu verwandeln[20]! Ein Bankräuber mag der Bank von England Schaden zufügen, indem er beim Überfall auf einen Geldtransport einen Millionencoup landet. Weit mehr bereits schädigt die Währung der Hersteller falscher Blüten: er ruiniert den Wert des umlaufenden Geldes durch die unerlaubte Vermehrung der Geldscheine, auf denen lauter Zahlen gedruckt sind, die etwas bedeuten sollen, für das es keine «Deckung» gibt und das sie zerstören, indem sie fälschlich seine Wirklichkeit vorspiegeln. Am schlimmsten aber handelt ein Staat selber, der seine eigenen Geldmittel außer Kurs setzt, indem er seine Zahlungsschwierigkeiten durch den Druck auf die Notenpresse zu lösen sucht. Die Folge der inflationären Politik eines in Konkurs gegangenen Gemeinwesens besteht am Ende darin, daß man sich vor lauter Geldscheinen schließlich keinen Schnürsenkel und keinen Kochtopf mehr kaufen kann.

Genau das aber ist die Art oder, besser, die Unart der Kirche: alles, was sie über die «Propheten» zu sagen weiß, läuft auf die *chronische Inflationierung* des kostbarsten Begriffs einer religiösen Existenzform hinaus und damit auf die prinzipielle Widerlegung der puren Möglichkeit auch nur, es könnte ihr selber, der Kirche, der Aufschrei wahrer Propheten *legitimerweise* noch zugemutet werden. Die ganze Art der kirchlichen Lehre ist ein einziges Bollwerk gegen die Rückkehr wahrer Propheten; und wenn je die Urkirche hoffte, es möge bald schon ihr Herr auf den Wolken des Himmels als Weltenrichter zurückkehren, so ist die Kirche, die seither entstand, in Form ihrer Taufurkunde eine amtliche Police, daß diese Möglichkeit nach menschlichem Ermessen, so lange es geht, als ausgeschlossen gelten darf. Oder vom anderen Ende her gesagt: Solange diese Art von Kirche besteht, ist jede Predigt von einem kommenden Reich Gottes, wie Jesus es verkündete, eine erklärte Farce.[21]

Die Mittel und Verfahren der Täuschung in der kirchlichen Theologie sind des näheren ebenso simpel wie zahlreich.

Obenan steht gewiß *die Intellektualisierung des Glaubensbegriffs*[22], sie ist der erste große Trumpf und eigentliche Triumph der kirchlich gelenkten Theologie. – Alles beginnt ganz einfach und harmlos: Der Glaube muß geistig als *vernünftig* gerechtfertigt werden. Daran ist selbstredend etwas Richtiges: Gefühle, die sich nicht denken lassen, pflegen selbst erwachsene Menschen um den Verstand zu bringen. Aber das Gegenteil stimmt gewiß auch: Gedanken, die sich nicht fühlen lassen, sind allemal auf dem Wege zum Wahnsinn. Das Problem der kirchlichen «Theologie» hingegen liegt schon in ihrem Begriff: eine «wissenschaftlich» begründbare «Gotteslehre» zu sein. «Wer Gott (das Tao) kennt, spricht nicht davon, und wer von Gott (vom Tao) spricht, der kennt ihn (es) nicht», heißt es am Anfang von LAOTSES *Tao te king*.[23] Die kirchliche «Theologie» indessen ist immerfort bestrebt, von Gott zu reden, so als wenn sie das «Geheimnis des Göttlichen» kennen würde. Ja, es ist ein *Dogma* der katholischen Kirche, verkündet auf dem ersten Vatikanischen Konzil gegen die Zweifelsucht der Philosophen, daß man Gott mit den Mitteln des Verstandes *beweisen* könne[24]; man wußte seinerzeit sogar ganz genau, wie das zu machen sei: mit Hilfe des «Kausalitätsprinzips»[25] – unvorstellbar damals noch, daß wenige Jahrzehnte später schon die Quantenmechanik ausgerechnet auf dem «gußeisernen» Plafond der Physik gerade den «Kausalsatz» fundamental in Frage stellen würde[26] Gott selber als die Quelle der (menschlichen!) Vernunft und Christus, sein Sohn, als der inkarnierte «Logos» – das mußte die christlichen Theologen selber als die verleiblichten Träger der Weltvernunft auftreten lassen.[27] Natürlich wußten sie und sagten es auch, daß Gott als der Unendliche dem Menschen schlechthin *unbegreifbar* sei; ja, wenn sie lehrten, daß Gott nur mit den Mitteln der «Analogie» erkennbar und verstehbar sei[28], so fügten sie zugleich hinzu, daß die «Entsprechung» zwischen dem Endlichen und dem Unendlichen stets nur über dem Abgrund einer unendlichen Unähnlichkeit zwischen beiden formuliert werden könne. Dann aber kannten sie sich in der «Wolke des Nichtwissens»[29] doch wieder praktisch so gut aus, daß sie keinerlei Probleme bei der Erstellung der rechten Dogmenformulierung gelten ließen: wer nicht ihrer Meinung wortgetreu folgte, war augenblicklich identisch mit einem Leugner der göttlichen Wahrheit selber.

Da gibt es also einen Verstand, der behauptet, etwas erkennen zu können, von dem er zugleich erklärt, daß er es nicht wirklich, sondern nur analog erkennen könne, der dann aber wieder jeden Menschen vom ewigen Heil ausschließt, der seiner nicht wirklichen, nur analogen, das heißt unendlich unähnlichen Ähnlichkeit aller verwandten Begriffe nicht wortgetreu Folge leistet – unweigerlich muß man sich fragen, was dieses erhabene Konstrukt der tradierten Theologie eigentlich soll. Hier, soviel ist klar, wird die jeweilige Sprachregelung wichtiger als der Inhalt. Denn ginge es wirklich um den Inhalt, so müßte in der «Unendlichkeit der Unähnlichkeit» aller theologischen Aussagen über Gott konsequenterweise auch jede Art von *Verneinung* der kirchlichen Lehrsätze nicht nur erlaubt, sondern nach dem Prinzip der Analogie geradezu notwendig gefordert werden.[30] Stattdessen aber besteht die kirchliche Theologie in einem ausgeprägten *Begriffsfetischismus:* dieselben Dinge auch nur etwas anders zu sagen, ist schon dasselbe wie Irrlehre.[31] Die Buchstabengenauigkeit der verbalen Übereinstimmung selber wird hier zum hauptsächlichen Kreditiv der Rechtgläubigkeit erhoben, und, was am schlimmsten ist: es treten hier *bloße Gedanken und Worte an die Stelle des Lebens.*

In diesem Sinne ist es zu verstehen, daß das kirchliche Dogma auf dem Vorgang einer *Intellektualisierung* basiert.[32] Es geht dabei nicht um die Leugnung der an sich selbstverständlichen Tatsache, daß jede Form von religiösem Glauben sich in irgendeiner Weise vor dem Forum der menschlichen Vernunft rechtfertigen muß – schließlich kann niemand verpflichtet werden, etwas völlig Unsinniges zu denken oder zu tun –; mit *Intellektualisierung des Glaubens* ist die Verfälschung eines Denkens gemeint, das seine eigenen Begriffe nicht länger mehr zur Interpretation der Wirklichkeit verwendet, sondern vor-

nehmlich zum Jonglieren mit den Differenzierungen der eigenen Begriffsgeschichte und zum Ausgleich bestimmter selbstgeschaffener Paradoxien. Die
Weltabgehobenheit der kirchlichen Theologie, das ständige Beantworten von
Fragen, die so niemand gestellt hat, und umgekehrt das Verdammen von Fragestellungen, die jedem wirklich Denkenden eigentlich unabweisbar scheinen,
bilden das Hauptmerkmal einer solchen Intellektualisierung des Religiösen in
der Dogmensprache kirchlicher Orthodoxie. Hört man den Vertretern eines
solchen «Denkens» zu, gewinnt man bald schon den Eindruck, sie könnten im
Grunde tausend Tage und Nächte miteinander reden – sie würden sich niemals
auch nur einen Schritt näher kommen. Und man versteht auch, warum, wird
doch in allem Reden über den rechten Glauben die eigene Existenz stets aus
dem Spiel gelassen. Alles Eigene, alles Persönliche, hat hier prinzipiell *ausgeblendet* zu werden, und die Folge: neben dem Verschwinden der eigenen Person als des Trägers des Glaubens verschwindet notwendig auch die Person des
Gesprächspartners, ja, es verschwindet am Ende auch die Person Gottes selbst:
Er wird aus einem handelnden Subjekt in dieser Art von Theologie zu einem
«Erkenntnisgegenstand» der menschlichen Vernunft.

Natürlich stehen unter diesen Umständen die Inhalte der Theologie jetzt sogar den eigenen Worten entgegen. Den eigenen Worten nach «weiß» die kirchliche Theologie durchaus, daß Gott, wenn es ihn gibt, dasjenige «Subjekt» sein
muß, das niemals zum Objekt gemacht werden kann.[33] Andererseits beruht die
dogmatische Form der Theologie jedoch selber strukturell auf der «Versachlichung» und Vergegenständlichung Gottes. Das theologische Gespräch selber
gleicht fortan einem Dialog von Unpersonen, die, eben als Theologen, gar nie
darüber sich Rechenschaft geben dürfen, was ihre Theorien über das Wesen
«des Göttlichen» *in ihrem eigenen Leben* bedeuten würden und was für Erlebnissen sie womöglich selber entstammen. Wohl gibt es lange transzendental-
philosophische Traktate zur Reflexion der subjektiven Erkenntnisbedingung
Gottes in dieser Theologie; die eigene Existenz aber sowie die Situation des
Dialogpartners – das ist zu «subjektiv», um noch «theologisch» zu sein.

Nehmen wir als ein besonders berühmt gewordenes Beispiel den Disput
zwischen dem Augustinermönch MARTIN LUTHER und seinem Kontrahenten, dem Dominikanergelehrten ECK, im Juli 1519 in Leipzig.[34] Von vornherein verfolgte die ganze kirchliche Debatte den Zweck, LUTHER als einen verkappten Hussitten zu erweisen; wenn erst einmal feststünde, daß er mit seiner
Gesinnung die böhmische Pest in sich trüge, dann würde kein Fürst in deutschen Landen von dem Ablaßbestreiter aus Wittenberg auch nur noch ein
Stück Brot annehmen. Zur Disposition stand unter dem Deckmantel theologi-

scher Wahrheitsklärung im Grunde die Frage der politischen Wirkung des «Reformators» – man wollte unter allen Umständen verhindern, daß der theologische Funke in den Haufen sozialen und politischen Zunders der Zeit damals übersprang. Und formal gesehen erreichte ECK denn auch sein Ziel. Tagelang redeten da zwei bedeutende Theologen ihrer Zeit über so bedeutende Fragen wie die Rechtfertigung des Menschen vor Gott oder über die Freiheit des menschlichen Willens beim Begehen des Bösen, doch die «Spielregeln» dieses theologischen Scheingefechtes, das schließlich zu der bedeutsamsten Weichenstellung der ganzen abendländischen Kirchengeschichte wurde, erlaubten es LUTHER in keiner Weise, auch nur entfernt anzudeuten, welche persönlichen Erfahrungen seine Ansichten über das Verhältnis von «göttlicher Gnade» und «menschlicher Natur» geprägt hatten, und auch sein Widerpart konnte um keinen Preis sagen, was unbedingt hätte gesagt werden müssen: «Mönch Martin, Deine Angst, von der Du sprichst, ist mittlerweile die Angst eines ganzen Kontinents. Und recht hast Du: wer sie in sich spürt, kann nur ‹gerettet› werden durch ‹reine Gnade›». Im Gegenteil. Das Persönliche durfte nicht mit einer Silbe erwähnt werden; das Menschliche hatte draußen zu bleiben – selbst ein Mann wie Kardinal CAJETAN glaubte auch später noch, dem Mönch aus Wittenberg theologisch gerecht geworden zu sein, obwohl er von ihm bekannte: «Ich mag diese deutsche Bestie nicht. Sie hat so tiefliegende Augen.»[35] Persönliche Zuneigung oder Abneigung – sie mußte vergleichgültigt werden; um so wichtiger naturgemäß wurde sie. Der subjektive Erlebnishintergrund der Glaubenserfahrung – egal, wenn nur die intellektuellen Argumentationsfiguren sich den vorgefertigten Schablonen der tradierten Lehre einpassen ließen – oder eben nicht! Die menschliche Beziehung der Dialogpartner – unwichtig, denn es ging um die Wahrheit des Göttlichen. Mit anderen Worten: was sich hier gab als ein theologisches Gespräch, kam überhaupt nur zustande unter der *vollkommenen Verdrängung des menschlichen Faktors.* Von Gott zu sprechen, ist im Rahmen einer so verstandenen Theologie nur möglich unter rigoroser Unterdrückung des eigenen Erlebens, des eigenen Fühlens und der eigenen Biographie.

Die Kehrseite einer solchen *Intellektualisierung der kirchlichen Theologie* besteht mithin in der vollkommenen *Ausklammerung der persönlichen Emotion.* Es gilt, die *Gottesfrage objektiv zu stellen.* Nicht was jemand im Umgang mit «Gott» erlebt hat, ist hier die Frage; es kommt nicht darauf an, aus welch einer Situation heraus er spricht, welche Erfahrungen er interpretieren und deuten möchte – das alles ist ja nur «subjektiv» und spielt «objektiv» keine Rolle, – die einzige Frage, auf die es ankommt, lautet, was «wirklich», «vor

Gott», gilt. «Gott» – das ist hier, richtig verstanden, das *Gegenteil* des Persönlichen und Individuellen; «Gott» – das ist hier so viel wie das «Ding an sich» in der Erkenntniskritik von IMMANUEL KANT[36], mit dem Unterschied freilich, daß die kirchliche Dogmatik über den an sich unerkennbaren Gott dann doch eine ganze Menge redseliger Erkenntnisse beizubringen versteht. Aber man kann, ja, man *darf* sich diesem «Gott» der Theologie fortan nicht mehr nahen als einzelner Mensch, mit eigenen Gefühlen und Erlebnissen. Das ist das Entscheidende. Denn tatsächlich liegt darin eigentlich schon der Kern des kirchlichen Dogmas: die *Intellektualisierung* des Redens im Verein mit der *Entemotionalisierung* des Argumentierens.

Immer wieder muß man sich fragen, was für ein Denkstil das ist, der ungerührt in Jahrhunderten andere Menschen mit dem Anspruch göttlicher Wahrheit in den Tod des Schergengerichtes der Inquisition treiben konnte, ohne persönliches Bedauern, einfach in Folge von kirchengebundener Pflichterfüllung, gefühllos, emotionslos, einzig dem «Objektiven», dem «Göttlichen» verantwortlich.[37] Da wurde getötet mit weißen Handschuhen, da wurden Menschen dem Tod überliefert ohne jegliche Reue; und man begreift: *die Zerstörung der Emotionalität* ist *identisch* mit dieser Starrheit und Sicherheit des eigenen Wahrheitsanspruchs und insgleichen mit der Zerstörung des Menschlichen selber. Ein auf solche Weise dogmatisierter Gott ist *in sich selber* der Tod des Menschen; alles, was später im einzelnen im Autodafé dann geschieht, ist nur die praktische Folge der prinzipiellen Inhumanität des kirchlichen Glaubensbegriffs selber. Und als um so wirksamer erweist sich die emotionslos gehandhabte Grausamkeit, als sie jedes Korrektiv möglichen Mitleids in der eigenen Gefühlswelt verloren hat – die Eliminierung von Menschen gerät jetzt, nach der Eliminierung des Emotionalen, zu einem bloßen Rechenexempel. Philipp II. zum Beispiel, der «katholischste» aller Könige Spaniens, der politische Kopf und Organisator der Gegenreformation, ordnete Tausende von Hinrichtungen an, ohne je auch nur eine einzige mitzuerleben, einfach vom Schreibtisch aus, als bloße Verwaltungsangelegenheit.[38] Wenn es keine wirklichen Gefühle mehr gibt, ja, nicht einmal mehr geben darf, die Menschen miteinander verbinden könnten, weil nur in der «Läuterung» von allem «Subjektiven» die Seele des Menschen vermeintlich fähig wird, «Gott» in sich aufzunehmen[39], dann und nur dann ist die Abtrennung des Wahrheitsbegriffs eines so definierten «christlichen» «Glaubens» gründlich genug, um in die so geschaffenen Leerräume des Persönlichen das kirchlich Beamtete hineinzupressen. Nicht «Gott», wohl aber die Bindung an das kirchliche Lehramt muß dann die Stelle des «Absoluten» in den Inhalten des christlichen Glaubens verkörpern; wir sind dicht schon dabei, zu Zeugen der Degeneration des ehedem Prophetischen zum *Bürokratischen* zu werden. Nur eines noch müssen wir hinzufügen, das ist: *die Bestimmbarkeit der Gefühle durch fremden Befehl.*

Denn: so offensichtlich es ist, daß die persönlichen Gefühle im Gefälle der Intellektualisierung des Glaubens in den Traktaten und Definitionen der kirchlichen Theologie radikal vergleichgültigt werden müssen, so gilt es jetzt noch, den Rest aller verdrängten und unterdrückten Gefühle: *den Willen zum Widerstand,* durch einen entsprechenden *Gegen*willen zu *brechen.* Die kirchliche Rechtfertigung zu einem solchen Vorgehen findet sich erneut in der «Definition» des Glaubens durch das kirchliche Lehramt selbst: der Glaube, heißt es, sei *«ein Akt des Verstandes, befohlen vom Willen.»*[40]

Natürlich, es wird sogleich zur Verteidigung der kirchlichen Positionen heißen, *«actus intellectus»* – das meine in der Sprache des Mittelalters nicht das, was heute als «Intellekt» bezeichnet werde, es umgreife vielmehr die gesamte Geistestätigkeit des Menschen, insbesondere sein Ringen und Suchen ins Unendliche; und «Wille» *(voluntas)* – das bedeute im mittelalterlichen Latein den gesamten Bereich der emotionalen Zustimmung. Doch man darf sich durch solche an sich richtigen Erklärungen nicht in die Irre führen lassen; – Abwehrargumente dieser Art wurden jahrhundertelang aufgeboten, um den verfestigten Zustand des kirchlichen Denkens in Glaubensfragen gegenüber dem Geist der Moderne als «fortschrittlich» und «zeitgemäß» zu kaschieren. In Wahrheit genügt ein einziger Blick etwa in die *Summa theologica* des heiligen THOMAS VON AQUIN, um festzustellen, daß es hier thematisch gehen kann, worum auch immer – es gibt keine Frage der Welt, die den «engelgleichen» Lehrer der Scholastik davon abbringen könnte, nach der fertigen Rezeptur seines stets beibehaltenen formalen Aufbaus: «es spricht dafür», «es spricht dagegen», am Ende doch stereotyp zu erklären, «man müsse aber sagen...»[41] «Verstand» in engstem Sinne und ein einigermaßen gutes Gedächtnis – wer über diese beiden Fähigkeiten verfügte, konnte und kann bis in die Gegenwart hinein nach diesem Stil des theologischen Denkens zu den höchsten Ämtern und Würden der kirchlichen Glaubensgemeinschaft aufsteigen[42]; und es erwies sich in der Tat diese Form der Theologie sich denn auch als so erfolgreich, daß sie weltweit in allen theologischen Seminaren auf päpstliche Weisung hin zur Pflicht der Theologenausbildung insgesamt erhoben wurde.

Keine andere Form von Theologie hatte gegenüber diesem System eine Chance, verfügte es doch über *drei* scheinbar unersetzliche *Vorteile:* Es verfügte über knappe *formelhafte Antworten* zu jeder beliebigen Fragestellung, die innerhalb des vorgefertigten Weltbildes und überkommenen Sprachspiels zugelassen war; es bot einen Katalog leicht *lehr- und lernbarer Schemata des Denkens* an und ließ sich daher hervorragend verschulen; und es verschaffte den so gebildeten Theologen selber den *Status von Trägern eines besonderen,* über die ewige Seligkeit entscheidenden *Wissens.* Eben diese Mischung aus scheinbarer Rationalität und undurchdringlichem Mystizismus machte all die Zeit über die Faszination dieser Theologie als «Wissenschaft» aus.

Was man auf diese Weise indessen erzielte, war eine weitgehende *Abhängigkeit des Denkens von den autoritären lehramtlichen Vorgaben.* Auch das kann jetzt nicht anders mehr sein. – Solange das Denken sich *frei* bewegen darf, ist es notwendig ruinös für jede Art von beamtetem Wahrheitsbesitz; hier aber, in der theologischen Reflexion, wird das «Denken» nicht zum Begreifen von etwas klar Erkennbarem benutzt, sondern ins Unendliche, ins prinzipiell Unerkennbare, ins Mystische getrieben. Der Verstand selber gerät dabei in eine verkehrte Stellung zu sich selbst. Der eigentliche Ort religiöser Erfahrung ist gerade nicht das gegenstandsgerichtete rationale Erkennen – das weiß auch die akademische Theologie mit ihrer eigenen Definition, daß Gott in angegebenem Sinne niemals ein «Gegenstand» des kategorialen Denkens sein könne. Alle wirkliche Gotteserfahrung, wenn das gilt, ist wesentlich *emotional* oder, besser, *personal* – auch das ist bekannt: *Gott,* wie man weiß, *ist die Liebe* (1 Joh 4,8). Aber wie kann man dann eine buchstäblich «lieblose» Sprache zur Beschreibung dieser Wirklichkeit verwenden? Genau darin indes besteht die heutige Form kirchlicher Theologie: sie schiebt all die «irrationalen» Gefühle, den gesamten subjektiven Erfahrungsraum des Religiösen methodisch beiseite und geht dann heran, die *verdrängten* Gefühle in *rationalen* Begriffen als «dem Denken gemäß» auszugeben.

Das ganze Verfahren, das dabei zur Geltung kommt, erinnert an das Verhalten eines Vaters, der seinem Sohne als erstes die Freiheit der Gattenwahl *untersagt,* um ihm hernach mit vielen Gründen darzulegen, warum er am Ende eine bestimmte Frau «vernünftigerweise» *doch* «lieben» solle. Was dabei herauskommt, ist weder ein «rationales» Denken noch ein starkes Fühlen, es ist lediglich *ein befohlenes Denken verbotener Gefühle* – eine vollkommene Entmündigung. Oder anders ausgedrückt: gerade dorthin, wo ursprünglich ein eigenes Wollen und ein eigenes Mögen sich hätten entfalten wollen, ist jetzt ein grauer scholastischer Lehrbetrieb getreten[43], der bei aller Gelehrsamkeit niemals zu wirklicher Einsicht und innerer Überzeugung führen kann – die «vernünftig» gemachte Liebe ist niemals die *wirkliche* Liebe, die theologisch erklärte Gottheit ist nichts als eine Imagination, von der die Theologen selber sagen müssen, sie tauge bestenfalls dazu, die unendliche

*Andersartigkeit* Gottes im Kontrast zu aller menschlichen Erkenntnis noch mehr hervorzuheben.

Der Unterschied ist klar: von einem *lyrischen Gedicht* kann man erwarten, daß es *die Erfahrung* der Liebe, die Tiefe des Gefühls, die Wahrheit einer Beziehung adäquat verdichtet wiedergibt – seine Sprache geht auf das Geheimnis der Liebe ein, indem sie es ausdrückt; die Theologensprache hingegen *entfernt* sich immer weiter von ihrem «Gegenstand», indem sie ihn «begrifflich» zu «fassen» sucht. In den selbstgeschaffenen *Hohlraum* der Evidenz aber dringt dann wieder das Moment des gerade noch unterdrückten eigenen Wollens, nur jetzt in der Form eines *Imperativs:* nunmehr muß man sich selbst einen Glauben «befehlen», den man weder «objektiv» erkennen kann noch «subjektiv» fühlen darf. Einerseits fürchtet man die «Unvernunft» der Liebe, andererseits die «Unvernunft» der religiösen Überzeugung; aber was der Kirchenglaube von beiden übrig läßt, ist nichts als ein Akt scheinlogischer Willkür – eine «Vernunftehe» bestenfalls –, ein permanentes Beziehungsunglück zum Zwecke gesellschaftlichen Vorteils, kann man auch sagen. Denn: Die Bedeutung des «Willensmäßigen», «Befohlenen» in der kirchlichen Definition des Glaubens gewinnt des weiteren eine konkrete Gestalt in der *vollkommenen Unterwerfung des einzelnen Gläubigen* unter das Diktat eines Lehrstandes professioneller Experten in allen Angelegenheiten der Religion. Aus einer Frage, die eigentlich jedermanns Leben betrifft und betreffen sollte, wird jetzt eine Art Geheimwissen von besonders geschulten Kirchenbeamten, auf deren «Begründungen», «Ableitungen» und «Entscheidungen» das gemeine Kirchenvolk vollkommen eingeschworen werden muß.

Nirgendwo sonst tritt die Pervertierung der ursprünglichen Art der Botschaft Jesu schon in ihrer äußeren Form so deutlich in Erscheinung wie in der Etablierung einer solchen kirchlichen Fachschaft von *Bildungsexperten göttlichen Wissens.* Die bittersten Sätze aus dem Munde des Nazareners über den Stand der Schriftgelehrten seiner Zeit finden hier ihr aktuelle Bestätigung. Man lese nur Mt 23! «Sie lieben es», heißt es da, «in den Synagogen (den Kirchen also) die ersten Plätze einzunehmen» (Mt 23,6)[44] – man betrachte Sonntag um Sonntag nur den Einzug der Prälaten, Pröbste und Pastöre in das Chorgestühl des Doms zur Conzelebration eines bischöflichen «Pontifikalamtes»; man besehe sich nur das Schauspiel eines «Semestereröffnungsgottesdienstes» jeder beliebigen theologischen Fakultät: wie da die erlauchte Gelehrtenschaft in schwarzem und rotem Ornat, mit Spänglein und Kettchen behängt, in den vorderen Bankreihen Platz nimmt, dicht am Altar, wo bald schon der Christus selber im kirchlichen Meßritus unter den Händen des «Ortsoberhirten» in den

Gestalten von Brot und Wein zum Heil der Menschheit sich selber «zum Opfer darbringen» wird, nachdem dieser zuvörderst in seiner Eigenschaft als der
oberste «Lehramtsinhaber» und «Großkanzler» seiner theologischen Fakultät, als Bischof eben, den versammelten Gottesgelehrten nebst ihren Alumni in
ergreifenden Worten die Treue zum kirchlichen Lehramt, die Disziplinierung
öffentlicher Kritik und die «Freude» an der Göttlichkeit und Wahrheit der
Kirche «unseres Herrn und Meisters» ans Herz gelegt hat – und man weiß ein
für allemal, daß hier die Fähigkeit längst abhanden gekommen sein muß, die
Worte Jesu auch nur entfernt auf sich selbst zu beziehen und sich davon entscheidend in Frage stellen zu lassen.

Denn schlimmer noch: diese Leute, sagte an gleicher Stelle Jesus (Mt 23,13),
«halten den Schlüssel zum Himmelreich in Händen, doch sie selber gehen
nicht hinein, und sie lassen auch niemanden hinein.»[45] Energischer kann man
nicht dagegen protestieren, daß unter den Händen der «Schriftgelehrten», der
*Theologiedozenten* in unseren Tagen, das Gottesverhältnis des Menschen in
eine intellektualisierte, autoritär vorgegebene, «objektive», unpersönliche
Paßform stehender Redensarten umgewandelt werden soll. – Ein kleines Beispiel mag da genügen: *die Präfation* der katholischen Meßfeier *am Dreifaltig-
keitstag*. Da wird zur Feier des Tages in vorgeschriebener «Freude» über die im
Christentum endgültig geoffenbarten Wahrheiten des Dreifaltigen Gottes sin-
gend von dem amtierenden Priester die würdige Verehrung der Trinität zelebriert: «nicht», wie es heißt, «in der Einzigkeit einer Person, sondern in der
Dreiheit eines Wesens ... Und so beten wir an den wahren und ewigen Gott: in
den Personen die Sonderheit, im Wesen die Einheit und in der Majestät die
Gleichheit ...»[46] Das ist die Sprache des offiziellen *Gebetes* über *den Kern-
inhalt des christlichen Glaubens!* Man darf mit Sicherheit behaupten, daß nicht
ein einziger unter den Gläubigen, ja, daß nicht einmal der sechs Jahre lang
theologisch gebildete Zelebrant selbst, auch nach anderthalbtausend Jahren
kirchlicher Festlegung dieser Dogmensprache nicht, wenigstens von ferne begreifen wird, wovon da die Rede geht. All die Predigten am Dreifaltigkeits-
sonntag beschreiben denn auch in aller Regel als erstes und einziges die übermenschlichen Schwierigkeiten, überhaupt zu verstehen, wie rätselhaft das
göttliche Wesen dem menschlichen Denken *entgegensteht;* gleichwohl steht
über jedem dieser Prediger noch wieder der eigene Dogmatikdozent, der ihm
in mindestens zwei bis drei abzuleistenden Examina den Beweis abgerungen
hat, daß er *trotzdem* die Lehre von der Heiligsten Dreifaltigkeit, «dogmengeschichtlich» und «systematisch» betrachtet, hersagbar auf dem Schnürchen
hat; und so macht schließlich zumindest der Theologiedozent selber Verdacht,

er wenigstens kenne sich aus in den Lehren der göttlichen Metaphysik; doch weil auch das noch nicht genügt, ist über ihm selber der bischöfliche Oberhirte als höchster Lehramtsbewahrer gesetzt, sorgfältig zu wachen über die «Angemessenheit» und «Genügsamkeit» der jeweiligen theologisch verwandten Kommentare bezüglich des Heilsgeheimnisses des Göttlichen.[47]

Kann man noch deutlicher zeigen, wie sehr man mit all dem sich von der einfachen Wahrheit eines Gottesverhältnisses des Vertrauens, wie Jesus es durch sein Leben ermöglichen wollte, entfernt hat? Freilich, am Ende sagt's der Pastor *Faustens Gretchen* auch, Gott sei «die Liebe»[48] und eben deshalb «dreipersönlich» – ein ewiger, unendlicher Bezug der «Selbstreflexion» und der «Selbstdurchdringung», der «Zeugung» und «Hervorbringung» durch «aktive» und «passive» «Hauchung», doch nichts von all diesen Formeln, für die im Verlauf der Kirchengeschichte unzählige Menschen exkommuniziert und getötet wurden[49], wird einem Menschen die so beschriebene Gottheit näher bringen.

Stattdessen wird das «Unbegreifbare», das den Worten nach «Unaussprechliche» nunmehr endgültig zu einem *Gegenstand reiner Wortmagie*. Da in dem ganzen theologischen Begriffsgebäude schon die bloße Frage, was denn die jeweilige Lehre mit der persönlichen Erfahrung des jeweiligen Dozenten zu tun habe, als eine ungehörige, ja, unerhörte Infragestellung erscheinen muß, wird es jetzt unvermeidlich, jede Erinnerung an die persönliche Existenz, so gut es geht, zu *tilgen* und *die Wahrheit* definitiv und endgültig *an das Amt zu binden*.

Alles menschliche Leben ist notwendigerweise, vielschichtig, schillernd und mehrdeutig – keinerlei Eindeutigkeit und Gewißheit einer bestimmten Doktrin läßt sich darauf gründen. Wozu aber hätte Gott, wenn wir theologisch schon einmal so weit sind, sich noch «offenbaren» sollen, wenn nicht, um die Irrungen und Wirrungen des menschlichen Lebens endlich zu Klarheit und Wahrheit zu bestimmen? Und wie anders könnte dies gelingen, als indem man vom menschlichen Leben ganz und gar *absieht*? Das «Göttliche» – das ist fortan das, was «der Mensch» von sich aus gar nimmer finden könnte und was er in seiner Gebrochenheit sogar nach ergangener «Offenbarung» niemals getreu genug durch die Zeiten bewahren könnte. Wenn irgend trotzdem die Wahrheit des Göttlichen dem Menschen zugänglich bleiben soll, so muß sie, isoliert vom persönlichen Leben, in der Form eines objektiven Ausdrucks an ein *Amt* gebunden werden, von dem man nur glauben muß, daß Gott selbst es zur Sicherung seiner Botschaft eingerichtet habe.[50]

Spätestens jetzt ist es soweit: Die gesamte Aufregung einer religiösen Existenz ist fortan endgültig überwunden; was Menschen fühlen, leben und erlei-

den, besitzt jetzt allenfalls noch eine periphere Bedeutung; von substantiellem
Rang ist künftig allein das Wort des kirchlichen Lehramtes selbst. In ihm liegt
die Wahrheit. Es selbst *ist* die Garantie der Wahrheit. So wie das Lehramt es
vorspricht, muß man es daher nachsprechen, um der göttlichen Wahrheit teilhaftig zu werden. Aus der Intellektualisierung der religiösen Wahrheit ist in
gerader Linie also die Verbeamtung der Wahrheit erwachsen.

Das heißt nicht nur! Zugleich mit der *Verbeamtung des Geistlichen* im
Raum des Kirchenglaubens wächst *die Doppelbödigkeit der geistlichen Existenz selbst.* Die «Wahrheit» Gottes soll jetzt nicht länger mehr persönlich,
sondern von Amts wegen beglaubigt werden, – darin ist nicht nur die Neutralisierung des Persönlichen enthalten, es liegt darin auch, daß es fortan weit wichtiger wird, die «Wahrheit Gottes» *durchzusetzen,* als sie zu leben.

Wir haben uns mittlerweile schon daran gewöhnt, daß die Wahrheit des
christlichen Glaubens unter den Händen der kirchlichen Theologen zu einem
Kompendium von fertig ausformulierten Dogmen und kirchlichen Lehrsätzen
verkommen ist; daher können wir jetzt eigentlich auch schon nicht mehr besonders erstaunt sein, wenn wir die Frage der Glaubensweitergabe mit einem
Mal zu einer Frage der religiösen *Propaganda* herabsinken sehen.[51] Wer jemand als Priester, als Theologiedozent, als Katechet oder ähnliches *persönlich*
und *menschlich* ist, muß nunmehr (das heißt kirchengeschichtlich schon seit
dem Ende des *Donatistenstreits* im vierten Jahrhundert)[52] angesichts der Bedeutung der bischöflichen Beauftragung durch ein kirchliches Amt als zweit-
rangig gelten und ist allenfalls als negative Randbedingung von Interesse: als
Mann der Kirche, allenfalls, sollte der Verkündiger moralisch nicht das Ansehen seines geistlichen Standes diskreditieren; der entscheidende Faktor des
kirchlichen Wahrheitsanspruchs aber ist mit der Einrichtung eines «geistgeleiteten» Lehramtes selber gegeben. Nur hier, wohlgemerkt, ist künftig der Ort
einer entscheidenden religiösen Selbstvergewisserung.

Konkret gesprochen: Da wird irgendwo nach Monaten der Sedisvakanz von
dem örtlichen Metropolitankapitel ein neuer Bischof gewählt. Sein Vorgänger,
fast immer ein schon hochbetagter Greis, hat die letzten Jahre seines verrin-
nenden Lebens mindestens dafür noch zu nutzen verstanden, daß er ein paar
der in seinem Sinne «richtigen» Leute an die richtigen Stellen berufen hat; mit
anderen Worten: es fällt schwer, unter solchen Voraussetzungen eine tragbare
Mehrheit für einen wirklichen Kurswechsel zu finden; und so wählt man zum
neuen Bischof in aller Regel entweder den schon designierten Diadochen des
verstorbenen Kirchenfürsten, oder man arrangiert sich auf dem kleinsten gemeinsamen Nenner und wählt denjenigen, der, weil am meisten dem Durch-

schnitt entsprechend, am wenigsten dem Verdacht umstürzlerischer Reformversuche ausgesetzt scheint. Der so Gewählte ist nun freilich nicht einfach ein unbeschriebenes Blatt. Er hat für gewöhnlich schon viele Jahre seines Lebens in allen möglichen kirchlichen Amtsstuben verbracht; er ist mit einer beachtlichen Anzahl von geistlichen Ämtern und Titeln wohlversehen, die er immerhin allesamt durch ein honoriges Betragen zu rechtfertigen gewußt hat: vielleicht hat er als Student schon in Rom ein Examen mit Auszeichnung abgelegt, oder er hat sich als Universitätsprofessor mit Akribie und Fleiß um die Begründung des Kirchenglaubens hervorgetan, oder er gilt als ein besonders volkstümlich predigender Prälat, oder er hat, auch das ist ja möglich, von sich aus so wenig zu sagen, daß er schon deshalb als ein «guter Zuhörer» gilt – genug der Verdienste, er wird in den Rang eines Bischofs erhoben.

Und da nun geht nach kirchlichem Wähnen eine sonderliche Veränderung mit ihm vor. – Als *Priester* bisher hatte er zwar schon durch den Sendungsauftrag des Ortsordinarius teil an der Wahrheit des kirchlichen Lehramtes[53]; als *Prälat* war er auch schon bis anhin ein jemand, auf den Verlaß ist – «schließlich machen wir (nach einem gut verbürgten Wort des Würzburger Oberhirten PAUL WERNER SCHEELE) doch nicht jemanden zum Prälaten, der nicht nach außen hin sagt, was wir wollen»; doch nun ist er Bischof! Und das heißt: er selber hat nicht mehr nur teil, er verkörpert ab sofort selber das lebendige Lehramt der Kirche, er ist dessen Teil! Vom Tag seiner Weihe an hat er deshalb nunmehr die Pflicht, dem Volk der Gläubigen «die ganze Wahrheit des Christus» «vorzulegen»[54]. Er persönlich, wie alle Welt weiß, ist durch die «Gnade» des «Bischofsamtes» nicht auch nur um ein Jota weiser geworden; doch das Amt selber, so geht jetzt die Kunde, ist ausgestattet mit göttlichem Geist[55], und kraft dieses Geistes, der seinem Amte nach göttlichem Willen wesensnotwendig «inhäriert»[56], ist er in der Gemeinschaft aller anderen Bischöfe, welche vereint sind unter der Leitung des Papstes als des gegenwärtigen Petrus[57], auch selber begabt mit Unfehlbarkeit.

Es ist klar, wie das Abwehrargument gegen diese Darstellung lauten wird: das kirchliche Lehramt des Papstes und der Bischöfe sei streng «dialogisch» gebunden an das wandernde Gottesvolk der Gläubigen, welches die Kirche selbst sei; auch ein Papst könne nur aussprechen, was «immer schon» von den Menschen in der Kirche geglaubt worden sei[58]; aber: wenn es so ist, warum hört man nicht auf «das» Volk? Warum sind am Ende doch stets die beamteten Wahrheitsverwalter wissender als die verwalteten Gläubigen? Selbst der Konziliarismus des NICOLAUS VON CUES aus dem fünfzehnten Jahrhundert[59] hat bis heute keine Chance gehabt, das hierarchische Gefälle der Macht in der Kirche abzubauen. Und dann: welch eine Anmaßung, ein *Konzil* von Kirchenbeamten von vornherein im Besitz einer göttlichen Wahrheitsgarantie zu wähnen! «Auch Konzilien können irren», erklärte MARTIN LUTHER[60] in der Leipziger Disputation gegenüber ECK. Ein einzelner, irrtumsfähiger Mensch ist Gott immer noch «unmittelbarer» als eine noch so geheiligte Versammlung kirchlicher Amtsträger.

Und wie sollte es auch anders sein? – Als *Nasrudin* sich einmal «nicht besonders wohl» fühlte, rief er nach einem Arzt, erzählt IDRIES SHAH in den «Fabelhaften Heldentaten des vollendeten Narren und Meisters». «Du brauchst ein Abführmittel, sagte der Doktor. – Ich hätte gerne eine zweite Meinung, sagte Nasrudin. – Eine Operation!, entschied der zweite Arzt. Ruft noch einen Doktor!, sagte der Mulla. – In solchen Fällen ist das einzige Mittel Massage, meinte der dritte Blutsauger. – Jetzt haben wir das Rezept, sagte der Mulla. Ein Drittel einer Operation, ein Drittel eines Abführmittels und dazu ein Drittel einer Massage. Das sollte das Richtige sein, die Sache ausgezeichnet zu kurieren.»[61] – Kein Ärzte-Konzilium wird ein Medikament für irgendeine Krankheit finden, solange man die unterschiedlichen Meinungen sammelt und den quantitativen Durchschnitt als die «Wahrheit» ausgibt; zu Gott jedenfalls gelangt ein Mensch in prophetischem Sinne nur, wenn er einen einzigen Weg, seinen Weg, konsequent zu Ende geht.

Es sei demgegenüber dahingestellt, ob das phantastische Konstrukt eines unfehlbaren Lehramtes beziehungsweise eines kollektiven Warheitsbesitzes, das in der ganzen Christenheit die Katholische Kirche unter allen anderen wirklich *«auf besondere Weise»* auszeichnet, nicht inzwischen längst schon weit eher eine Angelegenheit der Ethnologie als der Theologie, eher der Religionsgeschichte als der Religion unserer Tage sein sollte – zu deutlich ist allemal, daß kein einheimischer Herrscher im alten Samoa oder auf den Fidschi-Inseln in seinem Mana-Besitz[62] anders beschrieben werden könnte als der heute in Rom residierende Petrus. Was uns an *dieser* Stelle *psychologisch* vor allem interessiert, ist *die Brechung zwischen Person und Amt,* die durch die Intellektualisierung des Kirchenglaubens bedingt ist und die jetzt zu einer *Spaltung der Denktätigkeit* bzw. zu einer *Umformung der gesamten Theologie und damit zu einer bloßen Ideologie des Ämtererhaltes* führen muß.

Man kann das Gemeinte leicht an der Art erkennen, wie fortan *die Grundlagen des Denkens ausgetauscht* werden. Bisher, auf der Ebene des einzelnen Gläubigen, ging es darum, das persönliche Existieren an das theologische Dozieren zu delegieren; jetzt aber muß auch der Intellekt selber noch einmal durch den beamteten Willen in den Amtsträgern gebrochen werden, damit sie wirklich der Amtsgnade des Geistes teilhaftig werden. Nicht, was sie persönlich denken – das ist das Nichtige! –, einzig, was «die Kirche» selber uns lehrt, ist jetzt entscheidend.

Und was lehrt sie uns also, die Kirche? Das erfährt man, wohlweislich, auch aus dem Munde des einzelnen Bischofs noch nicht letztgültig, es ergibt sich vielmehr erst aus dem Gesamtkonsens der Bischöfe, praktisch also aus der Fülle der lehramtlichen Dokumente, die er *zitieren* wird, wenn er «Entscheidungen» fällt! An solchen, getrost, hat es in der verfaßten Kirche nicht Mangel: Konzilsdekrete, päpstliche Enzykliken, bischöfliche Hirtenbriefe, Synodenbeschlüsse, Katechismen der Ortskirche, der Weltkirche – spätestens seit dem Frühjahr 1993 haben alle Katholiken zwischen Detroit und Shanghai endlich zu wissen, was katholisch ist.[63] Denn: In diesen Papieren steht es zu lesen. Von diesen Lehrschreiben der Kirche ist auszugehen. Sie geben den Spielraum vor, innerhalb dessen am jeweiligen Ort und im ganzen gedacht werden darf. Sie markieren das Ziel, das zu erreichen allen Überlegungen im voraus gesteckt ist. Sie bilden den Anfang und das Ende einer jeden kirchenloyalen Theologie.

*Die volle Übereinstimmung mit dem kirchlichen Lehramt,* das heißt *mit den Vorgaben des jeweiligen Papstes* samt seinen Bischöfen im Amte, ist nach diesem neuen Verständnis von göttlicher Wahrheit und Verkündigung derart wichtig, daß nunmehr sogar ein eigener *Amtseid* erforderlich scheint, um die Dozenten der Theologie noch vor ihrem Amtsantritt und dann Jahr um Jahr wieder in die göttliche Pflicht zu nehmen, auf daß sie nur ja nie anders lehren, als das gegenwärtige Lehramt der Kirche es vorschreibt.[64] Wenn irgend man wissen will, wie eine Institution beschaffen sein muß, in der sich ein «Glaube» organisiert, der «als Akt der Vernunft» «vom Willen befohlen» wird, wird man ihn finden in dieser grotesken Indienstnahme einer geistlichen Beamtenschaft von Theologen, deren Hauptaufgabe darin besteht, das Lehramt der ihnen zu- und übergeordneten Bischöfe mit Hilfe des Denkens gegen das Denken zu schützen.

Nein, werden natürlich längst schon empört und grimmig die «Wahrheitliebenden» unter den Theologiedozenten beim Lesen dieser Zeilen sich ereifern, nein, so einfach verhält es sich nicht. Das, so werden sie sagen, ist einfach ein Zerrbild der Wirklichkeit. Nun denn, falls diese Darstellung wirklich eine Karikatur zu sein scheinen sollte, so ist sie doch eigentlich nur eine Fotokopie jenes Schreibens, das der Vorsitzende der römischen Glaubenskongregation, der ehemalige Theologiedozent und heutige JOSEF KARDINAL RATZINGER, noch im Sommer des Jahres 1991 an alle Theologiedozenten der Kirche gerichtet hat, des Inhalts, sie besäßen kein Recht, abweichende Lehrmeinungen in der

Öffentlichkeit vorzutragen, vielmehr stünden sie unter der Pflicht, im Fall von schwerem Dissens ihr Amt von sich aus freiwillig, durch Selbstanzeige also, dem Bischof zurückzugeben, und der Bischof selbst sei gehalten, auf das sorgfältigste die Einhaltung der kirchlichen Lehren und Weisungen bei seiner Theologenschaft zu überwachen und notfalls auch um den Preis von Nichtberufung oder Amtsenthebung offensichtlich ungeeigneter oder renitenter Lehrer, die nur sich selbst, nicht die Wahrheit der Kirche im Sinn trügen, in gebotener Strenge durchzusetzen.[65] Wenn das nicht eine Karikatur der Sache Jesu ist... Gewiß versuchen «kritische» Theologen, schon um ihres Selbsterhaltes willen, den Aussagewert derartiger Erklärungen, so gut es geht, herunterzuspielen – «Ratzinger ist nicht die Kirche», heißt es, und dem kann man schwerlich widersprechen – sollte man meinen! Doch schon im Jahre 1990 ließ derselbe Kardinal die Gläubigen wissen, daß das katholische Lehramt «teilhaftig göttlichen Wissens» ist und daß im Lichte dieser Erklärung auch die Erklärungen der römischen Glaubenskongregation, mithin auch seine eigenen, zu betrachten sind.[66] Mit anderen Worten: Was die katholische Kirche ist, bestimmt einzig und allein das «Lehramt» der katholischen Kirche selber, und wer damit nicht übereinstimmt, hat eigentlich die Pflicht, durch Selbstanzeige und freiwilligen Rücktritt von jeder Lehrtätigkeit den Amtsinhabern der Kirche die Peinlichkeit einer strafweisen Amtsenthebung zu ersparen.

Was also ist da zu tun? – Mit ihrem Anspruch, eine «Wissenschaft» zu sein, müßte die Theologie eigentlich die Freiheit von Lehre und Forschung nicht nur als ihr Grundrecht, sondern geradewegs als den Ausdruck ihres Selbstvollzugs gegen jede bischöfliche oder päpstliche Maßregelung verteidigen.[67] Was falsch oder wahr ist im Sinne wissenschaftlicher Forschung, läßt sich nicht *par ordre de Mufti* bestimmen, sondern muß sich im wissenschaftlichen Diskurs in Abhängigkeit von den jeweiligen Erkenntnismethoden selber erweisen. Doch dieser Begriff von «Wissenschaft», wie er außerhalb der Kirche sich in der Neuzeit gebildet hat, ist absolut unverträglich mit der Idee einer Wahrheit von Amts wegen und einer kirchlichen Hierarchie bischöflicher und kurialer Zuständigkeiten im Besitzstand göttlichen Wissens. Die Kluft zwischen Mittelalter und (unfreiwillig aufgenommener) Moderne zerreißt bis heute die gesamte Konstruktion der katholischen Kirche und durchzieht nächst der Spaltung zwischen Existenz und Dozententum nun noch einmal das Leben jedes einzelnen dieser Mitglieder des «theologischen Lehrkörpers» zwischen Denken und Beauftragung, zwischen Erkenntnis und Macht. Dieser Konflikt, wohlgemerkt, ist *strukturell,* er ist nicht als das persönliche Gebrechen oder als das moralische Versagen eines einzelnen Dozenten am Ort interpretierbar, obwohl sich natürlich auch hier schon die Frage stellt, was für menschliche Eigenschaften und Verhaltensstrategien eigentlich erforderlich sind, um derartige «Ämter» zu «besetzen» und «Funktionen» in kirchlichen Diensten «wahrzunehmen».

Man muß, um das ganze Ausmaß des katholischen Dilemmas zu begreifen, sich nur recht klarmachen, daß bis in die jüngste Gegenwart hinein ganze Forschungszweige der Theologie, wie zum Beispiel die historisch-kritische Methode in der Bibelauslegung, schlechtweg «verboten» werden konnten.[68] Und nicht anders in den Naturwissenschaften. Dasselbe Lehramt, das, immerhin, mit 365 Jahren Verspätung im Jahre 1992 dahinterkam, es sei GALILEI mit seinen simplen Bewegungsgleichungen aus dem siebzehnten Jahrhundert wohl doch zu Unrecht verurteilt worden, findet bis dato kein Wort des Bedauerns oder der Reue über den Dominikanermönch GIORDANO BRUNO, der am 17. Februar 1600 von den Schergen der römischen Inquisition verbrannt wurde, weil er als erster die *religiösen* Folgerungen aus den Entdeckungen des KOPERNIKUS gezogen hatte: ein unendliches Weltall in unendlicher Entwicklung![69] Allein *der Entwicklungsgedanke* selber zählt nach wie vor zu den großen Tabus des katholischen Weltbildes, und das nicht ohne Grund: eine Welt, die sich von unten nach oben entfaltet und aufbaut, widerspricht diametral dem hierarchischen Verteilungsmuster der Macht in der katholischen Kirche, das streng von oben nach unten ausgerichtet ist.[70] Die entscheidende Frage aber stellt sich jetzt: Wie soll man Wahrheitsliebe und Bekennermut von einer Theologenschaft erwarten, die über Jahrhunderte hin derartig gedemütigt und gegängelt wurde wie die theologischen «Wissenschaftler» der katholischen Kirche?[71] Selbst wenn sie es ab und an wagen sollten, in ihren Seminaren oder in gewissen Fachzeitschriften einmal bestimmte Fragen offen zu diskutieren oder gar abweichende Meinungen zu äußern, so darf eine solche Debatte doch um keinen Preis außerhalb der Mauern der akademischen Selbstbegrenzung geführt werden. Es ist eben ein entscheidender Unterschied, ließ der Erzbischof von Paderborn J. J. DEGENHARDT im März 1992 in dem Wochenmagazin *Der Spiegel* wissen, ob jemand zum Beispiel über die Jungfräulichkeit Mariens oder die Wunder Jesu in theologischen Zirkeln spricht oder ob er derlei Fragen vor dem Kirchenvolk erörtert.[72] Was die katholische Kirche angeht, hat er da recht. So ist es.

Das *Kirchenvolk* indessen bleibt unter diesen Umständen mit lehramtlichem Druck in immer größer werdendem Abstand hinter den Einsichten der Gottesgelehrten der eigenen Kirche, deren Ausbildung es pro Mann mit mehr als einer Million DM in sechs Jahren aus Kirchensteuermitteln bezahlen muß, in blamabler Weise zurück.[73] Unfähig, weil auf jede Weise gehindert, religiös sich selber zu artikulieren, angewiesen und verpflichtet, in jedem Detail auf die «Führung» und «Unterweisung» des kirchlichen «Lehramtes» zu hören, muß es nicht nur mit ansehen, wie der Erlebnisbereich des Religiösen unter der Zuchtrute seiner klerikalen Lehrmeister immer mehr verdorrt, es muß auch erdulden, daß es von den eigenen Amtsträgern aus Angst vor dem geistigen Kollaps der Aufklärung mit System hinters Licht geführt wird. Der *Zwang zum Aberglauben*, den wir eingangs beklagten – *hier* hat er seinen Ursprung.

Aber noch schlimmer: unter den gegebenen Bedingungen muß vor allem jeglicher Rückfluß von Informationen von der Basis hinauf zur hierarchischen Leitungsspitze blockiert bleiben. Ein von Gott gesetztes unfehlbares Lehramt hat es nicht nötig, sich von den Menschen über Gott belehren zu lassen; umgekehrt: es steht in der Pflicht, die Menschen über Gott zu belehren.[74] Wer da noch verlangen sollte, die Kirche als ganze solle «menschlicher» werden, dem wird ein Kirchenmann wie *Bischof* DEGENHARDT ganz sicher entgegenhalten, die Kirche müsse nicht «menschlicher», sie müsse *göttlicher* werden, denn wenn sie göttlicher werde, dann werde sie auch von selber schon menschlicher.[75] Da wird nicht nur («monophysitisch» im Theologenjargon)[76] das Göttliche mit dem Menschlichen ineins gesetzt, es wird zugleich klargemacht, was es bedeutet, ein «richtiger» Mensch in der Kirche zu sein: ein solcher, natürlich, hat sich zu richten nach dem «Göttlichen», das unzweideutig personifiziert ist in den Bischöfen selber und ausgebreitet in ihren Weisungen und Entscheidungen. Und zwar in jedem Detail!

Den einfachen «Laien» (das sind immerhin mehr als 99 Prozent in der Kirche) möchte es zum Beispiel seit langem schon scheinen, daß die Kirche ihre Vorurteile gegen *Geschiedene*[77] und *Homosexuelle*[78] aufgeben sollte. Die Forderung scheint überfällig. Doch hört man zu ihren Gunsten ein entschiedenes Wort von irgendeinem gegenwärtig lebenden Moraltheologen, auf dessen Urteil etwas zu geben wäre? Gibt es da eine Stimme, das hunderttausendfach begangene Unrecht der Kirche an ihren eigenen Gläubigen (die Drohung ewiger Höllenstrafen, die Aussperrung von den vermeintlich heilsnotwendigen Sakramenten, die Demütigungen und Ängste über ein ganzes Leben hin) endlich aufzugeben und nach besten Kräften wiedergutzumachen? «So weit sind wir noch nicht», wird es da heißen. Aber wie denn? Die Menschen, bekanntlich, leben heute; sie haben keine Zeit, auf eine Kirchenreform jenseits ihrer Grabsteine zu warten. Doch so ähnlich verhält es sich in so ziemlich allen kontroversen Fragen. Stets erscheint die Pflicht zur «Loyalität» und zum Gruppenzusammenschluß weit wichtiger als das Erfordernis der Wahrheit und der Wahrhaftigkeit. Wahrlich, wir alle sind ja Propheten.

Woher aber soll nun in einem derartigen Morast von Anmaßungen und Anpassungen, von Zweideutigkeiten und Doppelbödigkeiten, von objektiv behaupteter Göttlichkeit und subjektiv zerbrochener Menschlichkeit überhaupt noch so etwas wie ein wirkliches Kriterium der Wahrheit gegeben sein? Man darf die Wahrheit nicht suchen – sie *ist*, das heißt sie *hat* zu sein, so viel steht fest.

Wie aber kann derlei sein? – Der Ausweg ist, wie immer, *dogmatisch* ganz einfach: Die Wahrheit war *immer!* Seit dem Tage ihrer Offenbarung vermöge des göttlichen Heilswissens lagert sie als fertiger Glaubensbesitz (als «depositum fidei»)[79] in den Tresoren der wohlgehüteten Kammern der kirchlichen Ministerien für Wahrheit und Verkündigung. Freilich, in den Augen der meisten ist diese göttliche Wahrheit der Kirche längst in eine goldüberzogene Mumie, umhüllt von einem edelsteingeschmückten Sarkophag, verwandelt worden, und es ergeht der Mehrzahl der noch Glaubensuchenden wohl so ähnlich wie in FRANZ KAFKAS Geschichte *Eine kaiserliche Botschaft:*[80] «Niemand dringt hier durch und gar mit der Botschaft eines Toten. – Du aber sitzt an deinem Fenster und erträumst sie Dir, wenn der Abend kommt.»

Indessen, gerade gegen die frei schwebenden Träume der immer noch Sehnsüchtigen, der Religionsempfänglichen, setzt die Kirche, und muß sie jetzt setzen, um ganz sicher zu gehen, *das Prinzip der Tradition*[81]: Alles, was *wahr* ist, zeigt sich *wesentlich* daran, daß es *schon immer war* und in der Kirche geglaubt wurde. Natürlich, das leuchtet ein: wenn das kirchliche Lehramt unfehlbar ist, so muß es «immer schon» die ganze Wahrheit und nichts als die Wahrheit gesagt haben; nun aber dreht der Satz sich in strahlender Tautologie sogar dahin um, daß die katholische Kirche unfehlbar schon deshalb sein muß, weil sie immer und allerorten die Wahrheit gesagt, das heißt *weiter*gesagt hat, die Christus ihr überantwortet hat.[82]

Es sei dahingestellt, wie vieler haarsträubender Ausflüchte und gelehrter Sophistereien der beamteten Dozenten speziell der Kirchengeschichte[83] es bedarf, um dieses vermessene Prinzip tradierter Unfehlbarkeit vor den Gläubigen «angemessen» darzutun, – die katholische Definition der tradierten Wahrheit kann im Grunde, aller Sorgen ledig, auf inhaltliche Argumente schlankweg verzichten, und das sogar inzwischen mit einer gewissen logischen Stringenz: Solange es um *Inhalte* zu tun ist, braucht es Argumente und Vergleiche – ein Suchen und Irren notwendigerweise; das Alter und die Ehrwürdigkeit einer bestimmten Behauptung verschlägt da gar nichts. «Ein fal-

sche Tradition ist nichts weiter als ein langer Irrtum», das Wort stammt sogar
von einem sehr alten angesehenen Kirchenvater.[84] Doch sehen wir uns an, was
die Kirche aus dem «Wein» macht, den Jesus «in neuen Schläuchen» bringen
wollte! Um ein für allemal die leidige An- und Hinterfragerei des reflektie-
renden Verstandes hinter sich zu bringen, und Sinnes, dem Glauben endlich
jene Evidenz zurückzugeben, die eigentlich nur aus der existentiellen Erfahrung selber stammen kann, mußte man das Prinzip der beamteten Wahrheit
in der katholischen Kirche bis zum Gipfel treiben: nicht *was* die Mitglieder
des kirchlichen Lehramtes sagen, sondern *daß* sie es sagen, zeigt die Unfehlbarkeit ihrer Aussagen an, und um *diese abstrakte Formalisierung der Wahrheit im Amte* historisch verankern zu können, hilft jetzt kein anderer Weg
mehr als der einer *archaischen Magie:* Die Tradition der Wahrheit im Amte
ist gebunden an *die Sukzession* (die historische Aufeinanderfolge) *der Amtsträger selber.*[85] Da nun kann man dem Schauspiel beiwohnen, wie bei der
Handauflegung der Bischöfe der katholischen Kirche einem neu geweihten
Bischof der Heilige Geist von Gott selber gegeben und damit *die Lückenlo-
sigkeit der Wahrheit* in der geraden Linie der «Sukzession» selber befestigt
wird, und man versteht: nicht mehr der Glaube, nicht mehr der Mensch,
nicht mehr der Lebenswandel – nichts an Persönlichem, allein jetzt das Amt
und die Form seiner Selbstverbreitung garantieren fortan den «Geistbesitz»
und damit die «Wirksamkeit» der ausgeübten «Amtshandlungen». Was für
ein Feld logischer Ableitungen und allfälliger Beweisaufgaben eröffnet sich
da für die systematische Theologie!

Ein *evangelischer* Pastor zum Beispiel verfügt nach diesem Verständnis der
christlichen Wahrheit selbstredend nicht länger mehr über die «Macht», in
einer protestantischen Abendmahlsfeier die «Gestalten» von Brot und Wein in
den Leib und das Blut Christi zu «verwandeln», ist doch die römische «Sukzession» der Ämterfolge seit dem sechzehnten Jahrhundert in den Kirchen der
Reformation unterbrochen; hinwiederum muß alles, was ein *anglikanischer*
Pastor tut, nach wie vor für wahrhaft wirksam erachtet werden, da die Bischöfe
der englischen Kirche sich auf Männer zurückführen, die noch von römischen
Bischöfen ordiniert wurden – in der englischen Kirche ist es offenbar nur die
übertriebene Liebe der Briten zu den Frauen, die das Unglück der Glaubens-
spaltung beschworen hat und wohl auch noch weiter beschwören wird: hätte
*Heinrich VIII.* im Jahre 1534 nicht um einer neuen Heirat willen, die der Va-
tikan ihm verweigerte, sich von der katholischen Kirche getrennt, wäre die
Bevölkerung der Insel wohl heute noch so orthodox katholisch wie auf der
Nachbarinsel Irland; und hätte am 11. November 1992 nicht eine Zwei-Stim-

men-Mehrheit auf der anglikanischen Generalsynode unter Vorsitz von George Carey, dem Erzbischof von Canterbury, die Zulassung auch von Frauen zur Priesterweihe beschlossen[86], so wäre es Rom wohl doch in absehbarer Zeit sogar gelungen, die abtrünnige Konfession des englischen Königshauses wieder dem Primatsanspruch des Papstes zu unterstellen. Doch wie auch immer, all das sind Spekulationen; was man allerdings in der Idee einer Ämtersukzession als einer Form von Geistbesitz und Wahrheitsgarantie untrüglich vor Augen gestellt sieht, ist nichts anderes als die ins «Geistliche» gewendete Vorstellung der (ursprünglich biologischen) Erbmonarchie altorientalischer Könige.[87]

Es sei erneut einmal davon abgesehen, daß die These einer historisch lückenlosen Abfolge des Bischofsamtes in der katholischen Kirche die in Kirchengeschichte und Dogmatik beschäftigten Theologen erneut vor eine ehrlicherweise nicht zu lösende Argumentationspflicht stellt[88]; weit wichtiger ist uns an dieser Stelle die vollkommene Nonchalance, mit der die Kirche, indem sie sich obendrein noch auf «Christus» beruft, der Person und dem Anliegen der Botschaft Jesu ins Gesicht schlägt. Es mag (aus Gründen, die wir noch ausführlich werden erörtern müssen) an sich durchaus sinnvoll, jedenfalls legitim sein, zur Interpretation der Botschaft des Propheten aus Nazareth sich bestimmter Vorstellungen und Symbole zu bedienen, die von altersher im Menschen angelegt sind[89]; aber dann müssen sie sich aus den existentiellen Vollzügen des Glaubens selber ergeben und in das Ich der gläubigen Persönlichkeit integriert werden; sie dürfen keinesfalls, wie in der katholischen Kirche, als ein objektives, an und für sich bestehendes System göttlicher «Heilswahrheiten» und «Heilsveranstaltungen» veräußerlicht und in dieser Form den Menschen entfremdet entgegengestellt werden. In der Weise vor allem, in welcher die katholische Kirche in Abwehr des vermeintlichen «Subjektivismus» der reformatorischen Kirche *seit dem Konzil von Trient* sich in der Neuzeit endgültig dagegen versperrt, die subjektive, persönliche Seite christlicher Glaubenserfahrung wirklich aufzugreifen[90], wird das *Amt*, das allenfalls eine Hilfsfunktion des Lebens sein kann[91], in völlig abergläubiger Weise zur Grundlage der christlichen Existenz und Wahrheit selber erklärt.

Alles, das kann man ganz sicher sagen, steht hier, wenn es so stehen bleibt, auf dem Kopf. Die Intellektualisierung des Glaubens, die Dogmatisierung der Glaubensvorstellungen, die Verbeamtung der Glaubenslehre und die Ritualisierung der Wahrheit zur leeren zeitübergreifenden Gebärde eines göttlichen Geistbesitzes in der Sukzession einer Ämterfolge reiner Geistlosigkeit sind stufenweise identisch mit der Verformung des Existierens ins Dozieren, des

Dozierens ins Ideologisieren, des Ideologisierens ins Bürokratisieren und schließlich des Bürokratisierens in ein museales Tradieren. Wie von einer ehernen Zange wird das Leben der Gläubigen nunmehr umgriffen von dem erdrükkenden Lastgewicht einer Hierarchie, die nach dem Prinzip einer beamteten Wahrheitsgarantie *von oben nach unten* die menschlichen Erfahrungen niederhält, und zum anderen von dem Prinzip der Vergangenheit, das jeden Neuaufbruch *nach vorn hin* durch den Maßstab einer verewigten Geschichte blokkiert.

Seinen klarsten Ausdruck freilich findet die Ersetzung des Gegenwärtigen durch das Vergangene und des Lebendigen durch das Beamtete jetzt notwendig in der *Verdrängung des Werdenden durch das Fertige*. Die gesamte dogmatische Sprache der Kirche ist *die Redeform verängstigter Perfektionisten*, und sie *muß* es sein, geht es doch Stelle um Stelle jetzt um den *Totalanspruch der Wahrheit*.[92]

Gewiß hat sich mittlerweile die dogmengeschichtlich wichtige Einsicht in die sogenannte *«Hierarchie der Wahrheiten»*[93] mehr oder minder durchgesetzt – es ist auch innerhalb der katholischen Lehre nicht mehr jedes Jota und Häkchen gleich bedeutsam; – eine solche Einsicht könnte eigentlich Platz lassen für Toleranz und Duldsamkeit. Schaut man indessen genau hin, so findet man für «weniger wichtig» oder «nicht so zentral» keinesfalls Inhalte ausgegeben, die jedermann als solche begreifbar wären, es handelt sich überraschenderweise vielmehr gerade um Themen, die seit eh und je zum eisernen Bestand der frühesten Dogmensammlungen der Kirche zählen, wie zum Beispiel um die Behauptung, daß Jesus von einer Jungfrau geboren wurde oder daß er leibhaftig zum Himmel aufgefahren sei. Noch vor dreißig Jahren wäre jemand als häretisch aus der Kirche ausgeschlossen worden, der es auch nur gewagt hätte, an der leiblichen Aufnahme *Mariens* in den Himmel – ein ganz neues Dogma aus der Feder von Papst Pius XII. aus dem Jahre 1950 – zu zweifeln[94]; was die Himmelfahrt *Jesu* anging, so konnten damals ganze Traktate der «Fundamentaltheologie» dem geistvollen Nachweis gewidmet sein, daß Jesus sich «wirklich», das heißt in Raum und Zeit, pünktlich nach vierzig Tagen, vom Auferstehungssonntag an gerechnet, vor den Augen seiner Jünger, in Anpassung an die (zugegeben: mythischen)[95] Anschauungsweisen seiner Zeit, in den Himmel erhoben hat. Es mußte damals als ein zentraler Angriff auf das kirchliche Dogma gelten, wenn jemand der Einsicht der *Formgeschichte* gefolgt wäre und in den Darstellungen von Mt 28 und Apg 1,4–14 selbst «nur» eine mythische Beschreibung für den Glauben der Urkirche gesehen hätte, daß Jesus in seinem Leben wie in seinem Sterben «bei Gott erhöht», das heißt zum

«König» gemacht wurde[96], wie etwa Paulus wörtlich noch sagen konnte (Röm 1,4).[97] *Heute* zählt eine solche Auffassung indessen schon zum Allgemeingut der *Prediger*, wenngleich eben nicht aufgrund besserer Einsicht – die hätte seit Jahrhunderten statthaben können! –, sondern infolge der allzu offensichtlichen Lächerlichkeit eines allzu fundamentalistischen Standpunktes. Etwas überaus Wichtiges wird da plötzlich nicht «falsch», sondern «weniger wichtig».

Doch selbst dieses penible Kriterium offensichtlicher Unsinnigkeit darf im Umgang mit Wahr und Falsch in der Kirche unter keinem Umstand «subjektiv» gehandhabt werden. Denn, was «lächerlich» ist oder nicht, entscheidet natürlich erneut allein das unfehlbare kirchliche Lehramt selbst, das heißt es «entscheidet», um unfehlbar zu bleiben, im Grunde von Fall zu Fall am liebsten gar nichts, es schwächt nur nach und nach seinen Widerstand gegen bestimmte «modernistische» Ansichten ab, ohne die vormaligen Anschauungen, selbst wenn sie in der Vergangenheit noch so viele «Ketzeropfer» verursacht haben sollten, als wirkliche Irrtümer einzugestehen.[98] Um herauszufinden, wie es um die «Hierarchie der Wahrheiten» bestellt ist, muß man als Theologe daher jeweils die eigenen Ideen sozusagen wie eine Maus über den Tisch laufen lassen, zur Probe, ob die Katze vielleicht doch schon eingeschlafen ist.

Freilich: die Katze kann jederzeit wieder aufwachen! – Wer zum Beispiel hätte nach 1965 nicht wie selbstverständlich gedacht, daß ein Dogma wie die biologische (!) Jungfräulichkeit Mariens vor, in (!) und nach der Geburt Jesu[99] mittlerweile ebenso als eine (aus dem Alten Ägypten stammende)[100] *mythische* Aussageform des Glaubens an die Person Jesu als des *Königs* (Israels und der ganzen Welt) verstanden werden könnte – nicht anders als das mythische Bild von der *Himmelfahrt* Jesu? Doch weit gefehlt? Etwas, das im Jahre 1965 noch gesagt werden konnte und (zum Beispiel von K. RAHNER)[101] auch gesagt wurde, kann durchaus zwei Jahrzehnte später, nach zwei Papstwahlen, als eine durchaus nicht länger mehr «nebenrangige», sondern zentrale Leugnung des kirchlichen Glaubens mit allen oberhirtlichen Strafen geahndet werden, die das Römische Recht einem Bischof zur Hand gibt.[102]

Und wie, muß man reichlich verstört sich jetzt fragen, verhält es sich dann mit einer Erzählung wie der von der Auffindung des leeren Grabes am Ostermorgen (Mk 16,1–8 par)[103]? Ja, wer das wüßte! Zwar: *formgeschichtlich* gehört es nach heutigem Wissen erneut zum relativ gesicherten Bestand der historisch-kritischen Exegese, daß die Ostergeschichten der Evangelien gewiß keine «historischen» Berichte sind, aus denen sich der Glaube an die Auferstehung, sozusagen beim Anblick des Wunders des leeren Grabes, ergeben hätte[104], sondern daß diese Geschichten umgekehrt den Osterglauben der frühen Kirche mit (mythischen) Bildern kommentieren wollen.

*Aber:* Darf man das sagen? Und vor allem: Darf man so etwas *öffentlich* sagen? Nein, nie und nimmer! Nicht ohne kirchliche Erlaubnis. Und wer wollte die geben, wenn das Denken sie nicht geben darf? – Die *«Hierarchie der Wahrheiten»*, wenn sie mehr sein soll als der bloße Unterschied von begründeten Lehrmeinungen und zu begründenden Lehrinhalten, führt in der Praxis zu nichts anderem als zu der rein opportunistischen Einhaltung dessen, was im *Konsens der bischöflichen Lehramtsträger* und kurialen Meinungswächter noch gerade sagbar ist, ohne mit Lehrverbot und kirchlicher Ausgrenzung bestraft zu werden.[105] Gewahrt werden muß mithin in jedem Falle *der kirchliche Totalanspruch auf den Besitz der Wahrheit,* und dies *in jedem Punkte;* einzig darum geht es. Eine Hierarchie von geistgeleiteten Wahrheitsbeamten ist logisch *unvereinbar* mit einer Hierarchie von Wahrheitsinhalten. Bischöflicher Wahrheitsbesitz und Kirchenzensur auf der einen Seite und offene Wahrheitssuche entlang der eigenen Einsicht auf der anderen Seite – dazwischen gilt es zu *wählen;* dazwischen gibt es kein Drittes.

Man kann diesen Gegensatz auch darstellen als einen *Konflikt zwischen Statik und Dynamik,* zwischen Sein und Werden, zwischen «Fertig» und «Fließend». Gemeint ist, daß es innerhalb des Systems kirchlicher Dogmatik nicht möglich ist, sich ernsthaft auf die *Suche* zu machen. Die Wahrheit als solche *steht fest,* das und nichts anderes ist das Axiom aller weiteren theologischen Überlegungen; wie man diese bereits feststehende Wahrheit nachträglich als dem Denken «angemessen» erweisen kann, ist eine durch und durch sekundäre Frage. Da wird, noch einmal, die ganze Frage der Wahrheit, selbst im akademischen Bereich, buchstäblich auf den Kopf gestellt.

Überall sonst in der Wissenschaft tritt die Wahrheit einer Erkenntnis als das *Resultat* einer geschichtlichen Denkbewegung selbst auf und erweist sich schon dadurch als prinzipiell überholbar und revidierbar. *Kirchlich* gesehen tut sich an dieser Selbstverständlichkeit indessen lediglich die Begrenztheit des *menschlichen* Wissens kund: die *göttliche Offenbarung* wäre ja nicht göttlich, wenn auch sie auf so mühsamem, irrtumsanfälligem Wege errungen werden müßte. Nie und nimmer ist sie ein *Ergebnis,* sie ist eine *Gabe* des gnädig sich vor Zeiten offenbarenden Gottes. Daher muß von ihr *ausgehen,* wer zu ihr finden will. Eine «Dogmen*geschichte*» gibt es unter diesen Umständen allenfalls noch, indem die «Wahrheit Gottes» mit Hilfe theologischer Reflexion in die menschlichen Vorstellungen der jeweiligen Zeit und Kultur übertragen werden muß; doch handelt es sich hier im Grunde nur um eine *Geschichte von außen*[106], die den Kern der Wahrheit selber nicht wesentlich betrifft: die vorgegebenen Worte und Sprachspiele müssen «übersetzt» werden, aber die «Übersetzung» selber darf nicht verändernd zurückwirken auf den Inhalt. Wie das Lehramt der Kirche getrennt ist gegenüber der eigenen Basis, so jetzt der Lehrinhalt gegenüber dem eigenen Denken. Und selbst diese theologische Abstraktion einer *Geschichte von außen* hat kirchlich ihre Grenzen, wenn es um die Frage der Übersetzbarkeit geht.

Rein gedanklich *zum Beispiel* sollte es kein sonderliches Problem darstellen, zu begreifen, wie zeitabhängig und relativ zu dem eigenen Kulturkreis die Tatsache zu bewerten ist, daß Jesus, wenn denn die Angaben der Evangelien überhaupt zutreffen, nur *Männer* in den Kreis seiner Apostel gewählt hat.[107] Etwas geschichtlich so eng Begrenztes und durch die Zeitumstände Bedingtes wie die Apostelwahl (deren Zwölfer-Gremium selber schon sehr früh aufgegeben wurde[108]), müßte zu anderen Zeiten unter veränderten Umständen leicht änderbar sein, – sollte man meinen. Doch wiederum: falsch! Eine Ordination von Frauen zum Priestertum ist (bis heute jedenfalls) in der katholischen Kirche unmöglich, einmal, weil Jesus selber ein Mann, keine Frau, war und weil er zum anderen eben nur Männer in seine engste Gefolgschaft berufen hat. Und jetzt, das Denken erst einmal so eingestielt, erhebt sich selbstredend die Frage, was es wohl besagen will, wenn die zweite Person der Dreifaltigen Gottheit just doch als Mann, nicht als Frau, auf die Welt kam? An dieser Frage, all Ihr frauenfreundlichen Theologinnen und Theologen, brecht Euch die Zähne aus. Gott ist ein Mann! Und so wird es bleiben. Da macht das Geschichtliche selber Geschichte, indem es ungeschichtlich dogmatisiert und metaphysiziert wird. Doch in eben dieser Travestie ihrer selbst besteht die ganze Dogmengeschichte der kirchlichen Glaubenslehre.

*Oder*: für alle, die sich noch schwertun, solchen Gedanken zu folgen, ein anderes Beispiel: Bei der (ganz und gar legendären) «Einsetzung» der «Eucharistie»[109] in Mk 14 und Lk 22 nahm Jesus Brot und Wein in seine Hände und legte damit den Grund für die «Gestalten» der kirchlichen Meßfeier. Wie immer das historisch zu bewerten sein mag, es scheint an sich sonnenklar, daß Jesus lediglich als ein Kind der Kulturen rund um das Mittelmeer damals «Wein und Brot» zu trinken und zu essen pflegte; in anderen Kulturräumen, ganz sicher, hätte er selbstverständlich Mais und Pulque, Maniok und Bier, Hirse und Arak, Reis und Raki oder was immer seinen Jüngern zu essen und zu trinken gegeben.[110] Für das kirchliche Dogma indessen stellt die offensichtliche Zeitabhängigkeit eines bestimmten Symbols keinesfalls eine Pflicht zur eigenen Vergeschichtlichung dar. Um etwa die Indios in Zentralamazonien oder die Papuas in Neuguinea «bekehren» und alsdann mit ihnen das Abendmahl feiern zu können, muß als erstes Weiß*brot* und Rot*wein* aus europäischen oder amerikanischen Bäckereien und Kellereien in den Urwald geschafft werden – kein Christentum ohne einen üppigen Handel und eine kostspielige Logistik. Es darf keine «Enkulturation», keine Eigenständigkeit in Fragen Gottes geben; Gott kommt «von außen», (neo)kolonialistisch gewissermaßen. Die «Wahrheit», bis in die Details ihres symbolischen Ausdrucks hinein, besitzt hier eine entfremdende Struktur. Alles Werdende, alles menschlich, alles geschichtlich *Neue* gilt hier für nichts als das Wankende. Darum, wie BISCHOF KELLER in Münster in den fünfziger Jahren als seinen Leitspruch ausgab: *iter para tutum* – mach den Weg sicher; dulde mit anderen Worten keine Veränderungen. Denn: Alles, was die feststehende Wahrheit verändert, ist selber nur Trübung, nur Fälschung, nur Schwächung, eben nur Änderung der Wahrheit. Daher: *principiis obsta!* Wehre den Anfängen!

In der Tat, selbst für einen so großen Dogmatikdozenten wie den späteren Bischof von Mainz, HERMANN VOLK, einen Mann, der in seinen Vorlesungen wenigstens ahnen ließ, daß er nicht nur «Sätze» vortragen wollte, bestand die stete Besorgnis beim Abwägen theologischer Lehren in der wieder und wieder angstvoll geäußerten Frage: «Wo führt das hin?» – «In der Dogmatik ist es wie bei einem Raketenstart», erklärte ein anderer Dogmatiker, der sich besonders für die Geheimnisse des Heiligen Geistes interessierte, «die kleinsten Fehler in der Kursbestimmung beim Start können zu extremen Abweichungen der Flugbahn später führen.»

Wo so viel ängstliche Sorge und kritische Sorgfalt jedem Neuansatz des theologischen Denkens gegenüber angemeldet werden, darf man sich nicht wundern, wenn der Mut zu geistigem Aufbruch und neuen Ideen mit Regelmäßigkeit schon in Keime erstickt wird. Und das zeigt sich sogar in den Details des «akademischen Betriebs» heutiger «Theologie». Rein akademisch, laut Promotionsordnung, bedarf es zum Beispiel an sich einer *«neuen Idee»*, um in der Kirche zu werden, was Jesus in Mt 23 streng untersagt hat: ein «Doktor» der «Theologie»; aber, um es wirklich in angemessener Zeit zu einem «Doktor» der «Theologie» bringen zu können, kommt es als erstes darauf an, eine «These» zu finden, die nicht so sehr «neu» als vielmehr *begrenzt und übersichtlich* genug ist, um in relativ überschaubarem Arbeitsaufwand ans Ziel zu gelangen; eine solche These darf gewiß keine wirklich neuen Gedanken mit unabsehbar neuen Konsequenzen enthalten, und so hält sich die Neuerungssucht der theologischen Elite schon vom Start an für gewöhnlich in erträglichen

Grenzen. Kennzeichnend für den theologischen Stand ist unter diesen Umständen eine Gilde von «Fachleuten», die spätestens um die fünfunddreißig herum es dahin gebracht haben, eine Dozentur an irgendeiner Universität zu ergattern; damit nun freilich ist das Entscheidende im Leben eines solchen Mannes (*Frauen* haben da durchaus nicht mitzureden) schon erfolgt: er hat «es» geschafft. Alles weitere hernach ist fast nebensächlich: Er wird auf dem einmal begonnenen Gleise die nächsten dreißig Jahre so weiterfahren; er wird Studenten ausbilden, und er wird, mehr oder weniger, seinen einmal gefundenen «Ansatz», recht und schlecht, aber ganz gewiß «fruchtbar», zu entfalten suchen. Viel Aufregendes dabei darf jedoch auch späterhin nicht verlauten, sonst könnte es recht bald um einen neuen «Hoffnungsträger» der Kirche geschehen sein. Sollte sich nämlich allen Ernstes herausstellen, daß seine Gedanken wirklich etwas Neues enthielten, so wird man ihn von seiten der Fachkollegen verwirrt und irritiert fragen, wie seinerzeit der spätere Bischof von Mainz: «Wo führt das hin?» «Dies und das», wird man sagen, «hat er ja vielleicht neu miteingebracht, doch an dem und dem Dogma wird sein Ansatz scheitern.» Mit Vorliebe wird man ihn deshalb nach all den Dingen fragen, zu denen er sich noch *nicht* geäußert hat, und in jedem Falle wird man ihn so behandeln, als sei er mit fünfunddreißig oder vierzig Jahren schon verpflichtet, bereits zu dem «Ganzen» der Theologie sich «befriedigend» und «angemessen», in herkömmlichem Sinne, versteht sich, äußern zu können.[111] Eine eigenständige Entwicklung neuer Gedanken ist unter solchen Voraussetzungen schier unmöglich; daß da etwa mit sechsundfünfzig Jahren ein zweiter I. KANT aufstehen und aus seinem «dogmatischen Schlummer» erwachen könnte[112], muß als absolut unwahrscheinlich gelten. Denn vor allem: es vergeht unter solchen Umständen jegliche *Neugier* nach Neuland und nach der Entdeckung von neuen Ufern.

Jeder wirkliche *Neuentwurf* in den Wissenschaften entsteht bekanntlich *aus* einer *Methodenverschränkung:* verschiedene Wissenschaftsbereiche, die bislang scheinbar nichts miteinander zu tun hatten, treten zur Beantwortung einer übergeordneten *neu* sich ergebenden Fragestellung in ein Gespräch miteinander ein, und es entsteht ein Drittes, das weit mehr ist als die Summe seiner Teile[113]: es ist etwas, das so bisher nicht zu erkennen war, etwas wirklich bahnbrechend Neues. Die Voraussetzung zu Entdeckungen dieser Art besteht ganz und gar in dem Drang, die Bahnen des Vorgegebenen zu *verlassen* und sich auf Problemstellungen *ein*zulassen, die im Rahmen des Bisherigen weder auftauchen konnten noch sich hätten beantworten lassen. Ein wirklicher Fortschritt der Wissenschaft kann nur erzielt werden, wenn jemand die methodischen und inhaltlichen Begrenztheiten des Vorgegebenen *in Frage stellt* und die Mängel, Brüche, Unstimmigkeiten und Ausflüchte der bisherigen «Antworten» aufdeckt. Genau das aber steht nach dem Diktat der «tradierten Fertigkeit» der schon gefundenen Sprachspiele kirchlicher Dogmatik unter strengstem *Verbot:* das Überkommene mag zwar «weiterentwickelt» und «verfeinert» oder auch «dem heutigen Denken angepaßt» werden, doch auf keinen Fall darf es in Frage gestellt und bezweifelt werden. Mit anderen Worten: die Träger eines solchen Lehramtes des fertigen vorgegebenen Wissens haben selber geistig zumeist längst vor der Mitte ihres Lebens auch persönlich «fertig» zu sein – als geistige Greise, die ihren vorzeitigen physischen Tod wie durch ein Wunder überlebt zu haben scheinen – «Wiedergänger», genauer gesagt, deren Metier in der Standardisierung ihrer ein für allemal entdeckten Fündlein zu bestehen hat.

Eine «Glaubenswissenschaft», getrennt vom Leben und niedergehalten von einem unfehlbaren Lehramt, das ist unausweichlich beides nicht, was es zu sein vorgibt: es ist weder Glauben, noch ist es Wissenschaft.

Und aus diesen Strukturen des Ungeistes ergibt sich nicht zuletzt jetzt: *das Verbot des Zweifels.* Dieses Verbot steht im Zentrum von allem, als Motor und Ziel der ganzen Veranstaltung. Schon längst ist hier nicht mehr von existentiellen Glaubenszweifeln – schon gar nicht im Sinne des Buches Hiob – die Rede, allenfalls von den methodischen Zweifeln im Sinne DESCARTES[114]; aber auch diese sind verboten, wenn sie nicht alsbald zu den schon bekannten Antworten führen. – Wie steht es zum Beispiel mit den Fragen des G. E. LESSING, als sich zum ersten Mal begründete Zweifel an der Historizität der Auferstehungstexte regten[115] – darf man solchen *echten* Zweifeln wissenschaftlich nachgehen oder nicht? Es gehört zu der *Perfektionsstarre* des kirchlichen Lehramtes, daß es schon den ehrlichen Zweifel eines Wissenschaftlers aufgrund seiner eigenen Forschungsergebnisse als «Sünde» brandmarken und mit allen Mitteln der Gewissenszensur niederhalten muß. Aus dem Glauben als einem «Akt des Verstandes, befohlen *vom* Willen», wird jetzt notgedrungen ein Akt des Lehramtes, befohlen *dem* Willen. Wie auch könnte es noch Zweifel geben, wenn das oberste Lehramt der Kirche, erleuchtet vom göttlichen Geiste, eine göttliche Wahrheit in Fragen der Glaubens- und Sittenlehre dem ganzen Erdkreis mitzuteilen beabsichtigt! Denn eben, damit das Zweifeln *ein Ende* findet, hat Gott selbst ja dieses unfehlbare Lehramt eingesetzt! Und wozu also würde der Papst ein Dogma oder einen moralischen Lehrsatz verkünden, wenn auch danach noch Zweifel erlaubt wären!

Noch einmal die *Aufnahme Mariens in den Himmel* zum Beispiel. Da mochten die Kirchengeschichtler begründete Zweifel, so viel sie wollten, gegen das neue Dogma geltend machen[116]: Erst ein sehr später deutlich legendärer Bericht aus dem fünften Jahrhundert erzählt da von dem entscheidenden Wunder, durch welches nicht allein Jesus selber, sondern auch seine Mutter nach ihrem Tode durch die Gnade Gottes *leibhaftig* zum Himmel entrückt ward[117] – eine, zugegeben, für den Historiker miserable Beweislage, wenn er anderthalbtausend Jahre danach ein geschichtliches Faktum aus solchen «Zeugnissen» rekonstruieren soll. Aber was Zweifel auch! Durch die segensreiche Entscheidung Papst Pius XII. ward den Dozenten für Kirchengeschichte als gläubigen Menschen fortan der Boden für jeden erlaubten Zweifel ein für allemal entzogen; ab sofort herrschte in diesem Punkte höchste Glaubensgewißheit, und wer auch jetzt noch so lehren wollte wie *vor* der päpstlichen Verkündigung dieses Dogmas in 1950 und spräche: ein solches Dogma sei nicht erweisbar, der müßte zu Recht als *ungehorsam* gegenüber dem kirchlichen Lehramt, das heißt, als ein Leugner der kirchlichen Wahrheit «behandelt» und damit aus der Kirchengemeinschaft ausgeschlossen werden. Aus Fragen der intellektuellen Redlichkeit ist mit einem Mal eine Frage des autoritären Gehorsams geworden, beziehungsweise es tritt in aller Deutlichkeit zu Tage, daß all die Zeit über die Wahrheit des kirchlichen Glaubens sich nicht auf innere Überzeugung als vielmehr auf äußere Macht gegründet hat. – Nebenbei gefragt: Ist damals wohl von den Kirchengeschichtlern aus Protest gegen das päpstliche Dogma jemand zurückgetreten?

Und hier nun schließt sich der Kreis, sieht man doch deutlich, wie die einzelnen Aspekte des katholischen Konstruktes eines unfehlbaren Lehramtes untereinander verflochten sind. In schematischer Darstellung ist es leicht, die folgende Zuordnung zu treffen und sie den Merkmalen gegenüberstellen, die wir vorhin zur Kennzeichnung des *Prophetischen* herausgearbeitet haben; die autoritäre Unterdrückung des Zweifels innerhalb des Systems kirchlicher Theologie läßt sich dabei als die innere Achse eines Rades auffassen, dem innerhalb des Prophetischen die offene Hör- und Gesprächsbereitschaft gegenübersteht. Was wir da sehen, ist eine strukturelle *Alternative* zwischen Selbständigkeit und Abhängigkeit, zwischen Innenlenkung und Außenlenkung, zwischen Freiheit und Autorität, zwischen Menschlichkeit und Macht, die in dieser Entgegensetzung durch keine Dialektik der Welt miteinander zu vermitteln ist: siehe S. 94.

In allen Punkten, wie man sieht, stellt die kirchliche Form von Theologie das exakte Widerspiel des Prophetischen dar. Oder anders ausgedrückt: die Kirche beruft sich auf die Person und die Botschaft eines Mannes, den sie in seinem prophetischen Auftreten widerlegt, indem sie ihn dogmatisch «verkündet».

**prophetisch**

existentiell

integrativ-universell                              dialogisch

offene Hörbereitschaft

gegenwärtig                              situativ

personal




**theologisch**

intellektuell

ausschließend gegen-                              fachgelehrt
über Dissidenten

autoritäre Unterdrückung
des Zweifels

ungeschichtlich,                              abstrakt
traditionalistisch                              dogmatisch

beamtet in der Garantie
einer unfehlbaren Wahrheit

Die kirchliche Theologie mit anderen Worten ist in sich selber zutiefst unglaubwürdig. Dies ist das erste und wichtigste Argument, um sie insgesamt als
ein Hindernis auf dem Weg des Glaubens vor den Augen der Menschen *beisei-
tezuräumen.*

## 3. Kirchenlehre als Entfremdung oder:
## Die Symptomatologie einer Krankheit

*Welch seltsam enge Vorstellung machen wir uns manchmal von der «Wahrheit Gottes»? Durch welche Anmaßung stellen wir uns sie als eine Domäne begrenzten Lichtes vor, deren Grenzen durch die Inhaber göttlichen Lichtes ein für allemal bestimmt sind? Durch welch treuen Starrsinn will ich sie als unveränderlich und fest begreifen, so daß im Verhältnis zu ihr eine einzige Abweichung meines Geistes mir als Sakrileg erscheint? ... Aus Angst, daß sie entfliehen könnte, sperren wir sie ein, hüten sie im Grabe, umgeben sie mit Wächtern, rollen den schweren Stein auf sie, der sie hindern wird zu fliehen, und setzen auf den Stein das Siegel der Autorität. Welche Vorsichtsmaßregeln, welche Schranken, Verbote, Drohungen, Prozesse und Urteile, um sie für immer unverletzt in ihrer geheiligten Unbeweglichkeit zu bewahren, den Leib – den Leichnam Gottes!*

*Aber Gott lebt, erweckt vom Tode, entflieht dem Siegel, dem Stein, dem Wächter zum Trotz, und sein Geist weht, wo er will, über das Land hin. Mir scheint, daß eine Wahrheit um so wahrer ist, je lebendiger sie ist, je mehr sie sich regt, sich entfaltet, zu jeder Zeit neue Früchte bringt; daß sie zumal um so göttlicher ist, je mehr sie uns unter einer Gestalt entschwindet, um ein wenig später in einem anderen Licht wieder zu erscheinen.*

MARIE NOEL: Erfahrungen mit Gott, Seite 40–41.

### a) Das System notwendiger Aufspaltungen

Die kirchliche Lehre, so die Erkenntnis des vorausgehenden Abschnitts, hat sich um die Botschaft Jesu gelegt wie die Schale einer Walnuß, – wir müssen sie zerbrechen, um an ihren Inhalt heranzukommen. Dazu verfügen wir jetzt bereits über *einen* recht wirksamen Hebel, um den nötigen Druck auszuüben: Es zeigt sich, daß die Kirche bereits in der *Form* ihrer «Lehre» der Botschaft Jesu diametral entgegensteht; in der ganzen Art ihres beamteten Wahrheitsbesitzes läuft sie auf einen konsequenten Verrat an der prophetischen Existenz des Mannes aus Nazareth hinaus. Dieses Ergebnis fanden wir allein schon bei einem einfachen Vergleich zwischen dem Auftreten Jesu und der Art der kirchlichen «Verkündigung».

Doch ist es mit dieser Feststellung allein nicht getan; vielmehr beginnt das

Nachdenken jetzt eigentlich erst: Wir müssen uns *psychologisch* fragen, was für ein «Sinn» denn in der geradezu bizarren Konstruktion der kirchlichen Theologie enthalten ist: Welche *Motive* haben dazu geführt, gerade einen solchen Typ von Theologie zu entwickeln? Und: wie ist *die Wirkung* auf die Menschen beschaffen, die sich als «Gläubige» dieses Systems verstehen? Solche Fragen sind es, die uns im folgenden zu dem *zweiten* «Hebel» führen werden, um die «Nuß» zu öffnen. Dabei, wohlgemerkt, geht es auch hier noch nicht um die *Inhalte* des christlichen Glaubens, sondern nach wie vor nur um eine erste *psychologische* Beschreibung und Würdigung der Struktur ihrer kirchlichen Ausdrucksform: Was wird aus Menschen, die in einer so verfaßten Kirche das «Glauben» gelernt haben, und was für Menschen sind es, die eine solche Kirche rechtfertigen und mittragen?

Eine Reihe von Merkmalen, die psychologisch allesamt einer bestimmten Grundgestalt zuzuordnen sind, ergeben sich unvermeidbar aus dem aufgezeigten Dogmenglauben selbst. Unsere These lautet wohlgemerkt nicht, alle Katholiken fühlten sich *persönlich* so, wie es im folgenden dargelegt wird; es geht überhaupt nicht um die Verallgemeinerung einer begrenzten Zahl empirischer Einzelbeobachtungen zu einem hypothetischen Gesamtbild «des» Katholischen; gesagt wird lediglich, das allerdings mit Nachdruck, daß ein bestimmtes Glaubensverständnis, wie das gerade beschriebene, auf Menschen, die daran gebunden sind, *notwendig* bestimmte psychische Wirkungen zeitigen wird; und diese Wirkungen wollen wir beschreiben. Was dabei herauskommt, stellt gewiß nicht das empirische Durchschnittsbild katholischer «Normalität» dar, wohl aber bietet es das idealtypische Bild der «Basispersönlichkeit»[1], die das Ensemble der kirchlichen Vorstellungen und Einrichtungen trägt und von diesen geprägt wird. Mit anderen Worten: Auch in der katholischen Kirche wird es im «Normalfall» gewiß viele Wege geben, um «die Kirche im Dorf» oder «Fünf gerade» sein zu lassen; was aber wird aus den Menschen, die alles das wirklich glauben und ernst zu nehmen sich bemühen, was das Lehramt der katholischen Kirche ihnen zu glauben vorlegt? Das ist jetzt die Frage. Wie ist es psychologisch bestellt *mit dem Prinzip* des Katholischen?

Beginnen wir bei dem zuletzt genannten Faktor: bei dem *Verbot des Zweifels*. Es erschien bislang nur als ein Widerspruch innerhalb der intellektuellen Grundlagen «wissenschaftlicher Theologie», den begründeten Zweifel als Möglichkeit redlicher Forschung mit dem dogmatischen Dekret eines unfehlbaren Lehramtes aus der Welt schaffen zu wollen. Was aber bedeutet die kirchliche Qualifizierung jedweden Zweifels an der kirchlichen Lehre als einer Sünde gegen Gott *psychologisch* für den einzelnen Gläubigen?

So viel ist bereits klar: dem einzelnen Gläubigen hat das «Glauben» nicht länger aus dem Wechselspiel von Versuch und Irrtum innerhalb seines eigenen Lebens hervorzugehen, er hat nicht mehr die Erlaubnis, von sich her Gott zu finden – umgekehrt: er hat anzuerkennen, daß in der kirchlichen Lehre Gott selber objektiv ihm bereits die ganze Wahrheit vorgelegt hat. Eben deshalb kommt der Zweifel einer göttlichen Majestätsbeleidigung gleich sowie, selbstredend, einer Mißachtung der kirchlichen Autorität. Wohl ist auch nach kirchlicher Lehre Gott der Schöpfer des Menschen – eben deshalb sind die göttlichen Wahrheiten gerade nach katholischer Lehre dem Menschen prinzipiell zugänglich[2], und von daher müßte man eigentlich meinen, es sei katholischerseits unmöglich, zwischen dem Göttlichen und dem Menschlichen wie zwischen zwei heterogenen Größen alternativ wählen zu sollen. Doch das kirchliche Lehramt mit seinem Dogmatismus bringt es fertig, gerade diesen im Grunde tödlichen Gegensatz heraufzubeschwören: nicht mehr *im* Menschen und *durch* Menschen redet jetzt Gott – er *hat* geredet, ein für allemal, in seinem «Sohn» Jesus Christus, und er redet fortan vor allem durch «sein» kirchliches Lehramt. Unter diesen Umständen gilt es wirklich, sich zu entscheiden: hört man auf sich selber *oder* hört man auf die Kirche? *Gott*, das steht nunmehr fest, steht nicht länger mehr auf der Seite des Einzelnen in seinen Fragen, Nöten und Ängsten; der Einzelne, so weiß man jetzt, hat gehorsam zu sein gegenüber dem, was die Kirche ihm sagt. Das Verbot des Zweifels und der Gehorsamsglaube gegenüber dem kirchlichen Lehramt führen mithin als erstes zu der *Entfremdung des persönlichen Gewissens* im Leben des Einzelnen. Gewiß, man wagt es nicht geradewegs, dem Menschen sein eigenes Gewissen einfachhin *abzusprechen*, doch hat der Einzelne jetzt die Pflicht, sein Gewissen zu *schulen* und *auszurichten* nach den Weisungen des kirchlichen Lehramtes.

Wie so etwas gegebenenfalls aussieht, konnte man lernen im Jahre 1956, als bei der Frage der *Wiederbewaffnung der Bundesrepublik* Papst Pius XII. erklärte, kein Katholik habe ein Recht, sich auf sein Gewissen zu berufen und den Wehrdienst zu verweigern.[3] Dieses Beispiel ist besonders sprechend, weil sieben Jahre später die Kirche selber ihre Auffassung auf dem 2. Vaticanum änderte: plötzlich war es doch erlaubt, den Wehrdienst zu verweigern. In der Zeit davor aber stand für jeden Katholiken seine gesamte kirchliche Existenz auf dem Spiel. Wenn der Einzelne in seinem Gewissen glaubte, sich anders entscheiden zu müssen, als die kirchliche Lehre es vorsah, so unterlag er «objektiv» einem *irrigen* Gewissen[4]. Auch einem solchen irrigen Gewissen ist ein Mensch nach kirchlicher Lehre zu folgen verpflichtet; doch was hilft das? Die Kirche hat ihrerseits natürlich die Pflicht, einen Irrtum als solchen zu benennen und den Irrenden als «nicht mehr katholisch» zu kennzeichnen; und dementsprechend hat er dann auch «kirchlich» behandelt zu werden – er wird definitiv «ausgegrenzt». Schlimmer noch als alle Kirchenstrafen wirkt indessen die damit eintretende Spaltung im Bewußtsein des Gläubigen selbst: Der Betreffende selber kann ja bei der kirchlichen Veräußerlichung seines Gewissensurteils nicht stehenbleiben; er für sich selber sieht den Irrtum keinesfalls in seiner eigenen Auffassung, sondern bei dem kirchlichen Standpunkt, den er eben deshalb mit allen Mitteln zu ändern versuchen wird. Um überhaupt moralisch weiterleben zu können, muß er der Kirche, wenn es so steht, schon um seines geistigen Selbsterhalts willen, künftig absprechen, im Namen Gottes selber reden zu wollen; er wird also die Göttlichkeit des kirchlichen Lehramtes selber in Frage stellen müssen. «Wem glaubst Du, wenn Du an Gott glaubst – Dir selber oder der Kirche?» Diese Frage stellt sich ihm jetzt unausweichlich, und zwar wirklich auf *Entweder – Oder.* Selbst wenn die Kirche *später* inhaltlich seiner Ansicht folgen sollte, ändert das an dem Prinzip des Konfliktes nicht das geringste.

In jedem ernsten Konfliktfall zwischen kirchlicher Lehre und persönlichem Gewissen gibt es unter den Bedingungen eines unfehlbaren, göttlichen Lehramtes nur zwei Wege: die *Kapitulation* oder die *Revolte.*

Es ist als erstes, im Fall der Kapitulation, möglich, daß die *Abwehr des Glaubenszweifels* bzw. die Zerstörung des persönlichen Gewissens *zum chronischen Selbstzweifel konvertiert:* Um nicht die Kirche infrage stellen zu müssen, wenn sie zum Beispiel die Wehrdienstverweigerung im Namen Gottes verbietet, unterliegt der Einzelne dem *Zwang,* sein eigenes moralisches Urteilsvermögen infrage zu stellen: *er darf nicht so vermessen sein,* Gottes Weisungen besser kennen zu wollen als die Kirche, die Gott auf Erden vertritt; es ist vielmehr *ein klares Zeichen seines Hochmutes und Stolzes,* wenn er eine Wahrheit zu erkennen wähnt, die erkennbar im Widerspruch zur Weisung der Kirche steht. Das Vertrauen in die göttliche Führung der Kirche ist in diesem Falle *identisch* mit dem chronischen Mißtrauen gegenüber sich selbst. Der Konflikt mit der Kirche wird verinnerlicht zu einem Konflikt mit sich selbst. Oder, genauer gesagt: die *Entpersönlichung* der religiösen Frage im kirchlichen Lehramt führt notgedrungen dazu, den sachlichen Streitfall zu *personalisieren:* – wer mit der kirchlichen Autorität nicht zurecht kommt, muß in seiner Persönlichkeit entweder psychische oder moralische Defekte aufweisen – wie auch wäre sonst die Abweichung von einer göttlichen Wahrheit, unfehlbar dargelegt durch das kirchliche Lehramt, erklärbar?

Wohlgemerkt, die Frage der Wehrdienstverweigerung im Jahre 1956 ist an dieser Stelle nur *ein* Beispiel unter beliebig vielen anderen; das päpstliche Verbot künstlicher Empfängnisverhütung, die Kennzeichnung jeder sexuellen Begegnung außerhalb der Ehe als «Unzucht», die strikte Verurteilung homosexueller Kontakte, der Ausschluß Wiederverheirateter von den Sakramenten oder die Vielzahl faktischer «Glaubensabweichungen» von den Vorgaben des kirchlichen Lehramtes (die Jungfrauengeburt, das leere Grab, die Wunder Jesu – all die Punkte einer fundamentalistischen und objektivistischen Selbstauslegung der kirchlichen Lehre) – wo immer man hinschaut, wird deutlich, was *im Prinzip* gilt: ein Lehramt, das sich selbst im Namen Gottes absolut setzt, basiert *strukturell* auf der Unterdrückung der Person des einzelnen Menschen.[5] Im Schatten eines absoluten Amtes sind Menschen grundsätzlich nur noch etwas Relatives: entweder sie sind dem Amte Gottes in Gestalt der Kirche dienstbar, oder sie sind objektiv schädlich; sie sind, genau betrachtet, im Rahmen der kirchlichen Definition überhaupt nur so viel wert, wie sie von ihrem eigenen Ich an den verbeamteten Kirchengott delegieren. Das ist die eine Möglichkeit.

Oder es gibt, zum zweiten, die Möglichkeit der Revolte: Die Menschen wagen es aufzustehen und setzen den Gehorsam ihres eigenen Wesens gegen den Kirchengehorsam; sie engagieren den eigenen Willen gegen den Machtwillen der Kirche, und sie unterwerfen sich *nicht*. Dann freilich stürzt in einem einzigen solchen Entscheidungsaugenblick die gesamte geistige Architektonik der Kirche als eines göttlichen Lehramtes in Staub und Asche zusammen. – Solange das kirchliche Lehramt auf seiner göttlich garantierten Unfehlbarkeit beharrt, besteht nur die Möglichkeit einer solchen Entscheidungsalternative: entweder Gott spricht wesentlich in Form eines objektivierbaren Wissens durch ein statuarisches Lehramt, oder er spricht als Person durch die Person von Menschen. *Dazwischen gilt es zu wählen.*

Die vorhin schon erwähnte Vermittlungsauskunft der kirchlichen Apologetik verschlägt hier nicht viel: das Lehramt des Papstes und der Bischöfe sei doch nur «unfehlbar» in der «Gemeinschaft» der Gläubigen.[6] Ein solches «Argument» taugt nicht, solange die «Gemeinschaft der Gläubigen» nichts ist als eine Unterwerfungsgemeinschaft unter dem Diktat der Kirchenoberen selber. Gerade das aber muß der Fall sein, solange das Lehramt der katholischen Kirche zwar dem Namen nach *«für»* die Gläubigen, im Grunde aber *über* bzw. *gegen die Gläubigen* gesetzt ist. Solange dieses Lehramt nicht von den Gläubigen selber *ausgeht*, sondern von »Gott», steht ein solcher Kirchengott nicht auf seiten der Gläubigen, sondern auf seiten der in seinem Namen eingerichteten Verwaltungsbehörde. Das «Volk» hat mit einem derartigen Gott so wenig zu tun wie die Bevölkerung von Ninive oder Assur in den Tagen, da ein altorientalischer König glauben konnte, zu Gunsten der Machtentfaltung seines Gottes mal wieder einen neuen Krieg anzetteln zu müssen[7]. Nicht die Integration des «Volkes», sondern die objektive Ohnmacht des Volkes reflektiert sich in einer solchen Regierungsform von «Gottes Gnaden».[8]

Es ist von daher kein Zufall, daß der Zusammenbruch der absolutistischen Monarchie im Raum der politischen Ordnungsvorstellungen Westeuropas identisch war mit der fundamentalen Kritik der Aufklärung an dem kirchlichen Dogmatismus.[9] Wenn Gott aufhört, aus dem Menschen zu reden, verliert das Reden von Gott selbst seinen geistigen Halt und religiösen Inhalt. Ein solcher Gott ist erkennbar nichts mehr als ein Träger etablierter Kirchenmacht, und der bloße Zwang, an die Kirche zu glauben, tritt jetzt in den Widerspruch zu dem Glauben an Gott, der den Menschen gemacht hat. Viele Menschen seither haben der Kirche den Rücken gekehrt, um den Respekt vor sich selber *nicht* zu verlieren. Andere sind formal noch der Kirche verbunden, aber eigentlich nur in der fiktiven Hoffnung, das kirchliche Lehramt möge auf den Anspruch seiner Unfehlbarkeit *verzichten* und sich endlich selbst hörbereit den Menschen zuwenden. Doch kann dies nicht sein, ohne daß der römische Katholizismus, dem heute über 900 Millionen Menschen weltweit sich zurechnen[10], aufhörte zu sein, was er ist: eine geistige Nachfolgeform des römischen Imperialismus.[11]

Gewiß, es ist möglich, die Konflikte mit dem kirchlichen Lehramt *in der Praxis* für sich persönlich abzuschwächen und nach der Devise zu leben, es sei alles «erlaubt», was «die Polizei» nicht bemerke – eine ganze Generation von Frauen zum Beispiel hat seit vielen Jahrzehnten schon lernen müssen, die «Spirale» zu benutzen, auch wenn die kirchliche Moraltheologie ihnen einreden möchte, daß sie sich damit der «Frühabtreibung» schuldig machten und somit «Mörderinnen» seien[12]; sie haben in großer Zahl gelernt, die «Pille» zu nehmen, trotz des Verdammungsurteils der Kirche über alle Formen «künstlicher» Empfängnisverhütung[13]; viele Mädchen und Jungen haben gelernt, die Ausdrucksformen ihrer Liebe so zu wählen, daß es ihren wahren Gefühlen entspricht, auch wenn es den kirchlichen Lehren widerspricht.[14] Das alles, wie man sieht, muß praktisch kein Hinderungsgrund sein, zur gleichen Zeit etwa Führerin der Pfarrgemeindejugend oder Mitglied im Kirchenvorstand zu sein: Man nimmt halt mit ein wenig «rheinischem» Gemüt die hohen Herren nicht ganz so ernst wie diese offenbar sich selber und repräsentiert damit sogar ein Stück Freiheit in der Kirche. Doch selbst dieser «Kompromiß» der praktischen Vernunft erkauft sich mit schmerzhaften inneren Spaltungen: Man muß glau-

ben an ein Lehramt, an das man gleichwohl nicht so glauben will, wie es selber
zu glauben gebietet; man ist Mitglied in einer Kirche, welcher man einen Gehorsam vorspielen muß, der lediglich den Freiraum zum wirklichen Ungehorsam offenhalten soll. Mit anderen Worten: Man hält sich den religiösen Konflikt vom Leibe, indem man ihn in der Schwebe hält. Man verweigert den Ernst
der Entscheidung durch Ausweichen in ein innerkirchliches Spaßverhältnis.
Aus den Fragen der Religion, die den ganzen Menschen betreffen sollten,
werden Anpassungsformen sozialer Zweideutigkeit. Die subjektive Rechtfertigung dafür mag oft genug ehrenhaft scheinen; sie lautet gerade bei den Auf-
geweckteren in aller Regel: Man kann die Kirche nur ändern, wenn man ihr
zugehört. Doch gerade ein solcher Standpunkt erweist in den Augen der kirchlichen Obrigkeit schon die ganze Arroganz eines ausufernden Subjektivismus:
wie kann ein einzelner Mensch schon wissen wollen, an welch einer Stelle das
Lehramt der katholischen Kirche sich ändern müßte! Wo dieses Lehramt sich
ändern muß, weiß dieses Lehramt selber. Basta! Das wird ihm Gott sagen!
Alles andere – «wo führt denn das hin...?»

Es ist demnach nur eine Frage nach dem *Intensitätsgrad* einer religiösen Existenz, in welchem Umfang sie, so oder so, in den Strudel der Alternative zwischen Amt und Person in der katholischen Kirche hineingerissen wird. *Dies*
kann man sicherlich sagen: Je energischer jemand der kirchlichen Lehre zu folgen versucht, desto heftiger muß der Kampf gegen das eigene Ich zum Schutz
des kirchlichen Amtes geführt werden. Das eigene Denken muß ständig dahin
umgebogen werden, gegen sich selbst anzudenken und die Lehren der Kirche,
selbst wenn diese noch so absurd erscheinen, trotz allem als «der Vernunft angemessen» zu erweisen oder sogar mit den Mitteln der Vernunft als «richtig»
zu beweisen. Und vor allem: *Die eigenen Wahrnehmungen* müssen immer
wieder von Fall zu Fall *infrage gestellt* werden, indem man den unversöhnli-
chen Gegensatz von Göttlichem und Menschlichem jetzt zum Verwirrspiel
nutzt: Alles, was man an der Kirchenleitung an sich für unerträglich findet,
muß man der *«menschlichen»* Seite ihrer «Amtsträger» zugute halten und mit
menschlichem Erbarmen gemäß dem göttlichen Liebesgebot beantworten;
dann aber muß man hinwiederum glauben, daß just in diesen schwachen und
«fehlsamen» Menschen sich die Macht Gottes erweise – in Gestalt des Beamteten. *Dem Amt gegenüber* ist also *Gehorsam geboten, den Menschen gegenüber
aber Mitleid* – welch ein menschliches Wahrnehmungs- und Urteilsvermögen
will gegen diese Doppelbödigkeit noch etwas ausrichten?

Ein einfaches Beispiel dafür: In der Bibel heißt es: «Richtet nicht, damit ihr
nicht gerichtet werdet» (Mt 7,1–5)[15]; für den unbefangenen Gläubigen liegt es

auf der Hand, sich beim Lesen dieser Zeilen zu fragen, wieso es im *Codex Juris Canonici* der katholischen Kirche zwei ganze Bücher mit Hunderten von Paragraphen geben kann, die nichts anderes enthalten als Strafverordnungen.[16] Doch wer so fragen wollte, der würde von den Verfechtern des Lehramtes sogleich wieder darauf hingewiesen, daß er mit einer solchen Frage ja selber dabei sei, Menschen zu «richten» – die Amtsträger der Kirche seien eben auch Menschen, und schon entspinnt sich folgender Dialog:

«Ja, aber die Bischöfe begehen hier einen schweren Fehler. Sie berufen sich auf Jesus, doch nur um ganz anders zu handeln, als Jesus es gewollt hat.»

«Um die Kirche zu reformieren, muß jeder bei sich selbst anfangen», wird die sichere Antwort lauten.

Da wird, was eben noch ein subjektiv entlastender «Nebel» sein mochte: die Unklarheit und Zweideutigkeit zwischen Amt und Person, zu einer irreführenden *Ideologie der Unangreifbarkeit:* wer die Amtsstruktur dieser Kirche angreift oder einzelne ihrer Lehrentscheidungen kritisiert, dem wird man die *Person* der «Amtsträger» entgegenstellen, die man «menschlich» behandeln muß, weil auch sie nur Menschen sind; wer aber sagt, gut, ich behandle ab sofort die kirchlichen Amtsträger nur als Menschen, der versündigt sich sogleich wieder an der Heiligkeit des Amtes dieser menschlichen Amtsträger. Mit anderen Worten: man kann machen, was man will; wer irgend Kritik übt an dieser Kirche, der ist entweder «zu wenig menschlich» oder er ist «zu wenig gläubig», krasser gesagt: er ist ein Unmensch oder ein Ungläubiger, oder noch krasser gesagt, er ist ein Psychopath oder ein vom Satan Verführter.

Die Situation ähnelt, je nach dem Grad der Herausforderung, in der Ausschaltung jeder menschlich gültigen Berufungsinstanz der Lage eines japanischen Soldaten beim Einmarsch der kaiserlichen Armee 1937 in China: hätte er, aufschreiend vor Entsetzen, sich *weigern* sollen, an den Greueltaten in Nanking teilzunehmen, als Hunderttausende von Frauen sadistisch vergewaltigt und bestialisch ermordet wurden, hätte man gewiß ihn selber ohne Zögern als «Feigling» und «Drückeberger» an die Wand gestellt; es war ihm prinzipiell nicht möglich, menschliche Evidenzen gegenüber dem totalitären System seiner Vorgesetzten einzuklagen: Der Krieg des göttlichen Tenno, natürlich, war ein *heiliger,* ein über alle Zweifel *gerechtfertigter* Krieg, und es ist stets das Vorrecht der Sieger, es ist, in höherem Sinn sogar ihre *Pflicht,* mit der Zivilbevölkerung eines unterworfenen Landes zu verfahren, wie es beliebt.[17] Es gab auch damals nur die zwei Auswege aus dem Dilemma: um nicht andere Menschen umbringen zu müssen, konnte man sich selber umbringen, oder man mußte das eigene Denken bis zur Unverantwortlichkeit an die Oberen abge-

ben und sich widerstandslos ihren unwiderruflichen Befehlen fügen. Die Frage
aber ist immer dieselbe: Wie bleibt man ein Mensch, wenn man unter dem
Zwang eines unmenschlichen Systems immer mehr von den eigenen menschlichen Fähigkeiten zerstören muß, um sein Auskommen mit dem «Apparat»
zu finden?

Die Kirche, gewiß, verfügt nicht mehr über die Macht, Menschen *physisch*
zu zerstören – die Zeiten der Heiligen Kriege[18], der Ketzerverfolgungen[19], der
Hexenverbrennungen[20], all das ist vorüber. Was aber hat sich geistig geändert,
wenn dieselbe Kirche auch heute noch Menschen mit ewiger Höllenstrafe bedroht[21] und sich aufspielt als Verwalterin «göttlicher Heilsgeheimnisse» und
göttlicher «Heilsveranstaltungen» (alles echte Theologenworte), die in ihren
Händen über Heil und Unheil in Zeit und Ewigkeit entscheiden sollen? Nach
*mittelalterlicher* Logik erschien es immerhin als ein Ausweis größeren *Erbarmens*, den Körper der Abtrünnigen dem irdischen Feuer zu übergeben, besser,
als daß ihre unsterbliche Seele auf ewig in dem unauslöschlichen Feuer der
Hölle würde gepeinigt werden.[22] Die Kirche, leider Gottes, hat unter staat-
lichem Zwang auf die weitere Ausübung solcher Barmherzigkeit in der *Neuzeit* Verzicht tun müssen[23]; doch auch der neue *«Weltkatechismus»* kennt immer noch die Existenz des Teufels[24] und weiß immer noch sehr genau Bescheid
über die «Wirklichkeit» der Hölle. Was kann ein fehlbarer Mensch da schon
tun gegen ein System, das die Macht hat, *in alle Ewigkeit* mit göttlichem Anspruch «zu binden und zu lösen» (Mt 16,19[25])?

Eines ist mittlerweile überdeutlich: es bedarf zur gläubigen Mitgliedschaft in
einer Kirche des unfehlbaren Lehramtes einer ständigen *Selbsteinschränkung
des Denkens, des Fühlens und des Lebens*. Um seinen Frieden mit einem totalitären und absolutistischen System göttlicher Wahrheitsverwaltung schließen
zu können, bedarf es einer *chronischen geistigen Selbstzerstörung*, die in jedem
Detail des privaten wie öffentlichen Lebens sich geltend machen wird.

Zählen wir auf: Um jeden noch so begründeten Zweifel in sich als
«sündhaft» niederhalten zu können, muß ein System ständiger *Selbstzweifel*
etabliert werden; statt des Glaubens an sich selber erhebt sich jetzt als ein göttliches Gegenprinzip die Vorschrift, gefälligst an die Kirche zu glauben; *Gottes-
gehorsam* – das ist jetzt nicht länger mehr ein Horchen auf sich selbst oder ein
Horchen auf den Menschen an der eigenen Seite[26], es gilt, daß Gott weder
durch Dich noch durch mich, sondern einzig durch *das Amt der Kirche,* durch
den Mund der kirchlichen Amtsträger, durch seine «Gemeinde» verbindlich
redet und geredet hat.

Auf diese Weise entsteht rasch *ein Teufelskreis wachsender Selbstentfrem-*

*dung:* die Angst vor dem Zweifel an der verordneten «Wahrheit» führt zum Zweifel an der eigenen Person, und diese wiederum sucht um so mehr jetzt ihre Zuflucht in der vermeintlichen Sicherheit einer unbezweifelbaren Doktrin; aber auch umgekehrt: die Doktrin eines beamteten göttlichen Wissens im Lehramt der katholischen Kirche dringt von sich aus in die Risse und Fugen des Selbstbewußtseins der gläubigen Persönlichkeit ein und sprengt sie auf wie frierendes Wasser das Gestein; beide Bewegungen greifen von einem gewissen Zeitpunkt an ineinander und verstärken sich gegenseitig.

Näherhin entsteht jetzt gegenüber den kirchlichen Dogmen ein Verhältnis, wie es in der Psychologie «primitiver» Eingeborener gegenüber einem *«Fetisch»*[27], einem *mana*geladenen göttlichen Gegenstand,[28] Platz greift. Wenn wir bislang schon *en passant* von dem Begriffs*fetischismus* der kirchlichen Theologie gesprochen haben (Seite 75), so scheint es jetzt an der Zeit, dieses Wort beim Wort zu nehmen, ist doch die ganze Gefühlslage des Gläubigen in der katholischen Kirche gegenüber dem Ensemble lehramtlicher «Glaubenssätze» als durch und durch «magisch» zu bestimmen.

In keiner «Primitivkultur» erwartet man, daß die Stammesmitglieder *«wüßten»*, warum etwa ein beliebiges Stück Holz oder bemalten Steins in den Händen ihres Zauberers zur Gegenwart göttlicher Mächte geworden sein könnte; *der Anspruch selber* genügt; denn eben: *nicht* zu wissen, macht bereits ein wesentliches Element des Fetischglaubens aus.[29] Es ist dabei nicht allein die primäre Unbewußtheit des religiösen Erlebens selbst, die hier zwischen dem Glauben des Gläubigen und dem Glaubensgegenstand vermittelt, es ist vor allem die *Tabu*zone des Schutzes[30], es ist das *Gebot* der intellektuellen Nicht-Berührbarkeit, es ist die bewußte, angsterfüllte, mit irrationalen Strafandrohungen verstärkte *Unterdrückung* des Denkens, die sich einer jeglichen Bewußtwerdung wie einer drohenden Katastrophe des Religiösen entgegenstellt.

Und man begreift natürlich, warum: Es käme wirklich einer *Apokalypse der Fetisch-Religion* gleich, wenn sich ihre Gläubigen getrauen wollten, den Schleier des verordneten Nicht-Wissens zu lüften. Der Charakter des Geheimnisvollen, des *eben deswegen* «Göttlichen», ginge verloren. Der Grund: auch hier ist das «Göttliche» als etwas «Objektives», an sich selbst Seiendes, bestimmt, das seine Macht einbüßen muß, sobald es den Kräften des Subjektes: Verstand und Gefühl, sich zu erschließen beginnt. Der Fetisch bildet *objektiv* das Kondensat, den verdinglichten Gegenstand aller Sehnsüchte des religiösen Subjektes, das sich in ihm in einer entfremdeten Form anschaut, ohne es zu wissen.

Und eben darum geht es: Das Subjekt soll sich selbst in dem Spiegel *nicht* erkennen dürfen, den es doch selber mit seinen Projektionen geschaffen hat, denn das Ende der Projektionen wäre identisch mit dem Zusammenbruch der statuarischen, verobjektivierten, auf Entfremdung basierenden Form der Religiosität selbst. Man brauchte plötzlich weder Zauberer noch Priester, um bei Gott zu sein, man begriffe mit einem Mal, daß ein jeder selbst das Göttliche in sich trüge. Und da sei immer noch Gott vor!

Die gesamte kirchliche Dogmenbildung läßt sich in diesem Sinne mit einer einzigartigen großangelegten *Fetischisierung* aller Glaubensinhalte vergleichen.[31] Der einzelne Gläubige – der in der Bundesrepublik in vielen hundert Stunden Religionsunterricht mit Steuermitteln über die Geheimnisse des Göttlichen belehrt wird –, *soll* streng genommen gar nicht wirklich verstehen, was den Inhalt seines Glaubens ausmacht; es genügt völlig, in dem wörtlich festgehaltenen Dogma die Gegenwart des Göttlichen zu *glauben,* ja, es müßte anders als eine Gefährdung des Glaubens gelten, in diesen Fragen allzuviel selber wissen zu wollen. Zu der demütigen «Unterwerfung» unter das kirchliche Lehramt gehört allemal das notwendige Vertrauen, daß, wenn schon nicht man selber, so doch zumindest die Vertreter dieses Lehramtes, d. h. nicht namhaft zu benennende, aber doch zum Beispiel «die Bischöfe» «in ihrer Gesamtheit» oder «die Theologen» in ihrer «Gesamtmeinung» unter der Anleitung dieses Lehramtes, die Hohlräume der subjektiven Unwissenheit objektiv schließen könnten.[32] Nicht *was* da gesagt wird, sondern *daß* man es so lernt und aufsagt, *wie* es gesagt wird, gilt hier als das Wesentliche.

Die «Vergegenständlichung» des Glaubensverhältnisses zwischen dem Gläubigen und seinem Gott in eine «objektiv» «richtige», amtlich garantierbare Formel macht auf diese Weise aus dem «Dogma» selber eine Präsenzbeschwörung des Göttlichen. Die «Ehrfurcht» vor der «objektiven Heiligkeit» des kirchlich Gebotenen muß jetzt den gesamten Reichtum persönlicher Frömmigkeit in sich aufnehmen; und aus dem Gottesverhältnis persönlicher Innerlichkeit wird jetzt ein innerkirchliches Autoritätsverhältnis der bloßen Äußerlichkeit. Mit anderen Worten: aus dem Mysterium des Göttlichen ist jetzt die Mystifikation kirchlicher Macht geworden. Was auf der Ebene der Stammesreligionen mit rechten Dingen zugehen mag: ein Fetischglaube, demgegenüber ein eigenes Subjekt noch gar nicht existiert, das sich von dem Allgemeinen der Gruppe in bewußter Setzung unterscheiden könnte, das muß zu einer schlimmen *Regression des Bewußtseins* geraten, wenn es in den *kollektivistischen Strukturen* der Kirche gegen Ende des zwanzigsten Jahrhunderts repristiniert werden und stabilisiert bleiben soll. Da ist das Göttliche nicht das Nahe, Gewährende, gütig Gegenwärtige, sondern das in archaischem Sinne

*Gefährliche,* das man durch die Riten und das Wissen gewisser Amtsträger absichern muß, um es ohne Bedrohung für Leib und Leben der menschlichen Fassungskraft «angemessen» zugänglich zu machen[33], beziehungsweise das man nur «richtig» «aktivieren» kann, wenn man, wie in den Mythen und Märchen der Völker, die entsprechende Zauberformel kennt.[34]

*Der Dogmenglaube als Fetischisierung des Religiösen* – an Belegen dafür hat es keinen Mangel; man braucht sich nur umzuschauen. Schon vorhin hatten wir Gelegenheit, *das Prinzip der Buchstäblichkeit* zu betrachten, das den gesamten kirchlichen Dogmatismus prägt: jeder Tüttel muß hier als ewigkeitentscheidend urgiert werden; an jedem Häkchen hängt hier die ganze Seligkeit. Doch was sich da *objektiv* als ein extrem autoritätsgebundener «Glaube» in vergegenständlichter Form etabliert, tritt *subjektiv* als religiöser *Skrupulantismus,* als eine Angstreligion magischer Selbstberuhigungen in Erscheinung[35] – ein neuer Teufelskreis, der sich zwischen Angst und Formel, zwischen Formalismus und Ängstlichkeit einpendelt.

Es ist müßig, zur Begründung einer solchen These an die berühmt-unrühmlichen christologischen Streitigkeiten des 3. und 4. nachchristlichen Jahrhunderts zu erinnern, in denen wirklich ein Jota (!) in der Formel der «Wesensgleichheit» *(Homoousie)* oder «Wesensähnlichkeit» *(Homoiousie)* zwischen Vater und Sohn buchstäblich über Tod und Leben entscheiden konnte[36] – wir werden zu diesen Höhepunkten theologischen Differenzierungsvermögens in der Dogmengeschichte der Kirche später noch ausführlich zurückkommen. Hier genügt es, *Beispiele der Gegenwart* aufzugreifen, die für den Umgang der Kirche mit ihren Gläubigen auch heute noch charakteristisch sind.

Zur Verdeutlichung kann uns da, noch einmal, *die Taufe* dienen. Jeder theologisch Gebildete weiß, daß sie selbst nach kirchlicher Lehre nur Sinn macht als ein *christliches,* nicht als ein konfessionell gebundenes «Sakrament»; doch selbst eine so offenbare Gemeinsamkeit zwischen den Kirchen darf man so offen wieder nicht zugeben aus Angst vor den Wirkungen: Viele Eltern, zum Beispiel in einer konfessionsgemischten Ehe, könnten sonst ja auf den Gedanken kommen, es sei ganz egal, ob sie ihr Kind von einem protestantischen oder von einem katholischen Pastor taufen ließen[37] – notfalls, so lehrt die Kirche selber, brauchten sie nicht einmal einen Priester, sondern könnten die Taufe selber vornehmen.[38] Gegenüber einer solchen allgemeinen Christlichkeit liegt es im Interesse beider «Großkirchen», ihren Gläubigen einzuschärfen, daß es keinen Glauben an Christus geben könne ohne eine «Kirche», in welcher dieser Glaube gelebt wird; und da es nun einmal – leider – mehrere Kirchen gibt, die sich alle mit Berufung auf Christus gegenseitig die volle Christlichkeit *ab-*

*sprechen,* muß man sich von Anfang an offenbar entscheiden: nicht, ob das Kind «christlich», sondern ob es «katholisch» oder «protestantisch» erzogen werden soll, ist jetzt die Frage. Der römische Katholizismus geht in der Durchsetzung seiner Interessen sogar so weit, dem katholischen Elternteil gleich bei der Hochzeit mit einem protestantischen Partner von vornherein das Versprechen (früher sogar den Eid!) abzunehmen, alle Kinder, die aus dieser Ehe hervorgehen sollten, katholisch zu erziehen.[39] Mit einer solchen Verfügung wird aus der Taufe als einem Sakrament der Verbindung mit Christus erkennbar ein Instrument konfessioneller Machtausübung und religionsstatistischer Expansion. Aber so sichtbar darf das Motiv des Machtgewinns selbstverständlich nicht zu Tage treten; man muß es *kaschieren;* die Art aber, wie das geschieht, ist für unseren Zusammenhang besonders lehrreich, indem wir erneut Gelegenheit finden, der Verbindung von Angst, Formalismus und Entfremdung nachzugehen.

Denn was sich jetzt zeigt, ist *die machtpolitische Bedeutung des Skrupulantismus* des religiösen Bewußtseins für den Machterhalt der Kirche: Es genügt keinesfalls, sich der Kirchenmitgliedschaft des Einzelnen im allgemeinen zu vergewissern, es kommt darauf an, den Einzelnen im konkreten, das heißt in jedem noch so geringfügigen Detail, auf die heilvermittelnde Macht der Kirche festzulegen. – Im Falle der Taufe zum Beispiel ist trotz aller theologischen Erklärungen die Überzeugung zu befestigen, daß im Grunde nur die eigene Kirche die «richtige» Taufe zu spenden vermag. Bei einem Übertritt etwa vom Protestantismus zur katholischen Kirche sollte auch ein Erwachsener sich noch einmal, jetzt von einem katholischen Priester, taufen lassen «sub conditione», bedingungsweise, zur Sicherheit. Warum das? Es könnte theoretisch sein, daß der evangelische Kollege, wie man zum Beispiel im Dritten Reich generell unterstellte, flüchtigerweise die Taufformel nicht ganz korrekt gesprochen hat! Und dann wäre alles vertan! Beispielsweise könnte er vielleicht nicht gesagt haben, wie es für eine richtige Taufformel allein gültig und «wirksam» ist: «Ich taufe dich im Namen des Vaters *und* des Sohnes *und* des Heiligen Geistes», sondern er hätte womöglich gesagt: «Ich taufe dich im Namen des Vaters, des Sohnes und des Heiligen Geistes»; – da würde nur ein «und» fehlen, aber dieses eine Wörtchen würde die ganze Taufhandlung ungültig machen, mit der Folge, daß die Taufe, die einen Menschen von einem Sünder zu einem Erlösten macht, überhaupt nicht wirklich stattgefunden hätte[40]! Gerade bei einer Amtshandlung von solch alles entscheidender Bedeutung kommt es, wie man verstehen wird, ganz akribisch darauf an, die Hl. Dreifaltigkeit richtig anzusprechen, und das heißt: ihre drei Personen dürfen nicht *nacheinander* auf-

gezählt werden, wie es die häretische Lehre des «Subordinatianismus»[41] nahelegen würde (wonach eine göttliche Person einer anderen *nachgestellt,* das
heißt nach- und untergeordnet wäre), sondern es sind die drei göttlichen Personen nur gültig angerufen, wenn sie einander *nebengeordnet,* das heißt mit
«und» verbunden, angeredet werden. Ein einziges (im Deutschen übliches!)
*«und»* entscheidet hier nach Theologenauskunft über Heil und Ewigkeit!
Hinzu kommt noch die Frage nach der rechten Tauf*materie:* wie zusammengesetzt darf eine Flüssigkeit sein, damit sie noch als *Wasser* gelten kann und
damit für eine Taufhandlung geeignet ist, und wie groß muß die Wassermenge
sein, damit wirklich das Wasser über den Kopf eines Täuflings *fließen* kann,
wie es für eine korrekte Taufspende unerläßlich ist? Fragen über Fragen, an
denen jedoch die ganze Seligkeit hängt.[42]

Man wird vielleicht geltend machen, daß die «moderne» Theologie nicht
mehr so uneingeschränkt wie vormals die «Heilsnotwendigkeit» der Taufe
lehre[43] – tatsächlich unterweist man wohl nicht mehr, wie noch vor zwei Jahrzehnten, die Priesteramtskandidaten in der Kunst, ein Kind notfalls sogar noch
vor der Geburt im Mutterleib mit einer Spezialpipette taufen zu können, damit
es, in Gefahr einer Fehlgeburt, trotz allem noch «in den Himmel kommen»
kann[44]; doch nach 1500 Jahren Sprachregelung in Fragen Trinitätslehre hängt
die ganze Wahrheit des christlichen Dogmas auch heute noch an der genauen
Korrektheit der Formel. An dieser Vorstellung selbst hat sich durchaus nichts
geändert; sie bestimmt im Gegenteil nach wie vor die kirchliche Praxis.[45] Denn
wenn schon Kindern Erlösung und Heil nur wird in der Pedanterie heiliger
Formeln, warum dann nicht auch den Erwachsenen?

Im Leben *der Erwachsenen,* wofern sie der Kirche verbunden sind, gibt es
wohl keine kirchliche Amtshandlung von solcher Bedeutung wie *die Trauung.*
Der kirchlichen Lehre nach wird im Sakrament der Ehe, das, wohlgemerkt,
streng dogmatisch *nur die Liebenden* sich selber im Akt der Verschmelzung
spenden können[46], die «Gnade» Gottes in der Einheit von Mann und Frau selber «wirksam»: wo zwei Menschen einander tief genug berühren, gewinnt ihre
Zuneigung Gültigkeit für ihr ganzes Leben, und wo das so ist, wird ihre Liebe
zu einem wirksamen Sinnbild beziehungsweise zu einer lebendigen Erfahrung
der Macht, die das ganze Leben zweier Menschen mit ihrer Gegenwart durchziehen und tragen kann. Da wird nach kirchlicher Lehre die Liebe selbst zu
einem Sakrament.[47] Über derlei Anschauungen ließe sich unter verständigen
religiösen Menschen zweifellos reden. Was aber macht nun das kirchliche
Lehramt aus diesen seinen eigenen theologischen Setzungen?

Die «Liebe» zwischen Mann und Frau stiftet ein Sakrament? – Wie beliebig!

Wie völlig subjektiv! – Wem es ernst ist mit der Liebe, der muß sie als erstes öffentlich bekunden, das heißt, er muß sie *rechtswirksam* beglaubigen, das heißt, es ist als erstes eine *«Formpflicht»* erfordert, unter der sich überhaupt erst ersehen läßt, ob eine «wirkliche», das heißt eine «sakramentale» Liebe zwischen zwei Menschen tatsächlich besteht. Mit anderen Worten: sehr bald schon (das heißt seit dem Tridentinischen Konzil im sechzehnten Jahrhundert)[48] sind es gar nicht mehr die Eheleute selber, die durch ihre Liebe sich miteinander vermählen, sondern es kommt eine gültige Vermählung zweier Liebender überhaupt nur zustande, wenn sie vor dem Pfarrer der Kirche und zwei Trauzeugen geschlossen und durch Eintragung in die Kirchenbücher beglaubigt ist. Nur eine solche nach römischem Recht rechtsgültig geschlossene Ehe ist in der katholischen Kirche unauflöslich.[49]

Wie wichtig dabei *die «Formpflicht»* ist, mag man daran ersehen, daß dieselbe römisch-katholische Kirche nicht die geringsten Skrupel kennt, eine *protestantisch* geschlossene Ehe für jederzeit auflösbar zu erklären.[50] Denn merke: Nicht die Liebe unter den Menschen, allein das römische Kirchenrecht entscheidet fortan darüber, was vor Gott und den Menschen zu «binden» und zu «lösen» ist.

Ja, wie um die Posse einer kirchlichen «Hochzeit» auf ihren eigentlichen Höhepunkt zu treiben, genügt an sich der geringste «Formfehler», um die «kirchliche Amtshandlung» selber als «ungültig» erscheinen zu lassen. – Mehr als zwanzig Jahre lang zum Beispiel prozessierte ein katholisches Ehepaar in den kirchlichen Amtsstuben zu Paderborn, Münster und Rom, um die Gültigkeit seiner Eheschließung anerkannt zu bekommen. Die guten Leute hatten gleich nach dem Tag ihrer Hochzeit von dem zuständigen Domprobst zu hören bekommen, daß der Priester, der ihre Trauung vorgenommen hatte, gar nicht zu jenem Trauungsakt «bevollmächtigt» war, – ihre Eheschließung in einer Privatkapelle mußte folglich als ungültig gelten; indessen waren sie nicht bereit gewesen, sich dem Ansinnen dieses Probstes zu fügen und sich vierundzwanzig Stunden nach ihrer Hochzeit gleich noch einmal verheiraten zu sollen. Doch was ist schon ein zwanzigjähriger Eheprozeß für die Kirche! Die «Sache», soweit mir bekannt, ist bis zum Tage noch nicht entschieden.

Natürlich, der gesunde Verstand sträubt sich, eine solche Kasuistik von Rechtsvorschriften, ja, von bloßen Rechtsfiktionen wie der «Formpflicht» der Liebe für verbindlich zu halten; aber was hilft's? Wenn je eine formwidrig geschlossene Ehe «rechtswirksam» «gültig» sein soll, so bedarf es einer ganz neuen Eheschließung, die man nach römischem Sprachgebrauch sogar als eine «Heilung in der Wurzel», als *sanatio in radice,* bezeichnen muß.[51] Man mache schon bei diesem Wort sich nur den Kontrast einmal recht klar: In einer *Psychotherapie* versucht ein Eheberater auf Jahre hin in den Morast ständiger Übertragungen in der Partnerschaft zweier Menschen einen «Grund» hineinzubringen; er hat nicht die geringste Ahnung, wie der Ausgang dieses langen menschlichen Ringens beschaffen sein wird: ob die Eheleute aus überzeugenden Motiven sich trennen sollten, oder ob sie ehrlicherweise zusammenbleiben werden, oder ob sie eine wie immer geartete «dritte» Lösung wählen, er weiß es nicht; nur daß er sie mit dem Einsatz seiner Person begleiten wird, wohin immer es nötig sein wird, das steht ihm fest. Wenn eine Eheschließung «erneuert» wird, dann einzig in der Wirklichkeit des Personalen. Das alles hingegen erscheint gleichgültig für die Kirche. *Ihre* «Heilung in der Wurzel» – das ist kirchenrechtlich die Erneuerung der Eheformel. Das will so viel heißen wie: Du kannst nicht gültig verheiratet werden, wenn Du als Mann Dir am Hochzeitstag nicht einen Schlips umbindest oder wenn Du als Frau nicht ein knöchellanges weißes Kleid trägst. Bloße Äußerlichkeiten machen da aus Gott einen Mummenschanz. Doch eben dieser Mummenschanz des Göttlichen ist der Preis für die Fetischisierung des Glaubens beziehungsweise er ist diese Fetischisierung selber. Der Rechtsspruch der Kirchenmacht überlagert hier bis zur Unkenntlichkeit die Wahrheit des menschlichen Lebens, und was «Glauben» sein sollte, ist nichts als ein eitles Gesellschaftsspiel nach kirchlich beglaubigten Regeln.

Zu hart geurteilt? Keineswegs. Im Gegenteil: Nehmen wir als ein weiteres Beispiel *die Beichte!*

Einmal im Jahr, so will es das katholische Kirchengebot, muß jemand, der sich einer «schweren Sünde»[52] schuldig gemacht hat, zur heiligen Beichte gehen und einem Priester der Kirche gegenüber Reue und Leid erwecken[53], um von ihm im «Bußgericht» die «Lossprechung» von seinen Sünden zu erlangen. Zwar: Gott an sich, das sagt auch die Kirche, verzeiht dem Menschen unmittelbar, wenn er seine Taten «vollkommen», das heißt aus Liebe zu Gott selber, «bereut»[54]; wozu aber dann die Beichte? Die Beichte, so erfahren wir, ist nötig, um die Vergebung der Sünden *außerhalb einer akuten Todesgefahr* zu erlangen[55]; Gottes Vergebungsbereitschaft, so will es die Kirche, richtet sich also jeweils nach den Lebensumständen; er läßt zwar in seiner Gnade gewisse Ausnahmen zu, doch im Normalfall wird das Gewissen der Gläubigen unabdingbar an die Vergebungs-«Gewalt» der Kirche gebunden; nicht was die Menschen im einzelnen begangen haben, ist da die Frage, sondern ob sie sich der kirchlichen Autorität unterwerfen. Und wieder jetzt: die einzelne «Sünde» kann selbst in den Augen der Kirche so schwerwiegend sein, wie sie will, sie *hat* für «vergeben» erachtet zu werden, sobald der Priester über sie das *«Ego te absolvo»* – das: «Ich spreche dich los von deinen Sünden» gesprochen hat.[56] Erneut bildet da *die Formel* das entscheidende Moment zwischen Himmel und Hölle. Der Priester braucht sein «Beichtkind» überhaupt nicht zu kennen; er muß von den Hintergründen einer bestimmten Tat durchaus nichts verstehen; er braucht nicht einmal von den Folgewirkungen einer bestimmten Handlung etwas zu wissen; ob Mord, Diebstahl, Kindesschändung oder Kettenrauchen – es genügt, daß der «Beichtiger» dem Priester mitteilt, er «bereue», was er getan, so eröffnen die Lossprechungsworte des Priesters seiner schon verlorenen Seele wieder die Pforten des Himmels.[57]

Es versteht sich: was auf diese Weise erreicht wird und auch wohl erreicht werden soll, ist nicht eine innere Veränderung der Menschen von Selbstzerstörung und Selbsthaß zu Selbstannahme und Selbstbejahung, – wollte man dies, so müßte allemal *die Biographie* eines Menschen wirklich durchgearbeitet und vor allem sein frühkindlicher Erlebnishorizont aus dem Unbewußten herausgehoben werden[58]; was in der katholischen Beichtpraxis in Wahrheit erreicht wird, ist die peinliche *Abhängigkeit* des einzelnen Gläubigen von seiner Kirche. Die Befreiung vom individuellen Schuldgefühl soll hier verknüpft werden mit einer umso engeren Bindung an das kirchliche Lehramt und an die «Macht» seiner «Lossprechung».[59] Zentral aber ist es auch jetzt wieder die *heilige Formel* im Munde des *«geweihten Priesters»*, die als die substantielle Wahrheit des Christlichen gesetzt wird.[60] Weder sich selbst zu erkennen noch die Wahrheit Gottes «kennen» zu lernen, ist hier das Ziel, wohl aber, die Kirche als das Formalprinzip ewigen Heils in ihrer Macht *anzuerkennen*.

Was dabei als psychische Wirkung auf den Gläubigen mit Hilfe des katholischen Ritus inszeniert wird, bedeutet nicht mehr und nicht weniger als die *Formalisierung des gesamten Intimbereichs*. Statt in sorgfältiger Seelsorge gemeinsam herauszufinden, welch ein komplexes Motivationsgeflecht ein einzelnes Verhalten seinerzeit bestimmt haben könnte, statt also bei der sogenannten «Gewissenserforschung» die eigene Persönlichkeit ein Stück weit sich selber verständlich zu machen, bietet auch der «neue» Beichtspiegel des römischen «Weltkatechismus», Ausgabe 1993, ein schlimmes Beispiel für *die abstrakte Entindividualisierung*, für *die objektive Normierung*, für *die sakramentale Ritualisierung* des gesamten persönlichen Lebens.[61] Hunderte von Problemen werden da in prägnanter Kürze, fünf Zeilen jeweils genügen, nach Richtig oder Falsch, Gut oder Böse, Heil oder Unheil durchgemustert und mit eindeutig klaren zweiwertigen Antworten versehen[62]; und wer nun mit derlei «praktischen» Antworten einer zweiwertigen Logik partout nicht zurecht kommt, dem bleibt halt die «Vergebung» im kirchlichen «Bußgericht». Nicht Verstehen und Begleiten, sondern Beurteilen und Richten sind da die Parameter der kirchlichen Institution. *Ohnmacht* gegenüber dem lehramtlichen «Numinosum» des Göttlichen, das in objektivierter Form als «Fetisch» den Gläubigen dargeboten wird, und *Unwissenheit* gegenüber den Vorgängen in der eigenen Psyche, die von seiten einer göttlichen Macht «vergeben» werden – aus diesen beiden Quellen der fortschreitenden *Entwertung des Subjekts* und der *Aufwertung des offiziellen Umgangs* mit der so und nicht anders zu glaubenden Gottheit speist sich jetzt das kirchliche «Rechtverhalten».

Eine Hauptwirkung dieses Arrangements läßt sich beobachten, wenn wir die Form des kircheneigenen *Skrupulantismus* noch etwas näher untersuchen. Man muß nur die Angst miterlebt haben, mit der noch in den sechziger Jahren ein Priester vor Beginn einer Meßfeier in der Sakristei auf und ab gehen konnte, um sich den «Zelebrationswillen» einzuprägen, ohne den die ganze Meßfeier hätte für ungültig gelten müssen[63]; man muß gesehen haben, wie er nach der heiligen Wandlung sorgsam bemüht zu sein hatte, bei der «Purifikation» von Kelch, Patene und Altartuch nur ja nichts von den Resten der heiligen «Gestalten», in denen doch «die ganze Gottheit Christi» gegenwärtig war, verloren gehen zu lassen[64], und man kann sich die Mentalität dieser *ängstlichen Fixierung auf formalistische Nebensächlichkeiten* gar nicht groß genug denken. Jugendliche wurden damals von Beichte zu Beichte in eine immer größere Angst hineinsakramentalisiert, irgendeine «Sünde» «vergessen», das heißt vielleicht ja sogar mit Absicht *verschwiegen* zu haben. Kinder im Alter schon von acht oder zwölf Jahren konnten da in Höllenängste getrieben werden, die sich im Grunde, wie bei Drogenabhängigen, nur durch eine neuerliche Beichte beruhigen ließen.[65] Oder: das verordnete Ausweichen in Quisquilien: wie «nüchtern» muß man vor dem Empfang einer heiligen Kommunion sein[66] – wieviele Stunden im voraus stellt zum Beispiel der Genuß einer Tasse Kaffee einen Verstoß gegen das «Nüchternheitsgebot» der Kirche dar? Im Hintergrund von allem aber: die ewig peinigenden Betrachtungen einer zentimetergenauen Sexualmoral[67]: «Habe ich Unkeusches freiwillig gesagt, gedacht, gesehen, getan – allein oder mit anderen?» Wer diese Fragen als Kind noch miterlebt hat, das heißt jeder, der heute älter als fünfzig Jahre ist und die Kirche hat ernst nehmen müssen, weiß ein für allemal, was es heißt, wahrhaft katholisch zu sein.

«Aber gerade an solchen Beispielen kann man doch sehen, wie die Kirche sich heute geändert hat», so lautet gewiß jetzt das Gegenargument. Indes: selbst wenn dieses Argument wirklich zuträfe, so wäre doch die Gegenfrage erlaubt, wann denn die Kirche sich jemals bei den *Opfern* ihrer vormaligen

«Wahrheiten» in Glaubens- und Sittenfragen in der Zwischenzeit entschuldigt oder gar den Schaden ihrer nun doch offensichtlich überholten, wenn nicht *falschen* Lehren in der Seele vieler Generationen von Heranwachsenden aktiv durchzuarbeiten und wiedergutzumachen versucht hätte? So groß also kann die «Änderung» der Kirche gewiß nicht sein, daß sie jemals zu tätiger Reue in den eigenen Reihen geführt hätte.

*Eine* Änderung, freilich, ist inzwischen unzweifelhaft eingetreten: die heranwachsende Jugend nach 1968 ist nicht länger gewillt, sich von der obsoleten Moralauffassung der Kirche um die irdischen Freuden ihrer Lust am Leben bringen zu lassen. Nicht die Kirche hat sich da geändert, – auch nach dem neuen *Weltkatechismus* gilt zum Beispiel «vorehelicher Geschlechtsverkehr» immer noch für eine schwere Sünde[68], – wohl aber die Leute, für die solche Verbote ersonnen wurden: sie hören ganz einfach nicht mehr hin oder lachen die kirchlichen Verkündiger nur noch aus.

Und was folgt daraus? – Das Ergebnis jetzt ist für uns sehr wichtig: Kaum hatte die 68er-Generation den Kordon der sexuellen Repression durchbrochen, da fiel das ehrwürdige Institut der Beichte, diese im sechzehnten Jahrhundert zu einer antireformatorischen Festung ausgebaute Bastion des römisch-katholischen Glaubens[69], wie ein Kartenhaus in sich zusammen. Vorbei plötzlich die Schlangen der «Pönitentiare» vor den Beichtstühlen in den Tagen vor Allerheiligen oder Karfreitag, vorbei die Kunst fleißiger Pfarrer, in diesen «Stoßzeiten» der «Gnade» die Dauer einer gültigen Vergebung ewiger Höllenstrafen mit dem Beichtzähler auf eine Durchschnittszeit von ca. fünfzehn Sekunden pro «Beichtkind» herunterzudrücken, vorbei das verschämte Flüstern durch die dunklen Gitterstäbe, im Wissen, daß 20 cm hinter dem eigenen Rükken die Freundin oder der Freund schadenfroh mithörte und ungeduldig nur darauf wartete, selber «die Sache» endlich hinter sich zu bringen – heutigentags wird, wenn überhaupt noch, ein Pfarrer beim Beichtehören am Samstag wenigstens einmal in der Woche Gelegenheit finden, seinem Weihegelübde nachzukommen und in Ruhe, ungestört von dem Andrang der «Beichtkinder», sein «Brevier» zu lesen. Doch selbst die leise gesprochenen Worte eines zehnjährigen Mädchens: «Ich habe genascht, ich habe gelogen», und die einer siebzigjährigen Frau: «Ich habe gelogen, ich habe genascht...», die auch heute noch gelegentlich durch das Gitter geflüstert werden, reden psychologisch laut genug. Ganz deutlich zeigt sich da, daß die Beichte in der katholischen Kirche in dieser Form sich nicht, wie es gerne dargestellt wird, mittlerweile in einer quasi therapeutischen Funktion an der Not der Menschen neu orientiert hätte, sondern daß sie ihren Halt immer noch vornehmlich an den Ängsten und Schuldgefühlen findet, welche die Kirche selber allererst erschafft, um sie den von ihr Infizierten am Ende «vergeben» zu können.[70]

Denn *das* allerdings ist jetzt die These, auf die es uns an dieser Stelle ankommt: Wo immer die Kirche in ihren Lehrformen und -inhalten noch über die Macht verfügt, ihre Vorstellungen den Menschen psychisch einzupflanzen, da wirkt sie ausnahmslos so, wie wir sie *als ein System vorgegebener Wahrheiten* beschreiben: entfremdend, einschüchternd, entpersönlichend, existenzentleerend, formalistisch und skrupulös zwanghaft. Gewiß, es ist möglich, für sich selber im Einzelfall einen menschlichen Umgang mit diesem System zu finden, doch eben: bei dem Versuch der Vermenschlichung bricht es logischerweise zusammen.

Den tieferen Sinn speziell der *Beichtpraxis* zum Beispiel hatte eine Frau erfaßt, die der Tragödie ihrer kirchlich gebundenen Kindheit mit den Worten Ausdruck gab: «Ich bin als Mädchen, wie der Pfarrer es wollte, jeden Samstag zur Beichte gegangen und habe mir dabei alle möglichen Sünden ausgedacht, auch solche, die ich gar nicht begangen hatte; denn je mehr ich an Sünden eingestand, desto mehr lobte der Pfarrer meine Sorgfalt bei der Gewissenserforschung sowie den Ernst meiner Reue. Ich fühlte mich stets vor Gott umso besser, je schlechter ich mich als Mensch fühlte – es war verrückt.» In der Tat, da wurde das Schuldgefühl zur *Prämie* des guten Gewissens erhoben, stets nach der Devise: Je schuldiger, desto besser. Wer erst einmal dahin gelangt, so zu empfinden, der braucht immer wieder die Lossprechung der Kirche, um überhaupt leben zu können.

Am schlimmsten indessen wirkt der kirchliche Dogmatismus wohl noch nicht einmal durch das Skrupulantentum seines magisch-asketischen Formalismus, am ärgsten müssen die Folgen des vorhin beschriebenen *Perfektionsanspruchs einer «fertigen» Wahrheit* innerhalb des katholischen Lehramtes sich in der *Abschnürung von jeglichem eigenständigen Lernen und Reifen* auswirken.

Schon die Unterdrückung des Zweifels zugunsten einer lehramtlichen Wahrheitsgarantie mußte auf eine schwere Einschränkung der eigenen Denktätigkeit hinauslaufen und zu einer steten Umformung der Fragerichtung gegen sich selbst führen. Jetzt aber geht es um den prinzipiellen Eindruck der *Unfertigkeit und Unvollkommenheit des Subjektes* gegenüber der stets fertigen und vollständigen Wahrheit des kirchlichen Lehramtes, und zwar sowohl *moralisch* wie *intellektuell*. Die starre Entgegensetzung von Gott und Mensch, das Auseinanderklaffen von Amt und Person in der kirchlichen Lehre, die ständige Trennung von Existenz und Doktrin, verbunden mit der obligatori-

schen Veräußerlichung der religiösen Wahrheit in Gestalt einer Hierarchie von
Kirchenbeamten, die ein absolutes Wissen gegenüber ihren eigenen Gläubigen
verwalten, all das führt psychologisch jetzt zu einer gewissermaßen «platoni-
schen» Abwertung aller Erfahrungen des noch Unvollkommenen[71], und wenn
es in der *eleatischen* Philosophie üblich war, aus erkenntnistheoretischen
Gründen zu leugnen, daß es so etwas wie eine «Bewegung», wie ein echtes
Werden überhaupt geben könnte[72], so existiert in der katholischen Dogmatik
und Morallehre geradewegs so etwas wie ein sittliches beziehungsweise geistiges *Verbot* gegenüber der prinzipiellen Unfertigkeit und Unvollkommenheit
des menschlichen Lebens, lernen zu müssen und reifen zu müssen in einem
steten Wechselspiel aus Wagemut und Scheitern.

Immer weist psychologisch das katholische System diesen *Doppelcharakter
von «Mitleid» und Zerstörung* auf: Gott, das heißt die kirchliche Institution,
kommt zwar immer wieder in unendlicher Güte und Langmut der menschlichen «Schwachheit» zu Hilfe, andererseits aber weigert sich dasselbe Lehramt, die Wahrheit des Göttlichen gerade in dieser Unfertigkeit und Unvollkommenheit des Menschen zu erkennen, und so verurteilt es immer wieder
notgedrungen eben den Menschen, zu dessen Errettung es sich selbst als unerläßlich ausgibt. Gott als das allervollkommenste Seiende und die Kirche als die
Besitzerin aller von diesem allervollkommensten Seienden geoffenbarten
Wahrheiten – wenn diese Vorstellung ernsthaft gilt, so ist jeder Mensch prinzipiell zu einer stets nur unvollkommenen Nachahmung der an sich seienden abstrakten Wahrheit des kirchlichen Lehramtes verurteilt – *und entwertet.*[73] Der
Ausfall jeglichen Spielraums individuellen Wachsens in Eigenständigkeit und
persönlicher Kreativität nebst dem Unvermögen zu einer begründbaren Pädagogik schrittweiser Entfaltung der eigenen geistigen und menschlichen Fähigkeiten sind die direkten Folgen der Dogmatisierung eines solch fertigen, selbst
nicht geschichtlich vermittelten Wahrheitsbesitzes.[74]

Wie *der lehramtliche Perfektionsanspruch* einer fertigen, immer schon geoffenbarten göttlichen Wahrheit in der katholischen Kirche *intellektuell* wirkt,
wird ein jeder augenblicklich am eigenen Leibe zu spüren bekommen, der sich
zum Beispiel als Theologe weigert, etwas als seinen «Glauben» zu «bekennen»,
das er trotz aller kirchengebundenen Studien durchaus nicht verstanden hat
noch verstehen kann. Es genügt, daß er, sagen wir: als Priester, Lehrer oder
Schriftsteller, *in der Öffentlichkeit* auf seinem Nichtverstehen beharrt oder
ganz einfach erklärt, er sei in diesem oder jenem Punkte anderer Meinung, als
die offizielle Lesart der Kirche es will, und schon wird es sehr bald schon, erneut freilich nach dem üblichen Ablauf einer fertigen Maschinerie rechtlicher

Teilschritte, um ihn geschehen sein: Gemäß der *Entemotionalisierung* der kirchlichen Glaubenslehre sowie gemäß der *Entexistentialisierung* aller Lehrinhalte wird man kirchlicherseits einen solchen *Zweifler* gewiß nicht fragen, welche persönlichen Erfahrungen und Fragen sein Denken bestimmt haben; spätestens wenn spürbar wird, daß er sich ein sozusagen *objektives Recht* auf seine Ansichten zu geben getraut, wird man auf ihn achthaben, und es ist von diesem Augenblick an nur eine Frage der geistigen Energie des jeweiligen Konfliktes, wann aus demjenigen, auf den man da achthat, wie zwangsläufig ein Geächteter geworden sein wird.[75]

«Ich weiß nicht, was die wollen», gestand mir vor Jahren ein Pfarrer, der im Sinne einer «Warnung» wiederholt zu seinem Bischof beordert worden war, weil er nicht davon lassen wollte, bestimmte Bedürfnisse in seiner Gemeinde (nach «Interkommunion», nach «Wiederverheiratung Geschiedener» und anderem mehr) in die Tat umzusetzen. «Ist denen denn nicht klar, daß sie nach und nach alle Leute verlieren, wenn sie so weitermachen?», schimpfte er. «Dieser Tage sagte schon ein Schüler zu mir: ‹Herr Pfarrer, kennen Sie den Unterschied zwischen einem Missionar und dem Papst? Nicht? Nun, der Missionar macht die Wilden fromm, der Papst aber ...› Alle lachten. Aber wissen Sie, was mir mein Bischof sagt? Seine ‹Berater› – ich kann mir ja denken, wer ihm da alles in den Ohren liegt – müssen ihm bestimmte Bücher genannt haben; in denen soll ich jetzt lesen. Doch wie kommt es nur? Stets, wenn ich etwas will, das die nicht möchten, habe ich irgendein Buch noch nicht gelesen. Ich lese wirklich viel, aber offenbar immer das Falsche.»

Was dieser Priester trotz all seines mehr als berechtigten Ärgers in der Tat noch nicht ganz richtig verstand, war die Eigentümlichkeit des kirchlichen Vorgehens: er hätte es unbedingt für das Zeichen eines noch immer nicht gänzlich verspielten *Wohlwollens* seines Oberhirten halten sollen, daß man ihm überhaupt noch eine «Belehrung» zuteil werden ließ; zwar galt er, nach dem Stand der Dinge zu schließen, in Bischofskreisen inzwischen wohl schon als ein «ungegorenes Faß», wie man sich inoffiziell über ihn denn auch bereits auszudrücken beliebte, doch sah man sich in aller gebotenen Langmut anscheinend noch zu der Hoffnung verpflichtet, diesen gutwilligen, leider nur übereifrigen und eilfertigen Seelsorger am Ende wohl doch noch «hinbiegen» zu können. Was dieser Ärmste bei so viel oberhirtlicher Behilflichkeit allerdings wirklich nicht sah, war *die dienstbare Rolle der akademischen Theologie selbst* bei der Absicherung bischöflichen Machterhalts.

Natürlich, dieser Priester zum Beispiel konnte seinem Bischof zu Recht sagen, daß man das «Abendmahl» Jesu *mißbraucht,* wenn man es nicht als eine

Einladung an alle, an die «Verlorenen» zuerst, adressiert, sondern es zu endlosen dogmatischen Streitereien verwendet; natürlich, er konnte sich bei seiner Haltung in der Frage der Mahlgemeinschaft von Katholiken und Protestanten mühelos auch auf die Meinung anerkannter Exegeten und Dogmatiker berufen; doch ebenso, natürlich, gab es in jedem Detail der Problemstellung auch Gegenstimmen, und je nachdem, wie die jeweilige Meinung sich zur Festigung der gerade verordneten obrigkeitlichen Richtung verwenden ließ, hatte sie als «richtig» oder als «zweifelhaft», vielleicht schon als «falsch» zu erscheinen. Mehr noch, selbst wenn, wie 1990 in der Diözese Augsburg geschehen, ein Priester aus seinem Amt gejagt wird, nur weil er aus Überzeugung nicht davon lassen mag, mit «Protestanten» zu «konzelebrieren», werden ihn auch seine «Mitbrüder» im Amte beizeiten im Stich lassen, selbst wenn er nichts anderes getan hat, als was auch sie selber denken und sagen. Sie werden, natürlich, in der Folgezeit seine Sache weiter «prophetisch» «vertreten» – jedoch im Unterschied zu ihm *in* der Kirche, nicht außerhalb, und zwar mit der immerwährenden Begründung, daß man ja «nur gemeinsam» die «Gemeinschaft» der Kirche «verändern» könne; freilich: auf eine solche «Veränderung» können diese Mitbrüder im Amte so geduldig und so lange warten, wie sie wollen; bei Lichte besehen, warten sie ja überhaupt nicht auf eine wirkliche Änderung, sondern nur auf die «Erlaubnis» einer gewissen Veränderung *von oben*[76]; mit anderen Worten: an der psychischen Struktur ihrer vollkommenen Abhängigkeit selber ändert sich gar nichts und soll sich auch nichts ändern. «Wenn diese Leute je eine Revolution machen und besetzen einen Bahnhof», meinte LENIN einmal verärgert von den Deutschen, «werden sie sich als erstes am Schalter eine Bahnsteigskarte kaufen.» So ähnlich in der Tat denken und handeln all diese «geduldigen» obrigkeitsfixierten «Reformer» und «Hoffnungsträger» der Kirche im innerkirchlichen Wartestand. «Wer die Zeichen der Zeit nicht begreift, den bestraft die Geschichte», meinte ein anderer großer Kommunist vor ein paar Jahren. Aber es kann noch weit schlimmer kommen: Wer zu lange *wartet,* der überlebt sich selber.

Was man ein für allemal begreifen muß, ist die einfache Tatsache, daß es im Schatten eines unfehlbaren Lehramtes *«Theologie»* nur geben kann *als eine Anpassungswissenschaft an das Vorgegebene. Deshalb* die Intellektualisierung des Glaubens. *Deshalb* die Abstraktion vom Leben. *Deshalb* die Entpersönlichung in objektivierenden Sprachspielen. *Deshalb* die Verweigerung eines echten Dialogs. *Deshalb* die «Literatur» als Lebensersatz. Im Tempel einer fertigen, immer an sich schon gewußten göttlichen Wahrheit kann es keine *Stufen* geben, auf denen man sich schrittweise dem Heiligtum der Wahrheit durch das

Abenteuer eines eigenen Lebens nahen könnte; es kann und darf dort nur «Vorhöfe» und «Innenhöfe» geben, die von besonders bestellten Amtsdienern gehütet und gepflegt werden. «Theologie» ist hier nichts weiter als der «Lageplan» der Inneneinrichtung eines solchen Tempels, beziehungsweise sie erscheint als ein hermetischer Peripheriegürtel, der nur den Eingeweihten Zutritt zum Innersten gewährt. – Ein Vulkan sinkt ab im südlichen Pazifik; relativ bald schon wird ein Atoll aus Koralleninseln ihn umgeben, deren Existenz mit bloßem Auge schwer auszumachen ist, sie liegen als Riffbarrieren knapp unterhalb des Wasserspiegels; immer wieder werden durchfahrende Schiffe an diesen unsichtbaren Klippen stranden, und allenfalls der Brandungsgürtel selbst verrät manchmal die Gefahr dieser lauernden Untiefen mitten in einer Lagune schimmernder Schönheit. – Ein solcher Brandungsgürtel rings um einen abgesunkenen Vulkan ist die heutige Theologie: in ihrem Zentrum ein ehemals feuerspeiender Magmaherd wirklicher göttlicher Erfahrung, doch davor und darum... – wie sagte schon Jesus: «Sie selber kommen nicht hinein, und sie lassen auch niemanden hinein» (Mt 23,13).[77] Die «fertige» Lehre, die unzähligen Gehäuse längst verkalkten Lebens, die Hinterlassenschaften von Myriaden und Abermyriaden von Weichtieren, erlauben keine intellektuelle, geistige Reifung in lebendiger Wahrheit und persönlicher Wahrhaftigkeit.

Wohlgemerkt, es geht hier durchaus nicht darum, dem Christentum jeglichen *Inhalt* und jegliche *Wahrheit* abzusprechen, es geht, im Gegenteil, gerade darum, diese Wahrheit neu zu entdecken. Doch was wir eben deshalb an dieser Stelle lernen müssen, ist die wichtige Einsicht, daß die gesamte Form der kirchlichen «Aneignung» der religiösen «Wahrheit» sich nicht dazu eignet, eine wahre Form gläubiger Existenz hervorzubringen. Sie ist einzig dazu geeignet, die stete Untauglichkeit des Menschen gegenüber der Erhabenheit der göttlichen Wahrheit, mit anderen Worten *die unendliche Unangemessenheit des Werdenden gegenüber dem Fertigen* zu markieren. Und das Ergebnis ist danach: es besteht in der intellektuellen Bereitschaft heutiger Theologie, sich geschmeidig mit Hilfe der «schlechten Unendlichkeit der Reflexion» (G. W. F. HEGEL)[78] in jede noch so absurd scheinende Vorgabe des kirchlichen Lehramtes einzufügen. Das *Gegen*stück zu der objektiven kirchlichen Wahrheitsgarantie von Amts wegen ist mit anderen Worten die Auflösung jeder Redlichkeit und Zuversichtlichkeit der subjektiven Gedankentätigkeit; anders gesagt: die Festigkeit des «Felsenfundaments» der Kirche Petri ist erkauft mit dem psychischen und intellektuellen Morast der gläubigen Persönlichkeit.

Dabei haben wir es bisher «nur» mit den Zerstörungen des *Denkens und des Willens* im Bereich der kirchlichen Glaubenslehre zu tun. Je nach Betrachtung weit schlimmer noch artikuliert sich indessen das gleiche Mißverhältnis von lehramtlicher Wahrheit und reifender Persönlichkeit im Bereich *des Moralischen*. Eine «fertige» «Wahrheit» – das bedeutet durch sich selbst ein Veto gegenüber jeder Persönlichkeitsreifung, die dem Grundtheorem der Lernpsychologie verpflichtet ist: ein Mensch lernt durch Versuch und Irrtum.[79]

Was hier auf dem Spiel steht, zeigt sich – außerhalb des Rituals der Beichte – wohl am deutlichsten in gerade *dem* Lebensbereich und *der* Lebensphase, die man gemeinhin die «Entwicklungsjahre» nennt. Kaum eine Zeit im Leben eines Menschen ist so aufregend und für alle weitere Zukunft so anregend wie die sogenannte «Pubertät». Nach psychoanalytischer Meinung werden gerade hier die Erfahrungen und Einstellungen schon aus der Zeit des «Ödipuskomplexes» mit fünf bis sechs Jahren noch einmal wiederholt und auf dem Weg zum Erwachsenwerden neu bearbeitet.[80] Den Hauptinhalt dieses entscheidenden Lernprozesses, der in unserer Kultur mittlerweile mehr als ein Dutzend Jahre währt, bilden die Identifikation mit der eigenen Rolle als Mann oder Frau sowie die Fragen des Umgangs mit dem anderen Geschlecht. Außerordentlich starke Affekte und Gefühle treffen in dieser Zeit auf ein relativ noch unentfaltetes Ich, das es in mühevollem Suchen erst lernen muß, sich von seinen Eltern zu lösen, um zu einer eigenständigen Form der Partnerschaft zu reifen; alle religiösen, moralischen und kulturellen Werte der «Kinderstube» müssen daher jetzt auf ihre Tauglichkeit für die neu sich stellenden Lebensaufgaben einer erwachsenen Persönlichkeit überprüft und notfalls durch ein eigenes, anders lautendes Urteil ersetzt werden; kurz, es fällt in dieser Zeit von Umbau und Aufbau außerordentlich schwer, sich zwischen den so vielfältigen und oftmals widersprüchlichen Anforderungen des Es, des Überich und der äußeren Realität zurechtzufinden.[81] In aller Regel wird es wohl nur durch eine Reihe recht glücklicher Erfahrungen in der *Liebe* gelingen, das eigene Ich zu entfalten und zwischen Hoffnung und Enttäuschung, Wonne und Schmerz, Verschmelzung und Einsamkeit, Bindung und Freiheit, Geben und Nehmen, Distanz und Nähe die am besten verträgliche Form einer überzeugenden Einheit mit sich selber herauszubilden.

In diese hochsensible Phase persönlicher Reifung nun, in der nichts «unverrückbar», nichts «ein für allemal», nichts «autoritär» Gesetztes Anspruch auf Gültigkeit erheben kann, bricht die soeben angeführte Lehre der Kirche herein, wonach jede sexuelle Regung, die *außerhalb*, also *vor*, *nach* oder *neben* der Ehe *freiwillig* herbeigeführt werde, als eine objektiv schwere Verfehlung zu betrachten sei[82]: «geordnet» ist nach kirchlicher Auffassung das Sexualleben zweier Liebender nach wie vor nur, wenn sie miteinander (rituell gültig!) verheiratet sind und darüber hinaus nichts unternehmen, um mit künstlichen Mitteln die Gefahr möglichen Kindersegens auszuschließen. Auf Fragen dieser Art sind wir schon als Ausdruck des Widerspruchs zwischen Leben und Lehre, zwischen subjektiver Erfahrung und objektiver «Wahrheit» gestoßen, doch sehen wir jetzt, daß dieser Gegensatz sich nicht nur aus bestimmten Eigenarten der katholischen Moraltheologie ergibt, sondern vor allem die Unverträglichkeit des Fertigen und Unfertigen, des Perfekten und des Werdenden markiert. Für ein heranwachsendes Mädchen oder einen Jungen bedeuten Lehren dieses Kalibers nämlich gleich zweierlei: Sie dürfen das Wichtigste in ihrem Leben: die Liebe, in RILKEschem Sinn, definitiv nicht *lernen*; sie müssen, wenn es mit rechten Dingen zugeht, «jungfräulich», das heißt völlig *unerfahren*, in die Ehe gehen, und dann bleibt die Frage, die S. FREUD bereits vor über achtzig Jahren formuliert hat, wie es denn möglich sein soll, gewissermaßen über Nacht, vom Hochzeitabend an, zu *können*, was über ein Jahrzehnt und länger strengstens verboten war.[83] Wieviele Ehezerwürfnisse und Ehescheidungen hat nicht mit diesen ihren aller Erfahrung hohnsprechenden Ansichten die Kirche selber auf dem Gewissen, ohne die Last ihrer Verantwortung bis heute auch nur entfernt begreifen zu wollen! Wie viele Ehen wurden und werden in streng katholischem Milieu nicht überhaupt nur geschlossen, um *die Schuld* der verlorenen «Jungfräulichkeit» in lebenslänglicher Buße *wiedergutzumachen?*[84] Und ist nicht das quälende Schuldgefühl nach wie vor noch der unerläßliche katholische Begleiter auf dem Wege der Liebe eines oder einer Heranwachsenden? Als Mädchen zumal darf man zwar schön sein, wie es die Jungfrau Maria wohl auch war, doch darf man nicht stolz sein und hoffärtig[85]; man darf vor allem weder den Pfarrer des Ortes noch die gleichaltrigen Jungen durch Kleidung oder Bewegung zur «Sünde» aufreizen.[86] Und alles, was sonst noch im geheimen sich ereignen sollte, das wird, wie wir schon wissen, zu *beichten* sein.

Man darf sicher sagen: Wer unter solchen Voraussetzungen des moralischen Urteils sich trotz allem noch immer ins Leben getrauen und die Liebe erlernen wollte, der wird sich alsbald zu *ständigen Auf- und Abspaltungen* in seiner Psyche verurteilt sehen: er muß trennen zwischen Seele und Körper – der «Leib» muß dem Willen «gehorchen», so wie der «Wille» der Kirche (und damit Gott!) zu gehorchen hat[87]; er wird, ein Stück weiter, trennen müssen zwischen Gefühl und Affekt – die Nähe des anderen «Geschlechtspartners» darf zwar gewünscht und als angenehm empfunden werden, doch nur als ein «reines», als ein sexualfreies Gefühl[88]; und wenn wirklich eine stärkere Empfindung der Zuneigung sich regen sollte, so gilt es, um so mehr auf der

Hut vor sich selbst und dem Nächsten zu sein – auf daß nur ja sich nach außen nicht mitteilen kann, was für ein Sturm im eigenen Herzen sich meldet. Doch selbst damit noch nicht genug: Wer wirklich über all diese so sorgsam verordneten Einschränkungen leichtfertig und schuldhaft sich hinwegsetzen wollte, dem wird jetzt, zusätzlich zu seinen Schuldgefühlen, in der katholischen Kirche angst und bange gemacht werden durch *die reale Drohung einer stets zu befürchtenden Schwangerschaft*[89]: künstliche Empfängnisverhütung – das stellt immer noch, und man begreift jetzt, warum, eine *schwere Sünde* in den Augen des unfehlbaren kirchlichen Lehramtes dar[90]! Selbst die Aids-Problematik hat an der Starrheit des päpstlichen Verdikts in diesem Punkte bis heute durchaus nichts geändert, vielmehr im Gegenteil: es gilt besonders für Lehrer in kirchlichen Diensten, die heranwachsende Jugend vor jeder Art von «Gummimoral» zu bewahren. Noch im Februar 1993 ließ Papst JOHANNES PAUL II. die Gläubigen in Uganda wissen, daß im Kampf gegen Aids einzig die Keuschheit erlaubt und hilfreich sein könne.[91]

All diese Dinge, die auf beschämende Weise in sich selbst schon der unfreiwilligen Karikatur eines göttlichen Lehramtes ähnlich sehen, gewinnen an Zuspitzung, wenn wir an dieser Stelle *den prinzipiellen Fehler* bemerken, der sich notwendig aus dem Dogma eines beamteten Wahrheitsbesitzes ergeben muß: Wenn die Wahrheit immer schon feststeht, ist alles Lernen nur Nachsprechen. Die Vollendung der objektiven Wahrheit in Gestalt einer perfekten Institution macht in letzter Konsequenz ein persönliches Reifen und subjektives Lernen nicht nur überflüssig, sondern stellt es im Grunde, wie wir jetzt sehen, von vornherein unter Verbot: So wie *das eigene Denken* angesichts des fertigen Dogmas der Kirche zu einer ständigen Infragestellung seines eigenen Fragens getrieben wird, so wird *das Fühlen* angesichts der fertigen Moral des kirchlichen Lehramtes zu einem ständigen Mißtrauen gegenüber den moralischen Qualitäten der eigenen Person getrieben. In beiden Lebensbereichen: im Denken wie im Fühlen, ist der Kontrast zwischen dem Perfektionsanspruch des «Objektiven», Institutionellen, und der Unvollkommenheit des «Subjektiven», Persönlichen, durch keinerlei Erlaubnis (oder Pädagogik) gradueller Annäherung zu vermitteln. Es gibt in jedem Falle für den kirchlichen Wahrheits- und Perfektionsanspruch nur das Entweder – Oder eines zweiwertigen Beurteilungsmaßstabes von Richtig und Falsch, Gut und Böse, Heilig und Sündhaft. Oder von der umgekehrten Seite her betrachtet: an die Stelle der Erlaubnis des Lernens tritt die «Verzeihung» bzw. die «Lossprechung» von allen «Sünden» durch eben jene Institution, die durch die Unlebendigkeit ihres Machtanspruchs allererst jene «Unvollkommenheiten» deklarieren muß, die in

Wahrheit das Leben selber sind. Der «Erfolg» einer solchen Entgegensetzung von Leben und Lehre, von Unvollkommenheit und Vollkommenheit, von Person und Institution stellt in letzter Konsequenz alle Kräfte der Selbstentfaltung unter das Verdikt des Sündhaften, um die Menschen glauben zu machen, daß sie nur in der Gnade der Kirche zu ihrem eigenen Leben zu finden vermöchten.

## b) Der «Untertan» oder:
### Die Wahl zwischen Selbstbehauptung und Selbstpreisgabe

Was auf diese Weise entsteht, ist, psychoanalytisch betrachtet, *eine echte Beziehungsfalle*[92], die den Einzelnen hin und her treibt, ohne ihn je zur Ruhe kommen zu lassen: je mehr er sich in das Objektive fügt, desto mehr entgleitet er sich selber, und je mehr er versucht, bei sich selber zu sein, fällt er aus dem Erlaubnisrahmen, den das objektive Institut ihm bereitstellt. Sein anerzogenes Selbstmißtrauen treibt ihn immer wieder in die Arme einer Kirche zurück, die mit den Weisungen ihrer objektiven Selbstsicherheit die Selbstunsicherheit des Individuellen allererst verursacht hat und im folgenden nur verstärken kann. Am Ende dieses kirchlichen Kurses erscheint die eigene Person sich selber als um so «besser», «gefestigter» und «richtiger», je mehr sie sich den Weisungen des «Objektiven» in Gestalt des kirchlichen Lehramtes angleicht; das «Lob», das ihr auf diese Weise zuteil wird, kann sie allerdings niemals auf sich selber, sondern allenfalls auf die Korrektheit ihrer äußeren Anpassungsleistungen beziehen – die Bestätigung des Objektiven gilt niemals ihr selber, sondern bestätigt nur das geheime Wissen, im Grunde trotz aller Bemühungen, Qualen und Wiedergutmachungen etwas Unfertiges, Nichtiges und Chaotisches zu sein, vor dem man stets durch Flucht in die Korrektheit der äußeren Instanz auf der Hut sein muß.[93]

Und jetzt noch einen Schritt weiter: *Psychoanalytisch* kann sich diese erzwungene Psychodynamik permanenter Aufspaltungen über kurz oder lang nur in einer völligen *Überfremdung des Ichs durch die Rigidität des Überichs*[94] verfestigen, indem die aufgenötigte Unterwerfung unter die göttliche Autorität des kirchlichen Lehramtes sich in der Strenge einer verinnerlichten Straf- und Schuldangst selber als eine psychische Institution mit der ihr eigenen Psychodynamik der Fremdbestimmung auf dem Boden des Ichs etabliert. Erst mit diesem Schritt wird der Status der kirchlichen Außenlenkung vollendet, und gerade ihn gilt es daher anzustreben: Was ursprünglich nur als die Weisung der

eigenen Mutter oder des eigenen Vaters, des Vikars oder Pastors am Ort, des
Religionslehrers, Theologiedozenten oder Bischofs in der jeweiligen Diözese
erscheinen mochte, das tritt nun dem Ich als unabänderlicher göttlicher Wille
entgegen[95], und je schwächer das Ich des Einzelnen sich ohnehin bereits fühlt,
desto bedingungsloser wird es sich jetzt an die Weisungen seines *Überichs* gebunden fühlen. Alle Formen menschlicher Autorität werden da überhöht, legitimiert und propagiert durch die eine absolute und letztgültige Autorität,
welche da ist: das kirchliche Lehramt in der Fülle des göttlichen Geistbesitzes.
Wer immer schon Angst hatte vor seinem Vater, der wird dieselbe Angst jetzt
wieder verspüren im Gegenüber seines Bischofs oder in der Untertänigkeit
gegenüber dem Willen des «Heiligen» Vaters; ja, es wird auch umgekehrt deutlich, daß eine solche Art außengeleiteter Kirchenautorität bereits die Einschüchterung des kindlichen Ichs durch die Elternautorität der Kindertage
*voraussetzt,* so wie sie rückwirkend diese zu verstärken bestimmt ist.[96]

Der Zusammenhang zwischen der familiären und der kirchlichen Autorität
stellt sich des näheren in der katholischen Praxis erneut durch die beamtete
Verwaltung selbstgeschaffener Schuldgefühle her. «Bin ich ungehorsam gewesen?» – das ist die Frage, die im Rahmen einer gut katholischen Erziehung
schon ein achtjähriges Kind bei der Vorbereitung auf den Empfang der ersten
heiligen Kommunion im Beichtunterricht vorgelegt bekommt.[97] Der Pfarrer
wird ein «ungehorsames» Beichtkind gewiß niemals fragen, welche Gründe es
denn hatte, sich dem elterlichen Willen *nicht* zu unterwerfen; noch weniger
wird er in der Widerborstigkeit eines Kindes so etwas erblicken wie das Symptom für ein fehlgeleitetes Ringen um *Liebe;* er wird die «Sünde» des «Unge-
horsams» zur Kenntnis nehmen (oder, in bestem Kirchendeutsch: «sorgfältig
registrieren») und sie, nach entsprechender «Buße», «vergeben». Da ist nach
kirchlicher Logik der Elternstandpunkt ohne weiteres *identisch* mit dem
Standpunkt Gottes, und die nachdenklicheren unter den Kindern werden sehr
bald schon Gelegenheit finden zu merken, daß dieser Gott allem Anschein
nach stets das zu gebieten beliebt, was sie selber *nicht* wollen, ja, daß dieser
«Gott» vermutlich überhaupt nur dazu eingesetzt wurde, um den gesellschaftlichen und kirchlichen *Gegenwillen* heranwachsender reifender Menschen in
ein numinoses und unangreifbares Etwas zu verlegen, das den Titel trägt:
«Gott».

Was für *politische Konsequenzen* sich aus diesem Arrangement kirchlicher
Untertänigkeit ergeben, hat wohl niemand klarer erkannt als schon zu Beginn
des zwanzigsten Jahrhunderts HEINRICH MANN in seinem Roman *Der Untertan*[98]. Dort kann man lesen, wie das persönliche Minderwertigkeitsgefühl, die

Unsicherheit und die Angst, wie die *Gehemmtheit* in allen Antriebsbereichen sich aufbläht zu einer *geliehenen* Größe: selbst ein Nichts wie *Diederich Heß-ling* kann zu einer bedeutenden Persönlichkeit aufwachsen, wenn er die Rolle «Seiner Majestät des Kaisers» am Ort zu spielen beginnt; ja, diese menschliche Null verspürt beizeiten ein geradezu naturgegebenes Bedürfnis danach, sich mit der vermuteten Größe des «Obersten» aller Deutschen zu *identifizieren,* indem er das Denken ersetzt durch Macht, wirkliches Handeln durch theatralisches Posieren, Menschlichkeit durch Maskeraden.[99] Das alles, als Zeit- und Charakterportrait, wäre im Abstand von mehr als achtzig Jahren als Beitrag zur Sozialpsychologie autoritärer Systeme in sich schon interessant genug; doch worauf es in unserem Zusammenhang besonders ankommt, ist die geheime *Komplizenschaft,* die H. Mann sehr zu Recht zwischen Staat und Kirche, zwischen Thron und Altar, zwischen Herrschermacht und Gottesmacht herausstellt: im Namen der Autorität (objektiv) und des Gehorsams (subjektiv) sind beide, Kirche und Staat, anscheinend *Verbündete,* ja, im Grunde miteinander identisch.[100]

Anders, wen wundert's, kann es nicht sein. – Denn: Nachdem die Kirche mit dem Formalprinzip ihrer beamteten Unfehlbarkeit sich selber jeglichen konkreten geistigen Inhaltes entleert hat, ist sie nichts weiter mehr als die *abstrakt* gewordene Macht selber, als das *Prinzip des Autoritären* schlechthin, und es kommt im folgenden nur noch darauf an, daß sie als solche die im Staat *konkret* gewordene Autorität von sich her heiligt und stützt.[101] «Alle Gewalt geht aus von Gott», so heißt es dankenswerterweise schon bei dem Apostel Paulus (Rom 13,1–7)[102]; was in der Zeit der heidnischen Römerherrschaft bei diesem Satz dem Apostel selber indessen wohl noch nicht vorstellbar war, ist seit den Tagen des ersten «christlichen» Kaisers Ostroms die bleibende Architektur der religiösen wie *politischen Entfremdung* im «Christentum» geworden: mit dem Sieg *Konstantins* im Zeichen des Kreuzes[103] sehen wir all das, was das Neue Testament den Worten nach geradewegs verbietet, in die Kirche Einzug halten: Heilige Eide für Kirchenbeamte, bürgerlich geregelte Eigentumsverhältnisse, gerechte Kriege im Namen des Staates und ein sakrosanktes Strafrecht in Kirche und Gesellschaft.

«Welches Schauspiel», läßt Anatole France in seinem satirischen Roman «Die Insel der Pinguine» zu dem Mönch vom Kaninchenwald mit seinem schwunghaften Devotionalienhandel sagen, «bietet uns das unglückliche Pinguinien! Überall Ungehorsam, Unabhängigkeit, Freiheit! Wir sehen die Stolzen, die Hochmütigen, die Rebellen sich erheben. Nachdem sie Gottes Gesetz trotzten, lehnen sie sich gegen die menschlichen Gesetze auf. So wahr ist es,

daß man ein guter Christ sein muß, um ein guter Bürger zu sein... In ihrer
Wut möchten sie alle Schranken niederreißen, jede Fessel abschütteln, sich von
den heiligsten Banden befreien, sich dem heilsamsten Zwang entziehen. Sie
mißhandeln ihr Vaterland, damit es ihnen zu willen sei... In diesen Abgrund
hat sie die Gottlosigkeit gestürzt, der freie Gedanke, die freie Forschung, die
ungeheuerliche Anmaßung, selbst zu urteilen, eine eigene Meinung zu
haben.»[104]

Durch die Jahrhunderte der Neuzeit erschallt dieses Jammerlied der Kirche
auf den Fortschritt der politischen Kultur und die Freiheit des Geistes. Gott als
oberster Büttel und die Bürgerlichkeit als Gütezeichen der Christlichkeit, dazwischen indessen die gröbsten Machtinteressen unter Ausnutzung der stupi-
desten Dummheiten und des wüstesten Aberglaubens – allmählich beginnen
wir zu begreifen!

Es mochte bisher *formal* als ein Konflikt zwischen Gewalt und Gewissen
erscheinen, wenn die katholische Kirche in Deutschland zum Beispiel, als es
darauf ankam, den Befehl zum allgemeinen Wehrdienst *gegen die Gewissensfreiheit des Einzelnen* setzte, oder wenn wir im neuen Weltkatechismus immer
noch zu lesen bekommen, daß die *Todesstrafe*, die in den USA gerade zur Zeit
wieder massenhaft exekutiert wird[105], nach wie vor als ein legitimes Mittel
staatlicher Gerichtsbarkeit gelten müsse[106] – als ob es das Wort aus Mt 7,1–5 nie
gegeben hätte: «Richtet nicht...» Gewiß, die kirchliche Lehre war «schon immer», das heißt vom vierten Jahrhundert an, derart doppelbödig. Doch was
erklärt das?

Es zeigt sich, was für ein *Interesse* die Kirche als eine autoritäre, absolute
Institution göttlicher Wahrheit daran haben muß, ihre Gläubigen *in gehorsame Bürger* zu verwandeln. Daß sie diese Verformung des Menschlichen betreibt *mit Berufung auf die Botschaft eines Mannes,* der gerade ausgezogen
war, diese Welt mit ihren Orgien von Haß, Brutalität und Gewalt *zu überwinden,* macht die kirchliche Doktrin *in sich selbst* von vornherein unglaubwürdig
– das sahen wir schon. Jetzt aber tritt uns *psychologisch* bzw. *rein menschlich*
die ganze Unhaltbarkeit des kirchlichen System noch einmal von anderer Seite
vor Augen; denn wir sehen: dieses System besteht selber in nichts anderem als
in der Heiligsprechung autoritärer Macht.[107] Es steht schon von daher mit innerer Notwendigkeit auf der Seite der Mächtigen. Es ist selber nichts weiter als
*die religiöse Verfeierlichung von Menschenherrschaft* im Namen Gottes.

Man sagt, daß am Ende der *Steinzeit*, beim Aufbau der ersten Großreiche an
den Strömen von Nil, Euphrat und Hoangho, der Abstand zwischen Mensch
und Mensch größer geworden sei als der Abstand zwischen Herrscher und

Gott[108]: der Herrscher *war* Gott, seine Macht *war* göttlich, er selber, so seine altägyptische Bezeichnung, *war* «das lebende Abbild Gottes (auf Erden)»[109]. In der Art glaubte man 2500 Jahre *vor* Christus. Es ist einzig die katholische Kirche, der es gelungen scheint, diese archaische, neolithische Vorstellung bis auf den heutigen Tag den Menschen als Pflicht aufzuerlegen. Erst wenn man die Monstrosität dieses unglaublichen Anachronismus in der katholischen Kirche recht begreift, beginnt man, die Einzelheiten des katholischen Lehrsystems in ihrer Absurdität wenigstens einigermaßen zu würdigen.

Da wird zum Beispiel in dem »neuen» «Weltkatechismus» nach wie vor eine jede Frau, die ein Kind, weil sie nicht weiter weiß, abtreibt, mit der «Tatstrafe» der Exkommunikation belegt[110]; aber ein Mann wie *Adolf Hitler,* der mit seinem verbrecherischen Militarismus mehr als fünfzig Millionen Menschenleben vernichtet hat, wurde nicht nur aus der Kirche nicht ausgeschlossen, er wurde noch 1941 in einem «Hirtenbrief» der Deutschen Bischöfe massiv unterstützt[111], indem jede Fahnenflucht oder Befehlsverweigerung als Verrat am Soldateneid, geschworen auf Hitler *und geschworen auf Gott,* ausgelegt wurde[112]: kein Soldat hatte damals nach katholischer Lehre das Recht zum aktiven oder passiven Widerstand gegen den «Führer»! Was da erst bei den Bündnissen der portugiesischen Kirche mit dem Diktator Salazar (1933), der spanischen Kirche mit dem «Caudillo» Franco im Bürgerkrieg (1936)[113] oder der italienischen Kirche mit dem «Duce» Mussolini (1934)[114] oder des Vatikans 1942 mit dem *kroatischen* Ustasha-Führer *Ante Pavelic!*[115] Diese Kirche, so viel ist klar, wird es allemal mit den Mächtigen halten; sie ist stark allein gegen die Einzelnen, gegen die Schwachen, und sie ist jedesmal knieweich gegen die Repräsentanten von Herrschaft und Gewalt.[116]

Es gibt in Lk 4 und in Mt 4[117] eine großartige Szene, in welcher noch vor Beginn seines öffentlichen Wirkens Jesus vom Satan in der Wüste versucht wird: da zeigt der Teufel dem Messias alle Reiche dieser Erde und erklärt sich bereit, sie ihm zu Füßen zu legen, wenn nur er selbst auf die Knie fällt und den Satan anbetet. Jede Art von Weltmachtgelüsten ist nichts als Götzendienst und Teufelsanbetung, soll das offensichtlich heißen. – Es gibt in der Kirchengeschichte gewiß keine Zeit, in welcher die globale Verantwortung für diese Welt und mithin die Herausforderung zum *Widerspruch* gegen das Diktat der Mächtigen so dringlich geworden wäre wie in diesem unseren zwanzigsten Jahrhundert; und es gibt zugleich keine Zeit, in der die Kirche schlimmer versagt hätte, und zwar nicht durch einzelne Fehler einzelner Entscheidungsträger, sondern durch die Manifestation dessen, was sie *wesentlich* ist: eine Organisationsform der Macht, *eine Teufelsanbeterin* in biblischem Sinne – in keinem Betracht eine

«Nachfolgerin» Christi.[118] Eine Kirche, die mitten im Zweiten Weltkrieg noch dazu zwingen konnte, selbst in Stalingrad und in Smolensk «durchzuhalten» nach der Parole: Befehl ist Befehl, und: Eid ist Eid, und: Gott will dein Opfer fürs Vaterland – im Kampf gegen den atheistischen Bolschewismus zumindest[119] –, eine solche «Kirche» ist nicht «des Herrn», sie ist in wahrhaft erschreckendem Ausmaß ein Spielball menschlicher Herrschaft; eine solche Kirche «besitzt» keinen «heiligen» Geist, sie ist ganz im Gegenteil von allen guten Geistern verlassen. Und das ist noch gelinde ausgedrückt.

Schon während ich diese Zeilen schreibe, höre ich sagen, hier werde zu «aggressiv» und «zornig» geurteilt. Aber, nein, keinesfall! Wir lassen lediglich einmal für einen kurzen Moment denjenigen Gefühlen freien Lauf, die sich *im Schatten* einer jeden veräußerlichten Form von autoritärer Herrschaftsausübung normalerweise regen: dem Zorn, der Auflehnung und dem Protest; und diesen Gefühlsregungen nachzugehen wird es jetzt hohe Zeit. Die kirchliche Formalisierung einer beamteten Wahrheit nämlich biegt *das Denken* der Menschen gegen sich selbst – das sahen wir schon: der Anspruch eines fertigen Wahrheitsbesitzes schnürt den Entfaltungsspielraum des Einzelnen zu einem Marionettendasein am Leitfaden ständiger Schuldgefühle zusammen – auch das wissen wir schon; der autoritäre Zwang von außen verinnerlicht sich zu einer psychischen Instanz auf dem Boden des Ichs in Gestalt des Überichs – so sagten wir gerade. *Was aber ist das für ein Ich,* das so mit sich umgehen läßt, und was wird aus einem Ich, mit dem «man» derart verfährt? *Das* ist jetzt die Frage; und sie beantwortet sich relativ leicht. Denn auch *psychisch* besteht ISAAC NEWTONS Mechanik in gewissem Sinne zu Recht: wo Druck ausgeübt wird, entsteht Gegendruck, und das Maß des einen ist identisch mit dem Maß des anderen.[120] In unserem Zusammenhang heißt dies: das Ausmaß an autoritärer Fremdbestimmung ist *identisch* mit dem Ausmaß an *unterdrückter Auflehnung;* und dieser Einsicht gilt es, jetzt noch ein Stück weit nachzugehen, wenn wir nicht einen wichtigen Teil der psychischen Spannung einer unfehlbar sich gebenden Kirche ausblenden wollen.

Denn was wir in der gesamten Betrachtung bisher außer acht gelassen haben, ist der Faktor der *niedergehaltenen Aggression.*[121] Er, selbstverständlich, wird in der Kirche ständig und gern verschwiegen, so daß man ihn in der Tat zumeist übersieht oder erst recht spät entdeckt. «Aggressiv» und «polemisch» ist in der Kirche der offiziellen Lesart nach stets nur der Kritiker – das System selber gibt sich in vorbildlicher Tugend vollkommen aggressionsfrei; es will in der Welt, hört man seine Worte, durchaus nichts weiter als Liebe, Verständigung und Versöhnung. Doch der Wolf im Schafspelz kann so viel Kreide nicht fressen, daß die Menschen nicht irgendwann merkten, mit wem sie es wirklich zu tun haben. «Aggression» – gewiß, das ist, wie wir schon gesehen haben, bereits in der Aufspaltung von Amt und Person kirchlich verboten, im Namen der Bergpredigt! Doch kaschiert dieser Habitus lediglich die eigene kirchliche Macht, frei nach dem Bonmot des preußischen Militärtheoretikers CLAUSEWITZ, niemand könne so friedfertig sein wie der Angreifer[122], er wolle ohnedies nur die bedingungslose Kapitulation! So wie man die Liebe zwischen den einzelnen Personen im Katholizismus *niederhalten* muß, um das Gesamtsystem Kirche *«libidinös»* zu besetzen[123], so muß man die *Aggressivität* niederhalten, um die Abhängigkeit und Ohnmacht des Einzelnen zu begründen.[124] Der einzelne Gläubige hat unter den gegebenen theologischen Voraussetzungen keinerlei Recht, sich in der Kirche über die Kirche zu empören, er verletzt die Regeln der «Brüderlichkeit», wenn er trotzdem so tut; er handelt nicht «christlich», wenn er die Kirche als den «fortlebenden Christus» kritisiert und «beleidigt». Doch indem man die Aggressivität im Menschen mit solchen Worten verteufelt, erschafft man sich lediglich jene Ohnmacht des Individuellen, die man benötigt, um die Allmacht der Kirche selber zu etablieren.

*An sich* ist die menschliche Aggressivität gewiß ebenso sehr «von Gott» wie die Fähigkeit des Menschen, zu lieben, zu tanzen und glücklich zu sein. Menschen, die nach Jahren der Selbstunterdrückung voller Angst sind vor ihren eigenen zurückgedrängten, explosiv aufgestauten Aggressionen, verweise ich gern auf das Beispiel der Vögel am Abend: Gefragt, was ist Aggression, sollte man als erstes nicht denken an den Blutrausch eines Marders im Hühnerstall oder eines Wolfs in der Schafherde, sondern, weit richtiger, an das Gezwitscher der Amseln in den Kronen der Bäume vor Sonnenuntergang[125]: sie «sagen» einander mit ihren Liedern, wo eine jede ihr Revier für das Ruhelager der Nacht beansprucht, und sie markieren damit die Grenzen, innerhalb deren sie für die nächste Zeit in Ruhe gelassen werden möchten. «Aggression», gleichgültig, wie ihr Ursprung triebtheoretisch begründet wird, hat ihre Funktion in dem, was S. FREUD als «Ichtrieb» bezeichnete[126]: sie dient der Durchsetzung der eigenen Person.

Mit anderen Worten: das Ich der eigenen Person wird *um so schwächer* sein, je weniger es gelernt hat, normale Konkurrenzsituationen des Alltags zu seinen Gunsten zu entscheiden, und je *schwächer* es sich selber fühlt, desto inniger wird es geneigt sein, sich an die nächsthöhere Instanz als Schiedsstelle zur Lösung seiner Konflikte zu wenden. Setzen wir nun, daß diese nächsthöhere Instanz es eigentlich ist, auf welche die ursprünglichen Aggressionen sich richten, so entsteht eine paradoxe Situation: ein Kind ist eigentlich ärgerlich auf

den autoritären Ton seines Vaters, ein Heranwachsender findet die autoritär
vorgetragenen Erklärungen seines Ortspfarrers auf der Kanzel zu den Mysterien der Weihnachtszeit absurd und lächerlich, eine Frau fühlt sich beleidigt
durch die Enzyklika eines Papstes, der ihr weismachen will, sie handle
sündhaft, wenn sie in den Fragen der Empfängnisverhütung zu den Mitteln
greift, die sie ohne ständige Angst leben lassen – kurz, in jedem Falle eines
solchen *Widerspruchs* läge es eigentlich auf der Hand, der vorgesetzten Autorität offen entgegenzutreten. Unterstellen wir aber einmal, daß ein solcher
womöglich längst fälliger Widerspruch aus lauter Angst *unterbleiben* muß,
dann können wir leicht verstehen, daß die eigene Aggression, statt auf den ursprünglichen «Gegner», *gegen die eigene Person gerichtet* wird: aus lauter
Angst vor der überlegenen Strafgewalt dessen, was da als «Autorität» erlebt
wird, verwandelt sich der anfanghafte Widerstand in Selbstunterdrückung
und Schuldgefühl.[127] Man muß sich als Kind, als Heranwachsender, als Frau –
*als Mensch im Widerspruch* für *schlecht* halten eben wegen der Neigung zur
Widersetzlichkeit, möge sie im Einzelfall auch noch so berechtigt sein.

Im Hintergrund der Gehorsamsforderung insbesondere einer sich «göttlich» und «unfehlbar» gebärdenden geistlichen Behörde wie der katholischen
Kirche wird man von daher Stelle für Stelle mit einer solchen *Umlenkung von
aggressiven Triebenergien gegen das eigene Ich* zu rechnen haben.

Sagen wir näherhin so: Eine Instanz, die um ihres Absolutheitsanspruchs
willen die Freiheit des Denkens ebenso unterdrücken muß wie die Offenheit
der persönlichen Entfaltung, verdient an sich natürlich jede Art von Aggression; doch um so interessanter ist es jetzt zu sehen, wie die Kirche es versteht,
die gegen sie gerichteten Gefühle des Protestes und des Widerstandes zugunsten einer bloßen Untertanenmentalität *abzulenken.* Zu achten ist dabei auf
*vier Verfahren,* von denen wir *drei* bereits aus anderem Zusammenhang kennen, die wir jetzt aber in ihrer Dynamik erst wirklich zu würdigen vermögen.

Wir kennen bereits das Verfahren *der Entemotionalisierung und der Entpersönlichung* als Zustandsbeschreibung der heutigen Form von Theologie,
und wir haben vorhin schon gesehen, wie beides zum Aufbau einer beamteten Lehre und zur Verfestigung geistiger Macht auf Kosten der notwendigen
Entfaltungsspielräume der religiösen Existenz genutzt werden kann und zusammenwirkt. *Jetzt* aber sind wir so weit, den wahren Grund dieser merkwürdigen, höchst charakteristischen Weise kirchlicher Selbstdarstellung zu
verstehen: Die Entemotionalisierung und Entpersönlichung des kirchlichen
Lehrbetriebs ist *unerläßlich* zur *Ablenkung des aggressiven Potentials* innerhalb des autoritären Systems selber.

«*Entpersönlichung*» – das ist psychoanalytisch *identisch* mit der Verdrängung bzw. mit der Verschiebung der aggressiven Ichtriebe gegen die eigene Person. «*Entemotionalisierung*» beziehungsweise *Intellektualisierung* von Leben und Erfahrung – das bedeutet allemal das vollkommene Verschweigen, das Stummwerden vor allem der Gefühle von Ärger und Widersetzlichkeit. «In diesen heiligen Hallen kennt man die Rache nicht», das ist nunmehr klar, «und ist ein Mensch gefallen, führt Liebe ihn zur Pflicht.» Der kirchliche Alltag nimmt in der Tat sich aus wie eine Realsatire dieser freimaurerischen Arie aus MOZARTS *Zauberflöte*.[128]

Es ist zum Beispiel völlig undenkbar, daß etwa bei der Herbsttagung der deutschen Bischöfe in Fulda oder gar bei ihrem päpstlichen *«Ad limina»*-Besuch in Rom einer der Beteiligten einmal offen und ehrlich, unter den Augen der laufenden Kameras womöglich, seinen Unmut über neuerliche Formen von Repression und Anpassung äußern würde. FRANCIS BACONS Bild von dem Papst, der inwendig in einem Glaskasten sitzt und schreit[129], wirkt wie ein schockierendes Portrait dieses Typs eines «Heiligen Vaters», der in seinen Auftritten wie weltenthoben, jenseits aller Menschenpein, die erhabene Weisheit Gottes zu verkünden hat. Alle Aggressionen haben hier schon auf der Ebene der «Entscheidungsträger» der Kirche entweder verdrängt oder *intellektualisiert* zu werden, das heißt, man hat in «objektiven» Gedanken, rein «sachlich», nur nicht «zu emotional», seinen möglichen «Einwänden» beziehungsweise nur erst seinen «Anfragen» Ausdruck zu verleihen – jedes andere Betragen müßte in solchen Kreisen sich selber als «unmoralisch» und «unlogisch» disqualifizieren.

Mit anderen Worten: Die Intellektualisierung der kirchlichen Theologie ist nicht nur als ein Instrument des Machterhalts nach außen, sondern vor allem als ein Symptom verdrängter Aggression im inneren zu interpretieren, und zwar in eben der *Ambivalenz*, die für jede Symptombildung[130] charakteristisch ist: der ursprüngliche Affekt wird dem Bewußtsein (und dem Beobachter) vollständig entzogen, er macht sich aber auf der «Haltungsseite»[131], zum Beispiel in der fanatischen Hartnäckigkeit oder in der Intransigenz bestimmter Gedanken und Vorstellungskomplexe, umso mehr geltend. An der aggressiven Energie, mit der hier die Unterwerfung des fremden Willens als Akt seiner vermeintlichen «Glaubenseinsicht» zelebriert wird, bleibt die Stärke der ursprünglichen aggressiven Triebregungen freilich immer noch nur allzu deutlich bemerkbar: Gedanken werden hier zu Waffen, Ideen zu Formen der Herrschaftsausübung[132], und dies in einer Vollkommenheit, daß am Ende die jeweiligen theologischen Lehrinhalte selber die Herrschaft über das »denkende« Ich antreten: geistige Inhalte verwandeln sich hier in fixe Ideen; aus den Insignien der Verwaltungsmacht werden die Obsessionen des Geistes.

Welch eine Wirkung es hinterläßt, wenn unter solchen Umständen jemand ganz einfach als Mensch und als «Seelsorger» in diesen Eispalast unterkühlter, machtgeleiteter Gedanken einzudringen sucht, hat eindrucksvoll an der Person *Johannes Pauls I.* der englische Journalist JOHN CORNWELL beschrieben[133]: Entgegen der Annahme, dieser freundlich lächelnde 40-Tage-Papst sei von der vatikanischen Kamarilla durch (Gift-)Mord beseitigt worden[134], enthüllt sich vor den Augen des Lesers dieses Buches die Innenansicht des Umgangsstils in den heiligen Gemächern der römischen Kirchenzentrale: die Suffisance und der Hohn, mit dem man da einen herzkranken «Mitbruder» über den Parcours beamteter Hindernisse in seinen sicheren Tod laufen läßt. Stets, wenn ein totalitäres System sich vermenschlichen soll, stellt sich die Frage auf Leben und Tod, wer da den «Sieg» davon tragen wird: entweder das System stabilisiert sich gegen seine Reformer und es gelingt ihm, diese moralisch und physisch zu vernichten, oder es bricht selber an seinem verspäteten Willen zur Menschlichkeit zusammen.[135] Das Schicksal von Papst *Johannes Paul I.* scheint diese Alternative in dramatischer Weise sichtbar zu machen, zumindest dokumentiert es die «kalte», entemotionalisierte, intellektualisierte Form der Austragung aggressiver Konflikte innerhalb der katholischen Kirche.

Einen *zweiten* Weg zur Ablenkung des Anteils der notwendig anfallenden systemimmanenten Aggressionen haben wir der Sache nach ebenfalls bereits kennengelernt, ohne darin freilich die verborgene aggressive Motivation selbst schon namhaft gemacht zu haben. Soeben erst ist uns deutlich geworden, mit welchem Geschick die katholische Kirche es aufgrund ihres beamteten Wahrheitsbesitzes dahin bringt, jede Regung *des Zweifels* an ihren Strukturen und Lehrinhalten mit kategorischem Druck in Form schwerer *Selbstzweifel* an den Einzelnen zurückzugeben. Aus der Perspektive des Ichs betrachtet, das um seinen Selbsterhalt ringt, erscheint diese Alternative: Zweifel oder Selbstzweifel, als eine grundlegende *Wahl zwischen Selbstbehauptung und Selbstpreisgabe.* Das heißt: nachdem zunächst alle subjektiven *Gefühle* in die theologischen Vorgaben eines unfehlbaren Lehramtes verdampft wurden, müssen jetzt die *Gedanken* dazu herhalten, die wahren Gefühle zu vertreten, und so wird *der Zweifel* selber in der Tat aus einer intellektuellen Fragestellung zu einer aggressiven Ersatzhandlung.

Erst von daher begreifen wir, *warum* der Zweifel von der kirchlichen Obrigkeit als eine teuflische Versuchung beziehungsweise als eine «schwere Sünde» niedergehalten werden muß. Was an sich im Raum des Denkens eine unerläßliche Funktion des Forschens darstellt: das Eingeständnis der Unsicherheit gegenüber den bisherigen Forschungsergebnissen, das muß in den Augen eines göttlich sich gebenden Lehramtes wirklich als Insubordination – als mangelnder Gehorsam und als Auflehnung gegen die kirchliche Hierarchie, erscheinen. Ist erst einmal die Frage des religiösen Bewußtseins von der persönlichen Existenz weg in eine Frage der kirchlichen Verwaltung verwandelt worden, so stellt augenblicklich jeder, der sich noch einen Rest an selbständigem Denken gerettet hat, mit den Zweifeln, die zur Selbstvergewisserung einer redlichen Intellektualität gehören, die Kompetenz und damit die Macht der «Oberhirten» selber in Frage. Fortan wird der Zweifel selber in der Tat zu dem entscheidenden Mittel, um die Festung der lehramtlich festgeschriebenen Lehrsätze des kirchlichen Dogmatismus aufzusprengen; und umgekehrt: in dem *Verbot* des Zweifels ist die Form zu erkennen, in welcher die systemimmanente Aggressivität des kirchlichen Lehramtes selber sich äußert –, spätestens die Kette von Ausgrenzungen und Strafen, die über den «unbußfertigen», hartnäckigen «Zweifler» an den kirchlichen Lehren zu ergehen pflegt, beweist den geballten *aggressiven Machtwillen*, der in der Beanspruchung eines göttlichen Wissens gegenüber dem suchenden Individuum gebündelt ist.

Das Verhältnis zwischen Person und Amt ist jetzt das eines Teufelskreises verschleierter Aggressionen: An sich ist der Zweifel nach der vollständigen Intellektualisierung aller Gefühle nunmehr die einzige überhaupt noch verbleibende Form der Auflehnung; gerade deshalb aber muß er mit unnachsichtiger Strenge *wie ein aggressiver Akt* im Namen des rechten Glaubensgehorsams *geahndet* werden; und umgekehrt wird jede aggressive Gefühlsregung gegenüber dem kirchlichen Lehramt ihre einzige Ausdrucksform im Zweifel finden. Anders gesagt: Die Verwandlung der religiösen Wahrheit in eine Form des kirchenamtlich verwalteten göttlichen Wissens verlangt notwendig die intellektuelle *Blockierung des Zweifels;* doch damit einher geht notwendig die *Umwandlung des Zweifels* in *eine larvierte Form der Aggression,* und das wieder macht es notwendig, jedwedem Zweifel an der Berechtigung der kirchlichen Lehren mit den *Mitteln machtgebundener Gegengewalt* zu begegnen. – Immer wieder im Verlaufe der Kirchengeschichte, allein dieses zwanzigsten Jahrhunderts, haben zum Beispiel gemaßregelte *Dissidenten* unter den Theologen beklagt, daß das kirchliche «Lehramt» auf ihre Fragen und Lösungsvorschläge niemals persönlich oder geistig, stets nur formelhaft und administrativ zu antworten vermocht hätte.[136] Der Vorwurf gilt; doch wird erst jetzt recht klar, worin er eigentlich besteht: er bezeichnet einen Status von Kirche, innerhalb deren man nicht selber denken *darf,* ohne die

Macht derer zu gefährden, die immer schon im voraus wissen, wie man gedacht haben muß, um noch «katholisch» zu sein; und man darf vor allem niemals daran denken, welch ein aggressiver Vernichtungswille gegen alles Personale in der Etablierung eines Lehramtes mit unfehlbarem Wahrheitsanspruch gelegen ist.

Auch das *dritte* Verfahren der Aggressionslenkung in der katholischen Kirche ist uns dem Namen nach schon vertraut, nur daß wir es bislang nicht mit der Frage der Triebverarbeitung durch das Ich verbunden haben; es handelt sich um die «Entpersönlichung» der theologischen Lehre selbst, die wir jetzt «antriebspsychologisch» betrachten müssen.

Der Zusammenhang ist einfach zu beschreiben. *Aggressiv* sein kann nur *das Ich,* aggressiv zu äußern vermag es sich nur im wirklichen *Leben;* die kirchlich verordnete Abstraktion von allem Persönlichen und Lebendigen hingegen bedeutet allemal auch und wesentlich eine *Verschiebung* des aggressiven Potentials in eine uneigentliche, *projektive* Sphäre. Statt von sich selbst, von der eigenen Person, von dem individuellen Ich zu sprechen, wird es fortan zur theologischen Pflicht, *ersatzweise* von Gott oder von Christus oder von dem Wirken des Heiligen Geistes zu reden. Um nicht *von sich* sprechen zu müssen, muß das Eigene stets in eine Welt *an sich* aufgehoben werden. *Von sich* selber sprechen zu wollen hat nunmehr in sich selbst schon als widergöttlich zu gelten und als der Beweis für ein *«cor incurvatum in se ipsum»* [137], als die sündhafte Egozentrik der ganzen Grundeinstellung.

Freilich, hört man psychoanalytisch den Redeweisen der Theologen über Gott zu, so wird deutlich, daß sie unter diesen Umständen, ohne es zu wissen, im Grunde unter dem Namen «Gottes» lediglich das Echo ihrer frühkindlichen Erfahrungen mit ihrer Mutter und ihrem Vater reflektieren, deren Gestalten sich in ihrem Überich verfestigt haben. Es ist mit anderen Worten die eigene psychische Entfremdung im Schatten der Aggressionen des eigenen *Überichs,* die von der kirchlichen Obrigkeit unter dem Diktat eines göttlichen Lehramtes hochideologisiert und ausgebeutet wird. Hatte man in Kindertagen schon keine «Widerworte» zu geben, so ist es jetzt als eine göttliche Majestätsbeleidigung zu erachten, den Repräsentanten des Allerhöchsten auf Erden zu widersprechen; hatte man schon damals von sich selbst nicht viel Aufhebens zu machen, so ist es jetzt vollends verboten, daß «der Mensch» sich selbst zum Thema werde; «Selbstverwirklichung» – das ist nunmehr der Gegenbegriff zum Christlichen, wie die Kirche es darstellt. [138] Wenn man innerhalb einer solchen erzwungenen *Sprachlosigkeit des Subjektiven* Eigenes überhaupt noch zur Sprache bringen will, so muß man ausweichen in *die Ersatzsprache des*

*Göttlichen*, in die Rede über den vorgeschobenen, weil vorgeschriebenen Gott.

Als Beispiel: Eine Gruppe von Priestern, die einander persönlich nicht kennen, ist zu einem Fortbildungskurs in Gruppendynamik versammelt. Beginn: Man redet geschlagene anderthalb Stunden davon, ob wer wann am nächsten Morgen die heilige Messe feiern wird und ob diese Meßfeier «konzelebrierend» (alle zusammen) oder «konsumierend» (einer für alle) abgehalten werden soll. In der ganzen Diskussion wird nicht einmal bemerkt, in welch einem Umfang das religiöse Thema hier zu einer *Vermeidehaltung von allem Persönlichen* verkommen ist. Gerade darin aber liegt das Problem!

Es ist *so zentral*, daß bereits vor 150 Jahren LUDWIG FEUERBACH generell sagen konnte, die Religion sei insgesamt nichts weiter als die projektive Form des Selbstbewußtseins des Menschen, alle Theologie mithin nichts als unbewußte Anthropologie, und um den Menschen aus dem Status der Selbstentfremdung zurückzuholen, müsse man mit den Mitteln der Psychologie die erzwungenen Abspaltungen durch Aufklärung rückgängig machen.[139] Was die *kirchliche* Theologie angeht, hat FEUERBACH vollkommen recht: sie *ist* in sich selbst eine Form der Entfremdung. Allerdings sah er zu wenig, daß «Projektion» einen *Abwehrmechanismus* tief sitzender *Ängste* darstellt[140] und daß seine Diagnose von daher dringend hätte überleiten müssen zu der Frage, wer eigentlich *ein Interesse* daran hat, den Menschen eine solche Angst vor sich selbst einzujagen, daß sie sich überhaupt *nur noch* im Spiegel des Göttlichen in die Augen zu schauen wagen, nur um desto reumütiger und zerknirschter vor dem Scherbenhaufen ihrer irdischen Wirklichkeit zu stehen.

«Der Nutznießer der Entfremdung des Menschen ist die Klasse der Besitzenden», lautete die MARXistische Antwort auf diese Frage[141], Religion sei daher insgesamt nur das Symptom einer kranken, in Klassengegensätzen befangenen Gesellschaft.[142] Doch auch diese Antwort ist noch zu kurz gedacht. Die Kirche, sooft sie es auch in ihrer Geschichte mit den Mächtigen und Herrschenden gehalten haben mag, ist in jedem Fall *älter* als zum Beispiel der «Kapitalismus» oder bestimmte Formen gesellschaftlicher Klassengegensätze; auch unabhängig von ihrer ursprünglichen *Gegnerschaft* zu den Caesaren[143] ist sie keinesfalls ein bloßes Instrument der Herrschaftsausübung der jeweils Regierenden in Staat und Gesellschaft; sie ist vielmehr *in sich selbst*, spätestens seit den Tagen Konstantins[144], von einem enormen Herrschaftsanspruch über ihre eigenen Gläubigen geprägt: ein einziger Blick auf die Auseinandersetzungen im sog. *Investiturstreit* des Hochmittelalters zwischen Kaisertum und Papsttum[145] kann zeigen, in welch eine *Konkurrenz* das «Reich Gottes», weit entfernt, ein bloßes Instrument der staatlichen Gewalt zu sein, in den Händen der Kirche zu jeder Form von irdischer Herrschaft geraten kann.

Man muß aus dieser Tatsache schließen, daß es als erstes ein *innerkirchliches* Interesse der hierarchischen Machtausübung im Katholizismus selbst gibt, die Gläubigen aus Angst und in Angst vor dem kirchlichen Lehramt in einer ständigen *Angstbereitschaft* gegenüber dem eigenen Ich gefangen zu halten, so daß sie auf der Flucht vor sich selbst alle Ichstrebungen nach außen in das Bild des Göttlichen verlegen, als dessen Repräsentanz dann wieder das kirchliche Lehramt selber erscheint. – Anders gesagt: Eine Kirche als Mittlerinstanz zwischen Gott und den Menschen ist nur solange nötig, als die Menschen es sich selber nicht zutrauen, *unmittelbar* mit der Gottheit zu verkehren; speziell der Katholizismus aber ist nicht nur in sich selbst ein großangelegtes Dienstleistungsunternehmen in den Fragen der göttlichen «Heilsvermittlung» und «Heilsökonomie» (wieder zwei echte Theologenworte!), er hat zudem noch, wie zur Rechtfertigung seiner selbst, projektiv ein großangelegtes *himmlisches* Mittlersystem entworfen[146], bestehend aus Engeln, Heiligen, besonderen Nothelfern in speziellen Lebenslagen – vom verlorenen Autoschlüssel angefangen bis hin zu Pest und Ungeziefer –, ganz zu schweigen von der immerwährenden Jungfrau und Gottesmutter Maria, von den sieben Gaben des Heiligen Geistes, von der Heilsgnade des Opfertodes Jesu, von den Früchten des alltäglichen Meßopfers der Priester am Altare[147] oder von den verdienstvollen Gebeten und guten Werken der Gläubigen selber nach Weisung der Kirche. Ja, für alle diejenigen, denen sogar diese Komplikationen der göttlichen Heilszuwendung immer noch nicht ausreichend scheinen sollten, bieten sich des weiteren eine Vielzahl von Wallfahrtsorten mit besonderen Gebeteserhörungen sowie glaubhaft verbürgten Erscheinungen der Gnadenmadonna von Kevelaer oder Altötting, zu Lourdes und Fatima, zu Tschenstochau oder wo sonst noch, zu Trost und Hilfe dar – kurz, was immer eines Menschen Herz begehrt, fühlt, leidet und erhofft, findet unverhofft hier seinen «objektiven» Ausdruck – freilich *außerhalb* des menschlichen Subjektes.

Mit anderen Worten: Das Ausmaß, der *Zwischenraum* zwischen Subjekt und Objekt, zwischen Projizierendem und Projiziertem, zwischen Mensch und Gott kann in dem katholischen Typ des Religiösen gar nicht groß genug ausfallen; denn je größer er wird, desto ausgedehnter und vielfältiger wird allererst die Notwendigkeit der kirchlichen «Vermittlungen». Dieses System, man versteht, *braucht* die Entfremdung des Menschen, um die eigene *Monopolstellung in allen Fragen der Religion* konkurrenzlos sichern zu können. «Niemand kommt zu Gott außer durch Christus, und niemand kommt zu

Christus außer durch die Kirche.» «Es kann nicht Gott zum Vater haben, wer nicht die Kirche zur Mutter hat.» Solche Lieblingsparolen residierender Bischöfe zeigen, welch eine Angst die Kirche vor der Mündigkeit erwachsener Menschen besitzt. Sie muß wirklich *alles* in ihren Kräften Stehende tun, um sich selber *als Überichinstanz* in der Psyche der Gläubigen zu befestigen, indem sie den Zugang der Menschen zu sich selber ebenso versperrt wie den Zugang zu Gott.

Der Verwechslung der eigenen Eltern mit Gott im Überich *psychologisch* entspricht *soziologisch* beziehungsweise *kirchlich* die Verwechslung des «Heiligen» Vaters mit Christus oder Gottvater – so viel wird uns jetzt klar. Dabei richtet die Strenge des Überichs sich psychoanalytisch direkt nach dem Stärkegrad der verinnerlichten Aggression, die auf ein heranwachsendes Kind ausgeübt wurde: «Entpersönlichung» in der Kirche ist, so betrachtet, nur ein anderer Ausdruck für die gewaltsame Etablierung einer Religion projektiver Selbstentfremdung innerhalb des Kirchenglaubens.

Angst vor der kirchlichen Zensur und Angst vor dem eigenen Überich – beide erzwingen im weiteren die psychische Verlagerung des Innersten nach außen; darin liegt jetzt aber noch ein *viertes,* bisher nur gelegentlich erwähntes Mittel der Aggressionslenkung in der Kirche, das schon der inhaltlichen Seite des kirchlichen Lehramtes zugehört: *der Höllen- und Teufelsglaube.*

Der Glaube an die Existenz höllischer Mächte und Strafzustände mag *religionsgeschichtlich* viele Wurzeln und Formen besitzen[148] – *religionspsychologisch* ergibt die Vorstellung von *«Teufeln»* sich allemal aus der Projektion der verteufelten Inhalte der eigenen Psyche[149]; die *«Hölle»* aber erscheint als die projizierte Verselbständigung aller nur möglichen Strafängste im Schatten eines rigorosen sadistischen Überichs. Derselbe Sachverhalt läßt sich auch dahin ausdrücken, daß die eigene Aggression, die sich ursprünglich auf die unterdrückende Instanz (die Eltern, die Kirche) richtete, aus Angst vor der strafenden Autorität *verdrängt* werden muß, um dann als eine absolute richtende Macht vor den Augen des geängsteten Ichs wiederaufzuerstehen. Mit Hilfe des Höllendogmas gelingt es der Kirche, die aufgestauten *Aggressionen* ihrer Mitglieder gegen diese selber zu lenken, indem sie das Gottesbild selber um den Betrag der niedergehaltenen zerstörerischen Impulse bereichert. Die Vorstellung einer Hölle ist demnach nicht allein ein Mittel der Trieb- und Ich-Unterdrückung, sondern zugleich der objektivierte Ausdruck der Entfremdung des Menschen selbst.[150]

Nur von daher begreift man, warum der Kirche die Lehre von der Hölle und die Angst vor der Hölle so wichtig ist. An sich möchte man sich beim Hören einer solchen «Botschaft» die Augen reiben und fragen, was diese unsinnige Wörtlichnahme hochmythologischer Ansichten Ende des zwanzigsten Jahrhunderts in der kirchlichen Dogmatik eigentlich noch soll. Doch die Antwort kennen wir inzwischen: Eine Kirche, die ihre Macht *wesentlich* auf die Entfremdung ihrer Gläubigen gründet, kann auf den Höllen- und Teufelsglauben durchaus nicht Verzicht tun. Oder anders gesagt: Solange die Sozialpsychologie der hierarchisch verfaßten Kirche mit der Unfehlbarkeit ihres Lehramtes so archaisch fetischistisch-magisch bleibt, wie sie ist, solange werden in ihr auch die archaischen Reste von Teufelsspuk und Höllenangst unverzichtbar bleiben.

Da taucht also wieder die schon früher gewonnene Einsicht auf, daß man die kirchliche Theologie nur *in* Funktion und *als* Funktion der kirchlichen Machtstrukturen begreifen kann. Ausgehend von der Frage: was macht der Dogmenglaube eines «geistesgeleiteten» «Lehramtes» kirchlicher «Würdenträger» aus den Menschen, die ihnen anvertraut sind, muß die Antwort jetzt lauten: sie macht aus ihnen sich selbst entfremdete Wesen, welche die besten Kräfte ihres Ichs: das Denken, das Lieben und den Mut, sich zu wehren, *gegen sich selbst* richten müssen, indem sie gezwungen werden, statt Fragen zu stellen, sich selber in Frage zu stellen, statt selber zu lieben, den Gehorsam zur Kirche als die größere Liebe zu Gott zu begreifen, und statt die eigenen Interessen zu vertreten, sich selbst für verdammenswert zu halten, im Falle, daß sie selber glücklich sein möchten.

Alles in den Formen der kirchlichen Theologie wird in dieser Perspektive jetzt ohne inneren Widerspruch wie aus einem Guß verständlich, während es sonst in ein Sammelsurium getrennter Einzelphänomene zerfallen müßte: Die Perfektionierung eines lehramtlichen Wahrheitsbesitzes im Namen Gottes, die konsequente Abtrennung des Lehrens vom Leben, die Fetischisierung und Formalisierung der Lehrinhalte, die Unterdrückung des freien Denkens und der persönlichen Entfaltung, die Entemotionalisierung und Entpersonalisierung, die Zerstörung des Zweifels und die Umfunktionierung starker Triebenergien zum Zwecke der Unterdrückung des Ich, die weitgehende Verschulung des Religiösen mit dem Ziel, möglichst früh in der Psyche der Kinder bereits ein Überich zu befestigen, in welchem die kirchliche Obrigkeit sich widerspiegelt, die Verschmelzung der Elternautorität mit der Autorität des Göttlichen beziehungsweise umgekehrt die Dauerinfantilisierung des religiösen Bewußtseins unter dem Regime eines Heiligen Vaters – alles das zeigt uns nur von verschiedenen Seiten ein und denselben Tatbestand: die vollkommene Außenlenkung des Menschen im Namen eines den Menschen entfremdenden

Gottes, in dessen Bild sich all die Züge spiegeln, die in der Seele des Menschen unterdrückt werden müssen, um die Kirche als eine entfremdende Institution zu legitimieren. In einer solchen Form des Glaubens werden Menschen geistig nicht dahin geführt, im Sinne des Propheten Jesus «Vater und Mutter zu verlassen» (Mk 10,29)[151], in einer solchen Religionsform werden Menschen mit System dahin erzogen, unter der Herrschaft beamteter Priester ewige Kinder zu bleiben.

Und das Ergebnis ist danach. Für den *Propheten aus Nazareth* gab es nur *einen* entscheidenden Maßstab für den Wert einer religiösen Einstellung: die Menschlichkeit. Die Tragik *des Katholizismus* beziehungsweise sein inzwischen wohl kalt kalkulierter Preis besteht in dem Unvermögen entfremdeter Menschen, wirklich menschlich sein zu können.

Ein treffendes Bild, wie eine Kirche der systematisierten Äußerlichkeit und des etablierten Aberglaubens auf einen unverbildeten Beobachter wirken muß, malte in den dreißiger Jahren schon der amerikanische Schriftsteller HENRY MILLER beim Anblick der Clochards unter den Seine-Brücken und vor den Türen der Kathedrale von Paris[152]:

«Notre Dame», schrieb er, «ragt wie ein Grabmal aus dem Wasser. Die Wasserspeier lehnen sich weit über die weißen Fassaden, schneiden grimmige Grimassen, hängen dort wie eine *idée fixe* im Geist eines Monomanen. An der Backbordseite schlafen, auf die flachen, kalten Stufen hingestreckt, die alten Frauen von Paris, Zeitungen als Matratzen unter ihren Lumpen.

Zwanzig Jahrhunderte Christentum mit seinen Reliquien des Blutvergießens, seiner Architektur und Hektaren von Leinwandmadonnen in sämtlichen Kunstmausoleen der Welt. Und noch immer wird es zugelassen, daß Frauen mit weißen Haaren in der Kälte schlafen, unter Wasserspeiern und überladenen Friesen, unter geschnitzten Jüngern, die in heuchlerischer Heiligkeit herumstehen oder mit abgehacktem Kopf in der Hand aus der Menge hervortreten. Was hat das Ganze für einen Sinn? Hat es überhaupt einen Sinn? Was bedeutet einem erfrorenen Körper Architektur, oder der Mummenschanz der Messe, wo im splittrigen Licht der rosenfarbenen Fenster ein Satyr in Kapuze und Soutane das duftende Weihrauchfaß schwenkt?»

## 4. Kirchliche Sozialpsychologie und Zwangsneurose oder: Die Diagnose der Erkrankung

*«Allein durch die Tatsache, daß er sich einer organisierten Menschenmenge anschließt, steigt ein Mensch die Zivilisationsleiter einige Stufen hinab: in der Masse wird er zum Barbaren, zu einem nur von Instinkten geleiteten Geschöpf.»*

G. Le Bon: Psychologie der Masse.

Wir haben die religiöse Unglaubwürdigkeit und die humane Widersinnigkeit des kirchlichen Dogmenglaubens bisher in seiner objektiven Struktur als *Widerspruch gegen das prophetische Prinzip* des Religiösen (in der Botschaft und in der Person Jesu selber) beschrieben und zugleich den *Status psychischer Entfremdung* aufgezeigt, in dem das kirchliche Lehramt seine eigenen Gläubigen gefangenhält. Es ist jetzt an der Zeit, nach der «Ätiologie» und der «Symptomatologie» kirchlicher Sozialpsychologie die «Diagnose» zu erstellen und nach einer geeigneten *Therapie* Ausschau zu halten, wobei wir bedenken müssen, daß wir es hier durchaus noch nicht mit den konkreten Lehrinhalten der kirchlichen «Verkündigung» zu tun haben, sondern daß sich die «Pathologie» des kirchlichen Zustandes wesenhaft bereits aus dem *Formalprinzip* einer göttlichen Wahrheitsgarantie von beamteten Bischöfen und Päpsten im Stande geistgeleiteter Unfehlbarkeit selber ergibt. Erst wenn diese Kerkerwand des Denkens und des Fühlens endgültig aufgesprengt ist, lassen sich die Grundüberzeugungen einer christlichen Existenz so erörtern, daß sie, wie ursprünglich gemeint, der Vermenschlichung des Menschen, statt dem Machtgewinn einer kirchlichen Behörde zugute kommen.

Wir wissen inzwischen also, *was* wir in Gestalt des kirchlichen Lehramtes vor uns haben, wir wissen auch bereits, *wie* es wirkt; was wir noch nicht wissen, ist *der rechte Name* für so viel Verkehrtes.

Dabei ist der «Schlüsselbund» recht umfangreich, der uns begrifflich aus der psychoanalytischen Literatur der letzten achtzig Jahre dieses Jahrhunderts angeboten wird, um die Pforten der vatikanischen Gemächer zu öffnen; wir müssen nur darauf achten, daß wir zunächst wirklich nicht *mehr* tun, als den passenden Dietrich für das jeweilige Schloß zu wählen. Es geht nicht darum, gegen

den bestehenden kirchlichen Dogmatismus bestimmte Ansichten der Psychoanalyse beziehungsweise der Tiefenpsychologie selber zu dogmatisieren; es
geht lediglich darum, systematisch zu *interpretieren,* was als nicht zu leugnen-
der Tatbestand vor aller Augen liegt, um hernach, so gut es geht, auf Abhilfe zu
sinnen. Das Ziel dabei kann nicht länger sein, hilfreiche Vorschläge zu einer
Reform der Kirche zu unterbreiten und sozusagen im Kultusministerium des
Vatikans die Baupläne zur Restaurierung römischer Kathedralen vorzulegen;
nicht ob die Kirche zahlenmäßig weiter zusammenschrumpft oder wie sie aus
vermeintlichen «Überzeugungseliten», ähnlich etwa dem *Opus Dei*[1], sich neu
zu regenerieren vermag, ist hier die Frage; das Problem, mit dem *wir* es tun
haben, besteht, jenseits aller religionsstatistischen Pragmatik, in der vollständigen religiösen und menschlichen Unglaubwürdigkeit des kirchlich verwalteten
Christusglaubens selber. Und so muß es uns darum zu tun sein, Häuser zu errichten, in denen die Menschen auf ihren neuen geistigen «Siedlungsgebieten»,
fernab den kirchlichen Domänen und Latifundien, in Freiheit wohnen können.

Diese Menschen, rund achtzig Prozent der Bevölkerung, denken inzwischen so, wie vor einhundert Jahren der Nez-percé-Häuptling *Chief Joseph,*
als er, enttäuscht und verbittert über den Ausbeutungswillen der Weißen, erklärte: «Wir möchten keine Kirchen. Sie werden uns lehren, um Gott zu streiten. Wir möchten das nicht lernen. Wir streiten manchmal mit Menschen über
Dinge auf dieser Erde. Aber wir streiten niemals um Gott. Wir möchten das
nicht lernen.»[2]

Es wird die höchste Zeit, daß wir uns auf die Suche machen nach einem dog-
menfreien «Christentum»; wo dieses in den Herzen der Menschen wächst,
mag eines Tages auch die «Kirche» sich (wieder) anpflanzen – um den Preis
freilich einer neuen, vermenschlichten Gestalt ihrer selbst; es in den bestehenden Kirchen erblühen zu lassen, erscheint derzeit als ein endgültig unmögliches Unterfangen. – Freilich: der Weg zu einer Befreiung des religiösen
Bewußtseins ist weit; er führt uns quer über die ausgedehnten Wüsten- und
Ruinenfelder, die der kirchliche Monopolanspruch in Fragen des Glaubens in
der Seele der Menschen hinterlassen hat, und wir halten auf unserer Wanderung, gewissermaßen als inneren Kompaß, nur die Gewißheit in Händen, daß
es jenseits all der Zerstörungen und Deformationen möglich sein *muß,* Freiheit
und Frömmigkeit, Denken und Glauben, Fühlen und Wollen, Person und Existenz in «Gott» zu vereinigen.

Auf den ersten Blick, das ist einzugestehen, erscheint dabei gerade *die Psychoanalyse* als Führerin auf diesem Weg durch die Wüste wenig geeignet. Der
Grund dafür liegt in der frühzeitigen Vermischung der formalen Kriterien des

kirchlichen Dogmatismus mit den Inhalten der christlichen Glaubenslehre in der psychoanalytischen Religionskritik selber – eine Identifizierung der Außen- mit der Innenseite des Religiösen, die wir gerade an dieser Stelle *auflösen* müssen, wenn irgend eine Wiedergewinnung oder Neubegründung des Christlichen aus humanitärem Geist in unseren Tagen überhaupt möglich sein soll. Der *humanitäre Impuls* jedenfalls steht unübersehbar im Vordergrund der psychoanalytischen Religionskritik, und von ihm zu lernen und zu übernehmen, was er an geistigen Evidenzen mit sich führt, scheint weit wichtiger als eine voreilige Diskussion um einzelne inhaltliche Positionen etwa in den Lehren S. FREUDS oder seiner Schüler und Nachfolger.

### a) Sigmund Freuds Theorie von der Kirche als einer zwangsneurotischen Urhorde

Es bedeutete religionspsychologisch eine große Entdeckung, als 1912–1913 S. FREUD «einige Übereinstimmungen im Seelenleben der Wilden und der Neurotiker»[3] zum Anlaß nahm, das Wesen des religiösen Erlebens, wie es ihm aus zahlreichen Gesprächen mit seinen Patientinnen und Patienten entgegentrat, als ein Ensemble infantiler Ängste und Abwehrmechanismen aus dem Umfeld einer zentral als ambivalent erlebten Vaterautorität zu rekonstruieren. Dabei haben *wir* es an dieser Stelle *unserer* Fragestellung zunächst recht einfach: wir müssen nicht, zum wer weiß wievielten Male, untersuchen, was alles an evolutionstheoretischen, kulturgeschichtlichen, ethnologischen oder religionshistorischen Argumenten und Einsichten für oder gegen das FREUDSCHE Konstrukt aus «*Totem und Tabu*» spricht; es ist für uns vollauf genügend, *psychodynamisch* die Zusammenhänge zu verstehen, die FREUD mit seiner ins Geschichtliche verlegten Beschreibung der religionspsychologischen Problematik des (kirchengebundenen) Christusglaubens einander zuordnen wollte. Auf der Hand lassen sich dann die folgenden *vier Merkmale* als *Muster* einer auch sonst bekannten Gesamtgestalt der Neurosepsychologie verstehen.

Da ist *als erstes* die überragende Rolle einer väterlichen Macht zu nennen, deren Strafgewalt den Gruppenzusammenhalt einer größeren Zahl von Mitgliedern sichert.[4] FREUD hat diesen Gedanken sieben Jahre später schon als so wichtig erkannt, daß er in seiner Arbeit über «*Massenpsychologie und Ich-Analyse*» (1921)[5] die Sozialpsychologie der katholischen Kirche in einer ausführlichen Studie mit der Ordnung des *Militärs* verglichen hat. – Das Gemeinsame zwischen Kirche und Militär, meinte FREUD, sei in der *Unterdrückung des Individuellen* gelegen, indem, hier wie dort, die Vereinigung aller in der Ausrichtung auf den Einen, den *Führer*, das zentrale Ziel bilde.[6] Nicht die zwischenmenschlichen Beziehungen, nicht der Erfahrungsaustausch zwischen den jeweiligen Personen bestimme das Gefüge einer solchen Gruppe, sondern das stablinienförmige Diktat, das der Eine an der Spitze zur Ausrichtung aller verkünde. Dieser Eine besitzt für die *Psychologie* der Masse in der Vollkommenheit seiner Befehlsgewalt alle Macht, ja, er ist in dieser Machtfülle selber für ein absolutes, für ein göttliches Wesen zu halten[7], so daß sein Befehl selbst für *die Wahrheit* im Leben der Gruppe, für ihr Gesetz und für *ihre Moral*, zu erachten ist.[8] Die Gruppenidentität basiert hier ganz und gar auf der Verbundenheit jedes einzelnen mit dem Einen an der Spitze, der das Ichideal aller verkörpert.[9]

Dabei wird man das FREUDsche Modell, was die Sozialpsychologie der Kirche angeht, von vornherein *modifizieren* müssen: es ist nicht so sehr die subjektive *Willkür* des Einen, des päpstlichen Oberhauptes zum Beispiel, die sich als göttliche Weisung den Gläubigen gegenübersetzt, es ist vielmehr die *Eingebundenheit* dieses Einen in den Gruppenzwang der eigenen Denktradition[10] sowie der immer schon vorgefertigten, auch ihm selber pflichtweise vorgegebenen Lehrmeinung, die sich in ihm ausspricht und die er auszusprechen hat, auf daß der gemeinsame Identifikationspunkt als der «Geist» aller, mithin als der «*Heilige* Geist» in der Kirche, sich unzweideutig manifestierte.[11]

Damit jedoch *zum zweiten* eine solche *Identifikationsbereitschaft mit der väterlichen Autorität* an der Spitze der Kirche möglich wird, muß die Vaterautorität selber bereits in Gestalt des *Überichs* auf dem Boden der Persönlichkeit jedes einzelnen der Gruppenmitglieder sich verfestigt haben; den Weg dazu kennen wir bereits: die «Massenpsychologie» der *Familie*.[12] – Es genügt, um diesen Zusammenhang zu verstehen, daß man sich noch einmal klarmacht, daß die «beste» Voraussetzung zur Weitergabe eines autoritären Überichs in der rigiden Struktur des eigenen elterlichen Überichs gelegen ist: nicht die Despotie des «Vaters» (des Alphatiers) einer (primatenähnlichen) «Urhorde»[13] dient unter «zivilisierten» Verhältnissen als Übersetzungsträger kirchlicher Identität, es sind vielmehr die eigenen Gehemmtheitsstrukturen im Leben der Eltern, die das kirchengebundene Ensemble von Angst- und Schuldgefühlen an das heranwachsende Kind weitergeben.[14] Anders gesagt: an all den Stellen, da den Eltern selber in ihrem Leben das eigene Denken, Fühlen und Handeln unter kirchlichem Verbot untersagt ist, werden sie notgedrungen auch der Ichentwicklung ihres Mädchens oder Jungen hinderlich und verbietend im Wege stehen; ihr Einfluß auf die Psyche ihrer Kinder wird aber um so größer sein, als die Härte und Strenge des elterlichen Überichs in einem an sich liebe-vollen und vertrauenbildenden Kontext eingebettet ist.

Es sind somit gerade die *Brechungen* in der Persönlichkeitsstruktur der El-tern, die zu den *Gebrochenheiten* in der Persönlichkeitsentwicklung auch der Kinder führen müssen. Nicht die rohe Gewalt, sondern die sublime Verarbei-tung äußerer Gewalt in Form chronischer Schuldgefühle stellt denn auch das Problem einer kirchlichen Sozialisation dar, deren Ziel nicht in der Entfaltung der Persönlichkeit des Einzelnen besteht, sondern die zu ihrem Hauptzweck nach wie vor den Aufbau einer möglichst stabilen, nicht weiter kritisierbaren und reflektierbaren Gruppenzugehörigkeit mit Hilfe der entsprechenden Überichstrukturen im Sinn trägt. Am Ende wird eine solche Erziehung, wenn erfolgreich, von dem Ergebnis gekrönt sein, daß jeder mögliche Angriff auf das Gesamtsystem Kirche oder gegen deren Oberhaupt, den Papst, beziehungs-weise gegen einzelne «Lehramtsinhaber» unter den Bischöfen, von sol-cherweise sozialisierten Gläubigen wie eine *persönliche Beleidigung* oder, schlimmer noch, wie ein Sakrileg, wie eine *Beleidigung Gottes* erlebt wird.[15] Das Ich der eigenen Person ist jetzt so weit mit den Inhalten des Überichs ver-schmolzen, daß das eine austauschbar geworden ist gegen das andere.

*Zum dritten* hat FREUD vor allem in seiner Schrift *Die Zukunft einer Illu-sion* (1927)[16] auf den *infantilen* Charakter einer solchen Form von Religion hingewiesen, indem das Sprechen von Gott hier als bloßes Echo der Erinne-rungen an das frühkindliche Erleben der Elterngestalten, allerdings in einer überhöhten, dogmatisierten und metaphysizierten Form, zu verstehen ist.[17] Darin liegt, was FREUD mehr andeutete als ausführte, *das Interesse,* das die be-stehende Kirchenstruktur daran nehmen muß, ihre Gläubigen in dem Status der Ohnmacht, der Abhängigkeit und der Unselbständigkeit gegenüber sich selbst und den Aufgaben des eigenen Lebens zu halten; denn nur die Infantili-sierung des Ichs gewährleistet die Dominanz der kirchlichen Autorität; nur so-lange die Gläubigen «gehorsame» «Söhne» und «Töchter» bleiben, bedürfen sie eines «Heiligen Vaters»[18] beziehungsweise, in den weiblichen Ordensge-meinschaften, einer «ehrwürdigen Mutter» zu ihrem Schutz und Geleit.[19]

Mehr noch, *zum vierten:* FREUD hat in *«Totem und Tabu»* mit seinem Kon-strukt von dem Aufstand der «Söhne» gegen den «Vater» vor allem ein Modell zur Erklärung der seltsamen Tatsache geliefert, daß im Schatten eines totalitä-ren beziehungsweise autoritären Regimes die aggressiven Wünsche und Sehn-süchte zum Sturz des Tyrannen in Vorwürfe gegen das eigene Ich, das heißt, in den *Sadismus des Überichs* umgebogen werden.[20] *Das* vor allem ist es, was wir in der Psychodynamik der «Kirchentreue» im Schatten eines unfehlbaren göttlichen Lehramtes soeben bereits herausgearbeitet haben: wer irgend sich da gebunden fühlt, eine irdische Instanz als «göttlich» und «unfehlbar» zu glauben, der wird in eine notwendige *Ambivalenz der Gefühle* versetzt, in der er die «göttliche» Autorität, die sein Leben menschlich auf Schritt und Tritt ebenso begleitet wie behindert, in dem gleichen Maße *fürchtet* wie *achtet, haßt* wie *liebt*, sich gegen sie *auflehnt* wie er ihr *gehorcht*.

Es ist unter diesen Umständen der *Todeswunsch* selber, der über die Strafangst des Überichs als *Masochismus des Ichs*, als «*Opferhaltung*» zur «Buße» der «Sünden», verinnerlicht wird. Das Gefühl, der höchsten Autorität gegenüber aufgrund der (latenten) Auflehnung *schuldig* geworden zu sein, *verlangt* geradezu nach eben dieser Autorität, um von ihr *Verzeihung* zu erlangen. Der Grund des Dissens' wird zum Grund der Absolvenz. An die Stelle des Angreifers rückt die huldvolle Instanz der *Begnadigung* des «Sohnes» im Akt der «*Versöhnung*», vorausgesetzt freilich, daß der ehedem Aufbegehrende nur noch Verlangen trägt nach seiner «freiwilligen» Selbstauslöschung: statt *selber* zu leben, beginnt er, im anderen zu leben; er *identifiziert sich mit seinem Angreifer*.[21] Das Bedrohende wird zum Schützenden, das Gefährliche zum Behütenden, das Gefälle von Haß und Gewalt geht unter in einem Katarakt von *Wiedergutmachungstendenzen, Gefühlsabspaltungen, Unterwerfungsgebärden* und *Verhaltensangleichungen*. Ans Ziel dieser Dressur gelangt, wird es das *Bedürfnis* des Hundes sein, seinem Herrchen den Stock selbst herbeizuschleppen, mit dem er früher geschlagen wurde; er ist, man darf sicher sein, nunmehr ein «braver» Hund geworden, der seinen «Herrn» um jeden Preis verteidigen wird.

Dieses Ergebnis vor Augen, sind wir jetzt weit genug, die *Struktur* einer solchen Sozialpsychologie der bestehenden Form von Kirche von seiten der *Neurosenpsychologie* im Sinne FREUDS als ausgeprägt *zwangsneurotisch* zu kennzeichnen.[22] Gemeint ist mit diesem Terminus die charakterliche Chronifizierung einer Situation der Psychogenese des Einzelnen, in welcher das kindliche Ich (in der «analen Phase»)[23] zum ersten Mal imstande ist, seine Wünsche und Bedürfnisse als seine eigenen zu realisieren und als solche gegenüber der Umwelt geltend zu machen, dabei aber auf den heftigsten Gegenwillen trifft; die Zeit, in der das geschieht, liegt etwa bei anderthalb Lebensjahren – einer Phase, in welcher der *Spracherwerb* noch nicht weit genug fortgeschritten ist, um dem Kind eine Fülle von notwendigen Vorschriften und Verboten als in seinem eigenen Vorteil liegend plausibel zu machen.[24] Eine Art *Machtkampf* zwischen Eltern und Kind ist unter diesen Umständen manchmal schwer zu umgehen, indem die Eltern *ihre* Sicht und Einsicht, notfalls auch gegen den

kindlichen Protest, einfach aufgrund ihrer überlegenen Macht werden durchsetzen müssen.[25] Was als ein bloßes *Phasenmoment* der seelischen Entwicklung
im Erleben eines jeden Menschen in einem gewissen Umfang als unvermeidbar
erscheint (s. u. B. 2 b), weitet sich zu einem *zwangsneurotischen* Erleben, wenn
die Erfahrungen dieser Zeit sich zu einer unkorrigierbaren Grundeinstellung
dem Dasein insgesamt gegenüber verfestigen. «Macht geht vor Recht», lautet
dann *eine* der Maximen dieses Grundgefühls, beziehungsweise «Recht hat nur,
wer Macht hat», oder «Nur wer die Macht hat, zu töten, hat das Recht, zu
leben.» *«Zwangs»*-Neurose, das heißt unter anderem, daß die heiligsten
«Überzeugungen» eben nicht durch subjektive Einsicht und persönliches Vertrauen, sondern durch äußere Gewalt und durch die Unterwerfung unter einen
als ichfremd erlebten Willen zustande kommen; es bedeutet auch, daß das Feld
der zwischenmenschlichen Begegnung in alle Zeit von der Frage des *Rechtha-
bens* im Sinne von Kampf, Konkurrenz und Unterwerfung geprägt sein wird –
eine gewisse *Feindgetöntheit* mit dem Versuch der *Angstauflösung durch
Herrschaft* bildet einen Grundzug dieses Erlebens.[26]

*Vor allem:* es ergeben sich von diesem Ansatz her wie von selbst all die vorhin aufgezählten sozialpsychologischen Merkmale des kirchlichen Dogmenglaubens aus einer einzigen Quelle, als da sind: die *Intellektualisierung* als
Furcht vor den eigenen (sadistischen) Triebregungen; die *Abspaltung* der Gefühle und die *Aufspaltung* der Persönlichkeit; die *Ersetzung des Persönlichen*
durch das Beamtete, Objektive, garantiert «Richtige»; die *Pedanterie* der
Angstsicherung in der Behauptung jeden Details; die *Absolutsetzung der
Ideen von Schuld, Opfer und Buße;* die enorme *Überverantwortlichkeit* «im
Namen Gottes und der Menschen»; der *Wille zur Auslieferung* des Ichs an eine
absolute Autorität; die *Ambivalenz* der Grundeinstellung nebst den entsprechenden zwanghaften *Versicherungen* gegen das Durchbrechen des verdrängten Materials; die Bereitschaft, das *Wahre nie im Eigenen, stets im fremden
Wollen zu vermuten; die buchstäbliche Halbherzigkeit* in allen eigenen Ent-
schlüssen; das ausgeprägte *Wunschdenken der Allmacht der Gedanken,* das
sich in Wunderglauben, Fetischbildung und Magie aller Art äußert; die *Infan-
tilisierung der religiösen Einstellung* bei gleichzeitiger «Selbständigkeit» und
«Leistungsfähigkeit» in den «erwachsenen» Sekundärbereichen; die chronische, an bestimmten «richtigen» Formeln haftende *Angstbereitschaft* bei noch
so nebensächlich erscheinenden *Abweichungen* im Detail; der *Perfektionsanspruch,* über ein vollständiges System göttlichen Wissens in allen heilsnotwendigen Fragen zu verfügen; und zugleich jener *Dogmatismus als Bedürfnis,* den
wir bereits als Grundübel all dieser Einzelmerkmale im Ursprung des gesam-

ten Phänotyps kirchlicher Frömmigkeit ausgemacht haben – ein Teufelskreis, innerhalb dessen das Ich immer von neuem in seiner Angst und Abhängigkeit gerade dort seine Zuflucht nimmt, wo seine Probleme überhaupt erst begonnen haben.

Die FREUDsche Herleitung der aufgezeigten Strukturen von Fremdbestimmung und Icheinschränkung im Rahmen eines solchen *zwangsneurotischen* Typs des Religiösen bietet unter anderem einen Vorteil, der in jeder anderen Beschreibung kirchlicher Wirklichkeit verlorengehen müßte: der Darstellung des Kirchenglaubens nämlich als eines *Regressionsphänomens* auf die *«anale»* Phase der Psychogenese.[27]

Wir haben bereits gesehen, wievieles im heutigen Dogmatismus der Kirche als geradezu *aberwitzig* erscheinen muß: ihr realitätsferner, das Göttliche vergegenständlichender Aberglaube; ihr gegen die Mehrheitsmeinung der eigenen Gläubigen gerichteter, fanatisch anmutender Wahrheitsanspruch speziell in Fragen der Sexualmoral[28]; die konsequente Umwandlung der Ichtriebe in Mechanismen der Selbstunterdrückung – all das läßt sich jetzt «zwanglos» kohärent aus der Psychologie des *zwangsneurotischen Erlebens* heraus verstehen: Aus der Förderung der Person des Einzelnen ist hier die Forderung zur «Liebe der Kirche» geworden; die Entfaltung der Persönlichkeit als das eigentliche Thema des Religiösen hat sich hier in die Aufgabe der Angleichung des Persönlichen in das lehramtlich Vorgegebene verwandelt; und das elementare Bedürfnis, *selber* leben zu wollen, verkehrt sich jetzt unter massiven Selbstvorwürfen zu einem abgeleiteten Leben fremder Erlaubnisvorgaben unter der Voraussetzung der vollkommenen Identifikation mit der «Heilsgemeinschaft» der «Kirche» selbst.

«Außerhalb der Kirche ist keine Rettung»[29] – dieser selbst im katholischen Lehramt heute nur noch implizit, zwischen den Zeilen, vertretene Satz gewinnt *psychologisch* jetzt eine um so tiefere Erfahrungswahrheit. – Man muß nur beobachten, wieviele *Schuldgefühle* es Menschen mit einer entsprechenden kirchlichen Sozialisation kostet, sich aus dem Verband der Kirchengemeinschaft, und sei es durch «äußere» Umstände wie Ehescheidung oder Verlassen der Ordensgemeinschaft, zu lösen, und man wird Gelegenheit finden zu merken, wie der kirchliche Monopolanspruch auf göttliche «Wahrheit» und «Heilsvermittlung» der Selbstwerdung der kirchengebundenen «Gläubigen» im Wege steht.[30] Das eigene Ich *oder* die Kirche, – diese Härte der vorhin schon beschriebenen alternativischen *Wahl* steht hinter den FREUDschen Analysen von latenter Mordlust und verinnerlichter Autodestruktion im Rahmen eines *zwangsneurotischen* Gefühlsensembles. Alle, die da glauben, sie könnten innerhalb des bestehenden kirchlichen Systems «gegen den Strom schwimmen», werden sich da an einen Satz D. BONHOEFFERS erinnern lassen müssen: Auch wer, mit aller Kraft und so schnell er kann, gegen die Fahrtrichtung zu gehen versucht, wird in einem falschen Zug an ein falsches Ziel gelangen! Die *humane* Zielsetzung der Psychoanalyse S. FREUDS besteht gerade in der Befreiung von einer Lebensform der verordneten Unselbstständigkeit und der fremdverfügten Außenlenkung, mit der vor Augen er in *«Die Zukunft einer Illusion»* wirklich nur von Herzen wünschen konnte, es möge dieser Typ von Unfreiheit, den er freilich für das *Wesen* des Religiösen erachtete, eines baldigen Tages aus der Kultur der Menschheit verschwunden sein, indem der Aberglaube durch Wissenschaft und die infantile Abhängigkeit durch erwachsene Verantwortung ersetzt worden seien.[31]

Am erstaunlichsten an den Analysen FREUDS mutet im Abstand von mehr als einem halben Jahrhundert heute vor allem der Hinweis auf den soeben schon angesprochenen *archaischen* Charakter der *Sozialpsychologie* der katholischen Kirche an. Wir können die FREUDsche Hypothese von der prähistorischen «Ermordung des Urvaters» am Anfang der menschlichen Kulturentwicklung aus *«Totem und Tabu»* an dieser Stelle durchaus beiseite lassen[32] und dennoch seiner Betrachtung ganz und gar folgen, wenn er auf den notwendigen «Fortschritt von der Massen- zur Individualpsychologie» als auf ein Grundmoment menschlicher Kultur hinweist, dem die katholische Kirche (ebenso wie das Militär) immer noch sich verweigert.[33] Ja, die Kirche ist in diesem Punkte «strenger» noch als die durch und durch archaische Sozialpsychologie *des Militärs:* während es dort genügt, daß die Einzelnen sich ihren Vorgesetzten zum *Vorbild* nehmen und ihm als ihrem *Ichideal* huldigen, unterliegt der einzelne Gläubige *in der Kirche* dem Ideal, sich mit der Person des Christus zu *identifizieren*.[34] Erneut deutet FREUD bei dieser an sich richtigen Feststellung nur an, wie peinlich beziehungsweise aufrührerisch es in der heutigen Kirche wirken müßte, wollte jemand wirklich sein Leben allen Ernstes nach dem Vorbild des historischen *Jesus* ausrichten; die geforderte Identifikation mit dem *«Christus»* des Kirchenglaubens, man begreift, ist etwas durch und durch anderes: sie ist gleichbedeutend mit der Unterwerfung unter die Definition, die das Lehramt der Kirche von der Person des Nazareners gibt; «identisch mit Christus» – das ist so viel wie «untergeben der Kirche», und *das* ist es im Grunde, was S. FREUD in seiner Kirchenkritik denn auch vor sich sah: die völlige Ausrichtung der «Gläubigen» auf ein «heiliges» Zentrum, das ihnen buchstäblich *alles:* Wahrheit, Rettung, Leben, Erlösung – *Heil* in Zeit und Ewigkeit nicht nur verspricht, sondern an sich selbst *ist*.

Es ist an dieser Stelle wichtig zu betonen, daß die FREUDschen Analysen auch und gerade dann ihre Gültigkeit behalten, wenn wir auf die hypothetische Rekonstruktion eines urgeschichtlichen Anfangs der menschlichen Kultur in der «Urhorde» aus *Totem und Tabu»* verzichten; was uns *hier* interessiert, ist nicht, wie die Struktur der Kirche historisch *entstanden* ist, sondern wie sie sozialpsychologisch *beschaffen* ist; ihre Psychodynamik und individuelle Psychogenese, nicht ihre kulturgeschichtliche Ableitung ist unser Thema. Es ist mithin unnötig zu behaupten, die Papstkirche sei aus der «Urhorde» *hervorgegangen;* es genügt völlig zu sagen: die Psychodynamik einer Kirche, die gegenüber ihren Gläubigen einen lehramtlichen Totalanspruch göttlichen Wissens erhebt, gehorcht strukturell den Gesetzen einer archaischen Massengesellschaft, in welcher die Unterdrückung des Individuums ein konstitutives Merkmal ihres Zustandekommens und ihrer Funktionsfähigkeit bildet.[35]

Dabei freilich muß man den «archaischen» Gesellschaften der menschlichen Geschichte eine gewisse Gerechtigkeit widerfahren lassen. Es ist wahr: wer etwa den neuen *Weltkatechismus* der katholischen Kirche aufschlägt, findet dort eine Welt beschrieben, die Gott einzig geschaffen hat auf seinen «Sohn» Jesus Christus hin, der kam, die gefallene Menschheit zu erlösen – indem er *die Kirche* schuf.[36] Am Anfang der Geist Gottes über den Wassern der Urflut, am Ende der Geist Gottes in der Taufe der Kirche – zwischen Gott Vater als *Schöpfer* und dem Heiligen Vater der Kirche als *Erlöser* vollzieht sich, so verstanden, das gesamte Drama des Kosmos. Diese Weltsicht, in der Tat, ist so eindeutig *mythisch*, daß man nichts dabei fände, würde man sie in ähnlicher Form aus dem Munde eines Xingu-Schamanen am Amazonas erzählt bekommen; man begegnet ihr schwarz auf weiß bereits in den Urkunden altägyptischer Pharaonen, und man ist ethnologisch wie kulturhistorisch wohlvertraut mit diesem «Mittelpunktswahn» aller Lebensgemeinschaften[37], die unerfahren und «klein» genug waren, um die Größe der wirklichen Welt gar noch nicht ahnen zu können. Doch was im Rückblick von fünftausend Jahren Kulturgeschichte oder im Seitenblick auf gewisse rezente Stammeskulturen als selbstverständlich, ja, unumgänglich gelten mag, das mutet in der Gestalt einer «Großkirche» inmitten einer pluralen, vielfältig miteinander vernetzten Welt geradewegs skandalös, weil erkennbar anachronistisch, intolerant, ja, monoman an – ein Götzendienst von ewig Gestrigen! Es ist begreifbar, daß eine isolierte Clangemeinschaft nomadisierender Jäger oder auch eine antike Hochkultur am Rande der Steinzeit ein *Autostereotyp*[38] von sich selbst entwerfen konnte und mußte, das sie allen anderen denkbaren menschlichen Gemeinschaften gegenüber als prinzipiell überlegen, ja, als ganz und gar unvergleichlich und einzigartig auswies; aber man bringt mit Recht durchaus kein Verständnis mehr dafür auf, am Ende des zweiten Jahrtausends nach Christus immer noch einem «Glauben» zu begegnen, in dem ein Gott verkündet wird, der die Weiten des Kosmos in Milliarden von Lichtjahren Größe just dazu eingerichtet haben soll, daß ein einzelner Mann als sein Stellvertreter auf Erden über sie herrsche. Die Sozialpsychologie der Masse, die Vereinnahmung von Zigtausenden von Menschen zum Bau ägyptischer Pyramiden, mesopotamischer Zikkurats und mesoamerikanischer Tempeltürme mag einen unentbehrlichen Schritt auf dem Weg des kulturgeschichtlichen Aufstiegs der Menschheit gebildet haben[39]; doch man begreift gerade in ihrem Gegenüber nur um so besser den gewaltigen geistigen *Abstand*, der uns Menschen der Moderne von jenen antiken Anschauungen trennt. *Unser* Selbstbewußtsein spiegelt sich, zweihundert Jahre nach dem Sturz des letzten «Sonnenkönigs» auf dem Throne Frankreichs, weit eher in der Gestalt des Einen, des einzig Freien, des *Souveräns* in den antiken Kulturen als in den Massen seiner ameisengleichen Arbeitssklaven und Untertanen[40]; und unter dem Stichwort einer «Demokratisierung» der Kirche *verlangen* wir geradewegs die Preisgabe des gesamten obsolet und hinderlich gewordenen «pharaonischen» Überbaus einer heiligen Beamtenschaft gottgleich Regierender.

Es ist dieser *Kern* des katholischen Prinzips, der sich im Abstand der geschichtlichen Zuordnung selbst als ein lebendes Museum der Vorzeit erweist, das nur noch künstlich, durch die Kraft der eigenen Versteinerung, in die Gegenwart hineinragt. Die als «heilig» interpretierte Tradition der Kirche ist zu einem direkten Ausdruck und Maßstab des geistigen Anachronismus geworden, der sich als ihr Sediment im Strom der Zeit gebildet hat.

Es verschlägt nicht viel, gegen die FREUDsche Kritik an Kirche (und Militär) einen Einwand geltend machen zu wollen, der von manchen *«feministischen»* Theologen und Theologinnen heute gelegentlich geäußert wird: «FREUD» selbst sei überholt, seine Theorien reflektierten den Status einer reinen Männerherrschaft, und das Wesen «des Weiblichen» sei dem Wiener Nervenarzt im Schatten seiner patriarchalen Gedankengänge zeit seines Lebens verborgen geblieben. Im Gegenteil, man muß sagen, daß FREUD der erste war, der das seelische Leiden der Frauen in einer von Männern beherrschten Gesellschaft bis in die Sprache des Körpers hinein ernst genommen und wissenschaftlich zu erforschen versucht hat, und diesem Verdienst tut es keinerlei Abbruch, wenn man hinzufügt, daß die Sprache FREUDS sich allerdings den Symptombildungen seiner Patientinnen und Patienten soweit angeschlossen hat, daß in ihr oft etwas als eine biologische Grundtatsache (beziehungsweise als bloße Folge des biologischen Geschlechtsunterschiedes von Frau und Mann)[41] erscheint, was uns Heutigen klar erkennbar als ein Phänomen bestimmter gesellschaftlicher Gegebenheiten entgegentritt. Speziell was den sozialpsychologischen Zustand der katholischen Kirche angeht, kann man nach mehr als siebzig Jahren nur mit Erstaunen zur Kenntnis nehmen, mit welcher Hellsichtigkeit FREUD gerade die *Unterdrückung der Frau* in Kirche (und Militär) beschrieben *und begründet* hat.

Alle Darstellungen des kirchlichen Dogmatismus, die wir bisher getroffen haben, ließen sich dem ganzen Erscheinungstyp nach als die Form einer *zwangsneurotischen Massenveranstaltung* deuten; und rein psychodynamisch betrachtet, könnte man allein mit diesem Ergebnis sich schon zufriedengeben – es wäre als «Diagnosestellung» in sich selbst bereits wichtig und nützlich genug. Indessen war es FREUDS Genie, daß er nicht nur das Modell einer solchen «Massenpsychologie» entwickelte, sondern sich zugleich fragte, wer denn *die eigentlichen Träger und Akteure einer derartigen Gesellschaftspsychologie* seien. Offenbar genügt es nicht, von der notwendigen «Intellektualisierung» und «Gefühlsunterdrückung» innerhalb des kirchlichen Dogmatismus zu sprechen, es ist vielmehr nötig, die *Gefühlsverschiebungen* zu untersuchen, die *zwischen den Menschen als Frauen und Männern* und *in ihnen selber* vor sich gehen, wenn sie von einem derartigen religiösen System «in Dienst» genommen werden.

Man hat sich mittlerweile angewöhnt, die Sozialpsychologie der Kirche als «sexualfeindlich» oder als «repressiv» hinzustellen, und die Fakten, um diese Behauptung zu stützen, liegen nur allzu deutlich vor aller Augen[42]: Es gibt in der Tat heutigentags keine andere nennenswerte Institution auf Erden mehr, die ihren Mitgliedern bis in den Intimbereich hinein so viele moralisierende Vorschriften und religiöse Vorhaltungen zumuten würde wie die katholische Kirche. Dieser Tatbestand allein aber ist mit «Patriarchalismus» durchaus nicht identisch und jedenfalls nur sehr unscharf gekennzeichnet – die *islamische* Gesellschaftsordnung zum Beispiel ist im Kulturvergleich gewiß weit «patriarchalischer» zu nennen als die heutige Ordnung der katholischen Kirche.[43] Entscheidend hingegeben ist die Erkenntnis FREUDS, daß der *Zentralismus*, wie er in Heer und Kirche als wesentliches Element des Gruppenzusammenhaltes aufgerichtet ist, spezielle Formen der Sexualunterdrückung *notwendig* zur Voraussetzung und Folge hat. Gerade die Entdeckung des notwendigen psychologischen *Zusammenhangs von Triebzensur und Machtgewinn* stellt sich einer allzu oberflächlichen Kirchenkritik in den Weg, die, nach dem Vorbild der «Zentralkomitee-Präsidentin» (so nennt sie sich wirklich!)

der deutschen Katholiken (das heißt eigentlich nur der im Verbandskatholizis-
mus «erfaßten» «Laien»), Frau *Rita Waschbüsch* im November 1992, ver-
meint, man könne angesichts des grassierenden Priestermangels und zahlreicher leerstehender Gemeinden vielleicht doch schon mal öffentlich über den
Zölibat der Kleriker nachdenken: – *muß* er sein, entspricht er wirklich dem
Vorbild Jesu, ist er eine innerlich «angemessene» oder nur kirchengeschichtlich und kirchenrechtlich gegebene Einrichtung[44]? All diese Fragen tun so, als
lasse sich in dem kunstvollen Bogen des gotischen Gewölbes der Kirche nach
Belieben auch eine ganz andere Statik und Architektonik einfügen; man zeigt
mit einer solchen Auffassung indessen nur, daß man den eigentlichen Angel-
punkt katholischer Sozialpsychologie immer noch nicht hinreichend begriffen
hat. Bei FREUD hingegen kann man die glasklaren Worte aus dem Jahre 1921 (!)
lesen: «In den großen, künstlichen Massen, Kirche und Heer, ist für das Weib
als Sexualobjekt kein Platz. Die Liebesbeziehung zwischen Mann und Weib
bleibt außerhalb dieser Organisationen. Auch wo sich Massen bilden, die aus
Männern und Weibern gemischt sind, spielt der Geschlechtsunterschied keine
Rolle. Es hat kaum einen Sinn zu fragen, ob die Libido, welche die Masse zusammenhält, homosexueller oder heterosexueller Natur ist, denn sie ist nicht
nach den Geschlechtern differenziert und sieht insbesondere von den Zielen
der Genitalorganisation der Libido völlig ab. – Die direkten Sexualstrebungen
erhalten auch für das sonst in der Masse aufgehende Einzelwesen ein Stück individueller Betätigung. Wo sie überstark werden, zersetzen sie jede Massenbildung. Die katholische Kirche hatte die besten Motive, ihren Gläubigen die
Ehelosigkeit zu empfehlen und ihren Priestern das Zölibat aufzuerlegen [...]
Es scheint gesichert, daß sich die homosexuelle Liebe mit den Massenbindun-
gen weit besser verträgt, auch wo sie als ungehemmte Sexualstrebung auftritt.»[45]

Man muß beim Lesen dieser Zeilen erst einmal tief Luft holen, besagen sie
doch nicht mehr und nicht weniger als die unerläßliche Verwandlung aller aktiven Kirchenmitglieder in ein Heer von geschlechtslosen, dafür aber fleißigen,
«opferbereiten», sich selbst «verleugnenden» Arbeitsbienen. «Was ist Ihre Ansicht über die Rolle der Frau in der katholischen Kirche?» fragte man den Bischof KARL LEHMANN am Tag seiner Wahl zum Vorsitzenden der katholischen Bischofskonferenz. «Nun», meinte er sinngemäß, «ein Frauenproblem
haben wir doch gar nicht. Denken Sie daran, wie viele Frauen in den Kranken-
häusern, in den Pflegeanstalten und im caritativen Bereich tätig sind. Die
Frauen sind in der Kirche nicht passiv, sie sind im Gegenteil hoch engagiert.»
Der Mainzer Oberhirte bemerkte nicht einmal die unfreiwillige Ironie in sei-

nen Ausführungen, mit denen er den FREUDschen Tatbestand über alles Erwarten als auch heute noch gültig bestätigte: Eine Frau ist für die Kirche als «Schwester» von Interesse – geschlechtsneutral, fleißig, «hingebend» und möglichst unentgeltlich «im Dienst», oder anders gesagt: Wer als Frau in der Kirche tätig sein will, muß alle Gefühle einer Frau so weit verdrängen, daß die Frage: Mann oder Frau, im Grunde keine Rolle mehr spielt; umgekehrt muß auch der «Kirchen*mann*» einen großen Teil seiner psychischen Energie darauf verwenden, seine sexuellen Energien von den ursprünglichen Triebzielen abzulenken.

Ich habe an anderer Stelle bereits gezeigt, daß die katholische Kirche, die bis heute *die Homosexualität* als schwere Verirrung des Sexualtriebes betrachtet, von sich selbst her für eine Hauptverursacherin zahlreicher Fälle psychogen bedingter Formen der «Triebzielinversion» gehalten werden muß[46]; FREUDS These aber ging in diesem Punkte eigentlich noch viel weiter: er unterstellte einfach, daß der katholischen Kirche als einem totalitären System, als einer «Massengesellschaft», gar nicht daran gelegen sein kann, eine psychische Differenzierung zwischen den Geschlechtern *zustande* kommen zu lassen; und man begreift auch, *warum:* Ein Mädchen, ein Junge, die erst einmal die Energie der Liebe an Seele und Körper erfahren haben, ohne sich durch kirchlich erzeugte Schuldgefühle an ihrer Entfaltung hindern zu lassen, werden weniger Triebangst, eine größere Realitätsbezogenheit und eine stärkere moralische Unabhängigkeit, kurz: eine höhere Ichstärke mit ins Leben bringen; sie sind weniger anfällig für die Versuchungen von Meinungsdiktatur und Fremdbestimmung. Denn: Nichts lehrt einen Menschen so sehr, an sich selber zu glauben und seine eigene Persönlichkeit zu entfalten, wie die Erfahrung wechselseitiger Liebe in der Nähe eines anderen Menschen. Die oberste Bedingung zum Aufbau einer *Massengesellschaft,* umgekehrt, besteht in der Aufrichtung einer Verbotsschranke der natürlichen Beziehungen zwischen den Geschlechtern.

Immer wieder in der unsäglichen *Zölibatsdiskussion* ist darauf hingewiesen worden, daß es, rein logisch, nicht angehen könne, Gott, der definitionsgemäß die Liebe selbst sein soll, für die sonderliche Lehre in Anspruch zu nehmen, es werde der Allmächtige um so *mehr* geliebt, als man darauf *verzichte,* einen einzelnen Menschen zu lieben, «um des Himmelreiches willen» (Mt 19,10–12).[47] Die Auflösung dieser Bizarrerie des Geistes fällt uns hingegen mittlerweile nicht mehr allzu schwer: nicht Gott im Himmel, wohl aber eine kirchliche Behörde, die allzu irdisch sich an seine Stelle setzt, verträgt sich nicht mit der persönlichen Liebe unter den Menschen.

Die Differenz ist deutlich: *Gott*, wenn das Wort in der christlichen Theologie überhaupt einen Sinn haben soll, ist eine *Person*, und nichts, was Person ist, kann ihm entgegen sein; die Kirche aber ist allenfalls eine «*Korporativperson*»[48], deren «Personalität» gerade darauf fußt, daß ihre Mitglieder ihr eigenes individuelles Personsein an den Gesamtorganismus «Kirche» delegieren. Es gibt Theologen wie den Paderborner Dogmatiker HERIBERT MÜHLEN, die ihre ganz wissenschaftliche Arbeit dem Nachweis gewidmet haben, daß die Kirche, als «der eine Geist in den vielen», nach dem Modell einer solchen archaischen «Korporativperson» beschrieben werden müsse[49]; in Jahrzehnten ihres dogmatischen Ringens um die rechte Lehre ist ihnen nicht einmal entfernt das Problem aufgegangen, das sie mit ihrer «pneumatologischen» Ideologisierung einer so dogmatisierten Kirche selber heraufführen: was ihnen da als «Kirche» oder als «geistgeleitete» Gemeinde erscheint, gehorcht der Realität nach ganz und gar der typischen Gegebenheit einer primitiven Massengesellschaft[50]; als Sozialpsychologie im Übergang zum dritten Jahrtausend allen Ernstes der Menschheit empfohlen, läuft ein solches Konzept notgedrungen auf nichts anderes hinaus als auf eine Neuauflage des Pharaonenstaates der fünften Dynastie der Alten Ägypter um 2400 vor Christus in christlich spiritualisierter Form am Ende des zweiten Jahrtausend nach Christus. Nicht so sehr die Unterdrückung der Sexualität, nicht so sehr die Unterdrückung der Frau – die *Unterdrückung der Individualität* und die Zerstörung der Personalität ist das eigentliche Ziel einer solchen dogmatischen Homogenisierung der «Gläubigen» unter dem Diktat des kirchlichen Lehramtes; die *Sexualunterdrückung* ist nur das Mittel dazu, die *Unterdrückung der Frau* nur der Ausdruck dafür.

Dann bleibt die Tatsache bestehen, die auch von FREUD einfachhin vorausgesetzt, nicht erklärt wird: daß es offenbar wesentlich *Männer* sind, die das System der Unterdrückung des Personalen in Kirche wie Militär organisieren und verkörpern. Alle Herleitungen der Massengesellschaft aus der Urfamilie bei FREUD vermögen nicht verständlich zu machen, warum es *Männer*, nicht Frauen gewesen sein sollen, die den Aufstand gegen den Ur*vater*, nicht gegen die Ur*mutter* gewagt hätten. Der FREUDsche Mythos von der Ermordung des Urvaters zur Erklärung der Anfänge menschlicher Kultur mutet im Gegenteil um so seltsamer an, als vieles dafür spricht, daß die beherrschende Stellung innerhalb der Urhorde, zumindest im engeren Umkreis der Kindererziehung, von *Frauen*, nicht von Männern eingenommen wurde[51] – allein schon die «mondhaften» Zyklen von Menstruation, Empfängnis und Geburt müssen bis in die Jungsteinzeit hinein das Wesen der Frauen als etwas überaus Geheimnisvolles, Göttliches haben erscheinen lassen.[52] Andererseits deutet vieles darauf hin, daß es eine gewisse Affinität der Männer zur handfesten Austragung aggressiver Konflikte gab und gibt; selbst heute wird eine Frau Grund zur Besorgnis haben, wenn sie nach 22 Uhr noch allein mit der New Yorker Metro fahren oder auch nur durch einen Hamburger Stadtpark flanieren soll; und falls irgendein Kriminalbeamter das Opfer eines Gewaltverbrechens findet, wird er mit hoher Wahrscheinlichkeit auf einen *Mann* als Täter tippen. Diejenigen anthropologischen Hypothesen scheinen daher nicht unbegründet, die einen großen Teil der «typisch» männlichen Verhaltenspsychologie mit dem Erbe jener Jahrhunderttausende zu erklären suchen, in denen es aus begreiflichen Gründen *Männer* waren, die auf *die Jagd* gehen mußten und in *kriegerischen* Zusammenschlüssen die Sicherung eines angemessenen Territoriums zur Beschaffung von Nahrung und zur Aufzucht der Kinder zu gewährleisten hatten.[53] Die Bildung von Aktionsgemeinschaften, deren Ziel auf die Überwindung eines Feindes oder eines Beutetieres gerichtet ist und in denen alle Mitglieder, notfalls unter Aufopferung ihres eigenen Lebens, den Weisungen eines *Führers* sich unterzuordnen haben, darf auch noch heute als ein ausgesprochen *männliches* Verhaltensmuster gelten, das psychologisch nicht minder kennzeichnend für die Spezies «Mann» ist als anatomisch die Breite der Schultern und die, im Vergleich zum Körperbau einer Frau, deutlich stärkere Ausbildung der Muskulatur.[54]

Es gibt also gute Gründe, auch außerhalb des FREUDschen Mythos von der «Ermordung des Urvaters» am Anfang der Menschheitsgeschichte zu denken, daß die Wurzeln der Kultur zumindest zur Hälfte in Formen von Gemeinschaftsbildungen zu suchen sind, in denen *Männer* sich zur Lösung pragmatischer, zweckrational lösbarer Aufgaben mit zumeist sadistischen Inhalten nach strengen Regeln der Ober- und Unterordnung zusammenrotteten.[55] Es gehörte zu diesem Arrangement offensichtlich auch, daß Frauen in ihm nur als störend empfunden werden konnten und daß alle Beziehungen zwischen den Geschlechtern als Ablenkung von der eigentlichen Hauptaufgabe aller Interaktionen: der Sicherung des Revierbestandes und der Herbeischaffung von Lebensmitteln, erscheinen mußten.[56] Läßt man Männer ungehemmt machen, so entstehen allem Anschein nach auch heute noch immer wieder Bündnisgemeinschaften nach diesem uralten steinzeitlichen Muster, und lediglich die hohe Komplexität und relative Unübersichtlichkeit, mit der es unter modernen Gegebenheiten gilt, etwa einen Erdölkonzern oder eine Autofirma zu führen, verstellt leicht den Blick für die unverändert archaische Struktur all dieser Formen von Männerbündelei und Frauenmißliebigkeit.

Ein solches gegenüber FREUD modifiziertes Konzept bietet den Vorteil, all die unbeweisbaren Spekulationen nicht länger nötig zu haben, mit denen die FREUDsche Theorie seit eh und je belastet war[57]; es hilft darüber hinaus ebenfalls, all die STRINDBERGschen Absurditäten der Theorie des «Geschlechterkampfes» zu vermeiden[58], so als seien Mann und Frau buchstäblich von Hause aus Konkurrenten und Gegner untereinander und wesensmäßig einander so entgegengesetzt wie Gut und Böse, Häßlich und Schön. Alle solchen Vorstellungen vergessen, daß beide, Männer wie Frauen, in den Jahrmillionen der Menschwerdung, die keinesfalls mit uns heutigen Menschen schon abgeschlossen ist, einen gemeinsamen Weg evolutiver Arbeitsteilung und wechselseitiger Ergänzung hinter sich haben. Vor allem aber ermöglicht unsere Betrachtungsweise jetzt eine plausible Erklärung für die an sich groteske Tatsache, daß es auch heute noch höchst einflußreiche menschliche Gemeinschaften in allen großen Religionen und Staatsgebilden gibt, die sich den «Luxus» leisten zu können glauben, die Hälfte ihrer Mitglieder, nämlich alle Frauen, von dem fruchtbaren Dialog möglicher Formen der Selbstgestaltung prinzipiell auszuschließen.[59]

*Zwei* Eigentümlichkeiten insbesondere verstehen wir jetzt recht gut: einmal den kämpferischen, intoleranten, sadistisch-zwangsneurotischen Grundzug, der allen Männergesellschaften zu eigen sein wird, die sich ohne weibliches Einspruchsrecht und ohne jede «maternale» Korrekturmöglichkeit zu etablieren vermögen, und ferner die sonderbare «Logik» von Effizienz, Leistung, Zweckmäßigkeit, Tüchtigkeit, kurz: von *funktionalen,* nicht primär personalen Wertsetzungen, nach welcher das Zusammenleben der jeweiligen Männerhorden sich ausrichtet. Nicht eine einzelne sadistische Aktion der Vorzeit, wie FREUD meinte, macht die zwangsneurotische Sozialpsychologie reiner Männergemeinschaften verständlich, wohl aber scheint es vollauf zu genügen, die Männer sich selber zu überlassen, und es werden eben jene Handlungsgewohnheiten alsbald wieder zum Vorschein kommen, die bereits das Verhalten der eiszeitlichen Jägerhorden bestimmt haben dürften.[60]

Merkwürdig bleibt dann freilich immer noch die Tatsache, daß gerade *die katholische Kirche* eben dieser Uniformierung einer Zwangsgemeinschaft von Männern im Kampf ums Überleben vollauf entspricht und damit den weltweit heute wohl bedeutendsten Fall einer gelungenen Wiederherstellung von Strukturen steinzeitlicher Männerhorden bietet. – Überall sonst, zumindest in der westlichen Gesellschaft, sind Männer und Frauen heute mehr oder minder *gemischt* an den sozial tragenden Prozessen von Produktion, Dienstleistung und Verwaltung beteiligt, – die uralte steinzeitliche Grenze zwischen «Familie» (= Kinderaufzucht und Nahrungszubereitung) und «Beruf» (= Naturumwand-

lung und Nahrungsbeschaffung) hat zwischen Frauen und Männern ihre tra-
dierte Gültigkeit verloren, soviel auch ein Papst wie JOHANNES PAUL II. zur
Wiedereinsetzung der alten Ordnungen moralisch aufrufen mag.[61] Daß die katholische Kirche sich indessen gleichwohl das Recht, ja, geradewegs die Pflicht
nimmt, ihre sozialen Ordnungen, mit Berufung auf Gott den *Vater,* ganz und
gar patriarchalisch einzurichten, wird man wohl nur mit ihrem *Selbstverständnis* erklären können: Die katholische Kirche, so muß man begreifen, ist nur zu
verstehen als die allerletzte göttliche Einrichtung des Heils inmitten einer Welt
*der Verworfenheit.*

Diese Auffassung ist so wörtlich wie möglich zu nehmen. – «Wir können
doch nicht einfach alle Leute abschreiben», schrieb vor einer Weile sinngemäß
ein verzweifelter Pfarrer mit Blick auf die geschiedenen Ehen seiner Gemeinde
dem Paderborner Oberhirten, *Erzbischof* DEGENHARDT; «wir müssen doch
Wege finden, diesen Menschen gerecht zu werden.» – «Und wenn nur fünf Gerechte wären», entgegnete ihm sinngemäß sein Bischof, «so würden sie die
wahre Kirche sein.»[62] Da ist die Kirche wörtlich der *«heilige Rest»*[63], dessen
Mitglieder am Ende des Untergangs Sodoms (Gen 19,1–38) trotz allem doch
noch «gerettet» werden, eine *Notgemeinschaft* also inmitten einer an sich
schon verlorenen Welt, eine Arche Noah inmitten der Sintflut seit den Tagen
der Kirchenväter.[64] Angesichts einer solch weltweiten Herausforderung durch
den «Feind» alles Geschaffenen, den Satan, verbleibt wirklich nur die Bildung
einer kämpferischen «Militia Christi»[65] zur Erlegung dieses letzten immer
noch nicht endgültig besiegten (Un)Tieres. Uralte mythische Reste der Denkweise steinzeitlicher Jäger verpaaren sich da mit einer ebenso urtümlichen,
mittelpunktsbezogenen Angst: «die» Welt geht zugrunde, wenn «wir» sie
nicht retten!

Da ist, ins Geistige gehoben, Gott immer noch der letzte Kriegsherr und
Jagddämon, der «Herr der Tiere»[66] sozusagen, und man versteht sogar, aus
einer anderen Perspektive jetzt betrachtet, noch weit besser, warum der Kirche
*das Dogma von der «Hölle»* so wichtig ist: es darf unter den Denkvoraussetzungen einer Jägerhorde gewiß viele Siege über das einzelne (Un)Tier, doch nie
einen «endgültigen» Sieg über die ganze «Gattung» von «Feinden» geben: die
*Ausrottung* der Beutetiere wäre identisch mit dem Untergang der eigenen
Gruppe! Mit anderen Worten: der Kampf gegen das (Un)Tier darf nie zu Ende
kommen, denn eben: in der *Unendlichsetzung* von Kampf und Jagd liegt die
ganze Überlebensstrategie einer solchen Kriegs- und Jagdgemeinschaft. Auch
Gott im Himmel als der Oberste Anführer, Befehlsgeber, Schlachtenlenker
und Jagdglückverteiler[67] einer derartigen Männerhorde geistlicher «Teufels-

kämpfer» darf mithin, trotz all seiner Allmacht, das Heer der gefallenen Engel und der von ihnen Verführten im Grunde niemals gänzlich vernichten; man darf deshalb zwar jetzt schon, immer mal wieder, an jedem Ostern von neuem, sich herzlich freuen über den bereits durch Christus selber errungenen Sieg über die Mächte des Bösen, aber natürlich: *der Kampf geht weiter* [68], und eben: weil der Sieg niemals endgültig sein kann, eben weil es die Hölle *doch* gibt, *bedarf es der Kirche* als einer männergeleiteten Kampfformation zur Dennoch-durchsetzung des Guten.

Genauer noch: inmitten einer solchen Sozialpsychologie ist die Unterord-nung, die *Selbstverleugnung* des persönlichen Glücks [69], die Gruppeneffizienz und, am wichtigsten von allem: *der Gedanke des Opfers* absolut essentiell und konstitutiv. Das getötete Tier muß sein Leben zur Nahrung der Menschen geben, und die Gruppenmitglieder müssen ihr Leben einsetzen, um die nur ge-meinsam zu bestehende Gefährdung aller abzuwenden. Daß der Einzelne sich *opfern* muß zum Bestand und Wohl der Gemeinschaft, ist ein offenbar tief ver-ankertes Motiv aller Männergesellschaften, und es setzt sich lediglich in spiri-tualisierter Form in dem Gedanken der katholischen Kirche fort, daß nur ein *Priester,* eben nicht eine Priester*in*, das *Opfer* Christi im Sakrament des Altares darbringen könne. [70] Da ist was dran! *Frauen* haben in solchen Gesellschaften wirklich nichts verloren, es sei denn in der Rolle von Aushilfsamazonen und Männerstellvertretern.

Erst von diesem Ansatz her begreift man, was es von Freuds Beschreibung der kirchlichen Sozialpsychologie als einer geistlichen Männergesellschaft von Priesterhierarchen und Opferern zu lernen gibt: man begreift vor allem, wie die scheinbar so verschiedenen Themenstellungen innerlich zusammenhän-gen: die Abschaffung des Zölibats der Priester, die Einführung des Priester-tums der Frauen, die Demokratisierung der Kirche – all das ist im Grunde die Druchbrechung ein und desselben Prinzips! Die Gleichberechtigung der Frau in der Kirche – allein die Durchführung dieser einen Idee müßte die gesamte Struktur der katholischen Kirche zum Einsturz bringen! Vor allem die durch und durch von *männlicher* Logik bestimmte Ausformulierung ihrer *Theologie* mit dem Anspruch eines unfehlbaren Lehramtes sowie einer klar definierba-ren, in rationalen Kategorien festlegbaren Dogmatik nebst einer moralischen Ordnung, in der jedes denkbare mögliche Verhalten im menschlichen Leben als ein objektiver Tatbestand im voraus schon nach Gut und Böse zu bestim-men ist, – *die gesamte äußere Macht der Kirche mitsamt ihrer inneren geistigen Architektonik* sänken zusammen, bekämen *Frauen* einen gleichen Anteil der Mitsprache und der Mitbestimmung in der Kirche!

Man kann den Sachverhalt möglicherweise auch so ausdrücken: Solange *Männer allein* eine Gesellschaft einrichten, werden sie die Prinzipien und Strategien des Überlebens der Gruppe nach den Gesetzen des *Mangels* einrichten[71]: da muß immer wieder etwas «erlegt» und «erledigt», «zerlegt» und verteidigt werden, um die Existenz der Gemeinschaft zu gewährleisten. Das Erleben *einer Frau* hingegen scheint von alters her anders zu sein: sie hat gelernt, Nahrung zu *sammeln*, nicht Leben zu töten, und in einer der tiefsten Regungen ihrer Gefühle *weiß* sie, daß sie ihrem Kinde mit ihrem eigenen Körper nicht durch blutige Praktiken Nahrung «besorgen» muß, sondern daß sie selber ihm «Nahrung» *ist*. Eine weiblich geprägte Gesellschaft würde vermutlich nicht dem Gesetz des Mangels, sondern *des Überflusses* folgen; in ihrem Mittelpunkt stünde nicht das Opfer, sondern das *Mahl*[72]; in ihr wäre der Einzelne nicht nur ein «Instrument» zur Durchsetzung des göttlichen Willens, sondern er besäße als Individuum einen Raum in sich gültiger, nicht erst durch Nützlichkeit zu erleistender Daseinsberechtigung; und besonders: die «Ordnung» einer solchen Gemeinschaft käme nicht durch Befehl und Willen, *von außen* beziehungsweise *von oben nach unten*, durch Ausbreitung der Weisung des «Mannes an der Spitze» zustande, sondern sie würde sich durch gemeinsamen Dialog ergeben, *synergistisch*, durch die Prozesse der Selbstorganisation aller Beteiligten im Austausch untereinander[73], so daß die Etablierung bestimmter hierarchischer Muster von Lenkung, Kontrolle und Verwaltung lebendig genug bliebe, um immer wieder dem jeweiligen Grad des «Energieaustauschs» mit der Umgebung angepaßt zu werden.[74]

Eine solche Gesellschaft als «Kirche» ist nun freilich nicht nur denkbar, sie wäre die einzige Form einer religiösen Gemeinschaftsordnung, die heute noch glaubwürdig wäre: die Stärke der Persönlichkeit, wie sie in dem «prophetischen» Auftreten der großen Gestalten der Religionsgeschichte, etwa in der Person Jesu, gegenwärtig war, *verlangt*, wie wir sahen, geradezu nach einer Gesellschaftsordnung, die wesentlich der Förderung der individuellen Entfaltung der Einzelnen dient. Eine solche Gesellschaft bedeutet indessen auch das endgültige Ende der «zwangsneurotischen» Periode der Religionsgeschichte; und es scheint, daß es eben diese Forderung ist, um welche sich alles dreht: Das *«Reich des Vaters»* ist im Grunde durch das Auftreten Jesu selber widerlegt; doch auch das *«Reich des Sohnes»* mit all seinen masochistischen Zwiespältigkeiten hat sich im Grunde längst überlebt. Religion, wenn sie künftighin sein soll, gedeiht nur noch unter den Bedingungen eines *«Reiches des Geistes»*. Was in den Gedanken und Visionen JOACHIMS VON FIORE[75] im Mittelalter oder G. W. F. HEGELS[76] in der Neuzeit konzipiert wurde, erweist sich am Ende des zwanzigsten Jahrhunderts *psychoanalytisch* betrachtet als ein Grundanspruch der geistigen und seelischen Hygiene des Menschen.

Fassen wir zusammen: «Die Unterhaltung», schrieb VOLTAIRE vor über zweihundert Jahren in seinem Aufklärungsroman *Candide,* «drehte sich um die Verfassungsform, die Sitten, die Frauen, das Theater und die Künste. Schließlich ließ Candide, der sich immer für die Metaphysik interessiert hatte, durch Cacambo fragen, ob es in diesem Lande eine Religion gebe. Der Greis errötete ein wenig. ‹Wie könnten Sie daran zweifeln? Halten Sie uns etwa für undankbar?› Cacambo fragte bescheiden, welche Religion es in Eldorado gebe. Der Greis errötete abermals: ‹Kann es denn zwei Religionen geben?› fragte er. ‹Wir haben, denke ich, dieselbe Religion wie die ganze Welt: wir beten Gott vom Morgen bis zum Abend an.› – ‹Beten Sie nur zu einem einzigen Gott?›, wollte Cacambo wissen, der der Dolmetscher von Candides Zweifeln war. – ‹Aller Wahrscheinlichkeit nach gibt es weder zwei noch drei, noch vier Götter›, antwortete der Greis. ‹Ich muß gestehen, die Menschen aus Ihrem Erdteil stellen recht sonderbare Fragen.› Candide ließ sich nicht davon abbringen, den guten Alten immer weiter auszufragen. Schließlich wollte er wissen, wie man in Eldorado zu Gott betet. ‹Wir beten überhaupt nicht›, sagte der ehrwürdige Weise. ‹Wir haben nichts von ihm zu erbitten, er hat uns alles gegeben, was wir brauchen; wir danken ihm nur unaufhörlich.› Der neugierige Candide wollte die Priester sehen, und er ließ fragen, wo sie wären. Der gütige Alte lächelte. ‹Meine Freunde›, sagte er, ‹wir alle sind Priester. Der König und alle Familienoberhäupter singen jeden Morgen feierliche Lob- und Dankeshymnen unter Begleitung von fünf- bis sechstausend Musikern!› – ‹Was, und Sie haben keine Mönche, die lehren, disputieren, regieren, intrigieren und die Leute, die nicht ihrer Meinung sind, verbrennen lassen?› – ‹Da müßten wir ja geradezu irrsinnig sein›, versetzte der Greis.»[77]

Worum es geht, ist die Umwandlung der «römischen» Form des Religiösen in die Religion eines solchen aufgeklärten Goldlandes des Geistes, wo nicht Theologen, sondern Dichter und Musiker «tonangebend» wären, und wo die Verehrung Gottes keine Sonderveranstaltung abseits des wirklichen Lebens und notfalls *gegen* das wirkliche Leben darstellen würde – stets im Umfeld nicht endender Ängste, Schuldgefühle, Wiedergutmachungsriten und demütigender Unterwerfungszeremonien –, sondern wo die Anbetung des Göttlichen der Ausdruck einer selbstverständlichen und tief empfundenen *Dankbarkeit* gegenüber dem Glück und Geheimnis des Daseins bildete, gelebt in Unmittelbarkeit, Innerlichkeit, Freiheit und wechselseitiger Anerkennung. Das Ende der Religion als einer kollektiven Zwangsneurose – das war es, was der Aufklärer FREUD der Menschheit wünschen und, soviel in seinen Kräften stand, von sich her ermöglichen wollte. Unterhalb dieses Reflexionsstandes an Einsicht und Menschlichkeit ist Frömmigkeit sinnvoll nicht länger mehr möglich.

### b) Theodor Reiks Konzept vom Dogma als Zwangsidee

Dabei leidet es keinen Zweifel, daß VOLTAIRES «Eldorado» alles andere als das utopische Gespinst einer aufgeklärten Vernunftreligion darstellt, sondern daß es Ansätze zur Verwirklichung einer solchen Frömmigkeit sehr real immer wieder in der menschlichen Geschichte gegeben hat. S. FREUD selbst hat seinen Mythos von der Ermordung des Urvaters zur Erklärung der gegenwärtigen Religion und Kultur ergänzt durch den in gewissem Sinne alternativen Mythos von dem *Mann Moses*.[78] Auch dieses Konstrukt verdient, der historischen Formen seines Ausdrucks entkleidet und als ein wesentlicher Beitrag zum Verständnis der *Psychodynamik* des Religiösen verstanden zu werden. Nimmt man nämlich FREUD in dieser Studie, an der er im Grunde sein Leben lang gearbeitet hat, beim Wort, so läuft, was er schreibt, auf die These hinaus, daß die Religion der Bibel letztlich ein einziges archaisches *Mißverständnis* darstellt. Das Volk der Hebräer, so sieht es FREUD, hatte in der Mitte des zweiten Jahrtausends vor Christus die unerhörte Chance, der vergleichsweise aufgeklärten, «heidnischen», also *menschheitlichen* Religion der Anbetung des Lichts im antiken Ägypten zu folgen – *Moses* selber ist schon dem Namen nach ein «*Sohn*» der Götter Ägyptens[79], erzogen, selbst der Legende nach, am Pharaonenhof und unterwiesen in der Weisheit der zauberkundigen Priester am Nil. Insbesondere die «Revolution» des *Echnaton* in der Amarna-Zeit[80] übt bis in die Gegenwart hinein schon aufgrund ihrer individuellen Ausdruckskraft und ungemein sensiblen Ästhetik eine derartige Faszination auf den Betrachter aus, daß selbst T. MANN in seinem großen *Joseph-Roman*[81] die Gestalt des sagenumwobenen Repräsentanten der «Rachelstämme» am würdigsten glaubte in jene Zeit versetzen zu sollen.[82] Moses ursprünglich war ein Ägypter! Doch diese Chance wurde nach FREUDS Meinung vertan durch den Rückfall in die Ambivalenz der alten semitischen Religiosität, die erneut der Dramaturgie der väterlichen Herrschaftsausübung, der Mordlust der «Söhne» und dem Ritual der Versöhnung folgte.[83] Man müßte, dachte der große Jude FREUD, das Judentum *zu sich selber* in der Gestalt seines eigenen Gründers *Moses* zurückführen und es damit letztlich *von sich selber* befreien, um in das gelobte Land der

Menschlichkeit aufzubrechen, wo sich die Gehorsamsforderungen eines eifer-
süchtigen Gottes endlich *vergessen* ließen. Der Weg dahin freilich sollte für
FREUD und seine Schüler, selbstredend, von der *Psychoanalyse* gewiesen werden.

Es war in der Tat die Entdeckung des FREUD-Schülers THEODOR REIK, daß
man *auch die Botschaft Jesu* am Beginn des Christentums ursprünglich als
einen solchen Versuch der Vermenschlichung der jüdischen Religiosität interpretieren könnte und müßte. «Jesus verkündete die frohe Botschaft Gottes
über die Welt und jede einzelne Seele» – das ist REIKS Ausgangspunkt; nicht
«Mangel», sondern «Fülle», religionspsychologisch gesprochen, bietet da die
Erfahrungsgrundlage, und was sich daraus ergeben müßte, wäre, wenn schon
eine «Kirche», dann eine typologisch «weibliche» Form von Gemeinsamkeit,
jedenfalls keine «männliche» Beamtenschaft theologischer Wahrheitsbesitzer
und Wahrheitsverweser, kein Konsistorium von Dogmatikern und Scholasti-
kern, welche die Menschen in Formelgläubige, Irrgläubige und Ungläubige zu
trennen suchen, ferner keine heilsnotwendigen Ritenbildungen in den Händen
eines Standes sakraler Opferpriester; sondern, schreibt REIK: «Die Dogmengeschichte zeigt uns, daß es in den Anfängen der Religion kein Dogma gegeben
hat. Jesu Botschaft zum Beispiel war völlig undogmatisch; er ahnte auch nicht
einmal etwas von einer kommenden Kirche. Nichts lag Jesus ferner als der Gedanke an dogmatische Fixierung, nichts würde ihn mehr in Erstaunen gesetzt
haben als die Existenz des Katholizismus.»[84]

Der Grund dafür liegt bereits in der sogenannten *«Naherwartung».* «Immer
wieder sprechen seine (sc. Jesu, d. V.) Worte von der nahen Endzeit, vom
Reich Gottes, das bevorsteht. Er ist vom Glauben an das baldige Gericht und
Ende erfüllt. Ganz nahe ist die Zeit, da Satans Macht gebrochen und die vollendete Gottesherrschaft gesichert ist. Die Weltenuhr zeigt die elfte Stunde. Jesus
lebt in der Endzeit, er ruft zur Buße und Umkehr auf – wie soll er, der wußte,
daß in kürzester Frist das große Gericht bevorstand, Dogmen und rechtliche
Kanones fixiert haben?»[85]

Die religiöse Entscheidungsdynamik des «Propheten» aus Nazareth war
viel zu groß, als daß sie dem Aufbau einer «Kirche», einer *solchen* Kirche zumindest, Platz und Erlaubnis hätte verstatten können! Wie aber kommt es
dann zu diesem vollkommenen Widerspiel der Botschaft Jesu, das sich da
«Kirche» und kirchliches «Dogma» nennt?

Auf diese Frage hat TH. REIK, ausgehend von der FREUDschen Theorie von
dem Aufstand der «Söhne» gegen den Vater, die gesamte Verkündigung Jesu
als eine geschichtliche *Wiederholung* dieses Urmotivs vom Anfang der

menschlichen Kultur zu verstehen gesucht: das *Dogma* wäre demnach *als eine Reaktionsbildung* des herrschenden Gottes gegen die Sohnesrevolte zu interpretieren beziehungsweise als eine schrittweise Wiederherstellung der «alten» Vaterreligion unter schrittweiser Verschmelzung und Unschädlichmachung des ursprünglichen Sohnes-Protestes. – REIK suchte diese These methodisch seinerzeit aus der Dogmengeschichte der Kirche in den ersten Jahrhunderten selbst zu entwickeln. Der Gedanke, so vorzugehen, lag gewiß recht nahe; doch gerade *er* war es, dem ERICH FROMM in seiner *«Entstehung des Christusdogmas»* schärfstens widersprochen hat[86]: Man könne, meinte FROMM, nicht die Menschen aus den Dogmen ableiten, man müsse, umgekehrt, die Dogmen aus den sozialen Bedingtheiten der Menschen in ihrer jeweiligen Zeit zu verstehen suchen.[87] In wichtigen Punkten gelangte denn auch FROMM zu völlig konträren Ansichten gegenüber den Positionen TH. REIKS: Die *«Gnosis»* zum Beispiel (eine Bewegung in den ersten nachchristlichen Jahrhunderten, die in der Religion konsequent eine psychologische Darstellung des Prozesses der Selbstfindung des Menschen erblickte) – war sie, wie FROMM meinte, eine Spiritualisierung, ja, im Grunde ein *Verrat* an der anfänglich sozialrevolutionären Jesus-Bewegung[88], oder war sie, wie TH. REIK dachte, in der Lehre des MARCION mit seiner Ablehnung des «bösen» Weltenschöpfers des Alten Testamentes gerade eine mutige Verstärkung dieses Protestes[89]? – Offensichtlich das eine wie das andere, je nach Betrachtung! Denn gerade die *Ambivalenz der Gefühle* ist nach der zentralen These REIKS das Hauptmerkmal aller Dogmenbildung.[90] Es hat gewiß sein Verdienst, die Frage des Religiösen auch unter *sozialgeschichtlicher* Perspektive zu erörtern, doch geht im Sinne REIKS dabei der eigentliche Anspruch der Religion selber verloren: eine dauerhaft gültige Antwort auf die Rätselfragen des menschlichen Daseins zu bieten. Es mag sein, daß man dafür eine gewisse Einsicht in die konkreten Gründe und Motive einer bestimmten Dogmenformulierung zu einer bestimmten Zeit erhält, und man leistet auf diese Weise womöglich einen wichtigen, mitunter entscheidenden Beitrag zur Entideologisierung und Entmystifizierung des Religiösen: statt der «Überschattungen» des Heiligen Geistes hat man es plötzlich wieder mit einer Reihe überaus menschlicher und an sich gut verständlicher Auseinandersetzungen um Macht, Besitz und Einfluß zu tun! Doch aus Gründen, die wir noch werden erörtern müssen, ist Religion in der Tat ein *ursprüngliches*, irreduzibles Phänomen des menschlichen Daseins, ein notwendiges Attribut der menschlichen Selbstbewußtwerdung, keinesfalls nur eine Verschleierung und Kaschierung bestimmter Klassenkämpfe.

Vor allem: es ist und bleibt eine Grundsatzfrage der Interpretation der menschlichen Geistesgeschichte, welch eine Methodik man einer Untersuchung zugrunde legt: ob man, mit DILTHEY gesprochen, Philosophie, Religion und Kunst aus den Gegebenheiten ihrer Zeit heraus *«erklären»* und damit den Gültigkeitsbereich ihrer Aussagen prinzipiell auf den Umkreis ihrer Entstehung festlegen will oder ob man eine *verstehende* Hermeneutik bevorzugt[91], die den überzeitlichen, *gegenwärtigen Anspruch* einer bestimmten Lehre, eines bestimmten Glaubens oder einer bestimmten Ästhetik herauszuarbeiten sucht. Die Psychoanalyse ist und war seit jeher trotz ihres oft anders klingenden Sprachgebrauchs gewiß eher ein Verfahren des *Verstehens* als des Erklärens. Doch wie dem auch sei: Speziell der Frage nach der Bewertung der «Gnosis» werden wir später noch ausführlich nachgehen müssen (siehe unten Seite 239 f.); an *dieser* Stelle genügt es, die Dringlichkeit gerade der REIKschen Sichtweise für die Problemstellung der vorliegenden Arbeit zu markieren: Wer die Wirkung des Dogmenglaubens der Kirche auf die «Gläubigen» untersuchen will, der muß wirklich in letzter Konsequenz, wie REIK es getan hat, die Menschen aus den Dogmen ableiten. Im Grunde war TH. REIK so wenig «Historiker» wie S. FREUD oder andere große Vertreter der Psychoanalyse, und das zu Recht. Nicht was vor 1800 Jahren sich in den Menschen in Rom oder Kleinasien zugetragen haben mag, bildet *therapeutisch* das Problem. Wer etwa als Seelsorger oder als Arzt unter dem täglichen Druck der seelischen Not gerade der Menschen steht, die in kirchlichem Sinne sogar als besonders «gute» und «treue» Christen zu betrachten sind, wird schon aus lauter Bedrängnis nicht umhin können, eben so zu fragen, wie TH. REIK es der Sache nach vorgemacht hat: Was ist das eigentlich – ein *Dogma?* Und: welche psychischen Voraussetzungen sind erfordert, um den Dogmenglauben akzeptabel und *plausibel* zu finden? Und: wie beschaffen ist die *Rückwirkung* eines solchen Glaubens an den kirchlichen Dogmatismus auf die Menschen?

Genau das sind die Fragen, um die es uns jetzt, in Erweiterung des FREUDschen Ansatzes, gehen muß. Es ist dann nicht nötig, historisch korrekter zu sein, als REIK es nach dem Kenntnisstand der zwanziger Jahre des zwanzigsten Jahrhunderts sein konnte; es ist im Gegenteil nötig, die gesamte historische Beweisführung der REIKschen Thesen beiseite zu stellen und sich einzig für die *Psychodynamik des Dogmenglaubens* selber zu interessieren. Immer noch ist es methodisch dabei zu früh, die konkreten Lehrinhalte des kirchlichen Dogmas (etwa die Verwicklungen der Dreipersönlichkeit Gottes oder der Zweinaturigkeit Christi) ins Spiel zu bringen; – ob und wie sich Vorstellungen dieser Art dem heutigen Verstehen erschließen beziehungsweise aus gegenwärtiger Erfahrung neu begründen lassen, werden wir nach und nach im zweiten Teil dieser Arbeit im Rahmen der Frage nach Schuld und Erlösung kennenlernen. *Hier* jetzt kommt es nur erst darauf an, *die psychischen Voraussetzungen und Konsequenzen der Formalisierung des Religiösen im kirchlichen Dogma* an sich selbst zu betrachten, und *dabei*, allerdings, können wir auch heute noch von dem Altmeister der psychoanalytischen Religionskritik, von TH. REIK, mehr lernen als von jedem anderen. Denn noch einmal: Wir wollen an dieser Stelle nicht wissen, wie das kirchliche Dogma entstanden ist, wir wollen *seine Pathologie* erforschen, um es (ohne Schaden für den Inhalt!) in seiner leeren Formalität beseitigen zu können. Im Bilde gesprochen: nicht wie das Aids-Virus in der Evolution entstanden ist und woher es auf den Menschen übertragen wurde, ist medizinisch entscheidend, sondern wir wollen wissen, wie es funktioniert und wie wir die Menschen davon befreien können. Nicht schon der Dogmeninhalt, nur erst der Dogmatismus steht deshalb hier zur Debatte; die FROMMsche Kritik der einzelnen Dogmen vor dem Hintergrund ihrer sozialgeschichtlichen Entstehung wird uns später noch an anderer Stelle hervorragende Dienste leisten.

Was also ist das: *ein Dogma?* – REIKS Antwort lautete, das religiöse Dogma in der Entwicklungsgeschichte der Menschheit entspreche der *neurotischen Zwangsidee* oder, anders formuliert, es sei «der bedeutsamste Ausdruck des Zwangsdenkens der Völker».[92] Damit war gleich zweierlei gesagt: *zum einen*, daß die Neigung zur Dogmenbildung keinesfalls nur auf das Christentum begrenzt ist, sondern zur Entwicklung der Religion selber zu gehören scheint, und *zum anderen*, daß die psychische Gesetzmäßigkeit, mithin *der Sinn* der Dogmenbildung, in Analogie zu dem Denken von Zwangskranken verstanden werden kann und muß. Beide Thesen gehören zusammen, und sie werden uns, wie sich sogleich zeigen wird, dazu verhelfen, unsere bisherige Analyse des kirchlichen Dogmatismus erheblich zu vertiefen und damit in gewissem Sinne «gerechter» einzuschätzen, als wenn wir die Problemstellung von vornherein nur auf die Welt des Christentums verengen wollten. Andererseits werden wir sehen, daß der Dogmatismus keinesfalls *die* Religion ausmacht, wohl aber bestimmte Religionsformen unter bestimmten geistigen Bedingungen kennzeichnet.

Zunächst stellt TH. REIK, ausgehend von der Analogie des Zwangsdenkens, eine weit genauere Beschreibung der psychischen Mechanismen der Dogmenbildung zur Verfügung, als wir sie in FREUDS religionspsychologischen Arbeiten antreffen; selbst wenn die Grundpositionen unverändert die gleichen sind, so gewinnt man doch den Eindruck, daß die *intellektuelle* Arbeit am Aufbau des Dogmas, mithin das *Denken* im Zwangsdenken, bei REIK eine weit größere Beachtung findet als zuvor bei FREUD – auch *geistige* Konflikte verfügen offenbar über eine ihnen eigentümliche Dynamik, die so in der Psychoanalyse zuvor nicht gesehen wurde.[93]

Als besonders hilfreich erweist sich für uns vor allem die Tatsache, daß REIK (wenn auch unter anderen Voraussetzungen) genau dort ansetzt, wo wir vorhin aufgehört haben: bei der zentralen Bedeutung des *Zweifels* und seiner Verbindung mit den Gefühlen von Protest und Auflehnung. Im Zweifel, erkennt er, steckt (zumindest unter den soeben skizzierten Voraussetzungen) wesentlich eine *aggressive* Tendenz, gegen welche *das Dogma als Reaktionsbildung* sich zu wehren sucht[94]; deutlich trägt das Dogma daher umgekehrt die Spuren des Kampfes gegen den Irrglauben, gegen die Abweichungen und Aufweichungen an sich, indem es der Nötigung des Zweifels den *Zwang* des Glaubens entgegensetzt. Der revolutionäre und der reaktionäre Gedanke führen im Dogma «ebenso wie in der Zwangsneurose» zu einer «Kompromißbildung, welche eine Vereinheitlichung und Ausgleichung der Gegensätze erreichen will»[95]. Doch wie bei den Zwangsideen der Kranken, hört die Ambivalenz der Gefühle dadurch nicht auf, sondern macht sich stets von neuem in den jeweils gefundenen Kompromißformeln geltend; ja, der Zweifel, der nicht verschwinden will, treibt es dahin, daß schließlich die Dogmenformel selber in ihrer Überspitzung den Grad des Absurden und des Lächerlichen erreicht: der ursprüngliche Hohn über die dogmatische Festlegung führt zu einer Art Selbstverhöhnung der kirchlichen Dogmatik; ihre Fragestellungen werden immer ausgetüftelter und grotesker, und sie *müssen* es werden, um jeden noch so abgelegenen Winkel des Geistes, in dem der Zweifel noch regsam sein könnte, besetzt zu halten.[96]

Ihren *Anfang* nimmt die kirchliche Dogmenbildung nach REIK damit, daß die konkreten Bedingungen und zeitgeschichtlichen Abhängigkeiten ihrer eigenen Entstehung *verleugnet* und ins Göttliche *projiziert* werden. «Die Kirche [...] erkennt ein Werden des Dogmas nicht an. Jesu Glaubensgut, das der Kirche von allem Anfang an gegeben war *(depositum fidei)* und das die ganze Wahrheit umschließt, kann nicht etwas Gewordenes sein. Das Dogma war immer da; auch von seiner Entwicklung kann man nur in einem formalen oder begrifflichen Sinne sprechen. Diese war freilich notwendig, weil die von Gott kommende Wahrheit zur Abwehr der Ketzer und Zweifler und zum besseren Verständnis der Gläubigen verdeutlicht, erläutert und verteidigt werden mußte. Die christlichen Kirchen erklären, daß die das Glaubensgut umschließenden Wahrheiten in den heiligen Schriften beziehungsweise in der Tradition enthalten sind und von hier aus in dogmatischer Form überliefert werden konnten. Es ist (indessen, d. V.) nachweisbar, daß die Bekenner des Urchristentum kein solches Dogma von Anfang an besaßen. – Die Kirche hat die Dogmen in Synoden und Konzilien formuliert, jenen großen und imposanten Versammlungen des hohen Klerus, die von erbittertsten Streitigkeiten durchtobt waren und im Namen und zu Ehren dessen geführt wurden, der gekommen war, den Menschen den Frieden zu bringen. Der Heilige Geist, der die Bischöfe erleuchtete, sprach dann aus dem Munde der Versammlung und machte ihre Meinung unfehlbar. Doch kann auch der *ex cathedra* lehrende Papst die in der Überlieferung enthaltene ewige Wahrheit jederzeit in eine allgemein gültige Fixierung überführen. Ob nun das Dogma auf einem Konzil promulgiert oder vom Papst ausgesprochen wurde, es wird immer auf die Autorität Gottes zurückgeführt und die göttliche Offenbarung als das Erkenntnisprinzip *kat exochen* (schlechthin, d. V.) anerkannt.»[97]

Der Sachverhalt, den REIK mit diesen Worten beschreibt, ist uns inzwischen leidvoll und sattsam genug bekannt; doch worauf die leise Ironie REIKS besonders verweist, das ist die frühzeitige und prinzipielle *Verwischung der Spuren*: nicht Menschen sollen es sein, die da, fehlbare Wesen mitsammen, auf bestimmte unabweisbare Fragen des Daseins sich eine Antwort zu geben suchen; um dem Zweifel im ganzen den Garaus zu machen, muß es *Gott selbst* sein, der sich *zumindest bestimmter* Menschen bedient, um seine unbezweifelbare, eben deswegen «göttliche» Wahrheit der irrenden und fehlsamen Menschheit kundzutun. Klarer gesagt: das «Problem», das nach einem *Dogma* ruft, ist mit intellektuellen Mitteln an sich vollkommen unlösbar; *eben deshalb* erheischt es *das Machtwort* der Kirche! Wo sich das Fragen nicht beruhigen will, da hilft, scheint's, nur die klare Auskunft dessen, der das Sagen hat, doch gerade er, der das Sagen hat, darf nicht sich eigener Machtfülle vermessen, er hat von sich her gar nichts zu sagen, auf daß er nur sage, was zuvor Gott selber ihm anvertraut hat – auch er und gerade er ist mithin nichts als der gehorsame Diener, als das Sprachrohr des Höchsten, als der erste Diener aller dienstbaren Geister –, *der Erste* allerdings doch, wie man denken muß. Eine logische Lücke des Begründens wird da geschlossen durch reine *Dezision*.[98]

Es ist an *dieser* Stelle, daß die Verformung des Religiösen beginnt, denn alles, was daraus folgt, ist nichts als die fortschreitende Erweiterung dieses Grundfehlers. Man hat es als das Prinzip des *Faschistoiden* beschrieben, Wahrheit durch den Willen dekretieren zu wollen; aber gerade dieses Prinzip findet sich ausgeprägt in der katholischen Kirche.[99] Umsonst dabei die Berufung auf Gott – man begreift nur zu gut die demütige Anmaßung, die in alledem steckt; umsonst auch die rational wohlgeschliffenen Redewendungen, in denen das kirchliche Dogma sich mitteilt – die innere Irrationalität, ja, Widersinnigkeit tritt dadurch nur um so sichtbarer in Erscheinung; vor allem: ein Gott, der es nötig hat, sich durch das Diktat der Macht statt durch die leise Stimme der Einsicht und der Vernunft zu beglaubigen, widerlegt durch das eigene Beispiel alles, was man von ihm eigentlich glauben sollte.[100] Macht schafft nicht Recht, und sie erschafft auch nicht Wahrheit, ganz gewiß jedenfalls nicht bei *Gott!*

Dennoch kann jetzt, einmal begonnen, alles nur so weitergehen. Das Dekret aus Menschenmund wird in «Gott» hineinprojiziert und damit dem Zeitenstrom enthoben: der Ewigkeitsanspruch und das Postulat der *absoluten* Wahrheit folgen auf dem Fuße. Aber noch mehr: die Dogmenbildung verfolgt, wie REIK richtig feststellte, den ausdrücklichen Zweck, dem «Hin- und Herwogen von Gedankenzügen, die von einander widerstreitenden Tendenzen getragen werden», ein Ende zu bereiten[101]; da aber das Ende der Debatte nicht durch Erkenntnis, sondern durch Gehorsam *erzwungen* werden soll, kann der Zweifel auf diesem Wege natürlich niemals beseitigt werden; – allein schon deshalb bedarf das kirchliche Lehramt der *göttlichen Verkleidung,* um dem menschlichen Zweifel gegenüber als *endgültig* auftreten zu können. Der jetzt entstehende Konflikt aber zwischen selbständigem Denken und kirchlich induzierter *Strafangst* verwandelt sich alsbald in das uns schon geläufige Problem der verschobenen Ebenen: der Zweifel selbst übernimmt fortan die Gefühlsbedeutung einer aggressiven Ersatzhandlung, und die angstbesetzte Unterwerfung muß in eine intellektuell vertretbare Überzeugung umgeformt werden. Ein *System falscher Stellvertretungen* kommt so zustande, indem Gefühle den Platz von Gedanken einnehmen, Gedanken den Platz von Gefühlen; Gott vertritt hier die Menschen, und Menschen rücken auf zu Gottes Stellvertretern – nichts darf bleiben, was es ist. Doch eben dieses Verwirrspiel im Psychischen wie Sozialen erlaubt allererst das, was für den *zwangsneurotischen* Zustand des Bewußtseins charakteristisch ist und was REIK als «gegensätzliche Impulse» einer «Gefühlseinheit» beschreibt, die im Dogma «intellektualisiert» wiederholt werde: «Das Dogma», schreibt er, «ist ein gedanklicher Kompromißausdruck von verdrängten und verdrängenden Vorstellungen... Seine Gestaltung ist durch die Abwehrkämpfe gegen das Verdrängte, das in entstellter Form und in Ersatzbildungen wiederauftaucht, bedingt»[102]; eben darin entspricht es ganz und gar einer *Zwangsidee.*

Näherhin hebt nun *der Mechanismus weiterer Entstellungen* an. – Das unter Zwang geratene Denken nämlich muß zunächst den Ausgangspunkt seines «Glaubens» durch *Verallgemeinerung* ins Unermeßliche dehnen: das «Heil der Welt», die «Rettung der Menschen», das Schicksal der göttlichen «Heilsveranstaltungen» (wieder ein echtes Theologenwort) – je großartiger der Anspruch, desto zuversichtlicher die Selbstgewißheit.[103] Um es leichter faßlich zu sagen: Wenn ein sechsjähriger Junge, der allein zu Hause im Dunkeln sitzt, von seinem *Hund* behauptet, er könne Riesen bezwingen und Geister hinter der Gardine verbellen, dann würde jeder sofort begreifen, daß all die kühnen Behauptungen des Machtgewinns dieses Jungen der Abwehr einer mindestens ebenso großen *Angst* in seinem Erleben entsprechen dürften; doch wenn die katholische Kirche allen Ernstes für sich in Anspruch nimmt, die innere Achse der Weltwahrheit zur Errettung von Teufel und Hölle zu sein, so hindert die bereits eingetretene Intellektualisierung ihrer theologischen Fachsprache und die Jahrtausende während Gewöhnung an eben diese groteske Verallgemeinerung und Übersteigerung ihres Selbstbildes sogar an sich vernünftige Zeitgenossen noch immer daran, hinter so viel Aufgeblasenheit den Kern einer *weltweit* gewordenen Angst auf seiten von derart sicher Daherredenden wiederzuerkennen.

Es *ist* aber auch kompliziert, mit den Gedankengängen kirchlicher Lehramtsinhaber zurecht zu kommen! – Parallel nämlich zu dem Mechanismus der überwertigen Bedeutungsverleihung und der Generalisierung der Aussage *verschiebt* sich jetzt im Kampf gegen den Zweifel das Gewicht der Behauptung *auf jedes noch so kleine Detail;* und schließlich müssen wir daneben noch die *Isolation* der abgewehrten Inhalte (parallel zum Ausschluß der «Ketzer») sowie die *Formalisierung* des Glaubensbekenntnisses, die wir bereits dargestellt haben, in den Merkmalskatalog des spezifisch *zwangsneurotischen* Denkens aufnehmen. Nur so verstehe man, meinte REIK, die «Bedeutsamkeit der Wortwahl» im Dogma, «das besondere Gewicht, das auf Präzision und Bestimmtheit des Ausdrucks gelegt wird»[104]: Es ist sichtbar *der Zweck* solcher Formeln, jede Unbestimmtheit *zu bannen* «und so den Zweifel und die aggressiven Tendenzen psychisch zu bewältigen. Es ist bezeichnend, daß sich an jede solche Formelsetzung in der Zwangsneurose wieder neue Zweifel ansetzen können, bis schließlich eine absurde, große Zwangsidee, die prägnant ausgedrückt erscheint, den Zweifeln scheinbar endgültig Halt gebietet».[105]

Freilich findet dabei weder der Zweifel noch das innere Aufbegehren ihr Ende, und so muß beides: das Dogma wie der isolierte und verdrängte Widerspruch – zwei Kämpfern, die miteinander auf dem Plateau eines Steilfelsens ringen, vergleichbar – immer mehr dem gemeinsamen Abgrund entgegen treiben. – Dieser *Abgrund* liegt in dem *Widersinn des Dogmas*, in dem TERTULLIANschen «Ich glaube, *weil* es absurd ist»[106], begründet. «Der Widersinn des Dogmas», schrieb dazu TH. REIK, «ist zum größten Teil durch die unterirdische Mitarbeit der aggressiven Tendenzen bedingt. Diese ist es auch, welche die absurde Verkleidung der Zwangsidee bestimmt. Die Verdrängung hat dort in den meisten Fällen den Inhalt der aggressiven Triebregung unbewußt gemacht. Er äußert sich nur in dem unsinnigen Wortlaut der Zwangsidee [...] Die aggressiven, herabsetzenden und verhöhnenden Tendenzen scheinen ihren Ausdruck so in der Formulierung selbst zu finden. Es ist, als wäre es ihr Werk, wenn derjenige, der den Zwangsgedanken hört, auszurufen geneigt ist: ‹Was für ein toller Gedanke! Was für ein Unsinn!›»[107] «Es klingt wie eine Persiflage, wenn Tertullian sagt: ‹Gekreuzigt wurde der Gottessohn; das ist keine Schande, weil es eine ist. Und gestorben ist der Gottessohn; das ist glaubwürdig, weil es ungereimt ist. Und begraben ist er auferstanden; das ist ganz sicher, weil es unmöglich ist.›»[108]

Es ist klar: mit dieser sonderbaren Dialektik von Häresie und Dogma, von Gedankenfreiheit und Glaubensvorschrift wird das kirchliche Dogma solange wie eine Keule geschwungen, bis jede gerade Vernunft und mithin jeder begründbare Rest eines Widerspruchs aus den Schädeln der «Gläubigen» herausgeprügelt ist.

Freilich, um welchen Preis? – Zum guten Schluß oder besser, zum bitteren Ende steht das «zuende» bewiesene Dogma weit lächerlicher noch da als die abgewehrte Irrlehre oder als der zu Spott und Widersetzlichkeit verleitende Zweifel. «Der unbewußte Anteil des Hohnes am Widersinn des Dogmas tritt für die Analyse überall zutage, wo ein ausgebildetes Dogma in der Geschichte der Religionen erscheint: er liegt bereits in der dogmatischen Formulierung beschlossen. Es ist dabei gleichgültig, ob wir an die Lehre denken, daß Maria *clauso utero* (biologisch als «unversehrte» Jungfrau, d. V.) geboren habe oder daß die ungetauften Kinder zu ewiger Höllenpein verurteilt sind... ob die Transsubstantiation in der Eucharistie, welche die reale Gegenwart Christi in jedem Teilchen der Hostie annimmt, oder (ob, d. V.) die Perichorese, die gegenseitige Durchdringung und Ineinanderwohnung der drei Personen der Trinität, zur Diskussion steht. Es bleibt ein vollkommener Widerspruch... Der sinnvolle Widersinn des Dogmas ist jener Zug, welcher es am auffälligsten und sinnfälligsten in die Nähe der neurotischen Zwangsidee rückt. Hier geht die religiöse Entwicklung in ihrer gedanklichen Ausprägung oft ununterscheidbar in die Sphäre der Zwangsvorstellung über. Hier, wenn irgendwo, trifft jenes Wort Heraklits zu, der Glaube sei eine ‹heilige Krankheit›.»[109] Nötiger noch als eine *«Kriminalgeschichte des Christentums»*[110] ist allem Anschein nach eine *Krankheitsgeschichte* der kirchlichen Glaubenslehre.

Ja, man muß, genauer betrachtet, *in dem Dogma* selber bereits den eigent-

lichen *Triumph des Zweifels* erkennen; und was REIK *hierzu* an Gedanken
vorgetragen hat, führt uns zu einer Auffassung des Problems, die noch weit
tiefer reicht, als der große FREUD-Schüler selber es sehen konnte; erfordert
dazu ist freilich eine nicht nur psychologische, sondern zugleich *philosophische*
Sicht der Dinge.

Nach REIK tritt das Dogma in der Entwicklung der Religion an jener Stelle
auf den Plan, wo die ursprüngliche Glaubensgewißheit beziehungsweise wo
der Zustand der Unreflektiertheit durch den weiteren Fortgang des Bewußtseins durchbrochen wird.[111] Im Sinne der Arbeiten des Religionswissenschaft-
lers G. MENSCHING aus den fünfziger Jahren, dessen Ansichten REIK zweifellos zugestimmt hätte, läßt sich so etwas wie ein Entwicklungsgesetz der
Religionen aufstellen, wonach die Phase einer aufbrechenden großen Vision
und Intuition zur Zeit des Religionsgründers von einer Epigonenzeit systema-
tisierender Dogmatiker und institutionalisierender Priester abgelöst wird, bis
schließlich eine Epoche stürmischer Reformversuche das bestehende Glau-
bensgebilde vor die Alternative seiner Verfestigung oder Erneuerung stellt.[112]
REIK sah die Zusammenhänge eigentlich noch schärfer: mit dem Dogma findet
der Anspruch der Intellektualität selbst im Herzen der Religion Aufnahme,
und dieser Anspruch bedeutet seiner Meinung nach das Ende der Religion
überhaupt. «Unsere Ahnen», schrieb er, «haben alle an die Existenz und Herrschaft guter und böser Geister in Wald und Flur geglaubt. Dieser ihr Glaube
war unerschütterlich und wurde deshalb mit guten Gründen gestützt. Heute
glauben nur noch unsere Kinder an diese wohltätigen und boshaften Wesen,
und dies auch nur so lange, als sie Märchen hören und lesen. An die Stelle des
Glaubens ist bei uns das Staunen über die animistischen Vorstellungen getreten. Wir teilen sie nicht mehr, sondern wir wollen wissen, was sie bedeuten,
wie die Menschen zu ihnen gekommen sind, welche psychischen Motive ihnen
zugrunde lagen und welchen Zielen sie zustrebten. Es wird eine Zeit kommen,
da die Religionen der Erde unter denselben Gesichtspunkten betrachtet werden. Nicht gläubiger Eifer, aber auch nicht der Fanatismus der Freidenker
wird dann die Anschauungen über die Religion beherrschen. An Stelle des
Glaubens wird die *Erforschung* des Glaubens getreten sein. Diese Entwicklung
hat ihre Schatten vorausgeworfen. Ich meine... das Eindringen wissenschaftlicher Gesichtspunkte in das Gefüge der Religion selbst. Mag auch die wissenschaftliche Bearbeitung völlig unzureichend, rein dialektisch, sophistisch
und religiös gebunden erscheinen, mag sie einseitig dazu da sein, die Glaubensnormen gegen den Zweifel zu verteidigen und ihre Vernunftgemäßheit zu erweisen, ihre Notwendigkeit selbst ist ein unzweideutiges Symptom für jene

zukünftige Entwicklung. Das Bedürfnis nach einer umfassenden rationalen
Fundierung der religiösen Erscheinungen, die theologische Bemühung um
einen vernunftgemäßen Unterbau für die Glaubensnormen bezeichnet in der
Geschichte der Religionen bereits den Anfang vom Ende. Denn die Kritik, der
Zweifel werden ihre Arbeit höchstens verschieben, nicht aufgeben, und der
Zusammenbruch der Glaubensvorstellungen wird das Resultat dieser starken
psychischen Mächte sein müssen. Die Religion kann sich nur aufrechterhalten,
indem sie der Vernunft Konzessionen macht, aber diese Konzessionen werden
immer größer sein müssen, die Anforderungen der Gegner immer dringender
und gebieterischer. Was einen Abhang hinabrollt, läßt sich nicht mehr festhalten.»[113]

Die rationale Theologie, die Apologetik ebenso wie die Dogmatik, sind
demnach in der Geschichte der Religion notwendige Formen der zwanghaften
Abwehr des intellektuellen Zweifels an dem Wahrheitswert der Glaubensinhalte; doch indem in der rationalen Gestalt des Dogmas dem Intellekt sein *Fra-
gerecht*, wenn auch höchst widersprüchlich, zugestanden wird, ist das kirchliche Dogma selbst der Totengräber des Glaubens. Das heißt: die Aufgabe des
Dogmas ist eigentlich nicht die einer feierlichen *Beisetzung* des ursprünglichen
Glaubens; eher gleicht das dogmatische Denken einem Arzt, der zur Kur
gegen die sich ausbreitende Metastasenbildung eines tödlich an Krebs Er-
krankten nichts weiter zu verordnen weiß als das immer weitere Abtöten lebender Zellen mit Hilfe schwerer chemischer Gifte und tödlicher Strahlendo-
sen. Wohl gelingt es dem Rationalisierungsprozeß der kirchlichen Dogmatik,
vor den Augen der gehorsamen «Gläubigen» den Eindruck von Vernunftgemäßheit und Widerspruchsfreiheit der dogmatisierten Glaubensinhalte zu erwecken, doch geht ihr selber dabei über all die sekundären Bearbeitungen des
ursprünglich Gemeinten, wie in der *Traumarbeit,* der eigentliche Sinn ihrer
Aussagen immer mehr verloren. REIK meinte dazu: «Die dogmatische System-
bildung [...] ordnet die Dogmen um, vervollständigt, detailliert sie und motiviert sie vernunftgemäß und verdeckt so ihre Entstehung [...] Die Dogmatik
hat einen doppelten Boden: ihre Grundlagen sind die der rationalistischen,
vernunftgemäßen Darstellung und Begründung ihrer Sätze, ihre tiefere, eigentlich wirksame Schicht ist das Sträuben gegen blasphemische, herabset-
zende und aufrührerische Impulse gegen jene Autoritäten, auf welche sie sich
stützt: Gott, Jesus, die Kirche, der Papst.»[114] Doch alle Scheinbeweise, aller
Zwang zum richtigen Denken und alles noch so «richtige» Zwangsdenken,
aller Aufwand an Denktabus und doktrinärer Unbeugsamkeit bis in die Details hinein ändern nichts an dem Grundkonflikt: Geist ist mit Macht nicht

zu beweisen, und kein Gebot kann einen begründeten Zweifel aus der Welt schaffen.

Schließlich vervollständigt sich das Bild durch *die wachsende Entfernung des Lehramtes von den Gläubigen*. Je länger die kirchliche Dogmatik ihr Zepter schwingt, desto weniger begreifen die «Einfachen» im Lande, wovon und worüber der ganze gelehrte Streit der Theologen eigentlich handelt und geht. Man muß TH. REIK im vollen Umfang zustimmen, wenn er auf den *asozialen Charakter des Zwangsdenkens* hinwies, das sich hier berühre «mit der abgeschlossenen, nur einzelnen Priestern und Religionsforschern zugänglichen Natur der theologischen Spekulation.»[115] Ja, er fuhr fort: »die Übereinstimmung beider Erscheinungen (des Zwangsdenkens und der kirchlichen Dogmatik, d. V.) führt (noch, d. V.) weiter: der Gläubige weiß nicht einmal den Wortlaut der Dogmen; er kennt nicht einmal ihren genauen Inhalt, kann weder über ihre Begründung noch über ihren Zusammenhang untereinander etwas aussagen. Er mag unklare, phantasiemäßige Glaubensvorstellungen haben, aber sicherlich kennt er nicht den genauen Inhalt der kirchlich anerkannten Anschauungen. Die Religion des Priesters und die des schlichten Gläubigen sind – streng genommen – zwei verschiedene Erscheinungen: Wer wollte behaupten, daß der Spender und der Empfänger des Sakramentes dieselben Vorstellungen über dessen Wesen und Wirkung haben? Die Feinheiten der dogmatischen Mariologie haben nichts zu tun mit der volkstümlichen Auffassung der schmerzensreichen Gottesmutter, die ihr Antlitz gnädig der Not Gretchens neigt. Die Kirche ist dessen zufrieden. Sie verpflichtet den Christen nur zur *fides implicita* (zum «einschlußweisen» Glauben, d. V.), dazu, sich allgemein zu jenem Glauben zu bekennen, den die Kirche vorschreibt. Die Kenntnis der Dogmatik ist in allen Religionen auf einen engen Kreis beschränkt: das schlichte Schäflein der christlichen Gemeinde folgt, ohne nachzugrübeln, dem Glauben seines Pfarrers, so wie der Amharez (der jüdische Ungebildete, d. V.) des Ghettos den Vorstellungen des Rabbis, der ungelehrte Muslim den Entscheidungen der Ulemâs (Fachgelehrten, d. V.). Auch der Zwangsneurotiker kennt den eigentlichen Wortlaut seiner Zwangsideen nicht; er erfährt ihn erst durch die mühselige analytische Arbeit, welche die Entstellungsarbeit rückgängig macht.»[116]

*c) Geistige und psychische Ursachen für Dogmatismus und Fanatismus*

Woher also kommt der *zwangsneurotische* Gedankenaufbau der *kirchlichen Dogmatik*, dieser schleichenden Krankheit des Religiösen, dieser Aufspaltung des gläubigen Bewußtseins im Menschen ebenso wie der Gläubigen untereinander, dieser fortschreitenden Aushöhlung des religiösen Lebens durch scheingelehrte Doktrinen und gewaltsam aufgenötigte Verordnungen, die anscheinend alle höher entwickelten Religionsformen befällt wie eine in wüstennahen Sumpfgebieten ausgebrütete Heuschreckenplage? Es gilt, zur Beantwortung dieser Frage vor allem diejenigen Merkmale herauszustellen, die speziell in der *christlichen* Überlieferung charakteristisch geworden sind und die bei aller Vergleichbarkeit mit anderen Religionen die *besondere* Starre gerade des kirchlichen Dogmatismus verstehbar machen.

Noch immer scheint der klassische Ansatz von FREUD und REIK verlokkend: Er bestand in der Vorstellung, man könne, ähnlich wie bei der Traumanalyse, den *Grund* der Abwehrmechanismen *in dem verdrängten Material* der latenten Wunschphantasien selbst wiederfinden. Es ist wahr: irgendetwas wird von der kirchlichen Dogmatik *verschleiert,* und jeder, der wagt, ihr in irgendeinem Punkte entgegenzutreten, wird augenblicklich in den Kreis der eben beschriebenen Mechanismen hineingezogen: der *Verallgemeinerung* der Auseinandersetzung, um den Sinn der eigentlichen Debatte dem Bewußtsein der Gläubigen zu entziehen, der *Verschiebung* auf ganz andere Fragestellungen, die mit dem Ausgangspunkt nichts mehr zu tun haben, und der *Isolierung* des Themas von jedem verstehbaren Kontext und von jeglichem affektiven Hintergrund.[117] Doch eben deshalb: weil dieser Vorgang *immer wieder* sogar in ganz verschiedenen Religionen unabhängig voneinander sich beobachten läßt, haben wir es offenbar bei all den zwangsneurotischen Verformungen innerhalb der kirchlichen Dogmatik *nicht* mit einer *spezifischen* Form der psychischen Verarbeitung bestimmter, nur zu ihr selbst passender Inhalte zu tun, wir treffen vielmehr auf eine psychische Apparatur und Mechanik, die *generell* ihre Arbeit aufnimmt, sobald ein entsprechendes auslösendes Signal gegeben wird.

*Im Bild gesprochen:* um starke seelische Erregungen zu verarbeiten, kennt unsere Psyche nur eine geringe Zahl von Ausdrucksformen, die entsprechend generalisiert sein müssen. *Weinen* zum Beispiel kann man aus Trauer ebenso wie aus Freude, wenn nur die «Stimmung» danach ist, wenn also die affektive Erregungssumme einen bestimmten Schwellenwert überschreitet[118]; ein Rückschluß auf bestimmte Inhalte, die derart starke Gefühle hätten ausgelöst haben können, ist aus dem Weinen selber durchaus nicht zu ziehen. Und ebensowenig ist es möglich, die Mechanik des Zwangsdenkens selber aus bestimmten religiösen Inhalten abzuleiten. Oder anders gesagt: es ist nicht so sehr der Inhalt, sondern eher die Form des Denkens, die den Dogmatismus begründet.

REIKS Annahme, die zwangsneurotischen Züge der kirchlichen Dogmatik stünden mit bestimmten verdrängten Inhalten der christlichen Religion selber in Zusammenhang (sie dienten mit anderen Worten der Verschleierung des alten Aufstandes des Sohnes gegen den Vater), stößt sich des näheren bereits mit einer Reihe von Feststellungen, die er selber getroffen hat, vor allem mit der richtigen Beobachtung, daß zum Beispiel auch *der Islam* und *das Judentum* eine ausgeprägte Neigung zu schriftgelehrten Glaubensdefinitionen und zu einer Vielzahl komplizierter Verhaltensregeln aufweisen.[119] Diese Tatsache stellte allerdings für REIK insofern kein großes Problem dar, als er nach FREUDS Vorbild den Ursprung *jeder* Religion in dem großen verdrängten Szenarium der Ermordung des Urvaters erblickte; das FREUDsche Konstrukt aber, wenn man es, über die geniale Beschreibung einer bestimmten sozialen Psychodynamik hinaus, für eine Wiedergabe realer Vorgänge in der Historie hält, ist ebenso wenig haltbar wie die enge Fassung der Traumatheorie in den frühen Arbeiten FREUDS über die Entstehung der Neurose[120], – nicht einmal die Grundannahme von der «Urfamilie» als einer patriarchalischen Primatenhorde der Vorzeit entspricht den prähistorisch belegbaren Gegebenheiten[121], und insbesondere war FREUDS These von der Universalität des »Ödipuskomplexes» nachweisbar falsch.[122]

Wie aber dann? – Es ist zum Beispiel möglich und richtig, den *Dogmatismus im Islam* mit den Dogmenbildungen im Christentum zu vergleichen, aber es scheint der islamischen Lehre Gewalt anzutun, wollte man sie auf das klassische Schema vom Aufstand des Sohnes gegen den Vater zurückführen[123]; in der Religion des *Alten Ägyptens* hingegen ist der Kampf des Horus an der Seite seiner Mutter Isis gegen den bösen Seth, den Mörder seines Vaters Osiris[124], mit einiger Mühe auf das ödipale Grundmuster zurückzuführen[125]; doch gerade der Glaube der Pharaonen bewies über dreitausend Jahre lang bei einer enormen Fülle magischer Rituale und priestergebundener Geheimlehren eine erstaunliche Offenheit, Flexibilität und Toleranz gegenüber Neuerungen.[126] Der *Hinduismus* wiederum ist bis heute eine ausgesprochene Brahmanenreligion, aber er ist (trotz vieler fanatischer Züge in der gelebten Volksreligion) von einer bemerkenswerten Freiheit gegenüber einem starren Dogmenglauben[127], wie er sich in den «biblischen» Religionsformen (Judentum, Christentum und Islam) bemerkbar macht.

Aus all dem läßt sich zwanglos wohl nur der Schluß ziehen, daß der Dogmatismus zwar ein allgemeines Phänomen der Religionsgeschichte darstellt, daß es aber *besonderer* geistiger Voraussetzungen bedarf, um ihn hervorzutreiben. Diese Feststellung wiederum könnte das Startsignal bilden, um den Theorien FREUDS und REIKS insgesamt den Rücken zu kehren und in das Lager der sozialgeschichtlichen Interpretationsmethode E. FROMMS überzulaufen[128]; doch auch dieser Weg scheint durch die Barriere der Tatsachen versperrt. Selbst wenn man der Rekonstruktion der *christlichen* Dogmengeschichte in der Verschmelzung von Sozialgeschichte und Sozialpsychologie (von Marxismus und Psychoanalyse) bei E. FROMM im großen und ganzen zustimmen mag, so nimmt es doch nur umso mehr wunder, wie unter ganz anderen sozialen Gegebenheiten *im Islam,* mit dem Gegensatz vor allem zwischen den städtischen Händlern und den Wüstennomaden einerseits und den Handwerkern und Bauern andererseits[129], eine ganz ähnliche Entwicklung eingeleitet werden konnte wie im Katholizismus, im Vergleich mit der allerdings der römische Papst auf dem Wege der Dogmenformulierung eine zentrale Machtstellung sich hat erobern können, die in der Religionsgeschichte der Menschheit ohne Beispiel und Parallele dasteht. Will man begründen, warum trotz grundverschiedener sozialhistorischer Ausgangssituationen speziell die drei «biblischen» Religionen (Judentum, Christentum und Islam) im Unterschied zu allen andern bekannten Religionsformen der Menschheit ausgeprägt dogmatistische Tendenzen aufweisen, so muß man nach einem *psychologischen* beziehungsweise *geistigen* Faktor oder Faktorenbündel suchen, das diese drei Religionen untereinander eint und sie zugleich von den anderen Religionen trennt, und es kommt darauf an, diese Faktoren als geistige Formalbedingungen des Dogmatismus herauszuarbeiten, ohne sie, wie in den Untersuchungen von REIK und FROMM, aus den Dogmeninhalten selbst zu entwickeln. An solchen Faktoren lassen sich mindestens *drei* aufzählen:

*Der erste* und nächstliegende ist gewiß *die Bibel selber.* Was ihre Stellung in der Religionsgeschichte auszeichnet, ist *der radikale Bruch mit den mythischen Religionen* beziehungsweise der *Offenbarungsglaube,* der damit einhergeht.[130] Die weltgeschichtliche religiöse Leistung Israels liegt ohne Zweifel in der Entdeckung des *Monotheismus*[131]; sie begründet bis heute die einzigartige Stellung des *Judentums* unter den Völkern der Welt – selbst *der Islam* ist nach Mohammeds eigenen Worten nur die Wiederherstellung der Religion Abrahams, geoffenbart von Allah durch den Propheten in arabischer Sprache[132]; und auch das *Christentum* hat sich in der griechisch-römischen Antike wesentlich als eine Art jüdischer Aufklärungsreligion gegenüber dem «heidnischen» Polytheismus durchsetzen können.[133] Um zu verstehen, welch ein Zusammenhang zwischen Monotheismus und Dogmatismus besteht, muß man bedenken, wie eng der Eingottglaube mit dem strikten *Verbot der bildhaften Darstellung* des Göttlichen verknüpft ist.[134] Die eigentliche Geburtsstunde der dogmatischen «Theologie» liegt von daher nicht, wie REIK meinte, an der Nahtstelle zwischen religiösem Glauben und wissenschaftlichem Denken, sondern in der Zerstörung der ursprünglichen Einheit von Wort *und Bild* in dem Symbolismus der mythischen Religiösität.

Am Beispiel noch einmal der *Alten Ägypter* erläutert, wird man, je tiefer in die Vergangenheit zurück, um so ausgedehnter die *Bildhaftigkeit* des religiösen Denkens und Vorstellens bemerken. Im antiken Ägypten läßt sich besonders sinnenfällig beobachten, wie das geschriebene Wort aus bildhaften Ideogrammen entsteht[135] und wie wiederum die Schrift dazu verwandt wird, den steinernen Statuen der Tempel und den Fresken der Gräber Seele und Leben einzuhauchen.[136] Das Wort selbst, damit es *religiös* sei, kann offenbar nicht anders, als in «magischer» Beschwörung gefühlsstarke Bilder und Erlebnisszenarien hervorzuzaubern, die in ihrem Entstehen selber auf den Betrachter in eigentümlicher Weise zu «wirken» beginnen. Die Voraussetzung dafür aber ist eine gewissermaßen «animistische» oder «pantheistische» Weltansicht, innerhalb deren *alles* als ein mögliches Bild der Verweisung auf Göttliches empfunden werden kann und die Gottheit selbst gegenwärtig sich zeigt in den Wipfeln der Bäume[137], auf den Kuppen der Berge[138], im Murmeln der Quellen[139], im Ruf des Kuckucks[140], im Brunftschrei der Hirsche[141], im Aufgang der Gestirne[142], im Schimmer des Mondes[143] und in den lebenspendenden Strahlen der Sonne.[144] Gerade mit dieser Weltsicht hat die Religion der Bibel gebrochen. Endgültig sollte Gott nicht mehr verehrt werden als ein Teil der Natur, sondern als eine personale Macht der Gestaltung der menschlichen Geschichte und, daraus abgeleitet (!), der Ordnung der Natur.[145] Auch das Weltbild der Bibel, wenn sie erzählt von der Berufung Abrahams oder von der Berufung Israels oder von der Verheißung des Landes, ist noch dem *Mythos* verhaftet[146], aber die Richtung der biblischen Religion selber zielt mit dem Kampf gegen den Mythos und der strikten Unterdrückung der Bilderseligkeit der «heidnischen» Religiösität eindeutig in die Richtung einer wachsenden Freiheit, Bewußtheit und Verantwortung des menschlichen Daseins im Gegenüber der absoluten Person Gottes.

Wohlgemerkt, es ist an sich auch eine ganz und gar *anders* geartete Zerstörung des Mythos denkbar: bereits *die jonische Naturphilosophie* im sechsten Jahrhundert und *die griechische «Aufklärung»* im fünften Jahrhundert vor

Christus entthronten die olympischen Götter Homers[147]; im antiken Griechenland war es wirklich *die Rationalität* von Naturwissenschaft und Philosophie, die im Sinne von AUGUSTE COMTE[148] ein Zeitalter des «erwachsenen» Denkens einleiteten. Die Bibel hingegen überwand den Mythos nicht aus Gründen rationaler Überlegungen, sondern aus einer besonderen religiösen Erfahrung, in der Kraft einer neuen Form der Manifestation des Göttlichen, einer echten *«Offenbarung»*. Der Glaube an eine solche Offenbarung, die dem Stammvater von seiten der Gottheit zuteil wurde[149], stand am Anfang der Religion Israels; es erhielt aber diese Form der Frömmigkeit sich nur in einem nicht endenden Abwehrkampf gegen die Naturalisierung und Symbolisierung des Göttlichen in den Bildern der geschaffenen Welt. Es ist mithin *das monotheistische Dogma*, das in äußerster Schärfe und Polemik die Entfaltung der mythischen Religionsformen durchbricht und unterbricht. Das Wort, der Gedanke, das Gebet, die *geistige* Welt traten auf diese Weise in immer schärferen Kontrast zu dem Symboldenken der mythischen Glaubenswelt der «Heiden», und damit war der erste Schritt in Richtung einer «festen», dogmatischen Frömmigkeitshaltung getan. Fortan galt es, um den rechten Glauben in Einzigartigkeit und besonderer Erwählung auf Sein oder Nichtsein zu *kämpfen*. Eine absolute Wahrheit stellt sich seither buchstäblich gegen den Rest der Welt.

*Zum zweiten* begründet *die Konzentration auf das Wort* künftig selber einen neuen Weg zur Interpretation religiöser Erfahrungen. Alles Denken in Bildern und Symbolen ist von Natur aus «unscharf», angewiesen auf andere komplementäre Bildreihen, kompatibel selbst mit konträr erscheinenden Aussagen und folglich ebenso «tolerant» wie aller künstlerischer Ausdruck.[150] Die Götter von Theben stehen im Alten Ägypten der Götterlehre von Memphis so wenig entgegen wie die Verehrung des Osiris der Anbetung des Re[151], und der Kult der Hathor tut der Göttin Isis keinen Abbruch.[152] Ganz anders verhält es sich hingegen, wenn man das Geheimnis des Göttlichen *in Worten* zu beschreiben sucht. Wohl: die Worte *der Dichter* können bildreich genug sein, um selber «mythologisches» Format zu gewinnen, – stets ist der Pantheismus die geheime Religion der Dichter[153]; doch von nun an mag ihre Sprache allenfalls noch als Feiertagsdekor an Festtagen gepflegt und geübt werden, – die «eigentliche» Wahrheit des Religiösen gehört fortan den «Theologen»: den Schriftgelehrten, Kommentatoren, Tradenten, *Juristen* und Gesetzeslehrern; und *ihre* Art des Ausdrucks *muß* prägnant und bestimmt sein, klar und eindeutig; sie soll *«Ordnung»* schaffen gegen das Chaos; Vernunft und Wille heißen nunmehr ihre Regenten.

Noch einmal im Kontrast: Hu (Wort) und śia (Erkenntnis, Weisheit) wurden auch im Alten Ägypten als göttliche Prinzipien der Weltschöpfung verehrt[154], doch wie anders formen sich Rede und Einsicht in der Fülle der Bilder als in den Ableitungen von Thoragelehrten und Kirchenjuristen! «[...] innerer Reichtum», meinte ANTOINE DE SAINT-EXUPÉRY einmal, «wird nicht durch das Wort, sondern durch die Liebe übertragen [...] Denn in den Dingen steckt mehr Klugheit verborgen als in den Worten – ihr aber verlangt, die Menschen sollen die Welt nur vom Lesen eines kleinen Buches her wieder aufbauen, dessen Bilder und Reflexe sich vor der Summe gelebter Erfahrungen als leer und unzureichend erweisen.»[155] «Die Formelmacher aber haben sich über den Menschen getäuscht. Und sie haben die Formel, die nur der flache Schatten der Zeder ist, mit der Zeder in ihrer Ausdehnung, ihrem Gewicht, ihrer Farbe, ihrem Blattwerk und der Fracht ihrer Vögel verwechselt, was alles sich durch den schwachen Wind der Worte nicht ausdrücken und festhalten läßt [...] Denn jene verwechseln die Formel, die bezeichnet, mit dem bezeichneten Gegenstand.»[156]

Es kommt, speziell in der *christlichen* Theologie, *zum dritten*, aber noch schlimmer. Die «Entbildung», die «Verwortung» des Göttlichen hat zwar in der Bibel ersichtlich bereits zu einer riesigen Sammlung von Gesetzen und Kultvorschriften aller Art geführt, doch in sich selbst noch lange nicht zum Dogmatismus. Bis heute liebt es der jüdische Rabbinismus, auf die Rätselfragen des Lebens mit lehrhaften Geschichten, nicht mit geschichtslosen Lehren zu antworten. Es gibt aber *ein* Moment, das kulturgeschichtlich die christliche und islamische Theologiegeschichte auf das nachhaltigste geprägt hat, das ist *der Einfluß der griechischen Philosophie.*[157] Für die frühe Kirche war es offenbar unvermeidbar, im Gespräch mit der Geistigkeit des Hellenismus sich eben der Sprache zu bedienen, die in der «Ökumene» damals gesprochen wurde: des *Griechischen;* und allein schon dieser Übergang aus der aramäischen in die griechische Sprachwelt bedeutete eine ganz entscheidende geistige Veränderung. «*Glauben*» im Hebräischen als *ämunah* ist etwas anderes als «*pistis*» im Griechischen[158]: das eine meint eine existentielle Grundhaltung, das andere ein intellektuelles Fürwahrhalten; «*lieben*» im Hebräischen als *ahab* bedeutet so viel wie «Gutsein» im praktischen Verhalten, im Griechischen als *agapan* oder *philein* hingegen bezeichnet es weit eher ein subjektives Gefühl der Zuneigung und der Wertschätzung.[159] Und das sind nur *zwei* Beispiele.

Schier zahllos deswegen sind die *Mißverständnisse*, die in der christlichen Theologie allein dadurch zustandegekommen sind, daß man die Bibel *griechisch* statt hebräisch gelesen hat: «*Im Anfang* schuf Gott Himmel und Erde» – «hebräisch», in der Sprache des Mythos, bedeutet das soviel wie: «alles, was ist, verdankt sich in jedem Augenblick seines Daseins wesenhaft der Schöpfer-macht Gottes»[160]; Worte wie «Wesen» und «Dasein» gibt es im Hebräischen eigentlich nicht, und der «Anfang» hebräisch meint keine Zeitbestimmung, sondern ein «Prinzip», einen «logischen» Ursprung; *griechisch»* verstanden aber besagt derselbe Satz etwas ganz anderes: – da gibt er im Sinne des heiligen THOMAS VON AQUIN eine Auskunft darüber, ob die Welt einen zeitlichen Be-ginn kennt oder seit unendlicher Zeit besteht[161], und *«Himmel»* und *«Erde»* sind nicht einfach «alles», sondern ein *Argument* dafür, daß *dieser* Himmel und *diese* Erde «alles» ist, was Gott gemacht hat.[162] Der Kampf der kirchlichen Dogmatik in der Neuzeit gegen KOPERNIKUS, GIORDANO BRUNO[163], GALI-LEI[164] oder CH. DARWIN[165] hat seinen Grund in einem *griechisch* bedingten Mißverständnis der Bibelsprache!

Dabei handelt es sich noch nicht einmal um eine *Fehlübersetzung*, es ist nur, daß dieselben Worte innerhalb einer verschiedenen Sprachlogik und Denk-weise etwas Verschiedenes meinen. – Wie verheerend daneben auch schon reine *Vokabelfehler* beim Übersetzen wirken können, wird jeder katholische Theologe auch heute noch am Beispiel von Jes 7,14 zu spüren bekommen[166]: Da verheißt der Prophet Jesaja, daß eine junge Frau, eine *alma*, ein Kind bekom-men werde; in der griechischen Übersetzung aber, in der Septuaginta, ist dar-aus eine «Jungfrau» geworden, und der Evangelist Matthäus wiederum liest durch ein historisierendes Mißverstehen der altägyptischen Mythen von der Geburt des Königs und Gottessohnes[167] eine «reale» Jungfrauengeburt in den Prophetentext hinein, und *in dieser Gestalt* hat das kirchliche Dogma denn auch die Geburt Jesu festgeschrieben: Maria, die «Gottesgebärerin» war eine «immerwährende Jungfrau».[168] Am paradoxesten aber: obwohl alle katho-lischen Dozenten der Theologie diese Zusammenhänge kennen, dürfen sie unter dem Druck des kirchlichen Lehramtes nichts davon anerkennen; sie wis-sen genau um das «griechische» Mißverständnis, um die falsche Historisierung des Mythos[169], um die unredliche Rationalisierung des «Wunderbaren» in der kirchlichen Apologetik, um die abergläubige Verdinglichung eines göttlichen Geheimnisses zur Beschreibung des *Wesens* der Person Jesu «am Anfang» in der kirchlichen Dogmatik, doch alles das hat nicht zu gelten, weil die Kirche es all die Jahrhunderte gerade so gelehrt und nicht anders zu glauben befohlen hat. *Die mythischen Bilder der «Heiden» unter dem Zwang griechischer Logik* – das erst bildet die spezifische Struktur des *kirchlichen* Dogmas!

Es braucht an dieser Stelle nicht erörtert zu werden, wie der Weg historisch verlief und theologisch zu bewerten ist, der aus der Person des Jesus von Naza-reth den «eingeborenen Logos des Vaters», die zweite Person der dreifaltigen

Gottheit, die Inkarnation der Weltvernunft selber machte; es genügt hier vollauf die Feststellung, daß es vorwiegend diese «Formel» war, die dem Christentum am Ende des ersten Jahrhunderts bis weit in die Mitte des zweiten Jahrhunderts durch die griechisch ausgerichtete Argumentationsweise der frühchristlichen Apologeten den Zugang zu den hellenistischen Gebildeten
öffnete.[170] Dabei konnte die neue Religion zunächst wie ein ARISTOTELISCH
bewiesener jüdischer Monotheismus erscheinen, verbunden mit der PLATONI-
SCHEN Lehre von der Unsterblichkeit der Seele[171] und einer Reihe von STO-
ISCHEN Argumenten zugunsten einer menschheitlichen Ethik[172], und bei
Lichte betrachtet, sind dies denn auch die Punkte, die bis heute selbst außerhalb des Kirchenglaubens gegenüber dem Zweifel eine gewisse vernünftige
Konsistenz bewahrt haben. Die Krise des einmal eingeschlagenen Weges indessen wurde sogleich erkennbar, als man die *Fülle der mythischen Bilder,* die
das Christentum zur Deutung der Botschaft und der Person des Jesus von Nazareth aus der hellenistischen Umwelt übernahm, gleichermaßen mit Hilfe der
Kategorien des griechischen Denkens verstehen und verständlich machen
wollte. *Von da an eigentlich* datiert das Problem, das TH. REIK vor sich sah: da
soll etwas schlechterdings Irrationales ausgerechnet mit den Mitteln der Ratio
ausgelegt werden! Da wird notgedrungen das Denken zunächst in den Zweifel
getrieben und hernach der Zweifel mit einem erzwungenen und zwanghaften
Denken wieder ausgetrieben! Da erscheint *die Dogmatik* wirklich als *ein fau-
ler Kompromiß zwischen einem abergläubigen Glauben und einer unwissenschaftlichen Wissenschaft.* Doch all das ist *nicht das Wesen der Religion,* und
erst hier *irrt* TH. REIK .

Die Art seines Irrtums liegt wohlgemerkt nicht darin, daß er *die sozialge-
schichtliche Seite* der Dogmenentwicklung zu wenig beachtet hätte. Zwar ist es
wahr: als erst einmal «Theologen» und «Apologeten» zu den maßgebenden Instanzen der Auslegung des Christusglaubens avancierten, wurde die Sache Jesu
den «einfachen» Leuten, denen sie vom Ursprung her wesentlich auch, wenngleich nie nur, gegolten hatte, in gewissem Sinne weggenommen; – vom ersten
Augenblick an war die kirchliche *Dogmensprache* auch und zentral *ein Herrschaftsinstrument.*[173] Es mag sein, daß Autoren wie ARISTIDES[174], MINUCIUS
FELIX[175] oder auch wie EUSEB[176], gemessen an SENECA[177], TACITUS[178] und
HORAZ[179], immer noch «primitiv» anmuten; aber der Abstand, der damals
die schreibende Schicht der Bevölkerung, ein verschwindender Bruchteil, von
der Masse der Analphabeten trennte, kann gar nicht groß genug vorgestellt
werden.

Im Grunde ist diese Kluft bis heute übrigens eher gewachsen als geschrumpft: um jemanden am Ende des zweiten Jahrtausends zum «Theologen» auszubilden, bedarf es des schon erwähnten gigantischen, viele Jahre währenden Kapitaleinsatzes vieler hunderttausender Mark, der eine begrenzte Anzahl von «Alumni» schließlich in den Stand setzt, eine Vollausbildung in Altphilologie, mittelalterlichem Denken, historisch-kritischer Bibelauslegung, Kirchengeschichte, Kirchenrecht, «systematischer» (sprich: dogmatischer) Theologie, Moraltheologie und manch anderem zu erwerben, um endlich die Botschaft des Jesus von Nazareth «besser» zu verstehen, eben des Mannes, der zu seinen Jüngern sagte, sie sollten ohne jede Ausstattung, vollkommen mittellos, den Menschen in den Dörfern Galiläas die Nähe Gottes «verkündigen» oder, damit keine «griechischen» Mißverständnisse aufkommen, Gott *nahebringen*.[180] Kein Zweifel: solange dieser Irrweg des kirchlichen Dogmatismus sich fortsetzt, ist er stets gebunden an die Struktur einer *Zwei-Klassen-Kirche*, in der die «Laien» (also die «Volkszugehörigen») streng getrennt sind von den «Klerikern» (also den «besonders Erwählten», den «göttlichen Erbadligen» sozusagen).[181] Hier wird mit den Mitteln religiöser Glaubenslehre das «Heil» des Menschen an Kirchenunterweisung gebunden; hier wird *getrennt* zwischen den Unterweisenden und den zu Unterweisenden; hier wird mit anderen Worten ganz simpel *Macht* verteilt, und zwar ohne Skrupel darüber, daß Jesus unter «Glauben» offensichtlich etwas völlig anderes verstanden haben muß, als in einem solchen Mißbrauch seiner Worte zum Ausdruck kommt.

Daß im Hintergrund der Dogmenstreitigkeiten der frühen Kirche mit Berufung auf den Mann aus Nazareth im Grunde *Machtfragen* entschieden werden und aus dem Gottvertrauen «einfacher» Leute eine komplizierte Angelegenheit der rechten (Aus)Bildung gemacht wird, diese Tatsache leidet bei ehrlicher Betrachtung mit Fug und Recht keinen Zweifel. Eine ganz andere Frage indessen ist es, *welch eine Art von «Bildung»* kulturgeschichtlich sich anbietet, um von der frühen Kirche zur ideologischen Verfestigung hierarchischer Kompetenzen genutzt zu werden, und *diese* Frage läßt sich weder sozialgeschichtlich noch psychoanalytisch beantworten; sie gehört ganz und gar dem Bereich der *Kultur- und Geistesgeschichte* an.

Gleichwohl führt die Hereinnahme der griechischen Denkweise in die kirchliche Glaubensinterpretation natürlich *religionspsychologisch* zu weitreichenden *Rückwirkungen* nicht nur auf die Kirchenstruktur selbst, sondern auf das gesamte Sozialisationsgefüge, in dem der Einzelne nun aufwachsen muß, um ein «Christ» im Sinne des kirchlichen Dogmatismus zu werden. Nun endgültig beginnt die kirchenverordnete theologische Pflicht, den Erfahrungsraum mythischer Bilder und ekstatischer Mystik in die rationalen Kategorien griechischer Philosophen zu übersetzen; da muß, was der ganzen Herkunft nach offen und undefinierbar ist, in klaren Begriffen gedacht und eindeutig definiert werden. Natürlich bedeutet das definitiv das Ende ebenso aller religiösen Ursprünglichkeit wie geistigen Ehrlichkeit. *Von jetzt an wirklich* muß so lange herumgebogen und herumgelogen werden, bis es den Auftraggebern passend wird; von *diesem* Punkt an beginnt in der Tat die REIKsche Religionskritik psychologisch zu greifen; *von hier an* kann man ihr nur zustimmen.

Dann bleibt allerdings die wichtigste Frage noch übrig: Wovor haben die Kirchenoberen derart viel Angst, daß sie derart viel Angst verbreiten müssen? – Die REIKsche Antwort *darauf*, die ganze kirchliche Theologie bestehe darin, die archaischen Inhalten von dem Aufstand des Sohnes gegen den Vater durch Rationalisierung zu verdrängen, kann, wie wir sahen, nicht als befriedigend genommen werden. Dennoch *gibt es eine Angst*, die in den Dogmatismus beziehungsweise Fanatismus treibt; *diese* Entdeckung FREUDS und REIKS behält ihre Gültigkeit. Nur: worin liegt der eigentliche Angstinhalt? Oder, anders gefragt: was nötigt einer bestehenden Religionsform allerest die «Regression» zu den «analen» Problemen von Macht und Opfer, Gefühlsabspaltung und Überich-Entfremdung auf, die sich in der Tat als «zwangsneurotisch» darstellt?

Der eigentliche Angstinhalt, so zeigt die Religionsgeschichte, kann *nicht* in den archaischen Szenen des religiösen Mythos selber liegen – diese mögen in sich ambivalent sein und schillernd zwischen Lust und Furcht, doch das ist wesentlich eine Frage ihrer Verwendung. Gerade dann aber, jenseits der Bilder, bleibt etwas übrig, von dem sich wirklich behaupten läßt, daß es *allen* Religionsformen gemeinsam ist und das man bezeichnen kann als *die Angst vor dem Abgrund.*

Gemeint ist nicht die sozialpsychologisch begründete Angst vor dem «Chaos», sondern die ganz individuell erlebte Angst vor dem Nichts. – Parallel zur Entdeckung des individuellen Bewußtseins nämlich muß in der Kulturgeschichte der Menschheit eine neue Art von Angst sich gebildet haben, indem den Menschen zunehmend *die Gewißheit des Todes* zu einem Hauptproblem wurde.[182] *Hier* brach eine Frage auf, die sich von den Vorgaben der Natur her nicht mehr beantworten ließ: Was für einen Sinn macht das Leben des Einzelnen, wenn er in wenigen Jahrzehnten seiner irdischen Existenz, im Durchschnitt damals mit weniger als dreißig Jahren[183], vom Tod dahingerafft wird? – «Der Einzelne lebt, um Kinder aufzuziehen» – diese Antwort der Natur mag ihre Gültigkeit besitzen auf der Ebene der Gattung, aber sie verliert ihren schützenden Trost, sobald der Einzelne zu sich selber erwacht und einen Sinn beansprucht, der seiner individuellen und unvertauschbaren Einmaligkeit gilt. Alle Religionen, die wir kennen, stellen einen Versuch dar, auf dieses Problem zu antworten, indem sie uralte Geborgenheitsräume der Kreatur in sinnreiche *Symbole* einer transzendenten Vertrauensbegründung umformen; aber sie stehen dabei gerade *der* Kraft im Menschen gegenüber, die im Grunde nach Lösungen verlangt, die dem Bewußtsein selber, mithin dem *Denken,* der Rationalität, der intellektuellen Beweisbarkeit genügen; und je größer der Faktor der Angst selber ist, desto stärker wird der Druck in gerade diese Lösungsrichtung sein.

Es war die übereinstimmende Meinung von Th. Reik ebenso wie von E. Fromm, daß *Jesus* mit seinem Auftreten eine *«Revolution»* ausgelöst habe, die alsbald, aus lauter Angst, die restaurativen Kräfte auf den Plan gerufen habe[184]; die ganze kirchliche Dogmatik erscheint unter diesem Aspekt als ein einziger Versuch, sich gegen die Angst zu versichern, die aufbrechen muß, wenn man die Botschaft des Propheten aus Nazareth an sich heranläßt; *die Kirche* gehorcht unter diesem Aspekt erkennbar nicht der «Utopie» von der «Ankunft des Reiches Gottes», sie unternimmt ganz im Gegenteil alles, um solch kühne Hoffnung zu bändigen; sie fügt sich nicht der prophetischen Größe des Nazareners, sie zieht es vielmehr vor, sich selber die Menschen gefügig zu machen. Alles das wissen wir schon.

Aber warum ist es so? – *Um Macht zu gewinnen?* – Ja, auch, so sagten wir bisher, doch reicht das jetzt nicht länger mehr aus. – Gewiß, wie es heute steht, haben die Kirchenoberen Angst vor ihren eigenen Gläubigen, die sie in Angst halten müssen, um sie bei der Stange zu halten. Doch all das sind nur die Absurditäten einer bestimmten Kirchenordnung – es hat nichts zu tun mit dem Wesen des Religiösen. *Das Wesen des Religiösen* berührte in der Tat der von der Kirche eben deswegen exkommunizierte Miguel de Unamuno: es besteht darin, letztlich unbeantwortbare Fragen zu beantworten, indem es der Sehnsucht und dem Wunschdenken der Menschen mit Hilfe von stark emotionsgeladenen Bildern Recht zu geben versucht; und es ist *diese Angst vor dem Nichts* unter unseren Füßen, es ist *diese Grundlosigkeit aller Gründe* angesichts des Abgrunds, den wir deutlich sehen, sobald wir unserer Lage bewußt werden, welche die Religion mit Trost und Zuspruch zu überdecken trachtet. Die Argumente der Vernunft haben da durchaus ihren Platz: – was soll schon eine Menschheit mit sich selber beginnen, deren Vernunft ihren Zweck darin zu erfüllen scheint, den Menschen zu zeigen, wie sinnlos sie im Austausch des Energiegleichgewichts der Natur existieren? Alle Vernunft, welche die Religion aufzubieten vermag, besitzt die Funktion und die Wirkung eines *Medikaments*[185] gegen den Wahnsinn, der in unserer Seele Raum gewinnen *muß*, sobald wir unserer wirklichen Lage inmitten der Welt inne werden. Aber, selbstredend, ist schon die Rücklehnung der religiösen Vernunft an den Mythos ein deutliches Zeugnis dafür, daß die Rechnung rein rational nicht aufgeht. Die Religion «fürchtet» nicht die «archaischen» Symbolreste aus der Entwicklungsgeschichte der Menschheit, ganz im Gegenteil: sie bedient sich ihrer, um eine «magische» Verzauberung des Vertrauens gegen die Angst vor dem Unheimlichen des Daseins, das wir selbst sind, in Szene zu setzen.[186]

Wie also dann? – Recht hatte TH. REIK, wenn er in dem kirchlichen Dogmatismus ein einziges Zerstörungswerk des Geistes am Bestand der Religion selber sah. Doch worin besteht der Fehler der kirchlichen Dogmatik? In dem Versuch, den Glauben «rational» zu begründen? Gewiß nicht. Der Kardinalfehler scheint darin zu liegen, daß man die Vernunft (beziehungsweise genauer: *den Verstand*)[187] auf eine Frage antworten läßt, die er von sich her gar nicht beantworten *kann*. Der dänische Religionsphilosoph SÖREN KIERKEGAARD hat das klar gesehen[188]: Der christliche Glaube läßt sich nicht im Sinne HEGELS dialektisch in den philosophischen Begriff *«aufheben»*, im Sinne von «beseitigen» *(tollere)*, «bestätigen» *(conservare)* und erhöhen *(elevare)*[189], so als sei das «Glauben» eine intellektuell minderwertige Funktion der Geistestätigkeit, die noch ihrer «Bewußtwerdung» durch die philosophische Kritik harre; – über Abrahams «Glauben» ist nicht «hinauszugehen», er muß *existentiell*, nicht intellektuell mitvollzogen werden.[190] *Glauben* – das ist, wußte KIERKEGAARD, eine *durch Verzweiflung* vermittelte Unmittelbarkeit[191]; er ist nichts, das sich als «Metaphysik fürs Volk» (SCHOPENHAUER)[192] durch eine besser begründete Erkenntnis vernünftiger und logisch gesicherter darstellen ließe. Umgekehrt: gerade die «Aufhebung» des Existierens ins Dozieren, des Lebens ins Lehren in Gestalt der herrschenden Theologie muß jeder wahren Religiosität über kurz oder lang ein Ende bereiten. Die dogmatistische Befestigung des Glaubens ist daher wirklich gerade so viel wie eine Abart des Unglaubens. Und genau an dieser Stelle liegt das Verhängnis! Es besteht in dem vereinseitigenden Überhang des Intellektuellen innerhalb des Glaubens selber.

Der Grund dafür, daß trotzdem in der Kirchengeschichte gerade dieser Weg der Glaubensauslegung beschritten wurde, liegt auf der Hand: Es scheint unendlich viel leichter, einem Menschen das Christentum Vorlesung um Vorlesung *andozieren* zu wollen, als sich mit ihm persönlich auseinanderzusetzen! Gott sei Dank aber ist die Lehre und das Beispiel des Jesus von Nazareth nicht zu dozieren. All die Unruhe, die dieser Mann in die Welt gebracht hat, liegt

gerade in der unerhörten *Personalisierung* und *Individualisierung* aller Le-
bensverhältnisse, die er bis in die Angst von Gethsemane hinein auf sich genommen hat.[193] Wir werden im 2. Band noch ausführlich zu schildern haben,
worin das wirklich Befreiende («Erlösende») der Person Jesu liegt; *hier* genügt
die Feststellung, daß alles, was er getan hat, darin bestand, gegen die verfor-
mende Kraft der Angst des menschlichen Daseins in allen Belangen des Lebens
seine Art des Vertrauens auf Gott zu setzen. Oder, besser: die Art seiner Liebe!

Alle Angst, sagten wir gerade, erreicht ihre existentielle Mitte in der Individualisierung des menschlichen Daseins. Gegen diese Angst vermag die Vernunft schon deshalb nichts auszurichten, weil ihre Begriffe dem Allgemeinen,
gerade nicht dem Einzelnen gelten. Keine «Lehre», wie auch immer sie geartet
sei, vermag etwas gegen die Angst der Individualität. Es gibt nur eine einzige
Kraft, die das Leiden des Menschen an seiner Einzelheit und Vereinzelung zu
überwinden vermag: das ist *die Liebe*. Kein Mensch hat an sich selbst im
Gegenüber *der Natur* irgendeine besondere Bedeutung, es sei denn, er sei
schön oder mächtig genug, um rein biologisch seine Gene möglichst oft zu ver-
vielfältigen. *Die Liebe* aber besteht gerade in der Entdeckung, daß der oder die
Geliebte *für mich* und *für sich selbst* eine unendliche Bedeutung besitzt. Für die
Liebe ist der Gedanke absolut inakzeptabel, der andere solle nichts weiter sein
als ein unwesentliches Übergangsphänomen im Energiehaushalt der Natur;
die Liebe *besteht* darauf, daß es mit dem anderen eine *besondere* Bewandtnis
haben müsse, die *nur ihm* zukomme; die Liebe ist gerade die Energie der tiefsten Verwesentlichung des Individuellen – ihr liegt einzig und allein an diesem
einen Menschen, *mehr* als an allem anderen in der Welt.

Ist die Liebe deshalb ein vorübergehender Wahnsinn, der Hypnose vergleichbar, wenngleich selten verbunden mit einem ähnlich angenehmen Erwachen, wie S. Freud desillusionierend meinte[194]? Die Religion, bei allem, was
sie sagt, setzt im Grunde auf die Liebe. In *ihrer* Evidenz allein formt sich *die
Hoffnung* auf ein Leben, das reicher und größer ist als die Absurdität der Ster-
beexistenz unseres irdischen Daseins, und sogar die *Überzeugung*, daß jenseits
all der Grausamkeit der irdischen Wirklichkeit die Macht, die wollte, daß wir
sind, die Liebe selber sei. Gemessen daran liegt *der kardinale Fehler der christlichen Dogmatik* gerade in der *Ersetzung der Liebe durch den Intellekt*, der
*Freiheit durch den Zwang*, der *Angst durch die Fremdbestimmung*.

Und das nun ist freilich eine «Diagnose», die, trotz einer wichtigen Modifikation, die Billigung und Unterstützung auch von seiten Th. Reiks finden
würde – wir brauchen ihn nur zu zitieren, wenn er zur Rückgewinnung des
humanen Inhalts der Religion schreibt: «Der Strenge des religiösen Glaubens

entspricht die Strenge des Über-Ichs, wie es in der Zwangsneurose erscheint
[...] Durch die Regression (sc. auf die anale Phase der Libidoentwicklung,
d. V.) werden die aggressiven Tendenzen der Frühzeit wieder erweckt, aber
auch ein großer Anteil der libidinösen Regungen als feindselige oder grausame in Erscheinung treten. So wird sich auch in der Religion durch den
Einfluß der Regression die Forderung der Liebe in gewalttätiger und oft
grausamer Form äußern: Die Kreuzfahrer, die von heiligem Glaubenseifer
beseelt waren, metzelten Türken und Juden mit dem Rufe ‹Dieu le veut›
(Gott will es, d. V.) nieder. Die Liebe, in deren Namen das Christentum gegründet wurde, hat dem Haß, der ausschließenden Feindseligkeit Platz gemacht. Umschloß früher die Liebe zu Gott die Gemeinde und machte sie zu
Brüdern in Christo, so wird je später, je mehr die blinde Unterwerfung unter
die Kirche gefordert und mit grausamer Strenge erreicht. Das Christentum
war eine religiöse Revolution, die sich ursprünglich gegen die Pharisäer und
Schriftgelehrten wandte und gegenüber der jüdischen Gesetzesreligion die
Freiheit forderte. Aber der beleidigte und entthronte Gott rächte sich: die
*Lex Christi* (das Gesetz Christi, d. V.), nicht minder dogmatisch als die
Thora, tritt ihre Herrschaft an, die alten Imperative werden durch neue und
noch eindringlichere ersetzt, den Dogmen des Judentums entsprechen bald
eine Unmenge Dogmen der Kirche. Der Weg geht von der Auflehnung zum
nachträglichen Gehorsam, ganz wie wir es beim Zwangskranken sehen. –
Mag der Glaube noch so kategorisch gefordert werden und die erste und
wichtigste Heilsbedingung darstellen, mag die Strenge Gottes zuerst und vor
allem die Ausschaltung des eigenen Willens und die blinde Unterwerfung
verlangen sowie das überstrenge Über-Ich und das triebhafte Es des einzelnen Zwangsneurotikers ihn zur Anerkennung auch der absurdesten Vorstellungen zwingen, es gibt doch auch im Bereich der Religion eine Spur davon,
daß jener Gehorsam nicht das Letzte und seelisch Entscheidende sein kann.
Das Christentum weiß: der Glaube allein, wenn nicht die Hoffnung und die
Liebe hinzukommen, ‹vereinigt weder vollkommen mit Christus, noch
macht er zum lebendigen Gliede seines Leibes›. (Tridentinum S. 6, c. 7.) – An
die Stelle der drei schicksalbestimmenden Parzen der Griechen hat das
Christentum drei andere Schwestern gesetzt: Glaube, Hoffnung, Liebe. In
analytischer Auffassung erscheinen diese drei Prinzipien als Reaktionser-
scheinungen: der Glaube als Reaktion auf Regungen des Zweifels und der
Auflehnung, die Hoffnung als Reaktion auf die mit dem unbewußten Schuldgefühl verknüpfte Unheilserwartung, die Liebe als Reaktion auf die verdrängten feindseligen Regungen. Diese Reihenfolge ist nach katholischer

Lehre nicht umkehrbar; die Liebe ist in ihr die höchste Stufe. Die Geschichte des Christentums [...] hat gezeigt, daß die religiöse Entwicklung (trotzdem, d. V.) zu einer Umkehrung der Reihenfolge führen muß. Die Liebe zu dem eingeborenen Sohn Gottes, zu dem Kyrios und Heiland stand beherrschend im Zentrum seiner Anfänge, die Erlösungssehnsucht, die Hoffnung auf das Gottesreich bestimmte den Charakter der christlichen Frömmigkeit in der Blütezeit, und der Glaube oder vielmehr das Glaubensbekenntnis wird zum Kriterium der untergehenden Religion. – Die Religion verlieh den drei großen Schwestergestalten auch nicht den gleichen Ausdruck. Laut sprach der Glaube im Credo und im Dogma. Die Hoffnung flüsterte und stammelte im Gebete. Doch die dritte, ach, die dritte, stand daneben und blieb stumm.»[195]

Erschütternder, deutlicher und wegweisender läßt die Tragödie des Dogmenglaubens der Kirche sich nicht ausdrücken. Wenn irgend es eine Rettung für den pathologisch verzerrten Zustand der christlichen Frömmigkeitshaltung unter dem Diktat eines wahrheitsbesitzenden Lehramtes geben soll, so muß sie beginnen mit dem Umsturz eben dieser Reihenfolge: Es gibt keinen «Glauben» und keine Hoffnung, die etwas anderes sein könnten als ein Kommentar oder eine Konsequenz lebendig gefühlter Liebe. *Früher* als die Liebe ist menschlich nur die Sehnsucht und das Verlangen nach Liebe. Wer nicht in ihr, bei den Gefühlen des Einzelnen beginnend, die entscheidende Offenbarung des Göttlichen sieht, der wird zu Gott, der die Liebe selber ist, niemals hinfinden können. Die kirchliche Reihenfolge hingegen bedeutet eine Verkehrung in allem: es ist nicht möglich, aus einer konfessionsgebundenen satzhaften Formelwahrheit zu dekretieren, wie ein Leben sich zu gestalten hat, das der «wahren» Liebe Christi ähnlich werde. Was «Liebe» ist, weiß anfanghaft schon jedes höher entwickelte Säugetier an unserer Seite; man muß es die Menschen nicht lehren, es sei denn durch die Begegnung menschlicher Liebe selber; ansonsten aber genügt es, wenn man damit aufhört, die Menschen am Lieben beamtetermaßen zu hindern.

Von daher rückblickend verstehen wir jetzt auch die «ödipale» Problematik des *Patriarchalismus* in der Kirche nebst den zwangsneurotischen Attitüden des kirchlichen Dogmatismus noch einmal tiefer. Es geht primär offenbar nicht um bloße «Männerherrschaft» gegen «Frauenherrschaft»; es geht überhaupt nicht um «Herrschaft», sondern um die Einseitigkeit eines bestimmten Reaktionstyps auf eine Frage, die an sich allen Menschen, gleichgültig ob Frauen oder Männern, gemeinsam ist: wie läßt sich die Infragestellung der individuellen Existenz angesichts des Todes menschlich, das heißt religiös und kulturell, «glaubwürdig» auffangen? In der Beantwortung dieser Frage scheint es einen charakteristischen Unterschied zwischen Männern und Frauen zu geben, der sich dann auch sozialpsychologisch geltend macht.

Es muß in der vorhin beschriebenen Weise zum Erfahrungswissen der *Männer* quer durch den riesigen Zeitraum vieler Jahrhunderttausender zählen, daß man in Gefahrensituationen, in *Angst* also, etwas *tun* muß, notfalls, indem man ein einzelnes Leben *opfert* zum Vorteil aller; die «*männliche*» Form der Angstüberwindung hat religionsgeschichtlich immer wieder in der Magie blutiger Opferrituale ihren Ausdruck gefunden; selbst dort, wo scheinbar nichts mehr zu machen ist, versichert doch das *magische Tun* (im Sinne von B. MALINOWSKI)[196] den Menschen eines trotz allem noch möglichen praktischen Auswegs: Ist das Leben vieler in Gefahr, so gilt es eben, das Leben einzelner zu opfern. Die Angst vor dem Tod wird hier beantwortet durch die Instrumentalisierung des Todes.[197] – So der «*anal-sadistische*», der «*zwangsneurotische*» Reaktionstyp, der in intellektualisierter Form sich in Gestalt der nicht endenden «Opfer» kirchlicher Festsetzungen im Rahmen eines starren dogmatischen Schematismus äußert.

Die «*weibliche*» «Logik», auf Angst zu antworten, scheint eine spezifisch andere zu sein. Eine Mutter, die ein verängstigtes Kind zu beruhigen sucht, wird nicht den Mechanismus der *Abtrennung* und *Unterscheidung* in Gang setzen, sondern sie wird im Gegenteil das Gefühl der *Nähe* und der *Geborgenheit* zu verstärken trachten; nicht die Unwichtigkeit des Einzelnen, sondern seine einmalige, aller Fürsorge und Obhut werte Bedeutung stellt hier das Mittel zur Angstbesänftigung dar. Und das wieder ist es, was *die Religion* «eigentlich» tun sollte: sie hätte, insbesondere entsprechend der Botschaft Jesu, wie wir noch sehen werden, *wesentlich* die Aufgabe, die Angst des menschlichen Daseins durch das Vertrauen in eine Liebe zu beruhigen, der gegenüber jedes einzelne Leben eine unendliche Bedeutung besitzt, die auch durch den Tod nicht widerlegt wird. Das »Wesen« des «*Weiblichen*» scheint der Gottheit in gewissem Sinne näher als das «Wesen» des «Männlichen», wobei freilich zu betonen ist, daß es sich hier um *Typologien* des Sprechens handelt, die konkret in der sozialen Rollenzuweisung von Frau und Mann in der jeweiligen Kultur bis zur Unkenntlichkeit überlagert werden können.

Was aber folgt jetzt daraus? Daß immer mehr Frauen in der Kirche «mitmachen» sollten? An sich schon, doch: in *dieser* Kirche, wie wir sie vorfinden, nein! Denn: Die bloße Besetzung von ein paar Pöstchen und Stellen mehr in der Kirche, womöglich um den Preis der völligen Verhaltensangleichung an das Vorbild der Männer, wird die Kirche so wenig ändern, wie daß man im französischen Bergbau des neunzehnten Jahrhunderts auch Frauen nach

Untertage schickte – ÉMILE ZOLA hat die Folgen damals in seinem Roman *Germinal* in erschreckender Eindringlichkeit beschrieben[198]: die Zustände wurden durch die Frauenarbeit nicht «weiblicher», sondern nur noch perverser, indem die Ausbeutung der *arbeitenden* Männer durch die *geldverdienenden* Männer infolge der Einbeziehung der Frauen lediglich noch ausgeweitet wurde. Es mag durchaus sein, daß irgendwann auch die katholische Kirche ihrem chronischen Priestermangel zum Beispiel durch die «Rekrutierung» von Frauen zum «heiligen» Opferdienst am Altare aufzuhelfen sucht; ja, es kann sogar sein, daß sie einen solchen Schritt *dann* als einen «Fortschritt» wachsender Liberalität interpretiert sehen möchte. Doch die Eintrittsbedingung der Frauen in das Allerheiligste des Christentums muß, wenn sie Wirklichkeit werden soll, der Zusammenbruch der gesamten männlich geprägten *Opfertheologie* sein. Das ist es, was uns gerade deutlich wird. Der gesamte Verbund von Dogmatismus, Machtausübung, Fanatismus, religiösem Herrschaftswissen, Formalismus Scheinrationalismus, Patriarchalismus und einer analsadistischen Opfertheologie muß als ganzer als eine *falsche* Reaktion auf die fundamentale Angst des menschlichen Daseins angesichts des Todes überwunden werden, um in einer «weiblicheren» Logik die Wahrheit des Religiösen freizusetzen.

An RICHARD DEHMEL, der 1917, noch in der Zeit des Ersten Weltkrieges, nach den Schlachten vor Verdun und an der Somme, zum *Opfertod* aufrief, schrieb KÄTHE KOLLWITZ empört, was wie ein weibliches Veto gegen die Logik der Männer in Staat und Kirche durch dieses Jahrhundert dringt: «Es ist genug gestorben. Keiner darf mehr fallen. Ich berufe mich auf einen Größeren, welcher sagt: Saatfrüchte sollen nicht vermahlen werden. Und diese Forderung ist mein Testament. *Nie wieder Krieg.* Das ist kein Wunsch, kein Gebot – das ist eine Forderung.»[199] – Viele Jahrhunderte lang hat die katholische Theologie, mit Berufung auf Joh 12,24, gelehrt, es müsse das Samenkorn *sterben,* um nach dem Vorbild Jesu reichliche «Frucht» zu bringen. Es ist das Gefühl einer *Frau*, das dieselbe Symbolik vom «Saatgut» genau umgekehrt verwendet: die Lebensaussaat von Müttern *ist zu kostbar,* als daß man sie dem Tod übergeben dürfte.

In seinem Roman *Nachtflug* hat A. DE SAINT-EXUPÉRY einmal die zweierlei «Rechte» der männlichen und der weiblichen Weltansicht einander gegenübergestellt. Die Frau des Fliegers *Fabien* spricht bei *Rivière* vor, der trotz aller Gefahren für «seine» Männer an der Eröffnung der Patagonien-Fluglinie festhält. «Er war in seinem Denken bis an jene Grenze gelangt, wo sich die Frage nicht nach einem kleinen privaten Weh, sondern nach dem Sinn der

Tat, der Aktivität selber erhebt. Es war für ihn nicht die Frau Fabiens, die ihm gegenüberstand, sondern eine andere Lebensauffassung. Er konnte nichts tun, als sie anhören, sie bemitleiden, diese kleine Stimme, diesen so traurigen, aber feindlichen Laut; denn weder die Welt der Tat noch die Welt persönlichen Glücks können sich auf Teilung einlassen, sondern stehen im Widerstreit. Auch diese Frau sprach im Namen einer absoluten Welt und ihrer Rechte und Pflichten: Welt freundlichen Lampenscheins über abendlichem Tisch, Welt eines Körpers von Fleisch und Blut, der Anspruch erhebt auf den anderen, geliebten Körper, Heimatbereich von Hoffnungen, Zärtlichkeiten, Erinnerungen. Sie forderte ihr Wohlergehen, und sie hatte recht. Und auch er, Rivière, hatte recht, aber er vermochte dem, was für diese Frau Geltung hatte, nichts entgegenzusetzen. *Seine* Wahrheit schien ihm unmenschlich und nicht in Worte zu fassen angesichts dieses kleinen häuslichen Glücksanspruchs.»[200]

Das «kleine» Glück der «kleinen» Leute, in der Tat, – das «einfache» Glück zweier Liebender in ihrer Umarmung – der unauffällige Friede des Ausruhens beieinander am Abend eines arbeitsreichen Tages – wem Gott sich *darin* nicht offenbart, der wird ihn nirgends finden, soviele Wüsten und Schlachtfelder er auch durchschreiten mag. Die «Versuchung» des verketzerten Nikos Kazantzakis ist so uneben nicht: Das erste *«Heilmittel»* gegen den kirchlichen Dogmatismus liegt so betrachtet wirklich in der «ödipalen» Suche nach der verlorenen Welt einer voraussetzungslosen, «mütterlichen» Güte und dem «Aufstand» gegen all die Instanzen von Zwang und Unterdrückung, die der Wahrheit Gottes wie der Wahrheit der Menschen Gewalt antun. Auch der «Ödipuskomplex» FREUDS ist, daseinsanalytisch gelesen, nichts weiter als eine höchst ambivalente *Chiffre* zur Deutung der menschlichen Existenz! Die Frage ist allerdings, wie man das Messer anfaßt: am Griff oder an der Schneide, zur Zerstörung oder zum Nutzen des Religiösen.

## 5. Eine neue Synthese von Erfahrung und Poesie oder: Die Suche nach dem Medikament

*«Sieh dir die Liebenden an,*
*wenn erst das Bekennen begann,*
*wie bald sie lügen.»*
R. M. Rilke: Du, der ich's nicht sage,
Werke, II 37

Eine Glaubensform, die religiös wie menschlich wahr sein will, muß rein formal bereits nach dem Gesagten zwei psychischen Grundbedingungen folgen: sie muß *individualpsychologisch* als eine Funktion des Ichs, nicht des Überichs begriffen werden, und sie muß *sozialpsychologisch* sich aus dem Erfahrungsaustausch unter den Menschen ergeben, sie darf nicht autoritär von oben nach unten verwaltet werden. Die *institutionelle* Seite einer Glaubens*gemeinschaft* mit anderen Worten muß in Funktion der *personalen* Seite des Glaubens*vollzuges* gesehen werden, nicht umgekehrt. Soll religiöser Glaube nicht zur Doktrin, das Leben nicht zur Lehre, die Existenz nicht zum Beamtentum verkommen, so ist es unerläßlich, als erstes den *Zwangscharakter* des kirchlichen Dogmatismus insgesamt zu überwinden und dadurch den Menschen ihre *Eigen*ständigkeit und *Zu*ständigkeit in allen Belangen der Religion zurückzugeben.

Doch wie ist das möglich?, das ist jetzt die Frage; ihre Antwort freilich erwächst, wie stets, bereits aus den Einsichten, die wir in die Problemlage selbst gewonnen haben –, wir brauchen das analytische Material des vorgefundenen kirchlichen Zustandes nur «richtig herum» zusammenzusetzen.

Soviel jedenfalls ist bereits klar: Es braucht uns jetzt nicht länger zu kümmern, wie das Papsttum sich demokratisieren ließe oder wie die kirchliche Beamtenschaft prozentual mit mehr Frauen «besetzt» werden könnte oder wie das Ritual und Formular der Sonntagsgottesdienste «lebendiger» zu gestalten sei; Fragen dieser Art haben sich für uns längst erledigt, denn es hat sich gezeigt, daß die Strukturkrise des religiösen Bewußtseins am Ende des zwanzigsten Jahrhunderts viel zu *tief* reicht, als daß man sie etwa mit den jetzt schon dreißig Jahre alten Konzilsdokumenten des zweiten Vaticanums über die «Liturgie» oder «die Kirche in der Welt» beantwortet könnte.[1] Weder eine neue

Agende noch eine «verbesserte» Propaganda[2] vermögen an dem Grundfehler des Bestehenden etwas zu ändern: daß in der Institution eines von Gott eingesetzten unfehlbaren Lehramtes der Kirche das Göttliche dem Menschen selber entgegengesetzt und der Mensch in dem Kult dieses Kirchengottes projektiv sich selber entfremdet wird; eine Angst-, Schuld- und Opferreligiosität etabliert sich unter solchen Umständen dort, wo eigentlich Vertrauen, Akzeptation und Selbstwerdung walten müßten, und der Kirchenapparat selbst *darf,* wenn es so steht, schon um seines Selbsterhaltes willen gar niemals mehr wahrmachen, womit er den Worten nach die Menschen anlockt: Befreiung, Erlösung, Heilung... Alles das kann solange nicht sein, als im kirchlichen Dogmatismus Gott selbst dem Menschen ebenso äußerlich bleibt wie das kirchliche Lehramt dem wirklichen Leben.

Will man den Punkt, auf den es jetzt ankommt, in der Sprache der *Religionsgeschichte* benennen, so müßte man als Heilmittel eine Neubelebung der *Mystik* empfehlen. Gern zitiert wird das Wort KARL RAHNERS, der Glaubende von morgen werde ein Mystiker, das heißt ein Mensch der Gottunmittelbarkeit, sein. Aber wie soll das geschehen? Nicht wenige Verteidiger des Kirchenglaubens weisen mit gewissem Stolz darauf hin, daß es in der Kirchengeschichte immer wieder große Frauen und Männer gegeben habe, die man, parallel zu vergleichbaren Gestalten in anderen Religionen, als *Mystiker* bezeichnen kann.[3] Die Tatsache selbst ist anzuerkennen, doch beweist sie leider nichts für unser Thema, im Gegenteil: Allen Mystikern ist und war gemeinsam, daß sie die Dimension religiöser Erfahrung *in ihrem eigenen Inneren,* in ihrem «Seelenfünklein» suchten[4], dort, wo Gott nach mystischem Verständnis dem Menschen noch «näher» ist als dieser sich selbst. *Religionspsychologisch* tritt in dem Erleben der Mystik das Ich des Menschen seinem Schöpfer *unmittelbar* gegenüber, so sehr, daß der Unterschied zwischen Schöpfer und Geschöpf in einem ekstatischen Einheitserleben wie aufgehoben scheint. Eine tiefe innere Freiheit und Ruhe entsteht aus diesem Gefühl eines absoluten «Aufgehobenseins» in einem «Umgreifenden»[5], in dem die Differenz von Ich und Du wie in der Verschmelzung der Liebe wenigstens momenthaft, im Augenblick des Glücks, verschwunden ist. Zwar setzt der *Mystiker,* im Unterschied etwa zum *«Propheten»,* seine Erfahrungen nicht in Form einer «Botschaft», die er im Auftrag seines Gottes zu verkündigen hat, in Kritik und Bejahung an den bestehenden Strukturen der Religion seiner Zeit nach außen, – er verbleibt viel entschiedener bei sich selbst; doch ist es gerade *dieser* Zug des mystischen Erlebens, *sein Subjektivismus,* der Leute wie MECHTHILD VON MAGDEBURG[6], MEISTER ECKHARD[7] oder JOHANNES TAULER[8] seit jeher der

kirchlichen Obrigkeit verdächtig gemacht hat: Es mochte sein, daß eine my-
stisch begnadete Person wie THERESA VON AVILA[9] durch eine eigene Ordens-
gründung und durch den Aufruf zum militanten Kampf gegen die Ungläubigen und Ketzer[10] am Ende doch noch der Kirche ihrer Zeit zum Nutzen ge-
reichte[11]; im ganzen aber mußte schon die Berufung des mystischen Erlebens
auf nichts anderes als auf die Evidenz der eigenen persönlichen Erfahrung den
Lehramtsinhabern als ein gefährlicher Eigensinn erscheinen, und das zu Recht:
nicht umsonst erwies sich die mittelalterliche Mystik als eine der großen Quellen der Reformation und des Protestantismus[12], während die Gründung der
unbeschuhten Karmeliten durch Theresa von Avila zwar eine geistige Kraft
der «Gegenreformation» des katholischen Spaniens darstellte[13], aber auf dem
Konzil von Trient keine erkennbare geistige Rolle spielte.

Schon von daher scheint es absurd, die überfällige Kritik am herrschenden
Kirchenglauben als einem Instrument der Entpersonalisierung und der Selbstentfremdung durch den betulichen Hinweis auf die vermeintliche «Tradition»
einer *auch* «mystischen» Theologie abfangen zu wollen –, es besteht nicht die
geringste Möglichkeit, innerhalb der versteinerten Form des römischen Katholizismus über eine Kluft von mehr als fünf bis sechs Jahrhunderten ausgerechnet dort wieder anknüpfen zu wollen, wo die katholische Kirche niemals
ernsthaft ihre eigene Erneuerung festmachen wollte. *Mystik* – das ist: daß die
Wahrheit Gottes im Menschen selbst liegt; *Kirche,* wie wir sie haben, das ist:
daß die Wahrheit Gottes im römischen Lehramt liegt. *Mystik* – das ist: daß
Gott zum Menschen *unmittelbar* spricht; *Kirche,* wie wir sie haben, das ist:
daß Gott nur *mittelbar* durch den Mund seiner päpstlichen und bischöflichen
Amtsinhaber dem Menschen sich «mitteilt». *Mystik* – das ist: der unvertauschbare Vorrang des Einzelnen vor dem Kollektiv; *Kirche,* wie wir sie haben, das
ist: der absolute Vorrang des Kollektivs vor dem Individuellen. – Wieder also:
man kommt nicht umhin, hier zu *wählen;* wo das eine ist, kann das andere
nicht sein.

Es gibt daneben allerdings noch einen anderen, wichtigeren Grund dafür,
warum in unseren Tagen eine Erneuerung des religiösen Bewußtseins sich die
Mystik vielleicht *zum Ziel,* doch gewiß *nicht zum Ausgangspunkt* setzen kann:
das ist die faktische Zweideutigkeit aller religiösen Begriffe im Schatten von
zweitausend Jahren kirchlicher Verkündigung. – Sämtliche Worte aus biblischem Erbe sind durch die Sprachregelung der kirchlichen Dogmensprache inzwischen leergeredet oder durch faktisch unkorrigierbare Assoziationen fehl-
besetzt worden. Ein paar Beispiele genügen, um das zu zeigen: Das Sprechen
von *«Sünde»* und *«Erbsünde»* ist, weitab von der ursprünglichen religiösen

Problematik eines Lebens im Felde radikaler Ausgesetztheit und Verzweiflung[14], zu einem Thema moralisierender Vorwürfe für den kleinbürgerlichen Alltag herabgesunken; *das Drama des Lebens Jesu:* die Angst vor dem Tode durch ein tieferes Vertrauen zu überwinden[15], ist in ein archaisches Deutungsschema grausamer Opferrituale verwoben worden; und sogar ein so wichtiger Begriff der christlichen «Verkündigung» wie das Wort *«Gnade»* hat in der Kirchensprache etwas derart Herablassendes, Gravitätisches und Herrschaftliches angenommen, daß es die Menschen eher demütigt als erhebt[16]; *«gnadenlos»* – damit läßt sich noch etwas anfangen, als Werbung zum Beispiel für einen Westernhelden wie Django oder für einen amerikanischen Kriegsfilm über die «Schlacht» bei Okinawa[17]. Und ähnlich kann man die ganze Litanei der kirchlichen Dogmensprache durchgehen – sie enthält nicht ein einziges Wort mehr, das noch irgendjemanden aufhorchen und neugierig werden ließe und bei dem die Reinigung von unvermeidbaren Mißverständnissen nicht weit mehr Arbeit und Zeit in Anspruch nehmen würde als die eigentliche «Verkündigung» selbst. Schon deshalb gibt es keine Möglichkeit, an irgendeinem Punkte der Begriffsgeschichte kirchlicher Theologie, und sei sie selbst «mystischer» Herkunft, in Kontinuität anzuknüpfen, wenn man in die religiöse Not der Menschen heute etwas Sinnvolles hineinsprechen will.

Ja, man darf gewiß sagen, daß die gesamte kirchliche Verkündigung das mystische Element konsequent zerstören und zersetzen muß. Man denke sich ein vierzehnjähriges Mädchen, das auf die Frage «Wer ist für dich Christus?» im Religionsunterricht sagen würde: «Jesus ist mein Freund» oder «Er ist mein Geliebter.» Ein solches Mädchen redete unzweifelhaft die Sprache der Mystiker, aber die ganze Schulklasse würde es auslachen, und der Pfarrer würde ihm sagen: «‹Mein Freund›, ‹mein Geliebter› – das ist nicht befriedigend; du mußt sagen: ‹Er ist der Sohn Gottes›.» Man *will* die Lyrik der Liebe im Kirchenglauben durchaus *nicht*, das ist das eigentliche Problem. – Am schlimmsten aber: die gesamte Theologenrede verfügt über *keinerlei diakritische Sensibilität,* um im Reden von Gott zwischen Eigentlichkeit und Entfremdung, zwischen Selbstfindung und Außenlenkung, zwischen Ichentfaltung und Neurose zu unterscheiden, und dieser Umstand macht insbesondere die Sprache der Mystik äußerst mißbrauchbar.

«Was soll schon unser kleines Ich vor Gott», erklärte mit glühenden Augen eine Ordensschwester nach einem Kursus in Zen-Meditation.[18] Sie hatte ihr Leben lang gelernt, sich selbst für «klein» und minderwertig zu halten und ihr Ich zu unterdrücken; die Sprache der Mystik lieferte ihr nun gerade die rechte Rationalisierung, um die masochistische Grundhaltung ihres Unlebens mit

noch «besseren» Gründen versehen zu können. «Wir sind erlöst durch den
Kreuzestod Christi» –, wie oft zeigt sich in einem psychotherapeutischen Gespräch, daß diese Zentralformel des christlichen Glaubensbekenntnisses zu
nichts weiterem dienen kann, als dazu, endlose Schuldgefühle und Wiedergutmachungstendenzen zu kaschieren und zu rechtfertigen! Und erst recht das
Wort «Gott» selbst – steht es nicht bevorzugt für die frühkindlichen Erfahrungen mit Vater und Mutter? Die kirchliche Sprache über den Glauben hat sich
inzwischen so weit vom persönlichen Erleben entfernt, daß sie alle Fragen
nach der seelischen Wirklichkeit des Gläubigen neutralisiert, und allein schon
diese vollständige Vergleichgültigung des Psychischen macht den Entfrem-
dungsstatus der gesamten Theologenrede über Gott offenkundig: hier wird
über Gott geredet, um *nicht* über die menschliche (psychische wie soziale)
Realität reden zu müssen, und dann wieder wird über den Menschen so geredet, wie wenn er, umkleidet von einem «objektiven» Amt, an der Stelle Gottes
stünde.

Beides, so sahen wir schon, hängt auf das engste miteinander zusammen;
doch eben deshalb ist es unmöglich, die wenigen Stellen mystischer Erfahrungen in der abendländischen Religionsgeschichte zur Anknüpfung einer religiösen Neubesinnung zu verwenden. Die Aufgabe, vor der wir heute stehen, ist in
Anbetracht dieser Tatsache nicht geringer als die Wiederbewässerung der Sahara: – selbst daß hier vor tausenden von Jahren einmal Nilpferde in breiten
Flußtälern badeten und große Herden von Giraffen und Antilopen ein üppiges
Grasland bewohnten[19], ist heute ohne jeden praktischen Nutzen.

Indessen hat uns die Analyse des bestehenden Problems auch bereits positiv
gezeigt, *was* sich ändern müßte, um die Glaubenssprache des Christentums,
losgelöst von den kirchlichen Zwangsformeln, in sich menschlich glaubwürdig
und stimmig zu machen. – Es waren näherhin *zwei* Stellen, an denen wir die
*Veräußerlichung* und den *Fanatismus* betrachten konnten, die mit dem kirchlichen Dogmatismus notwendig einhergehen: Der kirchliche Dogmatismus, so
sahen wir, gründet wesentlich darin, den Glauben als Lebensform in einen
Formelglauben als Lebensersatz umzuwandeln; wenn es also jemals gelingen
sollte, die christlichen Glaubens*symbole* wieder zu verlebendigen, so müßten
wir als erstes die *Isolation* aufheben, die das kirchliche Lehramt mit seinen fertigen Sprachspielen *künstlich* zwischen der religiösen Erfahrung und dem Ausdruck solcher Erfahrungen gesetzt hat. Und ferner hat sich gezeigt, daß in der
kirchlichen Theologie das Denken aufgefordert wird, *symbolische Bilder zur
Deutung* gläubiger Erfahrung *in scheinbar rationale, begrifflich fixierbare
Glaubensdefinitionen* umzuformen; will man der Theologie ihre Offenheit zu-

rückgeben, so bedarf es umgekehrt einer Sprache, die *meditierend,* nicht definierend, *schwebend* (kursiv), nicht festschreibend (diskursiv), *wirklichkeitverdichtend* (poetisch), nicht dogmatisch geformt ist. – *Schematisch* dargestellt, lassen sich die Zuordnungen zwischen den drei Ebenen von religiöser Erfahrung, symbolischem Ausdruck und theologischer Lehre *an sich* als ein Strom darstellen, der ohne Unterbrechungen (kohärent), wenngleich mit immer niedrigerem Wasserspiegel, von den Erhebungen des religiösen Gefühls in die «Niederungen» der «Vermittlung» hinabfließt – soll er nicht über kurz oder lang austrocknen, so bedarf er immer neuer «Niederschläge» oder «Schneeschmelzen» im «Quellgebiet»:

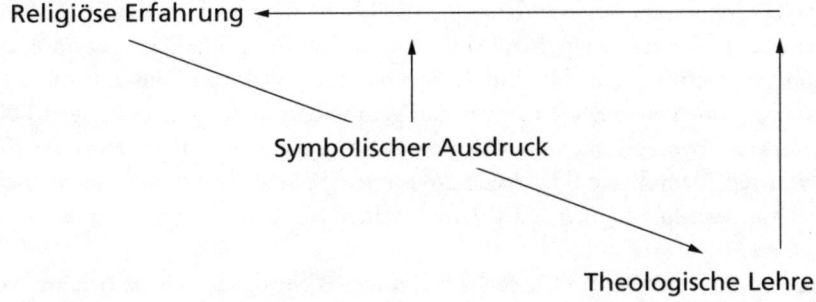

Stets ist dabei *die Erfahrung größer als der* wesentlich *bildhafte Ausdruck,* und *dieser* wiederum ist wesentlich *reicher,* als es *die Lehrbegriffe* zur rational vertretbaren Ausformulierung des symbolischen Ausdrucks der religiösen Erfahrung sein könnten; stets gilt es daher, *die Behelfsmäßigkeit* schon der symbolischen Ausdrucksebene sich gegenwärtig zu halten, und dasselbe, weit mehr noch, ist nötig auf der Ebene der theologischen Lehre: wenn sie überhaupt einen Nutzen haben soll, der über die Zwecke bloßer Selbstrepräsentanz hinausgeht, so muß sie gewissermaßen «Verdunstungswolken» bilden, die aus den «Tälern» aufsteigen und sich wieder im «Quellgebiet» der religiösen Erfahrung abregnen; mit anderen Worten: *die «Theologie»* besitzt ihre Funktion einzig darin, religiöse Erfahrungen zu vermitteln, indem sie die religiöse Existenz selber anregt; sie kann das allerdings nur, wenn es ihr gelingt, Denken, Vorstellen und Fühlen zusammenzubringen. Und desgleichen müßte *die Ebene des symbolischen Ausdrucks* verstärkend auf die religiöse Erfahrung zurückwirken, indem sie dem subjektiven Eindruck ein «objektives» Deutungsschema bzw. ein Kommunikationsmittel zur Überwindung der existentiellen Einsamkeit der religiösen Grunderfahrung zur Verfügung stellt.

Zur leichteren Diskussion im folgenden scheint es nützlich, dabei vorweg zu betonen, daß der Ort der *religiösen Erfahrung* identisch ist mit der Ebene des *Personalen,* der Ort des *symbolischen Ausdrucks* hingegen identisch mit der Ebene des *Mythischen*[20] (der «Legende») beziehungsweise des *Magischen* (der «Agende», des Rituellen)[21] und daß der Ort der *theologischen Lehre* die Ebene des *rationalen Ausdrucks* darstellt. Im Hintergrund von all dem aber muß man *die religiöse Erfahrung selbst* als ein durch und durch *dialogisches Verhältnis zwischen* dem *Ich* des Glaubenden *und* dem *Du* seines Gottes beschreiben; die *symbolische Ebene* des religiösen Ausdrucks ist demgegenüber *nicht* individuell, sondern *kollektiv;* sie ist nicht bewußtseinstranszendent, sondern in tiefenpsychologischem Sinne *unbewußt;* die Ebene der theologischen Lehre hingegen müßte wieder zu einem neuen personal geführten Dialog, jetzt unter den Gläubigen, gestützt auf das Bilderreservoir des kollektiven Symbolismus, zurückleiten; doch wissen wir bereits, daß gerade dies in der gegenwärtigen Form kirchlicher Theologie nicht stattfinden kann und nicht stattfinden darf: Eine *dogmatisch* formulierte Theologie ist ihrem ganzen Wesen nach nicht dialogisch, sondern *ideologisch,* und damit stehen wir bereits mitten im Kern des Problems.

Ehe wir davon näherhin sprechen, lohnt es sich, das gegebene Schema vorweg durch die neuen Termini zu ergänzen:


Das **Du** Gottes, bewußtseinstranszendent

    \

       Das Ich des Gläubigen, bewußt, personal, individuell

       \

          Mythos und Ritual, kollektiv, unbewußt

           ↘

             «Poetische» **oder** dogmatische Formulierung; dialogisch-kommunikative **oder** ideologisch-exklusive Form der «Theologie»

Die ganze Schwierigkeit des kirchlichen Lehramtes liegt, wie gesagt, darin, daß es, statt meditativ-dialogisch zu sein, die *dogmatische* Ausformulierung der christlichen Glaubensinhalte *braucht,* um sich selbst im Gegenüber einer neuen Schar von Ketzern und Häretikern selbst «definieren» zu können. Ein solcher *ideologischer Zwang* ist indessen nötig, weil nach Vorstellung der katholischen Kirche alles sich just *umgekehrt* verhält, wie es sein sollte. Und zwar:

*Als erstes:* Die «dialogische» Struktur der religiösen Erfahrung zwischen dem Ich des Gläubigen und dem Du Gottes wird in Gestalt des kirchlichen Lehramtes *im Prinzip* verleugnet beziehungsweise mit dogmatischen Mitteln mystifiziert. Der Grund: die Verfeierlichung des Christus tritt an die Stelle der Nachfolge Jesu. – Auch die historisch-kritische Exegese kommt, wie wir sahen, der kirchlichen *Verwischung der Spuren des Ursprungs* an dieser Stelle insofern zu Hilfe, als sie angesichts der Eigenart der biblischen Erzählweise bei einiger Ehrlichkeit in der Tat nicht sehr viel tragfähiges Material zur Rekonstruktion einer «Leben-Jesu-Geschichte» beisteuern kann; aber anstatt nun wenigstens die biblischen Erzählungen *selber* als *Ausdruck* einer zugrundeliegenden religiösen Erfahrung zu deuten, gibt sich die heute in Kirchendiensten vorherrschende Art der Bibelauslegung damit zufrieden, die religionsgeschichtlichen, sozialgeschichtlichen und geistesgeschichtlichen Umstände zu rekonstruieren, die zu den einzelnen biblischen Aussagen geführt haben könnten.[22] Auf diese Weise muß der eigentliche Erlebnishintergrund religiöser Erfahrung: *der prophetische Ausgang der Botschaft Jesu,* methodisch *ausgeblendet* bleiben, und diese Tatsache wiederum verhilft dem kirchlichen Lehramt dazu, stillschweigend den leergeräumten Erlebnisraum des Religiösen durch sich selber zu besetzen (siehe oben Seite 48–49). An die Stelle der religiösen Erfahrung tritt jetzt, wie fix und fertig vom Himmel gefallen, das «Glaubensdeposit» des kirchlichen Lehramtes. Gott, wohlgemerkt, *spricht* jetzt nicht mehr, er *hat* gesprochen – so sagten wir früher bereits; jetzt aber müssen wir noch *ergänzend* hinzufügen: das dialogische Verhältnis zwischen Gott und dem Einzelnen als dem entscheidenden Empfänger der «Offenbarung» wird im Kirchenglauben *kassiert* von der apodiktisch behaupteten Sonderbeziehung, die der «Geist» Gottes (welcher zugleich der «Geist» «Christi» ist) speziell zu den Trägern des kirchlichen Lehramtes unterhält[23]; mit anderen Worten: *unmittelbar* zu Gott ist fortan einzig die Vermittlungsinstanz der Kirche selber. – Diese ganze Konstruktion, religiös betrachtet ein echtes Bubenstück, ist in sich selbst so phantastisch, daß auch nach Auskunft des kirchlichen Lehramtes von vornherein keine Aussicht besteht, in die Art dieser Geistesbeziehung von Gott und Beamtenschaft näheren Einblick zu gewinnen; *daß* sie besteht, muß man glauben, um «katholisch» zu sein[24], – alles andere ist als «Geheimnis in strengem Sinne» zu respektieren.

Und aus diesem Umstand folgt sogleich der jetzt entscheidende *zweite Schritt:* die christliche Symbolsprache ist *nicht länger mehr als Ausdruck* menschlicher religiöser Erfahrungen zu interpretieren, – sie hat *als «objektive» Wiedergabe* der «tatsächlich» in *Christus* ergangenen Offenbarung Gottes, vorgelegt durch das unfehlbare, vom Heiligen Geist selbst geleitete Lehramt der Kirche, zu gelten.[25] Die Ausdrucksebene von Mythologie und Ritual muß jetzt also besetzt werden von Christologie und Sakramentenlehre; von daher muß folgerichtig denn auch kategorisch *geleugnet* werden, daß die Symbole des Religiösen auch nur das Geringste mit der Psyche des Menschen zu tun haben könnten – allenfalls, daß Gott der Herr in seiner Weisheit seine Wahrheiten so eingerichtet hat, daß sie der menschlichen Fassungskraft zugänglich sind[26]; die Inhalte der christlichen *Glaubenslehre* selbst indessen *dürfen* unter diesen Umständen keinesfalls aus der Seele des Menschen beziehungsweise aus der Religionsgeschichte der Menschen hervorgehen, – sie haben streng *von außen* an den Menschen herangetragen zu werden.[27] Das Göttliche ist hier fortan wesenhaft definiert als das «Äußere», Unableitbare, Einzigartige; seine Wahrheit *muß*, eben deshalb, im «Historischen» liegen, das seinerseits wiederum als ein bloßes positiv gesetztes Faktum zu gelten hat.

Anders gesagt: Alles, was die «Christologie» der Kirche den Gläubigen zu glauben vorlegt, gründet *dem Anspruch nach* in der Person und Botschaft des historischen Jesus selber; *die Kluft* aber, die zwischen der Verkündigung Jesu und dem Glauben der Kirche, zwischen dem historischen Jesus und dem Christus des Dogmas besteht, muß jetzt mit dem Konstrukt von der Offenbarung des *Geistes*, den Jesus als «der erhöhte Herr» «seiner» «Kirche» «gesandt» hat, überbrückt werden.[28] Auch dieser «Geist» wiederum muß selbstredend von allem Menschlichen streng unterschieden werden.

*Menschlich* ist erst *die dritte Ebene* der kirchlichen Mitteilungen der göttlichen Offenbarungen: *die dogmatische Theologie.* Ihr kommt nach dem Gesagten die Aufgabe zu, die kirchlichen Vorgaben mit den Mitteln der menschlichen Vernunft als rational vertretbar zu erweisen. Es ist dabei den Theologen selber durchaus bewußt, daß auch die Christologie des Neuen Testamentes in der frühen Kirche natürlich unter bestimmten geistesgeschichtlichen Umständen *von Menschen* geformt wurde, doch muß dieser Tatbestand in REIKschem Sinne *verschleiert* werden: Jene Menschen (die Evangelisten, deren Namen wir nicht einmal kennen, die Apostel, von denen wir so gut wie nichts wissen) waren einzigartig «inspiriert», und selbst wenn schon im Neuen Testament die theologische Konzeption der ersten drei Evangelien sich bereits untereinander erkennbar widersprechen mag – das Dogma selbst darf nicht entstanden, es muß immer schon gewesen sein (siehe oben Seite 166). Der Grund dafür ist klar: ein Dogma, das *geworden* ist, *ist* selbst *historisch relativ* und in sich veränderbar; nur ein immerwährendes Dogma gilt absolut.[29]

Auf diese Weise gelangen wir zu einem Schema, das dem vorhergehenden in allen Teilen auf bemerkenswerte Weise diametral entgegengesetzt ist:

Gott, inkarniert in Jesus von Nazareth

Kirchliches Lehramt
institutionell, offiziell, überindividuell

Christologie und Sakramentenlehre
als tradierter kollektiver Lehrinhalt

Dogmatische Theologie

Es ist kein Zufall, daß wir hier derselben *Gegenläufigkeit* des «katholischen» Schemas begegnen, die wir schon bei der Gegenüberstellung des prophetischen Elementes im Auftreten Jesu und der Art des kirchlichen Lehramtes (Seite 94) angetroffen haben: so wie dort das Prophetische vom Beamteten aufgesogen wurde, so sehen wir jetzt das Menschliche durch das Göttliche ersetzt, das nunmehr selbst durch das Kirchenamt repräsentiert ist. Die «Mystik» wird damit zur Mystifikation einer kirchlichen Behörde, die Symbolsprache der Religion zum Emblem der Kirchenmacht und die Theologie zur Ideologie des bloßen Machterhalts. *Psychologisch* bedeutet diese Verformung des Religiösen durch die Verbeamtung des Offenbarungsbegriffs, daß die Kluft zwischen Gott und Mensch jetzt ebenso groß werden muß wie der Abstand zwischen Amt und Person; ja, selbst innerhalb der kirchlichen Lehre kann der Abstand zwischen der historischen Person des Jesus von Nazareth und dem Christus des Dogmas fortan gar nicht groß genug ausfallen. Mit anderen Worten: Nicht die «Versöhnung» mit Gott, sondern *die Abhängigkeit von der Kirche* ist damit zu dem eigentlichen Ziel des Dogmas geworden.

Und daraus wiederum ergibt sich wie von selbst, daß die drei Elemente des Religiösen:

Erfahrung ───────────────► Bild ───────────────► Denken

in ein umgekehrtes Verhältnis zueinander gesetzt werden müssen: das theologische Denken, ursprünglich ein Akt kreativer, meditativer Reflexion, verformt sich jetzt zu einer erzwungenen Irrationalität, indem die Ebene des symbolischen Ausdrucks als eine «göttliche» Wahrheit der menschlichen Rationalität *erkennbar* gemacht werden muß: nicht die menschliche Erfahrung Gottes, sondern die «Offenbarung» Gottes in seiner Kirche ist hier der «Gegenstand» des Denkens; nicht vom Menschen aus, sondern von Gott, das heißt von der Kircheninstitution her, hat hier «gedacht» zu werden; der «Denkgegenstand» selber aber wird damit zu etwas «Undenkbarem» schlechthin, zu einem «Geheimnis», das um so unbegreifbarer wird, je mehr man es zu begreifen sucht; und der Ausfall an persönlicher religiöser Erfahrung muß dann wieder kompensiert werden durch den willentlichen (moralischen) Anspruch zur Gestaltung der Wirklichkeit.

Schematisch dargestellt ergibt sich mithin das folgende Umkehrbild:

Willentlicher Glaubensakt ◄─────── Dogma ◄─────── Zwangsdenken

Der Mensch, man versteht, braucht unter diesen Umständen nicht länger mehr von seinen Nöten und Ängsten *befreit* zu werden, er hat *zu gelten* als «erlöst von den Sünden»[30]; das Verhältnis zur religiösen Wirklichkeit erscheint damit als wesentlich *«moralisch»* geprägt: nicht die religiöse Erfahrung formt hier die menschliche Existenz, sondern umgekehrt: der Einzelne hat die Pflicht, im Glauben an das christliche Dogma die Weltwirklichkeit so zu verändern, wie es dem «Verkündigungsanspruch» und der moralischen Weisung der Kirche gemäß ist. Der Träger eines solchen «Glaubens» kann daher niemals das Ich, stets nur das *Überich* sein.

Um den *Zwangscharakter* des Kirchenglaubens aufzulösen, bedarf es, entsprechend der Problemstellung, mithin *zweier entscheidender Veränderun-*

*gen.* Sinnlos ist es, gegen die Gleichstellung von Gott und Amt im kirchlichen Dogmatismus Sturm zu laufen – diese Bastion ist solange unangreifbar, als ihre Voraussetzungen: die *Abhängigkeit des Individuums* und die *Entfremdung der Symbolsprache,* noch Bestand haben; aber deshalb auch umgekehrt: fallen diese beiden dahin, ist jene von selbst zum Untergang verurteilt.

Alles entscheidend ist deshalb *als erstes,* daß dem Einzelnen wieder das Vertrauen in die Kompetenz seines eigenen Daseins in religiösen Fragen zurückgegeben wird. Anders gesagt: es muß die gesamte Überichverhaftung des Kirchenglaubens mit den Mitteln der Tiefenpsychologie aufgelöst werden, bis daß die Religion wieder den Erfahrungen des Ichs entsteigt. – Es gibt *dagegen* eigentlich nur einen einzigen, allerdings weitverbreiteten Einwand. Selbst bei denen, die an sich den *humanen* Charakter dieses Grundpostulates der Religionskritik von FEUERBACH bis FREUD mitzutragen bereit sind, regen sich sogleich Zweifel, ob nicht der Ausgang einer Neubegründung der Religion vom Subjekt her *die Inhalte* des Christentums selber der völligen Beliebigkeit preisgeben und am Ende durch einen haltlosen Subjektivismus und Individualismus notgedrungen zerstören müsse. Der jahrtausendealte Monopolanspruch des Kirchenglaubens hat mittlerweile dahin geführt, daß es unter den Bedingungen der tradierten Theologie wirklich fast unvorstellbar geworden ist, es könnte in der Seele einzelner Menschen all die Wahrheit liegen, die Gott auf dieser Erde uns mitzuteilen hat.

Das *Mißtrauen* gegen den Einzelnen und seine Seele, gesät in hunderten kirchlicher Lehrentscheidungen, ist inzwischen so tief, daß auch nur die Vermutung schon gar nicht mehr besteht, es könnte religiös eine Wahrheit geben, die *nicht von außen* an ihn herangetragen würde, sondern in ihm selber läge. Unmöglich deshalb, *die Symbolsprache des Christentums,* darunter vor allem die «Christologie», selber als Ausdruck lebendiger *Erfahrung,* statt einer beamtet vorgeschriebenen *Lehre* zu verstehen! Unmöglich auch, gerade in der Dogmensprache über die Person des Erlösers die Ausdrucksebene religiöser Symbolik wiederzuerkennen. Die Kirchensprache ist die Wahrheit selber; sie ist sozusagen nur der irdische Widerschein des Göttlichen! Vergeblich deshalb, daß immer wieder Leute wie AUGUSTINUS[31] oder NICOLAUS VON CUES[32] daran erinnert haben, daß Gott *im Herzen* des Menschen wohne und unmittelbar zu ihm rede. Das Zwiegespräch der Seele mit ihrem Gott in AUGUSTINS «*Confessiones*» mag groß und hoch zu rühmen sein als Ausdruck der Sehnsucht des Menschen nach Gott[33], doch der Bischof von Hippo selbst betonte oft genug, daß der Mensch ein Nichts sei angesichts der Wahrheit, die Gott ihm in Jesus Christus *durch die Bischöfe der Kirche* vorgelegt habe.[34]

Das zentrale Problem lautet religionspsychologisch wie theologisch offenbar, welch eine Grundlage die religiöse Symbolsprache besitzt: ist sie ein Ausdruck innerer Erfahrung oder ein Eindruck äußerer Setzung? – Es ist klar, daß alle anderen Fragen sich von daher notwendig ergeben: Der Mensch kann solange nicht als ein autonomes Subjekt innerhalb der Religion verstanden werden, als der Begriff der «Offenbarung» wesentlich «extrinsezistisch», veräußerlicht bleibt[35] und schon deshalb zu seiner «Absicherung» der entfremdenden Konstruktion eines autoritär vorgegebenen unfehlbaren Lehramtes bedarf. *Die gesamte Frage der Stellung des Menschen zu Gott hängt mithin an der Frage des Verständnisses des religiösen Symbolismus:* die Mündigkeit oder Unmündigkeit des Menschen, die Innenlenkung oder Außenlenkung des religiösen Gewissens, die Freiheit oder Unfreiheit des «Christenmenschen», die Wahrhaftigkeit oder Unwahrhaftigkeit der Existenz, die demokratische oder zentralistische Verfassung der «Kirche» als der Gemeinschaft der Gläubigen, der Status der Theologie als einer Form des offenen Dialogs oder des ideologischen Monologs, und vor allem: die Vorstellung von dem, was christlich «Glauben» heißt – alles das entscheidet sich an der Frage, ob die Symbole des Glaubens als äußere Setzungen (in historisierter Tatsächlichkeit) und äußere Satzungen (in dogmatischer Sicherheit von Amts wegen) geglaubt werden müssen, oder ob sie als Ausdrucksformen bestimmter religiöser Erfahrungen verstanden werden dürfen.

Als ein Beispiel zur Verdeutlichung dieses Zusammenhangs kommen wir noch einmal (siehe oben Seite 108f.) auf die Frage der Sakramentenspendung, insbesondere der *Taufe,* zurück. Sie wird in der Praxis der Kirche seit rund anderthalbtausend Jahren bereits den kleinen Kindern gespendet. Theologisch *muß* das angeblich so sein, da Gott in der Größe seines Heilswillens es nicht gestattet, daß «eines von diesen Kleinen» (Mk 9,42) durch die Fahrlässigkeit der Eltern oder der kirchlichen Amtsträger «verloren gehe»[36]; in Wirklichkeit ist natürlich jedem Denkenden klar, daß mit Lehren wie, die ungetauften Kinder könnten vom ewigen Heil ausgeschlossen sein[37], die Kirche lediglich verhindern möchte, daß *ihr selbst* eines der Neugeborenen verlorengehe. Eben deswegen müssen die Eltern *schon bei der Eheschließung* geloben, ihre Kinder *katholisch* erziehen zu wollen, und der deutlichste Ausdruck dieses Willens ist selbstredend die Kindertaufe selbst.[38] Nach theologischer Auskunft nämlich geschieht in dem sakramentalen Akt der Taufe, von dem der Täufling selbstverständlich nicht das mindeste wahrnimmt, für das ganze künftige Leben Entscheidendes, indem Gott durch die Taufgnade selber, in der Kraft seiner *Liebe,* das heißt seines *Heiligen Geistes,* dem Täufling ein «unauslöschliches

Merkmal» einprägt[39], wie es unter allen anderen Sakramenten der Kirche für-
derhin nur noch die Priesterweihe (oder richtiger: die Bischofsweihe)[40] zu tun
vermag. Krasser läßt sich die «Magie» im Verständnis des «Grundsakramen-
tes» der Kirche nicht dokumentieren; es zeigt sich hier aber auch die vollkommen beabsichtigte Auslieferung des Einzelnen an die Macht der Tradition; es zeigt sich die komplette Überwältigung des religiösen Bewußtseins
durch die erzwungene Prägung von außen; und vor allem: es zeigt sich hier
die ganze Finesse einer Theologie, die es fertigbekommt, «personologisch»,
durch die Lehre von der «Gnadenzuwendung» Gottes als der unendlichen
Person, welche uns näher ist, als wir uns selber je sein können, am Ende *die
religiöse Depersonalisation* des Menschen ideologisch hieb- und stichfest zu
machen, bis daß es kein Entrinnen mehr gibt: wer einmal als Kind eines katholischen Elternteils katholisch getauft wurde, der bleibt nach Theologen-
meinung *auf ewig* in seinem An-sich-Sein katholisch, wie auch immer er in
seinem Für-sich-Sein später sich entscheiden mag. – Es ist schwer vorstellbar,
wie man den Entscheidungsspielraum der Freiheit eines Menschen mit Hilfe
des theologischen Zwangsdenkens gründlicher außer Kraft setzen könnte, als
es hier geschieht.

In seiner Satire *«Die Insel der Pinguine»* hat ANATOLE FRANCE einmal geschildert, wie der heilige *Mael* aus Versehen, im Wahn, ihres friedlichen Betra-
gens wegen bessere Menschen vor sich zu haben, im Eismeer eine Gruppe von
Pinguinen getauft hat. Ist, fragt da Gott der Herr selbst im Paradiese seine
Theologen, diese Taufe, an Vögeln gespendet, so nichtig wie etwa die Ehe bei
einem Eunuchen, oder ist sie gültig? In dieser prekären Notlage des Geistes
weiß der heilige Damasus Klärung zu schaffen: «Um zu wissen, ob eine Taufe
gültig ist und ihre Wirkung, das heißt die Heiligung, nach sich ziehen wird»,
erläutert er, «muß man erwägen, wer sie gibt, nicht aber, wer sie empfängt. In
der Tat entsteht die heiligende Kraft dieses Sakraments aus der äußeren Handlung, wodurch es verliehen wird, ohne daß der Getaufte durch irgendeinen
persönlichen Akt seiner eigenen Heiligung nachhilft. Wäre dem anders, so
würde man die Taufe nicht dem Neugeborenen spenden. Und um zu taufen,
braucht es nicht der Erfüllung irgendeiner besonderen Bedingung. Es ist nicht
nötig, daß man im Zustand der Gnade ist, sondern es genügt, daß man die Absicht hat zu tun, was die Kirche tut, daß man die geweihten Worte ausspricht
und die vorgeschriebenen Regeln beobachtet.»[41] Denn: «Bei Sakramenten, wie
bei Zaubereien, ist es die Form, die wirkt.»[42] Angesichts derartiger Lehren sieht
der Herr selbst freilich ahnungsvoll schon voraus, daß es auch mit den anderen
Sakramenten eine solche Wendung nehmen könnte: Viele Diebe zum Beispiel,

die kommunizieren wollen, «doch fürchten, daß man als Preis der Verzeihung sie zwingt, die gestohlenen Sachen der Kirche zu schenken, [...] (könnten etwa) Wanderpriestern beichten, die weder Italienisch noch Lateinisch, sondern nur die Bauernsprache ihres Dorfes verstehen. Durch Städte und Marktflecken werden die Pfaffen ziehen und den Sündenablaß für niedrigen Lohn, vielleicht auch für eine Flasche Wein, verschachern.»[43] Allerdings: langmütig, wie der Herr ist, versichert er: «Mich dünkt, daß wir uns um solche Absolution nicht grämen werden, der zur Gültigkeit die Zerknirschung fehlt.»[44]

Man sieht: auch Gott selbst steht auf seiten der römisch-katholischen Kirche! Denn wahrlich, des Allwissenden Voraussicht konnte auch in dieser Sache nicht fehlgehen, – es kam, wie es kommen mußte, das heißt, wie es jedem heute sichtbar vor Augen steht: Die Starre und Detailliertheit des Glaubensformalismus der Kirche auf der Seite des Offiziellen geht *notwendig* einher mit der vollkommenen Willkür, ja Lächerlichkeit auf seiten des Personalen, in der *zwangsneurotischen Zerrissenheit* und Unversöhntheit des Subjektiven und des Objektiven. Innerhalb des verfaßten Kirchenglaubens bedingt beides sich wechselseitig: die Genauigkeit der Vorschrift, die Exaktheit der Formel, die absolute Bedeutung der äußeren Korrektheit stellen, bei Lichte besehen, nur die andere Seite der chronischen Angst vor der vermeintlichen «Sündhaftigkeit» des Individuellen dar; das Personale aber, das in dieser *Religion von außen* nicht zu sich selbst gebracht, sondern konsequent sich selbst entfremdet wird, «verdient» am Ende wirklich jede Art von *«Vorsicht»* – es ist ihm länger nicht zu trauen! Die ganze Dogmengeschichte der Kirche läßt sich beschreiben als ein solcher Weg des zerbrochenen Vertrauens, der veräußerlichten Festschreibung formalisierter Redensarten und Praktiken, der aufgezwungenen *Gleich*schaltung einer möglichst großen Menschenmenge unter *Aus*schaltung aller persönlichen Elemente geistigen und geistlichen Lebens – als eine Dokumentation der Angst der Kirchenoberen vor den eigenen Gläubigen kollektiv und des eigenen Überichs vor der eigenen Person individuell.

Erkannt hat diese Abspaltung und Entgegensetzung des «Objektiven» und des «nur» Subjektiven in dem Selbstverständnis der katholischen Kirche in der Philosophengeschichte am klarsten G. W. F. HEGEL, indem er den «römischen» Standpunkt des Katholizismus schon vor 150 Jahren an der Auffassung des *Abendmahls* als einer «Transsubstantiation» der Hostie verdeutlichte: Da ist, meinte er, «die Hostie, dieses Äußerliche, dieses sinnliche, ungeistige Ding durch Consecration der gegenwärtige Gott – Gott als ein Ding, in der Weise eines empirischen Dings, ebenso empirisch von den Menschen genossen. Indem Gott so als das Äußerliche im Abendmahl, diesem Mittelpunkt der Lehre, gewußt wird, ist diese Äußerlichkeit die Grundlage der ganzen *katholischen* Religion. Es entsteht so die Knechtschaft des Wissens und Handelns; durch alle weiteren Bestimmungen geht diese Äußerlichkeit, indem das Wahre als Festes, Äußerliches vorgestellt ist. Als so Vorhandenes außerhalb des Subjectes kann es in die Gewalt Anderer kommen; die Kirche ist im Besitz desselben, so wie aller Gnadenmittel; das Subject ist in jeder Hinsicht das passive, empfangende, das nicht wisse, was wahr, recht und gut sey, sondern es nur anzunehmen habe von Anderen.»[45]

Sprechen wir statt von der «Kirche» vom *kirchlichen Lehramt* als dem Besitzstand der äußerlich zu verwaltenden göttlichen Wahrheit, so läßt das Ergebnis unserer *psychologisch* gewonnenen Analysen sich *philosophisch* gewiß nicht besser ausdrücken: Das *«katholische Prinzip einer Substantialisierung des Äußerlichen»*[46] kann, solange es währt, nur immer neu zur Passivisierung, Entfremdung beziehungsweise, psychoanalytisch: zur *Zwangsneurotisierung* des Individuums führen.

Oder in der Sprache FRIEDRICH NIETZSCHES: «Der Mensch des Glaubens, der ‹Gläubige› jeder Art ist notwendig ein abhängiger Mensch, – ein solcher, der *sich* nicht als Zweck, der von sich aus überhaupt nicht Zwecke setzen kann. Der ‹Gläubige› gehört *sich* nicht, er kann nur Mittel sein, er muß *verbraucht* werden, er hat jemand nötig, der ihn verbraucht. Sein Instinkt gibt einer Moral der Entselbstung die höchste Ehre: zu ihr überredet ihn alles, seine Klugheit, seine Erfahrung, seine Eitelkeit. Jede Art Glaube ist selbst ein Ausdruck der Entselbstung, von Selbst-Entfremdung [...] Viele Dinge *nicht* sehn, in keinem Punkte unbefangen sein, Partei sein durch und durch, eine strenge und notwendige Optik in allen Werten haben – das allein bedingt es, daß eine solche Art Mensch überhaupt besteht. Aber damit ist sie der Gegensatz, der *Antagonist* des Wahrhaftigen, – der Wahrheit...»[47] «Weil die Krankheit zum Wesen des Christentums gehört, *muß* auch der typisch christliche Zustand, ‹der Glaube›, eine Krankheitsform sein, *müssen* alle geraden, rechtschaffnen, wissenschaftlichen Wege zur Erkenntnis von der Kirche als *verbotene* Wege abgelehnt werden. Der Zweifel bereits ist eine Sünde...»[48] – Völlig richtig vor allem konnte NIETZSCHE die *Travestie* beschreiben, die den *kirchlichen* «Glaubens»-«begriff» kennzeichnet, und damit die Wurzel all der weiteren Verkehrungen benennen: «Es ist falsch bis zum Unsinn», schrieb er, «wenn man in einem ‹Glauben›, etwa im Glauben an die Erlösung durch Christus, das Abzeichen des Christen sieht: bloß die christliche Praktik, ein Leben so wie Der, der am Kreuze starb, es *lebte*, ist christlich [...] *Nicht* ein Glauben, sondern ein

Tun, ein Vieles-*nicht*-Tun vor allem, ein andres *Sein* [...] Das Christ-sein, die Christlichkeit auf ein Für-wahr-halten, auf eine bloße Bewußtseins-Phänomenalität reduzieren, heißt die Christlichkeit negieren.»[49]

Wir werden später noch uns ausführlich mit NIETZSCHES Deutung der Gestalt Jesu und damit der Wahrheit des Christlichen zustimmend wie kritisch auseinandersetzen müssen; die *Grundfrage* seiner Religionskritik aber ist unabweisbar und absolut gültig: wie muß ein «Glaube» beschaffen sein, der dem Menschen ein *Sein* schenkt, in dem er sich *nicht* selbstentfremdet, *nicht* neurotisiert, *nicht* um sein eigenes Leben gebracht sieht? Ein solcher «Glaube», auch das ist unbedingt richtig gesehen, kann und darf – um der Sache Jesu willen (!) – *nicht* auf ein Fürwahrhalten bestimmter Lehrsätze reduziert sein, und noch weniger darf das Verhältnis des religiösen «Glaubens» zur Wirklichkeit des Lebens in einem rein moralisierenden Verhältnis stehen. «Glaube» darf und kann wesentlich nichts anderes sein als die Erfahrung, durch ein unbedingtes *Angenommen*sein bei sich selber *angekommen* zu sein. Wenn es eine «Offenbarung» «Gottes» in unserem Leben gibt, so liegt sie, wie wir noch zeigen werden, an *dieser* Stelle; alle «Lehren», «Symbole», «Dogmen» und «Riten» hingegen können nichts anderes sein als Beschreibungen, Kommentare und Konsequenzen eines solchen Erlebens.

Das aber heißt: Wenn der christliche «Glaube» seinen entfremdenden, zwanghaften Charakter *verlieren* soll, so müssen wir im Zentrum einer Neubegründung des christlichen Glaubens das Verhältnis von Person und Inhalt, von Erfahrung und Ausdruck, von «Subjekt» und «Objekt», von Wort und Bild *gerade umgekehrt* interpretieren, als es im kirchlichen Dogmatismus geschieht: statt von außen an den Menschen herangetragen zu werden, müssen die *Symbole* der christlichen Glaubens-«lehre» wesentlich aus dem religiösen Erleben selbst entwickelt werden. Oder anders gesagt: das einzige «Außen» des christlichen Glaubens kann selber nur *personal* sein – als die Person Gottes selbst beziehungsweise als die Person Jesu; alle weiteren Inhalte der Glaubenssymbole sind als Anregungszustände, als Resonanzschwingungen in der Psyche des Menschen selbst zu verstehen. Der christliche *Glaube*, mit anderen Worten, muß *als* eine *Synthese von personaler Erfahrung und deutenden Bildern*, aus individuellem Erleben und kollektiven Chiffren verstanden werden.

Wie sich diese Aufgabe einer Reform des Christlichen, wohlgemerkt ohne Preisgabe der *Inhalte* des Christentums, vielmehr in deren Rückgewinnung, lösen läßt, kann uns im folgenden am besten wohl C. G. JUNG zeigen, der sich ebenfalls von der Tiefenpsychologie her ausführlich mit der Religion beschäftigt hat und darin wohl, abweichend von FREUD und REIK, am meisten «HE-GELianisch» gedacht hat.

### a) Die Wende zum Menschen in der Theologie
### Karl Rahners und der Vorwurf der «Gnosis» – ein theologischer
### Exkurs in tiefenpsychologischer Absicht

Ein altes chinesisches Sprichwort lautet: «Wenn du es eilig hast, so mache einen Umweg.» Wir *haben* es inzwischen eilig, nach der kritischen Darlegung des Dogmenglaubens zu der *positiven* Darlegung der religiösen Erfahrungen des Christentums zu gelangen; doch um den rechten Weg zu finden, scheint es hilfreich, gerade an dieser wichtigen Stelle nicht gleich mit dem Beitrag der Tiefenpsychologie C. G. JUNGS zur Wiedergewinnung der Ursprungseinheit von Bild und Wort in der religiösen Rede zu beginnen, sondern zunächst eine Exkursion in die theologische Landschaft der Gegenwart zu unternehmen, indem wir den Einklang beziehungsweise den Unterschied markieren, der die folgenden Ausführungen von den Gedankengängen der tradierten Schultheologie trennt.

In dem kleinen Bändchen vom *«Flüstern der Seele»* hat der bengalische Dichter und Religionsphilosoph RABINDRANATH TAGORE das Problem des kirchlichen Dogmatismus einmal, wie eine Zusammenfassung all dessen, was wir bisher gesagt haben, in die Worte gekleidet: «Wenn wir zu dem Glauben kommen, daß wir Gott besitzen, weil wir zu einer besonderen Sekte gehören, so gibt uns dies ein so vollkommenes Gefühl sicheren Behagens, daß wir Gott überhaupt nicht mehr brauchen, es sei denn, um mit anderen über ihn zu streiten, deren Vorstellung von Gott in theoretischen Einzelheiten von der unsern abweicht. – Da wir Gott im Schattenland irgendeines dogmatischen Bekenntnisses untergebracht haben, glauben wir, mit gutem Gewissen allen Raum in der Welt der Wirklichkeit für uns beanspruchen zu dürfen, indem wir die Wunder des Unendlichen daraus verbannen und sie so alltäglich machen wie unser Hausgerät. Solche platte Gewöhnlichkeit wird nur möglich, wenn unser Geist keinen Zweifel hat, daß wir an Gott glauben, während unser Leben nichts von ihm weiß. – Der Sektengläubige ist stolz, weil er sich auf sein Besitzrecht an Gott verläßt. Der wahrhaft Fromme ist demütig, weil er weiß, daß Gott das Recht der Liebe auf sein Leben und seine Seele hat. Was wir besitzen, wird für unser Gefühl unwillkürlich kleiner als wir selbst, und wenn der buchstabengläubige Sektierer es auch nicht mit Worten zugibt, so hat er doch den stillschweigenden Glauben, daß Gott sich von einer kleinen Schar von ‹Recht-gläubigen› in einen Käfig ihrer eigenen Mache sperren läßt. In ähnlicher Weise glaubt auch der primitive Mensch, daß seine Zeremonien einen zauberhaften Einfluß auf seine Gottheiten haben. Sektenwesen ist eine entartete Form der Weltlichkeit unter der Maske der Religion, sie macht noch engherziger, als es der auf materielle Interessen gegründete Weltdienst tun kann. Denn unver-hüllte Selbstsucht ist durch ihre Offenheit ungefährlich, wie Schmutz, der frei in Luft und Sonne daliegt. Aber die Selbstverherrlichung mit ihrer daraus fol-genden Herabsetzung Gottes, die unter dem Deckmantel des Sektenwesens ungehindert vor sich geht, verliert die Möglichkeit ihrer Erlösung, wie sie die Quelle der Läuterung selbst besudelt. – Die Religion ist, ebenso wie die Poesie, keine bloße Idee, sie ist Ausdruck. Gott bringt sich selbst zum Ausdruck in der unendlichen Mannigfaltigkeit der Schöpfung, und auch unsere Haltung dem Ewigen gegenüber muß der Ausdruck der unendlichen Mannigfaltigkeit unse-rer Individualitäten sein. Jene Sekten, die sich eifersüchtig mit Schranken von starren Dogmen umgeben und jede spontane Bewegung des lebendigen Gei-stes ausschließen, hegen und pflegen wohl ihre Theologie, aber sie töten ihre Religion. – Der Versuch, ihre eigene Religion überall und für alle Zeit zur herr-schenden zu machen, ist den Menschen, die zum Sektenwesen neigen, natür-lich. Daher wollen wie nichts davon hören, daß Gott großmütig ist in der Ver-teilung seiner Liebe und daß sein Verkehr mit den Menschen sich nicht auf eine Sackgasse beschränkt, die an einem Punkt der Geschichte plötzlich haltmacht. Wenn je eine solche Katastrophe über die Menschheit hereinbrechen sollte, daß eine einzige Religion alles überschwemmte, dann müßte Gott für eine zweite Arche Noah sorgen, um seine Geschöpfe vor seelischer Vernichtung zu retten. – Wenn die Religion vollkommen in der Gewalt der Sekte ist und dem Niveau des einförmigen Durchschnitts angepaßt wird, dann ist sie korrekt und bequem zu handhaben, aber sie verliert den lebendigen Geist der Kunst. Denn die Kunst ist der Ausdruck des Universalen im Individuellen, und die Religion in ihrer äußeren Erscheinung ist die Kunst der menschlichen Seele. Man sollte fest seinen Stolz darein setzen und es als ein Zeichen höherer Kultur ansehen, wenn man alle Gebote der Sitte verletzt, die einem von einer beglaubigten Reli-gion auferlegt werden, welche den Stempel der Gültigkeit von einer Organisa-tion erhalten hat, die zwar verfolgen kann, aber nicht die Kraft hat, zu über-zeugen.»[50]

Wie ist es möglich, muß man sich fragen, daß Worte solcher Klarheit, ge-sprochen am Anfang dieses Jahrhunderts, in der kirchlichen Theologie wie wirkungslos verhallt sind? Das religiöse Banausentum einer «Theologie» reli-

giöser Vollzugsbeamter und Sektendiener, die Entleerung des Lebens zugunsten des dogmatischen Fetischglaubens, der Wille, am liebsten die ganze
Menschheit der Engstirnigkeit des eigenen Käfiggottes unterwerfen zu können, im Wahn, gerade dadurch ein Gott besonders wohlgefälliges Werk zu verrichten, die Scheinsicherheit eines fertigen Wahrheitsbesitzes in Fragen der
Unendlichkeit – all das ist nicht bündiger zu formulieren, als es hier geschieht,
und doch haben die Worte des großen hinduistischen (oder buddhistischen)
Weisen bis heute keine Chance gehabt, am Zustand des Kirchenglaubens auch
nur das geringste zu ändern. Es ist dabei nicht allein die Neigung zum «Sekten-
tum», auf die TAGORE anspielt, es ist vor allem *ein Abwehrargument,* das
den christlichen Dogmatismus bis heute legitimieren hilft; es lautet gut CAL-
VINistisch-BARTHianisch: das Christentum sei gar keine Religion, sondern
etwas derart Einzigartiges, daß Überlegungen, die sonst wohl ihre Richtigkeit
besitzen möchten, sich im Prinzip auf es selber nicht anwenden ließen.[51]

Dieser Einwand der *dialektischen* Theologie[52] zielte eigentlich auf die Zerstörung des *katholischen* Besitzstandsdenkens, Gott von Amts wegen «zu
haben»; der Mensch erscheint jedoch im Schatten dieses Widerspruchs zum
Katholischen in den Augen des protestantischen Protestes schließlich selbst als
so widersprüchlich, daß er nur im Status der *Anklage* vor den Augen Gottes zu
sich selber zu finden vermag.[53] Das Problem, auf das die dialektische Theologie
aufmerksam machen wollte, ist, *psychoanalytisch* betrachtet, an sich von hoher
Wahrheit: ein Mensch kann im Ghetto der Angst so sehr an sich leiden, daß er
sein Leiden subjektiv durchaus nicht mehr spürt und man ihm nur «von außen
her» seine eigene Wahrheit verdeutlichen kann; – so die «Sünde» und Verlorenheit des Menschen in den Augen K. BARTHS.[54] Doch die dialektische Theologie ist selbst dialektisch zu ihrer eigenen Wirkung: da sie, außerhalb jeder
psychologischen Durcharbeitung ihrer eigenen Erfahrungen und Gedanken
keine wirkliche Brücke zwischen der subjektiven und der objektiven Seite des
«Glaubens» schlägt, spiegelt sie das Christentum lediglich als *Narzißmus der
Ausnahme.*[55]

Was damit gemeint ist? – Nun, in einer psychoanalytischen Behandlung
macht oft ein unüberwindlicher *Widerstand* sich gegen jede Form von Heilung
in der These geltend, daß alles, was sonst auf Erden richtig sein möge, im gegebenen Falle außer Kraft gesetzt werden müsse; das ganze Selbstwertgefühl
gründet hier in der Behauptung, daß man um die eigene Schlechtigkeit im
Unterschied zu allen anderen mindestens *wisse* und eben dadurch allen anderen *überlegen* sei. Paradoxerweise führt die dialektische Theologie, indem sie
alle «Religion», alles «nur» Menschliche und Heidnische aus dem Christentum

zu entfernen sucht, *sozialpsychologisch* gerade zu einer solchen besonders
narzißtischen Absolutheitsbehauptung, die wohl in keiner Religion einen derartigen Triumph feiert wie in den theologischen Positionen einer solchen
«kirchlichen Dogmatik».[56] Es handelt sich dabei jedoch keinesfalls um die
Sondermeinung einer besonders forschen christlichen Denktradition; der
Glaube an die eigene Vortrefflichkeit und Unvergleichlichkeit gründet vielmehr direkt in einer bestimmten Interpretation des Christusglaubens selber
und ist Katholiken wie Protestanten im Grunde gemeinsam[57]: Wenn es zutrifft,
daß Gott sich «in unüberbietbarer Weise» (wieder ein echtes Theologenwort)
in Jesus von Nazareth «geoffenbart» hat, so scheint in der Tat nichts näher zu
liegen, als den Glauben an Christus selbst für die endgültige Wahrheit der
Weltgeschichte, ja, für den Gipfelpunkt der gesamten Evolution des Kosmos
auszugeben[58]; eine solche Meinung ist zumindest solange nicht zu bestreiten,
als man die «Offenbarung» Gottes rein intellektualisierend für ein Bündel von
Sachinformationen hält, die, just vor zweitausend Jahren, Gott selber speziell
den Menschen des Abendlandes über die Stellung des homo sapiens auf Erden
sowie über das Wesen des Göttlichen selber habe zuteil werden lassen.[59] Un-
glücklicherweise für die kirchliche Selbstdarstellung, doch zum Glück für die
Menschheit, hat der Jude aus Nazareth indessen durchaus keine neue «Religion» gründen wollen, geschweige, daß er etwas so Unvergleichbares hätte in
Szene setzen wollen wie eine Religion, die schon gar nicht mehr als eine Religion im eigentlichen Sinne bezeichnet werden kann. Dem Manne, der es für
einzig wohlgebaut erklärte, wenn jemand *tue,* was er lehrte (Mt 7,21)[60], war
nicht danach gesonnen, Dächer ohne Wand und Balken für etwas anderes auszugeben als für Wolkenkuckucksheime.[61]

Was Jesus wollte, war in NIETZSCHES Sinne in der Tat nichts anderes, als
daß man endlich *leben* würde, was die Propheten Israels so nahe vor sich sahen: ein Jahr der Gnade (Lk 4,18–19; nach Jes 61,1.2) *ohne Ende* und eine einzige Menschheitsfamilie unter den Händen eines Gottes, der seine Sonne
unterschiedslos über *alle* auf- und untergehen ließ.[62] Wenn hier etwas «Besonderes» «geoffenbart» worden ist, so liegt es gewiß nicht auf der Ebene der *In*-
formation, sondern der *Per*formation: es geht nicht um neue «Inhalte», die
man so noch nicht «gewußt» hätte, die aber fortan sich um so besser dozieren
und durch knappe Formeln besonders gut katechesieren ließen, es geht überhaupt nicht um eine Bereicherung des Intellekts für Tüftler und Theologiedozenten, es geht ganz und gar um eine endgültige Ernstnahme und Veränderung
der menschlichen Existenz. LESSING hat recht: Der Ring mit jener Kraft, «vor
Gott und Menschen angenehm zu machen», läßt sich allein durch ein entspre-

chendes Leben finden.[63] Einzig hier liegt die «*Praktik*», von der F. NIETZSCHE ganz wahr meinte, sie sei die einzig zulässige Kategorie des Christlichen. «Der Glaube», schrieb vor über 150 Jahren der dänische Religionsphilosoph SÖREN KIERKEGAARD in sein Tagebuch, «ist keine Lehre, sondern eine Existenzmitteilung».[64] Erst wenn man sich diesen jahrhundertealten Kampf so vieler freier Geister gegen den Dogmatismus des Kirchenglaubens vor Augen hält, läßt sich ermessen, wie weit selbst die besten unter den kirchlich akkreditierten Theologen hinter der wirklich gestellten Aufgabe bis heute zurückgeblieben sind und zurückbleiben mußten, einfach weil sie sich immer noch als Räder in einem Getriebe, als «Lehrer» in einem «Lehrbetrieb» verstehen wollten, vor dem schon Jesus selbst mit den strengsten Worten warnte (Mt 23,7–8) und von dem man spätestens in unseren Tagen sagen muß, daß er die Menschen nicht zu Gott führt, sondern sie zu den Gefangenen eines Ghettogötzen macht.

## 1) Größe und Grenze im Denken Karl Rahners

Nehmen wir exemplarisch zum Beleg dieser These den wohl wichtigsten Vertreter der katholischen Theologie am Ende des ausgehenden 20. Jahrhunderts im deutschsprachigen Raum: KARL RAHNER. Sein Intellekt und sein Glaube waren viel zu groß, als daß er den Zerfall der kirchlichen Theologie zu einer bloßen Sektenideologie hätte mittragen können oder wollen. Im Gegenteil: Der christliche Glaube sollte in seinen Augen nicht länger dem *Ausschluß* aller Nichtchristen, sondern der Einladung und dem *Einschluß* aller Menschen dienen. Damit dies sein konnte, mußte freilich speziell für die katholische Theologie nachgeholt werden, was philosophisch schon vor zweihundert Jahren im *Deutschen Idealismus* in aller Klarheit durchgeführt worden war: um theologisch von «Gott» zu sprechen, mußte als erstes nach den Bedingungen gefragt werden, unter denen so etwas wie Erkennen überhaupt möglich ist[65]; denn erst, wenn klar ist, was die jeweils verwendeten Begriffe im Vorgang des menschlichen Erkennens bedeuten, wie sie sich begründen und ableiten und welchen Gültigkeitsbereich sie besitzen, lassen sich Irrtum und Aberglaube einigermaßen zuverlässig ausschließen. – Was im folgenden dargestellt wird, unterbricht nur scheinbar den vorgetragenen Gedankengang; es zeigt, in welcher Richtung RAHNER eine Lösung gesucht hat, die er nicht finden konnte, weil er theologisch die «Wende zur Anthropologie» vollzog, ohne die Anthropologie des 20. Jahrhunderts wirklich aufzugreifen.

Ein Mensch, der von Gott redet, kann dies nur tun in menschlichen Vorstel-

lungen und Begriffen; alles Reden von Gott, alle Theologie, ist daher als erstes
Anthropologie; es ist eine Form der Selbstauslegung des menschlichen Daseins
– auf die *Idee* hin, in der Gott sich selbst denkt, meinte HEGEL[66], auf das *Sein*
hin, dessen Ort und Hüter der Mensch ist, meinte HEIDEGGER.[67] Für RAHNER
schien dieser Rückbezug auf das Subjekt, diese Wende der Theologie zur Anthropologie[68], auch unter den Voraussetzungen der katholischen Lehrtradition
mitvollziehbar, wenn man die scholastische Erkenntnislehre des *Thomismus*
an einer empfindlichen Stelle konstruktiv neu interpretierte: Nach thomisti-
scher Auffassung gibt es im Menschen ein geistig aktives Vermögen, das die
von einem Erkenntnisgegenstand aufgenommenen sinnlichen und geistigen
Formeindrücke in einen *Begriff* umzuwandeln und diesen in Gestalt eines
wahren Urteils auf den «Gegenstand» zu beziehen vermag. Dieses «aktive geistige Vermögen», den *«intellectus agens»* der Scholastik, interpretierte RAH-
NER schlichtweg als die Unendlichkeit des menschlichen Geistes, als das, was
KANT die «Vernunft» genannt hatte.[69] Erkennen – das bedeutete für RAHNER,
alle Dinge, alles Innerweltliche in seiner konkreten Begrenztheit zu erfassen,
was doch nur möglich ist vor dem Hintergrund des Unendlichen, des Unbegrenzten. Jeder Erkenntnisakt also wurde von ihm gedeutet als ein Ausgriff auf
das unendliche Sein (als ein *excessus ad esse*)[70]; alles Erkennen geschieht demnach letztlich auf Gott hin und vollzieht sich in Gott.

Was damit gewonnen werden sollte, zeigt sich in einer Betrachtung der
«klassischen» thomistischen Erkenntnislehre, die sich in etwa in dem Schema
von S. 215 wiedergeben läßt – in einem Bild, das zumindest die Hauptbegriffe
einander zuordnet, mit denen auch RAHNER operieren mußte, um sich mit seinem Denken der tradierten kirchlichen Auffassung verständlich zu machen.
Gegenüber diesem erkenntnistheoretischen Schema ist RAHNERS Ansatz, ähnlich wie bei HEGEL, im Grunde schon keine Erkenntnis*theorie* mehr, sondern
eine Erkenntnis*metaphysik* auf dem Boden einer bestimmten existentialisti-
schen Anthropologie: der Mensch ist das Wesen, dem es in allem Erkennen des
Endlichen letztlich um das Erkennen Gottes geht, da er, als selber Unendlicher, nur von Gott, dem Unendlichen, her wahrhaftig zu sich selbst kommt.
Alle menschliche Kultur- und Geistesgeschichte ist deswegen faktisch immer
schon auch Offenbarungs- und Heilsgeschichte Gottes.[71]

Schon diese These, so kompliziert und hermetisch abgesichert sie im einzelnen von RAHNER auch vorgetragen wurde, mußte im folgenden doch provo-
zierend genug wirken: war nicht hier schon die Gefahr aller *«Gnosis»* sichtbar,
Gott selbst mit dem Menschen zu *identifizieren* beziehungsweise ihn in eine
Funktion des menschlichen Intellekts selbst zu verwandeln? Die Antwort dar-

## Schema der thomistischen Erkenntnislehre

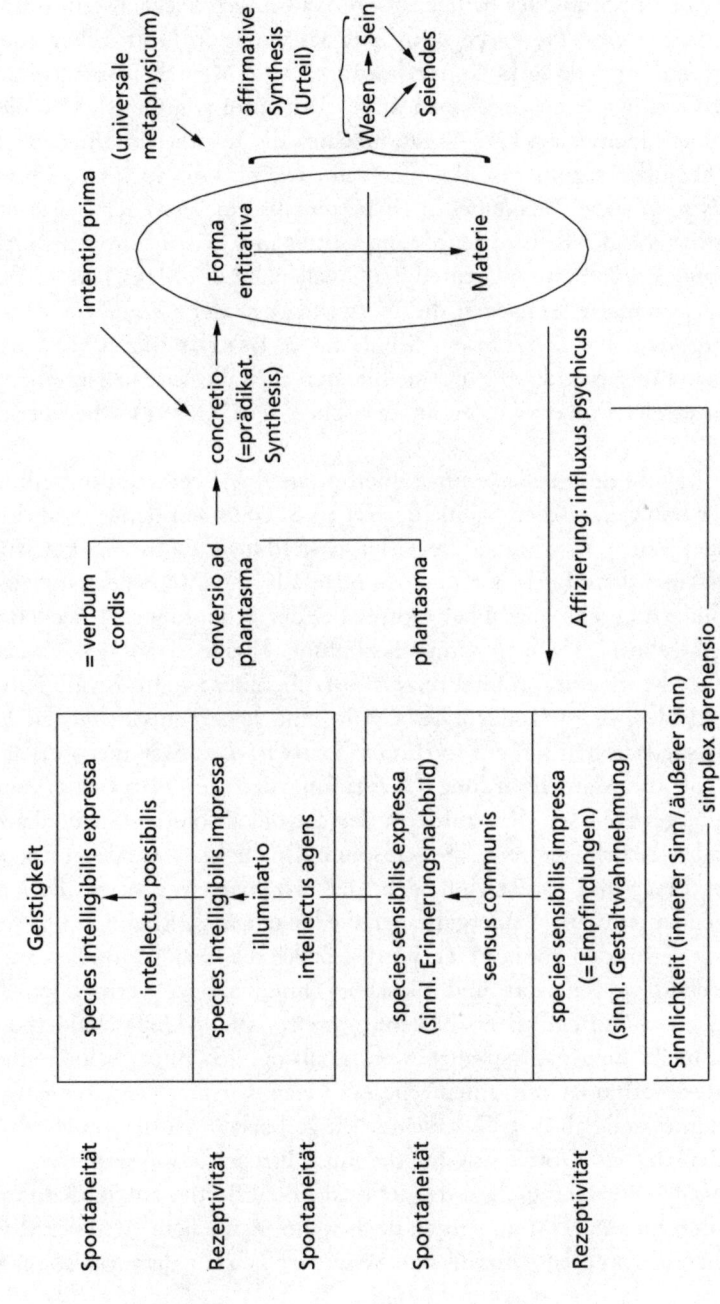

auf fiel, ganz im Sinne des heiligen *Augustinus,* noch leicht: Wenn doch Gott
dem Menschen ein «Herz» gegeben hat, das einzig in Gott selber zur Ruhe
kommt[72], muß man da nicht so unerhört groß vom Menschen sprechen, daß er
fähig ist, Gott begreifen zu können kraft jener Form von Geistigkeit, die Gott
in ihn selber hineingelegt hat? – Gut, mochten die ängstlichen unter den kirchlichen Theologen sagen, das alles mag sein, wie es will, doch ist es bis dahin
nichts als *natürliche Theologie,* es ist bestenfalls eine erweiterte Schöpfungslehre, es hat mit der Selbstoffenbarung Gottes in Christus durchaus nichts zu
tun, es ignoriert ganz im Gegenteil die Gefallenheit des Menschen im Zustand
der Sünde, es macht deswegen die Notwendigkeit der *Gnade* für den Menschen vergessen. Vor allem in der Schule KARL BARTHS waren Vorwürfe dieser Art ganz unvermeidbar[73]; und sie bildeten auch die Verdachtsmomente, die
katholischerseits immer wieder an der Theologie RAHNERS hervorgehoben
wurden.[74]

Dabei konnte der große Jesuit immerhin an eine Lehrtradition anknüpfen,
die in der franziskanischen Schule des DUNS SCOTUS seit dem 13. Jahrhundert
vorgebildet war[75]: wie, wenn die «Menschwerdung» Gottes in Christus gar
nicht erst mit dem Blick auf den «Sündenfall» des Menschen zu verstehen
wäre, sondern bereits zum Plan Gottes bei der Schöpfung der Welt und des
Menschen gehörte[76]? Die gesamte Schöpfung besäße dann den Zweck, die
Bühne für dieses eine große Ereignis vorzubereiten. – In KARL RAHNERS
Worten kleidete diese Konzeption sich in eine seiner umstrittensten Lehren
von dem sogenannten *«übernatürlichen Existential»*[77]: Wer theologisch sagen
würde, daß die Menschwerdung Christi aufgrund der Natur des Menschen
*notwendig* gewesen sei, der würde in der Tat die absolute «Gnadenhaftigkeit
der Gnade» beziehungsweise die «absolute Gnädigkeit» Gottes infrage stellen[78] (der Leser mag es entschuldigen, daß wir hier ein paar Seiten lang das
Theologendeutsch zur Wiedergabe der Gedankengänge kirchlicher Dogmatik
nicht ganz vermeiden können); er würde folglich die Gnade Gottes naturalisie-
ren beziehungsweise Gott und Geschöpf miteinander «vermischen».[79] Die
«Gnädigkeit» Gottes aber, beziehungsweise die «Ungeschuldetheit der
Gnade», bleibt hingegen gewahrt, wenn man die Schöpfung selbst, eine freie
Tat Gottes, verbindet mit einem ebenso freien *Versprechen* Gottes an seine
Schöpfung, es solle all ihre Geschichte sich vollziehen auf die «unüberbietbare
Selbstoffenbarung» Gottes in Christus hin.[80] Ein solches «Versprechen» ist an
sich so wenig «notwendig», wie daß jemand einem Bettler am Straßenrand ver-
spricht, ihm tausend DM zu geben; doch wenn man einem Bettler erst einmal
ein solches Versprechen gemacht hat, verändert sich für diesen alles: er ist auf

eine Hoffnung verwiesen, die ihm sonst nicht zugänglich wäre, die aber sein Bettlersein an und für sich bereits überwunden hat.[81] Alles menschliche Dasein, mit anderen Worten die gesamte Religionsgeschichte der Menschheit, ist demnach keinesfalls nur bloßes «Heidentum» oder bloßer Widerspruch zu der Botschaft des Christentums, sondern in ihrer faktischen Verfaßtheit unter dem ergangenen Heilsangebot Gottes immer schon zu deuten als *«anonymes Christentum».*[82] Im Christentum, meinte Rahner mit diesem Begriff, werde nur in reflexhafter Ausdrücklichkeit gewußt, was im Grunde «immer schon» in dem Leben der Menschen sich vollziehe. Die Gestalt Christi bedeutet, so verstanden, lediglich die Explikation dessen, was implizit als Wirklichkeit der Nähe Gottes den Menschen seit eh und je begleitet hat.[83] Nicht die Leugnung, sondern die Universalisierung der «Gnade» bildete bei diesen Lehren das Ziel KARL RAHNERS; Gott und Mensch sollten aufhören, als in zwei verschiedenen Etagen lebende Gegner nach dem Verhältnis von Herrn und Knecht sich zueinander zu verhalten. Gegeben war damit natürlich auch eine Gegenposition zur *dialektischen Theologie:* worin besteht die «Sünde» des Menschen, und was ist es mit der «bösen Begierlichkeit» (der «Konkupiszenz») als Folge der «Erbsünde»? Rahners Antwort hierauf[84] korrigierte die alte Identifikation von «Begierde» und Sexualität und deutete das Problem der Sünde als Gefangenschaft der Freiheit in sich selbst.[85]

Und der Kreuzestod Christi? Sein Sühneopfer am Kreuz? – Wir werden im 2. Band dieser Arbeit bezüglich der «Erlösung» des Menschen noch sehen, was es mit diesem Schibboleth aller konservativen Orthodoxie auf sich hat. KARL RAHNER antwortete auf diesen Einwand, vor allem in den letzten Jahren seines Lebens, fast stereotyp: Wenn irgend ein Mensch in einem Akt letzten Vertrauens auf jenes unbegreifbare schweigende Geheimnis, das uns umgibt, seinen Tod, das Ende seines Lebens, als Voll-Endung akzeptiert, so hat er, ob er es weiß oder nicht, faktisch teil an der Art des Sterbens Christi[86], auf welches wir, nach dem Wort des Apostels (Röm 6,5), auch und gerade als Christen getauft sind.[87] Das Kreuz Christi widerlegt also nicht, es bestätigt im Gegenteil die Lehre von der anonymen Christlichkeit aller Menschen, «die guten Willens» (Lk 2,14), das heißt umgriffen und ergriffen von der Gnade Gottes sind.

Die Theologie RAHNERS, die in den Grundzügen zu skizzieren für uns an dieser Stelle genügen kann, war und ist gewiß der wichtigste Versuch einer intellektuell redlichen Öffnung der katholischen Kirche zur «Welt» hin, den es im Einklang mit dem kirchlichen Lehramt in unserem Jahrhundert gegeben hat. Sehen wir davon ab, wieviele Hindernisse, von der Annahme der Promotionsarbeit bis in die Gegenwart hinein, man der Rezeption der Gedanken

Rahners in den Weg gelegt hat; stellen wir sogar beiseite, daß heute bereits die Lehre von dem «anonymen Christentum» in der «Missionstheologie» Roms für ausgesprochen häretisch gilt; dann bleibt gleichwohl immer noch das im Rückblick erstaunliche Faktum bestehen, daß vor allem die Zeit nach dem 2. Vatikanischen Konzil zu einer, wenn auch kurzlebigen, Bestätigungsphase der Rahnerschen Thesen geraten konnte.[88] Wir dürfen also die Lehren Rahners als das nehmen, was sie de facto sind: als das Beste, was die katholische Kirche unter Voraussetzung des äußersten ihr gerade noch möglich scheinenden Spielraums an Gedankenfreiheit am Ende des 2. Jahrtausends nach Christus den Menschen zu sagen hat; gerade dann aber wird die unerträgliche *Enge* deutlich, in welche auch und gerade dieser große Mann des modernen Katholizismus sich zwängen mußte, um «noch katholisch» bleiben zu können. *Drei* strukturelle Voraussetzungen sind es, die Rahners Kirchenmitgliedschaft gewährleisteten, und wir brauchen sie nur aufzuzählen, um zu sehen, was alles sich in Wirklichkeit an der Struktur des real existierenden Katholizismus *ändern* müßte, sollte es je eine «Theologie» geben, die endlich dem Menschen heute und nicht länger dem Systemerhalt der katholischen Kirche zugute kommen könnte.

*Zum ersten: die Sprache und die Aussagerichtung* Rahners. Selbst die Gebildeten und Bemühten unter den Theologen, ganz sicher aber unter den sogenannten «Laien», werden in aller Regel kopfschüttelnd und hilflos vor Büchern wie *«Geist in Welt»*[89] oder, redigiert von J. B. Metz, *«Hörer des Wortes»*[90] stehen, vor den beiden wichtigsten, ja, im Grunde einzigen Beiträgen Rahners zur philosophischen Erkenntnistheorie; selbst diese Schriften, die sich thematisch mit der Philosophie der Gegenwart auseinandersetzen, sind in eigentlichem Sinne keine Auseinandersetzungen mit Philosophen dieses Jahrhunderts – nicht ein einziger von ihnen wird auch nur mit Namen genannt und nicht auf ein einziges Werk der Gegenwartsphilosophie wird hier «explizit» Bezug genommen[91]; an keiner Stelle in diesen grundlegenden Werken Rahners tritt das Bestreben hervor, von den Fragestellungen der Gegenwart *auszugehen* – es scheint ihm im Gegenteil vollkommen genug erreicht, wenn es gelingen sollte, die überkommenen Lehrvorgaben der tradierten kirchlichen Theologie so weit zu öffnen, daß es zumindest erlaubt und möglich wird, auf das Denken der Gegenwart *zuzugehen;* – der Leser selber darf raten, auf welche Autoren der Geistesgeschichte, außer dem heiligen Thomas selber, jeweils angespielt wird oder nicht.[92] Bereits in dieser Zielsetzung und Durchführung lassen die Schriften Rahners sich überhaupt nur verstehen als Restaurationsarbeiten in den Innenräumen der kirchlichen Wasserburg, in der

Hoffnung, es lasse sich eines Tages vielleicht doch mal die Fallbrücke über den Sicherheitsgraben herabsenken und der Weg nach draußen hin öffnen.

Und dieser Zielsetzung entspricht natürlich auch *der Stil:* er ist streng hermetisch und in sich selbst vollkommen abstrakt. Man könnte, in Anbetracht der Aufgabe, die RAHNER in seinen Erstlingswerken sich stellte, zum Verständnis seiner Ausdrucksweise vielleicht vorbringen, daß Fragen der Erkenntnistheorie, der Transzendentalphilosophie, des Deutschen Idealismus, der Phänomenologie und des Existentialismus vor dem Hintergrund des scholastischen Thomismus nun einmal nicht nach den Regeln von LUTHERS Bibelübersetzung[93] erörtert werden könnten, – schließlich könne man auch einem Atomphysiker nicht zumuten, die neueste Variante einer der Großen Vereinigungstheorien[94] vor den Ohren des «Volkes» zu diskutieren. Doch das ist nicht der Punkt, um den es geht. Das Eigentümliche der RAHNERschen Sprache liegt darin, daß sie die Gewundenheit, die endlose Drechselei von Hypotaxen, die Schwerlesbarkeit geradezu *brauchte,* um in der Kirche gerade noch geduldet zu werden. Es verschlägt nicht viel, daß RAHNER mit all seinem philosophischen Bemühen so gut wie keinen namhaften Philosophen unserer Tage geprägt oder entscheidend herausgefordert hat; wichtiger ist schon, daß die Kirche diesen bedeutenden Mann zeit seines Lebens, zwar nicht, wie seinen Ordensbruder TEILHARD DE CHARDIN, am *Publizieren,* wohl aber erfolgreich am Rezipieren der Öffentlichkeit sowie am Aufbau einer «Schule» gehindert hat; *entscheidend* aber ist zu all dem, daß RAHNER für dieselben Aussagen, die trotz der Verklausulierungen seines Sprachstils seitens des «Lehramtes» bereits für «gefährlich» erachtet wurden, ganz gewiß für die *Exkommunikation* reif gewesen wäre, hätte er sich so ausgedrückt, daß nicht nur ein Zirkel akademischer Eingeweihter, sondern auch die Mitglieder des «Dritten Standes», die sogenannten Laien, hätten ihn verstehen können. Wir wissen bereits: Entsprechend dem REIKschen Prinzip des notwendig «asozialen» Charakters des «Zwangsdenkens» bedeutet es für die kirchliche Glaubenslehre nach wie vor einen ganz entscheidenden Unterschied, ob bestimmte theologische Ansichten auf dem Katheder oder auf der Kanzel geäußert werden. «Was sich dem Feinen geziemt, sich dem Gemeinen entzieht»[95] – die Zwei-Klassen-Wahrheit der katholischen Kirche, die wir bereits als unerläßliches Strukturmerkmal eines «unfehlbaren» Lehramtes kennengelernt haben, war gewiß das Letzte, was ein Mann wie K. RAHNER selber gewollt oder befürwortet hätte, doch gerade dieses System bot ihm den notwendigen Schutz, und so hielt er sich, um selber in der Kirche zu überleben, an dessen Spielregeln.

*Zum zweiten: das Erfüllungsdenken dogmatischer Vorgaben.* Es gehört zentral zum RAHNERschen Denkstil, das überkommene Dogma bis in die Formulierung hinein zum Anfangs- und Endpunkt aller Überlegungen zu nehmen. Alles, was er in seinen zahlreichen dogmatischen Schriften zu leisten versuchte, war die Rechtfertigung des Überkommenen angesichts der Fragen der Moderne. Die Lehre der katholischen Kirche war richtig – diese Überzeugung bildete die Grundlage von allem weiteren. Ähnlich wie vor zweihundert Jahren I. KANT von der Tatsache der Physik als einer Wissenschaft ausging, um die Frage zu beantworten, unter welchen Bedingungen diese Tatsache möglich sei[96], ging auch RAHNER von der Tatsache der katholischen Lehre als Wahrheit aus und brauchte folglich nur noch darüber nachzudenken, unter welchen Voraussetzungen es möglich sei, diese Überzeugung aufrechtzuerhalten; die so gefundenen Bedingungen mußten dann als ebenso «wahr» gelten wie die Wahrheit der katholischen Lehre selbst. Die Wirklichkeit, mit anderen Worten, ist gerade so beschaffen, wie man sie braucht, um die Beschaffenheit des eigenen Wahrheitsanspruches als eines unfehlbaren zu gewährleisten. Ein solches Denken, das die Wahrheit, die es zu finden vorgibt, im Grunde immer schon voraussetzt, erfüllt vollauf den Tatbestand dessen, was wir früher als *«Ideologiebildung»* beschrieben haben.

Es ist klar, daß dies eine Feststellung ist, die in den Reihen der kirchlichen Theologenschaft gewiß als eine Ungeheuerlichkeit beschimpft und belächelt werden wird: der große KARL RAHNER – ein Ideologe! Das, scheint es, richtet sich selber! Aber mitnichten. Es richtet sich lediglich gegen eine Theologenschaft des beamteten Wahrheitsbesitzes, deren Charakter gerade an den besten ihrer Vertreter am schmerzlichsten und klarsten sichtbar wird.

*Und zum dritten: die unerläßliche Abstraktion.* Wenn man verstehen will, warum K. RAHNERS Ideen über den Zusammenhang von Humanität und Glauben so viele richtige Folgerungen auch für eine dringend notwendige Korrektur der katholischen Kirche enthielten, ohne zu den entsprechenden Maßregelungen von seiten des «Lehramtes» zu führen, so muß man neben der hermetischen Sprache vor allem den Abstraktionsgrad seiner Gedanken dafür verantwortlich machen. Alles, was die Schriften RAHNERS zur dialogischen Struktur des Glaubens, zur Situationsgebundenheit der Ethik[97] oder zur Freiheit als dem Grundmoment christlicher Entscheidung[98] an Kirchenkritischem enthalten, verbleibt in HEGELschem Sinne in einem bloßen An-sich-sein[99]; es lagert über der durstenden Wirklichkeit wie Wolken über der Namib-Wüste in Südwest-Afrika: selbst wenn sie sich ausregnen möchten, verdunstet das herniederströmende Wasser weit oberhalb des Hitzeschildes der glutheißen Erde und kehrt zu sich selber zurück, ohne auch nur die Steine der Steppe gestreift zu haben.

Alle Gedanken RAHNERS, so richtig sie sind, haben den gesamten *Wider-spruch der Wirklichkeit* des real existierenden Katholizismus ebenso wie der «Welt» gegen sich; doch da sie diesen Widerspruch selbst weder bezeichnen noch bearbeiten, fordern sie ihn auch nicht heraus – sie ziehen in Ruhe frei-schwebend weiter. Darum *«rechtfertigen»* sie den Überbau, ohne die «Basis» zu durchdringen. – Ganz in der Sprache HEIDEGGERS kann RAHNER sich etwa in langen Darlegungen ergehen über die *«Geschichtlichkeit»* des Daseins und der «Offenbarung»[100], doch von der konkreten Geschichte in Kultur, Religion, Politik und Wirtschaft erfährt man in seinen tausende von Seiten füllenden Schriften nicht auch nur den Hauch eines einzigen Details; ebenso kann RAH-NER von der *«Endlichkeit»* des Daseins ergreifende Vorstellungen entwik-keln[101], und das Problem des Todes brannte ihm gewiß ebenso auf den Nägeln wie seinem Meister HEIDEGGER selbst[102], – ihm verdankte er vor allem die Gleichsetzung von Endlichkeit, Ende und «Vollendung»[103], die J. P. SARTRE zu Recht einer leidenschaftlichen Kritik[104] unterzog; aber es findet sich bei ihm nicht auch nur der geringste Hinweis auf das konkrete Erleben des Todes, auf die psychische Problematik von Suizid und Depression[105] oder auf die Bedeu-tung des jederzeit möglichen Sterbens für die geängstete Seele der Liebenden; und nicht minder vermochte RAHNER die *«Weltlichkeit»* von «Geistigkeit» und Glauben als ein Existential christlicher Existenz herauszuarbeiten[106], ohne sich um die Fragen der Evolutionstheorie im Neodarwinismus[107], um die Plat-tentektonik in der Geologie[108], um die Entdeckung von Schwarzen Löchern[109], Neutronensternen[110] und Quasaren[111] in der Astronomie und um die Theorie der Starken und Schwachen Wechselwirkung[112] in der Atomphysik näher zu kümmern. Das «Werden» der Welt entsprach dem *Prinzip* der «Geschichtlich-keit» Gottes an seinem «Anderen»[113], aber wie die Welt wurde und wird, kann einem Theologen der Gegenwart nach der Lektüre der RAHNERschen Schriften im Grunde egal sein. – Diese Art zu denken, man versteht, ist verein-bar mit allem – mit dem «Monogenismus» zum Beispiel (der Lehre von der Abstammung der Menschheit von Adam und Eva als einem einzelnen Men-schenpaar)[114] ebenso wie mit dem Polygenismus (der Lehre von der «strauchar-tigen» Entwicklung des Menschen); sie steht prinzipiell jenseits der konkreten Wirklichkeit, der gegenüber sie, wie jede «von oben» verordnete Ideologie der «Wahrheit», im Grunde neutral bleiben muß.

Schaut man sich demgegenüber an, wie groß noch in den Tagen der eigent-lichen Lehrmeister RAHNERS, in der Zeit des *Deutschen Idealismus* vor zwei-hundert Jahren, das Bestreben sein konnte, die Weltwirklichkeit, so wie sie in den Naturwissenschaften der damaligen Zeit erscheinen mußte, philosophisch zu durchdringen[115] und sogar höchst anregend auf die Erkenntnis der Mathematik[116], der Astronomie, der Physik, der Chemie und der Biologie[117] zurückzuwirken, so kann man nur erschrocken sein über das Ausmaß an Wirklichkeitsverlust in der heutigen Theologie. Selbst auf dem Terrain des eigenen Wissenschaftsgebietes: der Religion, bedurfte RAHNER zur Schmiede seiner Gedankenketten keinerlei Materials aus Archäologie, Völkerkunde, Religionsgeschichte oder Religionswissenschaft. Es genügte, die Lehre der katholischen Kirche zu kennen und von ihr aus Formeln zur Interpretation «einer Realität an sich» zu ersinnen.

Vor allem blieb RAHNERS Theologie, hirnorganisch gesprochen, ebenso sehr der *linken* Hirnhälfte verhaftet, wie die seines Bruders HUGO RAHNER[118] der rechten Hirnhälfte angehörte. Alle Argumentationsmuster KARL RAHNERS basieren auf der Vorstellung, daß Gott unserem *Denken* bestimmte Kategorien und Vorstellungsweisen zur Erfassung der Wirklichkeit mitgegeben hat.[119] Daß es desgleichen auch *Gefühle* und *Symbole* geben könnte, die ebenso tief, ja, im Grunde noch weit mehr in der Evolution der Arten verankert sind als die Denkformen des Geistes und die Anschauungsformen der «Sinnlichkeit», war ein Gedanke, der bei K. RAHNER allenfalls unter den Abstraktionen der «Leibhaftigkeit» oder «Ganzmenschlichkeit» oder «Situiertheit» oder «Konkretheit» des menschlichen Erkennens, Hoffens und Glaubens auftauchte, doch niemals als Wirklichkeit «konkret» erörtert wurde. – Wenn ein Mann wie RAHNER zum Beispiel *die Siebenzahl der Sakramente* der katholischen Kirche begründen wollte, so genügte es vollauf, die Heilsdurchwirktheit des apostolischen Zeitalters und die Unumkehrbarkeit der geschichtlichen Verfaßtheit der menschlichen Existenz hervorzuheben sowie die Notwendigkeit, daß die Gnädigkeit Gottes, indem sie den ganzen Menschen umgreift, besonders an den Hauptstellen der Biographie eines einzelnen zum Ausdruck kommt;[120] und im übrigen: ist die Kirche nicht selbst schon «das Ursakrament»[121] und Christus selber das «Grundsakrament»[122], so daß alle anderen Sakramente nichts weiter sind als die Konkretionen dieser allgemeinen grundlegenden Tatsache des Gnadenzuspruchs, den Gott durch Jesus Christus in unüberbietbarer Weise für alle Zeiten in Gestalt *der katholischen Kirche* der Menschheit dargeboten hat[123]? Man muß nur getreulich an die katholische Kirche selbst glauben, und es werden einem allemal Gründe genug einfallen, um den Protestantismus etwa als einen herabgesunkenen Modus des eigentlich und immer schon von Gott gemeinten Verfaßtseins der Kirche zu erweisen.[124] Was also sollen da noch Vergleiche mit anderen Religionsformen, was an Einsichten aus Tierpsychologie und Verhaltensforschung, was an Erkenntnissen aus Tiefenpsychologie und Kulturanthropologie? – Man kommt nicht daran vorbei, auch und gerade die Theologie K. RAHNERS als bloßes Reflexionsmoment innerhalb eines «absoluten Wissens» zu betrachten, das sich von dem Totalitäts- und Absolutheitsanspruch säkularer Ideologien um so weniger unterscheidet, als es sich auf *göttliche Offenbarung,* nicht einmal nur auf menschliche Erkenntnis zurückführt.

Was aber ist das jetzt: göttliche Offenbarung? – Gerade wenn man *begriffen* hat, was RAHNER eigentlich wollte, genügt es keinesfalls, ihn *auf*zugreifen, nur um bei ihm stehen zu bleiben. Die «Wende zum Subjekt» in der Neuzeit kann nicht länger mehr auf den Raum des DESCARTESschen *«Cogito»*[125], mithin auf die erkenntnistheoretischen Erörterungen über die subjektiven Bedingungen des menschlichen Erkenntnisvermögens eingeschränkt werden. Es macht schon methodisch keinen Sinn mehr, nach dem Vorbild HEGELS vor einhundertfünfzig Jahren die «Reflexionsphilosophie»[126] bezüglich der subjektiven Erkenntnisbedingungen dadurch aufsprengen zu wollen, daß man den menschlichen Intellekt selber als eine Dynamik ins Unendliche deutet und daher selber als unendlich setzt – das menschliche Denken als «Ort» der «Offenbarung» des «Seins» und Gott (identisch gesetzt mit dem Sein) als Ermöglichungsgrund und Ziel aller Erkenntnis[127]; und noch weniger geht es an, die «Leiblichkeit» des Menschen als «das Andere» zu bestimmen, in dem sich der «endliche Geist» selbst gegenübersetzt, um sich darin selbst zu vollziehen.[128] Es ist auch nicht mehr möglich, im Stile des Deutschen Idealismus (beziehungsweise des HEIDEGGERschen Existentialismus) die Erkenntnistheorie zur Anthropologie *auszudehnen* und diese zugleich als «Ontologie» zu lesen.[129] Und vollends die Frage nach dem, was «früher» sei: Geist *oder* Materie, läßt sich nicht mehr mit der Herleitung des einen aus dem anderen, im idealistischen (beziehungsweise materialistischen) Sinne, beantworten. Was wir heute brauchen, ist vielmehr eine *Einarbeitung der konkreten Einsichten des evolutiven Weltbildes* in die Theologie.[130] Die viel besprochene «anthropologische Wende» in RAHNERS Denken[131] setzt als erstes eine Synthese und zugleich einen Bruch mit dem Denken TEILHARD DE CHARDINS voraus[132]: *die Evolution als ganze* ist als die Form der Selbstmitteilung des Göttlichen zu verstehen, der Mensch selbst aber ist weder als isolierter Mittelpunkt der Weltordnung noch als Zielpunkt der Weltentwicklung zu betrachten[133]; der Mensch ist aus der Evolution hervorgegangen, und alles, was sich in seinem Kopfe abspielt, ist ermöglicht worden durch Prozesse, die viele Millionen Jahre älter sind als er selbst und weit über ihn hinausgehen. Auch um TEILHARD richtig zu verstehen, genügt es heute nicht mehr, auf die bloße Tatsache der *körperlichen* Herkunft des Menschen aus der Tierreihe mit der mystischen Vision der Entfaltung des Kosmos auf den «Christus» hin zu antworten[134]; es kommt vielmehr darauf an, die Strukturen der menschlichen Psyche selbst mit Hilfe von Verhaltensforschung und Tiefenpsychologie als Niederschlag all der Einzelschritte zu begreifen, in denen die Evolution das Gehirn der Fische, der Echsen und der Säugetiere bis hin zum Menschen aufgebaut hat.[135]

Immer noch scheint es indessen nach dem Vorbild K. RAHNERS möglich, Erkenntnislehre und Theologie zu treiben, ohne sich von CH. DARWIN oder S. FREUD, ohne sich von der evolutiven Erkenntnislehre und Anthropologie irgendwie in Frage gestellt zu sehen. Welch eine Entdeckung zum Beispiel, wenn wir heute klar zu sehen glauben, daß die Strukturen des menschlichen Wahrnehmens und Denkens keinesfalls den Zweck verfolgen, ein möglichst getreues Abbild der Wirklichkeit zu ermöglichen, sondern nur aus dem Jahrmillionen während Kampf ums Dasein zu verstehen sind – als Formen von Überlebensstrategien, für die eine gewisse Wiedergabe der äußeren Realität zur Orientierung zwar unerläßlich ist, doch deren Subjektivität und Begrenztheit sich ebensowenig übersehen läßt[136]! Wir werden im dritten Band dieser Arbeit, in der Frage der *Schöpfungstheologie*, noch sehen, wieviele *falsche* Ansichten und Problemstellungen in der Theologie einzig der Überdehnung menschlicher Wertvorstellungen und Begriffe auf die Deutung der Gesamtwirklichkeit entstammen. Die Einordnung des Menschen in die Evolution und die Relativierung der menschlichen Maßstäbe erscheint heute selbst als ein unerläßliches und dringliches Anliegen der Theologie. Vor allem kommt in RAHNERS Denken der Hauptfehler kirchlicher Dogmatik gewissermaßen zu seinem Höhepunkt: die Verdrängung der unbewußten Dynamik der menschlichen Psyche! Da scheint es immer noch möglich, über Gott, Welt und den Menschen zu sprechen, ohne auf die Triebbedürfnisse (Affekte), Träume und Gefühle (Emotionen) der Menschen auch nur mit *einem* Wort einzugehen. – Die Folge einer solchen Bewußtseinseinseitigkeit der Theologie zeigt sich beispielhaft bei K. RAHNER selbst. *Warum* zum Beispiel ist «Sünde» oder «Konkupiszenz» als Umlenkung des «Ausgriffs auf das Sein» in Richtung des Geschaffenen zu verstehen? Und wieso kann die Freiheit des Menschen in ihre eigene Unfreiheit geraten? RAHNER treibt hier erkennbar Existenzphilosophie ohne S. KIERKEGAARD und ohne das große protestantische Wissen um die *Angst* des Menschen, von der Psychoanalyse ganz zu schweigen; und das zeigt sich in jedem Detail.

In einem kleinen Bändchen sind einmal die *Briefe* gesammelt worden, in denen dieser große Vordenker der katholischen Kirche auf die Fragen antwortet, die junge Leute aus ihrem Erleben heraus an ihn richteten: Sie sprechen ganz aufrichtig von ihren Verzweiflungen, ihrer Skepsis, ihrem Selbsthaß, ihren Schwierigkeiten mit der Kirche, und auf all diese Probleme antwortet RAHNER ausführlich, mit großem Ernst und einem vorbildlichen seelsorgerlichen Engagement – er tut, was er im Rahmen seiner Möglichkeiten irgend nur tun *kann;* um so deutlicher aber treten *die Grenzen* dieser Möglichkeiten zutage. Es ist nicht allein, daß RAHNER die konkreten Negativ-Erfahrungen der Briefeschreiber Zug um Zug mit theologischen Argumenten zugunsten der Kirche wegzureden sucht – die Kirche, gleichgültig, wie sie im einzelnen erlebt worden sein mag, ist *wesenhaft* als heilig und notwendig zu erachten, um den Glauben an Christus in «Leibhaftigkeit» lebendig werden zu lassen; entscheidend zeigt sich hier das Unvermögen des gesamten transzendentalphilosophischen und existentialtheologischen Ansatzes RAHNERS, Gefühle, Einstellungen und Erfahrungen auf ihre *unbewußten* Hintergründe: auf ihre frühkindlichen Prägungen, auf ihre Psychodynamik, auf ihre Wiederholungsschleifen und Übertragungen hin durchzugehen. Nicht was hier mit Gott oder Christus oder Sünde oder Liebe *persönlich* gemeint ist, sondern wie es im Sinne der Kirche gemeint sein *sollte,* ist seine Frage. Fühlt ein junger Mensch sich am Ende, so gilt es, die Endlichkeit des Daseins von Gott her anzunehmen[137]; in Niedergeschlagenheit gilt es, zu Gott zu beten[138], und bei ausgesprochenem Ärger auf die Beichtpraxis der Kirche sollte man sich fragen, ob eine psychotherapeutische Beratung wirklich besser helfen könnte.[139] Auf Schritt und Tritt sieht man hier Gefühle, wie in den Tagen des DESCARTES vor dreihundertfünfzig Jahren, als unklare Gedanken behandelt[140], und die «Ratschläge», die dann erteilt werden, könnten unverändert schon vor über achthundert Jahren aus der Feder der HILDEGARD VON BINGEN[141] stammen. Die «Schuld» daran, wohlgemerkt, trägt nicht eigentlich K. RAHNER selber; die Ursache dafür liegt in dem System einer kirchlichen Theologie begründet, die sich nur «rechtfertigen» und begründen läßt, wenn man vom Menschen allenfalls das eine Achtel des bewußten Teils seiner Psyche gelten läßt und die sieben Achtel seines Unbewußten mit allem Reden von Gott nicht durcharbeitet, sondern in der Verdrängung hält. Allein durch ihre *strukturelle Bewußtseinseinseitigkeit* muß man eine solche Theologie nicht nur als unfähig zur seelischen Heilung, sondern in sich selbst als krankheitverursachend erklären. Der Vorwurf NIETZSCHES von der Leib- und Triebfeindlichkeit des «Christentums»[142], das heißt der kirchlichen Theologie, sowie sein Hohn auf den Kretinismus in psychologischen Fragen[143] lassen sich gewiß nicht abarbeiten mit Erklärungen über die «Leibhaftigkeit» des Glaubensvollzuges. Was wir dringend brauchen, ist unterhalb der *existen-*

*tialanalytischen* Sprache von Angst und Verzweiflung eine gründliche Durcharbeitung der *psychoanalytischen* Neurosenlehre und Psychosomatik, anderenfalls wird die kirchliche «Erlösungslehre» notgedrungen dem Menschen auch weiterhin äußerlich und entfremdend bleiben; sie wird außerstande sein wahrzumachen, was Jesus seinen Jüngern ausdrücklich auftrug, als er sie in die Dörfer Galiläas sandte: «Heilt ihre Kranken, treibt ihre Dämonen aus...» (Mk 6,7.12).[144] Damit das Wirklichkeit wird, was RAHNER mit seiner Theologie eigentlich erreichen wollte: eine «Versöhnung» zwischen dem Sprechen von Gott und dem Sprechen vom Menschen, bedarf die «anthropologische Wende» in der Theologie endlich einer vernünftigen Synthese der Theologie mit der Anthropologie des 20. Jahrhunderts in all ihren Methoden und Facetten. Doch eben damit treffen wir auf eine Schwierigkeit, die kirchengeschichtlich jetzt schon mehr als 1700 Jahre währt: auf das Problem der «Gnosis».

Eine Theologie, die von Gott so zu sprechen sucht, daß es in der menschlichen Psyche *heilend* wirksam wird – das müßte eigentlich eine Selbstverständlichkeit christlicher Selbstauslegung sein und wäre es auch gewiß, wenn nicht *in den Anfängen des Christentums* bereits eine Weichenstellung erfolgt wäre, die gerade diesen Ansatz als häretisch ausgeschlossen hätte, so daß in der gesamten Folgezeit, bis heute, gegenüber jedem Versuch einer Integration der psychischen Vorgänge in die Form der theologischen Begründungszusammenhänge immer wieder der Verdacht und der Vorwurf der *«Gnosis»* erhoben wurde. Ja, der Abwehrkampf der Kirche gegen die stets lauernde Gefahr einer «Verpsychologisierung» der Theologie war so heftig, daß A. VON HARNACK wohl immer noch recht hat, wenn er meinte, man könne die kirchliche Dogmatik überhaupt nur verstehen im Widerspruch gegen die «Gnosis».[145]

So viel steht fest: ehe wir gerade in den von RAHNER artikulierten Hauptthemen: Schöpfung, Offenbarung, Sünde und Gnade, *das Erbe der Gnosis* nicht für das Christentum *zurückgewinnen,* wird sich die Kluft zwischen Theologie und Psychologie, zwischen Seelsorge und Psychotherapie, zwischen Gott und Mensch trotz der anthropologischen Wende in der Theologie RAHNERS schon aufgrund ihres faktischen Mangels an empirischer Anthropologie niemals wirklich schließen lassen; und solange wird auch der Zugangsweg zu der komplexen Psychologie C. G. JUNGS mit ihrer Einarbeitung der psychologischen Bedeutung der *Bilder* des Religiösen sich nicht freischaufeln lassen. Was also ist das: die «Gnosis», was ist an ihr so verachtenswert und was doch so beachtenswert, daß es nicht möglich scheint, die kirchliche Glaubenslehre zu vermenschlichen, ohne das Richtige in dieser alten Irrlehre zu integrieren?

## 2) Die Problematik der Gnosis, vornehmlich
## am Beispiel Marcions

*Dann wandte sich mein Herz an die Weisheit, die Tochter der Liebe und der Schönheit, und bat:*
*«Gib mir die Weisheit, damit ich sie den Menschen bringe.» – Sie antwortete:*
*«Sag ihnen, daß das Glück im Allerheiligsten der Seele beginnt und nicht von außen kommt!»*

KH. GIBRAN: Eine Träne und ein Lächeln, 103

Wir sind der Frage der *Gnosis* bereits kurz begegnet, als wir die konträre Beurteilung dieser religiösen Bewegung in den ersten Jahrhunderten nach Christus bei TH. REIK und E. FROMM erwähnt haben (siehe oben S. 163): bedeutete die Gnosis eine *Spiritualisierung* der sozialpolitischen Revolte des Jesus von Nazareth, wie FROMM meinte, oder war sie im Gegenteil eine *Verschärfung* des Kampfes Jesu gegen einen grausamen Weltenschöpfer und Vatergott, wie REIK glaubte?, so lautete die Frage damals. Es ist an dieser Stelle nicht nötig, ein historisch vollständiges Bild jener wichtigen geistigen Strömung zu zeichnen, die wie keine andere die Dogmenbildung der frühen Kirche bestimmt hat[1]; es genügt vollauf, sich auf *den* Punkt zu beschränken, der sich aus der Problemstellung selbst jetzt ergibt: wie ist es möglich, die entscheidenden Glaubensinhalte des Christentums aus den Verformungen des kirchlichen Dogmatismus zu lösen und von der persönlichen Erfahrung her neu zu begründen?

Werfen wir einen Blick auf das zweite Jahrhundert der Kirchengeschichte, und dabei vor allem auf die Person und Lehre MARCIONS, so bietet sich uns ein höchst widersprüchlicher Eindruck, indem sehr früh bereits auseinander und gegeneinander sich stellt, was der Sache nach eine Einheit bilden und bleiben müßte, um seine religiöse und menschliche Wahrheit zu bewahren. In vier Punkten vor allem läßt sich das zeigen.

Da ist *einmal die Frage nach dem Gottesbild.* In gewissem Sinne kann man die entscheidende Tat Jesu darin erblicken, daß er in der Kraft seines persönlichen Vertrauens die Menschen einen Gott lehren wollte, der jenseits aller Angst und Zweideutigkeiten *nur gut, nur gnädig, nur zugewandt, nur vergebend, nur begleitend, nur aufrichtend, nur voller Liebe* ist.[2] Wir werden später noch ausführlicher sehen, was es mit dieser Botschaft Jesu auf sich hat; *hier* langt es aus, den *Widerspruch* zu betonen, den das Bild des *Vater*gottes, wie Jesus es malte, mit sich bringen mußte, indem es so stark «mütterliche» Züge aufwies, daß es in Konflikt mit jeder Art von Gesetzesreligion geraten mußte.

Die Bibel selber, um ein Beispiel für das Gemeinte zu geben, enthält in der berühmten Geschichte von *Kain und Abel* (Gen 4,1–16) so etwas wie ein verborgenes Wissen um die Notwendigkeit einer solchen Veränderung des Gottesbildes[3]: Als Gott die Menschen aus dem Garten der Erde verbannt hat, versuchen in der ersten Szene jenseits von Eden die Kinder Evas mit *Opfern,* die verlorene Gunst ihres Gottes zurückzugewinnen. Gott, so geht die Verheißung im Raum der Religionsgeschichte, läßt sich versöhnen, wenn die Menschen das Beste abgeben, was sie sind, hervorbringen und besitzen; nur das *Leid,* das sie selber freiwillig sich auferlegen, bewahrt sie vor der verdienten Züchtigung eines gerecht strafenden Gottes. Dieser Gedanke, so weit verbreitet er in den Religionen der Menschheit auch sein mag, führt unausweichlich in die Irre. Es ist die Erfahrung der biblischen («jahwistischen») Urgeschichte, daß die Menschen im Gefälle einer solchen Opfermentalität *notwendig* auf eine sadistisch-zwangsneurotische Einstellung aller religiösen Gefühle, das heißt der gesamten Lebenseinstellung, zurückgeworfen werden: die beiden Brüder werden *beim Opfern zu Konkurrenten* um die Gunst desselben Gottes, die sie mit ihren Werken glauben *verdienen* zu müssen, um leben zu können. Solange Menschen, meint diese Erzählung schon auf den Anfangsseiten der Bibel, dazu *gezwungen* sind, sich die Berechtigung ihres Daseins durch eigene Anstrengung allererst selbst *erschaffen* zu müssen, werden sie die Züge von Angst, Aggression, Gewalt und innerer Empörung in sich aufnehmen, und das Gottesbild einer solchen Religionsform des *Opfers* kann nur zutiefst *ambivalent* sein.

Soweit sich sehen läßt, hat *Jesus* versucht, gerade diese *zwangsneurotische Ambivalenz des Gottesbildes* zu überwinden[4]: der Gott, den *er* den Menschen nahebringen wollte, stand, wie in dem Gleichnis von dem «Schalksknecht» (Mt 18,21–35)[5], bereit, *bedingungslos,* ohne jede Voraussetzung und Vorleistung, zu *vergeben,* einfach weil die «Schuld» des Menschen viel zu groß ist, als daß er sie von sich selbst her wiedergutmachen könnte. Der Gott Jesu ist selber wie der «gute Hirt» (Lk 15,1–7)[6], der dem einhundertsten Schaf nachgeht, weil es von sich selbst her niemals zur Herde zurückfinden könnte. Alles in dieser Botschaft ist gebunden an ein tiefes Vertrauen, mit dem der Mann aus Nazareth dem Gott Israels als seinem *«Vater»* gegenübertrat.

Was aber wird aus dieser alles verändernden religiösen Haltung, wenn man sie, außerhalb Israels, auf dem Boden der *griechischen* Kultur, nicht zu leben als vielmehr zu *denken* beginnt, indem man aus der Frage der Religion eine Sache der «Weltanschauung», der *«Philosophie»* griechisch gesprochen, macht? – Nicht ganz falsch hat TERTULLIAN, auf dessen Büchlein *«Die Prozeßeinre-*

*den gegen die Häretiker»* wir schon einmal verwiesen haben (S. 47), hier gesehen, wenn er die ganze Schuld an den Glaubensstreitigkeiten der frühen Kirche
wesentlich der Einbeziehung der griechischen Philosophie in die Auslegung
und Verkündigung des christlichen Glaubens zur Last legt. «Was», fragt er,
«hat... Athen mit Jerusalem zu schaffen, was die Akademie mit der Kirche,
was die Häretiker mit den Christen? Unsere Lehre stammt aus der Säulenhalle
Salomos, der selbst gelehrt hatte, man müsse den Herrn in der Einfalt seines
Herzens suchen. Mögen sie meinethalben, wenn es ihnen so gefällt, ein sto-
isches und platonisches und dialektisches Christentum aufbringen! Wir indes
bedürfen seit Jesus Christus des Forschens nicht mehr, auch nicht des Unter-
suchens, seitdem das Evangelium verkündet worden. Wenn wir glauben, so
wünschen wir über das Glauben hinaus weiter nichts mehr. Denn das ist das
erste, was wir glauben: es gebe nichts mehr, was wir über den Glauben hinaus
noch zu glauben haben.»[7] – TERTULLIAN hat recht, wenn er meint, daß die gesamte fanatische Dogmenstreiterei des frühen Christentums[8] darauf zurückzuführen sei, daß man mit der Lehre Jesu so umgehe wie mit der Hypothese
irgendeiner philosophischen Lehrmeinung; man muß ihm auch zustimmen,
wenn er meint, daß der «Glaube» Jesu etwas sei, über das intellektuell sich
nicht «hinausgehen» lasse. Dann aber ist es erschütternd zu sehen, daß auch
und gerade TERTULLIAN sich außerstande zeigt, in Ruhe den entscheidenden
Unterschied zu benennen, der zwischen dem Glauben Jesu als einer existentiellen Grundhaltung und dem Glauben der Philosophen als einer dozierbaren
Lehrmeinung besteht. Im Gegenteil; gerade der nordafrikanische Theologe
bietet ein besonders krasses Beispiel dafür, wie weit bereits im dritten Jahrhundert nach Christus die christliche Botschaft sich in eine ausweglose Streiterei
und Rechthaberei verwandelt hat. Denn auch in diesem Punkte sieht TERTUL-
LIAN ganz richtig: es ist völlig unmöglich, religiöse Fragen mit Reflexionsargu-
menten entscheiden zu wollen, ja, er hält im letzten die ganze Disputiererei
über Bibelstellen und Belege für nutzlos: «Was wirst du nun erreichen», fragt
er, «du so schriftkundiger Mann, wenn das, was du bejahst, von der Gegenseite
verneint, und das, was du verneinst, bejaht wird? Nun, du wirst wohl nichts
weiter dabei verlieren, als etwas Atem beim Disputieren, und nichts gewinnen,
als Galle infolge der Blasphemien, die du zu hören bekommst.»[9] Die ganzen
theologischen Debatten also sind nach TERTULLIAN nichts als heiße Luft für
Choleriker.

Aber wie nun? – Um die verworrenen Diskussionen zu beenden und dem
intellektualisierten «Glauben» das fehlende Fundament zurückzugeben, weist
TERTULLIAN der künftigen Kirche den «rechten» Weg: die «Wahrheit» in

ihrer dogmatisierten Form des Kirchenglaubens braucht nicht länger *gesucht* zu werden, sie liegt ein für allemal vor, es kommt nur darauf an, sie zu verteidigen und bei ihr zu bleiben – alles andere wäre Fahnenflucht und Desertion! Wörtlich: «Welcher Soldat wird von nicht verbündeten oder gar feindlichen Königen ein Geschenk oder Sold wünschen? Gewiß nur ein vollständiger Deserteur, Überläufer oder Rebell.»[10]

Diese «Argumentation» ist deutlich: sie zeigt die Parteilichkeit, das Freund-Feind-Schema, die *Intoleranz*, ja, die *Militarisierung* auf, die den «Glauben» heimsuchen *muß*, wenn man die Ebene vom Existieren ins Dozieren verschiebt: dann werden *notwendigerweise* Gedanken zu Waffen, dann werden «Bekenntnisse» zur Ausgrenzung Anders-«Denkender» geschmiedet, dann wird die Übereinstimmung in der richtigen Formel zu dem ausschlaggebenden Erkennungszeichen für den «Verbündeten» und den «Gegner». Der *Maßstab* selbst aber für «richtig» und «falsch» kann dann nicht mehr intellektuell in der Stärke der Argumente und der entsprechenden Gründe liegen, sondern es muß rein positivistisch die *«Tradition»* entscheiden, was religiös zu gelten hat: «so steht es folglich fest», erklärt uns in aller wünschenswerten Deutlichkeit TERTULLIAN, «daß jede Lehre, welche mit jenen apostolischen Kirchen, den Mutter- und Stammkirchen des Glaubens, in Übereinstimmung steht, für Wahrheit anzusehen sei, indem sie ohne Zweifel dasjenige besitzt, was die Kirchen von den Aposteln empfangen haben, die Apostel von Christus und Christus von Gott; daß hingegen von vornherein jede Lehre für falsch zu halten sei, welche der echten Lehre der Kirchen, und damit der Apostel und damit Christi und damit Gottes zuwiderläuft.»[11]

Jetzt also sind wir soweit: nicht mehr, *was* gesagt wird, sondern *wo* es gesagt wird und *wer* es sagt, die physikalischen Prinzipien von Raum und Zeit, siegen hier über die religiöse Gleichzeitigkeit und Unmittelbarkeit, die einmal den eigentlichen Kern der Botschaft Jesu bestimmten; an die Stelle des Redens Gottes mit den Menschen tritt unverhohlen die Lehre der Kirche, die über die Apostel zu Christus und damit zu Gott selbst zurückreicht. Noch allerdings ist TERTULLIAN weit entfernt von dem *nächsten* Schritt, der sich folgerichtig aus diesen Voraussetzungen ergeben muß: die Verbeamtung des Wahrheitsbesitzes. Allerdings: Soviel er sich dagegen auch wehren mag – dieser Weg war nach seinen eigenen Darlegungen nicht zu vermeiden. Denn: *Auch an dem jeweiligen Ort* werden die Parteiungen und Streitereien um den intellektualisierten Glauben nicht aufhören; wer also soll da entscheiden, wenn gute Gründe nicht länger mehr zählen? Es wird TERTULLIANS *Fehler*, seine «Häresie» in der Perspektive des weiteren Ganges der Kirchengemeinde bilden, daß er gar zu asketisch immer noch die *Lebensführung* des einzelnen Christen sogar bei der Spendung der Sakramente für das wirksame Moment der «Heilsvermittlung» halten mochte[12] und sich leidenschaftlich, wenn auch vergeblich, gegen die Identifikation des Göttlichen mit dem *Institutionellen* zur Wehr setzte.[13]

Doch auch das eigentliche Gegenüber dieser Entwicklung, eben die christliche *Gnosis,* kam nicht umhin, die religiöse Überzeugung mit Berufung auf die Botschaft Jesu als ein theologisches *Lehrsystem* zu entwickeln; und wenn sie auch die Veräußerlichung des Religiösen mit allen Mitteln zu vermeiden suchte, so wurde sie doch vom kirchlichen Dogmatismus ebenso in eine enggeführte Innerlichkeit getrieben, wie sie ihrerseits die kirchlichen Dogmen zu immer größerer Spitzfindigkeit und Veräußerlichung trieb. – In gewissem Sinne, ohne Zweifel, enthielt die Gnosis, vornean die Lehre MARCIONS, wichtige und richtige Elemente der Botschaft Jesu, und zwar gerade in der Frage des Gottesbildes. MARCION erkannte – mit Paulus! – Christus aufgrund seiner Botschaft einer reinen Liebe als die wahrste Form der Offenbarung des Göttlichen. «An Christus», schreibt A. v. HARNACK in seiner ausgezeichneten Monographie, «hatte er (Marcion, d. V.) ihn (sc. den guten, den *fremden* Gott, d. V.) erlebt und nur an ihm; daher erhob er den geschichtlichen Realismus des christlichen Erlebnisses zum transzendenten und erblickte über der dunklen und dumpfen Sphäre der Welt und ihres Schöpfers die Sphäre einer neuen Wirklichkeit, das heißt einer neuen Gottheit. – Sie ist Liebe, nichts als Liebe; schlechterdings kein anderer Zug ist ihr beigemischt. Und sie ist unbegreifliche Liebe; denn sie nimmt sich in purem Erbarmen eines ihr ganz fremden Gebildes (sc. des Menschen, d. V.) an und bringt ihm, indem sie alle Furcht austreibt, das neue, ewige Leben. Nunmehr gibt es etwas in der Welt, was nicht von dieser Welt ist und sich über sie erhebt.»[14]

Dieses Erheben über die «Welt» besaß für MARCION eine wichtige Folge – und sie war ebenso naheliegend wie wahrhaft revolutionär. – Die Welt, wie wir sie sehen, die Ordnung der Natur, die sich uns darbietet, ist alles andere als liebend und gütig, sie ist ganz im Gegenteil gleichgültig, grausam und roh. Die gleiche Glut der Leidenschaft, mit der MARCION sich zu dem Gott der Liebe in der Person Christi bekannte, trieb ihn in den Widerspruch zu dem Gott, der diese Welt geschaffen hatte. Es galt, in quasi *buddhistischem* Sinne[15], den Menschen vermöge der Liebe aus der leidvollen Welt der nicht endenden Gewalttaten und Schrecknisse zu befreien. Anders als bis in die Gegenwart hinein die kirchlichen Apologeten, erkannte MARCION, daß die Übel dieser Welt nicht durch eine nachträgliche Verderbnis (infolge des Sturzes der «gefallenen Engel» oder durch den Sündenfall Adams)[16] in die Schöpfung hineingeraten sein können, sondern daß sie wesensnotwendig zu der Eigenart einer *materiellen* Welt gehören[17]: es gehört zu dem *Gesetz* einer materiellen Welt, daß das eine Lebewesen das andere verdrängen und bekämpfen muß, daß das eine sich am Leben erhält durch die Tötung des anderen, daß dort, wo das eine ist, das andere nicht sein kann. «Die Materie», wird der Pessimist und Verneiner jeglicher Gottesidee, ARTHUR SCHOPENHAUER, im neunzehnten Jahrhundert mit buddhistischen Worten erklären, «die Materie selber ist das *Principium individuationis,* der Schleier der Maya, der Grund für den unerträglichen Kampf der Lebewesen gegeneinander.»[18] MARCION dachte zu positiv, um die Gottesidee selbst zu verneinen; er leugnete nicht, daß ein Gott die Welt geschaffen habe, er lehnte sich «nur» mit aller Kraft gegen diesen Gott auf, den er identisch sah mit dem Gott des Alten Testamentes[19], dessen Werk und Ordnung ihm durch die Botschaft der Liebe in Jesus Christus ein für allemal als widerlegt galt. Gewiß, im Sinne von E. FROMM war der Protest des MARCION nicht mehr sozialrevolutionär motiviert, es war kein politischer, sondern ein *metaphysischer* Protest[20]; aber dafür richtete er sich ungleich radikaler nicht länger mehr gegen einzelne zufällige, jedenfalls veränderbare Mißstände der Welt, sondern gegen die gesamte blutige Maschinerie des Kosmos selbst.[21] Man hat in diesen «gnostischen» Gedanken immer wieder den Einfluß der dualistischen Ideen der altiranischen Religion ZARATHUSTRAS erkennen wollen[22], und gewiß waren MARCION solche Vorlagen nicht unbekannt; doch seine zentrale religiöse Erfahrung selbst ist weit urtümlicher in dem ewigen Widerspruch gelegen, der das Reich der Liebe trennt von dem Reich der wechselseitigen Vernichtung der Kreaturen inmitten der materiellen Welt.

Eine ebenso sensible wie poetische Frau, die französische Dichterin MARIE NOËL, hat in unseren Tagen in ihrem religiösen *Tagebuch* einmal ganz vergleichbare Eindrücke beschrieben: «Der, der die Welt *erschaffen* hat», sagt sie, «nur ein Gesetz hat er dem lebendigen Wesen gegeben: ‹Friß›, und was dasselbe ist: ‹Um zu fressen, töte.› ‹Wenn du mir nicht gehorchst, wenn du verweigerst, was du deinem Bauch schuldest, wirst du sterben. Denn das ist mein Wille. Jedes Geschöpf dient dem anderen als Weide.› – Der die Menschen *erlöst* hat, offenbarte ihnen ein anderes Gesetz: ‹Liebe.› Die Liebe weigert sich, den Nächsten aufzufressen. Die Liebe weigert sich zu töten – den Menschen, das Tier, die Pflanze. Jeder ist ihr Nächster. An den äußersten Grenzen der Liebe ist die Liebe ohne Grenzen in Todesgefahr. Die Liebe ist ein Ungehorsam gegen das Gesetz des Schöpfers. Nach der Ordnung des *Schöpfers* ist die einzige Aufgabe des lebenden Wesens, zu leben und das Leben zu fördern. Wenn es das Leben in sich zurückhält (Entsagung, Keuschheit), sündigt es gegen den Schöpfer, gegen das allerhöchste Wesen. Und seine Züchtigung ist zunächst im Aufruhr seiner Triebe. Der Trieb, dieses dunkle innere Gefühl des Leibes, das dem Leib den Oberbefehl über das Sein gibt und das, wenn der Mensch ihn übertritt, in ihm protestiert durch unversöhnliche verzweifelte Gewissensbisse des Fleisches und Blutes... Gewissensbisse, die der Asket Versuchung nennt und gegen die er kämpft und betet. Er kämpft gegen den *Schöpfer*. Er ruft nach dem *Erlöser*. Gott im Gegensatz zu Gott. Bete um so mehr, damit in dir sie sich versöhnen.»[23]

Einzig den letzten Satz hätte MARCION so nicht schreiben können – ihm schien der Gegensatz im Herzen des Menschen *unversöhnbar,* weil er ihn für eine objektiv bestehende Tatsache im Kontrast von Natur und Kultur, in dem Widerspruch des alten und des neuen Gottes hielt. – In der *kirchlichen* Dogmatik hat man immer wieder versucht, das Problem, auf das MARCION aufmerksam gemacht hat, durch verkürzende Polemik loszuwerden: dieser große Lehrer und Organisator einer «anderen» Kirche und Prophet eines «anderen» Gottes habe «antijudaistisch» geleugnet, daß der Gott des Alten Testamentes der Vater Jesu Christi sei; aber: ist der Begriff eines *«Alten»* Testamentes nicht in sich selbst schon antijudaistisch[24]? Worum es MARCION ging, war nicht Völkerhaß und religiöse Intoleranz, sondern die Botschaft Jesu von einer alle Schranken überwindenden Güte. – Wir müssen und werden im dritten Band dieser Arbeit auf die Fragen MARCIONS angesichts des grauenhaften Leids der Welt im Rahmen einer erweiterten Schöpfungstheologie noch ausführlich eingehen; *hier* ist es ausreichend, eine Feststellung zu treffen, die für unseren Versuch einer Befreiung der Botschaft Jesu von den Zwängen des kirchlichen Dogmatismus von zentraler Bedeutung ist: Der Hauptvorwurf gegen eine (tiefen)psychologische Deutung der christlichen Glaubenssymbole lautet mit großer Regelmäßigkeit, hier werde die Gestalt und die Botschaft des Juden Jesus von Nazareth in «gnostisierender» Weise *aufgelöst.* In Wirklichkeit aber, so sehen wir gerade, liegen die Schwierigkeiten gemeinsam auf dem Boden des kirchlichen wie des gnostischen Credo. Das Kernproblem MARCIONS ergibt sich wesentlich daraus, daß er, nicht anders als die Kirche, *theologisch* zu denken und zu argumentieren suchte. Eine *Dichterin* wie MARIE NOËL schildert denselben Konflikt, der auch MARCION zutiefst bewegte; aber sie vermeidet den Weg in ein Weltanschauungssystem, indem sie dabei stehenbleibt, nichts weiter zu sein als eine Dichterin. MARCION selber hingegen begeht, wie wir sehen, im Grunde den gleichen «Fehler» wie seine kirchlichen Kontrahenten: er wird zum theologischen Systematiker, zum *Dogmatiker* – und dadurch wirklich zum «Gnostiker», zum Erkenntnislehrer. Vor allem: er projiziert mit seinen theologischen Theoremen, ohne es zu wissen, die psychische Erfahrung in das Göttliche selbst hinein und stattet sie dadurch mit einem eigenen *Sein*, mit einer metaphysischen Realität aus. Nicht anders allerdings verfährt bis heute auch die kirchliche Dogmatik, nur daß sie das Problem des MARCION entweder leugnet oder, ganz und gar abergläubig und inkonsequent, mit Teilresten der *persischen Mythologie* vom Wirken des bösen Prinzips in der Person des «Satans» ebenfalls objektivierend und metaphysizierend beantwortet. Was wir demgegenüber feststellen müssen, ist die folgenreiche Erkenntnis, daß, wer die «Gnosis» von innen her überwinden will, *das Prinzip* auflösen muß, in dem sie ebenso besteht wie die kirchliche Dogmatik selbst: in der Theologisierung beziehungsweise Metaphysizierung der projizierten Inhalte der menschlichen Psyche.

Statt also die *Tiefenpsychologie* ihrerseits mit dem obsoleten Gnosis-Vorwurf zu traktieren, sollte man vielmehr sehen, daß allein die psychologische *Zurücknahme und Durcharbeitung der theologischen Projektionen* die Problematik der Gnosis aufzulösen vermag. Der Preis dafür freilich ist hoch; er besteht darin, den gesamten eigenen kirchlichen Dogmatismus, die gesamte Theologenrede über das An-sich-sein Gottes, aufzulösen und auf die religiösen Erfahrungen zurückzuführen, die sich dahinter verbergen. Solange umgekehrt der Dogmatismus des Kirchenglaubens sich selbst für die Wahrheit und nichts als die Wahrheit ausgibt, provoziert er geradewegs die «gnostischen Häresien», gegen die er dann sich zur Wehr setzen zu müssen glaubt: eine Dogmatik, welche die Innerlichkeit ausgrenzt, erschafft sich selbst die Identifikation des Verdrängten mit dem Göttlichen. Doch sehen wir näher zu.

Gerade am Beispiel des MARCION läßt sich zeigen, daß er von sich selbst her durchaus kein «Dogmatiker» sein wollte. «O Wunder über Wunder», schreibt er, «Verzückung, Macht und Staunen ist, daß man gar nichts über das Evangelium (sc. der Liebe, d. V.) sagen, noch über dasselbe denken, noch es mit irgendetwas vergleichen kann.»[25] Ein solches Bekenntnis erinnert in der Tat eher an PASCALS Memorial[26] als an die Widerlegungen seiner jesuitischen Kontrahenten[27]; A. VON HARNACK jedenfalls bemerkt zu dieser Stelle: «In demütigem Glauben allein wird es (sc. das Evangelium Christi nach der Vorstellung des Marcion, d. V.) empfangen von den Armen und denen, die da hungern und dürsten.»[28] – Ohne Zweifel, hier handelt es sich um eine an sich völlig *offene*, undogmatische Aufnahme der Jesus-Botschaft. «In der Konzeption, daß Gott nichts ist als Liebe, ist der Gottesbegriff auf die höchste und auf die eindeutigste Formel gebracht», fährt HARNACK fort, freilich wie ohne zu merken, daß in dieser «Formel» selbst unter dem Zwang des kirchlichen Dogmas das ganze

Dilemma der «Lehre» MARCIONS beschlossen liegt. «Wohl», meint er abschließend, «muß man fragen, ob da noch das Heilige als mysterium fasci-
nosum et tremendum (sc. als das zugleich anziehende und schreckliche Geheimnis, d. V.) bestehen kann, wo der ‹Zorn› Gottes abgelehnt wird, wo es
keine ‹Furcht› mehr geben soll, wo der Lobpreis ‹die Himmel erzählen die
Ehre Gottes› (sc. Ps 19,2, d. V.) verstummt und wo sich die Liebe an kein Gesetz gebunden weiß. Aber es bedarf nur eines Blicks auf die eben zitierten
Worte M(arcion)s. ..., um zu erkennen, daß für diesen Mann das Erhabene
und Geheimnisvolle, das Große und Heilige der Religion wirklich in der Liebe
beschlossen war; denn diese Liebe war ihm doch die unfaßbare, allmächtige
Liebe. Zwar kann zur Zeit der fremde Gott, der tief das Innerste erregt, ‹nach
außen nichts bewegen›; als Elende und Gehaßte müssen daher seine Gläubigen
diese entsetzliche Welt noch ertragen; aber in Christus ist sie schon überwunden, und am Ende des Weltlaufs wird es sich zeigen, daß der, der jetzt in uns ist,
größer ist als der, der in der Welt ist. Die Welt mitsamt ihrer Gerechtigkeit,
ihrer Kultur und ihrem Gott wird vergehen; aber das neue Reich der Liebe
wird bleiben. Und in der Gewißheit, daß nichts von der Liebe Gottes scheiden
kann, die in Christus erschienen ist, sind die Elenden und Gehaßten doch auch
jetzt schon die Triumphierenden. Vom Geiste der Liebe regiert und zu einem
Bruderbund in der heiligen Kirche zusammengeschlossen, sind sie schon jetzt
über die Leiden dieser Zeit erhaben. Sie haben Geduld und können warten. –
Dies ist aber keine blasse und erklügelte, aus dem Trotz der Verzweiflung über
die Welt ersonnene Spekulation, sondern *christliches* Erlebnis; denn an der
Person Christi ist dieses Neue eine leibhaftige Wirklichkeit; an ihm ist sie empfunden. Die Liebe ist Er, und Er ist die Liebe; die Erbarmung ist Er, und Er ist
die Erscheinung des überweltlichen Gottes und des überweltlichen Lebens.»[29]
– Was wäre darum zu geben, es gelänge, *das Gottesbild des* MARCION jenseits
der dogmatischen Querelen und wechselseitigen Verketzerungen durch den
Filter tiefenpsychologischer Durcharbeitung *im Menschen* bewußt zu machen
und zum Leben zu erwecken! Es wäre *das Ende* der «Gnosis» *ebenso* wie des
«kirchlichen Lehramtes»! Es wäre die Rückkehr zu einem einfachen Tun der
Liebe, wie Jesus sie lebte!

Auch in einem *zweiten* Hauptpunkt seiner «Lehren» griff MARCION ein
Kernanliegen Jesu mit aller notwendigen Energie auf, sich damit freilich in den
Widerspruch zur jüdischen Synagoge ebenso wie zur altkatholischen Kirche
setzend: *die Aufhebung des Gesetzes durch die Liebe.* Dazu noch einmal HAR-
NACK: «Der Ausgangspunkt der Kritik M(arcion)s an der Überlieferung (der
Kirche, d. V.) kann nicht verfehlt werden: er war in dem paulinischen Gegen-

satz von Gesetz und Evangelium, übelwollender, kleinlicher und grausamer Strafgerechtigkeit einerseits und barmherziger Liebe andererseits gegeben. M(arcion) hat sich in die Grundgedanken des Galater- und Römerbriefes versenkt und in ihnen die volle Aufklärung über das Wesen der christlichen Religion, das Alte Testament und die Welt gefunden. Es muß ein Tag voll Lichts für ihn gewesen sein, aber auch voll Schauderns über die Dunkelheit, die dieses Licht in der Christenheit wieder geschwärzt hat, als er erkannte, daß Christus einen ganz neuen Gott darstellt und verkündet, ferner daß die Religion schlechthin nichts anderes ist als der hingebende Glaube an diesen Erlöser-Gott, der den Menschen umschafft, endlich daß das gesamte Weltgeschehen vorher das schlechte und widerliche Drama einer Gottheit ist, die keinen höheren Wert besitzt als die stumpfe und ekelhafte Welt selbst, deren Schöpfer und Regierer sie ist.»[30]

Auch hier greift der üblich gewordene Vorwurf des «Antijudaismus» gegenüber der Lehre MARCIONS von der Aufhebung des Gesetzes durch die Liebe viel zu kurz, geht es doch keineswegs nur um die Ablehnung des *jüdischen* Gesetzes, sondern um die Beseitigung *jeglicher* Gesetzlichkeit als Vorbedingung für die Annahme des Menschen durch Gott. Auch hier ist kein Zweifel: «Das verkündet Christus selbst in seinem Evangelium [...] Hat er nicht das Gesetz fort und fort in seinem Leben und durch seine Anweisungen durchbrochen? Hat er nicht den Gesetzeslehrern den Krieg erklärt? Hat er nicht die Sünder berufen, während sie nur Gerechte als Jünger wollten (sc. Mk 2,17, d. V.)? Hat er nicht den größten Propheten des ATlichen Gottes, Johannes den Täufer, für einen unwissenden und Ärgernis nehmenden Mann erklärt (sc. Mt 11,6, d. V.)? Und vor allem – hat er nicht kurz und bündig gesagt, daß nur der Sohn den Vater kennt (sc. Joh 6,46, d. V.) und offenbart, daß also alle, die vor ihm gewesen sind, einen falschen Gott verkündet (sc. Joh 10,8, d. V.) haben?»[31]

Wie ist es möglich, den Menschen mit sich selbst und mit Gott zu versöhnen? – Die *Aufhebung des Gesetzes* ist seit eh und je, schon im *Matthäus*-Evangelium[32], als ein Freibrief der Sittenlosigkeit und der Amoralität mißverstanden und vor allem in den Halluzinationen aller möglichen sexuellen Laszivitäten der «Gnostiker» verzeichnet worden[33] – die kirchliche Neurose der Triebunterdrückung und die nicht zu leugnende Gefahr perverser Triebdurchbrüche gaben und geben sich auch hier wechselseitig die Hand. Doch was MARCION meinte, reicht tiefer und führt auf direktem Wege in das Herz der Botschaft Jesu: in das Wissen um die Hilflosigkeit und Ausgesetztheit des menschlichen Daseins unter der Zuchtrute eines wesentlich Gesetze gebenden und Strafen verhängenden Gottes. – Greifen wir zur Verdeutlichung des Gemeinten noch einmal jenes Beispiel auf, das gerade in dem von MARCION so verpönten Alten Testament an entscheidender Stelle gegeben wird: die Geschichte von *Kain und Abel* (Gen 4,1–12).[34] Da finden wir die von Gott aus dem Garten der Welt vertriebenen Menschen vor, wie sie durch *Opfer* und Vorleistungen versuchen, die Gunst ihres Gottes zurückzugewinnen, und wir haben schon gesehen, wie bei diesem Bemühen die Menschen sich *notwendig* als tödlich verfeindete Konkurrenten wiederbegegnen. Jetzt aber, bei näherer Betrachtung der Geschichte, stellt sich die Situation des Menschen noch weit verzweifelter dar: Gott selbst, erzählt uns die Bibel, als er sieht, wie sich das Antlitz Kains aufgrund der Bevorzugung seines Bruders verfinstert, *redet* zu dem potentiellen Mörder und mahnt ihn, die vor dem Eingang seines Herzens lauernde Sünde mit seinem *Willen* zu beherrschen. In der vorangegangenen «Sündenfallerzählung» (Gen 3,1–7)[35], wohlgemerkt, mußte man all die Zeit über vergebens darauf warten, ein hilfreiches Gotteswort zu erlauschen – im Ghetto der Angst ist es dem Menschen offenbar unmöglich, die rettende Gottesstimme noch zu vernehmen. *Jetzt,* jenseits von Eden aber, meldet Gott sich zu Wort; doch alles, was er nunmehr dem Menschen zu sagen hat, ist nichts als moralische Forderung nach Selbstzucht, Beherrschung und Durchsetzung des guten Willens: «Du aber – drücke die Sünde nieder!» Das ist das einzige, was Gott jenseits von Eden dem Menschen noch zu sagen hat, und es zeigt sich, daß es dem Menschen unmöglich ist, sich rein moralisch zu «beherrschen»: Kain, erzählt die Geschichte weiter, geht tatsächlich, *wie Gott es gebietet,* zu seinem Bruder, um mit ihm zu reden; «*aber* dann wars, als sie auf dem Felde waren: aufstand Kain und mordete Abel, seinen Bruder» (Gen 4,8).[36] Es ist, muß man denken, das rein moralisierende Gebot Gottes selber, das in Kain die niedergehaltene Energie seines Zornes zum Durchbruch bringt. Die Moral, das Gesetz, die sittliche Forderung, sogar und gerade wenn sie von Gott selbst erlassen werden, können demnach dem Menschen nicht helfen; im Gegenteil, sie treiben ihn gerade dahin zu tun, was er niemals tun wollte! Anders gesagt: Um die Not des Menschen im Schatten eines selber strafenden und zürnenden Gottes zu lindern, nutzen ihm keine noch so klaren Vorschläge und Vorwürfe; was den verängsteten Menschen zu retten vermag, ist einzig die Liebe.

Will man im Rückblick die Auseinandersetzungen um Wert und Gefahr des (jüdischen) Gesetzes verstehen, die von PAULUS[37] über MARCION und AUGUSTINUS[38] bis hin zu LUTHER[39], PASACL[40] und KIERKEGAARD[41] führen, so ist es am einfachsten, die grundlegende Erfahrung Jesu mit den «Zöllnern und Huren» mit den Mitteln heutiger *Psychotherapie* nachzuvollziehen. Zu der wohl wichtigsten Erkenntnis der Psychoanalyse gehört die Erfahrung, daß man einem Menschen in seiner seelischen Not nicht anders und nicht besser helfen kann, als indem man, ohne zu zensieren und ohne zu moralisieren, all seine Erlebnisse, Einstellungen und Gefühle so annimmt, wie sie sind.[42] Es gilt, hinter der Maske des Zynismus das verletzte Gefühl, hinter der scheinbaren Gleichgültigkeit die Enttäuschung, hinter dem Haß die zerbrochene Liebe, hinter der zornigen Eifersucht die eigenen eingeklemmten Wünsche – kurz: hinter allen Symptomen die wahren Ursachen in ihrer Menschlichkeit wiederzuentdecken und freizusetzen. Nur indem ein Mensch sich bis in die Tiefe hinein ohne Vorbedingung bejaht und akzeptiert fühlt, wird er sich selber so tief akzeptieren können, daß er den anderen an seiner Seite nicht länger zu verneinen braucht, um sich selbst zu bestätigen.

Was wir heute als ein unerläßliches Erfordernis der *Therapie* eines Menschen erkennen, hat MARCION, vollkommen richtig und mit größtem Ernst, in der Botschaft Jesu und in der Verkündigung Pauli wiederentdeckt – entgegen etwa den Schriften des Martyrers JUSTIN[43] oder dem *«Hirten des Hermas»*[44], in denen das Wissen um die Notwendigkeit einer bedingungslosen Annahme des Menschen durch Gott bereits wie verloren gegangen zu sein scheint. Vor allem: «M(aricon) hat mit einer herrlichen Sicherheit verkündet, daß der Liebeswille Jesu, also Gottes, nicht richtet, sondern hilft, und er will, daß schlechthin nichts anderes von ihm ausgesagt werde. Er hat ferner diesem Evangelium so vertraut, daß er das Furchtmotiv in jedem Sinne ausgeschaltet hat und daher auch in bezug auf die Sünde nur das *eine* Motiv gelten läßt: ‹Absit, absit› (sc. sie sei ferne, d. V.), das heißt nur *die* Abkehr von der Sünde ist wirkliche Abwehr, die aus dem *Abscheu* vor ihr entspringt.»[45] – Mit anderen Worten: die Menschen werden, das ist MARCIONS Vertrauen, nichts Böses mehr tun, wenn sie sich selber wiederentdecken in der Güte, die Jesus von Gott her ihnen zu bringen kam. A. v. HARNACK stand bereits vor siebzig Jahren nicht an festzustellen, daß diese Art MARCIONS, das Evangelium zu verkündigen, «den Bedürfnissen der Gegenwart merkwürdig entgegen» komme, «vielleicht auch deshalb, weil die Zustände seiner Zeit den unsrigen verwandt waren. Die tiefsten Kenner der Volksseele, wie sie in den Verächtern des kirchlichen Christentums heute lebt, versichern uns, daß nur die Verkündigung der Liebe, die nicht richtet, sondern hilft, noch Aussicht hat, gehört zu werden. Hier tritt M(arcion) auch TOLSTOI zur Seite und hier GORKI. Jener ist durch und durch ein marcionitischer Christ. Was wir an direkten religiösen Aussagen von M(arcion) besitzen, könnte auch er geschrieben haben, und umgekehrt würde M(arcion) in TOLSTOIS ‹*Elenden und Gehaßten*›[46], in seiner Auslegung der Bergpredigt... und in seinem Eifer gegen die gemeine Christenheit sich selbst wiedererkannt haben.[47] GORKIS ergreifendes Stück ‹Das Nachtasyl›[48] aber kann einfach als ein Marcionitisches Schauspiel bezeichnet werden; denn ‹der Fremde›, der hier auftritt, ist der Marcionitische Christus, und sein ‹Nachtasyl› ist die Welt. – Soviel ist gewiß – daß in der Kirchengeschichte und in der Religionsphilosophie das Marcionitische Evangelium kaum jemals wieder verkündigt worden ist, ist mindestens in der Regel nicht die Folge einer tieferen und reicheren Erfahrung gewesen, sondern ein Zeichen religiöser Stumpfheit und träger Abhängigkeit von der Tradition.»[49] «Ernstlich erhebt sich sowohl für die christliche Dogmatik wie für die Religionsphilosophie die Frage, ob der Marcionitismus, wie er heute gefaßt werden muß – wie leicht lassen sich seine zeitgeschichtlichen Gerüste abbrechen! –, nicht wirklich die gesuchte Lösung des größten Problems ist, das heißt ob die Kurve: ‹die Propheten, Jesus, Paulus›, sich nicht zutreffend nur in Marcion fortsetzt und ob die Religionsphilosophie sich nicht genötigt sehen muß, die Antithese ‹Gnade (neuer Geist und Freiheit) – Welt (einschließlich der Moral)› als das letzte Wort anzuerkennen.»[50]

Entschiedener und klarer läßt sich das «gnostische» Desiderat des Christlichen nicht ausdrücken. Freilich, man mag und muß gegen MARCION einwenden, daß die Aufspaltung des Göttlichen in eine unversöhnliche Antithese zwischen dem «bösen» und dem «guten» Gott selbst noch ihrer Erlösung harrt, und vor allem: daß die Abwertung der Welt, des einfachen irdischen Lebens, die Liebe fast schon wieder zu verraten droht, die doch gerade lehrt, an der Welt, wie sie ist, derartig zu leiden. «[...] wenn die Liebe nicht nur alles duldet, sondern auch alles *hofft,* darf man», meint zur Recht HARNACK, «da die Hoffnung aufgeben, daß ihr Geheimnis und ihre Kraft, sei es auch wider allen Augenschein, doch auch die Welt und die Geschichte mit ihrem Elend und ihrer Sünde a fundamentis umspannen, um sie in melius (sc. zum Besseren, d. V.) zu reformieren?»[51] «Dennoch kann man nur wünschen», fügt er dann aber hinzu, «daß sich in dem wirren Chor der Gottsuchenden heute wieder auch Marcioniten fänden; denn ‹leichter erhebt sich die Wahrheit aus der Verirrung als aus der Verwirrung›.»[52] Soviel scheint klar: jede wirkliche Reform der Kirche in unseren Tagen muß auf gerade die Positionen zurückgreifen, die vor eintausendachthundert Jahren durch den Ausschluß des MARCION aus dem Gang der Kirchengeschichte selbst eliminiert wurden. Ein vermittelnder Standpunkt zwischen «Gnosis» und Kirchendogma läßt sich nur finden, indem man begreift, wo die Wahrheit der Lehren MARCIONS lag: in der unverfälschten Wiedergabe der Botschaft des *Juden* Jesus von Nazareth selbst.

Und *zum dritten:* es versteht sich, daß die Aufhebung der Strafe- und Gesetzesreligion durch MARCION auf der Stelle erhebliche Auswirkungen auch auf *die Kirchenstruktur* nach sich ziehen muß. Die Liebe Gottes, die MARCION so unzweideutig in Jesus Gestalt gewinnen sah, ermöglicht und begründet auch die Liebe unter den Menschen, das neue Gottesbild erschafft zugleich ein neues Menschenbild, und neu deshalb auch muß die Kirche selber werden – als eine Gemeinschaft von Liebenden, ohne Angst, Fremdbestimmung, Abhängigkeit und Veräußerlichung. Genau das aber ist der Punkt, wo die Lehre des MARCION der altkatholischen Kirche am gefährlichsten werden mußte und bis heute gefährlich bleibt.

Man muß nur noch einmal TERTULLIAN hierzu hören, und man wird sogleich sehen, mit welch einem Haß hier das Beste bekämpft wurde und wird: «Ich will nicht unterlassen, auch von dem Wandel der Häretiker eine Schilderung zu entwerfen, wie locker, wie irdisch, wie niedrig menschlich er sei, ohne Würde, ohne Autorität, ohne Kirchenzucht, so ganz ihrem Glauben entsprechend. Vorerst weiß man nicht, wer Katechumen, wer Gläubiger ist, sie treten miteinander ein, sie hören miteinander zu, sie beten miteinander; auch wenn Heiden dazu kommen, werfen sie Heiliges den Hunden und Perlen, wenn auch unechte, den Säuen hin. Die Preisgabe der Kirchenzucht wollen sie für Einfachheit gehalten wissen, und unsere Sorge für dieselbe nennen sie Scharwenzelei. Was den Kirchenfrieden (das heißt die Erteilung der kirchlichen Gemeinschaft, d. V.) angeht, so halten sie ihn unterschiedslos mit allen. Es ist in der Tat auch zwischen ihnen, obwohl sie abweichende Lehren haben, kein Unterschied, wenn sie nur zur gemeinschaftlichen Bekämpfung der einen Wahrheit zusammenhalten. Alle sind aufgeblasen, alle versprechen Erkenntnis. Die Katechumenen sind schon Vollendete, ehe sie noch Unterricht erhalten haben. Und selbst die häretischen Weiber, wie frech und anmaßend sind sie! Sie unterstehen sich, zu lehren, zu disputieren, Exorzismen vorzunehmen, Heilungen zu versprechen, vielleicht auch noch zu taufen. Die Ordinationen der Häretiker sind aufs Geratewohl leichtfertig und ohne Bestand. Bald stellen sie Neophyten an, bald an die Welt gefesselte Männer, bald unsere Apostaten, um die Leute durch die Ehre an sich zu ketten, da sie es durch Wahrheiten nicht vermögen. Nirgends gibt es leichtere Beförderung als im Lager der Rebellen, wo bloß sich aufzuhalten schon als Verdienst gilt. Und so ist denn heute der eine Bischof, morgen der andere, heute ist jemand Diakon und morgen Lektor, heute einer Priester und morgen Laie. Denn sie tragen die priesterlichen Verrichtungen auch Laien auf.»[53]

Da gab es also vor achtzehnhundert Jahren eine Kirche, die ohne beamteten Pomp («Würde»), ohne Amtsanmaßung und Überheblichkeit («Autorität») und ohne starres Reglement und ohne Moralismus («Kirchenzucht») auskam;

in der man aus dem «Glauben» in und an Christus nicht einen Rechtstitel gegenüber den Un- oder Nicht-Gläubigen machte und keiner «Orthodoxie» bedurfte, um sich als ein «wahrer» Mensch zu fühlen; in der die Gemeinsamkeit miteinander wichtiger war als die kulturellen, rituellen oder konfessionellen Unterschiede untereinander; in der die Frauen in wörtlichem Sinne «mitsprechen» durften und in der es keiner gottgewollten patriarchalischen Privilegien bedurfte, um die Kirche nach dem Willen eines veralteten Gottesbildes zu «leiten»; und nicht zuletzt: in der es keine festen hierarchischen, «sakramental» verewigten Rangunterschiede brauchte, um die Gemeinde Christi in «Laien» und «Kleriker», in «Volk» und «Führer», in Hörende und Lehrende, in Empfangende und Gebende aufzuspalten. Alles in der Kirchen-«Ordnung» des MARCION und seiner Nachfolger scheint offen, fließend, dynamisch, wandlungs- und erneuerungsfähig gewesen zu sein, und wenn irgend wir suchen nach einem Bild von Kirche, das uns für die Zukunft als wünschenswert, ja, als unabdingbar einleuchten könnte, so liegt es in dem MARCIONitischen Modell einer Kirche der Liebenden, einer Gemeinschaft der Gleichberechtigten, einer Gemeinde von unterschiedslos miteinander gemeinsam dem Reich Gottes entgegen Pilgernden. Hier gilt es zu lernen, statt zu verketzern.

Es gibt nun freilich, über MARCION hinaus, einen zusätzlichen *vierten* Punkt, der für die geistige Bewegung, die man, so unscharf an den Rändern auch immer, als «Gnosis» bezeichnet, für charakteristisch gelten muß und der das eigentliche theologische Problem bis heute ausmacht – das ist ein enormes Maß an *synkretistischen Spekulationen* und symbolistischen Szenarien aus dem großen Erbe der Religionsgeschichte, von denen MARCION selbst sich noch wohltuend freigehalten hat, die aber zum Kern der Gnosis zählen. Als einheitliche Überzeugung der *«Gnosis»*, die auch unabhängig von der Kirche MARCIONS in einer Vielzahl verschiedener Systeme aufgetreten ist, dürfen in systematischer Zusammenfassung die folgenden fünf Hauptmotive genannt werden:

«1. Zwischen dieser Welt und dem unseren Denken unfaßbaren Gott, dem ‹Urgrund›, ist ein unüberbrückbarer Gegensatz.

2. Das ‹Selbst›, das ‹Ich› des Gnostikers, sein ‹Geist› oder seine Seele, ist unveränderlich göttlich.

3. Dieses Ich aber ist in diese Welt geraten und von ihr gefangen und betäubt worden und kann sich nicht selbst daraus befreien.

4. Erst ein göttlicher ‹Ruf› aus der Welt des Lichtes löst die Bande der Gefangenschaft.

5. Aber erst am Ende dieser Welt kehrt das Göttliche in den Menschen zu seiner Heimat zurück.»[54]

Es gibt demnach einen *göttlichen Teil* im Menschen, den zu entdecken und wiederzufinden die Voraussetzung und den Kern aller Erlösung bildet. Die Menschen irren in den Augen der Gnostiker solange in der Finsternis und Knechtschaft des Bösen umher, als sie sich nicht zu ihrer eigenen Freiheit und wahren Würde erheben. Alle Menschen «enthalten... den Ruf in sich, der das göttliche Teil erwecken soll.»[55] – «Wer waren wir? Wer sind wir geworden? Wo waren wir? Wohinein sind wir geworfen? Wohin eilen wir? Wovon sind wir befreit? Was ist Geburt? Was Wiedergeburt?»[56] – das sind die Fragen, auf welche die Gnosis zu antworten versuchte. – Nie zuvor in der Geschichte der Menschheit, das muß man sagen, ist – außerhalb des *Buddhismus*[57] – Religion so sehr als eine Form der Erlösung des Menschen durch Selbstfindung und Selbsterkenntnis interpretiert worden; und ohne Zweifel wurde damit ein wichtiges Anliegen auch der Botschaft Jesu aufgegriffen. Allerdings werden die Bereiche von Göttlichem und Menschlichem jetzt unentwirrbar miteinander vermischt: der Mensch, der durch den göttlichen «Ruf» zu sich selbst hin erlöst wird, befreit in seiner eigenen Existenz die in die materielle Welt herabgesunkene und in ihr gefangene Gottheit, und Gott selbst wiederum befreit im Grunde sich selbst durch die Erhebung und Läuterung des Menschen zu seinem eigenen Sein. Insbesondere in der Person Jesu ist in gnostischer Deutung der göttliche Erlöser selbst in diese Welt eingegangen, indem er das annahm, «wovon er die zu Erlösenden befreien» wollte[58]; er selber also wurde dadurch «ein zu Erlösender. Er ist aber zugleich der Erlöser, das heißt aber, er ist der erlöste Erlöser. Man kann das auch von oben sehen: Gott sucht sich selbst, wie es in der *Megale Apophasis* heißt: ‹Das ist das, was sie sagen: ‹Ich und du sind eins, vor mir bist du, nach dir bin ich.› Dies [...] ist die eine Kraft, geteilt nach oben und unten, sich selbst zeugend, sich selbst mehrend, sich selbst suchend, sich selbst findend, ihre eigene Mutter, ihr eigener Vater...› Was erlöst wird, das ist letzten Endes der Erlöser, denn beide sind substantiell dasselbe.»[59]

Was hier geschieht, ist überdeutlich: Ganz entsprechend zu der Entwicklung des kirchlichen Dogmas, ja, zum Teil in Vorbereitung der Lehre von der «Fleischwerdung» des «Logos» in Christus sowie von der «göttlichen» und «menschlichen» «Natur», die sich in der Person Jesu zu *einem* Wesen vereinigten[60], wird auch in der gnostischen Spekulation die *personale* Einheit zwischen Jesus und «seinem» «Vater» als eine *ontologische* Identität gedeutet.[61] «Ich und der Vater *sind* eins» – dieses Wort aus Joh 10,30[62] drückt jetzt nicht mehr nur eine lebendige subjektive Beziehung der Liebe aus, sondern markiert fortan eine objektive Tatsache des Seins. Es ist der äußerste Punkt, bis wohin man die Intellektualisierung des «Glaubens» treiben kann: aus einer Lebensform ist ein

Erkenntnisgegenstand geworden, aus wirklichem menschlichen Dasein ein göttliches Sein.

Wohlgemerkt wird dieser Schritt im kirchlichen Dogma ebenso vollzogen wie in den Spekulationen der Gnosis, MARCION inbegriffen; und doch sind die Unterschiede beträchtlich: Wenn MARCION die Person Jesu als die Gegenwart des «neuen» Gottes versteht, so bleibt dabei der Entscheidungsernst des Glaubens und der Appell an die Existenzform des Christen durchaus gewahrt, ja, er wird in gewissem Sinne gesteigert: – alles ist möglich, wenn Gott dem Menschen so nahe kommt! Doch die Logik des griechischen Denkens besitzt ihre eigene Konsequenz: wenn erst einmal die Beziehung zwischen Jesus und «seinem» Vater als eine Identität des Seins, statt als eine Einheit der Beziehung bestimmt werden kann, wieso dann nicht auch die Beziehung zwischen den Christen und Christus? «In Christus hat Gott die menschliche Natur angenommen», lehren die griechischen Kirchenväter[63]; also «sind» wir in Christus wesenhaft mit Gott vereinigt, und es bedarf jetzt nur noch des Sakramentes der Taufe, um diese an sich schon bestehende (inkarnatorische) Identität für den Einzelnen als wirklich zu setzen.[64] Wohl bleibt dabei noch bewußt, daß man hier im Grunde von «geistigen» Verhältnissen, nicht von «objektiven» Sachverhalten redet, aber selbst der «Geist», der die Personen zueinander vermittelt, wird jetzt selber zu einer «Person» erklärt, zu einem objektiven Sein[65], in welches das gesamte subjektive Wollen und Sollen projektiv hineinverlagert wird. Das Leben im An-sich-sein, das Sein *in effigie* hält unter diesen Umständen seinen Einzug in das Christentum und verwandelt den Kircheninnenraum zunehmend selbst in ein Geisterschloß.

Auch die Parallelbewegung der *Gnosis* ist ganz und gar in diese «Substantialisierung» des Subjektiven, in diese projektive Vergegenständlichung des Personalen eingebunden; allerdings bleibt ein Differenzpunkt bestehen, der in der gesamten Dikussion um die *Gnosis* den eigentlichen Streit markiert: Während in der kirchlichen Theologie und Praxis *das Sakrament* (der Taufe) als unerläßlich hingestellt wird, um den einzelnen Gläubigen mit Christus «wirksam» zu verbinden und dadurch der göttlichen Natur «teilhaftig» zu machen, reduziert und konzentriert sich das entscheidende Moment des Glaubens in der Gnosis (typisch «griechisch») auf einen *Erkenntnisakt*[66]*:* der Mensch braucht nur seiner wahren göttlichen Natur innezuwerden, um von dieser Welt des Scheins und der materiellen Gefangenschaft befreit zu sein. In dieser quasi «buddhistischen» Deutung des Erlösungsgeschehens blieb, so intellektualisiert auch immer, zumindest *ein Rest an psychischer Erfahrung* und Wirklichkeit erhalten. Wohl kannten auch die verschiedenen gnostischen Gemeinschaften ge-

wisse Riten und Handlungen, die in etwa den «Sakramenten» der Kirche ent-
sprachen[67], doch waren derartige Praktiken allenfalls Ausdruckshandlungen
für die gnostischen Gläubigen, sie besaßen nie den Charakter des Unerläßlichen wie in der altkatholischen Kirche – zumindest grundsätzlich waren sie
überflüssig. Allein wesentlich war *der «Ruf»* des Göttlichen, der es dem
Hörenden ermöglichte, sein wahres Selbst zu erkennen.[68]

Dem Ritualismus und Dogmatismus der altkatholischen Kirche korrespondierte also *das Prinzip der Innerlichkeit und Selbsterfahrung* in der Gnosis; die
«äußere» Kirche und die «innere» Kirche treten hier zum erstenmal als zwei
heterogene konträre Größen einander gegenüber. Siegreich, wie immer in solchem Streit, blieb natürlich das Prinzip der Äußerlichkeit, aber es erkaufte seinen Sieg notgedrungen mit einem lähmenden Verlust an Innerlichkeit. Schon
allein deshalb ist es heute unverzichtbar, für die religiöse Auslegung des
Christlichen diejenigen Elemente der Gnosis *zurückzugewinnen,* die selbst in
ihrer erzwungenen Einseitigkeit, ja, Verzerrung immer noch so viel an Wahrheit besitzen, daß ohne sie ein Leben aus Glauben nicht möglich scheint. Am
einfachsten kann eine solche Rückgewinnung geschehen, wenn wir über die
schon genannten Abwehrargumente hinaus *die zwei Haupteinwände* durchgehen, die seit eh und je theologischerseits gegen die «Gnosis» ins Feld geführt
wurden und werden, und dabei den Weg freimachen, der zu einer wahren Synthese zwischen Glaubensvollzug und Glaubensinhalt zu führen vermag.

### *b) Zwischen Identifikation und Dogma oder:*<br>*Zwei gegenläufige Formen der Angstberuhigung –*<br>*ein notwendiger Brückenschlag*

Da ist *zum einen:* der Vorwurf der *Selbsterlösung* beziehungsweise der *Identifikation von Gott und Mensch* gegenüber der «Gnosis». Wenn Gott und
Mensch derart miteinander verschmolzen werden, wie es in den gnostischen
Spekulationen von dem sich selbst erlösenden Erlöser geschieht, so ist in der
Tat nicht mehr zu sehen, wie man es vermeiden will, die Perspektive einfach
umzukehren: statt zu sagen, Gott erlöse den Menschen, ist es auch möglich zu
sagen, der Mensch erlöse Gott in sich; der Vorwurf scheint dann nicht länger
von der Hand zu weisen, die ganze Gnosis laufe auf die Selbstvergöttlichung
des Menschen hinaus. Freilich: der Gnosis selbst wird ein solcher Vorwurf
ganz offensichtlich nicht gerecht, ist es doch, wie wir hörten, nach gnostischer
Auffassung die Vernahme des *Rufes,* die den Menschen seiner göttlichen Na-

tur allererst inne werden läßt; wahr aber ist, daß in der gnostischen Lehre in den Kategorien eines naturhaften Denkens zwischen Gott und Mensch sich im Grunde nicht unterscheiden läßt; und auch was eigentlich Schuld und Erlösung ist, läßt sich jetzt nicht mehr bestimmen: die Schöpfung selbst erscheint als «Sündenfall» des Schöpfers beziehungsweise als Manifestation des bösen Demiurgen; das Dasein selbst ist zutiefst verstrickt in die Gesetze des Bösen; und die «Erlösung» des Menschen selbst beziehungsweise des Göttlichen besteht im Grunde in der Aufhebung der gesamten Weltordnung. Es ist nicht schwer, solche Gedanken als anarchisch, amoralisch, utopistisch und schwärmerisch zu interpretieren und in aller Strenge und Entschlossenheit die feste Ordnung des kirchlichen Dogmatismus dagegenzusetzen. Entscheidend aber ist etwas anderes: Hier wie dort, je länger dieser Gegensatz zwischen Kirche und Gnosis währte, mußte in beiden Lagern das eigentlich Gemeinte nach und nach aus den Augen entschwinden. Denn worum ging es wirklich? Das ist noch genauer zu fassen. – Völlig zu Recht muß man *die Intellektualisierung des Glaubensbegriffs* in der Gnosis bedauern, doch derselbe Vorwurf richtet sich nicht minder, eher noch zugespitzt, wie wir sahen, auch an die kirchliche Dogmenentwicklung. Woran indessen *beide* gemeinsam leiden, ist das offensichtliche Unvermögen, die Beziehung zwischen Gott und Mensch *so* zu beschreiben, daß es zwischen dem «Subjekt» und dem «Objekt» des Glaubens, zwischen Person und Symbol, zwischen Geschichte und Mythos zu einer sinnvollen Einheit kommt.

Im *«katholischen»* Denken wird zur Wahrung des «objektiven» Inhaltes die *Differenz* zwischen Gott und Mensch im folgenden so groß wie nur möglich gemacht; alle «Glaubenswahrheiten» müssen hier von Gott selbst durch den Vorgang der «Offenbarung» *historisch* an den Menschen herangetragen worden sein; und in diesem Ansatz liegt zugleich die Notwendigkeit, *alle,* wirklich *alle* Riten, Sakramente, Mythen und Legenden der Kirche auf Gott selbst zurückzuführen[69] beziehungsweise, weil dies in historischer Ehrlichkeit unmöglich ist, von Gott *abzuleiten;* man mußte in Konsequenz der eigenen Denkvoraussetzungen jetzt wirklich den Anspruch erheben, in den Absichten Gottes sich so gut auszukennen, daß man in allem und zu allem, was die katholische Kirche zu glauben vorlegte, sagen konnte und sagen sollte: «Gerade so hat der Allmächtige es gewollt.» Es bedurfte schon der *protestantischen* Kritik in den letzten vierhundert Jahren, um die Fülle des Außerbiblischen, des Nicht-Göttlichen, des Heidnischen, des Nur-Menschlichen in der katholischen Glaubenslehre wiederzuentdecken und mit biblischem Anspruch abzulehnen: das Weihepriestertum, die Eucharistielehre, das Papsttum, die Marienfrömmig-

keit, die Heiligenverehrung... ja, was eigentlich ist da biblisch, was heidnisch?
– Aber auch der Protestantismus, gerade er, war außerstande, den *Grundfehler*
des katholischen Prinzips zu korrigieren: die Kritik des Protestantischen vermochte einen Teil der «Luftwurzeln» des geistigen «Mangroven-Urwaldes»
zu durchschneiden, mit denen das kirchliche Lehramt sich, von oben nach unten wachsend, in dem Boden der jeweils vorgefundenen Kulturen einzusenken
suchte; doch wenn damit auch ein Gutteil der «magischen» und «mythischen»
Veräußerlichungen des Katholischen abgebaut werden konnte, so stand am
Ende doch nur ein noch größeres Auseinanderfallen des Göttlichen und des
Menschlichen als Ergebnis da: Gott als gnädig, der Mensch als sündig, Gott als
mächtig, der Mensch als ohnmächtig... so war und blieb es gut protestantisch.
Man weigerte sich und weigert sich dabei sogar bis heute, das womöglich *Richtige* dieser Entgegensetzungen wenigstens ansatzweise *psychologisch* zu vermitteln; dahinter, wieder und wieder, steht auch in der protestantischen Theologie die Angst vor der einzigen bisher entwickelten Alternative zu diesem
Denken in zerreißenden Gegensätzen und unvermittelten Antithesen: eben
der *Gnosis*.

Diese, in der Tat, ging konsequent den anderen, den entgegengesetzten
Weg. Sie *identifizierte*, wie wir sahen, das Menschliche und das Göttliche: die
menschliche Geschichte sollte betrachtet werden als Ort der Selbsterlösung
des Göttlichen, die menschliche Seele also als die verborgene Offenbarkeit des
Göttlichen, die Selbstfindung des Menschen mithin als die Rückkehr des Göttlichen in sich selbst. Zweifellos: was wir hier vor uns haben, ist *die vollständige
Psychologisierung* des Göttlichen oder, umgekehrt, die vollständige Projektion
des Psychischen ins Göttliche, – eine Metaphysizierung des Subjektiven, die
philosophisch hinüberreicht bis in die Identitätsphilosophie HEGELS.[70]

Aber das ist jetzt *die ganz entscheidende Frage:* wieso soll es immer wieder
nur diese beiden Wege geben: *entweder* das Auseinanderfallen *oder* das Inein-
anderfallen des göttlichen und des menschlichen Bereichs? – Eine solche *Alternative* ist nach dem Gesagten überhaupt nur nötig unter Voraussetzung der
beiden Hauptübel, die wir in aller Deformation der Botschaft Jesu im Kern
wiedererkennen konnten: der *Intellektualisierung* des Glaubensbegriffs und
*der Vergegenständlichung* (der Substantialisierung beziehungsweise der meta-
physizierenden Objektivierung) *des Glaubensinhaltes.* Oder anders gesagt:
man wird die Entgegensetzung von dogmatischer Starre oder gnostischer Auflösung nur dann überwinden können, wenn man zu der ursprünglich *existentiellen, personalen Wahrheit* der Botschaft des Jesus von Nazareth zurückkehrt.

Merkwürdigerweise kann dabei gerade die «Lehre» MARCIONS hilfreich sein, wenn man sie nur einmal nicht als theologische Spekulation liest – die sie nie sein wollte –, sondern wenn man sie nimmt als das, was sie war: für eine zutiefst religiöse Erfahrung von der Abgründigkeit der menschlichen Existenz, für die es Rettung nur gibt *im Gegenüber eines Gottes der Liebe;* für einen verzweifelten Hilferuf des geängsteten menschlichen Daseins inmitten einer als fremd erscheinenden, grausam und sinnlos anmutenden Welt nach einem *anderen* Gott der Güte und des Mitleids; und für einen Klageruf des Heimwehs angesichts der unendlichen Gleichgültigkeit der «Natur». – Allerdings bleibt gerade dann ein Unterschied wichtig: All die Gefühle der Angst, der Verzweiflung, der Ausgesetztheit und der Heimatlosigkeit, die MARCION schildert, *verlangen* unbedingt nach einem «Gott», der menschlich so tief in uns *eingehen* muß wie in die Person des Jesus von Nazareth – dies ist und bleibt das absolut Wahre an der Lehre dieses großen «Gnostikers»; dann aber gilt auch, daß der Gott der Erlösung uns zugleich «ferne» genug sein muß, um nicht in dem Durcheinander der verstörten menschlichen Psyche *aufzugehen.* Auch MARCION hat – leider – keinen anderen Weg gesehen, als die Aussichtslosigkeit der irdischen Existenz des Menschen in metaphysischen (das heißt *griechisch* konzipierten) Begriffen zu beschreiben; liest man seine Darstellungen aber unterhalb ihrer eigenen Selbstinterpretation einfach als ein Grund*gefühl,* das sich hier zu Wort meldet, so versteht man bald die unwiderlegliche Wahrheit und Einsicht, auf welche diese überragende Gestalt in der Geschichte des Christentums hinweisen wollte; sie lautet ganz einfach, daß das menschliche Dasein sich als menschlich nur vollziehen kann, wenn es, jenseits der Kälte der Welt, umfangen wird von jener unsichtbaren Liebe, die in der Person des Mannes aus Nazareth Gestalt gewonnen hat.

Gerade wegen der *radikalen Einsamkeit* des Menschen im Kosmos also bedarf es unbedingt eines *Gegenübers,* das uns mit seiner Gegenwart über den Abgrund unserer Existenz hinweghebt. Von daher ist klar, was von dem kirchlichen Vorwurf zu halten ist, die Gnosise lehre die «Selbsterlösung» des Menschen; dieser Vorwurf, zugegeben, formal legitimiert durch mancherlei Wortspiele der gnostischen Ausdrucksweise selbst, verfehlt vollkommen den Ernst der Diagnose der Misère des Menschseins in der Sicht der Gnostiker: es ist *unmöglich,* sich mit eigenen Mitteln aus der Ausgesetztheit und Einsamkeit der Welt, die uns umgibt, befreien zu wollen. Gegen den Schock der Entdeckung der absoluten Wesensfremdheit des Menschen inmitten dieser Welt[71] hilft kein anderer Trost als der *Glaube* an ein absolutes personales Gegenüber, das jenseits der seelenlosen Mechanik der Weltzusammenhänge uns selber *meint* und bejaht. Weder eine spekulative Identität des Seins, noch die kirchliche Institutionalisierung des «Glaubens», einzig die absolute Akzeptation des Menschen in der Geborgenheit des Göttlichen beantwortet die fundamentale Infragestellung unseres Daseins in dem geistesgeschichtlichen Aufbruch, den die «Gnosis» bedeutet. – Um es paradox zu formulieren: Gerade derjenige, der die gnostische Beschreibung der Grundbefindlichkeit des menschlichen Daseins mitvollzieht, wird wie unmerklich dazu geführt, die Überlagerung der gnostischen Spekulation selbst wieder auf den «MARCIONitischen» Kern zurückzubeziehen: die personale Bejahung des Menschen durch Gott, nicht eine wie immer geartete Verschmelzung von Göttlichem und Menschlichem, steht im Mittelpunkt aller «gnostischen» Hoffnung und Erfüllung. Nicht «Selbsterlösung», sondern das Angenommensein in Gott ist das, was die «gnostische» Lehre wirklich gemeint hat und worin man ihr, christlich, nur zustimmen kann. *Psychologisch* formuliert: Es gibt eine Angst, die so groß wird, daß sie eine *Beziehung* zu einer anderen Person, die als lebensnotwendig empfunden wird, wie um ganz sicher zu gehen, in eine *Identität* mit dem anderen umwandelt: man ist selbst der Geliebte und der Geliebte ist man selbst. In den Kategorien der Psychiatrie nennt man das einen Beziehungswahn. *Aber:* wenn es schon nötig ist, zwischen Wahn und Wahrheit zu unterscheiden, so ist es doch noch weit wichtiger, die Angst selbst zu beruhigen, die den «Wahnsinn» gebiert. Kein kirchliches *Dogma* hat hier irgendeine Berechtigung – es grenzt aus, aber es heilt nicht. Wie leicht hingegen ist es, hinter den Ausdrucksformen der Gnosis das eigentlich Gemeinte und bleibend Gültige zu erkennen und anzuerkennen: daß wir Menschen der unbedingten Erfahrung einer absoluten Einheit der Liebe bedürfen, um uns als Personen finden zu können. – Diese Feststellung gilt um so mehr, wenn man den *Durchbruch des Selbstbewußtseins* näher betrachtet, der in der gnostischen Anschauung das eigentliche Moment der Erlösung ausmacht.[72]

Um zu verstehen, was hier gemeint ist, hilft vielleicht eine kleine Erinnerung weiter, die JEAN PAUL in seiner Autobiographie *«Wahrheit aus meinem Leben»* notiert hat: «Nie», schreibt er dort, «vergeß' ich die noch keinem Menschen erzählte Erscheinung in mir, wo ich bei der Geburt meines Selbstbewußtseins stand, von der ich Ort und Zeit anzugeben weiß. An einem Vormittag stand ich als sehr junges Kind unter der Haustüre und sah nach links nach der Holzlege, als auf einmal das innere Gesicht ‹ich bin ein Ich› wie ein Blitzstrahl vom Himmel vor mich fuhr und seitdem leuchtend stehen blieb; da hatte mein Ich zum ersten Male sich selber gesehen und auf ewig.»[73]

Nichts scheint näher zu liegen, als ein solches Erleben der Ichwerdung und der Selbstunterscheidung von allem, was Nicht-Ich ist, als einen Akt der

«Selbstermächtigung» zu deuten; doch genau darum geht es nicht, und darum ging es auch der «Gnosis» nicht. Nicht umsonst stand im Zentrum der gnostischen Selbstfindung, noch einmal sei es betont, der göttliche *«Ruf»*, etwas also, das *«von außen»*, aus der Sphäre einer absoluten, schöpferischen Sprachmächtigkeit, die nicht der Mensch selbst ist, den Menschen ergreift und umgreift. *Psychologisch* gesehen hindert uns freilich nichts, in diesem «Ruf» den fernen Nachhall all der menschlichen Stimmen zu vernehmen, die irgendwann im Verlauf unserer Biographie unser eigenes Ich *als es selber* so sehr an*genommen* und an*geredet* haben, daß es darunter sich selbst zu leben wagen konnte. Alles, was je an Zuwendung und Bejahung im Verlauf unseres Lebens uns begegnet ist, verdichtet sich in dem «Akt» einer solchen Selbstbejahung, die uns das eigene Ich als etwas Unableitbares und schon deshalb «Göttliches» vor Augen stellt. In dem Augenblick dieses Widerfahrnisses selbst bedarf es in der Tat keines konkreten einzelnen Du mehr, vielmehr geht jetzt die Summe aller Du-Erfahrungen in dieses eine entscheidende Erlebnis ein. – Noch einmal dazu JEAN PAUL in *«Siebenkäs»:* «[...] draußen unter dem schimmernden Himmel und auf einem Schneeberge, um den eine gestirnte weite starre Fläche glimmte, riß sich das Ich von seinen Gegenständen ab, an denen es nur eine Eigenschaft war, und wurde eine Person, und ich sah mich selber. Alle Zeit-Absätze, alle Neujahr- und Geburtstage heben den Menschen hoch über die Wogen um ihn heraus, er wischt die Augen ab und blicket im Freien herum und denkt: ‹Wie trieb mich dieser Strom und übertäubte mein Gehör und überflutete mein Gesicht! – Jene Fluten drunten haben mich gezogen! Und diese oben, wenn ich wieder untertauche, wirbeln mich dahin!› – Ohne dieses helle Bewußtsein des Ich gibt es keine Freiheit und keine Gleichmütigkeit gegen den Andrang der Welt.»[74]

Treffender läßt sich die *«gnostische» Geburtsstunde des Ich* nicht beschreiben. «Selbstvergöttlichung»? «Selbsterlösung»? Aber nein! Gerade weil alle *menschliche* Bejahung niemals dieses *Absolute* hervorbringen kann, was erfordert ist, um das Wunder der Ichwerdung zu begründen, sprachen die «Gnostiker» unverwandt von dem *göttlichen*, nicht (nur) menschlichen *«Ruf»*, durch den das Ich des Menschen zu sich selber kommt. Alle *menschliche Liebe*, kann man auch sagen, ist in ihrer Begrenztheit nichts anderes als ein erster *Hinweis* auf die unendliche Liebe, mit der Gott uns umfängt, und nur im Vertrauen auf eine solche unendliche Liebe werden wir es riskieren, in den Grenzen dieser endlichen Welt unser Ich dem Du einer anderen Person liebebereit und vertrauensvoll auszusetzen. Nicht «Selbst*erlösung*» also, wohl aber Selbst*findung* als Ausdruck der Erlöstheit des Daseins bildet das eigentliche Thema der

«Gnosis»! Erst eine Art von «Theologie», die dieses Thema der Selbstfindung – mit den Mitteln der Tiefenpsychologie und der Anthropologie des zwanzigsten Jahrhunderts heute – als zentralen Inhalt der christlichen Erlösungsbotschaft wiederentdeckt, darf sich rühmen, «Dogma» und «Gnosis» miteinander vermittelt und den uralten Graben zwischen Lehre und Erfahrung der Theologiegeschichte des Christentums geschlossen zu haben.

Dazu ist, wie wir jetzt sehen, allerdings *zweierlei* erfordert: Gott und Mensch dürfen *nicht* in gnostischem (beziehungsweise HEGELianischem) Sinne als «Seinseinheit» im Akt der Bewußtwerdung «gesetzt» werden; sie dürfen aber auch nicht im Sinne des kirchlichen Dogmas als Prinzip autoritärer Entfremdung einander rein äußerlich entgegengestellt werden, so daß auf der Seite *Gottes* das faktische «Wort» und auf seiten des *Menschen* der «Gehorsam» in Korrespondenz zueinander stünden; entscheidend ist vielmehr, daß der «Anruf» Gottes, jenseits aller «Inhalte», ganz im Sinne MARCIONS als die Erfahrung einer reinen Liebe und Gnade verstanden wird; alle «Inhalte» des Glaubens müssen demnach gelesen werden wie *Lieder,* die die Liebe singt, wie Gedichte einer lyrischen Verschmelzung, nicht als «Tatsachen», sondern als «Schwingungen», nicht als Geschehenes, sondern als Anregungen von zu Geschehendem, nicht als «Satzungen», sondern «Instandsetzungen». Und dazu wiederum gehört, daß wir nicht nur die Identifikationsspekulationen der «Gnosis» als Angstsprache durchschaubar machen, sondern genauso auch die dogmatischen Versteinerungen des Kirchenglaubens in ihrer angstgetriebenen Scheinsicherheit auflösen: Identifikationen sind kein Ersatz für Beziehungen; Ritualisierungen und dogmatische Festschreibungen aber zerstören jegliche Beziehung. Weder das gnostische «Du bist (wie) Gott» noch das kirchliche «Wir sind (wie) Gott» stellt eine wirkliche Antwort auf die Not des menschlichen Daseins dar. Nur die Liebe kennt keine Furcht.

Ein Text, der das Geheimnis des «gnostischen» Erlebens so wiedergibt, daß auch und gerade der Kirchengläubige sehr gut nachempfinden kann, was diese stets abgewehrten «Häretiker» in den ersten nachchristlichen Jahrhunderten in ihrer Suche nach angstfreier Liebe gewollt, geahnt und geglaubt haben, stammt aus der Feder des libanesischen Dichters und Religionsphilosophen KHALIL GIBRAN in seinem Essay-Band *«Eine Träne und ein Lächeln»*:

«In der Stille der Nacht kam die Weisheit zu mir und blieb an meinem Bett stehen. Sie schaute mich mit dem Blick einer liebenden Mutter an, und indem sie mir die Tränen von den Wangen wischte, sagte sie:

‹Ich hörte den Ruf deiner Seele, und ich bin gekommen, um dich zu trösten. Öffne mir dein Herz, und ich werde es mit Licht füllen. Frage mich, und ich zeige dir den Weg der Wahrheit!›

Ich sagte: ‹Wer bin ich, o Weisheit, und wie bin ich an diesen furchterregenden Ort gekommen? Was bedeuten diese großen Hoffnungen, die zahlreichen Bücher und die seltsamen Zeichnungen? Was sollen diese Gedanken, die wie Scharen von Tauben vorbeiziehen? Und diese Worte – mit Lust gedichtet und mit Wonne deklamiert? Welcher Art sind die betrüblichen und erfreulichen Regungen, die meinen Geist befallen und mein Herz umfangen? Was für Augen sind das, die bis in mein Innerstes sehen und sich von meinen Leiden abwenden? Was für Stimmen sind das, die meine Tage beklagen und meine Bedeutungslosigkeit besingen? Was ist diese Jugend, die mit meinen Gefühlen spielt und sich über meine Sehnsucht mokiert – vergessend die Taten von gestern, sich freuend an den Belanglosigkeiten des Heute und die zukünftigen Dinge verachtend –?

Was für eine Welt ist das, die mich ins Unbekannte führt und mit mir an unbedeutenden Plätzen haltmacht? Was für eine Erde, die ihren Mund weit öffnet, um die Kadaver hinunterzuschlucken, und ihr Herz den Begierden öffnet, die sich darin ansiedeln? Und was für ein Mensch ist das, der sich mit der Liebe zum Glück begnügt, nicht ahnend, daß sie ihn in den Abgrund führt? Wer trachtet nach dem Kuß des Lebens, wenn der Tod ihn ohrfeigt? Wer erkauft sich eine Minute Lust für ein Jahr Bedauern? Wer gibt sich dem Schlaf hin, wenn die Träume ihn rufen? Wer läuft mit den Flüssen der Unwissenheit zum Meer der Finsternis? O Weisheit, was für Dinge sind das?›

Und die Weisheit antwortete:

‹Du versuchst, o Mensch, die Welt mit den Augen eines Gottes zu sehen und die Geheimnisse der kommenden Welt mit menschlichem Geist zu ergründen. Und das ist der Gipfel der Narrheit!

Geh hinaus in die Natur. Dort findest du die Biene eine Blume umkreisen und den Geier, der sich auf seine Beute stürzt. Tritt ein in das Haus deines Nachbarn. Du wirst dort das Kind finden, das über die Feuerflammen staunt, während seine Mutter mit einer Hausarbeit beschäftigt ist. Sei wie die Biene, und verschwende nicht die Zeit des Frühlings damit, den Geier zu beobachten. Sei wie das Kind. Freu dich über die Flammen des Feuers, und laß deine Mutter sich um die Hausarbeit kümmern. Alles, was du mit deinen Augen siehst, ist für dich und wird für dich sein.

Die vielen Bücher, die seltsamen Zeichnungen und die schönen Gedanken sind die Schatten der Geister, die dir vorausgegangen sind. Die Worte, die du webst, sind Brücken zwischen dir und deinen Brüdern. All die betrüblichen und erfreulichen Regungen sind Samen, welche die Vergangenheit ausgestreut hat in das Feld des menschlichen Geistes, um in die Zukunft einzudringen. Diese Jugend, die mit deinen Gefühlen spielt, ist derjenige, der die Tür deines Herzens öffnen will, um das Licht einzulassen. Die Erde, die ihren Mund öffnet, um die Kadaver zu verschlingen, wird

deine Seele aus der Sklaverei deines Körpers befreien. Diese Welt, die mit dir unter-
wegs ist, ist dein Herz, und ein Herz ist alles, was du für diese Welt hältst. Und der
Mensch, den du als unwissend und gering bezeichnest, ist aus Gott gekommen, um
Freude durch Leid zu erlernen und Wissen durch Finsternis.>

Nach diesen Worten legte die Weisheit ihre Hand auf meine brennende Stirn und
sagte:

<Geh weiter, und bleib nicht stehen, denn vor dir ist die Vollendung. Geh und
fürchte nicht die Dornen auf dem Weg, denn sie greifen nur das unreine Blut an.>»[75]

Allerdings: wir brauchen diese Stelle nur aufzuführen, und es wird sich sogleich *ein zweiter* Einwand zu Wort melden, der stereotyp gegen die «Gnosis»
von seiten der Kirchentheologie erhoben wird: Ist nicht gerade dieses Zitat des
libanesischen Dichters ein gutes beziehungsweise, in Kirchenaugen, ein besonders «schlimmes» Beispiel für die vollkommene *Ungeschichtlichkeit* und für
die radikale Individualisierung dieser und jeder Art bloßer «*Weisheits*erfahrung»? Ist nicht Christus gerade gekommen, alle «Weisheit», die der Mensch
von sich selber her finden könnte, durch die Botschaft des Kreuzes *zunichte* zu
machen, wie Paulus schon in 1 Kor 1,19 sagt? – Auch hier kommt es darauf an,
zwischen den Positionen der historisierenden Äußerlichkeit des tradierten
Dogmatismus und der zeitlosen Innerlichkeit der «Gnosis» einen ebenso ver-
bindenden wie verbindlichen Standpunkt zu finden; und das setzt voraus, daß
wir unseren vorhin bereits vorgestellten Ansatz auch jetzt noch einmal beim
Wort nehmen und die Ebene des *Historischen* identisch setzen mit dem Bereich des *Personalen*, des *Existentiellen*, während wir die Ebene der *deutenden
Glaubenssymbole* verbinden mit dem Material des *Unbewußten* in der
menschlichen Psyche. Beide Ebenen gilt es deutlich zu unterscheiden, aber
auch eindeutig aufeinander zu beziehen. Das zu tun ist jetzt freilich nicht mehr
allzu schwierig, sondern es ergibt sich wie von selbst aus einer einfachen Ver-
längerung des gerade vorgetragenen Gedankens, das heißt aus einer Ernstnahme der Deutung, die MARCION selbst der Botschaft Jesu gegeben hat.

Denn: so wenig der Vorwurf der «*Selbsterlösung*» sich gegenüber dem Wissen um die radikale Erlösungsbedürftigkeit des Menschen bei MARCION aufrechterhalten läßt, so wenig trifft der Vorwurf der «*Entgeschichtlichung*» zu;
im Gegenteil! Gerade *weil* MARCION sah, daß wir Menschen nur leben können
im Gegenüber einer absoluten, unzweideutigen Liebe, *brauchte* er die Gestalt
des *historischen* Jesus von Nazareth, *bedurfte* er der *personalen* Gegenwart
einer geschichtlichen Erfahrung, war er *abhängig* von dem Auftreten dieser
einen und *unvergleichlichen* Botschaft, die in dem Juden Jesus erwacht war; sie

war für ihn so *unvertauschbar*, so wesentlich, so buchstäblich not-wendig, daß sie ohne weiteres für ihn «göttlich» war und ihm ihr Urheber als Gott selbst galt. – Wie denn sonst wenn nicht als Gott sollte man auch jemanden bezeichnen, der das gesamte Leben *neu* erschafft, so daß es den Namen *«Leben»* allererst verdient? Jesus – der *wahre* Gott! Eine klarere *historisch* gebundene Gläubigkeit, als sie sich bei MARCION findet, vermag auch kein noch so kompliziert formuliertes Bekenntnis der kirchlichen «Orthodoxie» zu vermitteln. – *Freilich:* auch für MARCION, nicht anders als bei *Paulus*, ist es *nicht die historische Information* über den Nazarener, die den Glauben begründet, sondern umgekehrt: es ist eine Sehnsucht, ein Urbild, das durch die Person Jesu wachgerufen wird und sich seiner bemächtigt, – es ist der *Christus*, an den *Paulus*, an den *Marcion* glaubt. Paulus selber, ergriffen von der Vision vor Damaskus (Apg 9,1-31; Gal 1,13-24)[76], konnte kategorisch erklären, daß er niemals versucht habe, Jesus «dem Fleische nach», «historisch», als bloßen Menschen, rein irdisch kennenzulernen (2 Kor 5,16)[77], sondern was er verkünde und woraus er lebe, sei einzig der *Christus*, der sich ihm als lebendige Gegenwart zu erkennen gab, indem er den Tod überwindet und die eigene «Mordlust» (Apg 9,1) in Frieden und Güte verwandelt.[78] Paulus selbst war in seinem historischen Desinteresse so seltsam streng, daß er nichts von alledem aufgriff oder auch nur erwähnte, was die ersten drei Evangelien *über* Jesus und *von* Jesus doch wenigstens teilweise in historisch korrekten Erinnerungen überlieferten – der Christus-Glaube des *Paulus* brauchte all das scheinbar nicht zu wissen und wollte es auch nicht wissen; hingegen die hoch symbolischen Ritualformeln, die Hymnen[79], die Tauflieder der frühen Gemeinden fanden sein größtes Interesse. Eine wahrhaft «mystische» Frömmigkeit, eine glühende Liebe jenseits der Fesseln tödlicher Gesetzlichkeit und der Anfang einer wahren Welt, die vom Tod nicht widerlegt wird – *das* war für *Paulus* nicht anders als für seinen großen Schüler MARCION der «Christus».[80]

Deutlich treten in dieser christlichen Grunderfahrung *zwei* Schichten des Erlebens zusammen, die erst in ihrer Einheit begründen, was das Spezifische dieses neuen *Glaubens* ausmacht: Da steht *auf der einen Seite* das unmittelbare persönliche Erlebnis einer Beziehung zwischen Ich und Du: zwischen Angst und Vertrauen, zwischen Verzweiflung und Rettung, zwischen Verlorenheit und Angenommensein, zwischen Ausgesetztheit und Geborgenheit, zwischen Schuld und Vergebung, zwischen Hoffnungslosigkeit und Zuversicht, – zwischen *Tod und Leben* im letzten. *Diese* Ebene umfaßt den gesamten Spielraum aller menschlichen Gefühle, aller situativen Wahlmöglichkeiten und vor allem: den gesamten Horizont aller denkbaren existentiellen Grundentwürfe unter den jeweiligen Bedingtheiten im Raum der Geschichte. *Auf der anderen Seite* steht eine Fülle von Erwartungen, Sehnsüchten, Bedürfnissen und vor allem: von deutenden *Schemata,* Symbolen, Bildern und szenischen Mustern bereit, um die entsprechenden personalen Erfahrungen zu deuten und in ihren Bedeutungsgehalten wiederzugeben. *Diese* letztere Ebene ist offenbar selbst *nicht* geschichtlich, wenngleich sie alle Geschichte mitträgt, mitgestaltet und mitverwandelt; sie ist *nicht* individuell, wenngleich sie das Leben jedes Einzelnen zu jeder Zeit begleitet – bedrohend in Angst und behütend in Hoffnung; sie ist selbst von entscheidender Bedeutung, aber nicht, indem sie selber entscheidet, sondern indem sie «*ausdrückt*», was an Entschiedenem und Entscheidendem im jeweiligen Augenblick sich als Ereignis im Leben eines Menschen begibt. Auf der Ebene der Affekte und der Emotionen stellt diese Ebene der bildhaften Deutung ein vollkommenes Pendant zu der Ebene der Gedanken und Wahrnehmungen in unserem Bewußtsein dar, und man kann sie mit Fug und Recht als *ein Vorgegebenes an Sinn* vor aller sinnlichen Erfahrung, als *ein «Apriori» der Bedeutungsverleihung* vor allem Bedeutenden im konkreten Erleben bezeichnen. *Methodisch* gesprochen, läßt sich die eine Ebene *existentialphilosophisch* beschreiben, die andere mit den Mitteln der *Tiefenpsychologie.*

Was wir demnach zur Überwindung der uralten Zerspaltenheit der christlichen Glaubensgeschichte leisten müssen, ist, auf zwei *Namen* für zwei grundverschiedene Ansichten des Daseins bezogen, so etwas wie eine *Synthese* zwischen der «existentialen Hermeneutik» R. BULTMANNS[81] und der komplexen Psychologie C. G. JUNGS[82], eine Vereinigung zwischen Bewußtsein und Unbewußtem, zwischen Ich und Es, zwischen Individuellem und Kollektivem – zwischen geschichtlichem Faktum und religiöser Deutung.

Ist dies die Aufgabe, so können wir jetzt bereits manches präziser fassen als bisher. – Bislang haben wir von der Ebene der *Symbole* stets gesprochen als von der Ebene des (religiösen, mythischen) *Ausdrucks;* wir sehen jetzt aber, daß diese Vorstellung nur begrenzt zutrifft. Wohl ist und bleibt es wahr: die Sprache der Religion ist am besten zu verstehen nach der Art, wie man einem lyrischen Gedicht zuhört, und ihre Riten sind am ehesten zu betrachten wie bewegte Gemälde oder choreographische Darbietungen im Theater. Aber: das, was als «bedeutsam» empfunden wird und als Bedeutendes ausgedrückt werden soll, ist individuell nicht beliebig; es unterliegt bestimmten *thematischen Vorgaben,* die im Leben eines *jeden* Menschen von Bedeutung sind: Geburt und Sterben, Liebe und Tod, Jugend und Alter, Streit und Versöhnung, Gefahr und Errettung, Vertrauen und Täuschung, Trennung und Wiederkehr[83] – entlang solcher Themenstellungen orientiert sich jeder Roman, jedes

Filmdrehbuch, jedes Opernlibretto, und wer irgendetwas erzählen möchte, das auf Japanisch nicht weniger verständlich und bedeutsam ist als auf Amharisch oder Singalesisch, kommt nicht umhin, den «Stoff, aus dem die Träume sind», als Kostbarkeit in das Gewebe seines Kunstwerks einzuwirken. – Und auch *die Art des Ausdrucks* selbst: die Dramaturgie des Aufbaus, das Spiel mit den Erwartungen der Zuhörer, der Zuschauer oder der Leser, die innere Gestimmtheit, vor allem aber: *die Komposition von Bildern*, die von sich aus dazu geeignet sind, als Sinnträger von Bedeutsamkeiten zu fungieren, liegen psychisch bereits vor und müssen nicht erst *ad hoc* erfunden werden. Das Verhältnis zwischen dem gestaltenden Ich und dem «Material» seines Ausdrucks in der religiösen Erfahrung und Mitteilung gleicht vielmehr in etwa der Situation eines Musikers, der beim Komponieren einer Symphonie stets bedenken muß, für welche vorgegebenen Instrumente er sein Stück eigentlich schreiben will. Die «Instrumentierung» und «Orchestrierung» ist nicht das Nachträgliche oder das Zufällige einer Komposition – darin besteht sie!

Genauer gesagt: es zeigt sich, daß nicht alle denkbaren Themen von menschlichem Interesse in sich schon eine *religiöse* Dimension besitzen: Fragen des sittlichen Verhaltens etwa – auch da hatte MARCION recht! – sind religiös nicht zentral[84]; sie *ergeben* sich allererst, wenn die Frage «Wer bin ich selbst?» beziehungsweise «Wer darf ich sein?» in der Tiefe beruhigt ist. Selbst die Problematik von Gut und Böse, von Schuld und Versöhnung erreicht ihre eigentlich religiöse Dimension erst, wenn sie sich nicht auf ein bestimmtes einzelnes Tun, sondern auf das Sein im ganzen richtet. Erst an den Bruchzonen des Lebens, wo das *gesamte* Dasein des Menschen sich in Frage gestellt sieht, wo es wortwörtlich um *Alles* geht, berühren wir die eigentliche Gestimmtheit des Religiösen. Dann und nur dann steigt in die brüchig gewordene Kruste des Bewußtseins das «Magma» aus den Tiefen des Unbewußten hoch. Die *Todesthematik* zum Beispiel oder das Gefühl der Verlorenheit inmitten einer ungütigen und grausamen Welt im Sinne MARCIONS sind allemal «passend», um als Auslöser für eine Reihe bereitliegender Bilder zu ihrer Deutung in Funktion zu treten. Diese Bilder aber, das ist jetzt entscheidend, werden nicht erst im Moment des personalen Erlebens, das sie auf den Plan ruft, *erzeugt,* und noch weniger treten sie *von außen* an den Menschen heran; sie stehen vielmehr im Unbewußten der menschlichen Psyche zu jeder Zeit abrufbereit zur Verfügung, und sie werden «wach», sobald der geeignete «Ruf» sie hervorlockt.[85]

Wie nun des näheren beides: die personale Erfahrung im Bewußtsein und der Bilderreichtum im Unbewußten der Psyche zusammenwirkt, vermag am besten wohl erneut *das Modell der Psychotherapie* zu zeigen: Während einer psychoanalytischen Behandlung genügt es keinesfalls, daß der Analysand sich auf ein verständnisvolles Gespräch mit seinem Analytiker einläßt und an ihm bestimmte Konflikte der Gegenwart vor dem Hintergrund der Vergangenheit durcharbeitet; es werden vielmehr bei wachsendem Vertrauen sich viele alte Gefühle der Angst, der Schuld, des Widerspruchs, der Traurigkeit, der Einsamkeit, des Verlangens, der Freude, der Lust und der Phantasie wieder zu Wort melden, die damals, in Kindertagen, der Verdrängung anheimfielen, und der ganze Erfolg der Behandlung hängt davon ab, inwieweit es gelingt, die alten Erlebnis- und Verarbeitungsmuster an der Person des Therapeuten noch einmal zu wiederholen, sie als Mechanismen der Vergangenheit zu durchschauen und durch günstigere Verhaltensweisen zu ersetzen. Stets werden dabei die einzelnen Schritte der Selbsterfahrung von Traumbildern und szenischen Eindrücken begleitet sein, in denen das Material der Vergangenheit die Verdrängungsdecke uralter Ängste durchbricht; und diese Bilder sind es, die, *je nach dem Vorzeichen von Angst oder Vertrauen*, die Krankheit oder die Heilung des Patienten markieren.[86] Ich und Es, Bewußtsein und Unbewußtes, Wort und Bild treten mithin unter der Anregung des Therapeuten in eine, je nachdem, fruchtbare oder furchtbare Wechselwirkung zueinander, und es scheint von daher nicht möglich zu sein, ohne diesen wesentlichen Kommentar des Unbewußten bestimmte Einstellungen im Bewußtsein nachhaltig zu ändern.

Bezogen jetzt auf die *religiöse* Erfahrung: man wird ein tiefes religiöses Erlebnis nie anders beschreiben können denn als *Durchbruch* einer im Unbewußten bereitliegenden Bildgestalt, ausgelöst durch ein aktuelles personales Widerfahrnis in der Gegenwart. Und damit stehen wir dicht vor der Lösung eines alten Problems. – *Was ist «Offenbarung»?*, lautete unsere Frage. Und: Wie läßt sie sich so beschreiben, daß sie nicht länger als ein Instrument autoritärer Fremdbestimmung und beamteter Außenlenkung sich mißbrauchen läßt? Auf dieses Problem kennen wir, zumindest bereits in den Grundstrukturen, jetzt die Antwort: Offenbarung ist *religionspsychologisch,* nach dem bisher Gesagten, das Auftauchen einer Grundgestalt des Unbewußten, ausgelöst durch eine dazu geeignete personale Erfahrung im Raum des Geschichtlichen. Die *«Inhalte»* des «Glaubens» haften dabei, wenn diese Auffassung zutrifft, entscheidend an der Person des Religionsstifters beziehungsweise des Offenbarungsträgers, doch enthält dessen historische Geschichte nur den *Auslöser* für das Auftreten all der symbolischen Aussagen, die sich mit ihm aus den Tiefenschichten der Psyche deutend verbinden. Daß der «Glaube» *«mehr»* ist als «nur» eine Haltung bloßen Vertrauens, daß er überhaupt zu einer Lehre, zu einem Mythos, zu einem Ritual sich ausdehnen kann, ist demnach nicht aus der historischen Biographie des Offenbarungsträgers, aus seinen Taten und Worten (etwa durch besondere Stiftungen und Einsetzungen), zu begründen, sondern ist wesentlich aus der *Wirkung* zu verstehen, die sein Auftreten in den unbewußten Schichten der menschlichen Psyche hinterläßt, indem sie dort *Bilder* freisetzt, die den Umkreis seiner «wirklichen» Bedeutung für die Menschheit festlegen; es ist dann sein *«Geist»*, der die Gläubigen, die von ihm Faszinierten, «in alle Wahrheit einführt» (Joh 16,13). *Im Bild gesprochen:* so wie im Körper ein Hormon nur wirksam werden kann, weil es eine Struktur besitzt, die, gleich einem Schlüssel zum Schloß, spezifisch zu der Membran einer Zelle «paßt»[87], so kann religiös ein historisches Ereignis oder eine bestimmte Person nur dann zum Träger einer göttlichen «Offenbarung» werden, wenn es zu einem bestimmten vorgegebenen Bildinhalt «passend» ist; und so wie die Wirksamkeit eines bestimmten Hormons darin besteht, die vorgegebenen Schaltpläne im Inneren einer Zelle zu aktivieren, so besteht auch die «Offenbarung» Gottes wesentlich darin, die in der menschlichen Psyche angelegten Kräfte freizusetzen. Der «inhaltliche» Teil der «Offenbarung» ergibt sich folglich aus der *Öffnung* des Reservoirs an symbolischen Bildern und Konfigurationen im Unbewußten für das Bewußtsein selbst.

«Aber bei einem solchen Verständnis von Offenbarung handelt es sich doch – typisch gnostisch! – nur um einen rein innerpsychischen Vorgang!» So lautet bis heute der zentrale Vorwurf gegenüber jeder Form einer tiefenpsychologischen Deutung der christlichen Glaubensinhalte. Die Widerlegung dieses immer neu erhobenen Haupteinwandes fällt jetzt indes nicht mehr schwer. Wieso, muß man sich fragen, kann denn und darf denn nur *das* als «Offenbarung» Gottes gelten, was im Verlauf der menschlichen Geschichte von Abraham bis Jesus sich «ereignet» hat, nicht aber das, was zum Beispiel sich in Mohendjodaro[88], in Memphis[89], in Benares, in Mekka, in Tollan[90] oder in Chichen Itza[91] zugetragen hat? Und wieso muß man, um ein gläubiger Mensch zu sein, daran festhalten, daß die Geschichten der israelitischen «Patriarchen» oder die neutestamentlichen Erzählungen um die Person Jesu zumindest im großen und ganzen geschichtlich «wahr» gewesen sind, selbst wenn wir historisch nicht einmal wissen, ob «Abraham», «Isaak» und «Jakob» jemals gelebt haben[92] oder ob sie nicht vielmehr bloße Chiffren für bestimmte aramäische Wanderbewegungen im ersten Drittel des zweiten Jahrtausends vor unserer Zeitrechnung gewesen sind? Selbst von Jesus als dem «Christus» wissen wir durchaus nicht, wie er jemals «jungfräulich» hat zur Welt kommen oder «leibhaftig» aus dem Grab hat erstehen und zum Himmel auffahren können; was wir stattdessen bei einiger Ehrlichkeit wissen, ist die Tatsache, daß es sich hier um *Bilder* handelt; und wenn es eine religiöse *Wahrheit* gibt, die in ihnen liegt, so entstammt sie gewiß nicht bestimmten äußeren Ereignissen in Raum und Zeit, sondern der Aktivierung von Vorstellungskomplexen, die in der menschlichen Seele selbst angelegt sind[93]; ihr Aussagewert bezieht sich daher nicht auf den Bereich der *Facta* (des Geschehenen), sondern der *Facienda* (des zu Geschehenden).

Statt also in der kirchlichen Unterweisung immer wieder zwischen «Fakten» und «Fiktionen», zwischen *äußerer* Realität und «Traum» zu unterscheiden, nur um damit die religiöse Wahrheitssuche zu einem abergläubigen Offenbarungseid zwingen zu müssen, kommt im Gegenteil alles darauf an, *die Verbindlichkeit* und *den Realitätsgehalt* der religiösen Bilder *dort* zu suchen, wo deren eigentlicher Ursprung liegt: *im Inneren des Menschen*, nicht im Äußeren der Geschichte. *Im Äußeren der Geschichte* findet sich die entscheidende *personale* Erfahrung, die das Ich des Menschen so verwandelt, daß es in den Stand gebracht wird, bestimmte Teile seines Unbewußten in einer neuen Weise zu integrieren; – die Person Jesu zum Beispiel gab es auch in historisch äußerem Sinne wirklich; die deutenden *Inhalte* dieses Erlebens aber sind prinzipiell innerseelischen, *mythischen* Ursprungs; sie entstammen keiner äußeren, sondern einer inneren Erfahrung; ihre Wahrheit und ihr Anspruch liegen nicht in dem, was äußerlich *war*, sondern in dem, was sich innerlich ereignet und sich durch ein verwandeltes Menschsein auch in der Welt draußen, im Raum der Geschichte, geltend machen sollte. Sie enthalten keine Informationen über Vergangenes, sondern sie beschreiben Wandlungszustände der Psyche des Menschen auf dem Wege zu sich selbst. Also doch: «Gnostisch»? – *Nur*, wenn man das, was im Menschen liegt, mit Gott selbst identifiziert!

Jetzt aber dagegen gefragt: Muß denn wirklich, wenn das psychische Material des Menschen, wie wir es hier vorschlagen, eben *nicht* rein projektiv mit Gott ineins gesetzt wird, alles «Seelische» nach dem Vorbild des kirchlichen Dogmas schon von vornherein als ungöttlich und außergöttlich betrachtet werden, so daß «Göttliches», sich «Offenbarendes» prinzipiell nur *von außen* an den Menschen herantreten könnte? *Freilich*, gerade so geschieht es in der gesamten Geschichte der kirchlichen Theologie (mit Ausnahme der erwähnten seltenen Einsprengsel mystischer Gestalten, die, am Rande, weil sie auf die Menge der Gläubigen keinen allzu gefährlichen Einfluß ausübten, gerade noch geduldet wurden); doch ist diese Einstellung erkennbar *falsch*, weil notwendig gewaltsam, äußerlich und zudem noch historisch haltlos: *so*, wie das kirchliche Lehramt die «Geschichtlichkeit» der «Offenbarung» verkündet und zu glauben vorlegt, kann es nach allem, was wir historisch-kritisch über die Bibel wissen, sich nicht zugetragen haben.[94] Gerade um die *Lücke* der historischen Beweisführung zugunsten der christlichen Glaubensinhalte zu schließen, bedarf es deshalb einer *anthropologischen Begründung* der entsprechenden Glaubenssymbole von den Strukturen der menschlichen Psyche selbst her. Entscheidend ist dann, daß wir in der Psyche des Menschen nicht länger mehr einen offenbarungsneutralen Raum erblicken, der beschaffen sein kann, wie immer er will; wir müssen vielmehr die Seele des Menschen gerade als den «Ort» betrachten, in dem es allererst möglich ist, «Gott» zu vernehmen.

*Systematisch* gesprochen: die Religion wird solange nicht der psychischen Integration, das heißt der Personalisation und Humanisation des Menschen dienen können, als *theologisch «Schöpfung»* und *«Offenbarung»* nicht in einer inneren Einheit zueinander stehen.[95] *Dies* ist das Problem, das RAHNER eigentlich mit seiner Lehre vom anonymen Christentum lösen wollte, das er aber, außerhalb einer konkreten psychologischen Vermittlung, nur abstrakt bezeichnen, nicht wirklich bearbeiten konnte.

Vergegenwärtigen wir uns die klassische Auffassung der Offenbarungstheologie in der gängigen kirchlichen Lehre, so läßt sie sich schematisch etwa so darstellen:

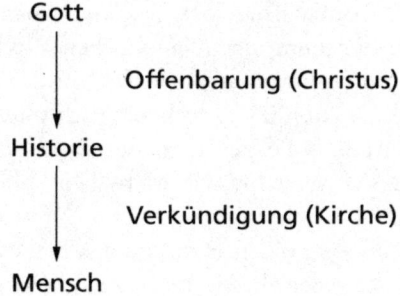

Da wird der (in Sünde gefallene) Mensch durch ein historisches Ereignis (Abraham, Jesus) von Gott her *angerufen;* aller *Offenbarungsinhalt* liegt auf der Ebene des Historischen selbst, während die Kenntnis dieses Inhaltes *durch die kirchliche Verkündigung* an den Menschen herangetragen wird. Daß der Mensch von Gott *geschaffen* wurde, macht ihn zwar grundsätzlich *fähig*, zum Empfänger einer göttlichen Offenbarung zu werden, doch bleiben die Offenbarungsinhalte selbst davon unberührt; sie werden vielmehr durch eine rein positive Entscheidung Gottes, der es nun einmal so gewollt hat, wie es dann kam, *historisch gesetzt;* und dementsprechend äußerlich muß alles, was Gott dem Menschen je hat sagen wollen, durch das Lehramt der Kirche weitergegeben werden. Auch in der «anthropologischen Wende» der Theologie RAH-NERS war nicht zu erkennen, wie diese zerreißende Kluft zwischen der «Natur» des Menschen und dem Inhalt des Glaubens, das heißt in *«gnostischer»* Fragestellung: zwischen dem Gott der *Schöpfung* und dem Gott der *Offenbarung,* sich wirklich schließen könnte. RAHNERS Konzeption schien überzeugend, solange sie sich auf die unendliche *Sehnsucht* des menschlichen Erkennens (auf den *intellectus agens*) bezog; sie mußte aber versagen, weil RAHNER den gesamten Bereich der Erkenntnis*bilder* (die *«species»*-Lehre des Thomismus) zugunsten der Theorie des unendlichen Vorgriffs des menschlichen Geistes auf das Sein vergleichgültigte, – geschweige denn, daß er es nötig gefunden hätte, sich für die Strukturen des Unbewußten der menschlichen Psyche zu interessieren. – Auch *wir* wissen an dieser Stelle durchaus noch nicht, wie wir uns *die Entstehung* der Symbole des Religiösen und mithin der konkreten Offenbarungsinhalte *tiefenpsychologisch* vorzustellen haben; wir können aber immerhin jetzt doch schon feststellen, worin der zentrale *Fehler der kirchlichen Glaubenslehre* liegt: er besteht in dem kompletten *Ausfall des evolutiven Denkens.* Denn: Nicht einmal auf dem Boden der Theologie selbst lassen sich die eigenen Konflikte glaubwürdig lösen, solange man nicht eine konkrete Vorstellung über die Entstehung der menschlichen Psyche entwickelt. Es genügt einfach nicht länger mehr, zu sagen, daß Gott der Herr die menschliche Seele «geschaffen» habe; man muß auch theologisch mittlerweile zur Kenntnis nehmen, *auf welche Weise* die Strukturen des Psychischen in der Evolution entstanden sind. Erst wer versteht, wie Menschen sind, versteht, wie ihnen Gott erscheinen kann.

Dann aber hindert uns jetzt nichts mehr, zu denken, daß die «Offenbarung» Gottes keinesfalls erst zu einem bestimmten Zeitpunkt der Geschichte, sagen wir mit der Bibel, vor ein paar Tausend Jahren, begonnen hat, sondern wir sehen uns zu der Ansicht gedrängt, daß *die gesamte Schöpfung* eine einzige Form der Selbstmitteilung Gottes darstellt, ganz wie es im Abendland JOHN TOLAND im siebzehnten Jahrhundert bereits vorschlug.[96] Der «Ruf» Gottes ergeht mithin keinesfalls nur «punktuell», sondern er ertönt, ähnlich der Entwicklungslehre der *Hindus*[97], quer durch die gesamte Evolution. Ja, mehr noch: Statt rein *religionspsychologisch* zu sagen: die «Offenbarung» Gottes bestehe in der personalen Erfahrung, als Mensch in einer Tiefe angenommen zu sein, die eine Integration einer Vielzahl unbewußter Bilder erlaube, können wir jetzt auch *theologisch* sagen: Offenbarung ist die personale *Vollendung* dessen, was durch die «Schöpfung» in der Natur des Menschen *angelegt* ist.

In dieser Bestimmung liegen zwei Momente: das Moment der *Anregung* (historisch) und der *Resonanz* (tiefenpsychologisch).

*Schematisch* dargestellt, ergibt sich daraus *dieses* Bild:

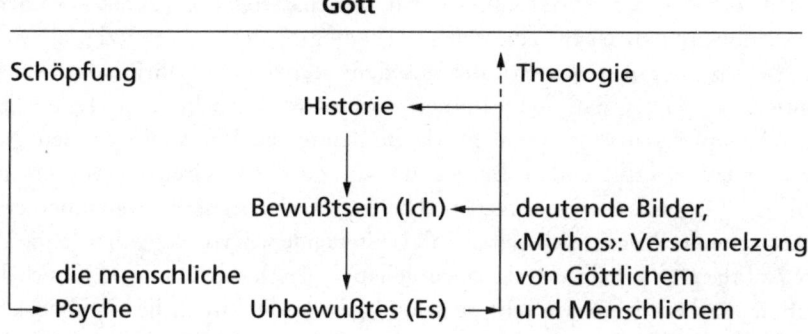

**Gott**

| Schöpfung | | Theologie |

Historie ←

Bewußtsein (Ich) ← deutende Bilder, ‹Mythos›: Verschmelzung

die menschliche / von Göttlichem

Psyche / Unbewußtes (Es) → und Menschlichem

Fragt man sich beim Anblick dieses Schemas: «Und wann also offenbart sich die Gottheit?», so kann man nur sagen: *immer!* Es *gab* nie eine Zeit und es *wird* nie eine Zeit geben, da Gott nicht ist. Im Gegenteil: Er *um*gibt uns zu *jeder* Zeit wie das Licht, wie die Luft, und immer wieder treten Menschen auf, die angstfrei und offen genug sind, um den Wind der Freiheit zu atmen und das Licht der Liebe in ihr Herz aufzunehmen. *Sie* sind die «Berufenen», die «Offenbarungsträger», die *«Mittler»*, die *«Propheten»* – wie immer man sie nennen mag.

Wichtig indessen ist nun gegenüber der Gnosis, daß man sowohl ihre Worte wie die Bilder, die sie freisetzen, nicht mit «Gott» selbst, wie er an sich ist, verwechseln darf. Aber auch die kirchliche Theologie, die der «Gnosis» seit eh und je vorwirft, die Geschehnisse der menschlichen Psyche per Identifikation mit göttlichem Sein auszustatten, begeht durch ihre objektivierende Veräußerlichung analog gerade denselben Fehler: Alle Glaubensinhalte sind in ihren Augen «von Gott» in dem Sinne, daß sie aussagen, wie Gott an sich selbst ist und wie er geschichtlich gehandelt hat; und so besteht ihre Glaubenslehre stets darin, von Gott her auf die Menschen einzureden, so als wenn wir, seit den Tagen des Moses spätestens, *wüßten*, was Gott sich gedacht hat, als er die Welt erschuf. – In Wahrheit gilt es zu sehen, daß alle religiösen Aussagen *vom Menschen her* in Richtung Gottes gesprochen sind; – die beste Art von «Theologie» ist ganz dicht dem *Gebet,* sie ist am weitesten entfernt vom Gebot, und ihre innere Energie ist ein befreites Zurückströmen der Schönheit und Wahrheit, die Gott in die Schöpfung gelegt hat.

Folgt man demgegenüber den Äußerungen katholischer Bischöfe im Jahre 1993, so ist die Offenbarung Gottes immer noch ein *«Eingreifen»* in den Naturverlauf, und man scheut nicht davor zurück, Gottes Wirken, ganz wörtlich, in den *Lücken* der HEISENBERGschen Unschärferelation unterzubringen.[98] Um es drastisch zu sagen: eine solche «Theologie» ist so aberwitzig, als wenn ein überlebender Azteken-Priester aus dem sechzehnten Jahrhundert «argumentieren» wollte, daß man immer noch dem Erdbebengott Tepeyollotli Menschenopfer darbringen müsse, da bis heute die Vulkanologen den Ausbruch eines feuerspeienden Berges nur in gewissen Grenzen vorhersagen könnten. Gegenüber einer solchen Theologie oder, besser: gegenüber einer derart veräußerlichten, sich selber mißverstehenden *Mythologie* hat keine Art von Aufklärung jemals eine Chance gehabt[99], geschweige denn, daß sich begreifbar machen ließe, wie sehr auch und gerade die kirchliche Glaubenslehre der Rücknahme ihrer Projektionen beziehungsweise psychologischen Durcharbeitung ihrer falschen Metaphysizierungen bedarf. Gemessen an der Bewußtseinslage des kirchlichen Sprechens über Gott, mutet jedenfalls die *«Gnosis»* vor tausendachthundert Jahren im Rückblick fast schon «modern» an: *sie* wußte *wenigstens,* daß «Theologie» nie anders möglich ist als im Sprechen vom Menschen, während die Kirche mit ihrem Willen zur objektivierenden Verfestigung den seelischen Anteil ihrer Symbole schlechtweg verleugnete und jede Erinnerung daran mit dem Gnosis-Vorwurf niederzuzwingen sucht(e).

Die Lösung des Konfliktes aber liegt, wie sich jetzt zeigt, in der Unterscheidung der zwei zusammengehörigen, wenngleich an sich grundverschiedenen Ebenen der religiösen Erfahrung selbst. Gegenüber der *Gnosis* gilt es zu betonen, daß Gott *nicht* als ein Teil der menschlichen Psyche verstanden werden kann; denn wäre dies der Fall, so würde auf der personalen, historischen Erlebnisebene sich die *Angst* des Menschen inmitten der Welt, ganz im Sinne sogar des Gnostikers MARCION selbst, niemals wirklich beruhigen. *Hier,* auf der Ebene des personalen *Gegenübers* von Gott und Mensch, ist mithin *die absolute Differenz beider* gar nicht deutlich genug hervorzuheben, da nur so eine *Versöhnung* des Menschen *mit* Gott und *in* Gott wirklich gelingen kann. Von den *Bildern* in den Schichten des Unbewußten hingegen muß man gegenüber dem kirchlichen Dogmatismus sagen, daß gerade sie, indem sie *die Erfahrungseinheit* zwischen Gott und Mensch beschwören wollen, nichts weiter sind als *Mittel* zum Ausdruck der entsprechenden religiösen Erfahrungen an der Grenzscheide des Lebens zwischen Angenommensein und Verworfensein, zwischen Gelingen und Mißlingen, zwischen Vertrauen und Verzweiflung. Nur mit Hilfe solcher *Bilder* ist es möglich, Gott zu *beschreiben,* doch alles, was wir theologisch beschreiben können, sind eben Gottes*bilder,* und diese sind niemals Gott an sich. Selbst wenn wir Gott den «Vater» (oder die «Mutter») nennen oder Jesus als den «Sohn» Gottes bezeichnen, verwenden wir, grob gesagt, die Sprache denkender Säugetiere. Würden, frei nach dem griechischen Skeptiker XENOPHANES, die *Schildkröten* denken[100], so würden sie «Gott» wahrscheinlich als die «Wärme» bezeichnen und seine «Offenbarung» das «Meer» nennen, und sie würden damit, nicht anders als wir Menschen, lediglich die Stellen, aus denen wir am intensivsten leben und in denen wir uns am intensivsten vollziehen, mit «Gott» in Verbindung bringen. Selbst wenn wir sagen: Gott ist die *Liebe,* so müssen wir wissen, daß «Liebe» ein Konglomerat aus sehr verschiedenen Instinkthandlungen und Triebbedürfnissen darstellt – des Balzverhaltens, der Revierverteidigung, der Paarbindung, der Brutpflege und so weiter. Und nicht einmal ein Begriff, der in der christlichen Theologie heute noch für ganz und gar eindeutig genommen wird: das Wort «Person», wird in ein paar Jahren noch als klar und eindeutig erscheinen – die Kritik des französischen Psychoanalytikers J. LACAN ist hier bereits das erste Indiz.[101] Im Namen eines eindeutigen Personbegriffes erklärt das kirchliche Lehramt zwar immer noch zahlreiche religiöse Strömungen als «irrig» und «falsch»; doch es selbst irrt dabei am allermeisten, denn natürlich ist *Gott als Person* unendlich verschieden von dem, was wir (heute) mit dem Wort «Person» bezeichnen. Im Rahmen der Frage nach der Unsterblichkeit werden wir später im 2. Bd. dieser Arbeit noch ausführlich auf dieses Problem zurückkommen müssen.

Wir haben also Grund, mit all unserem *Reden von Gott* recht bescheiden zu sein und als erstes darin einen *Ausdruck unserer Seele im Spiegel des Unendlichen* zu sehen. – An *dieser* Stelle indessen genügt es, den *Vorteil* zu resümieren, der in der vorgeschlagenen Betrachtungsweise liegt: *Endlich* kann die *Religion* wieder verstanden werden *als ein Organ der Selbstfindung,* der Personwerdung, der Freiheit, der Reifung und der Integration der menschlichen Psyche; Religion hört mithin auf, ein Werkzeug autoritärer Abhängigkeit und verinnerlichter Gewalt zu sein; sie wird, in der Sprache der Psychoanalyse, aus einer Überichfunktion in *eine Ichfunktion* verwandelt; sie wird damit gewalt- und herrschaftsfrei. Dies ist der *«psychische»* Vorteil, und er selbst bereits ist überaus wichtig.

Die Wirkung *nach außen hin* aber ist womöglich noch folgenreicher: *Endlich* hört Religion auf, ein System des verwalteten absoluten Wissens mit der entsprechenden Ideologie des Exklusivitätsanspruches nebst der zugehörigen offensiven Ausgrenzungs- beziehungsweise Bekehrungsmentalität zu sein. Denn was wir gerade *revidieren*, ist *die falsche Beziehung der Ebenen:* «Gott offenbart sich» – das heißt jetzt nicht länger: Gott stellt uns eine Menge satzhafter, lehrbarer Informationen über sein Wesen, seine Absichten und seine Taten zur Verfügung; es heißt ab sofort: Er redet dich und mich so an, daß wir darunter miteinander menschlich leben können; und alle Bilder, die uns zur Beschreibung dieser «Anrede» und «Anregung» einfallen, wollen wir gemeinsam durchleben, durchsingen, durchtanzen – *durchlieben*. – Die *«Wahrheit» des Religiösen* kann, wenn es so steht, *nicht* länger mehr gesucht werden *auf der Ebene der Bilder:* der Symbole, der Riten, der Formeln und der Dogmen; *sie liegt* endlich wieder dort, wo sie einzig hingehört: *auf der Ebene der Existenz*, des persönlich geführten Lebens, einer glaubwürdigen und glaubhaften Menschlichkeit; *hier* und *nur* hier liegt auch *die Einzigartigkeit*, die Unvertauschbarkeit und die Unersetzlichkeit *der Person Jesu*. Die religiösen Ausdrucksformen selbst hingegen treten jetzt aus ihrer kultur- und traditionsabhängigen Einzigartigkeit heraus; sie erscheinen, jenseits der kirchlichen Sonderverwaltung, wieder als etwas Gemeinsam-Menschliches, und sie können somit, statt weiter der Trennung, endlich der Einheit des Menschlichen dienen, als eine universell verständliche Sprache, die so menschheitlich, so kreatürlich, so lebendig ist, daß wir sie nicht allein mit allen Menschen, sondern weitgehend sogar mit den meisten höherentwickelten Tieren teilen: sie alle verstehen, was Hunger und Durst ist, was Angst und Geborgenheit, was Schmerz und Zärtlichkeit, was Macht und Ohnmacht, was Anerkennung und Mißachtung, was Zorn und Verzweiflung, was Verlangen und Liebe, was Müdigkeit und Trauer, was Geburt und Tod..., *und* sie kennen die Szenen und Bilder, in denen all diese Themen seit vielen Jahrmillionen erscheinen. Die ehedem so fremde und feindselige MARCIONitische Welterfahrung beginnt *hier schon* einem sanfteren Einheitserleben zu weichen!

Der große Hindu-Dichter und Philosoph RABINDRANATH TAGORE war es, der das, was wir meinen, in seiner Arbeit über *«Die Religion des Menschen»* einmal auf biographische Weise geschildert hat:

«Wenn in einem eine ungewöhnliche Erfahrung aufbricht wie mir in meiner frühen Jugend, dann sucht das betroffene Denken seine Erklärung in einer herkömmlichen Begründung dessen, was gewöhnlich ist; so versucht er eine unerwartete innere Botschaft einem organisierten Glauben anzupassen, der unter dem allgemeinen Namen einer Religion geht. Deshalb nahm ich in jenen Jugendtagen natürlich nur zu gerne von meinem Vater das Amt eines Sekretärs einer Sonderabteilung der monotheistischen Kirche an, die er damals leitete. Ich nahm an ihren Gottesdiensten hauptsächlich durch Abfassung von Liedern teil, die unbewußt vom abgeblaßten orthodoxen Denken geprägt wurden, ein Sammelsurium von Überlieferungen. Aus Pflichtgefühl überredete ich mich eifrig zu der Annahme, meine neue geistige Haltung stimme mit derjenigen der Mitglieder unserer Vereinigung überein, obwohl ich dauernd über Hindernisse strauchelte und einen Zwang empfand, der mich bis aufs Blut peinigte.

Zuletzt entdeckte ich, daß ich in meiner Lebensführung meiner Religion nicht ganz treu geblieben war, sondern mich nur der religiösen Einrichtung anpaßte. Diese vertrat nur einen künstlichen Durchschnitt, dessen Maßstab für Wahrheit ein statistisches Minimum war; man war eifersüchtig auf jedes lebendige Wachstum, das diese Grenzen überschritt. Ich bin überzeugt, daß in der Religion wie auch in den Künsten alles, was eine Gruppe gemeinsam hat, nicht bedeutend ist. Es ist tatsächlich sehr oft nur eine Ansteckung mit gegenseitiger Nachahmung. Nach einem langen Kampf mit dem Gefühl, daß ich eine Maske trug, um das lebendige Gesicht der Wahrheit zu verbergen, löste ich meine Beziehungen zu unserer Kirche.

Um diese Zeit hörte ich eines Tages zufällig einen Bettler singen, der zur Baül-Sekte Bengalens gehörte. Wir haben in der heutigen indischen Religion Gottheiten verschiedenster Namen, Gestalten und Mythologien, einige vedische, einige bodenständige. Jede hat ihre besondere Sektensprache und Gedankengänge, die das Gemüt jener befriedigen, die an ihre hypnotischen Einflüsse gewöhnt sind. Einige dieser Gottheiten mögen für mich und andere ihren ethischen Wert haben und andere philosophische Bedeutung, die freilich von üppig wuchernden Verworrenheiten legendärer Mythen überdeckt sind. Aber in diesem schlichten Gesang ergriff mich ein religiöser Ausdruck, der weder plump, alltäglich, voll grober Einzelheiten war noch metaphysisch in seinem verdünnten Transzendentalismus. Zugleich lebte darin eine rührende Offenheit. Er sprach eine starke Sehnsucht des Herzens nach dem Göttlichen aus, das im Menschen ist und nicht im Tempel oder in heiligen Schriften, nicht in Bildern und Symbolen. Der Beter richtete seine Lieder an den Idealmenschen und sagte: ‹Tempel und Moscheen sperren deinen Pfad, und ich vermag deinen Ruf nicht zu hören und mich nicht zu bewegen, wenn die Lehrer und die Priester zornig mich umdrängen.›

Er folgt keiner überlieferten Zeremonie, sondern glaubt nur an Liebe. Nach ihm ‹ist Liebe der Zauberstein, der durch seine Berührung Habgier in Opfer verwandelt.› Er sagt weiter: ‹Um dieser Liebe willen sehnen sich der Himmel, die Erde und die Götter danach, Menschen zu werden.› Seit damals habe ich oft versucht, diesen Menschen zu begegnen, und mich bemüht, sie in ihren Liedern zu verstehen, die ihre einzige Form der Anbetung sind. Man ist oft überrascht, in vielen dieser Verse eine auffällige Ursprünglichkeit des Gefühls und des Ausdrucks zu finden; denn ihre besten sind in ihren Ausdrücken unmittelbar persönlich. Ein solches Lied ist ein Hymnus auf den ewig Jungen.

Es ruft aus:

‹O meine Blumenknospen, wir beten das Junge an;

denn das Junge ist die Quelle des heiligen Ganges des Lebens, aus dem Jungen fließt die höchste Seligkeit.›

Und weiter:

‹Wir opfern nie reifes Korn im Kult des Jungen, noch Frucht, noch Saat,

sondern nur die Lotusknospe, die aus unserem eigenen Geiste kommt.

Die junge Stunde des Tages, der Morgen, ist unsere Zeit, um Ihn zu ehren,

aus dessen Betrachtung das All entsprang.›

Dieses Lied nennt den Geist des Jungen Brahma Kamal, ‹den unendlichen Lotus›; denn er ist etwas, das Vollkommenheit in seinem Herzen trägt und dennoch immer wächst und seine Blätter entfaltet.

Es gab in Indien Menschen, die niemals gelehrte Texte über die Religion des Menschen schrieben, aber ein überwältigendes Verlangen und praktische Schulung hatten, sie zu erreichen. Sie bezeugten in ihrem Leben ihre Vertrautheit mit der Person, die in allen Personen ist, des ungestalteten Menschen in den einzelnen Gestalten des Menschen. Rajjab, ein Dichter-Heiliger des mittelalterlichen Indien, sagt vom Menschen: ‹Gott – Mensch (nara – narayana) ist deine Deutung, das ist keine Täuschung, sondern Wahrheit. In dir sucht das Unendliche das Endliche, die vollkommene Erkenntnis sucht Liebe, und wenn die Form und das Formlose (das Individuelle und das Universale) vereinigt sind, ist Liebe in Hingabe erfüllt.› Ravidas, ein anderer Dichter derselben Zeit, singt: ‹Du siehst mich, o göttlicher Mensch (narahari), und ich sehe Dich, und unsere Liebe wird gegenseitig.› Von diesem Gott-Menschen sagt ein Dorfdichter Bengalens: ‹Er ist in uns, eine unergründliche Wirklichkeit. Wir erkennen ihn, wenn wir unser eigenes Selbst entriegeln und in wahrer Liebe allen anderen begegnen.› Einer seiner Dichterbrüder sagt: ‹Der Mensch sucht den Menschen in mir, und ich verliere mich selbst und ströme aus.›

Ein anderer Sänger singt vom Idealmenschen: ‹Wie könnte die heilige Schrift den Sinn des Herrn kennen, der sein Spiel in der Welt menschlicher Gestalten hat?›

‹Höre, o Bruder Mensch›, sagt Chandidas, ‹die Wahrheit des Menschen ist die höchste Wahrheit. Es gibt keine andere Wahrheit darüber hinaus.›

Alle diese Belege sind Zeugnisse einer unmittelbaren Wahrnehmung des Menschentums als einer objektiven Wahrheit, die ein tiefes Gefühl des Verlangens und der Liebe auslöst. Das ist etwas ganz anderes als der verstandesmäßige Kult der Humanität, der einem Körper gleicht, welcher sich tragisch im Fegfeuer der Schatten verloren hat. Wordsworth sagt:

‹Wir leben durch Bewundern, Hoffen, Lieben,
und immer, wenn sie echt und rein geblieben,
erheben wir uns in die Heiligkeit des Seins.›»[102]

«Wir müssen also die Person, die im Herzen des Alls ist, durch das befreite
Bewußtsein unserer eigenen Persönlichkeit verwirklichen.»[103]

# B. Die Bilder des Unbewußten oder: Voraussetzungen, «Gott zu schauen»

*«Wort und Bild sind Correlate, die sich immerfort suchen, wie wir an Tropen und Gleichnissen genugsam gewahr werden. So von je her, was dem Ohr nach innen gesagt oder gesungen war, sollte dem Auge gleichfalls entgegenkommen. Und so sehen wir in kindlicher Zeit in Gesetzbuch und Heilsordnung, in Bibel und Fibel sich Wort und Bild immerfort balancieren. Wenn man aussprach, was sich nicht bilden, bildete, was sich nicht aussprechen ließ, so war das ganz recht; aber man vergriff sich gar oft und sprach, statt zu bilden, und daraus entstanden die doppelt bösen symbolisch-mystischen Ungeheuer.»*

J. W. v. GOETHE: Maximen und Reflexionen, Nr. 188.

## 1. Sigmund Freud, C. G. Jung und die Verhaltensforschung

«Innerlichkeit»! Es gibt in der heutigen katholischen Theologie wohl keinen Begriff, der unbequemer wirkt als dieser. Selbst wenn wir mittlerweile haben zeigen können, daß der «Gnosisvorwurf» im Grunde auf die kirchliche Dogmatik selber zurückfällt, indem beide, «Gnosis» wie «Lehramt», die Angst des menschlichen Daseins auf falsche Weise beruhigen: diese durch den Aufbau von *Identifikationen*, jenes durch den Aufbau von *Institutionen,* so wird man doch nach wie vor in der kirchengebundenen Theologie mit ihrer Substantialisierung des Äußeren dabei bleiben, daß jedes rein «innerliche» Verständnis von «Offenbarung» identisch sein müsse mit der Substanzlosigkeit eines bloßen Subjektivismus. Die *Furcht vor sich selbst, die Angst vor der eigenen Persönlichkeit,* die *strukturell* die Sozialpsychologie der *«Hochmasse»* Kirche (O. PFISTER)[1] bestimmt, gerät hier zur theologischen Ideologisierung des immer gleichen selbstverschuldeten Teufelskreises: die notwendige *Verdrängung* der eigenen Gefühle mitsamt all den Inhalten des Unbewußten führt notwendig den Eindruck einer völligen Leere des eigenen Inneren herauf, und dieser Eindruck wiederum erzeugt von sich aus einen echten *horror vacui:* nichts scheint schlimmer, als sich der Nichtigkeit des eigenen Ichs und damit dem vollständigen Nichts an innerem Leben zu überlassen; umgekehrt aber *braucht* man jetzt dringend *als Abwehrargument* eine «Psychologie», die in etwa der tabula-rasa-Konzeption der Schule des *Behaviorismus*[2] folgt: die menschliche Psyche gilt hier für nichts weiter als für eine wächserne Tafel, in welche sich von seiten «der Gesellschaft» jeder beliebige Inhalt einschreiben läßt. Ein bißchen *Lernpsychologie*[3] ist hier so ziemlich alles, was Aussicht hat, gerade noch ernst genommen zu werden, der Rest geht à conto der gesellschaftlichen Verhältnisse, die theologischerseits an sich zwar weder verstanden noch durchgearbeitet werden, von denen man aber immerhin wissen und sagen zu müssen glaubt, daß man sie «christlich» zu «beurteilen» hat, während man sich schon aufgrund der eigenen Abstraktheit in Wirklichkeit von ihnen völlig abhängig macht. Man will offenbar nicht sehen, daß die Befreiung «der» Gesellschaft (und der Kirche) niemals gelingen wird ohne die Befreiung der Individuen in der Gesellschaft, denn würde man das zugeben, so müßte man als erstes die strukturelle Unfreiheit des kirchengebundenen Dogmenglaubens auflösen. Ob man es wahrhaben will oder nicht: die Kirche wird solange die Partei der Reichen und der Mächtigen bleiben, wie sie sich außerstande zeigt, *das Individuum* als Träger eigener religiöser Inhalte zu akzeptieren und zu respektieren.

*Das* eigentlich steht hinter der Abwehr der Tiefenpsychologie als des wesentlichen Schlüssels zur Rückgewinnung eines Glaubens in Freiheit: die Kirche müßte ihre eigenen Strukturen, ihre institutionellen und dogmatischen Herrschaftsformen und -ideologien aufgeben, sie müßte ihre jahrhundertelange Parteigängerschaft mit den «Ordnungsfaktoren» Kapital, Staat und Militär[4] unter dem Deckmantel ihrer archaischen Opfertheologie ein für allemal aufkündigen, wenn ernsthaft sie die Personwerdung des Menschen sich zum Ziel setzen würde; sie müßte ganz einfach sich auf Freiheit statt auf Zwang stützen, um ihre Anlehnung an die staatliche und bürgerliche Welt ohne Verlust preisgeben zu können. *Bis dahin* aber wird alles wohl so bleiben, wie wir es immer schon hatten.

Gerade, während ich diese Zeilen schreibe, im Februar 1993, steht in der Zeitung zu lesen, wie der Vorsitzende der deutschen Bischofskonferenz K. LEHMANN der Forderung der CDU-CSU zugunsten der Beteiligung deutscher Soldaten an «friedenerzwingenden Maßnahmen», das heißt zugunsten von Kampfeinsätzen nach dem Willen der USA, seinen geistlichen Segen erteilt[5] und gleichzeitig mit dem Bischofskreuz als Unterzeichner eine Anzeigenkampagne der Firma Hoechst zum Abbau der gesetzlichen Hindernisse gegenüber der «Gentechnologie» und Genmanipulation unterstützt[6]; zur gleichen Zeit beklagt PAPST JOHANNES PAUL II. (sehr zu Recht!) die Unterdrückung der schwarzafrikanischen katholischen Minderheit im Süden des islamisch regierten Sudan; derselbe Mann aber verliert kein Wort über die Unterdrückung der islamischen Minderheit im Süden der katholisch dominierten Philippinen; einerseits bedauert er in seinem Fastenhirtenbrief 1993 das verheerende Trinkwasserproblem in der Sahelzone[7], andererseits aber hat er noch Wochen zuvor in Uganda jede Form von künstlicher Empfängnisverhütung verboten und im Kampf gegen die Ausbreitung der Aids-Seuche in Afrika einzig die Keuschheit empfohlen.[8] – Widersinn über Widersinn. Und so könnte man dran bleiben.

Wo immer man hinschaut, verwickelt das Lehramt der katholischen Kirche sich in unauflösbare *Widersprüche*, weil die gesamte Perspektive seiner Glaubensauslegung falsch zentriert ist: man kann nicht religiöse Wahrheit *von Amts wegen* verordnen, durchsetzen und verwalten wollen; man kann nicht Gott *außerhalb* der menschlichen Seele in *ein geistliches Besitztum* verwandeln; man kann nicht den Glauben an Gott und damit die Freiheit des Menschen in *Kirchengehorsam und Kirchenzwang* verwandeln. Religion – das ist *wesentlich* im Sinne R. TAGORES[9] die Wahrheit des Menschlichen; Offenbarung Gottes –, so sagten wir eben noch, das ist wesentlich die durch Liebe und Vertrauen ermöglichte Eröffnung der unbewußten Teile der menschlichen Psyche für das eigene Bewußtsein; der kirchliche Dogmenglaube aber spricht von einer Freiheit, die er in der *Veräußerlichung des Inneren*, in der Objektivierung des Subjektiven beziehungsweise in der Institutionalisierung des Personalen Zug um Zug in ihr Gegenteil verwandelt.

Um diese Pervertierung des religiösen Bewußtseins im Katholizismus rückgängig zu machen, ist *eine Entdeckung der Tiefenpsychologie* von größter Bedeutung, die sich unauflösbar mit dem Namen C. G. JUNG verbindet und als «*Archetypenlehre*»[10] eine zwiespältige Bekanntheit gewonnen hat. JUNGS Einsicht war es, daß man die Symbole des Religiösen nicht als eine (womöglich historische!) vom Menschen unabhängige Welt verobjektivieren dürfe, sondern daß es vielmehr gelte, in der Psyche des Menschen selbst bestimmte objektive Strukturen und Vorstellungsinhalte anzuerkennen[11] – das genaue Gegenteil der tabula-rasa-Theorie also.

### a) Psychologie zwischen Biologie und Soziologie – von anima und animus zum Beispiel

Dieser Grundgedanke JUNGS ist dem Ansatzpunkt nach eigentlich nicht schwer mitzuvollziehen und sollte in gewissem Sinne sogar als selbstverständlich gelten, wenn er nur richtig begründet würde; und hier allerdings liegt ein nach wie vor unaufgearbeitetes Problem, das man als den *sozialpsychologischen Kurzschluß* bezeichnen kann.

Schon S. FREUD hatte mit Hilfe der Tiefenpsychologie im Grunde ein *Verbindungsstück zwischen Psychologie und Biologie,* zwischen Mensch und Natur erstellen wollen, indem er in seiner *Triebtheorie* die Konsequenzen aus der Evolutionstheorie DARWINS zu ziehen suchte: Wie können die Leistungen der Kultur aus den elementaren Bedürfnissen der Natur hervorgehen? FREUDS Antwort auf diese Frage bestand *stammesgeschichtlich* (phylogenetisch) in dem *Mythos* von der Ermordung des Urvaters[12] und *individualpsychologisch* (ontogenetisch) in der Theorie vom Ödipuskomplex[13], wobei er, entsprechend der «biogenetischen Grundregel» E. HÄCKELS[14], auch psychoanalytisch die «Ontogenese» als Rekapitulation der «Phylogenese» betrachtete. Das ganze Projekt FREUDS war so etwas wie eine (hypothetische) *Naturgeschichte der menschlichen Seele;* und es war klar, daß an dieser Stelle schon die Kritik der *Kulturanthropologie* einsetzen mußte: Allzu offensichtlich wurden in dem FREUDSCHEN Konzept die Fragen der Wirtschaft, der Gesellschaftsstruktur, der politischen Verhältnisse, der geistesgeschichtlichen Bedingtheiten, der ethnischen, sprachlichen und nationalen Zugehörigkeiten und vieles andere mehr wie etwas Nebensächliches ausgeklammert; statt dessen schienen nunmehr recht einfache, doch bizarr klingende Worte wie «Penisneid» und «Kastrationskomplex» die soziale Wirklichkeit vollgültig beschreiben zu sollen. Auch außerhalb der Gefühlslage des viktorianischen Zeitalters läßt sich verstehen, daß die Gesellschaftswissenschaften, die damals zeitgleich (!) zur Psychoanalyse entstanden, die FREUDschen Theorien als Konkurrenz zu sich selber empfanden und mit Macht aus ihrem Feld zu vertreiben suchten. Mit anderen Worten: die Vergleichgültigung der *sozialen* Faktoren in der FREUDschen Betrachtung korrespondierte mit der Vergleichgültigung der *psychischen* Faktoren in den Sozialwissenschaften. Hinzu kam, daß FREUD erkennbar seine psychologischen Theorien aus *biologischen* Gegebenheiten zu entwickeln suchte, während die «kulturanthropologischen» Schulen gerade die Plastizität, die Nicht-Festgelegtheit des Menschen in den verschiedenen Kulturformen herausarbeiten konnten: der «Ödipuskomplex» zum Beispiel, das Zentralstück der FREUDschen Psychoanalyse, erwies sich allenfalls als eine Variante der Sozialpsychologie patriarchaler Gesellschaftsstrukturen; eine «Naturkonstante» bildete er keinesfalls.[15]

Inmitten dieser Auseinandersetzungen bedeutete der Ansatz C. G. JUNGS im Grunde einen noch viel weiteren Schritt auf ohnedies schon brüchigem Eis. C. G. JUNG nämlich blieb bei der recht spekulativen Ausformulierung der

FREUDschen Triebtheorie mit ihrem simplen Reiz-Reflex-Schema nicht stehen. Statt nach FREUDS Vorbild die Triebhandlung wesentlich aus einer periodischen Spannung im Körperinneren abzuleiten[16], richtete er das Augenmerk weit stärker auf die Außenreize, auf das «Bildangebot», das imstande war, bestimmte Verhaltensweisen auszulösen. Freilich lag JUNG dabei nicht an einer spezifischen Zuordnung von äußerem «Auslöser» und innerer Triebantwort; ohne weitere empirische Erhebungen unterstellte er vielmehr ganz einfach, daß es in der Psyche des Menschen eine Vielzahl von Bildern geben müsse, die das menschliche Verhalten individuell wie kollektiv in Gesellschaft, Kultur und Religion entscheidend mitzuprägen imstande seien.

Als Beleg für diese Anschauung dienten ihm zum einen Beispiele aus der *Tierpsychologie:* K. VON FRISCH hatte soeben gezeigt, daß *Bienen* fähig waren, mit Hilfe ihrer Flugbewegungen in der Visierlinie des Sonnenstandes Informationen über die Richtung, die Entfernung und die Ergiebigkeit einer Nahrungsquelle weiterzugeben[17]; wenn schon Insekten mit ihrem vergleichsweise primitiven Nervensystem außerhalb jeder Bewußtseinstätigkeit zu solchen Leistungen imstande waren, lag es da nicht nahe, auch dem Menschen zuzutrauen, daß er in seinem «Unbewußten» über zahlreiche *Bilder* verfügte, die ihm zur Deutung einer an sich unbekannten Welt von Nutzen sein konnten? Oder die Art, wie die *Webervögel* ihre Nester bauten[18]! Offensichtlich brachten diese Tiere in ihren kleinen Köpfen das Bild des Nestbaus bereits fertig mit auf die Welt – eine vollständige Blaupause sozusagen, die nur darauf wartete, zu gegebener Zeit in die entsprechenden Handlungsanweisungen übersetzt zu werden. Oder die enormen Orientierungsleistungen des *Vogelfluges*[19]! Wieviel objektive «Vernunft» wurde bereits in den Verhaltensweisen der Tiere sichtbar! Es schien absurd anzunehmen, daß ausgerechnet der Mensch in seinem Unbewußten mit weniger Weisheit ausgestattet sein sollte als die Tiere.

Ein anderes «Argument» für die Annahme angeborener Bildvorstellungen im Unbewußten der menschlichen Psyche erwuchs C. G. JUNG aus der *Kultur- und Religionsgeschichte* der Menschheit. Wie der Augenschein lehrt, tauchen überall auf Erden, und zwar historisch unabhängig voneinander, bei den Alten Ägyptern nicht anders als in Zentralamazonien oder in Australien, vergleichbare Bild- und Vorstellungskomplexe auf, die als gesellschaftliche und religiöse Rituale sowie als mythische Weltdeutungen ihren Niederschlag finden. ADOLF BASTIANS Konzept um die Jahrhundertwende von den *«Völkergedanken»*[20] wartete in den Augen C. G. JUNGS förmlich auf eine psychologische Begründung. Wenn sich zum Beispiel, wie JUNG es versuchte, *en detail*

der Aufbau der römisch-katholischen *Meßfeier* mit dem Ritual des mittelamerikanischen *teoqale,* des «Gottessens», vergleichen ließ[21], legte sich dann die
Annahme nicht geradezu zwingend nahe, daß die Verschiedenheit der Religionen nur die täuschende Oberfläche über einer weit tieferen Gemeinsamkeit
darstellte? Oder: statt die Darstellung einer *dreifaltigen Gottheit* als ein Sondergut des Christlichen zu verteidigen, sollte ein solches Symbol sich nicht
weit glaubhafter in der *«Amplifikation»* seines Vorkommens in den verschiedenen Religionsformen erweisen[22]? Und nicht anders jetzt in all den anderen
zentralen Symbolen der christlichen Religion, wie etwa bei dem Symbol der
*jungfräulichen Geburt* des Gottessohnes[23] oder der *Auferstehung* eines getöteten Gottes[24] oder der *Himmelfahrt* eines Gottmenschen.[25] In all diesen Bildern
ist es gewiß möglich, bestimmte kulturhistorische Zusammenhänge in zeitlich
und räumlich begrenztem Umfeld zu rekonstruieren, also zum Beispiel den
Einfluß des Alten Ägyptens auf die Welt des Alten Testamentes oder des Hellenismus auf das Neue Testament aufzuzeigen; warum aber wissen nicht nur
die Alten Ägypter und die orthodoxen Christen von der jungfräulichen Geburt ihres Königs und Gottessohnes, warum erzählen zum Beispiel auch die
*Azteken* davon, daß ihr Stammesgott *Huitzilopochtli* («Kolibri links») von
*Coatlicue* («der Erdgöttin mit dem Schlangenrock») *jungfräulich* geboren
wurde[26], warum berichten auch *sie* davon, wie ihr Gott und Herrscher *Que-
tzalcoatl,* nachdem er aus dem sagenumwobenen Tollan aufgrund seines «Sündenfalls» hatte fortziehen müssen, am Golf von Tabasco im Feuer sich in einen
Stern verwandelt habe[27]? Wenn so vieles in den religiösen Überlieferungen der
Völker, nachweisbar ohne historische Vermittlung, einander derart ähnlich ist,
wie die Religionsgeschichte es zeigt, muß man dann nicht wie von selbst darauf
kommen, daß hinter der Verschiedenartigkeit der Kulturen eine *Gleich-
artigkeit der menschlichen Psyche* sich verbirgt, die immer wieder die gleichen
Bilder hervorbringt, um sich in ihnen mitzuteilen und sich selbst anzuschauen?

Allerdings liegt hier sogleich ein Vorwurf bereit, den man bereits der
FREUDschen Psychoanalyse gegenüber machen konnte: in dieser Betrachtung
müsse die Vielfalt der menschlichen Kulturgeschichte vollkommen ungeschichtlich als eine endlose Variation des immer Gleichen erscheinen[28]; es sei
mit dieser Methode nicht möglich, ja, offenbar gar nicht beabsichtigt, die konkrete Dialektik zwischen individueller und sozialer Praktik zu begreifen[29]; und
vor allem: es lasse mit Hilfe der JUNGschen Psychologie sich jede beliebige gesellschaftliche Erscheinung in Kultur und Religion irgendwie «verstehen» und
rechtfertigen.[30]

In der Tat besteht an dieser Stelle ein erheblicher Unterschied zwischen der *komplexen Psychologie* Jungs und der *Psychoanalyse* Freuds, der mit dem Verständnis des «Unbewußten» selbst zusammenhängt. Freud hatte den Begriff des «Unbewußten» wesentlich eingeführt, um das Reservoir all der psychischen Inhalte zu beschreiben, die als ich-unverträglich aus dem Bewußtsein *verdrängt* worden sind. Insbesondere in den Symbolen der Träume, nicht anders als in den Symbolen von Religion und Gesellschaft, erkannte Freud vornehmlich eine durch Zensur des Überichs (im Einzelnen) beziehungsweise der gesellschaftlichen Moral (kollektiv) entstellte Ausdrucksform der ursprünglichen Triebwünsche.[31] Zwar gelangte Freud sehr bald schon zu der Ansicht, daß der Symbolismus der Traumsprache lediglich auf eine ältere Form der Anschauung zurückgreife («regrediere»), die er selber nicht erfinden müsse, sondern deren er sich einfach bediene, doch blieb für ihn «das Unbewußte» de facto wesentlich auf den Bereich des Verdrängten beschränkt, und die ganze Absicht der Psychoanalyse selbst blieb deshalb nach wie vor darauf gerichtet, das *Uneigentliche* an den symbolischen Ausdrucksformen zu erkennen und dahinter die verborgenen latenten Wunschregungen dem Bewußtsein zugänglich zu machen.[32] C. G. Jung hingegen führte im Grunde nur den Freudschen Ansatz selber weiter, wenn er betonte, daß das «verdrängte» Material der Psyche offenbar nur einen sehr kleinen Anteil des «Unbewußten» ausmachen könne, ja, daß das Bewußtsein selbst überhaupt nur eine winzige Insel in dem Meer all der psychischen Vorgänge sei, die an sich *wesentlich* unbewußt abliefen.[33]

An dieser Argumentation ist etwas unwiderleglich Richtiges. Wenn wirklich die Symbolsprache der Träume eine archaische, ursprünglichere Form des Vorstellens bildet, so ist es von vornherein nicht möglich, nur etwas Entstelltes und Uneigentliches in der Symbolbildung der Träume oder der Religionen am Werke zu sehen; viel näher liegt es, vor allem *die Symbole des Religiösen* als Ausdruck einer unbewußten *Weisheit* der menschlichen Psyche zu betrachten. Aus der wesentlich *kritischen* Einstellung Freuds wurde bei Jung daher folgerichtig eine eher *bestätigende* Auffassung der gesellschaftlichen, religiösen wie individuellen Symbolik. An die Stelle der «reduktiven» und «kausalen» Betrachtung S. Freuds trat bei ihm eine «prospektive», «finale» Betrachtungsweise.[34]

Damit aber verlor die Jungsche Betrachtungsweise scheinbar ihre Zähne; sie erwies sich vermeintlich nicht nur als unbrauchbar zur Veränderung der *inhumanen* Züge in Staat, Kirche und Gesellschaft, sie verleitete zugleich auch zu einer ebenso verständnisvollen wie bequemen Anpassung an alles und jedes. Vollends als C. G. Jung anfing, den Deutschen zu erklären, daß der germanische Gott *Wotan* einen Archetyp der menschlichen Seele darstelle und folglich ganz zu Recht von den Nazis wieder ins Spiel gebracht werde, hinterließ er der Nachwelt Sätze, die manche seiner Kritiker ihm bis heute nicht vergeben können.[35] Das Maß voll machte schließlich der parapsychologische Mystizismus, mit dem C. G. JUNG in der Tat die Kräfte des «Unbewußten» mit allen möglichen geheimnisvollen Fähigkeiten, von der Telepathie angefangen[36] bis hin zur Wahrträumerei und Astrologie, ausstattete.[37]

Es ist bei so vielen Stellen möglicher Mißdeutung und Ablehnung daher um so wichtiger, gleich vorweg zu betonen, daß sich von der *komplexen Psychologie* C. G. JUNGS ein durchaus «vernünftiger» Gebrauch machen läßt, wenn man nur nicht in den Fehler mancher jungianischen «Jünger» verfällt, welche die Lehren ihres Meisters lieber dogmatisieren statt lebendig weiterzuentwickeln. Tatsächlich kann man schon in der Psychotherapie nur mißtrauisch werden, wenn eine Patientin anfängt, «*das* Weibliche» oder «*das* Männliche» in sich integrieren zu wollen, oder wenn ein Theologiestudent anhebt, sich dem Archetyp «*des* Priesterlichen» anzuvertrauen, statt seine eigene Biographie durchzuarbeiten; und genauso läßt sich gut begreifen, daß es Psychologen gibt, denen das Reden von «*animus*» und «*anima*» als ein ebenso sinnloses wie unerträgliches Geschwafel vorkommt, Weniger verständlich ist es freilich schon, daß die Mehrzahl *der Theologen* bis heute sich pauschal mit der Ablehnung der JUNGschen Psychologie als einer «ungeschichtlichen» und «unbeweisbaren Spekulation» zufrieden gibt, dient doch diese Ablehnung in aller Regel nur als Alibi, um auch weiterhin in ungestörter Ruhe die Bewußtseinseinseitigkeit der akademischen Theologie festschreiben zu können. In Wahrheit läßt sich zum Beispiel gerade an dem Begriff von *animus* und *anima* zeigen, daß es der JUNGschen Betrachtungsweise durchaus nicht an gesellschaftsbezogener Dynamik und Dialektik fehlen müßte, wollte man sie nur entsprechend auslegen und einsetzen.

Gewiß kann man ohne Schaden zugeben, daß, ähnlich wie S. FREUD in den «Ödipuskomplex», so auch C. G. JUNG in die Begriffe *anima* und *animus* alles mögliche als Naturtatsache hineingeheimnist hat, was ersichtlich den kulturellen Bedingtheiten einer bestimmten Zeit und Umgebung entstammt; doch statt in ehrfürchtiger Gedankenlosigkeit nachzuschreiben, wie JUNG sich das «Wesen» *des* Männlichen oder *des* Weiblichen vorgestellt hat, sollte man vielmehr darauf achthaben, wie JUNG seine Theorie des Spannungsverhältnisses von «animus» und «anima» begründete: Er sprach als erstes eben nicht von «Mann» und «Frau», sondern er verwendete beide Begriffe, um das Feld des *persönlichen* Unbewußten bei FREUD um das Gebiet des gesellschaftlich Verdrängten zu erweitern: In «animus» und «anima» fand er den Niederschlag all dessen wieder, was bei der Anpassung des Einzelnen an die soziale Welt in seiner Rolle als Mann und als Frau nicht hat gelebt werden können.[38] Bezeichnet man die Form der sozialen Rolle, vornehmlich im Umfeld der *beruflichen* Erwartungen, mit C. G. Jung als *persona*[39], so beschreibt der Bereich von «animus» und «anima» demnach die Sphäre des korrespondierenden Materials kollektiver Verdrängung. «Anima» und «animus» sind also nicht, wie es in der Sekundärliteratur oft recht verkürzt erscheint, *das* Männliche und *das* Weibliche im Menschen, sondern gemeint sind mit diesen Begriffen die Inhalte dessen, was *in einer bestimmten Gesellschaft* ein Mann und eine Frau als *unbrauchbar* liegenlassen müssen, um den *sozialen Erwartungen* an einen Mann und an eine Frau zu entsprechen.

Was «animus» und «anima» *inhaltlich* sind, ist also von vornherein abhängig von den wechselnden normativen Vorgaben und Erwartungen der Gesellschaft, die nur einen begrenzten Teil von den Möglichkeiten einer Frau oder eines Mannes als geboten beziehungsweise als wünschenswert zulassen. Statt in *anima* und *animus* so etwas wie eine Naturkonstante des Unbewußten zu erblicken, handelt es sich, wie man sieht, bei diesen Begriffen in Wahrheit um den Einstieg C. G. Jungs in die *Sozialpsychologie*. Wer immer zum Beispiel die Unterdrückung der Frau in der «patriarchalen» Kultur zu überwinden sucht, kommt psychologisch nicht umhin, dem Gedankengang Jungs zu folgen: Eine Frau, wird er sagen, ist ihrem ganzen Wesen nach allemal *mehr,* als was sie unter den gegebenen Bedingungen einer patriarchalen Gesellschaftsordnung leben darf; die gesellschaftlichen Rollenvorschriften engen im Patriarchalismus das Frausein ungebührend ein; alles jedoch, was an ungelebten Desideraten zurückbleibt, entspricht sachlich dem, was bei C. G. Jung in der Psyche einer Frau «animus» heißt. – Genauer betrachtet, geht die Sicht dieser Zusammenhänge bei Jung sogar noch einen Schritt weiter, indem er betont, daß ein Mann oder eine Frau als erstes nicht Männer und Frauen, sondern *Menschen* sind, die beides: Männliches und Weibliches – was immer das ist – in sich tragen; es gehört bereits eine erhebliche «Erziehungsleistung» dazu, um einem Kind zu sagen, was es als *Junge* beziehungsweise als *Mädchen* zu sein hat.[40] Einfach weil er ein Mensch ist, trägt jeder eine Menge an Wünschen und Neigungen in sich, die er nur leben könnte, wenn er in einer bestimmten Gesellschaft *kein* Junge, sondern ein Mädchen beziehungsweise wenn er kein *Mann,* sondern eine Frau wäre, und umgekehrt. Dieses im eigenen Inneren unterdrückte und verdrängte Material des anderen als Mann oder als Frau ist der Bereich von animus und anima, und es kann nun auch real Gestalt gewinnen in einem anderen Mann beziehungsweise in einer anderen Frau. Von daher ergibt sich eine unter Umständen schicksalhafte Spannung zwischen der «*anima*» in der Seele eines Mannes und einer *Frau*, deren Züge die Dynamik dieser Erwartungsgestalt freisetzen, beziehungsweise zwischen dem «*animus*» in der Seele einer Frau und einem Mann, der diesem Bild entspricht.

*Religionspsychologisch* kann allein dieses Schema bereits genügen, um den *typischen* Handlungsaufbau zahlreicher Mythen und Märchen der Völker entschlüsseln zu helfen, in denen irgendwo eine wunderschöne, aber verzauberte *Prinzessin* jenseits undurchdringlicher Wälder und Berge darauf wartet, von einem *Königssohn* erlöst zu werden; dieser wiederum muß sein *Leben* einsetzen, er muß in die *Unterwelt* steigen, er muß das gefährliche *Zauberreich* der Geliebten betreten, um sie endlich *heimführen* zu können. In den Augen der Tiefenpsychologie C. G. JUNGS scheinen nicht nur die Mythen der Antike von *Ischtar* und *Dumuzi*[41], *Isis* und *Osiris*[42], *Anat* und *Baal*[43], von *Orpheus* und *Eurydike*[44] oder, stärker legendär, von *Alkestis* und *Admetos*[45] diesem Grundtypus der Erlösung der *anima* beziehungsweise des *animus* zu entsprechen, sondern auch in den Erlösungssymbolen der *christlichen* Religion geht es offenbar um die Rückgewinnung der verlorenen Seelengestalt des Menschen durch den Todesabstieg des sie befreienden Gottessohnes.[46]

In diesem Sinne ist es als erstes zu verstehen, daß C. G. JUNG von *kollektiven* Bildern sprach, die man, statt sie theologisch zu *dogmatisieren*, psychologisch aus den Gegebenheiten des Unbewußten *interpretieren* müsse. – Obwohl wir damit noch lange nicht bei der eigentlichen «Archetypenlehre» sind, hat C. G. JUNG theologischerseits sich doch bereits für derlei Vorstellungen sehr bald den Vorwurf eingehandelt, er traue der menschlichen Psyche *zu viel* zu, er stehe dem *Unheimlichen* im Menschen zu harmlos gegenüber – unvermeidbar wurde der Vorwurf der «*Selbsterlösung*» ihm gegenüber laut[47]; man reklamierte das «Böse» im Menschen aufgrund des «Sündenfalls» gegen die vermeintlich «unkritische», ja, naive Einstellung JUNGS[48], und man verkannte wie absichtlich den grundsätzlichen Ernst, der das JUNGsche Denken bestimmte. Es war unvermeidlich, daß JUNG nun seinerseits den *Theologen* vorwarf, *sie* verharmlosten in ihrer moralisierenden Art die enorme Hypothek an Triebregungen in der menschlichen Psyche[49], die mit den Forderungen der Kultur schwer oder gar nicht vereinbar schienen; *sie selbst* seien es, die im Rahmen ihrer optimistischen Schöpfungslehre und zugunsten eines moralisch vereinseitigten Gottesbildes ganz einfach das tierische Erbe im Menschen ignorierten.[50] In Wirklichkeit hat C. G. JUNG vor allem bei der Darstellung seiner *Archetypenlehre* selbst immer wieder darauf hingewiesen, daß die Bilder des

Unbewußten alles andere als «harmlos» und «ungefährlich» sind.[51] Auch und gerade in der Arbeit über *«Wotan»* zum Beispiel hat JUNG eindringlich die Gefahr beschrieben, die in der kollektiven Magie dieser Bilder verborgen liegt: sie können segensreich wirken, wenn ihre Energie dazu beiträgt, die Person eines Menschen tiefer zu sich selber zu führen; sie können aber auch dahin *verführen*, die Person des Einzelnen in der Massenpsychologie aufgehen zu lassen.[52] Der gesamte Bereich des archetypischen Materials der Psyche ist also von vornherein schillernd und *ambivalent;* und um so mehr verlangt er nach einer tiefenpsychologischen Durcharbeitung. – An dieser Stelle wird nun allerdings die theologische Kritik oder auch die pauschale Abwehr C. G. JUNGS grotesk und gefährlich. Dieselben Theologen, die C. G. JUNG ein unkritisches Denken in kollektiven Bildern vorwerfen, können nämlich immer noch ungeniert von der «Kirche» als dem *Volk* Gottes oder von der *«Herde»* Christi sprechen, sie akzeptieren ohne weiteres das Bild eines Heiligen *Vaters* und finden nichts dabei, einen Bischof mit dem *«Hirtenstab»* auszustatten, ja, sie wollen durchaus nicht merken, daß sie ständig *das* tun, wovor C. G. JUNG mit Recht gerade gewarnt hat: archetypische Bilder ohne psychologische Reflexion auf der Ebene des Kollektiven zu beschwören und zum Gruppenzusammenschluß zu instrumentalisieren.[53] Wenn hier jemand «naiv» ist, so war es gewiß nicht C. G. JUNG, wohl aber ein halbes Jahrhundert nach ihm eine Theologenschaft, die sich immer noch davor fürchtet, eine psychologische Aufklärung ihrer eigenen Bilder und Symbole zuzulassen, nur um desto ungehemmter die Psychologie der Masse als göttlichen Willen festschreiben und verwalten zu können.[54]

Es hilft dabei nichts, daß dieselbe Theologenschaft, wie um sich selber ihre eigene Harmlosigkeit bescheinigen zu können, hartnäckig darauf beharrt, daß alle Symbole des Religiösen – das heißt ausgenommen natürlich die eigenen «geoffenbarten» Symbole des Christentums, die überhaupt nur von Gott her begründet werden können beziehungsweise durch die «nachösterliche» Einsetzung des «erhöhten Herrn» – sozusagen freischwebend, allenfalls kulturbedingt, doch keinesfalls «archetypisch» seien, schon weil all die «Archetypen» überhaupt nur in der Vorstellung C. G. JUNGS existent seien.[55] Richtig ist allenfalls, daß die Gedanken C. G. JUNGS (ebenso wie der Psychoanalyse S. FREUDS) dringend einer argumentativen Unterstützung von seiten der *Verhaltensforschung* bedürfen, um den Charakter des Spekulativen zu verlassen.

Es ist tatsächlich nicht umweglos möglich, die Webervögel und die Bienen als Kronzeugen für das menschliche Triebleben heranzuziehen, und alles, was C. G. JUNG hierüber schrieb, war selber nichts als ein Bild mit einer gewissen hypothetischen Plausibilität, keinesfalls ein überzeugender Grund oder gar ein

Beweis. Zudem wissen wir heute, wie schwer es ist, experimentell herauszufinden, was etwa im Verhalten auch nur eines Haushuhnes «angeboren» oder «erlernt» ist. Jeder Punkt muß hier einzeln untersucht werden, und was bei *einer* Tierart zutrifft, kann bei einer anderen Art schon wieder anders sein. Übertragungen von Tierexperimenten auf den Menschen, womöglich anhand von Ergebnissen außerhalb der menschlichen Stammesgeschichte, dürfen daher nur mit größter Vorsicht vorgenommen werden.[56]

Sehr lehrreich in diesem Zusammenhang sind die Experimente, die N. TINBERGEN Anfang der fünfziger Jahre mit *Putenküken*[57] machte. Er ließ ein Kreuz aus schwarzer Pappe an einem Strick in etwa drei Metern Höhe über die Jungtiere schweben und fand, daß die Küken sofort beim Anblick der Attrappe unter den nächstgelegenen Sträuchern Deckung suchten; allerdings zeigte sich, daß die Tiere nur dann zur Fluchtreaktion neigten, wenn das *kurze* Ende der kreuzförmigen Attrappe über sie hinweggezogen wurde; mit dem langen Ende nach vorn, beeindruckte die Wahrnehmung der Attrappe die Küken scheinbar nicht im mindesten. Die Interpretation dieses Versuches drängte sich förmlich auf: Das dunkle Kreuz am Putenhimmel glich der Flugsilhouette eines Vogels; das *lange* Ende des Kreuzes nach vorn spiegelte einen langhälsigen Vogel (eine Ente, einen Reiher) im Fluge vor, der für die Küken keinerlei Gefahr darstellte, das *kurze* Ende des Kreuzes in «Flugrichtung» hingegen glich dem Schattenriß eines kurzhälsigen Vogels, etwa eines Bussards oder eines Falken. Wie aber sollte man sich nun die Fluchtreaktion der Küken vor einer «Feindattrappe» anders erklären als damit, daß den Tieren offenbar das Flugbild eines Raubvogels *angeboren* war? N. TINBERGEN interpretierte nach vielen Versuchen das Bild seiner Attrappe denn auch als angeborenen Schlüsselreiz zur Auslösung des entsprechenden Fluchtreflexes; und als man darüberhinaus noch beobachtete, daß selbst künstlich ausgebrütete Küken, die ohne jeden Kontakt mit älteren Tieren aufgewachsen waren, das gleiche Verhalten zeigten, schien den Verhaltensforschern die Sache klar zu sein. – Aber nur etwa zehn Jahre lang! Da nämlich stellte W. SCHLEIDT der Fachwelt Küken vor, die gerade vor *langhalsigen* Flugattrappen die Flucht ergriffen.[58] Der Grund: Im Unterschied zu TINBERGEN und seinen Kollegen hatte SCHLEIDT die Küken nicht nur von den Alttieren isoliert, sondern unter absolut reizarmen Laborbedingungen, in einem fensterlosen Raum bei künstlicher Beleuchtung, großgezogen. SCHLEIDT stellte dabei fest, daß die frisch geschlüpften Tiere zunächst vor *allem* flohen, was sich am Himmel über ihnen bewegte, und zwar völlig unabhängig von der Form. Das Verhalten der Tiere änderte sich aber rasch, wenn man ihnen bestimmte Attrappen unterschiedlich häufig darbot. Zeigte man den Küken mehrere Tage lang eine kreuzförmige Attrappe mit kurzem Ende in der Flugrichtung (also ein «Raubvogelbild»), so gewöhnten sie sich sehr bald an diese Erscheinung; sie flohen aber sofort vor der *ungewöhnlichen* Silhouette eines Kreuzes in «langhalsiger» Flugrichtung. Im *offenen Gelände* ergriffen die Küken dementsprechend später die Flucht vor jeder vorbeifliegenden Ente – sie hatten die Welt «falsch» gelernt. *Angeboren* war ihnen folglich nicht ein fertiges Bild, sondern nur die Fluchtbereitschaft allem gegenüber, was über ihnen schwebt; später dann wurde das «Gewöhnliche» als «harmlos» ausgeschaltet, und übrig blieb nur noch das «Ungewöhnliche» als erlerntes Signal drohender Gefahr.

Nun höre ich allerdings schon beim Schreiben dieser Zeilen die abfälligen Bemerkungen gewisser Vertreter der theologischen Zunft, was denn um alles in der Welt besagte Experimente mit Putenküken (sic!) wohl mit der Frage nach der Offenbarung Gottes oder der rechten Art der Bibelauslegung zu tun hätten. Gemach, Ihr Herren, möchte man antworten, es zeigt sich, frei nach SHAKESPEARE, immerhin schon, daß es zumindest für Putenjunge Dinge zwischen Himmel und Erde gibt, die manch ein Forschergeist sich nimmer träumen läßt.[59] Doch jetzt im Ernst: Es steht *hier schon* zu lernen, daß die Natur die Lebewesen offenbar nicht völlig «blind» in die Welt entläßt, sondern daß sie ihnen eine Palette der Bedeutsamkeiten mit auf den Weg gibt, um im voraus unterscheiden zu können, was für sie (zur Feindvermeidung zum Beispiel) «wichtig» und was für sie «unwichtig» ist, und dementsprechend das «Chaos» möglicher Sinneseindrücke nach relativ wenigen überlebensrelevanten «Fragestellungen» zu ordnen.

### b) Programme des Zwischenhirns

Besonders interessant wird diese Feststellung, wenn wir uns nicht in gewohnter Theologenmanier beim Sprechen vom Menschen sogleich den Leistungen des Großhirns (und darunter bevorzugt den Fähigkeiten der Sprachzentren der linken Hirnhälfte) zuwenden, sondern wenn wir als erstes den «Ort» aufsuchen, an dem solche Vorinformationen über die Umwelt gespeichert sind: dem *Zwischenhirn*, das als Schaltzentrale zwischen dem Großhirn und dem übrigen Körper wirkt und in dem die Verhaltensweisen von Tieren (und Menschen) weitgehend vorprogrammiert sind.[60]

Zum *Zwischenhirn* (Dienzephalon) gehört der *Thalamus,* der Licht-, Farb- und Wärmeeindrücke verarbeitet und diese als bereits vorklassifizierte Informationen über die Außenwelt an das Großhirn weiterleitet[61], sowie der *Hypothalamus*, der den Herzschlag und die Verdauung, also Essen, Trinken, Schlafen, Wachen, Körpertemperatur, Blutdruck, Pulsfrequenz und Blutzuckerspiegel reguliert[62]; alsdann vor allem die *Hirnanhangsdrüse* (Hypophyse), die den gesamten Hormonhaushalt steuert.[63] Hinzu kommen noch zwei andere wichtige Strukturen: der *Hippocampus* (das «Seepferdchen»), der für das Lernen und das Gedächtnis aller Säugetiere, auch des Menschen also, von entscheidender Bedeutung ist; zwar werden die Erinnerungen selbst nicht im Hippocampus gespeichert – das geschieht in bestimmten Regionen der Großhirnrinde –, aber der Prozeß der Gedächtnisspeicherung wird von hier aus gesteuert: es wird offenbar im Hippocampus entschieden, was sich «lohnt», behalten zu werden, und was nicht.[64] Und schließlich gehört zum Zwischenhirn der *Mandelkern* (Nucleus amygdalae), der in direkter Verbindung mit dem Nebenriechkolben steht und eine Steigerung der Keimdrüsenhormone anregt.[65] – All diese Strukturen, mit Ausnahme des Thalamus, bilden das *limbische System*, das allein schon aufgrund der angedeuteten Funktionen als das Zentralorgan *aller emotionalen Reaktionen* betrachtet werden muß[66]: Es entscheidet über Flucht oder Angriff, über das Sexualverhalten, die Fortpflanzung sowie über die Ernährung, mit anderen Worten über alle überlebenswichtigen Verhaltensweisen. Zu beiden Seiten des limbischen Systems liegen zudem die *Basalganglien*, die für die Auslösung von *Bewegungen* zuständig sind.

Man muß nun bedenken, daß die Strukturen des limbischen Systems weit *älter* sind als das Großhirn (der Cortex). Evolutionsgeschichtlich muß das limbische System sich bereits vor zweihundert bis dreihundert Millionen Jahren entwickelt haben[67]: Sein ältester Teil entstammt dem ehemaligen Reptilienvorderhirn und wird vom *Geruchssinn* beherrscht[68]; doch ist dem limbischen System vor allem «die Speicherung von Erinnerungen an unsere Lebenserfahrungen zugefallen»[69], allerdings nicht nur an die Erinnerungen der individuellen Biographie, sondern vor allem an die Erfahrungen der Stammesgeschichte. Insbesondere der Erfahrungsschatz der *Säugetiere* aus den letzten circa einhundertfünfzig Millionen Jahren der Evolution[70] ist so vollständig im limbischen System gespeichert, daß man diese Hirnregion selbst deshalb auch als das «Säugetiergehirn» schlechthin bezeichnet. – Was es damit auf sich hat, zeigt sich bei der Reizung der entsprechenden Hirnpartien mit elektrischen Sonden, und die Kenntnis davon verhilft uns entscheidend zu einem brauchbaren Verständnis der *Archetypenlehre* der JUNGschen Tiefenpsychologie.

Ein *Unterschied* fällt hier gleich auf: Tastet man mit Sonden die motorischen

Zentren der *Großhirnrinde* ab, so zeigt sich, daß sie mit bestimmten *Muskeln* verbunden sind und «reizanaloge Bewegungseffekte» einleiten, das heißt, die Intensität der Bewegung geht hier einher mit der Intensität des Stromstoßes, und die Bewegung selber ist eindeutig vorhersehbar.[71] Ganz anders aber verhält es sich, sobald die Sonden ins *Zwischenhirn* vordringen. Was jetzt ausgelöst wird, sind nicht mehr nur einzelne isolierte Muskelbewegungen, sondern hochkomplexe Bewegungsabläufe. – E. von HOLST zum Beispiel, der in den fünfziger Jahren mit *Hühnern* experimentierte, stellte bei Reizung des Zwischenhirns fest, daß, je nach der Stelle, ganz unterschiedliche Verhaltensweisen abzurufen waren wie Körperpflege, Fressen, Balzen, Kampf mit Artgenossen oder Kampf gegen einen (imaginären!) Feind.[72] Dabei zeigte sich, daß die jeweiligen Verhaltensweisen ausgesprochen «umweltorientiert» waren, das heißt nicht «starr», sondern flexibel auf die jeweilige Situation antworteten. «Ein Hahn (zum Beispiel, d. V.), den der Sitz der Elektrode mit unfehlbarer Regelmäßigkeit in Kampfstimmung bringt, attackiert nicht blindwütig jeden toten Gegenstand. Auf den Filmaufnahmen sieht man sehr deutlich, daß erst einige Sekunden vergehen, während derer sich – am Sträuben des Gefieders und einem zunehmend aufgeregten Hin- und Hertrippeln erkennbar – so etwas wie eine ‹aggressive Stimmung› in dem Tier aufzubauen scheint. Am Ende dieser Anlaufzeit blickt der Hahn immer hastiger um sich. Man kann nicht umhin anzunehmen, daß er jetzt ein Objekt für den Zorn sucht, der ihn erfüllt. Was er dann tut, hängt davon ab, was sich ihm bietet. Ein ausgestopftes Wiesel wird besonders rasch und bereitwilliger angenommen. Der ‹Erbfeind› paßt zu der das Tier erfüllenden Stimmung offenbar besonders gut. Notfalls, aber wirklich nur dann, wird jedoch auch der Kopf der Pflegerin mit Krallen und Sporen angeflogen, der gegenüber das Tier sonst völlig zahm ist.»[73]

Die Interpretation des Ergebnisses solcher Versuche ist nun sehr wichtig. Es gibt in der Tat *nicht* (wie manche Ausdrucksweisen bei C. G. JUNG es nahelegen könnten) ein Ensemble fertiger *Bilder* in den Köpfen höherer Wirbeltiere; wohl aber existieren im Zwischenhirn «in sich geschlossene ‹Schaltkreise› von Nervenbahnen, die immer nur zur Gänze erregt werden können, wobei die Erregung eines bestimmten Schaltprogrammes das Auftreten eines so bestimmten Verhaltensmusters zur Folge hat.»[74] «So beschränkt die Zahl der Programme auch ist, ihre Zusammenstellung ist bei jeder Tierart so beschaffen, daß sie dem Individuum die Bewältigung der in seiner natürlichen Umwelt artspezifisch vorkommenden Aufgaben ermöglicht. Auf dem Niveau eines ‹Zwischenhirnwesens› geht der Kreis dieser Aufgaben über Schlafen, Futter- oder Beutesuche, Körperpflege und Verteidigungsreaktionen, den sexuellen Verhaltensbereich und die Brutpflege kaum hinaus, wobei bei einzelnen Arten noch spezielle Leistungen – Beispiel: Zugvogelorientierung – hinzukommen mögen. ... Der größte Vorteil (sc. dieser Einrichtung, d. V.) besteht darin, daß ein auf ein Zwischenhirndasein beschränktes Lebewesen grundsätzlich außerstande ist, sich zu irren oder einen sein Leben gefährdenden Fehler zu machen. Jede für die Umwelt eines solchen Lebewesens typische Aufgabe wird mit einem Programm beantwortet, das in Hunderten von Generationen von unzähligen Individuen der gleichen Art schon auf seine Wirksamkeit getestet und in dem gleichen riesigen Zeitraum durch Selektion laufend verbessert worden ist.»[75]

Wir dürfen demnach davon ausgehen, daß es im Zwischenhirn eine Reihe angeborener Programme, «Instinkte» also[76], gibt, welche die Erfahrungen der jeweiligen Art repräsentieren und es dem einzelnen Lebewesen ersparen, erst mühsam aus Versuch und Irrtum die Welt, die es umgibt, kennenlernen zu müssen. Auf der Ebene des Zwischenhirns tragen die Lebewesen ihre *«Umwelt»* (J. VON UEXKÜLL)[77] mithin in Form einer relativ beschränkten Anzahl vorgegebener Verhaltensmuster in sich, die durch einen jeweils passenden Auslöser abgerufen werden. Die Beziehung zwischen Innen- und Außenwelt ist folglich nicht mehr im Sinne eines einfachen Reiz-Reflex-Schemas zu beschreiben, wie es S. FREUD in seiner Triebtheorie am Anfang des Jahrhunderts annahm[78] oder wie es in der Theorie PAWLOWS von den «bedingten» und «unbedingten» Reflexen angenommen wurde[79]; es geht jetzt überhaupt nicht mehr, wie auf der Ebene der vegetativen Syndrome (Hunger, Kälte, Müdigkeit und so weiter), um einen rein physikalisch-chemischen Prozeß, indem die Abweichung von einem bestimmten Sollwert (des Blutzuckers oder der Temperatur) selbst eine Bedarfsspannung signalisiert, die als Schlüsselreiz auf das betreffende vegetative Zentrum wirkt.[80] Was wir *jetzt* vor uns haben, ist im eigentlichen Sinne überhaupt kein «Reiz» mehr – es handelt sich nicht um eine physikalische oder chemische Beeinflussung des Organismus durch äußere Einwirkung –, vielmehr wird hier die ursprünglich rein kausale Beziehung zwischen Lebewesen und Umwelt zugunsten der *Informatik* verlassen[81]: der «Reiz», der ein entsprechendes Verhalten auslöst, erzielt seine Wirkung jetzt allein dadurch, daß er *als Informationsträger* für eine «Bedeutung» fungiert, die durch den Gang der Evolution für die jeweilige Art historisch festgelegt ist; statt eines «Reflexes» haben wir es nunmehr mit «motiviertem» Verhalten zu tun.[82]

Wenden wir uns, um diesen Sachverhalt seiner Konsequenzen wegen möglichst genau zu verstehen, noch einmal den Hühnerversuchen von E. v. HOLST zu. Die Verhaltensweisen, die er mit seinen elektrischen Sonden auslösen konnte, waren so präzise, daß sie zum Beispiel das gesamte Verhaltensmuster eines Hahnes speziell bei dem Angriff eines «Bodenfeindes», eines Wiesels etwa, umfaßten. «Beim Einsetzen des elektrischen Reizes begann der Hahn auf dem Versuchstisch plötzlich zu sichern. Er blieb stehen, machte einen ‹langen Hals› und sah sich ängstlich um. Dann senkte er langsam den Kopf, als ob er irgendetwas mit seinen Blicken verfolgte, das sich langsam näherte, bis er schließlich wie gebannt auf einen Punkt der Tischplatte neben sich starrte. Das Gefieder sträubte sich, der Hahn fing an, laute Alarmschreie von sich zu geben, wobei er langsam um den Punkt herumstelzte, der seine Aufmerksamkeit so sehr fesselte, obwohl es dort für die um den Tisch versammelten Wissenschaftler gar nichts zu sehen gab. – Von einem Augenblick zum anderen ging das Tier dann zum Angriff über. Mit Sporen und Schnabelhieben attackierte es die leere Stelle der Tischplatte, die es in kurzen Sprüngen immer wieder anflog. Wenn der Versuchsleiter in diesem Stadium den bewußten Knopf nicht losließ, geriet der Hahn wenige Sekunden später in blinde Panik. Mit lautem Angstschrei erhob er sich in die Luft und flatterte ziellos vom Tisch, womit er den Versuch dann jedesmal selbst dadurch beendete, daß er die Drähte aus seinem Kopf herausriß. – Gab der Experimentator, um das zu verhindern, den Knopf rechtzeitig frei, dann beruhigte sich der Hahn sehr schnell. Er blickte verblüfft auf und sah sich um, als sei plötzlich etwas verschwunden, was ihn eben noch in Angst versetzt hatte. Er schüttelte sich erleichtert, glättete sein Gefieder und gab dann, gewissermaßen als Abschluß der ganzen Sequenz, mit gestrecktem Hals einen lauten Siegesruf von sich.»[83]

Das Verhaltensprogramm des Hahnes in diesem Falle ist offenbar auf die Annäherung eines «Bodenfeindes» so genau berechnet, daß alle Phasen darin vorgegeben sind, beginnend mit dem Sichern über die Warnung der Artgenossen bis hin zur Verteidigung, deren Form sogar *en detail* den Kreisbewegungen eines angreifenden Wiesels folgt; und endlich, wenn die Bedrohung weiterbesteht, wenn der Feind sich also nicht vertreiben läßt, gibt es noch einen angeborenen Befehl, jetzt das eigene Leben in Sicherheit zu bringen, bzw. umgekehrt für Entwarnung zu sorgen. Die Tatsache, daß dieses ganze Verhaltensprogramm über so viele Zwischenstufen *angeboren* ist, darf zweifellos an sich schon als erstaunlich genug gelten; sie führt uns jetzt aber zu einer wichtigen *Folgerung:* Erneut nämlich kann man *nicht* sagen, daß es im Kopf eines Hahnes ein angeborenes *Bild* eines «Wiesels» gibt, wohl aber läßt sich mit Hilfe von Attrappenversuchen zeigen, daß eine bestimmte Merkmalkombination, und zwar eines fellbesetzten, vierfüßigen, am Boden sich langsam nähernden Wesens, als äußeres Signal das *gleiche* Verhalten auslöst wie die elektrische «endogene» Reizung der entsprechenden Region im Zwischenhirn. Interessanterweise reagiert der Hahn übrigens *gar nicht*, wenn man die passende Attrappe *unterhalb* einer bestimmten Distanz neben ihn stellt; – Hähne, die ein Wiesel oder einen Iltis zu dicht an sich herangelassen haben, hatten in der Evolution offenbar keine Chance mehr, ihre Erfahrungen an die Art weiterzugeben[84]! Die beschriebene Verhaltensweise selbst ist offensichtlich nicht anders verstehbar denn als Niederschlag der angstvollen Erfahrungen der Hühner mit ihren Todfeinden im Verlauf von Hunderttausenden von Jahren der Artenentwicklung. Und diese Feststellung ist in ihrer Bedeutung gar nicht zu überschätzen.

Da existiert also ein *typisiertes Schema* der Wahrnehmung, das generalisiert genug ist, um einen Iltis, eine Ratte, ein Wiesel, oder was es immer bedeuten kann, zu signalisieren und das *mit einem standardisierten Verhaltensrepertoire* beantwortet wird; und dieses Wahrnehmungsschema ebenso wie das Verhaltensrepertoire sind *angeboren* und bilden das Kondensat *archaischer* Erfahrungen der Art. – Dabei haben wir es natürlich nicht mit einem Einzelfall angeborener Verhaltensprogramme zu tun. Ähnliche, wenngleich der Sache nach erfreulichere Beispiele lassen sich etwa dem *Balzverhalten* entnehmen, wie es E. v. HOLST bei elektrischer Reizung anderer Partien des Zwischenhirns von Hühnern provozieren konnte: «Die Hähne begannen bei jedem Knopfdruck sich aufzuplustern, sie gaben die typischen quarrenden und glucksenden Laute von sich, mit denen sie einer Henne auch auf dem Hühnerhof signalisieren, daß sie in Hochzeitsstimmung geraten. Dann trippelten sie im Kreise und spreizten dabei den innen gelegenen Flügel so stark, daß seine Spitze schließlich auf der Tischplatte schleifte.»[85] Sie vollführten also die übliche «Balzspirale» beim Umwerben einer Henne. Dasselbe Verhalten kann auch beim Anblick einer Henne selbst ausgelöst werden, freilich nur im Zustand sexueller Ansprechbarkeit und bei der Wahrnehmung der charakteristischen Signale einer Henne. Auch hier liegt wieder ein bestimmtes Wahrnehmungsschema in typisierter Form *angeboren* vor und wird von einem typischen angeborenen Verhaltensmuster beantwortet. Auf beiden Seiten: bei dem auslösenden Signalschema wie bei dem korrespondierenden Verhaltensschema haben wir es mit *Mustern* von hoher subjektiver Bedeutung zu tun.

Kommen wir von daher zu der Theorie C. G. JUNGS von den Archetypen beziehungsweise den archetypischen Bildern zurück, so ist deutlich, daß wir jetzt, bei der Untersuchung des psychischen Apparates des Zwischenhirns, auf genau die Punkte stoßen, die C. G. JUNG gemeint und beschrieben hat, auch wenn er die experimentelle Bestätigung seiner Thesen auf dem Felde der Hirnforschung sowie der Verhaltensforschung argumentativ nicht mehr mitvollziehen konnte: Wir verfügen auf der Ebene des Zwischenhirns über die Tatsache von angeborenen *Schemata,* die als typisierte Abbilder bestimmter Gegebenheiten der Umwelt *früher* sind als jeder mögliche Kontakt des Individuums mit der Welt draußen; diese im Verlauf der Artenentwicklung historisch entstandenen, insofern «archaischen» Schemata können infolge ihrer typisierten Form sowie aufgrund ihrer hohen psychischen Bedeutsamkeit auch als *Symbole* (oder «Signale») bezeichnet werden, und nichts hindert uns jetzt mehr, im Sinne C. G. JUNGS hier von *archetypischen Symbolen* zu sprechen, die als ein echtes «Apriori» der Wahrnehmung und des (Um)Welterlebens aller individuellen «Psychologie» zugrunde liegen. Und diese Feststellung, wohlgemerkt, bildet jetzt nicht länger mehr ein Gebiet für unbewiesene Mutmaßungen und unbeweisbare Hypothesen; es läßt sich vielmehr die gesamte psychische Leistung und Arbeitsweise des Zwischenhirns überhaupt nicht anders beschreiben denn als eines Ensembles von Schaltkreisen, die entlang spezifischer Auslöser durch ein komplexes Verhaltensrepertoire für das einzelne Lebewesen in einer an sich unbekannten Situation die in jedem Falle richtige Antwort parat halten.

Der Überlebensvorteil einer solchen Einrichtung liegt auf der Hand: müßte zum Beispiel jeder einzelne Hahn allererst ein Verhalten «erfinden», das im Falle eines Wiesel-Angriffs den Feind identifiziert, die Gruppe warnt, den Feind nach Möglichkeit vertreibt und in jedem Falle die eigene Rettung sichert, so bliebe die Verlustrate unter den Hühnern unerträglich hoch, und selbst wenn je ein einzelner Hahn imstande wäre, das gesamte sozial wie individuell so überaus nützliche Verhalten in der beschriebenen Weise sich zurechtzulegen, so zöge doch schon der Hahn des Nachbarharems aus all solchen Innovationen nicht den geringsten Nutzen, geschweige denn, daß er einem seiner Jungen beibringen könnte, wie man im Umgang mit Wieseln sich am zweckdienlichsten verhalten sollte. Das Entscheidende nämlich ist, daß es auf der Ebene des Zwischenhirns noch kein individuelles Lernen gibt. Auf dieser Stufe der Hirnentwicklung ist es *die Art,* die «lernt», und der gesamte psychische Fortschritt ist hier noch gebunden an die Maschinerie der Vererbung. Allein dieser Umstand schon macht die Warnungen verständlich, die C. G. JUNG gegenüber der wesentlich *kollektiven* Dynamik der archetypischen Welt ausgesprochen hat.[86]

Es sind jetzt freilich einige Präzisierungen angebracht, die sich bei JUNG nicht finden, die aber für das Verständnis der Arbeitsweise des Zwischenhirns und damit auch für die Theorie der Archetypen unerläßlich sind. Den wichtigsten Punkt haben wir eben schon wie nebenbei erwähnt, als wir von der sexuellen *Bereitschaft* sprachen, die zur Auslösung etwa des Balzverhaltens unerläßlich ist. Vernünftigerweise nämlich hat die Natur dafür gesorgt, daß nicht alle möglichen Auslöser, die ein Lebewesen wahrnehmen kann, zu jeder Zeit als gleichbedeutsam erlebt werden; denn wäre dies der Fall, so müßte im Verhalten von Tieren, die wesentlich vom Zwischenhirn gesteuert werden, alsbald das reine Chaos ausbrechen. Was zum Beispiel sollte auf einem Hühnerhof los sein, wenn alle Zeit ein Hahn die Gegenwart einer ruhig vor sich hin pickenden Henne als ein sexuelles Signal verstehen müßte? Zusätzlich zu dem Spiel von auslösendem Signal und angeborenem Verhaltensrepertoire muß es also *eine festgelegte Hierarchie der Bedürfnisse* geben, und auch diese darf nicht einfach in starrer Reihenfolge festliegen, sondern muß einem flexiblen periodisch wiederkehrenden *Verteilungsmuster* folgen. *Das,* rückblickend, erweist sich, so rudimentär auch immer, als ein richtiger Gedanke der FREUDschen Trieblehre: «Triebe» waren ja nach FREUDS Definition Bedürfnisse, die aufgrund bestimmter physiologischer Abläufe im Körperinneren *periodisch* wiederkehren.[87] Allerdings müssen wir auch hier wieder genauer zusehen. – Denn wir bemerken jetzt nach dem Gesagten bereits, daß es innerhalb des Triebhaushaltes ein *energetisches Wechselspiel* zwischen der Stärke des auslösenden Signals und der inneren Bereitschaft geben muß: je stärker das eine, desto schwächer kann das andere sein, wenn es darum geht, eine bestimmte Handlung einzuleiten: Im Extremfall – wie bei der elektrischen Reizung der entsprechenden Partien im Zwischenhirn – kann es sein, daß ein bestimmtes Verhalten aufgrund der inneren Erregung ganz ohne äußeren Auslöser, als bloße *Leerlaufhandlung,* erfolgt[88], und dann wieder kann es sein, daß selbst ein maximales Signal ohne auslösende Wirkung bleibt, weil gerade etwas anderes – zum Beispiel Nahrungssuche oder Schlafen – vordringlich ist. *Wer* aber, muß man natürlich fragen, *regelt* die Periodik der Triebbedürfnisse?

Die Antwort darauf ist charakteristisch für die Weisheit der Natur und insbesondere für Geisteswissenschaftler äußerst lehrreich. Es zeigt sich nämlich, daß die «Ordnung» der Triebbedürfnisse keinesfalls bestimmten «Zielen» folgt, sondern ganz einfach durch die vegetativen Zentren des *Stammhirns* reguliert wird. Es sind die «unteren» Schichten, die den «oberen» Zentren des Gehirns die Richtung vorgeben – ein «Gesetz», das in der Ontologie NICOLAI HARTMANNS um 1920 schon, wenngleich ohne wirkliche Begründung, richtig geahnt und gebührend gewürdigt wurde.[89] So zum Beispiel wird der Schwellenwert für die Einschaltung des *Freßverhaltens* durch den Abfall der *Blutzuckerwerte* erniedrigt und entsprechend bei Sättigung angehoben – ein Regelkreis, dessen Zweckmäßigkeit außer Diskussion steht: wenn *Hunger* herrscht, geht seine Berücksichtigung allen anderen Interessen vor.[90] Doch auch *Müdigkeit* und Erschöpfung können entlang dem periodisch vorgegebenen *Schlaf-Wach-Rhythmus* gebieterisch ihren Anspruch anmelden[91]; und selbst so komplexe Vorgänge wie das *Sexualverhalten* der Tiere in der Balz- und Brunftzeit werden periodisch durch die unterschiedliche Dauer der Tageshelligkeit gesteuert.[92] Wie wichtig die Bindung an den *Wechsel von Tag und Nacht*, Hell und Dunkel für alles Leben auf diesem Planeten ist, zeigt sich daran, daß bereits die Pflanzen und die niederen Tiere die Länge des Tageslichtes auf die Minute genau «messen» können[93], und diese *vegetative* Bindung an die Umwelt erweist sich als zentral auch für die «Psychologie» des Zwischenhirns. So haben Untersuchungen ergeben, daß ein Teil der Nervenfasern, die von der Netzhaut des Auges ausgehen, *nicht* zur Sehrinde führen, sondern einen «Kern» bilden, der seine gesammelten Informationen unter anderem an die *Hypophyse*, das Steuerorgan des Hormonhaushaltes, weiterleitet; manches spricht dafür, daß dies die Art ist, wie die Periodik der Jahreszeiten mit den charakteristischen Unterschieden der Tageslängen das Sexualverhalten der Tiere steuert und im Endeffekt dafür sorgt, daß die Jungtiere zu einer Zeit auf die Welt kommen, da hinreichende Ernährungsvoraussetzungen für die jeweilige Art gegeben sind.[94]

Macht man sich diese Zusammenhänge genügend klar, so wird deutlich, daß keine Erkenntnistheorie noch Psychologie, die immer noch von der veralteten tabula-rasa-Vorstellung der menschlichen Psyche ausgeht, eine Chance hat, die Wirklichkeit zu treffen. Keinesfalls ist das menschliche Gehirn, wie wir sehen, ein bloßer «Spiegel» zur möglichst objektiven Wiedergabe der Wirklichkeit[95]; vielmehr müssen wir sagen, daß das Gehirn überhaupt nur zur «Abbildung» der Welt imstande ist, weil es selber ein Abbild seiner Umwelt darstellt.[96] Nicht wie die Welt «an sich» ist, bildet den Inhalt unserer Wahrnehmungen auf der Stufe des Zwischenhirns; wir bekommen von ihr auf dieser Ebene lediglich gerade so viel zu «sehen», wie wir «wissen» müssen, um uns in ihr zurechtzufinden. Es *soll* für uns offenbar nur gerade so viel an Wirklichkeit geben, wie wir zum Überleben benötigen, und alles, was wir davon auf der Ebene des Zwischenhirns wahrnehmen, ist perspektivisch auf diese Frage hin zentriert. Es gibt, mit anderen Worten, *keine bedeutungslosen Erfahrungen* auf dieser Stufe des Wirklichkeitserlebens; alles, was dort erlebt wird, betrifft das Lebewesen *ganz* und erschüttert es bis in den Vitalbereich hinein, und auch umgekehrt gilt, daß nur diejenigen Fragen und Probleme ein «vitales» Interesse beanspruchen werden, die vom limbischen System als entsprechend bedeutungsvoll gedeutet werden. – Wir werden in Kürze schon sehen, welche religionspsychologischen Konsequenzen in diesem Satz enthalten sind!

Zunächst aber sind wir jetzt so weit, die wahre Leistung S. FREUDS mit der Entdeckung und Beschreibung der *«Traumpsychologie»* des «Unbewußten» in vollem Umfang zu würdigen: Was der Wiener Nervenarzt gefunden hat, war und ist wirklich eine Psychologie «tief» unterhalb der Aktivitäten des Groß-hirns. Hirnorganisch läßt sich statt vom «Unbewußten» einfach von den Funktionen des Zwischenhirns sprechen, und alle Diskussionen über den hy-pothetischen Charakter der Lehren FREUDS finden damit ihr Ende. Wenn wir uns die Welt des symbolischen Erlebens auf dieser Stufe klarmachen wollen, so gibt es in der Tat gewiß kein besseres Mittel dazu, als nach FREUDschem Vor-bild *die Traumbilder* der vergangenen Nacht sich in Erinnerung zu rufen: Da genügt die Absenkung des Bewußtseins für ein paar Stunden, veranlaßt von dem Wach-Schlaf-Rhythmus der vegetativen Zentren, an den wir seit Hun-derten von Jahrmillionen gebunden sind, und schon beginnt diese eigentüm-liche «Logik» des Zwischenhirns ihre Wirkung zu entfalten. Alles, was wir dort zu sehen bekommen, ist radikal «subjektzentriert», durch und durch symbolisch und stets gebunden an starke Affekte, Wünsche und Ängste – eine Erlebnisform, die wir mit den Tieren teilen, von denen die höher entwickelten, wie man annimmt, seit siebzig Millionen Jahren, nicht wesentlich anders als wir Menschen auch, Nacht für Nacht von Traumbildern heimgesucht wer-den.[97]

Doch nicht nur des Nachts, auch am hellichten Tage entfaltet diese Welt ihre Wirksamkeit. Was FREUD als die *«Psychopathologie des Alltagslebens»*[98] beschrieb – das Verwechseln, Vergessen, das «Tun-was-wir-nicht-wollen» – ereignet sich ebenfalls durch einen zu geringen Grad an Aufmerksamkeit beziehungsweise, wichtiger noch, durch bestimmte «komplexbedingte» Verknüpfungen des Tageserlebens mit tiefersitzenden Ängsten, Wünschen, Bedürfnissen und symbolischen Brücken, die im Zwischenhirn codiert sind. Ja, wir haben allen Grund, die Darstellung FREUDS nicht nur zu bestätigen, sondern durch ein riesiges Vergleichsmaterial aus Ethologie (Verhaltensfor-schung) und Ethnologie (Völkerkunde) zu erweitern.

Insbesondere I. EIBL-EIBESFELDT hat in zahlreichen Untersuchungen der verschiedenartigsten Stammeskulturen und Tierpopulationen den Beweis er-bracht, eine wie hohe Ähnlichkeit zwischen dem Verhalten der Menschen und dem Verhalten höherer Tiere in allen Fällen starker emotionaler Betroffenheit besteht.[99] Schaut man auf den Bildern, die EIBL-EIBESFELDT vorlegt, etwa dem Mienenspiel eines Schimpansen, eines Europäers oder eines australischen Ureinwohners zu[100], so besteht nicht die geringste Schwierigkeit, in allen Fällen starker Gemütserregung zu erkennen, worum es sich jeweils handelt: ob um Neugier, Zuneigung, Wohlbehagen, Traurigkeit, Entsetzen, Ekel, Zorn oder was auch immer. Nimmt man zur Mimik des Gesichts noch die Körperhaltung und den Klang der jeweiligen Lautkundgabe hinzu, so vervollständigt sich das Bild, und jeder Irrtum bei der Deutung des Wahrgenommenen ist ausgeschlossen. Aber auch umgekehrt: Nicht nur der Mensch versteht die anderen Lebensformen an seiner Seite, auch das Tier versteht den Menschen. Jeder Hundebesitzer wird schwören, daß nicht nur er selber «weiß», was sein Hund ihm «sagen» will, wenn er kläfft, knurrt, winselt, jault, brummelt oder viept, sondern daß auch sein Hund *ihn* aufs Wort «versteht», und zumindest einen unmittelbaren Bezug zu der Bedeutung des Gesagten, mithin zu der gefühlsmäßigen Bedeutung der Stimme seines Herrn, wird man in der Tat dem Hund zubilligen müssen.[101]

Darüber hinaus hat W. WICKLER den Nachweis erbracht, wieviele *Riten und Zeremonien* wir Menschen sowohl miteinander als auch mit den Tieren teilen[102]: *Hochrangigkeit* wird hier wie dort durch Aufplustern und Voluminösmachen des Erscheinungsbildes demonstriert – vom Anschwellen des Kammes beim Hahn bis zum Aufsetzen einer Mitra oder Tiara führt ein weiter, aber durchaus gradliniger Weg[103]; beim *Imponiergehabe* lieben die Männchen die phallische Präsentation – wieder führt hier eine gerade Linie von dem Verhalten wachesitzender Rhesusaffen über die riesigen Penisfutterale der Papuas bis hin zu dem «Hirtenstab» der Bischöfe, dem Taktstock des Dirigenten und dem Zepter und Reichsapfel der Könige[104]. Noch einen Schritt weiter, und wir sind bei so komplexen Fragen wie Machtverteilung und innerartlicher Aggressionslenkung[105]: bei dem Prinzip des *Territorialismus*[106] und der Bereitschaft der Menschen, selbst Ende des zwanzigsten Jahrhunderts immer noch um Landesgrenzen erbitterte Kriege zu führen[107], bei dem *Drohen* gegenüber Fremden und den an und für sich aberwitzigen, doch im diplomatischen Protokoll aller, auch zivilisierter Staaten vorgeschriebenen Militärparaden beim Empfang eines hohen ausländischen Politikers[108], beim gemeinsamen *Beuteverteilen* der Schakale und Schimpansen und dem Ritual festlicher Banquette zu Ehren eines politisch wichtigen «Gastes»[109]... und so weiter. – *Was* eigentlich, möchte man bei so vielen *Homologien*[110] im Verhalten von Mensch und Tier fragen, ist da *nicht* vom «Zwischenhirn» programmiert? Was die *Religion* angeht, so werden wir gleich noch sehen, wie wichtig die «Sprache» des *Zwischenhirns* für die Symbole und Riten *im Raum von Mythos und Sakrament* ist.

Zu beachten bleibt bei all dem zum Verständnis der Psychologie des Zwischenhirns des weiteren als drittes – neben drogeninduzierten Halluzinationen wie bei LSD-Versuchen – der Hinweis, den bereits S. FREUD auf die Dynamik *schizophrener* Vorgänge gegeben hat, indem er die Wahnideen der *Psychose* als Ersetzung der Realitätswahrnehmung durch den Wachtraum zu deuten suchte. Im Bilde gesprochen: es kann der Grund des Meeres sichtbar werden bei Ebbe, durch Abfließen des Wassers, es kann dasselbe im Prinzip aber auch geschehen, indem der Meeresboden durch Vorgänge im Erdinneren hochgedrückt wird. Das letztere ist in der *Schizophrenie* der Fall: Hier wird nicht das Bewußtsein, wie im Nachtschlaf, abgesenkt, sondern gerade umgekehrt: bestimmte Ängste und Konflikte führen zu einer Art Daueralarm und bringen es mit sich, daß die «Logik» des «Zwischenhirndenkens» die realitätsgebundene Alltagslogik des Ichs außer Kraft setzt. Man kann nicht gerade behaupten, daß wir derzeit schon wirklich verstünden, was eine Schizophrenie eigentlich ist[111]; gleichwohl hat die medikamentöse Behandlung schizophrener Psychosen mit Hilfe von *Chlorpromazin* und besonders von *Haloperidol* in den letzten Jahren solche Fortschritte gebracht, daß man von der Therapie her wenigstens auf einen wichtigen Teil der chemischen Darstellung des Krankheitsbeginns schließen kann: Die genannten Medikamente blockieren nämlich die Dopaminrezeptoren im Gehirn, und wenn dies zum *Abklingen* der psychotischen Wahrnehmungen führt, so müssen diese in irgendeiner Weise mit einem Dopamin-Überschuß im Gehirn zusammenhängen – einer Fehlsteuerung des Stoffwechselhaushaltes im Gehirn aufgrund einer Fehlverarbeitung bestimmter Umweltinformationen im Bereich des Zwischenhirns[112].

### c) Prägung – eine Form des programmierten Lernens und die Entstehung des menschlichen Großhirns

Stets zeigt eine gute Theorie ihren Wahrheitsgehalt dadurch an, daß sie durch mögliche Einwände eher bestätigt als widerlegt wird. Ein Hauptargument *gegen* die Psychoanalyse lautet seit eh und je, hier werde der Faktor des kulturellen *Lernens* sträflich vernachlässigt und «alles» an psychischen Erscheinungen auf «Trieb» und «Unbewußtes» «reduziert».

Wahr ist, daß der Faktor des individuellen Lernens beim Menschen wichtiger und umfangreicher ist als bei jedem anderen Lebewesen der Erde. Keinesfalls ist der Mensch ein bloßes «Zwischenhirnwesen», sondern seine charakteristische Eigenart liegt in der Tat gerade darin, so etwas wie ein *Großhirn-*

Spezialist zu sein. Beides: die Ausbildung des Großhirns und die Ausdehnung der Lernfähigkeit, hängt dabei nicht nur miteinander zusammen, sondern ist ein und dasselbe: So wie das Augen «Sehen» *ist*, so «ist» das Großhirn «Lernen». Woher aber stammt die wirklich neue Fähigkeit des Menschen, individuell ins schier Unbegrenzte lernen zu können? Die Antwort darauf ist nicht einfach zu geben, und sie führt uns überraschenderweise zu bestimmten Grundeinsichten der Psychoanalyse zurück.

Ganz sicher, das läßt sich sagen, war das Lernen im Verlauf der Evolution so wenig «geplant» wie beim Aussterben mancher Urwaldgebiete vor circa fünf Millionen Jahren der aufrechte Gang des Menschen nebst den sich unvermeidlich daraus ergebenden Nebenwirkungen: einer bedenklichen Belastung der Wirbelsäule und der Füße und vor allem: einer oft lebensgefährlichen Situation bei der Geburt. Doch gerade das enorme Risiko der Geburt, das mit den anatomischen Veränderungen des Geburtskanals durch den aufrechten Gang bedingt war, wurde von der Natur ebenso genial wie paradox beantwortet: Sie löste das entstandene Problem durch die *Neotenie*. – Gemeint ist damit die Tatsache, daß der Mensch in einem eigentlich «zu frühen», noch embryonalen Zustand zur Welt kommt und diese «Jugendform» (griechisch *«neos»* = neu) sein Leben lang «beibehält» («tenein» = halten)[113]; er macht gewissermaßen die Entwicklung zum ausgewachsenen Affen nicht mehr mit und behält ein Äußeres, dem unter den *Tieren* ein *junger* Schimpanse am meisten ähnlich sieht.[114] Der «Sinn» der relativen Unfertigkeit eines Menschenkindes bei seiner Geburt liegt anscheinend darin, daß der *Schädel* noch nicht fest geformt ist und folglich beim Geburtsvorgang plastisch bleibt; gerade diese Tatsache aber muß auf dem Weg der Menschwerdung entscheidend gewesen sein. Gegeben nämlich war damit eine außerordentliche *Hilflosigkeit* des Säuglings. Gewiß, das sieht zunächst wie ein schier abenteuerliches Vabanque-Spiel der Natur aus; doch gerade die Unfertigkeit des Menschen bei der Geburt hat sich in der Evolution des Menschen als ein alles bestimmender *Vorteil* erwiesen: Indem ganze Teile der Hirnentwicklung jetzt *außerhalb* des Schutzes des mütterlichen Organismus verlagert wurden, entstand eine monatelange Abhängigkeit des Neugeborenen *von seiner Mutter*, die Stelle um Stelle den *Hiatus* (A. GEHLEN), die *Kluft* zwischen den kindlichen Bedürfnissen und den Möglichkeiten ihrer Erfüllung schließen muß.[115] Um es etwas kurzschlüssig, der Sache nach aber richtig zu sagen: die notwendige Plastizität des Schädels eines Neugeborenen führte zu einer Plastizität der «Instinkte» oder, was dasselbe ist: zu einem außerordentlichen *Anstieg des Lernverhaltens*. Man muß, simpel gesagt, einem Menschenjungen alles und jedes erst einmal «zeigen», bis es selbst die einfachsten Dinge endlich «begreift».[116] – Die enge Bindung des Kindes an die Mutter bewirkte zudem auch umgekehrt eine um so stärkere Gebundenheit der Mutter an das Kind, und die «Dualunion» beider muß ihrerseits begründet haben, was man die menschliche *Familie* nennt[117]: eine enge arbeitsteilige Bindung des Mannes an den Schutz und die Versorgung dieser Lebensgemeinschaft von Mutter und Kind. Dadurch wiederum muß der Bereich der Weitergabe von Erfahrungen *zwischen Mann und Frau* und *zwischen den Generationen*, im weitesten Sinne also der Bereich der *Kultur*, sich erheblich ausgedehnt haben mit dem Ergebnis einer verstärkten Kommunikation und hohen sozialen Interaktion. Seit eh und je hat man (neben dem aufrechten Gang) besonders auf das Freiwerden der *Hände*[118] und auf den *Spracherwerb*[119] als die wichtigsten Merkmale des Menschlichen hingewiesen, – nicht zu Unrecht, wie wir jetzt sehen, wenn man beide Faktoren nur in das Gesamtbild all der Folgewirkungen des aufrechten Ganges einfügt.[120]

Insbesondere der Aufbau der *Sprachzentren* in der linken Hemisphäre[121] des Großhirns stellt einen entscheidenden Schritt zur *Loslösung* der psychischen Abläufe von den unmittelbaren Wahrnehmungen der Umwelt dar und bedeutet zugleich eine nie gekannte Unabhängigkeit von den Gefühlen und Verhaltenssteuerungen, die im Zwischenhirn codiert sind. Ohne Zweifel: der Mensch hat durch seine Spezialisierung auf die Leistungen des Großhirns aufgehört, «nichts anderes als» ein Triebwesen zu sein. Er ist im Gegenteil jetzt das einzige Wesen der Erde, dessen Überleben daran hängt, *Informationen zu verarbeiten* und weiterzugeben, zu *lernen* also und Gelerntes anderen zu vermitteln. Kultur und Kulturtradition müssen dem Menschen fortan in alle Zukunft inmitten einer offenen Welt jene Sicherheit und Geborgenheit ersetzen, welche die Tiere in den Programmen ihres Zwischenhirns gegenüber einer subjektiv geschlossenen *Umwelt* erleben konnten beziehungsweise erleiden mußten. Alles, was uns im folgenden an Fragen der Religion begegnen wird, hat in dieser Tatsache seinen Ursprung.

Um so wichtiger ist es, daß wir uns gleich hier vor falschen Alternativen hüten: Triebbindung *oder* Lernen – *logisch* ist das zugegebenermaßen ein Entweder – Oder; lediglich nach den Maßstäben der formalen Logik geurteilt, muß man in der Tat *wählen* zwischen Psychoanalyse (Tiefenpsychologie) und Lernpsychologie (Kulturanthropologie). Das Leben freilich ist alles andere als nur «logisch», und oft *bedingt* sich in der Wirklichkeit, was in den Bahnen eines zweiwertigen Denkens als unvereinbar erscheint. So auch hier; und es ist sehr wichtig, sich das klarzumachen.

Schon die Psychoanalyse selber hat die Bedeutung des *Lernens* niemals verneint; im Gegenteil war es S. FREUD, der als erster die eminente Wichtigkeit vor allem des *frühkindlichen Lernens* erkannt und untersucht hat[122]; und alles, was wir über die psychische Entwicklung in den ersten fünf Lebensjahren eines Kindes heute wissen, bestätigt nicht nur, daß FREUD mit seinen Grundannahmen recht hatte, es zeigt auch, warum und in welchen Grenzen die FREUDschen Thesen gelten.

Wir haben gerade auf die praktisch uneingeschränkte Abhängigkeit eines neugeborenen Kindes von dem Verhalten seiner Mutter hingewiesen und gesagt, daß unter solchen Voraussetzungen Lernen zu einer Überlebensbedingung wird. Doch eben weil das so ist, muß die Natur dafür Sorge tragen, das *Lernen* sozusagen nach einer *vorgegebenen Modulation* zu optimieren. Die Problemstellung *jetzt* unterscheidet sich nicht sehr von der Schwierigkeit, auf die wir vorhin schon bei den Verhaltensprogrammen des Zwischenhirns gestoßen waren: da mußte verhindert werden, daß alle möglichen Auslöser der Umwelt alles Mögliche gleichzeitig im psychischen Repertoire eines Tieres freisetzen, und das geschah, indem *von unten her*, durch bestimmte Regelkreisläufe im Stammhirn, quer über den Tagesverlauf beziehungsweise über das Jahr hin ein periodisches Verteilungsmuster spezifischer vitaler Bedürfnisse dem Erleben aufgeprägt wurde. Analog dazu, muß jetzt verhindert werden, daß ein neugeborenes Kind in die Situation versetzt wird, buchstäblich alles auf einmal lernen zu sollen, was ihm an Wissensnotwendigem aus seiner physischen und psychischen Umwelt an Informationsmaterial angeboten wird. Mit anderen Worten, es muß *Vorschriften* geben, wie wann was in welcher Reihenfolge gelernt werden soll, und diese *Vorschriften des Lernens,* die es allererst erlauben, daß etwas gelernt werden kann, dürfen selber nicht auch noch gelernt werden müssen, sondern sie müssen ihrerseits selbst *biologisch*, «von unten», ebenso festliegen wie die Reihenfolge, nach der die Zähne wachsen oder die Bedürfnisse von Essen und Schlafen sich regulieren. – *Das Verfahren*, über welches die *Natur* hier verfügt, um letztlich der *Kultur* auf die Sprünge zu helfen, ist schon Jahrmillionen alt; es ist wohlerprobt bei den Tieren und brauchte für den Menschen keinesfalls neu erfunden zu werden: es heißt *Prägung*.[123] Das Wort *Prägung* bezeichnet exakt die Stelle, an welcher die starren kollektiven Zwischenhirnprogramme sich zu individuellem Lernen öffnen.

Das Problem, das sich der Evolution stellte, lautete schon für zahlreiche Nestflüchter, zum Beispiel für frisch geschlüpfte Gänseküken, wie die recht typisierten Schemata der Wahrnehmung, die als *kollektive* Auslöser des Verhaltens wirksam sind, sich mit etwas so *Individuellem* wie der Bindung eines Jungtiers an ein spezielles Elterntier koppeln lassen könnten. Der «Ausweg», auf den die

Evolution verfiel, bestand in der Einrichtung eines angeborenen *zeitlichen Fensters* für einen einzigen Lerneffekt, der fortan als ein Teilelement in das übrige angeborene Verhaltensrepertoire eingebaut wird: Ein Gänseküken wird in wenigen Minuten sich das erste bewegliche Objekt *einprägen*, um ihm in aller Zeit danach zu folgen. «Das erste bewegliche Objekt» – das ist im «Normalfall» das Muttertier. Generalisierung verbunden mit einer zeitlichen Begrenzung des Lerneffekts – *das* ist der «Trick», mit dem hier Kollektives, Typisches, sich mit Individuellem, Situativem, verschränkt. – Es war schon im Jahre 1935, als K. LORENZ dieses Phänomen der «Nachfolgeprägung» entdeckte und richtig als eine solche Synthese von angeborener, artgebundener und erworbener Erfahrung interpretierte[124]; doch es scheint nicht, als wenn die Tiefenpsychologen, geschweige denn die Theologen bis heute die Bedeutung dieser Einsicht in einen überaus wichtigen Mechanismus der psychischen Entwicklung der Arten begriffen hätten: Was auch sollen Gänseküken den Menschen *über Gott* belehren können? Und was schon sollen sie den Menschen *über sich selbst* belehren können? – Eine ganze Menge können sie uns lehren, wenn wir nur richtig hinsehen!

Entscheidend ist an dieser Stelle vor allem, daß wir die falsche Alternative: Zwang *oder* Freiheit, Instinkt *oder* Lernen, Kollektives *oder* Individuelles, «Ungeschichtliches» (=Archetypisches) *oder* Geschichtliches (Situatives) ein für allemal als ein bloßes Phantom unserer eigenen zweiwertigen Logik erkennen lernen. Es zeigt sich nämlich, daß die Natur von dem Verfahren der *Prägung* einen sich evolutiv stets erweiternden Gebrauch gemacht hat.

Der englische Verhaltensforscher W. H. THORPE zum Beispiel fand beim Experimentieren mit *Buchfinken*[125], daß schallisolierte, unter Kaspar-Hauser-Bedingungen aufgewachsene Jungtiere einen offenbar angeborenen Gesang von sich geben, der in Silbenzahl und Länge festgelegt ist; was den Tieren indessen noch fehlt, ist die Gliederung ihres Liedes in drei Strophen. Um nun herauszufinden, wie die Buchfinkenjungen «richtig» zu singen lernen, spielte THORPE seinen Versuchstieren arteigene und artfremde Beispiele gemischt vor und stellte dabei zu seinem Erstaunen fest, daß die Tiere sich aus allen Lautangeboten stets das «richtige» Vorbild suchten, um daran zu lernen. Da gibt es also untrüglich in den Köpfen kleiner Buchfinken *ein angeborenes Lernprogramm* des «richtigen» Lernens.

*Noch* überraschender wird die Lage angesichts der Versuche, die der amerikanische Verhaltensforscher G. P. SACKETT mit *Rhesus-Affen* anstellte[126], indem er den sehr neugierigen Jungtieren in einem völlig verdunkelten Kaspar-Hauser-Käfig vier verschiedene Dias anbot, die sie nach Knopfdruck selber wählen konnten: das Bild eines Rhesuskindes, einer Landschaft, eines drohenden und eines neutralen Artgenossen. Dabei kam zum Vorschein, daß in den ersten Lebenswochen *alle* Bilder *ohne Unterschied* angenommen wurden; im Alter von zehn Wochen aber wurde ein bestimmtes Bild, das ein drohendes Affenmännchen zeigte, geradezu gemieden, und wenn es eingespielt wurde, löste es Angst und Schrecken aus. Doch währte die Zeit, da dieses Bild gefürchtet wurde, nur etwa zwölf Wochen lang; danach wurden wiederum alle Bilder ohne Unterschied gewählt. Daraus ging hervor, daß ein Rhesus-Junges die Bedeutung der Drohgebärden seiner Artgenossen nur in einer ganz bestimmten Zeit (eben zwischen zweieinhalb und fünfeinhalb Monaten) zu lernen vermag; mit anderen Worten: würde man ein Rhesusjunges zwingen, in diesem Zeitraum *isoliert* aufzuwachsen, so ginge ihm in alle Zeit die Fähigkeit verloren, das Ausdrucksverhalten seiner Artgenossen in einem wichtigen Bereich des sozialen Zusammenlebens (des aggressiven Drohens) zu verstehen; es müßte notgedrungen asozial bleiben. Und mit dieser Feststellung wiederum berühren wir erneut eine der zentralen Entdeckungen der Psychoanalyse S. FREUDS.

Bei der Rekonstruktion der Ätiologie der verschiedenen neurotischen Krankheitsformen gelangte S. FREUD und vor allem sein Schüler K. ABRAHAM[127] zu der Annahme, daß die Ursachen bestimmter pathologischer Verhaltensweisen nicht an ein und dieselbe Zeit der psychischen Entwicklung anknüpfen oder etwa ganz beliebig in der Biographie der Patienten verteilt sind, sondern daß sie in bestimmten *phasenspezifischen* Konflikten der Triebentwicklung zu suchen sind.[128] *Depressionen* zum Beispiel werden grundgelegt schon in den Ambivalenzgefühlen der *oralen* Phase mit etwa acht Monaten[129]; das Erlernen der Nein-Vokabel mit etwa fünfzehn Monaten[130] führt mit den entsprechenden Abgrenzungen und den Fragen der Durchsetzung oder der Unterwerfung des eigenen Willens vor allem auf dem Gebiet der Sauberkeitserziehung zu den charakteristischen Konflikten der *analen* Phase mit ihren *zwangsneurotischen* Präformationen[131]; und die erwachende kindliche Sexualität im Alter von viereinhalb bis fünf Jahren leitet über zu den Problemen der *ödipalen* Phase mit ihren *hysterischen* Implikationen.[132]

Schon dieser Gedanke einer Verschränkung von «Trieb» und «Prägung», von «Instinkt» und «Lernen», von «Angeborenem» und «Erlerntem» entsprechend bestimmten *Phasen* der seelischen Reifung des Individuums während der ersten fünf Jahre seines Lebens hätte, auch unabhängig von den Ergebnissen der Verhaltensforschung, die falsche Alternative von «Biologie» oder «Soziologie», von «Erbtheorie» oder «Milieutheorie», von «Natur» oder «Kultur» auf dem Boden der Psychologie überwinden sollen. So aber warf man der

Psychoanalyse, gerade wegen ihrer Mittlerstellung zwischen Naturwissenschaft und Geisteswissenschaft, «Unwissenschaftlichkeit» vor und versuchte, unerschüttert auf den alten Fundamenten eines logisch selbstgeschaffenen Dilemmas weiterzubauen. Insofern ist es für die tiefenpsychologische Theoriebildung von unschätzbarem Wert, mittlerweile von seiten der Verhaltensforschung zusätzliche Methoden der Beobachtung und der Argumentation an die Hand zu bekommen, um das Sprechen von «Triebbedürfnis», «Archetyp», «Phasenspezifität», «Primärprozeß» und anderem genauer zu definieren und konkreter zu verifizieren, und man sollte wünschen, daß diese Hilfestellungen endlich Eingang auch in die tiefenpsychologischen Theoriebildungen fänden. – Es zeigt sich nämlich bei der Beobachtung des frühkindlichen Verhaltens ebenso wie des Verhaltens der Mutter, daß insbesondere die psychoanalytisch so oft beschriebene «Dualunion» zwischen Mutter und Kind in den ersten Monaten durch eine ganze Reihe von *angeborenen auslösenden Mechanismen* (AAM) vermittelt ist. R. A. Spitz etwa hat vor vielen Jahren schon den Klammer- und Saugreflex bei Säuglingen untersucht und das «Lächeln» des Kindes in Antwort zu einem (!) dargebotenen Augenpaar anhand entsprechender Maskenversuche als ein angeborenes Verhalten gegenüber einem passenden Auslöser interpretiert.[133] V. B. Dröscher hat in zahlreichen Veröffentlichungen Einsichten der Tierkindheit auf die Situation von Menschenkindern übertragen[134], mit dem Ergebnis, daß die frühe Kindheit eine äußerst sensible Phase für «Prägungen» aller Art darstellt. – Der amerikanische Kinderpsychologe Lee Salk zum Beispiel entdeckte, daß Rhesusaffen-Mütter ihre Babies stets auf dem *linken* Arm tragen, und er fragte sich, ob es etwas Vergleichbares auch beim Menschen gebe.[135] Untersuchungen zeigten in der Tat, daß es, unabhängig davon, ob jemand Links- oder Rechtshänder ist, offenbar auch bei einer Menschenmutter eine instinktive Bevorzugung der *linken* Körperseite beim Aufnehmen eines Neugeborenen gibt, allerdings nur innerhalb der ersten vierundzwanzig Stunden; Mütter, die erst *nach* dieser Zeit mit ihrem Kind zusammenkamen, ließen jede Bevorzugung einer bestimmten Seitenlage vermissen. Die ersten vierundzwanzig Stunden nach der Geburt bilden also auch beim Menschen eine «sensible Phase», um der Mutter das «richtige» Aufnehmen ihres Kindes *einzuprägen*. Der «Sinn» dieses Mechanismus liegt allem Anschein nach darin, daß das Kind nach der Geburt den vertrauten Herzschlag der Mutter wieder zu hören bekommt und das «Trauma der Geburt» leichter erträgt. Gerade die ersten Lebensmonate scheinen ihrer Bedeutung wegen von der Natur besonders reich mit derartigen programmierten «Prägungen» ausgestattet zu sein.

Die Abhängigkeit des Lernens von bestimmten *biologisch vorgegebenen Phasen der Hirnentwicklung* kommt am eindrucksvollsten wohl in dem Bereich zum Ausdruck, der paradoxerweise die Grundlage aller *bewußten* Denkvorgänge abgibt: dem Erwerb der *Sprache*. Es wird jedem Leser klar sein, daß er im Alter von zwei bis vier Jahren nicht nur jede beliebige Sprache der Menschheit, sogar parallel zu anderen, ohne jede Mühe von seiner Mutter hätte lernen können, sondern daß er sie mit aller Sicherheit zu diesem Zeitpunkt auch weit besser gelernt hätte als irgendeine andere Sprache später in seinem Leben. Dabei haben Untersuchungen von Sprachwissenschaftlern gezeigt, daß ein Kind ursprünglich *alle* Laute zu äußern vermag, die in den Sprachen der Menschheit verwandt werden; es findet aber schon sehr bald, innerhalb von wenigen Tagen, eine Reduktion der Lautbildung entsprechend dem mütterlichen Vorbild statt, und es gibt Hinweise, daß die Festlegung der «richtigen» in der Muttersprache vorkommenden Laute sogar schon in vorgeburtlichem Stadium beginnt.[136] Noch erstaunlicher als dies ist jedoch die Tatsache, daß kein Kind der Welt das Sprechen, wie man erwarten sollte, durch einfache Nachahmung der Sprache seiner Mutter lernt. Vielmehr bilden alle Kinder, unabhängig von der jeweiligen Sprache und Kultur, zunächst Ein-, dann Zweiwortsätze nach dem Muster: Nana teita – was heißen soll: Anna (möchte) spazierengehen.[137] Es war rein sprachanalytisch der Gedanke des Linguistikers N. CHOMSKY, daß es möglich sein müsse, alle Sprachen nach den Regeln einer Transformationsgrammatik aus einer einzigen Grundform abzuleiten.[138] Noch ist nicht zu sehen, wie die Gedanken CHOMSKYS sich sprachpädagogisch oder gar hirnorganisch nachvollziehen ließen; doch so viel scheint sicher, daß auch das Erlernen der Sprache vorgegebenen phasengebundenen Programmen folgt, die festlegen, in welchen Schritten das Verständnis der Lautbildung und vor allem: der grammatikalischen Maschinerie, einzelsprachlich richtige Sätze zu erzeugen, vonstatten gehen soll.

Was uns daran interessiert, ist dieses: Statt immer wieder die Analyse des Unbewußten in Gegensatz zu Begriffen wie «Bewußtsein», «Freiheit» und «Vernunft» zu setzen, gilt es vielmehr festzustellen, daß gerade die Prozesse, die den Menschen allererst zur Welt hin öffnen und ihn zu *dem* Wesen machen, das in der idealistischen Philosophie beschrieben wird, sich selber aus biologischen Programmen ermöglichen. Insbesondere das Zwischenhirn spielt bei allen Lernvorgängen eine entscheidende Rolle. Wir haben schon erwähnt, welch eine Bedeutung die Region des *Hippocampus* für das Gedächtnis besitzt; es verbleibt, jetzt die psychologische Konsequenz aus dieser Feststellung zu ziehen. Es zeigt sich nämlich, daß wir am besten diejenigen Erfahrungen und

Informationen behalten können, die mit bestimmten *Gefühlen* und *Bildern* im Zwischenhirn assoziiert sind. Genauer gesagt: auch diejenigen psychischen Tätigkeiten, die wir dem Bewußtsein zurechnen: wie Überlegen, Nachdenken, Erinnern, Planen, Entscheiden und so weiter, sind gebunden an *szenische Vorstellungen* und Gestaltwahrnehmungen sowie an bestimmte emotionale *Motivationen* und *Wertungen*.[139] – Jeder kann diesbezüglich für sich selbst die Probe aufs Exempel machen.

Nehmen wir beispielsweise die Abiturprüfung in Mathematik vor dreißig Jahren: nach vielen Monaten der Übung in Differential- und Integralrechnung galt es da, eine Kurve zu diskutieren und den Flächeninhalt unter der Kurve zu errechnen; doch von all diesen rational relativ leicht verstehbaren Kunststükken dürften die meisten Leser ohne weitere Übung später inzwischen alles so gut wie vergessen haben; die Szene der *Prüfung selbst* hingegen und vor allem die sie begleitenden *Gefühle* sind ihnen in aller Regel das ganze Leben lang unmittelbar präsent. *Gefühle* sind demnach nicht nur in der Geschichte der menschlichen Psyche *ursprünglicher* als alle Begriffe und Gedanken, sie sind auch *stärker* und verleihen den rationalen Kategorien allererst ihren Wert und ihre Bedeutung. Und desgleichen sind *Bilder* «tiefer» verankert als alle Worte; umgekehrt: nur diejenigen Worte haben eine wirkliche «Macht» über das menschliche Erleben, die dichterisch, poetisch, bildhaft, *lyrisch* genug sind, Bilder und Gefühle aus den Tiefenschichten der menschlichen Psyche zu beschwören. – Und jetzt grundsätzlich formuliert: es ist nicht möglich, einen Zugang zur Wirklichkeit draußen zu gewinnen, *ohne den Umweg über die innere Wirklichkeit des Zwischenhirns* zu nehmen. Erst wenn dieser Tatbestand in vollem Umfang bewußt ist, läßt sich darüber nachdenken, welch ein enormer Fortschritt der Wirklichkeitserfassung in der Entwicklung des *Großhirns* liegt.

Denn erst für das *Großhirn* trifft die Vorstellung der tabula-rasa-Theorie in etwa zu: Nachdem erst einmal die geschlossene Zwischenhirnwelt mit der vorgegebenen Entsprechung von äußerem Auslöser und angeborenem Verhaltensprogramm durch die Einführung des individuellen Lernens, zumindest innerhalb der engen Spielräume der sensiblen Phasen der Prägung, aufgebrochen worden ist, hat die Natur im Verlauf von hundert Millionen Jahren in den Strukturen der Großhirnrinde sich ein einzigartiges Instrument geschaffen, die Außenwirklichkeit nach Art eines «Spiegels» im Inneren eines lebenden Organismus abzubilden: Mehr als zehn Milliarden Neuronen sind hier in der nur drei-vier mm starken Rinde auf einer Fläche von $250000 \, mm^2$ zusammengedrängt, die über eine schier unglaubliche Vielfalt von Leitungsbahnen mit dem Zwischenhirn wechselseitig in Verbindung stehen.[140] Die Aufgabe aber, die es *jetzt* zu lösen gilt, ist in gewissem Sinne der Funktionsweise des Zwischenhirns *entgegengesetzt*: Bisher kam es darauf an, die Wirklichkeit in der subjektiven Wahrnehmung auf relativ wenige typisierte Schemata zu *vereinfachen* und mit fertigen Verhaltensweisen zu beantworten; alles Individuelle, objektiv wie subjektiv, ist hier von vornherein ausgeschaltet; es gibt nichts Unbekanntes, es gibt keine Unsicherheit, die «Welt» ist gültig vorwegerklärt, indem sie zur bloßen «Umwelt» reduziert ist. Demgegenüber besteht die Leistung der Großhirnrinde gerade in der *Auffächerung* und Differenzierung der Wahrnehmungen und Erfahrungen. Erwachsen aus den Zentren des Zwischenhirns, die zum erstenmal den stabilen Kreislauf der angeborenen auslösenden Mechanismen zwischen Innen- und Außenwelt zugunsten des individuellen Lernens öffneten, ist das Großhirn nicht länger mehr ein Speicherorgan fertiger Verhaltensmuster beziehungsweise, mit KANT gesprochen, ein «transzendentales Subjekt» als Träger einer Fülle von «Urteilen apriori»[141], sondern es ist eine Art *black box* zur Aufnahme und Verarbeitung eines Optimums detaillierter Informationen durch Zusammenschaltung einer Vielzahl von Neuronen.

Allerdings bleibt auch jetzt die «Abbildung» der Wirklichkeit an die zufällig gesetzten Voraussetzungen der Hirnentwicklung gebunden. Bestimmte Felder der Hirnrinde wurden selber auf die spezialisierte Bearbeitung bestimmter Informationen beziehungsweise auf Weitergabe von bestimmten Steuerimpulsen an bestimmte motorische Zentren differenziert. Da gibt es im Hinterkopf die *Sehrinde*, die dem optischen Zentrum im *Kniehöcker* des Zwischenhirns übergeordnet ist[142]; etwa in der Mitte verläuft senkrecht die *motorische Region*, an welche linksseitig das Broccasche Sprachzentrum angeschlossen ist[143], parallel dazu, weiter nach hinten, erstreckt sich die *Körperfühlsphäre*[144]; im *Schläfen*lappen liegt das *Hörzentrum*[145] und so weiter. Es ist klar, daß die Nachbarschaft der einzelnen Zentren selbst eine Art Landkarte der Evolution darstellt; gleichzeitig aber führt gerade die funktionale Nähe der verschiedenen Zentren zu neuen überraschenden Leistungen. So muß etwa das *Sehzentrum* im Verlauf von Jahrmillionen sich von der *Körperfühlsphäre* getrennt haben; der dazwischen entstehende Scheitellappen aber ermöglichte die Fähigkeit des *Zählens*.[146] Es handelt sich um ein Areal, das eigentlich für die *Raumorientierung* sowie für die *Unterscheidung zwischen Rechts und Links* zuständig ist[147]; hier also bildet sich *die dreidimensionale Welt*, und zwar wiederum als ein apriorisches Schema unserer Wahrnehmung, wobei jetzt der *Unterscheidung zwischen Rechts und Links* die größte Bedeutung zukommt. Denn zwischen «vorn» und «hinten» unterscheidet bereits von den frühesten Stadien der Evolution an die Bewegungsrichtung, und genau so ist die Differenzierung von «oben» und «unten» für alle Lebensformen auf diesem Globus durch die Schwerkraft wie selbstverständlich gegeben; einzig *links und rechts* aber sind auf Grund ihrer Spiegelsymmetrie austauschbar, und so bedarf es einer neuen subjektiven Festlegung des Subjekts, den Raum zwischen *Links* und *Rechts* zu unterscheiden; gerade dazu aber verhilft das neu entstandene Gebiet der Großhirnrinde zwischen Sehzentrum und Körperfühlzentrum. Erst in einem so festgelegten Raum indessen scheinen Gegenstände zählbar zu werden; sie gewinnen *aufgrund ihrer Lage* eine unvertauschbare Position, die sie aus der bloßen Menge heraushebt. – Wenn man sich klarmacht, daß der wichtigste Zugangsweg zur objektiven Realität heute das Zählen, die Mathematik, darstellt, kann man nur erstaunt sein über die unerhörte Zufälligkeit, mit der hier die Teile des «Spiegels» montiert wurden, die uns, Jahrmillionen danach, wenigstens gewisse Aspekte der Wirklichkeit zugänglich machen.

Staunen muß man aber zugleich auch über *die Langsamkeit*, mit der wir uns der Fähigkeiten unseres Gehirns im Verlaufe der Menschwerdung nach und nach zu bedienen lernen. Es ist, als wenn die Natur uns mit der Neuronenmaschine unseres Gehirns ein Instrument zur Verfügung gestellt hätte, dessen Möglichkeiten schier unerschöpflich sind, vor dem wir aber sitzen wie ein kleiner Junge, der auf einem Steinway-Klavier die ersten Fingerübungen zu «Alle meine Entchen» durchprobiert. – Vor allem gilt das für *den* Hirnteil, der nun wirklich allein uns Menschen zukommt und der uns vor allen anderen Lebewesen auszeichnet: *das Stirnhirn*.[148] Es ist dies der evolutiv jüngste Hirnteil. Während Ansätze zur Entwicklung des Großhirns, des Cortex, sich bereits bei den Fischen finden und dieses selbst bereits bei den Halbaffen voll entfaltet ist, bildet das Stirnhirn die Stelle, an welcher der Unterschied zu den nächsten Verwandten des Menschen: den Primaten, hirnorganisch am eindeutigsten ausfällt.

Um so erstaunlicher ist, daß es unmöglich scheint, ausgerechnet diesem menschlichsten aller Körperteile eine spezifische Funktion zuzuweisen. Eine Zeitlang glaubte man, im Stirnhirn den Sitz aller sittlichen und spezifisch «menschlichen» Empfindungen (wie Mitgefühl, Verantwortungsbewußtsein und so weiter) erblicken zu dürfen; doch sind solche Gefühlsregungen viel zu komplex zusammengesetzt und auch wohl viel zu tief im limbischen System verankert, als daß man sie nur einem einzigen Hirnteil zuschreiben könnte. Wenn man andererseits betrachtet, wie bei Hirnläsionen wichtige Funktionen vom Stirnhirn übernommen werden können, so spricht vieles dafür, daß das Stirnhirn selber an sich gar keine Funktion hat außer, das Prinzip der wachsenden «Leere» im Gehirn zum Zwecke, eine größere Objektivität der Wahrnehmung zu ermöglichen, um einen gewaltigen Schritt voranzutreiben. Im Stirnhirn scheint tatsächlich so etwas wie ein «reines» Aufnahmegerät der Wirklichkeit, ein blanker «Spiegel» realisiert worden zu sein, der uns Möglichkeiten zur Verfügung stellt, die wir bis heute geradezu stümperhaft nutzen.

Doch wie sollte es auch anders sein! Rechnen wir die Zeit vom Homo habilis bis zum Homo sapiens auf circa 2,7 Millionen Jahre[149] (ein Zeitraum immerhin, in dem die Differenz zwischen Neandertaler und Jetztmensch bereits absolut marginal wird), so stehen wir, in evolutiven Zeiträumen gesehen, doch immer noch erst am Anfang der Entfaltung der menschlichen Art. Während die zivilisatorischen Krankheiten und Engpässe, die wir geschichtlich uns selber bereiten, alles andere als eine lange und großartige Zukunft unserer Species auf diesem Globus in Aussicht stellen, sind wir doch, rein biologisch betrachtet, erst noch Übergangswesen mit allen Anzeichen der Unfertigkeit und der Unvollkommenheit. So wie es in Australien baumbewohnende Känguruhs gibt, deren Hände und Schwanz zum Klettern so ungeeignet sind, daß es noch Jahrmillionen dauern dürfte, bis diese Lebewesen, wenn wir Menschen sie nicht ausrotten, in der australischen Fauna die Stelle übernehmen könnten, die in der Alten und Neuen Welt die Affen innehaben[150], so scheinen auch wir Menschen nur erst ahnungsweise dem Bild unserer eigentlichen Bestimmung zu entsprechen; und statt nach dem Vorbild mancher Genetiker darüber nachzudenken, wie man das Erbmaterial des Menschen «verbessern» könnte[151], sollten wir uns lieber verstärkt an die Aufgabe setzen, das «Klavier» besser zu spielen, das uns die Natur so verschwenderisch zur Verfügung gestellt hat.

### d) Das Postulat der Integration von Emotionalität und Rationalität oder: der eigentliche Auftrag der Religion

Dabei ist eines jetzt klar: ein harmonisches «Spielen» auf der Klaviatur unseres Gehirns kann nur im Zusammenklang aller Hirnteile bestehen. Es macht dem Gesagten nach keinen Sinn, etwa eine Erkenntnistheorie im Sinne des heiligen THOMAS oder K. RAHNERS zu entwerfen, die bestenfalls für eine recht ungenaue Beschreibung einzelner Funktionen und Möglichkeiten bestimmter Areale des Großhirns genommen werden kann, keinesfalls aber für eine Darstellung der hochkomplexen Eigenart des menschlichen Erkennens, Urteilens und Werterlebens. Der «Geist» des Menschen – das ist nie nur eine Funktion des Großhirns *oder* des Zwischenhirns, das ist stets und immer, wie wir gesehen haben, das Zusammenspiel und die Einheit beider Bereiche des menschlichen Gehirns.

Es ist demnach nicht länger möglich, angesichts der heutigen Forschungslage auf dem Gebiet der Evolutionstheorie, der Tierpsychologie, der Psychoanalyse und der Hirnorganik weiterhin ein Menschenbild zu vertreten, das einseitig nur das «Bewußtsein»: «Verstand» und «Willen», als «humane» Größen gelten läßt und den gesamten Bereich des Unbewußten einfach ignoriert. Insbesondere eine Theologie, die immer noch die Bewußtseinseinseitigkeit ihrer eigenen Tradition verteidigt und verwaltet, handelt sich notgedrungen all die Ungereimtheiten, Gewalttätigkeiten, Verzerrungen und Verformungen ein, die wir in der «Pathologie» des Kirchenglaubens vorhin schon beschrieben haben. Tritt zu einer solchen Theologie der Verdrängung und der Gefühlszerstörung noch die bilderfeindliche (ikonoklastische) Reduktion auf das «reine» *Wort* hinzu, so kann einer derartigen Sicht von Gott und Mensch der Vorwurf nicht erspart bleiben, daß sie sich im Tempel des menschlichen Geistes einzig in gewissen Bereichen der *linken* Hirnhemisphäre aufzuhalten sucht und, neben den Arealen des Zwischenhirns, zugleich noch die Funktionen der *rechten* Hirnhälfte mit ihren wesentlich *bildernden*, gestalthaften Denkvorgängen «bewußt» ausklammern möchte.[152] Was aber, muß man sich fragen, soll eine solche Theologie, die wie mit Absicht die unerhörte Sorgfalt mißachtet, mit der die Natur *beide* Hirnhälften *im Corpus callosum* mit hunderten von Millionen Axonen miteinander verbunden hat[153] – im Kopf von *Frauen* übrigens weit stärker noch als bei Männern –, nur damit «Wort» und «Bild», linke und rechte Hirnhälfte *zusammenkommen*, statt auseinanderzufallen? Und was soll ein Reden vom Glauben des Menschen an Gott, das all die Verknüpfungen *durchtrennt*, die das menschliche Denken mit dem Fühlen, die das Großhirn mit dem Zwischenhirn verbinden? Eine derart auf das «Wort» reduzierte «Theologie» verfügt in der Tat über nichts weiter als über «Worte», und es hilft ihr nicht länger, daß sie ihre Wirklichkeitsfremdheit, ihre Einseitigkeit und allseitige Unverbundenheit mit dem Prädikat des Göttlichen zu entschuldigen sucht. Es war bereits GOETHES *Mephisto* vor zweihundert Jahren, der den Theologen der Kirche reine Wortartistik statt des Bemühens um wahre Erkenntnis vorwarf.[154]

Wir haben früher schon die Weltlosigkeit, die Naturverlorenheit und die Unnatürlichkeit des kirchlichen Dogmatismus bemängelt und seinen Begriffsfetischismus als «zwangsneurotische» Symptomatologie gedeutet; jetzt aber sehen wir im Rückblick, daß das Menschenbild, die Anthropologie, die Erkenntnistheorie, die Begriffsbildung, die ganze Denkauffassung und Denkmethodik dieser Theologie lediglich den Schrumpfzustand widerspiegeln, zu dem die kirchliche Dogmenentwicklung sich selber durch immer neue Abspaltungen im Verlauf ihrer Geschichte verurteilt hat. Zählen wir in historischer Abfolge auf: gegen die Welt der «Völker» ein offensiver Exklusivitätsanspruch des Christusglaubens; gegen die «gnostische» Psychologisierung des Religiösen durch Identifikation von Gott und Mensch die Institutionalisierung des katholischen Lehramtes; gegen die Wirklichkeit der «Welt» der Aufbau des «Kirchenstaates»; gegen die «Subjektivität» der Mystik die formalisierte Korrektheit des Dogmas; gegen die Personalisierung des Glaubens in der Reformation die abergläubige Verbeamtung der Wahrheit und die magische «Objektivierung» der «Gnadenvermittlung»; gegen die Forderung der Vernünftigkeit des Religiösen in der Aufklärung der Abwehrkampf des historisierenden Faktenglaubens und des Antimodernismus; gegen die Ausdehnung der Naturwissenschaften von GALILEI bis DARWIN das Festhalten an der Mystifikation eines vorwissenschaftlichen Verhältnisses von Mensch und Natur; gegen den Anspruch der sozialpolitischen Durcharbeitung der Klassenverhältnisse seit FEUERBACH und MARX die rechts-konservative Reduktion auf den innerkirchlichen und staatsphilosophischen Obrigkeitsglauben; gegen das Postulat der psychohygienischen Stimmigkeit von Moral und Religion bei NIETZSCHE und FREUD die massierte Form von neurotisierender Triebunterdrückung und Abhängigkeit; gegen die politische Entmachtung der Papstkirche vor hundert Jahren die wahnhafte Aufrichtung eines geistigen Unfehlbarkeitsanspruches. Was um alles in der Welt will man da anderes erwarten, als daß eine «Theologie», die all das rechtfertigt, mitträgt, erleidet und erfordert, am Ende nur noch ein klägliches Residuum des Bewußtseins am Rande des Lebens (eine Stunde pro Woche am Sonntagvormittag höchstens) verwaltet und sich buchstäblich auf ein winziges Gebiet der menschlichen Hirntätigkeit zurückzieht, *außerstande*, sich mit dem Leben zu verknüpfen, und *unfähig*, auch nur entfernt zu verstehen, wovon da in all dem Sprechen von «Gott», «Gnade», «Sünde», «Erlösung» und «Menschwerdung» eigentlich die Rede geht?

«Doch ein Begriff muß bei dem Worte sein»? Da «muß man sich nicht allzu ängstlich quälen;/ Denn eben wo Begriffe fehlen,/ Da stellt ein Wort zur rechten Zeit sich ein./ Mit Worten läßt sich trefflich streiten,/ Mit Worten ein System bereiten,/ An Worte läßt sich trefflich glauben,/ Von einem Wort läßt sich kein Jota rauben»[155]

Da ersetzt die zwanghafte Formalisierung des Glaubensbekenntnisses unweigerlich das Glaubensleben, und wiederum verlangt die Verdrängung von allem Lebendigen die Anbetung der Formel als Religionsersatz. Das Resultat daraus aber spricht für sich selbst: eine Kirche, die sich in ihrer hierarchischen Spitze von Bischöfen, Kardinälen, Päpsten und Prälaten vermißt, sich an die Stelle Gottes beziehungsweise an die Stelle Christi selber zu setzen, während sie gegenüber dem realen Leben der Menschen sich ausnimmt wie das versteinerte Ei eines Dinosauriers der ausgehenden Kreidezeit: es ist nützlich, um die vergangenen Stufen des Lebens zu rekonstruieren und vielleicht auch, um zu begreifen, warum sie ausgestorben sind; ansonsten aber ist es ein bloßes Zierstück für Sammler und Paläontologen, nichts, was dem wirklichen Leben noch dienlich sein könnte.

Dabei ist eine Verbindung zwischen den Funktionen des Großhirns und des Zwischenhirns nicht nur ein unerläßliches Desiderat der *Anthropologie*, sondern es ist um des Überlebens der Menschheit als Art willen äußerst wichtig, daß *wenigstens die Religion* eine solche Synthese von «Instinkt» und Vernunft, von Natur und Kultur sozial– wie individualpsychologisch unter den Gegebenheiten der jeweiligen geschichtlichen Voraussetzungen zu vermitteln sucht. Ja, wir werden im folgenden die These aufstellen, daß es nicht nur die Hauptaufgabe, sondern sogar das *Wesen* der Religion ausmacht, eben diese Verbindung zwischen Bewußtsein und Unbewußtem, zwischen Emotionalität und Rationalität herzustellen und damit einen unerläßlichen, wahrhaft *erlösenden* Beitrag zum Gelingen des menschlichen Daseins zu leisten.

Es hat immer wieder Autoren gegeben, die, wie ARTHUR KOESTLER, den Menschen aufgrund seiner Taten für einen «Irrläufer» der Evolution erklärt haben.[156] Für diese Auffassung, weiß Gott, spricht nicht Weniges. Ist denn in der Natur ein anderes Lebewesen zu finden, das derart zielstrebig und unumkehrbar die Vernichtung seiner eigenen Lebensvoraussetzungen betreibt wie der Mensch? Scheint nicht auf diesem Planeten einzig der Mensch buchstäblich von allen guten Geistern verlassen? «Alle guten Geister» – das waren in der Evolution bisher just die instinktiven Programme der Verhaltensregelung im Umgang mit so wichtigen Antrieben und Motivationen wie Aggressivität und Sexualität, Angst und Macht, Hunger und Neid, Revierverteidigung und Eroberung et cetera. Indem der Mensch durch den Aufbau des Großhirns, vornehmlich durch den Erwerb der Sprache, sich von der archaischen Typologie der Wahrnehmung sowie der Stereotypie des Verhaltens befreit hat, scheint er in einem Maße haltlos und orientierungslos geworden zu sein, daß ihm gerade die spezifisch menschlichen Züge seines Wesens: sein Bewußtsein, seine Vernunft und seine Freiheit, zur größten Gefahr zu werden drohen. Kann es von daher nicht wirklich sein, daß der Mensch einfach an seinem eigenen Verstand «verrückt» geworden ist? Daß er nichts weiter ist als ein bewußtseinskrankes Tier, oder, hirnorganisch ausgedrückt: als ein Gehirnspezialist mit einer gefährlich schlechten Verdrahtung seiner Schaltelemente im Kopfe?

Wahr ist, daß es zum Corpus callosum als der Verbindungsbrücke zwischen der linken und der rechten Hirnhälfte nichts Vergleichbares als Vermittlung zwischen Großhirn und Zwischenhirn gibt.[157] Dabei haben wir gerade gesehen, wie schwer es einem (besonders *männlich* geprägten!) Menschenbild ohnehin schon fällt, Wort und Bild, Gedanke und Vorstellung als eine notwendige Ergänzungseinheit zu betrachten und eine wirkliche *Gefahr* darin zu sehen, wenn eine Kultur ihre Handlungszusammenhänge so weit abstrahiert, daß sie in wichtigen Feldern schlechterdings nicht mehr zu sehen erlaubt, was sie durch ihr Tun eigentlich anrichtet.

Da wird in unseren Tagen zum Beispiel in einer merkwürdigen Spaltung zwischen rechter und linker Hirnhälfte, zwischen Begriff und Anschauung eine Zauberwelt aus Urwäldern und Korallenriffen zur bloßen «Biomasse» verrechnet und entsprechend behandelt, und kein Mensch hat dabei irgendeine Ahnung, was die Ausrottung Hunderttausender zum großen Teil völlig unbekannter Pflanzen- und Tierarten in ein paar Jahrzehnten für die Geschichte des Lebens auf dieser Erde wirklich bedeutet: Fünfzig Tier- und Pflanzenarten sterben heute jeden Tag! Da werden Autobahnnetze und Verkehrs-Trassen mit Lineal und Zirkel quer über die Landkarte gezogen, und kein Mensch fragt lange danach, ob nicht an einer bestimmten Stelle gerade eine entscheidende ökologische «Tankstelle» auf den Tausende von Kilometern langen Flugbahnen der Zugvögel zerstört wird – mit wörtlich «unabsehbaren» Folgen.

Allein schon die viel zu schwache Verbindung von Denken und Anschauung, von linker und rechter Hirnhälfte, trotz der immerhin doch recht sorgfältigen «Verdrahtung» beider Hirnhemisphären, stellt offenbar eine Hauptgefahr für den Menschen selber dar, und wir brauchten dringend eine «Kultur»: eine *Poesie*, eine *Religion*, eine *Phantasie*, die uns helfen würde, dem Formalismus naturwissenschaftlichen Herrschaftswissens ebenso Einhalt zu gebieten wie dem Begriffsfetischismus des kirchlichen Dogmatismus. Weder die «Welt» noch ihr Schöpfer ist ein bloßer «Gegenstand» menschlicher Erkenntnis; die Welt ist etwas Lebendes, und Gott, wenn es ihn gibt, ist das Leben selber; nur eine lebendige Einheit ist imstande, die Einheit des Lebens mitzuvollziehen. Die Theologie in ihrer kirchlich gebundenen Form aber, indem sie das religiöse Wort aus seiner «mystischen» Erfahrungsdichte gelöst und aus seiner poetischen «Magie» isoliert hat, ist *wesentlich falsch positioniert*; sie ist buchstäblich einseitig statt ganzheitlich, spaltend statt verbindend, zerstörend statt heilend.

Und noch vielmehr gilt diese Feststellung für das noch weit gefährdetere *Verhältnis von «Großhirn» und «Zwischenhirn»*. Hier gibt es kein Corpus callosum mehr; hier gibt es «nur» eine Fülle von Rückkoppelungen und Wechselwirkungen, und so scheint es bis heute, daß wir mit unseren Gefühlen, mit den Impulsen des limbischen Systems, nicht gerade «vernünftig» umgehen können. Auch und gerade kirchlicherseits hat sich eine «Moral» und eine «Glaubenslehre» etabliert, die sich als unfähig erweist, die Gefühle des Menschen mitzuvollziehen; ja, es ist, wie wir sahen, die kirchliche Lehre selber zu einer Doktrin der Abspaltung und der Neurotisierung der wichtigsten Gefühlsinhalte des menschlichen Lebens verkommen. «Beherrschen» statt «integrieren», «kontrollieren» statt «therapieren», «vermeiden» statt «durcharbeiten» – innerlich wie äußerlich, psychologisch wie hierarchisch setzt die kirchliche Theologie sich mit dieser Einstellung in eine falsche Beziehung zum Menschen, indem sie, statt die notwendige Einheit des menschlichen Bewußtseins zu fördern, die Bewußtseinseinseitigkeit selber befördert.

Es läßt unter diesen Umständen vor allem an *einem* Thema sich im folgenden besonders gut zeigen, was es bedeutet, wenn die Funktionen von Großhirn und Zwischenhirn, statt zu einer «orchestrierten Harmonie» zu finden, in einen Teufelskreis der Disharmonie und der Destruktion hineingeraten: das ist das Thema *Angst*. Indem wir einmal beispielhaft zeigen, wie die Angstimpulse aus unserem Säugetiergehirn in Gefahr geraten, durch den Faktor des menschlichen Bewußtseins sich ins Grenzenlose auszuweiten, statt sich zu beruhigen, läßt sich nicht nur die Tiefe der existentiellen Bedrohtheit unseres Daseins abschätzen, es läßt sich zugleich auch deutlich machen, worin die eigentliche *Notwendigkeit* des Religiösen zu suchen sein wird; und des weiteren läßt sich hernach mühelos dartun, wie eine Religion (oder auch eine «Theologie») beschaffen sein müßte, um ihrer eigentlichen Aufgabe gerecht zu werden: Wir sind dabei, einen zweitausend Jahre alten Teufelskreis kirchlicher Theologie aufzusprengen und den Energiestrom des Religiösen «richtig» herum zu lenken! Die Mühe der Lektüre bisher belohnt sich durch die Klarheit des Weges, der jetzt vor uns liegt.

## 2. Die Angst der Tiere und die Angst des Menschen

Wer von Angst spricht, betritt einen Fahrstuhl, der über drei Stockwerke hinab in den Abgrund fährt. «Angst» ist eine Wirklichkeit, die in der Psychologie der Tiere eine nicht geringere Rolle spielt als in der Psychologie des Menschen. Mindestens drei verschiedene Untersuchungsmethoden gilt es deshalb integral zu handhaben, um zu verstehen, welch eine Macht die Angst über das menschliche Bewußtsein gewinnen kann: Verhaltensforschung, Psychoanalyse und Existenzphilosophie. Es, Ich und Geist – auf jeder dieser drei Ebenen tritt uns die Angst entgegen, stets anders gewandet, doch stets mit demselben Unheil verkündenden Antlitz. Alles, was die Religion dem Menschen zu sagen hat, ist als Antwort zu lesen auf die Fragen, die sich auf den verschiedenen Stufen des Daseins in der Sprache der Angst zu Wort melden.

### a) Die Angst in der Verhaltensforschung

Ursprünglich scheint alles ganz harmlos. Rein biologisch betrachtet, ist die Angst ein Warnsignal, um auf Gefahren hinzuweisen. Ihr Zweck ist es, in einer akuten Notsituation das Überleben zu sichern.[1] Die subjektive Wahrnehmung einer Gefahr führt zu dem, was W. B. CANNON als «Notfallreaktion» beschrieben hat[2]: Adrenalin ergießt sich in die Blutbahn, die Glykogendepots der Muskeln und der Leber werden mobilisiert, der gesamte Organismus wird zu einem Bewegungssturm (zur «Hyperkinese») in Flucht oder Angriff, in Gelärm und in Drohgebärden ausgerüstet.[3]

Jeder kennt ein solches Erleben von Angst: Er betritt einen Zebrastreifen und bemerkt zu spät das Auto, das, um die Ecke biegend, auf ihn zufährt; augenblicklich, in einem Sekundenbruchteil, wird er, aufkreischend womöglich, nach hinten oder nach vorn wegspringen oder, auch das ist paradoxerweise möglich, er wird starr vor Schrecken auf der Stelle stehenbleiben. Ob in Bewegungssturm oder Totstellreflex[4] – in diesem einen Moment ist sein ganzes Dasein nichts als Angst. Buchstäblich bleibt gar keine Zeit mehr, in einem solchen Augenblick erst noch *nachzudenken*, welch ein Verhalten unter Umständen am sinnvollsten sein könnte. Die überfallartige Nähe der Gefahr muß beantwortet werden mit einer ebenso raschen *reflexartigen* Reaktion, deren instinktive Sicherheit allein über Leben und Tod entscheiden kann. Das Verhalten selbst ist nicht anders, als es in Jahrmillionen gegenüber dem Ansprung eines *Beutegreifers* auf der Ebene der Art gelernt und im Zwischenhirn gespeichert wurde: Das heranbrausende Auto wird in das Schema von Jäger und Gejagtem eingeordnet, die bedrohliche Situation entsprechend gedeutet und blitzschnell dann die «Antwort» ausagiert. Nichts von alldem spielt sich im Bewußtsein ab. Erst Sekunden später, auf dem Bürgersteig, wenn die Gefahr vorüber ist, spürt man den *Körperzustand* der Angst: das Herzrasen, den Schweißausbruch, den fliegenden Atem, das Zittern am ganzen Körper..., und noch etwas später erst beginnt man, in Gedanken zu realisieren, was sich gerade ereignet hat.

Übrigens zumeist nicht sehr lange! – Zu der Urtümlichkeit der Szene von Überfall und Jagd gehört nämlich auch der folgenlose Leichtsinn. Man ist noch einmal davongekommen – also: auf ein Neues! Die Natur liebt es offensichtlich nicht, auf der Ebene des Zwischenhirns Angst zu chronifizieren. Sie kann es sich anscheinend schon aus energetischen Gründen nicht leisten, Lebewesen in den permanenten Notstand zu entlassen. Die Angst *soll* für die Lebewesen zunächst nichts anderes sein als ein Alarmsignal zum Abrufen einer genau festgelegten Reaktion im Augenblick.

Wie wortwörtlich «unüberlegt» die jeweilige «Antwort» auf eine Gefahrensituation ausfällt, läßt sich in all den Fällen leicht erkennen, in denen das archaische Verhaltensprogramm in Angst objektiv unzweckmäßig, ja womöglich überhaupt erst gefährlich ist. Denken wir zum Beispiel an einen Höhlentaucher, dem bei der Erforschung eines unterirdischen, grottenreichen Labyrinths der Sauerstoff knapp wird: gewarnt vom Blick auf das Anzeigegerät seiner Sauerstoffflasche, möchte er so schnell wie möglich zurück an den Höhlenausgang; in seiner Aufregung aber verliert er womöglich die Orientierung – welcher Rückweg ist der richtige? Er beginnt, immer schneller zu schwimmen, aber um so mehr verwirren ihn die Eindrücke, die er nicht mehr sicher zu deuten vermag. Hat er in Wirklichkeit nicht schon die Richtung verloren? Je mehr seine Angst sich zur *Panik* steigert, desto wahrscheinlicher wird seine Hast sich in einen sinnlosen Bewegungssturm entladen, und desto *gefährlicher* wird objektiv seine Situation. Es ist dabei vor allem das Gefühl der *Ausweglosigkeit* selbst, das den Reaktionsweg des Bewegungssturms ursprünglich nahelegt: aus einer Klemme sich zu befreien, gelingt in aller Regel am einfachsten durch den Versuch, buchstäblich «irgendwo», in *irgendeiner* Richtung wieder

Grund unter die Füße zu bekommen und sich die alte Bewegungsfreiheit zurückzuerobern. Ein Verhaltensmuster, das im Augenblick der Gefahr von seiten eines Beutegreifers oder des Festgehaltenwerdens in den Klauen eines Feindes seinen Zweck nicht verfehlen dürfte, erscheint unter veränderten Bedingungen nicht länger als lebenrettend, sondern sogar als lebensgefährlich. So wenig «vernünftig», im Sinne von situationsangepaßt, sind unsere Verhaltensprogramme in Angst auf den Einzelfall berechnet. Es bedarf schon eines enormen Trainings und einer ungewöhnlichen Selbstdisziplin, um mit den Mitteln des Bewußtseins den Zustand der Panik inklusive der entsprechenden Verhaltensmuster zu vermeiden.

Oder ein anderes Beispiel: die Insassen eines Bunkers während eines Fliegerangriffs in der Zeit des 2. Weltkriegs. Längst zuvor, schon beim Aufheulen der Warnsirenen oder bei der Rundfunkdurchsage der vermutlichen Richtung der einfliegenden Feindverbände, sind die Nerven aufs äußerste gespannt: man möchte *fliehen*, alles im eigenen Organismus drängt danach, um sein Leben zu *laufen;* statt dessen aber sagt der Verstand, daß gerade jetzt eine kopflose Flucht einer Art Selbstmord gleichkommen muß. Also zwingt man sich, äußerlich Ruhe zu bewahren und in der Enge des Luftschutzkellers weiter hocken zu bleiben. Dann aber beginnt das Bombardement, das Dröhnen und Bersten der explodierenden Sprengkörper, das Beben der Wände – Todesangst! Nur raus, nur ins Weite! Allein am Bunkerausgang konnten 1943–1945 bei den Angriffen auf die Städte und Dörfer im Ruhrgebiet regelmäßig sich erschreckende Szenen abspielen, indem immer wieder verzweifelte Menschen mit allen Mitteln versuchten, die Türe zu öffnen, während andere, objektiv zu Recht, darauf bestanden, die Tür dürfe um keinen Preis geöffnet werden, schon damit die Druckwelle einer detonierenden Bombe nicht in das Kellerinnere breche. Aber auch das Gegenteil war möglich: der *Totstellreflex.* Es konnte passieren, daß Menschen während des Angriffs wie schlafend dalagen. Der Tod schien ihnen so unentrinnbar nahe, daß sie sich nur noch bewegungslos an die Erde pressen mochten, in der Hoffnung, daß die «Tarnung» unter Umständen doch noch den Beutegreifer ablenken würde oder aber daß der Tod wie von selber, mehr von innen als von außen, sich ereignen möge.

All das sind Angstreaktionen im Augenblick. Es läßt sich nun aber denken, daß es Situationen im Leben vor allem von uns Menschen gibt, in denen das Angstsignal, vergleichbar etwa dem *Schmerz,* auf *Dauer* gestellt wird; und so wie es Schmerzen gibt, die schlimmer werden können als die Krankheit, so können auch Angstzustände ein Ausmaß erreichen, das selber mehr Probleme schafft als beseitigt. Besonders *vier* Grundsituationen im Erbe der Tierreihe sind dabei auch dem menschlichen Angsterleben vorgegeben.[5]

Da ist *einmal* die gerade erwähnte Situation der *Ausweglosigkeit* in der Nähe eines Beutegreifers. Im *menschlichen* Erleben kann sie vor allem in der *Depression* eine äußerst quälende, chronische Form annehmen. Bleierne Müdigkeit, Antriebslosigkeit, Apathie gegenüber allen vitalen Grundbedürfnissen zeugen von einem Überhang der *Vagotonie*. Es ist nicht ein einzelner «Gegner» oder «Freßfeind», der hier gefürchtet wird, sondern die gesamte Lebenslage erscheint als eine einzige Falle, und diese geistig vollzogene Bilanz ist es, welche die letztlich *lethalen* Mechanismen der psychobiologischen Reaktionsweisen freisetzt. Am Ende kann die Angst vor dem Tode selbst tödlich sein, und es erscheint der Tod wie ein letzter Ausweg inmitten vollständiger Ausweglosigkeit.

Die Angst vor dem «Beutegreifer» kann ihrerseits indessen auch eine quasi *paranoische,* dem schizoiden Erleben zugehörige Verarbeitungsweise nahelegen. Von alters her ist das Angstsignal korreliert mit dem *Prinzip der Feindvermeidung.* Eine Gazelle, die, hechelnd vor Durst, aus der glutheißen Steppe an das Wasserloch tritt, wird doch als erstes sichern, ob nicht eine Löwin oder ein Gepard in der Nähe lauert. Ein Tier allerdings besitzt den unschätzbaren Vorteil, in jedem Fall zu wissen, wer sein Feind ist; ein Mensch weiß durchaus nicht im voraus, wer sein Freund, wer sein Feind ist. Er muß es herausfinden. Ein bestimmtes Übermaß an Angst aber wird die Neigung erzeugen, in *jedem* Menschen einen potentiellen Gegner zu vermuten und sich entsprechende Sicherheitssysteme zurechtzulegen. Gerade das ist der Fall der *Paranoia:* die anderen Menschen erscheinen allesamt als Verfolger, die gemeinsam ein Weltkomplott gebildet haben, indem sie Gift streuen oder versprühen, Abhöranlagen installieren, die Nahrung verderben und so weiter, und die einzige Frage an den Anderen ist nur noch, ob er dieser Deutung der Wirklichkeit zustimmt, dann ist er ein Freund, oder nicht, dann ist er ein Feind. Fortan genügt ein weniges, um die Angst vor der Ausweglosigkeit selber in ein ausweglose Getto zu verwandeln, aus dem es mit eigenen Mitteln kein Entrinnen mehr gibt.

Eine *andere* Grundangst, die unter sozial lebenden Tieren bereits *moralanaloge Formen von Schulderleben und Strafgewärtigung* heraufführt, entsteht aus der Übertretung bestimmter «Gruppennormen» des Zusammenlebens. Sozialpsychologisch läßt sich für menschliche Gruppen gewiß die These aufstellen, daß eine Norm gerade so viel gilt[6], wie an Strafe im Falle ihrer Übertretung verhängt wird, und daß sie um so wirkungsloser ist, je bombastischer sie verfeierlicht wird. Dabei spielt es offensichtlich zunächst keine Rolle, ob eine bestimmte Normübertretung subjektiv «willentlich», also in moralischem Sinne «schuldhaft» vollzogen wurde; bei Tieren und, in archaischen Gesellschaften auch bei Menschen, genügt es, daß *objektiv* gegen eine bestimmte Norm verstoßen wurde, und es steht in aller Regel bei schwereren Fällen der *Ausstoß aus der Gruppengemeinschaft* als Strafe darauf.

Nehmen wir als einfaches Beispiel ein Mädchen, das aufgrund eines Erbfehlers mit einer Hasenscharte zur Welt kommt: Der Schaden mag unter aufwendigen und schmerzhaften Operationen chirurgisch so gut hergerichtet werden, wie man will, – das Mädchen wird aller Wahrscheinlichkeit nach schon ein erhebliches Quäntchen Glück haben müssen, wenn es später einen Mann finden will, der es liebhat. – Oder nehmen wir ein Kind, das im Alter von acht Jahren auf dem Schulhof einen epileptischen Anfall bekommt oder zu stottern anfängt oder auch nur durch ein besonders schüchternes Wesen auffällig wird: augenblicklich wird es zur Zielscheibe des Spotts der Gruppenmitglieder werden. Persönlich kann es für seine Abweichung von der «gesunden» «Norm» nicht das mindeste; aber auf dieser durchaus noch *un*persönlichen beziehungsweise *vor*persönlichen Reaktionsebene geht es auch nicht um das «Recht» und das «Leben» einzelner, sondern objektiv um die Reinerhaltung der Art durch Ausmerzen des Krankhaften. An derartigen archaischen Verhaltensvorgaben scheint es zu liegen, daß auch in unseren Tagen noch ein schicksalhaftes Unglück oder eine Krankheit wie *Aids* selbst von hochgestellten Kirchenleuten wie BISCHOF DYBA in Fulda als eine *Strafe* (Gottes) interpretiert werden kann.[7]

Andere, weniger biologisch als *verhaltenspsychologisch bedingte «Normenverstöße»* ziehen unter Umständen eine leichtere Strafe als die Ausstoßung nach sich. Ein Jungtier zum Beispiel, das einem ranghöheren Tier eine Walnuß oder eine Banane vor der Nase wegschnappt, wird gegebenenfalls mit einer angemessenen Bestrafung rechnen müssen; die hierarchische Verteilung innerartlicher Aggression entlang der Rangpyramide der Gruppe stellt offenbar selbst eine «Norm» des Zusammenlebens dar[8], die entsprechend geschützt werden muß. Dem Alphatier kommt dabei die Kontrollfunktion zu; sie ist, was den Diebstahl von Nahrungsmitteln angeht, auch im menschlichen Leben noch tief verwurzelt, und die Szene selbst: Kontrolle durch den Ranghöheren, greift immer wieder auf das uralte Schema zurück. Ein Schüler etwa, der seine Mathematikaufgaben nicht gelernt hat, kann in der Klasse ganz so vor seinem Lehrer stehen wie ein Äffchen, das seinem «Vorgesetzten» zeigen will, daß es nichts Unrechtmäßiges getan hat: der Mund bleibt ihm offen stehen (zum

Beweis, daß sich dort nichts Gestohlenes befindet), die offenen Handflächen werden nach oben gekehrt – auch dort ist nichts zu finden, und schließlich werden die Schultern hochgezogen, um einem überraschenden Schlag in den Nacken vorzubeugen.[9] Was bei den Tieren Sinn macht, entbehrt in der Schulklasse nicht der Komik: der Schüler soll ja nicht demonstrieren, daß er sich nicht hinterrücks etwas «gestohlen» hat, er sollte zeigen, was er an Wissen sich rechtmäßig erworben hat.

Doch auch das Thema des Besitzes, wesentlich an Nahrungsmitteln, stellt eine *dritte* Grundform möglicher Angst dar: der *Angst, zu verhungern*. Abend für Abend beim Fernsehen, wenn wieder Bilder aus der Sahelzone, dem Südsudan oder aus Somalia uns den Schrecken des nahenden Hungertodes in brutaler Direktheit vor Augen stellen, begreift man die urtümliche Angst, die Tiere bereits überkommt, nichts zu essen zu haben. Wir haben schon gesehen, wie im Zwischenhirn über den Blutzuckerspiegel das Hungergefühl und damit der Antrieb zur Nahrungsbeschaffung gesteuert wird; das Signal ist eindeutig und gebieterisch: es kommt jetzt darauf an, so rasch wie möglich etwas Eßbares (für sich selbst, aber auch für die Familienangehörigen!) aufzutreiben. Die gesamte Aufmerksamkeit wird fortan in diese Richtung gelenkt; eine innere Unruhe und ein Drang, sich «auf die Pirsch» zu machen, bestimmen das Verhalten; es kann aber, wenn alle Bemühungen erfolglos bleiben, sehr bald auch eine Situation eintreten, wo der Hunger alarmierend und damit angstauslösend wird: Man begreift, daß (je nach der Art in unterschiedlicher, jedoch in jedem Falle) *in absehbarer Zeit* das Überleben auf dem Spiel steht, wenn die «Jagd» (oder einfacher: das Suchen) nach Nahrungsmitteln nicht sehr bald erfolgreich wird. Irgendwann wird sonst ein Punkt erreicht sein, an dem das Hungergefühl aufhört und dem Empfinden von Müdigkeit, Frieren, Kopfschmerz und Erschöpfung, den Folgen der Unterzuckerung, der Hypoglykämie also, weicht; – der Organismus «befiehlt» *jetzt*, Energien zu sparen und alle strapaziösen Aktivitäten einzustellen, mit der Folge freilich, daß damit der Hungertod immer wahrscheinlicher wird. Er wird am Ende das Lebewesen vergleichsweise milde erreichen. Wenn es im Zustand seiner relativen Wehrlosigkeit nicht selber bald schon zum Opfer eines Beutegreifers wird, werden die Endstadien des Hungertodes einem langsamen, subjektiv flehentlich ersehnten Verlöschen gleichen. Erneut siegt am Ende der Vagus über den Sympathikus.[10]

Im *menschlichen* Leben kann die Angst vor dem «Verhungern» natürlich viele Gestalten annehmen, die keinesfalls auf die Frage der «Nahrung» beschränkt sind. Ein Mensch lebt nicht vom Brot allein, und wichtiger als Essen, Kleidung und Unterhalt kann allemal das Gelingen des eigenen Lebensentwurfes, die Liebe eines anderen Menschen oder zum Beispiel die Frage der sozialen und persönlichen Identität werden. Stets wenn einem Menschen entzogen wird, was er wesentlich braucht, um «sinnvoll» leben zu können, bricht diese «Verhungerungsangst» aus, deren Ende in eine depressiv getönte Passivisierung des gesamten Antriebserlebens einzumünden pflegt – eine Art Streik der Physis gegenüber einer «Verarmung», die noch länger hinzunehmen unerträglich wird.

Zu den vitalen Verlusten, die das Leben über alles Maß hinaus belasten können, zählt als viertes *die Abtrennung von der sozialen Bezugsgruppe*, und entsprechend groß ist die Angst davor. Es leuchtet ein, daß ein sozial lebendes Tier, wenn es von der Herde versprengt ist, auf der Stelle den entscheidenden Vorteil des Zusammenlebens einbüßt: die Vielzahl der Tiere kann einen möglichen Beutegreifer abschrecken oder zumindest die «Trefferwahrscheinlichkeit», selber das Opfer eines Angreifers zu werden, statistisch absenken; vor allem bei Tieren mit nur geringer Raumorientierung und fast vollständiger Wehrlosigkeit, wie bei den steppenbewohnenden Schafen, kann allein das Abgesprengtsein von der Herde die Wahrscheinlichkeit, über kurz oder lang einem Beutegreifer in die Fänge zu gehen, ins Absolute erhöhen. Um so wichtiger für solche Tiere ist es, mit weittragenden Lautsignalen immer wieder den Gruppenzusammenhalt untereinander zu wahren.

Auch wir *Menschen* verfügen über einen solchen *Hilferuf gegen Einsamkeit*, der, unabhängig von dem Tonsystem der verschiedenen Kulturen der Menschheit, überall gleichlautend der «Kuckucks-Terz» entspricht: «Hallo!» oder «Wer da?» sind solche Frage- und Antwortrufe, wie sie dem Klang nach vermutlich schon seit vielen Hunderttausenden von Jahren von Menschen in den Stunden der Nacht oder in unübersichtlichem Gelände, bei Furcht vor Wölfen zum Beispiel, gebraucht wurden.[11]

Aber auch für Tiere, die selber in Rudeln *zu jagen* pflegen, bedeutet die Isolation von der Herde in aller Regel den Tod durch Verhungern, so daß auch sie ein entsprechendes akustisches Kontaktnetz gegen die Gefahr der Vereinzelung, gegen die *«Segregationsangst»*, eingerichtet haben. Das «Heulen» eines Hundes etwa hat ursprünglich gerade diesen Sinn: über die Weite der Steppe hin soll es verhindern, daß er dem Rudel verlorengeht. Wer einmal gesehen hat, in welcher Panik ein verlorengegangener Hund zum Beispiel in dem Geruchswirrwarr eines Bahnhofs auf der Suche nach seinem Herrchen zwischen den Bahnsteigen hin und her laufen kann, der wird einen Eindruck davon gewinnen, welch eine Stärke die Angst vor drohender Einsamkeit in der Seele sozial lebender Tiere annehmen kann.

Dabei ist das Quantum beziehungsweise die Intensität der Angst «proportional» zu der Intensität der Bindungsenergie an das Gegenüber, dessen Verlust zu befürchten steht. K. LORENZ zum Beispiel hat in seinen berühmt gewordenen Experimenten mit Graugänsen gezeigt, wie ein Weibchen auf den Verlust des Männchens reagieren kann[12]: obwohl das Tier bis dahin unangefochten in der «Hackordnung» der Gruppe obenan stand, sank es in seiner Trauer über seine Einsamkeit im Verlauf weniger Tage auf der Stufenleiter der Wertschätzung der Gruppenmitglieder ganz nach unten ab; erst als man ihm sein Männchen wieder zugeführt hatte, fand es, nach dem Freudentaumel einer stürmischen Begrüßung, wieder zu seiner alten Form zurück. Bei uns Menschen ist die Angst, den Partner unserer Liebe zu verlieren, so ausgeprägt, daß allerorten auf Erden Menschen, die einander nahestehen, sich mit einer Sequenz vollkommen gleicher Abschiedsgesten in die Fremde entlassen, deren umgekehrte Reihenfolge das sehnsüchtig-freudige Empfangsritual festlegt[13]: Zuwinken, Armebreiten, Umarmen – all diese Gebärden sollen die Angst vor einer endgültigen Trennung durch die Versicherung beschwichtigen: Wir werden uns wiedersehen.

Es versteht sich, daß all diese Ängste nicht isoliert zu betrachten sind, sondern in vielfacher Weise sich wechselseitig bedingen und miteinander verschränkt sein können. Die Angst vor *Strafe* zum Beispiel kann konkrete Gestalt gewinnen in der Angst, von der Gruppe *ausgestoßen* zu werden: Der *Partner* etwa oder die Isolationshaft oder, in früheren Zeiten, die Erklärung von *Acht und Bann* über einen Menschen zeigen kulturgeschichtlich, wie man die Angst vor der Trennung von der Gruppe in sich selbst bereits als *Strafe* instumentalisieren kann. Die Angst vor dem *«Verhungern»* führt in der Phase der Erschöpfung leicht zu der *Angst*, selber *zur Beute* der «Jäger» *zu werden*, und so weiter. In all diesen Fällen geht es letztlich um eine Form von *Realangst* gegenüber einer tödlichen Bedrohung.

Um sich wirklich klar zu machen, was es bedeutet, nach Art der Tiere *in ständiger Angstbereitschaft* leben zu müssen, braucht man sich nur in den Zustand hineinzuversetzen, in dem das menschliche Leben am meisten «tierisch» erscheint: in die Situation des *Krieges*. E. M. REMARQUE hat in seinem Erfolgsroman *«Im Westen nichts Neues»* dieses Grundgefühl ständiger Todesnähe einmal mit den folgenden Worten beschrieben: «Das Leben hier an der Grenze des Todes hat eine ungeheuer einfache Linie, es beschränkt sich auf das Notwendigste, alles andere liegt in dumpfem Schlaf; – das ist unsere Primitivität und unsere Rettung. Wären wir differenzierter, wir wären längst irrsinnig, desertiert oder gefallen. Es ist wie eine Expedition im hohen Eise; – jede Lebensäußerung darf nur der Daseinserhaltung dienen und ist zwangsläufig darauf eingestellt. Alles andere ist verbannt, weil es unnötige Kraft verzehren würde. Das ist die einzige Art, uns zu retten, und oft sitze ich vor mir selber wie vor einem Fremden, wenn der rätselhafte Widerschein des Früher in stillen Stunden wie ein matter Spiegel die Umrisse meines jetzigen Daseins außer mich stellt, und ich wundere mich dann darüber, wie das unnennbare Aktive, das sich Leben nennt, sich angepaßt hat selbst an diese Form. Alle anderen Äußerungen liegen im Winterschlaf, das Leben ist nur auf einer ständigen Lauer gegen die Bedrohung des Todes, – es hat uns zu denkenden Tieren gemacht, um uns die Waffe des Instinktes zu geben – es hat uns mit Stumpfheit durchsetzt, damit wir nicht zerbrechen vor dem Grauen, das uns bei klarem, bewußtem Denken überfallen würde – es hat in uns den Kameradschaftssinn geweckt, damit wir dem Abgrund der Verlassenheit entgehen – es hat uns die Gleichgültigkeit von Wilden verliehen, damit wir trotz allem jeden Moment des Positiven empfinden und als Reserve aufspeichern gegen den Ansturm des Nichts. So leben wir ein geschlossenes, hartes Dasein äußerster Oberfläche, und nur manchmal wirft ein Ereignis Funken. Dann aber schlägt überraschend eine Flamme schwerer und furchtbarer Sehnsucht durch. – Das sind die gefährlichen Augenblicke, die uns zeigen, daß die Anpassung nur künstlich ist, daß sie nicht einfach Ruhe ist, sondern schärfste Anpassung zur Ruhe. Wir unterscheiden uns äußerlich in der Lebensform von Buschnegern; aber während diese stets so sein können, weil sie eben so sind und sich durch Anpassung ihrer Geisteskräfte höchstens fortentwickeln, ist es bei uns umgekehrt: unsere inneren Kräfte sind nicht auf Weiter-, sondern auf Zurückentwicklung gerichtet. Jene sind entspannt und selbstverständlich so, wir sind es äußerst angespannt und künstlich. – Und mit Schrecken empfindet man nachts, aus einem Traum erwachend, überwältigt und preisgegeben der Bezauberung heranflutender Gesichte, wie dünn der Halt und die Grenze ist, die uns von der Dunkelheit trennt – wir sind kleine Flammen, notdürftig geschützt durch schwache Wände vor dem Sturm der Auflösung und der Sinnlosigkeit, in dem wir fakkeln und manchmal fast ertrinken. Dann wird das gedämpfte Brausen der Schlacht zu einem Ring, der uns einschließt, wir kriechen in uns zusammen und starren mit großen Augen in die Nacht. Tröstlich fühlten wir nur den Schlafatem der Kameraden, und so warten wir auf den Morgen.«[14] «Das Grauen läßt sich ertragen, solange man sich einfach duckt – aber es tötet, sobald man darüber nachdenkt. Genau wie wir zu Tieren werden, wenn wir nach vorn gehen, weil es das einzige ist, was uns durchbringt, so werden wir zu oberflächlichen Witzbolden und Schlafmützen, wenn wir in Ruhe sind.[15]

Die Reduktion des Bewußtseins, das Abstumpfen des Nachdenkens, die instinktive Wachsamkeit aller Sinne, das Versinken ins Kollektive, die Preisgabe des Persönlichen – das alles hat REMARQUE faszinierend genau als den Weg beschrieben, um die ständige Todesgefahr mit jener Mischung aus Phlegma und Vigilanz, aus Gleichgültigkeit und Sprungbereitschaft, aus Primitivität und Brutalität zu beantworten, wie sie im Tierreich üblich ist und aus den Jahrmillionen der Evolution auch dem Menschen als Fluch oder Segen nach wie vor zu Gebote steht.

### b) Die Angst in der Psychoanalyse

Jedoch: wir Menschen sind keine Tiere, und zwar auch dann nicht, wenn wir all unseren Verstand zusammennehmen, um es den Tieren womöglich noch zuvorzutun an «tierischem» Betragen. Schlimmer als alle Angst vor der Wirklichkeit des jederzeit drohenden Todes ist die Angst, die Menschen Menschen machen können. Das Haupteinfallstor dazu ist indessen *die Straf- und Verlustangst;* – die Angst vor dem Verhungern und die Angst vor dem anderen als «Beutegreifer» wird zumindest in halbwegs zivilisierten Verhältnissen vergleichbar keine so große Rolle spielen. Es war vor allem S. FREUD, der als erster darauf hinwies, daß Angst keinesfalls nur auf der Ebene der Art, kollektiv beziehungsweise instinktiv, «gelernt» beziehungsweise «vererbt» wird, sondern daß sie in der menschlichen Psyche in den sensiblen Phasen der individuellen Biographie, das heißt vornehmlich in den ersten fünf Lebensjahren, den «tierischen» Formen des Angsterlebens in spezifischer Weise *aufgeprägt* wird, sozusagen als Modulation eines vorgegebenen Trägerprozesses.

«Alle Angst ist Todesangst» – dazu meinte FREUD, dieser Satz sei zu allgemein und jedenfalls in dieser Form nicht beweisbar.[16] Die *erste* Angst, die ein Mensch erlebt, ist die Angst eines Kindes, von seiner Mutter verlassen zu werden. *«Objektverlustangst»*[17] lautet der FREUDsche Begriff dafür, um zu beschreiben, daß in dieser Form des Angsterlebens eine *Bindung* zerstört zu werden droht, die von triebhafter Stärke ist und zugleich von lebenswichtiger Bedeutung. Ein kleines Kind in seiner vollständigen Hilflosigkeit ist auf Gedeih und Verderb auf seine Mutter angewiesen. Sie ist ihm alles zugleich: Schutz, Nahrung, Wärme, Geborgenheit, Sauberkeit, Fürsorge, Glück, Freude – aber natürlich unter Umständen auch Angst, Schrecken, Zorn und Verzweiflung. In all den Fällen, da die Mutter sich dringlichen Wünschen ihres Kleinkindes verweigert, zum Beispiel weil sie abwesend ist oder krank oder anderweitig beschäftigt oder einfach unlustig, kann in dem Kind, das nicht weiß, wie lange dieser Zustand dauern wird, *Angst* vor endgültiger Verlassenheit ausbrechen. Von Belang ist dabei nicht das subjektive Zeitgefühl einer langen Erstreckung von Einsamkeit – der Sinn für zeitliche Abstände entwickelt sich erst relativ spät –, es ist vielmehr die Heftigkeit des Kontrastes von Triebwunsch und Verneinung, die so etwas wie ein Gefühl aufkommen läßt, in das reine Nichts, in die Vernichtung zu fallen. Doch was ist der «Sinn» der «Objektverlustangst»? Gewiß hatte FREUD nicht unrecht, wenn er betonte, es lasse die Verlassenheitsangst eines Kindes sich durchaus auch als eine Form der *Realangst* betrachten[18]: – *objektiv* befindet sich ein kleines Kind, getrennt von der Mutter, unter natürlichen Umständen in einer lebensgefährlichen Lage, indem es jeder Bedrohung schutzlos ausgeliefert ist; doch entscheidend ist: davon weiß das Kind subjektiv nichts! Bei der Angst, die Mutter zu verlieren, entwickelt das Kind nicht Angst gegenüber einem vorstellbaren Knäuel aller möglichen objektiven Gefährdungen; seine Angst bezieht sich einzig und allein auf den Verlust der Mutter selbst. Ja, es gibt Experimente mit Affenkindern, die deutlich zeigen, daß in der Wahl zwischen «Realangst» und «Verlustangst» im Erleben eines Kindes die Angst vor dem Verlust der Mutter allemal größer ist als die Angst vor jeder objektiv wie subjektiv noch so schrecklichen Gefahr.

So hatte man in den Käfig eines jungen Rhesusäffchens eine Leiter gestellt und daneben auf ebener Erde ein fellbesetztes Drahtgestell, das als eine Mutterattrappe durchgehen mochte; das Tierchen spielte nichtsahnend in seinem Gehege, als man die Tür öffnete und einen elektrisch betriebenen Roboter hineinließ, der schreckliche Geräusche von sich gab und außerdem noch mit rotfunkelnden Augen dreinblickte. Das Äffchen zitterte am ganzen Körper und wußte ersichtlich nicht, wie es sich verhalten sollte. Leicht hätte es sich oben auf der Leiter, unerreichbar für dieses furchterregende Monstrum, in Sicherheit bringen können; es hätte der «realen» Gefahr damit auf elegante Weise ausweichen können, doch überraschenderweise tat das Rhesusjunge etwas ganz anderes: es hielt, während der Roboter immer näher kam, mit schreckgeweiteten Augen die Mutterattrappe umklammert. In einer «realen» Situation wäre das Tier unter den gegebenen Umständen gewiß von der Gefahr eingeholt worden, es hatte «objektiv» mit anderen Worten den «falschen» Fluchtweg gewählt. Tatsächlich aber tat das Tier subjektiv das einzig Richtige: es hielt sich an seiner Mutter fest, und es hätte, außerhalb der künstlichen Verhältnisse des Experimentes, mit Recht erwarten können, daß seine Mutter selber entweder den Angreifer erfolgreich abgewehrt oder mit ihrem Jungen gemeinsam die Flucht ergriffen hätte. In jedem Falle erschien dem Äffchen die Nähe der Mutter als weitaus sicherer als jeder andere noch so hoch gelegene Ort im Käfig; und sein «Irrtum» bestand nur darin, daß es eine Attrappe für die Wirklichkeit genommen hatte.[19]

Von daher kann man sagen, daß die Angst vor dem Verlust der Mutter in der Tat, wie die Psychoanalyse es lehrt, noch weit vor allen anderen realen Ängsten als Grundquelle der Angst anzusehen ist. Recht hatte FREUD offenbar auch darin, die Beziehungen des Kindes zu seiner Mutter in einem frühen Stadium als *«Objektbesetzung»* zu bezeichnen[20]: solange die Gestalt der Mutter in der Sicht des Kindes sich in Attrappenform auf ein paar typisierte Merkmale redu-zieren läßt[21], ist Vorsicht im Umgang mit (bei Theologen so beliebten) Be-griffen wie Liebe, personaler Gemeinsamkeit oder ähnlichem geboten, und ge-rade die nüchterne, weitgehend an der Elektrophysik seiner Zeit orientierte Sprache FREUDS scheint die Verhältnisse der frühen Stadien der Angst recht gut wiedergeben zu können; nur daß es heute, über FREUD hinaus, notwendig scheint, deutlicher zwischen dem subjektiven Erleben und der objektiven (bio-logischen) *Funktion* des Angstanfalls zu unterscheiden. So «weiß» das Rhe-susäffchen nicht, «warum» es die ebenerdige Fellattrappe seiner Mutter für «sicherer» hält als den objektiv weit gefahrloseren Standort oben auf der Lei-ter; doch gerade diese Unterscheidung zwischen der objektiven «Vernunft» des Unbewußten und der Form des subjektiven Erlebens, zwischen den ange-borenen Verhaltensmechanismen des Zwischenhirns und der Reflexion einer gegebenen Situation (aus vorliegenden Fakten und innerer Verarbeitung) im Bewußtsein macht ja die eigentliche Leistung der Psychoanalyse aus. Vor al-lem ist es jetzt wichtig, die «Objektverlustangst» in der Sprache FREUDS auf das engste mit der «Strafangst» beziehungsweise der «Segregationsangst» in der Sprache der Verhaltensforschung in Beziehung zu setzen.

Eine der wichtigsten Entdeckungen FREUDS besteht darin, daß die Grund-angst eines Kindes vor dem «Objektverlust» entlang den vier verschiedenen Phasen der Triebentwicklung ihre *konkrete Thematik* erhält und von daher die spezifischen Formen der *Charakterprägung* beziehungsweise der *Neurosebil-dung* festzulegen vermag.

Der Verlust der «guten Mutter» kann durch alle möglichen Umstände ver-ursacht sein, – ein Kind wird, entsprechend der Verschmelzung von «Strafe» und «Schuld» im archaischen Erleben, empfinden, daß es ablehnens*wert* ist, wenn es (von der Mutter) abgelehnt wird, und es wird sich die *Gründe* zu-rechtlegen, warum es wirklich «verdient», so behandelt zu werden, wie es behandelt wird. Die innere «Logik» dieser Denkweise liegt in dem schon erwähnten Prinzip der Feind- beziehungsweise der Unheilvermeidung: das

Kind möchte und muß herausfinden, wie es in Zukunft die Gefahr ausschalten kann, erneut von der Mutter verstoßen zu werden. Die Frage der «Zielursache», die *Finalität* des Denkens ersetzt oder bestimmt hier sozusagen die Antworten der «Wirkursache», der *Kausalität* der Zusammenhänge. Selbst ganz einfache sachliche Umstände, wie zum Beispiel die physische oder psychische Überlastung der Mutter, können in dieser Perspektive im Sinne einer moralischen Verursachung gedeutet werden: Das Kind vermag nicht zu denken, daß die Mutter ganz simpel keine Zeit für es hat oder daß ihr die Existenz eines weiteren Kindes trotz allen guten Willens schlechterdings zu viel ist; schon weil eine solche Entdeckung in letzter Konsequenz für das Kind tödlich wäre, erscheint es weit «vorteilhafter», sich die Wirklichkeit anders zurechtzulegen, als sie sich faktisch ausnimmt. Statt sich zu sagen: Die Mutter *kann* einfach nicht, muß das Kind sich sagen: Sie *will* einfach nicht, denn nur, wenn es den Engpaß der faktischen Gegebenheiten in die Ebene des moralischen Wollens verschiebt, entsteht vor seinen Augen so etwas wie die Illusion einer Lösung: nur wenn die Mutter auch *anders* könnte, als sie tut, wenn es also ihre *willentliche* Entscheidung ist, sich so und nicht anders zu verhalten, läßt sich die Ausweglosigkeit der Situation vielleicht doch noch abändern. Mit anderen Worten: nur wenn das Unvermeidbare als «Strafe» interpretiert wird, läßt sich sinnvollerweise nach einem Verhaltensmuster suchen, das den unglückseligen Grundbestand der Situation als Strafe einer vermeidbaren Schuld entscheidend auflösen könnte. Die Verweigerung, *als «Strafe» interpretiert,* nötigt also dazu, nach einer entsprechenden *«Schuld»* zu suchen und dann dafür Sorge zu tragen, in Zukunft den spezifischen «Fehler» zu vermeiden. Aus der Angst vor dem «Objektverlust» werden mithin «Schuldgefühle».[22]

Dazwischenschalten muß man nur noch, daß die «Bravheit» der Anpassung, die von den so entstehenden Schuldgefühlen erzwungen wird, begleitet ist von dem Schattenwurf *verdrängter Aggressionen.* Ein Kind, das sich von seiner Mutter fundamental abgelehnt fühlt, wird als erstes «böse» sein gegenüber *der* Person, die ihm selber gegenüber «böse» zu sein scheint; dann aber wird die Betrachtung sich umkehren, und es wird in seiner *eigenen* «Bosheit» den Grund dafür erblicken, daß es von seiner Mutter zurückgewiesen wird: die Mutter *muß* ja «böse» sein, weil und solange das Kind selber «böse» ist, oder umgekehrt: nur wenn es ein «gutes», ein angepaßtes und «liebes» Kind wird, darf es hoffen, daß auch die «liebe» Mutter zu ihm zurückkehren wird.[23]

In dieses Schema angstbedingter Anpassung fügen sich nun *die Themenstellungen der vier klassischen Phasen der Triebentwicklung* ein; sie alle repräsentieren spezifische Konflikte, die in *jeder* Biographie zwischen Mutter und

Kind vorprogrammiert sind, indem bestimmte Gefühlsambivalenzen, freilich in unterschiedlichen Stärkegraden, unvermeidbar werden. Alle vier Stadien hängen genetisch mit den vier klassischen Neuroseformen: der Schizoidie, der Depression, der Zwangsneurose und der Hysterie zusammen, indem die jeweiligen Angstformen von einem bestimmten Quantum an charakterbedingt «chronifiziert» werden; und hier erst beginnt das eigentliche Terrain der psychoanalytischen Theorie der Angst.

Eine wichtige psychotherapeutische Einsicht besteht darin, daß wir als erwachsene Personen Angst nicht nur nach der Art der Tiere und der kleinen Kinder mehr oder weniger *situativ* erleben, sondern daß zahlreiche Angstauslöser mit bestimmten Erfahrungen der frühen Kindheit zusammenhängen. Gemeinsam allen *neurotischen* Ängsten ist die Wirklichkeitsfremdheit ihrer Inhalte. Was hier gefürchtet wird, ist offensichtlich nicht eine bestimmte Gefahr, die von der äußeren Realität ausgehen würde, sondern irgendetwas anderes, das in der «inneren Realität», in der Psyche des Geängsteten selber verborgen liegt und erst durch die Verfahren der Psychoanalyse zutage gefördert werden kann. Oft zeigt sich dann, daß die Ängste eines heute lebenden erwachsenen Menschen sich durchaus nicht auf die Gegebenheiten der Gegenwart beziehen, sondern daß sich in ihnen die Ängste der eigenen Mutter oder des eigenen Vaters gegenüber bestimmten Lebensumständen vor mehr als einem halben Jahrhundert widerspiegeln; der Betreffende empfindet mit seinen Ängsten im Grunde nicht seine eigene Angst, es ist nicht *seine* Interpretation der Wirklichkeit, die das Angstsignal auslöst, er folgt vielmehr in seiner Angst der Deutung der Realität, die seine Eltern ihm als Kind vermittelt haben.

Um diesen Zusammenhang zu verstehen, kann man den FREUDschen Kerngedanken kaum ernst genug nehmen: Was ein Kind fürchtet, ist nicht die Wirklichkeit an sich, die es weder kennt noch zur Kenntnis nimmt, sondern einzig und allein den Liebesverlust seiner Mutter, die ihm alles ineins ist: sie ist dem Kind die einzige «Wirklichkeit», mit der es wirklich rechnen muß, und sie ist, mit fortschreitender seelischer Entwicklung, das Durchgangstor zur nächsten Umwelt ebenso wie zur ganzen Welt. Was von einem Kind als Wirklichkeit erlebt wird, ist mithin die immer schon durch die Mutter (oder deren Ersatzperson) *gedeutete* Wirklichkeit. Die Deutungsmuster der Wirklichkeit, welche die Mutter als Erziehungsperson an ihr Kind weitergibt, sind freilich nicht nur ihre eigenen, sondern es finden darin zugleich alle möglichen kulturellen, sozialen, religiösen und weltanschaulichen Einstellungen, die sie selber seit Kindertagen in sich aufnehmen mußte, Eingang und Nachhall – immer ist die Psychoanalyse auch ein Stück Sozialpsychologie. Ihr Thema sind nicht mehr die einfachen Angstszenarien der Tierpsychologie, sondern die jeweiligen Interpretationen, die in einer bestimmten Kultur den vorgegebenen Angstschemata zuteil werden. Was zum Beispiel «Armut» und «Hunger» ist, was mit Ausstoßung aus der Gruppe bestraft werden soll, was «Einsamkeit» und «Vereinzelung» *bedeuten,* wie jeweils die Rolle des «Jägers» und «Opfers» beschaffen ist, definiert fortan nicht mehr die Natur, sondern das Ensemble eines kulturbedingten Wertesystems, das sich als eine eigene Wirklichkeit dem Einzelnen gegenübersetzt.

Insbesondere *die individuellen Triebwünsche,* die schon im sozialen Zusammenleben der Tiere einem komplizierten Reglement von rituellen Hemmungen, Belohnungen und Strafen unterliegen, müssen jetzt schrittweise den Gegebenheiten einer immer unübersichtlicher werdenden kulturellen Welt angepaßt werden, indem als erstes die eigene Mutter mit ihren Reaktionsweisen in Zuwendung und Abwendung Gefühle der Geborgenheit und der Angst vermittelt, die ein kulturell wie individuell wünschenswertes Verhalten fördern und das gegenteilige Verhalten unterdrücken.

Auch innerhalb des kulturellen Zusammenlebens besitzt also die Angst einen unerläßlichen Stellenwert als ein Warnsignal gegenüber bestimmten sozial schädlichen oder selbstzerstörerischen Verhaltensweisen. All das ist «normal». *Neurotisch* in eigentlichem Sinne hingegen sind lediglich diejenigen Ängste, die mit keinerlei äußerer Wirklichkeit, weder biologisch noch kulturell, in Verbindung gebracht werden können, sondern die gewissermaßen eine rein private Besonderheit darstellen. Allerdings ist die «Kultur» kein absolut zuverlässiger Maßstab. Es ist geschichtlich durchaus möglich, daß auch die Verhaltensnormen und Ängste einer bestimmten Kultur oder Gruppe innerhalb einer Kultur, gemessen an der Durchschnittserwartung der umgebenden Öffentlichkeit, als «neurotisch», das heißt als rein «privat», ja, als sozialschädlich und selbstzerstörerisch empfunden werden! So mag uns Heutigen zum Beispiel die Kultur der Azteken vor 500 Jahren als geradezu zwangsneurotisch-sadistisch vorkommen[24], während *unsere* Kultur bei süd- und nordamerikanischen Indios einen nahezu apokalyptischen Eindruck hinterlassen kann.[25] Allein schon die Verständigung über das, was «sozialschädlich» ist, kann zwischen den Kulturen äußerst schwierig sich gestalten. Unser Augenmerk hier aber gilt vorerst nur der Frage, wie solche Unterschiede sich individuell verfestigen können.

Gehen wir in der Abfolge der einzelnen *Stadien der Triebentwicklung* die jeweiligen Wunschregungen durch, die im Erleben eines Kindes durch die Angst, die Mutter zu verlieren, als *«gefährlich»* signalisiert werden können, so treffen wir in den ersten Lebensmonaten vor allem auf das Verlangen nach Nahrung, Kontakt, Wärme und Geborgenheit. Unübersehbar sind *hier bereits* die *kulturellen Unterschiede:* Ob ein Kind, wie in schwarzafrikanischen Kulturen, fast ohne Unterbrechung am Körper der Mutter aufwächst, oder ob es, wie heute in Westeuropa üblich, bei Tag und bei Nacht in nahezu keimfreie Tücher gesteckt wird und nur ausnahmsweise die Körperwärme und den Duft der Haut seiner Mutter zu spüren und zu riechen bekommt, schafft ohne Zweifel vom ersten Lebensaugenblick an ein sehr verschiedenes Gefühl für «Nähe» und «Distanz» im Umgang mit anderen Menschen ebenso wie mit den Dingen draußen.[26] Affektive Kälte beziehungsweise mangelnde emotionale Wärme werden auch in der späteren Ichentwicklung eine Persönlichkeit formen, die eher kontaktscheu wirkt und sich geradezu davor fürchtet, andere Menschen könnten unkontrolliert ihr «zu nahe» kommen; ein Gefühl der Fremdheit gegenüber dem eigenen Körper wie gegenüber allen anderen «Dingen» wird die Grundeinstellung durchziehen; alle Eindrücke der Welt erscheinen eher als abgeblaßt, grau und bedeutungsarm, so daß es schwerfällt, in ihnen überhaupt so etwas wie einen besonderen Aufforderungscharakter wahrzunehmen.[27] Innere Haltlosigkeit, Gefühlsarmut und Überdistanziertheit, kompensiert zumeist mit einer spezifischen «Versachlichung» einer rein äußeren Intelligenz ohne menschliche Wertinhalte, ergeben gemeinsam ein Charakterbild, das in der Psychoanalyse als *«schizoid»* bezeichnet wird und in dem die Ängste der frühen Kindheit vor einer zu großen Annäherung des Kindes an seine Mutter verfestigt sind.

Kennzeichnend ist nun, daß *ein Schizoider* subjektiv in aller Regel gar nicht weiß, was Angst ist. Er spürt den *Wunsch* gar nicht mehr, der ihn als Kind nach der Nähe seiner Mutter sich hätte sehnen lassen, vielmehr: noch ehe ein solcher Wunsch sich zu regen vermag, wird er bereits durch das Angstsignal abgewiesen. Die Wunschregung wird mithin dem Bewußtsein entzogen, ja, sogar die Wortvorstellung des ursprünglichen Wunsches geht verloren – man kann nicht einmal mehr fühlen, geschweige denn sagen, daß es bestimmte Bedürfnisse und dagegen gerichtete Ängste in der Thematik von Kontakt und Nähe einmal gegeben hat; große Teile des Triebbereichs der Intentionalität fallen der *Verdrängung* anheim, und lediglich insgeheim, so wie man einer frierenden Katze ansieht, daß sie «eigentlich» ins Warme möchte, verrät sich auf der *Haltungsseite* in gewissen Antriebssprengstücken der eingesperrte Kinderwunsch.[28] Die BRÜDER GRIMM erzählen einmal ein *Märchen von einem, der auszog, das Fürchten zu lernen* (KHM 4); im Sinne dieses Märchens wäre es für einen Schizoiden therapeutisch von großer Bedeutung, er könnte eines Tages seine Angst allererst *wieder spüren*, die so durchgehend sein Verhalten bestimmt, daß er sie so wenig merken kann wie ein Radfahrer den Rückenwind, mit dem er sich bewegt.[29] *Befreit* werden könnte er von seinen schizoiden Einengungen wohl nur durch eine Liebe, die warm genug wäre, gegen alle Angst die gefrorenen Gefühle der Kindertage wieder aufzutauen und zum Fließen zu bringen; doch ist gerade eine solche Annäherung jetzt unter Umständen wirklich eine Gefahr: Man kann jemanden, der im Schneetreiben fast erfroren ist, *töten*, wenn man ihn zu schnell in eine warme Stube bringt; ganz entsprechend wird auch ein Schizoider sich *fürchten* vor jeder allzu raschen oder allzu intensiven Annäherung. «Ich bin doch nur wie eine Eisblume am Fenster», sagte einmal eine Ordensschwester während einer Therapiestunde: «alles, was Sie zu mir sagen, ist so warm, aber es ist, wie wenn Sie über die Eisblume hauchen – sie fängt an zu schmelzen und zerfließt in lauter Tränen. Mein Leben sieht doch nur so aus, wie wenn da etwas Blühendes wäre, in Wirklichkeit ist alles vereist und tot.» Was sollte man dieser Schwester anderes versprechen, als daß wir alle Tränen sammeln und auf die Blumenerde gießen würden – vielleicht würde es dort eines Tages viel reicher und lebendiger blühen, als es jetzt, in der Kälte des Klosters, den Anschein hatte?

Bereits im Alter von acht Monaten beginnt eine Zäsur des Angsterlebens, indem ein Kind erstmals zwischen bekannten und fremden Personen zu unterscheiden lernt. Die *Acht-Monats-Angst*[30] markiert den Einbruch des *Fremden*, das natürlich als um so gefährlicher erlebt wird, je weniger vertraut und vertrauensvoll die bisherige Welt des «Bekannten» empfunden wurde. Neugier und Rückzug ringen jetzt miteinander, je nachdem, wie stark die Mutter selber dem «anderen» gegenüber von Angst oder Vertrauen bestimmt wird.

Um die gleiche Zeit bricht jedoch *auch aus dem Antriebserleben* ein neuer Konflikt auf, und zwar jetzt nicht mehr der Intentionalität, sondern, wie man psychoanalytisch sagt, der *Oralität*. Gemeint ist die gesamte Wunschwelt des Aufnehmens und Aneignens mit Mund und Händen, des Saugens und Zugreifens, des Verschlingens und Umklammerns.[31] Auch hier machen sich von Anfang an kulturell unterschiedliche Erziehungseinflüsse in der Psychogenese eines Kindes geltend. E. ERIKSON hat vor Jahren am Beispiel von Dakota-Müttern gezeigt, wie ein scheinbar so einfacher Vorgang wie das Stillen eines Kindes dazu verwandt werden kann, «geborene» *Jäger* heranzubilden.[32] Das *Problem* der Oralität beginnt beim ersten Zahnen, wenn das Kind die Schmerzen in seinem Mundraum durch um so heftigeres Zubeißen zu lösen versucht; es ist in Kulturen, die über genügend Ersatznahrung verfügen, in aller Regel jetzt die Zeit gekommen, das Kind der Mutter zu entwöhnen – ein Vorgang, der, je nachdem, psychisch sehr unterschiedlich erlebt werden kann. Insbesondere anhand der Analyse von *Depressiven* konnte K. ABRAHAM[33] (und nach ihm M. KLEIN[34]) zeigen, daß ein Kind diese Phase der allmählichen Trennung von seiner Mutter, entsprechend dem Motiv der weitverbreiteten Paradieserzählung, als *Strafe* für ein verbotenes Essen erleben kann: die Mutter verstößt das Kind wegen seiner unersättlichen Gier und vor allem: weil es mit seinen Zähnen, durch sein Zubeißen, *die* Person verletzt und geschädigt hat, die ihm doch in ihrer Güte alles bedeutete. Nirgendwo, in keiner Neuroseform, ist die «Objektverlustangst» so ausgeprägt wie im depressiven Erleben. Die ganze Welt scheint dem Kinde mit dem Entzug seiner Mutter wie leergeräumt, und auch später, im Erwachsenenleben, wird die Neigung eines Depressiven fortbestehen, in Analogie zu der ursprünglichen Dualunion mit der Mutter allen Wert der eigenen Person in die Wertschätzung und in den Beistand eines anderen Menschen zu setzen.

Zu dieser chronischen *Über*schätzung des anderen beziehungsweise zu dieser *Unter*schätzung der eigenen Person trägt jetzt insbesondere die *Angst* vor allen *oralen* Antriebsinhalten bei. «Wenn du selber etwas sagen, erbitten, wünschen oder gar dir herausnehmen willst, bist du ein lästiges, unerträgliches und schlimmes Kind, das uns noch allesamt ruinieren wird»; – *das* ist es, was im Rahmen der oralen Gehemmtheiten *in der depressiven Position* bereits von einem kleinen Kind gelernt wird.[35] Sehr früh bildet sich so die Vorstellung aus, allein schon durch die Tatsache des eigenen Daseins *schuldig* zu sein aufgrund der einfachsten und natürlichsten Bedürfnisse, wie des Wunsches zu essen, zu spielen, sich zu kleiden oder gestreichelt zu werden, und alle Aufmerksamkeit hat sich im folgenden darauf zu richten, wie sich der *Schaden* wiedergutmachen läßt, auf der Welt zu sein. Für sich selber also kann und darf man gar nichts tun, für alle anderen aber um so mehr. – Die BRÜDER GRIMM erzählen in ihrer Märchensammlung einmal in der Geschichte von dem «*Mädchen ohne Hände*» (KHM 31) das Schicksal eines Kindes, das sich von seinem Vater die Hände abschlagen lassen muß, um nicht vom Teufel geholt zu werden[36]; es wird die Kernfrage einer solchen Biographie bilden, wie sich die Angst vor der eigenen oralen Wunschwelt durch ein selbstverantwortetes Nehmen und Geben im Bereich von Liebe und Zuwendung überwinden läßt.

Noch einen Schritt weiter in der Triebentwicklung treffen wir in der *analen Phase*[37], mit ca. fünfzehn Monaten, in der ersten «Trotzphase»[38] also, auf eine Form von Angst und Schuldgefühlen, die wesentlich an die Fragen von Unterordnung und Überordnung, von Gehorsam und Befehl, von Eigenwillen und Fremdbestimmung geknüpft ist, und auch hier spielt natürlich wieder die

Form einer Kultur, jetzt im Umgang mit Sauberkeit, Eigentum und Autorität, eine große Rolle. Gerade eben wird auf dieser Stufe die Nein-Vokabel erlernt[39] – jede Mutter weiß ein Lied davon zu singen, welch einen Klang dieses Wort im Munde ihres ehedem so lieben Kindes annehmen kann! Das Kind lernt zum ersten Mal, einen eigenen Willen zu formulieren, und notwendigerweise trifft es damit auf den Gegenwillen seiner Umgebung. Auch hier stellt der Konflikt sich im Grunde *unvermeidbar* ein: es ist dem Kind beim besten Willen noch nicht beizubringen, warum es gefährlich, schädlich oder unsinnig sein soll, bestimmte Wünsche beizubehalten; mit anderen Worten, es wird von ihm erwartet, *«blind»* zu gehorchen, einfach weil die anderen *stärker* sind. Gewiß, es ist ein gutes Motiv, auf etwas aus Rücksicht gegenüber dem Menschen zu verzichten, den man liebt; je stärker aber das Verhältnis von Mutter und Kind ohnedies schon von Angst, Unsicherheit und gewissen Vorwurfshaltungen vorbelastet ist, wird jetzt, auf der analen Stufe der Triebentwicklung, immer wieder ein *Machtkampf* zwischen Mutter und Kind ausbrechen. Natürlich kann das Kind Auseinandersetzungen dieser Art nicht gewinnen, doch wird es aus seinen Niederlagen zweierlei gleichzeitig lernen: daß es *eigentlich* mit seinen Vorstellungen und Wünschen vollkommen im Recht ist; doch ist die Welt, *leider Gottes,* so eingerichtet, daß man in ihr niemals Recht bekommen wird. Am Ende *muß* man, gezwungenermaßen, *doch* tun, was die anderen wollen.

Zu *fürchten* ist vor allem die eigene *Aggression,* der innere Widerstand, der sich gegen die Übermacht der «Großen» geltend machen möchte – der Ausbruch des eigenen (sadistischen) Zerstörungswillens könnte nur in Selbstzerstörung enden, und so kommt es darauf an, Rituale und Ordnungen zu pflegen, mittels derer sich ein gewisser Schutz gegenüber den eigenen Willkürtendenzen gewährleisten läßt. Insbesondere die Forderungen der *Reinlichkeitserziehung* machen sich in dieser Zeit für das Kind geltend: es soll seine Muskulatur pünktlich, wenn man es erwartet, in den Dienst eines fremden Willens stellen, um etwas Körpereigenes, «Unreines» an den anderen abzugeben. Von alters her ist der Vorgang des Kotens und Harnens mit dem Setzen von Duftmarken zur Revierabgrenzung verknüpft, – schon von daher ist »Analität« immer auch eine Frage der Autorität. Was also ist zu tun, um ein «sauberes» und «artiges» Kind zu werden? Erneut dürfte klar sein, daß gerade an dieser Stelle die Abhängigkeit von den Vorgaben der jeweiligen Kultur in allen Fragen von Pünktlichkeit, Sauberkeit, Ordentlichkeit, Gehorsam und Sparsamkeit recht groß ist; die Thematik selbst aber ist allgemeiner Natur: Wenn ein Mensch «Ordnung» nur erblicken kann in der gewaltsamen Unterwerfung unter den Willen anderer, so ist seine *Angst* vor den Durchbrüchen seines eigenen Willens im Sprachgebrauch der Psychoanalyse als *zwangsneurotisch* zu bezeichnen. Es besteht schließlich zur Auflösung der Angst vor dem Schmutz und dem Chaos der eigenen Gefühle nur noch ein einziger Fluchtweg: man muß lernen, *in Gehorsam* die eigenen Triebregungen so weit «*abzutöten*» und in den Dienst eines fremden (göttlichen oder gottgleichen) Willens zu stellen, daß dessen Erfüllung eine neue Form der «Unschuld», das heißt der perfekten Untadeligkeit und Vorwurfsfreiheit begründet.

In all diesen Phasen der *Triebentwicklung* hat man es, wie sich zeigt, zugleich mit den Stufen einer wachsenden *Ichentwicklung* und damit einer wachsenden Realitätswahrnehmung zu tun: Auf der *schizoiden* Position besteht zwischen Ich und Außenwelt noch kein Unterschied – die Mutter ist in gewissem Sinne noch ein Teil des eigenen Körperichs mitsamt seinen Empfindungen, Gefühlen und Bedürfnissen; auf der *oralen* Position besteht zwar schon ein Unterschied zwischen dem Ich des Kindes und seiner Mutter, doch kann diese Differenz durch *Identifikation* mit dem anderen wieder aufgehoben werden: man braucht keine Angst vor dem Verlust des anderen zu haben, wenn man ist (wie) er; auf der *analen* Stufe schließlich löst sich die Angst, unberechtigt zu sein, nicht mehr durch Verschmelzung des Seins, sondern des *Willens:* Abspaltung und Verdrängung besonders der eigenen Aggressionen, der Willkür- und Machttendenzen stellen jetzt das Hauptverfahren zur Angstberuhigung dar.

Einen *letzten* Schritt der kindlichen Ichentwicklung erleben wir jetzt im Alter um fünf Jahre in der Zeit der sogenannten *ödipalen Phase*, in der *die Sexualentwicklung* zum ersten Mal die Stufe *genitaler* Triebregungen erreicht.[40] Für *das Mädchen* wird jetzt (nach einer Reihe von Enttäuschungen an der Mutter) der Vater zu dem großen Wunschgeliebten seines Lebens, für *den Jungen* die Mutter. Was *liebenswert* ist an der Person eines anderen Menschen sowie am eigenen Ich, gewinnt in diesem Alter in Bestätigung und Zurückweisung, in Erfüllung und Sehnsucht eine erste zusammenfassende Gestalt, die im späteren Leben nur durch relativ starke Gefühle noch einmal verändert werden kann. Um so schmerzlicher ist das Dilemma, diese erste Liebe zu dem gegengeschlechtlichen Elternteil eines baldigen Tages schon wieder aufgeben zu müssen, weil sie in Konkurrenz zu den Bindungen tritt, die zwischen Vater und Mutter bereits bestehen. Insbesondere die in *engerem* Sinne *sexuellen Gefühlsregungen* fallen in *allen* menschlichen Gesellschaften unter das *Tabu des Inzestes;* gleichwohl ist auch hier der Einfluß der kulturellen und gesellschaftlichen Gegebenheiten auf die Gestaltung der «ödipalen» Phase offenkundig.

Allgemein menschlich ist es, daß jedes Kind die Liebe zu einem Partner des anderen Geschlechts an der Person der eigenen Eltern lernen muß, um sie später auf einen anderen Menschen übertragen zu können; welche Rolle der Vater oder die Mutter jedoch in der Familie zu spielen hat, hängt bereits sehr stark von den spezifischen Verhältnissen der jeweiligen Gesellschaft ab; desgleichen ist der Umgang mit der Sexualität weitgehend abhängig von den Wertungen, die in der gesellschaftlichen Moral beziehungsweise in den asketischen Idealen einer bestimmten Religionsform grundgelegt sind. Hinzu kommen im konkreten Erleben natürlich all die Vorerfahrungen, die ein Kind bis dahin schon mit seinen Eltern gemacht hat. *Ein* ohnedies bereits ängstliches *Mädchen* etwa kann jetzt mit um so größerer Intensität versuchen, ersatzweise für die unzureichende Liebe seiner Mutter die Zuneigung seines (wirklichen oder vorgestellten) Vaters zu erringen, und es wird sich entsprechend schwertun, auch noch auf diese letzte Zuflucht seiner Sehnsucht verzichten zu sollen. – Oder *ein Junge,* der bisher schon gelernt hat, seinen Vater zu fürchten beziehungsweise die Mutter gegen seine Attacken zu verteidigen, wird um so mehr jetzt auf Belohnung und Erwählung von seiner Mutter zählen und nur sehr mühsam begreifen, warum er von dieser ebenso großartigen wie strapaziösen Beziehung irgendwann zugunsten einer «erwachseneren» Form der Liebe lassen soll.

Vor allem unter dem Eindruck der kulturellen und religiösen *Sexualmoral* können die ursprünglichen Triebregungen schließlich so viel Angst auslösen, daß sie generell *verdrängt* werden müssen und ins Unbewußte absinken. Das heißt freilich nicht, daß sie aufhören würden, psychisch aktiv zu sein. Im Gegenteil. Immer wieder wird später die Suche nach Menschen beginnen, die in gewisser Weise die Rolle des Vaters beziehungsweise der Mutter von damals übernehmen könnten; zugleich aber wird auch die alte ödipale Angst sich wieder aus dem Unbewußten in das *hysterische* Hin und Her von intensivem Verlangen nach einer Frau (beziehungsweise einem Mann) und einer ebenso heftigen Bindungsangst verwandeln.

Zum *hysterischen Angstempfinden* gehört erneut das Erleben der Überwertigkeit des anderen, doch geht es jetzt nicht mehr darum, sich mit dem anderen zu identifizieren, sondern von ihm geliebt zu werden. Das eigene Ich ist jetzt bereits groß genug, um einen eigenen Willen geltend zu machen; auch die gesamte Motorik steht dem Ich bereits zur Verfügung, und so gilt es, durch alle möglichen Formen dramatischer Inszenierungen die Aufmerksamkeit des Geliebten zu erringen, stets in Sorge um die mögliche *Eifersucht* eines gleichgeschlechtlichen Dritten, in dessen Gestalt sich die konkurrierende Mutter beziehungsweise der Vater aus Kindertagen wieder in Erinnerung bringt.[41] Entscheidend bei all dem ist jedoch, daß zugleich mit dem Suchen nach der Liebe einer anderen Frau (eines anderen Mannes) auch die alte Angst vor der eigenen Mutter (dem eigenen Vater) auf den neuen Partner *übertragen* wird: Mit Vorliebe enden hysterische Beziehungsarrangements deshalb darin, *entweder* sich einen Partner zur Liebe auszusuchen, der gegenüber dem Mutterbild (beziehungsweise Vaterbild) *unähnlich* genug ist, um nicht die uralte Kinderangst auslösen zu können, der dafür aber vermutlich bald schon die Enttäuschung bereiten wird, doch nicht wie die eigene Mutter (oder der Vater) zu sein, *oder* umgekehrt: in jemanden sich zu verlieben, mit dem man so umgehen kann wie mit der Mutter (beziehungsweise dem Vater) damals, nur um ihr (oder ihm) beizeiten vorhalten zu können, man werde in unerträglicher Weise von ihr (beziehungsweise von ihm) gedemütigt und kleingehalten.

All diese Ängste und ihre Verarbeitungen bleiben, wohlgemerkt, *im Unbewußten*; in allen Formen aber haben wir es jetzt mit Ängsten zu tun, die sich nicht mehr, wie in der Angst der Tiere, auf reale Gefahren richten, sondern auf bestimmte Personen, deren Liebes*verlust* oder Liebe (!) unter gewissen Umständen mehr zu fürchten ist als alles andere. An die Stelle der *Realangst* ist jetzt eine Form *sozialer Angst* getreten: Je nach der Wertung durch die soziale Umwelt drohen bestimmte Triebäußerungen mit «Objektverlust», mit «Liebesentzug», mit Zurückweisung und Einsamkeit bestraft zu werden. Anhand der sozialen Angst lernt das Kind mithin, vor seinen eigenen Affekten und Wunschregungen auf der Hut zu sein; die *«Objektverlustangst»* konkretisiert beziehungsweise thematisiert sich damit als *Es-Angst*, indem die entsprechenden Bedürfnisse ins Unbewußte abgedrängt werden und das Angstsignal jetzt vor einem neuerlichen Bewußtwerden des verdrängten seelischen Materials so zuverlässig warnt wie vor einer äußeren Gefahr.[42] Doch auch die Wertungsschemata selbst, nach denen jeweils Strafe droht, verfestigen sich in den Lerninhalten des Ichs und bleiben, nach Art eines bedingten Reflexes, rein mechanisch, mit den jeweiligen Wunschinhalten verknüpft.

Vollends wenn in der ödipalen Phase die Anforderung an das Kind herantritt, die sexuelle Bindung an die Eltern in gewissem Sinne *endgültig* aufzugeben, erreicht die Angst vor dem «Objektverlust» ein neues Stadium: Wie soll ein Mensch sich selber lieben können, der in eine Welt entlassen werden soll, in der er weder *lieben* darf noch geliebt *werden* darf? Dieses *«narzißtische»* Problem der Ichentwicklung[43] ist nicht lösbar, es sei denn, daß die *äußere* Loslösung des Kindes von den Eltern sich «belohnt» durch eine um so engere *innere* Bindung: statt auf die ständige reale Gegenwart der Eltern angewiesen zu sein, nimmt das Kind die Elterngestalten vielmehr als ständige Begleiter in sein Ich auf; es errichtet auf dem Boden seines eigenen Ichs das *Überich*[44], mit der Wirkung, daß es sich fortan vor dessen strafenden Inhalten ebenso fürchtet wie zuvor vor den Eltern selber. Das heißt, man muß an dieser Stelle genauer formulieren: das «Überich» ist nicht ein einfaches Erinnerungsnachbild an die real existierenden Eltern; die verinnerlichte Gestalt der Eltern richtet sich vielmehr ganz und gar nach der Art, in welcher das Kind seine Eltern erlebt hat, inklusive all der Projektionen und Introjektionen, in denen es selber am Aufbau dieses Erlebens mitgewirkt hat. Das Thema der Angst gewinnt damit eine völlig neue Qualität.

Wir sagten schon, daß die Erlebnisweise eines Kindes auf der jeweiligen Stufe seiner Ichentwicklung mitbedingt ist durch die Erfahrungen, die es bis dahin mit seinen Eltern machen mußte. Schon von daher ist es unmöglich, die vier «klassischen» Neuroseformen der Psychoanalyse (Schizoidie, Depression, Zwangsneurose und Hysterie) mit ihren entsprechenden Angstformen als starre Gegebenheiten nebeneinander zu betrachten; der Begriff der Angst in der Psychoanalyse dient vielmehr dazu, eine entscheidende psychodynamische Achse entlang einer Kette unvermeidbarer Konfliktstellungen der seelischen Entwicklung zu formulieren und von daher den Mechanismus der Charakterbildung zu verstehen. «Angst» bezeichnet jetzt also nicht mehr nur den Bereich akuter Angstzustände, sondern der Begriff erstreckt sich psychoanalytisch mittlerweile auch auf die verdrängten Angstinhalte im Unbewußten sowie auf die charakterlich eingefrorenen Formen einer ständigen Angstvermeidung gegenüber den verinnerlichten Strafandrohungen des Überichs. Selten nur wird man daher einer Neuroseform «rein» begegnen, fast immer wird man es mit einem Mehr oder Weniger bestimmter Akzente, mit *Mischformen* also, zu tun haben. Gleichwohl läßt die gegebene Darstellung sich methodisch rechtfertigen: Mit Hilfe der «Reindarstellung» der verschiedenen Phasen der psychischen Entwicklung nebst den ihnen entsprechenden Neuroseformen läßt sich *die Geschichte der Angst* in der Seele eines Menschen besser verstehen. Vor allem begreifen wir jetzt, daß es spezifische Ängste geben kann, die subjektiv, im Bewußtsein, nicht mehr wahrgenommen werden, die aber um so mehr eine chronische Wirkung auf das *psychische* wie das *physische* Geschehen ausüben können.

*Psychisch* kann *die verdrängte Angst,* ähnlich wie in den Träumen der Nacht, insbesondere durch *symbolische Vertretungen* in der realen Welt sich geltend machen. Sommer für Sommer zum Beispiel können Kröten, Spinnen und Insekten als *Phobietiere*[45] zahlreichen Frauen und Mädchen mit *Sexualängsten* zu einer äußerst quälenden Plage werden; andere, die mit verdrängten

*Aggressionen* zu kämpfen haben, erleiden unter Umständen beim bloßen An-
blick von roter Farbe oder von Blut einen Schock[46]; Personen, die sich von den
Identifikationen mit ihrer Mutter nicht genügend haben lösen können, geraten
in panischen Schrecken, wenn sie mit einem Aufzug in den zehnten Stock eines
Hotels fahren sollen[47], und so weiter. Ein ausgedehntes Feld *symbolischer*
Angstverarbeitung findet sich insbesondere in den *Zwangshandlungen* und
*Zwangsvorstellungen* wieder, die fast immer bestimmte aggressive oder sexuelle Neigungen abwehren sollen. Zusammenhänge dieser Art sind uns schon
begegnet, als wir über die Abwehr des *Zweifels* beim Zustandekommen des
kirchlichen Dogmas sprachen; wir lernen jetzt aber, daß der Mechanismus:
verdrängte Triebregungen durch entsprechende symbolische Vorstellungen
und Handlungen zu ersetzen, viel weiter und grundlegender ist als das Problem des Kirchenglaubens und von einer bestimmten Form von Religiosität
lediglich benutzt, nicht begründet wird.

Darüber hinaus ist die psychoanalytische Auffassung der Angst unerläßlich,
wenn es darum geht, eine Vielzahl *psychosomatischer Symptome* und *psycho-
neurotischer Funktionsstörungen* zu verstehen. Da ist einmal das Gebiet der
*Konversionshysterien*[48], wo bestimmte Bereiche der Wahrnehmung und der
Motorik entweder von unbewußten Ängsten *blockiert* oder von unbewußten
Wunschregungen in Dienst genommen werden; Lähmung, Taubheit, Stummheit, Blindheit – das sind schon in der Bibel Krankheitsformen unbewußter
Blockierungen, die zum Verschwinden gebracht werden können, wenn durch
den beruhigenden Einfluß einer als machtvoll erlebten Person ein neues Ver-
trauen an die Stelle alter Ängste und Schuldgefühle tritt; dann wieder können,
außerhalb der Kontrolle des Bewußtseins, bestimmte aggressive und sexuelle
Triebregungen aus dem Unbewußten zum Bewegungsapparat vordringen und
Handlungen *durchsetzen*, deren symbolische Bedeutung den Betreffenden selber in aller Regel nicht zugänglich ist: Relativ häufig in der Viktorianischen
Ära zum Beispiel wurden Frauen vom *arc de cercle*[49] heimgesucht, einer
zwanghaften Bewegung des Oberkörpers wie in der Hingabe bei einem Lie-
besakt, doch ohne jedes subjektive Empfinden der verbotenen Gefühle und
mit den entsprechenden Folgen der Peinlichkeit oder der Lächerlichkeit vor
den Augen der Umstehenden. – Man vergißt, nebenbei gesagt, allzu leicht,
welch einen Verdienst die Psychoanalyse sich bereits dadurch erworben hat,
daß sie durch die Aufklärung zahlreicher Vorgänge des Unbewußten manche
Symptome seelischer Erkrankungen in unseren Tagen so gut wie unmöglich
gemacht hat.

Doch auch für die *Psychosomatik* ist die Angsttheorie der Psychoanalyse

von unschätzbarem Wert, indem sie *das Problem der «Organwahl»* genauer
anzugehen vermag.[50] Nach der Vorstellung von HANS SELYE aus den fünfziger
Jahren können alle möglichen Ängste und Aufregungen *Streß* hervorrufen[51],
der über den Hormonhaushalt die körperlichen Funktionen unter Daueran-
spannung arbeiten läßt, bis nach dem Gesetz des schwächsten Gliedes einer
Kette Krankheit dort ausbricht, wo aus erblichen oder sonstigen Gründen ein
bestimmtes Organ den Belastungen nicht länger gewachsen ist. Dieses Bild ist
im großen und ganzen nicht verkehrt, doch vermittelt es von dem Zusammenspiel zwischen Psychodynamik und Psychosomatik nur einen recht unge-
nauen Eindruck. Seit den Arbeiten von F. ALEXANDER schon in den zwanziger Jahren war die Psychoanalyse bestrebt, die *Art* der Angst und ihrer Verarbeitung, mithin auch die spezifische Form der Belastung für den Organismus
näher zu untersuchen.[52] Nicht ein allgemeiner «Streß», sondern bestimmte *aggressive* Konflikte sind es zum Beispiel, die über eine Reihe biochemischer
Zwischenschritte den Blutdruck, die Coronargefäße und die Hirndurchblu-
tung belasten[53]; nicht allgemein «Ärger», sondern eine spezifische Mischung
von *Überverantwortung*, Ehrgeiz, mangelnder Anerkennung und Genußun-
fähigkeit wird zu erhöhter Magensäurekonzentration (Hyperacidität) und zu
Magenulcus führen, – ähnlich der Situation eines Hundes, den man hungernd,
bei erhöhtem Speichelfluß, vor die Glasscheibe eines Metzgerladens bindet.[54].

Deutlich wird bei solchen Betrachtungen nicht nur, wie groß das Verständnis des *«Volksmundes»* für psychosomatische Zusammenhänge ist, etwa wenn
man umgangssprachlich sagt: «Er hat den Ärger zu sehr in sich reingefressen
und immer wieder runtergeschluckt», oder: «Er hat sich die Sache zu sehr zu
Herzen genommen»; es wird vor allem auch deutlich, daß es wirklich so etwas
gibt wie eine «Organ-» oder «Krankheits*wahl*», sofern damit nicht eine bewußte, moralisch einklagbare Entscheidung gemeint ist, wohl aber ein unbewußtes Entgegenkommen, eine spezifische Zuordnung von Persönlichkeit
und (psychosomatischer) Erkrankung. Inzwischen zeigt sich sogar im Bereich
der *Immunbiologie*[55], wie stark psychische Faktoren an der Erhöhung oder
Absenkung der körpereigenen Abwehr gegenüber Krankheitserregern beteiligt sind. Psychosomatische Erkrankungen sind gewiß nicht einfach als symbolische Ausdrucksformen verdrängter Ängste und Triebwünsche zu lesen,
wie die Symptome der Konversionshysterien, aber in gewissem Sinne stimmt
es schon, daß jeder – im Bereich der Psychosomatik – *die* Krankheit bekommen wird, die zu ihm paßt. – Wenn im Neuen Testament die Botschaft Jesu
von einem «Jahr der Gnade» (Lk 4,19 nach Jes 61,2) auf das engste gebunden ist
an die Heilung von Krankheiten (und zwar eng umgrenzt aus dem Bereich der

*Konversionshysterien,* wofern es sich nicht um reine Legenden mit einem gewissen symbolischen, doch nicht historischen Bedeutungsgehalt handelt), so wird man diesen Zusammenhang wohl nur verstehen können als eine Aufforderung, die verschiedenen Formen der Angst im Menschen, die sich bis in das Körpergeschehen hinein geltend machen können, im Namen eines größeren Vertrauens und eines Zuversicht bildenden Verstehens durchzuarbeiten und aufzulösen, bis ein Mensch sich selbst wieder, geistig wie körperlich, zurückgegeben wird.[56]

Zu sprechen kommen müssen wir *als letztes* auf Ängste, die das Maß des Neurotischen und des Psychosomatischen weit übersteigen, indem sie *die gesamte Weltsicht* verstellen. In der *Psychose* hat die Angst nicht länger mehr den Wert eines Warnsignals vor inneren oder äußeren Gefahren, hier ist sie selber zur Gefahrenquelle erster Ordnung geworden.[57] Auch das Geschehen einer Psychose wird man so wenig «rein psychologisch» verstehen können wie eine psychosomatische Erkrankung – zu stark wirkt die «Eigengesetzlichkeit» des jeweiligen «Organs», *hier* der Funktionsabläufe des Gehirns, mit; gleichwohl scheint nicht zu leugnen, daß erhebliche neurotische Konflikte dem Ausbruch einer Psychose vorausgehen und sich im Abklingen eines psychotischen Schubs wieder melden, so daß es in psychoanalytischer Sicht Sinn macht, in der Psychose einen qualitativen Umschlag von bestimmten neurotischen Konflikten aufgrund einer quantitativen Steigerung ihrer Dynamik zu erblicken.

Man muß sich zum Beispiel nur die Einsamkeit, das Fremdheitsgefühl und die emotionale Kälte des *schizoiden* Erlebens recht klarmachen, und man wird relativ leicht verstehen, daß ein bestimmter aggressiver Beitrag im Hintergrund all der gefühlsmäßigen Ausblendungen eine Wahrnehmung hervorzurufen vermag, wie sie für die *Paranoia* kennzeichnend ist: ein Empfinden, durch geheime Machenschaften eines überlegenen Systems, das von bestimmten Personen oder deren Agenten (den Eltern und deren Stellvertretern) installiert wurde, *verfolgt* zu werden. S. Freud hat am Anfang dieses Jahrhunderts zum ersten Mal zu verstehen versucht, wie allein schon die Verdrängung einer homosexuellen Zuneigung paranoische Verfolgungsängste auf den Plan rufen kann, indem das Gefühl der Liebe in Haß und das der Faszination in Flucht umgeformt wird.[58] Denken wir noch einmal an das Prinzip der *Feindvermeidung* im Tierreich, so hat man ein gutes Bild, um sich in die Erlebniswelt eines Paranoikers einzufühlen, dem alle Menschen begegnen müssen wie Jäger und Verfolger – die Welt als Dschungel.

Oder man muß nur an die Neigung des *Depressiven* zur Identifikation und zur Wiedergutmachung der *Schuld* seines Daseins denken, und man wird ohne

Schwierigkeiten zu dem *«Allschuldwahn»* und den Zuständen des *«Ichver-lustes»* einer *depressiven Psychose* hinfinden.[59]

Auch die Religion mit ihren (immer noch!) fundamentalistisch interpretier-ten Höllenphantasien[60] nebst ihrer rigiden Gesetzeskasuistik kann auslösend wie verstärkend an solchen psychotischen Prozessen beteiligt sein; man hat dann Menschen vor sich, die womöglich beten und beten und nicht verstehen können, warum der liebe Gott ihnen nicht hilft, und sie können von selber nicht darauf kommen, daß der Gott, den die Kirche seit Kindertagen in ihre Seele gepflanzt hat, sich von dem gängigen Bild eines Teufels kaum unterschei-den läßt.

Unter solchen Umständen ist es ein *Kampf,* wie' wir ihn im Neuen Testa-ment am Beispiel Jesu beobachten, der gegen die etablierte Angstreligion der tradierten und veräußerlichten Anschauungen geführt werden muß, um die Seele der Menschen zurückzugewinnen und von ihren «bösen Geistern» zu befreien. Ganze Teile der Bibel, wie die Weltuntergangsphantasien der *Apo-kalyptik* mit ihren Vorstellungen vom Sturz des «Satans» durch die «Engel» oder von der Ankunft des «Menschensohnes», machen für uns Heutige reli-giös allererst Sinn, wenn wir sie als Prozesse der Selbstheilung schizophrener Ängste im Feld von Ichverlust und Entfremdung zu verstehen suchen.[61]

In all dem läßt sich zusammenfassend erkennen, daß *Angst* auf das engste gebunden ist an das *Erleben von Individualität.* Als *Warnsignal* hat sie den Zweck, das Überleben eines einzelnen Lebewesens gegenüber drohenden Ge-fahren durch ein reiches Spektrum angeborener Reaktionsweisen zu sichern – so bereits zeigt es die *Verhaltenspsychologie.* Die *Psychoanalyse* hat es demge-genüber nicht mehr mit der Angst zu tun, welche die *Natur* dem Menschen bereitet; *ihre* Domäne bildet vielmehr die Angst, die Menschen anderen Man-schen im Umraum der *Kultur* bereiten. Auch für die Psychoanalyse ist der «Gegenstand» der Angst das Individuum, dessen Angst jetzt freilich um so größer ist, als die Wahrnehmung der Individualität subjektiv bis zur Ausbil-dung eines Ichbewußtseins gediehen ist. «Das Ich ist die Stätte der Angst»[62] – dieser Satz S. Freuds gewinnt jetzt, angesichts der psychotischen Ängste, zu-gleich die Bedeutung, daß die größte Angst des Ichs darin liegt, sich selbst ver-loren zu gehen. Aus der *Objektverlustangst* ist mittlerweile durch einen langen psychischen Differenzierungsprozeß *Ichverlustangst* geworden. Das Ich ist jetzt nicht länger mehr nur ein Ort, Gefahren zu registrieren und Gefährdun-gen abzuwenden; aufgrund seiner Angst kann das Ich fortan sich selbst zur Gefahr werden, und wir stehen somit vor einer neuen Aufgabe: *das Verhältnis von Ichbewußtsein und Angst* auf der Stufe geistiger Selbstwahrnehmung zu beschreiben. Zuständig dafür ist nicht mehr die Psychoanalyse, sondern die *Existenzphilosophie*.

### c) Die Angst in der Existenzphilosophie

Die entscheidende Entdeckung SÖREN KIERKEGAARDS bereits lautete, daß der Mensch Angst hat, weil er *Geist* ist. «Geist» definierte der dänische Religionsphilosoph als «das Selbst» und fuhr fort: «Das Selbst ist ein Verhältnis, das sich zu sich selbst verhält, oder ist das am Verhältnis, daß das Verhältnis sich zu sich selbst verhält.»[63] «Der Mensch», meinte er weiter, «ist eine Synthese von Unendlichkeit und Endlichkeit, von Zeitlichem und Ewigem, von Freiheit und Notwendigkeit, kurz, eine Synthese.»[64] Doch diese Synthese, dieses Verhältnis muß *vollzogen* werden, um für sich selbst zu sein, und eben das ist «Geist». Er ist das «Dritte» in dem Verhältnis von Leib und Seele, von Sein und Bewußtsein, das als Selbstbewußtsein die Einheit bildet.

So verstanden ist «Geist» wesentlich die reflektierte Form bewußten Welterlebens – eine Definition, die auch in der Philosophie des Deutschen Idealismus hätte gegeben werden können.[65] KIERKEGAARDS Genie aber bestand darin, die *Brisanz* zu entdecken, die in dieser Formel steckt, wenn man sie nicht bloß abstrakt denkt, sondern als Existenzbestimmung durchlebt. Denn was *bedeutet* es, «Geist» (oder besser: geistige Existenz) als Reflexion, als bewußten Vollzug eines *unendlichen Gegensatzes* von «Zeitlichem und Ewigem», «von Freiheit und Notwendigkeit» zu bestimmten?

Wenn der Mensch in *dem* Sinn «Geist» wäre, daß er sich selber (als Einheit von Sein und Wesen) begründet («gesetzt») hätte, so wäre er sich selber niemals fragwürdig; er wäre *seit Ewigkeit* und schlösse alles Zeitliche in sich, er wäre in sich absolut notwendig und gerade darin, in ausschließlichem Gehorsam sich selbst gegenüber, absolut frei. Nun aber existiert der Mensch nicht aus sich selbst heraus. Er ist ein ganz und gar «abgeleitetes Verhältnis», wie KIERKEGAARD sagt[66], und so trägt er den Grund seines Daseins nicht in sich selbst. Eben darin aber liegt, geistig, der Grund aller *Angst*: auf «abgeleitete» (kontingente) Weise «Geist» zu sein.

Bereits vorhin, als wir die «Angst» als ein «Warnsignal» interpretierten, war deutlich, daß es das Erleben von Angst nicht gäbe ohne das Auftauchen von Bewußtsein und Individualität. Daraus läßt sich der Schluß ziehen, daß mit dem Grad des Bewußtseins der eigenen Individualität zugleich das Quantum der Angst ansteigt: nur das Individuum kann Angst empfinden, und je klarer es seiner Lage in der Welt inne wird, desto innerlicher wird ihm das Erleben der Angst werden, bis hin zu dem Punkt, da die quantitative Zunahme des Angst-Erlebens einen qualitativen Sprung bewirkt. Irgendwann muß *die wesentliche Fremdheit* zwischen Bewußtsein und Welt, zwischen «Ich» und «Nicht-Ich» subjektiv aufbrechen, und dieser Augenblick ist identisch mit der Geburts-stunde des Selbstbewußtseins *und der Angst.* Nichts von dem, was uns umgibt, sind wir selbst; das aber, was wir sind, ist ebenso abhängig wie bedroht von den Dingen rings um uns her. Erst von diesem Moment des erwachenden Selbst-bewußtseins an tritt die *Angst* als eine *geistige* Bestimmtheit auf, indem sie sich als die *Bedingung* erweist, unter der das Ich seiner selbst als einer «endlichen Unendlichkeit» bewußt werden kann.

Was hier in philosophischer Diktion sich zunächst vielleicht noch recht ab-strakt und schwer verständlich anhört, wird doch sogleich konkret und ein-fühlbar, wenn wir zunächst *diejenige* Seite der Angstbestimmung durchgehen, die KIERKEGAARD, trotz der «synthetischen» Konzeption seines Angstbe-griffs, eigenartigerweise glaubte *übergehen* zu können, weil sie ihm, in der Auseinandersetzung mit der HEGELschen Philosophie, als «uneigentlich» oder «ungeistig» erscheinen mußte: die Seite der *Reflexion des Endlichen im Unendlichen.*

Die gesamte Beschreibung der geistigen Existenz inmitten der Welt, wie sie in der Ich- und Geistphilosophie des Deutschen Idealismus grundgelegt wurde, erinnert auf weiten Strecken an die Welterfahrung, die wir vorhin in der Darstellung der frühchristlichen *Gnosis* bereits kennengelernt haben, und insbesondere die Religions- und Geschichtsphilosophie HEGELS ist zu Recht immer wieder als ein ganz und gar «gnostisches» System verstanden worden[67]; um so wichtiger ist es, von KIERKEGAARDS Interpretation der *Angst* her die gnostische Identitätslehre ebenso zu überwinden wie den institutionalisierten Dogmatismus des Kirchenglaubens. Dann aber scheint es richtig, nicht so-gleich die spekulative Philosophie mit Spekulationen über die menschliche Angst zu beantworten, sondern als erstes nachzuschauen, was eigentlich ge-schieht, wenn in das Angsterleben der Tiere von einem bestimmten Punkt der Entwicklung an Selbstbewußtsein und «Geist» eindringen und damit eine ent-scheidende Änderung herbeiführen. Gehen wir dem nach, werden wir sehen, daß sich auch und gerade vom «In-der-Welt-Sein» her die vier Hauptformen der Angst in der klassischen Neurosenlehre der Psychoanalyse als Formen reflektierter Endlichkeit im Spiegel der Unendlichkeit verstehen lassen.

Beginnen wir bei dem am meisten «gnostischen» Gefühl des Welterlebens: bei der schizoiden Angst des Ichs, verlassen und ausgesetzt zu sein im Gegen-

über einer feindseligen, fremden Welt. Wir haben in der *Verhaltensforschung*
bereits die *«Segregationsangst»* der Tiere in Augenblicken des Abgesprengt-
seins von der Herde kennengelernt; doch was wir dort nur von Fall zu Fall,
momentan, bezogen auf die soziale Gruppe auftreten sahen, erweist sich, geistig reflektiert, mit einem Mal als ein *Grundproblem* der menschlichen Existenz: in eine Welt geworfen zu sein, deren Gesetze und Spiegelregeln schon
aufgrund ihrer Unpersönlichkeit und Gleichgültigkeit gegenüber dem Einzel-
leben unheimlich, unbegreifbar und inakzeptabel erscheinen. Zu sich selbst zu
erwachen und der Welt fremd zu werden ist offenbar ein und derselbe Vorgang, so sehr, daß G. W. F. HEGEL den Akt der Bewußtwerdung mit dem
Herausfallen des Menschen aus der Bestimmung des «Substantiellen» und
«Allgemeinen» als «Sündenfall» des Subjekts schlechthin deuten konnte.[68]
Alles Leiden des menschlichen Daseins an sich selbst hat in der Tat seinen Ursprung darin, daß wir durch den Einbruch des Selbstbewußtseins dieser Welt
gegenüber zu Heimatlosen und Vertriebenen geworden sind, zu Wesen der
Verbannung und des *«Elends»*, zu «Abgesprengten» und wortwörtlich «Verlorenen». Die Isolation eines Tieres, das von der Herde getrennt wurde, bleibt,
so schmerzhaft sie auch erlebt werden mag, doch als Tatsache äußerlich und
zufällig: sie wäre unter anderen Umständen vermeidbar gewesen. Die Ausgesetztheit und Einsamkeit des menschlichen Daseins jedoch ist *wesentlich;* sie
gehört notwendig zu der Reflexivität und Personalität der Existenz: ein geistiges Wesen wie der Mensch *muß* Fragen an die Welt richten, auf welche diese
grundsätzlich nicht zu antworten vermag. Allein schon die abweisende
Stummheit bzw. die verweigerte Antwortschaft der Welt bezüglich aller Klagen und Fragen des Daseins[69] treibt die momentane Angst eines Tieres in seiner
Einsamkeit im menschlichen Bewußtsein ins Unermeßliche.

Und eben darin liegt die psychologische Dynamik der Bestimmung, in welcher von KIERKEGAARD her die menschliche Existenz als «endliche Unendlichkeit» gekennzeichnet werden kann[70]: daß die Endlichkeit selbst dem Menschen zur *Angst* gerät, geraten *muß*, und daß diese Angst vom Menschen selbst
aufgrund seiner Reflexion ins Unendliche getrieben wird. Denn dies ist der
*Kern* der qualitativen Veränderung, die das *menschliche* Angsterleben im
Unterschied zum Erleben der Tiere spezifisch kennzeichnet: daß die momen-
tanen Warnsignale der Angst, die in Augenblicken drohender Gefahr vom limbischen System im Zwischenhirn gegeben werden, im Neocortex des Menschen als Teilaufnahmen jener unvermeidbaren und unentrinnbaren Gefahr
begriffen werden, die es bedeutet, in dieser Welt als Individuum leben zu müssen. Nur wir Menschen *wissen*, daß wir in der Falle sitzen und ihr nicht ent-

kommen können, und je reflektierter, bewußter, geistiger ein Mensch sein Leben vollzieht, desto schonungsloser und ungeschminkter tritt die Unbegreifbarkeit und Unangreifbarkeit dieser Wahrheit an ihn heran.

Es war J. P. SARTRE, der das Erleben der Fremdheit, der Nichtnotwendigkeit, der Überflüssigkeit inmitten dieser Welt von kontingenten Dingen ringsum uns her in einem seiner frühen Romane ebenso eindrucksvoll wie zutreffend als *Ekel* beschrieben hat: «Wir waren ein Häufchen Existierender», schreibt er, «die sich genierten, die sich selbst im Wege standen; wir hatten nicht den kleinsten Grund, da zu sein, die einen nicht, und nicht die anderen; jeder Existierende... fühlte sich überflüssig im Verhältnis zu den anderen.»[71] «Und auch *ich* – schlaff, träge, schamlos, verdauend, den Kopf voll finsterer Ideen –, auch ich war überflüssig.»[72] «Absurd, unweigerlich; nichts – nicht einmal ein tiefer und geheimer Wahnsinn der Natur – konnte es erklären. ... die Welt der Erklärungen und Begründungen ist nicht die Welt der Existenz.»[73] Diese Entdeckung der prinzipiellen *Grundlosigkeit*, der Zufälligkeit, der Beliebigkeit, der *Absurdität* unserer Existenz treibt die «Abgespaltenheitsangst» der Tiere in eine neue, nie gekannte Dimension. Aus einer Frage der sozialen Nähe und Ferne anderer ist ein ontologisches Problem geworden. Die *schizoiden* Ängste der Psychoanalyse haben sich in eine bestimmte Art des Weltentwurfs verwandelt.

Das gleiche gilt von der Angst der Tiere, *zu verhungern:* sie gewinnt in der menschlichen Existenz ihre wesentliche Innenseite in der Reflexion der *Armut,* die das Dasein selber ist. Schon die Nicht-Notwendigkeit der menschlichen Existenz zeigt die fehlende Seinsdichte an, die zur Struktur des endlichen Bewußtseins gehört: Es wird uns Menschen niemals gelingen, einfach nur da zu sein wie ein Stück Holz oder wie ein Stück Kreide; zum Bewußtsein gehört, mit SARTRE gesprochen, der «Nullabstand», durch den wir unüberschreitbar von uns selbst getrennt bleiben. Dieses «Loch im Sein», dieser ontologische *Mangel* auf dem Grund der Existenz[74], gehört dazu, im KIERKEGAARDschen Sinne ein «abgeleitetes Verhältnis» zu sein; es führt dazu, daß wir ein offener Mund sind, voller Sehnsucht nach all den *«oralen»* Inhalten von Nahrung, Geborgenheit und Akzeptation, und doch unerfüllbar in der Maßlosigkeit seines Anspruchs.[75] Denn *wesentlich* führt die Selbstreflexion des Bewußtseins dahin, der eigenen «Offenheit» und Hohlheit innezuwerden: wir sind nicht das Sein, das jeglicher Kritik standhalten könnte; wir haben vielmehr Grund, uns für den eigenen Seinsmangel zu *schämen.*[76] Aus dem *depressiven* Gefühl der Minderwertigkeit wird auf diesem Hintergrund ein Gefühl der Insuffizienz, des Ungenügens der Existenz im ganzen; und aus den charakterlichen Besonderheiten der Angstverarbeitung der frühen Kindheit werden jetzt grundlegende Formen der Selbstwahrnehmung und des Weltbezugs.

Was wir in beiden Fällen jetzt schon feststellen können, ist *die Ausdehnung* beziehungsweise *die Verwesentlichung* der psychoanalytisch beschriebenen Angstthemen zu Aspekten grundsätzlicher Infragestellungen der menschlichen Existenz. Die Ursache der Angst liegt jetzt nicht mehr in dem Verhältnis des Menschen zur Welt an sich, wie sie in den Grundängsten der Verhaltensforschung im Leben der Tiere schon erscheint, sie liegt auch nicht mehr nur in dem – durch die zufälligen Gegebenheiten der Kindheit geprägten – Verhältnis des Ichs zu den anderen Menschen, wie die Psychoanalyse lehrt; Ursache der Angst ist jetzt wesentlich die Bewußtwerdung des In-der-Welt-Seins des menschlichen Daseins selbst. Zum ersten Mal sehen wir uns damit einem Problem gegenüber, das sich in dieser Weise noch nicht gestellt hat: Bisher hatte die Angst den Zweck, gegenüber einer drohenden Gefahrensituation durch entsprechende Maßnahmen (letztlich in Form von Flucht oder Angriff) Abhilfe zu schaffen; jetzt aber ist ein Punkt der Bewußtwerdung erreicht, an dem es letztendlich kein Ausweichen noch Abwehren mehr gibt. Der *existentiellen Angst* müssen wir uns *stellen;* sie ist die Essenz eines bewußten Lebens, und es kann fortan nicht mehr darum zu tun sein, die Angst zu vermeiden, es kommt darauf an, ihr ins Auge zu blicken und mit ihr zu leben; die Frage ist jetzt nicht mehr, ob, sondern wie wir mit Angst umgehen.

Besonders deutlich wird dieser Umstand angesichts der notwendigen *Endlichkeit des Daseins.* Zur menschlichen Existenz gehört es, jederzeit um die Unabweisbarkeit des Endes, des «Beutegreifers» Tod, zu wissen. Aber was folgt daraus? M. HEIDEGGER betrachtete unter den gegebenen Bedingungen des «In-der-Welt-Seins» das Vorlaufen auf den Tod, mithin das Wissen um die «Vorläufigkeit» des Daseins als einen «Entwurf» auf die «Endgültigkeit» bzw. auf das mögliche «Ganzsein» der Existenz[77], – ein Gedanke, der besonders von K. RAHNER theologisch aufgegriffen wurde.[78] J. P. SARTRE demgegenüber machte zu Recht geltend, wie viele im Grunde bereits religiöse Momente in HEIDEGGERS Bestimmung des Existentials der «Endgültigkeit» des Daseins enthalten seien; keinesfalls, meinte er, stelle das Ende eines menschlichen Lebens so etwas wie ein «Ganzsein» des Daseins dar; ganz im Gegenteil beende der Tod das Leben in einem Augenblick, wo es nie hätte zu Ende sein dürfen: Nur einen Atem noch, und es würde ein Sterbender, besäße er die genügende Kraft, zu seinem ganzen Dasein womöglich noch einmal ganz anders Stellung nehmen. Der Tod – das war für SARTRE die Auslieferung des Für-sich-Seins an das radikale Für-andere-Sein[79]; Sterben, das bedeutete in seinen Augen den

Triumph der anderen, die vom Grabe aus den Wert und die Bedeutung eines vergangenen Lebens zu dekretieren anfangen. In Wahrheit gibt es nur das Leben; es gibt kein Sich-Entwerfen auf den Tod[80]; der Tod bleibt das schlechtweg Inakzeptable[81]; er ist nichts weiter als unsere Negation, die zu negieren unser Leben ist. Und daraus ergeben sich nun für den Umgang der Menschen miteinander, *sozialpsychologisch* also, weitestreichende Konsequenzen.

Für SARTRE insbesondere bedeutete die Analyse der Todverfallenheit des Daseins, daß der *Kampf* gegen die eigene Negiertheit nur als die Negation des Anderen rücketäußert werden könne. Im Feld des fundamentalen *Mangels*[82] sei die «Überzähligkeit» des eigenen Seins unter den Augen des Anderen unvermeidlich[83]. Ursprünglich waren es die Ansätze aus HEGELS *«Phänomenologie des Geistes»*[84], die SARTRE in seinem Hauptwerk *«Das Sein und das Nichts»* dazu bestimmten, die Begegnung zweier Bewußtseine als ein Verhältnis wechselseitiger Umqualifizierung und Umfunktionalisierung zu deuten[85]: wo irgend ein Ich einem «Fremd-Ich» (in der Sprache FICHTES)[86] begegnet, beginnt notwendig die Frage, wer wessen Freiheitsentwurf «anbohrt» und zum Auslaufen bringt, wer wen zum «An-sich-Sein» erniedrigt und die Sicht *seiner* Qualifikationen gegen den anderen durchzusetzen vermag.[87] Erst nach dem 2. Weltkrieg, unter dem Einfluß des *Marxismus,* interpretierte SARTRE seine existentiellen Bewußtseinsanalysen noch einmal um und deutete sie jetzt als Erscheinungsformen des Für-sich-Seins im Status des *gesellschaftlich bedingten* Mangels.[88]

Was *uns* an diesen Überlegungen interessiert, ist die Reduktion der menschlichen Beziehung auf den existentiellen Gegensatz einer Angstform, die wir vorhin in psychoanalytischer Sicht als durch und durch *zwangsneurotisch* kennengelernt haben: Das gesamte Feld der Intersubjektivität gefriert hier zur Austragung der unerbittlichen Entscheidung von Unterwerfung und Herrschaft, von Unterordnung und Durchsetzung, von Masochismus und Sadismus, – die «Liebe» erscheint unter diesen Voraussetzungen als nichts denn eine kurzzeitige Illusion[89], als eine subjektive Verschleierung des Grundkonflikts. In einer vom Tode bestimmten Welt gilt es, den Tod zu instrumentalisieren: die Geschichte von *Kain und Abel* als das Grundmodell von Existenz und Geschichte! Solange die Phase der *antagonistischen Gegensätze* in einer Welt des Mangels andauert, wird auch die Dialektik von Terror und Gegenterror, von Gewalt und Gegengewalt[90], von Angst und Angstverbreitung bis in den persönlichsten Bereich hinein Gültigkeit behalten. Und selbst wenn die *materielle* Not einmal ein Ende finden würde, blieben wir immer noch, was wir sind: eine «unendliche Begierde», die sich *schämt,* in ihrer «Nacktheit» dem anderen unter die Augen zu treten.

Eben deswegen besteht ein exquisites Problem des *zwangsneurotischen* Erlebens in dem Suchen nach kritikfreier Perfektion. Wenn der «Beutegreifer» in Gestalt des Anderen jede Schwäche, jeden Fehler, jeden Ausfall an Wachsamkeit mit Vernichtung bedroht, so gilt es, schon aus lauter Angst, sich so vollkommen, so kompakt, so unangreifbar wie nur irgend möglich zu machen.

Doch nicht nur die «Zwangsneurose» läßt sich als ein Teilmoment des geängsteten «Für-andere-Seins» beziehungweise des «In-der-Welt-Seins» existenzphilosophisch begründen, – neben Kontingenz und Einsamkeit *(Schizoidie)*, Armut *(Depression)* und jetzt der *zwanghaften* «Wahl» zwischen Macht oder Ohnmacht, Perfektion oder Vernichtung, besitzt auch das «ödipale» beziehungsweise das *hysterische* Thema von Geltung und Anerkennung durch eine fremde Autorität eine eigene existentielle Dynamik der Angst, deren «Realform» wir schon in dem *Spott* und der *Strafe* durch andere Gruppenmitglieder auf der Ebene der Tierpsychologie kennengelernt haben.

Die Auseinandersetzung findet jetzt nicht mehr auf der Ebene des Willens, in der Alternative von Selbstbestimmung und Fremdbestimmung statt, sie dreht sich vielmehr um die Qualifiziertheit, die jemand sich selber gibt oder (durch eigene Entscheidung!) von anderen übernimmt. Existenzphilosophisch betrachtet, erscheint die *Hysterie* als ein Ausweichen vor dem eigenen Sein durch Flucht in fremde Rollenvorschriften[91], stets in der Hoffnung, auf diese Weise die mangelnde Liebe und Wertschätzung zu erringen. Notgedrungen ist diese Hoffnung allerdings trügerisch: der Beifall für die *übernommene* Rolle gilt nicht dem eigenen, nur dem entfremdeten Ich, er berührt nicht die Wahrheit des Selbstseins, er prämiert allenfalls die gelungene Täuschung des Für-andere-Seins. Auch die Hysterie ist, so betrachtet, nichts als eine Flucht vor der entfremdenden Angst, die ein Mensch durch sein Auftreten im Herzen eines anderen Menschen erzeugt; sie ist vor allem eine Folge der Überwertigkeit des Anderen bzw. des Kleinheitswahns des eigenen Ichs, durch welche ein quasi «ödipaler» Mechanismus von projektiver Verehrung des Anderen und reaktiver Angstflucht freigesetzt wird. «Es geschieht mir immer wieder», sagte eine Frau mit einer ausgeprägt hysterischen Persönlichkeitsstruktur: «erst setze ich den anderen auf den Sockel, um ihn anbeten zu können, und dann bin ich es leid, mich vor ihm in den Staub zu werfen, und stoße ihn wieder herunter.» Was diese Frau mit ihren Worten sich fast schon bis zur Bewußtseinsgrenze nahelegte, war die Einsicht in den verborgenen *geistigen* Grund ihrer stets unglücklichen, leidvollen Formen der Partnerwahl: sie vermied es mit all ihren wechselvollen Beziehungen, ein eigenes Selbst im Gegenüber einer anderen Person auszubilden.

Doch diese Einsicht läßt sich nun generalisieren. Alle *vier* Neuroseformen, solange wir sie *psychoanalytisch* betrachtet haben, lasen sich bisher als verinnerlichte Formen frühkindlicher und kindlicher Angstsituationen, und wenn auch die Themenstellungen im einzelnen phasenspezifisch als unausweichlich erschienen, so war doch *der Stärkegrad* der Angst und damit auch *die eigentlich neurotisierende Wirkung* der jeweiligen Konflikte individuell wie kulturell «flexibel», also in gewissem Sinne «zufällig». Anders stellt sich der Sachverhalt der Angst jetzt in existentialphilosophischer Betrachtung dar: Alle Ängste, die wir bereits im Tierreich betrachten konnten, erscheinen nunmehr als *Verunendlichungen* situativer Gefahrenmomente im Spiegel des Bewußtseins. Es sind auf dieser Erde einzig wir Menschen, die begreifen, daß es *ihr wesentliches Schicksal* ist, *fremd* und *arm* auf dieser Welt zu sein und von Ohnmacht und Tod beziehungsweise von *Ablehnung* und Zurückweisung bedroht zu werden, und zwar gerade von dem Anderen neben uns. Einzig wir Menschen sind deshalb geneigt und genötigt, auf diese Ängste, die wir als grundsätzlich erleben, grundsätzliche Antworten zu geben.

Allein diese Einsicht in den *geistigen* Ursprung der Angst markiert bereits die qualitative Veränderung in der Art des menschlichen Angsterlebens. Und doch haben wir bislang nur die Formen erfaßt, welche die «realen» Angstsituationen annehmen, wenn sie sich im Bewußtsein als letztlich unvermeidbare Gefahren reflektieren: sie erreichen selbst bereits ein quasi «neurotisches» Format, das heißt, sie tauchen unser Dasein in ein Ausmaß von Leid, das in sich selbst bereits Krankheitswert annehmen kann. Die eigentliche Problematik indessen liegt erkennbar jetzt schon nicht mehr in der Angst, die *aus der Reflexion der Welt im Bewußtsein* entsteht; was jene Hysterikerin sich bereits nahelegte, ist eine Einsicht, die noch weit tiefer als alles bisher Gesagte reicht: die stärkste Angst, die das Bewußtsein erleiden kann, liegt in der Angst des Bewußtseins vor der eigenen *Bewußtheit*, vor der eigenen *Freiheit*, vor der *Zuständigkeit* für alle Lebensentwürfe.[92] Selbst die psychoanalytische Betrachtung kann jetzt als Mittel verwandt werden, sich selber zu entkommen, zeigt sie das Ich des Einzelnen doch stets nur als (kindliches) Opfer der von fremdher verfügten Vergangenheit; indessen möchte die Psychoanalyse als Therapieform natürlich gerade im Gegenteil erreichen, daß jemand endlich damit *aufhört,* ein ewiges Kind zu sein, und damit *beginnt,* die Verantwortung für sich selbst zu übernehmen. Methodisch gesprochen, kann man deshalb auch sagen, daß im Fortgang der Behandlung die Psychoanalyse sich unter der Hand zur *Daseinsanalyse* transformiert, indem sie lehrt, das eigene Leben als den Entwurf einer zurückgewonnenen *Freiheit* zu betrachten.

*Freiheit!* – In unserer Kultur sind die meisten noch nicht neun Jahre alt, da wird ihnen, zum Beispiel im Kommunionunterricht, beigebracht, daß sie, im Unterschied zu den Tieren, *frei* seien, fähig also, zwischen Gut und Böse selbst zu entscheiden. Doch so hoch der Gewinn von Bewußtheit und Freiheit im Verlauf der Evolution auch veranschlagt werden mag, es muß dafür ein Preis entrichtet werden, der in einem unvermeidbaren Zuwachs an *Angst* besteht, einer Angst, die jetzt nicht länger mehr von außen an das Ich herantritt, sondern die mit der Ichhaftigkeit selber identisch ist und uns zwingt, die gesamte bisher beschriebene Angstthematik noch einmal vom anderen Ende, *vom Selbstsein selber her* zu lesen. Bislang genügte es, *Angst* im Erleben des *Menschen* als das Bewußtsein der *Endgültigkeit* aller endlichen Angstsituationen zu verstehen und sie somit als eine Art «verunendlichter Endlichkeit» zu deuten; *jetzt* kommt es darauf an, die «Synthese» aus «Endlichkeit» und «Unendlichkeit», die den menschlichen «Geist» auszeichnet, selber als Angstquelle zu interpretieren.[93]

Wie schwer es ist, *bewußt* zu existieren, zeigt sich bereits daran, daß wir Tag um Tag alle möglichen Vorrichtungen treffen, auch noch die ca. acht Stunden, in denen wir neben Schlafen und mechanischer Routine wenigstens einigermaßen bewußt existieren *könnten*, so kurz zu halten, als es irgend geht: Drogen und Genußmittel, seichteste «Unterhaltungen» in «Gesellschaft», wahlloser Konsum ablenkender Medienprogramme – wann eigentlich haben wir den Mut, nach BLAISE PASCALS Vorschlag es auch nur einmal zwanzig Minuten lang mit uns selber auszuhalten?[94] In gewissem Sinne gleicht unsere Lebensführung einer einzigen sorgfältig inszenierten Flucht vor uns selbst. «Ich sage dir», läßt DOSTOJEWSKIJ einmal den Großinquisitor der katholischen Kirche zu dem wiedererschienenen Christus sprechen, «der Mensch kennt keine qualvollere Sorge als die, möglichst rasch ausfindig zu machen, wem er jene Gabe der Freiheit zu Füßen legen könnte, mit welcher dies unselige Geschöpf geboren wird. Die Freiheit des Menschen beherrscht aber bloß, wer ihr Gewissen beruhigt... Vergaßest du denn, daß der Mensch Ohnmacht, ja den Tod vorzieht der freien Wahl in der Erkenntnis von Gut und Böse?»[95] Augenscheinlich gibt es nichts, was dem menschlichen Bewußtsein als *unheimlicher* erscheinen könnte als die Wahrnehmung der Freiheit, die mit der Bewußtheit selbst gegeben ist. Auch die Psychoanalyse vermag den Menschen nur bis zur Freiheit hin zu befreien. Die Angst (vor) der Freiheit kann sie ihm nicht nehmen. Am Ende der Durcharbeitung aller «fremdverschuldeten» Ängste steht der Mensch sich selbst, seiner eigenen «Daseinsschuld» in HEIDEGGERschem Sinne: als dem *Ruf* des Seins zur Eigentlichkeit, gegenüber[96], und es taucht jetzt eine Frage auf, wie sie so radikal seit den Tagen der «Gnosis» wohl wirklich in der Geistesgeschichte des Abendlandes nicht mehr gestellt wurde: wie erträgt der Mensch seine Freiheit, oder, anders gesagt: woher gewinnt er den Mut zu sich selbst?

Um auf diese Frage eine *positive* Antwort zu geben, müssen wir zunächst die *Fluchtwege* beschreiben *und verriegeln,* auf denen die Freiheit des Menschen selber sich zu entkommen versucht sein kann. Was wir dabei entdecken werden, ist eine Art *daseinsanalytischer Neurosenlehre,* indem wir die aufgeführten klassischen vier Formen der Angst in der Psychoanalyse jetzt als *Auslegungsformen der Freiheit im Status ihrer Selbstverneinung* lesen können.

Freiheit – das war, nach der uns bereits bekannten Definition KIERKE-GAARDS, eine *Synthese* aus Endlichkeit und Unendlichkeit, aus Notwendigkeit und Möglichkeit, aus Zeitlichkeit und Ewigkeit. In seiner für die Existenzphilosophie entscheidenden Arbeit über *«Die Krankheit zum Tode»* hat der dänische Religionsphilosoph selbst bereits rein deduktiv aus seiner Definition des «Selbst» eine ganze Palette möglicher Formen eines «Mißverhältnisses» zu sich selbst abgeleitet, die alle eines gemeinsam haben: daß jemand auf *verzweifelte* Weise er selbst sein will oder daß er auf verzweifelte Weise *nicht* er selbst sein will. Unterhalb dieser beiden Hauptformen der «Verzweiflung aus Trotz» und der «Verzweiflung aus Schwäche»[97] aber hat KIERKEGAARD näherhin eine Reihe konkreter Verzweiflungsformen beschrieben, von denen *vier* wie geschaffen sind, um die entsprechenden Angstformen der Neurosenlehre einmal *von innen her,* nicht in ihren äußeren Ursachen zu *erklären,* sondern in ihrem «Sinn» zu *verstehen.*

Wenn die Freiheit dem Menschen infolge der *Angst,* die zu ihr gehört, als eine zu schwere Last erscheint, so gibt es nur *ein* Verfahren, um dem *«Verfluchtsein» zur Freiheit* zu entrinnen: man kann *die Synthese verweigern,* aus welcher die Freiheit entsteht. *Logisch* gesehen ist das ganz einfach: man braucht «nur» den jeweils einen Pol des Gegensatzpaares absolut zu setzen, dessen innere Spannung die Freiheit konstituiert, und schon bricht der Brückenbogen der Freiheit über dem Abgrund der Angst, den er überwölbt, in sich selber zusammen.

Nehmen wir zum Beispiel nur den Gegensatz der *Notwendigkeit* und der *Möglichkeit* als der ersten beiden idealen Konstituenten der Freiheit.[98] «Freiheit» – das hieße, zwischen Sollen und Wollen, zwischen Pflicht und Neigung, zwischen Müssen und Mögen eine innere Einheit durch eigene Entscheidung zu definieren; jedoch: wer selber wählen muß, kann sich auch irren.

Um die Angst, *schuldig* werden zu können, *auszuschalten,* kann es als «sinn-

voll» erscheinen, den Bereich der eigenen Zuständigkeit im Feld persönlich zu
treffender Entscheidungen schlechtweg aufzukündigen und sich in eine Welt
hineinzuentwerfen, die *nur noch aus vorgegebenen Zwängen,* Geboten, Anweisungen, Verordnungen, Vorschriften und Paragraphen besteht. «Zu tun
ist, was zu tun ist», – «Befehl ist Befehl», – «Watt mutt, datt mutt», – «Ordnung muß sein», oder, die uns schon bekannte Angstformel gegen jede noch so
kleine Regung von Freiheit und Experiment: «Wo führt das denn hin» – *so*
oder ähnlich lauten die Redensarten der selbstgeschaffenen Freiheitsberau-
bung.

Es spricht für sich selbst, wenn wir sehen, daß diese *«zwangsneurotische»*
«Logik» *die Argumentationsweise der kirchlichen Theologie* auf Schritt und
Tritt bestimmt: Was nicht in das Gatter ihrer Gebote paßt, ist identisch mit
Sünde, Chaos, Willkür und Anarchie, und es darf bis in die intimsten Gefühls-
bereiche hinein keine Zonen geben, an denen das kirchliche Lehramt nicht
genauestens eingeweiht wäre in die Bestimmungen des «Sein-Sollenden». Insbesondere die Welt der *Gefühle* erscheint unter solchen Voraussetzungen als
eine Sphäre stets lauernder Gefahren, die es mit Hilfe «vernünftiger» Gründe
zugunsten aller möglichen Sollensvorschriften auszuschalten gilt.

Gönnen wir uns an dieser Stelle einen kleinen Exkurs und betrachten wir zur
Verdeutlichung nur einmal die Art der offiziösen kirchlichen Unterweisung
ein paar Zeilen lang genauer. Ostern 1993 zum Beispiel: jeder katholische
Bischof in der BRD stand da vor der Frage, wie er die «Botschaft» der «Auferstehung» an «seine» «Gläubigen» «angemessen» «weitergibt» (lauter Begriffe
schon, die das hierarchische Gefälle eines stablinienförmig von oben nach unten gerichteten Monologs deutlich machen!). Ein weniges an Sprachanalyse
bereits kann dabei die offiziöse Gemütslage der beamteten Kirche offenbar-
machen.

«Weil Jesus Christus durch seine Auferstehung schon in diesem Leben Anteil an seinem göttlichen Leben schenkt, sollten Dankbarkeit und Freude als
Grundeinstellung das Leben bestimmen. Das betonte Erzbischof JOHANNES
JOACHIM DEGENHARDT in seiner Predigt während eines feierlichen Pontifikalamtes am Ostersonntag im Hohen Dom zu Paderborn», – mit diesen
Worten veröffentlichte der Pressedienst des Paderborner Generalvikariats in
allen Ortszeitungen am 13. 4. 93 die Predigt des Ortsoberhirten,[99] und schon
bei diesen Sätzen wird man «mißtrauisch». *«Weil»* Jesus dies und das getan hat,
folgt daraus ein Sollensanspruch an irgendein *Gefühl* als Grundeinstellung;
man spürt von Anfang an: hier werden Gefühle herbeigeredet und mit «weil»
und «sollten» verordnet – Glaubenserfahrungen werden hier ersetzt durch

Zwangsbehauptungen; es ist schwer vorstellbar, wie unter solchen Umständen je noch eine Einheit von Glauben und Freiheit möglich sein soll.

Doch sehen wir weiter zu! – «Geheimnis», fährt der Erzbischof fort, «sei schon die Weitergabe des Lebens, bei der Mann und Frau in Liebe zu ‹Mitarbeitern Gottes› würden.» – Wie also? Da folgt aus der «Dankbarkeit gegenüber dem Leben», weil Jesus «auferstanden» ist, daß zum Beispiel künstliche Empfängnisverhütung moralisch verboten ist? – Ein geistiger salto mortale, unzweifelhaft, doch «im Dienste des Lebens» ist auch ein solcher logischer ‹Todesüberschlag› offenbar schon einmal zu wagen. Doch man muß weiterfragen! Wie kommt nur «die Liebe» dazu, aus «Mann und Frau» *Mitarbeiter* (Gottes) zu machen? Das gilt zumal, wenn man die Liebe jeder erotischen Poesie beraubt und vor allem: wenn man die Frauen «kraft des göttlichen Geheimnisses» (der Liebe) in Schach halten kann. Drum folgt denn auch gleich schon im nächsten Satz: «Bei der Weitergabe des Lebens komme der Frau besondere Bedeutung zu, weil sie das Kind neun Monate lang in ihrem Leibe trage.» Aber dann ist da kürzlich in den Niederlanden eine Gesetzesnovelle verabschiedet worden, die unter bestimmten Voraussetzungen *die Euthanasie* für legal erklärt! Klar: auch dagegen muß etwas im Namen der Auferstehung Jesu getan werden! Gleich im nächsten Satz muß es deshalb weitergehen: «Geheimnis sei aber auch der Tod als Ende menschlichen Lebens.» «Das Leben sei Geheimnis, weil es von Gott geschenkt sei, der als der Dreieine das Leben in Fülle und ‹in sich selbst Gemeinschaft› habe.» «Deshalb dürfe kein Mensch sein eigenes Leben beenden, aber auch nicht willkürlich über das Leben eines anderen entscheiden.»

Nicht nur, daß hier zentrale Glaubensaussagen des Christentums zu nichts anderem herhalten müssen, als zur Begründung bestimmter Moraldoktrinen zu dienen, – am meisten verblüfft die Willkür des Denkens, dem jeder Kurzschluß offenbar recht ist, wenn er nur dazu verhilft, recht bald das moralisierende «Wunschthema» zu artikulieren: Auferstehung = Leben = Ja zum Leben = Paragraph 218 und Empfängnisverhütung = Verbot der Euthanasie, so einfach geht das. Dabei wird das geistige Chaos ständig mit scheinlogischen Formeln wie «weil – deshalb» kaschiert, so daß jeder begreift: hier soll dem Anspruch nach etwas zusammengezwungen werden, das innerlich nichts miteinander zu tun hat; so aber *muß* es zugehen, weil das Hauptinteresse dieses Denkstils von vornherein darauf gerichtet ist, bestimmte Gefühle, vorwiegend aus dem Sexualbereich, einer (männlichen) Rationalisierung zu unterwerfen. «Christus ist auferstanden» – das heißt *jetzt schon: Frauen*, überlaßt euch nicht einfach der Liebe, denkt, daß ihr Kinder zur Welt bringen müßt; und vor allem, ihr Gläubigen: akzeptiert freudig *das Leiden*, es ist immer von Gott.

Jetzt fehlt neben «Opfer» und «Fruchtbarkeit» nur noch *die Stabilisierung des Tradierten* gegenüber dem drohenden Umsturz des Neuen; und prompt geht es denn auch in der erzbischöflichen Predigt weiter: «Das Ja des Christen zum Leben beinhalte den Willen zur Weitergabe des Lebens. ‹Es muß uns erschrecken, daß viele junge Menschen ihr Leben nicht weitergeben wollen, offenbar, weil sie ihr Leben nicht schätzen oder weil sie Angst vor der Zukunft oder vor der Belastung haben, die mit Kindern auch verbunden ist›, sagte der Erzbischof. Das Ja zum Leben heiße schließlich auch Ja zur Erziehung von Kindern. Eltern seien die ersten Glaubensboten.»

Jetzt endlich also ist es heraus: die Christenheit soll sich «bezeugen» durch das «Zeugnis» des «Zeugens» möglichst vieler Kinder. – Natürlich gibt es gegenwärtig eine Fülle sehr realer Ängste, die junge Leute daran hindern können, ohne weiteres Kinder in diese Welt zu entlassen: – Überbevölkerung, Umweltzerstörung usw., all das kann das «Ja zum Leben» in der Tat sehr vorsichtig aussprechen lassen, und natürlich ist in den bischöflichen Worten weit und breit nicht zu hören, wie diese nur allzu berechtigten Sorgen sich mit der Botschaft von der «Auferstehung» Jesu durcharbeiten und beruhigen ließen. Statt dessen kleidet sich die subjektive Angst, sich auf irgendein wirkliches Problem einzulassen, in ein scheinbar göttliches, objektives Wissen, das keinerlei persönliches Empfinden mehr zuläßt. In bischöflicher Optik jetzt sind es allenfalls die anderen, die zu wenig in kirchlichem Sinne «Glaubenden», die «Angst» haben können. Ein echter Christ demgegenüber hat «dankbar» zu sein für die Erziehung, die er schon als Kind (von seiner Mutter) empfangen hat.

Es ist ganz klar: eine solche bischöfliche Predigt furcht wie eine Harke durch die Beete und Wege des «Gartens Gottes»: Wer so lebt und handelt, wie der Bischof es hier sagt, kann nichts mehr falsch machen – *das* ist der «Vorteil» dieser «freudigen» «Grundeinstellung»; und doch wirkt alles hier aufgesetzt, aufgezwungen und «falsch», weil verfälschend: es läßt kein eigenes Leben mehr zu. Würde der Bischof sagen: *Auferstehung* – das ist der Mut zum eigenen Sein, die Erlaubnis zum eigenen Fühlen, die Kraft zum eigenen Urteilen, ja, dann sähen wir weiter! Doch dann bekäme *er selbst* Angst – und zwar vor der Freiheit der eigenen Gläubigen! – Kehren wir vom Beispiel zum Thema zurück.

*«Zwangsneurose»* ist, *daseinsanalytisch* betrachtet, eine solche Form der *Flucht* in die Notwendigkeit unter konsequenter Ausschaltung der Kategorie des Möglichen. Dreht sich die Fluchtrichtung indessen spiegelbildlich um, so ergibt sich idealtypisch das Gegenstück der Zwangsneurose in Gestalt der *Hy-*

*sterie.* In ihr herrscht die umgekehrte *Angst vor* jeder Form von *Festgelegtheit und Bindung,* die subjektiv wie eine Art (ödipaler) Überwältigung empfunden wird. Insbesondere *in der Liebe* bedeutet für das hysterische Erleben jede Form von verbindlicher Nähe eine Einengung des Spektrums anderer Wahlmöglichkeiten, die es deshalb mit allen Mitteln als Rückzugsraum offenzuhalten gilt. Ständig muß der Hysteriker sich beweisen, daß es noch möglich ist, *anders* zu leben, *anderes* zu tun, *anderes* zu erstreben, als es gerade der Fall ist. Zu seinem Unglück nimmt der «Verzweifelte der Möglichkeit» sich natürlich auf diese Weise jede Chance, *wirklich* zu werden. Er gleicht sein Leben lang gewissermaßen einem Lotteriespieler, der aus Angst, nicht den ganz großen Gewinn zu ziehen, immer wieder seinen Einsatz verzögert, oder anders gesagt: er verhält sich wie ein Huhn, das den Ausweg aus seiner Gefangenschaft nicht zu finden vermag, weil es aus lauter Angst immer wieder an dem einen entscheidenden Punkt vorbeiläuft, an dem es innehalten müßte, um seine «eigentliche» Richtung zu finden. Um seine Freiheit zu erhalten, kommt der Hysteriker daher niemals dahin, seine Entscheidungsmöglichkeit *zu realisieren,* und so vertut er seine Freiheit, um sie nicht zu verlieren.

Dabei muß man sehen, daß beide Haltungen, die Zwangsneurose wie die Hysterie, sich *auf derselben Ebene* der Angstdynamik bewegen und sich unter Umständen gegenseitig hervortreiben: die *zwangsneurotische* Betrachtungsweise wird sich durch das scheinbar verworrene Verhalten der Hysterie ihrer Prinzipientreue und Eindeutigkeit geradewegs bestätigt fühlen, während die *hysterische* Haltung vor der Starre des zwangsneurotischen Gehabes ihrerseits wie phobisch zurückschaudert. Leicht kann es dabei, zum Beispiel zwischen zwei Eheleuten oder zwischen Eltern und Kindern, zu einer tragischen Schicksalsgemeinschaft kommen, in der die Beteiligten sich wechselseitig in der Rolle von Täter und Opfer bestärken.

In seinem Theaterstück *«Maria Magdalena»* hat zum Beispiel FRIEDRICH HEBBEL vor 150 Jahren an der Gestalt des «rechtschaffenen» Tischlermeisters *Anton* und seiner Tochter *Klara* unübertrefflich diesen zwangsneurotischen Konflikt zwischen «Pharisäer» und «Hure», zwischen strenger Korrektheit und verzweifelter Suche nach Liebe aufgezeigt. Für *Klara* ist es nicht möglich, an die Erlaubtheit ihrer Gefühle zu glauben, und so kann sie ihre Hingabe an ihren Verlobten, den Schreiber *Leonhard,* nur wie etwas Heimliches, Verstohlenes zwischen Todessehnsucht und Wahnsinn leben, das der Vater *verflucht* und mit der Schuld an dem Tod der Mutter belegt. Die uralte «kirchliche» Angst vor einem unehelichen Kind ist wohl niemals ergreifender dramatisiert worden als in dieser HEBBELschen Tragödie. Moral erstarrt hier zum fanatischen Vorurteil, und es gibt in ihrem Schatten keine Versöhnung mehr mit dem menschlichen Gemüt; Genauigkeit, Bigotterie und Bibelstrenge, Schulden-freiheit in Geldangelegenheiten, Festigkeit, die sich durch Gefühligkeiten nicht beirren läßt – so geht *Meister Anton* stets mit steifem Rückgrat einher, und er merkt nicht, wie er das Leben und die Liebe dabei unter die Füße tritt.[100] – Auch LEO TOLSTOIS Roman *Anna Karenina*[101] kann als ein Beispiel für diese Polarisierung der Freiheit in *zwangsneurotische* Untadeligkeit und unglück-selige *Hysterie* dienen. Hier wie dort geht es um ein Gelebtwerden von außen. «Du fürchtetest nur das Zischeln der Zungen, aber du sahst nicht die Schlan-gen, denen sie angehören», hält in HEBBELS Drama der Sohn *Karl* zu Recht seinem Vater vor, der am Ende die Welt nicht mehr versteht.[102]

Ein *anderes* logisches Gegensatzpaar, das die menschliche Freiheit konstitu-iert, wird durch den *Kontrast von Endlichkeit und Unendlichkeit* gebildet. Es war KIERKEGAARDS Genie, die *Melancholie* (beziehungsweise die «Depres-sion») als *«Verzweiflung der Unendlichkeit»*[103] erkannt zu haben. Auch in der Depression liegt der «Sinn» aller Qualen darin, die eigene Freiheit und damit die Möglichkeit der Schuld zu fliehen. Zwar kommt der Depressive buchstäb-lich um vor Schuldgefühlen, doch die Unendlichkeit seiner Selbstanklagen und Selbstbezichtigungen, wie unfähig und schlecht er sei, dient erkennbar nur dem Zweck, den möglichen Vorwürfen anderer zuvorzukommen, ja, ihren Schuldspruch nach Möglichkeit ins Absurde zu setzen: wenn jemand derart jenseits allen Menschenmaßes *immer noch* sich verantwortlich und zuständig fühlt, wie der Depressive, wer wollte ihm dann noch Ausweichen und Ver-sagen vorhalten? Und doch verhält es sich so, daß die depressive Lebensein-stellung *in die ganze Welt* flüchtet, nur um niemals bei sich selbst ankommen zu müssen. Lieber, sozusagen, alle Übel und Mißhelligkeiten der Erde ertragen und auf sich nehmen, als die überschaubaren und veränderbaren Mängel am Ort anzugehen! Denn für das Unmögliche, für das Unendliche kann letztlich kein Mensch mehr zur Rechenschaft gezogen werden. Nur das Konkrete ist einklagbar. Man hat die Verelendung der Dritten Welt nicht verhindert – sich *dafür* schuldig zu fühlen ist in gewissem Sinne weit ehrenvoller, als mit dem allzu knapp bemessenen Haushaltsgeld nicht zurecht zu kommen. All die «Symptome» der Depression: das Unvermögen, sich abzugrenzen, Wünsche zu äußern, Nein zu sagen, Konflikte einzugehen, eigene abweichende Stand-punkte zu verteidigen, haben ihre innere Mitte in der Angst, als konkrete Frei-heit, hier und jetzt, erreichbar, also verwundbar und verletzbar zu sein. Die Entscheidung *für den Augenblick* wäre gleichbedeutend mit dem Ende des paulinischen Anspruchs, «allen alles zu sein» (1 Kor 9,22).

Spiegelbildlich, wiederum, steht das Problem der *Abgrenzung* paradoxerweise allerdings auch in der Mitte der *Schizoidie,* die man mit KIERKEGAARD als die *Verzweiflung der Endlichkeit*[104] bezeichnen könnte. Ständig flieht der Schizoide vor dem Leben der Wirklichkeit in den Tagtraum der Phantasie, der ihm allemal verständlicher und näher erscheint als die Fremdheit und Ferne anderer Menschen. Der *Depressive* kann aus Angst, von dem anderen verschlungen zu werden, sich voller Verzweiflung an den anderen klammern, um mit ihm zu verschmelzen; der *Schizoide* umgekehrt fürchtet gerade deshalb die Annäherung an den anderen, weil er sich seiner Ichabgrenzung nicht sicher ist; er braucht immer wieder die *Distanz,* den äußeren oder inneren Rückzug, um dem anderen zu entgehen; und am liebsten ergeht auch er sich, ähnlich der *hysterischen* Haltung, im *Rollenspielen,* allerdings nicht, um, wie in der Hysterie, die anderen zu beeindrucken und von ihnen als möglichst attraktiv empfunden zu werden, sondern ganz im Gegenteil: um die anderen äußerlich zufriedenzustellen und von ihnen in Frieden gelassen zu werden. «Hier hast du dein Essen, und jetzt vergiß den Kellner», nach dieser Devise möchte der Schizoide durch seine Rollen sich nicht mitteilen, sondern verbergen. Indem er *alles* sein kann, braucht er niemals wirklich zu werden, und so erhält er sich unter Umständen einen narzißtischen Größenwahn, dessen Format nur darin besteht, niemals so «primitiv» gewesen zu sein, etwas Rechtes begonnen zu haben. Gott war allmächtig nur vor dem ersten Schöpfungstage, – seither muß man selbst den Erhabenen messen dürfen nach seinen Werken. Da aber sei dem Schizoiden Gott vor! Solange er kann, wird er darauf bestehen, zumindest in einem bestimmten Bereich seiner selbst, den kein anderer jemals betreten darf, ein *Geheimnis* zu hüten, – den Tempel seines wahren verborgenen Wesens, den Palast seines Ichs, da man wartet auf König Johann Ohnelands Rückkehr.[105]

In einem gewissen Sinne kann man all diese (hier nur recht schematisch wiedergegebenen) Formen eines verzweifelten Daseins mit den Augen KIERKEGAARDS auch als *Verabsolutierungen* von Ängsten lesen, die zur Geistigkeit und Freiheit der menschlichen Existenz wesensnotwendig gehören. In christlicher Terminologie müßte man an dieser Stelle sogar streng von *«Sünde»* sprechen als von einem Versuch, wie «Gott» sein zu wollen: Alles-Sein, Alles-Haben, Alles-Machen, Alles-Können[106] – das sind die Endpunkte einer Angst, die sich selber als *endliche Unendlichkeit* nicht mehr erträgt, sondern die eigene Verunendlichung *braucht,* selbst wenn sie in die vollkommene Endlichkeit sich zu vergraben sucht. Längst schon hat die Angst jetzt den Wert eines Warnsignals eingebüßt; *sich selbst überlassen,* ist sie inzwischen selber zu der größten Gefahr des Menschen geworden: sie nötigt ihm Daseinsentwürfe auf, in denen er die eigene Angst nicht mehr spürt, aber gerade dabei sich so weit entgleitet, daß er nur noch aus dem Gehabe und dem Gemächte der Angst besteht. Von diesem Moment an muß man noch einmal KIERKEGAARD zustimmen: es kann ein unerhörter Vorzug sein, der verborgenen Angst *wieder inne zu werden* und die eigene Verzweiflung *anzuerkennen.*

Was aber läßt sich dann tun *gegen* die Angst? Das ist die eigentliche Frage des Religiösen, und nur auf sie hin hatte der dänische Religionsphilosoph – und wir mit ihm – seine Daseinsanalyse der menschlichen Verzweiflung entwerfen wollen. Wie kann es gelingen, eine *wahre Synthese der Freiheit* zu setzen, in der Freiheit und Notwendigkeit, Endlichkeit und Unendlichkeit im *Augenblick* jetzt (in der Synthese aus Zeitlichkeit und Ewigkeit) zusammenkommen?

### d) Angst löst sich nur im Gegenüber einer anderen Person oder: der Archetyp von Mutter und Vater. – Versuch einer Ortsbestimmung des Religiösen.

Zum ersten Male jetzt, wo wir nach einer ebenso langen wie längst überfälligen Entrümpelung des kirchlichen Dogmatismus positiv zu beschreiben versuchen, was auf dem Hintergrund der Daseinsnot des Menschen Religion zu leisten vermöchte, müssen wir uns eines Postulats erinnern, das wir eingangs bereits formuliert, nunmehr aber einzulösen haben: des *Postulats der Einheit des Religiösen in wechselseitiger Komplementarität der Religionsformen,* – damals ein einfaches Gebot des Humanismus und der Toleranz, jetzt aber, wie wir sehen werden, ein unerläßliches Erfordernis der eigenen Standortbestimmung.

Rufen wir uns noch einmal die verschiedenen Formen der Angst in Erinnerung, so wird *im Überblick* deutlich, daß es sich eigentlich nur um zwei verschiedene Arten von Angst handelt, je nachdem, ob *die Gefahren der äußeren Welt im Bewußtsein* wahrgenommen werden oder ob das Bewußtsein selbst sich als *Selbstbewußtsein* reflektiert und damit seiner Freiheit und Kontingenz inne wird. Die Angst des Bewußtseins können wir als *äußerlich,* die Angst des Selbstbewußtseins können wir als *innerlich* bezeichnen. Auf seiten der «äußeren» Ängste läßt sich unterscheiden zwischen den *«realen»* Bedrohungen, die sich aus der Endlichkeit des In-der-Welt-Seins selbst notwendig ergeben, und den Ängsten, die Menschen von Menschen *psychisch* auferlegt werden können; die Methode zur Erforschung der ersteren ist die Verhaltensforschung, die Methode zur Erforschung der letzteren ist die Psychoanalyse. Beide Angstreihen lassen sich thematisch aufeinander beziehen, indem die *psychischen* Angstformen als verinnerlichte Formen einer ursprünglich äußeren (*«realen»*) Thematik von Bedrohung und Gefahr verstanden werden können. Die *geistigen* Angstformen hingegen schließen sich den vorgegebenen Problemstellungen an, sie lösen aber die einzelnen Angstinhalte endgültig aus ihren situativen oder kommunikativen Bedingtheiten und Zufälligkeiten heraus und erheben sie in den Rang *notwendiger,* wesentlicher und unvermeidbarer Gefährdungen des Daseins; die ehedem äußerlichen Themen der Angst werden jetzt zu symbolischen Vorbildern innerer Ängste. In schematischer Übersicht ergibt sich das folgende Bild von S. 354.

Von links nach rechts läßt sich ein immer stärkerer Pfeil der Verinnerlichung einzeichnen, in dem Sinne, daß die Angst selber *quantitativ* mit dem Grad der wachsenden Bewußtwerdung der Lebensvorgänge zunimmt und zugleich *qualitativ* die Angstinhalte selber mit der Existenz des Menschen verschmelzen. «Wenn du nicht weißt, was Angst ist», spottete sinngemäß S. KIERKEGAARD einmal, «so kann ich dir dafür wohl ganz leicht die Erklärung geben: daß du nämlich mußt ein sehr geistloser Mensch sein.»[107]

Von den Formen der Angst haben wir damit eine für unsere Zwecke ausreichende Übersicht gewonnen. – Welche *Antworten* aber lassen sich geben, wenn die Infragestellung des Menschen so unabwendbar sein gesamtes Dasein heimsuchen und alle Ebenen des Existenzvollzuges durchgehend bestimmen kann? Es ist dies die Stelle, an der wir eine *Zusammenarbeit der Religionen* dringend benötigen, um den *ganzen* Menschen in seiner Not zu erreichen; ja, es scheint, als wenn die verschiedenen Religionsformen selbst an den verschiedenen Knotenstellen der Entwicklungsgeschichte des menschlichen Bewußtseins (und damit der Angstentbindung!) als echte *Offenbarungen des Göttlichen,* das heißt als beruhigende, orientierunggebende, angstlindernde Zufluchtspunkte allererst evident geworden wären. Keine der verschiedenen Religionen, wenn es so steht, ist demnach als Konkurrentin einer anderen Religion zu betrachten, es wäre aber auch nicht richtig, sie alle miteinander für gleichwertig oder gleichsinnig zu erklären; es kommt vielmehr darauf an, *die spezifischen Unterschiede* zwischen den verschiedenen religiösen Grunderfahrungen *als Antworten auf bestimmte Infragestellungen* der menschlichen Existenz zu betrachten. Je nach der Art und dem Grad der *Erkrankung* der menschlichen Existenz an der Angst bedarf es ganz einfach *verschiedener Medikamente* mit einem je spezifischen Anwendungsspektrum; und so wenig wie die Antibiotika die Psychopharmaka überflüssig machen oder «widerlegen» können, so wenig, recht verstanden, widerlegen die verschiedenen Religionsformen einander.

Es ist an dieser Stelle noch nicht nötig, den genaueren historischen und in-

## Angst

| Bereich | Bewußtsein | | Selbstbewußtsein |
|---|---|---|---|
| Forschungs-methode | Verhaltens-forschung | Psychoanalyse | Existenzphilosophie |
| Form | **real:**<br>In-der-<br>Welt-Sein | **psychisch:**<br>Reflexion der Welt<br>im Bewußtsein | **geistig:**<br>Für-sich-Sein<br>des Bewußtseins |
| Thematik | 1) Einsamkeit,<br>Ausgestoßen-<br>werden | Objektverlust<br>→ Schizoidie | Verzweiflung<br>der Endlichkeit |
| | 2) Verhungern | Oralität<br>→ Depression | Verzweiflung<br>der Unendlichkeit |
| | 3) Beutegreifer<br>(Töten, Getötet-<br>werden) | Analität<br>→ Zwangsneurose | Verzweiflung<br>der Notwendigkeit |
| | 4) Strafe und<br>Scham | ödipale Sexualität<br>→ Hysterie | Verzweiflung<br>der Möglichkeit |
| religiöse Lösung<br>(exemplarisch) | Hinduismus<br>(Naturreligion) | Buddhismus<br>(Mystik) | Judentum,<br>Christentum, Islam<br>(personaler Gottes-<br>glaube) |

wachsende Angst im Ich

haltlichen Zusammenhang zwischen den einzelnen Religionen aufzuzeigen oder sie in sich selbst gebührend zu würdigen; – diese Aufgabe stellt sich sozusagen erst als eine abschließende Belohnung all unserer Bemühungen am Ende unseres Diskurses um die Rückgewinnung des Religiösen (vornehmlich) im (kirchlich verwalteten) Christentum. *Hier* genügt es, einfach die Antworten einmal durchzugehen, die auf den drei verschiedenen Ebenen der Angst von den großen Religionen der Menschheit jeweils gegeben werden. Dabei können wir Judentum, Christentum und Islam vorerst als eine einzige «monotheistische» Religionsform verstehen, die mit der Vorstellung eines *persönlichen* Gottes auf die «geistige», mit dem Personsein selbst gegebene Angst des menschlichen Daseins zu antworten vermag, während die östlichen Religionen des Hinduismus und Buddhismus auf die beiden anderen Ebenen der Angstthematik zu beziehen sind: auf die Infragestellung des Menschen inmitten der Natur und auf die Infragestellung des Menschen als eines bewußten Wesens im Unterschied zur Natur.

Als die älteste aller heute noch lebenden Religionsformen der Menschheit hat der *Hinduismus* (beziehungsweise Brahmanismus) auf die Infragestellung des Menschen im Kreislauf der *Natur* zu antworten versucht, indem er den Gedanken des (ewigen) Kreislaufes selbst als eine religiöse Idee konzipiert hat.[108] Zu Recht hat man den Hinduismus deshalb als die letzte verbliebene große *Naturreligion* bezeichnet, und zwar nicht nur wegen seiner Verehrung der elementaren natürlichen Gegebenheiten (wie Luft, Wasser, Feuer, Erde, Fruchtbarkeit usw.) als göttlicher Mächte, sondern weil hier *wesentlich der Ort des Menschen inmitten der Natur* das zentrale Thema dieser zutiefst *mythischen* Religionsform bildet. Wenn es die *Gleichgültigkeit* der Natur gegenüber dem Menschen ist, die im Kreislauf von Geburt und Tod die größte Infragestellung des menschlichen Daseins darstellt, so besteht die *hinduistische* Antwort in der konsequenten Hineinnahme des Menschen in diesen Kreislauf: so wie die Natur selber *geistig,* göttlich ist, so ist die Geistigkeit selber naturhaft bestimmt: es ist kein Unterschied zwischen dem Los der «Seele» und dem Los des «Körpers»[109], es ist kein Unterschied zwischen moralischer Ordnung und kosmischer Gesetzlichkeit[110], es ist kein Unterschied zwischen Göttlichem und Naturhaftem[111]; das eine ist vielmehr nur die Innenseite beziehungsweise, umgekehrt, die Erscheinungsform des anderen. Es gilt deshalb, mit allen Fasern sich auf diese ängstigende Welt in *all* ihren Gestaltungen als Erscheinungsweisen des Göttlichen *einzulassen,* um gerade so die Einheit von allem und die Läuterung in allem zu erfahren und zu vollziehen.

Wie sich der Antagonismus zwischen den Daseinsmächten der Götter und, in Abhängigkeit von ihnen, zwischen den handelnden Menschen zur Entdeckung einer Einheit in allem hin öffnet, ist deshalb das verborgene Thema bereits des großen indischen *Mahabharata-Epos* mit seiner inneren Mitte: der *Bhagavadgita*, in welcher *Krishna*, die Inkarnation des die Welt erhaltenden Gottes *Vishnu*, als die mystische Macht im Wesensgrund aller Dinge sich zu erkennen gibt.[112] Alle Angst des Getrenntseins von Mensch und Natur wird im Hinduismus «aufgehoben» durch das Prinzip der *All-Einheit* von Sein und Bewußtsein, in welchem der große *Vedanta*-Philosoph SHANKARA den Kern der brahmanistischen Spiritualität zusammengefaßt sah.[113]

Als logisch zugehöriger Gegensatz zu dem brahmanistischen Konzept stellt sich der *Buddhismus* dar, indem er sich nicht so sehr auf die *naturhafte* Seite der Angstinhalte bezieht als vielmehr auf *die Bewußtseinsebene der Angstverarbeitung.* Zahlreich sind die Studien, die den Buddhismus als eine Art «religiöser», wenngleich letztlich atheistischer Psychoanalyse beschreiben, und ohne Zweifel läßt sich nur schwer eine wirksamere Form der Psychohygiene ersinnen, als sie seit 2500 Jahren in Asien in Gestalt des Buddhismus erprobt und entfaltet wurde, wird doch hier die Bewußtwerdung selbst zum Ort der Erlösung erklärt.[114]

Jedes buddhistische Kind kennt in Asien die Geschichte von dem Prinzen Siddharta Gautama, den eines Tages sein Wagenlenker Chandaka aus dem Königspalast in die Stadt Kapilavastu fuhr, so daß er zum ersten Mal das Gesicht der «Wirklichkeit» zu sehen bekam. «Was ist das?», fragte erschrocken der Prinz den Wagenlenker beim Anblick eines kranken Bettlers am Straßenrand, und wahrheitsgemäß antwortete Chandaka: «Auch du, o Herr, wirst einmal ganz krank und arm sein.» – «Und was ist das?», fragte Siddharta und zeigte auf einen alten Mann, der sich am Stock über die Straße schleppte, und wahrheitsgemäß antwortete wiederum Chandaka: «Auch du, o Herr, wirst einmal so alt sein.» – «Und was ist das?», fragte noch einmal Siddharta, denn er sah, wie vier Männer einen anderen Mann, in ein weißes Laken gehüllt, zum Stadttor hinaustrugen, und wahrheitsgemäß auch diesmal antwortete Chandaka dem jungen Prinzen: «Auch du, o Herr, wirst einmal von vier Männern, in ein weißes Laken gehüllt, zum Verbrennungsplatz hinausgetragen werden.» Erschüttert von diesen Eindrücken, beschloß der junge Königssohn, die Schmutzgasse des Hauslebens zu verlassen, um das muschelblanke Reinheitsleben eines Mönchs zu beginnen, und nicht eher aus der Fremde zurückzukehren, bis er die Geißeln des menschlichen Lebens überwunden hätte: Armut und Krankheit, Alter und Tod.[115] Nach langem Ringen, unter dem Baum der Erleuchtung, in Bodhgaya am Ganges, nach einem Fasten auf Leben und Tod, wurde Prinz Gautama schließlich zu einem Erleuchteten[116] und setzte im Hirschpark zu Sarnath als *Buddha* das Rad der Lehre in Bewegung: wer dem *Achtteiligen Pfad* folgt, überwindet das Leid, die Armut, die Krankheit, das Alter und den Tod, indem er lernt, die *zwölfgliedrige Kette* unserer irdischen Gefangenschaft, vornean die Unwissenheit (die Unbewußtheit) der eigenen Motive und das Haften an den Dingen, aufzugeben.[117]

Alles Leiden, so lautet die Quintessenz, entsteht demnach durch falsche Identifikation. «Das ist nicht mein Selbst», lautet deshalb eine immer wieder geübte buddhistische Meditationstechnik. Wer es vermag, sich von den Dingen und den fremden Einflüssen zu lösen, der hat keine Furcht mehr, der kann nicht mehr enttäuscht werden, der ruht in sich, und vor allem: der wird fähig zur Güte; er braucht sich nicht mehr zu verteidigen, er muß nicht mehr kämpfen um die Durchsetzung seiner Interessen, vielmehr ein universelles Mitleid und Wohlwollen geht von ihm aus und macht es ihm unmöglich, irgend jemandem noch weh zu tun oder irgend etwas an seiner Seite zu verletzen. All die Ängste, die sonst das Verhalten der Menschen im Erbe der Psychologie der Tiere zu bestimmen pflegen, verlieren ihren Einfluß, und eine stille, gelassene Heiterkeit, die Weisheit des «mittleren Pfades» zwischen den Extremen von Gewalt und Gegengewalt, von Selbstabtötung und Selbstverlust, von asketischer Überreinheit und triebhafter Verfallenheit tritt an die Stelle früherer Zerrissenheit und Unausgeglichenheit. Während der Hinduismus das Problem der Angst in der Stellung des Menschen zur Natur durch den Brückenschlag des *Mythos* zu lösen versucht: die Naturkräfte sind Götter mit menschlich verstehbaren Motiven und Verhaltensweisen, löst der Buddhismus die gleiche Frage vom genau entgegengesetzten Ende her: er versucht nicht länger, die Natur als dem Menschen gemäß zu interpretieren, er stellt den Menschen ganz einfach auf sich selbst, indem er einen geistigen Standpunkt zu vermitteln trachtet, der von außen her nicht länger mehr zu erschüttern ist. Indem er den Bereich der brahmanistischen Naturreligion verließ, wurde der Buddhismus eine Religion des reinen Bewußtseins.

Zu diesem «psychotherapeutischen» Grundzug des Buddhismus gehört in gewissem Sinne auch die «atheistische» Grundhaltung seiner Daseinsfrömmigkeit.[118] Es ist dies der Punkt, an dem sich die buddhistische Spiritualität zum Beispiel von der *«Gnosis»* der frühen Kirche auf charakteristische Weise *unterscheidet:* während diese nicht aufhörte, an der Welt, wie sie ist, zutiefst zu *leiden* und förmlich eines Gegengottes bedurfte, um das Werk eines bösen Demiurgen als Weltenschöpfers zu überwinden, löst der Buddhismus das Problem ganz einfach wie einen falsch geschnürten Knoten auf: die Welt wird nicht von bösen Mächten in Gange gehalten, sondern allein durch die «Begierde» (die «trishna», den Daseinsdurst) des Menschen selber[119]; die Bedeutung der Wirklichkeit reduziert sich in buddhistischer Sicht vollkommen konsequent auf ein reines Bewußtseinsphänomen. Die «Götter» des Brahmanismus sind mit anderen Worten nichts weiter als Projektionsgestalten der menschlichen Seele; wer den Trug, der die Götter mit einem Eigenleben, mit einer metaphysischen Wirklichkeit ausstattet, in Klarheit durchschaut, schafft sich selbst die Voraussetzung, um von aller Götterfurcht und von allem Götzendienst frei zu werden.[120]

Man kann diesen Aspekt des ursprünglichen Buddhismus (wie er noch heute in den Theravadin-Schulen auf Ceylon lebendig ist)[121] nur schwerlich überschätzen. Ein einziger Blick auf die Bibel verdeutlicht den Unterschied: Wo die Propheten des Alten Testamentes mit Fluch und Zorn, wo die Priester und Gesetzgeber des Jahwe-Bundes mit Gesetzen und Geboten zur Ausrottung und Vernichtung der «heidnischen» Götzenanbeter und ihrer Bilder aufriefen[122], da sehen wir den Buddha vollkommen frei und gelassen, ohne jede Gewalt, in heiterer Stille durch die gütige Kraft der Meditation die Göttervorstellungen im Leben der Menschen auflösen, wie wenn über den nächtlichen Irrlichtern eines Sumpfmoors sich die Morgensonne erheben und all die Gespenster des Dunkels mit ihren Strahlen vergessen machen würde. Nicht Gewalt und Krieg, sondern eine sehr leise, sehr weise Aufklärung ergreift und umgreift hier den Menschen, bis er entdeckt: wer sich selbst gefunden hat, bedarf keiner Götter mehr. Wer bei sich selbst bleibt, muß auch nicht länger mehr zu den Tempeln, Opferplätzen und Reinigungsstätten der Brahmanen seine Zuflucht nehmen, um nach uralten heiligen Formeln und Riten, kontrolliert von priesterlichen Kultspezialisten, in ein besonderes Verhältnis zu den Überirdischen zu treten. «Warum zur Ganga gehn?», fragte respektlos der Erleuchtete, «sie ist nur Wasser!»[123]

Lange in der Geschichte des Abendlandes muß man suchen, um einem Philosophen oder *homo religiosus* zu begegnen, der aus Gründen der Menschlichkeit, zum Zwecke der Entängstigung des Menschen, den ganzen Götterhimmel der tradierten Religion wie Nebelschleier vor dem Licht beiseite schob. Allenfalls EPIKUR im antiken Griechenland war ein solcher Mann; denn zwar glaubte er (noch) an Götter, entkleidete sie aber aller menschlichen Vorstellungen und betrachtete es als den Inbegriff wahrer Gottesfurcht, die Götter nicht länger zu fürchten. «Gottlos», sprach er, «ist nicht der, der die Götter der Menge beseitigt, sondern der, der den Göttern die Ansichten der Menge anhängt. Denn die Aussagen der Menge über die Götter sind nicht Vorahnungen, sondern falsche Vermutungen.»[124] Es hat mithin nach EPIKUR keinen Zweck, zu den Göttern zu *beten* – denn: «Das Göttliche bedarf keiner Ehre»[125] und: «Wenn Gott die Gebete der Menschen erfüllen würde, wären schon lange alle Menschen zugrunde gegangen, da sie andauernd viel Schlimmes gegeneinander erbitten.»[126] Weisheit hingegen und Einsicht stellten für diesen großen Griechen rechte und wahre Formen der Gottesverehrung dar. Insbesondere den Glauben an eine besondere «Vorsehung» im Weltenlauf, jenen Lieblingsgedanken der biblischen Schöpfungs- und Geschichtstheologie, lehnte EPIKUR bereits rundweg ab unter Hinweis auf die Übel in der Welt. «Entweder», so lautete sein Argument, «will Gott die Übel beseitigen und kann es nicht, oder er kann es und will es nicht, oder er kann es nicht und will es nicht, oder er kann es und will es. Wenn er nun will und nicht kann, so ist er schwach, was auf Gott nicht zutrifft. Wenn er kann und nicht will, dann ist er mißgünstig, was ebenfalls Gott fremd ist. Wenn er nicht will und nicht kann, dann ist er sowohl mißgünstig wie auch schwach und dann auch nicht Gott. Wenn er aber will und kann, was allein sich für Gott ziemt, woher kommen dann die Übel und warum nimmt er sie nicht weg?»[127]

Es ist dabei bezeichnend, daß in der *griechischen* Aufklärung der Glaube an die Götter an solchen Fragestellungen der *Kosmologie* zerbricht. Wohl gibt es Ansätze auch zu einer *psychologischen* Religions- und Mythenkritik in der europäischen Antike etwa in dem Reiseroman *«Heilige Aufzeichnungen»* des EUHEMEROS VON MESSENE[128] im 4. Jahrhundert v. Chr.; – im großen und ganzen aber muß man im «christlichen» Abendland bis zu den Tagen von FEUERBACH[129] und SCHOPENHAUER[130] am Anfang des 19. Jahrhunderts warten, um den «einfachen», ganz und gar innerlichen Gedanken der buddhistischen Religion (und Religionsaufhebung!) überhaupt verstehen zu können: die «Götter» sind nichts als Spiegelungen der menschlichen Seele. Es macht daher keinen Sinn, nach dem Vorbild des Propheten Elia die Götterbilder auf dem Berge Karmel zu zerschmettern[131], es kommt darauf an, die Seele des Menschen (zum Beispiel auf dem Wege der Meditation) sich selber so durchsichtig zu machen, daß darin keine Spukgestalten der Angst mehr zu hausen vermögen. Nur ein Mensch, dessen Bewußtsein *klar* geworden ist bis zum Grund, hat es nicht länger nötig, auf der Flucht vor sich selbst ganze Teile seiner eigenen Psyche projektiv nach außen, in die transzendente Welt des Götterhimmels oder der Metaphysik, zu verlagern. Alle Ängste, die von der Stellung des Menschen in der Welt herrühren und die sich bis ins Religiöse hinein steigern können, finden im Buddhismus ihre Beruhigung in der Ruhigstellung des Bewußtseins selbst, im Nichthaften an den Bewußtseinsinhalten, in der Reinigung des Ichs zu einem bloßen Spiegel der Wahrnehmung.

Die letzte Antwort auf die Angst des Menschen liegt im Buddhismus daher in der Auflösung oder Auslöschung des Ichs als eines bloßen Spiegel*reflexes*, als eines bloßen Scheins. Wohl gibt es, mit I. KANT gesprochen, erkenntnistheoretisch notwendig die *Vorstellung* eines Ichs[132], «das all mein Denken muß begleiten können»; doch ob dieser Vorstellung von dem «Ich denke», von dem «Cogito» des DESCARTES[133], ein «Ich» als «Substanz», als ein Etwas, unabhängig von unserem Denken, entspricht, läßt sich philosophisch nicht sagen.

Derlei Fragen, die im Deutschen Idealismus vor 200 Jahren als ein bloßes Problem der Grenzen des menschlichen Erkennens diskutiert wurden, besaßen in Indien vor zweieinhalbtausend Jahren die Bedeutung einer *religiösen Antwort* auf die Rätselfrage des menschlichen Daseins: wie es eine *Erlösung* geben könne von Alter, Armut, Krankheit und Tod. Die *Lösung* lautete: Das Ich ist nur ein Trug; wer die Ichhaftigkeit verläßt, der verläßt damit zugleich die Stätte der Angst und tritt ein in die Stille des Schweigens.

Im Rahmen der Fragestellungen, auf welche der Buddha im Erbe der Naturreligion des Brahmanismus zu antworten sucht, bedeutet diese Einsicht die Zusammenfassung allen Suchens und das Ende allen Leidens an der Welt.

Wie aber, wenn der Mensch *an sich selber* zu leiden beginnt und wenn er unfehlbar auf *die* Art von Angst stößt, die ihn immer ichhafter werden läßt, weil sie *seinem Personsein selber* entsteigt, – wenn es also nicht mehr um die Angst geht, die aus dem Reflex der Welt im Bewußtsein, sondern aus der Selbstreflexion des Bewußtseins hervorgeht? Gegenüber *der Natur* mag es einer Erlösung gleichkommen, wenn man es lernt, sich selbst zu betrachten wie ein reines Bewußtseinsphänomen (im Buddhismus) und/oder als einen Teil der Natur (wie im Hinduismus); was aber wird aus dem menschlichen Bewußtsein, wenn es nicht nur die umgebende Natur widerspiegelt oder sein eigenes Reflektieren reflektiert, sondern wenn es sich selbst als ein eigenes Bewußtsein, mit einer eigenen Bedeutung und einem eigenen Sein, mithin als *Person* setzt?

Es braucht uns an dieser Stelle noch nicht zu beschäftigen, ob es so etwas wie eine «Person» «wirklich» gibt (wir werden auf diese Frage im 2. Bd. dieser Arbeit im Zusammenhang mit den religiösen Hoffnungen und Vorstellungen von Unsterblichkeit und Wiedergeburt noch ausführlich zu sprechen kommen); es genügt vorerst, wenn wir uns auf *die Ichpsychologie der Angst* beschränken und uns fragen, wie denn das Ich in seiner Angst vor seiner individuellen Freiheit und Bewußtheit so «frei» werden kann, wie der Buddhismus es mit seiner Haltung selbstloser Güte anstrebt? Das Problem, mit dem wir es bei dieser Frage zu tun haben, löst sich nicht mehr in Richtung der Natur durch Aufhebung der Person, sondern nur in Richtung einer stärkeren Bejahung der eigenen Person; und hier eigentlich liegt der Problemansatz der biblischen Religionsformen, insbesondere des *Christlichen,* der Grund *seiner* spezifischen Wahrheit.

Wie kommt die Angst in den Menschen hinein? Die Antwort bleibt unvollständig, wenn sie, wie bisher, nur lautet: durch die Bewußtwerdung der innerweltlichen Gefahrenmomente. Entscheidend bereits war vorhin die Entdeckung der *Psychoanalyse,* wieviel an Angst Menschen über Menschen zu bringen vermögen, sowie die Entdeckung der *Existenzphilosophie,* wieviel Angst der Mensch vor sich selbst: vor seiner eigenen Freiheit und Bewußtheit hat. Gerade das Ich des Kindes vermag in seiner vollkommenen Abhängigkeit von der Zuwendung anderer Personen sich nur zu formen, wenn es zumindest *einen* Menschen auf Erden gibt, der es so anredet, daß es sich selbst darunter unvertauschbar gemeint fühlt. Jenseits der philosophischen Diskussion, worin das Ich des Menschen «eigentlich» besteht, läßt sich psychologisch doch sagen, daß das, was wir als «Ich» bezeichnen, sich aus dem Niederschlag einer Reihe von Erfahrungen mit einem anderen Du bildet.[134] *Psychologisch* gesehen, kommt das Ich des Menschen nicht als etwas Fertiges, An-sich-Seiendes auf die Welt, sondern es *entsteht* aus einem komplizierten Wechselspiel von Projektionen und Introjektionen, in einem ständigen Erfahrungsaustausch zwischen Ich und Du. Dieses «Du» zu verlieren, an dem die eigene Ichwerdung hängt, erzeugt eine Angst, nicht weniger groß als die Angst, sich selbst zu verlieren – zwischen «Objektverlust» und «Ichverlust» lag ja die gesamte Spannbreite der Angstthematik in der Psychoanalyse. Wie wichtig dabei die Rolle der anderen Person für die eigene Ichwerdung ist, zeigt sich an all den Stellen, wo bestimmte Störungen in dem Verhältnis von Mutter und Kind später zu «Löchern» im Ich und damit zu Realitätsverfälschungen der Wahrnehmung bis in den Bereich des psychotischen Erlebens führen können.[135] Sowohl der Aufbau einer eigenen Identität wie die Möglichkeit einer einigermaßen «objektiven» Sicht der jeweiligen Situation haben ihre Voraussetzungen in der Sicherheit und Zuverlässigkeit einer anderen menschlichen Person, die in ihrer Gegenwart einen virtuellen Raum der Angstberuhigung um das reifende Ich eines Kindes legt, bis es selbst, je nach der Stufe der Ichentfaltung, auf die Herausforderungen der Realität eigene ichgerechte Antworten zu formulieren vermag.

Genau an dieser Stelle aber beginnt *die notwendige Arbeit der Psychoanalyse.* Denn es gilt nicht nur, die «Löcher» im Ich zu schließen, die aus mangelnden «Objektbesetzungen» entstanden sind, es kommt auch darauf an, die infantilen Reste fixierter Stufen der Triebentwicklung bewußt zu machen und an ihrer Stelle reifere Formen der Beziehung zu anderen Menschen einzuüben. Schritt für Schritt ist es dabei unerläßlich, die hinderlichen Einflüsse *der verinnerlichten Bilder von Mutter und Vater* aus Kindertagen abzubauen und durch neue, bessere Erfahrungen zu ersetzen. *Religionspsychologisch* entscheidend wurde dabei die Einsicht S. FREUDS, in welch hohem Maße insbesondere das Bild «Gottes» von den Elternbildern der frühen Kindheit abhängt. Was bis dahin nur als eine philosophische These zu diskutieren war – die Herkunft der Gottesvorstellung aus menschlichen Projektionen –, das erwies sich jetzt zum ersten Mal als ein empirischer Sachverhalt, der sich an der Entwicklungsgeschichte des Einzelnen in der Kindheit festmachen ließ: Die Angst, welche die «Götter» den Menschen machen, ergibt sich für die Psychoanalyse aus dem Niederschlag all der Einschüchterungen, welche in Kindertagen die übermächtigen Elterngestalten bei dem Heranwachsenden erzeugen können.[136] Die Gottesbilder selbst erweisen sich mithin als die verinnerlichten Erinnerungsnachbilder der Eltern, gemischt aus realen Erfahrungen, liegengebliebenen Sehnsüchten und unbestätigten Befürchtungen; die Gottesvorstellungen sind gewissermaßen die lebendigen Spuren all derjenigen Personen, die beim Aufbau der eigenen Personwerdung unerläßlich waren. Nur von daher erklärt sich vor allem die *«Macht»*, welche die «Götter» über die menschliche Person auszuüben vermögen: sie sind nicht nur das Umkehrbild der ehemals grenzenlosen Ohnmacht eines kleinen Kindes, sie verkörpern zugleich auch die Randbedingungen, unter denen die Persönlichkeit selber sich hat formen können, und so erscheinen sie von daher selber als formende Kräfte des persönlichen Lebens, als die schützenden und drohenden Wächtergestalten am Eingang des Königspalastes der menschlichen Seele.

Indem die Psychoanalyse auf diese Weise die *Entstehung* und die *Eigenart* der Gottesvorstellungen aus den Stadien der Personwerdung selbst herzuleiten vermag, wird sie zugleich zu dem geeigneten Mittel, all die Ängste zu *beseitigen,* die als religiöse Barrieren den Weg zu einem persönlich reiferen und reicheren Leben versperren können. Diese Auflösung hinderlicher Gottesbilder zur Gewinnung eines wahreren, bewußteren Lebens teilt die Psychoanalyse ganz und gar mit dem praktischen «Atheismus» der buddhistischen Religion, und es erscheint von daher als nicht unberechtigt, in der psychoanalytischen Bewegung selbst so etwas zu sehen wie einen «Buddhismus» für «Abendländer» (oder in dem Buddhismus eine Art asiatischer Psychoanalyse).

Allerdings reicht die Verwandtschaft zwischen Buddhismus und Psychoanalyse durchaus nur bis zu diesem Punkt; denn das Ziel der Psychoanalyse liegt nach der berühmten Definition FREUDS gerade nicht in der Auflösung des Ichs im Meer des Unbewußten, sondern umgekehrt: in der Integration des Unbewußten in der sich selbst bewußt gewordenen Persönlichkeit. «Wo Es war, soll Ich werden»[137] – dieses Programm FREUDS rückt eine Erfahrung ins Zentrum, die für den weiteren Gang unserer religionspsychologischen Überlegungen absolut bestimmend sein muß. Sie lautet: ein Mensch kann nur zu sich selbst finden, wenn er die entfremdenden Gottesbilder seiner Kindheit auflöst und sein eigenes Ich an ihre Stelle setzt; diese gewissermaßen «atheistische» oder «buddhistische» Phase der Ichentwicklung ist auf dem Wege zu sich selber *unumgänglich*. Doch eben: wenn das Ziel *nicht* in der Ichauslöschung, sondern in der *Ichfindung* liegt, dann gehört zu diesem Prozeß essentiell der ständige korrigierende, vermenschlichende Kontakt mit anderen Menschen. Es gibt von daher, psychoanalytisch gesehen, in strengem Sinne keine «Selbsterlösung» aus der Gefangenschaft des Ichs in seiner Angst. Wohl gibt es eine (erschreckend große!) Vielzahl möglicher Fluchtwege aus einer jeweils gegebenen Angstsituation, doch sie alle führen am Ende nur zu einer Verfestigung bzw. zu einer Verunendlichung der jeweiligen Angstthematik selber. Positiv ausgedrückt: auf die Angst, die zur Personwerdung gehört, kann nur die Gegenwart einer anderen Person eine befriedigende und befriedende Antwort geben.

Es ist daher nicht zu viel behauptet, wenn man das Gelingen oder Mißlingen des menschlichen Daseins von der Grundfrage abhängig macht, ob man die Angst der eigenen Personwerdung durch Flucht oder Vertrauen im Gegenüber anderer Menschen zu lösen versucht. Alle einzelnen Angstthemen laufen im letzten auf diese eine entscheidende Alternative hinaus, in der wir im Grunde den Kern der *christlichen* bzw. *biblischen* Deutung der gesamten menschlichen Existenz erkennen können.

Nehmen wir als Beispiele zum Beleg dieser These nur die Angstthematik der *Oralität* und der *Analität*: von Verhungern und Töten, von Depression und Zwangsneurose, uns noch ein wenig genauer vor.

Allein um der realen Gefahr des *Verhungerns* zu entgehen, haben die Menschen im Verlauf ihrer Geschichte gelernt, eine immer komplexere Form der Nahrungsmittelproduktion und der Vorratswirtschaft auszubilden. Vor allem in den letzten 10 000 Jahren, seit dem Neolithikum, ist es durch Viehzucht und Landwirtschaft gelungen, akuten Mangelsituationen weitgehend abzuhelfen, und die endgültige Wende im Kampf gegen den Hunger schien vor 200 Jahren mit der Mechanisierung und Industrialisierung gekommen: endlich verfügten Menschen über Verfahren, rasch und billig alle möglichen Konsumgüter in beliebiger Menge auf den Markt werfen zu können. Doch paradox genug: statt des erhofften Siegs über den Hunger befinden wir uns derzeit in einer weltgeschichtlichen Situation nie dagewesener Hungersnöte und Ungerechtigkeiten! Alljährlich sterben am Ende des 2. Jahrtausends über 50 Millionen Menschen auf diesem Planeten an Hunger und Mangelernährung. Offenbar hat uns *die Angst,* zu verhungern, in ein *überschießendes Sicherheitsverhalten* getrieben, das inzwischen mehr Schaden als Nutzen stiftet: – wir haben *aus lauter Angst* gelernt, so viel an Nahrungsmitteln zu produzieren, daß wir darüber vergessen haben, oder schon ganz unfähig geworden sind, das Produzierte miteinander vernünftig zu *teilen!* Überversorgung für ein Fünftel der Menschheit, Hunger und Verelendung für zwei Drittel der Menschheit, – so liest sich die gegenwärtige Bilanz. Worin der «Fehler» liegt, ist dabei leicht erkennbar: zu verhungern ist eine biologisch («real») begründete Angst, die wir Menschen indessen in der Form unseres Verstandes reflektieren, mit der Folge, daß wir nicht nur hier und heute, sondern *für alle absehbare Zeit* genug zu essen haben wollen. Dieses *Mehr* an Angst, dieses *Mehr* an Sicherheitsstreben geht ganz und gar *von unserem Verstand* aus und führt leicht dazu, den Verstand auf der biologischen Ebene der Angst mit ihren endlichen Gefahrensituationen nach *endgültigen Lösungen* suchen zu lassen. Und eben darin übernehmen wir uns. Biologisch gibt es keine «endgültigen» Lösungen; biologisch «endgültig» ist einzig das Ende selber, der Tod. Die Angst, zu verhungern, ließe sich «endgültig» lösen einzig durch die tröstende Nähe anderer Menschen angesichts des Todes, das heißt letztlich nur durch eine Gemeinsamkeit aller Menschen. «Der Mensch lebt nicht nur vom Brot» (Mt 4,4) – diese Antwort Jesu ist in der Tat die Schlüsselantwort auch auf das «reale» Problem des Hungers. Um den Hunger wirksam durch ein gemeinsames Teilen bekämpfen zu können, muß man die Angst in der Bindung an andere Menschen beruhigen; andernfalls werden die aus Angst geschaffenen Sicherheitsmaßnahmen gegen andere Menschen in ihrer Maßlosigkeit sich selbst zur größten Gefahr.

Nicht anders verhält es sich mit der «zwangsneurotischen», sadistischen Angst, *getötet zu werden.* Sie hat uns dazu getrieben, unter «Sicherheit» die Überlegenheit der eigenen Rüstung gegenüber jedem potentiellen Gegner zu verstehen, mit dem Ergebnis eines geradezu irrsinnigen Hangs zu immer schrecklicheren «Waffensystemen».[138] Aus Angst vor der grenzenlosen Angst, die der andere vor unserer eigenen Angst spürt, hat es in der Geschichte der militärischen Entwicklung der Staaten im 20. Jahrhundert im Rahmen der Konzeption von der «flexiblen Abschreckung» nicht die geringsten moralischen Skrupel gegeben. Wenn irgend die Militärs es für «notwendig» erklärten, konnten selbst Cholera- und Typhusbazillen als «Kampfmittel» genommen werden, und sogar die Drohung mit der Vernichtung vieler Millionen Menschen in wenigen Sekunden durch den Einsatz von Wasserstoff- und Neutronenbomben wird immer noch nicht als ein verbrecherischer Wahnsinn, sondern nach wie vor, sogar von den Moraltheologen der Kirche, als politische Vernunft unter bestimmten Umständen begriffen. Allein die Ausgaben für den Militärhaushalt bilden weltweit inzwischen einen Hauptfaktor für viele Formen sozialen Elends und ökologischer Katastrophen aller Art[139], aber es scheint nach wie vor fast unmöglich, sich eine Welt auch nur von ferne vorzustellen, in der das Töten von Menschen nicht länger als eine Überlebenspflicht schon den 18jährigen bei ihrer «militärischen Grundausbildung» eingetrichtert wird. Auch hier ist der gleiche Fehler am Werk: die Angst, getötet werden zu können, führt bei uns Menschen, anders als im Tierreich, erneut zu dem Verlangen nach einer «endgültigen» Lösung; ein «endgültiger» Schutz aller Menschen vor allen Menschen aber – das ist die beste Umschreibung für kollektive Selbstvernichtung.

Wiederum also stehen wir vor der Frage, wie wir die Angst überwinden wollen: Setzen wir darauf, die «biologischen» Infragestellungen unserer Existenz mit «biologischen» Antworten ins Unendliche zu verlängern, so erreichen wir nur, daß die Angst grenzenlos wird, indem wir immer wieder gegen die Angst nichts anderes zu setzen wissen als die eigene Angstverbreitung. Nur wenn wir die Angst unter den Menschen durch *Vertrauen* überwinden, werden die Menschen dichter zusammenrücken und sicherer leben können. «Stecke dein Schwert in die Scheide, denn jeder, der zum Schwert greift, wird durch das Schwert umkommen» (Mt 26,52) – dieser Satz Jesu an seinen Jünger im Ölberggarten beschreibt vollkommen zutreffend das Entweder-Oder: einer Angstflucht mit rein «technischen» Mitteln oder einer wirklichen Angstüberwindung durch ein personales Gegenüber (Mt 26,53!).

Es ist dabei nicht schwer, die gleiche Alternative auch im *psychischen* und *existentiellen* Bereich wiederzuerkennen. – Das *depressive* Gefühl der Minderwertigkeit, der Kleinheit, der Ohnmacht, der Unvollkommenheit und der Schuld kann zu einem endlosen Kreislauf an Bravheit, Entgegenkommen und Selbstverleugnung führen, – überwunden wird dieses Gefühl erst durch eine andere Person, deren Wohlwollen und Zuwendung es erlaubt, sich selber mit seinen eigenen Wünschen und Bedürfnissen anzunehmen und mitzuteilen; die «Verzweiflung der Unendlichkeit» mit anderen Worten löst sich erst, wenn es keinen *Vorwurf* mehr nach sich zieht, nur ein «endliches» Wesen mit nur begrenzten Fähigkeiten und Möglichkeiten zu sein. – Oder das *zwangsneuroti-*

*sche* Bestreben, durch Genauigkeit, Pünktlichkeit, Ordnung, Sparsamkeit, Korrektheit, Fleiß, Tüchtigkeit und Perfektion der Angst, etwas falsch zu machen oder ins Chaos abzuleiten, nach Möglichkeit zu entgehen, – es wird sich nur beruhigen lassen unter den Augen eines Gegenübers, das uns erlaubt und *wünscht*, aus der starren Welt des Müssens und Sollens herauszutreten und somit die Freiheit wiederzugewinnen, aus Versuch und Irrtum *lernen* zu dürfen; die «Verzweiflung der Notwendigkeit» mit anderen Worten endet erst an einer anderen Person, die durch ihre Liebe die eigene Existenz zwar nicht als seins-*notwendig*, wohl aber als höchst *erwünscht* und unschätzbar wertvoll *in ihrem Dasein*, nicht erst in der «Nützlichkeit» ihres Tuns, zu entdecken hilft.

An jedem dieser Konfliktpunkte geht es um eine *Grundsatzentscheidung:* ob Angst überwunden werden soll durch pragmatische Sicherungsmechanismen beziehungsweise durch charakterverfestigte Fluchtwege oder durch Vertrauen in eine andere Person. Nur die letztere Richtung ist im Sinne einer menschlich tragfähigen Lösung plausibel. Angst beantwortet sich letztlich nicht durch Mut, Scharfsinn, Heroismus oder Selbstverleugnung – all das führt am Ende höchstens dahin, daß wir Menschen die gefräßigsten und gefährlichsten aller Lebewesen dieser Erde sind; Angst ist endgültig nur zu überwinden durch die Liebe. Gerade die «atheistische», «objektale» Betrachtungsweise der Psychoanalyse S. FREUDS führt zu diesem Gedanken hin. «Wenn ich in meinem Leben jemals jemandem geholfen habe, so habe ich ihn geliebt», sagte dieser große Mann in einem seiner letzten «Tischgespräche» gegenüber PAUL FEDERN.[140] Wenn alle Angst psychoanalytisch darin gründet, den Halt in der Geborgenheit einer anderen Person, des für uns «*wesentlichen Menschen*», wie JOCHEN KLEPPER es nannte[141], zu verlieren, so gründet alle Beruhigung der menschlichen Angst darin, einen solchen Menschen, der es in Gewähren und Wahrwerden gut mit uns meint, für unser Leben (wieder) zu finden.

Und dennoch tritt hier ein Problem zutage, das die Psychoanalyse zwar klar zu sehen hilft, doch nicht zu lösen vermag. Die Angst, so sahen wir, erweitert sich im Spiegel der Selbstreflexion des menschlichen Bewußtseins ins schier Unendliche; – eben deswegen schon ist es unmöglich, sie unterhalb des Niveaus der Begegnung mit einer anderen Freiheit, eines anderen Selbstbewußtseins, einer anderen *Person* beruhigen zu wollen. In der Psychologie von *Süchtigen* zum Beispiel[142] kann man beobachten, was geschieht, wenn sich *Dinge* und Gegenstände (Alkohol, Drogen, Glücksspiele, Nahrungsmittel usw.) an die Stelle der gesuchten Person setzen: es ist ruinös. Doch hat diese Feststellung noch eine andere Seite. Ist es nicht auch möglich, «süchtig» zu werden auf (einen) andere(n) Menschen? Wenn die menschliche Angst, *geistig* betrachtet,

aufgrund der Struktur des Selbstbewußtseins als einer endlichen Unendlichkeit, selbst ins Unendliche strebt, muß dann die angstgetriebene Suche nach
Halt nicht *jeden* Menschen notwendig *überfordern*? Auch der Andere ist ein
Gefangener seiner Ängste, auch er ist nur ein endliches Wesen, das keinen endgültigen Halt in sich selber zu geben vermag: seine Persönlichkeit hat schon
rein charakterbedingt ihre Grenzen, seine Lebensumstände legen ihm weitere
Schranken auf, jederzeit ist sein Leben gefährdet durch seelische wie körperliche Krisen, und irgendwann, sicher, wartet der Tod auch auf ihn. Wie soll
es unter solchen Voraussetzungen möglich sein, gemeinsam, Mensch für
Mensch, aus dem Kessel der Angst herauszufinden? So deutlich die Psychoanalyse die Notwendigkeit aufzeigt, die Angst des Daseins in der Nähe einer
anderen Person zu beruhigen, so offenbar macht sie zugleich die Aporie jeder
Haltsuche eines Menschen an einem anderen Menschen bei *wesentlicher* (daseinsanalytischer) Betrachtung.

Dieser Unterschied der Betrachtungsweisen ist freilich wichtig. Denn die
Ausweglosigkeit der menschlichen Existenz erscheint erst in voller Klarheit,
wenn man das therapeutische Beziehungskonzept der FREUDschen Psychoanalyse tiefenpsychologisch und philosophisch zu Ende denkt. Rein psychoanalytisch lesen sich alle *absoluten* Sehnsüchte und Wünsche an einen anderen
Menschen (etwa an den Partner der Liebe oder an den Psychotherapeuten) als
«Übertragungen» von Erlebnissen und Gestimmtheiten der frühen Kindheit.
Wenn jemand zum Beispiel in einer analytischen Behandlung erklären würde,
er könne ohne eine bestimmte Person gar nimmer mehr leben, so wird es wohl
keinen «orthodoxen» Analytiker geben, der nicht zumindest insgeheim für
sich denken würde, er habe es hier mit einem schweren Problem aus ödipalen
(oder präödipalen) Erinnerungsresten zu tun, und so wird er versuchen, den
Patienten dahin zu bringen, das durch und durch *Kindliche* in seinem Verlangen nach absoluter Bindung und Geborgenheit zu erkennen und nach und
nach aufzulösen. Dabei aber entsteht regelmäßig eine charakteristische
Schwierigkeit jeder intensiven psychoanalytischen Behandlung: der Therapeut mag die Erwartung seines Patienten (seiner Patientin) allemal als komplexbedingte Übertragung interpretieren, – der (oder die) Andere wird sich
dieser Deutung in aller Regel nur bis zu einem gewissen Grade anschließen;
irgendwann wird zumeist ein «Rest» an Bedürftigkeit und Suche bleiben, der
rein «therapeutisch» nicht mehr aufgeht. S. FREUD, wie man weiß, hat in gewissem Sinne vor diesem Problem resigniert: bei Leuten, die, wie er meinte,
allen analytischen Einsichten trotzten, weil sie offenbar nur «Suppenlogik und
Knödelargumente» verstünden, sei die ganze Therapie schließlich vertane Lie-

besmüh[143]; – es helfe nichts, als die Prozedur über kurz oder lang einem absehbaren Ende zuzuführen. Erst C. G. JUNG erkannte, daß hier eine Frage vorliegt, die dazu nötigt, die Psychoanalyse selber noch einmal neu zu interpretieren.[144]

Menschliche Angst löst sich nur im Gegenüber einer anderen Person – dieser Satz behält auch für JUNG, dem man so oft «gnostische Selbsterlösungslehre» oder «Ausblendung des dialogischen Prinzips» vorgeworfen hat[145], seine uneingeschränkte Gültigkeit, nur muß er auf seiten des Angstbegriffs wie auf seiten des Personenbegriffs genauer gefaßt werden.

Wenn ein Kind Angst hat, verlangt es nach der Nähe – *von wem eigentlich?* Eines «Objektes»? Gewiß nicht! Einer «Person»? Auch nicht! Es verlangt nach der Nähe seiner *Mutter.* Wir haben aber aufgrund der Forschungen vor allem von R. A. SPITZ bereits betont, wieviele Lernschritte in der Entwicklung der Wahrnehmung und der Ichentfaltung ein Kind durchlaufen muß, um die verschiedenen Sinneseindrücke: Stimme, Busen, Geruch, Augenpaar usw. eines Tages als etwas erkennen zu können, das einem anderen, von ihm verschiedenen Sein zugehört. Auch was eine «Mutter» ist, muß ein Kind erst langsam lernen.[146] Gleichwohl hat C. G. JUNG schon in seinen frühen Schriften, zu einer Zeit, als systematische Säuglingsbeobachtung und die Methode der Verhaltensforschung noch kaum betrieben wurden, weitgehend intuitiv das Richtige gesehen: die Verbindung zwischen dem Kind und seiner Mutter wird nicht individuell «erfunden», sondern sie folgt *vorgeformten Schemata.* Was das Kind erlebt, ist nicht zunächst «die Mutter» und noch weit weniger «die Person» der Mutter; wohl aber sehen wir, daß das Kind vorgeburtlich schon gewöhnt ist an die Stimme und an den Herzschlag der Mutter[147]; seine Hände und sein Mund verfügen, wie ein einfaches Streicheln der Handinnenfläche und der perioralen Zone zeigt, über angeborene Greif- und Saugreflexe[148]; der Blickkontakt vor allem führt wechselseitig zu einer Verstärkung der Beziehung von Mutter und Kind.[149] All dies erlaubt jetzt die These, daß es auf seiten des Kindes so etwas wie eine «archetypische» Gestalt «der» Mutter gibt, die in Sehnsucht und Suchen allen einzelnen Wahrnehmungen und Lernschritten als ein Ensemble angeborener primärer «Erwartungen ans Leben» zugrunde liegt. Von solchen «Erwartungen» zu sprechen, scheint richtiger, als den Ausdruck «Triebbedürfnisse» zu verwenden, denn es geht wesentlich um eine Fülle von emotionalen Wünschen und Sehnsüchten, die offenbar noch weit wichtiger für ein gesundes Aufwachsen des Kindes sind als die unmittelbar körpergebundenen Wunschbefriedigungen.

Gewiß gilt diese Feststellung nun aber auch umgekehrt *für die Mutter:*

auch bei ihr gibt es eine Reihe vorgegebener Schemata der Wahrnehmung sowie «instinktiver» Bedürfnisse und Verhaltensweisen, die sie mit «dem» Kind *eher* verbinden, als daß sie die Eigenart ihres eigenen Kindes Schritt für Schritt kennenlernen kann; «angeboren» zum Beispiel ist, wie Vergleiche mit Primaten zeigen, die Reaktion der Mutter auf den Schmerz des Geburtsvorgangs: sie nimmt das Neugeborene auf und drückt es an die Brust[150]; hingewiesen haben wir bereits auf die Bevorzugung der *linken* Körperseite beim Tragen des Kindes in den ersten vierundzwanzig Stunden nach der Geburt; allgemein bekannt ist zudem das angeborene *«Kindchenschema»*[151], das dazu führt, bereits auf den bloßen Anblick der rundlichen Kopfform eines kleinen Kindes mit Hilfs- und Pflegebereitschaft zu antworten; vollends das Lallen oder *Schreien eines Kindes* wird entsprechend stark mit Freude oder mit hoher Alarmbereitschaft erwidert[152]; der *Stillvorgang* ist nicht nur für das Kind, sondern auch für die Mutter ein hoch emotionaler Vorgang[153], der noch im Liebesleben vieler Erwachsener später eine beträchtliche Rolle spielen kann. Wie stark die gefühlsmäßige Einheit, die «Dualunion» von Mutter und Kind in den ersten Monaten nach der Geburt sich gestaltet, zeigen nicht zuletzt die «Ammenschlafexperimente»[154], die auf eine im Grunde unerklärte, quasi telepathische Verbundenheit zwischen Mutter und Kind hinweisen.

Tiefenpsychologisch betrachtet, kann man daher nicht nur von einem *«Archetyp»* der *«Mutter»*, sondern *auch des «Kindes»* sprechen, und was sich individuell zwischen Mutter und Kind in den ersten Lebensmonaten begibt, vollzieht sich somit im Grunde als ein Austausch innerhalb des vorgegebenen Rahmens der Verschränkung zweier korrespondierender archetypischer Gestalten miteinander.

Eine buchstäblich «sekundäre», doch eben deswegen schwer zu beantwortende Frage richtet sich auf die Gestalt des *«Vaters»*: – folgt auch sie bestimmten «archetypischen» Komponenten? – Das Problem liegt darin, daß es *zwischen Mutter und Kind* eine Reihe biologisch sinnvoller Koppelungen gibt, die nicht in gleicher Weise *zwischen Vater und Kind* bestehen. Die Rolle, die *der Vater* gegenüber *dem Kind* spielt, hängt allem Anschein nach mit seiner Stellung in der «Familie» zusammen; – sie ist weit eher sozial als biologisch bestimmt, und dementsprechend groß ist denn auch der Anteil an Spekulation und Wunsch-(oder Angst-)Denken, wenn es gesellschaftlich darum geht, «das» Bild «des» Vaters zu beschreiben. Immerhin gibt es allem Anschein nach ein paar Determinanten, die festlegen, was ein «Vater» ist oder zu tun hat; doch richten diese Vorgaben sich offenbar eher auf die Zuordnung von Mann und Frau in den Rollen von Vater und Mutter als auf das Verhältnis von Vater und

Kind. Um es so zu sagen: die Person, die für das Kind in den ersten Lebensmonaten eine überragende Bedeutung einnimmt, ist sicher nicht der Vater, sondern einzig die Mutter; die Art aber, wie die Mutter selbst sich mit ihrem Kind fühlt und von diesem erlebt wird, hängt wesentlich von der Art ab, wie die Mutter ihren Mann beziehungsweise den Vater ihres Kindes erlebt.

Wenn wir von «Familie» und «Vaterschaft» sprechen, dürfen wir auf dieser tiefenpsychologischen Stufe der Diskussion nicht dem Fehler unterliegen, bestimmte soziale Gegebenheiten einfach für selbstverständlich zu halten. In der Form der Familie, die sich in Europa entwickelt hat, herrscht zum Beispiel eine starke moralische Tendenz, daß der biologische Vater eines Kindes in aller Regel mit dem «Vater» der Familie in sozialem Sinne identisch sei; alle anderen Fälle werden als «Schuld» geahndet bzw. als «Tragik» bedauert. Vor allem die Gebote der *monogamen* Ehe verlangen eine noch engere Beziehung zwischen biologischer und sozialer Vaterschaft.[155] Unter diesen Umständen ist es schwer vorstellbar, daß es zum Beispiel in Schwarzafrika[156] einen Typ der Familie gibt, in welcher der «Vater» einzig als Ernährer und Beschützer der Familie gesehen wird, während der Erzeuger der jeweiligen Kinder durchaus jemand anderes sein kann. Selbst die sozialpsychologische Rolle des Vaters gegenüber dem Kind kann im Kulturvergleich bis zum Unkenntlichen verschwimmen, indem als *Erzieher* in vielen Gesellschaften der *Mutterbruder* weit stärker in Erscheinung tritt als der «Vater».[157] Wenn es trotzdem möglich ist, hinter der enormen Vielfalt des konkret vermittelten Vaterbildes in den unterschiedlichen Familienmodellen der jeweiligen Gesellschaften gewisse einheitliche Grundlagen eines «archetypischen» Vaterbildes zu eruieren, so vermutlich am einfachsten aufgrund der Ergebnisse und Gedanken, die von W. WICKLER unter dem Stichwort des «Egoismus der Gene» eingebracht wurden.[158]

Gemeint ist damit das eigentümliche Verhalten zum Beispiel eines Löwenmännchens in seinem Harem, das eifersüchtig darüber wacht, daß kein anderes erwachsenes Männchen in die Nähe seiner Weibchen kommt.[159] Bestünde die ursprüngliche darwinistische Ansicht zu Recht, wonach das Verhalten der Tiere dem Interesse des *Art*erhalts folgt, so sollte man erwarten, daß die männliche Konkurrenz sich allenfalls auf die lebenden Artgenossen, nicht aber auf die Nachkommen eines schon verstorbenen, doch biologisch «erfolgreichen» Vorgängers im Harem richtet. Das aber ist nicht der Fall! Ein neues Löwenmännchen wird vielmehr ohne Zögern die Jungtiere seines Vorgängers töten, und die Angst davor ist bei den Löwinnen selber mitunter so groß, daß bei einem Wechsel des Alphatieres an der Spitze des Harems Löwenmütter, die mit den Jungen des Alttieres schwanger gehen, die Föten noch vor der Geburt verlieren können. Biologisch gehört es demnach offenbar zu dem Bild des (biologischen) *Vaters,* dafür Sorge zu tragen, daß *seine* Gene, *seine* Jungen sich verbreiten. – Nebenbei: auf diesem Erlebnishintergrund wird ein Motiv verständlich, das sich besonders in amerikanischen Fernsehserien einer unermüdlichen Beliebtheit erfreut: der Vater trifft nach Jahren sein Kind wieder, das er, der schon alternde, vor Zeiten in der Fremde gezeugt, aber nie leibhaftig gesehen hat, und schon bricht er, erschüttert, in unbeschreiblichen Jubel aus: «Mein Kind!» – es wird also doch «etwas» von ihm überleben! Zum «archetypischen» Bild des «Vaters» scheint dieses Moment der Produktivität, der «Potenz», der *Selbstbestätigung durch Fruchtbarkeit,* freilich ohne größere emotionale Bindung gegenüber dem einzelnen Leben, unabdingbar zu gehören.

Desgleichen scheint zum Bild des «Vaters» ein unübersehbares Moment von *Dominanzverhalten* zu gehören. Wenn die Rolle des Vaters sich bereits im Vorfeld sozusagen als Prämie für eine Reihe gewonnener Konkurrenzkämpfe um den «Besitz» des (oder der) Weibchen(s) ergibt, so versteht man einige «patriarchalische» Reste ganz gut, die auch beim Menschen noch das Bild des «Vaters» allerorten auf Erden zu prägen scheinen.[160] Überall zum Beispiel, unerachtet der jeweiligen Kultur, sind Männer im Durchschnitt etwa zwei bis drei Jahre älter als ihre Ehefrauen, was ihnen einen gewissen Vorsprung an Lebenserfahrung und Kompetenz zu sichern scheint[161]; überall auf Erden, unerachtet der recht erheblichen rassisch bedingten Unterschiede der Körpergestalt und Körpergröße unter den Menschen, sind die Männer im Durchschnitt ein paar Zentimeter größer als die Frauen, was zusammen mit der stärkeren Ausbildung der Muskulatur physische Überlegenheit signalisiert.[162] Wir haben früher schon gesehen, daß sich derlei Unterschiede zwischen Mann und Frau aus der *Geschichte* des Familienlebens auf dem Wege der Menschwerdung ergeben haben, daß sie also im Grunde so alt sind wie der Mensch selbst; gerade das aber berechtigt uns jetzt zu der These, daß es tatsächlich so etwas geben wird wie «archetypische» Komponenten eines Vaterbildes, das sich aus den genannten Merkmalen von Potenz und Dominanz zusammensetzt: Von einem «Vater» wird erwartet, daß er für den materiellen Unterhalt sowie für die physische Sicherstellung «seiner» Familie Sorge trägt, mit all den recht widersprüchlichen Gefühlen von Angst und Bewunderung, Dankbarkeit und Neid, relativer Kontaktferne und persönlicher Fremdheit, die zu dieser Rolle gehören mögen.

Psychologisch entscheidend aber ist jetzt die Tatsache, daß *der Vater* im Erleben des Kindes gegenüber der ständigen Gegenwart der Mutter *erst recht spät* auftritt. Bis zu dem Zeitpunkt, da das Kind seinem Vater als einer eigenen Person begegnet, wirkt die Eigenart des Vaters mehr «atmosphärisch», über die Gefühlslage der Mutter, auf das Kind. Um so stärker ist der «Archetyp» des «Vaters» daher an die *Thematik der sexuellen Differenzierung* gebunden. Während es sinnvoll ist, von einer *Einheit* zwischen Mutter und *Kind* zu sprechen, erscheint es andererseits richtiger, sogleich von einer *Beziehung* zwischen Vater und *Sohn* oder Vater und *Tochter* zu sprechen. Der «ödipale» Themeneintrag erscheint innerhalb des Vater-Archetyps mithin nicht als etwas Nachträgliches, sondern gehört offenbar konstitutiv zu dem Gesamtbild.

Es gibt demnach gewisse Konstanten bzw. Grundstrukturen des Erlebens, in denen die Sehnsucht nach der Mutter bzw. nach dem Vater der Erfahrung der individuellen Mutter bzw. des individuellen Vaters *voraus*geht. Anders gesagt: die individuelle Mutter beziehungsweise der individuelle Vater besäßen niemals einen solchen Einfluß auf die Seele ihres Kindes, wenn sie nicht mit ihrem Auftreten eine *Rolle* auszufüllen hätten, deren archetypischer Erwartungshorizont ihre einzelne Person bei weitem übersteigt.[163] Die individuellen Personen von Mutter und Vater katalysieren oder «konstellieren», so verstanden, lediglich den Auftritt der *archetypischen* Bilder von Mutter und Vater, hinter deren Erwartungen und Sehnsüchten die einzelne Person notgedrungen jeweils beträchtlich zurückbleibt. In dieser Unabgegoltenheit der archetypischen Erwartungsvorlage liegt aber zugleich auch *das Prinzip der Übertragbarkeit* begründet: Irgendwann wird ein Kind merken, daß seine Mutter, daß sein Vater gewissermaßen nur die ersten Statisten eines Lebensdramas darstellen, dessen Bühne viel größer ist als das eigene Elternhaus. Das Kind wird, ein wenig enttäuscht, sich folglich von seiner Mutter und von seinem Vater zu lösen versuchen, und doch wird es niemals aufhören, in allen möglichen Beziehungen später nach Mutter und Vater wiederzusuchen. Es bleibt dabei gewiß in Geltung, was wir von der Psychoanalyse Freuds gelernt haben: wie enorm der Einfluß der *individuellen* Elterngestalten auf das weitere Leben eines Kindes sein wird; doch begreift man jetzt, warum dieser Einfluß so weitreichende Konsequenzen haben kann: er ist keineswegs nur, wie Freud meinte, ein Ergebnis der frühkindlichen Hilflosigkeit – die irgendwann aufhört! –, sondern er entstammt dem Umstand, daß das Bild der individuellen Elterngestalten in das kollektive Erwartungsschema des Elternarchetyps eingetragen wird und sich mit diesem Energiestrom in den Tiefenschichten der Psyche verkoppelt wie die Stimme eines Rundfunksprechers oder das Bild einer Schauspielerin mit der Trägerwelle eines Rundfunk- oder Fernsehsenders.

Was also geschieht in einer therapeutischen Übertragungssituation, warum ist sie so schwer auflösbar? – Die Antwort lautet jetzt: weil der Therapeut in seiner Rolle als Vater oder Mutter das Bild von Vater und Mutter aus der frühen Kindheit katalysiert, das seinerseits den Archetyp von Vater und Mutter aus den kollektiven Erinnerungen der Menschheit katalysiert. «Angst löst sich nur im Gegenüber einer anderen Person», dabei bleibt es auch jetzt; doch wie wir sehen, ist das, was da als «Person» auftritt, keineswegs nur eine Form der individuellen Begegnung im Zwiegespräch mit den Erinnerungsgestalten der frühen Kindheit des Patienten; vielmehr hat die Angst des Einzelnen ebenso ihre «kollektive Geschichte» wie die Weise der Angstberuhigung, die sich an einem anderen Einzelnen festmacht. Und damit findet, zumindest der Theorie nach, ein Gutteil der Übertragungsproblematik ihre Auflösung. Denn es ist klar: Unter diesen Umständen kann ein Therapeut die Herkunft bestimmter Erwartungen aus der Kindheit seines Patienten so oft und so gründlich analysieren, wie er will, – es wird immer ein Restbetrag bleiben, der sich dieser Betrachtung entzieht.

Wohlgemerkt hilft es bei diesem Stand der Dinge jetzt auch nur noch begrenzt weiter, in der individuellen Psychotherapie die Methode zu ändern und von der Psychoanalyse zur Daseinsanalyse überzuwechseln. Begriffe wie «Eigentlichkeit», «Selbstkongruenz» und «Authentizität» mögen ein richtiges existentialphilosophisches und psychoanalytisches Bild von einem Menschen zeichnen, der sich in «Freiheit» auf sich selbst hin «entwirft»; doch um so nachhaltiger kehrt jetzt die KIERKEGAARDsche Bestimmung des menschlichen Daseins als *Geist* zurück: – «ein Verhältnis (von Endlichkeit und Unendlichkeit)» zu sein, das «sich zu dem» verhält, «was das Verhältnis gesetzt hat».[164] Es gibt keine Form der Selbstreflexion des Daseins, die nicht immer wieder den Abgrund des «Gesetztseins von einem anderen», negativ also: der radikalen Nicht-Notwendigkeit und Kontingenz der Existenz ausleuchten würde. Alles, was da (philosophisch) sich über das «Personsein» sagen läßt, läuft auf die *Bedürftigkeit* nach dem «Gegenüberstand» einer anderen, und zwar jetzt: einer *absoluten* Person hinaus, die das «Selbstsein» der eigenen Person durch ihr Dasein in der Überwindung der Angst psychologisch ermöglicht und trägt. Was in Kindertagen als Sehnsucht nach (den Bildern von) «Mutter» und «Vater» begann, erscheint, so betrachtet, nur als die psychische *Anfangsform* eines Verlangens, das buchstäblich *ins Unendliche* geht und mithin *jeden* Menschen prinzipiell überfordern *muß*, der in diese Bildmagie der Mutter- und Vatergestalt eintritt.

Es ist demnach richtig, wenn ein Therapeut in der Behandlung immer wieder darauf beharrt, daß er *nicht* die «Mutter» beziehungsweise nicht der «Vater» seines Analysanden ist, und wenn er die entsprechenden Erwartungen als

«Illusionen» einer Geborgenheit zu entlarven sucht, die es nach dem «Realitätsprinzip» bei einer einigermaßen funktionierenden Ichkontrolle über die «Triebwünsche» als bloßes Wunschdenken zu durchschauen gilt; es stimmt allemal: eine Angstsicherung, wie der «Patient» sie verlangt, ist auf Erden nicht zu finden.

Aber ist deshalb auch richtig, ja, überhaupt möglich, auf die entsprechenden Wünsche *insgesamt* Verzicht zu tun, wie FREUD es für unerläßlich hielt? – Unerläßlich scheint es nur zu sein, die Sehnsucht nach einer vollkommenen Angstberuhigung in der Nähe einer anderen absoluten Person *von dem Gegenüber der konkreten menschlichen Person zu lösen*. Es wäre ganz gewiß eine Illusion, *in einem anderen Menschen* etwas Absolutes sehen zu wollen; aber die Sehnsucht, es müßte etwas Absolutes an Halt und Geborgenheit geben, muß deswegen *in sich selber* noch lange keine Illusion sein. Im Gegenteil, es scheint um so leichter möglich, alle absoluten («kindlichen») Erwartungen von den Menschen zu lösen, als sich ihre Inhalte ins Absolute projizieren. Das Mutterbild beziehungsweise das Vaterbild erweitert sich dann zum *Gottesbild*. Eine solche Auflösung der Übertragungsproblematik ins Religiöse sollte die Psychoanalyse nicht – zum Beispiel durch eine atheistische Theoriebildung – *erschweren*, sondern ganz im Gegenteil durch Bewußtmachung der infantilen Vorstellungsreste *erleichtern* oder gar erst ermöglichen; und statt in dem «Ödipuskomplex» die *Ursache* für die Gottesvorstellung zu erblicken, erscheint es umgekehrt weit näherliegend, die Religion dafür zu verwenden, daß das Ich des Einzelnen seine ödipalen Bindungen *auflöst*, daß es die Fesselung an falsche Vaterautoritäten und mütterliche Gruppenidentitäten *preisgibt* und daß es lernt, im Gegenüber des absoluten Ichs Gottes (s)ein eigenes Ich auszuprägen.

Rein religionspsychologisch stehen wir also folgender Situation gegenüber: Das Gottesbild beziehungsweise die Gottesvorstellung erscheint als ein Konglomerat aus zwei verschiedenen, miteinander verschmolzenen Vorstellungsreihen: da ist einmal die *archetypische* Ebene des Gottesbildes, die aus jenen Komponenten des Mutter- und Vaterbildes gespeist wird, welche sich auf dem Weg der Entwicklung der Säugetierpsyche auf unserem Planeten herausgebildet haben; und da ist zum anderen die *personale* Ebene des Gottesbildes, die sich aus den individuellen Erinnerungen an die konkreten Elterngestalten der biographischen Entwicklung des Einzelnen zusammensetzt.

«Therapeutisch» wirksam ist dabei im Umkreis der Angstberuhigung offenbar bevorzugt eine Form der persönlichen Begegnung, in der *das Personale* das Kollektive auf eine Weise katalysiert, daß die archetypischen Inhalte des Archetyps von Mutter und Vater sich a) möglichst deutlich aus seinen *Verhaftungen* an die konkrete Einzelperson und b) aus seinen *Verfälschungen* durch konkrete Einzelerfahrungen (der frühen Kindheit) zu lösen vermag. Die religionspsychologische Funktion einer analytischen Therapie und, analog dazu, jeder anderen intensiven persönlichen Beziehung liegt dann in zweierlei: Es gilt, als Einzelner dem Anderen so *nahe* zu kommen, daß die Sehnsucht nach einer elterngleichen Geborgenheit in ihm *wiedererweckt* wird, und es kommt darauf an, ihm zugleich so *durchsichtig* zu bleiben, daß dahinter die *absolute* Bedeutung des Elternarchetyps zum Vorschein kommt. Die Einstellung ebenso wie die Reindarstellung, die Aktivierung ebenso wie die Sublimierung des Elternbildes bilden religionspsychologisch demnach die zwei entscheidenden Momente der Gotteserfahrung.[165] Alles, was Menschen mit ihrer Person zur «Erfahrung» eines personal vorgestellten Gottesbildes beitragen können, läßt sich auf diese zwei Momente zurückführen: sie müssen den Anderen so sehr lieben, wie er als Kind erwartet hätte geliebt zu werden, und sie müssen ihn so weit freigeben, daß er darunter die einengenden bzw. verformenden Einflüsse seiner Kindheit hinter sich lassen kann.

Mit diesem Ergebnis haben wir einen sehr wichtigen Punkt erreicht. Denn was wir aus dieser Analyse der Angstproblematik und der Form ihrer Überwindung lernen, hilft uns jetzt vor allem weiter, um den *Ort und* die *Funktionsweise des Religiösen psychologisch genauer* zu bestimmen.

Wir haben bereits festgestellt, daß *die Angst* des Menschen gewissermaßen ein zweipoliges Kraftfeld bildet, das sich zwischen dem limbischen System und dem Neocortex, zwischen den Codierungen des Zwischenhirns und den Verarbeitungen des bewußten Denkens erstreckt, und wir konnten damals schon vermuten, daß auch die Religion, wenn irgend sie hilfreich auf die Daseinsnot des Menschen eingehen will, eine Antwort bereithalten muß, die in ihrer Struktur dieser Bipolarität der Angstproblematik Rechnung trägt. Tatsächlich sehen wir nun, daß die Religion selbst *wesentlich* eine solche *«Sprachform der zwei Ebenen»* aufweist und aufweisen *muß:* Sie enthält in sich zum einen *das Element der personalen Anrede:* – es geht darum, den Einzelnen in der Unvertauschbarkeit seiner Angst, die seine Individualität unabtrennbar begleitet, so zu umfangen, daß er, der Nicht-Notwendige, sich als berechtigt, daß er, der Überflüssige, sich als erwünscht, daß er, der Ausgesetzte, sich als geborgen zu erleben vermag; es kommt darauf an, daß in der eigenen Person unter den Augen des Anderen so viel als «ansehnlich» und bejahenswert erfahren werden kann, daß es sich selber wagt zu leben; es geht darum, daß die eigene Person in der Zustimmung einer fremden Freiheit sich als frei zu vollziehen getraut und ihre eigene Stimme im Konzert der Welt zu finden vermag. Und wir können sagen: Wo so etwas sich ereignet, tritt das Personsein selbst in eine unableitbare, absolute Sphäre ein. All die Erfahrungen dessen, was in der Sprache der akademischen Theologie einmal als «Gnade» bezeichnet wurde[166], laufen letztlich darauf hinaus, daß kein Mensch dem anderen vorschreiben kann, was er zu sein oder zu tun hat; *er läßt den Anderen gelten* – das ist alles![167] Er «macht» nicht den anderen – er macht überhaupt nichts, weder für ihn noch mit ihm, er *ist* einfach für ihn da, wenn der Andere ihn braucht. Diese *absichtslose* Gegenwart des eigenen Daseins in der Anwesenheit eines Anderen erzeugt in ihrer voraussetzungslosen Zugewandtheit gerade die «Resonanzschwingung», die nötig ist, um die Personwerdung des Anderen im Gegenüber der eigenen Person zu katalysieren. Da wächst etwas in seiner eigenen Größe und Schönheit zum Himmel empor und verdankt sich allein einer Güte, die *absolut* sein muß in ihrer Freiheit, um jene Frage des Menschen an sein Leben zu beruhigen, die als die Grundproblematik aller Metaphysik gilt: «Warum ist etwas (wie ich selber!) und nicht viel mehr nichts?» Alles Persönliche unter den Menschen gibt sich selber als Brücke und Vorbild dieses Aufwachens in den Raum eines absoluten Personseins, das hinter der menschlichen Begegnung erscheint bzw. sich in ihr ausspricht.

Der jüdische Religionsphilosoph M. BUBER meinte in seinem kleinen, doch wichtigen Essay *Ich und Du* einmal ganz entsprechend zu dieser *Einheit von Gottesbegegnung und Menschenbegegnung:* «Die Beziehung zum Menschen ist das eigentliche Gleichnis der Beziehung zu Gott: darin wahrhafter Ansprache wahrhafte Antwort zuteil wird. Nur daß in Gottes Antwort sich alles, sich das All als Sprache offenbart.» «Wer ein Weib, ihr Leben im eigenen vergegenwärtigend, liebt: das Du ihrer Augen läßt ihn einen Strahl des ewigen Du schauen.» «Die Beziehung zum Du ist unmittelbar. Zwischen Ich und Du steht keine Begrifflichkeit, kein Vorwissen und keine Phantasie; und das Gedächtnis selber verwandelt sich, da es aus der Einzelung in die Ganzheit stürzt. Zwischen Ich und Du steht kein Zweck, keine Gier und keine Vorwegnahme; und die Sehnsucht selber verwandelt sich, da sie aus dem Traum in die Erscheinung stürzt. Alles Mittel ist Hindernis. Nur wo alles Mittel zerfallen ist, geschieht Begegnung.»[168] «Ich werde am Du; Ich werdend spreche ich Du. Alles wirkliche Leben ist Begegnung.»[169] – Das stimmt voll und ganz, wenn man es auf das reine Personsein des Begegnungsmomentes selber bezieht: in der Einheit selber hebt sich alles Mittelbare auf und findet sein Ziel.

*Gott* in diesem Sinne ist das absolute Gegenüber einer reinen Begegnung, das Du oder besser das Ich-Du, das jede Begegnung umgreift und in jeder Begegnung begegnet. – Das ist die *eine* Seite der religionspsychologischen Ortsbestimmung der Auflösung der Angst des menschlichen Daseins als einer sich selbst bewußt gewordenen Freiheit, Individualität und Personalität.

Die *andere* zugehörige Seite der Problemstellung zeigt sich darin, daß es individuell wie kollektiv eine *Geschichte* der Personwerdung gibt, deren Erinnerungsspuren sich in einem Bündel von Bildern, Erwartungen und Gefühlen niederschlagen; ohne diese vorgegebenen *Komponenten* des «Personalen» wäre weder der Aufbau der eigenen Person noch die Notwendigkeit der Begegnung mit einer anderen Person verstehbar, und hier scheint es unumgänglich, den BUBERschen Standpunkt – radikal «bilderlos» in seinem jüdischen Ansatz – religionspsychologisch ein Stück weit zu modifizieren. Es erweist sich nämlich, daß es gar nicht möglich ist, dem Du des Anderen «rein» zu begegnen, so daß alles «Vermittelnde» als «hinderlich» beiseitegeräumt werden müßte. Ganz im Gegenteil. So wie in dem absoluten Du (Gottes) das «All» zu reden beginnt, so kann und muß buchstäblich «alles» als eine vermittelnde Chiffre zu dem menschlichen Du *des* beziehungsweise *der* Geliebten verstanden werden: die Art der Gebärden, die gesamte Körpersprache, die mitgebrachten Geschenke, und dann immer weiter: die Blumen, die Steine, die Bäume, die Namen der Tiere und der Gestirne – da ist nichts, was nicht *als Symbol* zum Ausdruck der Einheit und zum Mittel des Wunsches nach Einheit werden könnte. Die «Person» selber erscheint da nicht als ein außerweltliches Abstraktum, sondern in ihr verdichtet sich das Ergebnis einer Jahrmillionen währenden Evolution, so daß es gar nicht möglich ist, von «der» Person zu sprechen, ohne in psychoanalytischer Absicht *durchzuarbeiten,* was sich darinnen an uralten Schichten der Wahrnehmung aus der Erinnerung zum Beispiel auch und vor allem an «Vater» und «Mutter» zu Wort meldet; und selbst nach dieser reinigenden, alle Ambivalenzen (so gut es geht) auflösenden «Durcharbeitung» wird uns nichts anderes übrig bleiben, als noch einmal – und jetzt erst recht! – Gott anzureden als unseren «Vater» und unsere «Mutter», denn nur im Raum derartiger Worte «vermittelt» sich fühlbar und ganz, was den Kern aller wirklich religiösen Erfahrung ausmacht: noch einmal von vorn, aus der Wahrheit des eigenen Wesens jetzt, *leben zu dürfen* unter der Anrede derjenigen Macht, die von Ewigkeit her, wie wir glauben, gemocht und gewollt hat, daß es uns gibt, und die uns gerufen hat bei unserem Namen.

Auf die Bipolarität der Angst des menschlichen Daseins antwortet also die Religion, indem sie selber strukturell mit einer Bipolarität des Ausdrucks von Personalem und Archetypischem, von Individuellem und Kollektivem, von Situativem und (relativ) Zeitlosem arbeitet. In schematischer Aufgliederung stehen mithin einander gegenüber: auf der einen Seite: *der menschlichen Angst,* die Ebene der vorgegebenen Angstsituationen und -themenstellungen nebst ihren entsprechenden Handlungsanweisungen, wie sie im Zwischenhirn aus der Tierreihe bereitliegen, und «darüber» die Reflexion des In-der-Welt-Seins, inklusive des eigenen Selbstseins mit den entsprechenden Transformationen des Angsterlebens im Neocortex; und auf der anderen Seite: *der religiösen Antwort,* die Ebene bestimmter archetypischer Inszenierungen und Symbole nebst deren Personalisierung im eigenen Ich, das dem Du des Anderen sich gegenübersetzt und in seiner Nähe sich selber vollzieht.

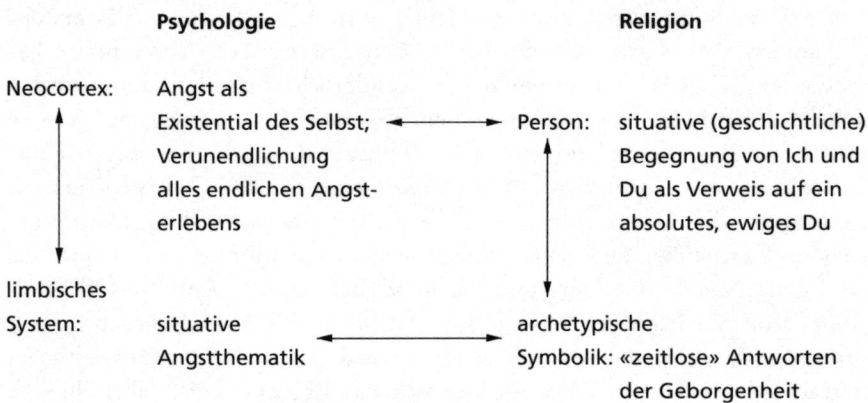

|  | Psychologie |  | Religion |
|---|---|---|---|
| Neocortex: | Angst als |  |  |
|  | Existential des Selbst; | ⟷ Person: | situative (geschichtliche) |
|  | Verunendlichung |  | Begegnung von Ich und |
|  | alles endlichen Angst- |  | Du als Verweis auf ein |
|  | erlebens |  | absolutes, ewiges Du |
| limbisches |  |  |  |
| System: | situative | ⟷ | archetypische |
|  | Angstthematik |  | Symbolik: «zeitlose» Antworten |
|  |  |  | der Geborgenheit |

Wie wir sehen, besteht die Struktur der Antwort des Religiösen auf die menschliche Angst in einer *Umkehrung des Zeitrahmens:* dort, wo die Angst als *situativ* gebunden erlebt wird, setzt die Religion ein, indem sie bestimmte Grundgegebenheiten in *überzeitliche* Bilder verwandelt, und wo das menschliche Bewußtsein die Angst ins Unendliche, Ewige zu treiben droht, antwortet die Religion «geschichtlich» durch das konkrete Gegenübertreten einer einzelnen Person, die in ihrer zugewandten Gegenwart zu einer Brücke ins Absolute wird.

Entscheidend ist dabei, daß es uns mit diesen Überlegungen gelingt, eine *neue Positionierung des Religiösen* als einer *Synthese* aus Personalem und Archetypischem, aus Geschichtlichem und Vorgegebenem, aus Individuellem und Kollektivem vorzunehmen. Die Religion, wenn es so steht, hört auf, nur ein (in der Neuzeit immer entbehrlicher scheinendes) Reflexionsmoment des Bewußtseins zu bilden; es lehrt uns vielmehr *die Angstproblematik,* wie wichtig auch und gerade die *Symbolebene* des Religiösen ist, um eine unverzerrte Personwerdung allererst zu ermöglichen. Die «Inhalte» des Religiösen, die konkreten Symbole der Glaubensüberlieferung einer bestimmten Religion hören damit ihrerseits auf, «vom Himmel zu fallen» und als etwas von fremd her Gesetztes der Personwerdung, der Verinnerlichung, der mystischen Aneignung durch das glaubende Subjekt in dogmatischer Verfestigung und institutioneller Veräußerlichung im Wege zu stehen. Vielmehr: so wie die Personwerdung selbst als eine Einheit von Ich und Es, von Bewußtsein und Unbewußtem, von Individuellem und Archetypischem gesehen werden muß, so erscheint jetzt die Religion *wesentlich* als ein Verfahren, eben eine solche Personwerdung *zu ermöglichen,* indem sie *die Angst* beruhigt, die sich zwischen Es und Ich ausspannt und auf beiden Ebenen: auf der geistigen Ebene der Angst als eines «Existentials» ebenso wie auf der biologischen Ebene der Angst als eines «Warnsignals», *umgriffen* sein muß, damit das menschliche Dasein gelingen kann.

Damit stehen wir nun allerdings dicht vor der Auflösung jener Problemstellung, die sich aus der Kritik des dogmatisierten Kirchenglaubens wie von selber ergab. Die Frage stellte sich uns, wie «Religion» und «Offenbarung» sich so beschreiben ließen, daß sie nicht länger zur Entfremdung und Depersonalisation des Individuums in einer veräußerlichten Form der «Vergesellschaftung» jedweder Form gläubiger Erfahrung herhalten müßten, sondern wie sie im Gegenteil *von ihrem ganzen Wesen her* endlich wieder der Personwerdung und Angstüberwindung hilfreich werden könnten. Unsere Antwort darauf lautet jetzt: Die Religion dient der «Humanisation» und der «Personalisation» des Menschen, wenn und solange sie selber *als ein integrativer Prozeß* der Vermittlung von Ich und Es verstanden wird, der auf dem Hintergrund einer alle Angst umspannenden Geborgenheit im Gegenüber eines absoluten Du, das in der Zuwendung einer anderen menschlichen Person erscheint, sich vollzieht und ermöglicht. Nicht länger mehr werden jetzt die Inhalte des Unbewußten in das Göttliche hineinprojiziert, um dann als eine fremde, kirchenverwaltete Sprache göttlicher Weisungen und Weisheiten auf den Menschen zurückzukommen, sondern es erscheint nunmehr die «Offenbarung» Gottes als *identisch* mit dem Akt der Personwerdung, der durch die Begegnung zwischen Ich und Du zustande kommt. «Religion» ist jetzt nicht mehr eine staunenswerte, letztlich unverständliche Information über göttliche «Heilsgeheimnisse», die der Ewige und Allmächtige nach einer unendlichen Zeit des geduldigen Zuwartens just vor dreitausendachthundert Jahren mit der Berufung Abrahams in Szene zu setzen und dann vor eintausendneunhundertsechzig Jahren, pünktlich am Karfreitag des Jahres 32 unter Kaiser Tiberius, zu vollenden beliebte; Religion ist vielmehr zu verstehen als eine Form der Mitteilung der absoluten Person Gottes, die sich ausspricht in der Personwerdung jedes einzelnen Menschen. Mit anderen Worten: wir werden von Gott, wer immer er sei, wenn das Gesagte gilt, gerade so viel verstehen und zu Gesicht bekommen, als wir *im Feld unserer eigenen Personwerdung in der Begegnung mit anderen Menschen* zu leben vermögen. Die gesamte «inhaltliche» Seite der jeweiligen Religionsform ist mithin zu lesen als der symbolische Urgrund, der in die Personwerdung einbezogen werden muß, weil ohne ihn eine Überwindung der Angst in den Tiefenschichten der menschlichen Psyche nicht möglich ist.

Also doch «Entgeschichtlichung»? Also doch «gnostischer Synkretismus»? Also doch «Aufhebung der Einmaligkeit Jesu Christi»?

Keineswegs. Sondern im Gegenteil! – Wir verstehen zum ersten Mal überhaupt erst, was wir sagen, wenn wir zum Beispiel von «Jesus *Christus*» sprechen und damit die einmalige Person des Nazareners mit einem unpersönlichen, rein symbolischen Titel («König von Israel») zu einer untrennbaren Einheit zusammenschließen[170]: Wir sagen damit, wie wir jetzt sehen, schon dem Begriff nach, daß eine Befreiung des Menschen, eine «Erlösung» von seiner Angst, wirklich nur möglich ist in einer Synthese von Geschichtlichem und «Ungeschichtlichem», von Personalem und Archetypischem, und wir ahnen zum ersten Mal, was es mit einer Person auf sich hat, die uns die eigene Person so nahe bringt, daß, wer sie anredet mit «Du», gar nicht anders kann, als dahinter *das ewige Du* Gottes selbst anzusprechen, dem sie selbst sich verdankt. Wir begreifen auch, warum ein ähnliches in anderen Religionen geschieht und geschehen muß, wenn zum Beispiel *Prinz Gautama* angeredet wird als *«der Buddha»* oder als der «Bodhisattva», der als *Avalokiteshvara* (als der Herr, der gütig herabblickt)[171] in ihm inkarnierte. *Immer* bedarf die Religion einer solchen *Bipolarität von Person und Symbol,* von Ich und Es, von Zeit und Ewigkeit, da die Person des Menschen selbst nur als eine solche *Synthese* aus Endlichkeit und Unendlichkeit in ihrer Angst sich zu vollziehen vermag.

Wir verfügen jetzt also nicht nur über eine Art tiefenpsychologischer Fundamentaltheologie zur Erklärung bestimmter notwendiger Eigenheiten des Religiösen, wir besitzen jetzt auch bereits so etwas wie *ein hermeneutisches Prinzip* zur Auslegung jeder «Glaubenslehre», die sich im Rahmen einer bestimmten Religionsform als «wahr» vermitteln möchte: Ihr Wahrheitsanspruch kann fortan, wenn es so steht, nicht länger mehr in der dogmatischen

Behauptung liegen, «von Gott» gesetzt zu sein, – er muß vielmehr überprüfbar sein an dem Grad der Vermenschlichung, der von ihm ausgeht. Als oberstes Prinzip einer theologischen «Dogmatik» muß daher gelten, daß all ihre Inhalte als *Bilder* sich verstehen lassen, die in Richtung einer Beantwortung der Grundformen menschlicher Angst auszulegen sind; anders gesagt: keine Interpretation der religiösen Symbole kann für «wahr» genommen werden, die nicht zu zeigen vermag, wie die jeweiligen «Glaubensinhalte» sich aus dem personalen Erleben selbst *ergeben* und umgekehrt der Personwerdung des Einzelnen *dienen.*

Konkret mit Bezug zu der Gestalt Jesu Christi zum Beispiel: wir werden (im 2. Band dieser Arbeit) als erstes vor einer Reihe von Fragen stehen: Wie es denn sein kann, Jesus als «König» (als «Messias») und damit als eine «göttliche» Person zu verstehen; wie sich *aus seiner Botschaft* von einem «Reich Gottes» (und mithin eines Reichs der Menschen!) der Beschluß der Machthaber, ihn zu *töten*, notwendig, als «göttlicher Wille», ergeben mußte; was es mit den *Bildern* von «Auferstehung» und «Himmelfahrt» auf sich hat, und so weiter. Es dürfte jetzt schon klar sein, daß dabei die Person des historischen Jesus und die «Christologie» des Neuen Testamentes als weit zusammengehöriger erscheinen werden als in der herkömmlichen Theologie; gerade der «garstige Graben», der, nach LESSINGS Meinung, den Jesus von Nazareth von dem Christus der (kirchlichen) Verkündigung trennt[172], wird sich nur schließen lassen, wenn zwischen Bewußtsein und Unbewußtem, zwischen Ich und Es, zwischen Personalisierung und Symbolisierung selbst eine psychologisch plausible Synthese hergestellt wird. Es wird dann nicht länger mehr statthaft sein, die religiöse Botschaft *gegen* das Ich des Einzelnen zu kehren (auf daß die «Kirche» als Institution beamteter Wahrheitsbesitzer sich als unverzichtbar aufspielen kann); es wird vielmehr entscheidend darauf ankommen, die religiöse Symbolsprache (analog zu der Sprache der Träume im Leben des Einzelnen) als Vollzugsbedingung und *Ausdruck* der Personwerdung selber zu deuten.

Geltung hat dabei prinzipiell, was M. BUBER warnend gegenüber jeglichem «Dogmatismus» einer «kirchlich» gebundenen «Theologie» eingewandt hat: «Das ewige Du kann seinem Wesen nach nicht zum Es werden; … weil es seinem Wesen nach nicht als eine Summe von Eigenschaften, auch nicht als eine unendliche Summe zur Transzendenz erhobener Eigenschaften gefaßt werden kann; weil es weder in noch außer der Welt vorgefunden werden kann; weil es nicht erfahren werden kann; weil es nicht gedacht werden kann; weil wir uns an ihm, dem Seienden verfehlen, wenn wir sagen: ‹Ich glaube, daß er ist› – auch ‹er› ist noch eine Metapher, ‹du› aber nicht. – Und doch machen

wir das ewige Du immer wieder zum Es, zum Etwas, machen Gott zum Ding
– unserem Wesen nach. Nicht aus Willkür. Die dingliche Geschichte Gottes,
der Gang des Gott-Dings durch die Religion und ihre Randgebilde, durch
ihre Erleuchtungen und Verfinsterungen, ihre Lebenserhöhungen und -zer-
störungen, der Gang vom lebendigen Gott weg und wieder zu ihm hin, die
Wandlungen von Gegenwart, Eingestaltung, Vergegenständlichung, Auflösung, Erneuerung sind ein Weg, sind der Weg.»[173] «Der Mensch begehrt Gott
zu haben; er begehrt nach einer Kontinuität des Gotthabens in der Zeit und
im Raum. Er will sich mit der unaussprechlichen Bestätigung des Sinns nicht
begnügen, er will sie ausgebreitet sehen als etwas, was man immer wieder
vornehmen und handhaben kann, ein zeitlich und räumlich lückenloses Kon-
tinuum, das ihm das Leben an jedem Punkt und in jedem Moment versichert.
– Der Lebensrhythmus der reinen Beziehung, der Wechsel von Aktualität
und einer Latenz, in der nur unsere Beziehungskraft und darum die Gegenwart, nicht aber die Urpräsenz abnimmt, genügt dem Kontinuitätsdurst des
Menschen nicht. Er verlangt nach zeitlicher Ausbreitung, nach Dauer. So
wird Gott zum Glaubensobjekt. Ursprünglich ergänzt der Glaube in der Zeit
die Beziehungsakte; allmählich ersetzt er sie. An die Stelle der stets erneuten
Wesensbewegung der Einsammlung und des Ausgehens tritt das Ruhen in
einem geglaubten Es. Die Dennoch-Zuversicht des Kämpfers, der Gottferne
und Gottnähe kennt, verwandelt sich immer vollständiger in die Sicherheit
des Nutznießers, ihm könne nichts geschehen, weil er glaube, daß Einer sei,
der ihm nichts geschehen lasse[174]», – «weil da eine Kirche sei, die mit ihrem
unfehlbaren Lehramt ihm jede Unsicherheit nimmt», wird man – noch abergläubiger – hinzufügen müssen!

Die Verwandlung des «ewigen Du» in das «Gott-Ding» des kirchlichen
Dogmatismus läßt sich nach dem Gesagten nur durch *eine tiefenpsychologisch
erweiterte Anthropologie* vermeiden, die es erlaubt, einen *Mittelweg zwischen
einer «bilderlosen» «Personologie»* des religiösen Erlebens *und* einer *«Theologie» vergegenständlichter Projektionen* zu formulieren. Die Menschen *brauchen* so etwas wie Kontinuität, in der Religion nicht anders als in der Liebe;
aber man muß sich darüber im klaren sein, daß alle Zeichen, Gebärden und
Symbole keine Wirklichkeit an sich selbst konstituieren können, die «sicherer»
und «beruhigender» zu sein vermöchte als die Tiefe der Begegnung selbst; alles
Symbolische in der Religion darf und kann die Ebene des Personalen nicht ersetzen, sondern nur stützen und mittragen.

Wie also lesen sich die religiösen Symbole als Momente einer kollektiven
Angstberuhigung zum Zwecke individueller Personwerdung? Wie lassen sich

Ausdrucksformen der Selbstfindung *interpretieren?* – Ehe wir uns (am Anfang des 2. Bandes dieser Arbeit) der *personalen* Seite der *Gestalt* und der
*Botschaft Jesu* zuwenden, um daraus ein integratives Verständnis der Symbolsprache der «Christologie» zu entwickeln, scheint es richtig, zuvor noch *den
Symbolbegriff selbst* zu vertiefen und genauer nachzusehen, welche Antworten auf die vier klassischen Angstformen der menschlichen Psyche religiös in
bestimmten menschheitlich gebräuchlichen Bildern bereitliegen. Was wir dabei suchen, ist so viel wie die Rückgewinnung eines wesentlich *poetischen,* ja,
zärtlichen Redens *von* Gott beziehungsweise *mit* Gott, bis daß die *Natur*
zum *Bild der Gefühle* der Menschen wird, wenn sie einander *in Liebe* begegnen, um darin *Gott* zu finden.

Es geht um eine «Theologie», deren «Dogmatik» klingt wie ein Liebeslied.
Denn wie kann man sagen: «Ich will zu dir sprechen von Gott?», ohne selbst
ein Verliebter zu sein und die Sprache der Liebe zu reden? Und wie will man
sagen: «Ich lehre dich Gott?«, ohne den anderen selber das Lieben zu lehren?
Oder umgekehrt: man lese, gleich, in welcher Sprache, ein gut geschriebenes
Liebeslied, und man wird in aller Regel nicht wissen, worum es sich handelt:
um ein Zeugnis religiöser Mystik oder um ein «profanes» Gedicht zwischen
zwei Liebenden. Die Gesänge des «Hohenlieds» in der Bibel – was sind sie:
trunkene Zeugnisse der Sehnsucht der Seele nach ihrem Gott oder eine sinnen-
frohe Lyrik sexueller Begegnung? Oder die indischen Gesänge zwischen
Krishna und den Hirtinnen – sind sie Dokumente heiliger oder profaner
Minne? Weder noch, kann man nur sagen; die Frage selber ist falsch gestellt,
sondern: jede Liebe ist hingerichtet auf Gott; sie kommt aus dem Raum des
Absoluten, und sie verlangt dorthin zurück. Denn eben darin besteht die Erfahrung der Liebe, *daß kein Unterschied mehr ist* zwischen Himmel, Erde und
Mensch.

Ein kleines *indianisches Liebeslied,* das «Lied der Suche», mag uns dieses
Einheitserleben der Liebe verdeutlichen, indem es die eigene Entfaltung auf
das engste verbindet mit der Symbolsprache der Erde und der Sehnsucht nach
der Geliebten:

> «Ich steige allein durch den Wald hinab.
> Von rosenfarbenem Licht überflutet
> sind die Weiden,
> starr und bebend
> im plötzlichen warmen Zugriff des Frühlings,
> wie eine Frau, wenn ihr Geliebter sie plötzlich,
> sie schnell genommen hat.

Ich höre das geheimnisvolle Rascheln
der kleinen Blätter,
die darauf warten, geboren zu werden.
Die Luft ist wie ein Hauch der Liebe
von den Schwingen sich paarender Adler.

Oh, der Wolf hat seine Gefährtin auf den Bergen.
Wo bist du, Tochter des Frühlings?
Ich bebe vor Liebe,
wie das Schilf am Fluß.
Ich brenne, wie der Abendhimmel brennt
im roten Zelt des Westens.
Ich rufe dich laut,
wie der Hirsch die Hirschkuh ruft.
Ich erwarte dich,
wie Hügel den Morgen erwarten.
Ich verlange nach dir,
wie Adler nach dem Sturm verlangen.
Ich sehne mich nach deiner Brust,
wie die Nacht sich sehnt nach dem Meer.
Ich erhebe Anspruch auf dich,
wie die Stille
Anspruch erhebt auf die Sterne.

Oh Erde, großartige Erde,
Gefährtin Gottes und meiner Mutter!
Sag, wo ist sie, die Trägerin des Morgens,
meine Überbringerin des Liedes?
Liebe in mir wartet darauf,
geboren zu werden.

Wo ist sie, DIE FRAU?«[175]

# 3. Symbolische Felder der Geborgenheit oder: Das Wesen der religiösen Erfahrung und des religiösen Ausdrucks

## a) Krise und Kritik des Symbolbegriffs

Im Grunde besteht der «Trick» der Religion, so betrachtet, in einer einfachen Umkehrung: Wenn die Grundsituationen der Angst durch die Reflexion des Verstandes ins Uferlose getrieben werden, so kommt es offenbar darauf an, auch bestimmte *Grunderfahrungen der Geborgenheit* mit Hilfe des Verstandes *ins Unendliche* zu treiben. *Ein* Problem ergibt sich dabei freilich sofort, und es wird uns erhalten bleiben: die Verunendlichung der Grundsituationen bestimmter Angstformen mag aus realen Gegebenheiten *symbolische* Szenen innerer (rein psychischer oder geistiger) Gefahren formen, – die *äußeren* Gefährdungen in der Realität bleiben gleichwohl stets erhalten; sie prägen sich prinzipiell, *als zu jeder Zeit möglich*, dem Bewußtsein *als ein ungewisses Präsenz ein*, dessen Verwirklichung in der Zukunft «irgendwann» außer Frage steht. Gegenüber dieser ungewissen Gewißheit der Gefahr in der äußeren Realität läuft die Verunendlichung der Räume von Geborgenheit *in der Religion* darauf hinaus, Symbole zu erschaffen, die eine Wirklichkeit beschwören, die schlechterdings *erfahrungstranszendent* ist und bleiben muß.

Um es so zu sagen: *das Sterben* ist etwas Reales in Raum und Zeit, die Vorstellung *von Unsterblichkeit* aber oder von ewigem Leben oder von Auferstehung ist Inhalt einer Hoffnung *jenseits* aller Gegebenheiten in Raum und Zeit; eine derartige Hoffnung kann und muß sich bestimmter endlicher Sachverhalte bedienen, um sie als ein symbolisches Zeugnis für ihre Wahrheit aufzurufen, doch sind und bleiben alle religiösen Symbole aus endlichen Erfahrungen genommene und dann ins Unendliche geworfene *Verweisungen* auf eine «andere» Welt, die wir *nur* noch in Chiffren der Sehnsucht *beschreiben*, nicht aber in klaren Begriffen und Anschauungsformen denken und vorstellen können. Ja, wir «wissen» nicht einmal, ob die Religion uns letztlich nicht in die Irre führt, wenn wir den bildhaften Hoffnungswegweisern ihrer Sehnsucht folgen, oder ob sich in ihnen tatsächlich eine Wirklichkeit auftut, die uns nur auf diese Weise gerade erst ahnungsweise sichtbar wird.[1] An die Wahrheit des Glaubens kann man nur glauben; doch ist vorerst bereits viel gewonnen, wenn wir *den psychischen Mechanismus* verstehen, durch den die Religion sich begründet und ihre bleibende Anziehungskraft auf die menschliche Seele mit Hilfe ihrer Symbolsprache gewinnt. Zu diesem Zweck müssen wir freilich jetzt den Symbolbegriff selbst noch genauer fassen.

Was *ein Symbol* ist, läßt sich in einer Staffelung verschiedener Formen von «Bildern» angeben. «Ceci n'est pas une pipe» (Dies ist keine Pfeife), nannte der belgische Surrealist R. MAGRITTE eines seiner Bilder[2], das in naturgetreuer Darstellung eine schwarzbraune Pfeife mit geschwungenem Mundstück zeigt. «Dies ist keine Pfeife», *denn,* so muß man ergänzen, es ist «nur» *das Abbild* einer Pfeife, das durch die Brechungen in unserem Auge in den Sehzentren unseres Gehirns zu einem Bild sich zusammensetzt, das sich seinerseits wieder mit dem Erinnerungsbild einer «Pfeife» und den entsprechenden Wortvorstellungen verbindet. All das scheint bereits recht kompliziert zu sein, obwohl es doch ganz einfach ist: das (Ab)*Bild* einer Pfeife macht den abgebildeten *Gegenstand* für den Betrachter präsent, ist aber damit nicht identisch.

In jedem Falle erlaubt der Unterschied von Abbildung und Abgebildetem bereits hier schon einen doppelten Weg der Symbolisierung: Es kann sein, daß *der Gegenstand selber* als ein Symbol verwandt wird: die Pfeife zum Beispiel gilt unter den nordamerikanischen Indianern als ein Abbild der Welt, und die Zeremonie des Pfeiferauchens gilt als eine der religiös kostbarsten Verrichtungen.[3] Es kann aber auch *die Abbildung* des Gegenstandes in einen eigenen, nur für sie charakteristischen Bedeutungszusammenhang eintreten. Das Bild einer Pfeife zum Beispiel könnte, auf einem Schild der Bundesbahn angebracht, ein *Signal* sein, das die Aussage trägt: «Rauchen in diesem Teil des Eisenbahnwagens erlaubt», oder das, mit zwei roten Querstreifen kreuzförmig durchstrichen, besagen soll: «Rauchen von diesem Abschnitt des Eisenbahnwagens an verboten.» Gleichviel bleiben die möglichen Bedeutungen eines Bildes als eines *Signals* an den Umkreis des praktischen Umgangs mit dem Gegenstand gebunden: sie sind Träger einer *erweiterten* Bedeutung, besitzen aber keinen transzendenten Inhalt; in religiösem Sinne sind sie *nicht* «symbolisch».

Der Übergang vom Bild (Gegenstand) zum *Symbol* kann im Grunde des möglichen Signalwertes eines Bildes völlig entbehren. Statt einer Pfeife zum Beispiel hätte MAGRITTE auch einen *Frosch* zeichnen können; «Das ist kein Frosch», hätte sein Bild dann geheißen. Was aber «ist» ein Frosch? Das *Abbild* eines Frosches kann zunächst nur der Wiedergabe der objektiven Realität dieses Tieres gelten; doch gerade dadurch kann das Abbild wiederum *als Signal* Verwendung finden. An manchen Orten zum Beispiel ist es dankenswerterweise heute üblich geworden, Verkehrsschilder aufzustellen, die das Abbild

eines Frosches tragen, um Autofahrer zu vorsichtiger Fahrweise bei Kröten-
wanderung anzuleiten. Kennzeichnend für die Abbildung auf solchen Signal-
schildern ist die *typisierte Darstellungsweise:* es geht nicht darum, ein einzelnes
Tier mit seinen individuellen Merkmalen abzubilden, das Bild soll vielmehr
das bezeichnete Tier *als solches* darstellen; schon die klare und rasche Erkennbarkeit, selbst bei flüchtigem Hinsehen, erfordert eine *stilisierte,* auf *wenige*
Erkennungsmerkmale reduzierte Wiedergabe. Der «Frosch» auf einem solchen Verkehrsschild ist nichts weiter als ein *Signal* zum Schutz einer Tierart –
oder einer ihr nahestehenden Gattung: «Achtung! *Amphibien* können auf der
Straße sein. Langsam fahren, zum Schutz der Natur» – so oder ähnlich lautet
die «Botschaft» eines derartigen Warn- oder Hinweisschildes: Das *Bild* des
Frosches dient hier als *Signal* zum Schutz des Abgebildeten; mit anderen Worten: Das Bild verweist nur auf das, was es selber zeigt.

Die «Verwendung», die sich von dem Bild eines «Frosches» machen läßt,
kann aber jenseits aller Signalfunktion auch darin bestehen, daß man die *«Frösche»* selber *als Träger einer «Botschaft»* versteht, die sich in ihnen ausdrückt:
*Der «Frosch» selbst* (und damit sein Bild!) wird dann zu einem *Symbol* mit
einer eigenen über sich selbst hinausweisenden Bedeutung.

Aus der *altägyptischen* Religion zum Beispiel kennen wir das Motiv der *Ge-
burtshelferkröten.*[4] Die Tiere selber galten vor viertausend Jahren am Nil als
etwas Heiliges, wohl weil sie in ihrer Lebensweise zwischen den zwei Welten:
dem Wasser und dem Festland, zu vermitteln schienen. Setzt man das «Wasser» aus Gründen, die wir gleich noch näher erörtern werden, für das «Uranfängliche», für das «Chaotische», abstrakt ausgedrückt: für das «Nichts»,
und erkennt man umgekehrt in dem «Festland» den Ort der «Wirklichkeit»,
des «Gestalthaften» (alles bereits «Symbolisierungen» und Bedeutungsverleihungen, die wieder andere Symbolisierungen und Bedeutungsverleihungen
nach sich ziehen!), so erscheinen die Frösche in der Tat als ideale Symbolträger, um den *Übergang* vom «Nichts» zum «Sein», vom «Chaos» zur «Ordnung», mithin *das «Werden»,* die «Geburt», den Hervorgang des Lebens vom
«Wasser» auf das «Land» zu bezeichnen.

Dieses kleine Beispiel kann uns über den Vorgang der Symbolisierung drei-
erlei auf einmal mitteilen:

*Zum einen:* Es gibt Symbole nicht in der Einzahl; Symbole machen nur
«Sinn» im Rahmen einer symbolisierenden Weltbetrachtung; deren «Kunst»
ist es, die erfahrbare Welt mit einem geheimnisvollen Netz von Verweisungen
und Bedeutungen zu überziehen, die allesamt in Verbindung miteinander stehen, sich wechselseitig erklären und nur als ganzes verstehbar sind. Allein

durch diesen Umstand läßt sich erklären, daß die gesamte symbolische Welt einer Religion (etwa der Alten Ägypter oder der Azteken) *zusammenbricht,* sobald auch nur ein einziges zentrales Stück dieser Religion verlorengeht (etwa die Stellung des Pharao oder die militärische Macht des Huitzilopochtli). Die symbolische Welt ist ein Organismus, der stirbt, wenn eines seiner wichtigen Organe zu funktionieren aufhört.

*Sodann:* Es zeigt sich, daß die symbolisierende Bedeutungsverleihung relativ *äußerlich* dem Symbolträger zugesprochen wird. Grob gesagt: ein Frosch selber hat natürlich nicht die geringste Ahnung von all dem, was da in einer bestimmten Religionsform mit seinem Bilde angestellt wird. Bei der Symbolbildung geht es denn auch durchaus nicht um eine objektive Erfassung der Gesamtwirklichkeit «Frosch»; ganz im Gegenteil: es genügen ein paar Merkmale der Gestalt oder der Verhaltensweise dieses Tieres, um, rigoros reduktiv, für eine bestimmte Symbolisierung in Frage zu kommen. Nicht was Frösche an sich tun und treiben, ist hier das Problem, sondern inwieweit sie in irgendeiner Weise, *unter einem ganz speziellen Aspekt,* dazu taugen, in bezug zu einer bestimmten weltanschaulichen Fragestellung als Zeichen einer Antwort fungieren zu können. – «Wie ist es möglich, zu erklären, daß es die Welt gibt?» Wer an diesem oder einem ähnlichen Problem laboriert, mag *an den Fröschen* ersehen, daß es mitten in der Welt bereits so etwas gibt wie Übergänge vom Nichtsein zum Sein. Mit innerweltlichen Gegebenheiten weltjenseitig *transzendente* Sachverhalte evident zu machen, ist der Zweck einer solchen Symbolisierung. Daraus übrigens ergibt sich zugleich die «Offenheit» beziehungsweise die grundsätzliche *Unabgeschlossenheit,* positiv gesagt: die *Toleranz* des symbolischen Denkens. Es gehört zur Art einer *«losen»,* segmenthaften Bedeutungsverleihung, daß das an einem bestimmten Symbolträger anschaulich gewordene *Geheimnis* (der weltjenseitige Sachverhalt) sich prinzipiell auch noch an beliebig vielen anderen «Orten» mehr oder weniger gut ablesen läßt. Da jedes einzelne Symbol nie *mehr* sein kann als nur ein *«Hinweis»,* da es also niemals zu einem *«Beweis»* wird, ist jede «Ergänzung» durch ähnliche Symbole, die in die gleiche Richtung weisen, sogar hochwillkommen. Was zum Beispiel den Alten Ägyptern *der Frosch* zeigen konnte, das mochte ihnen ebenso offenbar werden im *Krokodil,* in der *Schlange* oder im *Chepre-Käfer.*

*Und schließlich:* Wenn ein bestimmtes (Lebe)Wesen in einer bestimmten Kultur oder Religion erst einmal eine bestimmte symbolische Bedeutung erlangt hat, so legt diese Bedeutung die Art des Umgangs mit diesem (Lebe)Wesen fest: es kann zum Beispiel unter Tabu gestellt oder aber völlig ausgerottet werden[5], es kann als Verkörperung alles Guten oder alles Schlechten gelten[6], es kann überlegene Weisheit oder magische Kräfte besitzen.[7] Jeder, der geistig außerhalb des jeweiligen symbolischen Zusammenhangs sich aufhält, wird unter solchen Umständen *notwendig* «Aberglauben» und «Unverstand» dort am Werke sehen, wo den Gläubigen selber heilige Geheimnisse göttlicher Wahrheiten gegenübertreten: *Das Symbol redet nur zu Gläubigen.* Es trägt nie eine Wahrheit an sich; es ist nur in der Einheit mit dem Subjekt, das die jeweilige Bedeutung in dem Symbolträger «sieht».

Darum täuscht sich sehr, wer etwa in der symbolistischen Naturdeutung mythischer Religionsformen nichts weiter sehen wollte als ein Dokument von Ignoranz und Unvermögen. *Lediglich dies* ist allerdings vorbehaltlos einzugestehen: die Symbolismen der Naturreligionen waren dem, was wir heute (im Erbe des spezifisch europäischen Weges der Geistesgeschichte) als «Naturwissenschaft» bezeichnen, geradewegs abhold; – ihre Fragestellung war von vornherein eine andere. *Religiös* betrachtet, ist es nicht vorrangig, zu wissen, wie die Natur an und für sich, *objektiv*, beschaffen ist, *religiös* kommt es darauf an, dem Menschen *einen Ort* inmitten einer (wie auch immer) gedeuteten Welt anzuweisen. Schon wenn wir betrachten, in welchem Umfang die Symbolbildung selber die «objektive» Wirklichkeit auf einige wenige «bedeutsame» Merkmale reduzieren muß, um sie als Antwort auf eine durch und durch subjektive Fragestellung zu verwenden, erscheint es weder gerecht noch angemessen, eine solche Weltdeutung nach den Maßstäben objektiver Naturerklärung zu messen, nur um allemal bei der trivialen Feststellung zu enden, Religion sei keine (Natur)Wissenschaft, beziehungsweise um die aufgeklärt sich gebende These aufzustellen, die (mythische) Religion sei überhaupt nur das Ergebnis objektiver Unwissenheit, und ihre Phantastereien seien ein für allemal durch den Fortschritt moderner Erkenntnis «überholt».[8]

Weit richtiger und gerechter fällt das Urteil über die religiöse Symbolbildung aus, wenn wir *die Psychologie der Fragestellung* sowie *die Art ihrer Beantwortung* näher untersuchen. – Wer betrachtet, wie «dünn» die Verbindung zwischen der symbolischen Bedeutungsverleihung und der Wirklichkeit des jeweiligen Symbolträgers im Einzelfall sein kann, wie scheinbar beliebig, ja, willkürlich diese Zuordnung sich gestalten mag, der bekommt im Rahmen der *Kulturanthropologie* scheinbar gute Gründe an die Hand, um in der *Symbolbildung* ein reines *Arrangement sozialer Kommunikation* zu erblicken; wenn er sich zudem noch umschaut und miteinander vergleicht, wie *unterschiedlich* die gleichen Naturgegebenheiten zu verschiedenen Zeiten und an verschiedenen Orten im Verlauf der Menschheitsgeschichte religiös und kulturell gedeutet werden konnten[9], so erscheint die Beziehung von symbolischer Bedeutung und Symbolgegenstand schließlich als ebenso wahllos wie in der strukturalistischen Sprachtheorie das Verhältnis von Sprache und Welt, von Bezeichnendem und Bezeichnetem.[10] Der Symbolismus ist, so besehen, tatsächlich nichts weiter als ein kultur- und gesellschaftsbedingter Zeichenapparat zum Zwecke der menschlichen Verständigung über den rechten Umgang des Menschen mit sich selbst beziehungsweise mit den Dingen ringsum. – Für diese Auffassung spricht vor allem, daß manche Symbolträger in einer bestimmten Religionsform ihre Rolle vornehmlich *sprachlichen* Gründen verdanken. Ganz undenkbar zum Beispiel wäre es, daß der *Mistkäfer* jemals zu einem Symbol des *Werdens* und zu einer Gestalt der aufgehenden Sonne hätte avancieren können, wenn nicht im Altägyptischen das Wort *cheper* sowohl den «Käfer» als auch das «Werden» bedeutet hätte; ja, um die Eigenart des altägyptischen Symbolismus zu begreifen, muß man unbedingt die Grundprinzipien der *Hieroglyphenschrift* des Alten Reiches in Betracht ziehen, wonach ein einzelnes Bildzeichen ebenso gut als Ideogramm wie als Phonogramm oder als Determinativ verwandt werden konnte: ein und dasselbe Zeichen also konnte den abgebildeten Gegenstand bedeuten, aber auch den Lautwert, mit dem der abgebildete Gegenstand bezeichnet wurde.[11] Nur in Anbetracht der Technik der Hieroglyphenschrift läßt sich verstehen, wieso ein hoch abstrakter Begriff wie die Idee des *«Werdens»* durch einen *Käfer* ausgedrückt beziehungsweise «symbolisiert» werden konnte; erst sekundär zu der Logik eines derartigen «Bildrebus» ist es von Belang, daß der Mistkäfer sein Gelege *kugelförmig* aus dem Morastigen vor sich herrollt – just wie *die Sonne* am Morgen, wenn sie *als neugeborenes Kind* dem Urozean Nun entsteigt.[12]

So betrachtet, erscheint die Symbolsprache der Religionen allerdings in mehrfacher Hinsicht als etwas durchaus *Zeitbedingtes*, das sich dementsprechend nur mit *historischen Mitteln* erforschen läßt: sie setzt offenbar ein durch und durch «unwissenschaftliches» Verhältnis gegenüber der «Natur» voraus und gehört schon von daher scheinbar endgültig einem vergangenen Zustand des Bewußtseins an; sie hängt zudem von den bestimmten Gegebenheiten einer jeweiligen Kultur und deren Verständnis von der Situation des Menschen in der Welt ab; und sie wird allem Anschein nach bis ins Detail hinein von gewissen (sozial)geschichtlichen und sprachlichen Voraussetzungen definiert, die überhaupt erst darüber entscheiden, was in dem jeweiligen Sprachraum als Symbolsprache zulässig und verständlich ist.

Hinzu kommt, zumindest in unseren Tagen, ein gewichtiger *kritischer* Einwand von seiten der Sozialpsychologie gegenüber dem symbolischen (beziehungsweise mythischen) Denken *insgesamt*. Neben der Unwissenheit gegen-

über *der Natur* scheint das symbolische (mythische) Denken kulturgeschichtlich auf das engste mit einer Überhöhung beziehungsweise *Vergöttlichung der
zentralen Macht* beziehungsweise eines autokratischen Zentralismus Hand in
Hand zu gehen, und es ist politisch in der Welt der Moderne tatsächlich kaum
ein größeres Desaster vorstellbar als ein Rückfall in eine derartige Form »sym-
bolistischer« Auslegung der sozialen Organisationsformen von politischer
Verwaltung: – die geschichtlichen Erfahrungen mit der «Remythisierung» der
Realität im Dritten Reich[13] müßten als Beispiel für das Gemeinte eigentlich
ein für allemal genug sein. Doch *auch die Gegenwart* belegt hinreichend,
welch eine magische Verführungskraft Vorstellungskomplexe mythischer Ge-
schichtsüberhöhung mit den Folgen einer entsprechenden Irrationalität und
Vergleichgültigung des individuellen Lebens entfalten können: die Gestalt des
*«Propheten mit dem Schwert»* in der Welt des zeitgenössischen Islam zum Beispiel[14] oder die Verheißung eines von Gott versprochenen «heiligen *Landes«* in
den Auseinandersetzungen des Nahost-Konfliktes[15] besitzen offenbar eine
solche «archetypische» Macht, daß sie imstande sind, ganze Völker in «heilige»
Kriege zu treiben, auf daß sie mit subjektiv gutem Gewissen Taten als göttliche
Pflichten begehen, die weniger «gläubigen» Außenstehenden als verbrecherische bzw. wahnsinnige Frevel erscheinen können. Es läßt sich von daher nicht
leugnen, daß in dem *«Faschismusvorwurf»* gegenüber einer symbolistischen,
mythisch-religiösen Geschichtsauffassung eine wichtige Wahrheit steckt. Das
eigentliche Problem aber *beginnt* hier erst, während manche Theologen merkwürdigerweise so tun, als hätten sie mit der Warnung vor einer nicht zu verleugnenden *Gefahr,* die der Umgang mit Symbolen unzweifelhaft mit sich
bringt, ihre Arbeit schon getan. Wie wenig dies der Fall ist, zeigt bereits ein
einfacher Blick auf die eigene *christliche* Religion.

Wir haben eingangs schon ausführlich dargestellt, in welch eigentümlicher
Mischung aus Denkverweigerung und Machterhalt *der kirchliche Dogmatismus* selber sich gefangenhält. Unkenntnis beziehungsweise *symbolistisch-my-
thische Verstellung der Natur* – das darf nach der Zerstörung der griechischen
Naturerkenntnis durch die frühe Kirche und nach Jahrhunderten des Abwehr-
kampfes gegen die Naturwissenschaften in der Neuzeit nicht als ein peripheres
Moment kirchlicher Theologie, das muß als eines ihrer konstitutiven Merkmale gelten.[16] Daß Gott die Welt erschaffen hat und daß er den Weltenlauf vorhersieht und absichtsvoll in jedem Detail lenkt, kontrolliert und gestaltet, diese
Überzeugung bildete ein Dogma, das die einzelnen Naturerscheinungen als
unmittelbaren Ausdruck eines göttlichen Willens zu verstehen vorschrieb.
Noch heute gehört der (mittelalterliche) Wunderglaube zu der eisernen Ration

jedes dogmatischen Lehrbuches, das nicht von vornherein der Verurteilung durch das kirchliche Lehramt anheimfallen will. Also: Wenn Gott es beispielsweise, aus welchen Gründen auch immer, so will, daß Jungfrauen gebären, Leichname sich wiederbeleben oder die Oberflächenspannung des Wassers stark genug wird, um Menschen trockenen Fußes darüber hinweggehen zu lassen, so geschieht dergleichen eben.

Einer solchen Blockierung des *Denkens* entspricht auf der anderen Seite die Blockierung des *Willens:* der einzelne Gläubige hat mit seinen persönlichen Interessen und Wünschen sich gehorsam den kirchlichen Vorgaben zu *unterwerfen;* wie die Welt in den Händen ihres Schöpfers, so soll das Leben der Menschen ruhen in den Händen des kirchlichen Lehramtes. Die Allmacht Gottes, die es nun einmal so gewollt hat, daß bestimmte Fakten als Heilstatsachen zu glauben sind, delegiert sich durch den Vorgang der «Offenbarung» an die «Wahrheit» des kirchlichen Lehramtes. «Wahr» ist, unter diesen Umständen, was Gott gewollt hat, und *wollen* muß man umgekehrt, was die Kirche zu glauben vorlegt. *Aberglauben gegenüber der Natur und Machtgewinn gegenüber den Menschen* bilden eine Einheit – diesen Zusammenhang kennen wir schon.

Das Problem *jetzt* aber liegt darin, daß wir, wenn es dabei bleibt, erneut in *die falsche Alternative von Aberglauben und Unglauben* getrieben zu werden drohen, indem die gängige Mythoskritik sich gegen die etablierte Form des Kirchenglaubens selber richtet und zudem die Frage aufwirft, wie es überhaupt noch möglich sein kann, denkend religiös zu sein. Eine rationale Einstellung gegenüber der Natur scheint identisch zu sein mit der Zerstörung der symbolistischen Naturbeschreibung in der Religion, und umgekehrt scheint ein rationales Verhältnis gegenüber der gesellschaftlichen Macht identisch zu sein mit der Auflösung des symbolistischen Nimbus der zentralen Autorität: hier wie dort scheint der religiöse Glaube ebenso gefährdet wie der Erhalt der Kirche selbst. Unterstellen wir nun einmal, daß alle Religionen heute mehr oder weniger mit vergleichbaren Problemen konfrontiert sind, so ist klar, daß an dieser Stelle der Bestand des Religiösen selbst, die Möglichkeit seiner Zukunft im ganzen, auf dem Spiel steht und daß die Entscheidung *darüber* identisch ist mit der Antwort auf die Frage: *Wie versteht man die Symbolsprache der Religion?*

Eine unter Theologen (immer noch) beliebte Ausrede hilft an dieser Stelle schon lange nicht mehr weiter: «symbolistisch» (mythisch) seien halt nur die Glaubensinhalte der jeweils anderen, unter keinem Umstand aber die Inhalte der eigenen Religion zu verstehen. In fundamentalistischer Auslegung, wie sie zum Beispiel in dem neuen *«Weltkatechismus»* strikte Vorschrift bleibt, mag die rationale Mythenkritik richtig und wichtig sein zur Desavouierung aller anderen konkurrierenden Glaubensformen, – sie hat jedoch, selbstredend, keinerlei Gültigkeit im Umgang mit den eigenen göttlichen Wahrheiten, die buchstäblich und ohne jedes Wenn und Aber so zu glauben sind, wie die Kirche sie seit eh und je vorgelegt hat. Für diese Art von «Argumentation» ist es natürlich nichts als ein Mythos, wenn *die Alten Ägypter* erzählten, daß *ihr* König als Sohn (des Sonnen)Gottes *jungfräulich* zur Welt kam und im Tode zum Himmel auffuhr, um zur Rechten seines Vaters Platz zu nehmen;[17] wenn hingegen die Bibel dasselbe von Jesus als dem König (Christus) aus Israel erzählt, dann ist darin eben *kein* Symbol und *kein* Mythos zu erkennen, sondern eine ganz und gar beglaubigte, weil (!) zu glaubende Wahrheit – eine «geschichtliche Tatsache» also[18], ein «Realsymbol», wie Bischof KASPER in einem Streitgespräch schon vor Jahren die Gläubigen wissen ließ.[19] Was sonst «nur» ein *Symbol* wäre (die jungfräuliche Geburt zum Beispiel)[20], das ist demzufolge «in dem alles Denkbare überbietenden Heilshandeln» Gottes in endgültiger und uneinholbarer Weise «Wirklichkeit» geworden.[21] Es genügt, wie wir wissen, in kirchlicher Dogmatik keinesfalls, die «Ereignisse» von Weihnachten, Ostern und Christi Himmelfahrt als symbolische Beschreibungen einer bestimmten religiösen Erfahrung zu verstehen; man muß, um in kirchlichem Sinne ein «Gläubiger» zu sein, daran festhalten, daß das religiöse Symbol *im Christentum,* hier und zwar *nur* hier, als eine *objektive, historische* Tatsache *verwirklicht* und *eben dadurch* in seine *«Wahrheit»* gesetzt wurde. Ergo: Maria empfing «ohne männlichen Samen»[22], Jesus fuhr pünktlich vierzig Tage nach Ostern und zehn Tage vor Pfingsten zum Himmel auf[23], er wirkte «wirkliche» Wunder[24], und so weiter.

Es ist überdeutlich, daß man sich mit einer solchen Position schon seit langem in einer aussichtslosen Lage befindet. Man hat die rationale Mythenkritik, spätestens seit der Aufklärung, trotz aller Anstrengungen verwalteter Kirchenmacht, nicht mehr zurückdrängen können; doch statt sie nun *konstruktiv* aufzugreifen und ihre offenbare Wahrheit *zur Vertiefung des eigenen Standpunktes* zu nutzen, versucht man nach wie vor, sie lediglich, wie einen kläffenden Hund auf die Beine des Nachbarn, als Waffe gegen die anderen Religionen zu richten, so als sei die menschliche Vernunft regionalisierbar und als sei, was für die eine Religionsform, nicht zugleich auch für die andere in Gültigkeit. Um es zum wiederholten Male und so klar wie möglich zu sagen: die «Rettung» der Religion angesichts der Aufklärung kann nicht länger darin liegen, den Symbolcharakter auch und gerade der christlichen Glaubenslehre zu *leug-*

*nen,* sondern ganz im Gegenteil: zugunsten der Klarheit des Denkens und der Wahrheit des Religiösen den Symbolismus auch und gerade der biblischen Sprache mit Nachdruck herauszustellen und durchzuarbeiten. Zu überwinden gilt es dabei definitiv jene *zersplitterte Intelligenz,* die das heutige theologische Denken im Schatten des kirchlichen Dogmatismus kennzeichnet, indem man auf der einen Seite, wie zum Beispiel J. B. Metz, nicht müde wird, in der Pose der Aufklärung vor einer tiefenpsychologischen Interpretation der christlichen Glaubenslehre als einer «Gnostisierung» und «Remythisierung» des Denkens zu warnen, – stets verbunden mit dem Vorwurf des «Antijudaismus» und dem Menetekel der Verbrechen von Auschwitz[25], – während man auf der anderen Seite, völlig unaufgeklärt und irrational, «Dogmatik» immer noch so treiben zu können glaubt, als wenn es im entscheidenden Lessing und «Bultmann» nicht gegeben hätte. Immer wieder setzt man dabei die «Einzigartigkeit» des «Christlichen» dorthin, wo sie nicht sein kann: in das Historische, statt in das Existentielle.

Um die Wahrheit zu sagen, geht es weder um «Mythisierung» noch um «Remythisierung», es geht ganz einfach darum, die Eigenart des symbolischen Denkens, an dem die Möglichkeit von Religion wesentlich hängt, auf eine Weise zu begründen und auszulegen, die aus der selbstgeschaffenen Aporie heutiger Theologie herausführt; und zu einem solchen Projekt gehört als erstes unbedingt das ehrliche Eingeständnis der symbolischen Struktur der eigenen Glaubensaussagen selber. Man kann dies tun ohne jede Gefahr und ohne jeden Schaden für das Denken ebenso wie für das Glauben, und es ist leicht zu zeigen, daß es sich so verhält. – Die «Irrationalität» etwa des altägyptischen Mythos von der jungfräulichen Geburt des Pharao liegt ja nicht in der vermeintlichen «Unwissenheit» der Fellachen am Nil vor viertausend Jahren gegenüber den Vorgängen von Zeugung und Geburt – diesbezüglich wußten sie so gut Bescheid wie jeder Mann vom Lande heute, der es mit der Züchtung von Schafen, Ziegen und Rindern zu tun hat; die «Irrationalität» entsteht überhaupt erst, wenn man unter dem Zwang der christlichen Dogmatik den altägyptischen Mythos historisiert. *Nicht die Mythisierung der Historie,* gerade umgekehrt: *die Historisierung des Mythos* in der christlichen Dogmatik stellt das eigentliche Problem dar![26]

Um den Sachverhalt an dem genannten Beispiel zu erläutern, – wir entsinnen uns: Die Alten Ägypter wußten sehr gut, daß die Glaubenslehre von der jungfräulichen Geburt des Pharao *ein Symbol* und nichts als ein Symbol ist – keinerlei biologische Sachverhalte wurden von ihnen darin behauptet[27]; das Paradoxe der Aussage sollte vielmehr signalisieren, daß hier von einer *anderen*

*Ebene der Wirklichkeit* die Rede geht, die man *nicht* in Widerspruch zur Naturordnung *verdinglichen* darf, wenn man sie recht verstehen will. Und desgleichen der vermeintliche «Irrationalismus» des ägyptischen Mythos im Umgang mit der Macht. Es ist wahr, daß uns Heutigen ein Rückfall in den «Pharaonismus» – wie er etwa im «Führerkult» des Dritten Reiches oder des Stalinismus möglich wurde – allemal allzu teuer zu stehen kommt, doch war das natürlich *nicht* das Problem der Alten Ägypter. Für *sie* bedeutete der Aufbau einer zentralen Organisation zur Regulierung der periodischen Überschwemmungen des Nils sowie zur Speicherung und Vergabe von Nahrungsmitteln und Saatgut eine außerordentlich *vernünftige,* kulturgeschichtlich großartige Leistung, die in ihren Tagen wirklich als eine «übermenschliche», «göttliche» Tat verstanden werden konnte und sich entsprechend symbolisch ausdrückte: der Pharao war «das lebende Abbild des Gottes» (Amun Re) selber.[28] Auch hier lag und liegt das Problem *keinesfalls in der Mythisierung* der Pharaonenmacht, sondern in der *späten christlichen Historisierung des Mythischen*: erst wenn man ernsthaft glaubt, den Gottestitel nicht mehr «symbolisch», sondern «objektiv» einer menschlichen Person verleihen zu können, wird die Struktur einer Glaubenslehre notwendig, die eines gewalttätigen Irrationalismus, gepaart mit aggressiver Intoleranz und Rechthaberei, *bedarf,* um sich dem menschlichen Bewußtsein einzwingen und einbilden zu können.

Man hat (zum Teil aus der Sicht der biblischen Geschichtsschreibung) speziell der altägyptischen Kultur mit ihrem Pharaonenkult den Vorwurf gemacht, daß *ihre* Mythologie ausgesprochen gewalttätig, machtbesessen und ausbeuterisch gewesen sei[29]; doch verrät auch dieser Einwand historische Ungerechtigkeit, wenn nicht einfach mangelnde Kenntnis der geschichtlichen Gegebenheiten. Bei Lichte besehen, zeigt sich nämlich, daß gerade das Alte Ägypten, schon aufgrund seiner geschützten Lage zwischen drei Wüsten sowie aufgrund seiner wesentlich *dörflichen* Grundstruktur, weit friedfertiger sein konnte als vergleichsweise etwa die zeitgenössischen mesopotamischen Stadtkulturen[30], deren Nähe zum biblischen Denken zu Recht immer wieder hervorgehoben wird. Während Raub und Eroberung aus der akkadischen, babylonischen und assyrischen Geschichte nicht wegzudenken sind, kommt insbesondere das Alte Reich der Ägypter, nach der wohl nicht rein friedlichen «Einigung» der beiden Länder unter thebanischer Herrschaft[31], *ohne* derlei imperiale Attitüde aus, und anscheinend erst in Reaktion auf die jahrhundertelange Fremdherrschaft der *Hyksos* beginnt unter den Thutmosiden und Ramessiden ein Selbstbehauptungswille, der nach ständiger Machtausdehnung und Repräsentation verlangt[32] – wohlgemerkt bei gleichzeitig immer stärkerer

Konventionalisierung und immer hohler werdender Ritualisierung des symbolischen Zeichenapparates.[33] Selbst wer darauf hinweisen wollte, daß zum Beispiel die Pyramiden im Alten Reich nur erbaut werden konnten durch den jahrzehntelangen Einsatz von hunderttausenden von Arbeitssklaven, muß gerechterweise bedenken, daß man es bei der Sklaverei bedauerlicherweise mit einem Grundzug der gesamten *städtischen* Kultur in der Antike zu tun hat: diese Kultur basierte *wesentlich* auf dem Sklavenhaltertum[34], das vor allem den mechanischen Anteil aller Arbeitsleistungen, sozusagen als «Ersatz» der Motoren und Maschinen des beginnenden 19. Jahrhunderts, zu verrichten hatte.[35] Mit der symbolischen Stellung des Pharaos als eines Gottes(Sohnes) hat all das erkennbar nichts zu tun, und vor allem die Pyramiden wären nie gebaut worden ohne einen außerordentlich hohen Grad an Identifikation der Bevölkerung mit ihrem König.

Ganz anders hingegen fällt das Urteil aus, wenn man in unseren Tagen zum Beispiel die katholische Kirche *ihre* zentrale Autorität in Gestalt der «göttlichen» Einsetzung eines «Heiligen Vaters» nicht nur *symbolisch* formulieren hört, sondern wenn wiederum aus dem *Symbol* einer bestimmten Institution *ein Katalog logischer Festschreibungen* entwickelt wird, wonach der «Heilige Vater» als «Nachfolger auf dem Stuhle Petri» zu verstehen ist und gar den «Fels» bildet, auf welchen Jesus die Kirche *gegründet* hat[36], ganz so, als wäre das Papsttum wahrhaftig und allen Ernstes *das Fundament* des Christenglaubens, der Garant der Wahrheit, die Quelle des Geistes, das Prinzip der Einheit...[37] und als könnte der einzelne Gläubige demnach überhaupt nur ein Gläubiger sein dank und aufgrund des gottgestifteten Papsttums selber. *Auch im Umgang mit der Macht* wußten die Alten Ägypter offenbar wiederum zwischen Symbol und Wirklichkeit *besser* zu unterscheiden als heutigentags immer noch die kirchlichen Theologen, die als erstes *leugnen* müssen, daß die Vorstellung eines «Heiligen Vaters» oder «Vaters aller Väter» überhaupt nur einen Sinn macht, wenn man sie, nach «altägyptischem Vorbild» *symbolisch* liest und eben nicht «dogmatisch», und die hernach noch darangehen, die Institution des Papsttums als eine göttliche «Heilstatsache» *an sich,* das heißt vor aller subjektiven Aneignung, zu erweisen. – Mit anderen Worten: *die Irrationalität* des symbolischen Denkens ergibt sich *nicht* aus dem Symbolismus selbst, sondern erst, wenn man vergißt oder verleugnet, daß ein Symbol «nur» ein Symbol ist und eben keine «objektive» Gegebenheit; und gerade die kirchliche Theologie bedürfte an dieser Stelle eines längst fälligen Umdenkens.

Doch auch unabhängig von solchen (an sich vermeidbaren!) *Fehlern* in der Ausdeutung religiöser Symbolsprache bleibt *ein* Argument nachdenkenswert, das darauf hinausläuft, in dem symbolischen Denken insgesamt nichts weiter zu sehen als ein kulturgeschichtliches Übergangsphänomen. Spätestens mit der Abdankung des japanischen Kaisers 1945[38] ist die mythische Ära einer *auch nur symbolischen* Einheit von göttlicher Abkunft und geschichtlicher Zukunft in der Begründung geschichtlicher Macht an ihr Ende geraten. Undenkbar vor allem erscheint es, daß je noch einmal Menschen wie der Prinz und Mönch Siddharta Gautama oder der Zimmermannssohn aus Nazareth in den Stand von göttlicher Königsmacht und damit *von göttlicher Wesensart* erhoben werden könnten.[39] Es ist für uns Heutige nicht nur fast schon unmöglich geworden, überhaupt noch als sinnvoll zu verstehen, was die Texte des Großen Fahrzeugs[40] oder des Neuen Testamentes diesbezüglich sagen, – es liegt vor allem *außerhalb unseres eigenen geistesgeschichtlichen Horizontes,* daß es jemals wieder die Geburt von «Heroen» und «Gottessöhnen» geben könnte. «Genies», «Stars». «Entdecker» und «Erfinder», «Propheten» und «Helden», «Größen» auf jedem denkbaren Gebiete des Geistes, der Kunst – oder auch nur der Unterhaltungsindustrie, das alles ja, – doch jede uns irgend plausibel erscheinende Kategorie zur Deutung geschichtlicher Vorgänge kennt nur noch und will nur noch kennen Aufgänge und Untergänge *nach menschlichem Maßstab.* Etwas *«Göttliches»* hingegen macht sich *verdächtig,* nicht glaubhaft, wenn es *unsymbolisch* zur Deutung geschichtlicher Vorgänge herangezogen wird; *das Menschliche,* das sich *als menschlich* beglaubigt – mehr verlangen wir nicht, mehr brauchen wir nicht, mehr gilt uns nicht länger als «göttlich»!

Diese Tatsache ist im übrigen nicht gänzlich neu. Der *Bruch* mit dem Mythos ist im Prinzip schon mit der Religion *Mohammeds* vollzogen worden: die «Offenbarung», die dem Propheten aus Mekka zuteil ward, bestand im wesentlichen darin, die überlieferte Religion (der Bibel) von allen «Verfälschungen», das heißt von allen mythischen Beimischungen des Göttlichen, nach dem Vorbild des Alten Testamentes zu reinigen und nichts gelten zu lassen als die Einzigkeit Gottes, *als Gott allein.*[41] Auch die islamische Religionskritik und Aufklärung läßt sich im Denken des Abendlandes nicht mehr rückgängig machen. 1200 Jahre danach sind wir in unseren Tagen endgültig zu den Nachlaßverwaltern eines Schatzes geworden, der uns gewissermaßen in altrömischen Münzen übergeben wurde und den wir, um seinen Wert zu ermessen, auf Heller und Pfennig in *unsere* Währung umrechnen müssen, – zuzüglich noch, wie die Dinge liegen, seines Wertes für Archäologen, Kunsthistoriker, Museumsdirektoren und Hobbysammler. Jede *direkte* Anknüpfung an die mythisch formulierten Vorbilder verbietet sich bei einiger historischer Ehrlichkeit von selbst.

Von daher macht es unausweichlich den Eindruck larmoyanter Vergeblich-
keit, wenn wir die obersten Vertreter der Kirche immer noch händeringend
den Niedergang alles Geistig-Religiösen in der «Postmoderne» beklagen
hören: – alles Kirchliche verfalle in der Bequemlichkeit des Zeitgeistes zum
Privatkonsum, die Kirche selber, eine Stiftung des Heiligen Geistes am
Pfingstmorgen, werde betrachtet wie ein bloßer Dienstleistungsbetrieb, die
Wahrheit der göttlichen Offenbarung, welche das Lehramt der Kirche treu
überwache, gelte trotz aller Sorgfalt und Mühe als ein Steinbruch zur Selbstbe-
dienung freiberuflicher Fossilienjäger... Keine noch so werbetechnisch perfekt dem sonst vielgeschmähten «Zeitgeist» abgelauschte oder nachempfun-
dene *«Neuevangelisation»*[42] kann künftig die eigentliche Aufgabe leisten, die
sich so dringlich für die Menschen und so überlebenswichtig für die Religion in
unseren Tagen stellt. Was wir *geistig* heute zu leisten haben, kommt einer Art
Tiefbrunnenbohrung gleich: es gilt, eine Oase zu retten, die unter dem Treib-
sand der Zeit, unter dem Vordringen der Wanderdünen aus dem Inneren der
Sahara, auf immer verschüttet zu werden droht und die sich nur retten läßt,
wenn es gelingt, zu den wasserführenden Schichten selber in neuer Ursprünglichkeit vorzudringen.

### b) Wert und Bewertung der religiösen Symbolsprache

Tatsächlich ist bei der Lösung eines Problems schon viel gewonnen, wenn man
die Struktur und Stärke der bestehenden Schwierigkeiten richtig einzuschätzen weiß. In unserem Falle haben wir es offenbar mit *zwei* Schwierigkeiten zu
tun.

*Die eine* besteht in der tradierten Theologen-Neigung, Symbole auf eine fal-
sche Weise «wörtlich» zu nehmen; man liest sie dann als gegenstandsgerichtete
*Begriffe* zur Erfassung eines objektiven Sachverhalts und begreift nicht, daß
(religiöse) Symbole *das* gerade nicht sind: sie sind *keine* Abzeichen *für* etwas
(Gegenständliches), allenfalls sind sie die Anzeichen *von* etwas (Geistigem),
auf das sie hindeuten, indem sie es als ein Bedeutendes *hinter* den bildhaften
Gestaltungen des Sichtbaren sinnenfällig machen. Wir können die genannte
Einstellung als das «objektivistische» (oder, je nachdem, als das «fundamenta-
listische» beziehungsweise «naturalistische») Mißverständnis des Symbols bezeichnen: das Symbol *bezeichnet* dieser Auffassung zufolge *nichts,* weil es
nicht (oder weil es nur!) etwas Gegenständliches *begreifbar* machen will. Insofern in dieser Sicht im Grunde das Symbol mit einem (rationalen) Begriff ver-

wechselt (oder zumindest tendenziell daran gemessen) wird, ist es nicht falsch, bei dieser Auffassung auch von einem *konzeptualistischen* (oder rationalistischen) (Miß)Verständnis des Symbols zu sprechen.

*Die andere* Schwierigkeit ergibt sich aus der *gegenteiligen* Einstellung, die dem Symbol zwar eine Bedeutung zuerkennt, diese aber abhängig macht von bestimmten historischen und kulturellen Voraussetzungen, aus denen das jeweilige religiöse Symbol hervorgeht und mit denen es folglich auch untergeht. Wir können diese Auffassung als das «subjektivistische» (oder auch «relativistische» beziehungsweise «historizistische») Mißverständnis bezeichnen. Im *ersteren* Falle bezeichnen die Symbole eine (objektive, historische) Wirklichkeit, die es tatsächlich gibt, *in falscher Weise*, im *zweiten* Falle bezeichnen die Symbole zwar eine bestimmte «Wirklichkeit» ganz richtig, nur leider gibt es diese «Wirklichkeit» nicht wirklich außerhalb der Vorstellung. In beiden Fällen erfolgt die Beurteilung des Wahrheitswertes eines Symbols vom Standpunkt dessen aus, der dem Symbol selber enthoben ist und der deshalb *weiß,* was objektiv wahr, was falsch ist.

Diese Feststellung ist wichtig, denn sie zeigt die Unangemessenheit *beider* Betrachtungsweisen auf: – Zumindest aus der Sicht dessen, der *durch seinen Glauben* in die Verbindlichkeit der Symbolsprache (s)einer Religion eingebunden ist, kann keine von ihnen als zureichend erscheinen.

Allerdings unterliegt der Glaubende angesichts der mißverständlichen Deutungen des Symbols jetzt selber einem starken «Rechtfertigungsdruck»: er muß seinen «Glauben» an die symbolische Wirklichkeit *begründen,* und es ist dabei von vornherein klar, daß er auf der Suche nach solchen Gründen fortan weder in der einen noch in der anderen Richtung Zuflucht suchen kann: das, woran er im Rahmen der symbolischen Vorgaben (s)einer Religion zu glauben versucht, kann seine Begründung *weder* aus gewissen äußeren, «objektiven» Tatsachen erlangen, *noch* kann es als ein bloß zeitgeschichtliches Produkt der Vorstellung und des Denkens erscheinen. Wenn es überhaupt eine religiöse Gültigkeit besitzen soll, so muß es diese *in einem Dritten* finden, das zwar «subjektiv» ist, aber deswegen keinesfalls bloß relativ zur Kultur- und Zeitgeschichte aufgefaßt werden darf, und das einen *«objektiven»* Inhalt besitzt, *aber* deswegen *keinesfalls* mit bestimmten abenteuerlichen *Tatsachenbehauptungen* einhergehen muß. *Dieses Dritte,* in dem das religiöse Bewußtsein wurzelt, muß *subjektiv* sein in einer Weise, die eine unbedingte *existentielle* Verbindlichkeit mit sich führt, und es muß *objektiv* sein in einer Weise, die durchaus nichts zu tun hat mit der Welt der äußeren Tatsachen auf der Ebene von Sachaussagen, sondern die sich aus einer inneren Vorgabe von Inhalten herleitet, die eine *unbedingte Geltung* beanspruchen, eben weil sie sich jeder Beliebigkeit entziehen. Daß es so etwas gibt: eine *Realität* rein psychischer Art, wissen wir schon, denn gerade so haben wir die Welt der «Archetypen» kennengelernt: als *eine objektive Struktur des Subjektiven* im Sinne der komplexen Psychologie C. G. JUNGS. Die Frage ist jetzt allerdings, wie wir *den religiösen Faktor* gegenüber einer nur psychologischen, von der Verhaltensforschung herkommenden Betrachtungsweise genauer bestimmen können.

Greifen wir, um die Problemstellung zu verdeutlichen, noch einmal das Beispiel der *jungfräulichen Geburt* auf. Biologisch, «objektivistisch» (oder «fundamentalistisch») gedeutet, ist ein solcher «Glaubensinhalt» für frei denkende Menschen schlechterdings unsinnig. Doch um so erstaunlicher ist es, daß gerade dieses Mythem sich in den verschiedensten Kulturen, und zwar ohne jede historische Vermittlung, wiederfindet. *Jungfräulich geboren* wurde der *Pharao* – am Tag seiner Thronbesteigung (!), doch nicht minder auch der *Buddha* – auch er wurde um 500 vor Christus empfangen von der Mutter Mahamaya durch einen Weißen Elefanten[43], nicht minder auch der Aztekengott *Huitzilopochtli*[44] ... – wer eigentlich von den «Großen» der menschlichen Geschichte wurde schließlich *nicht* «jungfräulich» empfangen und geboren – *Platon*[45], Alexander[46], Romulus und Remus[47] ... am Ende war das Symbol der Jungfrauengeburt in der Antike bereits zu einem bloßen Beiwerk verkommen, und es bedurfte schon der religiösen Innigkeit der frühen Christen, ihm – wenngleich im Schatten jenes fatalen historisierenden Mißverständnisses – seinen alten Glanz zurückzugeben. Was aber *geschieht* eigentlich in diesem Symbol – woher rührt seine weite Verbreitung und worin fußt seine religiöse Plausibilität? Um diese Frage zu beantworten, müssen wir die *Tiefe* der Symbolik in Erwägung ziehen.

Eines sahen wir soeben: Es gibt in der Religionsgeschichte zur Bezeichnung des Geheimnisses des «Werdens» *Symbole* wie den altägyptischen *Chepre-Käfer*, die nur aus der (Schrift)-Sprache einer jeweiligen Zeit zu verstehen sind. Doch diese Ebene der Symbolisierung, als so wichtig und bedeutungsvoll sie im Rahmen einer bestimmten Religion sich auch darstellen mag, liegt immer noch relativ an der Oberfläche; ihre Aussage*inhalte* mögen tiefsinnig und weise sein, – die Bildgestalt ihres *Ausdrucks* scheint eher zufällig. – Weit *tiefer hingegen* reicht schon im Umkreis der gleichen Thematik das Symbol der *Schlange*[48], die an vielen Orten der Welt ein ähnliches Rätsel zu lösen hatte wie der Mistkäfer mit seinem Gelege: auch *die Schlange,* die sich häutet und aus den Tiefen der Erde hervorzukommen scheint, war in den Mythen der Völker ein überaus häufiges und beliebtes Bild für den Übergang vom Nichtsein zum

Sein; – im Alten Ägypten zum Beispiel konnte der Gott Atum am Ende der Zeiten sich in die uranfängliche *Schlange des Nichts* zurückverwandeln[49], und insbesondere die Stätte des Todes beziehungsweise des ewigen Lebens, die Nekropole in der Wüste am westlichen Nilufer, war der Bereich der Schlangengöttin *MeretSeger,* der Göttin, «die das Schweigen liebt».[50] Von dem *Schlangensymbol* kann man nicht mehr sagen, daß es rein historisch bedingt ist. Die Häufigkeit, mit welcher das Schlangensymbol – und zwar erneut ohne jede historische Vermittlung – in den verschiedensten Kulturen verwandt wird, weist vielmehr auf einen biologischen bzw. psychologischen Vorsprung hin. Tatsächlich spricht manches dafür, daß die *Schlangenfurcht* schon den Primaten angeboren ist[51], und darin scheint zumindest *ein* Grund für die Bedeutung des Schlangensymbols zu liegen. Denn nur was durch *Angst und Verheißung* aufregend und verlockend, faszinierend *und ambivalent* genug ist, um die *ganze* Aufmerksamkeit zu fesseln, eignet sich dazu, ein menschheitliches religiöses Symbol zu werden. Für *die Schlange* trifft diese Voraussetzung sicherlich zu. Doch ist auch *ihre* Bedeutung noch relativ äußerlich.

Das *tiefste* Symbol, um den Hervorgang des Seins aus dem Nichtsein, des Lebens aus dem Tode zu kennzeichnen, ergibt sich (bei uns als denkenden Säugetieren!) unzweifelhaft aus der Erfahrung der *Geburt:* hier ist der Ort, an dem jeder auf seine Weise den Eintritt ins Dasein vollzogen hat; und so ist es kein Wunder, daß *allerorten* in den Religionen der Menschheit Geburt und Wiedergeburt als Symbole des Lebens und der Lebenserneuerung gelten. Der Vorgang von Schwangerschaft und Geburt erscheint um so rätselhafter, als ursprünglich die Funktion des Zeugungsaktes tatsächlich kaum bekannt gewesen sein dürfte: – in gewissem Sinne gebar *jede* Frau ihr Kind «jungfräulich»[52], und wenn irgend es dazu eines «Zeugers» bedurfte, so waren es eher bestimmte *Geister,* die in ihrem Schoße inkarnierten[53], als der eigene Ehemann. Paradox genug, daß ein objektiv für die Natur so elementares Geschehen wie die Zeugung und Geburt von Nachkommen *subjektiv wohl im Verhalten,* doch bis in historische Zeiten hinein *nicht in seiner wahren biologischen Bedeutung* im Bewußtsein realisiert wurde. Jedoch: um so besser war der Vorgang der Geburt geeignet, die *Rätselhaftigkeit des Daseins* zu markieren! Und man versteht, daß insbesondere *später,* als die Geheimnisse der Zeugung im allgemeinen für aufgeklärt gelten durften[54], die Rätselhaftigkeit im Wesen eines *bestimmten* geheimnisvollen Menschen in dem uralten Symbol einer *jungfräulichen Geburt* ihren *Ausdruck* (wohlgemerkt: *nicht* ihre *«Begründung»,* wie die kirchliche Dogmatik meint!) zu finden vermochte.

Vor allem *der Anblick des Todes,* sein Schmerz und sein Grauen, forderte immer wieder *die Frage nach dem Sinn* und der Bedeutung des (individuellen) Lebens heraus: War nicht der Tod selber womöglich nur ein langer Schlaf vor einer neuen Geburt und das Grab nur der Schoß der Mutter Erde, die den Verstorbenen aufnahm wie ein Kind, das sie nach angemessener Zeit von neuem zum Leben emporsenden würde? Vielerorts auf Erden bestattete man die Toten in der *Hockerstellung* eines kleinen schlafenden Kindes.[55] «Ruhe sanft» – heißt es noch heute auf vielen Grabsteinen. Und jetzt verstehen wir:

*Die jungfräuliche Geburt und die Auferstehung von den Toten* – das sind demnach *nicht,* wie die kirchliche Theologie, bis ins Peinliche, bis ins Lächerliche getrieben ob der Sinnlosigkeit ihrer «objektivistischen» Auslegungsweise, es nach wie vor zu behaupten sucht, zwei *verschiedene* Glaubenssymbole unterschiedlicher «Gewichtung»: – relativ unwichtig (inzwischen!) soll da das eine sein, doch von absoluter Bedeutung das andere[56]; vielmehr sind *beide Symbole* im Grunde *nur zwei Aspekte ein und desselben Geheimnisses:* des Hervorgangs des Seins aus dem Noch-Nichtsein beziehungsweise der Wiedergeburt aus dem Nichtmehrsein, und das eine verweist auf das andere, bestätigt es, verheißt es, *«erklärt»* es in der Logik des symbolischen Denkens. Vollends diejenigen Persönlichkeiten der Religionsgeschichte, die in ihrem Leben und in ihrer Botschaft den Menschen den Mut zu schenken vermochten, an das Leben *mehr* zu glauben als an den Tod, Personen also, die in ihrem eigenen Dasein den Tod *überwanden,* – wie sollte man von denen (damals) *nicht* sagen, daß sie «Könige» waren: souveräne Beherrscher der Daseinsmächte, *jungfräulich Geborene* also und *dem Grabe auf ewig Entstiegene?*

Es böte sich hier bereits, wie man sieht, eine gute Gelegenheit, um die Frage aufzuwerfen, wie man die mythischen Symbole der Bibel beziehungsweise der Religionsgeschichte der Völker in unser heutiges Denken und Reden sinnvoll, das heißt erfahrungvermittelnd und vertrauenbildend, übersetzen kann; doch müssen wir diese Frage noch auf den 2. Band dieser Arbeit verschieben, wo wir zu gegebener Zeit, ausgehend von der Botschaft und Wirksamkeit der Person des Jesus von Nazareth, die Bilder der christlichen Symbolsprache (der «Christologie») zu interpretieren haben. An *dieser* Stelle ist es vorrangig, noch einmal an dem *Beispiel* der jungfräulichen Geburt zu überlegen, was das eigentlich ist: *ein religiöses Symbol.*

Der Vorgang der Geburt selber ist etwas Biologisches; im Gedächtnis der Arten ist er psychisch so tief eingegraben, daß alle Einzelheiten des Geburtsvorgangs physisch wie psychisch der Jahrmillionen alten Steuerung des limbischen Systems unterliegen; und auch *individuell* zeigen Traumuntersuchungen ebenso wie LSD-Experimente[57], daß O. RANKS These von der überragenden Bedeutung des Geburtsvorgangs[58] für das spätere Erleben etwas Richtiges getroffen hat. Damit aber verfügen wir bereits über *die erste,* vom Ursprung her *wichtigste* Voraussetzung, unter der *ein religiöses Symbol* entstehen kann: es handelt sich um einen Bildkomplex, der *auf der Ebene des Zwischenhirns gespeichert* ist.

Allein schon der Tatbestand des Bildreservoirs im limbischen System war für uns seinerzeit ausschlaggebend, um die These von einer «archetypischen Symbolik des Unbewußten« als berechtigt anzusehen: da existieren im Inneren des Organismus eines Lebewesens Abbildungen der äußeren Wirklichkeit, die ihm vor aller Erfahrung («apriori») zeigen, was als bedeutsam für sein Überleben zu betrachten ist und wie es darauf zu reagieren hat. Auf *dieser* Stufe der psychischen Entwicklung, so sahen wir, beginnt das Gebiet der *Informatik:* bestimmte Wahrnehmungen gewinnen die Bedeutung von *Signalen,* dies und das zu tun oder zu lassen. Entscheidend *jetzt* aber ist für uns dies: *Signale sind noch keine Symbole* (im Sinne der Religionspsychologie)! Die im Zwischenhirn codierten «Abbilder» der Wirklichkeit nebst den entsprechenden Verhaltensanweisungen schaffen Felder der «Irrtumsfreiheit» (auf der Ebene der Art) und der «Sicherheit» (individuell), die zwischen Innen und Außen vermittelnde Korrespondenzen der Wahrnehmung (der «Fragestellung») und der reaktiven Antwort (der «Lösung») erstellen; alles, was «wahrgenommen» wird, existiert dabei in der äußeren Wirklichkeit, und ebenso beziehen sich alle «Antworten» auf ein Verhalten in Raum und Zeit. Von einem *Symbol in religiösem Sinn* kann hier weit und breit noch keine Rede sein. Die Situation ändert sich jedoch grundlegend durch den Aufbau des Neocortex. Von jetzt an stellen sich «Fragen» an das denkende Subjekt, die *nicht mehr* von den Dingen selbst ausgehen, sondern die, wie wir sahen, ihren Grund in der Bewußtwerdung der menschlichen Existenz inmitten der Welt haben. Auf Fragen *dieser Art* vermag die sichtbare Welt prinzipiell keine Antwort zu geben. Etwas ist da in die Welt getreten, das sich der Ordnung der Dinge entzieht; mitten in diese endliche Welt ist mit dem Auftreten des menschlichen Geistes ein Unendliches an Angst und Infragestellung aufgebrochen, das sich durch den Kontakt mit den sinnlich erfahrbaren Dingen allenfalls betäuben oder verdrängen, ganz gewiß aber nicht wahrhaft beruhigen läßt. Und *darauf* heißt es, Antwort zu geben! Das erst ist der Augenblick, da das religiöse Symbol auf den Plan tritt.

Denn: Angesichts der offenbaren Aporie des menschlichen Daseins bedient sich *die Religion* eines Kunstgriffs, jenes «Tricks», von dem wir vorhin sprachen: sie greift die alten apriorischen Antworten aus dem Verhaltensrepertoire des Zwischenhirns auf, die ehemals als schematisierte *Signale* und *ritualisierte Verhaltensanweisungen* jenes Maß an Geborgenheit zu erzeugen vermochten, das jetzt so schmerzlich vermißt wird; um das Fehlende zu *ersetzen,* verwandelt sie die Schemata, die seinerzeit der Einordnung und Orientierung in der sichtbaren Welt galten, in *Symbole* zur Einordnung und Orientierung im *Unendlichen.* Die Religion antwortet demnach auf Infragestellungen, die den Gedanken des *Neocortex* entstammen, mit den uralten Bildern, die im *limbischen System* niedergelegt sind; sie löst gewissermaßen die Krisen des Holozäns mit den Instrumentarien des Erdmittelalters und des Tertiärs, indem sie die biologischen, weltimmanenten Signale von einst in transzendente Symbole verwandelt. Die Räume kreatürlicher Geborgenheit verwandeln sich damit in Verheißungen einer *anderen,* unsichtbaren Welt, die sich nicht sehen, aber mit Hilfe der Symbole ersehnen läßt, die sich nicht denken, aber erträumen läßt, die sich nicht begreifen, wohl aber ahnungsvoll streifen läßt. Die *symbolische Analogie* stellt von daher das entscheidende Verfahren der Religion dar, um die Breschen und Löcher, welche vom Verstand in die Wände der irdischen Welt geschlagen werden, mit *Bildern* zu füllen, die an der Stelle des reinen Nichts vertraute Zonen der Ordnung und Geborgenheit erblicken lassen.

Es ist dies die Stelle, an der die gesamte Art unserer religionspsychologischen Zentrierung eine wichtige Bestätigung erfährt; denn wir sehen: *das Verfahren der symbolischen Transformation* ist buchstäblich *notwendig,* wenn wir von der *Angstproblematik* ausgehen, – allerdings auch nur dann! Jede andere Fundierung der religiösen Symbolsprache muß hier versagen. Denn nur weil wir Schritt für Schritt gezeigt haben, wie *die Angst den gesamten Prozeß der Menschwerdung* kollektiv und individuell begleitet, ja, wie sie unabweisbar *zum Menschsein* gehört, verstehen wir jetzt, daß es zur Lösung der Problematik des menschlichen Daseins *unbedingt* einer Antwort bedarf, die *ebenso tief* ansetzt und *ebenso gefühlsstark* wirksam ist wie die Angst selber. Wir haben seinerzeit gesehen, welche *Veränderungen* die ursprünglichen *Angstsituationen* durch ihre Verunendlichung im Bewußtsein annahmen, und wir sehen jetzt, wie die ursprünglichen Einordnungschemata in der psychischen Ausstattung von Zwischenhirnwesen sich durch das Auftreten des Geistes in Gestalt der *religiösen Symbole verunendlichen.* «Religion» ergibt sich, so verstanden, wie von selber, sobald der *intellectus agens* (in K. RAHNERS Interpretation!) die Bilder des Vertrauens, die in den Tiefenschichten der menschlichen Psyche angelegt sind, ins Unendliche auslegt.

Ja, wir können den Sachverhalt jetzt noch genauer ausdrücken. Bei der Betrachtung der Arbeitsweise des limbischen Systems war uns bereits aufgefallen, daß alle Reaktionen auf dieser Stufe des Erlebens absolut *ganzheitlich* getroffen werden.[59] Ein Tier *hat* nicht Angst, es *ist* Angst, es hat nicht Freude, es *ist* Freude, es hat nicht Hunger, es *ist* Hunger... Müdigkeit, Aggression, Brunft, was auch immer. Unterschiedliche Grade des Empfindens ergeben sich hier allenfalls durch die vom Stammhirn gesteuerte Periodizität der Bedürfnisse; immer wieder aber kommt es zu den entscheidenden Entsprechungen zwischen der Stärke eines Außenreizes und dem hormonell vorgegebenen Schwellenwert eines bestimmten Triebwunsches, der dann als ein ganzheitliches Erleben sich äußert. Wenn wir von daher sehen, wie stark *die Angst* auch den Menschen *als ganzen* bestimmen kann, so ist klar, daß eine Antwort, die diese Angst *beruhigen* will, ebenso *ganzheitlich strukturiert* sein muß wie die Angst selbst. Genau das aber ist bei der *Symbolbildung* der Fall. Hier treffen wir wirklich nach dem Gesagten auf *dieselbe Verunendlichung* bestimmter Zwischenhirncodes durch das Dazwischentreten des Geistes wie bei der Verunendlichung der biologisch vorgegebenen Angstszenen.

Wir können demnach sagen: die Religion bildet mit dem *Symbolismus* ihres Denkens die notwendige adäquate Antwort auf die Infragestellung des menschlichen Daseins durch den Intellekt; sie stellt durch ihre *Rückwärtsbindung* an die älteren Hirnteile das notwendige Widerlager gegenüber dem progressiven Schub der Bewußtwerdung dar und ermöglicht somit eine Art *Balance* angesichts der naheliegenden Gefahr einer möglichen Angstexzentrizität. Rein psychohygienisch betrachtet, erscheint die Religion mithin als das Selbststeuerungsverfahren eines Bewußtseins, das unter den Voraussetzungen eines denkenden Säugetieres inmitten dieser Welt zu sich selbst erwacht.

Allerdings stellt sich an diese Aufgabe der Religion, in der Psyche des Menschen ein inneres *Gleichgewicht* zu ermöglichen und eine *innere Mitte* zu bewahren, fortan eine wichtige, alles entscheidende Forderung: *Die Integration des gesamten archetypischen Materials in der Person des Einzelnen.* – Wir sagten vorhin, daß auf die Angst, die aus der Tiefe der Person emporsteigt, *nur eine andere Person* mit ihrer Nähe und Zuwendung hinreichend antworten könne; wir müssen jetzt ergänzend hinzufügen, daß der Einfluß dieser Person tief genug gehen muß, um *die Bilder des Unbewußten* in den Prozeß der Angstüberwindung *miteinzubeziehen*. Der Zusammenhang selbst ist eindeutig: *Desintegration* von Bewußtsein und Unbewußtem, von Ich und Es ist in sich selbst eine *Quelle* von Angst und eine *Folge* von Angst, und umgekehrt: Angst*überwindung* ist die Voraussetzung und das Ergebnis personaler Integration.

Oder anders gesagt: Alle Inhalte des Unbewußten werden solange Angst auslösen, als sie *nicht* durch eine persönliche Stellungnahme in hinreichender Weise der Freiheit des Ichs zugeordnet sind.

Wenn wir an dieser Stelle von *Integration* sprechen, so müssen wir dieses Wort streng unterscheiden von dem Begriff *Integralismus*. Schon oft haben wir auf die *Gefahr* hingewiesen, die in den archetypischen Bildern und Verhaltensmustern angelegt ist, weil sie imstande sind, statt der Identität der Person der *Identifikation* des Ichs mit den Inhalten des Unbewußten zu dienen. Indem es zunächst ganz unentschieden ist, *wie* die Bilder des Unbewußten wirken: ob sie zur Personwerdung oder zur Personzerstörung, zur Psychogenese des Bewußtseins oder zur Psychose des Ichs führen, ist es richtig, von einer generellen *Ambivalenz* der archetypischen Bildinhalte zu sprechen[60] und darauf hinzuweisen, daß gerade die Totalität des Angsterlebens dazu führen kann, die Spannung zwischen Ich und Es aufzulösen und durch eine (quasi) psychotische Verschmelzung zu ersetzen. Das Ich spürt dann subjektiv unter Umständen keine Angst mehr, aber der Grund dafür liegt darin, daß es sozusagen nur noch aus Angst besteht.

Immer wieder kommen wir mithin auf eine Einsicht zurück, die sich uns bei der Erörterung der «Gnosis» zunächst rein *historisch* gestellt hat, die sich jetzt aber religionspsychologisch nahelegt: *Der kirchliche Dogmatismus* ist ungeeignet, die Angstproblematik des menschlichen Daseins zu lösen, da er die Bilder der menschlichen Psyche *verobjektiviert*, institutionalisiert und ritualisiert – da gibt es keine Angst mehr, die zu lindern wäre, weil es letztlich kein Ich mehr gibt, das sie empfinden dürfte; das Innere des Menschen ist hier in sein Äußeres verwandelt worden, sein Persönliches in das Allgemeine, sein Gewissen delegiert an das Lehramt, das individuelle Leben sieht sich reduziert auf einen reinen Anwendungsfall des kollektiven Reglements; was wir vor uns haben, ist eine *Deflation* des Ego.[61] *Die gnostische Identifikation* hingegen führt zu einem Ichverlust nach innen: zu einer *Inflation* des Ego[62]: das Ich ist hier «alles», was es als «göttlich» erlebt, aber es ist dabei nicht mehr es selbst, es empfindet sich selber als Teil des «Göttlichen». Man kann auch sagen: das kirchliche *Dogma* ist zu äußerlich, um die menschliche Angstproblematik auch nur zu berühren; – eben deswegen krankt es an Langeweile, Hohlheit und phrasenhafter Formelhaftigkeit; die «gnostische» *Innerlichkeit* aber steht in der Gefahr, das Ich im Meer des Unbewußten versinken zu lassen.

Von daher gilt es, zwischen dem «gnostischen» «Ertrinken» des Ichs und den kirchlichen «Trockenübungen» des Glaubens *eine wahre Form des Ernstfalls* zu finden. Ausgehend von der Frage einer Vermittlung zwischen «Gnosis» und «Dogma», stehen wir jetzt vor der Frage einer *Vermittlung von Person und Archetyp,* und zwar erneut *auf allen drei Ebenen* des Psychischen: des Es, des Ichs und des Überichs. Die *«personale Integration»,* mit anderen Worten, muß erreicht werden im Umgang *mit der Triebwelt* (der «Natur»), im Umgang *mit den anderen Menschen* (mit der «Gesellschaft») und *mit den Inhalten der geistigen Welt* (der «Kultur»). Diese *«Dreidimensionalität»* der Integrationsaufgabe folgt nicht nur aus der Schichtung des Psychischen, die wir vorhin in den verschiedenen Formen der Angst als In-der-Welt-Sein, Bewußtsein und Selbstbewußtsein beschrieben haben, sie ergibt sich auch aus dem, was man als *«die integrale Universalität des Symbolismus»* bezeichnen könnte: seine Fähigkeit, die Wirklichkeit *als ganze* in einem einzigen Sinnbild zu deuten, das wiederum mit anderen Sinnbildern zu einem eigenen Ganzen verschmilzt.

Eine ebenso merkwürdige wie wichtige Eigenart des symbolistischen Denkens besteht in seiner Neigung zur *Variation einer begrenzten Anzahl von Grundgestalten.* Schon indem die Wurzel der Symbole bis in die Tiefe des limbischen Systems zurückreicht, war in der Abbildung der Außenwelt von vornherein nicht mit dem Prinzip von Vielfalt und Genauigkeit zu rechnen, das dem *begrifflichen* Denken eigentümlich ist, sondern gerade entgegengesetzt: mit dem *Prinzip der schematisierenden Vereinfachung.* Anders als bei der begrifflichen Erfassung der Außenwelt sollte und wollte das symbolische Denken ja nicht möglichst viele Informationen über die objektive Realität sammeln, vergleichen und nach bestimmten «Gesetzen» ordnen, sondern es möchte den Menschen, entsprechend einer bestimmten Anzahl von Grundfragen, die es möglichst «evident» zu beantworten gilt, in die Welt, die ihn umgibt, *einordnen.* – Von den Übergängen und Zusammenhängen zwischen beiden Formen des Denkens übrigens, die so unterschiedlich in Wahrheit dann doch wieder nicht sind, wie wir es hier der Übersichtlichkeit zuliebe einmal darstellen, brauchen wir uns einstweilen keine weitere Rechenschaft zu geben. Es sei aber vermerkt, daß, wie die Strukturen des Zwischenhirns sich biologisch *früher* gebildet haben als die Strukturen des Neocortex, so auch *kulturgeschichtlich* allerorten das symbolische Denken des Mythos dem diskursiven Denken der Philosophie vorausgeht[63]; wir brauchen uns nur an Th. Reiks These zu erinnern, daß die *Theologie* im Grunde nichts anderes sei als die Anwendung der Philosophie auf die Mythologie, – als deren Verteidigerin und Totengräberin.

Was uns an der Stelle *unseres* Gedankenganges interessiert, ist die Tatsache, daß die religiöse Symbolsprache ursprünglich sich durchaus nicht nur auf den engen Bereich dessen bezieht, was uns in der westlichen Kultur der Moderne, nach Aufklärung und Säkularisation, als *«Religion»* gilt – ein gesellschaftliches

Separée, etwas überspitzt gesagt, das zu bestimmten wohldefinierten Zeiten und Anlässen zwecks Abhaltung gewisser ritueller Verrichtungen aufzusuchen ist; *im Ursprung* ist und war die Religion nie etwas anderes als der Versuch, dem Menschen seine Stellung angesichts der (ihm jeweils sichtbaren) «Gesamtwirklichkeit» anzuweisen[64]. Um den Menschen in die «Welt» «einzuordnen», um ihm die Wirklichkeit als erträglich erscheinen zu lassen, um ihn mithin mit den Tragödien, Ängsten und Ausweglosigkeiten des Daseins zu *versöhnen,* kann Religion gar nicht anders, als sich eben *der* Denkform zu bedienen, die *intensiv* und *komplex,* mithin *poetisch* genug ist, um die Welt der Erfahrung in einigen wenigen gefühlsstarken Bildern zusammenzufassen und sie *auf jeder Ebene einer möglichen Infragestellung* des menschlichen Daseins tröstend, heilend, besänftigend, ermutigend, wegweisend: kurz: auf eine andere, unsichtbare Welt hin *eröffnend* und *erschließend* zu interpretieren.

Es ist daher kein Wunder, daß die Religion noch in den antiken Kulturen *integral* alle Bereiche des Lebens durchdrungen hat und daß ihre Symbole durchgängig die verschiedensten Erscheinungen des Lebens miteinander verbinden konnten. Doch eben darin liegt auch die Gefahr! In *unserer* westeuropäisch geprägten Sicht nämlich mutet dieser Zug aller antiken Kulturen rückblickend bereits als ein gefährlicher *Integralismus* an; – *wir* haben seit 1648, seit dem Ende des Dreißigjährigen Krieges, und seit 1789, seit dem Beginn der Französischen Revolution, unter erheblichen politischen und geistigen Erschütterungen *gelernt,* die verschiedenen Lebensbereiche nach eigenen Sachgesetzen *in Selbständigkeit* und relativer Unabhängigkeit voneinander zu betrachten: Religion ist für uns seither *nicht* identisch mit politischer Machtausübung, sie ist *nicht* identisch mit Geldgewinn und Klassenherrschaft, sie ist *nicht* der Ort von Wissenschaft und Technik im Umgang mit der äußeren Natur[65]. Allzu lange haben wir im Abendland miterleben müssen, welch einen Hemmschuh die Religion gegenüber der eigenständigen Dynamik in den verschiedenen Lebensbereichen bilden kann, um ihr Mitspracherecht an falscher Stelle noch länger zu dulden, und wir schmeicheln uns wohl nicht ganz zu Unrecht in dem Gefühl, daß gerade *die Entkoppelung* der verschiedenen Dimensionen der menschlichen Existenz von jeder Form eines religiösen Integralismus allererst das entscheidende Tempo der geschichtlichen Entwicklung auf allen Gebieten des Geistes und der Kultur in den letzten 200 Jahren ermöglicht und freigesetzt hat. Ja, wir haben uns inzwischen längst an diesen Zustand gewöhnt und erkennen darin mittlerweile, (wenn auch ziemlich spät, gemessen an den Beispiel Jesu!), sogar einen Grundzug *wahrer* Religiosität, auf daß die «Welt» in ihrer profanen Eigenständigkeit gesehen und im Namen Gottes (!)

vorurteilsfrei bejaht wird[66]. Von daher tun wir uns berechtigtermaßen sehr schwer mit einer Weltsicht, wie sie uns etwa im Islam oder in manchen Teilen des orthodoxen Judentums ebenso wie des Christentums immer noch begegnet, wo der Koran oder die Bibel wie selbstverständlich «alles», das gesamte öffentliche Leben in Gesetzgebung und Verwaltung, Handel und Produktion, Kunst und Wissenschaft, Moral und Ritual nach wie vor mitprägt und festlegt[67].

Doch auch und gerade dann, wenn es uns als ein unaufgebbarer *Fortschritt* erscheint, diese *Verschmelzung* aller Lebensbereiche im Schatten bestimmter symbolischer Vorgaben des religiösen Bewußtseins *aufgelöst* zu haben, stellt sich die Frage doch nur um so dringlicher, wie denn eine glaubwürdige Form der *Integration von Persönlichem und Archetypischem* gelingen kann, die den *Integralismus* notwendig *ausschließt,* zugleich aber gerade deshalb ein kritisch aktives, verbindliches Engagement zuläßt und fordert. Die Problemstellung selbst, wie wir sehen, ergibt sich aus den Bedingungen des Bewußtseins in der Moderne, doch die Antwort darauf entscheidet über die Möglichkeit des Religiösen insgesamt: es kann und wird *nur noch* eine Form von Religion geben, in welcher die *Personwerdung des Menschen* als ein Hauptanliegen gilt und nicht mit allen möglichen Versuchen eines überholten Integralismus behindert wird[68].

Man braucht, um diese Voraussage zu stützen, den Blick nur noch einmal *in die Vergangenheit* zu lenken, und man wird sehen, daß auf vergangenen Stufen des religiösen Bewußtseins etwas als selbstverständliche Pflicht erscheinen konnte, was uns Heutigen geradewegs als *Gefahr* anmutet. Es scheint insgesamt, als wenn im Verlauf der Religionsgeschichte sich nicht eigentlich *der religiöse Symbolismus* geändert hätte, wohl aber die zunächst wesentlich *projektive Form* seines Auftritts. *Projektion und Verschmelzung – das sind die anfänglichen* Formen, in denen das religiöse Bewußtsein in der Geschichte vermittels des Symbolismus sich selber zum ersten Mal ansichtig wird; wie im Leben des Einzelnen, scheint auch im Leben der Religionen die Projektion die erste Stufe der Selbstvergegenständlichung zu bilden, und es bedarf dann einer erheblichen Anstrengung, im folgenden die Projektionen selber bewußt zu machen und in ihrer Form *als Projektionen* aufzulösen[69]. *Die innere Achse* der Religionsgeschichte führt allem Anschein nach in diese Richtung einer ständigen Verinnerlichung des ehedem nach außen verlegten Symbolismus der Psyche. Mit der Forderung einer *Integration* des ursprünglich projizierten Materials befinden wir uns daher augenscheinlich *am Ende* einer Entwicklung des religiösen Symbolismus selber, – jedenfalls an ihrem äußersten *bisher* erreichten Spannungspol gegenüber ihrem Ausgangspunkt. Doch sehen wir genauer zu!

Um *konkret* zu zeigen, wie die religiöse Symbolsprache der psychischen *Integration* (und demnach *nicht* einem religiösen *Integralismus*) dienen kann, beginnen wir am einfachsten noch einmal bei dem Beispiel des altägyptischen *Chepre-Käfers*. Denn offensichtlich treffen sich in diesem kleinen Symbol bereits jene *drei* an sich ganz verschiedenen Wirklichkeitsbereiche von Welt, Gesellschaft und «Religion» zur Deutung der Frage nach dem Sein, dem Sollen und dem Hoffen. Wie eine derart komplexe Einheit symbolisch zustande kommt, läßt sich dabei überraschend einfach ersehen.

Der *Skarabäus* (der »Mistkäfer«), so hörten wir, kann als ein *Natursymbol* die aufgehende Sonne verkörpern; doch eben: «Natur» ist im mythischen Denken etwas ganz anderes als für uns Heutige. Die «Sonne» ist da kein «Gegenstand» am Himmel – eine riesige Kugel aus Wasserstoffgas, das unter der eigenen Schwerkraft zu Helium, Kohlenstoff und einer Reihe schwerer Elemente «verbrennt»; – die Sonne selbst als Herrin und Quelle allen Lebens ist ein *Gott,* und es ist die *Jugendgestalt* des Sonnengottes *Re,* die als *ein Sinnbild,* als ein sinnenfälliger *Beweis* für den Hervorgang des Seins aus dem Nichtsein, für das *Werden an sich* genommen werden kann. Als «Herr der Werdegestalten der Sonne», als *«neb cheperu Re»,* gilt aber *machtsymbolisch* der *Pharao*[70]; er selbst ist ja der «Sohn der Sonne»[71], und wollte man sein Wesen auf Altägyptisch beschreiben, so müßte man von ihm wohl ganz ähnlich sagen, wie das Glaubensbekenntnis der frühen Kirche es von Christus als dem «König» (Messias) aus Israel sagte: «Licht vom Lichte, wahrer Gott vom wahren Gott, gezeugt, nicht geschaffen, eines Wesens mit dem Vater...»[72]. Die Sonne am Himmel und der Pharao auf Erden aber sind selbst wieder «nur» Symbole für *das Geheimnis der Überwindung des Todes* in der Abfolge der Zeiten, in der Abfolge der Geschlechter auf dem Thron der beiden Länder von Ober- und Unterägypten sowie in den Wandlungsformen der Seele (des *«Ba»*) in ihren vielfältigen Gestaltungen jenseits des Grabes[73]; der *Chepre-Käfer* war deshalb auch *ein beliebter Talisman,* den man den Verstorbenen, mit entsprechenden Segenswünschen und Abschiedsgrüßen, buchstäblich «ans Herz» legte, um zu sagen, daß der Tod nicht endgültig ist, sondern selbst nur ein *Cheper,* ein Wandel im Strom der Zeit[74].

*Drei* Aussagerichtungen also treten hier in einem einzigen Symbol zusammen: die Sonne (die *Natur*), der König (die *Politik*) und das Schicksal des Menschen (die *«Religion»* in dem engen Sinne, den dieses Wort für uns Heutige besitzt). Es ist aber deutlich, daß vom Ursprung her alle drei Ebenen eine Einheit bilden: – keine hätte Bestand ohne den Verweis und die Beglaubigung durch die andere(n): nur weil die *Sonne* so ist, kann *der König* so sein, und nur weil der König so ist, darf *der Mensch* so sonnenhaft und königlich von sich denken. Für uns ergibt sich daraus eine überaus wichtige Einsicht: Es gibt *für uns*, wie gesagt, keine naive, keine zentralistisch gelenkte Rückkehr zu einem «pharaonischen» Führerkult in Kirche und Gesellschaft, das ist klar; es kann und darf aber auch nicht dabei bleiben, daß die Religion sich einzig auf den Innenraum der «Seele» beziehungsweise auf das sogenannte «Jenseits» zurückzuziehen hätte oder auch nur sich zurückziehen dürfte; es ist vielmehr für die Glaubwürdigkeit der Religion ganz entscheidend, *wie sie, im Dienste der Personalisation,* ihr Verhältnis zu den anderen Lebensbereichen bestimmt, denn: ihre eigene Symbolsprache verlangt danach! Das Symbol hat *seine Wurzeln* in der menschlichen Psyche, doch eben deshalb wirft es die Frage auf, wie sich die «Welt» ringsum so gestalten läßt, daß sie die psychische Wirklichkeit der Person des Menschen zumindest gelten läßt und lebendig erhält. Die *Psyche des Menschen,* können wir auch sagen, dehnt sich im religiösen Symbolismus *in die verschiedenen Richtungen der Realität* aus und erscheint dort, an den Wänden der Wirklichkeit, projektiv sich selber. Jetzt aber, nach der notwendigen Auflösung der unbewußten Projektionen, stellt sich die Aufgabe einer entsprechenden *Arbeit* an den Dingen, das heißt *die Forderung* nach einer *vermenschlichenden Durcharbeitung* der Weltwirklichkeit in der Kraft gewisser religiöser *Überzeugungen.* Setzen wir für den rechten Umgang mit der Natur den Begriff *Ökologie,* für den rechten Umgang mit der gesellschaftlichen Macht den Begriff der Politik (beziehungsweise der *Ökonomie*) und für den rechten Umgang mit den Inhalten der Kultur in religiösem Sinne den Begriff der *Mystik,* so erhalten wir in schematischer Darstellung folgendes Bild:

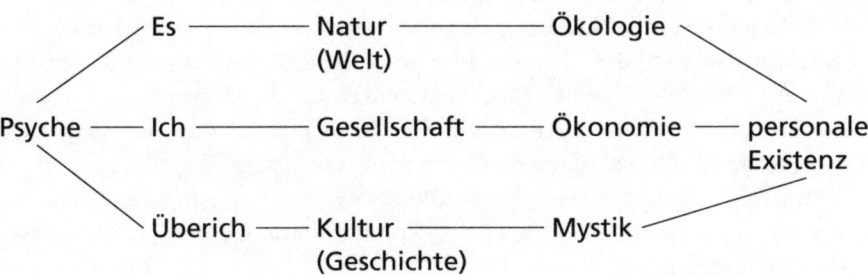

Alle drei Ebenen zusammen ergeben beziehungsweise ermöglichen erst die konkrete Existenzform eines Menschen *als Person*, alle drei wirken zueinander, indem sie sich wechselseitig bedingen und bestimmen. Ausschlaggebend für uns ist indessen jetzt die Frage, welch eine Rolle *der religiöse Symbolismus* jeweils spielt, je nachdem, ob man ihn «wörtlich» oder reflektiert versteht. *Auf allen drei Ebenen* müssen wir daher untersuchen, wie die Bilder der Religion in ihrer Eigenart in den verschiedenen Wirklichkeitsbereichen wirksam werden können, indem sie zwischen linker und rechter Hirnhälfte, zwischen *Denken und Anschauung*, ebenso eine Verbindung herstellen wie zwischen Neocortex und Zwischenhirn, zwischen *Wahrnehmung und Gefühl*. Umgekehrt müssen wir uns zugleich fragen, was geschieht, wenn die *Symbole* des Religiösen ihre integrative Kraft *verlieren* und das Denken nur noch von anschauungslosen Begriffen beherrscht wird. – Gehen wir die Problematik im einzelnen durch, indem wir zwischen Mystizismus und Rationalismus, zwischen Fundamentalismus und Aufklärung eine begründbare Synthese formulieren.

Da ist zunächst die Ebene der *Natur*, und insbesondere hier wird religionsgeschichtlich bereits die *Gefahr* deutlich, die darin liegt, die Symbolsprache der Religion in ihrer projektiven Gestalt stehen zu lassen und sie rein«objektivistisch» auszulegen.

Eine Kultur, die – zumindest auf uns – *extrem* symbolistisch wirkt, indem sie die Projektion ihrer religiösen Bilder in krasser Weise beim Wort nahm, war noch vor 460 Jahren die Kultur der mittelamerikanischen *Azteken*. Auch für sie war die Sonne ein *Gott*. Entsprechend ihrer Philosophie der *Zeit* als eines unerbittlichen Räderwerks, das nach sozusagen mechanischen Gesetzen irgendwann zu ermüden und stillzustehen drohte[75], hatten die Indios sich von dem Gott der Sonne, *Tonatiuh*, die Vorstellung gebildet, sie sei nach den Stunden der Nacht so entkräftet, daß sie mit dem Blut und dem Fleisch von Menschen am Leben erhalten werden müsse: die Götter opferten sich nach aztekischem Glauben für das Wohl der Menschen, und so mußten die Menschen sich opfern für das Wohl der Götter[76]. Der periodische Sonnenlauf – war er nicht selbst wie der Herzschlag des Alls? Mußten da nicht die Herzen von Menschen *Tonatiuh*, dem Gott mit den Raubvogelfängen als Händen und dem steinernen Opfermesser als Zunge, dargebracht werden, um den Stillstand der Welt zu verhindern[77]? Die projektive Vergöttlichung der Natur war hier so stark, daß die Symbolik selber es zu *erfordern* schien, der Natur Tag um Tag *Menschenopfer* darzubringen[78].

Dies also ist offenbar die *eine* extreme Möglichkeit: der Symbolismus setzt sich als *objektiv*, so sehr, daß die einzelnen Menschen schließlich nichts weiter mehr sind als die verwendbaren Träger eines mythischen Zeichensystems. Doch ist das nur die eine Gefahr. An dem *anderen*, nicht weniger gefährlichen Pol stehen wir *heute:* die Natur erscheint uns so weit *entgöttlicht*, daß sie uns durchaus nichts an Sinn mehr zu sagen hat; an die Stelle der symbolischen («romantischen») Naturbetrachtung ist konsequent ein kategoriales Herrschaftswissen getreten, mit der Folge, daß jetzt *die Natur* den menschlichen Zwecksetzungen *geopfert* wird. Selbst die lebende Kreatur an unserer Seite verschwimmt bei dieser Sicht der «Dinge» zu einer ausbeutbaren «Biomasse», so als ob Schmerz und Leid in der Begriffswelt unserer Weltbetrachtung nur noch als «neuronale Phänomene» von Belang wären. Hier wie dort herrscht Zerstörung, weil es entweder *«nur Symbole»* (in projektiver Vergegenständlichung) oder *«nur Begriffe»* (in aufgeklärter »Entmythisierung«) gibt, nicht aber das, was man als *reflektierten Symbolismus* bezeichnen könnte.

Gemeint ist damit das Wissen um die Tiefe, mit der die äußere Natur sich uns auf der Ebene der Symbole selber ins Herz geschrieben hat. Wir brauchen heutigentags gewiß nicht mehr, wie die Alten Ägypter, Katzen, Krokodile, Ibisse, Falken und was sonst noch alles für göttliche Wesen zu halten; es genügt, daß wir an unseren Mitgeschöpfen den Widerhall ihres Wesens in uns selber deutlich genug spüren, um mit ihnen in einer Weise verbunden zu sein, die mit der üblich gewordenen gefühlskalten Rücksichtslosigkeit im Umgang mit ihnen schlechterdings unvereinbar ist. Schon weil wir auf der Ebene der Symbole selber noch im «Säugetiergehirn» leben, schenkt uns der religiöse Symbolismus eine Einheit mit der uns umgebenden Natur, die ein rein naturwissenschaftliches Weltbild uns niemals zu geben vermag. Nur in der Kraft einer *religiösen Symbolik* der Natur könnten wir daher in den Stand gesetzt werden, gewisse Zonen und Areale des Lebens als etwas *Heiliges* zu erkennen, das dem menschlichen Zugriff entzogen bleiben muß. Symbole, gewiß, sind etwas durch und durch Subjektives; doch wie wir sehen: sie hindern uns wirksam daran, nur noch uns selber mit unseren eigenen gewalttätigen Interessen gelten zu lassen. Wir werden sogleich noch sehen, wie die Welt sich ändert, wenn Wasser, Meere, Flüsse, Bäume, Berge, Höhlen, Quellen etc. als religiöse, als »sakramentale« oder ganz einfach als »poetische« Bedeutungsträger, als *Symbole* also für das »aufgeklärte Bewußtsein« zurückgewonnen werden.

Ganz analog verhält es sich auf der *Ebene der Gesellschaft* in den Fragen von *Macht, Geltung* und *Geld.* Zur Verdeutlichung dieser Zusammenhänge genügt erneut das altägyptische Modell: *der Pharao als Gott!* Offenkundig ist es auch hier, wie gefährlich es sein kann, die politische Macht als den «Himmel auf Erden» zu verfeierlichen und die Freiheit eines Einzelnen symbolisch so hoch zu stellen, daß in der Realität alle einzelnen dabei unfrei werden. Allerdings, so dachte man in der Antike nicht nur am Nil, so war es in der Zeit der unreflektiert-symbolistischen Auslegung der Wirklichkeit auf einer bestimmten Stufe der Kulturentwicklung offenbar allerorten gang und gäbe: Man projizierte das Wesen des Menschen symbolisch in den Souverän. *Der Herrscher war etwas Göttliches.* Bis in die Zeit des «Gottesgnadentums» der absolutistischen Monarchen Europas hat auch das Christentum diesen Gedanken historisch eher gefördert als verhindert.[79] Erst uns Heutigen gilt es als *Mißbrauch,* Macht mit göttlicher Gnade zu begründen. Die *Last* der Macht scheint uns mittlerweile als zu schwer, ihre Verantwortung als zu groß, der Preis, sie zu erringen, als zu grausam, um sie von einer göttlichen Beauftragung her zu verstehen. Speziell in der *deutschen* Geschichte ist durch die Zeit des «Dritten Reiches» ein Bruch in der Wahrnehmung eingetreten. Wenn etwa ein Mann wie Kaiser Wilhelm II. den 1. Weltkrieg ausrufen konnte «wie einen Gottesdienst» und sich selbst dabei als von Gott berufen betrachtete[80], so überkommt wohl zu Recht viele Historiker inzwischen ein Gefühl von Widerwillen und Gruseln ob so viel imperialer Pose; doch das preußische Königtum selber[81], als etwas geschichtlich Gewachsenes, steht irgendwie immer noch jenseits aller fundamentalen Kritik. Diese richtet sich erst gegen die Adepten der Kaiserattitüde: wenn «der Führer» sich als «von der Vorsehung» erwählt betrachtete, so gilt das, rückblickend, als eine verbrecherische Anmaßung, als Größenwahn, als Hybris usw.[82] Es gibt nichts «Heiliges» in der Politik mehr, da sind wir uns sicher; und Macht nüchtern und vernünftig zu handhaben, ist inzwischen das einzige, was wir verlangen; alles andere macht uns, Gott Lob, mißtrauisch und wachsam.

Unterdessen freilich, nach einer relativ gründlichen Beseitigung aller religiös-mythischen Aureolen der politischen Gewalt, sind wir förmlich blind dafür geworden, daß wir längst ein anderes, uns als *vernünftig* erscheinendes «Wertsystem» an die Stelle der alten symbolischen Verfeierlichungen persönlicher Herrschermacht gesetzt haben, das in seiner Zerstörungskraft nicht minder gefährlich sein kann: *das Geld,* das uns mittlerweile als der *Inbegriff* politisch aufgeklärter Macht erscheint. Es ist sozusagen nur die andere Seite derselben Logik, mit der wir das *«Energieproblem»* der Natur nicht länger mehr in den «Opferideen» des Mythos, sondern in den Kategorien der *Biophysik* durchrechnen und mit der wir sozialpolitisch *das Geld als* den eigentlichen *Energieträger* aller gesellschaftlichen Prozesse entdecken. Die Analogie zwischen beiden Bereichen ist übrigens weniger willkürlich, als sie auf den ersten Blick erscheinen mag. Auch *die Natur* ist darauf angewiesen, bei ihren zahllosen Umwandlungsprozessen eine Energieform zu besitzen, die sozusagen als ein universales Zahlungsmittel fungiert – das ATP (Adenosintriphosphat).[83] *Das Geld* seinerseits ist die universelle Energie aller gesellschaftlichen Umwandlungsprozesse.[84] Was das ATP im Haushalt der Natur, ist das Geld im Haushalt der Wirtschaft eines Volkes (beziehungsweise einer vergleichbaren Bezugsgruppe). Doch bei so viel Entsprechung ist auch *die analoge Gefahr der gleichen einseitigen Betrachtungsweise* gegeben: so wie der Begriff des «Energiehaushaltes» im Umgang mit der Natur keinerlei hemmenden Einfluß auf die Ausbeutung der Natur auszuüben vermag, so kann weder die Logik des Marktes noch die Logik des Geldes den geringsten Einhalt gegenüber der Ausbeutung des Menschen durch den Menschen gebieten. An die Stelle göttlicher Herrscher, denen auf Befehl 100 000de von Menschen geopfert werden konnten, ist in Gestalt des Geldes lediglich ein anderer abstrakter Regent getreten; *er* ist unser eigentlicher Gott, dem wir in Gestalt unserer Banken, Versicherungsanstalten und Kaufhäuser größere Heiligtümer errichten, als je in der Antike Göttern und Herrschern an Tempeln und Palästen errichtet wurden.

Wieder müssen wir uns also auch und gerade auf der Ebene der gesellschaftlichen Realität auf die Suche nach einer verlorenen (beziehungsweise nie wirklich gewonnenen) *Mitte* begeben, die ihren Ausdruck in der neuen Form eines *reflektierten Symbolismus* finden müßte. Ein solcher liegt in der Symbolik einer *organischen Gemeinschaft*. Wieder freilich ist dabei zunächst Vorsicht angezeigt: jede Form einer «organizistischen» Gesellschaftstheorie (wie sie zum Beispiel in der dogmatischen Lehre von der Kirche als dem «*Leib Christi*» sich ausspricht[85]), birgt die *Gefahr einer archetypischen Kollektivierung* in sich[86]: der «Führer» (der Kaiser, der Papst, der Priesterbeamte) ist dann das «Haupt», alle anderen sind nur die «Muskeln», die «Zähne», der «Magen» des Gesellschaftsleibes. Eine solche Vorstellung von einem Gemeinwesen ist gewiß nicht minder zerstörerisch als die reine Logik von Gewinnmaximierung und Kapitalvermehrung. Aber das *Bild* einer Gemeinschaft, die in sich selbst nur so «gesund» sein kann wie ein jedes ihrer «Teile», vermag doch zum Beispiel gegenüber dem scheinbaren Zwangsgesetz des Geld-Waren-Kreislaufs im Kapitalismus eine symbolische Erinnerung daran wachzurufen, daß Menschen nicht zusammenleben, weil es das Geld gibt, sondern daß es Geld nur gibt, um die vielfältigen Wechselbeziehungen im Zusammenleben von Menschen zu erleichtern. Insofern ist *nicht* das Geld die «Energie» einer Gemeinschaft, es ist bestenfalls eine äußere Darstellungsform geliehener, veräußerter menschlicher Energie – es ist eine verschleierte Verrechnungsform menschlicher «Arbeit», hätte K. MARX gesagt.[87]

Doch auch diese Sichtweise gilt nur sehr begrenzt: Menschen bedeuten und schenken einander weit mehr an «Energie», als sie durch *«Arbeit»* verdienen können. Man muß nur daran denken, daß im Sinne heutiger Volkswirtschaftslehre eine Frau, die zwei Kinder großzieht, zur Vermehrung des Bruttosozialproduktes an sich nichts beiträgt[88], außer daß sie halt zwei energieverbrauchende Kinder zur Welt gebracht hat; entsprechend der gängigen Definition von «Arbeit» ist sie während der Zeit von mehr als fünfzehn Jahren ihres Lebens weder in der «Produktion» noch im «Dienstleistungsgewerbe» tätig – man kann entsprechend der sonderbaren Betrachtungsweise der Volkswirtschaftslehre also nicht sagen, daß sie irgendeine sozialrelevante «Arbeit» verrichtet. Natürlich dokumentieren Betrachtungsweisen, die zu solchen Ergebnissen führen, nur ihre menschlich unhaltbare, rein methodisch bedingte – und auch nur dort gerechtfertigte – Einseitigkeit. Doch *wie* unmenschlich und unsinnig unsere *derzeitige* Form des Umgangs mit Macht und Geld geworden ist, zeigt sich wiederum erst im Kontrast zu bestimmten reflektierten Symbolen, die uns einen *anderen* Umgang miteinander lehren: Das Bild einer *Menschheitsfamilie* zum Beispiel ist ein solches archetypisches Symbol, dessen Komponenten (Mutter, Vater, Kind, Tochter, Sohn und so weiter) wir schon ausführlich genug besprochen haben, um den üblichen Gefahren derartiger gesellschaftlicher Schemata gegenüber gewappnet zu sein. Was wäre gewonnen, wir könnten die Grenzen des nationalen Gruppendenkens öffnen zu der Vision einer Menschheit, die sich versammelt an ein und demselben Tisch! Wir würden auf der Stelle die Struktur des politischen Prinzips ändern, das immer noch in der Verwaltung und Wahrnehmung des nationalen Egoismus besteht. Nachher, wenn wir das *Symbol* des (Heiligen) *Mahles* besprechen, werden wir noch sehen, was für eine universalisierende, vermenschlichende Kraft in den »sakramentalen« Bildern der Religion enthalten ist.

Kommen wir schließlich als drittes zu den Inhalten von *Kultur,* Tradition, Ethik und *Religion.* Auch hier stehen wir zunächst vor demselben Zwiespalt. Auf der einen Seite können die jeweils überkommenen Werte sich in einer Art verfestigen, daß «Geschichte» nichts weiter zu sein scheint als eine Weitergabe des Alten und immer Gleichen. Da ist das Vergangene heilig und ehrwürdig an sich selbst, da sind die (Stamm)Väter Träger göttlicher Offenbarungen, da ist die Befolgung der ein für allemal fixierten «Offenbarung» das gestaltende Prinzip jeder denkmöglichen Zukunft.[89] *Individualpsychologisch* haben wir eine vergleichbare Struktur des Erlebens bereits unter den Stichworten: Wiederholungszwang, infantile Fixierung, Elternabhängigkeit, Ödipuskomplex und ähnlichem kennengelernt. Aber auch *das Gegenteil* ist möglich und für unsere Gegenwart *eher* charakteristisch: ein immer rascherer Wechsel, der die über-

kommenen Werte als bloße Hindernisse auf dem Wege des Fortschritts beiseite zu räumen sucht, bzw. ein Zwang zu stets höherem Tempo, um «wettbe-
werbsfähig» zu bleiben, um «an die Spitze zu kommen», um die führende
Marktstellung zu halten, und so weiter.

Man sieht, wie sich auf allen drei Ebenen der Wirklichkeit die innere Logik
des verwendeten Zeichenapparates durchhält: Die rigorose und emotionslose
Ausbeutung *der Natur* in der Instrumentalisierung bestimmter *Begriffe* hat
zur Folge und ist die Folge eine(r) Reduktion aller *gesellschaftlichen* Belange
auf den Aspekt von Rendite und Profit, und diese Form des Umgangs mit Geld
wiederum verlangt wie von selbst eine immer kürzere Umschlagszeit zwischen
der Investition einer bestimmten Summe Kapitals und deren möglichst ertrag-
reichem Rückfluß: Wird erst einmal «Zeit» zu Geld, ist der Mangel an Zeit
chronisch. Aber auch umgekehrt: einer gegenwärtigen Indiokultur am Amazonas etwa, in welcher Menschenschicksale wie *Natursymbole* erscheinen
können, muß der bloße Gedanke, man könne einen Nebenarm des großen
Stromes für Geld «kaufen» oder ein ganzes Gebiet des Urwaldes in eine
schwimmende Papierfabrik für japanische oder amerikanische Aktionäre verwandeln, ganz absurd vorkommen[90], und genau so wird in ihr der Faktor
«Zeit» als ein bloßer Anlaß genommen werden, in großer Regelmäßigkeit Jahr
für Jahr die immer gleichen Feiern und Riten aufzuführen.[91] Je nach der Art des
Verständnisses von »Welt« und »Gesellschaft« bestimmt sich auch die Art des
Umgangs des Menschen mit sich selbst.

Erneut stellt sich uns hier, auf der Suche nach einem möglichen Korrektiv,
*die Frage der Vermittlung* zwischen distanzierender Begrifflichkeit und symbolischer Verschmelzung *durch das Prinzip eines reflektierten Symbolismus.*
Das *Vorbild* für eine mögliche *Synthese von Vergangenheit und Zukunft* im
Raum von Zeit und Geschichte bietet uns dabei erneut am besten *die analytische Psychotherapie.* Was ist zu tun, so lautet *dort* die Frage, wenn Menschen
entweder bis zum Neurotischen oder Psychotischen in den Erlebnissen ihrer
Kindheit *versinken* oder wenn sie bis zum Neurotischen oder Psychotischen
die entsprechenden Erlebnisse *verdrängen* und mit aller Kraft zu fliehen suchen? Hier wie dort hilft nichts anderes, als *die Bilder des Unbewußten herauf-
zuholen,* sie bewußtzumachen und daraus *Symbole* für ein freieres, gefühlsnä-
heres, offeneres und identischeres Leben in der Gegenwart zu gewinnen. Es ist
die Sprache der *(Traum)Symbole,* die in reflektierter Form dazu verhilft, die
Vergangenheit in die eigene Persönlichkeit zu *integrieren* und damit einen Mittelweg zwischen Flucht und Verfallenheit, Unbewußtheit und Überwältigung,
Projektion und Inflation des psychischen Materials zu finden.

Und was daran ist «*religiös*»?, mag man fragen. – Nun, eine *integralistische* Form von Religion wird darauf beharren, daß eine sanfte Ökologie, eine humane Ökonomie und ein heilender Umgang mit den geschichtlichen Werten einer Kultur allenfalls unter «moralischen» Aspekten zu betrachten seien; innerhalb des integralistischen Konzeptes selbst steht die hierarchische Zentrale der Religionsverwaltung zugleich an der Spitze der Gesellschaft, – *sie* ist es, die aus den Händen Gottes (!) alle Macht empfängt und sie also als einzige legitimerweise weitergeben kann: der *Papst* kürt da den Kaiser, und eigentlich, wenn es in rechter Ordnung zuginge, müßte es der *Bischof* sein, der den jeweiligen Ministerpräsidenten eines Landes ernennt; alle Entscheidungen in allen Lebensbereichen sind da dem Ideal nach von einem einzigen zu treffen, der symbolisch die Herrschaft des Himmels selbst widerspiegelt: so bis zum 4. Jahrhundert vor Christus der altägyptische Pharao, so bis 1911 der chinesische Mandschu-Kaiser, so bis 1945 der japanische Tenno, so als letzter (und immer noch!) der Bischof von Rom.

*Anders* in der *integrativen* Form des Religiösen, die wir hier vorschlagen. In ihr wirkt der Symbolismus *wie von selber* dahin, *die Natur* als etwas Heiliges wiederzuentdecken, ohne daß der Mensch der Natur oder die Natur dem Menschen geopfert würde; in ihr dienen *die gesellschaftlichen Prozesse* der Entfaltung des Menschlichen, ohne die Individuen der Geltung der Macht oder der Macht des Geldes zu opfern; in ihr gelingt es, *die Bilder der Vergangenheit* ihrer fiktiven (beziehungsweise neurotischen) Fixiertheit zu entkleiden und in Freiheit *auf eine Zukunft hin* zu entwerfen, die nicht schon von den Programmen beziehungsweise den «Sachzwängen» der gesellschaftlichen Praxis verstellt ist, noch ehe sie überhaupt beginnen könnte. *Die Heiligung der Welt, die Befreiung des Menschen und die Heilung der Person:* – wo irgend dies geschieht, bedarf es bestimmter *Symbole,* die «religiös» sein müssen, um tief und einheitlich genug zu wirken, und die «religiös» eben darin sind, daß sie integrativ, statt integralistisch, ihre Wirkung entfalten.

«Religion», so verstanden, vollzieht sich überall dort, wo es gelingt, eine *Mitte* zu finden, innerhalb deren Natur und Mensch, Gesellschaft und Individuum, Tradition und Selbstentscheidung eine spannungsreiche Einheit bilden. Ehrfurcht vor dem Leben in der Natur, der Eigenwert der menschlichen Person in der Gesellschaft und die Eigenständigkeit des Ichs vor Gott – all das sind jetzt nicht länger mehr bloße Nebenschauplätze des Religiösen, sondern dessen wahre Darstellung und eigentliche Wirklichkeit.

Nun wäre es freilich verfehlt, wollte man *den Symbolismus selbst* für den Ausgleich jener Gegensätze auf den verschiedenen Ebenen der Psyche beziehungsweise auf den verschiedenen Ebenen der Wirklichkeit nach Art eines Automatismus, sozusagen magisch, in Anspruch nehmen. Die Symbole sind in gewissem Sinne nichts weiter als Werkzeuge, deren sich zu bedienen unerläßlich ist, um ein bestimmtes Ziel zu erreichen; wie aber der Gebrauch – oder Nichtgebrauch – derartiger Instrumente ausfällt, das hängt nicht mehr von ihnen selber ab, sondern wird ihnen von dem Gegensatz: Angst oder Vertrauen vorgegeben.

Allerdings nicht nur! Indem die Religion auf *bestimmte* Bildvorgaben des limbischen Systems zurückgreift, um angesichts der Infragestellung des endlichen Daseins Vertrauensfelder im Unendlichen zu projizieren, muß sie natürlich solche Bilder *auswählen*, die dazu geeignet sind. So ambivalent die archetypischen Symbole zwischen Angst und Vertrauen an sich auch wirken mögen, – diejenigen Symbole, die von der Religion *als «Heilszeichen»* (als «Sakramente» oder als szenische «Glaubenswahrheiten») gelehrt und verwendet werden, markieren im Ursprung selber bereits bestimmte *Zonen der Geborgenheit;* schon im tierischen Erleben stellten sie Momente der Angstberuhigung dar, und das Moment des Vertrauens tritt deshalb zu ihnen nicht rein von außen hinzu, sondern es geht in gewissem Sinne von ihnen selber aus. Eben deshalb ist es verständlich, daß die Religion an bestimmten Schemata *anknüpft*, um sie in verunendlichter Gestalt der unendlich gewordenen Angst des Menschen als Trost entgegenzuhalten. Wie dies geschehen kann und mit *welchen* Symbolen das gelingen mag, müssen wir nun anschließend und abschließend erläutern, indem wir so etwas erstellen wie eine psychoanalytische Begründung dessen, was in der Theologensprache «die Lehre von den heiligen Zeichen» genannt wird.

## c) Vier Zentralsymbole der Religion in Antwort auf die vier Grundformen der Angst

Um eine gewisse Übersicht vorab zu gewinnen, sollten wir uns noch einmal *die vier Grundängste* des Menschen in der Neurosepsychologie in Erinnerung rufen: Die Schizoidie, die Depression, die Zwangsneurose und die Hysterie, denen wir jeweils spezifische *Angstinhalte* zugeordnet haben. Dementsprechend stellt sich jetzt die Frage, welche Symbole *spezifisch* auf die jeweiligen Ängste *religiös* zu antworten vermögen.

Die *Schizoidie*, wie wir gesehen haben, hat es mit der Ungeborgenheit und Heimatlosigkeit, mit der Fremdheit und Gefühlskälte inmitten einer als unpersönlich und feindlich erlebten Welt zu tun. Sie ist entwicklungspsychologisch die tiefste Form der Angst und beginnt bereits in den ersten Wochen und Monaten nach der Geburt.

Will man auf sie *religiös* antworten, so bedarf es offenbar eines Symbols, das gerade die Angst, überhaupt *auf Erden* zu sein, symbolisch beruhigt; geeignet dazu sind all die *Orte,* die in der Geschichte des Lebens Zufluchtsräume vor eben dieser Angst gebildet haben, darunter vor allem *Wasser* und *Höhle* im Umkreis von *Geburt* und *Hervorgang* (aus Dunkel und Grab); entsprechende Symbole wurden denn auch von altersher *in taufähnlichen Riten* von den Religionen der Menschheit als Eingangsbilder des Lebens verwandt.

Die *Depression,* wie wir sahen, hat es zu tun mit den Schuldängsten für alle oralen Vorgänge. Die entsprechende symbolische Antwort der Religion auf diesen Konflikt haben wir der Form nach schon kennengelernt, als wir auf den Unterschied zwischen einer wesentlich patriarchalen und einer wesentlich matriarchalen Gemeinschaftsbildung zu sprechen kamen und dabei *das gemeinsame Mahl* als eine Hauptform des Erlebens von Gewährung, Berechtigung und Zugehörigkeit vorgestellt haben. *Rituelle Mahlzeiten des Gottessens* (nach dem Beispiel der Eucharistie) spielen denn auch in der Religionsgeschichte der Völker eine überragende Rolle. Setzt man voraus, daß speziell das Leben auf *Bäumen* und das Essen von *Bäumen* in der Stammesgeschichte des Menschen eine der wichtigsten Erfahrungen bildete, gehört auch die religionspsychologisch zentrale Symbolik von Baum (und Berg) hierher.

In der *Zwangsneurose* konnten wir vor allem die Angst vor der tödlichen (sadistischen) Bedrohung durch die Macht des Anderen im Umfeld von Konkurrenz und Rivalität beim Streben nach Leistung und Perfektion herausarbeiten; um auf *diese* Angstform zu antworten, finden wir im religionsgeschichtlichen Vergleich immer wieder bestimmte *Kampfspiele* im Zusammenhang mit den Mannbarkeitsriten der Initiationsfeiern (nach dem Beispiel von «*Firmung*» und «*Konfirmation*») in Szene gesetzt.

Die *Hysterie* schließlich kreiste um die Schwierigkeiten einer rechten Liebeswahl in Bindung und Loslösung von Vater und Mutter; es versteht sich von selbst, daß nicht nur die Ritualisierung der Liebe in der feierlichen *Eheschließung,* sondern vor allem das menschheitliche Symbol der *Heiligen Hochzeit* bestimmter göttlicher Vorbilder (mithin der Nachfolgegestalten von Vater und Mutter!) Ängste dieser Art aufgreifen und beantworten kann.

In jedem der vier Fälle werden natürliche Gegebenheiten der Verhaltenspsychologie, die schon im Tierreich, das heißt im Erbe von vielen Jahrmillionen der Evolution, reich entfaltet worden sind, zu *transzendenten Symbolen* des

«Heils», das heißt zu einer nicht weiter begründbaren, aber zum Gelingen des Daseins äußerst wichtigen Form *der Angstberuhigung* umgeformt. Wie einfach dabei die jeweils zugrundeliegende Themenstellung in Wahrheit ist, wird sogleich augenfällig, wenn wir die religiösen Symbolantworten der sakramentalen Riten auf die äußere Tätigkeit selbst zurückführen – LUDWIG FEUERBACH in *«Das Wesen des Christentums»*[92] war vor 150 Jahren der erste, der diesen Versuch unternahm, doch führte er ihn mehr intuitiv als systematisch durch.

Klar ist, daß wir es im Bild von *Wasser* und *Höhle* im Umfeld der *Taufe* mit den Verrichtungen von *Baden* und *Schlafen* zu tun haben. Für FEUERBACH bedeutete diese Einsicht nicht viel mehr als eine im Grunde lächerliche Banalität – die Religion erschien ihm mit den entsprechenden Riten als nichts weiter denn als eine umständlich verklausulierte Maßnahme zur Körperpflege und Hygiene[93] – eine «Erklärung», die allerdings, wenn es dabei bleibt, so unsinnig anmutet, wie wenn man die Waschungen, die *Mohammed* im Koran gebietet, als Reaktionsbildung auf den sparsamen Wassergebrauch von Wüstenbewohnern (mithin als eine verzweifelte Schutzmaßnahme gegen den Gestank und Schmutz arabischer Basare) deuten wollte.[94] FEUERBACH, indem er die Psychologie benutzte, um die anthropologische Bedeutung der religiösen Lehren und Praktiken zu verstehen, sah der Sache nach gleichwohl vollkommen richtig; nur muß man, um zu verstehen, *wie* recht er hatte, seine «Psychologie» unbedingt *um die Psychoanalyse der Angst* vertiefen. Ein Bad zu nehmen und ruhig zu schlafen – und beides zu verrichten als einen *Gottesdienst:* als Antwort auf die Grundängste des menschlichen Daseins, daran ist durchaus nichts Lächerliches, und es wird schwer halten, im Gebiet der Psychosomatik «Ratschläge» zu finden oder zu erteilen, die weiser und wirksamer sind als diese. Doch wie gesagt: *nur auf dem Hintergrund der Angstthematik* wird die «Sprache» der Religion allererst als notwendig verstehbar; und dann ist natürlich klar, daß es nicht um «Baden» und «Schlafen» an sich geht, sondern darum, einem Menschen zu begegnen, der es uns erlaubt, noch einmal neu auf die Welt zu kommen und in ihr in Ruhe zu leben. Nur *das persönlich gelebte Bild* kann als religiöses Symbol erlebbar werden! Doch eben diese Spannung zwischen Person und Symbol ist ja nach dem Gesagten die entscheidende Klammer des Religiösen, wie wir es inzwischen verstehen.

Das gleiche gilt von dem oft geübten Brauch *heiliger Mahlzeiten* in der Religionsgeschichte. Selbstredend geht es hier um «Essen»; doch die FEUERBACHsche Religionskritik wußte auch hier nicht um die Tiefe ihrer eigenen Wahrnehmung. Als verfeierlichte Form der Nahrungsaufnahme erscheint zum Beispiel das christliche Abendmahl in der Sicht FEUERBACHS lediglich als eine vergöttlichte Form des Nahrungstriebes[95], und entsprechend groß war denn alsbald die Empörung der kirchlichen Theologie über diese Deutung der heiligsten Geheimnisse, die laut Dogma durch Christus der Kirche anvertraut worden waren; – schließlich war die Reduktion der «heidnischen» Göttermythen auf einfache Triebwünsche von den frühchristlichen Apologeten selber Jahrhunderte zuvor zur Durchsetzung der eigenen Religion verwandt worden.[96] Und nun dies! Sehen wir aber die enormen Verstörungen und Verheerungen *der oralen Schuldangst* vor uns, so begreifen wir allerdings, wie entscheidend es sein kann, der einfachen Welt der Wünsche nach Aufnehmen- und Zugreifendürfen, nach Sprechen und Widersprechendürfen ihre «göttliche» Unschuld und menschliche Berechtigung zurückzugeben. Angenehm zu essen ist in vielen Formen der Depression der einzige noch verbleibende Trost und oft genug der Anfang psychischer Besserung. Aber auch das Essen ist nur ein Symbol für die Suche nach einem Menschen, der «mütterlich» genug ist, um uns ohne ständige Schuldgefühle leben zu lassen.

Nicht minder werden wir *das Spiel* und insbesondere *die spielerische Form der Konfliktlösung* als ein überaus wichtiges Gegengift zu der aggressiv-sadistischen Verbissenheit der Zwangsneurose kennen lernen. Daß ein im Grunde *spielerischer* Ritus wie *die Konfirmation* in der Religionsgeschichte den Schritt zum *Erwachsenenalter* begleitet, findet sein offenkundiges Pendant in der großen Bedeutung, die das Spiel bereits *bei den Tieren* besitzt, wenn es darum geht, sich in den «Ernstfall» des erwachsenen Lebens einzuüben. Sämtliche Sportarten, die noch heute viele Tausende von Zuschauern anlocken, haben sich aus ursprünglich rituellen Kämpfen entwickelt, die nicht selten auf Leben und Tod abgehalten wurden. Der christliche Ritus, daran gemessen, ist längst schon psychologisch zu spannungslos und langweilig geworden, um die ursprüngliche Dramatik offener Entscheidungsaugenblicke noch zu vermitteln oder auch nur zuzulassen[97]; doch jeder Tierfilm und jede Sportschau kann zeigen, welch eine «göttliche» Faszination dem *Spiel* von Haus aus eigentümlich ist. Wie lernen es Menschen, *spielerisch* mit sich selbst und anderen umzugehen, das ist hier die Frage.

Daß vollends *die Liebe zwischen Mann und Frau*, wenn sie nur glücklich, das heißt unter einer Reihe von quasi religiösen Implikationen zustande kommt, alle *hysterischen* An- und Ausflüge überflüssig machen kann, muß nicht länger begründet werden, desgleichen, daß die *Ehe* nicht deshalb ein religiöses Symbol ist, weil irgendeiner der Religionsstifter sie «eingesetzt» hätte; vielmehr kann man gerade hier unschwer ersehen, wie tief verankert im Tier-

(und Pflanzen!)Reich die geschlechtliche Vermehrung und damit die Anfangsform der «Ehe» ist; sie taucht in der Geschichte des Lebens als ein Verfahren
auf, um durch freie Kombination der Gene die Evolutionsgeschwindigkeit
entscheidend zu steigern.[98]

Doch was sich im Fall der «Sakramentalität» der Ehe beobachten läßt, gilt
allenthalben: Wer verstehen will, wie Gott sich im Menschen «offenbart», der
muß die Verfahren analysieren, deren die Religion sich zu allen Zeiten bedient
hat und bedienen muß, um die Grundformen der menschlichen Ängste zu besänftigen. Entstammt die Angst dem Tierreich und wird sie ins Unendliche getrieben durch den menschlichen Geist, so ist es unvermeidlich, daß auch die
Formen der Angst*beruhigung* aus dem Erleben der Tiere genommen werden,
um *in transzendenter Bedeutung* als *Symbole* des Göttlichen dem menschlichen Bewußtsein gegenübergestellt zu werden. Daß die «Offenbarung» Gottes nicht mit einzelnen Menschen als Religionsstiftern, sondern bereits mit der
Menschwerdung beginnt, sagten wir früher schon; doch jetzt erst sind wir dabei, dieses Postulat einer menschheitlichen Theologie wirklich einzulösen.

Was wir mit den getroffenen Ableitungen vor uns haben, ist ja nicht nur eine
anthropologische Begründung der religiösen Symbolsprache, sondern auch
eine psychologische Grundlegung der sogenannten «Sakramentenlehre», die
vor allem den Vorteil besitzt, auf eine Reihe unhaltbarer historischer Behauptungen (wie der These einer besonderen «Stiftung» durch Jesus Christus) und
noch weit anfechtbarerer Exklusivitätsansprüche (wie des Postulats von der
«unüberbietbaren» «Heilszuwendung» Gottes in der Kirche) ohne Mühe verzichten zu können. In Übersicht skizziert, ergibt sich jetzt das Bild von S. 424.

Dogmatischerseits wird man beim Anblick dieser Darstellung wohl sogleich
einwenden, es seien hier ja nur *vier* «Sakramente» aufgeführt, die katholische
Kirche aber kenne deren *sieben*. Darauf ist zu sagen, daß man gerade anhand
des aufgeführten Gedankenganges ersehen kann, *warum* es nur diese vier und
nicht beliebig viele andere religiöse Symbolhandlungen von grundlegender
Bedeutung geben kann. Die *Reformatoren* hatten, so betrachtet, völlig recht,
als sie vor mehr als 400 Jahren den Siebener-Katalog der katholischen Sakramente auf ganze zwei Sakramente (Taufe und Abendmahl) zusammenstrichen[99]
– nur die *Ehe* hätten sie dabei als ein «heiliges Zeichen» stehenlassen sollen.
(Wie wenig übrigens die *biblische* Begründung auch bei der reformatorischen
Lehre den Ausschlag gegeben hat, zeigt die Diskussion um die «Konfirmation»: – sie besitzt in der Bibel nicht die geringste Grundlage, ist aber *religionspsychologisch* und religionsgeschichtlich wohlbegründet.) Daß *die Priesterweihe* (oder die Inthronisation des Königs!) kein eigentliches «Sakrament»

| Angstform | Angstinhalte | Religiöse Symbole | Angstlösende Inhalte | Ritualisierte Darstellung | Tierisches Ausgangsverhalten |
|---|---|---|---|---|---|
| Schizoidie | Ausgesetztheit und Fremdheit, emotionale Kälte | Wasser, Höhle | Geborenwerden und Geborgensein | Taufe im Kirchenraum, Wiedergeburt | Baden, Schlafen |
| Depression | Schuldangst im oral-kaptativen Erleben | heiliges Mahl; Baum und Berg | Seindürfen in Akzeptation der Wünsche | Abendmahl oder Eucharistie | Fressen |
| Zwangsneurose | Angst vor Fehlerhaftigkeit und Nichtnotwendigkeit; Konkurrenz, Macht, Perfektionismus, Sadismus | Spiel | Üben- und Lernendürfen | Initiation (Konfirmation, Firmung) | Spielen (Balgen) |
| Hysterie | Angst vor Bindung; Sehnsucht und Flucht gegenüber der Überwertigkeit des Partners | Heilige Hochzeit | Bindung in Selbständigkeit | Ehe | Lieben (Balzen) |

sein kann, ergibt sich nach der hier vorgeschlagenen Begründung bereits daraus, daß sie auf keine wirkliche Angstproblematik antwortet, sondern lediglich
die verfeierlichte Form einer hierarchisierten Sozialpsychologie darstellt.[100]
Auf eine wirkliche Angst freilich antwortet *die «Beichte»* (oder das «Bußsakra-
ment»); doch im Unterschied zur depressiven Schuldangst, die *das ganze Dasein* umfaßt, geht es bei der «Lossprechung» durch den katholischen Priester
ausschließlich um bestimmte «Tatsünden»; dementsprechend besitzt die katholische «Beichte» auch kein wirkliches «Zeichen» – das ganze Geschehen ist
hier einzig an das *Wort* gebunden. Wenn es ein «Sakrament» der *«Versöhnung»*
geben sollte, dann müßte es wohl so aussehen wie bei den Eingeborenen auf
Neuguinea, wo die neu Aufzunehmenden durch die Beine der Frauen des
Stammes kriechen müssen und damit zu «Söhnen» werden – ein Bild der *«Wiedergeburt»* also, das den «Taufritus» neu belebt. Zu überlegen bliebe freilich
noch, ob nicht *die «Letzte Ölung»*, ein Ritus zur Salbung von Kranken, als
«Sakrament» geführt werden könnte. Das wäre an sich möglich – eine vergleichbare Praxis ist vor allem im schamanistischen Raum religionsgeschichtlich weit vertreten.[101] Die Angst vor *Krankheit* aber findet ihr psychosomati-
sches Korrelat in den symbolischen Verfahren, die im Grunde *alle* Sakramente
(in den Handlungen von Baden, Schlafen, Essen, Streicheln etc.) umfassen
können, ohne selber eigens als solche aufgeführt zu werden, während die
Angst vor dem *Sterben* durch keinerlei «Sakrament» mehr zu beruhigen ist, es
sei denn erneut mit den Grundbildern von Geburt und Auferstehung, die in
den Bereich der *Taufsymbolik* zurückweisen.

Betrachten wir also die vier verschiedenen Angstformen nebst den ihnen zu-
geordneten Symbolantworten näher, so wird uns vor allem das *außerordentliche Alter* der psychischen Grundlagen der religiösen Erfahrungen und Ausdrucksformen deutlich werden, und wir werden sehen, daß alles, was wir je als
«Religion» beziehungsweise als «göttliche Offenbarung» kennenlernen werden, an die Voraussetzungen gebunden ist, die evolutiv in der Stammesgeschichte des Menschen vorbereitet wurden.

α) Die schizoide Angst und die Symbolik von Wasser und Höhle

Der erste, der in der psychoanalytischen Literatur begriffen hat, daß man die
Symbole des Unbewußten *aus der Evolution* der Arten *begründen* muß, statt
sie, mehr oder minder willkürlich, als «Tatsachen» zu statuieren oder zu interpretieren, war der ungarische FREUDschüler S. FERENCZI, indem er die be-

rechtigte Frage aufwarf, wieso denn «*Wasser*» überhaupt eine psychische, symbolische Bedeutung gewinnen könne. Auf der Suche nach einer «Entwicklungsgeschichte der Libido»[1], versuchte FERENCZI in gewissem Sinne das FREUDsche Triebmodell zu präzisieren.

In seiner Lehre vom Nirwana-Prinzip hatte FREUD die Meinung vertreten, das eigentliche Ziel aller Triebwünsche bestehe in der (Wieder)Herstellung eines energetischen Ausgleichs vollständiger Ruhe, letztlich also in der Rückkehr allen Lebens zum Anorganischen.[2] Diese Konzeption eines «Todestriebes», dem die Lebenstriebe, der «Eros» beziehungsweise die «Libido», als Antagonisten zugeordnet seien – parallel zu der Zweiteilung von (sterblichen) Körperzellen und (potentiell unsterblichen) Geschlechtszellen[3] – war natürlich hoch spekulativ und für ein rein biologisches Denken schwer verständlich zu machen[4]: Was für ein Interesse sollte das Leben schließlich an seiner Selbstauslöschung haben? Zwar gaben die meisten Naturwissenschaftler bereits am Anfang dieses Jahrhunderts sich von der Herkunft des Lebens aus anorganischer Materie mehr oder minder überzeugt, selbst wenn der Übergang vom Belebten zum Unbelebten auf dem Stand der Biochemie damals in den Einzelheiten noch nicht recht vorstellbar war; daß aber dieser Übergang irgendwelche *psychischen* Erinnerungsspuren sollte hinterlassen haben, aus einer Zeit, in welcher allererst die Grundstrukturen des Lebens sich nach und nach – in einem Zeitraum von mehr als zweieinhalb bis drei Milliarden Jahren, wie wir heute wissen – haben bilden können, das mußte denn doch für äußerst unwahrscheinlich gelten.

S. FERENCZIS Gedankengang nahm gleichwohl seinen Ausgangspunkt an FREUDS Auffassung von der «konservativen Natur» der Triebe[5]: die Triebdynamik selber ist «regressiv», insofern sie in der Zukunft, nach vorn hin, als Teilmoment oder Abschluß des Lebens, einen Zustand des Glücks und der Geborgenheit zu erreichen sucht, wie er am Anfang des Lebens bestand. Schon O. RANK hatte das Streben der Liebenden nach körperlicher Vereinigung als ein Verlangen nach Rückkehr in den Zustand vor der Geburt gedeutet.[6] Doch erst einmal so betrachtet, ist die «*Höhle*» des Mutterleibes in der Geschichte des Lebens selbst nur das späte Ergebnis einer Reihe von Vorformen, die sich schrittweise rekapitulieren lassen:

Am Anfang der Reihe steht der Beginn des Lebens in den Weiten des Urozeans. Diese Tatsache hat ihre Spuren so deutlich in der Geschichte der Arten hinterlassen, daß noch heute «die Zusammensetzung der extrazellulären Flüssigkeit unseres Körpers bis in Einzelheiten der Zusammensetzung des Meerwassers entspricht. Das erstaunlichste Beispiel betrifft das wechselseitige Mengenverhältnis zwischen den biologisch bedeutsamen Salzen Natriumchlorid (Kochsalz), Kaliumchlorid und Kalziumchlorid. Biologisch bedeutsam sind sie alle drei und auch das Mengenverhältnis zwischen ihnen, weil... die Bestandteile aller drei Verbindungen die elektrischen Eigenschaften der Zellmembran und damit ihre Filterqualität maßgeblich beeinflussen. Im Meerwasser beträgt das Verhältnis zwischen den drei Molekülen nun 100 zu 2 zu 2... In unserer extrazellulären Körperflüssigkeit lautet die Relation 100 zu 2 zu 1, sie ist also praktisch identisch. Das bedeutet nichts anderes, als daß die Natur seinerzeit das Meerwasser gleichsam in das Körperinnere mitgenommen hat, als es galt, die Ansprüche der infolge der Vielzelligkeit dorthin verschlagenen Zellen auch weiterhin zu befriedigen.»[7] «Am erstaunlichsten (aber, d.V.) ist die Tatsache, daß dieses in unserem Körper eingeschlossene ‹innere Meer› sauber und in seiner Zusammensetzung konstant bleibt, obwohl es die Versorgung einer Zellmenge übernommen hat, deren Inhalt insgesamt sein eigenes Volumen um rund das Dreifache übersteigt.»[8] «Der Aufwand, der hinter diesen Zahlenproportionen steht, ist enorm. Die höheren Lebewesen auf der Erde, und so auch wir selbst, haben eine große Zahl spezialisierter Organe entwickelt, die durch komplizierte und vielfältig miteinander verschlungene Funktionen dafür zu sorgen haben, daß trotz ständig wechselnder Aktivitäten unseres Körpers die Ähnlichkeit zwischen seiner Gewebsflüssigkeit und dem Meerwasser stets erhalten bleibt.»[9]

Über einen unvorstellbar langen Zeitraum der Evolution hin hat die Natur also die «maritime» Grundbedingung der Entstehung des Lebens auf diesem Planeten beibehalten: die Zellen in einer Flüssigkeit «schwimmen» zu lassen, die sie mit Nährstoffen *versorgt*, ihren «Abfall» aus dem Zellinneren «*entsorgt*» und zwischen den Zellen humorale Informationsübertragungen zuläßt – es scheint, als sei das *Hormonsystem* des menschlichen Körpers ein höchst entwickelter Spätableger dieser frühesten Stadien des Lebens.[10] Das *Wasser*, und zwar das *Meeres*wasser, ist unserem Körper derart «innerlich», daß ein fremder Planetenbewohner, der mit der «Strategie der Genesis» auf der Erde gut genug vertraut wäre, allein schon durch eine Analyse der Gewebeflüssigkeit unseres Körpers feststellen könnte, welch eine chemische Zusammensetzung *das Urmeer* besaß, in dem die Voraussetzungen auch der menschlichen Existenz geschaffen wurden.

Hinzu kommt ein deutlicher Hinweis der *Embryologie*. Entsprechend der schon erwähnten «ontogenetischen Grundregel» HÄCKELS[11], daß jedes einzelne Lebewesen zu seiner Entstehung die gesamte Geschichte seiner Art noch einmal im Zeitraffertempo durchlaufen muß, weist das menschliche Embryo mit Kiemenspalten und Schwanz eine Gestalt auf, die für einen Laien von dem Embryo eines Fisches oder einer Kuh kaum unterscheidbar ist.[12] Offensichtlich hat das «Buch» unserer Gene alle Schritte der Stammesgeschichte genauestens aufgezeichnet, und es bedarf eines komplizierten Zusammenspiels von Repressoren und enthemmenden Faktoren, um die Informationsbänke unserer Erbanlagen so weit zu öffnen bzw. so genau zu verschließen, daß eine korrekte Abfolge der Teilungs- und Differenzierungsprozesse der verschiedenen Zellarten möglich wird. So werden die Kiemenspalten eines Menschenembryos zwar nicht «bis zur Funktionstüchtigkeit entwickelt», doch «führt die Erinnerung der Gene an dieser Stelle... noch so weit, daß diese embryonalen Kiemen sogar noch mit dem charakteristischen Netz feiner Blutgefäße umgeben werden, denen beim Meeresbewohner die Aufgabe zufällt, dem an den Kiemen vorüberstreichenden Wasser den Sauerstoff zu entziehen.»[13]

Das alles fügt sich nun zu der These, die S. FERENCZI in seinem *«Versuch einer Genitaltheorie»* entworfen hat.[14] FERENCZI sah in der *«Höhle»* des Mutterschoßes eine *Nachbildung* des *Urmeeres* und glaubte von daher, daß sich die menschliche Triebdynamik aus einem «thalassalen Regressionszug»[15] verstehen lasse («thalassal» von griech. *thalassa* = das Meer): nicht zum «Anorganischen», meinte er, strebe das menschliche Begehren zurück, wohl aber *zur Ausgangsform des Lebens selbst,* und zwar nicht, um zu «sterben», sondern um (in der Vereinigung von Mann und Frau) *eine Geborgenheit* zu finden, wie sie im Erdaltertum im Kambrium und im Silur noch bestand, längst ehe das Leben es wagte, den risikoreichen Schritt ans Land zu tun.

Man muß, um die Schwierigkeiten dieser Umstellung vom Meer zum Festland zu verstehen, nur einmal daran erinnern, daß ein Landbewohner, der sich über das Niveau «von Würmern, Schnecken und Schlangen erhoben hat, bis zu vierzig Prozent seiner gesamten Stoffwechselenergie allein zu dem simplen Zweck (verbraucht, d. V.), sein eigenes Gewicht zu tragen.»[16] Hinzu kommt auf dem Lande der Verzicht auf die relative *Konstanz der Meerwassertemperatur,* die wenige Meter unter der Oberfläche bei durchschnittlich 4°C liegt[17]; ein Hauptproblem der meisten Landbewohner stellt die Frage dar, wie der Stoffwechsel, dessen Stetigkeit bisher an eine gleichmäßige Temperatur gebunden schien, sich so einrichten läßt, daß er selbst nicht nur eine konstante Körpertemperatur erzeugt, sondern diese auch unter extremen Schwankungen der Wärme bei Licht und Schatten, bei Tag und bei Nacht, bei Sommer und Winter aufrechterhält. Die größte Schwierigkeit aber liegt darin, wie sich das «Meerwasser» im Körperinneren so ans Land mitnehmen läßt, daß es vor dem baldigen Austrocknen bewahrt bleibt.

Um noch einmal auf unsere *Frösche* zurückzukommen, so vollziehen diese Tiere in einem Zeitraum von 12–15 Monaten, vom Stadium der Kaulquappe bis zum fertigen Frosch, eine Anpassungsleistung der Natur nach, die, im Oberen Devon vor 350 Millionen Jahren beginnend, etwa fünfzig bis hundert Millionen Jahre der Evolution in Anspruch genommen haben dürfte.[18] Da zeigt sich als erstes die Bedeutung der *Haut:* während eine Kaulquappe auf dem Lande rasch austrocknen würde, ist ein erwachsener Frosch durch seine Haut vor der Verdunstung seiner Körperflüssigkeit relativ geschützt. Doch gilt es nun auch, mit dem gespeicherten Wasser sorgsam umzugehen. Indem die Meeresbewohner zur Ausscheidung der Endprodukte des Eiweißabbaus so viel Wasser verwenden können, wie sie aufnehmen, spielt für sie die Giftigkeit des Ammoniaks keine Rolle. Anders bei der «Froschwerdung», beim Übergang auf das Festland. Schon bei der Kaulquappe bilden sich neue Enzyme, die das Ammoniak bis zum Harnstoff abbauen, der ungiftig ist und deshalb in hohen Konzentrationen ausgeschieden werden kann. Bei den *Warmblütern* ist diese Technik schließlich bis zum Phantastischen ausgereift: unsere Nieren können täglich aus dem Blut ca. 150 Liter «Primärharn» aufnehmen, den sie unter enormem Sauerstoffverbrauch so stark konzentrieren, daß sie neunzig Prozent des Wassers wieder an den Blutkreislauf abgeben können; die Folge: ein Liter Wasser am Tage genügt uns, um alle giftigen Stoffwechselschlacken auszuscheiden.[19] In gewissem Sinne kann man diese unglaubliche Resorptionsleistung nur recht würdigen, wenn man bedenkt, daß sie letztlich einzig dem Zweck dient, den Ausfall des Meerwassers als eines natürlichen «Spülmittels» durch den Aufbau spezieller Organe zu kompensieren.

Freilich, ich höre schon wieder die «Fachtheologen» ungeduldig und mürrisch herummaulen, was denn diese Betrachtung der Welt aus der «Froschperspektive» eigentlich solle – das alles habe doch mit «Theologie» nun aber auch gar nichts zu tun. Richtig, muß man sagen, es hat mit einem Gott nichts zu tun, dessen «Geist über den Wassern» wortwörtlich «schwebt» und nichts weiter vermag, als ab und an zu donnern, und der jedenfalls völlig unfähig ist, *aus seinen eigenen Werken* zum Menschen zu reden. Wenn es indessen auch und gerade im Sinne der klassischen theologischen Überlieferung schon einmal feststeht, daß die «Schöpfung» selber zu deuten ist als «Selbstmitteilung Gottes» – nun denn, ihr Theologen, welch ein Recht habt ihr dann, die *Form* der Gestaltung des Lebens auf dieser Erde rein abstrakt als «Werden an sich» mit euerem «Gott» in Verbindung zu setzen und euch um die konkrete Art der Evolution des Lebens nicht weiter zu kümmern? Und wenn sich nun gar zeigt, wie wenig gleichgültig *für das menschliche Leben und Erleben* das *(Meer)-*

*Wasser* ist, wie soll dann der «Stoff» und «Erfahrungsraum», dem das menschliche Dasein selbst seine Entstehung verdankt, *nicht* ein entscheidendes *religiöses* Thema sein? Um speziell die Bedeutung des *Wassers* in der Symbolsprache
der Religionen der Menschheit zu verstehen, müssen wir zu den bereits
getroffenen Feststellungen in der Tat nur noch ein paar Beobachtungen und
Folgerungen hinzufügen, um auch theologisch richtiger zu sehen.

    FERENCZI nämlich schon hat darauf hingewiesen, daß mit dem Übergang
des Lebens auf das Land natürlich auch *die Sexualorganisation* eine wichtige
Veränderung erfahren mußte. Solange die Tiere im Wasser lebten, konnte es
genügen, Eier und Samen einfach ins Wasser zu entleeren, ohne für eine sichere
Unterbringung der Keimzellen Sorge tragen zu müssen. Die Situation auf dem
Lande ist eine andere, und um mit ihr fertig zu werden, setzte offenbar bei den
Amphibien die Entwicklung *der äußeren Genitalien* ein. Bereits bei den Fröschen findet sich ein Herandrängen oder Einführen der männlichen Kloake in
die weibliche, «eine Art coitus per cloacam».[20] «Entsprechend ihrem Doppelle-
ben im Wasser und zu Lande, haben diese Tiere noch die Alternative der äußeren und inneren Besamung, das heißt der Befruchtung der Eier im freien Wasser oder im Mutterleib. Auch kommt es hier zum erstenmal zur Ausbildung
auffälliger äußerer Geschlechtsmerkmale, so beim männlichen Frosch jener
Schwielenbildung an der vorderen Extremität, die ihn zur Umklammerung des
Weibchens befähigt.»[21] Bei den Eidechsen bereits wächst aus der Kloake ein
noch undurchbohrter Penisfortsatz als eine Art Bohrwerkzeug hervor, und bei
den Krokodilen findet sich bereits das Phänomen der Erektilität.[22] Der «Sinn»
dieser Entwicklung liegt anscheinend in dem Bestreben, die verlorene «Lebensform in einem feuchten Milieu, das zugleich Nährstoffe enthält», wieder-
herzustellen; es geht also um «die Wiederherstellung der See-Existenz im
feuchten, nahrungsreichen Körperinneren der Mutter».[23]

    Entscheidend an diesen Überlegungen FERENCZIS ist die Einsicht, daß *der
Schoß der Mutter* als ein «partieller Ersatz des Meeres» erscheinen muß, indem
«das Fruchtwasser ein in den Leib der Mutter gleichsam ‹introjiziertes› Meer
darstellt.»[24] Insbesondere die Ausbildung der männlichen und weiblichen Geschlechtsorgane bei den Landtieren legt die Vermutung nahe, «daß nach der
Eintrocknungsgefahr (sc. im Devon, d. V.), wo zum ersten Mal die Nötigung
entstand, für die verlorene See-Existenz einen Ersatz zu suchen, auch zum ersten Mal der Drang sich äußerte, in einen fremden Tierleib einzudringen, das
heißt sich mit ihm zu begatten.»[25] Das «Ziel» der Begattung bestünde somit in
der *Rückkehr zum Wasser* des Urmeeres, das von der Frau *symbolisiert* wird.

    Interessant für uns ist bei solchen Darlegungen die *Logik der Umkehrung*.

In evolutiver Sicht erscheint die Geburt eines Menschenkindes wie eine späte Nachbildung der Szene, da das Leben vom Wasser ans Festland ging, und der Mutterschoß selber *symbolisiert* hier das Urmeer, das er entwicklungsgeschichtlich ersetzt; das aber stellt nun umgekehrt den Grund dafür dar, daß *Wasser* seinerseits als ein *weibliches* Symbol empfunden werden kann, indem es den gesamten Bereich von *Geburt, Wiedergeburt, Leben* und *Erneuerung* zu umgreifen vermag. Wir lernen auf diese Weise deutlicher, was das eigentlich ist, ein «archetypisches Symbol»: es entsteht, wie wir sehen, aus der *Ersetzung archaischer Bedingungen des Lebens* im Verlauf der Evolution durch erdgeschichtlich «jüngere» Einrichtungen im Kampf ums Überleben. *Weil* der Mutterschoß das Wasser des Urmeeres ersetzt, kann das Wasser beziehungsweise das Meer als ein *Symbol* des Mutterschoßes gelten; *weil* der Mutterschoß eine *Höhle* darstellt, aus welcher das Leben hervorgeht, kann auch das Bild der Höhle als ein *Symbol* des Mutterschoßes empfunden werden. So weit geht der biologische, der eigentlich *archaische* Anteil dieser Symbolik, die eben als *archetypische* allgemeinmenschlich ist und eine Konstante des Erlebens darstellt, die jeder geschichtlichen beziehungsweise kulturellen Modifikation zugrunde liegt.

Auf einer zweiten Stufe der Betrachtung zeigt sich, daß «Höhle» und «Wasser» für *landbewohnende* Tiere und Menschen in der Folgezeit notgedrungen ein eigenes faszinierendes Interesse gewinnen mußten, das nicht mehr rein biologisch, sondern in regional verschiedener Weise, entsprechend den jeweiligen Verhaltensnotwendigkeiten, sich Geltung verschaffen konnte.

Es versteht sich, daß *«Wasser»* für Wüsten- und Steppenbewohner, je nach dem unterschiedlichen Grad der Anpassung an die jeweilige Klimazone, eine sehr verschiedene Bedeutung erlangen kann, und daß desgleichen die Bedeutung von «Höhlen» je nach der Lebensform schwanken wird. Immerhin dürfen wir davon ausgehen, daß über eine lange Zeit hin die Urform des Menschen, der *Homo habilis*, sich in Afrika in steppenähnlichen Gebieten entwickelt hat und daß er es lernte, in einem Abstand von ca. 20 km Radius um eine Wasserstelle Areale der Jagd und der Verteidigung zur Ernährung und zum Schutz von Sippengemeinschaften zu beanspruchen.[26] Eine solche Distanz von 40 Kilometern entspricht noch heute der durchschnittlichen Tagesmarschleistung eines Mannes und kann als Hinweis auf eine Lebensweise verstanden werden, in deren Mittelpunkt schon rein räumlich das Wasser stand.[27] Dabei wird das Hervortreten des Wassers aus Brunnen*löchern* und Fels*spalten* die *weibliche Symbolik* des *Wassers* noch zusätzlich verstärkt und auch die Bedeutung der *Höhle* mitgeprägt haben. Überhängende Felsdächer

(Abris) und Höhlen bildeten, wie die berühmte chinesische Höhle von Chou-koutien zeigt[28], bereits für den *Homo erectus* über Jahrhunderttausende hin speziell auf der Nordhalbkugel Stätten der Zuflucht und der Geborgenheit.[29] Ursprünglich biologische Gegebenheiten gewannen jetzt eine «natürliche» Ersatzform, die ihrerseits wieder als *Symbole* auf ihren eigenen Ursprung zurückverweisen konnten. Immer noch sind wir dabei um riesige Zeiträume von all den Differenzierungen getrennt, in denen wesentlich *kulturell* bedingte Vorgaben darüber entscheiden, in welcher Weise diese Symbolsprache sozialpsychologisch oder religiös angewandt und ausgelegt wird. Nur so viel ist bereits klar: daß *Wasser* und *Höhle* ihre Bedeutung als *weibliche* beziehungsweise *mütterliche* Symbole *unter allen Umständen* beibehalten werden, und das ist der Punkt, auf den es uns *religionspsychologisch* jetzt ankommt.

Längst nämlich, noch ehe man im Alten Orient Tempel oder im mittelalterlichen Europa Kathedralen errichtete, haben wie selbstverständlich Flüsse und Quellen, Höhlen und Grotten *heilige* Orte gebildet, indem sie als (weibliche!) Symbole eine bestimmte Erfahrung beziehungsweise *Erinnerung* an den *Ursprung* und an den *Schutz* des Lebens vermitteln konnten. Es darf als sicher gelten, daß *Höhlen* vor 15 000 Jahren im *Magdalénien* eiszeitliche Kulträume bildeten, an deren Wänden die Menschen des Paläolithikums männliche und weibliche Symbole anbrachten sowie «Symbole des Todes..., der den Jäger ernährte.»[30] Zeugung und Tod entschieden sich im «Schoß» der Erde.

Die Vorstellung von dem *Hervorgang des Lebens aus Höhlen* im Erdinneren bestimmte denn auch die Ursprungs- und Wandersagen zum Beispiel der *Nahuas* im Mittelamerika, die nach *aztekischer* Auffassung «in der Urzeit gemeinsam aus *Chicomoztoc*, dem ‹Ort der Sieben Höhlen›, ans Tageslicht» gekommen waren.[31] «Die Sage vom Hervorgehen der Urahnen aus dem Erdinneren war auch in anderen Teilen Amerikas und in der Alten Welt weit verbreitet.»[32] Daneben – charakteristischerweise – steht bei den Indios die Ursprungssage von der Herkunft «aus einem fernen Lande jenseits des Meeres, das, wie der Okeanos im griechischen Weltbilde, die Erdinsel umgibt. Auch diese Erzählung gehört zu den Archetypien der Mythologie und erklärt sich aus der Vorstellung, daß jenseits des Ringmeeres im Osten das Land der Sonne lag und im Westen das Land der Toten.»[33] Meer und Höhle (= See und Tal) *ergänzen* einander in der gleichen symbolischen Bedeutung von *Ursprung* und *Geburt*.

Es verwundert von daher nicht, daß, entsprechend der Symbolik von *Grotte* und *Grab* als Bildern der *Wiedergeburt,* auch das *Wasser* seit eh und je als ein quasi sakramentaler Ort der Regeneration verehrt wurde. Noch heute sehen wir *die Hindus* ihre rituellen Bäder am Ganges verrichten, und wer einmal Gelegenheit nimmt, an den Ufern des Indus die Ruinen des antiken *Mohenjodaro* zu besichtigen, der wird das «Große Bad» nicht übersehen können, das schon um 2250 v. Chr. anscheinend für religiöse Waschungen verwandt wurde (vgl. Abb. 2).[34]

Erst vor dem Hintergrund dieser breiten Überlieferung uralter heiliger Riten und Symbole versteht man die Architektonik auch der *christlichen Kirchen.* In ihrem ursprünglich sehr dunkel gehaltenen Inneren, erhellt nur durch Öllampen und Kerzenschein, erinnern sie noch heute an die eiszeitlichen Kulträume von Altamira und Lascaux. Sie sind wie steingewordene Monumente der Sehnsucht nach einem Leben *vor* der Geburt beziehungweise *jenseits* des Wechsels von *Geburt und Tod,* Stätten der Verheißung *ewigen* Lebens, «Erinnerungen» an ein vor Zeiten «verlorenes» «Paradies». Wer eine solche «Kirche» betritt, läßt buchstäblich die Welt der alltäglichen Erfahrung von Raum und Zeit hinter sich und begibt sich hinüber in die Sphäre des Göttlichen. Er «stirbt» dieser Welt der vordergründigen Realität des Werdens und Vergehens und «taucht ein» in den Bereich eines zeitlosen *Seins,* in dem es weder die «Ursonderung» der «Schuld» noch des «Todes» gibt. *Deswegen* auch steht am Kircheneingang (beziehungsweise in der «Krypta») der *«Taufbrunnen»:* er ist ein fernes Nachbild jener Zeit, in der man Höhlen und Quellen aufsuchte, um dem Ursprung des Lebens nahe zu sein.

Es ist demgegenüber historisch müßig, sich darum zu streiten, ob Jesus, wie die Kirche behauptet, die Taufe als «Sakrament» «eingesetzt» hat oder nicht. Natürlich nicht![35] Er *ließ* sich taufen von seinem *Lehrer* Johannes am Jordan, aber «er selber taufte nicht», wie Joh 4,2 geschichtlich glaubhaft wiedergibt.[36] Selbst die theologische Auskunft zur Stützung der tradierten dogmatischen Lehrmeinung lautet für gewöhnlich, daß Jesus nicht zu Lebzeiten, sondern nach seinem Tode, als «der erhöhte Herr», in Mt 28,19 den «Taufbefehl» erteilt habe.[37] Für *uns* bietet dieser Umstand eine willkommene Gelegenheit, noch einmal abschließend zu überlegen, wie denn die *«Geistsendung»* Jesu an seine «Kirche» zur «Stiftung» bestimmter «Heilszeichen» eigentlich zu verstehen ist; und wir können nach allem Gesagten jetzt nicht anders denken, als daß die *Schemata* zur Bildung taufähnlicher Symbole in der menschlichen Psyche *aus dem Gang der Evolution selber* bereitliegen und schon deshalb in vielen Religionen der Menschheit ihren Niederschlag gefunden haben. Nicht die Taufsymbolik selber also läßt sich auf die Person oder den Willen Jesu zurückführen; allenfalls gibt es einen spezifischen «Rahmen», in den das uralte Bild der «Taufe» durch das Auftreten des Propheten aus Nazareth eingefügt wurde: was eine «Taufe» ist, bekommt von den Vorgaben der Worte und der Taten

Jesu existentiell einen neuen «Sinn», der so noch nicht in dem Bild enthalten war, der aber seinerseits gleichwohl eines solchen Bildes bedarf, um sich mitzuteilen. Das Bild der Taufe, das in der Religionsgeschichte nachweisbar Jahrtausende *älter* ist als das Christentum, *verliert* nicht seine Bedeutung, ein Symbol für Geburt und Wiedergeburt zu sein; nach wie vor bezeichnet es Erfahrungen vom Hervorgang des Seins aus dem Nichts, des Lebens aus dem Tod, des Lichts aus dem Dunkel; *aber:* was «Nichts» bzw. «Vernichtung», was «Tod» bzw. Totsein, was «Dunkel» bzw. «Verfinsterung» *meint* und welch ein Inhalt sich daraus für «Neuwerdung», «Leben» und «Licht» gewinnen läßt, *das* ändert sich im Umkreis der Person Jesu (beziehungweise unter den Voraussetzungen des Christusglaubens) ganz entscheidend.

Wie kann man, lautet die Frage Jesu, an «Gott» so innig glauben, daß die Angst vor dem Tod aufhört, als die eigentliche Herrscherin des Lebens das ganze Leben zu verschatten; wie kann man die Liebe so rein und innig leben, daß sie stärker wird als das Verlangen nach Schutz und Strafe; wie kann man den «Himmel» so weitherzig in sich tragen, daß die Selbstabschottung von Gruppen und Gesellschaften gegenüber allem Fremden sich öffnet zu einer vertrauensvollen Partnerschaft der Neugier, des Kennenlernens und der wechselseitigen Bereicherung? Diese *Umwandlung* (oder biblisch *«Umkehr»*) des Lebens war das eigentliche «Programm» Jesu: Die Menschen sollten mit dem Blick auf Gott die Fähigkeit entwickeln, aus den Zwängen der vermeintlichen Realität dieser «Welt» herauszutreten und ihr Leben noch einmal anders anzupacken als bisher – eine wirklich «jungfräuliche Geburt» der Existenz! «Wenn ihr euch nicht umstellt und werdet wie die Kinder, nein, nicht geht ihr ein in das Königtum der Himmel» (Mt 18,3).

Wenn *dies* den «Sinn» der christlichen *Taufe* bildet, so versteht man sogleich die absolute Bedeutung auf Heil und Unheil, die diesem «Zeichen» in der traditionellen Theologie zugesprochen wird: als *Ausdruck* eines wirklichen Neuanfangs des Lebens, als *Symbol einer existentiellen Wiedergeburt des Daseins* verdichtet sich in diesem Bild eine Erfahrung, die in der Tat über alles entscheidet. Aber es ist auch genauso klar, was für eine Travestie des Richtigen ins Absurde entstehen muß, wenn man in der beschriebenen Art der Kirchenpraxis aus einem sinnreichen *Ausdruck* lebendiger Erfahrung einen «sakramentalen» *«Eindruck»* der «göttlichen Heilsgnade» hervorzaubern will, den man, statt zu lernen, wie man selber wird «wie die Kinder», den Kindern angedeihen läßt, noch ehe diese es lernen, wirkliche «Erwachsene» zu werden.[38] Das Ergebnis derartiger Verschiebungen und Verformungen liegt auf der Hand: die *wirklichen* Kinder sollen auf immer im «Schoß» der «Mutter Kirche» verbleiben, und den *Erwachsenen* ist es mit kirchlichem Segen seither verstattet, sich in ihrem Leben um jede wirkliche Grundsatzentscheidung einer religiösen Existenz herumzumogeln – eine «Erleichterung», die jede Form menschlicher Entfaltung unter die «Vorwegentscheidungen» des kirchlichen Dogmas zu stellen sucht und die gleichzeitig den Ernst einer wahrhaft christlichen Entschlossenheit und Erschlossenheit der Existenz ins kindisch-Spaßhafte verkehrt. Zwang auf der einen Seite und Selbstverhöhnung auf der anderen Seite – die REIKsche Ambivalenz des Dogmas bestätigt sich an jeder Stelle, da wir die kirchliche (Schein)Wirklichkeit beamteter Formel(Wahrheiten) berühren.

Zur «Entschuldigung» der «Taufe» der «Pinguine» nach dem Vorbild des Heiligen *Maël*[39] läßt sich nur eine einzige Tatsache geltend machen, die ihrerseits freilich eine neue *Ambivalenz* nach sich zieht. Man findet bei vielen Stammeskulturen die Sitte, die neugeborenen Kinder einem Ritual zu unterziehen, das in allen Punkten sich mit der christlichen Taufe vergleichen läßt. Auf der Molukken-Insel Ceram zum Beispiel wird ein Kind rituell mit der Dema-Göttin *Hainuwele* vereint, die in ihrem Tod beim Großen Maro-Tanz das Sterben der zerteilten Knollenfrüchte in der Erde verkörpert, aber auch mit dem Geheimnis des wiedererstehenden Mondes und dem Totengericht eines labyrinthischen Ganges zur Wiedergeburt in Verbindung steht.[40] Jedes Kind auf Ceram wird rituell zu einer Hainuwele, gerade wie ein jedes Kind in Europa (dem Ideal nach) zu einem «Christus» (werden soll). Die «Botschaft», die in einem solchen Ritus enthalten ist, lautet unmittelbar, daß ein Kind nicht den Eltern «gehört», sondern von Anfang an einbezogen werden soll in den «Geist» der (jeweiligen) Religion und Kultur; das «Tauf»-Sakrament ist hier wesentlich (noch) ein Ausdruck für den Anspruch, den das Allgemeine an das Einzelne, die Gesellschaft an das Individuum vom ersten Augenblick des Lebens anmeldet. Gerade das aber ist nun derjenige Aspekt des «Tauf»-Rituals, der nach dem Gesagten *am wenigsten* Geltung haben kann, wenn irgend es mit der Botschaft Jesu ernst werden soll. Im Christentum, wenn denn eine «Kindertaufe» überhaupt einen (äußerst zweifelhaften!) Sinn haben soll, *darf* es keine gradlinige Übernahme der religionsgeschichtlich vorgegebenen Bedeutungsverleihung des Taufrituals als eines integralistischen Stammes-«Sakramentes» geben; *christlich* gesehen, stellt es im Gegenteil einen schweren *Rück*fall ins «Heidentum» (hier ist der Ausdruck angebracht!) und gewiß einen schweren *Ab*fall von der Botschaft Jesu dar, wenn auch das Bild der «Taufe» dazu herhalten soll, den Herrschaftsanspruch des (kirchlichen) Kollektivs über das Leben des Einzelnen zu befestigen. Unter *christlichen* Voraussetzungen kann die *Kinder*taufe nur besagen, was die «*Erwachsenen*taufe» ausdrückt: die Eigenständigkeit und Unableitbarkeit einer Daseinsform, die selbst auf ihren Ursprung hin «durchsichtig» geworden ist. Das Leben eines neugeborenen Kindes «gehört» nicht den Eltern – das sagen bereits die «Tauf»-Feiern der Stammesreligionen; das Leben eines neugeborenen Kindes «gehört» aber auch nicht dem «Stamm» beziehungsweise «der Kirche», wenn die Botschaft Jesu in Geltung tritt; es gehört einzig Gott selbst als der Macht, die «gewollt» hat, daß es sei.

Für eine Kirche indessen, die sich selbst an die Stelle Gottes gesetzt hat, muß dieser elementare Unterschied hinfällig werden: Sind «Gott» und «Kirche» eins, so stellt sich wie von selbst das alte «steinzeitliche» Schema der FREUD-schen Massenpsychologie wieder her: ein Mensch «ist» nur wirklich in seiner Eigenschaft als «Gruppenmitglied»; sein buchstäblich *erster* Gedanke soll da dem Andenken an den «Geist» des Stammes gelten, und der «Gott», der dieses Geistes ist, schrumpft wie von selbst auf eine bloße Projektionsgestalt des ab-soluten Gruppenegoismus zurück – alle Betrachtungen aus DOSTOJEW-SKIS *«Dämonen»* über den Zusammenhang von «Gott» und «Volk» finden hier ihre Berechtigung – und Widerlegung! «Jedes Volk», läßt der russische Dichter seinen Romanhelden *Schatow* sagen, «ist nur solange ein Volk, als es seinen besonderen Gott hat und alle anderen übrigen Götter auf der Welt er-barmungslos und unversöhnlich ausschließt, nur solange es daran glaubt, daß es mit Hilfe seines eigenen Gottes alle übrigen Götter besiegen und aus der Welt vertreiben kann... Wenn ein großes Volk nicht glaubt, daß es nur selbst, daß also ausschließlich dieses Volk im Besitze der Wahrheit ist,... dann ver-wandelt sich dieses Volk sofort in ein ethnographisches Material.»[41] Auf diese Weise «das Volk» (oder «die Kirche») zu vergöttlichen, ist gerade so viel, wie «Gott» zu einem bloßen «Attribut» der eigenen Gruppe zu erniedrigen. Und es ist identisch damit, den Einzelnen in ein bloßes Annex der Sozialpsycholo-gie zu verwandeln.

Eine *«christliche»* «Kindertaufe» hingegen, wenn irgend sie etwas anderes sein will als ein Widerspruch in sich selbst, müßte *den Eltern* wie *der «Kirche»* gerade das sagen, was KHALIL GIBRAN einmal seinen *«Propheten»* sagen läßt: «Eure Kinder sind nicht *eure* Kinder. Es sind die Söhne und Töchter von des Lebens Verlangen nach sich selber. Sie kommen durch euch, doch nicht *von* euch; und sind sie auch bei euch, so gehören sie euch doch nicht. Ihr dürft ihnen eure Liebe geben, doch nicht eure Gedanken, denn sie haben ihre eige-nen Gedanken. Ihr dürft ihren Leib behausen, doch nicht ihre Seele. Denn ihre Seele wohnt im Hause von Morgen, das ihr nicht zu betreten vermöget, selbst nicht in euren Träumen.»[42] – Ob die «Taufe» eine Fußangel der Vergangenheit ist oder eine Pforte der Zukunft, entscheidet sich daran, was sie denen sagt und sagen soll, die sie *an einem Kind* vollziehen.

Wenn aber, christlich betrachtet, die Taufe eine Ermächtigung darstellt, selber zu leben und selber zu sein, so stellt sich die alte Frage, wie der Einzelne *die Angst* überwindet, die dazu gehört, ein einzelner zu werden und zu sein. Vor allem die *schizoide Angst* haben wir thematisch als eine Form der Fremdheit und der Ausgesetztheit gegenüber aller Welt bestimmt. Nirgendwo sonst verdichtet sich die Angst, überhaupt auf Erden zu sein, so stark wie im Erleben des Schizoiden. «Schizoidie» – das ist ja nicht nur eine «Zerspaltenheit» im Bewußtsein, sondern zuerst und vorerst eine Zerfallenheit mit der Welt ringsum. Das *Abgetrenntsein* von der vorgeburtlichen Existenz, das *Ausgestoßenwerden* in eine feindliche Umgebung bereits durch den unwiderruflichen Vorgang der Geburt selbst erzeugt eine Angst, die alle Dinge, alle Menschen, alle Begebenheiten als mögliche Bedrohungen erscheinen läßt. Es gibt in der Schizoidie kein ruhiges Haften, kein Sich-Festmachen, kein Anlehnen und Ausruhen, sondern es ist, wie wenn der Wind Staub aufwirbelt. «Wie kann ein Mensch noch einmal ‹geboren› werden?» – diese Frage des Ratsherrn Nikodemus im Nachtgespräch mit Jesus (Joh 3,4)[43] wird hier in der Psychotherapie eines Schizoiden zu einem Schlüsselproblem, denn es gilt buchstäblich, den Schmerz der Geburt, die Angst des In-der-Welt-Seins, den Schritt des Lebens vom «Wasser» zum Festland rückgängig zu machen, um ihn ein zweites Mal, jetzt weniger geängstet, nicht als äußere Zumutung, sondern in eigener Zustimmung, nicht als Verstoßenwerden, sondern als Sich-Öffnen, nicht als Verlust von Geborgenheit, sondern als Gewinn an Weltwirklichkeit, Leben und Freiheit *mitzuvollziehen*. Das aber ist nur möglich, wenn «die Welt» «draußen» als ebenso «warm» und «schützend» erlebt wird wie die «Sphäre» von «Wasser» und «Höhle», die man verlassen mußte, um «auf die Welt zu kommen». Es bedürfte zumindest *eines* Menschen, der als so «mütterlich» erlebt werden könnte, wie «die Mutter» damals, am Anfang des Lebens, hätte sein müssen, um den Vorgang der Geburt *nicht* als eine Art von «Vertreibung» erscheinen zu lassen. Ein solcher Mensch müßte in der Art seines Wesens und Verhaltens so «fließend», «weich» und «tragend» sein wie «Wasser» und so «bergend», «aufnehmend» und «einhüllend» wie eine «Höhle»; er müßte ein Ort sein, an den man zurückkehren kann, wenn das Gefühl, «mutterseelenallein» zu sein, sich wieder meldet und nach einem Gegenüber verlangt, an dem es sich beruhigen oder trösten könnte; ein solcher Mensch müßte eine Stätte der Reifung bilden, an dem die rückwärts gewandte Fluchtrichtung der Angst sich nach und nach umkehrt in Hoffnung, Erwartung, Neugier, Wunsch und Eroberung.

Nichts, so besehen, ist da geholfen mit einem «Symbol», das sich «sakramentalisieren» ließe, um eine «Wirklichkeit» zu setzen, die das Sein einer Person auf ewig «prägen» würde, wie es die kirchliche Dogmatik behauptet. Umgekehrt. Es bedarf einer Person, die selber so «mütterlich» ist, daß sie den gesamten Bedeutungsgehalt des *Symbols* «Wasser» und «Höhle» lebendig erfahrbar macht. Es spricht alles dafür, daß *Jesus* ein solcher Mensch war; *er* verkörperte und vermittelte allem Anschein nach wirklich ein Vertrauen, das imstande war, das *Welt-* und *Lebens*gefühl (schizoider) Angst zu verändern, und so kann man, recht verstanden, auch sagen, daß er das religionsgeschichtlich überkommene Symbol der «Taufe» zwar nicht «eingesetzt», wohl aber in seine personale Verbindlichkeit *«umgesetzt»* hat. Eben an diesem Unterschied aber hängt alles, und gerade am schizoiden Erleben wird die Differenz besonders deutlich: die Verobjektivierung der Zeichen, die projektive Magie der Bilder, die unpersönliche Isolierung «heiliger» Symbole – das *ist* bereits die in sich zerfallene Welt des Schizoiden. Eine Welt, wie die Kirche sie in ihrer integralistischen Glaubenslehre theologisch vorschreibt und «pastoral» verwaltet, heilt nicht das schizoide Erleben, sie erfüllt auf der kollektiven Ebene selber sozialpsychologisch den Tatbestand eines schizoiden Syndroms. Was demgegenüber einen Menschen wortwörtlich *retten* kann, ist einzig und allein jene *integrative* Form von Frömmigkeit, die wir vorhin in ihren Grundstrukturen zu beschreiben versuchten: Erst wenn ein «Symbol» in einem Menschen zur lebendigen Wirklichkeit wird, kann es als heilender Ausdruck menschlicher Erfahrung und Begegnung Geltung gewinnen. «Die Taufe spenden kann *jeder*, auch ein Nicht-Christ», erklärt die kath. Kirche, doch sie fügt hinzu: er muß bei der Setzung der Formel tun wollen, was die Kirche will.[44] Streicht man den abergläubigen Formalismus und die Zwangsverordnung zur Gruppenidentität aus diesen Bestimmungen fort, so bleibt ein vernünftiger, kostbarer Kern erhalten: Jeder Mensch, unabhängig von seiner kulturellen und religiösen Herkunft, der einen anderen so liebt, daß er ihm wird: weit wie das Meer, zärtlich und sanft wie das Wiegen der Wellen, stark und mitreißend wie die schäumende Brandung, bergend und beruhigend wie das Innere einer Höhle, gewinnt die Fähigkeit, das Leben eines anderen Menschen noch einmal entscheidend zu verändern: von Angst in Vertrauen, von Rückzug in Zuwendung, von distanzierter Vorsichtsgleichgültigkeit in bejahte Sehnsucht und Bindung; ein solcher Mensch hat die Kraft, einen anderen Menschen zu *taufen*, wenn man so will.

Erst vor diesem Hintergrund, erst nach der Passage durch die subjektive Aneignung, erst nach einer gelungenen Form persönlicher Integration, läßt sich, ohne erneute Gefahr vor legalistischer und formalistischer Veräußerlichung, dann auch *die Faszination* verstehen und schildern, die das Wasser als Muttersymbol zu jeder Zeit auf den Menschen ausübt. Ein ganz und gar «ozeanisch» empfindender Mensch war der amerikanische Schriftsteller HERMAN MELVILLE in seinem Roman *Moby Dick*. «Stell dir vor», läßt er seinen «Ismael» (den Sohn der von Abraham vertriebenen Hagar in Gen 16,1–16) zur Begründung seiner Sehnsucht nach dem Meere sagen, stell dir vor, «du wärest irgendwo zwischen Bergen und Seen. Welchen Weg du auch einschlägst, zehn gegen eins, er führt dich ins Tal hinunter, und auf einmal stehst du da, wo der Bach am breitesten ist. Eine Zauberkraft ist da am Werk. Der ärgste Träumer in der tiefsten Versunkenheit – stellst du ihn auf die Beine und läßt ihn gehen, er wird ans Wasser finden... Wasser und Meditation sind auf ewig miteinander verbunden, das weiß im Grunde jeder.»[45] «Warum kommt jedem gesunden Jungen mit gesunder Seele im Leib früher oder später einmal die tolle Begier, zur See zu gehen? – Und du selbst, als du deine erste Reise machtest und zum erstenmal sahst, wie nun rings um dein Schiff nirgends mehr Land war, warum überlief es dich da so seltsam? Warum war den alten Persern das Meer heilig, warum hatte es bei den Griechen sogar einen eigenen Gott, den leiblichen Bruder des Zeus? Das hat sicher alles seinen Sinn. Einen noch tieferen aber hat jene alte Geschichte von Narziß: im Brunnen erblickte er sein Bild, so herzbeklemmend lieblich, daß er, als er's mit seinen Händen nicht greifen konnte, sich hinabstürzte und ertrank. Und in allen Flüssen und Meeren sehen wir dasselbe: das ewig unangreifbare Spiegelbild des Lebens. Das ist der Schlüssel zu allem.»[46]

Das «Wasser» ist ein «heiliges» Symbol des Lebens, weil es das Ursprungselement des Lebens war und ist, doch *heilend* wird es nur, wenn es Gestalt gewinnt in der Liebe eines anderen Menschen. Die objektive, *archetypische* und die subjektive, *persönliche* Seite treten hier zu einer Einheit zusammen, die den Umgang der Menschen untereinander verändert und damit zugleich die Instrumentalisierung der Bilder durch kollektive Gruppen wir Kirche und Gesellschaft verhindert. Nicht zuletzt aber, entsprechend der beschriebenen *Dreidimensionalität der Symbolsprache*, verändert sich unter der Vorgabe des Wassers als eines reflektierten Symbols *auch der Umgang mit der objektiven Realität des «Wassers»* in der Natur. Wer erst einmal fühlt oder ahnt, welch eine Bedeutung das Wasser als religiöse Sinnstiftung in seinem Leben zu besitzen vermag, der wird mit ihm *anders* verfahren als jemand, der im «Wasser» nichts weiter sieht als eine chemische Verbindung von zwei Teilen Wasserstoff und einem Teil Sauerstoff. Zu lernen ist hier vor allem von den heute noch le-

benden «Kindern der Natur» in den sogenannten Stammesreligionen und
-kulturen, deren Gedichte und Gesänge voll sind von einer religiösen Poesie
der Welt und einer tiefen Trauer angesichts ihrer Zerstörung. Daß der «Gang
zum Wasser» sein kann wie ein Gebet, erklärte zum Beispiel der nordamerika-
nische Indianer *Gerald Hobson:*

«Heute morgen komme ich wieder zum Wasser.
Es ist lange her.
Zu lange ist es her.
Ich habe das Bedürfnis zu beten
und komme zum Rande des Wassers,
wo das Licht der Morgendämmerung
sich ausbreitet über das Flußufer
wie ein Segen, den Hände gespendet.
Das Wasser ist kalt.
Sonnenlicht über der Fläche des Flusses
löst sich auf in Friedlichkeit
und schenkt Glanz
den Strömen meiner Seele.
Ein Sog von Schmerz,
in Splittern von Träumen verloren,
die an Felsen zerbrachen,
trägt mich ruhig
in den Wirbel.
Ich wende mich gen Osten
und atme sanft zur Sonne hin.
Ich bete leise:
ich wende mich südwärts
und spreche zum Wind.
Ich wende mich nordwärts;
und zuletzt gen Westen.
Ich bade meinen Körper,
berühre mein Gesicht,
und die Kühle des Wassers
betet mit mir.
Nur ungern verlasse ich den kalten Fluß,
doch mein Gebet,
wenigstens dieser Teil,
ist fast beendet,
und ich gehe zum Ufer,

um roten Tabak zu verbrennen
für der Erde neuen Morgen,
für des Flusses neue Erde.»[47]

Der Unterschied zu der «Frömmigkeit» unserer Kultur ist deutlich: Wir stehen des Morgens auf und waschen uns aus hygienischen Gründen, doch hat das nichts mit «Religion» zu tun; ja, es muß schon besonders fromm sein, wer da am Morgen mit «Weihwasser» sich segnen und beten wollte; doch auch er wird nicht darauf kommen, den natürlichen Vorgang des Waschens in sich selbst als religiös zu verstehen. Die Natur selber ist für uns kein Teil der Frömmigkeit.

Deshalb muß man neben dieses wundervolle Lied und Gebet eines Indianers in unseren Tagen unbedingt die *Klage* stellen, die sich in einem Gedicht der Indios in *Paraguay* ausspricht, deren «sieben Wasserfälle» man in eine Talsperre verwandelt hat:

«Sieben Wasserfälle stürzten durch mich,
Und alle sieben verdunsteten.
Innehält das Tosen der Kaskaden, und mit ihm
Weckt die zerstäubte Erinnerung an die Indios
Nicht mehr den geringsten Schauder.
Zu den toten Spaniern, den toten Bandeirantes,
Den erloschenen Feuern
Von Ciudad Real de Guaira gesellen sich
Die sieben Gespenster der Wassermassen, ermordet
Durch die Hand des Menschen, Herr des Planeten.
Hier dröhnten einst Stimmen
Der phantasievollen Natur,
Sie überschüttete die Menschen
Mit Traumaufführungen ohne Vertrag.
Schönheit an sich, phantastischer Entwurf,
Körper aus Strudeln
Und luftumflossenen Dunstwolken,
Zeigte, entkleidete und schenkte sich
In freiem Beischlaf dem entzückten Menschenauge.
Die gesamte Baukunst, das gesamte Ingenieurwesen
Ferner Ägypter und Assyrer,
Würden vergebens wagen, solch ein Denkmal zu schaffen.
Und es zerfällt

Durch den undankbaren Eingriff von Technokraten.
Hier zerrinnen sieben Schauspiele, sieben Bildwerke
Mit flüssigem Profil
Zwischen den Computerberechnungen
Eines Landes, das seine Menschlichkeit aufgibt,
Um ein eiskaltes Unternehmen zu werden und weiter nichts.
Aus der Bewegung wird ein Staudamm,
Aus Bewegtheit wird die betriebliche Stille
Eines Wasserkraftwerks.
Laßt uns alle Bequemlichkeit bieten,
Von Licht und Kraft zu Tarifsätzen erzeugt
Auf Kosten eines anderen Wohls, das weder Preis
Noch Lösegeld kennt, und die das Leben verarmt
Durch die wahnwitzige Illusion, es zu bereichern.
Sieben Rinderherden aus Wasser, sieben weiße Stiere,
Bestehend aus Billionen weißer Stiere,
Versinken in einer Lagune, und was bleibt
In der Leere, die keinerlei Form annehmen wird,
Von der Natur als Schmerz ohne Gebärde,
Als die verstummte Zensur
Und der Fluch, den die Zeit zeugen wird?
Kommt, fremde Völker, kommt brasilianische
Brüder aller Gesichtszüge,
Kommt, seht und behaltet
Nicht mehr das Kunstwerk der Natur,
Heute eine melancholische Farbpostkarte,
Sondern sein von schillernden Schaum- und Wutperlen
Noch tropfendes Spektrum,
Das zwischen zerstörten Hängebrücken
Umherirrt und geistert,
Und dem nutzlosen Weinen der Dinge,
Ohne die geringste Reue zu erregen,
Die geringste glühende und eingestandene Schuld.
(‹Wir übernehmen die Verantwortung!
Wir bauen das mächtige Brasilien!›)
Und patati patata patata . . .
Sieben Wasserfälle stürzten durch uns,
Aber ach, wir verstanden, verstanden nicht, sie zu lieben,
Und alle sieben wurden getötet,
Und alle sieben verschwinden in der Luft,
Sieben Gespenster, sieben Verbrechen

Der Lebenden, die das Leben zerschlagen,
Das nie wieder auferstehen wird.»[48]

Wer von «heiligen Symbolen» im Raum der Religion spricht, der gerät wie von selbst zum Protest gegenüber der Zerstörung all der «Dinge», die zu uns reden könnten und möchten von einer anderen, wahreren Welt, die wir brauchen, um auf dieser Erde, weniger zerstörerisch, *heimisch* zu werden.

### β) Die depressive Angst und die Symbolik von Baum und Berg, von (Totem)Mahl und Eucharistie

Wir haben nächst der Schizoidie die *depressive* Angst kennengelernt als das Ergebnis der frühen Ambivalenzen der *Oralität.* Gemeint damit war das *Schuldgefühl,* das sich bereits bei einem kleinen Kind einstellt, wenn es erlebt, daß es bei der Nahrungsaufnahme, das heißt durch die bloße Tatsache seines Daseins, gerade *das* «Objekt» zerstören muß, von dem es lebt. Was bei dem Schizoiden eine diffuse, ungegenständliche *Angst* war, erscheint jetzt als ein fundamentales und totales Gefühl der Daseins*schuld,* durch jede Form eigenen Wünschens und Wollens der entscheidenden «Bezugsperson» unerwünscht und unerträglich zu werden. Umgekehrt meldet sich natürlich, im Hintergrund solcher «oraler» Gehemmtheiten, ein um so stärkeres Bedürfnis nach *«Anklammerung»* und *«Festhalten»* zu Wort. Beide Begriffe sind dabei zunächst im ursprünglichen Sinne zu verstehen und weisen zurück auf die lange Geschichte jener Symbole, mit denen die Religion auf die spezifisch *depressiven* Angstinhalte der menschlichen Existenz zu antworten sucht.

Bereits bei dem Attrappenversuch mit dem jungen Rhesusäffchen und dem Roboter haben wir gesehen, welch eine große Bedeutung im Erleben eines entfernten Verwandten des Menschen das *Anklammern* spielt: es stellt die wichtigste Reaktion der Suche nach Schutz und Geborgenheit angesichts eines drohenden Feindes dar (s. o. S. 319). Indessen, was ein Affenjunges zunächst in einem Zusammenspiel angeborener auslösender Mechanismen am Körper seiner *Mutter* lernt, überträgt sich später, beim erwachsenen Tier, auf das Erleben der *Bäume:* in Momenten der Gefahr wird es am Stamm eines Baumes emporklettern und im schützenden Laubdach Zuflucht suchen. Die Mutter ist sozusagen der «erste» Baum, und so sind die Bäume später *mütterliche Symbole.*[1] Fügt man hinzu, daß für unsere Vorfahren die Bäume zugleich auch der Ort waren, wo man Früchte zum Fressen fand und Blätter, um sich Nester zum

Schlafen am Mittag und in der Nacht einzurichten, so erscheint die «mütterliche» Bedeutung der Bäume noch eindrucksvoller.

Insbesondere können wir unter diesen Voraussetzungen *das Alter* bestimmen, das den Werdegang der Baumsymbolik kennzeichnet: es ist beträchtlich jünger, genauer gesagt, es beträgt nur etwas mehr als ein Dreißigstel der Zeitspanne, in welcher sich die Symbolik des *Wassers* herausbilden konnte. Vom Oberen Devon, als das Leben an Land ging, bis heute erstreckt sich die unvorstellbare Distanz von mehr als 365 Millionen Jahren; die Zeit, da die ersten Säugetiere auf der Stufe von Streifenhörnchen-ähnlichen Nagetieren (Tupaiden) ihr Leben auf Bäumen einzurichten begannen, lag im Alttertiär vor etwa fünfzig Millionen Jahren[2], und erst vor «kurzem», vor etwa 10 Mio. Jahren, sind unsere Vorfahren von den Bäumen herabgestiegen. Wir haben vorhin gesehen, wie das «Prinzip» des (Meer)Wassers sich bis in das Innere der Organe aller auf dem Land lebenden Tiere eingeschlossen hat; das Baumleben hat sich uns nicht so tief eingeprägt, aber es bedeutete doch, rückblickend, einen entscheidenden Schritt auf dem Weg zur Gestaltwerdung des Menschen mit all dem Reichtum seiner Möglichkeiten.

Da steht obenan das Wunderwerk der *Greifhände* und, ursprünglich, der *Greiffüße:* sie wurden nötig, um sich im Astwerk der Bäume sowie am Stamm rascher und vor allem *sicherer* bewegen zu können.[3] Sodann: *das stereoskopische Sehen* durch die Parallelstellung der Augen. Nicht mehr das Sichern nach links und nach rechts, sondern die exakte Abschätzung der Entfernungen, die es beim Springen und Hangeln von Ast zu Ast zu überwinden galt, wurde jetzt zu einer Überlebensbedingung[4] – jeder Fehler konnte tödlich enden! Das Zusammenspiel von Augen und Händen indessen wurde zu einer der wichtigsten Voraussetzungen zur Entwicklung menschlicher *Intelligenz*.[5] Jedoch: solange die Bäume als *reale Lebensräume* benutzt wurden und werden, wirken sie zwar auf die körperliche und seelische Ausstattung der von ihnen abhängigen Lebewesen nachhaltig ein, sind aber durchaus keine «Symbole»; dazu werden sie erst in den Augen von Lebewesen, die nach langer Zeit des Baumlebens von ihnen *Abschied* nehmen müssen, wie die unmittelbaren Vorfahren des Menschen: der *Ramapithecus* vor über zehn Millionen Jahren[6] und die *Australopithecinen* vor mehr als zweieinhalb Millionen Jahren.[7] Damals muß sich begeben haben, was man einmal als die «pithekanthropische Katastrophe» bezeichnet hat[8]: daß im Tier-Mensch-Übergangsfeld[9] der Schutz der *Baumgeborgenheit* ausfiel und nur noch die offene Savanne mit all ihren Möglichkeiten und Gefahren als Lebensraum zur Verfügung stand. Parallel zum Erwerb des aufrechten Ganges und, ineins damit, zum Freiwerden der Hände und zur

Öffnung des Gesichtsfeldes muß auch der Faktor der *Angst* außerordentlich zugenommen haben, und wir dürfen annehmen, daß gerade darin eine Hauptursache für das enorme Anwachsen des Gehirnvolumens bei unseren Vorfahren zu erblicken ist[10]: es galt, das objektiv hohe Maß an physischer Wehrlosigkeit durch Spezialisierung auf die Hirntätigkeit auszugleichen.

Nur vor diesem Hintergrund versteht man das beliebte Motiv zahlreicher *Urzeitmythen* der Völker, die berichten, wie am «Anfang» der Welt die Menschen infolge irgendeines Fehlers, zumeist der Übertretung eines Nahrungsverbotes, aus einem «Garten» der Wonne und der Geborgenheit von einer zürnenden Gottheit in die Fremde vertrieben wurden und seither vergeblich sich sehnen nach Rückkehr in das unwiderbringlich Verlorene.[11] Erst für das Bewußtsein steppenbewohnender, intelligent gewordener Urwaldflüchtlinge wie für uns Menschen wird der «Baum» zu einem Erinnerungsort schmerzlich vermißter Geborgenheit; erst jetzt ist der Zeitpunkt gekommen, da jeder Baum zu einem *Symbol* beziehungsweise zu einem religiösen *Versprechen* gedeiht, daß es inmitten der existentiellen Ungesichertheit des menschlichen Daseins doch so etwas geben könnte wie eine Sphäre der Sicherheit jenseits der Welt. Der Baum ist jetzt nicht länger mehr ein «Baum»; er ist ein *Sinnbild* geworden, das dem wortwörtlich «entwurzelten» Menschen ein Gefühl jener «Aufgehobenheit» vermittelt, die er besaß, als er, vor vielen Millionen Jahren, all den Gefahren noch nicht ausgeliefert war, die ihn, den Heimatlosen, seither unausweichlich heimsuchen.

Man muß sich aber auch an dieser Stelle noch einmal verdeutlichen, worin das *religiöse* Moment der Baumsymbolik bis dahin eigentlich besteht: Es ist nicht das Faktum der «Entwurzelung» unserer Vorfahren in paläontologischer Vorzeit, das aus den Bäumen als Orten realer Sicherheit *Symbole einer transzendenten Hoffnung* macht; es ist die *geistige* Entwurzelung der menschlichen Existenz, die eine Frage an die Natur richtet, auf die es *prinzipiell keine* «naturhafte» Antwort geben kann; und es ist unsere eigene *unendlich* gewordene Angst, die das Bewußtsein dahin treibt, Zuflucht an jener Stätte zu suchen, da auch in Vorzeiten Angst sich durch die Nähe von *Bäumen* beruhigen mochte. Was ehedem einen *realen* Schutz versprach, wird durch den Vorgang der Symbolisierung zu der *transzendenten* Verheißung eines Schutzes, der zwar nicht mehr «auf Erden», wohl aber im Himmel existieren soll.

Wie tief uns diese Zusammenhänge, trotz der relativ «kurzen» Zeit von «nur» vierzig Millionen (!) Jahren der Baumherkunft, psychisch eingeprägt sind, läßt sich an einem kleinen Beispiel verdeutlichen. Wir erwähnten bereits die Situation, in der ein Fußgänger beim plötzlichen Anblick eines heranbrausenden Autos zusammenzuckt und, statt von der Fahrbahn zu springen, wie angewurzelt stehenbleibt. Objektiv kann ein solches Verhalten ohne Zweifel lebensgefährlich sein, aber der Grund dafür liegt in der Unangemessenheit einer Reaktionsweise, die in der Vorzeit einmal *lebenrettend* war. Man könnte geneigt sein, das schreckhafte Stehenbleiben als einen *Totstellreflex* zu deuten (im Sinn einer *Bewegungslosigkeit* zum Zweck der Tarnung gegenüber einem Beutegreifer)[12], und das wäre gewiß nicht ganz falsch; weit wichtiger aber ist die Bewegung des *Zusammenzuckens* im Moment eines plötzlichen Angsterlebens: da verkürzen sich Arme und Beine, so als wollten sie etwas *umklammern,* das es nicht mehr gibt – einen unsichtbaren Baum, an dem empor man sich fluchtartig in Sicherheit bringen könnte.[13] Wie charakteristisch diese Bewegung *für uns Menschen* ist, zeigt sich in einem einfachen Vergleich: Nehmen wir an, unser überraschter Spaziergänger wäre mit seinem Schäferhund unterwegs, und das Tier würde, wie sein Herrchen, die Gefahr bemerken; nicht einen Augenblick lang würde der Hund «zusammenzucken», er würde vielmehr ohne Umschweife das einzige Richtige tun und schleunigst *das Weite* suchen. Der Hund, als ein ferner Nachfahre steppenbewohnender Wölfe, betrachtet als seine natürliche Fluchtrichtung nach wie vor die Horizontale; es sind wir Menschen, die selbst nach circa fünf Millionen Jahren der Gewöhnung an den zweibeinigen aufrechten Gang zu ebener Erde als *unsere* Fluchtrichtung angeborenermaßen, wenn es darauf ankommt, immer noch *die Vertikale* betrachten. *Sie* ist die *Achse,* an deren Ende wir auch religiös, hoch *über* uns, in den Wipfeln eines unsichtbaren Baumes, den «Himmel» als den «Ort» uns vorstellen, an dem «Gott» thront, um in seiner Güte unser Schicksal zum Besten zu lenken.

Weit verbreitet – vor allem in den schamanistischen Religionen – ist dementsprechend die Symbolik eines *Weltenbaumes*[14] beziehungsweise einer *Weltenachse,* an welcher, siebenstufig[15] (oder wie bei den mittelamerikanischen Tempelpyramiden in neun Stufen)[16] ein *Verbindungsweg* zwischen Oberwelt und Unterwelt, zwischen Tag und Nacht, zwischen Himmel und Hölle vermittelt wird.

Es ist interessant, daß in dieser Bedeutung der *Baum* auch durch die Symbolik des *Berges* ersetzt werden kann. Manche Affenarten wie die Mantelpaviane oder die Dscheladas sind im ganzen «Gebirgsspezialisten» geworden und haben einfach die Wipfel der Bäume mit den Gipfeln der Berge eingetauscht.[17] Auch im *menschlichen* Erleben können hoch aufragende *Berge* die schützenden Bäume «symbolisch» vertreten, und so ist es kein Wunder, daß überall auf der Erde in den Mythen der Völker heilige Berge, gleich, ob der hebräische

Sinai, Tabor oder Horeb, ob der griechische Olymp, der indische Kailasha oder der mittelamerikanische Popocatépetl, als Sitze beziehungsweise Begegnungsstätten der Götter verehrt wurden.[18] Mächtige künstliche Tempelanlagen wurden errichtet als symbolische Nachbildungen solcher heiliger Berge; so finden wir zum Beispiel den *fünfstufigen* Weltenberg *Meru* der hinduistischen Mythologie in den Bauten des kambodjanischen Angkor genau so wieder wie in den Pagoden Nepals[19], und selbst in den Türmen christlicher Kirchen gewinnt die vertikale Orientierung des Menschen bei seiner Suche nach Halt und Geborgenheit ergreifenden Ausdruck.

Der *Baum in der Mitte der Welt*, «in der Mitte des ‹Gartens›» nach Gen 2,9, kann sich des weiteren zu *einem Symbol des Lebens* insgesamt erweitern. Vor allem die Laubbäume außerhalb der Tropen, wenn sie im Herbst die Blätter abwerfen, wurden von alters her als Sinnbilder des großen Kreislaufs der Natur in ihrem ewigen Stirb und Werde verstanden.[20] Wenn im Herbst die Bäume zu *sterben* scheinen, um in den Monaten des Frühjahrs sich erneut mit Blättern und mit Blüten zu überziehen, galt dies als ein Zeichen der Hoffnung auch für den Menschen angesichts des Todes. Vegetationsgötter wie der ägyptische Osiris oder der phrygische Attis wurden selbst in der Gestalt von Bäumen verehrt, und J. G. FRAZER konnte vor hundert Jahren schon zeigen, wie weitverbreitet Anschauungen dieser Art in den Kulturen, Religionen und Volksbräuchen der Menschheit (gewesen) sind – man denke nur an den «Maibaum».[21]

In unseren Tagen wissen wohl nur noch *die Dichter* davon, daß «die Bäume reden». GÜNTER EICH etwa konnte über das *Ende des Sommers* schreiben:

> Wer möchte leben ohne den Trost der Bäume?
> Wie gut, daß sie am Sterben teilhaben!
> Die Pfirsiche sind geerntet, die Pflaumen färben sich,
> während unter dem Brückenbogen die Zeit rauscht.
>
> Dem Vogelzug vertraue ich meine Verzweiflung an.
> Er mißt seinen Teil von Ewigkeit gelassen ab.
> Seine Strecken
> werden sichtbar im Blattwerk als dunkler Zwang.
> Die Bewegung der Flügel färbt die Früchte.
>
> Es heißt Geduld haben.
> Bald wird die Vogelschrift entsiegelt,
> Unter der Zunge ist der Pfennig zu schmecken.[22]

Das Fährgeld des Todes, – wohin entführt es uns auf jener unabsehbaren Reise, die das Wort «Abschied» trägt? Es gibt keine Leuchtfeuer von einem anderen Ufer, nur ein paar Wegweiser oder was unsere Angst dafür hält. Die *Bäume* sind oder können sein solche Stellen, an denen uns etwas wie Licht in den Kerker der Welt zu fallen scheint, – oder der Vogelflug oder die Wiese mit Blumen oder der Mond oder die Sterne oder der steigende und fallende Nil oder... Alles, was *wiederkommt*, wenn es geht, trocknet ein wenig die Tränen der Trauer am Grab eines verstorbenen Freundes. Und wir werden am Ort seines Todes eine Birke pflanzen oder eine Zypresse oder eine Pappel, die aufwächst, bis ihre Sehnsucht den Himmel berührt.

Der Baum des Lebens, der die beiden Pole des Stirb und Werde umschließt, erstreckt sich in der Symbolsprache der Religion freilich nicht nur *stammwärts* in der Vertikalen, seine Wipfel erstrecken sich auch in der *Querachse*, und so wird der «Baum» zum Symbol des ganzen Kosmos, wie die Uresche *Ygdrasil* der Germanen[23] oder der Baum von *Tamohuanchan* bei den Azteken.[24] Die Inhalte der Religion können sich so sehr in den Baum projizieren, daß, einen Baum «richtig» zu betrachten, zum Inbegriff von allem werden kann, was die Religion dem Menschen zu sagen hat, und umgekehrt alle Lehren der Religion wie die Blätter eines unsichtbaren Baumes erscheinen. – So schildert die *Bhagavadgita* den himmlischen Feigenbaum Aswattha mit den Worten:

> Es gibt eine Sage
> Von einem Feigenbaum,
> Dem riesigen Aswattha,
> Dem immer lebenden,
> Der wurzelt im Himmel,
> Die Zweige abwärts gerichtet,
> Des Blätter jedes
> Ein Lied aus den Veden ist.
> Wer dieses weiß,
> Der kennt alle Veden.
>
> Sein abwärts und aufwärts
> Verzweigtes Geäst
> Wird von den Gunas genährt.
> Die Knospen, die er hervorbringt,
> Sie sind die Ziele der Sinne.
> Auch abwärts in diese Welt
> Deutende Wurzeln besitzt er.

Sie sind die Wurzeln
Des menschlichen Handelns.

Seine wahre Gestalt,
Seinen Ursprung, sein Ende,
Sein wirkliches Wesen
Kann keiner auf Erden erfahren.[25]

Nur vor diesem Hintergrund *der mythischen Bäume* versteht man die Bedeutung des *Kreuzes* im Christentum[26]: Es ist als erstes hervorgegangen aus dem Bild des Baumes, und selbst seine «Anbetung» im Ritual der Meßfeier der Kirche etwa greift immer noch das alte Sicherungsschema des «Zusammenzuckens» auf: Man kniet nieder, um die unteren Extremitäten zu verkürzen, und erhebt im Gebet die Hände, als wollte man einen unsichtbaren *Baum* umklammern, der «Gott selber» ist.

Die theologischen Erklärungen hingegen mißverstehen auch und gerade bei diesem Zentralsymbol der christlichen Frömmigkeit ihren eigenen Grund und Bezugspunkt, wenn sie die *Herkunft* der Kreuzessymbolik mit dem Tod Jesu am Karfreitag des Jahres 32 zu erklären suchen. Das *Kreuz*, an dem Jesus starb, war historisch alles andere als ein «Heilszeichen», ganz im Gegenteil: es war nichts als eines der scheußlichsten und schrecklichsten Folterinstrumente, die in der Geschichte der Menschheit je ersonnen wurden[27], und die ständige Betonung der «Heilsnotwendigkeit» des «Kreuzes» in der kirchlichen Theologie hat seit eh und je den Effekt gehabt, den RILKE in seinem *Brief eines Arbeiters* schon beklagte: statt die Menschen von ihren Leiden zu «erlösen», wurden sie in der ständigen Betonung des «Opfers» Christi am Kreuz *psychisch* nur um so strenger auf die «Freiwilligkeit» von Schmerz und Leid zur «Nachahmung» des göttlichen «Erlösers» verpflichtet.

In Wirklichkeit ist das Zeichen des *Kreuzes* weit ursprünglicher als die Religionsgeschichte der letzten zweitausend Jahre im Abendland. Insbesondere *die vier Weltgegenden* wurden an vielen Orten der Welt durch eine Art kosmischen Kreuzzeichens miteinander verbunden.[28] Auch das *Sonnenrad*[29] konnte durch das uralte *Swastika-Symbol* dargestellt werden, und so versteht man, daß die Kreuzessymbolik des Christentums diese religionsgeschichtlichen Vorgaben nur aufzugreifen brauchte, um den Crucifixus mit dem Bild der «unbesiegten Sonne» (des Mithras-Kultes) und das Kreuz mit dem Symbol des Kosmos zu verbinden.[30] Aber erst so konnte das Zeichen der äußersten Qual zum Symbol der *Erlösung* und das Bild der tiefsten Schande zum Vorbild kosmischer Größe und universeller *Heilsbedeutung* werden. Das Kreuz auf dem *Berg* von Kalvaria, das Kreuz auf dem *Welten*berg, der *Hoch*altar der Kirche mit dem Bild des Kreuzes im Hintergrund – so paradox es sich anhört, – alles das *wartete* förmlich darauf, von einem lebendigen Menschen *bestiegen* zu werden. Nicht der Gekreuzigte «erschafft» die Symbolik des Kreuzes, umgekehrt: das Kreuz überstrahlt mit seiner *symbolischen* Bedeutung bei weitem die *historische* Tatsache der «Kreuzigung»; es umrankt und überwächst, es umwindet und überwindet mit seinem «naturhaften» Trost als Symbol die sonst verzweifelte Trostlosigkeit der menschlichen Existenz. Es ist die Lehre aus ELISABETH LANGGÄSSERS *Proserpina*, «daß ein Gott antwortete, wo der Gärtner gefragt war; und nicht der Baum mit Laub und Krone, sondern seine Dryas, die menschliche Seele, hinuntergegraben wurde in das Schattenreich..., gleich einem herbstlichen Baum...»[31]

Das heißt: nicht nur! Erneut stoßen wir auf das Wechselverhältnis, daß die archetypischen Bilder nach vorgegebenen Mustern das historische Geschehen deuten und *ein*ordnen, daß *aber auch umgekehrt* die Kraft einer historischen Persönlichkeit imstande ist, dem überkommenen und übernommenen Raster neue, so nie gesehene, kontrastive, ja, konträre Bedeutungen und Inhalte einzufügen; und wenn wir immer wieder betont haben, daß es gelte, die Symbolsprache der Religion in das persönliche Leben und Erleben zu integrieren, so ist *dieser* Aspekt natürlich bei weitem der wichtigere.

Um es ein wenig paradox auszudrücken: ein Mann wie Jesus von Nazareth wäre niemals «am Holz des Kreuzes» geendet, wenn er nicht die Zuversicht, die das Symbol von «Baum» und «Kreuz» auszustrahlen vermag, bis zum vollkommenen Widerspruch gegen die herrschenden Instanzen auf Thron und Kanzel in seiner Person verkörpert hätte. Es muß von der Person des Nazareners eine Wirkung ausgegangen sein, die den Menschen Mut machte, gegen den Tod anzulieben und anzuhoffen, und ob er es beabsichtigte oder nicht: er entzog damit der Machtausübung im Namen Gottes wie im Namen des «göttlichen» und «verehrungswürdigen» Kaisers jede Grundlage; er wurde zum Staatsfeind und zum Gotteslästerer, beides, wie stets, in unlösbarer Einheit. – Im zweiten Band dieser Arbeit werden wir dieser Tatsache noch ausführlich nachgehen; *hier*, bei der Betrachtung der Kreuzessymbolik, genügt es, herauszustellen, wie sehr das Auftreten Jesu von sich selbst her auf die Botschaft der Kreuzes*symbolik* hinauslief; daß er dann am *Kreuze* starb, ist, gemessen daran, nichts als ein historischer Zufall, der zu einer entscheidenden Bedeutung überhaupt erst gelangte, indem der Mann aus Nazareth in seinem ganzen Leben die Menschen beschwören mochte, an *das Leben* zu glauben, nicht an den Tod.

Sein Wort: «Betrachtet die Lilien des Feldes», und: «seid ihr nicht weit schöner als eine von ihnen?», und: «Sorgt euch nicht» (Mt. 6,25–34), umfaßt all die heitere Gelassenheit, den in gewissem Sinne «subversiven» Geist, der in bestimmter Betrachtung von der Kreuzessymbolik ausgeht.

Ein frommer Mann und predigender Dichter wie MATTHIAS CLAUDIUS hat das gesehen, als er in seiner *Serenata im Walde zu singen* die stille Freude, unter Bäumen zu ruhen und die Natur in ihrer ursprünglichen Schönheit zu genießen, als das kostenlose Glück der «kleinen» Leute pries im Gegensatz zu dem hochfahrenden Stolz der «großen Hansen», die in ihrer Eitelkeit nur alles verwüsten können, was so beruhigend und heilend auf das menschliche Gemüt zu wirken vermöchte:

> Wenn hier nur kahler Boden wär',
> Wo itzt die Bäume stehn,
> Das wäre doch, bei meiner Ehr',
> Ihr Herrn nicht halb so schön.
> > Denn wäre um uns her kein Baum
> > Und über uns kein Zweig,
> > Dann wäre hier ein kahler Raum,
> > Und ich marschierte gleich.
> So bin ich wie ein Fisch im Meer
> Und bleibe gerne hier.
> Vivant die Bäume um uns her!
> Der Zweig hier über mir!
> > Und zählen kann ein Mensch sie nicht,
> > Sind ihrer gar zu viel,
> > Und jeder macht es grün und dicht,
> > Und jeder macht es kühl.
> Und jeder steht so stolz und kühn
> Und streckt sich hoch hinan;
> Dünkt sich, die Stelle sei für ihn,
> Und tut sehr wohl daran.
> > Es pflegen wohl die reichen Leut'
> > Auch Wald zu machen gern.
> > Da pflanzen dann die Läng' und Breit'
> > Die klug und weisen Herrn
> > In eine lange Reihe hin
> > Gar künstlich Baum und Strauch;
> > Und meinen dann in ihrem Sinn,
> > Sie hätten's wirklich auch.

Noch kommt der Gärtner Lobesan,
Den sie zu ha'n geruhn,
Und schneidet mit der Schere dran,
Wie Schneidermeister tun.
Jedoch ihr Wald ist Schneiderscherz,
Trägt nur der Schere Spur,
Und nicht das große volle Herz
Von Mutter lieb Natur.
Hoch sitzt im Sofa der Baron,
Der Schweizer an der Tür;
Die Fürsten sitzen auf dem Thron,
Und wir, wir sitzen hier
Auf bloßer Erde, feucht und kalt,
Und freun uns über diesen Wald
Und danken Gott dafür.[32]

Dieses so beruhigte Sitzen im Walde verweist erneut auf die Bedeutung des Baumes als eines Symbols von Schutz und Geborgenheit. Wir können diesen Zusammenhang allerdings jetzt noch näher bezeichnen, indem wir die Thematik der *depressiven Schuldangst* dem bisher gewonnenen Bild hinzufügen.

Ein *Menschenkind*, so sahen wir, findet die erste Form von Halt, indem es, nicht anders als unsere Primatenvorfahren, sich an den Körper seiner Mutter festklammert. Zwar besäße es selber gewiß nicht die Kraft, sich wirklich festzuhalten, gleichwohl sind die entsprechenden Reflexe noch rudimentär ausgebildet, – der Mensch, nach einem Wort A. PORTMANNS, ist ein ehemaliger Tragling und sekundärer Nesthocker.[33] Der erste «Baum» im Leben eines Menschenkindes ist in gewissem Sinne demnach der Leib seiner Mutter, und das wieder führt, nach dem uns schon bekannten Umkehrschluß, dazu, daß seinerseits der *Baum* als ein mütterliches Symbol verstanden werden muß. Vor allem, daß der Leib der Mutter *im oralen Erleben* zugleich als Nahrungsquelle empfunden wird, macht es noch leichter möglich, zwischen dem Körper einer Frau und dem Baum als Symbol eine innere Beziehung herzustellen. Nicht umsonst sehen wir deshalb, wie in der antiken Mythologie eine Fülle *weiblicher* Gestalten als *Nymphen* sich in Bäume aller Art verwandeln konnten[34] und wie im Alten Ägypten *Nut* auch als Baumgöttin, als Sykomore, verehrt wurde, in deren Schatten die Seelenvögel der Verstorbenen Nahrung und Trank fanden.[35]

Für *unseren* Zusammenhang nun ergibt sich daraus eine wichtige Folgerung: Sind die Bäume *weibliche* Symbole, so ist es unvermeidlich, daß an ihnen die *orale* ebenso wie die *sexuelle* Ambivalenz der Gefühle zur Darstellung kommt.

Der *Mann am (weiblichen) Kreuzesbaum*, nackt, aufgehängt, die Arme ausgebreitet – dieses Thema hat bereits O. RANK unter dem Aspekt des «Traumas der Geburt» analysiert.[36] Antike Vorbilder für die Szene gibt es genug: nackt, mit abgezogener Haut, wurde *Marsyas* an den Pfahl gehängt[37], *Ixion* wurde zur Strafe auf das Rad geflochten[38] – es waren gräßliche Strafen für einen Wunsch, der nach RANKS Auffassung allgemeinmenschlich ist: zur Mutter zurückzukehren und mit ihr so zu verschmelzen, daß der Schmerz der Geburt sich (zumindest virtuell) aufhebt. Freilich steht auf das (ödipale) Verlangen die Strafe für den Inzest, und so drückt das Kreuzessymbol als eine echte Kompromißbildung *beides* zugleich aus: die Wunschregung und ihre Abwehr, den (latenten) Triebimpuls und die (manifeste) abschreckende Strafe.[39] Wollte man die «objektive» Analyse RANKS auf das Leben des historischen Jesus von Nazareth beziehen, so müßte man den Gedankengang religionspsychologisch etwa in der Weise wiedergeben, daß Jesus versuchte, das Gottesbild so sehr ins «Mütterliche» zu wandeln, daß die Zerspaltenheit des Religiösen sich überwinden ließ; gerade darauf aber stand die schlimmste Strafe aus den Händen der «väterlichen» Macht, die ihre Autorität nur durch Unterdrückung des Triebwunsches aufrechtzuerhalten vermochte. Doch selbst die Art ihrer «Strafe» verhinderte nicht das Zustandekommen eines neuen großen Symbols; im Gegenteil! *Marsyas* (und all die anderen) konnte(n) als Natursymbol(e) den Kreislauf der Natur am Baum des Lebens verkörpern; *der gekreuzigte Nazarener aber* ist ein *Existenzsymbol* für eine Furchtlosigkeit, die selbst den Tod nicht scheut, um ans Ziel aller Wünsche zu gelangen: das Ende einer Welt der Angst und der Abhängigkeit, des Schmerzes und der Entfremdung. In *diese* Richtung liest sich vor allem die *subjektale* Deutung, die C. G. JUNG der Kreuzessymbolik gegeben hat: er sah in ihr ein Bild der *Integration*, indem *das Ich* sich *opfert,* um sein *Selbst* zu finden.[40]

Unterhalb dieser ödipal-inzestuösen Thematik indessen begegnen wir erneut dem *oralen* Ambivalenzkonflikt. Zahlreich sind die Urzeitmythen der Völker, die davon berichten, daß die Menschen am Anfang der Welt von dem Baum des Lebens oder von dem Baum in der Mitte des Gartens *vertrieben* wurden, weil sie das Verbot übertraten, von den Früchten dieses Baumes zu essen. Wir wissen bereits, daß der «Baum des Paradieses» die Mutter der frühen Kindheit vertritt und daß das Verbot des Essens von diesem Baum mit den Erlebnissen des Zahnens und der Entwöhnung zusammenhängt: irgendwann wird jedes Kind aus der Einheit mit seiner Mutter vertrieben, und es empfindet diese Trennung als *Strafe* für die Maßlosigkeit seiner oralen Wünsche. Das Auftreten von Ängsten und Schuldgefühlen dieser Art ist in der Biographie jedes Menschen unvermeidlich, die Frage richtet sich lediglich nach dem Stärkegrad solcher Empfindungen und nach den Möglichkeiten, *religiös* darauf zu antworten.

Vermutlich gibt es auch an dieser Stelle immer noch Theologen, die Erörterungen, wie wir sie hier vortragen, für restlos «unnütz» und «überflüssig» erklären möchten. Diese Leuten dürfen wir jedoch inzwischen zuversichtlich darauf hinweisen, daß allein auf dem gezeigten Weg die christliche Symbolsprache sich verständlich machen läßt, wonach der (verbotene) Baum des Paradieses und der (strafende) Baum des Kreuzes in einer geheimen Korrespondenz zueinander stehen sollen, indem der eine aufhebt, was der andere verweigert. Seit altersher wurden dabei die *«Früchte»* gepriesen, die uns, den «gefallenen» und «vertriebenen» «Kindern Evas», vom «Stamm des Kreuzes» her zuteil geworden sind. Zugegeben, diese ganze Symbolsprache wird bei einem «uneingeweihten» Leser zunächst wohl einen recht bizarren Eindruck hinterlassen, doch wird auch er schon zu ahnen beginnen, was jetzt ganz entscheidend ist: die Symbolik des «Kreuzesholzes» soll religiös *rückgängig* machen, was an ursprünglichen *Ambivalenzen* in der Beziehung eines Kindes zu seiner Mutter enthalten ist. Um es so zu sagen: Jedes Kind muß erleben, daß es von seiner Mutter «verstoßen» wird, und die Angst, nicht auf Dauer geliebt zu werden, wird es sein Leben lang mehr oder minder begleiten; *die Religion aber* möchte dem Menschen sagen, daß jenseits der notwendigen Ambivalenz des Bildes einer menschlichen Mutter *ein Gott* ist, der *unzweideutig nur liebt* und der gesamten Gefühlszerrissenheit *enthoben* ist. Was ein Mensch einem anderen stets nur gebrochen zu vermitteln vermag, bildet, so verstanden, die eigentliche Botschaft der Kreuzessymbolik: Du darfst dich bis ins äußerste umfangen und geliebt fühlen, selbst noch in dem größten auch nur denkbaren äußeren Kontrast; du mußt nur das Vertrauen aufbringen, gegen all die Sperrwände deiner Ängste anzulieben.[41]

Endlich also sind wir jetzt so weit, RILKES Forderung am Anfang zu entsprechen und «das Erlöstsein anzutreten». Nicht länger mehr ist das «Kreuz» ein Symbol der (kirchlichen) Triebunterdrückung und Selbstaufopferung; endlich ist es ein Zeichen der Ermutigung, sich selbst zu gewinnen durch Überwindung all der Ängste, die Menschen Menschen machen können. Ja, es zeigt uns die Selbstauslegung der Kreuzessymbolik in der christlichen Überlieferung auch von sich her, daß gerade in dieser Richtung die ursprüngliche und eigentliche Bedeutung der zentralen Bildgestalt des Christlichen gelegen ist;

und noch einmal läßt sich am konkreten Beispiel ermessen, wie die gesamte *Wirkung* eines Symbols zwischen Entfremdung und Integration sich *verändert*, je nachdem, ob man es als ein von außen gesetztes Faktum versteht oder ob man es *von innen her*, aus Gründen der Anthropologie und der Psychologie, *zu begründen* versucht.

Des näheren nämlich verbinden sich in der christlichen Symbolsprache die «Früchte» des «Kreuzesholzes» auf das engste mit dem *«Abendmahl»* beziehungsweise mit der «Eucharistie». Der Tod Christi, so geht die Vorstellung, hat sich nicht nur ein einziges Mal (am Karfreitag) zugetragen, sondern er wird in jeder Meßfeier begangen: wenn der Priester über die «Gaben» von Brot und Wein die «Wandlungsworte» aus den «Einsetzungsberichten» bei Markus und Matthäus oder bei Paulus und Lukas spricht, verwandeln sich die «Substanzen» in die «reale» «Präsenz» des «Fleisches» und des «Blutes» des gekreuzigten und auferstandenen «Herrn».[42]

*Dahinter* stehen religionsgeschichtlich als erstes wohl bestimmte Überzeugungen der frühen Ackerbauern des Neolithikums, die in den Feldfrüchten die «Gabe» eines Gottes erblickten, der im Tode seinen Leib den Menschen zur Nahrung gab. Von dem ägyptischen Gott *Osiris* zum Beispiel wissen wir, daß er identisch war mit der *Gerste,* die von den Sicheln der Schnitter *getötet* wurde, aber in der Aussaat des Korns wieder «auferstand» – ein Gedanke, der selbst in Joh 12,24 noch zur Deutung von Tod und Auferstehung Jesu herangezogen wird. Doch verdanken sich diese rituellen («sakramentalen») Vorstellungen von einem Gott, der sich in der Nahrung des Feldes den Menschen opfert, offenbar den noch weit älteren Anschauungen eiszeitlicher Jäger, die in den jagdbaren Tieren göttliche Wesen erkannten, die zu töten eine schwere, wenngleich unvermeidbare *Schuld* darstellte. *«Ai lanu»*, «wehe uns» sangen klagend die Erntearbeiter im antiken Libanon beim «Töten» des Korngottes; *Versöhnungsriten* und Gebete um Versöhnung des «Herrn der Tiere» beziehungsweise des «Geistes» einer Tierart leiten noch heute bei vielen schamanistischen Völkern die Jagd auf die Tiere ein. Man fühlte und fühlt sich, mit anderen Worten, *schuldig* für die bittere Tatsache, nur leben zu können durch das Töten anderer Lebewesen. Zu Recht sprechen Völkerkundler deshalb von einem «Tiertöterskrupulantismus»[43], der es als *tragisch* erscheinen läßt, einen Wal, einen Bären oder eine Giraffe zu erlegen. Da existiert also *auf kollektiver Basis* ein orales Schuldgefühl, das den Konflikten der oralen Phase der Individualentwicklung vollkommen entspricht und seinerseits jetzt nach einer religiösen Antwort verlangt.

Das Problem, dem wir uns gegenübersehen, stellt sich also (erneut!) auf charakteristische Weise *anders* dar, als es in der Sicht S. FREUDS erscheinen mußte. FREUDS Ausgangspunkt bildeten die «Totemmahlzeiten» der «Primitiven»[44]: ein bestimmtes Tier, das als «göttlich» verehrt wird und mit den Ahnen des Stammes in geheimnisvoller Verbindung steht, wird in einem Gemeinschaftsmahl (von den Männern des Stammes) gegessen, um auf diese Weise die Zusammengehörigkeit aller nach den Regeln des Stammes zu befestigen. FREUD sah in diesen Mahlzeiten rituelle Erinnerungen an das Urzeitverbrechen der «Ermordung» des «Urvaters», den die «Söhne», in Rebellion gegen seine tyrannische Beanspruchung der Weibchen der Gruppe, zunächst beseitigt, dann aber durch den Akt der oralen Identifikation zugleich in sich aufgenommen hätten. Die Religion, demgemäß, könnte von sich her nichts anderes tun, als die Untat der Urzeit rituell zu verewigen und in ihrer kulturellen Bedeutung zu *verfestigen;* das menschenfreundliche Interesse jedes Psychoanalytikers hingegen muß unter solchen Umständen natürlich die Frage gelten, wie sich eine Kultur denken läßt, die auf derart archaische Gefühlsambivalenzen von Schuld und Gewalt zu ihrem Selbsterhalt *Verzicht* leisten kann.

Was *wir* indessen sehen, ist eigentlich etwas anderes: Wohl gibt es wirklich das «Urverbrechen» der «Tötung» eines «sterbenden Gottes» in Gestalt einer «thyesteischen Mahlzeit»[45], doch ist es (wie stets) ein Fehler, sich das «Ursprüngliche» als das «Uranfanghafte» vorzustellen. FREUD hat in seinem «wissenschaftlichen Mythos» von der Ermordung des Urvaters die mythischen Angaben der Religionsgeschichte selber historisiert, statt in ihnen Deutungsmuster einer menschheitlichen *Urerfahrung* von Schuld zu erblicken: töten zu müssen, was uns leben läßt, zerstören zu müssen, was man liebt, – wenn diese «Gefühlsambivalenzen» sich aus der Widersprüchlichkeit des Daseins selber ergeben, so läßt die Religion sich nicht *beseitigen,* man *bedarf* ihrer, um eine Schuldangst zu lösen, die das gesamte *depressive* Erleben durchzieht: *schuldig* zu werden durch die bloße Tatsache, auf der Welt zu sein!

Wohlgemerkt, kann auch die Religion die Frage, die hier entsteht, nicht an sich selbst beseitigen: Sie kann den Menschen beim Töten von Tieren (und Pflanzen) nicht einfach schuldlos sprechen; sie kann aber auch die Weltordnung nicht ändern, die sich ganz offenbar auf das grausige Gesetz des Fressens und Gefressenwerdens wie selbstverständlich gründet. Erneut stehen wir vor dem alten MARCIONitischen Problem einer *Natur,* deren Ordnung als inakzeptabel erscheint angesichts der Moralität der menschlichen *Kultur.* Schöpfung und Sittlichkeit, Sein und Bewußtsein, Denken und Fühlen treten hier in einen Kontrast, der sich nicht versöhnen lassen will, obwohl er doch so dringlich nach Versöhnung ruft. – Es hilft auf dieser Tiefe der Problematisierung von Gott, Mensch und Welt natürlich nicht im mindesten weiter, nach Art etwa der katholischen «Beichte» dieses und jenes an Fehlern des menschlichen *Handelns* «vergeben» zu wollen. Nicht einzelne Taten, *das ganze Dasein,* nicht ein vermeidbares Malheur, *die Grundeinrichtung des Lebens* selber steht hier in Frage!

Die Antwort, welche die Religion auf logisch derart unlösbar scheinende Fragen zu geben versucht, besteht auch hier, wie es nicht anders sein kann, in der Formulierung eines *Symbols* beziehungsweise eines symbolischen *Tuns,* eines *Rituals,* und zwar eben des Bildes einer *Mahlgemeinschaft,* in welcher der getötete Gott sich selber zur Speise gibt. Da wird die Problematik auf der einen Seite bis zum Extrem *gesteigert:* es ist nicht ein Tier, es ist *eine Gottheit,* die da aus menschlicher Schuld zum Opfer gebracht wird; auf der anderen Seite aber gibt sich die Gottheit selber zugunsten der Menschen *freiwillig* in den Tod; es ist daher eine *«selige* Schuld», die da begangen wird, und in ihrem Tun selbst liegt folglich schon die Vergebung, ja, die «Gnade» eines befreiten, *gesteigerten* Lebens.

Will man die Botschaft eines solchen widersprüchlichen Rituals in Antwort auf die *depressive* Schuldangst in Worte fassen, so muß man sie in etwa *so* verbalisieren: «Du magst dich so schuldig fühlen, wie du willst, – glaube trotz allem, daß auch du ein Recht hast zu leben; du magst dich so unnütz und überflüssig fühlen, wie du willst – glaube trotz allem, daß es gut ist, daß es dich gibt; du magst dich so lästig und hinderlich empfinden, wie du willst, – glaube trotz allem, daß es ein Segen und ein Glück ist, daß du lebst.»

Die «Botschaft» des *Symbols* einer solchen «Abendmahlsgemeinschaft» im Essen des getöteten und auferstandenen Gottes läuft, wie man sieht, auf eine gewissermaßen *vorethische* Besänftigung der depressiven Schuld- und Daseinsangst hinaus; sie ist der Versuch einer *Antwort* auf ein Empfinden, das den Menschen *fundamentaler* infrage stellt, als bis wohin die Ebene des Wollens und Sollens reicht; sie ist eine *Beschwörung* jenes Vertrauens, das jeder Mensch mitbringt, wenn er auf die Welt kommt, und das doch jeder mehr oder minder verliert, sobald er zur Welt gekommen ist. Alles, was eine Mutter ihrem Kind, so unvollkommen und gebrochen auch immer, an Zuwendung und Zuneigung vermitteln möchte, gewinnt in dem Bild eines solchem «Mahles» Gestalt. Anders, als die katholische Kirche es lehrt, muß man nicht «rein» sein von Sünde und «würdig», den «Leib des Herrn» zum empfangen, – umgekehrt: dieses Mahl möchte den Menschen so ursprünglich umfangen, wie eine Mutter ihr Kind in die Arme schließt, um ihm zu sagen, daß es begangen haben kann, was immer es sei, – es wird nicht aufhören, das Kind dieser Mutter zu sein. Nur ein solches *göttliches Erbarmen* über alle denkbare Schuld und jenseits aller Daseinsangst verhindert den möglichen *Streik* des Menschen, der seiner Situation in dieser Welt kraft seines Bewußtseins inne wird; und eine solche *göttliche Bestätigung* fühlbar zu machen, gegen allen Zweifel und gegen alle Verzweiflung, ist der Sinn des Symbols eines Gottesmahles. Wenn irgend etwas im Erfahrungsraum des Religiösen, so ist – neben der Taufe – das Bild des *Abendmahles* eine solche Ermöglichung und Ermächtigung zum Sein angesichts des tragischen Schuldigseinmüssens inmitten der Welt, wie sie ist.

Alles, was wir da sagen, gilt freilich wiederum «nur» für den *Archetypus* des heiligen Mahles, es gilt nicht ohne weiteres für die Verbindung, die in der kirchlichen Glaubenslehre zwischen der «Eucharistie» und ihrer «Einsetzung» durch Jesus «Christus» behauptet wird. Rein historisch gesehen, ist es schon schwer, ja, unmöglich, plausibel zu machen, wie Jesus, geächtet und zum Tode verurteilt von der Jerusalemer Priesterschaft, noch ein «Passah» im Kreis seiner Jünger hätte feiern, geschweige denn ein «Abendmahl» hätte «einsetzen» sollen, bei dem vermeintlich das völlig unjüdische ‹Trinken› von «Blut» im Mittelpunkt stand[46]; – alle anderen Motive vom «Essen» des «Fleisches» eines sterbenden Gottes sind so überdeutlich *heidnischen,* das heißt außerjüdischen Ursprungs, daß sie für das Denken Jesu historisch von vornherein nicht infrage kamen.[47] Gleichwohl besteht auch hier wieder die Schritt für Schritt zu beobachtende *Dialektik,* daß die vorgegebenen Bilder die Person Jesu deuten und daß die Person Jesu die vorgegebenen Bilder deutet, und erneut geht es auch an dieser Stelle darum, daß die archetypische Symbolsprache *personal integriert* werden muß, um *vermenschlichend* wirken zu können.

Es nutzt ja nicht viel, einem Menschen rein rituell zu versichern, daß er (von Gott) geliebt und gemocht sei und daß er leben dürfe und solle, – er muß *Menschen* begegnen, die in ihrer Existenz gerade diese Erfahrung tragend genug vermitteln. Und eben darin bestand nach dem Zeugnis der ersten drei Evangelien *ein Hauptanliegen* des historischen Jesus von Nazareth. Ihm lag *nicht* an der Einrichtung neuer Institutionen und «sakramentaler Zeichen» im Gegenüber der religiösen Führer des eigenen Volkes; wir sagten schon: ihm lag einzig daran, «prophetisch» zu leben und wahrzumachen, was die Propheten Israels als ein «Jahr der Gnade» verheißen hatten (Lk 4,19 nach Jes 61,1). So muß Jesus gerade *die* Menschen um sich versammelt haben, die religiös, sozial und moralisch keine Chance mehr hatten: die «Zöllner», die «Huren», die «Sünder», – Menschen am Rande, die niemand mehr wollte. Für sie ersann er das Gleichnis vom Guten Hirten, der die Verlorenen auf seinem Arm zurückholt, weil sie von sich selbst her durchaus die Kraft nicht mehr haben, zurückzufinden

(Lk 15,1–7). Und er lud sie zusammen *an einen Tisch,* um ihnen zu sagen, daß da ein Gott sei, der seine Sonne aufgehen lasse über allen Menschen, «guten» wie «bösen» (Mt 5,45). *Das* war die Art Jesu, *«Eucharistie»* zu feiern – als eine Mahlgemeinschaft der Dankbarkeit für das unverdiente Geschenk des Daseins und für eine Güte, die größer ist als alle Angst und als alle Schuld. *So* deutete Jesus das archetypische Bild eines «göttlichen» Mahles, indem er es bis zu seiner eigenen Hinrichtung mit dem gefährlichen Eintreten gerade für die Entrechteten verband. Einzig indem er sich kompromißlos für gerade diese Verlorenen einsetzte, setzte er ein, was man da nennt: *das heilige Abendmahl.* Aber es scheint, als sei in der ganzen Kirchengeschichte *das heidnische Vorbild wirksamer* gewesen *als die jesuanische Deutung!* Nicht Universalität, sondern Ausgrenzung bestimmt die kirchliche Dogmengeschichte im Umgang mit diesem kostbaren Zeichen, – als feierte da immer noch eine einzelne Jägerhorde in ängstlicher Revierverteidigung und heiliger Selbstgewißheit das Mahl *ihres* Totemgottes gegen den Rest der Welt! Genau das, was Jesus mit diesem Zeichen *nicht* wollte, hat der kirchliche Dogmatismus aus der heiligen Hostie gemacht: einen ideologischen Zankapfel zum Erweis des eigenen exklusiven Wahrheitsbesitzes, eine Feierstunde der separaten Gottseligkeit und eine Belohnung der ach so wohlgelittenen Rechtschaffenheit!

Nur *eines,* immerhin, ist dem kirchlichen Dogma zugute zu schreiben: eine gewisse *Sublimation* der archaischen Vorlage. Es ist durch kein noch so heiliges Zeichen zu ändern, daß in der Welt, wie sie ist, das Morden und Quälen im Kampf ums Überleben weitergehen wird; doch läßt sich das menschliche Leben verändern. *Wir* brauchen *nicht mehr,* seit der Erfindung des Ackerbaus vor mehr als sechstausend Jahren, das «Fleisch» und das «Blut» von (göttlichen) Tieren zu essen und zu trinken, um uns am Leben zu erhalten. Seitdem die Gottheit erscheint in den Früchten des Feldes von Brot und von Wein, sollten wir auch unsere Nahrungsgewohnheiten so einrichten, diesem «neuen» Gott tiefer zu begegnen: – in der Schonung der Tiere und in dem gemeinsamen Dankgebet der Schöpfung. Daß das «Opfer» Christi, nach kirchlicher Lehre, *«unblutig»* sei im Symbol der heiligen Eucharistie, stellt zumindest doch einen richtigen Hinweis in diese Richtung dar[48]: Freilich, von «Opfer» sollte dann gar nicht mehr die Rede sein; weit eher von *Einladung,* weit mehr von *Vergebung,* weit dichter und inniger von einer *Liebe,* die zu uns steht und mit uns durchsteht, was irgend an Leid und an Schmerzen es gibt.

γ)  Die zwangsneurotische Angst und die Symbolik von Spiel und Initiation
(«Firmung» und «Konfirmation»)

Die Angst des In-der-Welt-Seins beantwortet sich religiös durch das Bild von
Wasser und Taufe, die Angst des Für-andere-Seins durch das Bild von Baum
und Mahl. Was aber ist es mit der Angst vor der Fehlerhaftigkeit des eigenen
Tuns in der *Zwangsneurose?*

Wir haben diese Angst kennengelernt als eine ständige *Ausschaltung* des Bereichs *der Möglichkeit:* Um nur ja nichts falsch machen zu können, muß der
Zwanghafte sein Leben, so gut es irgend geht, an die Vorgaben fester Verordnungen und Gesetze zu binden suchen, die es tunlichst perfekt und mustergül-
tig zu erfüllen gilt; sein ganzes Bestreben muß es sein, etwas *Vollendetes, Fertiges* zu schaffen, das jeglicher Kritik standhält, stets in der Sorge, durch die tödliche *Konkurrenz* eines anderen aus dem Felde geworfen zu werden. Nicht ein
*bestimmtes* Verhalten, wohlgemerkt, stellt hier das Problem dar, es geht vielmehr um die ganze Art, wie der Weg vom Sein zum Tun durch den Anspruch
eines reinen *Sollens* bestimmt wird. Welch eine Antwort läßt sich religiös
geben angesichts der Gefahr, daß die menschliche Freiheit aus Angst vor sich
selbst zu einer derartigen Todespraxis von Perfektion und Gesetzlichkeit gerät, womöglich unter den Augen eines Gottes, der in projektiver Gestalt die
Züge eines obersten Gesetzgebers, Opferpriesters und Henkers annimmt?

In jeder Psychotherapie eines zwangsneurotischen Patienten wird man,
wenn sie Erfolg haben sollte, nach und nach eine mehr *spielerische* Lebensbe-
trachtung nahelegen; doch was ist das: *Spielen?* Es ist bezeichnend, daß es eine
eigentliche Psychoanalyse des religiösen Spiels bis heute nicht gibt, ja, daß die
psychoanalytischen Theoriebildungen über das Phänomen des Religiösen bisher von dem objektiv *zwanghaften* Charakter der Riten und Dogmen vor
allem des Christentums vollkommen in Beschlag genommen wurden; auf die
*Idee* auch nur, wieviel an *Spielerischem* gerade die religiösen Ritenbildungen
enthalten *müssen,* um das Gefängnis eines angstverformten Daseins in den
Zwängen des puren Sollens aufzubrechen, scheint die psychoanalytische Religionskritik angesichts der faktischen Selbstvorstellung des Kirchenglaubens
bis heute nicht ernsthaft gekommen zu sein. Und doch ist gerade die Fähigkeit
des Spielens so wichtig, daß sie bereits *die Psychologie der Tiere* zentral bestimmt und als ein Grundphänomen menschlicher Kultur betrachtet werden
muß.

Daß Tiere *spielerisch* das Leben lernen, hat gewiß jeder beobachtet, der
schon einmal ein Kätzchen großgezogen hat: jedes Garnknäuel, jeder Ball,

alles, was geeignet ist, durch leichte Schläge mit den Vorderpfoten in rasche Bewegung versetzt zu werden, erwies sich als ein vorzüglicher *Übungsgegenstand*, um auf *spielerische* Weise den «Ernstfall» des Beutefangs einer sich selbst versorgenden Katze *zu lernen*. Das heißt, wir müssen hier bereits vorsichtiger formulieren; denn so sicher es ist, daß Tiere durch Spielen sich Verhaltensweisen aneignen, die sie später, im «Ernstfall», dringend benötigen, so sicher ist es auch, daß das Spielen *subjektiv* keinem bestimmten Zweck folgt, sondern nur einer reinen *Funktionslust* dient, die ihrerseits mit einem maximalen «aktiven Informationserwerb» über wichtige Eigenschaften der Umwelt einhergeht.[1]

Insgesamt steht das Spielen der Tiere verhaltenspsychologisch in engem Zusammenhang mit dem «Erkunden» und dem «Neugierverhalten»[2], die oft genug fließend in das Spiel übergehen. Dabei gibt es offenbar eine eigene triebgebundene *Spiel-Appetenz*, die sich in besonderen Aufforderungsgesten auszudrücken pflegt[3]: ein Hund zum Beispiel kann bei dem bloßen Wort «Spazierengehen» augenblicklich den Kopf schrägstellen, um sein Herrchen oder Frauchen «einzuladen», nur ja recht «ausführlich» Gassi zu gehen. Daß es *angeborene* Anteile beim Spielen gibt, zeigen insbesondere all die Verhaltensweisen, die nicht erst nach fremdem Vorbild gelernt werden müssen: junge *Robben* zum Beispiel verraten noch Spielelemente, wie sie nicht im Verhalten der Alttiere, wohl aber bei *Landraubtieren* zu beobachten sind; Verhaltensweisen dieser Art sind mit Sicherheit *stammesgeschichtlich* in einer Zeit genetisch verankert worden, als die Vorfahren der Robben noch auf dem Lande jagten.[4] Besonders deutlich zeigt sich *der Unterschied von Spiel und Ernstfall* immer, wenn angeborene Verhaltenselemente sich regen, noch ehe die zugehörige Triebbereitschaft ausgereift ist.[5] So können Tierkinder spielerisch eine Reihe von Teilhandlungen aus Verhaltensbereichen «durchprobieren», die sie erst später im «Ernstfall» in einer «Endhandlung» zusammenfassen werden. Ein Löwenjunges zum Beispiel, das spielerisch bereits die Handlungen des «Beutefangs» durchzuführen wußte, fand eine junge Gazelle, faßte sie am Nacken und schüttelte sie so, wie es dem angeborenen Verhaltenselement «Totschütteln» entsprach; doch statt die Beute wirklich zu töten, trug es die Gazelle zu den anderen Jungtieren und forderte diese mit Schwanzschlagen zur spielerischen Verfolgung auf![6] Der Ernstfall, das heißt die zugehörige «erwachsene» Bereitschaft zum Zerreißen und Fressen, stand einfach noch nicht auf dem Plan.

Die Differenz von Spiel und Ernstfall tritt zudem in all den Fällen hervor, in denen angeborene Verhaltenselemente im Spiel ins «Unschädliche» *abgewandelt* werden, um überhaupt sozial durchführbar zu sein. «Hierher gehören die

‹Beißhemmung› des spielenden Hundes und die eingezogenen Krallen beim Prankenschlag spielender Löwen.»[7] Nur weil die «verletzenden angeborenen Verhaltenselemente» im Spiel so abgewandelt werden, daß ihnen objektiv *das Gefahrenmoment genommen* wird, lassen sich die entsprechenden Praktiken an den Mitgliedern der eigenen Art sinnvoll einüben.[8] Damit zusammen hängt auch die *Umkehrung der Bedeutung* (die Valenzinversion) der inneren verhaltensgesteuerten Faktoren im Spiel. Nehmen wir etwa *das Verfolgungsspiel:* «Im Ernstfall versucht der Verfolgte, dem Gegner zu entkommen; wenn das gelungen ist, erlischt die Fluchtbereitschaft mehr oder weniger bald. Im Spiel dagegen läuft der Flüchtende zwar mit aller Kraft; wenn aber der Partner von der Verfolgung abläßt, so versucht er ihn zu erneuter Verfolgung anzureizen. Der Verfolger wird also nicht gemieden, sondern geradezu gesucht. Seine Valenz hat im Ernstfall und im Spiel das ‹umgekehrte Vorzeichen›.»[9]

Es geht im Spielen mithin nicht um ein «Ergebnis», sondern um das Erlebnis des Tuns. Eben deshalb wechseln im Spiel oft sprunghaft die *Rollen* zwischen Verfolger und Fliehendem, eine Offenheit der Dynamik, die dem Ernstfall vollkommen abgeht.[10] Hinzufügen muß man zur Charakterisierung *des Spielens* außerdem, daß alle möglichen Umweltreaktionen eine *Wiederholung* der Spielhandlung veranlassen können. Die Neigung zur Wiederholung ergibt sich schon aus der Funktionslust der Spielabläufe selbst; reagiert aber ein Gegenstand (zum Beispiel der Ball der spielenden Katze) oder ein Partner (ein anderer junger Hund) auf die Spielhandlung (durch Anblick, Lautkundgabe oder Verhalten), so kann das als «Belohnung» den Spieltrieb noch verstärken. «So gefiel sich eine Großstadt-Taube darin, Nägel aus einem Kasten auf einer Baustelle zu nehmen und sie in ein metallenes Regen-Fallrohr fallen zu lassen, wo sie klirrende Töne verursachten. Hiermit hängt zusammen, daß das Spielen eines Partners seine Altersgenossen zum Mitspielen anregt; Spielen ist ‹anstekkend›.»[11]

Dieses Prinzip der *Wiederholung* im Spiel ist in seiner Bedeutung gar nicht zu überschätzen; denn nur durch *das angeborene Funktionsprinzip der Wiederholung* sind die Lebewesen imstande, «gesetzmäßige Konsequenzen ihres eigenen Verhaltens» kennenzulernen. Darin vorweggenommen ist «eine Verfahrensregel des naturwissenschaftlichen Experimentierens»: «Allein das *Wiederholen* von Experimenten befähigt dazu, zufälliges Zusammentreffen von gesetzmäßigen Beziehungen zu unterscheiden.»[12]

Gleichzeitig zum Prinzip der Wiederholung meldet sich beim Spielen aber auch *das Prinzip der Variation* zu Wort. Im Spielen neigen die Lebewesen dazu, buchstäblich *alle nur möglichen* Bewegungen auszuprobieren, wenn es um *Bewegungsspiele* geht: sie versuchen, einen Spielgegenstand *in jeder nur möglichen Weise* (durch Beißen, Reiben, Zerren usw.) zu verwenden, wobei ein einmal «erfundenes» Verfahren, das sich irgendwie «gelohnt» hat, sehr rasch zu einer nachahmenswerten *«Mode»* auch für die anderen Altersgenossen der Gruppe werden kann.[13] – Ich selbst sehe noch beim Schreiben dieser Zeilen einen jungen Bonobo (Zwergschimpansen) im Frankfurter Zoo vor mir, der die Säuberung des Käfigs auf seine Weise zu nutzen verstand. Das Tier hatte erkannt, daß der Kachelboden durch das Waschwasser schlüpferig geworden war, und so «erfand» es spontan das *Schlindern:* Elegant stieß es sich an der einen Seite des Käfigs ab und rutschte mit sichtlichem Vergnügen hin und her, wobei es jeweils zum Schutz eines am Boden hockenden Jungtieres ein Bein anhob, um ungehindert vorbeigleiten zu können.

Fragt man sich nach dem *Sinn* des Spielverhaltens in der Evolution, so entsteht ein scheinbares Paradox. «Wollte jemand den Lehrsatz aufstellen: Alle Verhaltensweisen der Tiere dienen *unmittelbar* bestimmten Notwendigkeiten – die Existenz der Verhaltensweisen des Spielbereichs würde ihn widerlegen. Das Gegenteil ist der Fall: Treten während des Spielens starke aktuelle Bedürfnisse auf wie Hunger oder Gefahr, so wird das Spiel sofort abgebrochen.»[14] Gerade die *Freisetzung von der unmittelbaren Lebensnotdurft* gehört also schon auf tierischem Niveau zu einem der Wesensmerkmale des *Spiels.* Ja, das «Spielen scheint sogar den grundlegenden Lebensbedürfnissen eher zu widersprechen: Es *verbraucht Stoffwechselenergie;* und Spielen ist sicherlich *gefährlicher* als Nichtstun. Spielerisches Verhalten scheint nur um seiner selbst willen da zu sein; im Haushalt der Natur erscheint es wie ein Luxus.»[15] Diese scheinbar sinnlose Verhaltensweise «bekommt jedoch sofort einen Sinn, wenn man sie als naturgegebenes Aktionsprogramm zum Kennenlernen der Umwelt, zum Entwickeln und Erhalten der motorischen Geschicklichkeit und zum Aneignen von Fähigkeiten älterer Artgenossen auffaßt. Unter Verwendung des Informationsbegriffs läßt sich das auch so ausdrücken: Alle... Verhaltenselemente tragen unmittelbar oder mittelbar dazu bei, daß die Lebewesen aktiv Informationen gewinnen und speichern.»[16] «Faßt man den Bereich des Spielverhaltens als aktiven Informationserwerb auf, so paßt dazu auch die Offenheit gegenüber Sinneseindrücken und Verhaltensweisen *aller* Art, auch solchen, die gewiß keinen Überlebenswert für die betreffenden Tiere gewinnen können: Die beste Strategie, um *anwendbare* Information zu gewinnen, besteht ja darin, möglichst *unbeschränkt* Information aufzunehmen; denn unter dieser Voraussetzung ist darin mit der größten Wahrscheinlichkeit auch die nützliche Information enthalten.»[17]

«Daraus folgt etwas besonders Wichtiges: Das biologische *Funktionsziel,* um dessentwillen sich das Spielverhalten im Daseinskampf erhält, kann in der *Verhaltenssteuerung* gar nicht repräsentiert oder programmiert sein; denn kein natürlicher Antrieb für ein Verhalten kann von dessen *möglichem* und zukünftigem Nutzen gesteuert werden... Die Verhaltensweisen zum aktiven Erfahrungsgewinn können deshalb ihre Anregung nicht in gegenwärtigen physiologischen Mangelzuständen finden, sondern sie brauchen einen *eigenen Antrieb;* und dieser muß von sich aus (spontan) aktiv werden.»[18] «Die Verhaltensweisen des Spielbereichs sind also... auf möglichen *zukünftigen* Nutzen zugeschnitten; ihr biologischer Wert liegt nicht im jeweiligen Augenblick. Hiernach ist es auch verständlich, warum im Ernstfall alle sonstigen biologischen Triebbefriedigungen Vorrang haben... Zukunftsbezogenes Verhalten füllt – in der Regel – sinnvollerweise nur die Pausen zwischen den Handlungen aus, die der aktuellen Lebensbewältigung dienen.»[19] Das Spielen hat also den Zweck, «die Lebewesen, ohne sie zu gefährden, ein Höchstmaß von Erfahrungen machen zu lassen und dabei zugleich die allgemeine Geschicklichkeit zu vervollkommnen und durch ‹Training› auf ihrem Stand zu halten.»[20] Indem das Spielen mithin *offen* ist für *mögliche* Anwendung, muß es seine Befriedigung in sich selbst tragen («Funktionslust»).

In dieser Feststellung liegt schon ein *weiterer* wichtiger Hinweis auf die Bedeutung des Spiels: es erlangt seine größte Bedeutung in einer Zeit der Individualentwicklung, da die neuralen und motorischen Fähigkeiten sich bereits weit genug entfaltet haben, um auf Umweltreize aktiv reagieren zu können, wo aber die Antworten nach vornhin *offen* sind. Das eigentliche *Spielalter* liegt daher in der Phase der Übergangs der Abhängigkeit von den Elterntieren zu Eigenständigkeit und Unabhängigkeit. Jedoch: je höher «die Tierarten entwickelt sind, desto deutlicher schiebt sich... in die Tierjungen-Entwicklung» das *Spielalter* ein, als «eine Zeitspanne, in der Erkunden, Neugierverhalten, Spielen und Nachahmen den wesentlichen Inhalt darstellen.»[21]

Was wir bei dieser Betrachtung vor allem lernen, ist die Einsicht, daß das *Spielen nicht* als *eine abgeschwächte Triebhandlung* zu deuten ist, sondern daß es eine Handlung mit ausgesprochen «kognitiver» Funktion darstellt, die zwar eine gewisse Freiheit von unmittelbaren Triebbedürfnissen voraussetzt, aber sich keineswegs aus einer bloßen Reduktion der Triebspannung ergibt. Bei *Delphinen* zum Beispiel läßt sich beobachten, daß sie «fast schon vom Augenblick ihrer Geburt an» zu spielen beginnen, indem sie um die Köpfe anderer Delphine herumschwimmen. «In dem Maß, in dem sie an Sicherheit gewinnen, jagen sie dann eins das andere, wobei die Unerfahreneren die Bewegungen ihrer geschickteren Kameraden nachahmen. Ruht die Mutter sich aus, stiehlt sich das Junge oft davon, um sich seinen Gefährten anzuschließen, bis es nach einer Weile von ihr zurückgepfiffen wird. Es ist gleichsam, als ob die Mutter ihm ‹Ausgeherlaubnis› zum Spielen erteilt und es, wenn es genug gespielt hat, wieder ‹heimholt› oder vielmehr heimruft. Eine andere Mutter, die man in den Tank gesetzt hatte, war scheu und ängstlich und vermied die Gesellschaft der übrigen, ausgewachsenen Delphine. Auch erlaubte sie ihrem Jungen nicht, mit den anderen Jungen zu spielen.»[22]

Offenbar gehört zum Spielen neben einer gewissen Triebentlastung auch eine gewisse *Angstfreiheit,* die beim Jungtier mit der Nähe des Muttertieres zusammenhängt. So interessieren junge Rhesusäffchen beispielsweise sich schon vom dritten Lebenstag an für die Außenwelt. «Noch an das Fell des Muttertieres angeklammert, lassen sie bereits ihre Blicke neugierig in die Runde schweifen. Später lösen sich die Jungen dann auch körperlich von der Mutter, um selbständig zu untersuchen, was ihre Neugier erregt. Aber die Bindung an die Mutter bleibt in dieser Zeit erhalten; denn das Junge kehrt zwischendurch immer wieder zu ihr zurück. Entfernt man in einer nicht bekannten Umgebung die Mutter von dem Jungen, so kommt gar kein Erkundungsverhalten mehr zustande, sondern das Junge bleibt am Ort und versucht nichts anderes, als die Mutter wiederzufinden. Sie allein gibt ihm die Sicherheit, *die für das Erkunden notwendig ist.*»[23] Mit anderen Worten: «Erkunden und Spielen erfolgen nur ‹im entspannten Feld›. Die dazu notwendige Geborgenheit (= Angstfreiheit) aber gewährleistet nur das anwesende Muttertier. Daher kann sich das Erkundungs- und Spielverhalten gerade beim mutterlosen Tierkind nicht normal entwickeln.»[24]

*Diese Tatsache* ist es nun, die im Rahmen unserer Fragestellung dem *Spiel* eine so zentrale *religiöse* Bedeutung zuspricht. Widerlegt ist inzwischen die apodiktische These, die J. HUIZINGA vor mehr als fünfzig Jahren in seinem ausgezeichneten Werk *Homo ludens* aufgestellt hat: «Die Intensität des Spiels wird durch keine biologische Analyse erklärt.»[25] Im Gegenteil, wir begreifen, daß gerade die «Funktionslust», die «Offenheit» und die «Angstfreiheit» nötig sind, um den «Sinn» des Spiels schon in der Verhaltenspsychologie der Tiere zu begründen; mehr noch, wir verstehen überhaupt erst vor dem Hintergrund der *Evolution* in den unterschiedlichen Strategien zur Gewinnung neuer Informationen und größerer Selbständigkeit die überragende Bedeutung, die dem Spiel auf dem Weg der Menschwerdung zukommt. Denn darin hatte HUIZINGA gewiß recht, daß er den Ursprung der menschlichen Kultur insgesamt im Spiel vermutete, indem er schrieb: «Mit dem Spiel ... erkennt man, ob man will oder nicht, den Geist... Schon in der Tierwelt durchbricht es die Schranken des physisch Existenten... Die Tiere können spielen, also sind sie mehr als mechanische Dinge. Wir spielen und wissen, daß wir spielen, also sind wir mehr als bloß vernünftige Wesen, denn das Spiel ist unvernünftig.»[26]

In der Tat liegt hier, in der «Unvernünftigkeit» des Spiels, ein entscheidender Punkt. Wir haben bereits gesehen, wie in der *zwanghaften* Lebenseinstellung *aus lauter Angst* eine Welt konzipiert wird, in der alles Nur-Mögliche, alles Nicht-Festgelegte, so weit es geht, *ausgeschaltet* wird: Die Angstberuhigung der Zwangsneurose läuft darauf hinaus, die *Quellen* der Angst, die den «Spielräumen» der Möglichkeit, den Abgründen der Freiheit selber entspringen, zu *verstopfen* und nur noch gelten zu lassen, was exakt kalkulierbar, planbar und machbar ist; nur eine «ordentliche», pünktliche, saubere und «vollendete» Welt erfüllt das zwangsneurotische Bedürfnis nach Sicherheit und Festigkeit. Demgegenüber verweist *das Spiel* durch sich selbst auf die *Ungewißheit; es lehrt* und *vermittelt* gerade die Fähigkeit, ungeklärte Situationen auszuhalten und *die Spannung zu genießen*, die in der Unsicherheit liegt. Das Moment der *Neugier* kann im Spiel so groß sein, daß selbst an sich höchst gefährliche Situationen wie *Kampf* und *Krieg* den Charakter eines (ritualisierten) Spiels annehmen oder beibehalten[27]: die offenbar angeborene Freude an Wettspielen, selbst wenn sie auf Leben und Tod geführt werden, ist in der Tat so «unvernünftig», daß man sie nur verstehen kann auf dem Hintergrund der Evolution des Spiels. Es war ein nicht so schlechter Vorschlag, als manche Verhaltensforscher zur Ablenkung der innerartlichen Aggressivität den *Sport* empfahlen, wo die einzelnen Elemente von Kampf und Jagd von allen biologischen Zielsetzungen mehr oder weniger *befreit,* also als *reines* Spiel erscheinen.[28]

*Psychologisch* wichtig ist, daß die «Funktionslust» und die «Neugier» beim Spielen nicht nur eine gewisse Angstfreiheit zur *Voraussetzung*, sondern auch zur *Folge* haben. Um spielen zu können, bedarf es einer gewissen Entspannung; aber nach dem Umkehrschluß aller Symbolbildungen trägt das Spielen außerordentlich dazu bei, Ängste abzubauen. In der Psychotherapie vor allem macht man sich dieses Wissen zunutze, indem man die Konflikte der Kindheit nicht nur in FREUDschem Sinne «verwortet», sondern nach dem Vorbild von MORENOS *Psychodrama* in entsprechenden Szenen nachstellt[29]; aus dem «Erinnern, Wiederholen und *Durcharbeiten*» FREUDS[30] wird so ein erinnerndes Nacherleben im Durchspielen *mit verteilten Rollen.* Gleichwohl bleibt dabei das Spiel noch an seine Ausgangsform gebunden: es dient als ein Hilfs- oder Heilmittel zum Kennenlernen und Einüben *neuer* Informationen und Verhaltensweisen *unter Verringerung von Angst.* Ein eigentliches *Symbol* ist das Spiel damit noch nicht, so viel an symbolischen Themen und rituellen Austragungsformen es im Einzelfall auch schon in sich enthalten mag.

Das *Spiel als Symbol* – diese Ebene erreichen wir erst auf dem Hintergrund der Religion beziehungsweise gewisser «säkularisierter» Ableitungen ursprünglich religiöser Themenstellungen. Zu den Grunderfahrungen der menschlichen Existenz gehört die *Rätselhaftigkeit* des Daseins; alle Religion besteht darin, Antwort zu geben auf das schier Unbeantwortbare, auf die Frage: «Warum ist etwas und nicht vielmehr nichts?» Warum ist die Welt? Woher stammt das Böse? Warum gibt es den Tod? Woher kommt das Leben eines einzelnen Menschen? Auf all diese Rätsel des Daseins antwortet die Religion *spielerisch,* indem sie «Weisheit... als ein heiliges Kunststück» übt und von altersher regelrechte Rätselwettkämpfe in ihre sakralen Handlungen einbaut.[31] Ein solcher «Rätselwettstreit ist durchaus nicht etwa eine Belustigung, er bildet einen wesentlichen Teil des (sc. indischen, d. V.) Opferkults».[32] «Wer einigermaßen in der Literatur der Veden und der Brahmana bewandert ist, weiß, daß ihre Erklärungen vom Ursprung der Dinge außergewöhnlich stark voneinander abweichend, bunt und widersprechend, verworren und gesucht zu sein pflegen. Ein Zusammenhang und ein eindeutiger Sinn ist in ihnen überhaupt nicht zu finden. Wenn man sich aber den grundlegenden Spielcharakter der kosmogonischen Spekulation und die Herkunft dieser Erklärungen aus dem rituellen Rätsel vor Augen hält, wird es klar, daß jene Verworrenheit nicht so sehr auf priesterlicher Spitzfindigkeit und eitler Gewinnsucht zu beruhen braucht..., auch nicht auf spielerischer Phantasterei, daß vielmehr alle die zahllosen einander widersprechenden Erklärungen einmal Lösungen ritueller Rätsel gewesen sein werden.»[33] Wo das *zwanghafte* Denken nur eine einzige, *die einzig richtige* Lösung auf eine bestimmte Frage zuläßt, steht das mythische Denken stets mit einer Fülle einander widersprechender, aber ergänzender Hinweise und Deutungen bereit; es hebt das Rätsel nicht auf, aber es läßt damit leben, indem man es *spielt,* wissend allerdings, daß es dabei stets um *alles* geht, um Sein oder Nichtsein.

Sehr schön hat seinerzeit Huizinga gezeigt, daß alles, «was Dichtung ist», «im Spiel» erwächst: «im heiligen Spiel der Gottesverehrung, im festlichen Spiel der Werbung, im streitbaren Spiel des Wetteifers mit Prahlen, Schimpf und Spott, im Spiel des Scharfsinns und der Fertigkeit»[34]. Insbesondere gilt diese Feststellung *für den Mythos selbst,* der immer auch *Dichtung* ist und sich gerade deshalb *spielend* «zu Höhen erhebt, wohin ihm der Verstand nicht folgen kann». «Mit all seinen Absurditäten und Enormitäten, mit seiner maßlosen

Übertreibung und Verwirrung der Verhältnisse, mit seinen unbekümmerten Inkonsequenzen und spielerischen Varianten stört ihn (sc. den ‹Primitiven›) der Mythus nicht als etwas Unmögliches. Man möchte sich aber fragen, ob nicht auch für den Wilden von Anfang an mit seinem Glauben an seine heiligsten Mythen ein gewisses Element von humoristischer Auffassung verbunden ist. Gemeinsam mit der Dichtung entspringt der Mythus in der Sphäre des Spiels, und der Glaube des Wilden liegt wie sein ganzes Leben mehr als zur Hälfte in dieser Sphäre.»[35] Erst wenn «der Mythus Literatur geworden ist, das heißt in fester, überlieferter Form von einer Kultur weitergetragen wird, die sich inzwischen aus der Sphäre der Verbildlichung... gelöst hat, kommt es dazu, daß er der Unterscheidung zwischen Ernst und Spiel unterworfen wird. Er ist heilig, also muß er ernst sein. Aber er spricht noch immer die Sprache des Wilden. Eine solche Sprache bringt bildliche Vorstellungen zum Ausdruck, auf die der Gegensatz Spiel-Ernst noch nicht anwendbar ist».[36]

Es heißt demnach, die religiöse Sprache, den Mythos, in seiner Entstehung wie in seiner Sprachform *mißverstehen,* wenn man ihn als eine eindeutige (historische oder metaphysische) *Information* «ernst» zu nehmen sucht; man kann seine «Wahrheit» nur verstehen, indem man ihn als ein *Rätsel* stehenläßt und *spielerisch* mit ihm umgeht.

Wir haben bereits ausführlich dargestellt, wie insbesondere *der kirchliche Dogmatismus* schon deshalb zu *einem System von Zwangsgedanken* entarten muß, weil er eine *Sicherheit* und *Gewißheit* aus den mythischen Bildern herauszupressen versucht, die mit dem *Spielcharakter* der Bilder prinzipiell unvereinbar ist. – «Und Gott der Herr baute ein Weib aus der Rippe, die er vom Menschen genommen hatte» (Gen 2,22). Man sollte beim Lesen solcher Worte meinen, es verstünde sich von selber, daß es sich hier um *spielerische Bilder* handelt, die das Unerklärliche: die Herkunft des Menschen, nicht «erklären», aber als einfühlbar, mitempfindbar und daher als «sinnvoll» beschreiben wollen: «Es gibt Menschen», lautet der Hinweis des Schöpfungsmythos, «nur als Wesen wechselseitiger Liebe; der Grund also, warum es dich gibt, ist die Sehnsucht liebender Menschen, deiner Eltern zum Beispiel, nach einander.» Eine solche «Antwort» leuchtet sogleich ein, wenn man sich auf das «Spiel» der Liebe einläßt.[37] Was aber macht der kirchliche Dogmatismus daraus? Selbst noch im «neuen Weltkatechismus» stammt die Menschheit von Adam und Eva als einem historisch (!) ersten Menschenpaar ab[38], ganz so, als hätte es TEILHARD DE CHARDIN vor dreißig Jahren nie gegeben, geschweige denn, daß man es nötig fände, um die Fragen der Paläontologie und Evolutionsbiologie sich auch nur von ferne zu kümmern. Statt dessen weiß das kirchliche Lehramt nach wie vor, was «Adam» und «Eva» historisch (das heißt vor beliebig vielen Jahrmillionen) getan haben: sie haben *gesündigt*, und zwar durch *Ungehorsam*.[39] Es ist klar, daß es gegen derartige Verhärtungen aus Zwang und Angst nur ein einziges Mittel gibt: es müßte gelingen, die *Heiterkeit*, den *Charme*, die *Poesie*, den *Witz*, den *Humor*, die *Offenheit*, den *heiligen Ernst des Spiels* für die christliche Glaubens«lehre» zurückzugewinnen. Die Entängstigung, die Entneurotisierung des kirchlichen Zwangssystems kann nur gelingen durch Rückgewinnung des *Symbols*, so sagten wir bisher; wenn wir jetzt sagen: sie kann nur gelingen durch Rückgewinnung des *Spiels*, so ist das, wie wir sehen, im Grunde ein und dasselbe.

Selbstredend gilt der *Spielcharakter* der religiösen Darstellungsweise auch für den *Kultus*. Es scheint nicht zuviel behauptet, wenn wir sagen, daß die gesamte «Krise» kirchlicher Liturgievergessenheit (und kompensatorischer Liturgieversessenheit!) wesentlich mit dem Verlust der spielerischen Dimension des Kultus zusammenhängt. Zu *spielen* – das bedeutete, *etwas*, letztlich *sich selbst* «aufs Spiel zu setzen»; spielen – das hieße, die *Offenheit* des Ausgangs als Spielregel und -bedingung zu akzeptieren. Statt dessen besteht die «Liturgie» zum Beispiel einer katholischen «Meßfeier» in einem Pensum abzulesender Pflichtgebete, die für jeden Tag und jeden Anlaß auf Wort und Komma so und nicht anders im voraus schon feststehen. Wohl darf man «wählen», ob man dem lieben Gott morgens schlag Sieben im Beisein von vier Frauen, einem Ministranten und dem anwesenden Küster den zweiten oder vierten «Kanon» des römischen «Missale» vorliest, und mitunter darf man sogar entscheiden, ob man ein schwarzes oder violettes Meßgewand anzieht, um zum Beispiel dem «Schmerz» um ein «verstorbenes Mitglied unserer Gemeinde» einen christlich «angemessenen» Ausdruck zu verleihen; dann aber endet auch schon die Freiheit eines Christenmenschen an der vatikanischen Rubrikenordnung. Was für ein Ergebnis will man da erwarten außer: Langeweile? Sie ist, sagten wir eingangs schon, der Preis für die ausgeblendete *Angst;* sie ist, müssen wir jetzt sagen, das Ergebnis einer Angst*beruhigung,* die es nicht einmal mehr wagt *zu spielen,* sondern sogar aus einem kultischen Spielen vor Gott eine feierliche Farce fertiger Verordnungen zu machen versteht.

Die *Symptome* eines solchen Spielverlustes im Raum des Kultischen sind mit Händen zu greifen: «Ich wollte doch nur, daß meine Kinder sich gemeinsam mit den anderen wohlfühlten», sagte eine Frau, die als *«Tischmutter»* (das Theologendeutsch kennt kein Pardon in seinem «pastoralen» Feinsinn) bei der Kommunionvorbereitung der Achtjährigen in der «Gemeinde» «tätig» gewesen war; «ich wollte, daß sie es schön hatten»; und so hatte sie mit ihnen Lieder und Tänze eingeübt. Das alles war schön und gut; aber es beunruhigte doch zu sehr die Feiertagsgemeinde, und es störte überhaupt die Festlichkeit jener erhabenen Stunde, da «die Kleinen» zum erstenmal ihrem «Seelenbräutigam» Christus als dem Herrn entgegengingen. Die Sache wurde so unverspielt «ernst», daß die Frau irgendwann wegging; von ihren Kindern geht seit langem schon keines mehr in die Kirche. Und so geht das weiter.

«Ich kann doch nicht glauben, daß in jeder heiligen Messe Christus in Brot und Wein verwandelt und geopfert wird», erklärte ein Mann seine Schwierigkeiten mit jenem «Glauben», den er als Kommunionkind schon eingetrichtert bekommen hatte; «dann müßte ja überall auf der Welt, zu jeder Minute, Gott sich opfern für mein Seelenheil, und die Menschen merkten sozusagen überhaupt nichts davon! Wenn Gott wirklich etwas für die Welt tun will, dann soll er lieber die Menschen friedfertiger machen oder dafür sorgen, daß weniger Menschen hungern müssen und elend krepieren.»

Stets, wenn «Gläubige» in solch «einfachen» Gedanken ihre «Zweifel» an den kirchlichen Lehren äußern, haben sie nicht die geringste Chance, ernstgenommen zu werden; – augenblicklich wird irgendein «Theologe» kommen und ihnen «beweisen», daß die vernünftigsten Überlegungen nichts sind vor der Weisheit Gottes, die eben darin besteht, überall und jederzeit auf Erden unter den Worten des Priesters am Altare Brot in Fleisch und Wein in Blut des menschgewordenen Gottessohnes, unseres Herrn Jesus Christus, zu «wandeln». Allein um dieser Lehre willen, eben weil man sie blutig ernstnahm, ist *im Grunde,* das heißt der *ideologischen Begründung* nach, zu Beginn des 17. Jahrhunderts dreißig Jahre lang Krieg geführt und dabei die Bevölkerung Europas zu drei Vierteln getötet worden.[40]

Dabei könnte den Theologen *jedes spielende Kind* erklären, was eine kultische «Realpräsenz» oder eine «substantielle Wandlung» der «Materie» ist: Man schaue sich nur an, wie es ein Stück Holz in die Hand nimmt und damit über den Boden fährt! Jetzt – man entnimmt es seinem Fauchen und Stampfen – ist das Stück Holz eine Dampflock mit Anhänger; jetzt, da es *brrm* macht und *tuut,* ist das Stück Holz offensichtlich ein Lastkraftwagen, der am Bahnhof den Anhänger entladen hat; und jetzt, ja, wer hätte das gedacht, hört man es trappeln und wiehern – dasselbe Stück Holz hat sich offensichtlich in ein Pferd verwandelt. Man kann nicht mit HULDREICH ZWINGLI sagen, das Stück Holz «bedeutet» dem Kind nur ein Pferd, ein Auto oder einen Zug[41]; für die Dauer des *Spiels ist* das Holz das und nichts weiter, wozu die Spielregeln es bestimmen. – Ähnlich verhält es sich, wenn ein Kind im Sandkasten in einem Förmchen «Kuchen» bäckt und die Mutter, die Geschwister davon kosten läßt: es ist die «Pflicht» der Mutter oder der älteren Schwester, *in diesem Moment* mit dem geformten Sand umzugehen wie mit wirklichem Kuchen; außerhalb des Spiels freilich ist der «Kuchen» wieder nichts als normaler Sand.

In diesem Sinne sehen *die Protestanten* gewiß ganz richtig, wenn sie sich *weigern,* die «Gestalten» von Brot und Wein *außerhalb* der Abendmahlsfeier «aufzubewahren» oder gar in feierlicher Prozession zu Fronleichnam durch die Straßen der Stadt zu tragen. Der Glaube ist nicht zu materialisieren, nicht zu objektivieren, nicht zu substantialisieren; die Wahrheit Gottes *verrät,* wer sie verdinglichen möchte. Das stimmt. *Aber:* Die Wahrheit des Göttlichen ist auch nicht *rein* subjektiv, – da gibt es eine gewisse Berechtigung des *katholischen* Standpunktes. Ein Kind, das seine Spielregeln festlegt, ist während der Dauer seines Spieles an seine Regeln *gebunden;* gleichwohl verbleibt sein Spielen ganz in den Bahnen seiner persönlichen Willkür. Die Regeln *kultischen* Spielens sind anderer Art als die Regeln eines nur privaten Spiels; sie liegen «irgendwie» immer schon fest. Was zum Beispiel *ein heiliges Mahl* ist, entscheidet kein einzelner Mensch; es ist längst schon entschieden durch die Jahrmillionen von Jagdritual, Gefühlsambivalenz und gemeinsamem Essen, wie wir soeben noch sahen.[42] Da gibt es *objektive,* archetypische Strukturen des Psychischen, die nicht willkürlich zu verändern sind; sie liegen deswegen aber nicht, wie der Katholizismus es möchte, *außerhalb* des Subjekts, sie bieten im Gegenteil die Voraussetzungen zur *Entstehung* des Subjekts; sie sind *das Objektive im Subjektiven,* indem sie *vorgeben,* was in der äußeren Erfahrung als symbolisch bedeutsam erlebt werden kann.

Um es so zu formulieren: Die ganzen Zankereien und Rechthabereien zwischen den Konfessionen der «christlichen» Kirchen hatten und haben ihren Grund einzig darin, daß der gesamten kirchlichen Theologie, gleich ob katholisch oder protestantisch, der Bezug zu der Wirklichkeit kultischen *Spielens* abhanden gekommen ist. Der Dogmatismus selbst ist zwar nichts als eine einzige grandiose Wortklauberei, doch die Wortglauberei verlangt ihren falschen Schein: Aus dem unschuldigen Spielen der Menschen vor Gott wird ein gottloses Spielen mit Menschen, die das Ureigenste im Fremden anschauen müssen, um bis in ihr Innerstes entfremdet zu bleiben und den Glauben des anderen als etwas Fremdes, Ungöttliches, fanatisch zu bekämpfen.[43]

Ein gutes Beispiel, wie es, *spielend,* auch anders geht, liefert noch einmal HERMAN MELVILLE in dem Roman *Moby Dick.* Noch hat sein *Ismael* die Worte des tüchtigen Fathers *Mapple* aus der christlichen Predigt im Ohr: «Weh dem, der sucht, den Menschen zu gefallen, wo sie vor ihm (sc. Gott, d. V.) erbleichen sollten!... Weh dem, der nicht die Wahrheit spricht, auch da, wo die Unwahrheit seine Rettung wäre... Selig, wer keinen Pardon gibt, wo es um die Wahrheit geht, wer die Sünde vertilgt, verbrennt, ausrottet, wo er sie findet, und sei es im Ornat des Richters oder des Senators! Selig – über die Toppen selig, wer kein Gesetz und keinen Herrn anerkennt als den Herrn seinen Gott»[44]; was aber bedeuten die Worte *jetzt,* da *Ismael* in seine Unterkunft zurückkehrt und auf dem Zimmer seinen Kameraden *Quiqueg* antrifft, wie er, der Häuptlingssohn einer unbekannten Südseeinsel, vor seinem hölzernen Gott sitzt und ihn, den Christenmenschen, einlädt zu *seinem* Gottesdienst? «Ich bin ein guter Christ», überlegt Ismael, «geboren und erzogen im Schoß der allein seligmachenden Presbyterianischen Kirche. Wie könnte ich mit diesem wüsten Götzendiener gemeinsam ein Stück Holz anbeten? Allein ich dachte: was ist denn Gottesdienst? Bildest du dir etwa ein, Ismael, der allgnädige Gott Himmels und der Erden – worin doch Heiden und alle andern auch inbegriffen sind – könne eifersüchtig werden auf ein nichtiges Stück schwarzes Holz? Unmöglich! Was heißt aber dann Gottesdienst? Den Willen Gottes tun, heißt es. Und Gottes Wille? Meinem Mitmenschen erweisen, was ich mir von ihm wünsche. Das ist Gottes Wille, und Quiqueg ist mein Mitmensch. Was also wünsche ich mir, daß er für mich tun soll? Nun, gemeinsam mit mir auf meine Presbyterianische Art Gott anbeten. Daraus folgt, daß ich's auch auf seine Art mit ihm tun muß. Ergo, ich muß Götzenanbeter werden. Ich zündete daher die Späne an und half ihm, den harmlosen kleinen Fetisch aufstellen. Mit Quiqueg zusammen opferte ich ihm verbrannten Schiffeszwieback, bückte mich ein paarmal vor ihm bis zur Erde und küßte ihn auf die Nase, und als alles vollbracht war, zogen wir uns aus und gingen zu Bett, in Frieden mit unserem Gewissen und aller Welt.»[45]

Zu solcher *Toleranz* ist fähig, wer den kultischen Teil des Gottesdienstes als das zu sehen vermag, was er ist: als ein *Spiel* vor Gott, das Menschen miteinander verbinden, nicht trennen sollte. Das Spiel löst die Angst auf, die das Dogma schafft und der das Dogma entstammt, und so, wie es gegen die kirchliche Fixierung formalisierter und standardisierter Redensarten als Glaubens*ersatz* nur das Heilmittel der *Rückgewinnung des Symbols* gibt, so gibt es gegen die katholische Substantialisierung der «Sakramente» nur *die Rückgewinnung des Spiels.* Das Spiel lebt davon, daß man nicht «wissen» kann, was die Wahrheit ist; aber man kann sie erfahren, wenn man sich auf das Spiel einläßt. Das Spiel schenkt dem Menschen Freude und Weitherzigkeit, und es ist durchscheinend für einen Gott, der unser aller Spielgefährte ist.

Dieser letztere Gedanke führt uns jetzt noch ein wenig näher an die Einheit von *Kult* und *Spiel* heran, indem er uns hilft, ein spezielles *Sakrament* in der

Geschichte der Religion besser zu verstehen. Bislang haben wir das Spiel ja nur erst als eine *formale* Seite des religiösen Rituals betrachtet; der *inhaltlichen* Seite seiner Funktion als eines Gegenmittels zu der Angstbindung des Dogmatismus und Formalismus kirchlicher Glaubenslehre und Sakramentenpraxis nähern wir uns indessen ohne Mühe, wenn wir noch einmal auf die *Bedingung* eingehen, unter der allein es möglich ist, *spielerisch* tätig zu sein: *der Freiheit von Angst*. Bei den Jungtieren, sahen wir gerade, gehört zur Angstfreiheit unbedingt *die Nähe der Elterntiere*, das heißt die Gegenwart zumindest der Mutter. Die ganze Religion, sahen wir ebenfalls schon, besteht darin, die Elterngestalten durch das virtuelle Bild eines himmlischen Vaters beziehungsweise einer himmlischen Mutter zu ersetzen. Es gibt nun in der Religionsgeschichte bei den meisten Völkern einen Ritus, der gerade auf diesen Übergang von der «Elternbindung» zur «Gottesbindung» berechnet ist: die *Initiation*, die Riten der *Einweihung* in das Erwachsenenleben.

Es war A. VAN GENNEP, der bereits um 1910 auf die *Rites de passage*, auf die Riten des *Übergangs* hingewiesen hat.[46] In bestimmten Situationen, so war sein Gedanke, droht das Leben der Gemeinschaft durch die Erschütterungen des individuellen Lebens instabil zu werden, und so bedarf es bestimmter Veranstaltungen, die den Einzelnen mit dem Leben des Stammes rückverbinden. Freude und Trauer, Geburt und Tod, aber auch Mannbarkeit und Heirat bilden solche «Übergänge» beziehungsweise Umbruchsphasen, die offenbar einer stärkeren *Einbindung* in den *göttlichen*, das heißt kollektiven, sakralen Sinngehalt des Zusammenlebens aller bedürfen. Aus der Perspektive des Betroffenen, des *Einzelnen*, stellt sich die Problematik etwa wie folgt dar: Sobald er der Bindung an seine Familie entwächst, betritt er notgedrungen ein Terrain der *Nichtfestgelegtheit*, mithin der *Angst*. Er soll ein *eigenes* Leben beginnen, er ist reif genug, eine *eigene* Familie zu gründen, ohne daß indessen auch schon hinreichend definiert wäre, was das eigentlich ist: das «Eigene». Überall auf Erden treten deshalb bestimmte *Riten* auf den Plan, in denen dem Einzelnen mit Nachdruck der Anspruch der *Tradition* vor Augen gestellt wird. Anstelle der *Eltern* ist es jetzt der *Geist der Gemeinschaft,* der zu dem Einzelnen zu reden beginnt; an die Stelle der äußeren Bindung soll jetzt die *innere* Bindung treten; und was bis dahin in äußerem Gehorsam unter fremder Aufsicht gelebt wurde, das soll jetzt geschehen aus innerer Überzeugung und unter Anleitung des persönlichen «Gewissens». Die Feierlichkeiten der *Initiation* versuchen daher, den entstandenen Spielraum der Freiheit zu schließen, indem sie die vorgegebenen Inhalte und Einrichtungen des Erwachsenenlebens in den Rollendefinitionen von Mann und Frau den Jungen und Mädchen einprägen.[47]

In der katholischen Kirche zum Beispiel findet eine solche Initiations-Feier-
lichkeit statt unter dem Namen der «Firmung». Dem Begriff nach handelt es
sich da um eine «Bestätigung» oder «Betätigung» des – – ? ja! allen Ernstes: des
Tauf-«Versprechens», welches der nunmehr Zwölfjährige und somit für «erwachsen» Erklärte seinerzeit schon als Säugling «abgelegt» hat. Damals, so erkennt selbst die Kirche, konnte der «Täufling» für sich selber freilich noch gar
nichts «versprechen» oder «erklären»; *das* taten damals die «Taufpaten», stellvertretend. Aber auch jetzt, so sieht man wohl, sind der Entscheidungsvoll-
macht pubertierender Kinder noch recht enge natürliche Grenzen gesetzt, und
so versichert man sich beim Sakrament der «Versicherung», der «Firmung»,
vernünftigerweise immerhin noch der sogenannten «Firmpaten», – bestimmter Vertrauenspersonen, die eine Art «Bürgschaft» der rechten Erziehung im
Geiste der Kirche gewährleisten müssen. Diese «Firmpaten» nun sind offenbar
für solcherweise potent zu erachten, daß sie ihre Erziehungsmündel gleich in
Kompaniestärke können antreten lassen: ein einziger Religionslehrer «bürgt»
da für gut und gern fünfzig bis hundert Kinder, denen er die Hand auf die
Schulter legt, während der *Bischof* – nur ein Mann seines Ranges, selbstredend,
kann einer solch wichtigen Handlung «vorstehen!» – seinerseits jedem einzelnen der Kinder das Sakrament der Firmung «spendet». Die ganze Veranstaltung könnte unter diesen Voraussetzungen eigentlich recht lustig dahergehen,
dürfte man sich nur zugeben, welch eine Posse auf die christliche Existenz man
hier aufführt. Den theologischen Worten nach allerdings geschieht hier Entscheidendes: der Heilige Geist, – das ist, wohlgemerkt, die dritte Person der
dreifaltigen Gottheit, die vom Vater *und* vom Sohne ausgeht (allein dieses
«und» steht noch heute, seit dem 11. Jahrhundert, trennend zwischen den Kirchen Ostroms und Westroms![48]) –, der Heilige Geist also kommt durch die
Spendung des Bischofs zu den Firmlingen, um sie in dem Glauben zu bestärken, dessen sie schon als kleine Kinder gewürdigt wurden, als sie in der *Taufe*,
die *heilsnotwendig* ist, um der ewigen Seligkeit teilhaftig zu werden, den Heiligen Geist empfingen. Der Heilige Geist, wie man sieht, kann gar nicht oft genug «kommen», um sich «aus dem Munde der Unmündigen Lob zu bereiten»
(Mt 21,16; Ps 8,3).

Räumt man den ganzen pompösen Überbau des kirchlichen Triumphalis-
mus einmal beiseite und läßt sich nicht länger narren durch all die logischen
Tautologien und rituellen Dubletten, so bleibt, außerhalb der Dogmatik, *rein
religionspsychologisch* immer noch *eine rituelle Spielhandlung* übrig, die ihres
Sinns nicht gänzlich entbehrt: Es gilt sozialpsychologisch, die *Angst* zu überwinden, die sich der *Kohärenz* des Alten und des Neuen verweigern könnte; es

gilt, *die Angst des Übergangs* zu mildern durch ein Verfahren neuer Einordnung; der «Geist» freilich, der da «neu» «gesandt» werden soll, ist im Grunde lediglich die «Vergeistigung» des Vorgegebenen. – Gleichwohl sind solche rituellen «Spiele» in allen Gesellschaften offenbar nötig; selbst der atheistische DDR-Staat wußte in der sogenannten Jugendweihe nichts Besseres zu tun, als die Konfirmation (beziehungsweise die Firmung) *nachzuahmen,* indem er die (überholte) Bindung an die Kirche ganz einfach durch die («fortschrittliche») Bindung an den Staatsapparat ersetzte.

*Individualpsychologisch* aber ist ein anderer Aspekt von Belang: es kommt darauf an, den *Schritt der Ablösung* von den Eltern zu erleichtern. Wir wissen von dem *Archetyp* der Mutter und des Vaters bereits genug, um die *religiösen Implikationen* mitzuvollziehen, die in einem solchen Prozeß enthalten sind. Das Initiationsritual versichert dem Einzelnen, daß er buchstäblich «im Himmel» all das *wiederfinden* wird, was er auf Erden an Halt und Sicherheit einbüßt, sobald er sich von seiner Familie löst; oder von der anderen Seite her betrachtet: das Initiationsritual *erleichtert* die Loslösung von den Eltern, indem es um so intensiver auf die *göttlichen* Kräfte verweist, die auch und gerade den Erwachsenen durch sein Leben begleiten werden. Der *Verzicht* auf Vater und Mutter wird hier gemildert durch die *Aussicht* auf den Schutz eines himmlischen Vaters beziehungsweise einer himmlischen Mutter. Das rituelle *Spiel* des Erwachsenseins setzt die Kräfte frei, wirklich erwachsen zu werden.

Natürlich ist es unter diesem Betracht von vornherein *absurd,* den historischen Jesus von Nazareth zu bemühen, um so etwas wie eine «Einsetzung» von Firmung oder Konfirmation konstruieren zu wollen.[49] «Sakramente» dieser Art machen nach dem gerade Gesagten ja überhaupt erst dann Sinn und Verstand, wenn eine Gemeinschaft mit einer fertig ausgebildeten *Tradition* existiert, die sie an die Heranwachsenden als ihr kostbarstes Vermächtnis weitergeben möchte. Daß Jesus die «Firmung» begründet hätte, ist daher noch weit unwahrscheinlicher, als daß er die «Taufe» oder das «Abendmahl» «eingesetzt» hätte. Doch haben wir schon gelernt, in diesen Fragen insgesamt umzudenken und damit zu rechnen, daß die Person Jesu selber von den archetypischen Bildern her *gedeutet* wird, so wie sie ihrerseits die uralten Bilder in neuem Lichte erscheinen läßt.

Da lesen wir zum einen in Mk 10,28–31 so erstaunliche Worte wie die Aufforderung, «alles»: Vater und Mutter sowie die Bindung an den gesamten Familienbesitz zu *verlassen* «um des Himmelreiches willen» beziehungsweise um der «Nachfolge» Jesu selber willen.[50] In jeder gelingenden Psychotherapie zeigt sich heute, wie schwierig es ist, sich von den Elterngestalten *innerlich* wirksam zu lösen; es ist aber klar, daß nur eine solche innere Lösung den entscheidenden Schritt zu Selbständigkeit und eigenem Leben einzuleiten vermag. Mit seiner eigenen Person muß Jesus in diese Freiheit eines selbstverantworteten Lebens in Eigentlichkeit und Eigenständigkeit gerufen haben. Nicht das «Ritual», sondern *die persönlich gelebte Wirklichkeit* ist hier das vermittelnde Bindeglied zwischen dem Einzelnen und seinem Gott; das archetypische Ritual der Initiation indessen kann helfen, die Botschaft und die Person Jesu unter diesem Gesichtspunkt neu wahrzunehmen.

Dabei fügt die Gestalt Jesu dem überkommenen Bilde allerdings ein unerwartet *Neues* hinzu. Für gewöhnlich verbindet man mit dem Schritt zum «Erwachsenwerden» das *Ende* der Kindheit, das *Ende* des Spielalters, das *Ende* unbekümmerten Vertrauens. In der Botschaft Jesu hingegen ist ein deutlich anderer Akzent gesetzt: «Wenn ihr nicht werdet wie die Kinder», sagt er (Mk 10,15), «so werdet ihr in das Gottesreich nicht eingehen.»[51] Immer wieder kommen wir auf dieses Wort zu sprechen. Da entscheidet sich offenbar alles daran, inwieweit es gelingt, gerade *nicht* «erwachsen» zu werden, sondern das fertige «Erwachsensein» zugunsten einer inneren Kindlichkeit *aufzugeben.* Nicht die «Verfestigung» des Vorgegebenen, sondern ein Neuanfang, eine «Wiedergeburt», eine «Umkehr» in jedem Betracht ist der Inhalt einer solchen «Initiation» im Sinne Jesu.

Der *Kontrast* zu all der *zwangsneurotischen* Angst kann nicht größer sein als an dieser Stelle. Das gesamte zwanghafte Gehabe versichert den Menschen darin, *fertig* sein zu müssen, *perfekt* sein zu müssen, *makellos* sein zu müssen, *fehlerfrei* sein zu müssen, denn alles Unfertige, alles Unvollkommene, alles Mangelhafte und Fehlerbehaftete ist in der zwanghaften Angst *identisch* mit Ablehnung und Vernichtung. Eben deshalb muß der Zwanghafte in gewissem Sinne sich selber auf eine imaginäre Gottähnlichkeit, auf ein *absolutes* Sein hin entwerfen. Er muß, mit KIERKEGAARD gesprochen, stets versuchen, verzweifelt nicht er selbst sein zu wollen, oder auf verzweifelte Weise er selbst sein zu wollen[52]; er muß, in der Diktion SARTRES, alle Kräfte darauf verschleißen, zu sein, was er nicht ist, und nicht zu sein, was er ist.[53] Es ist das *Spiel*, das durch seine Form gegenüber der zwangsneurotischen Angst dem Menschen versichert, daß er *nicht* «perfekt» sein muß, um als Mensch leben zu *dürfen*, daß er *Fehler* begehen darf, um aus ihnen zu *lernen,* daß er als ein *Werdender* zugelassen ist zur Gemeinschaft der Lebenden, daß er nicht immer der Erste sein muß, nur um unter den Anderen *etwas* zu sein, daß er aus der tödlichen *Konkurrenz* heraustreten kann, um die Rollenverteilung von Jäger und Gejagtem, von Verfolger und Verfolgtem *spielerisch* zu wechseln und *umzukehren.* Aus der

Angst des tödlichen Ernstfalles wird hier die *Angstlust* einer imaginierten Geborgenheit, aus der Fixierung auf bestimmte starre Normen werden hier *Spielregeln* einer relativ freien Abänderbarkeit, aus der Härte eines Zwangssystems von außen wird hier eine *Freiwilligkeit der Teilnahme* in der Bindung an offene, von innen her akzeptierte Arrangements.

Es war der zentrale Inhalt der Botschaft Jesu, die Menschen zu einem solchen *Spielen* ihres Daseins zu verleiten, indem er die angstbefreiende Bedingung lebte und verkündete, die eine solche Einstellung ermöglicht: das kindliche Vertrauen eines Erwachsenen in die Nähe Gottes.

In seinem frühen philosophischen Essay «Der Mythus von Sisyphos» hat ALBERT CAMUS das *Spiel* einmal als eine Konsequenz des *Absurden* bezeichnet: der Schauspieler auf der Bühne, meinte er, beweise sich selbst, daß er in *jede* Rolle schlüpfen, daß er *alles* sein kann, was er will, zumindest für die Dauer eines verschwindenden, unwiederholbaren Augenblicks; und er gab in gewissem Sinne der Kirche aus ihrer Sicht recht, wenn sie die Existenz des *Schauspielers* als eine gegen sich selbst gerichtete Provokation empfand, die sie glaubte, mit allen Mitteln verbieten und ausgrenzen zu müssen.[54] In Wahrheit jedoch enthält CAMUS' Entwurf die höchstmögliche Annäherung an den Glauben Jesu: das Leben zu *spielen* und im Spiel seine *Freiheit* zu bewähren, die durch kein äußeres Reglement sich vorwegbestimmen und -entscheiden läßt. Die einzig verbleibende, allerdings entscheidende Frage an CAMUS lautet: Wie ist es *möglich*, zu spielen, nicht, um durch das Spiel ein geliehenes Sein zu verkörpern, sondern um das Geschenk des *eigenen* Seins spielerisch aufzugreifen?

Uns Menschen scheint es bei dieser Frage nicht anders zu gehen als den Tieren: So wie diese nicht spielen können ohne die ständige Gegenwart eines *Elterntieres,* so werden wir Menschen offenbar zum Spiel des Lebens erst fähig durch ein Vertrauen, das in unserem *Bewußtsein* und in unserem *Gefühl* so *tragend* und *bergend* ist, wie einem Tierjungen die Gegenwart seiner Eltern erscheinen kann. Nur daß wir Menschen in gewissem Sinne nicht aufhören, «Kinder» zu sein! Unser ganzes Aussehen – wir erinnern uns – zeugt von der *Neotenie* unseres Wesens, und unser Großhirn stattet uns mit einer Neugier, mit einer Freiheit, mit einem *Spieltrieb* aus, so *groß*, wie bei keinem anderen Tier, und so *stark*, daß man kulturell und religiös schon eine Menge unternehmen muß, um Menschen schließlich so weit einzuschüchtern, daß sie nichts weiter mehr sind als «fertige», fertig*gemachte* «Erwachsene». HUIZINGA hat zu Recht darauf hingewiesen, daß die Wurzeln auch und gerade der *wissenschaftlichen* Erkenntnis den Antrieben des Spiels entstammen[55], und KONRAD

LORENZ meinte salopp, «Wissenschaftler» seien ganz einfach Menschen, welche es vermocht hätten, die Hobbys ihrer Jugend zu ihrem Beruf zu entwikkeln.[56] Das Beste an uns entfaltet sich im Spiel; und es scheint nicht zuviel behauptet, wenn wir sagen, es sei der Mensch das Wesen, welches zu *Spiel* und *Religion* oder, besser, zu *religiösem Spiel* imstande ist. Alles Gebet, aller Ritus, die Malerei, die Musik, – was im Raume der Kultur wäre nicht dieser Quelle entsprungen? Die «Firmung» aber wäre, so verstanden, die «Ermächtigung», die «Ermöglichung», die *Bitte*, buchstäblich *um Himmels willen* nicht davon zu lassen, die Fähigkeiten eines spielenden Kindes zu pflegen und zu hüten, gerade jetzt in dem Augenblick, da man wird, was man einen «Erwachsenen» nennt.

Verbleibt nur, daß *auch das Bild Gottes* die Züge des Spielens annehmen muß. Obwohl wir die Fragen der «Schöpfungslehre» und der «Gotteslehre» methodisch begründet erst im 3. Band dieser Arbeit werden erörtern können, sei doch hier bereits ein sehr wichtiger Hinweis erlaubt. Die zwanghafte, dogmatische Form der Theologie hat seit eh und je einen Gott gelehrt, der durch seine Macht und durch sein Wissen wie ein Fahrdienstleiter der Bundesbahn genau vorhersieht und vorherbestimmt, wann und wie der ICE München–Hamburg am Dammtorbahnhof oder in Altona einlaufen wird. Dieser Gott hielt die ganze Welt, das heißt die unerschöpflichen Weiten des Kosmos in seinen Händen wie ein fertig geschriebenes Kursbuch, das sich nur noch nach fertigem Programm in seinen Einzelheiten aufzuführen brauchte. Erst ein Typ von «Gläubigen», die weniger gezwungen, weniger verängstigt, weniger festgelegt über die Welt als die «Schöpfung» eines an sich «unbekannten Gottes» nachdenken können, werden von sich selbst her entdecken, was wir, einstweilen und wider Willen, stets hart am Rande des «Atheismus» – erneut! – von den *Naturwissenschaftlern* beigebracht bekommen: daß die «Gesetze» des Kosmos eine *Mischung* darstellen aus «Zufall» und «Notwendigkeit»[57], ein *Spiel* nach Regeln, die keinen «Plan» verfolgen, dafür aber, je nach den Ergebnissen, die sie zeitigen, sich jeweils neu bestimmen und damit ändern können. «Zeus spielt» – dieser Satz HERAKLITS[58] galt schon der frühen Kirche als Inbegriff der Glaubenslosigkeit unchristlichen Heidentums. Wir beginnen gerade zu ahnen, daß HERAKLIT recht hatte und daß wir seine *Frömmigkeit* brauchen, um die Welt, die uns umgibt, religiös so zu interpretieren, daß Glauben und Wissenschaft endlich eine Chance bekommen, *integral* zueinander zu finden. Das *Spiel* scheint das unerläßliche *Symbol* einer solchen Einheit zu bilden.[59]

Da J. HUIZINGA insbesondere *die Dichtung* aus dem *Spiel* zu begründen versucht hat, scheint es richtig, diesen Abschnitt mit zwei Gedichten von

R. M. RILKE zu beschließen, in denen das *Kindsein* als ein vertrauensvolles Sein im Unwissen und Ungewissen gepriesen wird:

> Du mußt das Leben nicht verstehen,
> dann wird es werden wie ein Fest.
> Und laß dir jeden Tag geschehen
> so wie ein Kind im Weitergehen
> von jedem Wehen
> sich viele Blüten schenken läßt.
>
> Sie aufzusammeln und zu sparen,
> das kommt dem Kind nicht in den Sinn.
> Es löst sie leise aus den Haaren,
> drin sie so gern gefangen waren,
> und hält den lieben jungen Jahren
> nach neuen seine Hände hin.[60]
>
> Und ich weiß jetzt: Wie die Kinder werde.
> Alle Angst ist nur ein Anbeginn;
> aber ohne Ende ist die Erde,
> und das Bangen ist nur die Gebärde,
> und die Sehnsucht ist ihr Sinn[61]

### δ) Die hysterische Angst und die Symbolik der Heiligen Hochzeit oder: Leben zwischen Individualität und Tod

All die Zeit über haben wir bisher betont, daß einzig *die Liebe* die Kraft verleihe, Angst, Trauer und Verzweiflung zu besiegen, daß sie allein die Energie schenke, durch die ein Mensch seine Person zu entfalten vermöge, und daß sie schon deshalb der wahre Ort der «Offenbarung Gottes» sei. Von all dem ist auch jetzt kein Wort zurückzunehmen; und doch müssen wir diese Antwort ein letztes Mal noch überprüfen in Anbetracht *der* Form von Angst, die gerade im Erlebnisraum der Liebe aufbricht und die man im psychoanalytischen Jargon als «*Hysterie*» bezeichnet.

Die Hysterie besteht wesentlich darin, das *mögliche* Glück zu zerstören um eines *Unerreichbaren, Absoluten* willen, dessen Nähe stets gesucht, dann aber auch wieder gemieden werden muß – eine ständige Irritation der Gefühle zwischen Verbot und Verlangen, zwischen Angst und Anziehung, zwischen

Scheu und Sehnsucht. Im Hintergrund all dieser Turbulenzen – wir erinnern uns – steht die Gestalt des *Vaters* für das Mädchen beziehungsweise der *Mutter* für den Jungen, von denen sich zu lösen unter einem Wust von Ängsten und von Schuldgefühlen niemals so recht hat gelingen wollen. Auch die spätere *Partnerwahl* folgt dem Wiederholungszwang des unglückseligen Vorbildes, indem die Frau oder der Mann einer neuen Liebe unweigerlich die alten Erwartungen ebenso wie all die alten Befürchtungen auf sich zieht: Die als *Ersatz* des Vaters oder der Mutter geliebte Person *muß* irgendwann zu erkennen geben, daß sie *nicht* der Vater beziehungsweise *nicht* die Mutter ist, denen die eigentliche Liebessehnsucht gegolten hat. Und selbst wenn sie an ihre Vorgänger durchaus heranreichen, ja, diese gar noch übertreffen wollte, so würde sie doch nur um so sicherer die alten *inzestuösen Verbote* und *Ängste* auf sich ziehen.

Wie soll die Liebe *heilend* wirken können, wenn sie selber zur Hauptquelle der *Angst* im Leben eines Menschen geworden ist?

Die Antwort auf diese Frage malt sich in den uralten mythischen Bildern einer *Heiligen Hochzeit*[1]; doch auch diese haben eine lange biologische und psychologische Vorgeschichte, um in der menschlichen Seele als religiöse Symbole gegen die Angst fungieren zu können; und dieser Vorgeschichte müssen wir nachgehen, wenn wir ihre eigentliche Thematik begreifen wollen: den in der Evolution tief verankerten *Dualismus von Liebe und Tod.*

*Der Tod* ebenso wie die Liebe sind *Erzeugnisse* der Evolution, die Bedingung beider aber ist die *Individualität.* «Eine Evolutionstheorie», meint C. F. von Weizsäcker in einem Essay über den Tod, «muß drei empirisch bewährte Prinzipien erklären: die Erhaltung der Individuen, die Erhaltung der Arten, der Weiterentwicklung der Arten.»[2] Am Anfang der organischen Evolution stehen Moleküle, die imstande sind, sich selber zu reproduzieren. Alles beginnt also mit der Selbstvermehrung der jeweiligen Spezies ohne jedweden Schutz zugunsten des individuellen Lebens. Gleichwohl begegnet uns hier schon der mögliche *«Artentod»:* die verschiedenen Arten stehen zueinander in Konkurrenz um eine begrenzte Nahrungsmenge, und es wird diejenige Art beim «Kampf ums Dasein» im Vorteil sein, die sich entweder rascher vermehrt oder die Nahrung ökonomischer verwertet – oder beides gleichzeitig.[3] Unter dem Druck der Selektion führt das Prinzip der Selbstvermehrung der Arten somit wie von selbst zu dem Prinzip ihrer Weiterentwicklung: es geht darum, die individuellen Lebensformen mit einem Verhaltensrepertoire auszustatten, das ihnen die Erhaltung der eigenen Existenz erlaubt: Der *Stoffwechsel* muß in einer Weise verbessert werden, daß er ein differenzierteres Wachstum mit einer Fülle spezialisierter Organe und, damit verbunden, eine höhere *Mobilität* ermöglicht.[4] Am besten haben es dabei diejenigen Arten, die bereits organische Stoffe, also *lebende* Organismen verzehren können; es stellt mithin einen *Überlebensvorteil* für die Tiere dar, Pflanzen zu fressen, und es stellt einen weiteren Vorteil für *bestimmte* Tiere dar, sich von *anderen* Tieren zu ernähren.

Es ist an dieser Stelle zum erstenmal, daß Tod und Individualität sich wechselseitig hervortreiben; zum erstenmal nämlich bedrohen jetzt *Individuen* einander wechselseitig im Kampf ums Überleben, «und Selbstschutz durch Härte, Gift, Waffen, Größe, Beweglichkeit bringt Vorteil. Die Evolution erzeugt also das Schema des Individuums als letztes ihrer drei Prinzipien. Aber erst Individuen, die darauf eingerichtet sind, sich selbst zu erhalten, können eigentlich sterben. Für sie ist der Tod ein Ereignis, weil sie darauf angelegt sind, sich gegen ihn zu wehren. So erzeugt die Evolution den Tod.»[5]

Aber nicht nur. Zugleich mit der Individualität und dem Tod schafft sie auch die Möglichkeit zur *Liebe.*

Der Grund-«Gedanke» der Evolution ist recht einfach: Wenn es zwei Arten gibt, die in Konkurrenz zueinander etwa gleich «fit» sind, wird *das Tempo der Weiterentwicklung* den Ausschlag geben. «Weiterentwicklung» – das heißt deshalb konkret: das Ausprobieren neuer *Mutanten,* die entweder an die gegebenen Umweltbedingungen besser angepaßt oder auf veränderte Bedingungen besser vorbereitet sind. In je kürzerer Zeit sich möglichst viele Mutanten «ausprobieren» lassen, desto schneller wird eine Art sich «weiterentwickeln», desto erfolgreicher also wird sie sein. In dieser simplen Tatsache liegt der eigentliche Grund, warum die Evolution *den Tod zugleich mit der Liebe* hervorbringen mußte. Denn «Unsterblichkeit», zumindest «potentiell», ist biologisch eine Auszeichnung allein der Lebewesen, die sich ungeschlechtlich, durch bloße Zellteilung, vermehren; bie dieser Form der Vermehrung aber sind die Tochterzellen (bis auf die «Schreibfehler», bis auf die *«Mutanten»*[6]*!*) vollkommen identisch mit der Ausgangszelle – von einem «Durchprobieren» zahlreicher Mutanten kann hier nicht die Rede sein. *Anders* bei der geschlechtlichen Vermehrung. «Sie mischt immer von neuem rezessive Merkmale und gibt jeder Spezies einen Schatz von Erbanlagen latent mit, die bei jeder Umweltänderung eine Chance haben, alsbald den bestangepaßten Typ zu produzieren.»[7] Im Kampf ums Überleben wurde das Prinzip der geschlechtlichen Vermehrung deshalb ein entscheidendes Mittel zur Beschleunigung der Evolutionsgeschwindigkeit, indem hier «eine ständige Neukombination des genetischen Materials» zustande kommt.[8]

Zudem bedeutet die geschlechtliche Vermehrung in sich selbst bereits einen wirksamen *Schutz zugunsten des Individuums.* Denn von den auftretenden

Mutationen bieten nur die wenigsten einen gewissen Vorteil, – die allermeisten sind schädlich. Ein Einzeller, der sich *ungeschlechtlich* vermehrt, geht in aller Regel bei einem auftretenden Erbsprung zugrunde. Nur die ungeheuere Vermehrungsrate etwa bei Bakterien, die es in einer Stunde auf drei Generationen bringen, kann diesen Schaden noch in einen Vorteil verwandeln: irgendeine Mutation ist vielleicht auf Veränderungen der Umwelt besonders angepaßt[9]! Irgendeine neue Variante übersteht zum Beispiel auch einen neu eingesetzten Impfstoff! Doch es ist klar, daß diese «Rechnungen» ohne jede Rücksicht gegenüber dem Erhalt des individuellen Lebens durchgeführt werden. Demgegenüber besteht der Vorteil der *geschlechtlichen* Vermehrung gerade darin, daß der doppelte Chromosomensatz, über den alle sexuell sich fortpflanzenden Lebewesen verfügen, eine einzelne Mutation *unwirksam* macht: das unveränderte Gen des Zwillingschromosoms «überdeckt» gewissermaßen das mutierte Gen – zum Überlebensvorteil des Individuums.[10] Mehr noch: Zur Bildung einer Keimzelle muß zunächst der doppelte Chromosomensatz einer Geschlechtszelle durch Reduktionsteilung halbiert werden; daher muß aber eine Mutation für die Keimzelle mit nur einfachem (haploidem) Chromosomensatz sich genau so auswirken wie bei einem einzelligen Lebewesen: sie geht zugrunde, wenn die Erbänderung schädlich ist. Noch bevor also überhaupt eine Befruchtung zweier Keimzellen stattfinden kann, kommt es zu einer Art Tauglichkeitsprüfung, ob das veränderte Gen sich in den Stoffwechsel der Keimzelle einfügt oder nicht.[11] Ein einzelnes Lebewesen kann bei der geschlechtlichen Vermehrung mithin erst entstehen, wenn diese «Prüfung» bestanden wurde. Die «Kosten» der Mutation trägt jetzt also nicht mehr das Individuum, sondern das Zellmaterial, aus dem es gebildet wird. Anders gesagt: die Selektion findet bei der geschlechtlichen Vermehrung zum erstenmal auf einem Niveau statt, das *unterhalb* des individuellen Lebens liegt und daher dem Erhalt beziehungsweise der Lebensfähigkeit des Individuums dienlich ist.

Doch damit nicht genug! Die Frage bleibt ja bestehen, wie denn ein einzelnes mutiertes Gen, das mit den Anforderungen einer einzelligen Keimzelle verträglich ist, sich in das Gefüge all der Eigenschaften einpassen soll, die den Organismus eines vielzelligen Individuums ausmachen. Das Problem löst sich im sogenannten *Genpool* selbst[12]: Sobald die beiden haploiden Keimzellen mit ihren Millionen von Erbinformationen miteinander verschmelzen, sinkt die Wahrscheinlichkeit *auf Null* herab, daß ein mutiertes Gen ein genau gleiches mutiertes Gen antrifft; es tritt daher in seiner Wirkung in aller Regel *zurück*, es bleibt *rezessiv*, wird aber als solches im Erbgut gespeichert und kann in immer neuer Weise in der Generationenfolge kombiniert werden, bis es – zufällig –

einem genau gleichen mutierten Gen begegnet. – Die Wahrscheinlichkeit dazu ist allerdings erheblich erhöht, wenn die Zahl der zu kombinierenden Gene relativ klein ist, wie es bei naher Verwandtschaft, bei *Inzucht* also, der Fall ist.[13] Es scheint an *diesem Umstand* zu liegen, daß schon die meisten höheren Tiere, und ausnahmslos alle menschlichen Kulturen, den *Inzest* tabuisieren – die Gepflogenheit des Erbadels oder der Erbmonarchie zum Beispiel im Alten Ägypten, die zu der Einrichtung von Geschwister- oder Verwandtenehen führen konnte, bestätigt an dieser Stelle nur die Regel, nach welcher die «ödipale» Inzest*flucht*[14] (beziehungsweise die «Exogamieregel» in «totemistischen» Stammeskulturen[15]) allem Anschein nach sich bereits aus den Grundlagen der geschlechtlichen Vermehrung selbst herleitet: es ist einer ihrer Hauptvorteile, das Zusammentreffen ungünstiger Mutanten zu verhindern! Wenn die *hysterische* Problematik sich aus einer unaufgelösten Inzestneigung ergibt, so rührt die Thematik dieser Angst offenbar an den Kern der Sexualität selbst: an den Schutz der Integrität der eigenen Individualität!

Doch auch das ist noch nicht alles. Wenn die mutierten Gene im *Genpool* lediglich auf unabsehbar lange Zeit «versteckt» blieben, so würden sie zwar keinen größeren Schaden anrichten, es wäre aber nach wie vor unklar, worin denn nun eigentlich der evolutive Vorteil der geschlechtlichen Vermehrung liegen soll. Die Antwort der Genetiker auf diese Antwort ist erst neueren Datums und besteht in der Entdeckung der sogenannten *Regulator-Gene*.[16] Ihre Funktion ist es, im Zellkern bereits zu überprüfen, inwieweit eine neue Mutation sich im Rahmen der vorhandenen Gene verwenden läßt. Da wird also eine Vorauswahl derjenigen Gene getroffen, die in der spezifischen Umwelt einer Art eventuell gewisse Adaptionsvorteile bieten! Statt, wie bisher, die Probe auf Sein oder Nichtsein dem einzelnen Lebewesen aufzubürden, wird diese Entscheidung fortan sozusagen schon auf der Ebene der «Blaupause», also noch vor der Heranbildung eines lebenden Individuums, getroffen! Es ist klar, daß dadurch ein unsägliches Maß an Leid und Schmerz dem einzelnen Lebewesen *erspart* wird. Ja, es existieren im Zellkern *Reparator-Gene*[17], die nach dem Muster des intakten Gens aus dem Zwillings-Chromosom ein mutiertes Gen wiederherstellen; andere *Regulator-Gene* überprüfen *zusammentreffende Mutanten* auf ihre Verträglichkeit. Kurz, all diese Vorkehrungen laufen darauf hinaus, nur Individuen zum Leben zuzulassen, die auch eine gewisse Aussicht auf Lebensfähigkeit besitzen.[18] Diese *Vorsorge* der Natur für das einzelne Leben ist so groß, daß nach Schätzungen heutiger Genetiker nur etwa 5 % aller Gene einer Zelle als «Struktur-Gene» zum Aufbau der artspezifischen Merkmale eines Individuums zu betrachten sind; alle anderen dienen vermutlich der

«Regulation» des Erbgutes – ein Ausmaß an Sorgfalt und Voraussicht, das alle Erwartungen bei weitem übertrifft.[19]

Alles scheint bis dahin die These zu stützen, daß der «Sinn» der Sexualität unter anderem in dem *Schutz und* in der *Heranbildung des Individuums* liegt; und tatsächlich könnte diese Behauptung uneingeschränkte Geltung beanspruchen, bestünde der Preis für die Sorgfalt *am Anfang* des individuellen Lebens nicht in der Gewißheit des sicheren Todes *am Ende* des Lebens. Sexualität, Individualität *und Tod* sind nur die verschiedenen Seiten ein und derselben Strategie der Evolution zur Weiterentwicklung der Arten. Das heißt, man kann, verlegt man den Akzent dieser Aussage auf den Aspekt des *Todes,* statt von der Wichtigkeit des Individuums, rein biologisch ebenso berechtigt auch von der Bedeutung der *Pläne,* mithin der genetischen Codierung, gegenüber den realen Lebewesen sprechen.

R. RIEDL hat deshalb den «dramatischen Effekt» des «Systems der Selbstplanung»[20] in dem Aufbau interzellulärer hierarchischer Schaltmuster von Sub- und Supersystemen und damit der Bedeutung der genetischen «Blaupausen» einmal so hervorgehoben: «Der Organismus ist (sc. jetzt, d.V.) nur (noch, d.V.) Gleichnis, ein Fall seines genetischen Kanons. Nur dessen Änderung kann Bestand haben. Sollte, vergleichsweise, an einer gotischen Kathedrale auch nur ein Ornament verbessert werden, so gelänge das nach diesem Prinzip nur dadurch, daß Kathedralen immer wieder aufgebaut und wieder völlig niedergerissen würden, bis einmal, beim Pausen der Pläne, jenes Ornamentchen irrtümlich zum Besseren verändert wird. Daher werden in der Evolution bekanntlich alle Bauten, Hüttchen wie Prunkschlösser, sobald auch nur der letzte Dachreiter sitzt, sogleich erbarmungslos wieder eingerissen. Gewiß ein schauderhafter Vorgang, weil er im Lebendigen ein Grundproblem unser selbst enthält: den unentrinnbaren Tod. – Die Fehler der Evolution werden deutlich. Säße unser Bewußtsein in den Planpausen, wir zählten weiterhin zu den Unsterblichen; und der somatische Tod wäre nicht dramatischer als das Scheren eines Bartes. Doch die Evolution hat keine Voraussicht. Sie ließ das Bewußtsein im Soma entstehen, als es noch unbedeutend war. Und beide müssen nun immer wieder diese Welt verlassen; auch die Geister, die bedeutend wurden. – Tatsächlich hat die Evolution der Gestalten es, wo immer sie die Vermehrung auf direktem Wege versuchte – wir sagen ungeschlechtlich, also durch Teilung und Regeneration des Restes –, nicht weit gebracht. Der große Schritt bestand in der geschlechtlichen Fortpflanzung, in der Kombination je zweier Pläne also. Und eben das verlangt eine völlige Rückkehr zu den Planpausen, wie kompliziert ihre Bauten auch immer geworden sein mögen.»[21]

Die «Fürsorge» der Natur gilt, so betrachtet, mit der Einrichtung der Sexualität also nicht eigentlich dem Individuum; dieses bleibt vielmehr nur der zeitweilige Träger eines immer komplexer werdenden Genoms, an dessen Weitergabe und Vervollkommnung es für den flüchtigen Augenblick seiner Existenz erlaubtermaßen beteiligt ist; – auch S. FREUD hat in seinen eher philosophischen Schriften sich in ähnlicher Weise über die Stellung des Menschen in der Welt geäußert.[22]

Gleichwohl trifft diese Betrachtungsweise nur *die biologische Funktion* der Sexualität – für *sie* hat das einzelne Lebewesen in der Tat keine weitere Bedeutung, als daß es sich in der Rolle eines Gen-Trägers und -Überträgers recht und schlecht «bewährt»; dieselbe Betrachtungsweise mutet indessen absurd an, bezieht man sie auf die Fülle all der Lebensäußerungen, die aufgrund des Prinzips der geschlechtlichen Vermehrung in der Evolution möglich wurden und die gerade dem einzelnen Lebewesen Schritt für Schritt einen stets sich steigernden Eigenwert zusprechen, bis aus der «Sexualfunktion» – *Liebe* wird.

Die Schwierigkeit nämlich, vor die jede Art von geschlechtlicher Vermehrung sich sehr bald gestellt sieht, besteht in der Frage, wie die Keimzellen des «männlichen» Lebewesens mit den Keimzellen des «weiblichen» Lebewesens unter den jeweils gegebenen äußeren Bedingungen miteinander zusammengebracht werden können. Geschlechterdifferenzierung und Gametenverschmelzung waren die Probleme, welche von der Evolution als erste gelöst werden mußten: Nur bei bestimmten einfachen Wasserpflanzen können Zellen gleichen Geschlechts sich zu neuem Leben vereinigen. Algen schon bilden schnell bewegliche männliche Zellen heran und Nahrung speichernde weibliche Zellen – ein Verfahren, das bei fast allen Tieren und noch bis zum Menschen hin seine Gültigkeit behalten wird.[23] Solange indessen die Übertragung der Keimzellen *ungerichtet* vonstatten geht, ist es nötig, wie etwa bei den männlichen Blüten der Weidenkätzchen, *große Mengen* von Blütenstaub zu bilden, der dann vom Wind im Pollenflug zu einer anderen Pflanze oder zu einem anderen Baum verdriftet wird.[24] Oft aber verfügen die Pflanzen bereits über bestimmte in Jahrmillionen der Koevolution entwickelte Verfahren, um mit Hilfe von Farben, Formen und Gerüchen für sie geeignete Insekten anzulocken, die, auf der Suche nach Nahrung, den Pollen übertragen[25]; und bereits hier wirkt die geschlechtliche Vermehrung dahin, *die Individuen* immer reicher und vielfältiger auszustatten.

Insgesamt muß man sich klarmachen, daß alle asexuelle Vermehrung bei mehrzelligen Lebewesen an die Voraussetzung gebunden ist, daß zumindest ausreichend viele, wo nicht *alle* Zellen relativ *unspezialisiert* bleiben müssen, um ein neues Lebewesen entstehen zu lassen. *Pflanzenzellen* sind dazu (noch) imstande: selbst die Stengelzellen eines Blattes können sich zu Wurzelzellen entwickeln.[26] Ähnlich bei manchen *Meereswürmern:* sie brechen auseinander, und aus jedem Stück entsteht ein neuer Wurm.[27] Auch aus den Eiern von *Bienen und Wespen,* die nicht von männlichem Samen befruchtet wurden, schlüpfen Weibchen, deren sexuelle Entwicklung zwar unvollkommen bleibt, die aber dafür ihren Dienst als ungeschlechtliche «Arbeitsbienen» antreten.[28] Viel weiter allerdings reicht die Leistungsfähigkeit der ungeschlechtlichen Vermehrung offensichtlich nicht. Jede *höhere* Entwicklung der Arten basiert auf einer Fülle von morphologischen und organischen Spezialisierungen, die sich nur durchführen lassen, wenn lediglich *ein bestimmter Vorrat* an Keimzellen sich darauf «spezialisiert», *unspezialisiert* zu bleiben, indem er die gesamte Erbinformation einschließlich den Anweisungen zu ihrem «richtigen» Ablesen in sich trägt.

Dem *Individuum* freilich kommt in der Folgezeit eine immer größere Bedeutung zu. – Schon welche Blütenform sich beim Anlocken von bestäubenden Insekten gegenüber anderen Varianten durchsetzt, entscheidet sich ja allein an der *Gestalt* der jeweiligen Blume. Noch viel deutlicher wird der Zusammenhang von Sexualität und Individualität, sobald die Lebewesen nicht mehr nur in lateraler, sondern in *frontaler* Konkurrenz zueinander sich darum bemühen müssen, *ihre* Gene gegenüber anderen Artgenossen durchzusetzen, wie dies *bei den Tieren* fast ausnahmslos der Fall ist. Wohl gibt es «Hermaphroditen» auch unter den Tieren, wie Regenwürmer, Schlangen und Quallen, die sowohl über männliche wie weibliche Fortpflanzungsorgane verfügen[29]; alle anderen zweigeschlechtlichen Lebewesen aber stehen vor einer Fülle von Schwierigkeiten, die sich nur durch *eine immer komplexere Entfaltung der individuellen Merkmale* und Verhaltensweisen lösen lassen.

Da muß als erstes *der Unterschied* zwischen den männlichen und weiblichen Individuen deutlich genug markiert werden, um als *Merkmal* für die Artgenossen ebenso leicht *erkennbar* wie als *Schlüsselreiz* von Verlockung und Anziehung *wirksam* werden zu können; – allein zur Lösung dieser Frage geht der Phantasiereichtum der Natur ins Unvorstellbare. Was aber hierbei der innerartlichen Geschlechterdifferenzierung zugute kommt, macht sich zugleich auch *auf der Ebene des Individuums* geltend: Es muß versuchen, durch Lokken und Werben die Aufmerksamkeit eines Partners des anderen Geschlechts auf sich zu lenken. Aufgabe der *Männchen* ist es daher, ein bestimmtes *Revier* einzurichten und gegen Eindringlinge zu verteidigen.[30] Sehr früh verknüpft sich deshalb im Verhalten vor allem der Männchen die Sexualität mit der

Aggressivität; *beide* Antriebe, wohlgemerkt, dienen hier der Durchsetzung von Genen, die nur von diesem einen Individuum im Unterschied von allen anderen weitergegeben werden können. Indem also die Sexualität sich des Mittels der innerartlichen Konkurrenz bedient, um nur die «Besten» zur Zeugung von Nachkommen zuzulassen, entfaltet sie nicht nur die jeweilige Art, sondern sie muß notwendig zugleich die Schönheit, die Stärke, die Geschicklichkeit, die Klugheit, ja, auch sehr früh bereits: die Sensibilität und die «Einfühlung» des einzelnen Bewerbers im Liebesspiel und Liebeswettkampf um die Gunst des Sexualpartners prämieren. Zugelassen zur Weitergabe von Leben werden eben nicht «die Gene», sondern nur, als deren Träger, die jeweiligen Männchen und die jeweiligen Weibchen.

Schauen wir uns an, wie kompliziert bereits auf der Stufe der *Fische* das *Balzverhalten* sich ausnimmt, so werden uns sogleich eine Reihe von Eigentümlichkeiten deutlich, die sich durch die gesamte Entwicklungsreihe der Wirbeltiere über Hunderte von Jahrmillionen durchhalten.[31] Die meisten Besitzer eines Aquariums werden gesehen haben, wie ein *Stichlings*männchen aus Blättern und Halmen ein tunnelförmiges Nest anlegt, dessen Umgebung es als *sein* Revier markiert. Das Hochzeitskleid eines solchen Männchens ist besonders farbbetont: der Bauch rotglänzend, der Rücken smaragdgrün. «Schwimmt ein anderes Männchen in ein besetztes Revier, stellt sich der Revierinhaber senkrecht und imponiert mit seinem roten Bauch, und nutzt das nichts, wird gekämpft und der Rivale vertrieben. Hält man ein unten rotgestrichenes Holz ins Aquarium, wird es ebenfalls angegriffen, um so heftiger, je senkrechter die Attrappe steht. – Nähert sich ein Weibchen von oben, beginnt das Männchen mit einem Zickzack-Tanz, als wenn es unschlüssig sei, ob es zum Nest oder zum Weibchen schwimmen soll. Verhaltensforscher erklären das anders: Zwei Triebe sind im Widerstreit – die angeborene Aggression gegen einen Eindringling einerseits, das sexuelle Begehren andererseits. Aus diesem Widerstreit entsteht der Zickzack-Tanz, der also keineswegs ziellos ist. Das Weibchen muß sich schrägstellen und seinen prall mit Eiern gefüllten Bauch vorweisen, sonst wird es ebenfalls verjagt. Ein laichbereites Weibchen ist auf die Signale ‹roter Bauch› und ‹Zickzack-Tanz› programmiert und schwimmt auf den Liebesanwärter zu und folgt ihm bis zum Nest. Das wiederum veranlaßt diesen, seinen Kopf wegweisend in das Nest zu stecken, worauf das Weibchen hineinschlüpft. Doch erst nach einem ‹Schnauzentremolo› des Männchens nahe am Schwanzansatz auf ihrem Bauch laicht sie ab. Kaum hat das Weibchen das Nest verlassen, schwimmt das Männchen von der einen Seite hindurch und besamt die Eier. Dann vertreibt es das Weibchen, das zu nichts mehr nütze ist. Der

Weg zu einer neuen Liebe im wiederum genau festgelegten Zeremoniell ist frei. Derart sammelt das Männchen Frauen und Eier und wird den Jungen nach dem Schlüpfen ein treusorgender Vater sein. Ihre Mütter lernen sie nicht kennen.»[32]

So rudimentär auch immer, sind wir mit diesen Feststellungen doch schon dabei, die Grundlage dessen zu verstehen, was wir im menschlichen Leben als «Liebe» bezeichnen, ein Wort, mit dem die Theologen sogar Gott selbst belegen; indem wir uns über die (Zufalls-)Wege der Evolution Rechenschaft geben, sammeln wir Antworten auf unsere eigentliche Frage: wie denn ein Mensch als Individuum leben kann *inmitten* der Einheit von Sexualität und Tod? Soviel begreifen wir jetzt schon: man wird ein so starkes Gefühl wie die Liebe niemals verstehen, wenn man nicht (erneut!) den langen Weg der «Programmierung» im *Zentralnervensystem* durchgeht und betrachtet, mit wievielen Triebregungen, Triebverschränkungen, Signalen, ritualisierten Verhaltensmustern und Verhaltensstrategien die Evolution die Lebewesen ausgestattet hat, um *bei der Weitergabe von Leben* «erfolgreich» zu sein.

Freilich können wir an dieser Stelle gewiß erst nur von *Sexualität* sprechen, nicht schon von «Liebe». Denn: Was wir beim Balzverhalten z. B. der Stichlinge zu sehen bekommen, hat noch nichts zu tun mit irgendeiner «individuellen» Begegnung; alles ist hier streng der Korrespondenz von Schlüsselreizen und angeborenen Verhaltensweisen unterworfen; ja, der ganze Mechanismus der «Paarung» eines Stichlingmännchens und eines Weibchens wäre sofort zerrissen, wenn auch nur ein einziges Glied in der «Balzkette» fehlen würde. «Entfernt man zum Beispiel das Stichlingsmännchen vor seinem Schnauzentremolo, kann das Weibchen im Nest nicht ablaichen. Andererseits läßt sich dieser Schlüsselreiz auch ersetzen, indem man mit einem Glasstäbchen gegen den Bauch des Weibchens trommelt, wie das Männchen mit seiner Schnauze.»[33] Schon die Ersetzbarkeit des Individuums durch «Attrappen» als Träger bestimmter Signale zeigt überdeutlich, daß das einzelne Lebewesen hier wirklich noch nicht viel mehr bedeutet, als daß es als Träger und Überträger seines Genmaterials in Funktion tritt. Immerhin kann es auch hier schon nicht mehr ganz gerecht sein, die Bedeutung eines Lebewesens *allein* nach einem Vorgang zu beurteilen, der in seinem Dasein zwar eine wichtige, doch schon rein zeitlich nur phasenabhängige Rolle spielt: auch Fische leben nicht bloß, «um zu» laichen.

Zudem weist bereits das «Liebesspiel» *der Fische* eine Reihe von Elementen auf, die in der Folgezeit ihre Geltung behalten werden und auch erste individuelle Komponenten einbeziehen: das Männchen muß ein bestimmtes «Revier» einrichten und gegen Konkurrenten verteidigen, um ein Weibchen für sich zu gewinnen, und es muß für ausreichende Nahrung zumindest für die Jungen sorgen; das «Liebesspiel» selbst allerdings ist hoch ritualisiert, indem es aggressive und sexuelle Impulse miteinander kombiniert, die sich in einer Art «Balztanz» miteinander mischen; dabei ist das Verhalten von Männchen und Weibchen exakt aufeinander bezogen: während zu Beginn des «Kennenlernens» das Verhalten noch relativ flexibel gegenüber den äußeren Umständen sich gestaltet, folgt es bei Annäherung einem mehr und mehr stereotypen Signalaustausch, doch auch hier wächst notwendig der individuelle Faktor.

Der Grund dafür ist leicht zu erkennen:

Schon bei Tieren mit *äußerer* Befruchtung, wie bei den Fischen, wo die Verschmelzung der Keimzellen sich *außerhalb* des Körpers des Weibchens ereignet, muß das Verhalten der Tiere streng synchronisiert werden, da jede ungleichzeitige Abgabe der Geschlechtszellen die Befruchtungswahrscheinlichkeit der ausgestoßenen Keimzellen erheblich absenken würde.[34] Die zahlreichen Hochzeitsrituale der Tiere mit ihren unabänderlichen Regeln sind offenbar nötig, um einen biologisch möglichst erfolgreichen Paarungsakt zu garantieren. Weit komplexer aber muß das Verhalten derjenigen Tiere aufeinander abgestimmt werden, bei denen die Übergabe des männlichen Samens *im Körperinneren des Weibchens* stattfindet, wie es bei allen auf dem Land lebenden Wirbeltieren der Fall ist: hier ist es unerläßlich, daß die Erregung des Männchens ihren Höhepunkt in einem Moment erreicht, da *auch das Weibchen* am zugänglichsten ist.[35] Das aber ist wiederum nur erreichbar, wenn der «Signalaustausch» beim Liebesspiel zwischen den Partnern immer stärker *individualisiert* wird. Und das wiederum bedeutet einen neuen wichtigen Schritt in Richtung dessen, was wir «Liebe» nennen. Muß erst einmal *die Abstimmung aufeinander* als eine individuelle psychische «Leistung» erbracht werden, um zueinander zu finden, so ist in der Evolution die Stelle erreicht, da «Sexualität» unweigerlich übergeht in die Anfangsformen von Zärtlichkeit und individueller Zuneigung, indem aus «Kopulationspartnern» zunehmend jetzt *Individuen* werden, die sich als solche wahrnehmen, suchen und einander begegnen.

Allerdings verändert sich dabei charakteristischerweise die Rolle und das Verhalten *des Weibchens* gegenüber dem Männchen vor allem bei den *Säugetieren* ganz entscheidend. Die Situation ist geradewegs umgekehrt wie noch bei den Stichlingen: war dort das Männchen für sein «Gelege» allein verantwortlich, so wird bei den Säugetieren die Aufzucht des Nachwuchses ganz und gar den Weibchen anvertraut. Für die Säugetiere «ist typisch, daß der Vater ledig-

lich mit seinen Genen zur Fortpflanzung beiträgt. Alles andere besorgt die
Mutter: Sie trägt den heranwachsenden Embryo, produziert die Muttermilch,
wärmt und schützt die hilflosen Jungen. Angesichts dieser riesigen Anstrengungen hat sie ein Privileg. Meist ist sie es, die den Vater ihrer Nachkommenschaft auswählt. Ein Fehler bei der Partnerwahl hat für sie viel ernstere
Konsequenzen als für das Männchen. Paart sie sich zum Beispiel mit einem
genetisch abnormen Männchen, was zu einer hohen Sterberate der Jungen
führt, kann das Weibchen eine ganze Fortpflanzungssaison verlieren. Begeht
das Männchen einen ähnlichen Fehler, hat es nur soviel Energie vergeudet, wie
es in das Werben und die Vereinigung mit dem ungeeigneten Weibchen inve-
stiert hat. Mit anderen normalen Weibchen kann es das noch mehrmals wiedergutmachen. Dieser Risikounterschied aus falscher Partnerwahl erklärt uns,
wieso die Weibchen bei der Anpaarung häufig so scheu und wählerisch sind
und weshalb sich die Männchen so intensiv bemühen, im Wettstreit sich
gegenseitig zu übertreffen und ihre biologischen Qualitäten vorzuführen. Nur
so erhält das Weibchen Gelegenheit, ihre Freier zu testen und sich für den besten und tüchtigsten zu entscheiden.»[36]

Von diesem Stadium der Verhaltenspsychologie an wird also, aus der Sicht
des Weibchens ebenso wie des Männchens, eine echte *Wahl* getroffen, die zumindest für den Augenblick der Paarung, meist aber weit darüber hinaus, Geltung besitzt. Überall dort, «wo zur Aufzucht der Jungen die Fürsorge beider
Partner notwendig ist, gehen Männchen monogame Verbindungen ein, was
bedeutet, daß jeder Elternteil sich nur mit einem Partner paart. Zur Pflege der
Nachkommenschaft sind dann beide Eltern befähigt. Dies ist bei den meisten
*Vögeln* der Fall. Sind sich die Eheleute das ganze Leben lang treu, spricht man
von einer dauernden Monogamie. Zur Trennung kommt es nur dann, wenn
einer der Partner seine Pflichten nicht mehr erfüllen kann. Ihre Beziehungen
zueinander unterhalten die Geschlechtspartner auch außerhalb der Nistsaison,
so zum Beispiel die Schwäne, Wildgänse und Kraniche. Als Saisonmonogamie
bezeichnet man das Verhalten jener Arten, die während der Nistzeit monogam
sind, im übrigen Teil des Jahres aber vom Partner getrennt leben. Zu dieser
Kategorie gehören viele Zugvögel. Beide Partner weisen für gewöhnlich eine
starke Tendenz auf, jedes Frühjahr genau an die Stelle des vorjährigen Nist-
platzes zurückzukehren, so daß sich die Tiere in jeder Saison von neuem
treffen.»[37]

Es läßt sich nicht leugnen, daß *der individuelle Faktor* in den Paarbeziehungen jetzt bereits den einzelnen Partner zwar nicht gerade unersetzlich macht,
wohl aber durch Wahl und *Bindung* für die jeweilige Paarung und Paarbezie-

hung *entscheidend* werden läßt. Freilich sind monogame Verhältnisse unter Tieren recht selten; im großen und ganzen bleiben die einzelnen Lebewesen in den Paarbeziehungen *austauschbar,* und man muß bedenken, daß der Einfluß der Sexualität auf die Individualisierung des «Liebeslebens» eigentlich an dieser Stelle im Grunde schon erschöpft ist.

Nun aber kommt bei sozial lebenden Tieren *die Psychologie des Gruppenverhaltens* und damit vor allem *der Faktor der Aggressionsverteilung* zugunsten einer weiteren Individualisierung des «Liebeslebens» ins Spiel. Auch hier sind es zunächst wieder die Erfordernisse des Anpassungsdrucks der Umgebung, die das Verhalten bestimmen. – So haben wir zum Beispiel schon erwähnt, daß es den felsenbewohnenden *Mantelpavianen* gelungen ist, die ehemalige Sicherheit des Lebens auf den Bäumen durch den Schutz gebirgiger Landschaften zu ersetzen; andererseits zwingt die kärgliche Nahrung die Tiere zu einem Leben ohne größere Gruppenzusammenschlüsse, und so streifen die Mantelpaviane – anders als ihre Verwandten in den Steppen – «in kleinen Trupps aus einem Männchen und einem oder mehreren Weibchen samt Kindern herum und schlafen nachts zu mehreren Trupps gemeinsam im Gefels. Es sind Haremstrupps, die der Pascha eisern zusammenhält. Freie Liebe duldet er nicht. Entfernt sich ein Weibchen zu weit, verprügelt oder beißt er es.»[38]

Die *Aggression* sorgt hier für eine eindeutige individuelle Dominanz. Aber auch das Alphatier wird eines Tages alt, müde und schwach werden, und schon hebt der Streit um seine Position und damit um den «Besitz» der Weibchen von neuem an. Eindeutig ist es jetzt das «beste» Individuum, das die «Liebe» (oder die Unterwerfung) der weiblichen Mitglieder des Harems auf sich zieht. Interessant ist dabei, daß schon bei den männlichen *Dscheladas* zwei verschiedene Verfahren erprobt werden, um die Zuneigung eines Weibchens zu erringen: es gibt die *grobe* Vorgehensweise der «Machos» ebenso wie die *zärtlichere* der «Softis» unter den Tieren, und es scheint in die «Wahlfreiheit» des «Geschmacks» des jeweiligen Weibchens zu fallen, welche Methode es durch seine Gunst prämiert.[39]

Überhaupt zeigt sich, daß das Sexualverhalten *der Affen* bei weitem nicht so instinktabhängig ist wie etwa bei anderen Herdentieren, den Huftieren zum Beispiel.[40] Weit stärker machen sich hier schon individuelle Vorlieben und Neigungen geltend. S. L. WASHBURN und I. DE VORE haben vor dreißig Jahren schon die These entwickelt, daß man die Vorstadien der Menschwerdung verhaltenspsychologisch sich wohl in etwa nach dem Beispiel der *Steppenpaviane* vorstellen könne: In den offenen Ebenen mit zahlreichen möglichen Beutegreifern erwies sich offenbar die Bildung von *Großgruppen,* die von mehreren Männchen verteidigt wurden, als vorteilhaft.[41] Die Einrichtung von Großgruppen muß aber auch zu einer größeren Freiheit der «Liebe» geführt haben: die Weibchen werden bei den Steppenpavianen nicht so stark von den Paschas kontrolliert wie bei den Mantelpavianen (H. KUMMER).[42] Und dieses Verhalten wiederum, entstehend aus der Rudelgröße, scheint es den Steppenpavianen ebenso wie den menschlichen Vorfahren erlaubt zu haben, sich über große Gebiete hin auszubreiten, ohne sich in verschiedene Arten aufzuspalten. Akzeptiert man diese Vorstellung, so wäre das Sexualverhalten unserer Vorfahren etwa *zwischen* der streng monogamen Ehe der Gibbons, die in isolierten Familienverbänden zusammenleben, und der relativen Bindungslosigkeit unserer biologisch nächsten Verwandten: der *Schimpansen* und *Bonobos,* angesiedelt.[43] Was sich jedoch vor allem beobachten läßt, ist die *Freisetzung der Sexualität* von den ursprünglichen Zielen der Erzeugung von Nachkommen – eine Tatsache die unter katholischen Moraltheologen immer noch zwanghaft verleugnet wird.

Einen gewiß recht guten Anhaltspunkt zur Begutachtung der Güte kirchlicher Lehren gewinnt man beim Betrachten des irrwitzigen Fanatismus, mit dem der Vatikan seinen Gläubigen bis heute zu glauben gebietet, Sexualität sei entsprechend dem «Schöpfungsgesetz» Gottes nur als Vereinigung von Mann und Frau «erlaubt»[44], und sie sei ferner so eng mit der Fortpflanzung verbunden, daß sie ausschließlich «in der Ehe» gestattet sei, wenn sie nicht als «Unzucht» und «schwere Sünde»[45] (mit Höllenstrafe im Todesfall![46]) gelten solle. Ja, sogar angesichts der weltweiten Gefahr der *Bevölkerungsexplosion* folgt für das kirchliche Lehramt aus seinen Kenntnissen der «Schöpfungsordnung», daß jede Form einer künstlichen Empfängnisverhütung abzulehnen sei. Indessen ließe sich den Kenntnissen der römischen Zentrale *aufhelfen* – durch all die Forschungen, die für den heutigen Typ von «Theologie» nach wie vor keine Rolle spielen: Verhaltensforschung, Tiefenpsychologie, Paläoanthropologie, Kulturethnologie usw., usw....

Jeder Zoobesucher zum Beispiel, der eine Weile lang etwa unseren Freunden, den *Pavianen,* zuschaut, wird Zeuge werden, wie bei diesen Tieren das Sexualverhalten offensichtlich einen Bedeutungswandel erfahren kann, indem es unter Umständen *nicht* der Fortpflanzung, sondern der Gruppenbindung dient. «Bei Pavianen und einigen anderen Affen wurde die weibliche Begattungsaufforderung – das Zudrehen der Kehrseite – zur Gruß- und Beschwichtigungsgebärde. Beim Mantelpavian betrifft das die männliche Kopulationsbewegung, womit die Behauptung, die Kopula diene im Tierreich ausschließlich der Fortpflanzung, bereits als widerlegt gelten kann. Die Bindungskopulation des Mantelpavians dient einzig diesem sozialen Zweck, eine Ejakulation findet nicht statt.»[47] Bei den *Bonobos* andererseits beobachtet man laut neueren Studien, daß Weibchen Streitigkeiten lösen, indem sie sich zur Liebe anbieten, ohne besonders darauf zu achten, ob ihre Kontakte homo- oder heterosexuell sind[48]; man kann etwas Besseres tun, scheinen sie zu denken, als sich mit Ästen die Schädel einzuschlagen, und *Artgenossen* sind nicht dazu gemacht, sich zu zerzanken, sondern sich zu lieben. – O weise Bonobos, möchte man rufen, betrachtet man derweilen, wie es die Menschen miteinander halten.

Dabei sind wir Menschen «eigentlich» die am meisten «sexuellen» Wesen dieser Erde! Der Grund dafür liegt allerdings nicht unmittelbar in der individuellen Sexualität oder der (sozialen) Aggressivität, sondern in der für alle anderen Tiere unglaublich langen «Jugendzeit» der menschlichen Individualentwicklung: sie dauert bis zur «Reifezeit» rund vierzehn Jahre lang! In all der Zeit ist es unerläßlich, die Eltern zum Schutz des Kindes, so gut es irgend geht, *zusammenzuhalten,* und offenbar hat die Natur zu diesem Zweck der Bindung zwischen Mann und Frau vor allem wiederum *die Sexualität* genutzt; denn: «Auf der Basis der Erfüllung eines Triebwunsches läßt sich eine Bindung leicht festigen. Das setzt allerdings voraus, daß die Frau den Triebwünschen des Mannes die meiste Zeit entgegenkommen kann, und das erfordert neue, besondere Anpassungen in der Physiologie der Frau.»[49] «Bei den Menschenahnen wird wohl die Kopulationsbereitschaft, wie bei den meisten Säugern, auf die Zeit der Empfängnisbereitschaft beschränkt gewesen sein. Diese enge physiologische Bindung ist später aufgegeben worden. Zugleich entwickelte die Menschenfrau die Fähigkeit zum Orgasmus, was ihre Begattungsbereitschaft erhöht. Es ist leicht einzusehen, daß dies die gegenseitige Bindung stärkt. Eine weitere Anpassung im Dienste der Partnerbindung ist schließlich die gesteigerte Potenz des Mannes. Es liegt bei ihm nicht nur eine dauernde sexuelle Bereitschaft vor, sie bleibt auch bis ins hohe Alter erhalten.»[50]

Umgekehrt sind bei uns Menschen *auch die Frauen* die meiste Zeit über, keineswegs nur in den Tagen des Empfängnisoptimums, sexuell erregbar und bereit, «über die sexuelle Belohnung» den Mann an sich zu binden. «Die Bereitschaft erlischt selbst in den ersten Monaten der Schwangerschaft nicht ganz. Eine gewisse individuelle Variabilität spricht dafür, daß es sich bei dieser Dauerbereitschaft um einen phylogenetischen Neuerwerb handelt. Es gibt Frauen, die nur zur Zeit des Follikelsprunges erregbar sind und einen Orgasmus erleben können», ja, bestimmte Duftstoffe (Moschussubstanzen) können nur von Frauen, und zwar in Abhängigkeit vom Ovulationszyklus, wahrgenommen werden.[51]

Mit anderen Worten: Die Natur selber hat eine Menge an Phantasie aufgewandt, um dafür Sorge zu tragen, daß bei uns Menschen *Sexualität* ein Bedürfnis darstellt, das für die Paarbindung weit wichtiger geworden ist als für die Fortpflanzung. Keine «Moraltheologie», die nicht Gott als den «Schöpfer» für sich reklamieren will, nur um ihn kraft päpstlichen Diktates *gegen* die «Schöpfungsordnung» zu stellen, vermag etwas gegen diese einfache Tatsache, die anzuerkennen eigentlich schon ehrlicher Selbsterfahrung nicht ganz schwerfallen sollte.

Für uns aber ergibt sich aus dieser *«Hypersexualisierung»* des Menschen jetzt eine entscheidende Quintessenz: «Die Tatsache, daß die Sexualität... (sc. beim Menschen, d. V.) im Dienste der Partnerbindung steht, beinhaltet als Voraussetzung ein partnerschaftliches Verhältnis, also Liebe als individualisierte Bindung.»[52] «Sich Verlieben heißt, mit einem ganz bestimmten Partner das Band zu knüpfen. Und dieses Bedürfnis ist Teil unserer Natur. Wir sind in diesem Sinne für Dauerpartnerschaften ehelicher Art angeborenermaßen disponiert.»[53] Dabei ist es offen, welch eine Form der Ehe kulturell «gewählt» wird: Ethnologisch überwiegen Gemeinschaften mit Vielehe, entsprechend der wohl eher polygamen Veranlagung des Menschen; gleichwohl läßt sich «eine generelle Entwicklung zur Monogamie» feststellen, und sie scheint mit der Bindung der Liebe an einen einzelnen Menschen irgendwie im ‹Trend› der gesamten Entwicklung der Sexualität zu liegen.[54]

Resümieren wir, so ergibt sich folgendes Bild: Nachdem vor rund einer Milliarde Jahren die ersten vielzelligen Kolonien nach Art der *Geißeltierchen-Kolonien* entstanden sind[55], bildeten sich Lebewesen, in denen nicht mehr die einzelne Zelle, sondern der *Zellverband* die Individualität begründete; und von diesem Stadium an begann die spezielle Reservierung einzelner Zellgruppen, die nur für die Weitergabe des genetischen Materials bestimmt waren; – schon das berühmte *Kugeltierchen* (die *Volvox globator*) enthält, obwohl noch kein Vielzeller, Fortpflanzungszellen, die als begeißelte kleine Mikrogameten und als große geißellose Makrogameten die gesamte Evolution männlicher und weiblicher Geschlechtszellen vorwegnahmen.[56] Mit der Geschlechtlichkeit aber, so sahen wir, kommt *der Tod* auf die Welt, der Tod – *und die Liebe.* Sie, die zunächst nichts ist als eine kurzzeitige Funktion im Dienst der Erzeugung von Nachkommen, entfaltet sich immer mehr zu einem *Selbstzweck;* denn zwar dient sie, denkbar unpersönlich, zunächst nur dem kollektiven Zweck der Arterhaltung beziehungsweise der Verbreitung der jeweiligen Gene, doch die Bindungsenergie, die sie benötigt, um geschlechtsverschiedene Individuen der gleichen Art zusammenzuführen, fördert und fordert einen immer größeren individuellen Reichtum an Merkmalen und Verhaltensweisen. Schließlich, *bei den höheren Säugetieren,* löst die Sexualität sich sogar weitgehend von ihren ursprünglichen Zielsetzungen, um dem Gruppenzusammenhalt zu dienen; und noch einen Schritt weiter, *beim Menschen,* wandelt sie sich noch einmal wesentlich, um die Bindung zwischen wenigstens zwei Menschen zu festigen.

All das kennen wir bereits; doch was wir erst jetzt, im Überblick, wirklich klar zu sehen bekommen, ist *die konsequente Aporie,* in welche die Evolution unausweichlich hineinführt: Sie lehrt die höheren Tiere, fortschreitend zur Liebe fähig zu werden; doch die Lebewesen, die miteinander durch die Gefühle der Liebe verbunden sind, bleiben von Anfang an Infizierte des Todes. Der *Tod,* die *Individualität* und die *Liebe* – alle drei sind die nacheinander gezeugten «Kinder» der Sexualität, die eigentlich erst in ihrem jüngsten, der Liebe, zu ihrem eigenen Wesen erwacht. Bis dahin war sie nichts weiter als ein Verfahren zum Austausch der Gene und damit zur Beschleunigung der Höherentwicklung des Lebens. Fortan aber ist sie die stärkste Energie zum Austausch von Gefühlen der Zärtlichkeit und der Zuneigung und damit eine unerhörte Möglichkeit sowohl gemeinsamen Glücks wie auch nicht endender Sehnsüchte und Schmerzen. Nichts gibt es, das einen Menschen so sehr von der Unersetzbarkeit und Unvertauschbarkeit seines Lebens zu überzeugen vermöchte, *wie die Liebe.* Sie ist letztlich der Grund, der Individuen zu Personen macht und ihnen das Gefühl einer eigenen, einzigartigen Bedeutung schenkt. *Aber:* je stärker dieses Empfinden wird, desto unzumutbarer und inakzeptabler wird *der Tod.* Man versteht, daß es ihn geben *muß,* weil es die Sexualität gibt; doch seitdem es die Liebe gibt, ist der Tod ein Skandal.

Keinesfalls teilen dieses Empfinden nur *Menschen,* und keinesfalls bezieht es sich nur auf die Liebe zwischen Mann und Frau; es begleitet vielmehr den Tod eines *jeden* Lebewesens, das sich mit einem anderen eng genug verbunden fühlt.

In einem Zoologischen Garten verstarb vor einer Weile eine Elefantenkuh, die etwa dreißig Jahre lang mit ihrer Freundin im Gehege zusammengelebt hatte. Das verbliebene Tier war über den Verlust seiner Freundin so traurig, daß es nicht aufhörte zu weinen; es verweigerte über eine Woche lang die Nahrung, sein Rüssel war wie gelähmt, – nur mit größter Mühe konnte es am Leben gehalten werden.[57] – J. Lawick wurde am Gombe-Fluß in ähnlicher Weise zur Zeugin einer Tiertragödie: Eine Schimpansin, die noch in einem hohen Alter ein Baby zur Welt gebracht hatte, verstarb wenig später an den Folgen ihrer Entkräftung; sie hinterließ aber ein etwa achtjähriges Junges. Als dieses sah, daß seine Mutter tot war, baute es sich ein Nest in den Zweigen eines hohen Baumes und zog sich dorthin zurück. Während die anderen Tiere seiner Gruppe in den Busch weiterwanderten, lag es wie im Koma in seinem Nest, bis es nach vierzehn Tagen verstarb. Es wäre seinem Alter und seinen Fähigkeiten nach leichthin imstande gewesen, sich auch ohne seine Mutter zu versorgen – es war *die Trauer* um ihren Tod, die ihm selber allen Willen zum Leben raubte.[58] Ähnliches ließe sich berichten von Hunden, von Delphinen[59], – den Erpel-Versuch von K. LORENZ haben wir schon erwähnt (s. o. S. 316). Es ist das Gefühl der Verbundenheit in jeder Weise, das die Trennung durch den Tod nicht hinnehmen kann noch will.

In dieser an sich unerträglichen Situation, aus der es objektiv ein Entrinnen nicht gibt, entsteht erneut ein vitales Bedürfnis nach einem *religiösen* Ausweg. Die Religion, wie stets, kann die äußere Lage unseres Lebens nicht ändern, aber sie kann *Symbole* (er)finden, die ihr eine neue Bedeutung verleihen und sie dadurch leichter erträglich machen. Wenn es *die Liebe* ist, die durch den Tod wie widerlegt erscheint (obwohl sie doch selber ein spätes Geschwisterkind des Todes ist), so kommt es offenbar darauf an, die Begegnung zwischen zwei Menschen in ihrer eigenen, das heißt *eigentlichen* Dimension erfahrbar zu machen.

Stets, wenn ein Mann und eine Frau einander so in die Arme und in ihr Herz schließen, daß ihr ganzes Leben darin sich erfüllt, bildet in dieser Beziehung sich etwas Absolutes heraus. Jeder der Liebenden versichert dem anderen, nicht nur in seinen Augen, sondern zugleich an sich selbst etwas Unbedingtes an Sein zu besitzen, etwas unendlich Kostbares an Wert und an Wesen, etwas Unausdenkliches an Entfaltung und Zukunft. Alle Liebe entdeckt einen endlichen, sterblichen Menschen als etwas vom «Himmel» Gekommenes; auf der Nähe des Geliebten ruht etwas Göttliches; und seine Worte lassen *auch das eigene Dasein* an dieser überirdischen Sphäre einer nicht widerlegbaren Geltung und Größe Anteil gewinnen. Ganz richtig erfaßt die Religion deshalb die Gefühle der Liebenden, wenn sie den zartesten und zerbrechlichsten ihrer Empfindungen eine gewissermaßen metaphysische Garantie zu gewähren sucht: die *Ehe,* versichert sie, wird gar nicht nur unter zwei Menschen geschlossen; die *Ehe,* erklärt sie, ist in Wahrheit ein *Sakrament*[60]: in dem Glück rauschender Ekstase und liebender Hingabe meldet sich Göttliches selber zu Wort; da geht etwas ein vom Geheimnis und Rätsel der Schöpfung selber; da schließt sich die ewige Fragwürdigkeit unseres Daseins und weicht einer großen Gewißheit, bejaht und gewollt und gemocht, ja, ersehnt und erwünscht zu sein.

Was ist da noch der Tod? – Seine Macht liegt darin, das einzelne Leben zu der Bedeutungslosigkeit eines reinen Übergangs im Strom der Zeit zu entwerten. *Die Liebe* aber schenkt dem Geliebten die Evidenz einer nie gekannten Seinsdichte; und die Religion deutet diese absolute Bejahung der Liebe als Erfahrung jener absoluten Liebe, die Gott selber ist. Wo zwei Menschen einander sich für ihr ganzes Leben von Grund auf bejahen, da berühren sie, in religiöser Deutung, *Gott* oder, besser, da fühlen sie selbst sich von Gott geführt. Es ist nicht der Tod, der die Liebe widerlegt, es ist die Liebe, die sich als stärker erweist denn der Tod. Die Liebe selber wird mithin zum *Symbol,* indem ihr eigener Inhalt sich selbst absolut setzt. Ist Gott die Liebe, so ist die Liebe selbst göttlich.

Die Ausdrucksgestalt dieses *Symbols* der Liebe ist in zahlreichen Mythen das Bild einer *Heiligen Hochzeit.* Es gilt *religiös* durchaus nicht mehr, was *sozialpsychologisch* wohl stimmen mag: mit der Ritualisierung der Ehe versuche die Gesellschaft, die starken Triebregungen ihrer Mitglieder aus der Gefahr einer Isolation zu zweit herauszuholen und in den Kontext der Pflichten aller zurückzubinden. Gewiß: Es ist nicht zu leugnen, daß insbesondere in der katholischen Kirche die Sakramentalisierung der Ehe geradewegs den Zweck einer solchen Institutionalisierung und Verrechtlichung verfolgt (s. o. S. 109 f.): wenn es erst einmal *der Kirche* und ihrer beamteten Vertreter bedarf, um sich «legitimerweise» überhaupt lieben zu dürfen, dann freilich bleibt von dem Vorrecht der Liebenden, einander etwas Göttliches zu schenken, nicht mehr viel übrig; dann gilt jene Perversion des Denkens, die neuerdings in den Worten des römischen Papstes und seiner «Glaubenskongregation» immer häufiger anklingt: die «Gnade» Gottes *entstamme* den Sakramenten der Kirche.[61] Gerade umgekehrt aber verhält es sich selbstredend wirklich, und alle Liebenden wissen das: *sie in ihrer Liebe* begründen die «Gnade» eines «Sakramentes», und die «Kirche» ist nicht das Ursprüngliche des Lebens, sondern das Abgeleitete, dem allenfalls soviel an «Rechten» einzuräumen ist, wie allen Sekundärfunktionen und -institutionen. Kein Pfarrer noch Pastor *begründet* die Liebe, sie können allenfalls ihr «Vorhandensein» kirchenrechtlich, wenn es denn sein soll, «rechtswirksam» «attestieren»: dann aber hat es mit ihnen auch schon sein Bewenden. – Es ist gerade *die Religion,* die den privatesten und intimsten Innenraum der Gefühle mit einer «Geltung an sich» ausstattet: – auch *und gerade hier* wohnen Götter!

Was Wunder, daß deshalb *der Mythos* das Glück der Liebe als *Symbol* des Göttlichen derart «wörtlich» nimmt, daß er die Sphäre des Himmels selber mit einer Unzahl göttlicher Liebespaare anfüllt, die ihrerseits alle Höhen und Tiefen irdischer Liebe durchleben und durchleiden. – Insbesondere in der *indischen* Mythologie findet die absolute Seinsverleihung der Liebe in einem Wortspiel aus dem *Sanskrit* einen tiefsinnigen Ausdruck: Auf dem Berge Kailasha, von dem die vier Ströme der Welt ihren Ursprung nehmen, thront der Weltenschöpfer und Weltenzerstörer Shiva in ewiger Umarmung mit seiner Geliebten, der schönen Parvati[62]; es wäre nach indischer Lehre *Shiva* selber aber ein bloßer *shava,* ein Leichnam, ohne sein weibliches Gegenüber.[63] Das Göttliche, mit anderen Worten, eben weil es *Liebe* ist, gilt selbst als die höchste Steigerung dessen, was die Menschen angesichts des Todes erleben können: sie *sind* nur als Liebende! Ihre Liebe setzt göttliches Leben gegenwärtig und ist deshalb selber ein *Symbol* des Göttlichen. Die *Götterhochzeit* ist ein mythisches Symbol für die Göttlichkeit liebender «Hochzeit», und die «Hochzeit» der Liebe ist selber ein Bild für die Gegenwart Gottes. Was auf den Teichen und Flüssen hinduistischer Tempelanlagen noch heute, was einst auf dem Nil in Schiffsprozessionen gefeiert und verherrlicht wurde: die Zusammenführung liebender Götterpaare, die den Menschen das Leben schenken aus ihrer Verpaarung, das ist den feiernden Menschen Grund und Verheißung ihrer tiefsten Erwartung und Hoffnung: daß die Liebe stärker sei als der Tod.

Selbst *die christliche Lehre,* die in biblischem Erbe den mythischen Götterhochzeiten zunächst den rigorosen Monotheismus Israels entgegenstellen mußte, deutet inzwischen die Komplikationen ihrer *«Dreifaltigkeitslehre»* als Ausdruck der Liebe[64]; freilich verschweigt sie dabei den religionshistorischen Ursprung ihrer eigenen Bilder und Vorstellungen, und sie wählt notgedrungen zudem noch den falschen Anknüpfungspunkt. Beim Sprechen von *Shiva* und *Parvati* weiß jeder, woran er ist; die christlich-biblische Sexualscheu indessen hat aus der Geschlechterliebe die «ewige Liebe» zwischen dem «Vater» und seinem «Sohn» gemacht, und ein *solches* Bild ist psychologisch verwirrend. Denn die Liebe zwischen Vater und Sohn ist gerade *nicht* dazu bestimmt, «ewig» zu dauern; irgendwann soll der «Vater» seinen Sohn *ziehen* lassen, auf daß dieser «Vater und Mutter verlasse und einem Weibe anhange» (Gen 2,24). Eine *ewige* Vater- und Sohnesliebe – das ist nicht die Freiheit der Gattenliebe, das ist der projizierte Patriarchalismus vergöttlichter Vaterautorität und infantiler Sohnesabhängigkeit.[65] Eine «sakramentale» Begründung der Ehe aus einem solchen Gottesbild ableiten zu wollen kann nur um den Preis logischer Ungereimtheiten und Widersprüche gelingen[66]; und so versteht es sich eigentlich wie von selbst, daß der *dreifaltige* Christengott dem Glück der Liebenden nie einfach nur hold war; seine wahre Huld galt den ewigen *Mädchen,* den ewigen *Jungen,* den keuschen *Jungfern* im Nonnengewand und den heiligen

*Söhnen* im Kleide der Kleriker; alles andere *duldete* er, – er nahm die Annehmlichkeiten der Liebe *an,* doch nie in sich *auf;* er blieb kraft der dogmatisierten theologischen Lehre so weit entfernt von aller «Natur» wie der «wahre» Gott MARCIONS. Gerade der Kirchengott, schon weil er ohne, ja, *gegen* jeglichen Naturzusammenhang reinweg in den Köpfen von Kirchen«vätern» und Theologen gezeugt wurde, ist und bleibt ein verkappter Gnostiker.

Natürlich gibt es gegen eine solche Verformung des Psychischen durch ein bestimmtes kirchlich verordnetes Gottesbild nur ein einziges Mittel: man muß die *Projektionen* bewußtmachen und durcharbeiten, die in den entfremdenden Begriffen der Theologie zu metaphysischen Tatsachen erhoben werden. Erst dann findet die Liebe unter den Menschen ihren Ausdruck und ihren inneren Halt in dem Glauben an einen Gott der Liebe, erst dann kann die Liebe zwischen einem Mann und einer Frau als ein reflektiertes Symbol für das Geschenk des Daseins aus den Händen eines liebenden Gottes verstanden werden; und erst dann findet diejenige *Angstform* ihre Beruhigung, die wir in dem Erleben der *Hysterie* kennengelernt haben.

Zum *hysterischen Erleben,* so sagten wir, gehört die Steigerung des Liebespartners zu einer absoluten, quasi göttlichen Person: der andere wird in der Hysterie immer wieder zum Himmel erhoben, nur um ihn mal um mal wieder in den Orkus verwünschen zu können. *Psychoanalytisch* ergibt sich dieses dramatische Rauf und Runter aus den ödipalen Fixierungen des Vater- beziehungsweise Mutterkomplexes; *daseinsanalytisch* aber geht es, wie wir sahen, um eine Angstflucht vor der *Notwendigkeit,* vor der Festlegung auf das rein Faktische, vor dem Ersticktwerden in den Banalitäten und Trivialitäten des Alltags, und wir begreifen jetzt, *was* hier, alternativ zu der *zwangsneurotischen* Flucht in die Perfektion einer absoluten *Leistung,* als ein Grundproblem des menschlichen Lebens sich zu Wort meldet. Die Frage lautet: Wie ist es möglich, durch die Liebe eines anderen Menschen buchstäblich aus Nichtigkeit und Tod *gerettet* zu werden? Wie ist es möglich, in der Liebe eine *absolute* Festigkeit und Dauer zu finden? Wie ist es möglich, in der Liebe dieses Tal der Tränen zu *verlassen* und auf der Leiter der Träume zum Himmel emporzuklettern? Für das hysterische Erleben *muß* der andere ein *Gott* sein, weil das eigene Ich als so klein und unbedeutend erlebt wird, daß es nur in dem geliehenen Abglanz einer fremden Bejahung in seiner vollen Schönheit erstrahlen kann. *Aber:* jeder beliebige andere Mensch ist und bleibt nur ein Mensch, und jede Liebe, die den anderen zu vergöttlichen und «anzuhimmeln» trachtet, bereitet sich notwendig ihre eigenen Bitternisse und Enttäuschungen.

Die Lösung des Problems kann deshalb nicht anders aussehen, als wie wir es bei der Frage der Auflösung einer «Übertragungsliebe» (zum Beispiel in einer analytischen Psychotherapie, s. o. S. 373 f.)) bereits kennengelernt haben: Irgendwann kommt alles darauf an, die Liebe, statt den anderen im Gefälle der eigenen Haltlosigkeit in ein göttliches Wesen zu verwandeln, selber *als das Symbol* für etwas Göttliches zu verstehen. Erst wenn der andere (wieder) ein bloßer Mensch werden darf, ohne die alte Angst eines kleinen Mädchens, von seinem Vater verstoßen zu werden, *wiederzubeleben,* können Menschen einander *menschlich* begegnen; und nur wenn es Gott schon gibt, können Menschen, F. NIETZSCHE entgegen[67], davon lassen, selber wie Gott sein zu müssen oder zu wollen. Erst die Entdeckung der Liebe als eines *religiösen Symbols* für ein absolutes Geliebtsein in Gott schützt die Zuneigung zweier Menschen vor ihrer steten Überforderung. Am Ende stimmt es, was der andere in seiner Liebe uns selber sagen wollte: «Du bist in deiner Individualität nicht liebenswert, weil ich dich liebe, du bist nicht schön, weil ich mich Tag um Tag sehne nach dir, du bist nicht klug, weil jedes deiner Worte mir guttut, – ich entdecke in meiner Liebe lediglich den unerhörten Zauber deines Wesens, der mich einhüllt und mich trägt. Du *bist;* und eben darum: je mehr du bist, desto mehr liebe ich dich.» Da beginnen alle Worte der Zärtlichkeit aus dem Munde des anderen für uns selber wirklich zu werden, indem wir mit uns selber zusammenwachsen; und dieser «Ort» des Zusammenwachsens, aus dem wir selbst sind – das ist für uns «Gott».

Eben deshalb läßt sich die Symbolik der Liebe, die aus menschlichen Erfahrungen Hinweise auf eine Sphäre des Absoluten gewinnt, noch einmal rückübersetzen ins Psychische. Allerorten ist das Bild der *Heiligen Hochzeit* nicht nur ein Motiv der Göttermythen, sondern, ein wenig verschoben, zugleich auch der Märchen und Sagen. Nicht Götter heiraten da einander, wohl aber hebt allzumal ein Königssohn ein armes Mädchen zu sich empor und verwandelt es selber in eine Königin.[68] Immer beschreibt in tiefenpsychologischer Deutung die Symbolsprache solcher Erzählungen, wie ein Mensch *mit sich* eins wird. Die Liebe des «Königs» zu dem «Geringen» steht da für die Integration der «anima» beziehungsweise des persönlich Verdrängten, des «Schattens», in den Bereich des eigenen Bewußtseins, und die Einheit mit der Person des anderen wird hier selber zu einem Symbol der wachsenden Einheit mit sich selbst.[69]

Eine solche Deutung der Liebe ist nicht etwa eine bloß psychoanalytische Grille, sie erinnert vielmehr an etwas sehr Wichtiges: Wir werden in dem Menschen unserer Liebe stets ein Stück von uns selber wiederfinden; wir sehnen uns nach ihm, weil in ihm etwas ist, das zwar zu uns gehört, aber in uns doch wie verschüttet geblieben ist; der andere *fehlt* uns, weil wir ohne ihn das uns selber Fehlende gar niemals finden würden.[70] Erst die Liebe des anderen lehrt uns, selbst in uns eins zu sein, bis daß wir entsprechend dem Ersten Gebot Israels fähig werden, «Gott» zu lieben aus *ganzem* Herzen, aus *ganzem* Denken und mit *allen* unseren Kräften (Dt 6,4.5; Mk 12,29.30).[71] In der Liebe den anderen zu finden, ist stets dasselbe, wie sich selber zu finden und darin zu *Gott* hinzufinden. Man liebt nicht, um sich zu verlieren, man gewinnt alles, indem man sich hingibt. *So* ist es.

«Glück», sagte HERMANN HESSE einmal, «war überall da, wo ein Mensch starke Gefühle hatte und ihnen lebte, sie nicht vertrieb und vergewaltigte, sondern pflegte und genoß.»[72] «Glück ist Liebe, nichts anderes. Wer lieben kann, ist glücklich. Jede Bewegung unserer Seele, in der sie sich selber empfindet und ihr Leben spürt, ist Liebe. Glücklich ist also der, der viel zu lieben vermag. Lieben aber und Begehren ist nicht ganz dasselbe. Liebe ist weise gewordene Begierde; Liebe will nicht haben; sie will nur lieben.»[73] «Auf den Wegen der Moral und Tugend aber war für mich... kein Glück zu holen. Da ich wußte, glücklich machen kann nur die Tugend, die ich in mir selbst empfinde, in mir selbst erfinde und hege – wie konnte ich da irgendeine fremde Tugend mir aneignen wollen! Aber das sah ich: das Gebot der Liebe, einerlei ob es von Jesus oder von Goethe gelehrt wurde, dies Gebot wurde von der Welt völlig mißverstanden! Es war überhaupt kein Gebot. Es gibt überhaupt kein Gebot. Es gibt überhaupt keine Gebote. Gebote sind Wahrheiten, wie der Erkennende sie dem Nichterkennenden mitteilt, wie der Nichterkennende sie auffaßt und empfindet. Gebote sind irrtümlich aufgefaßte Wahrheiten. Der Grund aller Weisheit ist: Glück kommt nur durch Liebe.»[74] «Es gibt keine Pflicht des Liebens, es gibt nur eine Pflicht des Glücklichseins. Dazu allein sind wir auf der Welt.»[75] «Nichts mag der Mensch so zu lieben wie sich selbst. Nichts vermag der Mensch so zu fürchten wie sich selbst. So entstand zugleich mit den anderen Mythologien, Geboten und Religionen des primitiven Menschen auch jenes seltsame Übertragungs- und Scheinsystem, nach welchem die Liebe des Einzelnen zu sich selber, auf welcher das Leben ruht, dem Menschen für verboten galt und verheimlicht, verborgen, maskiert werden mußte. Einen anderen zu lieben galt für besser, sittlicher, für edler, als sich selbst zu lieben. ... So wurde die Familie, der Stamm, das Dorf, die Religionsgemeinschaft, das Volk, die Nation zum Heiligtum... Der Mensch, der sich selber zuliebe nicht das kleinste Sittengebot übertreten darf – für die Gemeinschaft, für Volk und Vaterland darf er alles tun, auch das Furchtbarste, und jeder sonst verpönte Trieb wird hier zu Pflicht und Heldentum.»[76] – Nur wer sich selbst liebt, vermag den anderen, vermag im anderen Gott zu lieben. Doch auch umgekehrt: nur wer sich selber geliebt fühlt, vermag sich selber zu lieben. Die Liebe ist ein Kreis, der sich schließt, indem er die Angst vor sich selbst, vor der Welt, vor dem anderen ausschließt.

In seinen «Liebesgedichten» sagt ERICH FRIED einmal zu seiner Geliebten[77]:

DU

Wo keine Freiheit ist
bist du die Freiheit
Wo keine Würde ist
bist du die Würde
Wo keine Wärme ist
keine Nähe von Mensch zu Mensch
bist du die Nähe und Wärme
Herz der herzlosen Welt.

Deine Lippen und deine Zunge
sind Fragen und Antwort
In deinen Armen und deinem Schoß
ist etwas wie Ruhe
Jedes Fortgehenmüssen von dir
geht zu auf das Wiederkommen
Du bist ein Anfang der Zukunft
Herz der herzlosen Welt.

Du bist kein Glaubensartikel
und keine Philosophie
keine Vorschrift und kein Besitz
an den man sich klammert
Du bist ein lebender Mensch
du bist eine Frau
und kannst irren und zweifeln und gutsein
Herz der herzlosen Welt.

# Glauben in Freiheit: Rückblick und Ausblick

*Du kennst die Christen nicht, willst sie nicht kennen.*
*Ihr Stolz ist: Christen sein; nicht Menschen. Denn*
*Selbst das, was, noch von ihrem Stifter her,*
*Mit Menschlichkeit den Aberglauben würzt,*
*Das lieben sie, nicht weil es menschlich ist:*
*Weils Christus lehrt; weils Christus hat getan. –*
*Wohl ihnen, daß er ein so guter Mensch*
*Noch war! Wohl ihnen, daß sie seine Tugend*
*Auf Treu und Glauben nehmen können! Doch*
*Was Tugend? – Seine Tugend nicht; sein Name*
*Soll überall verbreitet werden; soll*
*Die Namen aller guten Menschen schänden,*
*Verschlingen. Um den Namen, um den Namen*
*Ist ihnen nur zu tun.*

> G. E. LESSING: Nathan der Weise,
> 2. Aufzug, 1. Auftritt

Eine Form von Religiosität, die uns die Chance gibt, noch einmal von vorne zu beginnen, die unsere Angst und Schuld zu überwinden hilft durch Annahme, Geborgenheit und Einklang, die an die Stelle starrer Perfektion und zwanghafter Gesetzlichkeit die spielerische Kraft des Werdens setzt und die es uns ermöglicht, in der Liebe zweier Menschen zueinander Gottes Nähe selbst zu spüren – eine solche Religion hat nur noch *einen* Grund und nur *ein* Ziel: die Menschlichkeit. *Sie* ist der Ausweis und der Prüfstein jedes religiösen «Glaubens». Keine «Wahrheit» ist in der Religion enthalten, die nicht einer derartigen Vermenschlichung des Menschen dient. Kein Dogmatismus, keine Konfessionalisierung des religiösen Glaubens vereinbart sich mit diesem einfachen Grundtatbestand.

Deswegen galt es in dieser Arbeit als erstes, *die Veräußerlichung der Religion* in der Gestalt des lehramtlichen Kirchenglaubens *aufzulösen.* Eine Religion wird solange nicht zur Menschlichkeit fähig sein, als sie sich nicht selber vom Menschen her begründet. Um es so zu sagen: die Religion ist keine Sache

Gottes, sondern des Menschen, der bestimmter Offenbarungen des Göttlichen bedarf, um sich selber zu vollziehen. All die Symbole und «Lehren» der Religion müssen daher in RAHNERschem Sinne als Formen des Zu-sich-selbst-Kommens des Menschen verstanden werden; im Unterschied zu RAHNERS Entwurf aber läßt sich der Prozeß der Selbstfindung des Menschen nicht als ein bloßes Bewußtseinsgeschehen deuten; vielmehr geht es um die *Integration* all der *Bilder,* die durch den Gang der Evolution in die Seele des Menschen hineingelegt wurden. So erst läßt sich die Einheit von «Geist und Welt», von Mensch und Natur, von Wort und Symbol, von Denken und Fühlen, von Begreifen und Schauen begründen und ermöglichen. Die Evolutionslehre ist dabei kein bloßer Modus der Schöpfungslehre oder eine abstrakte Dynamik der «Selbstoffenbarung des Dreifaltigen Gottes»; ihre konkreten Daten bilden den Rahmen jeder uns heute möglichen Anthropologie, und diese wiederum bildet den unerläßlichen Ausgangspunkt jeder wirklichen Gotteserfahrung und theologisch reflektierten Gotteslehre. Nur durch ein Denken, das konsequent *von unten* her konzipiert ist, läßt sich der «Überbau» eines Lehramtes «göttlicher» Unfehlbarkeit und menschlicher Entfremdung abtragen.

Vor uns sehen wir (Abb. 1) aus der Städtischen Kunsthalle Mannheim das Bild von FRANCIS BACON aus dem Jahre 1951: *Schreiender Papst*[1], ein Motiv, das der englische Maler über vierzig Mal aufgegriffen hat. Auf einem prachtvoll verzierten Thron sitzt dort in festlich-umständlichem Umhang, das Haupt mit den Insignien seiner Würde bedeckt, das Oberhaupt der katholischen Kirche. Was hat er der Welt im Zeitalter der atomaren Drohung, der Zerstörung der Natur sowie der Verelendung und Verwüstung ganzer Kontinente zu sagen? Es gibt von dem spanischen Maler DIEGO VELAZQUEZ aus dem 17. Jahrhundert ein Gemälde des gleichen Motivs, das uns ein Portrait von *Papst Innozenz X.* (1644–1655) zeigt. Dieser Papst, als ein stolzer Souverän dargestellt, wurde in Wirklichkeit vollständig beherrscht von seiner Schwägerin Olimpia Maidalchini, die von den Römern als *Papessa,* als die wahre Päpstin, verhöhnt wurde; als am 24. Oktober 1648 der Westfälische Friede zu Münster geschlossen wurde, war es Papst Innozenz X., der nach dreißig Jahren der Verheerung Europas *gegen* die Beendigung des Krieges *protestierte;* es war *auch* dieser Papst, der *Blaise Pascal* und den Jansenismus verurteilte.[2] Auf dem Bild von Velazquez indessen thront er *erhaben,* wie ihn die Zeitgenossen wohl sahen: als eine Mischung «aus Gutmütigkeit und Kühle, Argwohn und Verschlossenheit, Geiz und Launenhaftigkeit, mürrischem Wesen und Heftigkeit»[3]. Dreihundert Jahre danach hat dieses Papstportrait des großen spanischen Malers sich für FRANCIS BACON in «eine schreiende Groteske» verwandelt[4]: mit weit

geöffnetem Mund, eingesperrt in einen gläsernen Käfig, schreit da ebenso
sichtbar wie unhörbar ein Papst seinen Ärger, sein Entsetzen, seine Wut darüber hinaus, *daß* ihn niemand mehr hört. Diejenige Instanz, in welche die
zerfallene Welt gewohnterweise immer noch eine gewisse Hoffnung auf Weisung und Orientierung setzen möchte, ist nichts weiter mehr als ein Schau-
stück und Prunkstück inmitten einer selbstgeschaffenen Museums-Vitrine; es
ist, wenn man so will, die Pflicht des Papstes zu selbstverliebter Selbstdarstellung, die seine Gefangenschaft ausmacht. Ein Papst, anders gesagt, der dem
gläubigen Volke nur noch seine (Voll)Macht demonstriert, hat den suchenden
Menschen, selbst wenn er wollte, nichts mehr zu sagen.

Eben deshalb könnte der Kirche selber nichts Besseres geschehen, als daß
man dem Papst und mit ihm dem gesamten katholischen «Lehramt» seine
*Menschlichkeit:* das heißt seine Irrtumsfähigkeit, seine Gesprächsbereitschaft,
seine Gemeinsamkeit mit den leidenden Menschen zurückgäbe.

Freilich, genau das soll und darf in der katholischen Kirche nicht sein. Soeben erst meldet der *Spiegel* (Nr. 26, 28. 6. 93, S. 50), pünktlich zum 25. Jahrestag der Enzyklika *Humanae vitae* durch Papst Paul VI. bereite Johannes
Paul II. eine *neue* Enzyklika für den 25. Juli 1993 vor, in welcher es heiße:
«Das Lehramt der Hirten als höchste Stufe der Teilhabe an der Autorität Christi wird gestützt durch das Charisma der Unfehlbarkeit, wenn es eine Glau-
bens- oder Sittenlehre definitiv verkündet.»[5] – Das vorliegende Buch verfolgte
die Absicht zu zeigen, daß es in Fragen des «Glaubens» (oder der «Sitte»)
nichts «definitiv» zu «verkündigen» gibt, am allerwenigsten in der «Autorität
Christi», sahen wir doch, daß Jesus von Nazareth gerade *das* nicht gewollt hat:
eine Kirche, die sich auf Gott beruft, um in dem Besitzanspruch unfehlbarer
und unwandelbarer Dogmen und Doktrinen Menschen voneinander abzugrenzen und auszuschließen.

*Philosophiegeschichtlich* betrachtet, schließen sich viele Gedanken dieser
Arbeit an die Überzeugungen an, die F. Schleiermacher vor zweihundert
Jahren in Reaktion auf die religiöse Situation nach der «Aufklärung» formuliert hat.[6] Deutlich erkannte dieser erste große Vertreter einer «romantischen
Theologie», daß die gesamte rationalistische Orthodoxie auf den Kathedern
und Lehrstühlen zusammenbrechen müsse angesichts des Verlangens nach argumentativer, verständiger Selbstbegründung. Niemals wird *der Glaube* sich
in ein Reflexionsmoment des Kausaldenkens oder in die Begrifflichkeit einer
dialektischen Vernunft «aufheben» lassen, wie es im Deutschen Idealismus
versucht wurde.[7] Zuende war auch die Zeit, da man den christlichen Glauben
als ein Teilelement der bestehenden Kultur beziehungsweise der gesellschaft-

lichen Ordnung «rechtfertigen» zu können glaubte, wie es in G. W. F. HEGELS
*Staatsphilosophie* geschah.[8] Wenn irgend der Glaube eine Begründung erlangen sollte, so konnte sie vollends nicht länger in dem «objektiv» Vorgegebenen
der Tradition oder Institution der «Kirche» gesucht werden – eben diese stand
ja selber in Frage und war einer eigenen, tieferen Begründung bedürftig. Vor
allem sah SCHLEIERMACHER nach den religionskritischen Schriften von G. E.
LESSING und REIMARUS[9] völlig klar, daß es in alle Zukunft *unmöglich* sein
würde, die christliche Religion *historisch* zu begründen – als ein «Werk» des
Heiligen Geistes oder als die Wundertat des auferstandenen Gottessohnes: es
würde nie mehr gelingen, mit dem Instrumentar der Geschichtsforschung den
Christusglauben auf die historische Person des Jesus von Nazareth zurückzuführen. Wenn sich gegenüber der Zerstörungsarbeit des Räsonnements und
des Skeptizismus noch ein fester Haltepunkt für den Glauben finden lassen
sollte, so müßte er dort liegen, wo man ihn in der ganzen kirchlichen Theologie
niemals ernsthaft gesucht hatte: in der Selbstgewißheit des Subjekts beziehungsweise in einem Apriori des Gefühls. Deshalb war es SCHLEIERMACHER,
der die Religion insgesamt als «Gefühl schlechthinniger Abhängigkeit» bestimmte oder, einfacher, als «Geschmack für das Unendliche» oder als «Anschauung des Unendlichen im Endlichen, des Ewigen im Zeitlichen.»[10] All
diese Bestimmungen, gewiß, sind an sich zu «subjektiv» und zu «geschichts-
los», sie langen zur Begründung des Christlichen nicht wirklich aus, aber sie
entwerfen doch eine Perspektive in die richtige Richtung, um das Verständnis
von «Offenbarung», Dogma und Kult von einem neuen Zugang her zu ermöglichen.

   Der Grund, warum die Religionsphilosophie SCHLEIERMACHERS niemals
an Boden gewinnen konnte, bestand indessen nicht nur in der traditionellen
Psychologieferne der gesamten akademischen Theologie, sondern vor allem in
der psychologischen Religionskritik L. FEUERBACHS, der das «Unendliche»
in der romantischen oder idealistischen Philosophie als eine bloße *Projektion*
des Menschenwesens in die Form seiner Selbstentfremdung betrachtete.[11] Religion erschien ihm als nichts weiter denn als eine *Mystifikation*, deren Ursachen und Funktionsweisen K. MARX wenig später in den Produktionsbedin-
gungen der Gesellschaft zu erkennen glaubte.[12] Gerade die *psychologische* Betrachtung des Kirchenglaubens mußte unter diesen Umständen unweigerlich
die repressive, triebfeindliche, naturzerstörerische Seite der christlichen
Theologie zutage fördern. Als einen «Cretinismus in psychologics» bezeichnete
F. NIETZSCHE denn auch das gesamte Christentum[13], und S. FREUD, ein halbes
Jahrhundert später, sah in der Religion wesentlich eine große zwangsneuro-

tische Illusion, die sich aus einer Dauerinfantilisierung des Denkens und des Fühlens ergebe.[14]

Jede Neubegründung des Religiösen befindet sich seither in einer paradoxen Lage: Es gibt offenbar keinen anderen Weg, als bei SCHLEIERMACHER wieder anzufangen; dann aber gilt es, das gesamte Arsenal der psychologischen und soziologischen Religionskritik *konstruktiv* durchzuarbeiten, bis daß jeder Verdacht entfällt, Religion könnte *immer noch* als ein Instrument von Herrschaft, Unterdrückung und Entfremdung gebraucht oder mißbraucht werden. Der inzwischen jahrhundertealte Vorwurf der Inhumanität, der Entfremdung und der autoritären Entmündigung gegenüber dem Kirchendogma läßt sich in seiner Berechtigung nicht durch immer neue, stümperhafte Apologetik («die Kirche ist ja gar nicht so»; «das Wesen der Kirche von Gott her besteht aber darin...»; «das sagt ja nur der atheistische Unglaube», usw.) aus der Welt schaffen. Was wir brauchen, ist eine gründliche Neubesinnung, indem wir die alte *«Psychophobie» der Kirche* endlich überwinden und die Psychologie ihrerseits in die theologische Argumentation miteinbeziehen. Dabei geht es freilich nicht länger an, das «Apriori» der Seele rein spekulativ auf Treu und Glauben sich so zurechtzulegen, wie es für die jeweilige Beweisführung «passend» wird, sondern es kommt darauf an, in der vorgetragenen Weise, auf dem Hintergrund der Evolutionslehre, den Bedürfnissen und Hoffnungen nachzugehen, die dem Menschen *wesentlich* sind und die ihn immer wieder nötigen, *Fragen* zu stellen, auf welche nur die Religion eine Antwort zu formulieren vermag.

Dabei haben wir vor allem die *Ambivalenz* all derjenigen *Bilder* kennengelernt, in denen aus dem Erbe der Tierreihe die ursprünglichen *Orte* realer Schutzsuche im Zwischenhirn sich gespeichert haben. Indem die Religion die Erinnerungsspuren einer ursprünglich *realen* Sicherheit in *Symbole* einer *transzendenten* Geborgenheit verwandelt, bedient sie sich des archaischen Materials der Psyche, um die – evolutiv betrachtet – *«neu»* aufgebrochenen Fragen der menschlichen Bewußtwerdung zu beantworten.

Eine solche Betrachtung der Religion bietet, wie wir sehen, eine Reihe naheliegender Vorteile, und zwar:

*Als erstes:* Die Glaubens«inhalte» werden nicht länger mehr *von außen* an den Menschen herangetragen – sie liegen in ihm selber; sie begründen nicht mehr die projektive Entfremdung des Menschen gegenüber einem kirchenbeamteten Herrschaftswissen in Sachen Gottes, sie erscheinen vielmehr, konkret einsehbar, als vorgegebene Wegweiser beziehungsweise als Stationen auf dem Weg zu sich selber. Selbstfindung und Gottfindung bilden eine unauflösbare Einheit.

*Ferner:* Es gibt endlich wieder eine Erlaubnis zu historischer Ehrlichkeit. Die religiöse Symbolsprache kann nicht anders, als das «Handeln» Gottes in der Form eines *Mythos* zu erzählen. Das kirchliche Lehramt, indem es Zug um Zug den Mythos historisiert, dann dogmatisiert, dann metaphysiziert, nötigt die Theologen zu permanenter Unaufrichtigkeit, treibt die Gläubigen in den Aberglauben und verfehlt im ganzen die Realitätsebene, auf welcher der Mythos angesiedelt ist: nicht die äußere Welt historischer Fakten bildet den Inhalt der Religion, sondern die Welt der inneren Erfahrung. Was SCHLEIERMACHER *gesehen* hat, fügt sich zur Zusammenschau exegetischer Redlichkeit; die kritische Erforschung der Bibel (WELLHAUSEN[15], GUNKEL[16], DIBELIUS[17], BULTMANN[18]) sowie der frühen Kirchengeschichte (A. v. HARNACK[19]) zerstört nicht länger mehr die gläubige Überzeugung, sondern bereichert und bestärkt sie. Die «subjektive» wie die «objektive» Seite des «Glaubens» finden jetzt ihre innere Einheit, indem sich zeigt, daß die religiösen Symbole selber den objektiv vorgegebenen Strukturen der Seele entstammen. «Aufklärung» und «Frömmigkeit» treten somit in eine fruchtbare Synthese; Denken und Fühlen, Erkennen und Glauben, Rationalität und Mystik finden endlich wieder glaubwürdig zueinander. Der Mensch selber muß nicht länger mehr, um im Sinne der Kirche ein «Gläubiger» sein zu können, in ständigen Zerrissenheiten und Widersprüchen existieren.

*Und schließlich:* Insofern die Symbolsprache der Religion Schichten der Psyche entstammt, die von den verschiedenen Kulturen zwar geformt, aber gewiß nicht «geschaffen» werden, hören die Ausdrucksformen der verschiedenen Religionen auf, statt der Einheit, *die Zwietracht* unter den Menschen zu fördern; denn es ist klar: im Schatten des fertigen Dogmas, nach Verlust jeglichen menschlichen «Anknüpfungspunktes», wird es schier unmöglich, in dem scheinbar so fremden «Anderen» noch das Eigene wiederzuentdecken. – Gerade entgegengesetzt aber verhält es sich jetzt, wenn wir die seelischen Grundlagen einer tiefen Gemeinsamkeit der religiösen Symbole betrachten. *Freiheit, Wahrheit* und *Toleranz* – ein Verständnis der Religion, welches *diese drei Wirkungen* zeitigt, darf zumindest die Wahrscheinlichkeit einer gewissen Wahrheit für sich in Anspruch nehmen.

Betrachten wir *(Abb. 2)* zum Beispiel noch einmal die große Badeanlage von Mohenjodaro vor mehr als 4000 Jahren an den Ufern des Indus im heutigen Pakistan, etwa 500 Kilometer landeinwärts von der Hauptstadt Karachi entfernt.[20] Historisch hat sie nicht das geringste etwa mit den Tauchbädern in den Tagen Jesu zu tun, und doch folgt sie ganz und gar einer *Symbolik,* die allgemein menschlich ist. Man sagt theologisch von der Taufe, sie sei das entscheidende «Sakrament», das aus einem «Heiden» einen «Christen» mache; so verstanden, ist die (von Jesus historisch gewiß *nicht* eingesetzte!) Taufe ein *Unterscheidungs*merkmal zwischen den Religionen. Wie aber, wenn sich zeigt, daß auch und gerade die Taufe ein *archetypisches* Bild der Wiedergeburt und des Neuanfangs darstellt? Dann ist es immer noch möglich – und nötig! –, die *Art* des «Neuanfangs» in der Botschaft Jesu *inhaltlich* in ihrer Eigenart genauer zu bestimmen; doch das *Bild* einer solchen religiösen Regeneration, wenn es sich mit der Person und der Botschaft des Nazareners verbindet, verbündet und trennt nicht länger mehr die Menschen voneinander. Merkwürdig genug: wenn erst einmal feststeht, daß auch und gerade der Eingangsritus in die christliche Religion durchaus kein «Sondergut» einer bestimmten Religionsform darstellt, sondern *universell* ist, so verändert sich notgedrungen der Charakter des Christlichen selber: nicht länger mehr erscheint es jetzt als die Religion einer intransigenten Dogmatik und fanatischen Rechthaberei, sondern weit eher könnte es jetzt als eine *Einladung* an alle Menschen zu einem Neuanfang der Menschlichkeit auftreten. Ein Bild, das zweitausend Jahre lang – unter Höllendrohungen! – Menschen eingeschüchtert und der Kirche gefügig gemacht hat, verwandelt sich damit in ein Symbol wiedergefundener Humanität. Aus Privilegien fanatischer Exklusivitätsansprüche verwandeln die Symbole der Religion sich jetzt in das Zeichensystem einer «Sprache», die in der Tiefe der Seele von *allen* Menschen gesprochen und verstanden wird, – so universell wie die Malerei, die Musik und die Dichtung.

*Oder:* wir werfen *(Abb. 3)* einen Blick auf den großen indischen *Sonnentempel* in *Konarak*, im Staate Orissa, aus dem 13. Jahrhundert n. Chr.[21] Die Anlage, die als die «Schwarze Pagode» erst zu Beginn des 20. Jahrhunderts bekannt wurde, ist eines der bedeutendsten Bauwerke hinduistischer Architektur. Das Eroberervolk der *Kesari* errichtete es zwischen 1240 und 1280 in Form eines Tempelwagens, der von sieben Pferden, den Symbolen der sieben Wochentage, gezogen wird und in allen vier Himmelsrichtungen den Sonnengott *Surya* zeigt, in dem die *drei* vedischen Sonnengötter *Surya, Savitri* und *Vivasvat* vereinigt sind.[22] Besonders bemerkenswert ist das Symbol des *Rades* selbst, das nicht nur den Buddhismus und den Hinduismus miteinander verbindet, sondern das als ein allgemeines Symbol für alle Formen der *Wiederkehr in der Zeit* verstanden werden muß. Die *Zeit als Zyklus* – dieser Gedanke liegt zentral der *mythischen* Interpretation von Geschichte zugrunde[23], und er dürfte, abgelesen an der Periodik von Tag und Nacht, Sommer und Winter, Aufblühen und Welken, sehr früh bereits im Erleben der Menschen die Hoffnung auch auf eine Überwindung des *Todes* begründet haben: wenn alles in der Natur *wie-*

*derkommt,* warum dann nicht auch der *Mensch,* wenn er stirbt? *Wiedergeburt, Regeneration,* ewige Wiederkehr (F. NIETZSCHE[24]) – das waren Bilder des Trostes oder, von einem bestimmten Zeitpunkt an, Darstellungsweisen eines *Vergeltungsgesetzes,* von dem es den Menschen zu *erlösen* gälte!

Wieder treffen wir hier auf *die Zweideutigkeit der Symbole* zwischen Verheißung und Fluch, zwischen Aufbau und Zerstörung, zwischen Trost und Bedrohung, und so stellt sich natürlich *die Frage nach dem konkreten religiösen Bezugsfeld,* in dem das jeweilige Symbol auftritt.

Ein Hauptproblem, das SCHLEIERMACHERS Religionsphilosophie notwendig aufwerfen mußte, bestand unzweifelhaft in der *Neutralisierung des Historischen:* religiöser Glaube läßt sich nicht mit historisch zweifelhaften Hypothesen stützen, das ist gewiß richtig; – es ist absurd, etwa die entscheidenden Fragen des Lebens nach Heil und Unheil, Himmel und Hölle, ewigem Leben oder ewigem Tod von den neuesten Veröffentlichungen eines wissenschaftlichen Magazins für nahöstliche Archäologie abhängig zu machen; die Grundlage des Religiösen muß *im Menschen selbst,* nicht in äußeren Tatsachen gesucht werden, – diese Einsicht läßt sich nicht rückgängig machen. Es liegt aber, wie wir gesehen haben, im Menschen keinesfalls nur eine religiöse Sehnsucht nach Unendlichkeit verborgen sowie ein gewisses Arsenal an symbolischen Vorstellungen und transzendenten Verweisungen, es liegt im Menschen auch ein ungeheueres Maß an *Angst* in Bereitschaft, das all die Fragen erst unabweisbar macht, auf welche die Religion mit ihren Symbolen und Riten zu antworten sucht. Es ist daher nicht möglich, SCHLEIERMACHER zu rezipieren, ohne die Erschütterung aufzunehmen, die der dänische Religionsphilosoph S. KIERKEGAARD mit seinen Analysen von *Angst* und *Existenz* ausgelöst hat.

Auch für KIERKEGAARD ist ein «historisches» Christentum ein Mißverständnis in sich selbst, und zwar nicht nur, weil man hier das Ewige auf das Zeitliche gründen will (statt das Zeitliche im Ewigen zu bergen!), sondern vor allem, weil all die historischen Beweisführungen zugunsten des «Christentums» die Wahrheit des Christentums *beseitigen,* statt sie zu verwirklichen: Christlich ist allein das Existieren, nicht das Dozieren, das Zeitgleichsein im Augenblick, nicht das Ausweichen in eine jeweils noch zu erforschende Vergangenheit, die subjektive Ergriffenheit und Ausgesetztheit des Einzelnen, nicht die Kollektivberuhigung in einer Gemeinde beamteter Wahrheitsgarantien und ritualisierter Heilszeichen. Der gesamte Kirchenglaube, so KIERKEGAARDS Erkenntnis, ist nichts als Angstflucht und Existenzentleerung, – eine illegitime Rückversicherung im Allgemeinen, während es darauf ankommt, *selbst* zu sein. Dieser große, wahrhaft prophetische Mann war der erste, der *aus*

*Glauben* die Beseitung des Kirchenglaubens, daß heißt der pastoralen Lüge und der bürgerlichen Verfälschung des Christlichen, forderte. Doch merkwürdigerweise macht die scheinbar so «unhistorische» Vorstellung von der christlichen Existenz im *Augenblick* bei KIERKEGAARD, wie wir sahen, die *geschichtliche* Seite des Christentums allererst verständlich, ja, notwendig.

Auch KIERKEGAARDS Analyse der Angst, die von der «Geist»-Philosophie des Deutschen Idealismus ausging, *um diese zu zersetzen*, müssen wir in den weiteren Kontext der *Verhaltensforschung* und der *Tiefenpsychologie* stellen, um ihre zeitlose Aktualität wirklich zu würdigen. Dann aber bleibt es wahr, was KIERKEGAARD gespürt, geahnt, *gesehen* hat: es ist nicht möglich, das religiöse Subjekt aus sich selbst heraus zu begründen; *es ist nicht möglich durch den Faktor der Angst*, die zur Freiheit und Bewußtheit geistiger Existenz selbst gehört. Was «Person» ist, läßt sich nur «definieren» durch das, wozu sie sich wesentlich verhält. «Geist» als Selbstverhältnis im Verhältnis zu einem anderen, das es «gesetzt» hat (s. o. S. 336) – in dieser Bestimmung lag auch, daß sich *die Angst* der menschlichen Existenz nur im Gegenüber der Person eines anderen beruhigen läßt. Die Begegnung mit diesem «anderen» aber kann nur im Raum der historischen Wirklichkeit erfolgen, und eben darin lag für KIERKEGAARD das *Paradox* des christlichen Glaubens: so wenig er sich historisch begründen läßt, gründet er doch in der historischen Person des Jesus von Nazareth, und zwar unersetzbar, unvermeidbar, wesentlich.

So erst «füllt» sich der Religionsbegriff SCHLEIERMACHERS von der «Anschauung des Ewigen im Zeitlichen»; doch zugleich ändert sich damit auch der gesamte Begriff religiöser Erkenntnis: Er hört auf, der Vermittlung eines «objektivierbaren» Herrschaftswissens zu dienen, und verlagert sich ganz und gar in die «Existenz», in das personale Verhältnis, in die menschlich gelebte Wirklichkeit. Es ist, können wir jetzt schon im Vorgriff auf den zweiten Band dieser Arbeit sagen, *religiös betrachtet* ein Unding, im gesicherten Wissen kirchlicher Orthodoxie zu «bekennen», Jesus sei der «König», der «Sohn Gottes», der «Sohn der Jungfrau» usw.; aber es *ist* möglich, Jesus zu erleben als *die Person*, die dazu befreit, die eigene Souveränität, mithin die eigene «Königswürde» zu erlangen; die in unserem Leben Frieden und Versöhnung bewirkt; und die uns dazu verhilft, das eigene Leben rein von Gott her neu zu begründen. Dieses «existentielle» oder «religiöse» Erkennen hat es nicht mit Informationen, sondern mit Erfahrungen, nicht mit «Inhalten», sondern mit Innerlichkeit, nicht mit «Wissen» im Sinne gegenstandsgerichteter Einsicht, sondern mit «Wissen» im Sinne eines Einswerdens zweier Personen im Raum der Liebe zu tun.

*Eben deshalb* ist das religiöse «Wissen» nicht anders zu vermitteln als in

Form traumnaher, dichterischer, mythischer Bilder, die bestimmte persönliche, geschichtliche Erfahrungen ausdrücken, und umgekehrt: in Form von Erfahrungen, die bestimmte poetische Bilder wachrufen. Will man zum Beispiel beschreiben, wer Jesus von Nazareth nicht «war», aber: *ist*, so ist dies nicht anders möglich als unter Verwendung der uralten menschheitlichen Bilder von Paradies, Vertreibung und Rückkehr: Der Mann aus Nazareth, kann man sagen, möchte uns bei der Hand nehmen, um uns, vorbei an den Wächterengeln mit dem Flammenschwert (Gen 3,24), zurückzuleiten an den «Ort», da es erlaubt ist, «nackt» zu sein, ohne sich zu «schämen» (Gen 2,25), und *geborgen* sich zu fühlen im Schutze der Zweige des *«Baums in der Mitte des Gartens»* (Gen 2,9).

Der französische Maler PAUL GAUGUIN, der wie kein anderer in all seinen Werken auf der Suche nach einem solchen Paradies der Menschlichkeit war, hat im Jahre 1897 unmittelbar vor einem Selbstmordversuch, wie zur Zusammenfassung seines ganzen Anliegens, das unvergleichliche Bild gemalt: *D'ou Venons Nous, Qui Sommes Nous, ou Allons Nous?* – Wer sind wir, woher kommen wir, wohin gehen wir? *(Abb. 4)* Das Bild, das heute im Fine Arts Museum in Boston hängt[25], zeigt, nach GAUGUINS eigener Beschreibung, «rechts unten ein schlafendes Kind, dann drei kauernde Frauen. Zwei in Purpur gekleidete Gestalten vertrauen sich ihre Gedanken an. Eine hockende Figur, die bewußt und ohne Rücksicht auf die Perspektive sehr groß erscheint, hebt den Arm hoch und betrachtet erstaunt die beiden Frauen, die über ihr Schicksal nachzudenken wagen. Die Gestalt in der Mitte pflückt eine Frucht. Zwei Katzen bei einem Kind. – Eine weiße Ziege. Das Idol hebt beide Arme geheimnisvoll in rhythmischer Bewegtheit und scheint auf das Jenseits zu weisen. Ein kauerndes Mädchen scheint dem Idol zu lauschen. Ein altes Weib, schon dem Grabe nahe, beschließt die Reihe. Sie schickt sich in ihr Los. Ihr zu Füßen versinnbildlicht ein seltsamer weißer Vogel, der eine Eidechse in den Klauen hält, die Nutzlosigkeit leerer Worte.»[26]

Von rechts nach links gelesen, enthält dieser «Lebensfries», den GAUGUIN «eine philosophische Arbeit... mit dem Evangelium vergleichbar» nannte[27], den Werdegang des menschlichen Daseins: beginnend mit der Unbewußtheit eines schlafenden Kindes in der Nähe behütender Frauen und eines wachenden Tieres, leitet es hinüber zu der Nachdenklichkeit und der inneren Zwiesprache erwachender Jugend, die ihrerseits hinüberführt zum «Akt der Erkenntnis», zum Griff nach dem Baum des «Wissens» von «Gut und Böse». Doch anders als in der Paradieserzählung enthält dieser Vorgang der Erkenntnis nichts an «Verbotenem» oder «Sündhaftem»; die Selbsterkenntnis des Menschen ist hier

1 Francis Bacon, geb. 1909, Schreiender Papst, 1951, nach Velazquez, Innozenz X.,
Öl auf Leinwand, Städtische Kunsthalle Mannheim

2　Badeanlage von Mohenjodaro am Indus in Pakistan

3  Sonnentempel in Konarak, Indien

4  Paul Gauguin, Frankreich, D'où venons-nous?, Que sommes-nous?, Où allons-nous?, 1897
(linke Bildhälfte), Öl auf Leinwand, 139,1 × 374,6 cm, Museum of Fine Arts, Boston

4  Paul Gauguin, Frankreich, D'où venons-nous?, Que sommes-nous?, Où allons-nous?, 1897
(rechte Bildhälfte), Öl auf Leinwand, 139,1 × 374,6 cm, Museum of Fine Arts, Boston

5 Edvard Munch, Towards the Forest, 1915, © Munch Museum, Oslo 1993

nicht länger mehr «Schuld» und «Abfall» von Gott, sondern ein Vorgang, der sich innerhalb des Naturhaften ereignet und darin verbleibt: Der «Tierfriede», die Einheit des Menschen mit den Lebewesen an seiner Seite (und darin auch mit den Triebkräften seiner eigenen Seele) wird nicht gestört. Es gibt, sagt dieses Bild, eine Menschlichkeit, die *nicht* auf dem üblichen Gegensatz von Natur und Kultur basiert, sondern die gerade in dem ungebrochenen *Einklang* von Mensch und Welt, von Bewußtsein und Unbewußtem besteht. Während in der biblischen Sündenfallerzählung (Gen 3,1–7) die Gottheit in ihrem Zorn den Menschen aus dem «Garten» der Welt zur Strafe vertreibt, scheint auf dem Gemälde GAUGUINS die Begegnung mit dem Göttlichen, dargestellt in einem bläulichen mannweiblichen Idol, auf den Akt der Erkenntnis geradewegs zu folgen. Alles Unheimliche, Strafende, Opferverlangende, Zornmütige, Eifersüchtige ist aus diesem Bild mit seinen segnenden Händen verschwunden. Dieses «Idol», schrieb GAUGUIN, «ist nicht als literarische Erklärung, sondern als Statue da, vielleicht weniger Statue als die Figuren der Lebewesen, aber auch nicht lebendig, innig verbunden in meinem Traum mit der ganzen Natur vor meiner Hütte, und über unsere primitiven Seelen herrschend, imaginärer Trost in unseren Leiden, in dem Unbestimmten und Unbegreiflichen des Geheimnisses unserer Herkunft und unserer Zukunft.»[28] «Woher kommen wir – *wohin gehen wir*»? Selbst die alte Frau mit ihren graublauen Haaren, nachdenklich am Boden kauernd, den Kopf in die Hände gestützt, geht dem Tod weder einsam noch furchtsam entgegen: neben ihr, zugewandt, sitzt ein noch junges Mädchen am Boden, das die Alte stumm zu begleiten scheint, und der «seltsame weiße Vogel» bedeutet wohl nicht nur die «Nutzlosigkeit» aller Worte, sondern er ist vermutlich auch die wortlose, symbolische Andeutung einer Seelenverwandlung ins Licht, wie sie in zahllosen Mythen in der Religionsgeschichte beschrieben wird: im Moment des Todes fliege die Seele des Menschen auf zu den Sternen als dem Ort ihrer ewigen Heimat...[29] Wie auch immer – das Bild ist eine friedliche, in sich ruhende Beschreibung der Stadien menschlicher Reifung in einer Form, welche von Scham und Sünde nichts weiß, – GAUGUINS *Vermächtnis* an eine Welt, die im Namen des «Christentums» bis zum Wahnsinnigen mit Schuldgefühlen, Ängsten und Selbstdemütigungen aller Art verwüstet wurde.

Es bleibt für den «christlichen» Betrachter daher die Frage, ob er in dem Bild GAUGUINS eine «Leugnung» oder nicht weit eher eine *Erfüllung* des Christlichen zu sehen geneigt ist. Was soll die «Erlösung» des «Christus» wert sein, wenn sie *nicht* dazu beiträgt, die ursprünglich gemeinte Ordnung der Seele ebenso wie der «Dinge» wiederzufinden, – eine *Einheit* von Welt und Mensch, in welcher *der reflektierte Symbolismus* der «Natur» und die worthafte Anrede als *Person* sich wechselseitig bedingen und miteinander verschmelzen zu der *einen* Erfahrung des Göttlichen?

Die entscheidende *theologische* Frage stellt sich dabei natürlich Schritt um Schritt immer wieder: Was ist unter diesen Voraussetzungen *«Offenbarung»*? In diesem Buch haben wir die Ansicht vertreten, daß es nicht möglich ist, die «Offenbarung» Gottes auf bestimmte Momente geschichtlicher Erfahrung zu begrenzen; im Gegenteil: die gesamte Evolution der Welt ist – für den Gläubigen! – *eine einzige* «Offenbarung» Gottes; einzig in der Herkunft des Menschen aus der Tierreihe begreift man die *Strukturen,* die uns seelisch und geistig befähigen, religiöse Fragen zu stellen und religiöser Antworten zu bedürfen. Hier liegen die Anschauungsformen und Kategorien des Erkennens ebenso bereit wie die Formen der Phantasie und der Sehnsucht, aus denen die religiösen Symbole hervorgehen; zur religiösen Erfahrung aber gehört die *Verschmelzung* der Ebene des Vorgegebenen, Apriorischen, der *symbolischen* (archetypischen) Deutungsschemata mit der Ebene des Personalen, Einmaligen, Historischen. Und eben diese *Verschmelzung* des Überzeitlichen mit dem Zeitlichen, diese *Erweckung* aller bereitliegenden *Sehnsüchte* in der unmittelbaren Begegnung mit einer *Person,* die als *Erfüllung und Neugestaltung* dieser Sehnsüchte *fühlbar und erfahrbar* wird, ist das, was jetzt «Offenbarung» heißt – sie ist weder etwas nur mythisch Übergeschichtliches noch etwas historisch Nur-Geschichtliches; sie ist im Gegenteil die Einheit von beidem.

«Der Offenbarungsgedanke», schrieb P. EICHER schon 1977, «ist der neuralgische Punkt jeder Theologie in ihrer Auseinandersetzung mit den Wissenschaften. Denn das Verhältnis von Theologie und Wissenschaft entscheidet sich an der Frage, wie das Verhältnis von Offenbarung und Wissen und damit das Verhältnis zwischen Glaube und Vernunft überhaupt aufgefaßt wird.»[30] Und er meint weiter: «Wird Offenbarung als Selbstmitteilung Gottes exklusiv *aus* Glaube *in* und *für* Glaube gedacht, so gerät die Theologie im besten Fall in eine strukturelle Konfrontation mit Wissenschaft, im ungünstigsten Fall in eine Isolation, welche Theologie als bloße Doxologie vom verantwortenden Denken des Glaubens trennt. Diese Entfremdung der Offenbarungstheologie von der Arbeit des menschlichen Denkens überhaupt vergißt nicht nur den Ursprung des Offenbarungsglaubens in der historisch bezeugten Erfahrung, sondern wird auch dem Selbstverständnis christlichen Glaubens nicht gerecht; die soteriologische Universalität christlicher Botschaft, die theologisch als Offenbarung begriffen wird, fordert zur universalen Kommunikation mit der zunehmend wissenschaftlich artikulierten Welterfahrung heraus.»[31]

Mit anderen Worten: Damit die Botschaft des Christentums von der «Offenbarung» Gottes in der Person des Jesus von Nazareth wirklich alle Menschen betrifft, gilt es, im Verein mit den «Hilfswissenschaften» gegenwärtiger Anthropologie diejenigen Voraussetzungen herauszuarbeiten, unter denen alle Menschen *wesentlich* mit religiösen Fragen konfrontiert sind; man kann theologisch auch sagen: es gilt, diejenigen Voraussetzungen zu benennen, die Gott sich selbst (durch die Geschichte der Evolution) geschaffen hat, um sich dem Menschen mitzuteilen. Eben deshalb bedurften wir *wesentlich* der Verhaltensforschung, der Tiefenpsychologie, der Hirnorganik, der Religionswissenschaften, der Kulturanthropologie – lauter außertheologischer Wissenschaftszweige, um glaubwürdig Theologie treiben zu können.

Was wir «Offenbarung» Gottes nennen, ist mithin ein Ineinander, das sich aus dem historischen Dialog zwischen Ich und Du (M. BUBER) ergibt und das zugleich den ebenso deutenden wie zu deutenden Bereich vorgegebener Bilder zur Artikulation des religiös Bedeutungsvollen in Schwingung versetzt. Natur und Geschichte, Kollektives und Individuelles, Unbewußtes und Bewußtsein, Es und Ich, Archetyp und Person – wo eine solche *Synthese* im Gegenüber einer anderen Person ermöglicht wird, deren Nähe stark genug ist, die Kraft einer solchen Integration zu erzeugen, da geschieht *«Offenbarung»*. Sie ist, meinte FRANZ ROSENZWEIG in seinem Hauptwerk *Der Stern der Erlösung*, ·«das unter der Liebe Gottes geschehende Mündigwerden des stummen Selbst zur redenden Seele.»[32] Das Wort «Liebe», gewiß, ist ein Menschenwort, ein *Natur*wort, wie wir soeben gesehen haben; aber «Offenbarung» Gottes – das ist auch dies: in der Liebe eines anderen Menschen zu begreifen, daß die gesamte Welt, die uns umgibt, eine wirkliche *Schöpfung* darstellt – Äußerungsform und Selbstmitteilung, also «Geschenk» jener *ewigen* Liebe, der wir verdanken, *daß* wir sind und daß wir *als Menschen* zur Menschlichkeit finden.

«Welches ist dies Gebot aller Gebote?», fragt F. ROSENZWEIG weiter und schreibt: «die Antwort auf diese Frage ist allbekannt; Millionen Zungen bezeugen sie spät und früh. ‹Du sollst lieben den Ewigen...› ... welche Paradoxie liegt darin! Kann denn Liebe geboten werden? Ist Liebe nicht Schicksal und Ergriffensein und wenn ja frei, dann doch nur freies Geschenk? Und nun wird sie geboten? Ja, gewiß, Liebe kann nicht geboten werden; kein Dritter kann sie gebieten und erzwingen. Kein Dritter kanns, aber der Eine. Das Gebot der Liebe kann nur kommen aus dem Munde des Liebenden. Nur der Liebende, aber er auch wirklich kann sprechen und spricht: Liebe mich. In seinem Munde ist das Gebot der Liebe kein fremdes Gebot, sondern nichts als die Stimme der Liebe selber.»[33]

Daß Gott die Liebe «gebietet», indem er die ganze Schöpfung als sein «Liebesangebot» enthüllt, macht jede menschliche Begegnung zu einem Offenbarungsort des Ewigen im Zeitlichen. Theologisch ist die Rede von der «Liebe» Gottes auf erschreckende Weise wohlfeil. Aber erst, wenn man liest, was der Jude F. Rosenzweig darüber schreibt, merkt man, wie die Welt sich verändert, je nach der Art, wie man glaubt. «Liebe», meint er, ist «keine Eigenschaft, sondern ein Ereignis ... ‹Gott liebt› heißt nicht, daß die Liebe ihm eignet wie eine Eigenschaft, etwa wie die Macht, zu schaffen, Liebe ist nicht die feste unveränderliche Grundform seines Antlitzes, nicht die starre Maske, die der Former vom Antlitz des Toten abnimmt, sondern das flüchtige, nie versiegende Mienenspiel, das immer junge Leuchten, das über die ewigen Züge geht.»[34] «Was so als Enge des Begriffes der göttlichen Liebe erscheint, wie ihn der Glaube faßt, nämlich daß diese Liebe nicht wie das Licht als wesenhafte Eigenschaft nach allen Seiten strahlt, sondern in rätselhaftem Ergreifen Einzelne ergreift – Menschen, Völker, Zeiten, Dinge –, unberechenbar in diesem Ergreifen bis auf die eine Gewißheit, daß sie einmal auch das noch Unergriffene ergreifen wird: diese scheinbare Engherzigkeit macht die Liebe erst wahrhaft zur Liebe; nur so, indem sie sich in jedem Augenblick ganz hineinwirft, und sei es, daß sie alles andere darum vergißt, nur so kann sie schließlich alles wirklich ergreifen; ergriffe sie alles mit einem Male, was wäre sie anders als schon die Schöpfung war?»[35]

Sagen wir es so: Wir sind hineingeboren in eine Welt, die wir in jeder ihrer Einrichtungen, in jedem ihrer Details noch so gut kennenlernen können – «Offenbarung», das ist, daß wir die Stimme des Königs hören, die da sagt: «Dieser ganze Palast meiner Schöpfung ist für dich gemacht; ich habe ihn herrichten lassen zur Hochzeit deiner Liebe. Denn ich liebe dich von Ewigkeit her und nirgendwo mehr, als wenn du selbst dich der Fähigkeit deiner Liebe überläßt.»

Dieses Buch trägt auf dem Umschlag das Detail eines Bildes von Edvard Munch aus Abb. 5: *Zum Walde*, aus dem Jahre 1915.[36] Es handelt sich um ein Motiv, das von dem norwegischen Maler schon 1897 in zwei Holzschnitten bearbeitet worden war und ein Liebespaar zeigt, das, einander umfangend, auf einen hoch aufragenden dunklen Wald zugeht. Nichts «Religiöses» scheint in diesem Bild enthalten zu sein; und doch gewinnt in ihm gerade *die* Form von Religion Gestalt, die, jenseits aller «Bekenntnisse» und lehramtlichen «Definitionen», die einzige Weise der «Gottesbegegnung» sein wird, die den Menschen, zumindest der Sehnsucht nach, verständlich sein wird: die Einheit auch nur von zwei Menschen in Zuneigung, Zärtlichkeit und Liebe; die Einheit von

«Männlichem» und «Weiblichem» in der eigenen Seele; und die Einheit des Menschen mit der Natur – wo diese drei Momente der Person, der Psyche und der Welt zusammenkommen, da und nur da besteht die Chance für ein *Glauben in Freiheit*.

*Also:* machen wir uns auf den Weg – *zum «Walde» hin*, zum Verborgenen hin, zu dem Größeren, das uns umgibt und umgreift, indem wir *einander* umschließen in Liebe. Der *Weg* selber freilich bleibt uns nicht erspart. Er ist die Offenheit, das Freisein selbst. Denn:

> «Dieses Leben», meinte MARTIN LUTHER,
> «ist nicht eine Frommheit,
> sondern ein Frommwerden,
> nicht eine Gesundheit,
> sondern ein Gesundwerden,
> nicht ein Wesen,
> sondern ein Werden.
> Wir sind's noch nicht,
> wir werden's aber.
> Es ist noch nicht getan und geschehen,
> aber es ist in Gang und Schwung.
> Es ist nicht das Ende, es ist aber der Weg.
> Es glüht und glitzt noch nicht alles,
> es fegt sich aber alles.»[37]

250 Jahre danach schrieb der englische Aufklärer T. PAINE, angeregt von dem Mut MARTIN LUTHERS und doch weit über dessen Theologie hinausgehend, jene Sätze, die den gesamten Kirchenglauben zugunsten einer Religion *der* Freiheit und einer Religiösität *aus* Freiheit zum Einsturz bringen sollten: «Ich bekenne mich nicht zum Glauben der jüdischen Kirche, der römischen Kirche, der griechischen Kirche, der türkischen Kirche, der protestantischen Kirche oder irgendeiner anderen mir bekannten Kirche. Meine eigene Seele ist meine eigene Kirche. Alle Nationalkirchen... sind... nichts anderes als menschliche Erfindungen, errichtet, um die Menschen einzuschüchtern und zu versklaven, sowie Macht und Profit zu monopolisieren.»[38] Alle dogmatischen Kirchen sind das Gegenteil dessen, was Jesus gewollt hat. Er meinte uns selber. Er wollte, daß wir es lernen, zu *glauben in Freiheit*.

# Anmerkungen

# Abkürzungen

CIC    Codex Juris Canonici. Codex des kanonischen Rechtes, lat.-dt. Kevelaer 1983.

DS     H. Denzinger – A. Schönmetzer: Enchiridion Symbolorum, Definitionum et Declarationum de Rebus Fidei et Morum, Freiburg $^{32}$1963.

DVK    H. Reuter (Hrsg.): Das II. Vatikanische Konzil. Vorgeschichte, Verlauf, Ergebnisse, dargestellt nach Dokumenten und Berichten; Köln $^2$(verb.) 1966.

KEK    Katholischer Erwachsenenkatechismus. Das Glaubensbekenntnis der Kirche, hrsg. von der Deutschen Bischofskonferenz, Bonn 1985 (nicht genannter Verfasser: W. Kasper, heute Bischof von Rotenburg).

WK     «Weltkatechismus». Catéchisme de l'Église Catholique, Paris 1992.

# Die Stunde des Jeremia

## (Seite 9 bis 45)

[1] Nur noch jeder vierte ein Christ, in: Der Spiegel, Nr. 25/46. Jg., 15. Juni 92, 36–57.

[2] M. LUTHER: Von der Freiheit eines Christenmenschen (1520), in: Werke in Auswahl, hrsg. v. K. Aland, II 251–274.

[3] M. LUTHER: Ein Sendbrief vom Dolmetschen (1530); a. a. O., V 79–92; DERS.: Ein kleiner Unterricht, was man in den Evangelien suchen und erwarten solle (1522), a. a. O., V 196–203.

[4] Als erster «Durchbruch» gilt die Enzyklika von PIUS XII: *Divino afflante Spiritu*, vom 30. Sept. 1943; vgl. DS 3825–3831, wo immerhin die verschiedenen literarischen Gattungen in der Bibel anerkannt wurden und eine relative «Freiheit der Forschung», wenngleich in Bindung an das Lehramt, zugestanden wurde. Aber erst das 2. VATIK. KONZIL, *Konstitution über die Offenbarung*, Kap. 3, DVK, S. 188–189 machte die historisch-kritische Methode mit den Worten verbindlich, es habe der Exeget «nach dem Sinn zu forschen, den der Hagiograph auf Grund einer ganz bestimmten Lage, seiner Zeit und Kultur entsprechend, mit Hilfe der damals üblichen literarischen Arten hat ausdrücken wollen.» Dann aber geht es auch dort gleich einschränkend weiter, daß «all das, was die Art der Schrifterklärung betrifft, ... letztlich dem Urteil der Kirche» unterstehe, letztlich also dem Urteil derer unterliege, die (Kap. 2, DVK S. 187) «im Bischofsamt das sichere Charisma der Wahrheit empfangen haben.»

[5] Vgl. das Urteil der päpstlichen Bibelkommission vom 23. 6. 1905, in den Tagen PIUS' X., DS 3373; in dem Urteil vom 27. Juni 1906 ist es Glaubenspflicht, die ersten 5 Bücher Mosis historisch Moses als Verfasser zuzuschreiben; DS 3394–3397; BENEDIKT XV: Enzyklika *Spiritus Paraclitus* vom 15. Sept. 1920 betont erneut die historische Wahrheit der Hl. Schrift;

DS 3653. Sämtliche Probleme der Pentateuchkritik oder der Synoptischen Evangelien waren und wurden schlechtweg als «Modernismus» verboten. Vgl. dazu F. HEILER: Der Katholizismus. Seine Idee und seine Erscheinung, München 1923, 320, der richtig schrieb: «Wie in den vergangenen Jahrhunderten die neuen Erkenntnisse der Philosophie und Naturwissenschaft als glaubensgefährlich gebrandmarkt wurden, so wurden im 20. Jahrhundert die Ergebnisse der Bibelkritik, Dogmengeschichte und Religionswissenschaft von den römischen Behörden verurteilt ... Es gibt kein Problemgebiet der Bibelwissenschaft ... in dem nicht die Bibelkommission eine Lösung ‹dekretiert› hätte. Ihre Lösung ist stes verblüffend einfach: die kritische Theorie wird abgewiesen, die traditionelle ungeschichtliche Auffassung der scholastischen Dogmatik behält Recht.»

[6] WK 547–550 nimmt die «Wunder» Jesu einfach «wörtlich»; selbst die Brotvermehrung (Mk 6,35–44; 8,1–10) gilt hier als historische Realität: WK 1335. Wie der Bischof von Paderborn J. J. DEGENHARDT darüber urteilt, findet sich protokolliert bei E. DREWERMANN: Worum es eigentlich geht, 101–109.

[7] Vgl. WK 787–789, wo die Kirche, die *römisch-katholische*, versteht sich, nach wie vor als «Leib Christi» beschrieben wird. Laut WK 889 hat die Kirche Teil an der Unfehlbarkeit Christi selbst. Vgl. auch KEK, S. 275–279; 304. Nach DS 802 gilt der Satz des hl. CYPRIAN, außerhalb der Kirche sei kein Heil. Die Lehre Innozenz III. auf dem 4. Laterankonzil von 1215 findet sich unverändert bei PIUS XII: – DS 3866.

[8] Vgl. S. KIERKEGAARD: Der Augenblick, XIV 121–123; Werkausgabe II 338–341: Das Bequeme und – die Sorge um eine ewige Seligkeit; der Staat und das amtliche Christentum

sind hier vereint «zu einem einzigen Trink-spruch».

[9] Während es U. WILCKENS, bis 1991 Bi-schof der nordelbischen Kirche, einen «geistli-chen Skandal» nennt, «daß die Kirchen am Tisch des Herrn noch immer getrennt seien», urteilt der «Ökumenebeauftragte der Deut-schen Bischofskonferenz», «auf der jetzigen Basis» sei eine Abendmahlgemeinschaft von Katholiken und Protestanten unmöglich; zu-vor «müßten die Fragen gelöst werden, die die Glaubensgemeinschaft betreffen... Dies gelte besonders für die Amtsfrage.» Der Dom, Nr. 21, 23. 5. 93. Vgl. KEK, S. 360–361, WK § 1400; 1411.

[10] Vgl. J. JEREMIAS: Neutestamentliche Theo-logie, I 110–123; 170–174.

[11] Vgl. a. a. O., 235–237.

[12] Zur Stellung der Zöllner vgl. O. MICHEL: telonäs (Zöllner) in: G. Friedrich (Hg.): Theo-logisches Wörterbuch zum Neuen Testament, VIII 88–106, S. 101: «Man betrachtete die Steuererheber und die Zöllner als Diebe oder gar als Räuber.»

[13] Vgl. Lk 10,25–37: Das Gleichnis vom Barmherzigen Samariter; J. JEREMIAS: Die Gleichnisse Jesu, 200–203: «eine Liebe ohne Grenzen»: «die Hörer... vermuten... eine antiklerikale Spitze... Es ist ihnen... verlet-zend, daß der Dritte, der das Liebesgebot er-füllt, ein Samaritaner ist.» Zu den «Samarita-nern» vgl. historisch J. JEREMIAS: Jerusalem zur Zeit Jesu, 387–394.

[14] Mt 5,45. Vgl. zur Stelle E. DREWERMANN: Das Matthäus-Evangelium, I 21–25; 44–69; 500–509.

[15] Zur Gruppe der Sadduzäer vgl. historisch R. MEYER: saddoukaios (Sadduzäer), in: Theolo-gisches Wörterbuch zum Neuen Testament, VII 35–54.

[16] Zu den «Schriftgelehrten» historisch vgl. J. JEREMIAS: Jerusalem zur Zeit Jesu, 265–278.

[17] Wie sehr die Kirche heute noch sich sogar als «Staat» «im Staate» aufführen kann, zeigte sich in der BRD in den Tagen der Wiedervereini-gung, als der deutsche Nuntius die Akten, be-treffend die Zusammenarbeit zwischen kath. Kirche und Stasi, sich einfach als «Eigentum des Vatikans» aneignete und der Nachfor-schung der deutschen Behörden entzog. CIC Can. 113, § 1 erklärt sogar, die «katholische Kirche und der Apostolische Stuhl» besäßen «den Charakter einer moralischen Person» «aufgrund göttlicher Anordnung». Vgl. Can 204 § 2. In Can 360 wird die Leitung der römi-schen Kurie zu Recht als «Staatssekretariat» bezeichnet. Nach Can 362 hat der Papst das Recht, «seine Gesandten zu ernennen». Vgl. E. BLOCH: Der verstaatlichte Gott und das Recht auf Gemeinde, in: Religion im Erbe. Eine Auswahl aus seinen religionsphilosophi-schen Schriften, hrsg. v. J. Moltmann, Frank-furt 1959; Hamburg (Siebenstern Tb. 103) 1970, 127–130: «Sie (sc. die Kirche) hat ihren Gott... zur Kirchenorganisation verstaat-licht..., indem sie... das Unrecht... erst dul-dete, dann guthieß, sie verhindert den Ernst der Befreiung durch deren Verschiebung auf den St.-Nimmerleins-Tag, im Jenseits. Als Mittel, die antike Proles zu besänftigen, hatte die Kirche gesiegt; als feudale, dann kapita-listische, auch offen faschistische Weltmacht hat sie ‹aufs Kommen des Reichs Christi› treff-lich vorbereitet... der Vatikan (sc. heute, d. V.) reklamiert sich den kapitalistischen Staaten als Seelsorger des Gehorsams ihrer Bürger.» (129) Vgl. bes. F. HEILER: Der Ka-tholizismus. Seine Idee und seine Erschei-nung, München 1923, 276–278: Sichtbare Rechtskirche und unsichtbare Geistkirche; beides, meint HEILER, wird in der kath. Kir-che identisch gesetzt: die Kirche als verfaßte Institution wird laut Kirchenrecht einfach mit der Kirche im Lehrsinne ineins gesetzt. Vgl. zu dem Konstrukt von der Kirche als societas perfecta DS 3166; 3171. aus LEO XIII: Enzy-klika Humanum genus vom 20. Apr. 1884.

[18] Vgl. M. NOEL: Erfahrungen mit Gott, 101.

[19] Vgl. A. WEISER: Das Buch Hiob (ATD 13), S. 69, zu Hi 9–10.

[20] Vgl. DVK, S. 186: Dogm. Konstitution über die göttl. Offenbarung, Kap. 1, § 4: «keine neue öffentliche Offenbarung ist zu erwarten vor der herrlichen Ankunft unseres Herrn Je-sus Christus.»

[21] Vgl. DVK, S. 187, a. a. O., Kap. 2, § 8:

«Diese von den Aposteln überkommene Überlieferung... schreitet unter dem Beistand des Heiligen Geistes in der Kirche voran... aus der Verkündigung derer, die mit der Nachfolge im Bischofsamt das sicherere Charisma der Wahrheit empfangen haben.» Man kann nur betonen, daß auch und gerade die Texte des 2. Vaticanums *Mischformeln* aller Art enthalten, auf die zu Recht sich die heutigen Fundamentalisten im Bischofsamt berufen können, um den zaghaften «Prager Frühling» vor 30 Jahren in der kath. Kirche wieder einzufrieren. Vgl. H. MYNAREK: Fundamentalismus in Christentum und Islam, München 1992, 65–66: «Das II. Vatikanische Konzil war bestenfalls die Einkleidung der vermeintlich vollkommenen Grundsubstanz des Glaubens in ein modernes sprachlich-geschichtliches Gewand. Kein einziges Denkverbot, kein einziges Dogma, kein einziges Moralgebot... wurde von diesem Konzil aufgehoben. ...Von dem absolutistischen, die Herrschaft der Kirche durch den Alleinbesitz der Wahrheit absichernden und garantierenden Offenbarungsbegriff ist auch das für einen Augenblick die Illusion der Freiheit in die katholische Welt hineintragende II. Vatikanische Konzil keineswegs abgewichen.»
[22] Vgl. KEK, S. 271–291; DVK, S. 42: Dogmatische Konstitution über die Kirche, Kap. 1, § 8: «Der einzige Mittler Christus hat seine heilige Kirche... als sichtbares Gefüge verfaßt und trägt sie unablässig, sie, durch die er Wahrheit und Gnade auf alle ausströmt.» Angesichts dieses Selbstverständnisses der kath. Kirche hat der Bischof von St. Pölten, K. KRENN, vollkommen recht, wenn er sagt, eher müsse der liebe Gott zurücktreten, als daß er sich irre, wenn er die Lehre der Kirche wiedergebe. Vgl. *Profil*, Nr. 27; 5. Juli 93, 24. Jg., S. 22–23: J. VOTZKI – E. DREWERMANN: Ein totalitäres System.
[23] Vgl. M. DE UNAMUNO: Die Agonie des Christentums, übers. v. O. Buek, München 1928, wo der spanische Dichter und Philosoph die Gemeinsamkeit mit dem Christus von Gethsemane und Golgatha im Sinne eines pragmatischen Heroismus als die einzige

Möglichkeit einer Daseinserneuerung des modernen Menschen deutet.
[24] Vgl. J. BRINKTRINE: Die Lehre von der Menschwerdung und Erlösung, 221–229; KEK, 353–356, wo der Zusammenhang von Kreuzesopfer und Meßopfer hervorgehoben wird; WK 613–614; 1544–1545.
[25] Vgl. J. JEREMIAS: Die Gleichnisse Jesu, 207–211 zu Mt 18,23–35, dem Gleichnis vom Schalksknecht, der (S. 207, Anm. 4) auf die Einheit dieses Gleichnisses mit der «paulinischen Rechtfertigungslehre» hinweist.
[26] Vgl. J. JEREMIAS: Neutestamentliche Theologie, I 263–284, bes. S. 265–267. Vgl. auch B. J. HILBERATH – TH. SCHNEIDER: Opfer, in: P. Eicher (Hrsg.): Neues Handbuch theologischer Grundbegriffe, IV 116–127.
[27] Vgl. M. DE UNAMUNO: San Manuel Bueno, Stuttgart (reclam 8437), übers. v. E. Brandenberger, span.-dt.
[28] R. SCHNEIDER: Verhüllter Tag, 57–66 («Ferne Küste»), S. 57 meint von de Unamuno als dem großen «Wiedererwecker Don Quijotes»: «er hob mich aus meinem Leben heraus wie einen Felsstein, der nie mehr in seine Lage gebracht werden kann.» S. 58: «Als Letztes bleibt das Opfer des Nichtglaubenden, der aus Liebe den Glauben vorgibt und in dieser Versündigung an der Wahrheit das rettende Martyrium erleidet.»
[29] R. MAYER: Der babylonische Talmud, 525–528: Vom Pesachmahl.
[30] G. GREENE: Die Kraft und die Herrlichkeit, Hamburg 1953.
[31] Vgl. G. GREENE: Fluchtwege, 91, zu der Verurteilung des Buches durch Kardinal Pissardo. Papst Paul VI. selbst freilich hatte das Buch gelesen, als er, viele Jahre später, GREENE zur Audienz empfing.
[32] G. VON LE FORT: Das Schweißtuch der Veronika, München 1928.
[33] Mt 9,13; 12,7 nach Hos 6,6.
[34] N. KAZANTZAKIS: Die letzte Versuchung, Reinbek 1984.
[35] A. a. O., 440–442.
[36] A. a. O.
[37] N. KAZANTZAKIS: Einsame Freiheit, 505.
[38] A. a. O.

[39] Vgl. H. WAGNER – A. v. CAMPENHAUSEN: Synode – Konzil, in: P. Eicher (Hrsg.): Neues Handbuch theologischer Grundbegriffe, V 101–112, bes. S. 103.
[40] Vgl. WK 880–887, bes. § 882, wonach der Papst «das immerwährende und sichtbare Prinzip und Fundament der Einheit» ist; DVK, S. 52; Dogm. Konstitution über die Kirche, § 18 betont ausdrücklich in den «Spuren des ersten Vatikanischen Konzils», daß auch das 2. Vatik. «das unfehlbare Lehramt» des Papstes «allen Gläubigen fest zu glauben vorlegt.» Hinzugefügt wird lediglich, daß auch «die Bischöfe in hervorragender und sichtbarer Weise die Stelle Christi selbst, des Lehrers, Hirten und Priesters, einnehmen und in Seiner Person handeln.» (§ 21; S. 54)
[41] Vgl. B. FRÜNDT – R. THISSEN: Wunderbare Visionen auf dem Weg zur Hölle. Das Kino und die Kämpfe des Martin Scorsese, ZDF 17. 5. 89.
[42] Vgl. Libération, 26. Oct. 1988, S. 18: D. LE GUILLEDOUX: Scorsese, le chemin de Croix de la police. Am 22. Okt. 88 verübten katholische Integralisten einen Brandanschlag gegen das Kino Saint-Michel in Paris, weil es *Die letzte Versuchung* zeigen wollte. In vielen deutschen Städten (wie Paderborn) wurde der Film gar nicht erst gezeigt.
[43] Zum Leben Gauguins vgl. R. GOLDWATER: Paul Gauguin, 9–48.
[44] Vgl. I. STONE: Vincent van Gogh: Ein Leben in Leidenschaft, Berlin 1936.
45 Vgl. Spiegel, Nr. 26, 46. Jg., 22. 6. 92: Das geht an das Mark, S. 38–50, Interview von W. Harenberg u. M. Müller mit Bischof K. Lehmann.
[46] Vgl. E. RINGEL – A. KIRCHMEYER: Religionsverlust durch religiöse Erziehung, Wien 1985.
[47] Inzwischen sind wir so weit, daß in der Diözese Rottenburg die Lehrer erklären, daß sie mit dem «Deutschen Katechismus» des eigenen Bischofs in den Schulen nichts anfangen können!
[48] Der «Weltkatechismus» wurde sinnigerweise im Jahre 1986 «in einer Kommission von zwölf Kardinälen und Bischöfen unter Vorsitz von Herrn Kardinal Joseph Ratzinger» entworfen. PAPST JOHANNES PAUL II: Apostolische Konstitution *Fidei Depositum* zur Veröffentlichung des «Katechismus der katholischen Kirche nach dem Zweiten Vatikanischen Konzil», in: Kirchliches Amtsblatt für die Erzdiözese Paderborn, 136. Jg., 24. 5. 93, S. 57–59, S. 58.
[49] Vgl. Erzbischof J. J. DEGENHARDT: Interview in «Westfälische Rundschau» vom 3. 2. 1992, in: E. DREWERMANN: Worum es eigentlich geht, 478–480, S. 480. Da geht «die Vollmacht des Bischofs» «auf Jesus Christus» zurück, während andere die «Macht» haben, «im Fernsehen» vorzutragen, was sie wollen.
[50] Vgl. trotzdem WK § 2180–2183.
[51] Aber dagegen WK § 2390.
[52] Zur «Beichte» vgl. noch M. LUTHER: Eine kurze Vermahnung zu der Beichte, in: Der Große Katechismus (1529), Werke, III 145–150. Ein recht dialektisches Plädoyer *für* die Beichte findet sich bei A. COMTE: Die Soziologie, 242: «Nichts kennzeichnet besser den Verfall dieser alten geistlichen Einrichtung als die seit drei Jahrhunderten so eifrig verbreitete Ablehnung einer so wesentlichen Existenzbedingung und das Verkommen einer Sitte, die so richtig dem Bedürfnis der menschlichen Natur angepaßt ist.» COMTE scheint nicht zu verstehen, daß nicht allein die Beichte, sondern zugleich die gesamte kirchliche Verbeamtung der Wahrheit dahinfällt, wenn erst einmal begriffen ist, daß es sich hier *nicht* um eine göttliche Einrichtung, sondern «nur» um eine Anpassung an menschliche Bedürfnisse handelt. Wie eine Frömmigkeit *jenseits* dieses Schocks der Aufklärung möglich ist, wollen wir in diesem Buch gerade untersuchen. Die Kernfrage lautet: welch einen Wahrheitswert besitzen menschliche Bedürfnisse?
[54] Vgl. H. HAKEN: Erfolgsgeheimnisse der Natur, 182–184: Einige Gedanken zur Bürokratie.
[55] R. M. RILKE: Rede über die Gegenliebe Gottes; Sämtl. Werke VI 1043–1044.
[56] Zur Stelle vgl. E. DREWERMANN: Das Matthäus-Evangelium, I 633–641.

[57] Vgl. *Koran* II 116; IV 171; V 18,73; VI 101; X 68 zu «Trinität» und «Gottessohnschaft» Jesu.

[58] Vgl. H. ZIRKER: Christentum und Islam, 64–71. Vgl. bes. *Koran* III 81.144 neben V 75, wo Mohammed und Jesus als Gesandte Gottes auf *eine* Stufe gestellt werden.

[59] Es war bereits HIERONYMUS: Briefe an Augustinus, Nr. 112, Cap. 14, BKV 2. Reihe, Bd. XVIII 449, der den *Juden* vorwarf, Jesus getötet zu haben, «weil er Gott seinen Vater nannte und sich damit Gott gleichstellte.» (Vgl. Joh 5,18!) Es ist das christliche Dogma selbst, das antijudaistisch gefärbt ist; vgl. E. DREWERMANN: Das Matthäusevangelium, I 125–131: Ein symbolisches Verständnis der Christologie als Schlüssel der Verständigung zwischen Juden, Christen und Muslimen.

[60] K. DESCHNER: Kriminalgeschichte des Christentums, II 195–202 schildert den erbarmungslosen Kampf des Patriarchen, der 412 zum Bischof von Alexandrien gewählt wurde, gegen die «Häretiker» und die Juden; Kyrill beschlagnahmte «sämtliche Synagogen Ägyptens und machte daraus christliche Kirchen.» (199) Aus Alexandrien ließ er mehr als 100000 Juden, vollständig «enteignet», vertreiben. Unter seiner Anstiftung wurde die heidnische Philosophin *Hypatia* ermordet... Der Kirche gilt Kyrill bis heute als ein Heiliger, der maßgeblich das *Konzil von Ephesus* (431) mit dem «Dogma» von Maria als der «Gottesgebärerin» prägte und die Formeln der «hypostatischen Union», der Einheit der göttlichen und der menschlichen Natur Christi, durchsetzte: DS 250–263.

[61] Zur Stelle vgl. R. SCHNACKENBURG: Das Johannesevangelium, III 72–75, der hier den «Höhepunkt joh. Theologie» erkennt: «In Jesus Christus hat sich der unsichtbare und unbegreifliche Gott in seinem den Menschen zugewandten Heilswillen so greifbar und begreiflich gemacht, daß sie auf diesem Weg, in der gläubigen Annahme der ihnen in Jesus Christus erschlossenen Wahrheit und in der Teilhabe an seinem Leben, das Ziel ihrer Existenz erreichen können.» (73–74)

[62] DS 1705 lehrt das Tridentinische Konzil (1551) die ewige Verdammnis als Strafe der «schweren Sünde»; unverändert nach fast einem halben Jahrtausend, WK 1035. – Bereits J. ST. MILL: Drei Essays über Religion (1850), übers. v. D. Birnbacher, Stuttgart (Reclam 8237) 1984, S. 100–101 (Die Nützlichkeit der Religion) meinte richtig: «...z. B., daß ein Wesen anbetungswürdig sei, das nicht nur eine Hölle, sondern unendliche Generationen von Menschen in der Gewißheit erschaffen könnte, daß es sie für genau dieses Schicksal erschafft. Gibt es eine moralische Ungeheuerlichkeit, die sich nicht durch die Nachahmung einer solchen Gottheit rechtfertigen ließe?» – wie es in der Kirche der Inquisition und der Kirchenausschließung geschehen ist!

[63] Zu diesem wundervollen, durch und durch «prophetischen» Psalm vgl. A. WEISER: Die Psalmen, I 264–270: «Der Psalm hat liturgischen Charakter. Der Hauptteil ist eine göttliche Gerichtspredigt, im Stile der prophetischen Scheltrede gehalten. Gott selbst tritt auf zum Gericht gegen die Überschätzung des Opfers im Kult.» (265)

[64] Zur Stelle vgl. A. WEISER: Die Propheten: Hosea, Joel, Amos, Obadja, Jona, Micha, ATD 24, S. 58: «Gott will ‹Liebe› als Grundgesinnung ihm selbst und den Menschen gegenüber, und nicht kultiges Opfer..., das im Grunde doch ein Sichloskaufen von Gott» ist.

[65] R. M. RILKE: Der Brief des jungen Arbeiters, Sämtl. Werke VI 1111–1127, auszugsweise.

[66] EPIKUR: Von der Überwindung der Furcht, S. 59: Katechismus: «Was glückselig und unvergänglich ist, hat weder selber Sorgen, noch bereitet es anderen solche:» W. F. OTTO: Die Wirklichkeit der Götter. Von der Unzerstörbarkeit griechischer Weltsicht, Reinbek (rde 170) 1963, 10–43: Lust und Einsicht: Epikur, erinnert (S. 37–39) daran, es sei nach diesem großen griechischen Philosophen der «wahre Begriff vom Wesen Gottes als höchstes Gut des Menschen» zu verstehen.

[67] DS 1306: Papst Eugen IV auf dem Konzil

von Florenz erklärte im Jahre 1439 im Dekret für die Griechen: «daß die Seelen derer, die im Zustand einer selbst begangenen Todsünde oder auch nur der Erbsünde sterben, alsbald in die Hölle hinabsteigen, um mit freilich unterschiedlichen Strafen bestraft zu werden.» Rund 700 Jahre danach wird diese Stelle fast wörtlich wieder aufgegriffen in WK 1035.

[68] Vgl. E. DREWERMANN: Das Markus-Evangelium, I 45–80: Der Tod des Gottessohnes als Kaufpreis des Menschenlebens.

[69] Vgl. das Bild von Joh 20,19.

[70] Zur Stelle vgl. U. LUZ: Das Evangelium nach Matthäus, I/2, 218–224, der das Problem der Stelle so formuliert: «Warum... ist das Gesetz, ausgelegt und auferlegt durch die Pharisäer, schwer, hingegen dann, wenn Jesus es befiehlt, ein ‹mildes Joch› und eine ‹leichte Last›?» (219) Vgl. aber zu «Jesu Kritik am Gottesrecht des alten Äons» J. JEREMIAS: Neutestamentliche Theologie, I 198–211: hier, in der radikalen Neuinterpretation der Tradition durch Jesus, liegt die Lösung!

[71] So immer noch (und schon wieder) WK 2366, wo die «Fruchtbarkeit» als «ein Ziel der Ehe» definiert wird, da «die eheliche Liebe natürlicherweise dahin strebt, fruchtbar zu sein». Künstliche Empfängnisverhütung ist deshalb «in sich böse»; WK 2370, mit Berufung auf die Enzyklika von Papst PAUL VI: Humanae vitae, cap. 14, vom 25. Juli 1968; verworfen bleiben natürlich auch alle Sexualpraktiken, welche eine Kinderzeugung ausschließen. Vgl. DS 2578–2759s: Über den ehelichen Onanismus! Vgl. gegenüber diesem Unverstand W. WICKLER: Sind wir Sünder? Naturgesetze der Ehe, München 1969, der von seiten der Verhaltensforschung vor allem die Funktion der Paarbindung der menschlichen Sexualität herausstellte.

[72] WK 2357 bestätigt die «immerwährende» Tradition der Hl. Schrift und der Kirche, daß «homosexuelle Handlungen ihrem inneren Wesen nach ungeordnet» sind, ja, sogar «gegen das Naturgesetz» verstoßen; d. h., auch der säkulare Staat hat nach kirchlicher Auffassung die Pflicht, homosexuelle Handlungen zu verbieten.

[73] Zur Stelle vgl. R. SCHNACKENBURG: Die sittliche Botschaft des Neuen Testamentes, 243, der hier summarisch «die Häßlichkeit des Lasters und die erniedrigende Tyrannei der Leidenschaften» aufgezählt findet, ohne auf die Einzelheiten näher einzugehen. Homosexualität ist ihm ein Beleg für die unerlöste Welt des Heidentums. Das Problem der Todesstrafe wird nicht berührt.

[74] Vgl. E. DREWERMANN: Psychoanalyse und Moraltheologie, 2. Bd.: Wege und Umwege der Liebe, 11–16.

[75] Zu den Quellen des Stoffes vgl. R. SCHIRMER: Lancelot und Ginevra, 472–487.

[76] Vgl. G. ORWELL: 1984, S. 62–63: «Ihre (sc. der Partei) wirkliche, unausgesprochene Absicht ging dahin, den sexuellen Akt aller Freude zu entkleiden. Nicht so sehr die Liebe, als vielmehr die Erotik wurde als Feind betrachtet.»

[77] Vgl. zur Einheit von Sexualunterdrückung und militarisiertem Sadismus E. DREWERMANN: Die Spirale der Angst, 232–242.

[78] Vgl. L. FEUERBACH: Das Wesen der Religion (1846), Werke, IV 81–153 mit dem Finale: «Die Gottheit ist eine Vorstellung, deren Wahrheit und Wirklichkeit nur die Seligkeit ist. Soweit das Verlangen der Seligkeit geht, so weit – nicht weiter – geht die Vorstellung der Gottheit. Wer keine übernatürlichen Wünsche mehr hat, der hat auch keine übernatürlichen Wesen mehr.» (152–153)

[79] K. MARX – F. ENGELS: Die deutsche Ideologie, MEW III, 104–221, die Kritik an M. STIRNER: Der Einzige und sein Eigentum, und die darin enthaltenen «religiösen» Implikationen aus der idealistischen Philosophie HEGELS. Vgl. E. BRAUNS: Die marxistische Kritik, in P. Eicher (Hrsg.): Neue Summe Theologie, III 393–418.

[80] Auf die unheilige Dreiheit von Kirche, Kapital und Militär verweist immer wieder K. DESCHNER: Die Politik der Päpste im 20. Jahrhundert, II 54–83: Die katholische Militärseelsorge im Zweiten Weltkrieg; 175–188: Die «Friedensbemühungen» Papst Pius’ XII: Kreuzzug West gegen Ost!; 304–333: Die antisowjetische «Neuordnung» des Westens

durch Washington und Rom; 333–391: Die Wiederaufrüstung Westdeutschlands mit Hilfe der katholischen Kirche. – Nebenbei: es ist inzwischen in der kirchlichen Apologetik üblich, jeden Autor als «unwissenschaftlich» zu diffamieren, der K. DESCHNER auch nur zitiert; wo aber, wenn nicht bei ihm, wären die Verflechtungen des Vatikans in eine bestimmte Art von Politik jemals so umfassend aufgearbeitet worden! Zu dem «Finanzgebaren» des Vatikans und den Geschäften mit der Mafiaorganisation der *Cosa nostra* vgl. D. LINDLAU: Der Mob, 165–188; fußend auf den Recherchen von J. J. Coffey aus dem Jahre 1972.

[81] B. BRECHT: Kalendergeschichten, 128.

[82] E. DREWERMANN – J. JEZIOROWSKI: Gespräche über die Angst, 58–59.

[83] Zum Dogma der Zweinaturenlehre vgl. in den klassischen Konzilienaussagen J. BRINKTRINE: Die Lehre von der Menschwerdung und Erlösung, 60–86.

[84] Vgl. a. a. O., 86–123. Die Formulierung des Konzils von Chalcedon (451) findet sich DS 302; unverändert übernommen in WK 467.

[85] Zum sog. *Monotheletenstreit* vgl. J. BRINKTRINE: Die Lehre von der Menschwerdung und Erlösung, 153–157. Die Entscheidung der Lateransynode unter Papst Martin I. von 649 findet sich DS 511; unverändert übernommen in WK 475. Es ist wichtig, sich hier schon die absolute Ungeschichtlichkeit und unveränderliche Starrheit des kirchlichen Dogmatismus an der Art der Zitation der eigenen Tradition klarzumachen.

[86] DS 150.

[87] Vgl. J. BRINKTRINE: Die Lehre von Gott, II 60–70; 70–102: zur «Zeugung» des Sohnes und zur «Hauchung» des Geistes. Vgl. DS 1330: Das Konzil von Florenz (1442) mit dem Dekret für die Jakobiten. Unverändert zitiert in WK 246.

[88] Zur Art der göttlichen Weltregierung vgl. DS 3001–3303: Vaticanum I von 1870; danach leitet Gottes «Vorsehung» alles, auch das Zukünftige; DS 3003; unverändert zitiert in WK 302. Vgl. die reflektierende Darstellung

bei A. SCHILSON: Vorsehung, in: P. Eicher (Hrsg.): Neues Handbuch theologischer Grundbegriffe, V 218–229, der indessen naturphilosophische Betrachtungen erst gar nicht erwähnt.

[89] THOMAS VON AQUIN: Summa theologica I 2, 3. Vgl. dazu K. KIENZLER: Gotteserkenntnis, in: P. Eicher (Hrsg.): Neues Handbuch theologischer Grundbegriffe, II 301–311, S. 304–305. Die thomistische Ausführung der verschiedenen «Beweise» Gottes findet sich bei F. SAWICKI: Die Gottesbeweise, Paderborn 1925.

[90] Vgl. insbesondere die Lehre von der «Todsünde» und der «läßlichen Sünde», WK 1854–1864. Vgl. Papst JOHANNES PAUL II: Reconciliatio et Paenitentia, AAS 60, § 17, S. 31–35: «Mit der ganzen Tradition der Kirche nennen wir denjenigen Akt eine *Todsünde*, durch den ein Mensch bewußt und frei Gott und sein Gesetz sowie den Bund der Liebe, dieser ihm anbietet, zurückweist, indem er es vorzieht, sich selbst zuzuwenden oder irgendeiner geschaffenen und endlichen Wirklichkeit, irgendeiner Sache, die im Widerspruch zum göttlichen Willen steht.» (S. 34) Was von innen her schwer und todbringend» «sündhaft» ist, weiß die kath. Kirche natürlich auf das genaueste: Onanie (WK 2352), außerehelicher Verkehr (WK 2353; 2390), Ehescheidung (WK 2384), Abtreibung (WK 2270–2275), Euthanasie (2276–2279) usw.

[91] Dagegen richtet sich eindeutig JOHANNES PAUL II: A. a. O., S. 35: «Gleichfalls muß man vermeiden, die Todsünde zu beschränken auf den Akt einer Grundentscheidung gegen Gott... Aus der Betrachtung des psychologischen Bereichs kann man... nicht zur Aufstellung einer theologischen Kategorie übergehen«, weiß der Papst; natürlich nicht, ohne eine entsprechende existenzphilosophische Vermittlung zwischen Psychoanalyse und Theologie; dann aber geht es sehr wohl; vgl. E. DREWERMANN: Psychoanalyse und Moraltheologie, I 128–162: Sünde und Neurose.

[92] Vgl. E. DREWERMANN: A. a. O., I 19–78: Das Tragische und das Christliche.

[93] Vgl. E. DREWERMANN: Der tödliche Fort-

schritt, 62–142: Statt «Umweltschutz» ein neues Menschenbild.

[94] Vgl. J. HUS: Auslegung des Glaubensbekenntnisses der Zehn Gebote und des Vaterunsers (verf. 1413; hrg. 1520; Prag 1865), dt. Übers. v. W. Schamschuh, in: Schriften zur Glaubensreform und Briefe der Jahre 1414–1415; Frankfurt 1969, 94–102.

[95] Vgl. M. LUTHER: Disputation gegen die scholastische Theologie (1517), in Werke, I 355–362.

[96] Vgl. E. DREWERMANN: Giordano Bruno oder Der Spiegel des Unendlichen, München 1992; vgl. W. NIGG: Das Buch der Ketzer, 456–468.

[97] Vgl. B. PASCAL: Über die Religion, 849: «Sagen sie, man dürfe wegen eines Apfels nicht töten, so bekämpfen sie die Moral der Katholiken.» Vgl. W. NIGG: Das Buch der Ketzer, 485–506: Das Drama des Gewissens.

[98] H. SCHELL: Das Wirken des dreieinigen Gottes, Mainz 1885, scheiterte an den Komplikationen der Dreifaltigkeitslehre und dem Begriff der «hypostatischen Funktion». Vgl. H. SCHAUF: Die Lehre von der nichtappropriierten Einwohnung des Heiligen Geistes, Freiburg 1941; eine Art Rehabilitation dieses großen Dogmatikers versucht J. HASENFUSS: Hermann Schell als existentieller Denker und Theologe, Würzburg 1956.

[99] I. DÖLLINGER wurde von PIUS IX 1871 exkommuniziert wegen Ablehnung des Unfehlbarkeitsdogmas; vgl. DS 2875–2880; an die Stelle der Freiheit trat die völlige Unterwerfung unter den Hl. Stuhl.

[100] G. TYRRELL, E. Le Roy, E. Dimnet, A. Houtin: La question biblique chez les catholiques de France au XIX^e siècle, 1902, verurteilt durch PIUS X. 1907 in dem Dekret «Lamentabili», DS 3401–3466. Siehe auch unten 4. Kirchliche Sozialpsychologie, Anm. 111, zum Anti-Modernismus-Problem der kath. Kirche.

[101] A. LOISY: L'Evangile et l'Église, 1902; Autour d'un petit livre, 1903; verurteilt durch PIUS X. 1907 in dem Dekret «Lamentabili», DS 3401–3466. – Vgl. zur Verurteilung von TYRRELL und LOISY die Ausführungen von P. DE ROSA: Gottes erste Diener, 325–332. TYR-

RELL wurde die kirchliche Beerdigung verweigert, LOISY galt seit 1908 als «ein zu Meidender».

[102] J. WITTIG: Höre Gott, 301 erklärt, daß er (wie LOISY!) zum Widerruf bereit gewesen sei, wenn ihm nur seine «Irrtümer» genannt würden. «Das Amt gab keine Antwort.» Vgl. S. 296–300.

[103] P. TEILHARD DE CHARDIN: Der Mensch im Kosmos (Le Phénoméne humain, Paris 1959), München 1959; geschrieben war das Buch 1947!

[104] Vgl. A. WEISER: Der Prophet Jeremia, ATD 20, S. IX–XLIII, bes. S. XXVIII–XXXVI: Jeremias Stellung innerhalb der alttestamentlichen Prophetie. G. VON RAD: Theologie des Alten Testaments, II 203–232; bes. S. 208–212.

[105] Zur Stelle vgl. A. WEISER: a. a. O., ATD 21, 230–232.

[106] A. a. O., ATD 20, 200–212.

[107] A. a. O., ATD 21, 260–290, bes. S. 285–288.

[108] A. a. O., ATD 20, 1–11, bes. S. 8.

[109] Vgl. S. HUNKE: Allahs Sonne über dem Abendland, 69–107: Der Himmel über uns.

[110] Vgl. den «Antimodernisten»-Eid unter PIUS X.: DS 3537–3550 von 1910; der Eid war bis 1965 (!) von allen (!) Priesteramtskandidaten vor dem Empfang der Diakonatsweihe zu schwören. Mit ständigem Bezug zu DS 3475–3500, der Enzyklika PIUS' X.: *Pascendi dominici gregis* von 1907 wird hier die gesamte moderne Philosophie, Exegese, Naturwissenschaft, Psychologie, Geschichtsforschung usw. verurteilt. Statt dessen befindet die päpstliche Bibelkommission am 30. Juni 1909, daß die ersten drei Kapitel der Genesis historisch wahre Erzählungen sind. Und was von der Kirche geschrieben, bleibt in der Kirche vorgeschrieben, selbst wenn es ein noch solch blühender Unverstand ist: WK 390 weiß, daß die Sündenfallerzählung ein Urzeitereignis, «ein Faktum, das sich am Anfang der Menschheitsgeschichte» ereignete, wiedergibt. Beweis: PIUS XII: Enzyklika *Humani generis* von 1950; DS 3897 mit Berufung auf DS 1511–1514, das Konzil von Trient aus dem Jahre 1547 ...! Man lerne jetzt schon: die Zeitlosigkeit und Unanfechtbarkeit der kath. Lehre!

[111] J. G. FICHTE: Grundlage der gesamten Wissenschaftslehre (1794), S. 40 (Erster Teil § 3 D 8): «Ein durchgeführter Dogmatism leugnet... entweder, daß unser Wissen überhaupt einen Grund hat, daß überhaupt ein System im menschlichen Geiste sei; oder er widerspricht sich selbst. Durchgeführter Dogmatism ist ein Skeptizism, welcher bezweifelt, daß er zweifelt.»

[112] H. D. HÜSCH, abgedruckt in *Der Dom*, 1993.

# A. Dogma und Zwangsidee oder: Glaube als Ichfunktion

## (Seite 47 bis 268)

[1] TERTULLIAN: Die Prozeßeinrede gegen die Häretiker (204), BKV 24, Schriften, II. Bd., Kap. 37, S. 346–347: «Als Nichtchristen erlangen sie (sc. Häretiker wie Marcion z. B., d. V.)... keinerlei Eigentumsrecht an den christlichen Schriften.»

[2] A. a. O., II. Bd., Kap. 19. – *Die Konstitution über die göttl. Offb.*, Kap. II 7, DVK, S. 187 erklärt an zentraler Stelle des 2. Vaticanums in gleichem Sinne ungeniert: «Damit... das Evangelium in der Kirche für immer unversehrt und lebendig bewahrt werde, haben die Apostel Bischöfe als ihre Nachfolger zurückgelassen und ihnen ‹ihr eigenes Lehramt übertragen›.» Ganz klar sagt DS 1507, das Konzil von Trient: «Niemand soll es wagen, in Sachen des Glaubens und der Sitten, die zum Aufbau christlicher Lehren gehören, die Heilige Schrift im Vertrauen auf eigene Klugheit nach seinem eigenen Sinn zu drehen, gegen den Sinn, den die heilige Mutter, die Kirche, hielt und hält – ihr steht das Urteil über den wahren Sinn der heiligen Schriften zu.» «Die Kirche» – das sind natürlich Papst und Bischöfe. Von diesem hohen Roß ist nicht mehr herunterzukommen.

[3] Die Gleichung gilt: wie Christus zu den Aposteln, steht der Papst als Stellvertreter Christi zu den Bischöfen. Vgl. II. Vatican. *Konstitution über die Kirche*, Kap. 3, § 18; DVK, S. 52: «Damit... der bischöfliche Dienst selbst einer und ungeteilt sei, hat er (sc. Christus) den heiligen Petrus an die Spitze der übrigen Apostel gestellt und in ihm ein immerwährendes Prinzip und Fundament der Einheit des Glaubens und der Kommunioneinheit gesetzt. Diese Lehre über Einrichtung, Dauer, Gewalt und Sinn des dem römischen Bischof zukommenden heiligen Primates sowie über dessen unfehlbares Lehramt legt die Heilige Synode abermals (sc. wie im 1. Vaticanum!) allen Gläubigen fest zu glauben vor. Das damals Begon-

nene fortführend hat sie sich entschlossen, nun die Lehre von den Bischöfen, den Nachfolgern der Apostel, die mit dem Nachfolger Petri, dem Stellvertreter Christi und sichtbaren Oberhaupt der ganzen Kirche zusammen das Haus des lebendigen Gottes leiten, vor aller Angesichte zu bekennen und zu erklären.» Vgl. WK § 880–887, der auf die entsprechenden Passagen nur zurückzugreifen braucht. Nach CIC, Can 336 sind «die Bischöfe» «die apostolische Körperschaft immerzu»; nach Can 331 aber ist der Papst «Stellvertreter Christi und Hirte der Gesamtkirche». Die Folge: Can 333 § 3: «gegen ein Urteil oder ein Dekret des Papstes gibt es weder Berufung noch Beschwerde.»

[4] Vgl. ERASMUS VON ROTTERDAM: Vertraute Gespräche (1518), übers. v. H. Schiel, Köln 1947, wo Erasmus die Mädchen vor dem Klostereintritt ebenso warnt wie die Jungen vor dem Kriegsdienst. Zur Person Erasmus' und Lehre vgl. W. DURANT: Kulturgeschichte der Menschheit, Bd. IX: Das Zeitalter der Reformation, 280–302; vgl. auch St. ZWEIG: Triumph und Tragik des Erasmus von Rotterdam, 68–86: Meisterjahre.

[5] B. DE SPINOZA: Theologisch-Politischer Traktat, übert. v. C. Gebhardt, 12. Kap., S. 228: «Glücklich fürwahr wäre unsere Zeit, wenn wir sie von allem Aberglauben befreit sehen könnten.» Mit diesen Worten verlangt SPINOZA, die Religion «auf die wenigen und einfachen Lehren» zurückzuführen, «die Christus den Seinen gegeben hat.» Den Aposteln selbst sei dies unmöglich gewesen, da sie selber die «Philosophie» ihrer Zeit in ihre Lehren aufgenommen und dadurch vielerlei Verfälschungen und Streitereien heraufgeführt hätten.

[6] Vgl. G. E. LESSING: Eine Duplik (1778), in: Werke, II 1180–1243, der die kritische Schrift des «Ungenannten» (REIMARUS) über die Widersprüche der Evangelisten bei der Schilde-

rung der Auferstehung Christi zu der These benutzt, es könne mit der Auferstehung «ihre gute Richtigkeit haben, *ob* sich *schon* die Nachrichten der Evangelisten widersprechen.» (1180) Widerlegt ist ein für allemal am Ende des 18. Jh.'s die These der kirchlichen Orthodoxie: «die Auferstehung Christi ist schlechterdings zu glauben, *denn* die Nachrichten der Evangelisten davon widersprechen sich nicht.» (1180–1181) Und nun vgl. man 200 Jahre danach WK 639–640, wo die Auferstehung als «ein reales Ereignis», «historisch bezeugt», bezeichnet und das leere Grab als «ein wesentliches Zeichen» verstanden wird; die Auferstehung hat sich demnach auf eine Art ereignet, daß es «unmöglich ist, die Auferstehung Christi so zu interpretieren, als hätte sie sich jenseits der physischen Ordnung ereignet (also anders als eine physikalische Tatsache, d. V.!) und ihr den Charakter eines historischen Faktums abzusprechen.» WK 643. Auch für KEK, S. 202 «besteht kein Grund, an der historischen Tatsache des leeren Grabes zu zweifeln.»

[7] Vgl. J. WELLHAUSEN: Einleitung in die ersten drei Evangelien, Berlin 1905. Auch hier befand die päpstliche Bibelkommission von 1912 unter PIUS X., daß die Zwei-Quellentheorie, wonach das Markus-Evangelium sowie eine Spruch-Sammlung den Evangelien nach Matthäus und Lukas als Vorlage gedient haben, nicht vertreten werden dürfe; DS 3578. Vgl. ebenso J. WELLHAUSEN: Grundrisse zum Alten Testament (1901), hrsg. v. R. Smend, München 1965.

[8] Vgl. H. GUNKEL: Genesis, ³1910; sämtlichen Entdeckungen der Traditionsgeschichte in diesem großen und großartigen Kommentar widersprach die päpstliche Bibelkommission von 1909, DS 3512–3519; nach DS 3514 ist es nicht erlaubt, den historischen Buchstabensinn z. B. in Gen 3,1–7 in Zweifel zu ziehen, wenn berichtet wird, wie der Teufel «in Gestalt einer Schlange» den Menschen verführt. Und da die Kirche sich nicht irren kann, behauptet auch am Ende dieses Jahrhunderts WK 390 nach wie vor, daß «die Offenbarung uns die Glaubensgewißheit gibt, daß die ganze Menschheitsgeschichte gekennzeichnet ist durch die von unseren ersten Eltern freiwillig begangene Ursünde.»

[9] Vgl. A. SCHWEITZER: Geschichte der Leben Jesu-Forschung, 1913; 1906 unter dem Titel: Von Reimarus zu Wrede; die These SCHWEITZERS von der Naherwartung Jesu griff G. TYRRELL begeistert auf: s. o. Die Stunde des Jeremias, Anm. 99; 101.

[10] Vgl. M. DIBELIUS: Die Formgeschichte des Evangeliums, 1919. Noch heute ist die kath. Kirche außerstande, etwa die *Geburtsgeschichten* in Mt 1;2 und Lk 1;2 formgeschichtlich als *Legenden* zu erkennen; statt dessen beharrt WK 496–511 auf dem «körperlichen Aspekt» (496) der Jungfräulichkeit Mariens, die «ohne männlichen Samen» empfing; zitiert wird dabei das 1. Laterankonzil von 649 unter MARTIN I. (DS 503), als wenn es die Exegese der Neuzeit nie gegeben hätte.

[11] Vgl. R. BULTMANN: Die Geschichte der synoptischen Tradition, 1931. K. HOLLMANN: Existenz und Glaube. Entwicklung und Ergebnisse der Bultmann-Diskussion in der katholischen Theologie, Paderborn 1972 zeigt eindrücklich auf, wie langsam, in einem halben Jahrhundert, die kath. Exegese sich von der pflichtgemäßen Distanzierung gegenüber den BULTMANNschen Thesen gelöst hat.

[12] Vgl. K. MÜLLER: Exegese/Bibelwissenschaft, in: P. Eicher (Hrsg.): Neues Handbuch theologischer Grundbegriffe, II 23–44, der (26–40) die hermeneutische Problematik der historisch-kritischen Methode herausstellt. Die Frage bleibt, wie eine Exegese zu einer *religiösen* Grundlage dienen kann, deren «Resultate ständig durch neuere und bessere historische Erkenntnisse überholt zu werden pflegen.»

[13] Vgl. *Konstitution über die göttliche Offenbarung*, Kap. 3, § 12, DVK, S. 189, wonach eine «rechte Ermittlung des Sinnes der heiligen Texte» «letztlich dem Urteil der Kirche» unterliegt. Dies bekommt man auf dem 2. Vaticanum fertig zu erklären, unerachtet der haarsträubenden *Fehlentscheidungen* des «Urteils der Kirche» in allen bisher relevanten Fragen der Textauslegung in den letzten 500 Jahren!

[14] In Wahrheit gibt es natürlich ausgezeichnete Jesus-Bücher; vgl. R. BULTMANN: Jesus, Tü-

bingen 1926; M. DIBELIUS: Jesus, 1939; E.
STAUFFER: Jesus. Gestalt und Geschichte, 1957
(mit einem allerdings stark historisierenden
Zug, unbekümmert um Fragen der Traditions-
geschichte und der Redaktionsgeschichte); G.
BORNKAMM: Jesus von Nazareth, Stuttgart
1956; SCH. BEN CHORIN: Bruder Jesus, Mün-
chen 1967. Unter systematischer Absicht vgl.
B. LAURET: Jesus, der Christus, in P. Eicher
(Hrsg.): Neue Summe Theologie, I 136–284,
bes. 171–201: Das messianische Leben Jesu.
Vgl. auch E. SCHWEIZER: Jesus Christus im
vielfältigen Zeugnis des Neuen Testaments,
Hamburg (Siebenstern Tb. 126) 1968; und bes.
E. BISER: Der Freund. Annäherungen an Jesus, München (SP 981) 1989.

[15] Vgl. J. RATZINGER (Hrsg.): Schriftauslegung
im Widerstreit, in: Schriftauslegung im Widerstreit, 15–44, der nach einer, wie er glaubt,
«Selbstkritik der historisch-kritischen Methode am Paradigma der Methodenlehre von
Martin Dibelius und Rudolf Bultmann» ungerührt feststellt, «daß der Glaube der Kirche jene
Art von Sym-pathie ist, ohne die sich der Text
nicht öffnet.» (44) Richtig sieht er, «daß das
Verstehen den Verstehenden verlangt»; aber
eben – «der Verstehende» ist nie ein Kollektiv.

[16] Vgl. S. KIERKEGAARD: Der Augenblick,
Nr. 8, XIV 297–319; Werkausgabe, II 503
–523: Die Gleichzeitigkeit: was Du in der
Gleichzeitigkeit tust, ist das Entscheidende:
«Aber mir war es doch vergönnt, diesen Gedanken (sc. der Gleichzeitigkeit, d. V.), lei-
dend, wieder in Erinnerung zu bringen, diesen
Gedanken, der, wie Rattenpulver für die Rat-
ten, Gift ist für die Dozenten, dies Ungeziefer,
welches recht eigentlich das Christentum verdorben hat, die Dozenten, diese edlen Männer,
welche die Gräber der Propheten bauen, *objektiv* deren Lehre vortragen, Leiden und Tod der
Herrlichen – vermutlich objektiv und stolz auf
dies Objektive, da das Subjektive Kränklich-
keit, Gehabe ist – zu Gewinst machen, aber –
natürlich mit Hilfe des gepriesenen Objektiven
– sich selber heraushalten, weit entfernt von allem, was auch nur im entferntesten dem gleichen könnte, daß man leidet in Gleichheit mit
den Herrlichen.»

[17] Vgl. S. KIERKEGAARD: Tagebücher, IV
177–179: «Der Professor»: «Laßt uns die Mathematik nehmen. Es ist sehr möglich, daß ein
berühmter Mathematiker z. B. Märtyrer seiner
Wissenschaft würde – deshalb steht nichts im
Wege, daß ich Professor in dem Fach werde,
das er vorgetragen hat. Denn hier ist die Lehre,
die Wissenschaft das Wesentliche, das persönliche Leben des Lehrers das Zufällige. – Aber
ethisch-religiös, und besonders christlich, gibt
es keine L‚4‚4xr

## 1. Das prophetische Vorbild

(Seite 51 bis 61)

[1] Es ist ein geistiger Salto-Mortale, wenn W. KASPER in KEK 212–213 den dogmatischen Standpunkt der kath. Kirche korrekt so wiedergibt: «Vor allem der Hebräerbrief beschreibt das Kreuz als ein für allemal dargebrachtes Opfer... (Hebr 7,17.21. vgl. 23 –24)... Durch sein Opfer hat er ein für allemal Gott und die Menschen wie die Menschen untereinander versöhnt und uns das neue Leben geschenkt.» «Als Hoherpriester ist Jesus Christus vor allem in der *Feier der Eucharistie* gegenwärtig... Das Priestertum Jesu Christi verwirklicht sich nicht nur im Weihepriestertum, sondern auch im gemeinsamen Priestertum aller Christen.» Also: Jesus ist es, der «sein Leben hingibt», das ist die Art seines «Priestertums», und dann kommen die Priester der Kirche und feiern «vor allem» die Eucharistie! Und diese Umkehrung des Existentiellen ins Kultische soll begründen, warum Jesus ein «Priester» war und warum es Priester in der kath. Kirche gibt! Und dann wiederum sind «wir alle» «Priester», auch die «Laien», die «die geistige und körperliche Erholung (sc. in ihrer Freizeit! d. V.), wenn sie im Geist getan wird.., Gott (als, d. V.) ‹geistige Opfer› darbringen.» Wundervoll! (Vgl. KEK 352 ff.) – Übrigens gehen diese geistigen Eskapaden nur bis zu einem gewissen Punkt, an dem es auch der Kirche ernst ist. Jesus war auch ein *König* (KEK 213); also müßte es auch in der Kirche Priesterkönige geben. Das ist in Gestalt des Papstes und seiner Bischöfe objektiv wohl auch der Fall, doch darf man es so nicht sehen – aus Gründen der Demut, wie es heißt –, aus allzu offensichtlicher Konkurrenz zu den «weltlichen» Herrschern, muß man wohl denken. – Zum «Priestertum» vgl. exegetisch J. BLANK: Priester/Bischof, in: P. Eicher (Hrsg.): Neues Handbuch theologischer Grundbegriffe, IV 269–286, der vor allem den «neuen Gottesdienst» in «Opfer des Lobes» und in der Selbsthingabe des eigenen Lebens herausstellt; B. SNELA: Priester/Bischof, a. a. O., IV 286–300, der betont: «Wegen der Auflösung des atl. Priester-

tums in Jesus Christus gibt es keine ntl. Priester.» (297)

[2] Es ist sehr die Frage, ob Jesus als «Rabbi» verstanden werden kann. Er wird so angeredet (vgl. Mk 4,38; 9,5.17.38; 10,17.20.35; 14,45); und R. BULTMANN: Jesus, 55 f. stellt Jesus wesentlich als «Lehrer» dar. Doch ist diese Sicht schon historisch nicht zutreffend. M. HENGEL: Nachfolge und Charisma. Eine exegetisch-religionsgeschichtliche Studie zu Mt 8,21 f. und Jesu Ruf in die Nachfolge, BZNW 34, Berlin 1968, 46–55 spricht eindeutig dagegen. Und selbst wenn Jesus historisch ein «Schriftgelehrter» gewesen wäre, hätte er dann nicht alles getan, um die Grenzen dieses Standes zu *verlassen*, statt den kirchlichen Klerikern eine Erlaubnis zu geben, in diesem Stand sich einzurichten? Vgl. E. DREWERMANN: Das Markusevangelium, I 180–202.

[3] E. LOHSE: rabbi, rabbuni, in: Theologisches Wörterbuch zum N.T. VI 962–966, bes. S. 965, der auf die Ähnlichkeit, vor allem aber auf den Unterschied zwischen Jesus und den jüdischen Lehrern hinweist: Jesus *beruft* seine Schüler, er tritt auf in autoritärer Vollmacht, etc. J. JEREMIAS: Jerusalem zur Zeit Jesu, 265–278 beschreibt die Ausbildung und die soziale Stellung eines Rabbi. «Wir haben keinen Anhalt dafür, daß Jesus eine... Ausbildung durchgemacht hat. Im Gegenteil: Der Abstand zu den Schriftgelehrten fiel nach Mk 1,22 par. von Anfang an auf, und es wurde gegen ihn der Vorwurf erhoben, er lehre, ohne autorisiert zu sein (Mk 6,2; Joh 7,15). Wenn er mit Rabbi angeredet wird, dann ist das nicht ein Theologentitel; denn Rabbi, ‹mein Herr›, war im ersten nachchristlichen Jahrhundert gebrauchte respektvolle Anrede (vgl. Mt 23,8)... Jesus ist denn auch nicht als Fachtheologe, sondern als *Charismatiker* angesehen worden (Mk 1,22 par.).» J. JEREMIAS: Neutestamentliche Theologie, I 82.

[4] Vgl. J. JEREMIAS: Neutestamentliche Theologie, I 82: «er ist ein Prophet. So lautet immer wieder das Echo im Volk (Mk 6,15 par.; 8,28 par.; Mt 21,11–46; Lk 7,16; Joh 4,19; 6,14; 7,40.52; 9,17) und selbst, freilich mit Skepsis verbunden, in den Kreisen der Pharisäer (Lk 7,39; Mk 8,11 par.). Auch Jesu Jünger

haben in ihm nach Lk 24,19 einen Propheten gesehen. Als falscher Prophet ist Jesus schließlich verhaftet und angeklagt worden.»

[5] Zur Stelle vgl. E. DREWERMANN: Das Markusevangelium, II 525–544.

[6] Zur Stelle vgl. a. a. O., I 161–170.

[7] Zur Stelle vgl. a. a. O., I 311–321.

[8] A. a. O.

[9] Vgl. R. RENDTORFF: *nabi* (Prophet) im Alten Testament, in: Theologisches Wörterbuch zum Neuen Testament, VI 796–813; G. FRIEDRICH: Propheten und Prophezeien im Neuen Testament, a. a. O., VI 829–863, R. RENDTORff: VI 810 meint: «Das entscheidende Charakteristikum des Propheten im Alten Testament ist... das Wort» Gottes. «Der Prophet versteht sich... selbst als Boten Jahwes, dessen Wort er weiterzusagen hat.»

[10] Das: «So spricht der Herr» «findet sich in der Überlieferung schon bei Moses (Ex 4,22 u.a. ) und kommt bei Samuel in wohl deuteronomistischen Stücken vor (1 S 10,18; 15,2); seit Nathan (2 S 7,5.8; 12,7.11) und Gad (2 S 24,12) wird sie durchgehend verwendet.» R. RENDTORFF: A. a. O., VI 810. G. FRIEDRICH: VI 842–849: Jesus als Prophet.

[11] G. FRIEDRICH: A. a. O., VI 844–845: «Wenn die Passion und der Tod Jesu als Martyrium des Propheten gesehen wird (Lk 13,33), wird Jesus den verfolgten Propheten des Alten Testamentes... gleichgestellt.» (Vgl. a. a. O., VI 835–836)

[12] R. MEYER: Prophetentum und Propheten im Judentum der hellenistisch-römischen Zeit, in: Theologisches Wörterbuch zum Neuen Testament, VI 813–828 schildert vor allem den Niedergang des Prophetentums, das in nachexilischer Zeit «einem nomistischen Rationalismus weichen» mußte. (828) Vgl. auch B. LANG: Prophetie, in: P. Eicher (Hrsg.): Neues Handbuch theologischer Grundbegriffe, IV 301–311, bes. 305–308 zur Prophetie im Frühjudentum: «Als Erben der Prophetie fühlen sich Schriftgelehrte wie die Verfasser von Sach 9–14, die, wohl im 3. Jh. schreibend, auf ekstatische Propheten herabsehen.» (306)

[13] Zur Stelle vgl. A. WEISER: Der Prophet Jeremia, ATD 20, 6–7.

[14] Zur Stelle vgl. E. DREWERMANN: Das Markusevangelium, II 482–505: Die begnadete Angst.

[15] Zur Psychologie der Erzählform der *Sage* vgl. E. DREWERMANN: Tiefenpsychologie und Exegese, I 393–413; 414–428.

[16] Zur Stelle vgl. E. DREWERMANN: Das Markusevangelium, II 115–128.

[17] Vgl. Mk 11,27–33; a. a. O., II 215–232.

[18] Vgl. Lk 23,5.

[19] Vgl. K. FASSMANN (Hrsg.): Kindlers Malerei Lexikon, Bd. 13, Begriffe I, 278–280: «Als ‹Fauves›, als wilde Tiere, hatte der Pariser Kritiker Vauxcelles voller Empörung die Produzenten der knallbunten, in Zinnober, Orange, giftigem Grün, Scharlachrot und tintigem Blau leuchtenden Leinwände bezeichnet, die in die gepflegte Linie der *Salons d'Automne* von 1905 eingebrochen waren. *Matisse* und die Gruppe um ihn nahmen den Schimpfnamen auf und machten daraus einen künstlerischen Markenartikel ersten Ranges.»

[20] Vgl. K. FASSMANN (Hrsg.): Kindlers Malerei Lexikon, Bd. 14, Begriffe II, 268: «In Verbindung mit dem Aufbruch der modernen Kunst kam es in den traditionellen Künstlerverbänden zu Meinungsverschiedenheiten und schließlich zum Auszug (sc. zur Sezession, d. V.) der progressiv gesinnten Mitglieder... In München (1892) und später Berlin kam es zu... Neugründungen, die sich wiederum bald nochmals aufspalteten (‹Neue Sezession›). Die Wiener Sezession mit *Klimt* an der Spitze hatte einen wesentlichen Anteil an der Entwicklung der Wiener Spielart des Jugendstils.»

[21] Vgl. VAN GOGH: In seinen Briefen, 130: «Wenn etwas in dir sagt: ‹Du bist ein Maler›, dann, mein Junge, male.»

[22] Vgl. A. SCHOPENHAUER: Über die Universitätsphilosophie, Sämtl. Werke V, Parerga und Paralipomena, I 147–210; W. ABENDROTH: Schopenhauer, 65–70: Philosophiedozent in Berlin; S. 65: «Daß er, der es keineswegs erst nach dem Fehlschlag seiner akademischen Laufbahn für eines Philosophen überhaupt und seiner Person speziell unwürdig hielt, *mit seinem Wissen Handel zu treiben, ...*»

[23] I. FRENZEL: Nietzsche, 54–56 schildert

NIETZSCHES «Niederlage» durch die vernichtende Kritik durch U. von Wilamowitz-Moellendorff über «Die Geburt der Tragödie» in Nietzsches Baseler Dozentenzeit 1872. Sieben Jahre später gab Nietzsche sein Lehramt an der Universität unter dem Eindruck schwerer Krankheit auf.

²⁴ Vgl. S. KIERKEGAARD: Tagebücher, IV 177–179; vgl. P. P. ROHDE: Kierkegaard, 61.

²⁵ Vgl. M. BUBER: Der Glaube der Propheten, Werke II 234–236, der die Prophetie gerade wegen ihres Gegenwartsbezugs absetzt von der Zeitüberhobenheit der Apokalyptik.

²⁶ Zur Stelle vgl. E. DREWERMANN: Das Markusevangelium, II 270–283.

²⁷ Zur Stelle vgl. E. DREWERMANN: Das Markusevangelium, II 247–267.

²⁸ Vgl. G. VON RAD: Theologie des Alten Testamentes, II 48–51: Prophetische Verkündigungsformen; 62–65: Der kultische Hintergrund.

²⁹ A. a. O., II 83–92: Die Freiheit des Propheten. Vgl. auch E. DREWERMANN: Tiefenpsychologie und Exegese, II 355–377: Prophetien und Propheten oder: Visionen zwischen Ich und Du.

³⁰ Vgl. E. LOHSE: *sabbaton*, in: G. Friedrich: Theologisches Wörterbuch zum Neuen Testament, VII 1–35; H. L. STRACK – P. BILLERBECK: Kommentar zum Neuen Testament aus Talmud und Midrasch, I 615–617.

³¹ Es geht psychoanalytisch um die Alternative einer Überich- oder Persönlichkeitsmoral. Vgl. am Beispiel der Sabbatfrage E. DREWERMANN: Das Markusevangelium, I 268–279 zu Mk 2,23–28.

³² Zur Stelle vgl. a. a. O., II 86–104.

³³ Vgl. M. BUBER: Der Glaube der Propheten, Werke II 461–463 zu der Analogie von Schöpfung und Erlösung.

³⁴ R. MORGENTHALER: Statistik des Neutestamentlichen Wortschatzes, 123 belegt: *nyn* (jetzt): 4 mal bei Mt, 3 mal bei Mk, aber 14 mal bei Lk, 28 mal bei Joh, 25 mal bei Apg; S. 140: *semeron* (heute): 8 mal bei Mt, 1 mal bei Mk, 11 mal bei Lk, keinmal bei Joh, 9 mal bei Apg.

³⁵ Vgl. S. KIERKEGAARD: Der Begriff Angst, 81: «Sollen... Zeit und Ewigkeit einander be-

rühren, dann muß dies in der Zeit geschehen, und nun sind wir bei dem Augenblick.»

³⁶ Vgl. M. BUBER: Prophetie und Apokalyptik, Werke II 925–942.

³⁷ Zur Stelle vgl. A. WEISER: Die Psalmen I (ATD 14), 264–270.

³⁸ Vgl. J. JEREMIAS: Die Gleichnisse Jesu, 200–203.

³⁹ Vgl. M. BUBER: Falsche Propheten, Werke II 943–949.

⁴⁰ Vgl. G. VON RAD: Theologie des Neuen Testamentes, II 45–61: Die Traditionsbildung: «Die prophetische Rede ist... im Regelfall poetische, d. h. vom Rhythmus und Parallelismus geprägte Rede.» (45) «Es bedurfte erst einer gewissen Zeit..., einer gewissen Erziehung zu einer geistigeren Auffassung, bis man allein die Worte der Propheten sammelte und gelernt hatte, sie von ihrer jeweiligen geschichtlichen Situation zu abstrahieren.» (46)

⁴¹ Vgl. K. FÖLDES-PAPP: Vom Felsbild zum Alphabet, Vorwort: «All diese mythischen Überlieferungen (sc. von der göttlichen Herkunft der Sprache, d. V.) lassen erkennen, welche Macht und Bedeutung der Schrift von jedem Volk zu jeder Zeit beigemessen wurde.»

⁴² Zur Stelle von Ex 19,5 vgl. M. NOTH: Das zweite Buch Mose, ATD 5, 126–127.

⁴³ vgl. J. W. VON GOETHE: Faust, Vers 1966–1967.

⁴⁴ F. SCHLEIERMACHER: Hermeneutik und Kritik, hrsg. u. eingel. v. M. Frank, Frankfurt (stw 211) 1977, S. 85: «Die Behauptung der historischen Interpretation ist nur die richtige Behauptung vom Zusammenhang der neutestam. Schriftsteller mit ihrem Zeitalter... Aber sie wird falsch, wenn sie die neue begriffsbildende Kraft des Christentums leugnen und alles aus dem schon Vorhandenen erklären will... Die ganze Sache kommt... auf das Verhältnis der grammatischen und psychologischen Interpretationen hinaus.» Entscheidend ist für SCHLEIERMACHER die Identität des Verstehenden und des Redenden. Für den SCHLEIERMACHER zugeschriebenen Ausspruch konnte ich einen Beleg nicht finden.

[45] Zur Stelle vgl. M. NOTH: Das zweite Buch Moses, ATD 5, 130–131.

[46] A. a. O., 28–32.

[47] Vgl. zu der Übersetzung M. BUBER: Moses, Werke II 62–64.

[48] Vgl. E. STAUFFER: Jesus, 72; DERS. Die Botschaft Jesu damals und heute, 80–82.

[49] E. STAUFFER: Die Botschaft Jesu, 70–73.

[50] A. a. O. 73.

[51] Zur Psychologie des Gleichnisses als Redeform vgl. E. DREWERMANN: Tiefenpsychologie und Exegese, II 712–738, bes. 721–724: Gleichnis als Existenzform.

[52] Vgl. KEK 318.

[53] Vgl. DREWERMANN: Tiefenpsychologie und Exegese, II 729.

[54] J. W. VON GOETHE: Faust, V. 1908–1917.

[55] Zur Stelle vgl. A. WEISER: Die Propheten: Hosea, Joel, Amos, Obadja, Jona, Micha, ATD 24, 199–200.

[56] Zur Stelle vgl. U. LUZ: Das Evangelium nach Matthäus, I/2,15.

[57] Vgl. J. JEREMIAS: Die Gleichnisse Jesu, 204–207.

[58] Zur Stelle vgl. E. DREWERMANN: Das Matthäusevangelium, I 500–509.

[59] M. BUBER: Der Glaube der Propheten, Werke II 400–484: Der Gott der Leidenden.

## 2. . . . und die lehramtliche Travestie

(Seite 62 bis 95)

[1] JOHN WICLIF (1320–1384) schrieb Sätze wie: «Christus hatte nicht einmal einen Ort, wo er sein Haupt hinlegen konnte; doch diesem Papst gehört, wie man sagt, mehr als das halbe Imperium... Christus war demütig... der Papst sitzt auf einem Thron, und weltliche Herren müssen seine Füße küssen.» «Die Ohrenbeichte ist nicht nötig; sie ist eine späte Erfindung des bösen Feindes; weder Christus noch seine Apostel haben sie geübt.» Zit. nach W. DURANT: Kulturgeschichte der Menschheit, Bd. IX: Das Zeitalter der Reformation, 50–51. Und: «Der Sünder kann von einem gottesfürchtigen Laien wirksamer losgesprochen werden als von einem schlechten Priester, aber letzten Endes kann nur Gott dem Sünder vergeben... Auch kann kein Priester, ob gut oder schlecht, Brot und Wein in Jesu Leib und Blut verwandeln. Schon der Gedanke, daß einige WICLIF persönlich bekannte Priester dieses gotterschaffende Wunder bewirken konnten, flößte ihm Entsetzen ein. Er bestritt (wie später Luther) die Möglichkeit der Transsubstantiation, erkannte aber die leibhaftige Gegenwart Jesu an.» (51) JAN HUS (1369?–1415) hat die Abendmahls-Lehre WICLIFS nie vertreten, sie wurde ihm fälschlich zugeschrieben; «wiclifitsch» aber war sein Kampf gegen die Macht und den Reichtum bzw. gegen den unchristlichen Lebenswandel der kirchlichen Hierarchen: «Im Traktat *Schacher mit heiligen Dingen* verurteilt Hus die Pfründenwirtschaft, in *De sex erroribus* (sc. Über sechs Irrtümer, d. V.), die von den Priestern für sakramentale und kirchliche Handlungen erhobenen Gebühren... Die Streitschrift *De ecclesia* (sc. Über die Kirche, d. V.) ist zugleich seine Apologie und sein Untergang geworden... Diese (sc. die Kirche, d. V.) selbst definierte er lange vor Calvin weder als ein hierarchisch-klerikales Gebäude noch als die Gesamtheit der Gläubigen, sondern als die Summe aller Erlösten im Himmel und auf Erden. Das Haupt dieser Kirche ist Christus und nicht der Papst, des Christen Wegweiser ist die Schrift und nicht der

Papst, der weder in Dingen des Glaubens noch der Moral unfehlbar ist... Der Papst... habe nur Anspruch auf Gehorsam, insoweit seine Gebote in Übereinstimmung mit Jesu Lehre bleiben. ‹Sich gegen einen irrenden Papst aufzulehnen heiße Christus gehorchen.›» (176–177) Vgl. W. NIGG: Das Buch der Ketzer, 321–331. Die verurteilten «Irrlehren WICLIFS» finden sich DS 1151–1195, bes. 1190: «Daß der Papst von den Kardinälen gewählt wird, hat der Teufel eingeführt.»

² H. JEDIN: Kleine Konziliengeschichte, 70–72. Der Anspruch stammt von dem Humanisten POGGIO BRACCIOLINI. Man halte demgegenüber den Lebenswandel des «Gegenpapstes» Johann XXIII., dessen Gedächtnis Papst Johannes XXIII. mit seiner Namenwahl auslöschen wollte. Auf dem Richtplatz, wo er lebendig verbrannt werden sollte, sagte HUS zum Scharfrichter, der hinter ihm das Reisig in Brand stecken wollte: «Zünde ruhig vor meinen Augen an! Denn wenn ich das Feuer, dem ich hätte entgehen können, gefürchtet hätte, wäre ich niemals an diesen Richtplatz gekommen!» Vgl. W. NIGG: Das Buch der Ketzer, 331–340.

³ ARD 20.6. 1990: Prozesse der Weltgeschichte: Jan Hus. – Die verurteilten Thesen des JAN HUS finden sich DS 1201–1230, bes. 1220–1224, wo ein schlechter Papst mit Judas und dem Teufel selbst verglichen wird. 1230: «Es gibt keinen Prälaten, es gibt keinen Bischof, solange er in schwerer Sünde ist.»

⁴ H. ZAHRNT: Martin Luther in seiner Zeit für unsere Zeit, 106.

⁵ A. a. O., 106.

⁶ Vgl. a. a. O., 107. Zum Reichstag in Worms vgl. W. DURANT: Kulturgeschichte der Menschheit, Bd. IX: Das Zeitalter der Reformation, 368–375; S. 374: «car il est certain que un seul frère erre en son opinion, laquelle est contre tout la créstiennité.»

⁷ Vgl. E. DREWERMANN: Tiefenpsychologie und Exegese, II 364–368: Der Widerspruch von König und Prophet.

⁸ A. a. O., II 371–372: Der Widerspruch zum Volk oder: Die Einsamkeit des Propheten.

⁹ Vgl. A. VERDROSS: Die Entwicklung des Völkerrechts, in: G. Mann (Hrsg.): Propyläen Weltgeschichte, VIII 671–701, bes. S. 675–676: die Ablösung des Fürstenrechtes durch das Recht des Volkes als des Trägers der Staatsgewalt. Zu dem Konflikt zwischen *Napoleon* und Papst *Pius VII* vgl. W. DURANT: Kulturgeschichte der Menschheit, Bd. XVIII: Die Napoleonische Ära, 265–268.

¹⁰ So erklärt das 2. Vatic. Konzil: *Dekret über das Apostolat der Laien* § 2, DVK 199: «Den Aposteln und ihren Nachfolgern wurde von Christus das Amt übertragen, in seinem Namen und in seiner Vollmacht zu lehren, zu heiligen und zu leiten. Die Laien hingegen, die am priesterlichen, prophetischen und königlichen Amt Christi teilhaben, verwirklichen in der Kirche und in der Welt ihren Anteil an der Sendung des ganzen Volkes Gottes.» Alle sind wir da also Propheten, Priester und Könige, nur daß die Bischöfe *noch* prophetischer, priesterlicher und königlicher sind, ja, wenn es drauf ankommt, auch wieder die *eigentlichen* Propheten, Priester und *wahren* Könige.

¹¹ KEK 333 erklärt, wie es gemacht wird: «Die *Teilhabe an der Sendung Jesu,* nämlich an seinem dreifachen Amt als Priester, Prophet und König, kommt bei der Feier der Taufe vor allem durch die Salbung mit Chrisam, dem Zeichen prophetischer, priesterlicher und königlicher Würde, zum Ausdruck.» «So ist die Taufe die Grundlage des ganzen christlichen Lebens wie des christlichen Sterbens.»

¹² Vgl. S. KIERKEGAARD: Der Augenblick, Nr. 2: Wie Christus über das amtliche Christentum urteilt, XIV 141–149; Werkausgabe, II 357–366, in Auslegung von Mt 23,29–33: «Das Christentum des neuen Testamentes war die Wahrheit. Aber klüglich und gaunerhaft erfand der Mensch eine neue Art Christentum: Daß man die Propheten Grabmäler baut und die Gräber der Gerechten schmückt und spricht: Wären wir zu unserer Väter Zeiten gewesen.» (364) A. a. O., XIV 346; Werkausgabe II 546–547: «In der ‹Christenheit› geht das Christentum, das Christsein, nach folgendem Paradigma: Der und der Mann, das ist ein herrlicher Mann, ein wahrer Glaubensmann: Er müßte das Verdienstkreuz haben... ach, das ist

zu wenig für einen so vortrefflichen Glaubensmann, er muß das Großkreuz haben usw. usw. Und zugrundegelegt wird der segensreichen Tätigkeit dieser Ritter des Verdienst- und Großkreuzes, der Konsistorialräte und Konferenzräte stets das neue Testament, worin geschrieben steht: Wie könnet ihr glauben, die ihr Ehre voneinander nehmt? – Deshalb will ich lieber, als daß ich auch nur mit dem äußersten Tausendstel vom Nagel meines kleinen Fingers am amtlichen Christentum teilnehme, unendlich lieber will ich Folgendes ernsthaft mitmachen: Im Kramladen kauft man eine Fahne; sie wird entfaltet; mit großer Feierlichkeit trete ich zu ihr hin, erhebe die drei Finger und schwöre auf die Fahne. Kostümiert mit Dreispitz, Patronentasche, Säbel (alles aus dem Kramladen) besteige ich dann ein Steckenpferd, um, im Gleichtritt mit den andern, einen Angriff auf den Feind zu machen, unter Verachtung der Todesgefahr, in die ich mich sichtbarlich stürze, mit dem Ernst eines Menschen, der weiß, was es bedeutet, auf die Fahne geschworen zu haben. Aufrichtig gesprochen bin ich kein Freund davon, bei dieser Art Ernst mitzumachen; schlimmstenfalls aber tue ich es doch unendlich lieber, als daß ich teilnehme am Ernst des amtlichen Christentums, des Sonntagsgottesdienstes, der Eidgebundenen. Das Erstere heißt doch nur, sich selber zum Narren halten, das Letztere heißt, Gott zum Narren halten.» Die Idee, durch Chrisam-Ölung ein «Prophet» zu werden, ist in der Tat ein unübertreffliches Possenstück. Vgl. S. KIERKEGAARD: A. a. O., XIV 189–191; Werkausgabe, II 399–401: Wir alle sind Christen – ohne auch nur eine Ahnung zu haben, was Christentum heißt. S. 400: «Stell Dir . . . vor . . ., ein Prophet zu sein . . . und dann spielen wir das Spiel, wir alle seien Christen.»

[13] Noch bis zum 2. Vaticanum lehrte die kath. Kirche, daß nur *Getaufte* in den Himmel kommen könnten, und machte sich sorgenvolle Gedanken über die Menschen, die *vor* Christus lebten, über die Heiden sowie über die ungetauften Kinder. Und als sei diese absurde Theologie eines verwalteten Angstritualismus nie gewesen, erklärt fröhlich KEK 332: «Die Kir-

che lehrt die Heilsnotwendigkeit der Taufe nur für diejenigen, denen die Taufe verkündet wurde.» Schon hier muß man sich fragen, ob dann all die Indios in die Hölle gekommen sind, die den Missionaren der spanischen Eroberer vor 500 Jahren keinen Glauben, sondern Widerstand entgegensetzten. Vgl. WK 1257. Zu sagen (nach KEK 332), «ein Mensch, der nach seinem Gewissen lebt», hätte eine *«Begierdetaufe»* empfangen und könne deshalb zum Heil zugelassen werden, ist schon rein logisch ein schlechter Kompromiß der heutigen Theologie mit ihrer eigenen Lehrtradition und nicht weniger arrogant als die frühere Lehre von der «Heilsnotwendigkeit» der «Kirche». Die Wahrheit ist weit einfacher: die Kirche ist – im besten Falle! – *ein* Weg zu Gott, aber gewiß nicht *der* Weg für alle. Aber gerade dagegen ist DS 2997 aus dem Jahre 1868.

[14] Vgl. S. KIERKEGAARD: Der Augenblick, XIV 127–129; Werkausgabe, II 344–346: Lobrede auf das menschliche Geschlecht oder Beweis, daß das neue Testament nicht mehr Wahrheit ist, wo KIERKEGAARD vorschlägt, eine Arbeitsgemeinschaft aus Pfarrern und Viehärzten zur natürlichen Verbreitung des Christentums zu gründen.

[15] Zur Stelle vgl. E. DREWERMANN: Das Matthäusevangelium, I 633

[16] Vgl. J. BROSSEDER: Taufe/Firmung, in P. Eicher (Hrsg.): Neues Handbuch theologischer Grundbegriffe, V 113–128, bes. S. 116–119. Vgl. zu der historischen Diskussion J. JEREMIAS: Die Kindertaufe in den ersten vier Jahrhunderten, Göttingen 1958, mit dem Ergebnis, die Kindertaufe sei von Anfang an geübt worden, und eine grundsätzliche Bestreitung habe es nie gegeben; dagegen: K. ALAND: Die Säuglingstaufe im Neuen Testament und in der alten Kirche. Eine Antwort an Joachim Jeremias, München 1961; darauf J. JEREMIAS: Nochmals: Die Anfänge der Kindertaufe. Eine Replik auf Kurt Alands Schrift: ‹Die Säuglingstaufe im Neuen Testament und in der alten Kirche›, München 1962.

[17] S. KIERKEGAARD: Der Augenblick, XIV 252–256; Werkausgabe, II 458–463: Daß die ‹Christenheit› von Geschlecht zu Geschlecht

eine Gesellschaft von Nichtchristen sei; und die Formel, nach der das zugeht.

[18] A. a. O., XIV 177–179; Werkausgabe, II 388–390: Wahre Christen: viele Christen.

[19] Zur Gestalt des *Täufers* vgl. M. DIBELIUS: Die urchristliche Überlieferung von Johannes dem Täufer, Göttingen 1911; H. BRAUN: Qumran und das Neue Testament II, Tübingen 1966, 1–29. Zur Beziehung zwischen Jesus und dem Täufer vgl. J. JEREMIAS: Neutestamentliche Theologie, I 50–62.

[20] Vgl. S. KIERKEGAARD: Der Augenblick, XIV 177–179; Werkausgabe, II 388–390; XIV 208–210; Werkausgabe, II 414–416: Neumodische religiöse Sicherheiten (Garantien).

[21] Noch das 2. Vaticanische Konzil, *Konstitution über die Kirche*, § 5, DVK 39 konnte erklären: «... der Herr Jesus machte den Anfang seiner Kirche, indem er frohe Botschaft verkündigte, die Ankunft nämlich des Reiches Gottes ... So stellt sie den anfanghaften Keim dieses Reiches auf Erden dar.» Als ob es hier keinerlei Konflikte gäbe! Schon J. WELLHAUSEN schrieb: «Durch Paulus besonders hat sich das Evangelium vom Reich in das Evangelium von Jesu Christo verwandelt, so daß es nicht mehr die Weissagung des Reichs, sondern die durch Jesus Christus geschehene Erfüllung dieser Weissagung ist.» Zit. n. A. VON HARNACK: Das Wesen des Christentums, 108.

[22] Vgl. zu diesem Prozeß A. VON HARNACK: Das Wesen des Christentums, 11. Vorlesung, S. 120–125: «Sie (sc. die Identifizierung des Logos mit Christus und die Verschmelzung der griechischen Philosophie mit dem apostolischen Erbe schon im 2. Jh. n. Chr., d. V.) gab einer geschichtlichen Tatsache (sc. dem Leben Jesu, d. V.) metaphysische Bedeutung; sie zog eine in Raum und Zeit erschienene Person in die Kosmologie und Religionsphilosophie.» (123)

[23] LAOTSE: Tao te king, übers. v. R. Wilhelm, Nr. 1, S. 41.

[24] DS 3026: Verurteilt wird, wer leugnet, daß «der eine und wahre Gott, unser Schöpfer und Herr, durch das, was geworden ist, mit dem natürlichen Licht der menschlichen Vernunft sicher erkannt werden kann.» Vgl. DS 3004.

[25] Daß Gott erkannt wird «durch das, was geschaffen ist», läßt an sich eine Reihe von «Gottesbeweisen» aus dem «Geschaffenen» zu. Vgl. J. SEILER: Das Dasein Gottes als Denkaufgabe. Darlegung und Bewertung der Gottesbeweise, Luzern 1965. DS 3538 aber, im sog. *Antimodernisteneid* unter Pius X im Jahre 1910 (!), wird erläutert, daß «Gott, der Ursprung und das Ziel aller Dinge, mit dem Licht der natürlichen Vernunft ‹durch das, was geschaffen ist› (Rom 1,20), d. h. durch die sichtbaren Werke der Schöpfung, so wie die Ursache durch die Wirkungen, sicher erkannt werden» könne.

[26] Bereits durch die Relativitätstheorie EINSTEINS im Jahre 1905 war die Vorstellung der Kausalität als einer Abfolge in der Zeitreihe unmöglich geworden, und vollends die Quantentheorie brachte den Kausalsatz zum Einsturz; vgl. A. EINSTEIN – L. INFELD: Die Evolution der Physik – Relativitätstheorie und Quantentheorie dargestellt vom Konzept bis zur definitiven Fassung, Hamburg – Wien 1950, 317–320.

[27] Vgl. A. VON HARNACK: Lehrbuch der Dogmengeschichte, II. Bd.: Die Entwicklung des kirchlichen Dogmas, 1. Bd, 140–146; DERS.: Das Wesen des Christentums, 122 nennt die Identifikation von Christus und Logos den wichtigsten Schritt «innerhalb der christlichen Lehrgeschichte, der je getan worden ist ...; die in der Fülle ihrer Aussagen schwankende Christologie empfing eine feste Form; die Weltbedeutung Christi war sichergestellt, sein geheimnisvolles Verhältnis zur Gottheit geklärt, Kosmos, Vernunft und Ethik in eine Einheit gefaßt.»

[28] Das wichtigste Buch hierzu war E. PRZYWARA: Analogia Entis. Metaphysik, Urstruktur und Allrhythmus, Einsiedeln 1962. Dagegen richtete sich die dialektische Theologie K. BARTHS mit der Lehre von der «Analogie des Glaubens», nicht des Seins. Vgl. G. MECHELS: Analogie bei Erich Przywara und Karl Barth. Das Verhältnis von Offenbarungstheologie und Metaphysik, Neukirchen – Vluyn 1974. K. KIENZLER: Gotteserkenntnis, in: P. Eicher (Hrsg.): Neus Handbuch theologischer Grundbegriffe, II 301–311, S. 308–309 hebt

die Ansätze der *negativen Theologie* schon bei
Platon und Plotin hervor.

[29] E. STRAKOSCH (Übers.): Die Wolke des
Nichtwissens. Ein anonymes englisches Werk
des 14. Jahrhunderts, Einsiedeln 1958 (Sigillum
14). Immerhin erklärt selbst das 4. Laterankonzil (1215) unter INNOZENZ III.: «Von Schöpfer
und Geschöpf kann keine Ähnlichkeit ausgesagt werden, ohne daß sie eine größere Unähnlichkeit zwischen beiden einschlösse.» (DS
806)

[30] K. KIENZLER: s. o. Anm 28, S. 308 meint:
«Die Unendlichkeit und Erhabenheit Gottes
und seiner Mysterien ist vom Menschen nicht
zu ergründen. Für den Westen hat *Pseudo-
Dionysios* große Bedeutung gewonnen. Er
kennt zwar den Weg der Bejahung, doch zog er
diesem entschieden die Verneinung vor: Gott
ist die ‹überwesentliche Wesenheit, nicht-Wis-
sen, nicht-Name, all das nicht nach der Art der
Dinge, die sind› (Div. Nom. 1,1)... bei Niko-
laus von Kues wird die Lehre von der Unendlichkeit Gottes zur Theologie der *docta ignorantia* entwickelt. Vgl. N. VON KUES: De docta
ignorantia – die belehrte Unwissenheit, 1.
Buch, übers. u. hrsg. von P. Wilpert, Hamburg
1964.

[31] W. KASPER: Dogma/Dogmenentwicklung,
in: P. EICHER (Hrsg.): Neues Handbuch theologischer Grundbegriffe, I 292–309 behauptet
zwar: «Abgrenzungen, Anathematisierungen
und Exkommunikationen sind jeweils schmerz-
liche Vorgänge», doch dann fährt er fort: «es
wäre eine Verkehrung der Liebe, die Wahrheit,
die allein frei macht (Joh 8,32), vorzuenthal-
ten und auf die dogmatische Sprechweise zu
verzichten.» (308) Im übrigen bemüht W. KAS-
PER sich, die «Dogmenentwicklung» als eine
theoretische Möglichkeit zu begründen
(S. 304–306). Wie aber sagte doch schon (und
auch!) das 2. Vatik. Konzil, *Dogmatische Konstitution über die Kirche*, § 25, DVK 57–58:
«Diese Unfehlbarkeit, mit welcher der göttliche Erlöser seine Kirche bei der Festlegung
der auf Glaube und Sitte bezüglichen Lehre
ausgestattet sehen wollte, reicht so weit wie das
hinterlegte Gut der göttlichen Offenbarung
reicht, das es heilig zu behüten und getreulich

auszulegen gilt. Dieser Unfehlbarkeit erfreut
sich der römische Bischof, das Oberhaupt des
Bischofskollegiums, kraft seines Amtes, wenn
er als oberster Hirt und Lehrer aller Christgläubigen, der seine Brüder im Glauben stärkt
(Lk 2,32), eine Lehre über Glaube oder Sitte in
einem endgültigen Akt verkündet. Daher werden seine Definitionen mit Recht als aus sich
und nicht erst auf Grund der Zustimmung der
Kirche unveränderlich bezeichnet, da sie ja
unter dem Beistand des Heiligen Geistes vorgebracht sind, der dem Papst im heiligen Petrus
verheißen wurde. Sie bedürfen füglich keiner
Bestätigung durch andere und dulden keine
Berufung an ein anderes Urteil.» Bei so viel
Machtanspruch und Machtwillen mag es ver-
bale Anpassungen und kosmetische Veränderungen geben; die einzig wirkliche «Entwicklung», die es hier gegeben hat, war die vollkommene Umwandlung der Botschaft Jesu in das
kirchliche Lehramt. Vgl. A. VON HARNACK:
Das Wesen des Christentums, 125: «Jetzt
mußte sie (sc. die kath. Kirche schon des
3. Jh.'s, d. V.) erklären: Du bist kein Christ, du
kannst überhaupt nicht in Beziehung zu Gott
treten, wenn du nicht allem zuvor diese Lehren
anerkannt, jenen Ordnungen Gehorsam geleistet und bestimmte Vermittlungen aufgesucht
hast. Auch soll keiner irgendein religiöses Erlebnis für legitim halten, das nicht von der richtigen Lehre approbiert und von den Priestern
gutgeheißen ist... Wer die Religion nur als
Sitte und Gehorsam kennt, der schafft den
Priester, um einen wesentlichen Teil der Verpflichtungen, die er fühlt, auf ihn abladen zu
können; er schafft auch das Gesetz, denn ein
Gesetz ist den Halben bequemer als ein Evangelium.»

[32] *«Intellektualisierung»* ist bereits hier schon
auf dem Hintergrund der psychoanalytischen
Beschreibung der Abwehrmechanismen des
Ich als ein Verfahren der Verdrängung vor allem sexueller und aggressiver Triebregungen
zu betrachten; vgl. A. FREUD: Das Ich und die
Abwehrmechanismen, 123–129, die vor allem
die Intellektualisierung während der Pubertät
untersucht.

[33] Daß Gott stets «Subjekt», nie Objekt werden kann, bildet die innere Achse vor allem der protestantischen Theologie, die an dieser Stelle unvermeidbar mit dem Seinsdenken der scholastischen Theologie der kath. Kirche kollidieren mußte. Vgl. P. TILLICH: Systematische Theologie, I 193–336: Sein und Gott, bes. S. 273–280: Gott als Sein: «Das Sein Gottes kann nicht verstanden werden als die Existenz eines Seienden neben oder über anderem Seienden.»

[34] Vgl. H. ZAHRNT: Martin Luther in seiner Zeit für unsere Zeit, 81–83: «Das Papsttum läßt sich nicht aus der Bibel erweisen und ist deshalb nicht göttlichen, sondern menschlichen Ursprungs und Rechts. Es ist eine Obrigkeit wie andere irdische Obrigkeiten auch ... Rom hat nicht den Primat über alle christlichen Kirchen inne. ... Auch Konzilien können irren.» Mit solchen Lehren Luthers stand «Individualität gegen Autorität – um dieses Problem ist es in der Auseinandersetzung zwischen Luther und Rom entscheidend gegangen und geht es bis auf den heutigen Tag zwischen den beiden Kirchen.»

[35] Vgl. a. a. O., 80–81, zum Verhör LUTHERS durch CAJETAN in Augsburg 1518; das Zitat CAJETANS auf S. 81. Vgl. auch M. LUTHER: Luthers Bericht über die Verhandlungen in Augsburg mit Kardinal Cajetan, 1518, in: Die Werke, I 397–402 (WA2,13–16).

[36] I. KANT: Kritik der reinen Vernunft, Werke III, 267–285.

[37] Vgl. CH. LEA: Geschichte der Inquisition im Mittelalter, I 10–14: Der militärische Charakter der Prälaten; 18–23: Mißbrauch der bischöflichen Jurisdiktion; III 615–690: Verstand und Glaube.

[38] Vgl. R. SCHNEIDER: Philipp der Zweite oder Religion und Macht, 235–250: König und Ketzer.

[39] S. o. Anm. 24–25, wo es wesentlich um die «Erkenntnis» Gottes durch den «Verstand» geht. Zur Verdrängung des Unbewußten in der kirchlichen Theologie vgl. E. DREWERMANN: Die Spirale der Angst, 195–215.

[40] Vgl. DS 3005; 3008: 1. Vatic.: *Dogm. Constitution «Dei Filius»* von 1870; unverändert so im Jahre 1993 WK 153–159. Vgl. M. SECKLER – CH. BERCHTOLD: Glaube, in: P. Eicher (Hrsg.): Neues Handbuch theologischer Grundbegriffe, II 232–252, bes. S. 247–248. Bes.: E. BISER: Glaubensimpulse. Beiträge zur Glaubenstheorie und Religionsphilosophie, Würzburg 1988. E. BISER – E. DREWERMANN: Welches Credo?, Freiburg 1993, 12–63. Schon F. HEILER: Der Katholizismus. Seine Idee und seine Erscheinung, München 1923, 241–242 meinte: «Die gedankliche Zustimmung, welche das Wesen des Glaubens ausmacht, ... ist – trotz aller *motiva credibilitatis* (sc. Glaubensgründe, d. V.) – eine willensmäßige Unterwerfung unter die göttliche Autorität, welche Glauben fordert. Der Wille zwingt alle die skeptischen Einwände der Vernunft nieder ... Immer wieder mahnen die Beichtväter die von Glaubenszweifeln Bedrängten zur Demut, zum Verzicht auf das eigene Verstandesurteil; das Bezweifeln und Leugnen einer Glaubenslehre wird als Sünde des Stolzes und Eigendünkels betrachtet. Letzten Endes geht es beim Glaubensakt gar nicht um die religiöse oder philosophische Wahrheitsfrage, sondern um den Gehorsam gegenüber den kirchlichen Autoritäten.» M. a. W.: In der kath. Kirche hat sich die Wahrheitsfrage längst schon in eine Machtfrage verwandelt, und die Folge: an die Stelle der Überzeugung tritt die Unterwerfung, an die Stelle der Persönlichkeit die Kirchenmitgliedschaft, an die Stelle der religiösen Erfahrung der beamtete Ritus.

[41] THOMAS VON AQUIN: Summa theologica, II/II 2,9 bietet die klassische Glaubensdefinition, die auch in WK 155 zitiert wird. Vor allem in den Dokumenten des 1. Vatikanums ist nicht einmal von «intellectus», sondern von «ratio» die Rede – in Abwehr der philosophischen Erkenntniskritik des 18. und 19. Jh.'s.

[42] R. MAU: Programme und Praxis des Theologiestudiums im 17. und 18. Jh., in: Theol. Vers. 11 (1980) 71–91.

[43] Vgl. K. H. LÜTCKE: Grundsätze und Probleme der Theologenausbildung in Deutschland, in: Zeitschrift für Theologie und Kirche 80 (1983) 103–118.

[44] Vgl. dazu die «Exegese» bei S. KIERKE-

GAARD: Der Augenblick, XIV 211–214; Werkausgabe, II 417–421: Hütet euch vor denen, die gerne in langen Kleidern gehen (Mk 12,38).

[45] Vgl. a. a. O. XIV 336–337; Werkausgabe, II 528–540: «Der Beweis für die Wahrheit des Christentums, der darin liegt, daß man alles dafür aufs Spiel gesetzt hat, wird ja dadurch widerlegt oder verdächtig gemacht, daß der Pfarrer, der diesen Beweis vorträgt, genau das Gegenteil tut... Und deshalb sollte ‹dem Pfarrer›, christlich, das Handwerk gelegt werden, wie man bürgerlich davon spricht, einem Dieb das Handwerk zu legen.»

[46] A. LÄPPLE (Hrsg.): Neues Handbuch für Sonn- und Feiertage, Kirchenjahr A, Aschaffenburg 1971, S. 73.

[47] Vgl. WK 880–887. – Es ist völlig richtig, wenn der «Weltkatechismus» als Fortführung des «Geistes» des 2. Vaticanums vorgestellt wird. Auch dort heißt es im Dekret über die Hirtenaufgabe der Bischöfe in der Kirche § 2, DVK, 128: «Christus hat nämlich den Aposteln und ihren Nachfolgern den Auftrag und die Vollmacht gegeben, alle Völker zu lehren, die Menschen in der Wahrheit zu heiligen und sie zu weiden. Daher sind die Bischöfe durch den Heiligen Geist, der ihnen mitgeteilt worden ist, wahre und authentische Lehrer des Glaubens, Priester und Hirten geworden», – und zwar, muß man ergänzen von Amts wegen: das Amt ist es, das sie zu «Nachfolgern» der Apostel macht, das Amt ist es, welches der «Heilige Geist» verliehen hat, das Amt ist es, welches die «authentische» Wahrheit garantiert. Parfaitement!

[48] Vgl. J. W. VON GOETHE: Faust, 1. Teil: Marthens Garten. Margarete. Faust. Verse 3414–3465.

[49] Vgl. K. DESCHNER: Kriminalgeschichte des Christentums, 272–285: Konstantins Kampf gegen Juden, «Ketzer», Heiden; 351–397: Kirchenlehrer Athanasius.

[50] A. VON HARNACK: Lehrbuch der Dogmengeschichte, I 399–425 zeigt den inneren Werdegang, der die «Umprägung des bischöflichen Amtes in der Kirche zu dem apostolischen Amt» sowie den Aufbau der Kirchenhierarchie vor allem durch CYPRIAN, IRENÄUS, TERTUL-LIAN und CLEMENS VON ALEXANDRIEN begleitete, mit dem Ergebnis: «Die Idee der einen, bischöflich verfaßten Kirche wurde die oberste und schob die Bedeutung der Glaubenslehre als des Einheitsbandes factisch zurück: die auf den Bischöfen, den Nachfolgern der Apostel, den Stellvertretern Gottes ruhende Kirche ist um dieses ihres Fundamentes willen selbst die apostolische Hinterlassenschaft.» CYPRIAN (Brief 73,21) ist es, der als erster die Kirche als eine Heilsanstalt definiert, außerhalb welcher es kein Heil gibt (vgl. DS 802); HARNACK fährt fort: «und zwar ist sie das nicht nur als Gemeinschaft des rechten apostolischen Glaubens, so daß diese Definition ihren Begriff erschöpfte, sondern sie ist es als einheitlich organisierte Conföderation. Diese Kirche ruht daher ganz und gar auf dem Episcopat, der als die Fortsetzung des apostolischen Amtes, ausgerüstet mit allen Gewalten der Apostel, dieselbe trägt. Die Verbindung der Einzelnen mit der Kirche, und somit mit Christus, kommt hiernach nur durch gehorsamen Anschluß an den Bischof zu Stande.» Selbst das Amt, m. a. W., gründet jetzt nicht mehr im Glauben, es ist selber zum Grund des Glaubens geworden. Ja, PIUS XII: Brief an den Erzbischof von Boston, 8. August 1949, konnte sogar erklären, der Satz: «außerhalb der Kirche ist kein Heil», sei ein Dogma, das nur in dem Sinne verstanden werden dürfe, in dem die Kirche selber es versteht. (DS 3876)

[51] Bereits unter Kaiser Theodosius im 4. Jh. begann die Gewaltmission der Kirche gegenüber Juden, Heiden und vor allem: Ketzern. Vgl. K. DESCHNER: Kriminalgeschichte des Christentums, I 438–459. Vgl. auch A. VON HARNACK: Die Mission und Ausbreitung des Christentums in den ersten drei Jahrhunderten, 390–409: Missionsmethoden.

[52] Vgl. K. DESCHNER, a. a. O. I 469–491: Augustins Feldzug gegen die Donatisten.

[53] 2. Vatic. Konzil, Dekret über die Hirtenaufgabe der Bischöfe in der Kirche, 28, DVK 139, erklärt, daß «alle Priester... mit dem Bischof an dem einen Priestertum Christi und dessen Ausübung Anteil haben. Vgl. Konstitution über die Kirche, 28, DVK 60–61.

[54] Auch und gerade das als so reformfreudig ge-

priesene 2. Vatic. Konzil, *Dogmatische Konstitution über die Kirche*, § 20–21, DVK 54 erklärt: «daß die Bischöfe auf Grund göttlicher Einsetzung an die Stelle der Apostel nachgefolgt sind, als Hirten der Kirche, die zu hören Christus hören bedeutet und die zu verachten Christus verachten heißt... In den Bischöfen... ist also inmitten der Gläubigen der Herr Jesus Christus anwesend, er, der Hohepriester. Während er nämlich zur Rechten des Vaters sitzt, ist er nicht fern von der Versammlung seiner Bischöfe, sondern vorzüglich durch deren erhabenen Dienst verkündet er allen Völkern Gottes Wort... Ihnen ist das Zeugnis für die Botschaft von der Gnade Gottes anvertraut... Um solche Aufgaben zu erfüllen, sind die Apostel mit einer besonderen Ausgießung des herabkommenden Heiligen Geistes von Christus beschenkt worden... Sie hinwiederum übertrugen ihren Helfern durch die Auflegung der Hände die geistliche Gabe,... die in der Bischofsweihe bis zu uns gekommen ist. Es lehrt aber die Heilige Synode, daß durch die Bischofsweihe die Fülle des Weihesakramentes übertragen wird. Sie heißt ja auch... höchstes Priestertum, Summe des heiligen Dienstes... Auf Grund der Überlieferung... vorzüglich in den liturgischen Riten... ist es klar,..., daß die Bischöfe in hervorragender und sichtbarer Weise die Stelle Christi selbst, des Lehrers, Hirten und Priesters einnehmen und in Seiner Person handeln.» Kann man klarer sagen, daß man und wie man hier die «Nachfolge» der Apostel in ein «Nachfolgen» «in die Stelle der Apostel» verwandelt und eine liturgisch-sakrale Stellvertretung als «Rechtstitel» der Amtsausübung an die Stelle der persönlichen Existenz rückt? Richtig sagt P. NEUNER: Charisma/Amt, in P. Eicher (Hrsg.): Neues Handbuch theologischer Grundbegriffe, I 239–244, S. 242: «In der Geschichte der Kirche wurde die ursprüngliche Einheit von Charisma und Amt nicht durchgehalten. Manches, was zunächst als freies Charisma lebendig war, wurde später als Amt verliehen.» Wie aber kann man in und mit einer Kirche leben, die *wesentlich, dogmatisch,* und zwar seit 1500 Jahren mit immer größerer Verhärtung, auf dieser Verschie-

bung des Persönlichen ins Institutionelle beharrt? Ziemlich illusionslos, aber in klarem Problembewußtsein formuliert P. EICHER: Hierarchie, in: Neues Handbuch theologischer Grundbegriffe, II 330–349, S. 347: «Die dem II. Vatikanum eigene Inanspruchnahme der Drei-Ämter-Lehre Christi (sc. als Priester, Prophet und Lehrer, d. V.) für die Laien zeigt, daß das Konzil nicht eine Reform jener hierarchischen Kirchenstruktur beabsichtigte, die den Klerus von den Laien essentialiter unterscheidet.» M. a. W.: Das «Volk» bleibt nach wie vor der bloß passive Empfänger des Heils, das Christus durch die Hierarchie... gibt. Einzig A. COMTE: Die Soziologie, 238–239, nennt es eine «vortreffliche Disziplin...», durch die der Katholizismus in der Zeit seiner Größe erfolgreich die politischen Gefahren des religiösen Geistes vermindert hat, indem er mehr und mehr das Vorrecht übernatürlicher Eingebung beschränkte... Die päpstliche Unfehlbarkeit... bildete in dieser Beziehung einen großen geistigen und sozialen Fortschritt.»
[55] Die «Reformversuche» einer Neuinterpretation des «Amtes» sind schon relativ alt: K. RAHNER: Das Dynamische in der Kirche, Freiburg 1958: H. KÜNG: Strukturen der Kirche, Freiburg 1962; Neudruck: München (SP 762) 1987, 105–205: Konzil und kirchliche Ämter; G. HASENHÜTTL: Charisma – Ordnungsprinzip der Kirche, Freiburg 1969; L. BOFF: Die Kirche als Sakrament im Horizont der Welterfahrung. Versuch einer Legitimation und einer struktur-funktionalistischen Grundlegung der Kirche im Anschluß an das II. Vatikanische Konzil, Paderborn 1972; E. SCHILLEBEECKX: Das kirchliche Amt, Düsseldorf 1981; doch all diese Autoren hatten und haben ihre unüberwindlichen Schwierigkeiten mit dem real existierenden Katholizismus ebenso wie mit dem tatsächlichen Wortlaut der Selbstverlautbarung der kirchlichen «Lehramtes». M. a. W.: man macht sich etwas vor, wenn man glaubt, den ideologischen und politischen Totalitarismus eines Systems vermenschlichen zu können. Vgl. H. HÄRING: Kirche/Ekklesiologie. Systematisch, in: P. Eicher (Hrsg.):

Neues Handbuch theologischer Grundbegriffe, III 119–133, S. 132: «Die charismatische Dimension der Kirche muß entschieden zu ihrem Recht kommen.» Und: B. HÄRING: Meine Erfahrung mit der Kirche, 105–188.

[56] Der «Trick» der Definition der «Bischofswürde» liegt darin, daß der eigentliche Effekt einer Bischofskonsekration – im Unterschied z. B. zur Priesterweihe – just darin liegt – wieder Bischöfe weihen zu können. In Theologendeutsch: die Ordinationsgewalt ist ein *effectus proprius* der Bischofsweihe. DS 1777, Tridentinisches Konzil, 1563. Man hat es also zu tun mit einem System vollkommener Selbstreproduktion, nach welcher, *mit sakramentalem Heilsanspruch,* nur Bischöfe Bischöfe im «Zeugnis» für Christus zu «erzeugen» vermögen.

[57] Damit die Bischöflichen Vollmachten nicht ins Kraut schießen, wird die «Einheit» mit dem Papst notwendigerweise auf Schritt und Tritt mitbetont. Vgl. WK 880–887: «Das bischöfliche Kollegium und sein Chef, der Papst.»

[58] Der Satz stammt aus dem 5. Jh. von VINZENZ VON LERIN: Commonitorium primum, c. 23 (PL 50, 668): zitiert im 1. Vatic. Konzil: *Constitution über den kath. Glauben,* DS 3020. Es gibt kaum ein Prinzip der dogmatischen Selbstbegründung kirchlicher Wahrheitsansprüche, das in sich selber so wirklichkeitsfern und geschichtsfremd sein könnte wie dieses. Insbesondere Dogmen- und Kirchengeschichtlern obliegt es von Amts wegen gleichwohl, die Richtigkeit dieses Prinzips dazutun.

[59] Vgl. H. JEDIN: Bischöfliches Konzil oder Kirchenparlament, Basel 1963; H. SCHNEIDER: Der Konziliarismus als Problem der neueren katholischen Theologie, Berlin 1976; G. SCHWAIGER: Die konziliare Idee in der Geschichte der Kirche, in: Rottenburger Jahrbuch für Kirchengeschichte 5 (1986), 11–24. Vgl. dagegen T. RENDTORFF: Demokratie und Protestantismus, in: H. HÄRING (u. a. Hrsg.): Wörterbuch des Christentums, 231–233; und H. MAIER: Demokratie und Katholizismus, a. a. O., 230–231; ders.: Katholizismus und Demokratie, Freiburg 1983. Man muß von Anfang an sagen, daß die konziliare Idee zur Zeit

des Konstanzer Konzils (1414–1418) unter König Sigismund und dem unsäglichen, später abgesetzten Papst Johannes XXIII. auf den Wirrwarr des Konzils von Pisa von 1409 zurückzuführen ist, das statt zweier Päpste (Gregor XII. und Benedikt XIII.) lediglich einen dritten Papst, Alexander V., hervorgebracht hatte. Vgl. H. JEDIN: Kleine Konziliengeschichte, 63–67. Vgl. auch C. ANDRESEN – G. DENZLER: Wörterbuch der Kirchengeschichte, München (dtv 3245) ²(überarb.) 1982, 343–345: Konstanzer Konzil. Konziliarismus.

[60] H. ZAHRNT: Martin Luther in seiner Zeit für unsere Zeit, 82.

[61] I. SHAH: Die fabelhaften Heldentaten des vollendeten Narren und Meisters Mulla Nasrudin, 50.

[62] Vgl. R. LEHMANN: Mana, 1922, DERS.: Die polynesische Tabusitte, 1930: E. ARBMAN: Seele und Mana (Archiv für Religionswissenschaft XXIX) 1931. Auch: G. VAN DER LEEUW: Phänomenologie der Religion, 19–27: Ding und Macht, der den Zusammenhang von Mana-Glaube und Fetischismus hervorhebt.

[63] Zum Erscheinen des WK erklärte PAPST JOHANNES PAUL II.: Apostolische Konstitution *Fidei Depositum,* Kirchliches Amtsblatt Paderborn, 136. Jg., 24. 5. 93, dieser Katechismus sei die «sichere Norm für die Lehre des Glaubens».

[64] Vgl. dagegen CIC, Can 833, 6.7: ein *Glaubensbekenntnis* vor dem Ortsordinarius ist abzulegen von dem Rektor und den Professoren der Theologie und der Philosophie bei Amtsantritt. Wie es mit der *Freiheit der Wissenschaft* in der Kirche bestellt ist, zeigt die Verurteilung von JAKOB FROHSCHAMMER unter Pius IX im Jahre 1862, DS 2850–2861. J. FROHSCHAMMER (1821–1893) war Professor in München, und die Verurteilungen bezogen sich vor allem auf sein Buch: *Über die Freiheit der Wissenschaft,* München 1861. Im März 1863 wurde er, nicht willens, sich zu unterwerfen, von seinem Ortsbischof auf römische Weisung suspendiert. Wie wenig sich die Zeiten geändert haben, kann man ersehen, wenn man W. KASPER: Theologie und Kirche, Mainz 1987, liest.

Anders M. SECKLER: Die schiefen Wände des Lehrhauses, Freiburg 1988. Vgl. W. KERN: Theologie, in: P. Eicher (Hrsg.): Neues Handbuch theologischer Grundbegriffe, V 129–140, S. 140: «Der Glaube an den Gekreuzigten ist durch sich selbst Krisis und Korrektur – wie nach 1 Kor 1,22–25 der intellektuellen Überheblichkeit der ‹Griechen› und der ‹jüdischen› Behauptung von Machtpositionen, so der ‹Wissenschaftlichkeit› und der ‹Kirchlichkeit› der Theologie.» Wie aber soll diese «wegsame Aporie» (!) begangen werden, ohne daß man sich entscheidet, was man sein will: ein Ideologe der kirchlichen Vorgaben oder ein ehrlich ringender und suchender Mensch? Übrigens: wann je würde es in der Kirche eine Entschuldigung, wenigstens postum, für die Opfer des kirchlichen Dogmatismus geben? O. PFISTER: Das Christentum und die Angst, mit einem Vorw. v. Th. Bonhoeffer, Frankfurt–Berlin–Wien (Ullstein 35219) 1985, Kap. 13, S. 248–249 spricht zu Recht davon, daß der kirchliche Dogmatismus «die Zumutung» bedeute, «in Sachen des Glaubens jedes freie eigene Denken zu opfern.»

[65/66] K. RATZINGER: in: Deutsche Tagespost vom 24. 5.1990: Die Wahrheit, ein Geschenk Gottes für sein Volk. All das noch einmal bekräftigt und verstärkt im Sommer 1991.

[67] Natürlich gibt es Versuche in dieser Hinsicht. Vgl. z. B. W. KERN (Hrsg.): Die Theologie und das Lehramt, Freiburg 1982; dann aber kommen die ultrakonservativen Dogmatiker wie L. SCHEFFCZYK: Die Theologie und die Wissenschaften, Aschaffenburg 1979, die mit bedeutendem geistigem Aufwand dafür sorgen, daß die Kirche am Ende doch wieder als die Hüterin aller Wahrheit, die sie seit eh und je besitzt, erscheint. Den «aktuellen» Stand in dieser Debatte zeigt die sog. *«Kölner Erklärung»* von mehr als 100 Theologiedozenten im Jahre 1989. Der Paderborner Oberhirte J. J. DEGENHARDT: Zur «Kölner Erklärung» der Theologen, Worte zur Zeit Nr. 21, hrsg. von Erzbisch. Generalvikariat, Paderborn 1989, 62 fertigte die Sache mit den Worten ab: «Die Kirche verkündet die sittliche Norm... Diese Norm ist nicht von der Kirche geschaffen, ...

vielmehr legt sie (sc. die Kirche in Gestalt der Bischöfe, d. V.) Gottes Willen allen Menschen guten Willens vor, ohne den Anspruch auf Radikalität und Vollkommenheit zu verbergen.» Also!

[68] Vgl. die unsäglichen Passagen im Antimodernistendekret von 1907: PAPST PIUS X.: *Lamentabili*, DS 3409–3419.

[69] Die einzigen Worte der Kirche dazu stammen von LEO XIII aus dem Jahre 1889 und sind eine wüste Beschimpfung BRUNOS. Vgl. E. DREWERMANN: Giordano Bruno oder Der Spiegel der Unendlichen, 393–394.

[70] Vgl. H. HAKEN: Erfolgsgeheimnisse der Natur, 157–184, bes. S. 181 f.

[71] Vgl. die leidige Diskussion z. B. um die Enzyklika von PAUL VI.: *Humanae vitae* von 1968, und die Affäre um STEFAN PFÜRTNER. L. KAUFMANN: Ein ungelöster Kirchenkonflikt. Dokumente und zeitgeschichtliche Analysen, Freiburg (Schweiz) 1987; Anlaß der Verurteilung war das Buch von ST. PFÜRTNER: Moral – Was gilt heute noch? Erwägungen am Beispiel der Sexualmoral, Zürich 1972.

[72] Vgl. *Der Spiegel*, 46. Jg Nr. 12, 16. 3. 92, 58–77: Den Glauben abfragen wie Vokabeln? Erzbischof Johannes Joachim Degenhardt über seine Auseinandersetzung mit Eugen Drewermann; dort sagt der Paderborner Oberhirte: «Ganz allgemein würde ich sagen, daß es einen großen Unterschied macht, ob jemand in einem Fachbuch die Möglichkeit erörtert, es habe keine Jungfrauengeburt gegeben, oder ob er dies provokativ vor einem Millionenpublikum als felsenfeste Erkenntnis verkündet.» (S. 68) Da haben wir also nicht nur eine Zweiklassenkirche, sondern, dementsprechend, auch eine Zweiklassenwahrheit zwischen Katheder und Kanzel.

[73] Ein lehrreiches Beispiel bietet der bekannte Exeget R. PESCH, der heute der Integrierten Gemeinde in München angehört, die ihrerseits wieder die besten Kontakte zu Kardinal RATZINGER und zu Erzbischof J. J. DEGENHARDT, Paderborn, unterhält. In Mk 6,3 erwähnt der Evangelist die Existenz von «Brüdern» und «Schwestern» Jesu; R. PESCH: Das Markusevangelium, I 319; 322–325 vertritt denn auch

zu Recht die Ansicht, daß es sich hier um leibliche Geschwister Jesu handelt. Das aber kann nicht sein, da nach kirchlicher Lehre Maria «immerwährende» «Jungfrau» war. WK 499; 500; 501. PESCH wurde deshalb seinerzeit vom kirchlichen Lehramt vermahnt und widerrief prompt seine Ansicht. Vgl. E. DREWERMANN: An ihren Früchten sollt ihr sie erkennen, 20. R. PESCH – G. LOHFINK: Tiefenpsychologie und keine Exegese, 108 sehen gleichwohl nach wie vor keine Spannung zwischen Forschung und Dogma!

[74] Die geistige Einbahnstraße der kirchlichen Verkündigung kommt immer wieder in den offiziellen Verlautbarungen zum Ausdruck, wonach das «Bischofskollegium . . . aber nur . . . in Gemeinschaft mit dem römischen Bischof . . . ohne Beeinträchtigung seiner Primatsgewalt . . . und niemals ohne dieses Haupt, gleichfalls Träger der höchsten und vollen Gewalt über die ganze Kirche» ist, wenngleich (noch einmal wird es betont) «nur mit Zustimmung des römischen Bischofs.» 2. Vatic. Konzil, *Konstitution über die Kirche*, § 22, DVK 55. Nicht einmal die Unabhängigkeit der Bischöfe, geschweige denn der «Laien» wird auf diesem «Reformkonzil» zugestanden!

[75] Im Originalton: ERZBISCHOF J. J. DEGENHARDT: Vergebung und Erneuerung. Die Kirche als Versöhnungsgemeinschaft, in: Der Dom, Nr. 29, 18. 7. 93, S. 5: «Reform der Kirche und Reform in der Kirche muß stets so geschehen, daß wir unsere eigenen Meinungen jeweils wieder wegräumen zugunsten des Lichts, das von oben kommt und das zugleich Anbruch der wahren Freiheit ist.» «Reform der Kirche bedeutet, Sich-los-Lassen, Sich-ganz-aus-Liebe-Verschenken an den, der das Haupt der Kirche ist . . . Der Glaube selbst in seiner ganzen Größe und Weite ist daher die wesentliche Reform, die wir brauchen.» Man ist gewöhnt, offizielle Dokumente spiegelsymmetrisch zu lesen: wo von «Größe» und «Weite» die Rede ist, geht es in Wahrheit um «Selbsterniedrigung» und «Einengung», und die «wahre Freiheit» besteht – in der Hingabe an «Christus»? Das ließe sich noch «interpretieren», wüßte man nicht, daß es darauf hin

ausläuft, sich dem *Papst* hinzugeben, welcher der «Stellvertreter» Christi auf Erden ist. Die «Finesse» der Täuschung liegt darin, daß die «Christologie» selber bereits von der «Kirche», d. h. den Bischöfen im «Lehramt» und den ihnen «hingegebenen» Theologen bestimmt wird, in die hinein sich das jeweilige Wunschbild der «Ekklesiologie» projizieren läßt.

[76] Der «Monophysitismus» (die «Einnaturen-Lehre») geht auf EUTYCHES, den Archimandriten von Konstantinopel zurück, der seinerseits nur die Formeln des CYRILL von der «einen (göttlichen) Natur des menschgewordenen Gottessohnes Christus aufgriff. Es gilt kirchengeschichtlich als eine Großtat von Papst Leo I., daß er diese Lehre in einem Brief an Flavian, den Bischof von Konstantinopel am 13. Juni 441 zurückwies (Ep. 28; PL 54, 757B–771A); DS 290–295. Es half EUTYCHES nichts, daß er im Jahre 449 eine eigene Synode einberief, welche den Brief LEOS verwarf – kirchengeschichtlich handelte es sich nur um eine «Räubersynode»; die «richtige» Synode fand zwei Jahre später in Chalcedon statt. Vgl. H. JEDIN: Kleine Konziliengeschichte, 27–32. Zu dem Wirken LEOS I., des Heiligen und Großen, vgl. K. DESCHNER: Kriminalgeschichte des Christentums, II 243–297, mit der endlosen Liste von Ketzerverfolgungen, Judenunterdrückungen und Machtraufereien. «Groß», so sieht man, ist in der Geschichtsschreibung der Kirche, wer die Kirche als Institution «groß» macht, und «heilig», wer ihr nützt.

[77] Vgl. unbeirrt WK 2384, wo die Ehescheidung sogar als «schwerer Verstoß gegen das Naturgesetz» bezeichnet wird. Das bedeutet, daß nach katholischer Auffassung selbst der säkulare Staat als Schützer des «Naturrechts» verpflichtet ist, die Ehescheidung als etwas in sich Unsittliches gesetzlich zu verbieten! Es ist dies wohl das ärgste Beispiel für die Art, wie man in der kath. Kirche das Wort «Toleranz» versteht. Zum Toleranzbegriff selbst vgl. J. BLATTNER: Toleranz als Strukturprinzip, Freiburg-Basel-Wien 1985. Alle «Väter» des Toleranzgedankens: TH. HOBBES, J. LOCKE

(A Letter concerning toleration, 1689), G. E.
LESSING u. a. waren bekanntlich «Feinde der
kath. Moral.»
[78] Erneut WK 2357. Zu der Furcht vor der
Homosexualität, die von der kath. Kirche
durch ihre repressive Moral oft selbst erzeugt
wird, vgl. E. DREWERMANN: Kleriker, 580
–602: Homosexuelle Auswege oder: Ein be-
rufsspezifisches Tabu.
[79] Dieses Wort findet Verwendung noch bei
Papst JOHANNES PAUL II.: Apostolische Konstitution *Fidei Depositum* («Glaubensschatz»),
mit der er das Erscheinen des *Weltkatechismus*
als eine Gnade Gottes an die Menschheit
rühmt; Kirchliches Amtsblatt Paderborn,
136. Jg., 24. 5. 93.
[80] F. KAFKA: Sämtliche Erzählungen, hrsg. v.
P. Raabe (New York 1953), Frankfurt (Fischer
Tb. 1078) 1970, 138–139.
[81] Es ist nicht nur der Satz des VINZENZ VON
LERIN (s. o. Anm. 58), es ist vor allem das *Prinzip*, das sich unübertroffen bei PIUS IX: Bulla
*Ineffabilis Deus* vom 8. 12. 1854 ausspricht, in
welcher die «unbefleckte Empfängnis» Mariens zum Dogma erhoben wird, eine Lehre,
die, obschon haltlos in der Tradition, gleichwohl mit dem Grundsatz verteidigt wird, dogmatische Lehren wüchsen einzig «eodem sensu
eademque sententia» – in immer der gleichen
Bedeutung und immer der gleichen Auslegung.
DS 2802. – Zu dem psychologischen Hintergrund der Marienminne der kath. Kirche
vgl. L. FEUERBACH: Über den Marienkultus
(1842), in: Werke in 6 Bden. hrsg. von E.
Thies, III: Kritiken und Abhandlungen II
(1839–1842), Frankfurt 1975, 143–162: «Maria ist das religiöse Opfer des Fleisches, das
feierliche Gelübde der Keuschheit, die aufge-
gebene irdische Liebe, aber dafür ist sie selbst
wieder der Gegenstand irdischer Liebe ... Der
Verlust der menschlichen Schönheit hat zur
Folge den Gewinn der ... göttlichen Schönheit.» (155)
[82] Wunderbar z. B. erklärt W. KASPER als Verfasser des KEK 44 das Traditionsprinzip der
Kirche: «Das Große an der Kirche ist ..., daß
sie den Glauben an Jesus Christus seit den Tagen der Apostel bis heute durch die Zeiten ge-

tragen und damit den Menschen immer wieder
neu Halt und Inhalt für ihr Leben gegeben hat.
Sie ist die die Jahrhunderte umspannende Gemeinschaft der Glaubenden. Durch sie stehen
wir in Gemeinschaft mit den Blutzeugen (Mär-
tyrern) der ersten Jahrhunderte, den großen
Kirchenvätern und den bekannten wie den
ungenannten Heiligen aller Zeiten.» Wem
schwillt da nicht die Brust, in einer solchen
«Gemeinschaft» der «Glaubenden» zu sein!
[83] Vgl. K. RAHNER: Zur Frage der Dogmenentwicklung, in: Schriften zur Theologie,
1. Bd., Einsiedeln–Zürich–Köln 1962, 49–90,
wo der «Fortschritt» des Dogmas wesentlich
als Explikation des «implizit» Geoffenbarten
betrachtet wird; die enormen *Verformungen*
und *Änderungen*, ja, *Verfälschungen* des ursprünglichen Anliegens Jesu schon durch das
Formalprinzip des Dogmatismus werden hier
kategorisch übergangen.
[84] Sinngemäß CYPRIAN: 75. Brief, 6. Kap.,
BKV 60, II 376, wo er im Streit mit Papst Stephan um die Gültigkeit der Taufe der Häretiker
das Traditionsargument als «nur menschliche
Überlieferung» außer Kraft setzt.
[85] Historisch entsteht das *«Sukzessionsprinzip»*
im Kampf gegen die «Gnosis» schon im 2. Jh.
Vgl. A. VON HARNACK: Das Wesen des Christentums, 12. Vorlesung, S. 126–130: «Die
christliche Religion hat schon damals jene
Richtung auf den Intellektualismus erhalten,
der ihr in der Folgezeit geblieben ist.» «Das
Kirchen*institut* erhielt einen besonderen, selbständigen Wert; es wurde zu einer *religiösen*
Größe. Ursprünglich lediglich Ausgestaltung
der Brudergemeinde, Stätte und Form für die
gemeinsame Gottesverehrung und geheimnisvolle Abschattung der himmlischen Kirche,
wurde es nun als *Institut* zu etwas Unumgäng-
lichen in der Religion.» (127) Vor allem TER-
TULLIAN: Die Prozeßeinrede gegen die Häretiker, BKV 24, Bd. II, cap. 31, S. 340 verlangt von
den Gegnern den Beweis ihrer «Apostolizität».
Dies, und CYPRIAN: «Über die Einheit der
katholischen Kirche» aus dem Jahre 251 bilden
die geistigen Grundlagen für die Neigung, die
«Einheit» der Kirche durch eine zentrale
bischöfliche Autorität in historischer Ablei-

tung von den «Aposteln» her garantieren zu wollen. CYPRIAN, BKV 34, Bd. I, 125–160, bes. cap. 4–7 schreibt dort Spitzensätze wie: «Jeder, der sich von der Kirche trennt...», schließt sich aus von den Verheißungen der Kirche, und wer die Kirche Christi verläßt, wird nicht zu den Belohnungen Christi gelangen (d. h. er kommt nicht in den Himmel, d. V.). Er ist ein Fremder... er ist ein Feind. Gott kann der nicht mehr zum Vater haben, der die Kirche nicht zur Mutter hat. Wenn irgendeiner zu entrinnen vermochte, der außerhalb der Arche Noes war, nur dann mag auch einer entkommen, der draußen, außerhalb der Kirche steht.» (cap. 6, S. 138) «Diese Einheit müssen wir unerschütterlich festhalten und verteidigen, vor allem wir Bischöfe, die wir in der Kirche den Vorsitz haben, damit wir auch das Bischofsamt selbst als ein einziges und ungeteiltes erweisen.» Es fehlt nur noch die Zentralisierung auf den Bischof in Rom und die *Umkehrung* der Verhältnisbestimmung von Bischofsgemeinschaft und Papst, und der römische Katholizismus ist perfekt.

⁸⁶ Vgl. Spiegel, 47/1992, S. 194 f.: Schlimmste Ketzerei.

⁸⁷ Zur «apostolischen Sukzession» vgl. unverändert WK 1087, wo kraft des Heiligen Geistes die «apostol. Sukz.» «das ganze liturgische Leben der Kirche bestimmt.» Vgl. WK 1536.

⁸⁸ Zur Fragwürdigkeit der *historischen* Begründung des Papsttums aus dem Petrusamt (und der Bischöfe aus den Aposteln) vgl. H. DÖRING: Papsttum, A. Katholisch-systematische Übersicht in: P. Eicher (Hrsg.): Neues Handbuch theologischer Grundbegriffe, IV 167–181. Ebenso: G. DENZLER (Hrsg.): Das Papsttum in der Diskussion, Regensburg 1974; H. KÜNG: Unfehlbar? Eine Anfrage, Zürich–Einsiedeln–Köln 1970; DERS.: Strukturen der Kirche (Freiburg 1962), München (SP 762) 1987, 105–117: Wer ist die apostolische Kirche?, wo KÜNG «apostolisch» als «sachliche Übereinstimmung mit der apostolischen Botschaft» bzw. mit «der Heiligen Schrift» nach Lutherischem Vorbild interpretieren möchte. Ähnlich H. J. POTTMEYER: Petrusamt in der Spannung von Amt und Cha-

risma, in: Una Sancta 31 (1976) 229–309, der die absolute Verlagerung vom «Charismatischen» (Existentiellen) ins Beamtete (Institutionelle) in der kirchlichen Dogmatik zumindest zugunsten eines neuen Schwebezustandes revidieren möchte. All solche Bemühungen scheitern an der «richtigen» dogmatischen Lehre, wie sie vertreten wird von dem heutigen Bischof von Rottenburg W. KASPER: Primat und Episkopat nach dem Vaticanum I, in: Theologische Quartalschrift 142 (1962) 47–83, oder: L. SCHEFFCZYK: Das Unwandelbare im Petrusamt, Berlin 1971.

⁸⁹ S. u. S. 398–419; 419–502.

⁹⁰ Vgl. PIUS IV: *«Iniunctum nobis»* vom 13. 11. 1564 in dem «Tridentinischen Glaubensbekenntnis»; DS 1863: «Ich halte mich strengstens an die apostolischen und kirchlichen Überlieferungen» und Konstitutionen... ebenso die Hl. Schrift entsprechend der Bedeutung, die die hl. Mutter Kirche gehalten hat und hält.»

⁹¹ Vgl. H. ZAHRNT: Martin Luther in seiner Zeit für unsere Zeit, 107, der vom Auftritt LUTHERS in Worms 1521 meint: «... wenn Luther die ‹Subjektivität› auch nicht im neuzeitlichen Sinn ausdrücklich begründet hat, so hat sie sich durch ihn doch angekündigt und seitdem unaufhaltsam durchgesetzt – und den Kirchen Angst gemacht, wobei es sich durchaus um eine ‹ökumenische› Angst handelt. Gegenüber der angeblichen oder tatsächlichen Gefahr der Subjektivität gibt es nur zwei Möglichkeiten: Entweder ein unfehlbares Lehramt oder Toleranz – nicht im Sinne einer fahrlässigen Gleichgültigkeit gegenüber der Wahrheitsfrage, sondern im gemeinsamen Wettstreit um die Wahrheit durch ‹Erweis des Geistes und der Kraft›.» LEO X: Bulla *«Exsurge Domine»* verurteilte schon am 15. 1. 1520 die gesammelten «Irrtümer» LUTHERS; DS 1451–1492, darunter Sätze wie: «Häretiker zu verbrennen ist gegen den Willen des (Hl.) Geistes» (DS 1483) oder: «Gegen die Türken zu kämpfen heißt Gott zu bekämpfen, der unsere Frevel durch sie heimsucht.» (DS 1484) Der letzte Satz ist erstaunlich, liest man M. LUTHER: Eine Heerpredigt wider den Türken (1530), in: Die Werke, hrsg. v. K. Aland,

VII: Der Christ in der Welt, Göttingen 1991, 119–148.

[92] Schon das 1. Vatic. Konzil, in der Dogm. Konstitution *Dei Filius* vom 24. Apr. 1870, spricht von dem *«nexus mysteriorum»* von dem inneren Zusammenhang, den die «Heilsgeheimnisse» «unter sich und mit dem letzten Ziel des Menschen» haben; DS3016. Schon von daher ist es nicht gut möglich, Wahrheiten des Glaubens in «wichtig» oder «weniger wichtig» einzuteilen; es geht vielmehr darum, sie in ihrer Ganzheit «richtig» zu verstehen. So ist es z. B. logisch widersprüchlich, die «Jungfrauengeburt», weil «weniger wichtig», als «nur symbolisch» zu interpretieren, das «leere Grab» aber, weil «äußerst wichtig», in «realistischem» Sinne festzulegen. Erst wenn man versteht, was ein Text innerhalb seiner Erzählform mitteilen will und kann, läßt sich fragen, wie bedeutsam seine «Botschaft» einzuschätzen ist.

[93] So erklärt W. KASPER in KEK 57, man müsse «jedes einzelne Dogma im Zusammenhang aller übrigen Glaubenswahrheiten verstehen und auf die *Hierarchie der Wahrheiten*, d. h. auf das Strukturganze der Glaubensaussagen achten... Man muß die Dogmen wägen und nicht zählen. Vor allem müssen die einzelnen Dogmen als Entfaltung oder Absicherung des einen und im Grunde einzigen – weil alles umfassenden – Inhalts des Glaubens verstanden werden: Gottes Heil in Jesus Christus.» Ähnlich spricht das 2. Vatic. Konzil im *Dekret über den Ökumenismus* (1964), § 11, DVK 106 von einer «Rangordnung oder ‹Hierarchie› der Wahrheiten», die man beim «Vergleich der Lehren miteinander nicht vergessen» solle. In der Praxis aber, unter dem Druck der selbsterzeugten Angst, «hängen die Dogmen zusammen» wie ein Deichsystem, das an keiner Stelle durchbrochen werden darf, ohne eine Katastrophe auszulösen.

[94] PIUS XII: Constitution *Munificentissimus Deus* vom 1. Nov. 1950, DS 3900–3904 definierte eindeutig: «die Unbefleckte Gottesgebärerin, die immerwährende Jungfrau Maria ist, nach Vollendung des irdischen Lebenslaufes, mit Körper und Seele in die himmlische Glorie aufgenommen worden.» (DS 3903) Wer das leugnet oder in Zweifel zieht, beschädigt den göttlichen und katholischen Glauben. DS 3904. Insbesondere B. ALTANER: Zur Frage der Definibilität der Assumptio Beatae Mariae Virginis: Theologische Revue 1948, 129 ff; 1949, 129 ff; 1950, 5 ff hatte die ehrlichen Bedenken eines Historikers vorgetragen, «Zeugnisse» zu konstruieren, wo es keine gibt. Eine vollständige Bestandsaufnahme aller «Überlieferungen» von der Aufnahme Mariens in den Himmel findet sich bei J. BRINKTRINE: Die Lehre von der Mutter des Erlösers, Paderborn 1959, 75–95, mit der richtigen Feststellung (S. 76): «Die Annahme, daß es sich bei dem in den Himmel aufgenommenen Leibe Mariens nicht um den von ihr auf Erden getragenen und im Grabe beigesetzten und ruhenden Leib, sondern um irgendeinen anderen himmlischen Leib handle, der ihr von Gott verliehen sei, ist mit der Definition nicht zu vereinbaren und daher abzulehnen.» Wie anders stünde der kath. Glaube da, würde man statt Aberglauben die Sensibilität der Symbole ehren! F. HEILER: Der Katholizismus, 240, erklärte ganz richtig schon 1923 (!), daß «der Katholik verpflichtet» sei, «den Glauben an Marias leibliche Aufnahme in den Himmel als *sententia fidei proxima* (als zum Glauben gehörige Lehre, d. V.) anzunehmen (nach der Mehrzahl der Moralisten sogar unter schwerer Sünde).» Wie es möglich ist, am Ende sogar ein haltloses «Dogma» intellektuell zu überleben, zeigt K. RAHNER: Zum Sinn des Assumpta-Dogmas, in: Schriften zur Theologie, 1. Bd., Einsiedeln–Zürich–Köln 1962, 239–252: «wenn Maria wegen ihrer einzigartigen heilsgeschichtlichen Stellung (?) die ideale Repräsentation der restlosen Erlösung (?) ist, dann muß sie ‹jetzt schon› (?) jene vollkommene Gottesgemeinschaft in der verklärten Ganzheit ihrer Wirklichkeit (‹mit Leib und Seele›) erlangt haben, die es sicher jetzt schon gibt.» (250) Die plumpe Historisierung einer Legende und die Vergegenständlichung eines «Symbols» wird hier einfach ausgeblendet, indem die Tatsachenbehauptung des kirchlichen Dogmas in eine «ideale» Vorstellung einer metaphysischen Wirklichkeit zurückverwandelt wird.

[95] Aber selbst Bischöfe können (vielleicht!) dabei lernen, nur werden sie es nicht zugeben. Am 6. Juli 1990, bei dem einzigen theologischen Gespräch, das der Paderborner Oberhirte J. J. DEGENHARDT unter dem Zwang des § 5 des «Lehrbeanstandungsverfahrens» mit mir geführt hat, legte der Erzbischof als verbindliche Meinung der Kirche dar, die Himmelfahrt Jesu sei «ein Ereignis» gewesen, «das die Apostel gesehen, gehört haben und das sie bezeugen.» Zwar «weiß er nicht», aber glauben muß man, «daß der Auferstandene auch mit seinem Leib verbunden ist.» Das alles ist nachzulesen in dem Dokumentenband E. DREWERMANN: Worum es eigentlich geht, 95; 97. Dann aber, im SPIEGEL, Nr. 12/46. Jg., 16. 3. 92 S. 58–75: Den Glauben abfragen wie Vokabeln? Erzbischof Johannes Joachim Degenhardt über seine Auseinandersetzung mit Eugen Drewermann, S. 65–66 ist es dem Erzbischof «auch denkbar, daß dies eine theologische Deutung des Evangelisten Lukas ist», und es ist «niemandem vorzuschreiben, wie das im einzelnen zu verstehen ist». Mitten drein aber ist dann doch wieder die Rede von «Fakten» und «Räumen» – ein Wischwasch von Begriffen geistiger Verlegenheit und dann doch dogmatischer Überlegenheit.

[96] Vgl. E. DREWERMANN: Daß alle eins seien. Predigten zwischen Himmelfahrt und Dreifaltigkeitsfest, hrsg. von B. Marz, Düsseldorf, ²1993, 9–26. DERS.: Das Markusevangelium, II 723–740.

[97] Zur Stelle vgl. O. KUSS: Der Römerbrief, I 8–9, der eine «frühe Stufe christologischer Erkenntnis» (nach Apg 2,22–24.29–36; 3,13–15; 4,10–12) hier annimmt.

[98] Es gilt vielmehr, was Papst Gregor VII. (1073–1085) in seinem berühmt-berüchtigten *Dictatus Papae* erklärte: «Niemand auf Erden kann über den Papst urteilen. Die römische Kirche hat nie geirrt und kann bis zum Ende der Zeit nie irren.» Zit. n. P. DE ROSA: Gottes erste Diener, 74.

[99] WK 496–511.

[100] Vgl. E. DREWERMANN: Dein Name ist wie der Geschmack des Lebens, Tiefenpsychologische Deutung der Kindheitsgeschichte nach dem Lukasevangelium, Freiburg–Basel–Wien 1986, 20–31; 44–66.

[101] Vgl. K. RAHNER: Virginitas in partu. Ein Beitrag zum Problem der Dogmenentwicklung und Überlieferung, in: Schriften zur Theologie, IV, Zürich–Einsiedeln–Köln 1962, 173–205. Vgl. dazu die Diskussion mit EB J. J. DEGENHARDT in: E. DREWERMANN: Worum es eigentlich geht. Protokoll einer Verurteilung 125–155: «Herr Rahner hat sehr viel geschrieben» (S. 129), ist der Tenor dieser «Auseinandersetzung».

[102] Vgl. E. DREWERMANN: Worum es eigentlich geht, 385–389, Anlage von Erzbischof DEGENHARDT zur Begründung des Lehrverbots am 7. Okt. 91.

[103] Zur Stelle vgl. E. Drewermann: Das Markusevangelium, II 684–722.

[104] Vgl. WK 639; 640; 643, wo in «historischem», «physikalischem» Sinne das «leere Grab» als dogmatischer Glaubensinhalt behauptet wird. Vgl. auch W. KASPER in KEK 202: «kein Grund, an der historischen Tatsache des leeren Grabes zu zweifeln.» Als wenn es G. E. LESSING nie gegeben hätte!

[105] Wer sich vielleicht daran stört, daß ich hier immer wieder den «Weltkatechismus» und den «Erwachsenenkatechismus» heranziehe, und denkt, diese Texte seien halt doch nicht so wichtig, den verweise ich auf die Stellungnahme der Deutschen Bischofskonferenz vom 8. 10. 91 zu meinem Lehrverbot durch EB. DEGENHARDT, in: E. DREWERMANN: Worum es eigentlich geht, 394–396. Nach mehrfachen Anfragen, wie denn der Glaube der Kirche zu verstehen sei, zitiert man dort lapidar den KEK; und noch am 1. Juni 93 schrieb J. J. DEGENHARDT auf meine werweißwievielte Bitte um Wiederaufnahme theologischer Gespräche, die Lehre und Wahrheit der kath. Kirche könnte ich im «Weltkatechismus» finden. Es täuscht sich absichtlich jeder, der denkt, er habe hier noch einen legitimen Spielraum für «Interpretation»! So und nicht anders, in dem gröbsten fundamentalistischen Aberglauben, legt die kath. Kirche am Ende des 2. Jtsd.'s ihre «Dogmen» aus.

[106] Vgl. W. KASPER: Dogma/Dogmenentwicklung, in: P. Eicher (Hrsg.): Neues Handbuch

theologischer Grundbegriffe, I 293–309, bes.
S. 305–306. Vgl. auch K. RAHNER: Was ist
eine dogmatische Aussage?, in: Schriften zur
Theologie, V, Zürich–Einsiedeln–Köln 1962,
54–81.
[107] WK 1577: Da Jesus «Männer» berufen hat
(im Französischen, wo «homme» auch
«Menschen» heißen könnte, wird eigens lateinisch «viri» hinzugefügt, um jeden Irrtum
auszuschließen!), können auch nur «Männer», nicht einfach «Menschen», Priester
werden.
[108] Vgl. K. H. RENGSTORF: dodeka (Zwölf),
in: G. Kittel (Hrsg.): Theologisches Wörterbuch zum Neuen Testament, II, Stuttgart
1935, 321–328: «Die Zwölf gehören...
allein zwischen ihn (sc. Jesus, d. V.) und
sein eigenes Volk, sind aber keine Größe, die
auch abgesehen von dieser Stellung das Recht
oder nur die Möglichkeit der Existenz hätte».
(326)
[109] Vgl. H. FRANKEMÖLLE: Eucharistie, in:
P. Eicher (Hrsg.): Neues Handbuch theologischer Grundbegriffe, I 418–426, der S. 423 f die
kritischen Fragen an die Historizität der Berichte zusammenfaßt.
[110] G. GREENE: Der Honorarkonsul, III 2,
S. 107–109 hat den Widersinn formuliert, Wein
vor Menschen trinken zu sollen, die nichts als
modriges Wasser in ihrem Leben zu sehen bekommen haben.
[111] «Angemessen» ist das theologische Lieb-
lingswort des bischöflichen Lehramtes. «Wie
angemessen über die kirchliche Lehre (sc. von
der Jungfräulichkeit Mariens, d. V.) gesprochen werden kann, zeigt jüngst auch der Katechismus der französischen Bischofskonferenz»: die «Jungfrau par excellence» ist ein
«Zeichen der absoluten Hingabe der Mutter an
den Sohn». Das erfuhr ich am 7. Okt. 91 im
Begleitschreiben zum Lehrverbot. E. DRE-
WERMANN: Worum es eigentlich geht, 389. Da
braucht man nur den «richtigen» Text abzu-
schreiben, und man ist ein «angemessener
Christ»! Nur nebenbei: was soll psychoanalytisch wohl aus Kindern werden, an die sich die
Mutter «absolut hingibt»?
[112] U. SCHULTZ: Immanuel Kant in Selbst-

zeugnissen und Bilddokumenten, rm 101,
Reinbek 1965, 92 ff.
[113] Alles wirklich Neue in der Wissenschaft
wird durch Methodenverschränkung gefunden. Vgl. R. RIEDL: Die Strategie der Genesis,
213–215, der den Vorgang der Erkenntnis mit
dem Spiel von Zufall und Notwendigkeit in der
Evolution vergleicht; a. a. O., bes. 31–32: «Zu
suchen ist eine Theorie für das Ganze. Und da
diese das Einzelfach verlassen muß, dürfen wir
uns nicht auf das Einzelfach beschränken.»
Zwei halbe Wahrheiten sind noch keine wahre
Einsicht.
[114] Vgl. R. DESCARTES: Meditationen über die
erste Philosophie, in: I. Frenzel (Hrsg.): Descartes, S. 95–125: 1.–3. Meditation.
[115] G. E. LESSING: Eine Duplik (1778), in:
Werke, II 1180–1243.
[116] Vgl. B. ALTANER: Zur Frage der Definibilität der Assumptio Beatae Mariae Virginis:
Theolog. Rev. 1948, 129 ff; 1949, 129 ff; 1950,
5 ff.
[117] EPIPHANIUS VON SALAMIS (Cypern, gest.
403) spricht von außerordentlichen Wundern
am Lebensende Mariens – womöglich sei Maria
gar nicht gestorben; doch bestehe die Gefahr,
die Menschen damit zu verwirren – sie könnten
Maria für eine Göttin halten! J. BRINKTRINE:
Die Lehre von der Mutter des Erlösers, 83. Das
war die «Beweislage». Doch die Theologen
mußten zeigen, daß das Dogma PIUS' XII. historisch gut begründet (statt psychisch hoch
motiviert!) war. S. o. Anm. 94!

## 3. Kirchenlehre als Entfremdung
## oder:
## Die Symptomatologie einer
## Krankheit

(Seite 96 bis 139)

[1] Vgl. A. KARDINER: The concept of basic personality structure as an operational tool in the social sciences, in: R. Linton (Hrsg.): The science of man in the world crisis, New York 1945, 107–122. Vgl. auch P. FÜRSTENAU: Soziologie der Kindheit (Gesellschaft und Erziehung, III) Heidelberg 1967, 44–46.

[2] Zur «Erkennbarkeit» Gottes vgl. PIUS X.: Enzyklika *Pascendi dominici gregis*, 8. Sept. 1907, DS 3475–3483. Das 1. Vatic. Konzil, Constitutio *Dei Filius* von 1870 (DS 3004) erklärte sogar als verbindliche kirchliche Lehre, «daß Gott, aller Dinge Grund und Ziel, mit dem natürlichen Licht der menschlichen Vernunft aus den geschaffenen Dingen mit Gewißheit (!) erkannt werden könne». S. o. S. 541, A. 25. Dementsprechend denn auch äußert sich W. KASPER: KEK 28–29; der WK 31–35 erklärt: «Die Fähigkeiten des Menschen setzen ihn in den Stand, die Existenz eines persönlichen Gottes zu erkennen. Doch auf daß der Mensch in seine ‹Intimität› eintreten könne, hat Gott es gewollt, sich ihm zu offenbaren.» (35) Es ist unglaublich, mit welcher Hurtigkeit hier über die schwierigsten erkenntnistheoretischen und existenzphilosophischen Fragen hinweggeredet wird, indem, statt die Seele des Menschen, nunmehr die «Intimitäten» Gottes zum «Gegenstand» theologischer Forschungen werden. Für uns jedenfalls ist der Weg noch sehr lang, ehe wir die *Fragen* und *Infragestellungen* der menschlichen Existenz gut genug verstanden haben, um zeigen zu können, unter welchen Voraussetzungen einem Menschen die Existenz eines persönlichen Gottes plausibel wird.

[3] Vgl. K. DESCHNER: Die Politik der Päpste im 20. Jahrhundert, II 333–391: Die Wiederaufrüstung Westdeutschlands mit Hilfe der katholischen Kirche. Schon 1950 forderte Kardinal J. FRINGS den Eintritt Westdeutschlands in

die Nato; und auf dem Katholikentag in Bochum 1952 erklärte er: «Der Papst läßt keinen Zweifel darüber..., daß es eine verwerfliche Sentimentalität, ein falsch gerichteter Humanitätsdünkel wäre, wenn aus Furcht vor den Leiden des Kriegs jemand Unrecht geschehen läßt... Der echte Friede kann nur auf der göttlichen Ordnung beruhen. Wo immer diese angegriffen wird, müssen die Völker auch mit Waffengewalt die zerstörte Ordnung wiederherstellen.» (373) Als Vorsitzender der deutschen Bischofskonferenz hatte er «schon 1950 die durch sein Diözesan-Komitee erstellten ‹Christlichen Grundsätze über Krieg und Kriegsdienst› an die Redaktionen katholischer Zeitschriften verschickt.» (383) Am ungeheuerlichsten aber war die Haltung von Papst PIUS XII., der in seiner Weihnachtsansprache 1956 mit seiner Kommunistenfurcht so weit ging, selbst angesichts der drohenden Wasserstoffbombe zu erklären: «Ebensowenig (sc. wie u. U. den Ausbruch eines Krieges, d. V.) könnte ein Katholik aus Gewissensgründen den Kriegsdienst verweigern.» (Herder Korrespondenz 4/1957) Vgl. E. DREWERMANN: Der Krieg und das Christentum (Die Spirale der Angst), 182–183; Anm. 6. Man schickte bei einer der wichtigsten Abstimmungen des deutschen Bundestages über das Gesetz der Wehrdienstverweigerung aus Gewissensgründen Jesuiten wie PATER J. HIRSCHMANN als «Experten» in den Bundestag, um den CDU-Abgeordneten einzureden, es dürfe das Gesetz auf Wehrdienstverweigerung aus Gewissensgründen *nicht* zustande kommen. Erst das 2. Vatic. Konzil, *Pastoralkonstitution über die Kirche in der Welt von heute*, §79, aus dem Jahre 1965, DVK 279, erklärte es als «gerechtfertigt», «aus Gewissensgründen den Waffendienst (zu) verweigern.» Die Gewissensqual vieler treuer Katholiken über neun lange Jahre hin wurde mit keinem Wort erwähnt.

[4] Ein solches «irriges» Gewissen hatte z. B. R. SCHNEIDER: Der Friede der Welt, Wiesbaden 1956, 108–109, als er schrieb: «Man kann für die Freiheit sein Leben wagen. Dies Recht hat jedermann. Ob aber Millionen Kinder? Und die werdende Mutter, die sich während

des Großangriffs durchs Feuer rettet und niemals Mutter werden wird? Und ob es eine Mutter geben wird, eine christliche oder nichtchristliche, die, unter allen Schmerzen, das Ausbleiben des Sohnes weniger fürchtet als seine Heimkehr mit von den modernen Waffen befleckter Hand und zerstörter Seele? Da nach der dankenswert wahrheitsliebenden Erklärung des Generals James Gavin vor dem Ausschuß für Luftstreitkräfte des amerikanischen Senats in einem totalen Atomkrieg mit ‹mehreren hundert Millionen Toten› zu rechnen ist – wo und wie der Wind weht –, so haben die Kriegführenden doch wenigstens den Tod von hundert Millionen Kindern zu verantworten, die weder nach Freiheit noch nach Unfreiheit gefragt werden können. Hier aber, nicht in der Wahl der Mündigen zwischen Freiheit und Tod, die einfach wäre, spielt der eigentliche, der heillose Ernst der Entscheidung, die die Menschheit auf ihrem tragischen Wege heraufgerufen hat.» Gerade die Anerkennung der *Tragik* aber ist der kath. Moraltheologie aufgrund der zweiwertigen Logik ihres «Beurteilungsrasters» (Gut–Böse, Richtig–Falsch, Geboten–Verboten) nicht möglich. Vgl. E. DREWERMANN: Das Tragische und das Christliche, in: Psychoanalyse und Moraltheologie, I 45–50. Insofern gibt es auch nur ein «richtiges» und ein «irriges» Gewissen, und der Widerspruch der Wirklichkeit wird voll an das Subjekt abgegeben. Es wäre für die kath. Moraltheologie sehr wichtig, zu begreifen, daß eine «deontische Logik» (eine begründende Argumentationsform des Sollens, nach J. BENTHAM, 1834) «immer nur relativ, bezogen auf das jeweils grundgelegte Normensystem» ausfallen kann. «In einer ‹offenen› normativen Ordnung gibt es Handlungen, deren deontischer Status unbestimmt bleibt.» C. F. GEYER: Deontische Logik, in: H. Häring u. a. (Hrsg.): Wörterbuch des Christentums, 235–236. Vgl. H. LENK (Hrsg.): Normenlogik. Grundprobleme der deontischen Logik, Pullach 1974. Selbst diese Betrachtung aber ist noch weit entfernt von der Anerkennung des *Tragischen*, das in dem dogmatischen Erlösungsoptimismus des kirchlichen Christentums nicht zugegeben

werden kann. Vgl. dagegen erneut den exkommunizierten spanischen Philosophen M. DE UNAMUNO: Das tragische Lebensgefühl, München 1933; ebenso: K. JASPERS: Über das Tragische, München 1958. Zum Begriff des *Gewissens* vgl. H. CANCIK-LINDEMAIER: Gewissen, in: H. Cancik – B. Gladigow – K. K. Kohl (Hrsg.): Handbuch religionswissenschaftlicher Grundbegriffe, III, Stuttgart–Berlin–Köln 1993, 17–31. – Berühmt ist der Satz von THOMAS VON AQUIN: Summa theologica I/II 19,5: conscientia errans ligat – «(selbst) ein irriges Gewissen verpflichtet.» Diese Stelle wird oft und gern als Zeugnis für die Toleranz der kath. Kirche gegenüber dem Einzelnen in Anspruch genommen; doch nichts könnte falscher sein! Das ganze 19. Jh. erscheint als ein unentwegter Kampf der bürgerlich-staatlichen Vorstellung von Gewissensfreiheit und Menschenrecht *gegen* die Lehren der Päpste. Vgl. PAPST GREGOR XVI.: Enzyklika *Mirari vos arbitramur*, vom 15. Aug. 1832, mit seinem Kampf gegen «Indifferentismus», «Rationalismus» und mithin: Gewissensfreiheit! «Aus dieser überaus stinkenden Quelle des Indifferentismus nämlich», erklärt der Papst, «fließt jene absurde und irrige Meinung oder, besser, Wahnvorstellung, jedem beliebigen müsse man Gewissensfreiheit zusichern und zugestehen. Diesem verpesteten Irrtum hat jene volle und ungezügelte Pressefreiheit den Weg bereitet, die zum Verderben des Heiligen und des Bürgerlichen weithin grassiert.» Also: Pressezensur! Also: Gewissenszensur! Also: Es lebe das heilige *katholische* Bürgertum! DS 2730–2731. Ein halbes Jahrhundert später holt PAPST LEO XIII.: Enzyklika *Immortale Dei*, vom 1. Nov. 1885, sogar noch zum nächsten Schlag aus; DS 3173–3179: Selbst wenn der Satz AUGUSTINS gilt: «Glauben kann man nur freiwillig» (Johannesevangelium, Traktat 26, cap. 2; Patrologie Latina 35, 1607), so kennt der Heilige nach Meinung des Papstes doch auch eine «zerstörerische Freiheit», und gegen die muß sich der Staat ebenso richten wie die Kirche, die selber eine «vollkommene Gemeinschaft», d. h. ein staatliches Gebilde ist. Das erste klare Wort zur Gewissensfreiheit steht tatsächlich erst im 2. Vatic. Konzil, Pastoralkonstitution über *«Die Kirche in der Welt von heute»*, § 16, DVK 232: «Nicht selten... geschieht es, daß das Gewissen aus unüberwindlicher Unkenntnis irrt, ohne daß es dadurch seine Würde verliert.» Jedoch: Wenn WK 2242 es zur Gewissenspflicht des Bürgers erklärt, den Vorschriften staatlicher Autoritäten *nicht* zu folgen, wenn diese sich gegen die Moral, gegen die fundamentalen Rechte von Personen oder gegen die Gebote des Evangeliums richten, was muß dann ein Mensch tun, angesichts dessen, daß die Kirche selber so vieles tut und vorschreibt, das sich «gegen die Gebote des Evangeliums richtet»? Immer noch anerkennt die Kirche die Freiheit des Gewissens allenfalls nach außen, nicht nach innen.

⁵ H. KÜNG: Die Kirche, 408–425 rupft dem Pfau die Federn, wenn er bewußt unterscheidet: «Aufgrund der bleibenden apostolischen Sendung gibt es... im apostolischen Dienst eine *Nachfolge* der Apostel: eine apostolische Nachfolge im Gehorsam (sc. zu Christus). Absichtlich sprechen wir nicht von ‹apostolischer Sukzession›.» Ganz im Widerspruch dazu natürlich die «offizielle» Lehre: KEK 288–291.

⁶ Dann aber ist es kategorisch, KEK 298: «die Sendung des Amtes (sc. der Bischöfe und des Papstes, d. V.) läßt sich nicht aus der Gemeinde ableiten; sie kommt von Jesus Christus.» Die «Kollegialität des Amtes» ist deshalb zunächst nicht eine Gemeinsamkeit des Bischofs mit den Gläubigen seiner Diözese, sondern mit dem Kollegium der Bischofskollegen «unter dem Bischof von Rom, dem Nachfolger des hl. Petrus». KEK 299. Vgl. 2. Vatic. Konzil: *Konstitution über die Kirche*, § 22–23, DVK 54–56.

⁷ A. PARROT: Assur, 40–50, S. 40: «Der Krieg stellt bei weitem das am meisten verherrlichte Thema dar. Es ist vor allem das Werk des Königs, der an jedem Feldzug teilnimmt und in ihm eine entscheidende Rolle innehat. Aber aus diesem Schauspiel siegreicher Kraft – denn es handelt sich offensichtlich immer um Erfolge – zeigt man immer wieder die gleichen Szenen: Feinde, die schwimmend flüchten; Transporte von Baumstämmen; die Übergabe von Städten.»

⁸ Vgl. schon F. KERN: Gottesgnadentum und Widerstandsrecht, 1914. Aus dem Investiturstreit des Mittelalters kommend, bleibt der Kaiser, dann der absolute Monarch der Renaissance-Zeit Träger einer göttlichen Beauftragung, und wenn schon der Papst keine Häupter mehr zu krönen vermag – dafür sorgt schon im 16. Jh. das Geld der Fugger –, so umhüllt doch die Stirn des Papstes schon seit den Tagen GREGORS VII. im 11. Jh. die Aura der *Unfehlbarkeit;* seit dem *Dictatus Papae* gilt: «Keine Synode darf ohne seinen (des Papstes) Entscheid allgemein heißen.» H. JEDIN: Kleine Konziliengeschichte, 39. Vgl. zur Stellung des Königs im Frankreich des 17. Jh.'s: W.-A. DURANT: Kulturgeschichte der Menschheit, XII: Europa im Zeitalter der Könige, 59–98: Feuerprobe des Glaubens (1643–1715), insbesondere mitten darin die Tragödie PASCALS (S. 68–79). – Zu den göttlichen Implikationen der Königsbzw. Kaiserwürde vgl. H. JACOBSOHN: Die dogmatische Stellung des Königs in der Theologie der Alten Ägypter (Ägyptolog. Forschungen 8) 1939; F. KAMPERS: Vom Werdegang der abendländischen Kaisermystik, 1924. Vgl. auch C. ANDRESEN – G. DENZLER: Wörterbuch der Kirchengeschichte, 277–278: Investiturstreit.

⁹ TH. HOBBES: Leviathan (1642), übers. v. J.-P. Mayer, Stuttgart (reclam 8348) 1970, 98–112: Von der Religion, hatte die Religion bereits in ein bloßes Instrument der Regierung umzuwandeln gesucht; vgl. W.-A. DURANT: Kulturgeschichte der Menschheit, XIII: Vom Aberglauben zur Wissenschaft, 82–98. Der nächste Schritt aber mußte darin bestehen, die hinderlich gewordenen Eigeninteressen der kirchlichen Religion zu zerstören, nur daß die Entsakralisierung der Macht ihre eigene Dialektik besaß: fortan war ein absoluter Monarch nicht minder kurios – als ein unfehlbarer Papst! Ganz klar äußert sich A. VON HARNACK: Das Wesen des Christentums, 14. Vorlesung, S. 154–155: «so muß der römische (Katholizismus) *in die Geschichte des römischen Reiches* eingestellt werden. Seine Behauptung, Christus habe ein Reich gestiftet, das sei die römische Kirche..., säkularisiert das Evange-

lium... Das Evangelium sagt: ‹Christi Reich ist nicht von dieser Welt›, diese Kirche aber hat ein irdisches Reich aufgerichtet; Christus verlangt, daß seine Diener nicht herrschen, sondern dienen, diese Priester aber regieren die Welt; Christus führt seine Jünger aus der politischen und zeremoniösen Religion heraus und stellt jeden vor das Angesicht Gottes..., hier dagegen wird der Mensch mit unzerreißbaren Ketten an ein irdisches Institut gebunden und soll gehorchen; dann erst mag er sich Gott nahen. Einst haben die römischen Christen ihr Blut vergossen, weil sie... die politische Religion verschmähten; heute beten sie zwar einen irdischen Herrscher nicht geradezu an, aber sie haben ihre Seele dem Machtgebot des römischen Papstkönigs unterworfen.»

[10] Es liegt auch an dieser enormen Zahl von 900 Millionen Katholiken, – immerhin! – rund 15 % der Weltbevölkerung, daß es auch für Nicht-Katholiken und Nicht-Christen nicht ganz egal sein kann, was aus der kath. Kirche wird.

[11] Zu der Umwandlung der frühen Kirche in die Staatsreligion des römischen Reiches vgl. K. DESCHNER: Kriminalgeschichte des Christentums, I 272–285: Konstantins Kampf gegen Juden, «Ketzer», Heiden.

[12] Vgl. zu den Absurditäten und (ungewollten?) Grausamkeiten der Haltung der kath. Kirche zur Abtreibung P. DE ROSA: Der Vatikan – von Gott verlassen?, 235–251: Die Ethik der Abtreibung; 253–268: Die Politik der Abtreibung: «Man sollte immer voraussetzen, daß Frauen, die abtreiben, schwerwiegende Gründe haben.» (267) Anders CIC Can 1398: «Wer eine Abtreibung vornimmt, zieht sich mit erfolgter Ausführung die Tatstrafe der Exkommunikation zu.» Ebenso WK 2270–2275. Nicht einmal die «ethische» (Vergewaltigung) oder die «medizinische» (Erbschäden des Kindes) Indikation wird hier anerkannt. Was diese Lehren bedeuten, läßt sich zur Zeit gerade in Irland und Polen beobachten.

[13] Vgl. P. DE ROSA: A. a. O., 75–88: Rom spricht, bes. S. 86–87: «Rom wird nie einen

Fehler zugeben.»; S. 89–102: Empfängnisverhütung und Aids; 103–115: Empfängnisverhütung und Bevölkerungsexplosion.

[14] Vgl. P. DE ROSA: A. a. O., 53–74: Sex und die katholische Kirche heute. WK 2353 nennt jede sexuelle Beziehung außerhalb der Ehe schlicht und einfach «Unzucht» (Fornication) und «schwere Sünde». Zwei Jugendliche auf der Parkbank, die ein Blitz erschlagen sollte, werden nach WK 1035 also «unmittelbar» in die Hölle kommen!

[15] Zur Stelle vgl. E. DREWERMANN: Das Matthäusevangelium, I 579–591.

[16] Vgl. CIC, Buch 7, Teil II: Gerichtswesen im allgemeinen, Can. 1400–1500; Teil II: Streitverfahren, Can. 1505–1670; Teil III: Besondere Arten von Verfahren, Can. 1671–1716; Teil IV: Strafprozeß, Can. 1717–1731.

[17] Vgl. R. CARTIER: Der Zweite Weltkrieg, 221–223; H. P. DUERR: Obszönität und Gewalt, 405–406: «Erst zögernd im 19. und dann vor allem im 20. Jahrhundert ging man in vielen Armeen wieder offiziell dazu über, die Soldaten ausreichend mit Prostituierten zu versorgen (sc. um Massenvergewaltigungen einzudämmen, d. V.), und zumindest in einem Falle, nämlich nach der Eroberung von Nanking durch die Japaner im Jahre 1937, läßt sich nachweisen, daß die riesige Woge grausamer Massenvergewaltigungen erst dann zurückging, als die japanische Heeresleitung große Mengen von Prostituierten in die chinesische Stadt schaffen ließ. Während des Kriegs mit China schickten die Japaner etwa 200 000 koreanische und japanische Frauen als yuanpu, ‹Trösterinnen›, in die Etappe, und per Gesetz vom 30. Juli 1943 zwangsrekrutierten sie noch einmal die gleiche Anzahl von Koreanerinnen, von denen ca. ein Drittel ausschließlich als Prostituierte arbeiten mußte. Nach dem Kriege konnte diese... ‹Truppe der Samenentnehmerinnen›, wie man sie in Korea nannte, wegen ihrer verlorenen Ehre weder in ihre Familien zurückkehren noch ein normales Leben aufnehmen oder heiraten.»

[18] Zu den «heiligen» Kriegen, vgl. E. DREWERMANN: Der Krieg und das Christentum, 22, Anm. 8; 67–69; 199, Anm. 23. Vgl. P. MILGER:

Krieg im Namen Gottes. Die Kreuzzüge, München 1988.

[19] Vgl. CH. LEA: Geschichte der Inquisition, III 615–690: Verstand und Glaube.

[20] CH. LEA: A. a. O., III 549–614: Hexenwahn und Hexenverfolgung. Vgl. H. MOHR: Hexe/Hexenmuster, in: H. Cancik, B. Gladigow, K. H. Kohl (Hrsg.): Handbuch religionswissenschaftlicher Grundbegriffe, III, Stuttgart-Berlin-Köln, 1993, 122–138.

[21] WK 1035 macht all die «Aufklärung» wieder zunichte, die theologisch inzwischen in der Höllenfrage geleistet schien. Vgl. B. LANG: Hölle, in P. Eicher (Hrsg.) Neues Handbuch theologischer Grundbegriffe, II 362–373. Vgl. auch H. U. VON BALTHASAR: Was dürfen wir hoffen? Einsiedeln 1989. BALTHASAR glaubte, daß die Hölle *leer* sei. Schon ORIGENES hatte so gelehrt, doch wurde er unter Papst VIGILIUS 543 verurteilt. DS 411.

[22] Vgl. CH. LEA: Geschichte der Inquisition, I 597–627: Der Scheiterhaufen.

[23] CH. LEA: A. a. O., I 625–627 schildert den zunächst *verderblichen* Einfluß der Inquisition auf die staatliche Gerichtsbarkeit.

[24] Kaum etwas anderes zeigt die durch und durch abergläubige Struktur des kirchlichen Dogmas so deutlich auf wie der *Teufelsglaube* des Vatikans. Es ist nicht nur, daß WK 391–395 das mythologische Motiv vom «Fall der Engel» metaphysiziert und dogmatisiert; es ist auch nicht nur, daß man sich nicht scheut, sich dabei geradewegs auf das Mittelalter: auf das 4. Laterankonzil von 1215, zu *berufen*: DS 800; es ist vor allem, daß man sich weigert, *Symbole* wirklich als Symbole zu verstehen. WK 538–540 etwa benutzt die Erzählung von der Versuchung Jesu in Mt 4 und Lk 4 als dogmatischen *Beleg* des Teufelsglaubens, in WK 2851–2852 wird die Vaterunser-Bitte: «Erlöse uns von dem Bösen» auf den «Satan» gedeutet – was historisch vermutlich zutrifft, aber doch aus der Zeit Jesu verstanden werden muß. Vgl. H. HAAG: Abschied vom Teufel, Einsiedeln [4]1973. Selbst W. KASPER – K. LEHMANN (Hrsg.): Teufel, Dämonen, Besessenheit, Mainz 1978 waren

hier «weiter», d. h. vorsichtiger und einer gewissen Entmythisierung zugeneigt. KEK III spricht immerhin von «mythischer Bildersprache» beim «Engelsturz» und setzt die bösen «Mächte und Gewalten» von Kol 2,15 und Eph 1,21 in Anführungsstriche; dann aber heißt es doch, wenn auch im Kleindruck, daß die Kirche «nicht nur das Böse, sondern auch den Bösen bzw. die Bösen» lehre. Das klingt fast wie eine Entschuldigung, daß es noch gesagt wird. Andererseits: was für eine Wahrheit liegt *psychologisch* in dem «Teufelsglauben», wenn man ihn analytisch durcharbeitet! Vgl. S. FREUD: Eine Teufelsneurose im siebzehnten Jahrhundert (1923), in: Ges. Werke, Bd. 13, London 1940, 315–353. All die entfremdenden Strukturen einer patriarchalisch-zwanghaften Religionsform müßten dann thematisiert werden! Vgl. E. DREWERMANN: Das Markusevangelium, I 171–202 zu der Teufelsaustreibung in Mk 1,21–28. Anders hält man es im Vatikan, wo Teufelszauber und Humbug aller Art wie an der Tagesordnung scheinen. B. SCHÖNAU: Der Teufel hat sich in den Vatikan getraut, Neue Westfälische, 21.7.93 jedenfalls berichtet, daß der päpstliche Zeremonienmeister Jacques Martin in seinem postum erschienenen Tagebuch eine Teufelsaustreibung am 4. April 1982 notiert habe: «Der Bischof von Spoleto, Monsignore Pietro Alberti, kam mit einer vom Dämon besessenen Frau... Sie wälzte sich auf der Erde und schrie. Der Papst begann zu beten, doch seine Formeln zur Teufelsaustreibung blieben zunächst ohne Effekt. Aber als er der Frau sagte: Morgen werde ich für dich eine Messe lesen, erholte sie sich und entschuldigte sich bei ihm.» «Karol Wojtyla sei von dem Ereignis tief beeindruckt gewesen... ‹Das war eine wahrhaft biblische Szene,› hätte der Papst nachher erklärt. Das Oberhaupt der katholischen Kirche als Bezwinger eines Dämons – für den offiziell berufenen römischen Exorzisten Padre Gabriele Amorth ist das nichts Ungewöhnliches: ‹Auch Jesus Christus und die Apostel kämpften mit dem Teufel.› Papst Johannes Paul II. hat laut Padre Amorth weitere Begegnungen mit Dämonen gehabt, inner- und außerhalb des Vatikans. ‹Manche Dämonen lassen sich nur vom Papst selber vertreiben. Meines Wissens ist auch ein Bischof wirksamer als ein einfacher Priester›, meint Padre Amorth, der selbst 20000 Teufelsaustreibungen vorgenommen hat. Ein Dokument der Kongregation für die Glaubenslehre aus dem Jahre 1986 stellt klar: Ein normaler Gläubiger kann gegen den Dämon nichts ausrichten. Schließlich muß man zunächst beurteilen, ob der Besessene wirklich von einem Teufel verfolgt wird oder einfach psychische Störungen hat. Woran erkennt er denn den Dämon? ‹Es gibt nicht nur einen Teufel, sondern verschiedene›, sagt der Exorzist. Luzifer und Satan seien zum Beispiel keineswegs derselbe böse Geist, außerdem gebe es zahlreiche ‹Unterteufel›, die sich, je nach ihrer Tätigkeit, ‹Zerstörung›, ‹Tod› oder ‹Wollust› nennen ließen. Die Symptome des Besessenen hingegen seien immer die gleichen – Schaum vor dem Mund, Nervenkrisen angesichts religiöser Symbole sowie eine ‹Weihwasser-Allergie›.» Offenbar verbietet der Vatikan das *«Engelwerk»* nur, um ein Monopol auch auf die bösen Geister zu behalten, und wenn WK 2117 Magie und Spiritismus untersagt – was ist denn der kirchliche *Exorzismus* (WK 1673) anderes? O. Pfister: Das Christentum und die Angst, 244–245, meinte vor über 50 Jahren schon: «Die in unzähligen Kirchen und Kapellen ausgestellten oft rohen, oft kunstvollen Bilder, die den Teufel, die bösen Geister, die Qualen der Hölle und das Fegfeuer höchst sadistisch ausmalen, müssen... aufs äußerste beunruhigen.»

[25] Zur Stelle vgl. U. Luz: Das Evangelium nach Matthäus, I/2, 465–466: es geht um «verbindliche Auslegung des Gesetzes.» «Der Schlüssel zum Himmel sind also die Gebote Jesu, die Petrus verkündigt», im Gegenbild zu Mt 23,13.

[26] Vgl. E. Drewermann: Kleriker, 426–452; 688–708.

[27] Zum Begriff des Fetisch gehört die Verdinglichung des Göttlichen bzw. der Glaube, daß Geister oder geistige Mächte in bestimmten Gegenständen anwesend seien und vom Menschen abrufbereit manipuliert werden könnten. Vgl. N. Söderblom: Der lebendige Gott im Zeugnis der Religionsgeschichte, 8–20; G. van der Leeuw: Phänomenologie der Religion, 19–27: Ding und Macht. Das Wort «Fetischismus» wurde wissenschaftlich eingeführt von C. de Brosses: Du culte des dieux fétiches, 1760. Vgl. auch S. Freud: Fetischismus (1927), Ges. Werke, XIV, London 1948, 309–317. Der geschichtliche Ort des Denkens in bestimmten geistigen Energien liegt wohl im Übergang von der *Magie* der eiszeitlichen Jäger zum Mythos der neolithischen Bauern und Viehzüchter; vgl. H. Kühn: Der Aufstieg der Menschheit, 60–63. Vgl. R. Kriss: Zum Problem der religiösen Magie und ihrer Rolle im volkstümlichen Opferbrauchtum und Sakramentalien-Wesen (1968), in: L. Petzoldt (Hrsg.): Magie und Religion, Darmstadt 1978, 385–403, der (S. 400–401) sehr zu Recht «die erdrückende Massenhaftigkeit der gedruckten Zauberblätter und Schutzbriefe» an kath. Wallfahrtsorten als Magie kennzeichnet und meint, vom «christlichen Standpunkt aus» habe «die evangelische Kirche, die den Gebrauch der Sakramentalien ganz abgeschafft hat, doch wohl konsequenter gehandelt.»

[28] Zum Begriff des *Mana* vgl. R. Lehmann: Mana, 1922, G. van der Leeuw: Phänomenologie der Religion, 4–8.

[29] Stets bleiben bestimmte Geheimnisregeln, oft unter Androhung von Todesstrafe, bestehen. Vgl. E. Drewermann: Milomaki, 44–53.

[30] Zum Begriff des *Tabu* vgl. G. van der Leeuw: Phänomenologie der Religion, 27–37: Mächtigkeit, Scheu, Tabu.

[31] Man muß sich nur ansehen, mit welchen Spitzfindigkeiten und Haarspaltereien bis in die Gegenwart hinein die «Orthodoxie» an den Sprachspielen des 5.–6. Jh.'s in den Fragen der «Christologie» festhält, und es wird klar, daß es hier nicht darum geht, eine religiöse Wirklichkeit zu vermitteln, sondern eine unfehlbare Tradition zu verteidigen. Freilich, folgt man den Worten des Vorsitzenden der Glaubenskommission der deutschen Bischöfe, des

Münchner Kardinals F. WETTER, so beruht «das Lehramt des Papstes und der Bischöfe nicht auf einem Wahrheitsmonopol»: «‹Papst und Bischöfe bilden keine Kaste, die über die Wahrheit der Offenbarung wie über einen Besitz verfügt.› Sie seien selbst Glaubende, die ‹die Offenbarung gläubig annehmen und vom Geist Gottes geleitet die Wahrheit des Evangeliums kraft apostolischer Sendung bezeugen.›» Gesprochen zum 150jährigen Bestehen der Theol. Fakultät in Eichstätt. *Christ in der Gegenwart*, 25.7.93. Doch hört man genau hin, widerspricht schon in diesen zwei Sätzen der eine dem anderen: die Bischöfe «nehmen» zwar «die Offenbarung an», doch dann, «vom Geist Gottes geleitet», müssen sie natürlich selber «leiten». Auch die theolog. Fakultäten sind «die institutionalisierte Gestalt der Glaubensvernunft» (Originalton F. WETTER) natürlich nur solange, als sie mit den geistgeleiteten Bischöfen in Loyalität übereinstimmen – und zumindest der Öffentlichkeit nicht allzu offen mitteilen, wie weit das «kirchliche Lehramt» hinter den Anschauungen selbst der kath. Theologie inzwischen zurückgeblieben ist. – Vgl. den ausgezeichneten Exkurs bei A. VON HARNACK: Lehrbuch der Dogmengeschichte, I 480–496: Katholisch und Römisch: «War anerkannt, daß jeder Bischof in seiner – nun katholischen – Gemeinde souverän ist, war festgestellt, daß alle Bischöfe als solche Nachfolger der Apostel seien, war ferner im Begriff des bischöflichen Amtes die Qualität des Sacerdotiums hervorgetreten», so galt es einzig, den *römischen* Bischof mit Staatssouveränität auszustatten. (494)

32 Nur aufgrund dieser Konstruktion wird verständlich, daß Papst JOHANNES PAUL II.: Apostolische Konstitution *Fidei Depositum* vom 11.10.92 (Kirchliches Amtsblatt Paderborn, 24.5.93) erklären kann, der neue *Weltkatechismus* spiegele «die kollegiale Natur des Episkopates wider», und daraus folgert: «Er bezeugt die Katholizität der Kirche.» Der Grund: «dieser Katechismus (sei) die Frucht der Zusammenarbeit des gesamten Episkopates der katholischen Kirche... der hochherzig meine Einladung angenommen hat, den eige-

nen Anteil der Verantwortung bei einer Initiative zu übernehmen, die das kirchliche Leben unmittelbar betrifft.» Die «Symphonie des Glaubens», die der Papst da zu vernehmen meint (§ 2, S. 58), kann selbstredend nichts anderes sein als das Echo der eigenen Lehrmeinung. Allein die Tatsache, daß hier der Weltkirche ein «Katechismus» vorgelegt wird, bei dessen Erstellung ein Zwölfergremium aus «Apostelnachfolgern» im Amte «geistgeleitet» den Glauben, den sie «empfangen» haben, «bezeugen» (schon diese sexualisierte Ersatzsprache bedürfte einer eigenen Analyse!), straft Kardinal WETTER (Anm. 31) Lügen und zeigt, daß man kirchliche «Verlautbarungen» stets «andersherum» lesen muß, als sie den Worten nach klingen.

33 Vgl. S. FREUD: Totem und Tabu (1912), Werke IX, London 1940, 26–53, wo die Tabubeschränkungen aus der «Ambivalenz der Gefühlsregungen» erklärt werden; bes. S. 53–66: Das Tabu der Herrscher, verweist auf die Einheit des Tabusystems mit den Fragen von Machterhalt und Machtausübung.

34 Vgl. G. VAN DER LEEUW: Phänomenologie der Religion, 545–550: Gotteswissenschaft: «Die Kenntnis der heiligen Opferformeln verschafft dem Brahmanen Weltmacht.» (546)

35 S. FREUD: Über die Berechtigung, von der Neurasthenie einen bestimmten Symptomenkomplex als «Angst-Neurose» abzutrennen (1895), Werke I, London, 1952, 313–342, S. 318 hat bereits die «so häufige Neigung zur Gewissensangst, zur Skrupulosität und Pedanterie» beschrieben, «die gleichfalls vom Normalen bis zur Steigerung als Zweifelsucht variiert.»

36 Vgl. A. VON HARNACK: Lehrbuch der Dogmengeschichte, II 184–284: Die Lehre von der Homousie des Sohnes Gottes mit Gott selbst.

37 Der Streit war schon zwischen dem hl. Cyprian und Papst Stephan (254–257) in der Frage der Ketzertaufe entbrannt: «Stephan lehnte die Wiedertaufe von Gläubigen, die zur römischen Kirche übertreten oder zurückkehren wollten, ab.» H. KÜHNER: Lexikon der Päpste, 21. Dagegen macht CYPRIAN: 75. Brief, Schriften II, BKV 60, S. 368–392,

9. Kap., S. 378 geltend, es sei «eine alberne Meinung, daß es unnötig sei, zu fragen, wer die Taufe vorgenommen habe, weil der Getaufte schon durch die Anrufung des dreifachen Namens des Vaters und des Sohnes und des Heiligen Geistes die Gnade habe erlangen können... In Wirklichkeit... nutzen sie (sc. die Namen der Dreifaltigkeit, d. V.) nur dann etwas, wenn auch der Taufende den Heiligen Geist hat.» Hier irrte der Kirchenvater; denn die Gültigkeit eines Sakramentes hängt *nicht* vom Glauben des Spenders ab, wie man endgültig seit dem Tridentinischen Konzil: *Dekret von den Sakramenten* vom 3. 3. 1547 weiß: DS 1614–1627, bes. 1617; Bedingung der Gültigkeit einer Taufe, die ein Häretiker spendet, ist nur, daß er tun will, was die Kirche tut. Da ist denn freilich die Frage offen, die schon TERTULLIAN: Über die Taufe, cap. 15, Schriften I 293 aufgeworfen hat: die Häretiker sind doch nur «Häretiker», «weil sie nicht denselben Gott haben wie wir, und auch nicht einen Christus, d. h. den nämlichen, und darum auch nicht eine Taufe... Da sie letztere nicht auf die richtige Weise haben, so haben sie sie offenbar gar nicht.» Man sieht: aus dem Dogmatismus entsteht der Formalismus und Ritualismus, und am Ende bleibt nichts als der Zwang zum Gruppendenken und zur Rechthaberei. Die eigentliche Frage: wie begegnen Menschen einander so, daß es ein Stück vom Himmel auf die Erde bringt, ist längst vergessen; worum es jetzt geht, ist die Frage der Zugehörigkeit zu der richtigen religiösen Gruppierung.

[38] So erklärte das Konzil von Florenz in der *Bulla unionis Armeniorum «Exsultate Deo»* vom 22. 11. 1439, DS 1315: «Im Notfall kann nicht nur ein Priester oder Diakon, sondern auch ein Laie oder eine Frau, ja, sogar ein Heide und Häretiker taufen, wofern er die Form der Kirche wahrt und tun will, was die Kirche tut.» Vgl. CIC, Can 861, § 2. Von hier aus gehört noch eine Menge Mut dazu, es so zu halten wie der Bischof von Evreux, JACQUES GALLIOT, der «Laien» Taufen vornehmen läßt. R. M. MÜLLER: Fast ganz normal. In der französischen Diözese Evreux taufen die Laien, in: Publik Forum, Nr. 3, 12. 2. 93, S. 22–23.

[39] CIC, Can 1125, 1) «der katholische Partner... hat das aufrichtige Versprechen abzugeben, nach Kräften alles zu tun, daß alle seine Kinder in der katholischen Kirche getauft (!) und erzogen werden»; 2) «von diesen Versprechen, die der katholische Partner abgeben muß, ist der andere Partner rechtzeitig zu unterrichten, so daß feststeht, daß er wirklich um das Versprechen und die Verpflichtung des katholischen Partners weiß.»

[40] Auch die Taufformel galt natürlich nicht «immer und überall» gleichermaßen; vgl. F. GILLMANN: Taufe «im Namen Jesu» oder «im Namen Christi»?, Mainz 1913; F. X. FUNK: Die Entstehung der heutigen Taufformel, in: Kirchengeschichtliche Abhandlungen, I, Paderborn 1897, 478 ff.

[41] Es würde bedeuten, daß nicht die «Form der Kirche» gewahrt wäre, s. o. Anm. 38!

[42] CIC, Can 853 regelt die Frage des *Wassers* – es muß liturgisch korrekt gesegnet sein. Vgl. auch TERTULLIAN: Über die Taufe, cap. 56, Schriften I, S. 280, der die Ähnlichkeiten «zu den *Kulten der Isis oder des Mithras*» sehr wohl kennt, aber dagegen argumentiert: «Wenn man das Wasser bei religiösen Gebräuchen für heilbringend hält, so frage ich, welche Religion ist vorzüglicher als die des wahren Gottes?» Tatsächlich lag die «Vorzüglichkeit» der «Religion des wahren Gottes» vor allem darin, daß es bislang noch keiner Religion gelungen war zu erklären, daß Kinder, die – z. B. infolge von Wassermangel – nicht getauft werden konnten, bevor sie starben, von der ewigen Seligkeit ausgeschlossen sind.

[43] Die «Heilsnotwendigkeit» der Taufe wird heute von «liberaleren» Theologen gern mit der Theorie von der «Begierdetaufe» umgangen, vgl. etwa W. KASPER KEK 332; gleichwohl verfügt CIC, Can 867 § 2: «Wenn sich ein Kind in Todesgefahr befindet, ist es unverzüglich zu taufen.» Und § 1 verlangt: «Die Eltern sind verpflichtet, dafür zu sorgen, daß ihre Kinder innerhalb der ersten Wochen getauft werden; möglichst bald nach der Geburt, ja sogar schon vorher, haben sie sich an den Pfarrer zu wenden, um für ihr Kind das Sakrament zu erbitten und um entsprechend darauf vorbereitet zu

werden.» Wieviel Angst wurde und wird noch immer hier den Eltern gemacht, ihre Kinder könnten ungetauft sterben!

⁴⁴ So gewesen noch im Jahre 1966 im Priesterseminar zu Paderborn.

⁴⁵ Vgl. A. von HARNACK: Das Wesen des Christentums, 13. Vorlesung, S. 140; «Selbst wenn die christologische Formel die theologisch zutreffende wäre – wieweit hat sich die Kirche vom Evangelium entfernt, die da behauptet, man könne zu Jesus Christus kein Verhältnis gewinnen, ja man versündige sich an ihm und werde hinausgestoßen, wenn man nicht allem zuvor anerkenne, daß er *eine* Person mit zwei Naturen und zwei Willensenergien, je einer göttlichen und einer menschlichen, gewesen sei? Bis zu solcher Forderung hat sich der Intellektualismus ausgebildet! Darf da noch das Evangelium vom kananäischen Weibe oder vom Hauptmann zu Kapernaum gelesen werden?»

⁴⁶ Vgl. PAPST LEO XIII: Enzyklika «Arcanum divinae sapientiae» vom 10.2. 1880: DS 3142–3146, bes. 3145 wo die Ehe als «Vertrag» gekennzeichnet wird.

⁴⁷ A. a. O., DS 1346.

⁴⁸ Selbst LEO XIII, a. a. O., handelt von dem «Ehekontrakt» der Partner nur, um die «Macht der Kirche in Hinsicht der christlichen Ehe» zu betonen.

⁴⁹ Trident. Konzil, Sessio XXIV, 11. Nov. 1561, DS 1797–1812. Im Dekret *«Tametsi»*, DS 1813–1816, DS 1813 werden «Klandestinehen» zwar als wahre Ehen anerkannt, aber verboten und (DS 1814) an die kirchliche Formpflicht gebunden.

⁵⁰ Die Absurdität dieser ganzen Denkweise erhellt spätestens, wenn man hört, daß eine protestantisch geschlossene Ehe *unter Protestanten* nach katholischer Auffassung *nicht geschieden* werden kann; da gilt, daß die Ehe *unter Getauften* ein Sakrament und als solches unauflöslich ist, mögen auch die protestantischen Theologen seit LUTHERS Tagen darüber anders denken. Hinwiederum wenn ein katholischer Priester sich hat (ohne Dispens!) protestantisch mit seinem protestantischen Partner trauen lassen, so gilt dies für null und nichtig;

selbst nach vielen Jahren Ehe könnte eine solche Frau oder ein solcher Mann sich ohne weiteres «gut katholisch» mit einem anderen Partner wiederverheiraten. Die Formpflicht der *katholischen* Trauung auch bei Mischehen regelt CIC, Can 1127 § 2.

⁵¹ Vgl. CIC, Can 1160: «Eine wegen Formmangels ungültige Ehe muß zur Gültigmachung von neuem in der kanonischen Form geschlossen werden.» Zur «Heilung in der Wurzel» vgl. Can 1161–1165.

⁵² Die Lehre von der «schweren Sünde» oder «Todsünde» findet sich unverändert in WK 1035.

⁵³ WK 1450–1460.

⁵⁴ Obwohl die kath. Kirche anerkennt, daß «Gott allein die Sünde vergibt» (WK 1441), bekommt sie es dann doch fertig zu erklären: «Die Versöhnung mit der Kirche ist nicht zu trennen von der Versöhnung mit Gott.» (WK 1445)

⁵⁵ H. VORGRIMMLER: Buße/Vergebung, in P. Eicher (Hrsg.): Neues Handbuch theologischer Grundbegriffe, I 219–233, S. 231 erklärt richtig den traditionellen Standpunkt des Tridentinischen Konzils (DS 1667–1697; 1701–1715) dahin, daß es nach göttlichem Recht nötig sei, alle Todsünden einzeln dem Priester zu bekennen, der in einem richterlichen Akt die Binde- und Lösegewalt besitze; er fügt aber hinzu: «In der theol. Zentralfrage Luthers nach dem Glauben sprach die Bußlehre des Konzils an ihm vorbei.» Freilich sucht VORGRIMMLER die Lösung des Problems in der falschen Richtung, wenn er den wesentlichen «Ertrag einer umfangreichen bußgeschichtlichen und bußtheol. Forschung... in der Wiederentdeckung der ekklesialen Dimension des Bußverfahrens» sieht. Nicht eine noch größere «Vergesellschaftung» der «Sünde», sondern eine tiefere Durcharbeitung der individuellen psychischen Notlagen entspräche dem stark personalen Ansatz der reformatorischen Theologie. Vgl. zur «ekklesialen Dimension» der Beichte K. RAHNER: Vom Sinn der häufigen Andachtsbeichte, in: Schriften der Theologie, Bd. 3, Zürich–Köln 1962, 211–225; DRES.: Beichtprobleme, in: Schriften zur

Theologie, 3. Bd., Zürich–Köln 1962, 285–312. Protestantischerseits vgl. H. J. IWAND: Glaubensgerechtigkeit nach Luthers Lehre, München 1964. – Übrigens, wann je hätte einmal *die Kirche selber* ihre «Sünden» bekannt? Daß so etwas möglich und nötig ist, zeigte bisher allein die evangelische Kirche: M. GRESCHAT (Hrsg.): Die Schuld der Kirche. Dokumente und Reflexionen zur Stuttgarter Schulderklärung vom 18./19. Okt. 1945, München 1982. O. PFISTER: Das Christentum und die Angst, 263 f., meinte schon vor einem halben Jahrhundert: «Die Wirkung (sc. der Beichte, d. V.) beruht nicht nur auf der neuhergestellten Verbindung mit Gott, sondern auch auf der engeren Verschmelzung mit der Kirche... Auch entsteht durch die Ohrenbeichte eine Übertragung, die leicht in sklavische Abhängigkeit führt.»
[56] So setzte das Trident. Konzil, Sessio XIV, 25. Nov. 1551, unter Papst JULIUS III., DS 1673 fest, daß die «Form» des Sakramentes der «Buße» just in diesen Worten bestehe. WK 1465 umschreibt den Priester, der die «Lossprechung» erteilt, als im «Dienst des Guten Hirten», der das Verlorene «sucht». Gerade so aber verhält es sich nicht! Das «Beichtkind» hat selber zu kommen, und es hat eine Menge – oft unerfüllbarer! – Voraussetzungen zu erfüllen, um der «Gnade» der «Lossprechung» «würdig» zu werden! Was z. B. tut da eine geschiedene Frau, ein homosexueller Soldat, ein Mann in einer außerehelichen Bindung an eine alleinstehende Frau, ein verheirateter Priester, ein immer wieder rückfälliger Alkoholiker usw.? Das «verlorene Schaf» wird eben *nicht* gesucht; es findet, selbst wenn es zurück möchte, keinen Weg mehr durch die Stacheldrahtverhaue, mit denen diese Kirche sich selber vor der menschlichen Not und damit vor dem Leben schützt.
[57] A. a. O., DS 1679 setzt sogar fest, daß die Taufe durch göttliches Recht für alle nach der Taufe schuldig Gewordenen notwendig sei, da ja «unser Herr Jesus Christus, im Begriff, von der Erde zum Himmel aufzusteigen, die Priester als seine Stellvertreter, gleichsam als Vorsitzende und Richter, zurückgelassen hat».

[58] Vgl. E. DREWERMANN: Das Tragische und das Christliche, in: Psychoanalyse und Moraltheologie, I 19–78; DERS.: Von der Unmoral der Psychotherapie – oder von der Notwendigkeit einer Suspension des Ethischen im Religiösen, I 79–104.
[59] DS 1684 versichert sogar, daß die «Lossprechung» auch dann gilt, wenn der Priester selbst in «Todsünde» lebt; es ist reinweg seine «Amtvollmacht», nicht seine Person, an welche die «Lossprechung» gebunden ist. Vgl. WK 1443–1445, wo die «Versöhnung» mit der Kirche gleichbedeutend ist mit der Versöhnung mit Gott. F. HEILER: Der Katholizismus, 253–261, meinte vor 70 Jahren (!) sehr richtig: «Die Beichte ist nicht nur eine Stätte des Trostes, der Hilfe und Gesundung, sondern auch ein Ort der Seelenangst und Seelenqual, jener Angst und Not, welche die Gesetzesreligion in empfindsamen Seelen erzeugt und für die sie kein radikales Heilmittel hat.» (261) Man muß sogar noch klarer sagen: die «Gesetzesreligion» ist selber eine Angstreligion!
[60] An sich ist selbst diese Formel durchaus veränderbar; sie ist in der gegenwärtigen Form eine reine Festsetzung des Konzils von Florenz, Decretum pro Armenis, vom 22. Nov. 1439, DS 1323.
[61] Man muß betonen, daß es seit den Tagen des DUNS SCOTUS *auch* eine theologische Denktradition gibt, die weit personaler, relationaler und situativer ausgelegt ist als das thomistische Denken; doch so sehr seit dem 2. Vatic. Konzil Moraltheologen sich auch um eine «gerechtere» Bewertung des menschlichen Verhaltens bemühen mochten, – sie hatten und haben keine Chance gegenüber der eindeutigen Verwaltungssprache des römischen Zentralismus. Vgl. E. GILSON: Johannes Duns Scotus, Düsseldorf 1959. F. BÖCKLE: Geschlechterbeziehung und Liebesfähigkeit, in: Christlicher Glaube in moderner Gesellschaft, 6. Teilband, Freiburg 1981, 109–153; S. H. PFÜRTNER: Kirche und Sexualität, Hamburg 1972; J. GRÜNDEL: Grundlinien einer christlichen Sexualmoral, in S. REHRL (Hrsg.): Christliche Verantwortung in der Welt der Gegenwart, München 1982, 157–177. – Immer noch ist das

ganze Thema speziell der Sexualmoral ein Spiel mit dem Feuer: S. Pfürtner wurde wegen seiner ehrlichen Einstellung zu der Enzyklika «Humanae vitae» (1968) aus dem Amt entfernt, F. Böckle wurde nach und nach, trotz seines hohen Ansehens, ausmanövriert, und J. Gründel wird (z. Z. noch) geschützt durch seine akademische Sprachform. Vgl. P. DE ROSA: Der Vatikan – von Gott verlassen?, 53–74, der zu Recht die Verengung der «Sexualität» auf die «Fortpflanzung» thematisiert. Es war schon PIUS XII., der am 2. Febr. 1956 in einer eigenen Instruktion eine «objektive Ethik» gegenüber einer «Situationsethik» verlangte. DS 3918.

[62] S. o. Anm. 4.

[63] Papst INNOZENZ III., in seinem «Glaubensbekenntnis» *gegen* die *Waldenser* entschied 1208, daß «nur ein Priester, der regulär von einem sichtbaren und berührbaren Bischof (!) geweiht worden ist, die Eucharistie konsekrieren kann»; was für persönliche Eigenschaften er sonst mitbringt, ist dabei unmaßgeblich, DS 794.

[64] So Papst Martin V. am 11. Nov. 1417 in der Bulle *Inter cunctas* gegen die Lehren Wiclifs und (wie man fälschlich unterstellte!) Jan Hus': DS 1257: «allein unter der Gestalt des Brotes, und zwar auch außerhalb der Gestalt des Weines, ist das wahre Fleisch Christi und das Blut und die Seele und die Gottheit – der ganze Christus» gegenwärtig, «und zwar unter jedem beliebigen Teilchen der Gestalten einzeln»!

[65] Insbesondere die «Sexualmoral» war hier das wirkungsvollste «Zuchtmittel» der Kirche. Noch am 29. 12. 1975 erklärte die Römische Glaubenskongregation, Selbstbefriedigung sei ein «in sich schwerwiegender Akt moralischer Unordnung», also «Todsünde»; Acta Apostolicae Sedis 68, 1976, 77–96, S. 84 f. Vgl. G. DENZLER: Die verbotene Lust, 185–187. Wie solche «Lehren» auf Jugendliche wirken müssen und das Leben vor allem der kath. Priester mitbestimmen, dazu vgl. E. DREWERMANN: Kleriker, 563–580. Aber nun das Unglaubliche: alle, die gedacht hatten, die Römische Glaubenskongregation – das sei nicht «die Kirche», man dürfe und müsse hier «interpretieren», der findet dieselbe Anschauung unver-

ändert wieder im Jahre 1993 in WK 2352, wo einfach die alte Lehre zitiert wird; hinzugefügt wird nur ein Zusatz, daß man die «affektive Unreife» des Masturbierenden bei einem «gerechten Urteil» «in Rechnung stellen» müsse. Wozu die kath. Kirche niemals hinfinden wird, ist die Anerkennung, daß die Onanie ganz einfach eine legitime Handlung sein kann. Sie müßte dann den «Sinn» einer Handlung, statt das «Objekt» und die «Umstände» einer «Tat» «in Rechnung stellen», und eben das brächte ihre ganze Denkweise zum Einsturz. WK 2396 stellt «Onanie» auf dieselbe Stufe wie Unzucht, Pornographie und homosexuelle Handlungen. P. DE ROSA: Der Vatikan – von Gott verlassen?, 69, meint zu Recht, in dieser Frage sei der «Beichtstuhl ... für viel zu viele Katholiken das Schlachthaus des Gewissens» geworden.

[66] Dieser ritualisierte Skrupulantismus, der im Grunde den *Taburegeln* einer Stammesreligion folgt, wurde erst ab 1955 durch eine schrittweise Liturgiereform gelockert. Das 2. Vatic. Konzil, *Konstitution über die heilige Liturgie*, §47–58, DVK 12–14 betonte die Einladung zum häufigen Kommunionempfang bei der Mitfeier der Messe und drängte auf eine Vereinfachung auch des Meßrituals; doch das Ergebnis war nach all den Jahrhunderten der Angst und der Unterdrückung nicht die erwartete Intensivierung des «sakramentalen Lebens», sondern im Gegenteil: dessen Vergleichgültigung: zwischen 1975–1990 ging der Sonntagsmeßbesuch in der Bundesrepublik um rund 50% (!) zurück. Schon vor über 70 Jahren schrieb F. HEILER: Der Katholizismus. Seine Idee und seine Erscheinung, München 1923, 261–269: «In allen Gesetzesreligionen lassen sich diese verhängnisvollen seelischen Wirkungen des strengen Gesetzesgehorsams studieren ... Die fortgesetzte Häufung kirchlicher Entscheidungen in kultischen und sittlichen Fragen, die immer weiter spezialisierte moraltheologische Kasuistik, endlich die Ausbildung des Beichtwesens – all das beförderte das Aufkommen und Verbreitung jener gefährlichen Krankheit ... ‹Skrupulosität› ... Jeder, der mit dem katholischen Frömmigkeitsleben intim vertraut ist, weiß, welch zerstörende

Wirkungen diese tückische Krankheit unter den katholischen Frommen anrichtet.»

[67] Man muß sich nur erinnern, daß 1965 noch ein Film wie «Das Schweigen» von I. BERGMAN von der kath. Filmkontrolle als «sittenzerstörend» mit der schlechtesten Note: «4» eingestuft werden konnte, ein paar Kameraeinstellungen wegen, die damals allerdings als «schockierend» empfunden wurden – und um der Aussage willen auch empfunden werden sollten! Man entsinne sich des Verzweiflungskampfes der Kirche gegen die Bademode, gegen die Strumpfindustrie, gegen die FKK-Gelände, gegen die Familiensauna, gegen...! Am schlimmsten wirkte das Verbot künstlicher Empfängnisverhütung durch PIUS XI.: Enzyklika *Casti Conubii* vom 31. Dez. 1930, DS 3716. Der Papst sah sich mit dieser Lehre «mitten zwischen den Ruinen der Moral» gestellt und ermahnte die Priester, unter seiner Autorität die Gläubigen entsprechend unter Druck zu setzen – was sie gewissenhaft denn auch taten! Und nach wie vor WK 2370! E. BLOCH: Der verstaatlichte Gott und das Recht auf Gemeinde, in: Religion im Erbe, hrsg. v. J. Moltmann, Frankfurt 1959; Hamburg (Siebenstern Tb. 103) 1970, 127–130 erklärte (S. 128–129): «Sie (die Kirche) ergrimmt über durchbrochene Blusen, doch nicht über Slums mit halbnackten Kindern... Sie verdammt verzweifelte Mädchen, die eine Frucht abtreiben, aber sie heiligt den Krieg, der Millionen abtreibt.»

[68] WK 2390 betont sogar den notwendigen Ausschluß vom Sakramentenempfang bei jeder nicht-ehelichen Sexualbeziehung.

[69] Alle Änderungen, die jetzt, ohne Angabe der eigenen Schuld, erzwungenermaßen nachgereicht werden, nützen nichts mehr: keine Kirche ist glaubhaft, die in Jahrhunderten sich in der Einschätzung eines wichtigen Triebbereichs so fundamental irrt wie die kath. Kirche. In die richtige Richtung zielt hier P. DE ROSA: Der Vatikan – von Gott verlassen?, 71.

[70] Es war F. NIETZSCHE: Also sprach Zarathustra, 1. Teil, Von der Keuschheit, S. 43–44, der sagte: «Die Keuschheit ist bei einigen eine Tugend, aber bei vielen beinahe ein Laster... wie artig weiß die Hündin Sinnlichkeit um ein Stück Geist zu betteln, wenn ihr ein Stück Fleisch versagt wird. Ihr liebt Trauerspiele und alles, was das Herz zerbricht? Aber ich bin mißtrauisch gegen eure Hündin. Ihr habt mir zu grausame Augen und blickt lüstern nach den Leidenden. Hat sich nicht nur eure Wollust verkleidet und heißt sich Mitleiden? Und auch dies Gleichnis gebe ich euch: nicht wenige, die ihren Teufel austreiben wollten, fuhren dabei selber in die Säue.» «Rate ich euch, eure Sinne zu töten? Ich rate euch zur Unschuld der Sinne». Auch nur mit einer halben Seite NIETZSCHE zurecht zu kommen, ist selbst 120 Jahre später die kath. Kirche außerstande!

[71] Es spricht für die *«griechische»* Sehnsucht nach *Unvergänglichkeit* und *Unwandelbarkeit* symbolisch wohl nichts so sehr wie die Tatsache, daß die Insel *Delos* als der Geburtsort des Gottes *Apoll* und seiner Schwester *Artemis* «rein» bleiben mußte von allen menschlichen Vorgängen der Geburt und des Todes. Vgl. P. PHILIPPSON: Griechische Götter in ihren Landschaften, 1939. E. SIMON: Die Götter der Griechen, 135–139; 160; E. MEYER: Delos, in: dtv Der Kleine Pauly, I 1444–1448: Schon Peisistratos ließ alle Gräber (außer den kultisch verehrten in der Nähe des Heiligtums) entfernen (Herodot: Historien, 1, 64; S. 33); 426–425 v. Chr. nahm Athen eine 2. «Säuberung» der Insel von allen Gräbern vor. Vgl. THUKYDIDES: Geschichte des Peloponnesischen Krieges, 5, 1; S. 212. Nach wechselvoller Besiedlung und Vertreibung fand PAUSANIAS 8, 33, 2 die Insel nach 69 v. Chr. menschenleer. – Zum Einfluß des *Platonismus* auf die Kirche vgl. G. VON BREDOW: Platonismus im Mittelalter, Freiburg 1972; W. BEIERWALTES: Das Denken des Einen, Frankfurt 1985.

[72] Schon für ARISTOTELES ist eine *substantielle* Veränderung von etwas ausgeschlossen. Von daher mußten nicht nur alle *Arten* der Lebewesen als unmittelbar von Gott geschaffen interpretiert werden, – es war auch *der Tod* als eine unzweifelbar «substantielle» Veränderung letztlich unbegreifbar. Vgl. ARISTOTELES: Metaphysik, XII 10–25 (1069a–b): Stoff und Veränderung, S. 302–303: «Also muß sich der

*Stoff* verändern» (und eben nicht die Form, die «Substanz»).

[73] Konkret kann dieser «Platonismus» so aussehen, daß Jesuiten wie PATER G. GUNDLACH und J. HIRSCHMANN in den 50er Jahren ohne Widerruf als die bindende Meinung von PIUS XII. vortrugen, selbst ein Atomkrieg, der alles Leben auf Erden zerstören würde, könne und müsse u. U. als Ausdruck des göttlichen Gerechtigkeitswillens verstanden werden. G. GUNDLACH: Die Lehre Pius' XII. vom modernen Krieg, in: Stimmen der Zeit, 4/1959, 1–14, Freiburg 1958–59, 164. Bd. Dagg. vgl. R. SPAEMANN: Zur philosophisch-theologischen Diskussion um die Atombombe, in: Atomare Kampfmittel und christliche Ethik, München 1960, 77–100.

[74] Das gilt gegenüber den «Ketzern» nicht weniger als gegenüber den «Sündern». Die «pädagogischen» Auswirkungen dieses Denkens zeigten sich z. B., als PIUS XII. 1954 die Jugendseelsorger ermahnte, in den Fragen der Sexualmoral keinerlei «Laxheit» aufkommen zu lassen: Onanie und voreheliche Verkehr hatten als «schwere Sünde» betrachtet zu werden. Und vierzig Jahre danach? Vgl. WK 2353; 2396! Vgl. auch E. DREWERMANN: Kleriker, 481–525: Die Überwindung der Endlichkeit und der Kampf gegen die Fruchtbarkeitsreligionen. Die Dennochdurchsetzung der Großen Mutter sowie gewisse Eigenarten der Marienfrömmigkeit.

[75] Vgl. P. EICHER (Hrsg.): Der Klerikerstreit, Die Auseinandersetzung um Eugen Drewermann, München 1990, 325–357: E. Drewermann: Im Ministerium der Wahrheit, bes. S. 326 ff. Es geht hier zu wie bei G. GRASS: Gesammelte Gedichte, Neuwied–Berlin 1971, S. 78: Kinderlied: «Wer lacht hier, hat gelacht? / Hier hat sich's ausgelacht. / Wer hier lacht, macht Verdacht, / daß er aus Gründen lacht.»

[76] Die Armseligkeit der Lage ist inzwischen so weit gediehen, daß selbst «Reformkatholiken» erklären, sie «hofften» auf einen neuen Papst – als ob der Sterbewunsch gegen lebende Zeitgenossen eine christliche Erwartung sein könnte und als ob die *erlaubte* Freiheit – Freiheit wäre! Es ist z. B. mutig und ehrlich, wenn

N. SCHOLL: Bollwerk gegen den Fortschritt. Der neue Weltkatechismus, in: Publik-Forum, Nr. 13, 9. Juli 93, 19–20 als Prof. für kath. Religionspädagogik an der PH Heidelberg den gesamten Denkstil, die (ungeschichtliche) Argumentations- und Zitationsweise und die dogmatisch daraus abgeleiteten Inhalte des WK kritisiert. Doch sind solche Beispiele wirklicher Freiheit äußerst selten geworden. Vgl. aber H. KÜNG: Neue Uniform für eine Kirche von vorgestern. Zentralismus und Kontrolle gegen die Vielfalt des lebendigen Glaubens: ein Produkt römischer Schultheologie, in Publik-Forum, Nr. 10, 21. 5. 93, S. 21.

[77] Zur Stelle vgl. E. DREWERMANN: Das Markus-Evangelium, I 180–202: Anders als die Schriftgelehrten.

[78] G. W. F. HEGEL: Glauben und Wissen, 122–123: «Nachdem ... der Dogmatismus des Seins in den Dogmatismus des Denkens, die Metaphysik der Objektivität in die Metaphysik der Subjektivität umgeschmolzen worden ist, ... so ist ... die wahre Philosophie ... als vollendete Erscheinung ... dargestellt», indem aus der «reinen Nacht der Unendlichkeit die Wahrheit als aus dem geheimen Abgrund, der ihre Geburtsstätte ist, sich emporhebt.» Vgl. a. a. O., 116: «... weil diese Freiheit nur ist, indem sie negiert, und nur negieren kann, solange das ist, was sie negiert.»

[79] Vgl. J. WOLPE: Praxis der Verhaltenstherapie, 19–25; L. BLÖSCHL: Grundlagen und Methoden der Verhaltenstherapie, 33–35; 42–46, wo das behavioristische Reiz-Reflexschema zur Interpretation von Lernvorgängen herangezogen wird.

[80] Vgl. A. FREUD: Das Ich und die Abwehrmechanismen, 118 ff.: Triebangst in der Pubertät.

[81] A. a. O., bes. S. 129–135 zur Rolle des «Idealismus» in der Pubertät.

[82] WK 2353: «Unzucht ist die fleischliche Vereinigung außerhalb der Ehe zwischen einem Mann und einer Frau in Freiheit. Sie ist in schwerer Weise gegen die Würde der Personen und gegen die menschliche Sexualität gerichtet, die natürlicherweise ebenso auf die Heirat wie auf die Erzeugung und Aufzucht von Kindern ausgerichtet ist. Zudem ist sie ein schwerer

Skandal, da es sich um eine Verderbnis der Jugend handelt.»

[83] Vgl. S. Freud: Die «kulturelle Sexualmoral und die moderne Nervosität (1908), Ges. Werke VII, London 1941, 141–167.

[84] Vgl. E. Drewermann: Kleriker, 530–544: Die gut katholische Ehe.

[85] Vgl. E. Drewermann: Rapunzel, in: Die kluge Else/Rapunzel, Olten 1986, 59–101, S. 73–79; ders.: Brüderchen und Schwesterchen, Olten 1990, 43–67.

[86] Vgl. E. Drewermann: Kleriker, 603–629: Beziehungen im Verbotenen.

[87] A. a. O., 426–452: Das Ideal der Verfügbarkeit.

[88] A. a. O., 563–580: Onaniephantasien eines «reinen» Lebens.

[89] Die Furcht vor der Schwangerschaft als Regulativ der Sexualmoral ist der eigentliche «Sinn» in dem Unsinn des Verbots künstlicher Empfängnisverhütung; vgl. E. Drewermann: Kleriker, 480–499: Vom Sinn und Unsinn kirchlicher Beschlüsse, Einstellungen und Haltungen. Vgl. zu dem Thema W. Wickler: Das Mißverständnis der Natur des ehelichen Aktes in der Moraltheologie, Stimmen der Zeit 182 (1968) 289–304.

[90] WK 2370.

[91] Vgl. dazu auch Th. Seiterich-Kreuzkamp: Vormund im Vatikan. Wie Afrikas Katholiken mißachtet werden. Afrika-Synode in Rom, in: Publik Forum, Nr. 5, 12. 3. 93, S. 21–22; wo es vor allem um die Fragen der afrikanischen «Vielehe» geht. Zu dem Thema: Kirche und Aids vgl. P. de Rosa: Der Vatikan – von Gott verlassen?, 89–102: Empfängnisverhütung und Aids.

[92] Zu dem Begriff der «Beziehungsfalle» bzw. des double bind vgl. G. Bateson, D. D. Jackson, J. Haley, J. H. Weakland: Vorstudien zu einer Theorie der Schizophrenie, aus: G. Bateson: Ökologie des Geistes. Anthropologische, psychologische, biologische und epistemologische Perspektiven, übers. v. H. G. Holl, Frankfurt/M. 1981, 271–301.

[93] Auf diese Weise entsteht ein echter Teufelskreis, indem das bestätigt wird, was man nicht ist, und verboten wird, was man ist. Es gehört

zu der Struktur der Beziehungsfalle, an eine Autorität gebunden zu sein, deren eigene Widersprüchlichkeiten sich als Verhaltensvorschriften verinnerlichen. S. o. Anm. 92.

[94] Zur Strenge des Überichs vgl. S. Freud: Das ökonomische Problem des Masochismus (1924), Ges. Werke XIII, London 1940, 369–383.

[95] Vgl. E. Drewermann: Kleriker, 452–480: Die willenlose Unterwerfung des Willens.

[96] A. a. O., 454–463: Die autoritäre Einschüchterung oder: Der Ruin des Selbstwertgefühls.

[97] A. a. O., 461. Vgl. bes. auch O. Pfister: Das Christentum und die Angst, 95–97: Die Bedeutung des Führers.

[98] H. Mann: Der Untertan (1914), Berlin 1946; Neudruck: Frankfurt (Fischer Tb. 10168) 1991.

[99] A. a. O., 237: «Ich werde also nicht vom Fürsten sprechen, sondern vom Untertan, den er sich formt; nicht von Wilhelm II., sondern vom Zeugen Heßling. Sie haben ihn gesehen! Ein Durchschnittsmensch mit gewöhnlichem Verstand, abhängig von Umgebung und Gelegenheit, solange hier die Dinge schlecht für ihn standen, und von großem Selbstbewußtsein, sobald sie sich gewendet hatten.» Vgl. auch E. Bloch: Der verstaatlichte Gott, in: Religion im Erbe, 128: «Die Pforten der Hölle werden die Kirche nicht überwältigen, dafür hat sie sich ihnen schon zu weit geöffnet. Aber es ist ein anderes, wenn die Machtkirche, Aberglaubenskirche vergeht und wenn eine machtfreie Lehrmacht des Gewissens ums Wohin und Wozu auf der Wacht sein, auf die Wacht treten sollte. Im ‹Zukunftsstaat› meinte Bebel, wird nicht der Offizier, sondern der Lehrer der erste Mann sein; auch in einem Kirchenschiff ohne Aberglauben und auf Fahrt wäre das der mögliche Fall.»

[100] H. Mann: Kaiserreich und Republik, Mai 1919, in: A. a. O., 600–609 mit dem Fazit: «Der Krieg kam durch den Untertan.» (607) Zu der Identifikation von Gott und Macht vgl.: Der Untertan, S. 468–469: «die Seele deutschen Wesens ist die Verehrung der Macht, der überlieferten und von Gott geweihten Macht,

gegen die man nichts machen kann. Darum sollen wir nach wie vor die höchste Pflicht in der Verteidigung des Vaterlandes sehen.»

[101] Man muß, um die Wirklichkeit des Wahns, den H. MANN 1914 (!) beschreibt, zu begreifen, die Reden des Erzbischofs, des späteren *Kardinals* von München MICHAEL FAULHABER: Waffen des Lichtes. Gesammelte Kriegsreden, 5 (13–15 Tausend) 1918, lesen, und man wird die systematische Verdrehung der Bergpredigt in die reine Kriegshetze miterleben. Vgl. zu dem Wirken dieses Mannes im sog. Dritten Reich und danach noch K. DESCHNER: Die Politik der Päpste im 20. Jahrhundert, II 349–356; 375–377.

[102] Zur konservativen Interpretation der Stelle vgl. H. DOMBOIS–E. WILKENS: Macht und Recht. Beiträge zur lutherischen Staatslehre der Gegenwart, Berlin 1956; vgl. dagg. W. SCHWEITZER: Der entmythologisierte Staat, Gütersloh 1968. Die Spannweite zwischen Röm 13 und Apk 13 markiert die unerhörte Ambivalenz, ja, die prinzipielle Fragwürdigkeit aller «Staatsethik» nach dem Karfreitag.

[103] Vgl. K. DESCHNER: Kriminalgeschichte des Christentums, I 213–287.

[104] A. FRANCE: Die Insel der Pinguine, VI 5, S. 190.

[105] Vgl. den erschütternden Dokumentarspielfilm von DAN PETRIE: Protokoll einer Hinrichtung, 1985, ausgestrahlt auf Tele 5 in 1993.

[106] WK 2266. Die klassische Tradition der kath. Kirche zu dieser Frage findet sich in der in gewisser Weise scharfsinnigen Arbeit von G. ERMECKE: Zur ethischen Begründung der Todesstrafe heute. Vortrag beim Antritt des Rektorats 1958–59 der Philos.-Theolog. Akademie zu Paderborn, Paderborn 1959, wo der Rektor der Paderborner Fakultät die Ansicht vorträgt, daß ein Kapitalverbrecher «an sich» sein Recht, zu leben, verwirkt habe, so daß es nunmehr im Ermessen des Staates bzw. der bürgerlichen Gesellschaft stehe, ihm das Leben zu nehmen oder ihn, aus welchen Gründen auch immer, am Leben zu erhalten. Die Arbeit ist insofern wichtig, als sie zeigt, wohin der

kath. «Objektivismus» in der Moraltheologie konsequenterweise führen muß: er isoliert den Menschen so sehr von jeglichem lebendigem Zusammenhang, daß diese Betrachtungsweise tödlich ist, noch ehe sie in ihren Ableitungen zu dem Todesurteil gelangt.

[107] H. MANN: Der Untertan, 3. Kap., S. 144 faßt die muckerhafte Allianz von Staat und Kirche in der folgenden Szene zusammen: Völlig willkürlich ist ein Arbeiter von einem Polizisten niedergeschossen worden. Diederich Heßling aber, als er sein Gefühl darüber Pastor Zillich mitteilt, verklärt den Vorfall auf seine Weise: «‹Für mich… hat der Vorgang etwas direkt Großartiges, sozusagen Majestätisches. Daß da einer, der frech wird, einfach abgeschossen werden kann, ohne Urteil, auf offener Straße! Bedenken Sie: mitten in unserm bürgerlichen Stumpfsinn kommt so was – Heroisches vor! Da sieht man doch, was Macht heißt!› – ‹Wenn sie von Gottes Gnaden ist›, ergänzte der Pastor. ‹Natürlich. Das ist es eben. Drum hab ich geradezu eine religiöse Erhebung von der Sache. Man merkt doch manchmal, daß es höhere Dinge gibt.›» E. BLOCH: Religion im Erbe, 129 meinte: «Sie (sc. die Kirche) hat ihren Gott verstaatlicht, zur Kirchenorganisation verstaatlicht und das römische Reich beerbt unter der Maske des Gekreuzigten.»

[108] Vgl. H. KÜHN: Der Aufstieg der Menschheit, Frankfurt (Fischer Tb. 82) 1955, 99: «Alle Macht liegt (sc. in der frühdynastischen Zeit in Mesopotamien) bei den Königen oder den obersten Priestern und oft waren sie beides zusammen, und im Kult stellten sie die Gottheiten stellvertretend dar.»

[109] So der Name *Tut anch Amun*; vgl. J. VON BECKERATH: Handbuch der ägyptischen Königsnamen, München 1984, 87, Nr. 12; 231, Nr. 12, zu den verschiedenen Titelnamen des Königs.

[110] CIC, Can 1398.

[111] Vgl. K. DESCHNER: Die Politik der Päpste im 20. Jahrhundert, II 105–130, S. 119; 130–150, S. 149–150. Vgl. auch H. MISSALLA: Für Volk und Vaterland. Die kirchliche Kriegshilfe im Zweiten Weltkrieg, 1978, 42. Da

es nie ein Schuldeingeständnis der kath. Kirche für ihr Verhalten gegeben hat, sei aus dem Hirtenbrief vom 26.6. 41, vier Tage nach dem Überfall auf die Sowjetunion, der Anfang zitiert: «Geliebte Diözesanen! In schwerster Stunde des Vaterlandes, das auf weiten Fronten einen Krieg von nie gekannten Ausmaßen zu führen hat, mahnen wir euch zu treuer Pflichtenerfüllung, tapferem Ausharren, opferwilligem Arbeiten und Kämpfen im Dienste unseres Volkes. Wir senden einen Gruß dankbarer Liebe und innige Segenswünsche unseren Soldaten..., die in heldenmütiger Tapferkeit unvergleichliche Leistungen vollführen und schwere Strapazen ertragen. Von euch allen fordert der Krieg Anstrengungen und Opfer. Bei der Erfüllung der schwersten Pflicht dieser Zeit, bei den harten Heimsuchungen, die im Gefolge des Krieges über euch kommen, möge die trostvolle Gewißheit euch stärken, daß ihr damit dem heiligen Willen Gottes folgt...» Bis nach Stalingrad also: der Wille Gottes! 25 Millionen getöteter Russen; der Wille Gottes! Wer irgend sich hätte auflehnen wollen gegen das Hitler-Regime – *dies* und nichts anderes war die Erklärung der kath. Kirche: er versündigte sich gegen Gottes Willen!

[112] K. DESCHNER: A. a. O., II 54–83: Die katholische Militärseelsorge im Zweiten Weltkrieg, S. 63, Generalvikar G. WERTHMANN. Vgl. auch H. D. BAMBERG: Militärseelsorge in der Bundeswehr. Schule der Anpassung und des Unfriedens, 1970, 24 ff.

[113] K. DESCHNER: A. a. O., I 516–517; 521–524; 531–532; 534–537.

[114] K. DESCHNER: A. a. O., I 318–355; 397–398; 407–408; 411–412; 474–475; 494–505; 527–529; 536–537; II 44 f.; 108–110 zu Benito Mussolini und dem Vatikan; zu Antonio Oliveira Salazar vgl. I 289; 522.

[115] K. DESCHNER: A. a. O., II 210–254: Katholische Schlachtfeste in Kroatien oder «das Reich Gottes»; vgl. auch V. DEDIJER: Jasenovac – das jugoslawische Auschwitz und der Vatikan, hrsg. v. G. Niemietz, übers. v. D. Durković, Freiburg 1988; C. FALCONI: Das Schweigen des Papstes. Hat die Kirche kollaboriert (1965), übers. v. Ch. Birnbaum, München 1966, 366–377: Der Vatikan war über die Ustascha-Untaten informiert.

[116] Es ist dies der einzige wirkliche Konfliktpunkt zwischen der sog. Theologie der Befreiung und dem zentralistischen Machtwillen des Vatikans. Vgl. K. FÜSSEL: Theologie der Befreiung, in: P. Eicher (Hrsg.): Neues Handbuch theologischer Grundbegriffe, V 147–158; G. GUTIÉRREZ: Theologie der Befreiung (1971), München–Mainz 1973.

[117] Zur Stelle vgl. E. DREWERMANN: Das Matthäusevangelium, I 325–345, S. 332 ff.

[118] Das 2. Vatic. Konzil, Konstitution über die Kirche, § 1, DVK, S. 38 beginnt in seiner Darstellung der Kirche (der römisch-katholischen, wohlgemerkt) mit den erhebenden Worten: «Da Christus das Licht der Völker ist, ist es der dringende Wunsch dieser im Heiligen Geist versammelten Heiligen Synode, alle Menschen durch seine Helligkeit zu erleuchten, die auf dem Antlitz der Kirche widerscheint... Die Kirche ist nämlich in Christus gleichsam das Sakrament, d. h. Zeichen und Werkzeug für die innerste Vereinigung mit Gott...» Und dann wird dargelegt, wie «der ewige Vater», nachdem er «die ganze Welt» geschaffen und dann seinen Sohn auf die Erde gesandt hat, am Ende zur Vollendung seiner Werke auch noch den Heiligen Geist gesandt hat, «auf daß er die Kirche immerfort heilige.» (§ 4; S. 39) Wen wundert's, daß also die Kirche «in alle Wahrheit» eingeführt und «mit den verschiedenen hierarchischen Gaben ausgerüstet» und «mit seinen (des Hl. Geistes) Früchten» geschmückt sich strahlend der dunklen Welt darbietet...

[119] Vgl. K. DESCHNER: Die Politik der Päpste im 20. Jahrhundert, II 144 berichtet, daß am 24. Juli 41 sogar die Bischöfe Frankreichs Gehorsam gegenüber Pétain verlangten, «um dadurch Hitler zu helfen. Erst recht entfachte der Klerus in Italien und Spanien eine wahre Kreuzzugsstimmung.»

[120] Der 3. Satz von NEWTON lautet: «Zu jeder Kraft gibt es eine Gegenkraft mit gleicher Größe und entgegengesetzter Richtung»: actio = reactio, $\vec{F}_1 = -\vec{F}_2$. Vgl. E. HUBER: Physik.

Bewegung und Energie, Telekolleg II, München[2] (unverändert) 1985, 51; 53.

[121] Vgl. F. S. PERLS: Das Ich, der Hunger und die Aggression, 187–196: Emotionaler Widerstand.

[122] Vgl. C. VON CLAUSEWITZ: Vom Kriege, 6. Buch, 7. Kap.: Wechselwirkung von Angriff und Verteidigung, 383–385.

[123] Vgl. bes. O. PFISTER: Das Christentum und die Angst, Kap. 13, S. 271–274: Die Kirche als Angstlinderungsinstitut: «Die katholische Kirche will *Heilsanstalt* sein, welche die göttlichen Gnadenmittel zur Errettung der Menschen mit monopolistischer und unfehlbarer Vollmacht verwaltet.» (272) «Die von Jesus zur Zentralmacht seiner Jünger erhobene Liebe wurde durch die Vorherrschaft des dogmatischen Denkens und kultischen Handelns entthront, und die unbedingte Unterwerfung unter die alles religiöse und sittliche Handeln in Beschlag nehmende Kirche zur höchsten Pflicht und Vorbedingung der Seligkeit gemacht, also die Bejahung eines kollektiven Zwanges als Insession. Daß der ganze Organismus der katholischen Kirche nichts als angewandte Liebe sei, ist eine mit der Geschichte leider in krassem Widerspruch stehende Behauptung.» (273)

[124] O. PFISTER: A. a. O., 267: «In der Masse und Kirche (sc. die eine ‹Hochmasse› darstellt, d. V.) wird die Angst des Einzelnen bis zu einem gewissen Grade aufgehoben und in Sicherheitsgefühl verwandelt, das Bewußtsein der eigenen Schwachheit in Kraftbewußtsein, das Minderwertigkeitsgefühl in Größengewißheit, die Isoliertheitsstimmung in beglückende Verbundenheit mit den Glaubensgenossen. Vor allem aber verlieren alle Züge, die als neurotisch angesehen werden, das Stigma des Krankhaften, wo eine große Gemeinschaft sie sich aneignet und zu ihrem höchsten Vorzug erklärt hat. Die Gesamtstimmung wird in der Masse euphorisch, während ähnliche Symbolisierungsbildungen beim Neurotiker trotz der Angstlinderung meistens vorwiegend Unlust erzeugt.»

[125] Es war in diesem Sinne ein Fehler, die Aggression als «Destruktionstrieb» oder «Todes-

trieb» zu beschreiben. Vgl. K. LORENZ: Das sogenannte Böse, 1–15: Prolog im Meer, wo die intraspezifische Aggression lediglich als Mittel der Revierverteidigung beschrieben wird.

[126] S. FREUD: Warum Krieg? (1933), Ges. Werke XVI, London 1950, 11–27, S. 20–22.

[127] Zur Herkunft des Überichs aus umgelenkten Aggressionen vgl. S. FREUD: Das Ich und das Es, XIII 282–285: «Das Es ist ganz amoralisch, das Ich ist bemüht, moralisch zu sein, das Über-Ich kaum hypermoralisch und kann so grausam werden wie nur das Es. Es ist merkwürdig, daß der Mensch, je mehr er seine Aggression nach außen einschränkt, desto strenger, also aggressiver in seinem Ichideal wird.» (284)

[128] W. SCHIKANEDER: Die Zauberflöte, Wien 1871; Stuttgart (RUB 2620) 1971; 50 (2. Aufzug, 13. Auftritt, Nr. 15. Arie).

[129] R. CORK: Bacon, in: W. Bonin (Hrsg.): 100 Meisterwerke aus den großen Museen der Welt, Bd. 2, Köln 1985, 162–168, S. 167.

[130] Vgl. S. FREUD: Hemmung, Symptom und Angst (1926), Ges. Werke XIV, London 1948, 111–205, S. 190.

[131] Zur Dialektik von «Hemmung» und «Haltung» vgl. W. SCHWIDDER: Hemmung, Haltung und Symptom (1961), in: Fortschritte der Psychoanalyse. Internationales Jahrbuch zur Weiterentwicklung der Psychoanalyse, Bd. 1, Göttingen 1964, S. 115–128.

[132] O. PFISTER: Das Christentum und die Angst, Kap. 13, S. 257–259: Der Zwangscharakter von Dogma und Sakrament, S. 257 bemerkt sehr richtig: «Der Katholizismus übt äußeren Zwang aus, weil er von innerem Zwang ausgeht.» «Gott selbst wird zum Zwangsneurotiker höherer Ordnung umgewandelt. Der Akzent der Frömmigkeit wird echt neurotisch von der Liebe auf den dogmatisierenden Verstand und die als magisch wirkend gedachte symbolische Zeremonie verlegt.»

[133] J. CORNWELL: Wie ein Dieb in der Nacht, Kap. 43, S. 373–385. «Das Flüstern, die Gerüchte, die Theorien… dienen alle einem Zweck: Sie alle lenken von der offenkundigsten und schmachvollsten Tatsache überhaupt ab: Johannes Paul I. starb verspottet und mißach-

tet – von der Institution, die dazu da war, ihn zu stürzen und zu tragen.» (385) Welch eine *Menschlichkeit* uns dieser wunderbare Mensch auf dem Papstthron hätte bringen können, wenn man ihn in seiner Art hätte gelten lassen, wird einem klar, wenn man die fiktiven «Briefe» liest: A. LUCIANI (Papst Johannes Paul I.): Ihr ergebener Albino Luciani. Briefe an Persönlichkeiten, z. B. S. 29–33, den Brief an Charles Péguy.

[134] D. A. YALLOP: Im Namen Gottes, 219–300: Die dreiunddreißig Tage.

[135] A. a. O., 363 ff.: Alles bleibt beim alten. Selbst wenn YALLOP in der These unrecht hat, – im Ergebnis hat er recht: «Die Wahl Wojtylas stellte die Weichen für eine direkte Rückkehr zu den Anschauungen Pauls VI.» (365)

[136] Vgl. A. HOLL: In Gottes Ohr, 35–38: Dogmatismus und Angst; mit der nüchternen Bilanz, «daß geschlossene Mentalitäten gegenüber dem rationalen Diskurs resistent zu sein pflegen.» Vgl. bes. M. ROKEACH: The Open and Closed Mind, 1960, auf dessen erfahrungswissenschaftliche Studie zum Vergleich zwischen katholischer Kirche und kommunistischer Partei (6. Kap.) HOLL ausdrücklich verweist.

[137] Der theologische Begriff dafür lautet «Konkupiszenz» oder «böse Begierlichkeit». K. RAHNER: Zum theologischen Begriff der Konkupiszenz, in: Schriften zur Theologie, 1. Bd., Einsiedeln–Zürich–Köln 1962, 377–413, S. 401 verwahrte sich in einem komplizierten Gedankengang dagegen, die «Begierlichkeit» mit der «Sinnlichkeit» oder «Triebhaftigkeit» negativ zu identifizieren. «Insofern die Begierlichkeit (im theologischen Sinn) der Freiheitsentscheidung... vorausliegt..., kann sie auch... nicht als moralisches Übel... bezeichnet werden.» (401) Vgl. KEK 133.

[138] Wie sich Begriffe wie «Autonomie» oder «Freiheit» oder «Selbstverwirklichung» dann doch wieder in der Ideologie des Opus Dei kirchlich «umfunktionieren» lassen, zeigt z. B. J. BURGGRAF: «Freisein wie Maria» – ein Weg für den Christen nach dem seligen Josemaria Escrivá de Balaguer, in: Offerten Zeitung,

Nr. 4, April 1993, Mariologisches, M 8–M 13: «‹Das Geheimnis Mariens... bedeutet, sich überlassen wie die Kinder, glauben wie die Kinder, bitten wie die Kinder.›» (Zit. n. Escrivá).

[139] Vgl. L. FEUERBACH: Das Wesen der Religion (1846), in: Werke in 6 Bden., hrsg. v. E. Thies, IV, Frankfurt 1975, 81–153, S. 86: «Das göttliche Wesen, das sich in der Natur offenbart, ist nichts anderes *als die Natur selbst,* die sich dem Menschen als ein göttliches Wort offenbart, darstellt und aufdringt.» S. 150: «Wie die Wünsche der Menschen, so sind ihre Götter.»

[140] Vgl. A. FREUD: Das Ich und die Abwehrmechanismen, 95–99.

[141] Vgl. D. WYSS: Marx und Freud, Göttingen 1969; H. POPITZ: Der entfremdete Mensch, Darmstadt 1973.

[142] Vgl. K. W. DAHM–V. DREHSEN–G. KEHRER: Das Jenseits der Gesellschaft. Religion im Prozeß sozialwissenschaftlicher Kritik, München 1975; J. KADENBACH: Das Religionsverständnis von Karl Marx, Paderborn 1970; G. BRAKELMANN–K. PETERS: Karl Marx über Religion und Emanzipation, Gütersloh 1975.

[143] Vgl. A. VON HARNACK: Die Mission und Ausbreitung des Christentums in den ersten drei Jahrhunderten, [4]Berlin 1924, 300–324: Der Kampf gegen den Polytheismus und Götzendienst, bes. S. 306–310.

[144] H. KRAFT (Hrsg.): Konstantin der Große, Darmstadt 1974; G. RUHBACH (Hrsg.): Die Kirche angesichts der konstantinischen Wende, Darmstadt 1976.

[145] Vgl. MARSILIUS VON PADUA: Defensor pacis, 1324; dt.: Der Verteidiger des Friedens, übers. v. W. Kunzmann, bearb. v. H. Kusch; ausgew. u. komm. v. H. Rausch, Stuttgart (reclam 7964) 1971; Kap. 22: In welchem Sinn sind der römische Bischof und seine Kirche Haupt und Führung der anderen und aus welcher Vollmacht kommt ihnen das zu?, S. 166–171; in dieser berühmten Schrift wird die Papstmacht auf das *Konzil* beschränkt.

[146] Vgl. O. PFISTER: Das Christentum und die Angst, 237–239, der die Vielzahl der himmlischen Mittelwesen im Katholizismus aufzählt

und dabei «von *praktischem* Polytheismus» spricht.

[147] Vgl. a. a. O., 240–242, über die irdischen Mittler.

[148] Vgl. B. LANG: Hölle, in: P. Eicher (Hrsg.): Neues Handbuch theologischer Grundbegriffe, II 362–373; bes. E. BRUNNER–TRAUT: Gelebte Mythen, Darmstadt 1981, 55–98: Altägyptische und mittelalterlich-christliche Vorstellungen von Himmel und Hölle.

[149] Vgl. M. LANGER: «In Gesellschaft der Teufel»: Zur Pädagogisierung der Hölle in der katechetischen Literatur der Neuzeit. Katechetische Blätter 111 (1986), 782–785. Vgl. E. DREWERMANN: Der Teufel im Märchen, in: Archiv für Religionspsychologie, Bd. 15, Göttingen 1982, 93–128.

[150] R. SCHNEIDER: Winter in Wien, 212–213 hat wie kein anderer die irdische Wirklichkeit selbst als «Hölle» beschrieben: «Das ist die Verdammnis zum Dasein, eine rotierende Hölle, das Nichts in der Erscheinungsform der Qual. Bruegels später Seesturm (meine innere Landschaft); van Goghs immer wilder umwirbelnde, verbrennende Natur.» Auf die *psychologischen* Gründe, die Welt als «Hölle» zu erleben, kommt dieser große Gläubige im Sinne des Kirchenglaubens nicht zu sprechen – sie sind ihm fremd.

[151] Zur Stelle vgl. E. DREWERMANN: Das Markusevangelium, II 115–128.

[152] H. MILLER: Frühling in Paris, Briefe an einen Freund, hrsg. v. G. Wickes (1944), dt. v. W. Schmitz, Reinbek (rororo 12954) 1991, 53.

## 4. Kirchliche Sozialpsychologie und Zwangsneurose oder: Die Diagnose der Erkrankung

(Seite 140–191)

[1] Vgl. P. HERTEL: «Ich verspreche Euch den Himmel». Geistlicher Anspruch, gesellschaftliche Ziele und kirchliche Bedeutung des Opus Dei, Düsseldorf [3](erw.) 1991, 188–191: «Der Streit um das Werk zeigt... einen grundlegenden Konflikt an: den Konflikt um zwei Bilder von Kirche, die man pointiert ‹monozentrisch› bzw. ‹polyzentrisch› nennen kann.» M. HERRMANN: Feldzug gen Osten. In Berlin baut die katholische Geheimorganisation ein neues Zentrum auf – mit tatkräftiger Hilfe der Amtskirche, in: Publik Forum, Nr. 14, 23. 7. 93, 16, über die Beziehungen des Opus Dei zur Adenauerstiftung. 100 000,– DM spendete der Berliner Bischof G. Sterzinsky der Neugründung.

[2] R. KAISER: Indianischer Sonnengesang. Die Weisheit der Erde in der Spiritualität nordamerikanischer Indianer, Freiburg (Spektrum 4143) 1993, 118.

[3] S. FREUD: Totem und Tabu. Einige Übereinstimmungen im Seelenleben der Wilden und der Neurotiker (1912–1913), Ges. Werke IX, London 1940.

[4] Zur Sozialpsychologie von Gruppen vgl. G. C. HOMANS: Theorie der sozialen Gruppe, 178–192: Die Stellung des Führers.

[5] S. FREUD: Massenpsychologie und Ich-Analyse (1921), Ges. Werke XIII, London 1940, 71–161.

[6] A. a. O., XIII 101–108: Zwei künstliche Massen: Kirche und Heer: «die... Vorspiegelung (Illusion), daß ein Oberhaupt da ist – in der katholischen Kirche Christus, in der Armee der Feldherr, – das alle Einzelnen der Masse mit der gleichen Liebe liebt. An dieser Illusion hängt alles.» (102)

[7] A. a. O., XIII 107: «darum muß eine Religion, auch wenn sie sich die Religion der Liebe heißt, hart und lieblos gegen diejenigen sein, die ihr nicht angehören. Im Grunde ist ja jede Religion eine solche Religion der Liebe für alle,

die sie umfaßt, und jeder liegt Grausamkeit und Intoleranz gegen die nicht dazugehörigen nahe.»

[8] XIII 136–143: Die Masse und die Urhorde. «Der Führer der Masse ist noch immer der gefürchtete Urvater, die Masse will immer noch von unbeschränkter Gewalt beherrscht werden, sie ist im höchsten Grade autoritätssüchtig.» (142)

[9] XIII 122–128: Verliebtheit und Hypnose. «Eine... primäre Masse ist eine Anzahl von Individuen, die ein und dasselbe Objekt an die Stelle ihres Ichideals gesetzt und sich infolgedessen in ihrem Ich miteinander identifiziert haben.» Vgl. auch O. PFISTER: Das Christentum und die Angst, 286: «Die Sehnsucht nach dem idealen *Vater* fand ihre katholische Befriedigung nicht zumeist in Gott, den ja der Protestantismus auch darbietet. Gott war oft unheimlich... Dafür boten der Priester, Bischof, Abt, Papst einen Ersatz. Das mit Minderwertigkeitsgefühlen zusammenhängende... Autoritätsbedürfnis suchte und fand in der strengen, supranatural begründeten und darum jeder Kritik enthobenen kirchlichen Autorität Befriedigung.»

[10] G. C. HOMANS: Theorie der sozialen Gruppe, 386–407: Die Aufgabe des Führers, S. 395: «Ein Führer muß die Normen seiner Gruppe einhalten.» S. 396: «Der Führer muß den Normen der Gruppe – und zwar allen Normen – besser als jeder Anhänger nachkommen.» Vgl. kulturgeschichtlich J. HERBIG: Nahrung für die Götter, 429–436: Der Herrscher als Mittler zu den Göttern.

[11] Vgl. B. MALINOWSKI: Baloma – die Geister der Toten auf den Trobriand-Inseln, in: Magie, Wissenschaft und Religion. Und andere Schriften, übers. v. E. Krafft-Bassermann, Frankfurt 1973, 131–241.

[12] Vgl. J. HERBIG: Nahrung für die Götter, 196–202: Die Familie und die Gemeinschaft – zur Kulturgeschichte der Familie beim Übergang zur Seßhaftigkeit.

[13] So die Theorie bei S. FREUD: Totem und Tabu, IX 171.

[14] Vgl. E. DREWERMANN: Kleriker, 530–544: Die gut katholische Ehe.

[15] Vgl. O. PFISTER: Das Christentum und die Angst, 252–253: Die Aufhebung der freien Persönlichkeit, der bes. das «Vorbild» des hl. *Alfons von Liguori* untersucht, sowie S. 268–270: Der Führer und die Unterführer.

[16] S. FREUD: Die Zukunft einer Illusion (1927), Ges. Werke XIV, London 1948, 323–380, Kap. 4, S. 342–346; Kap. 8, S. 363–368.

[17] A. a. O., XIV 346: «Wenn... der Heranwachsende merkt, daß es ihm bestimmt ist, immer ein Kind zu bleiben, daß er des Schutzes gegen fremde Übermächte nie entbehren kann, verleiht er diesen die Züge der Vatergestalt, er erschafft sich die Götter.»

[18] Vgl. E. DREWERMANN: Kleriker, 452–480: Die willenlose Unterwerfung des Willens oder: Vom Vorteil, abhängig zu bleiben.

[19] Vgl. a. a. O., 426–432: Kirchliche Verordnungen und Verfügungen oder: Das Ideal der Verfügbarkeit.

[20] S. FREUD: Totem und Tabu, IX 186–194; DERS.: Das ökonomische Problem des Masochismus (1924), Ges. Werke XIII, London 1940, 369–383.

[21] Vgl. A. FREUD: Das Ich und die Abwehrmechanismen, 85–94.

[22] Vgl. O. PFISTER: Das Christentum und die Angst, 273: «Wir sehen ein, daß die sozial- und individualethischen Erfolge der kirchlichen Zwangserziehung mit dem Verlust der freien Persönlichkeit innerhalb seines Kirchentums und mit der Beeinträchtigung des selbständigen Denkens, Fühlens, Wollens, sittlichen Entscheidens in weitem Umfang erkauft werden mußten.»

[23] Zur Psychologie der «analen» Phase vgl. S. FREUD: Drei Abhandlungen zur Sexualtheorie (1905), Ges. Werke V, London 1942, 27–145, S. 99–100.

[24] Vgl. die bes. um die *motorischen* Impulse kreisende Theorie der Zwangsneurose bei H. SCHULTZ-HENCKE: Lehrbuch der analytischen Psychotherapie, Stuttgart 1951; 108–109.

[25] Vgl. A. GRUEN: Der Wahnsinn der Normalität. Realismus als Krankheit: eine grundlegende Theorie zur menschlichen Destruktivi-

tät, München 1987; München (dtv 35002) 1989, 47–52: Identität, Selbsthaß und Kriminalität; bes. auch S. 40–46: Über Pflichtbewußtsein: «Das Bemühen, es denen recht zu machen, die uns als Menschen eigentlich negieren, wird zur treibenden Kraft im Leben.» (40)

[26] Vgl. A. GRUEN: A. a. O., 40: «Pflichterfüllung tritt... an die Stelle persönlicher Verantwortung... und vermittelt ein Ersatz-Gefühl des Lebendigseins. Eine solche Lebenslüge leugnet, daß man sich aus Schwäche dem Willen eines anderen überantwortet und die eigene Authentizität verwirkt hat, um an der Macht teilzuhaben. Machtteilhabe als Überlebensstrategie und Kompensation des Gefühls der Schwäche zwingt ihrerseits zum Festhalten an der Lebenslüge.»

[27] O. PFISTER: Das Christentum und die Angst, 256–263 schildert vor allem den Zwangscharakter von Dogma und Sakrament, die Gebetsstereotypien und die Kultusmagie. «Der Akzent der Frömmigkeit wird echt neurotisch von der Liebe auf den dogmatisierenden Verstand und die als magisch wirkend gedachte symbolische Zeremonie gelegt. Diese Betonung des Intellektuellen ist an sich um so erstaunlicher, als ja gerade die Vernunft bei diesen irrationalen Glaubensinhalten bloße sekundäre Rationalisierung übt und in Verstandesform zu bringen versucht, was allen Verstand bei weitem übersteigt. Wie trotz dieses Sachverhaltes der Träger jener Denk- und Zeremonienzwänge die armen Rationalisierungsniederschläge in ihren geringfügigsten Einzelheiten als ungeheuer wichtig, die geringste Abweichung von der katholischen Satzung als Todsünde einschätzt, läßt uns die Lehre von der Zwangsneurose... erkennen.»

[28] O. PFISTER: A. a. O., 288: «Maria ist... nicht nur die Idealmutter, sie ist auch die Jungfrau... Sie ist damit verkörperte Keuschheit und Asexualität», und, muß man ergänzen, die idealisierte «mütterliche» «Hingabe».

[29] Vgl. a. a. O., 271–272. Der Satz des hl. CYPRIAN: Briefe, Schriften Bd. II, BKV 60, 73. Brief, cap. 21, S. 352–353: «Was nützt... diese Taufe dem Ketzer..., wenn er auch als Bekenner Christi außerhalb der Kirche den Tod erlei-

det..., weil es außerhalb der Kirche kein Heil gibt.» AUGUSTINUS fügte sogar hinzu: «Stehst Du außerhalb der Kirche und bist von ihrer Einheit getrennt, dann wirst Du mit der ewigen Pein bestraft werden, selbst wenn Du aus Liebe zu Christus Dich bei lebendigem Leib verbrennen lässest.» AUGUSTINUS: Enchiridion, Schriften VIII, S. 453, Kap. 65 erklärt sogar: «außerhalb der Kirche gibt es keinen Sündennachlaß.» PFISTER, 272 folgert daraus: «die Kirche einzig und allein bewahrt vor Verdammnis. Was für Wunderkräfte der Anspruch des Heilsmonopols voraussetzt, Sakramentsmagie, Priestermagie, Unfehlbarkeitserklärung des Priesters in Sachen der Sündenvergebung...»!

[30] A. a. O., 268: «In der Vermassung, die... die Unfähigkeit zu eigener Angstbewältigung zur Voraussetzung hat, spielt der Führer die Rolle des Erlösers aus Not und Gefahr. Ihm traut man zu, was man selbst nicht leisten kann.» 269: «Auch die Führerschaft des Priesters ruht großenteils auf der Angst, die vornehmlich aus der Schuldangst hervorging... Um diese Gewalt (sc. der Sündenvergebung, d. V.) zu erringen, muß sich der Priester selbst den schwersten Versagungen unterziehen, vor allem der Zölibatsforderung... Er wäre starken Minderwertigkeits- und Beraubtheitsgefühlen ausgesetzt, wenn ihm nicht riesige transzendente und irdische Vollmachten eingeräumt würden. Er allein vollzieht das Wandlungswunder, das aus geringen Nahrungsmitteln Christus schafft.» Aber: S. 270: «Man denke sich Jesus in den Folterkammern und vor den Scheiterhaufen der Inquisition und vergegenwärtige sich dann sein Grundgebot der Gottes- und Nächstenliebe, so sieht man, was für eine schauerliche Fehlentwicklung das Christentum unter der Führung seiner Päpste eingeschlagen hat! ...das Überquellen des Sadismus... als Symptome eines Neurotisierungsprozesses.»

[31] S. FREUD: Die Zukunft einer Illusion, XIV 377: «Dabei drängt sich ihm (sc. dem Psychologen, d. V.) die Auffassung auf, daß die Religion einer Kindheitsneurose vergleichbar sei, und er ist optimistisch genug anzunehmen, daß die Menschheit diese neurotische Phase über-

winden wird, wie so viele Kinder ihre ähnliche Neurose auswachsen.»

[32] S. FREUD: Totem und Tabu, IX 169–176.

[33] S. FREUD: Massenpsychologie und Ich-Analyse, XIII 151.

[34] A. a. O., XIII 151: «Die Kirche fordert... an beiden Stellen (in der Identifikation mit Christus und der Verbundenheit mit den anderen, Christgläubigen, d. V.) die Ergänzung der durch die Massenbildung gegebenen Libidoposition. Die Identifizierung soll dort hinzukommen, wo die Objektwahl stattgefunden hat, und die Objektliebe dort, wo die Identifizierung besteht. Dieses Mehr geht offenbar über die Konstitution der Masse hinaus.»

[35] O. PFISTER: Das Christentum und die Angst, 252: «Von der Freiheit der Persönlichkeit bleibt im Katholizismus nicht mehr viel übrig, sofern man zu ihr freie Selbstbestimmung rechnet.» Man vergleiche demgegenüber die überaus vorsichtigen Korrekturen bei K. RAHNER: Grenzen der Amtskirche, in: Schriften zur Theologie VI, Einsiedeln–Zürich–Köln 1965, 499–520, der zwischen «der Aufgabe der Kirche als Amt und der Aufgabe der Kirche als Gemeinschaft der Christen» – echt jesuitisch – «unterscheidet», ohne auf die Sozialpsychologie der real existierenden Kirche mit *einem* Wort einzugehen.

[36] WK 731–732.

[37] C. LÉVI-STRAUSS: Traurige Tropen, 307–316: Im Wald; vom Zusammenbruch der Indiokulturen unter dem Eindruck der Weißen. Vgl. E. DREWERMANN: Der Krieg und das Christentum (Die Spirale der Angst), 65–74 zur Absolutsetzung der Lebensweise der eigenen Gruppe.

[38] Vgl. dazu P. R. HOFSTÄTTER: Gruppendynamik, 98–111.

[39] Vgl. K. MENDELSSOHN: Das Rätsel der Pyramiden (London 1974), übers. v. J. Rehork, Frankfurt (Fischer Tb. 1764) 1976, der die These vertritt, die großen Bauten der antiken Hochkulturen hätten wesentlich der Vereinheitlichung der frühen Reiche durch eine gemeinsame Aufgabe gedient.

[40] Bis in die Titulatur hinein ist der «*Sonnenkönig*» auf dem Throne Frankreichs ein spätes

Stiefkind der altägyptischen Pharaonen. Zu den ägyptischen Königsnamen vgl. J. VON BECKERATH: Handbuch der ägyptischen Königsnamen, München–Berlin (MÄS 20) 1984, 32–33: Der Titel «Sohn des Sonnengottes».

[41] Vgl. S. FREUD: Einige psychische Folgen des anatomischen Geschlechtsunterschiedes (1925), Ges. Werke XIV, London 1948, 17–30.

[42] Vgl. P. DE ROSA: Der Vatikan – von Gott verlassen?, 53–74: Sex und die katholische Kirche heute; G. DENZLER: Die verbotene Lust. 2000 Jahre christliche Sexualmoral, München–Zürich 1988; H. MYNAREK: Eros und Klerus. Vom Elend des Zölibats, Wien–Düsseldorf 1978; Neudruck: München–Zürich (Knaur Tb. 3628) 1980; U. RANKE-HEINEMANN: Eunuchen für das Himmelreich. Katholische Kirche und Sexualität, Hamburg 1988.

[43] Vgl. die allerdings recht einseitigen Thesen von J.-C. BARREAU: Die unerbittlichen Erlöser. Vom Kampf des Islam gegen die moderne Welt (Paris 1991), übers. v. V. Vannahme, Reinbek 1992, 74–78: «Die Benachteiligung der Frau ist integraler Bestandteil des Islam und muß daher als Charakteristikum der islamischen Gesellschaft angesehen werden.»

[44] Wie irrwitzig sich bis heute Bischöfe und Theologen in die Zwangsvorgaben des Vatikans verbeißen können, zeigt Bischof K. LEHMANN: Nachfolge des Herrn in ungeteiltem Dienst. Brief an die Gemeinden über die Ehelosigkeit des Priesters, in: Offertenzeitung, Nr. 17–8, Juli–August 93, 5–6: «Die Ehelosigkeit des Priesters bedeutet... nicht... Verzicht. Vielmehr ruft Gott Menschen zu einer vorbehaltlosen Verfügbarkeit... Niemand kann sich ernsthaft vorstellen, daß eine Mutter Teresa in ihrem jetzigen Leben zugleich auch verheiratet wäre.» Und das bei all dem Pomp der Kirche! – Erzbischof J. J. DEGENHARDT (Paderborn): Der Zölibat macht den katholischen Priester nicht weltfremd, in: Der Dom, Nr. 44, 1. Nov. 92, 14 – erklärte in einer als «Interview» präsentierten Stellungnahme zu Frau WASCHBÜSCHs Äußerungen: «Die Ehelosigkeit um des Himmelreiches willen ist für eine Denkweise, die... allem Übernatürlichen fremd gegenübersteht und insbesondere den

Lebensstandard betont, eine Herausforderung und ein Zeichen radikaler Jüngerschaft
und Nachfolge Jesu.» Da wird das «Himmelreich» rasch mit der «Kirche» identifiziert,
die auf der Bischofssynode 1971 noch «sich
für die Beibehaltung des zölibatären Lebens»
eingesetzt hat; auf diese Weise wird das
«Übernatürliche» zum Pflichtprinzip der
Unnatur und diese dann zur «radikalen»
«Jüngerschaft». Als einziger bedeutender So-
ziologe hat A. COMTE: Die Soziologie, 239,
das Zölibat gelobt: «Ohne das Zölibat hätte
die katholische Hierarchie weder die soziale
Unabhängigkeit noch die Freiheit des Geistes
gewinnen können, die ihre Mission
brauchte.» Inzwischen ist deutlich, daß unter
dem derzeitigen Papst nur zum Bischof geweiht werden darf, wer sich klar und deutlich
*gegen* die Aufhebung des Zölibats, *gegen* die
Frau als Priesterin, *gegen* künstliche Empfängnisverhütung und *gegen* die Wiederverheiratung Geschiedener ausspricht. Die kath.
Sexualneurose ist unüberwindlich. Vgl.
H. BOBERSKI: Die Divisionäre des Papstes.
Bischofsernennungen unter Johannes Paul II.,
Salzburg 1992, 19–29: Rom will frei entscheiden. CIC, Can. 377 § 1 gibt dem Papst
jedes Recht: «Der Papst ernennt die Bischöfe
frei und bestätigt die rechtmäßig Gewählten.»
Bes. auch H. BOBERSKI, S. 237–243: Eine
konsequente Personalpolitik.
[45] S. FREUD: Massenpsychologie und Ich-
Analyse, XIII 158–159.
[46] E. DREWERMANN: Kleriker, 580–602:
Homosexuelle Auswege oder: Ein berufsspe-
zifisches Tabu.
[47] Vgl. a. a. O., 603–629: Beziehungen im
Verbotenen.
[48] Zum Begriff der «Korporativperson» vgl.
H. W. ROBINSON: The Hebrew Conception
of Corporate Personality, Bibl. Zeitschr. f.
Alttestamentl. Wiss. 66, 1936, 49–62; zur
Psychologie der «Korporativperson» vgl.
E. DREWERMANN: Tiefenpsychologie und
Exegese, I 271–298.
[49] H. MÜHLEN: Una mystica persona. Die
Kirche als das Mysterium der Identität des
Heiligen Geistes in Christus und den Chri-

sten: Eine Person in vielen Personen, Paderborn 1964, Nr. 4.13.1–4.
[50] Vgl. L. LÉVI-BRÜHL: Das Denken der Naturvölker (Paris 1912), übers. v. W. Jerusalem;
Wien–Leipzig 1921, 57 ff.: zum «Gesetz der
mystischen Partizipation».
[51] Vgl. R. E. Leakey: Die Suche nach dem
Menschen. Wie wir wurden, was wir sind
(London 1981), übers. v. F. W. Gutbrod,
Frankfurt 1981, 97–109: Das Leben der Jäger
und Sammler, bes. S. 105–109: Die Rolle der
Frau. Vgl. auch J. HERBIG: Nahrung für die
Götter, 196–202: Die Familie und die Gemeinschaft. Übrigens nahm S. FREUD: Totem und
Tabu, IX 174 nach der Ermordung des Urvaters
eine Zeit der *Brüderhorde* an und meinte:
«Vielleicht war es auch diese Situation, welche
den Keim zu den von BACHOFEN erkannten
Institutionen des *Mutterrechts* legte, bis dieses
von der patriarchalischen Familienordnung
abgelöst wurde.»
[52] M. ELIADE: Geschichte der religiösen
Ideen, I 30–32: Die Gegenwart des Weiblichen. Vgl. aber gegenüber den verbreiteten
Deutungen eines frühzeitlichen «Matriar-
chats» H. MÜLLER-KARPE: Geschichte der
Steinzeit, München [2](erg.) 1976, 186–189;
269–272, zu den weiblichen Statuetten des
Jungpaläolithikums, der die «Bedeutung» der
Abbildungen in Selbst-Abbildungen einzelner
Frauen sieht und die Häufigkeit der Darstellungen damit begründet, «daß... in den Hüt-
ten oder zeltartigen Behausungen das Haupt-
betätigungsfeld der Frauen lag, während die
Männer ihrer jägerischen Tätigkeit nachgin-
gen.» (271) Freilich deutet er «das Innewerden
der eigenen Kreatürlichkeit» selbst als einen religiösen Vorgang (271); die Stellung der Hände auf oder unter der Brust der weiblichen Darstellungen könnte sogar ein Gebetsgestus sein.
Vgl. auch das sehr skeptische Urteil bei A. LA-
ROI-GOURHAN: Die Religionen der Vorgeschichte, 136–139: «Was man über die Frucht-
barkeitsgöttinnen gesagt hat, ist völlig banal
und erklärt gar nichts... In Wirklichkeit wissen wir nichts über den tieferen Sinn...»
[53] Vgl. R. LEAKEY–R. LEWIN: Die Menschen
vom See. Neueste Entdeckungen zur Vorge-

schichte der Menschheit, übers. v. A. Sussdorf, München 1980, 186–208: Sexualität und die Emanzipation der Frau als Notwendigkeit, S. 202–203, die zwischen den genetischen Anlagen und den kulturellen Möglichkeiten deutlich unterscheiden.

[54] Vgl. I. EIBL-EIBESFELDT: Liebe und Haß. Zur Naturgeschichte elementarer Verhaltensweisen, München 1970, 149–192, S. 187–190: Die Kampfgemeinschaft.

[55] Vgl. W. WICKLER–U. SEIBT: Männlich Weiblich. Ein Naturgesetz und seine Folgen, München 1983; Neudruck: München (SP 546) 1990, 149–155: Geschlechtsabhängiges Verhalten; 175–187: Geschlechtsbezogene Arbeitsteilung beim Menschen; S. 175: «Von Frauen erwartet man mehr soziale und altruistische Betätigungen (zum Beispiel in der Kinder- und Krankenfürsorge) als vom Mann. Ihm obliegen Jagd und Verteidigung der Gruppe. Weltweit sind fast alle Hebammen-Tätigkeiten weibliche, alles Kämpfen mit Waffen männliche Beschäftigungen.» Vgl. auch E. DREWERMANN: Die Spirale der Angst, 60–64. Kulturgeschichtlich vgl. J. ASSMANN: Stein und Zeit. Mensch und Gesellschaft im Alten Ägypten, München 1991, 96–137: Das Bild des Vaters. Vgl. daneben P. H. SCHULZE: Frauen im Alten Ägypten. Selbständigkeit und Gleichberechtigung im häuslichen und öffentlichen Leben, Bergisch-Gladbach 1987.

[56] Zu dem Prinzip des Territorialismus vgl. N. TINBERGEN: Von Krieg und Frieden bei Tier und Mensch, in: G. Altner (Hrsg.): Kreatur Mensch, 332–342.

[57] Vgl. die Einwände schon bei B. MALINOWSKI: Geschlecht und Verdrängung in primitiven Gesellschaften, 163.

[58] Vgl. G. STRINDBERG: Plädoyer eines Irren, 275: «In der Liebe gibt es keinen anderen Sieg als die Flucht.» Am klarsten äußerte sich F. NIETZSCHE: Der Antichrist, Nr. 23, S. 25: «Die Liebe ist der Zustand, wo der Mensch die Dinge am meisten so sieht, wie sie nicht sind.» DERS.: Jenseits von Gut und Böse, Nr. 238, S. 125: «Sich im Grundproblem ‹Mann und Weib› zu vergreifen, hier den ab

gründlichsten Antagonismus zu leugnen... das ist ein typisches Zeichen von Flachköpfigkeit... Ein Mann hingegen, der Tiefe hat... muß das Weib als Besitz... fassen.»

[59] J. C. BARREAU: Die unerbittlichen Erlöser, 115: «Die Gleichstellung der Frau ist unbestritten Grundlage jeder ernsthaften Reform in islamischen Ländern, jeder Reform des Islam selbst.» Derselbe Satz gilt auch für die kath. Kirche.

[60] Vgl. E. DREWERMANN: Die Spirale der Angst, 46–56.

[61] Papst JOHANNES PAUL II.: Christifideles Laici. Über die Berufung und Sendung der Laien in Kirche und Welt. Nachsynodales Apostolisches Schreiben, AAS 87, 1988, hrgs. v. Sekretariat der Deutschen Bischofskonferenz, 4. Kap., § 51, S. 81–84 begründet akribisch, warum die Frau nicht Priester werden kann: sie hat «zunächst» «die Aufgabe, dem Eheleben und der Mutterschaft die volle Würde zu verleihen» sowie «die moralische Dimension der Kultur zu sichern.» – Inzwischen existieren Fragebögen für Bischofskandidaten mit 13 Anfragen, darunter Nr. 6: Rechtgläubigkeit: «Überzeugte und treue Anhänglichkeit an die Lehre und das Lehramt der Kirche. Insbesondere Einstellung des Kandidaten zu den Dokumenten des Heiligen Stuhles über das Priesteramt, die Priesterweihe der Frauen, die Ehe und Familie, die Sexualethik (insbesondere die Weitergabe des Lebens gemäß der Lehre der Enzyklika ‹Humanae vitae› und des Apostolischen Schreibens ‹Familiaris Consortio›) und die soziale Gerechtigkeit. Treue zur wahren kirchlichen Überlieferung und Engagement für die vom II. Vatikanischen Konzil und von den darauffolgenden päpstlichen Unterweisungen eingeleitete echte Erneuerung.» Man merke: nur was der Papst will, ist «echte» Erneuerung, und nur wer will, was Er will, hat das Zeug, «Bischof» der «wahren kirchlichen Überlieferung» zu werden.

[62] Vgl. E. DREWERMANN: Kleriker, 154–169: Die Ersetzung argumentativer Überzeugung durch den Druck verwalteter Macht.

[63] Zu dieser biblischen Vorstellung vom Hei-

*ligen Rest* vgl. G. VON RAD: Theologie des
Alten Testaments, II 175–177.
⁶⁴ Zu dem Bild von der Kirche als «Arche
Noah» vgl. TERTULLIAN: Über die Taufe, in:
Schriften I, BKV 7, S. 284, Kap. 8: «Wie nämlich nach den Wasserfluten der Sündflut...
die Taube... das Aufhören des göttlichen
Zornes anzeigte, ... so ... die Taube des
Hl. Geistes..., wo die durch die Arche vor-
gebildete Kirche sich befindet.»
⁶⁵ Schon TERTULLIAN: Vom Kranze des Soldaten, in: Schriften II, BKV 24, S. 231, Kap. 1
spricht von dem «Soldaten Gottes»: «Ich
bin Christ.» «O du in Gott ruhmreicher
Krieger.»
⁶⁶ Vgl. zu der Vorstellung des «Herrn der
Tiere» M. ELIADE: Geschichte der religiösen
Ideen, I 19; 25; 36; 38; 40, der zu Recht die
eiszeitliche, im Jägertum wurzelnde Herkunft
dieser Religionsform herausstellt. A. a. O., I
128–129 vgl. auch die *Herrin* der Tiere auf
Kreta. Vgl. dazu E. NEUMANN: Die Große
Mutter, 255–266: Die Herrin der Tiere;
B. JOHNSON: Die Große Mutter mit ihren
Tieren. Göttinnen alter Kulturen (1988),
übers. v. B. Siegel, Olten–Freiburg 1990,
15–19: Das Urweibliche.
⁶⁷ Vgl. ausdrücklich Ps 76,6. Zur Stelle vgl.
A. WEISER: Die Psalmen II: Psalm 61–150
(ATD 15), Göttingen ⁶1963, 358–359: «Es gehört zur Eigenart des alttestamentlichen Got-
tesbegriffs, daß Jahwe furchtbar und herrlich in
einem ist (vgl. 2 Mose 15,11).» Vgl. E. DRE-
WERMANN: Die Spirale der Angst, 198–201:
Das kriegerische Erbe der semitischen Religionen in der Bibel.
⁶⁸ Vgl. WK 541–556, wo das «Reich Gottes»
stets ganz nahe ist und Petrus (also nach kath.
Verständnis der heutige Papst!) sogar schon die
«Schlüssel des Himmelreiches» in Händen
hält; dann aber ist eben doch nur die Kirche gekommen. F. HEILER: Der Katholizismus, 569
meint sehr richtig, der Katholizismus habe die
Vorstellung Jesu vom Gottesreich auseinan-
dergerissen. «Das Gottesreich ist einmal gänzlich übersinnlich gefaßt als das ewige Leben im
Jenseits, das andere Mal ganz konkret als die
äußere Institution der Kirche auf Erden.»

⁶⁹ Vgl. dazu E. DREWERMANN: Kleriker
226–228: Das Prinzip der Verfügbarkeit.
⁷⁰ Vgl. G. VAN DER LEEUW: Phänomenologie
der Religion, § 50, S. 393–406: Opfer. Zur Gestalt des *Priesters:* a. a. O., § 26, 240–243: «der
Priester ist ebenso der Nachfolger der Könige
wie der Zauberer.» (240) Die Darbringung von
Opfern ist *wesentlich* an die Funktion des *Priesters* gebunden. Vgl. auch F. HEILER: Der Katholizismus, 221–236: Die primitiven Elemente im katholischen Kult, der (S. 227) von
einer «Niveausenkung des allgemeinen religiösen und kirchlichen Empfindens» im 5. Jh.
spricht, als durch das Einströmen der heidnischen Massen ins Christentum «die Rezitation
der Einsetzungsworte zum zentralen Moment
des eucharistischen Gottesdienstes» wurde;
die Rolle des Priesters wurde damit magisch
überhöht. O. PFISTER: Das Christentum und
die Angst, 237, meinte: «Im Zentrum des Erlö-
sungswerkes (sc. des dogmatisierten, dem
Menschen entfremdeten ‹Gottmenschen›,
d. V.) steht der Sühnopfertod Christi, der in
Messe und Kommunion stereotypierend wiederholt wird. Nach der kirchlichen Lehre vergibt Gott nicht aus reiner Gnade ohne Entgelt;
vielmehr verlangt seine Gerechtigkeit Genug-
tuung... Allein wo bleibt da Gottes Gnade?»
Die «Sühnopfertheorie» hält O. PFISTER zu
Recht für angstverschärfend, und er meint, daß
die Gestalt *Mariens* im Katholizismus inzwischen die Rolle der Vermittlung anstelle des
überhöhten, schrecklich gewordenen Christus
übernommen habe.
⁷¹ Zu der *Dialektik* von Gruppenprozessen im
Felde des *Mangels* vgl. J. P. SARTRE: Kritik der
dialektischen Vernunft, 132 ff.; E. DREWER-
MANN: Strukturen des Bösen, III 335–336:
Mangel und Unmenschlichkeit.
⁷² Vgl. E. DREWERMANN: Die Spirale der
Angst, 284–337: Das Sakrament der Eucharistie und seine psychischen Möglichkeiten, bes.
S. 334–337.
⁷³ Vgl. H. HAKEN: Erfolgsgeheimnisse der
Natur, 182–184: Einige Gedanken zur Bürokratie; E. JANTSCH: Die Selbstorganisation des
Universums, 338–341: Nicht Kontrollhierar-
chie, sondern stratifizierte Autonomie.

[74] Vgl. R. RIEDL: Die Ordnung des Lebendigen. Systembedingungen der Evolution, Hamburg–Berlin 1975; München (SP 1018) 1990, 188–269: Die Ordnung der Hierarchie, bes. S. 267–269, der von der «Senilitätsphase der Schachtelhierarchie (der Kammerherren und Kirchenfürsten)» spricht und davon, daß Adaptionsvorteile der Vergangenheit zu Adaptionseinschränkungen in der Gegenwart führen können.

[75] JOACHIM VON FIORE: Das Reich des Heiligen Geistes, übers. v. A. Rosenberg, München 1955; H. GRUMDMANN: Studien über Joachim von Floris, Leipzig–Berlin 1927.

[76] G. W. F. HEGEL: Philosophie der Religion, II 308–356: Die Idee im Element der Gemeinde oder das Reich des Geistes; DERS.: Vorlesung über die Philosophie der Geschichte, hrsg. v. F. Brunstäd, eingel. v. Th. Litt; Stuttgart (reclam 4881–85) 1961, 585–588: zur Reformation.

[77] VOLTAIRE: Candide, 334–335.

[78] S. FREUD: Der Mann Moses und die monotheistische Religion (1937), Ges. Werke XVI, London 1950, 101–246.

[79] A. a. O., XIV 104–105. Das ägyptische mś = jemandes Kind kommt von mśj = gebären, erzeugen; «Ra» oder «Thot» «hat (ihn) gezeugt» ist die eigentlich korrekte Übersetzung der ägyptischen Pharaonennamen; vgl. A. ERMAN–H. GRAPOW: Ägyptisches Handwörterbuch (Berlin 1921), Darmstadt 1981, 70–71.

[80] Vgl. J. ASSMAN: Akhanyati's Theology of Light and Time, Jerusalem 1992; The Israel Academy of Sciences and Humanities Proceedings, vol. VII Nº 4, 143–175, p. 143–146: A new Religion.

[81] TH. MANN: Joseph und seine Brüder, Bd. 2: Joseph in Ägypten, 2. Hauptstück, 539–583.

[82] A. a. O., 2. Bd., 6. Hauptstück, 748–855, S. 778–780.

[83] S. FREUD: Der Mann Moses und die monotheistische Religion, XVI 236–246.

[84] TH. REIK: Dogma und Zwangsidee, 25; 62.

[85] A. a. O., 62.

[86] E. FROMM: Die Entwicklung des Christusdogmas. Eine psychoanalytische Studie zur sozialpsychologischen Funktion der Religion (1930), in: Gesamtausgabe in 10 Bden., hrsg. v. R. Funk, Bd. VI, Stuttgart 1980, 11–68, bes. die nachgetragene Stellungnahme zu REIKS Arbeit, S. 62–66.

[87] A. a. O., 17.

[88] A. a. O., 65.

[89] A. a. O., 65. Vgl. TH. REIK: Dogma und Zwangsidee, 27–28; 46.

[90] TH. REIK: A. a. O., 44–52.

[91] Vgl. W. DILTHEY: Ideen über eine beschreibende und zergliedernde Psychologie (1894), in: Ges. Schriften, Bd. V: Die Geistige Welt. Einleitung in die Philosophie des Lebens. 1. Hälfte: Abhandlungen zur Grundlegung der Geisteswissenschaften, Göttingen 1975, 139–240, bes. S. 154–158: Die Unterscheidung der erklärenden und der beschreibenden Psychologie. Vgl. auch B. HASSENSTEIN: Erklären und Verstehen in den Naturwissenschaften, Freiburg, Dies Univ. 14 (1967) 100–122.

[92] TH. REIK: Dogma und Zwangsidee, 44.

[93] Es war ST. ZWEIG: Drei Meister. Balzac – Dickens – Dostojewski, Frankfurt 1951; Frankfurt (Fischer Tb. 192) 1958, 69–166, der in einer Arbeit über DOSTOJEWSKI darauf hinwies, wie hier die Gegensatzspannung von Gefühlen und Gedanken die menschliche Seele in einem rasenden «Tausch von Wille und Wahrheit» (145) durcheinanderwirbelt: «Es gibt gleichsam ein Oben und Unten, eine Vervielfachung der Empfindungen» (146). Um Raskolnikow und Myschkin zu verstehen, darf man nicht «nur» Psychoanalytiker, man muß auch «Philosoph» oder, besser, ein auf allen Ebenen der Existenz leidender und mitleidender Mensch sein.

[94] TH. REIK: Dogma und Zwangsidee, 46. Vgl. F. HEILER: Der Katholizismus, 347–372: Die rationale Theologie. Von diesem Bild ging REIK aus sowie von A. VON HARNACK: Lehrbuch der Dogmengeschichte, I 550–637: Die Anfänge einer kirchlich-theologischen Explication und Bearbeitung der Glaubensregel im Gegensatz zum Gnosticismus; vgl. DERS.: Das Wesen des Christentums, 124: «Der Kampf mit dem Gnostizismus hat die Kirche genötigt, ihre Lehre, ihren Kultus und ihre Disziplin in

feste Formen und Gesetze zu fassen und jeden auszuschließen, der ihnen nicht Gehorsam leistete.»

⁹⁵ TH. REIK: Dogma und Zwangsidee, 48.

⁹⁶ A. a. O., 52 f.

⁹⁷ A. a. O., 21.

⁹⁸ Der Begriff der *Dezision* stammt von C. SCHMITT: Der Begriff des Politischen, München–Leipzig 1932; Neudruck: Berlin 1963, indem dieser die Unterscheidung von Freund und Feind und die Entscheidung der jeweiligen Gruppierungen in den Mittelpunkt des Politischen stellte. Nicht das Recht, sondern der diktatorische Dezisionismus bestimmt nach ihm die Geltung bestimmter Normen.

⁹⁹ Vgl. A. VON HARNACK: Lehrbuch der Dogmengeschichte, I 354–372: Die Umprägung des Taufbekenntnisses zur apostolischen Glaubensregel; F. HEILER: Der Katholizismus, 357–372: Die Dogmatik, S. 360–361: «Das *proton pseudos* (der Grundirrtum, d. V.) der katholischen Dogmatiker ist die Verkennung des irrationalen göttlichen Geheimnisses. Mögen sie auch in der Theorie die Offenbarungswahrheiten als Glaubensgeheimnisse betrachten, in der Praxis lösen sie dieselben in Vernunftwahrheiten auf. Diese Rationalisierung der Mysterien ist der tiefste Grund dafür, daß sie den Symbolcharakter aller Glaubensaussagen und aller theologischen Definitionen und Spekulationen immer wieder übersehen. Hinter der abstrakten theologischen Formel liegt die bildhafte Selbstaussage des Glaubens, und erst hinter, weit hinter dieser bildhaften Selbstaussage liegt die transzendente Wirklichkeit, das Ewige, Heilige, Göttliche. Die theologische Spekulation darf das Göttliche nur durch eine doppelte Hülle hindurch sehen. Die Mißachtung dieses fundamentalen Gesetzes vom Symbolismus verführt die Dogmatiker dazu, die konkreten Bilder der religiösen Erfahrung mit der transzendenten Realität, die sich in ihnen nur spiegelt, zu verwechseln, und so diese Bilder als Prämissen für logische Schlußfolgerungen zu benutzen. Auf diese Weise entstehen die zahlreichen Mythologumena der katholischen Theologie, diese seltsamen Zwittergebilde von kühner, religiöser Phantasie und scharfsinniger Logik. Die Verkennung des symbolischen Charakters aller alt- und neutestamentlichen Aussagen hat schließlich eine willkürliche Bibelbenutzung in der Dogmatik zur Folge. Die biblischen Stellen werden nicht selten aus dem organischen Zusammenhang des Textes und der geschichtlichen Umwelt herausgerissen und um irgendeines äußeren sprachlichen Anklanges willen als Beweisstellen zur Begründung dogmatischer Sätze verwendet. Auch hier zeigt sich die eigentümliche, nur auf Flächen eingestellte Sehweise des Dogmatikers, welche unfähig ist, irgendwelche historische Schichtungen und Entwicklungen wahrzunehmen.» Dieses Zitat trifft zu in den Kern der Symptomatik: die Verobjektivierung bzw. die Metaphysizierung von Glaubens*symbolen*. Um die Inhalte des Religiösen aus ihrer abergläubigen, dogmatischen Erstarrung zu befreien, müssen wir im folgenden den Symbolbegriff selber neu bestimmen, und vor allem: wir müssen *tiefenpsychologisch* zeigen, wie die Symbolsprache in der menschlichen Psyche selber begründet ist. Nur so wird es möglich sein, die Religion selbst aus der zwangsneurotischen Entfremdung herauszuführen, die REIK als das Wesen des religiösen Symbols betrachtet. Vgl. auch O. PFISTER: Das Christentum und die Angst, 254–259 über die Irrationalität und peinliche Subtilität von Dogma und Sakrament: «Der neurologisch gebildete Religionspsychologe leitet jene Dogmen ebenfalls aus einem Jenseits ab, nämlich aus dem Jenseits des Bewußtseins, dem Unbewußten, und wirft dem Katholiken eine falsche Projektion seines unterschwelligen Seelenlebens in die äußere Realität, damit eine falsche Metaphysizierung vor.» (255)

¹⁰⁰ Vgl. I. KANT: Grundlegung zur Metaphysik der Sitten (1786), in: Werke, hrsg. v. W. Weischedel, Frankfurt 1968, VII 7–102, S. 77–78, wo die theologische Ableitung sittlicher Vollkommenheit «von einem göttlichen allervollkommensten Willen» nicht nur als Zirkelschluß abgelehnt wird, sondern weil «der uns noch übrige Begriff seines (sc. Gottes, d. V.) Willens aus den Eigenschaften der Ehr-

und Herrschbegierde, mit den furchtbaren Vorstellungen der Macht und des Racheifers verbunden, zu einem System der Sitten, welches der Moralität gerade entgegengesetzt wäre, die Grundlage machen müßte.»
[101] TH. REIK: Dogma und Zwangsidee, 50.
[102] A. a. O., 51.
[103] A. a. O., 63: «Auch in der Dogmenentwicklung erkennen wir die Abwehr der Häresie an der Wurzel der dogmatischen Formel. Dieser Zusammenhang konnte weder den Theologen noch den Vertretern der Religionswissenschaft völlig entgehen. Die Dogmatik weist darauf hin, wenn sie davon spricht, daß das Dogma zwar von Ewigkeit her bestehe, aber zur Abwehr der Häresie und der Zweifler sowie zur Vertiefung des Verständnisses der Gläubigen formuliert werden mußte. ... Das Dogma wurde schließlich das Bollwerk, das gegen den mächtigen und fortwirkenden Zweifel aufgerichtet werden mußte. Die ganze Geschichte der Dogmenbildung, nicht nur der christlichen, sondern auch die der Religionen des Islams, des Judentums, des Buddhismus zeigt überdeutlich das psychisch Gesetzmäßige dieses Prozesses.»
[104] A. a. O., 66.
[105] A. a. O., 67.
[106] A. a. O., 74.
[107] A. a. O., 74.
[108] A. a. O., 75.
[109] A. a. O., 76.
[110] Vgl. K. DESCHNER: Kriminalgeschichte des Christentums, 3 Bde., Reinbek 1986–1990.
[111] Tatsächlich liegt hier die entscheidende Spannung zwischen Glaubensunmittelbarkeit und theologischer Reflexion, auf die bereits M. BLONDEL: L'action. Essai d'une critique de la vie et d'une science de la pratique, Paris (1893), 1949–1950 hinwies: Dieser «Vater» des «Modernismus» hatte schon Ende des vergangenen Jahrhunderts sich dagegen ausgesprochen, die Theologie nach dem Vorbild der exakten Wissenschaften auszurichten; der Glaube ist ursprünglicher als das Denken, das Handeln ursprünglicher als das Wissen. Noch ehe es auch nur eine sinnliche Erfahrung gibt, existiert ein *élan vital*, der in unmittelbarem Bewußtsein

die Struktur der inneren Kräfte enthüllt. Wir werden mit Hilfe der *Tiefenpsychologie* noch ausführlich beschreiben müssen, wie recht BLONDEL mit diesen Einsichten hatte, die am 3. Juli 1907 von PIUS X. in dem Dekret «Lamentabili» als häretisch verurteilt wurden (DS 3401–3466, bes. 3420; 3422). Von I. KANT herkommend, hatte auch E. LE ROY: Dogme et critique, 1906 (DERS.: Introduction à l'étude du problème religieux, 1944) den Dogmen jeglichen positiven Aussagewert abgesprochen, schon weil die theologischen Reflexionsbegriffe über den Verstandesgebrauch hinaus nicht zu verwenden sind; den Dogmen ist daher nur ein negativer Aussagegehalt und ein praktisch-positiver Wert (als regulative Idee der Sittlichkeit und der Religiosität) zuzuordnen. Auch diese, die Willkür des Dogmatismus beschränkende Ansicht, wurde als häretisch abgelehnt – und damit war das Problem scheinbar gelöst (DS 3426). Tatsächlich werden wir später noch sehen, welch einen hohen Grad an *Subjektivität*, ja, an vollständiger *Relativität* die Symbolsprache des Religiösen besitzt, da sie ein Ergebnis einer Fülle von Zufallsschritten der Evolution darstellt. – Und vor allem: G. TYRRELL: Nova et vetera, London 1897; DERS.: Through Scylla and Charybdis, London 1907 (andere Werke: Oil and Wine, 1904; Lex credendi, 1906; The church and the Future, 1910) hatte 1907 in der *Times* gegen Pius' X. Enzyklika *Pascendi dominici gregis* vom 8. Sept. 1907 öffentlich protestiert und wurde daraufhin exkommuniziert; als er, der schon 1906 aus dem Jesuitenorden entlassen worden war, zwei Jahre später starb, verweigerte man ihm «konsequent», wie man war, die kirchliche Beisetzung – es blieb «zweifelhaft», ob seine «Unterwerfung» unter das päpstliche Urteil «befriedigend» sein konnte; er hatte nämlich nur gesagt, er werde der Kirche folgen, auch wenn er ihre Lehren nicht zu glauben vermöge! Für TYRRELL war der Glaube inhaltlich göttlichen Ursprungs, die Dogmen aber und die theologischen Lehrmeinungen, weil von Menschen gemacht, erschienen ihm als zweifelhaft, unsicher und reformierbar; die «Offenbarung» war für ihn wesentlich etwas Gefühlsmäßiges, ein Erleben, eine Erfahrung der Nähe und der Güte Gottes. – Bei all den Problemen des «Modernismus» geht es, wie man sieht, um eine *Beschränkung* des ausufernden, lebensfernen Räsonnement und Ressentiment des kirchlichen Dogmatismus und um eine *Rückgewinnung* der ursprünglichen Form religiöser Erfahrung und religiösen Glaubens, ohne freilich die *psychologischen* Fragen schon artikulieren zu können, die das bestehende Problem ebenso verursachten wie lösen könnten. Indem wir die *liegengebliebenen* Fragen der Zeit am *Anfang* dieses Jahrhunderts an seinem *Ende* wieder aufgreifen müssen, stellt die vorliegende Arbeit *auch* einen Versuch zur Beantwortung des Modernismus-Problems der kath. Theologie dar.

[112] G. MENSCHING: Die Religion. Eine umfassende Darstellung ihrer Erscheinungsformen, Strukturtypen und Lebensgesetze, München (Goldmann Tb. 882–883), 288–302; vgl. DERS.: Der Katholizismus. Sein Stirb und Werde, hrsg. v. H. Mulert, 1937.

[113] TH. REIK: Dogma und Zwangsidee, 77.

[114] A. a. O., 79.

[115] A. a. O., 86.

[116] A. a. O., 86–87.

[117] Zu den entsprechenden *Abwehrvorgängen* vgl. H. NUNBERG: Allgemeine Neurosenlehre auf psychoanalytischer Grundlage, mit einem Geleitwort von S. Freud, Bern–Stuttgart ²(verm.) 1959, 243–284.

[118] Vgl. H. BENESCH: Der Ursprung des Geistes. Wie entstand unser Bewußtsein – Wie wird Psychisches in uns hergestellt?, Stuttgart 1977; München (dtv 1542) 1980, 56–75: Die Nervenzelle als Grundlage. «Die Basis des Gehirns, die Nervenzellen verfügen über die Fähigkeiten der Weiterleitung neuronaler Aktionsströme und der erregenden oder hemmenden synaptischen Übertragung. Diese beiden Fähigkeiten werden zu Trägerprozessen dadurch, daß sie Formgebungen aufweisen, die zwei Mustergruppen, rhythmische Impulsmuster und figurale Verbindungsmuster, bilden. Diese beiden Mustergruppen erschließen zwei Bedeutungslinien, die sich auf der Zellbasis als Erregungspotential und als Beziehungs- und Aneignungspotential kundgeben.» (151) Stets

herrscht dabei das Alles-oder-Nichts-Prinzip; a. a. O., 72; 89.

[119] Vgl. TH. REIK: Dogma und Zwangsidee, 63. Gleichwohl anerkennt REIK (102–103), «daß der Glaubenseifer der Kirche den aller Religionen überstieg. Die heidnischen Römer haben der Staatsraison viele Christen geopfert, aber sie haben sie nicht *ad majorem Dei gloriam* (sc. zur größeren Ehre Gottes, d. V.) verbrannt, und die Roheit ihrer Anschauungen verhinderte sie daran, die Abweichungen im Glauben durch Folter und Autodafé zu korrigieren.» Wenn das gilt, bedarf es einer *besonderen* Erklärung für die Widersprüchlichkeit des Christentums zwischen Liebes*gebot* und faktischer Intoleranz.

[120] Vgl. S. FREUD: Briefe an Wilhelm Fließ 1887–1904. Ungekürzte Ausgabe, hrsg. v. J. M. Masson, dt. v. M. Schröter, Frankfurt 1986, 283–286, den berühmten Brief vom 21. Sept. 1887, wo FREUD die *Traumatheorie* aufgibt und «auf die sichere Kenntnis ihrer (d. h. der Neurose, d. V.) Ätiologie in der Kindheit» meint verzichten zu müssen. Die Einsicht, daß die Psychoanalyse kein Instrument zur Erforschung *äußerer* historischer Fakten ist, hat FREUD gleichwohl nicht davor bewahrt, in *Totem und Tabu* sozusagen denselben Fehler noch einmal zu begehen.

[121] Vgl. R. E. LEAKEY: Die Suche nach dem Menschen, 40–53: Affenähnliche Vorfahren, bes. S. 52–53.

[122] So TH. REIK: Dogma und Zwangsidee, 120–122; vgl. S. FREUD: Totem und Tabu, IX 177–186; doch dagegen schon B. MALINOWSKI: Geschlecht und Verdrängung in primitiven Gesellschaften, 163.

[123] Es gibt nichts im *Koran*, was auch nur entfernt an die «heidnischen» Mytheme erinnern würde. H. M. T. AHMAD: Der Heilige Qur'an. Arabisch und Deutsch, Ahmadiyya Muslim Jamaat ¹1989, 16–20 stellt deshalb als den inneren Sinn der Offenbarung Mohammeds den Glauben an den Einen Gott jenseits aller nationalen und kulturellen Beimischungen hin.

[124] Zum *Osiris*-Mythos vgl. G. ROEDER: Die Osirissage nach Plutarch, in: Urkunden zur

Religion des Alten Ägypten, 15–21; E. BRUN-NER-TRAUT: Altägyptische Märchen, 88–93; bes. J. ASSMANN: Ägypten, 149–177.
[125] Vgl. J. G. FRAZER: Der goldene Zweig, 523–562; 697–710 zur Verwandtschaft des *Osiris* mit *Adonis* und *Attis,* den sterbenden und auferstehenden Vegetationsgottheiten.
[126] Vgl. S. SCHOSKE – D. WILDUNG: Gott und Götter im alten Ägypten, Mainz 1993, 5–35: Ein Name – viele Gestalten; J. ASSMANN: Ägypten, 19–21: Gott und die Götter.
[127] Vgl. S. RADHAKRISHNAN: Weltanschauung der Hindu, 32–63: Der Streit der Religionen. S. 61: «Jede andere Religion außer der eigenen auslöschen, bedeutet eine Art Bolschewismus der Religion, was wir auf jeden Fall verhindern müssen. Wir können dies aber nur tun, wenn wir eine Lösung wie die der Hindu annehmen, welche die Einheit der Religion nicht in einem gemeinsamen Bekenntnis, sondern in einem gemeinsamen Streben sieht.»
[128] Vgl. E. FROMM: Die Entwicklung des Christusdogmas, VI 19–25: Die sozialpsychologische Funktion der Religion.
[129] Vgl. L. GARDET: Der Islam, 48–61: Das islamische Gemeinwesen.
[130] G. VON RAD: Theologie des Alten Testamentes, I 193–200: Die Offenbarung des Jahwenamens.
[131] Vgl. G. VON RAD: Theologie des Alten Testamentes, I 216–225: Das erste Gebot und Jahwes Eiferheiligkeit.
[132] Vgl. *Koran* V 69: «Diejenigen, die glauben (d. h. die Muslime), und diejenigen, die dem Judentum angehören, und die Sabier und die Christen, – (alle) die, die an Gott und den jüngsten Tag glauben und tun, was recht ist, brauchen... keine Angst zu haben.» Vgl. II 62; XXII 17.
[133] Vgl. A. VON HARNACK: Lehrbuch der Dogmengeschichte, I 496–550: Das kirchliche Christenthum und die Philosophie. Die Apologeten, bes. S. 525–550: Die Lehren des Christenthums als der geoffenbarten, vernünftigen Religion.
[134] Vgl. G. VON RAD: Theologie des Alten Testamentes, I 225–232: Das Bilderverbot im Alten Testament, bes. S. 331.

[135] Vgl. A. GARDINER: Egyptian Grammar, being an Introduction to the Study of Hieroglyphs, Oxford ³(rev.) 1957, §5–8; Lesson I–II, §6–10; 25–38; K. FÖLDES-PAPP: Vom Felsbild zum Alphabet. Die Geschichte der Schrift von ihren frühesten Vorstufen bis zur modernen lateinischen Schreibschrift, Stuttgart 1984, 70–78; 90–97.
[136] Vgl. ASSMANN: Ägypten, 50–63: Bild und Kult, der das *Bild* als Herabkunft (descensio) des Göttlichen auffaßt: «Die himmlischen Handlungen werden auf Erden nachvollzogen, und Ägypten ist ein Tempel, weil dieses Land der Ort ist, wo nach den ‹Direktiven› des Himmels gehandelt wird... Die Statuen, so heißt es, haben zwei Naturen, eine göttliche und eine materielle, die eine oberhalb, die andere unterhalb des Menschen.» (51) Bes. S. 113–135: Heiliges Wort und heiliges Wissen; Sprache, Sinn und Handlung.
[137] Vgl. z.B. *Isis* als Baumgöttin; E. NEUMANN: Die Große Mutter, 229–253: Die Herrin der Pflanze. H. KEES: Der Götterglaube im Alten Ägypten, 83–92: Pflanzenkulte; B. JOHNSON: Die Große Mutter in ihren Tieren, 65–111: Vogel und Baum.
[138] Vgl. G. VAN DER LEEUW: Phänomenologie der Religion, 37–46: Heiliger Stein und Baum, bes. S. 41–42 zu dem *Berg* als «Urhügel» und «ältester Himmel»; H. KEES: A. a. O., 93–95; W. Y. EVANS-WENTZ: Cuchama. Heilige Berge der Welt (1981), übers. v. C. u. R. Taschner, Basel 1984.
[139] Vgl. G. VAN DER LEEUW: A. a. O., 46–54: Heiliges Wasser und Feuer; auch M. NINCK: Die Bedeutung des Wassers im Kult und Leben der Alten, 1921.
[140] Vgl. K. KERÉNYI: Zeus und Hera, 99–100, der meint, die Überlieferung, wie *Zeus* sich in einen *Kuckuck* verwandelte, ehe er *Hera* heiratete, ordne Zeus «in die Geschichte der Herareligion von Argos» ein, indem sie «Zeus als ... Eindringling in den mutterrechtlichen Bereich, in dem Hera... herrschte», darstelle.
[141] Vgl. E. MENSCHING: Hirsch, in: dtv. Der Kleine Pauly, II 1181–1182, der auf die Nähe des Hirsches zur Göttin Artemis hinweist. Zu dem *Hirschkult* der Kelten vgl. R. LANTIER:

Keltische Mythologie, in: H. W. Haussig (Hrsg.): Wörterbuch der Mythologie, II 99–162, S. 106–107.

[142] Vgl. G. MENSCHING: Die Religion, 29–30: Die Religion der Babylonier und Assyrer – Die Religion der astralen Beziehungen; G. VAN DER LEEUW: Phänomenologie der Religion, 54–66: Die heilige Oberwelt; F. BOLL: Sternenglaube und Sternendeutung, ²1919.

[143] Vgl. D. O. EDZARD: Die Mythologie der Sumerer und Akkader, in: H. W. Hassig (Hrsg.): Wörterbuch der Mythologie, I 17–140, S. 101–103: Mondgott.

[144] Vgl. F. BOLL: Die Sonne im Glauben und in der Weltanschauung der alten Völker, 1922; K. SETHE: Zur altägyptischen Sage vom Sonnenauge, das in der Fremde war, 1912.

[145] Vgl. G. VON RAD: Theologie des Alten Testamentes, II 149–158: Hosea, über die Gefahr der «Auflösung des patriarchalischen Jahweglaubens im kanaanäischen Fruchtbarkeitskultus.» (150) Vgl. dagegen H. BRUNNER: Altägyptische Religion. Grundzüge, Darmstadt 1983, 51: «Von der Erschaffung der Menschen wird (sc. in der ägyptischen Religion, d. V.) nur in einem Wortspiel berichtet, nämlich, daß sie aus den Tränen des Schöpfergottes hervorgegangen sind … Während im Alten Testament in den Mythologemen über die Erschaffung der Menschen wesentliche theologische Aussagen stecken, spielt der Mensch in den altägyptischen Mythen kaum eine Rolle; für ägyptische Vorstellung ist er nicht Mittelpunkt oder Gipfel der Schöpfung, sondern an wenig hervorgehobener Stelle lediglich in sie eingebettet.»

[146] Zumindest gilt dies in dem allgemeinen Sinne, den K. HÜBNER: Die Wahrheit des Mythos, München 1985, 344 betont: «Mythos und Religion sind nicht das gleiche, aber während der Mythos von der Religion getrennt werden kann, gibt es keine Religion ohne Mythos.»

[147] Vgl. W. SCHADEWALDT: Die Anfänge der Philosophie bei den Griechen. Die Vorsokratiker und ihre Voraussetzungen. Tübinger Vorlesungen, Bd. 1, hrsg. v. I. Schudoma, Frankfurt (sv 218) 1978, 301–307, zu XENOPHANES, und S. 351–433, zu HERAKLIT.

[148] A. COMTE: Die Soziologie. Die positive Philosophie im Auszug, hrsg. v. F. Blaschke, Stuttgart (Kröner 107) 1974, 401 nennt in seinem Dreistadiengesetz «drei Hauptstadien der Vergangenheit», die «den drei Formen des theologischen Geistes» entsprechen: «der des Fetischismus bei seinem ersten Erwachen, der polytheistischen Form zur Zeit seines größten Glanzes und der monotheistischen bei dessen Verfall.» (413)

[149] Vgl. A. ALT: Der Gott der Väter (1929), in: Kleine Schriften zur Geschichte des Volkes Israel, 3 Bde., München ³1963, I 1–78.

[150] Vgl. J. HILLMAN: Am Anfang war das Bild. Unsere Träume – Brücke der Seele zu den Mythen (1979), übers. v. D. Engelke, München 1979, 67–86, bes. S. 72–82: Gegensatzdenken.

[151] J. ASSMANN: Ägypten, 19–21 weist darauf hin, daß der «Polytheismus» der Ägypter (und der Griechen) die Vorstellung des Gottes einschloß. «Dieser Widerspruch ist logisch nicht aufzulösen. Wir haben es mit einer echten Komplementarität zu tun … Die Wirklichkeit der Götter, in einer polytheistischen Religion, beruht auf der mythischen Erfahrung der Welt als Handlung. In den menschlicher Verfügung entzogenen und zugleich existenziell bedeutsamen Vorgängen erblickt der Mythos das Walten der Götter …: einmal, weil die Wirklichkeit selbst differenziert und vielfältig ist …; zum anderen, weil die Wirklichkeit als Handlung ausgelegt wird.» Vgl. H. KEES: Der Götterglaube im Alten Ägypten, Leipzig 1956; Darmstadt 1980, 286–300: Memphis; 344–366: Theben; 329–337: Abydos (die Wallfahrtsstadt des Osiris) sowie S. 401–410: Osiris; neben S. 230–241: Heliopolis (der Stadt des Re).

[152] H. KEES: A. a. O., 303–305: Dendera (der oberägyptischen Hathorstadt), neben 200–201: Isis in Koptos. Wie man die ägyptische Götterlehre vereinheitlichte zugunsten einer neuen einheitlichen Staatslehre, dazu vgl. S. 203–214.

[153] Vgl. J. W. VON GOETHE: Maximen und Reflexionen, Nr. 807, S. 154 sagt es noch genauer: «Wir sind naturforschend Pantheisten, dichtend Polytheisten, sittlich Monotheisten.»

[154] Vgl. W. BARTA: Untersuchungen zum Göt-

terkreis der Neunheit, München (MÄZ 28) 1973, 190–191: «Die memphitische Theologie..., die den Gott Ptah als Urgott über Atum und seine Neunheit setzt, nennt als wirkende Kräfte des Schöpfergottes die Organe Herz und Zunge, denen als Abstraktionen die Begriffe Erkenntnis (si³) und Ausspruch (ḥw) entsprechen; denn im Herzen, dem Sitz des Verstandes, entsteht die Erkenntnis, die ihre Wirksamkeit dann durch den Ausspruch der Zunge erhält... in Memphis legte man Wert darauf, sich bei der Schilderung des Schöpfungsvorganges von der älteren, in Heliopolis geprägten Form zu unterscheiden. Der dabei sichtbar werdende Wunsch nach Vergeistigung wird wohl vor allem auf das Verlangen zurückzuführen sein, sich gegenüber Heliopolis als Kultkonkurrenz zu profilieren.» Da haben wir also in der memphitischen Theologie eine Weltschöpfungslehre aus der Vernunft und dem Wort des Schöpfergottes selber! Es klingt unwahrscheinlich, daß solch zentrale Einsichten der Religionsgeschichte lediglich priesterlichem Macht- und Geldstreben entstammen sollten, wie W. BARTA annimmt. Vgl. auch H. KEES: Der Götterglaube im Alten Ägypten, 228–229.

[155] A. DE SAINT-EXUPÉRY: Die Stadt in der Wüste, in: Gesammelte Schriften, II 115 (Nr. 21).

[156] A. a. O., II 117 (Nr. 21).

[157] Vgl. dazu A. VON HARNACK: Lehrbuch der Dogmengeschichte, I 496–796: Fixierung und allmähliche Hellenisierung des Christenthums als Glaubenslehre. Vgl. daneben: S. HUNKE: Allahs Sonne über dem Abendland. Unser arabisches Erbe, Stuttgart 1960; Frankfurt (Fischer Tb. 3543) 1990, 224–226, die zu Recht die *Toleranz* des Islam im 9. Jh. hervorhebt: «diese (sc. die Mauren) sind gekommen zu herrschen – nicht, zu bekehren und gleiche zu machen.» (199)

[158] Vgl. R. BULTMANN: *pisteuo* (glauben): Der Glaube im Judentum, in: Theologisches Wörterbuch zum Neuen Testament, VI 197–230; M. BUBER: Zwei Glaubensweisen (1950), in: Werke, I. Bd., München 1962, 651–782.

[159] Vgl. G. QUELL: *agapao* (lieben): Die Liebe im AT, in: Theologisches Wörterbuch zum Neuen Testament, hrsg. von G. Kittel, 1. Bd., Stuttgart 1933, 20–34; E. STAUFFER: *agapao*, a. a. O., I 34–55.

[160] Zur Kategorie des *Anfangs* vgl. E. DREWERMANN: Strukturen des Bösen, I. Bd., S. XVIII–XXXI.

[161] Am 30. Nov. 1215 verkündete das 4. Lateran-Konzil unter *Innozenz III.*, daß Gott «in seiner Allmacht am Anfang der Zeit aus dem Nichts zugleich beiderlei Geschöpf, das geistige und das körperliche, schuf.» DS 800. Verurteilt wurden am 27. März 1329 von *Johannes XXII.* in der Constitution *«In agro dominico»* auch die Lehren MEISTER EKKEHARDS (DS 950–980), insbesondere DS 951–953, von der Ewigkeit der Welt. Bereits BASILIUS: Hexaemeron, Schriften II, BKV 47, 1. Homilie, 5–7, S. 14–19 erklärte (I 7, S. 17–18): «...weil viele in ihrem Wahne, die Welt existiere mit Gott von Ewigkeit her, nicht zugaben, daß sie von ihm erschaffen worden, vielmehr behaupteten, sie sei gleichsam als ein Schatten seiner Macht durch und von ihm selbst entstanden, und weil sie Gott wohl als ihren Urheber bekennen, aber als einen Urheber ohne Willen..., um also ihren Irrtum zu berichtigen, bediente sich der Prophet der unzweideutigen Wendung: ‹Im Anfange schuf Gott.›» Desgleichen THOMAS VON AQUIN: Summa theologica I q.46 a.2: «Daß die Welt nicht immer gewesen sei, wird im Glauben allein festgehalten und kann demonstrativ nicht bewiesen werden.» – Es entbehrt nicht der Komik, wenn ST. W. HAWKING: Eine kurze Geschichte der Zeit, 147–148 beschreibt, wie er 1981 zu einer Konferenz über Kosmologie von den Jesuiten in den Vatikan eingeladen und dann zu einer Audienz beim Papst zugelassen wurde. «Er (sc. Papst Johannes Paul II., d. V.) sagte uns, es spreche nichts dagegen, daß wir uns mit der Entwicklung des Universums nach dem Urknall beschäftigten, wir sollten aber nicht den Versuch unternehmen, den Urknall selbst zu erforschen, denn er sei der Augenblick der Schöpfung und damit das Werk Gottes. Ich war froh, daß ihm der Gegenstand des Vortrags unbekannt war, den ich ge-

rade auf der Konferenz gehalten hatte: die Möglichkeit, daß die Raumzeit endlich sei, aber keine Grenze habe, was bedeuten würde, daß es keinen Anfang, keinen Augenblick der Schöpfung gibt. Ich hatte keine Lust, das Schicksal Galileis zu teilen.» Vgl. auch J. Bos-LOUGH: Jenseits des Ereignishorizonts, 116, wie Pius XII. 1951 vor Wissenschaftlern die Urknalltheorie so erklärte: «Die wahre Wissenschaft entdeckt Gott in immer stärkerem Maße, als warte er hinter jeder Tür, die von den Wissenschaftlern aufgestoßen wird.» Davon kann natürlich keine Rede sein, jedenfalls nicht, solange man den «Gott» der kirchlichen Theologie meint; vgl. z.B. P.W. ATKINS: Schöpfung ohne Schöpfer. Was war vor dem Urknall? (1981), dt. v. H. Kober, Reinbek 1984; Reinbek (rororo sachbuch 8391) 1991. – Vgl. dagegen F.W.J. SCHELLING: Philosophie der Offenbarung (1858), Bd. 1, Darmstadt 1983, 306–309 (14. Vorlesung) mit dem «Argument», es habe wohl eine «Zeit» vor der Schöpfung geben können, nicht aber ein ewiges Wollen des Schöpfers, die Welt zu erschaffen.

[162] Dementsprechend wurde im Jahre 1600 G. BRUNO: Zwiegespräch vom unendlichen All und den Welten, hrsg. v. L. Kuhlenbeck, Jena–Leipzig 1904 für seine These von den unendlich vielen Welten auf dem Blumenmarkt von Rom bei lebendigem Leibe verbrannt.

[163] N. KOPERNIKUS: De revolutionibus orbium coelestium libri VI, Nürnberg 1543; Faksimile: Amsterdam 1943; dt.: Über die Kreisbewegungen der Weltkörper, übers. u. komm. v. C. L. Menzzer, Leipzig 1939.

[164] G. GALILEI: Dialogo, Florenz 1632; dt.: Dialog über die beiden hauptsächlichen Weltsysteme, das ptolemäische und das kopernikanische, übers. v. E. Strauß, Leipzig 1891.

[165] CH. DARWIN: Die Entstehung der Arten durch natürliche Zuchtwahl (1859), übers. v. C. W. Neumann, Nachw. v. G. Heberer, Stuttgart (reclam 3071–80) 1974. – Man muß sich klarmachen, daß es bis zum 12. August 1950 dauerte, bis Papst Pius XII. in der Enzyklika Humani generis den Katholiken immerhin schon erlaubte, «den Ursprung des menschlichen Leibes aus schon vorliegender und be-

lebter Materie» zu untersuchen! Von einer Evolution der menschlichen Seele war (und ist) immer noch theologisch kein wirklicher Gedanke.

[166] Zur Stelle vgl. O. KAISER: Der Prophet Jesaja, Kap. 1–12, ATD 17; Göttingen ²(verb.) 1963, 79–82.

[167] J. ASSMANN: Ägypten, 141–144: Die Zeugung des Sohnes; 144–149: Die Genealogie des Kosmos und des Königtums; vgl. auch E. DREWERMANN: Dein Name ist wie der Geschmack des Lebens, 44–51.

[168] So unbeirrt immer noch WK 496–511. Wenn P. HÜNERMANN: Mangel an Gegenwart. Der neue katholische Katechismus, in: Lutherische Monatshefte, 32. Jg., August 93, 13–15 meint: «Der undifferenzierte Umgang mit Schriftaussagen im Katechismus der katholischen Kirche weckt zweifellos die Gefahren eines gewissen Fundamentalismus», so ist diese Kritik so vorsichtig, daß sie schon fast falsch im Richtigen wird: eine Kirche, die den Gläubigen unter Androhung des Kirchenausschlusses im Jahre 1993 vorschreibt, die Jungfräulichkeit Mariens als ein biologisches Faktum für bare Münze zu nehmen, weckt nicht «die Gefahr» des Fundamentalismus, eine solche Kirche ist selber aus dem Dauerschlaf fundamentalistischer Ungeistigkeit und notorischer Unwahrhaftigkeit ein für allemal nicht aufzuwecken.

[169] So die ganz richtige These bei E. BRUNNER-TRAUT: Pharao und Jesus als Söhne Gottes (1961), in: Gelebte Mythen. Beiträge zum altägyptischen Mythos, Darmstadt 1981, 34–54.

[170] Vgl. A. VON HARNACK: Lehrbuch der Dogmengeschichte, I 637–697: Die Umbildung der kirchlichen Überlieferung oder der Ursprung der wissenschaftlichen, kirchlichen Theologie und Dogmatik, wo bes. die alexandrinische Katechetenschule (CLEMENS VON ALEXANDRIEN, ORIGENES) beschrieben wird. Vgl. A. VON HARNACK: Das Wesen des Christentums, 135–145, zu dem Intellektualismus und Traditionalismus vor allem der griechischen Theologie: «Die Theologen der griechischen Kirche sind davon überzeugt, daß die christliche Glaubenslehre und natürliche Philosophie sich eigentlich nur dadurch unterschei-

den, daß jene die Lehre von der Gottmenschheit (und der Trinität) umfaßt.» (137) *Das* drückt sich aus in der Formel, Jesus Christus sei *der Logos.* (137 f.)

[171] Zu den «Beweisen» von der *Unsterblichkeit der Seele* vgl. ATHENAGORAS: Über die Auferstehung der Toten, in: Frühchristliche Apologeten, I 326–365, wo es besonders um Vernunftgründe für die «Leiblichkeit» der «Auferstehung» geht.

[172] Vgl. die «Summe» bei MINUCIUS FELIX: Dialog Octavius, in: Frühchristliche Apologeten, II 123–204, XXXVIII 6–7, S. 202–203: «Wir, die wir die Weisheit nicht im Philosophenmantel, sondern in unserer Gesinnung zeigen, deren Stärke nicht in Worten, sondern im Wandel ruht, dürfen uns rühmen, das erreicht zu haben, was jene (sc. die Philosophen der Antike, d. V.) suchten, aber nicht finden konnten. Warum sind wir undankbar dafür, warum mißgönnen wir es uns selbst, wenn die Wahrheit über Gott in unserer Zeit zur Reife gelangt ist? Genießen wir vielmehr unser Glück und setzen wir unsere Ansicht über das Gute ins richtige Verhältnis: der Aberglaube soll gebannt, die Gottlosigkeit abgetan, die wahre Religion erhalten bleiben.» – Da ist das Christentum die realisierte Erfüllung der hellenistischen Philosophie!

[173] Vgl. K. DESCHNER: Kriminalgeschichte des Christentums, I 143–181: Die Verteufelung von Christen durch Christen beginnt; 183–212: Der Angriff auf das Heidentum erfolgt. Vgl. in diesem Sinne etwa FIRMICUS MATERNUS: Vom Irrtum der heidnischen Religionen, in: Frühchristliche Apologeten, II 205–288, XVI 1, S. 252, der «schärfste Gesetze und Erlasse» fordert, damit der «irrige Wahn» des Heidentums «von Grund aus... vernichtet» werde.

[174] Vgl. ARISTIDES: Apologie, in: Frühchristliche Apologeten I 1–54.

[175] MINUCIUS FELIX: Dialog Octavius, s. o. Anm. 172.

[176] EUSEB: Kirchengeschichte, Schriften II, aus dem Griech. übers. v. P. Haeuser, München (BKV, 2. Reihe, Bd. 1) 1932.

[177] Vgl. SENECA: Trostschrift an Marcia, in:

Philosophische Schriften, lat.-dt., 1. Bd., hrsg. u. übers. v. M. Rosenbach, Darmstadt 1980, 313–393 – über die Trostgründe gegen den Tod.

[178] Vgl. TACITUS: Annalen, hrsg. v. C. Hoffmann, Wiesbaden (Vollmer V.) o. J., z. B. Buch III 53–55, S. 136–138: den Brief des Tiberius an den Senat über die Beseitigung moralischer Mißstände nebst den nachfolgenden Reflexionen.

[179] Vgl. HORAZ: Ars Poetica. Die Dichtkunst, lat.-dt., übers. v. E. Schäfer, Stuttgart (reclam 9421) 1972.

[180] Die Ausbildung von Priesteramtskandidaten bleibt bei der Klerusfixiertheit der kath. Kirche ein Dauerthema. Vgl. *Dekret über die Priestererziehung*, DVK 149–158, wo, wie stets beim 2. Vatic. Konzil, die Quadratur des Kreises versucht wird: § 15, S. 156 soll der «Fortschritt der modernen Naturwissenschaften» berücksichtigt werden, aber nach § 16, S. 156 soll die «dogmatische Theologie» «mit Thomas (sc. von Aquin, d. V.) als Meister, die Heilsgeheimnisse... erhellen.» Am 16. Mai 1989 gab die *Deutsche Bischofskonferenz:* Lineamente zur Bischofssynode über *Die Priesterbildung unter den derzeitigen Verhältnissen* heraus, wo es, 2. Teil § 7, S. 13 heißt: «Durch die Weihe Christus gleichgestaltet, ist der Priester nur zu verstehen in Abhängigkeit von Jesus Christus. Der Dienst des Priesters macht ihn zum ‹Zeugen des Evangeliums der Gnade Gottes› und zum ‹Ausspender der Geheimnisse›. Diese Dimension des Geheimnisses verkürzt keineswegs die Menschlichkeit des Priesters, der, allen nahe und solidarisch mit seinem Volk, fähig sein muß, die Verantwortlichkeiten des Hirten zu tragen.» Einmal abgesehen von dem sprachlichen Schwulst und den müden Tautologien, tritt hier die Mystifikation der beamteten Entfremdung besonders deutlich hervor: der Priester nimmt die Gestalt *Christi* an, so wie die Kirche ihn definiert, und eben: die Abhängigkeit von der *Kirche*, die sich an die Stelle Christi selbst setzt, macht es möglich, den Monopolanspruch auf «Evangelium» und «Gnade» standesgemäß «richtig» zu verwalten.

[181] Vgl. JOHANNES PAUL II.: Sacrosanctum

Concilium über die heilige Liturgie, 4. 12. 1988, hrsg. von der dt. Bischofskonferenz, Verlautbarungen des Apostolischen Stuhls 89, IV c, S. 16, wo der 25. Jahrestag des 2. Vatic. Konzils genutzt wird, um die wenigstens im kirchlichen Innenraum praktizierten «liturgischen» Freiheiten wieder einzuschränken. Es heißt dort: «Man kann es nicht hinnehmen, daß einige Priester sich das Recht anmaßen, eucharistische Hochgebete zusammenzustellen oder Texte der Heiligen Schrift durch profane Texte zu ersetzen. Initiativen dieser Art – weit davon entfernt, mit der Liturgiereform als solcher oder den aus ihr hervorgegangenen Büchern verbunden zu sein – widersprechen ihr direkt, entstellen sie und berauben das christliche Volk des authentischen Reichtums der Liturgie der Kirche.» «So findet man bisweilen... Mißbräuche in der Praxis der Generalabsolution, Verwechslungen zwischen dem Amtspriestertum, das an die Weihe gebunden ist, und dem gemeinsamen Priestertum der Gläubigen, das sein eigenes Fundament in der Taufe hat.» «Es ist die Aufgabe der Bischöfe, dies zu unterbinden, da die Regelung der Liturgie im Rahmen des Rechts vom Bischof abhängt und ‹das Leben seiner Gläubigen in Christus gewissermaßen von ihm ausgeht.›» – Klarer läßt sich der Wille der kath. Kirche, das *Amtspriestertum* von den Gläubigen zu *trennen,* um es als einen notwendigen «Heils*dienst*» zu etablieren, kaum dokumentieren; denn so ist es nach kath. Selbstverständnis: das Leben der Welt, das Heil in Christus, der Glaube der Gläubigen geht aus – von den Bischöfen als den «Nachfolgern» der Apostel. Da hat sich in den letzten 60 Jahren nichts geändert gegenüber den Feststellungen von F. HEILER: Der Katholizismus, 324: «Eben deshalb, weil nicht die lebendige christliche Frömmigkeit die Grundkraft der kurialen Wirksamkeit ist, darum entbehren die Dekrete und Entscheidungen der römischen Oberbehörde... jeder religiösen Wärme und Innigkeit. Die papal-kuriale Phraseologie ist durchaus frostig und stereotyp, nicht selten hohl und fad. Da schwingen nicht die zarten und reinen Klänge der innigen Gottes- und Bruderliebe, da vernehmen wir nur die mono-

tone Amtssprache einer unpersönlichen Behörde, die ihren Willen kundgibt und Gehorsam fordert.» (324)

[182] Vgl. H. MÜLLER-KARPE: Geschichte der Steinzeit, 291–313: zur Totenbehandlung in der Jungsteinzeit; S. 309, der annimmt, «daß ein expliziter Glaube an ein Weiterleben nach dem Tode und darauf abzielende Bestattungssitten und Grabformen erst die europäischen Kulturen der Kupferzeit kennzeichnen.» Doch 248: «Ausschlaggebend ist hier (sc. beim Umgang mit dem Tod und dem Toten, d. V.)... das angesichts eines Toten in besonderer Intensität zum Bewußtsein kommende Erleben dessen, was man Ewigkeit nennt.»

[183] Vgl. A. E. IMHOF: Die gewonnenen Jahre. Von der Zunahme unserer Lebensspanne seit dreihundert Jahren oder von der Notwendigkeit einer neuen Einstellung zum Leben, München 1981, 19–21. J. MELLAART: Çatal Hüyük. Stadt aus der Steinzeit, 270 bemerkt, daß nur wenige Bewohner der neolithischen Siedlung in Südanatolien vor ca. 8000 Jahren älter als vierzig Jahre geworden sein dürften.

[184] Lakonisch bemerkt J. W. VON GOETHE: Maximen und Reflexionen, Nr. 819, S. 156: «Die christliche Religion ist eine intentionirte politische Revolution, die, verfehlt, nachher moralisch geworden ist.» Richtiger sollte es heißen: «Was Jesus wollte, bedeutete eine religiöse Revolution, die, als ihr Elan nachließ, sich als eine bürgerlich verwaltete Religionsform mit universalistischem Anspruch etablierte.»

[185] So der DALAI LAMA, in: Dalai Lama – E. Drewermann: Der Weg des Herzens. Gewaltlosigkeit und Dialog zwischen den Religionen, hrsg. v. D. J. Krieger, Olten–Freiburg 1992, S. 31–32: «Es gibt Menschen, denen der eine Glaube mehr hilft und eine größere Wirkung erzielt als der andere... Es ist ja... unmöglich, jedem kranken Menschen mit derselben Medizin zu helfen. Unterschiedliche Kranke mit unterschiedlichen Krankheiten brauchen... verschiedene Medizinen.»

[186] Vgl. W. DILTHEY: Das Wesen der Philosophie (1907), in: Die geistige Welt. Einleitung in die Philosophie des Lebens. 1. Hälfte: Abhandlungen zur Grundlegung der Geisteswis-

senschaften. Ges. Schriften, V. Bd., Stuttgart–Göttingen, 339–416, S. 382: «Wenn die Lebenserfahrung ein an den Erlebnissen fortschreitendes Sichbesinnen über die Lebenswerte, die Wirkungswerte der Dinge und die daraus fließenden höchsten Zwecke und obersten Regeln unseres Handelns ist, so liegt nun das Eigentümliche der religiösen Lebenserfahrung darin, daß sie, wo die Religiösität sich zu vollem Bewußtsein erhebt, in dem Verkehr mit dem Unsichtbaren den höchsten und unbedingt gültigen höchsten Wirkungswert, das, von dem alles Glück und alle Seligkeit ausgeht, erfährt: woraus sich dann auch ergibt, daß von diesem Unsichtbaren aus alle Zwecke und Regeln des Handelns bestimmt werden müssen. Hierdurch ist nun das Unterscheidende in der Struktur der religiösen Weltanschauung (sc. gegenüber der Philosophie, d. V.) bedingt. Sie hat ihren Mittelpunkt in dem religiösen Erlebnis, in welchem die Totalität des Seelenlebens wirksam ist.» Die Religion ist m. a. W. der Erfahrungsort seelischer Einheit inmitten einer als Einheit gedeuteten Weltwirklichkeit.

[187] Vgl. I. KANT: Kritik der reinen Vernunft (1781), Werke in 12 Bden., hrsg. v. W. Weischedel, Frankfurt 1968, III–IV, Bd. 3, 311–314, zu der Unterscheidung zwischen den Kategorien des Verstandes und den Ideen der Vernunft.

[188] Vgl. S. KIERKEGAARD: Philosophische Brosamen und Unwissenschaftliche Nachschrift (1844), hrsg. v. H. Diem und W. Rest, Köln 1959; München (dtv) 1976, 1. Teil § 3, S. 177: «Das Problem (sc. ob die Jahrhunderte die Wahrheit des Christentums beweisen, d. V.) ist objektiv (d. h. existentiell unredlich, d. V.) gestellt; die solide (d. h. durch Angst unberührte, d. V.) Subjektivität denkt so: ‹daß bloß die Wahrheit des Christentums gewiß und klar sein, ich werde schon Manns genug sein, um sie anzunehmen, das ergibt sich von selbst.› Das Unglück ist bloß, daß die Wahrheit des Christentums durch ihre paradoxe (d. h. dem Verstand unverständliche, d. V.) Form etwas mit der Brennessel gemein hat; die solide Subjektivität verbrennt sich nur, wenn sie so ohne weiteres zugreifen will; oder richtiger... sie er-

greift es gar nicht, sie ergreift seine objektive Wahrheit so objektiv, daß sie selbst draußen bleibt.»

[189] Zur Darstellung der HEGELschen Philosophie vgl. E. DREWERMANN: Strukturen des Bösen, III 60–75. Zum Begriff des «aufhebens» vgl. G. W. F. HEGEL: Wissenschaft der Logik, Nürnberg 1816; hrsg. v. G. Lasson, 2 Bde., Hamburg (Philos. Bibl. 56/57) 1963, I 93–95 (Erstes Buch, Erster Abschnitt: Sein, C 3 Anmerkung. Der Ausdruck: Aufheben).

[190] Vgl. S. KIERKEGAARD: Furcht und Zittern, Kopenhagen 1843; übers. v. L. Richter, Hamburg (rk 89) 1961; Werke III 7–10: Vorwort.

[191] A. a. O., Problemata. Vorläufige Expectoration, 44: «Durch den Glauben übe ich nicht Verzicht auf etwas, im Gegenteil, durch den Glauben bekomme ich alles... Es gehört ein rein menschlicher Mut dazu, auf alles Zeitliche zu verzichten, um die Ewigkeit zu gewinnen, aber diese gewinne ich und kann auf sie in alle Ewigkeit nicht verzichten...; aber es gehört ein paradoxer und demütiger Mut dazu, die ganze Zeitlichkeit nun kraft des Absurden zu erfassen, und dieser Mut ist der des Glaubens.»

[192] A. SCHOPENHAUER: Parerga und Paralipomena, 2. Bd., Sämtliche Werke, hrsg. v. A. Hübscher, Bd. 6, Wiesbaden 1947, Kap. 1: Über Philosophie und ihre Methode § 14, S. 14: «Die Religionen haben sich der metaphysischen Anlage des Menschen bemächtigt, indem sie theils solche durch frühzeitiges Einprägen ihrer Dogmen lähmen, theils alle freien und unbefangenen Äußerungen derselben verbieten und verpönen.» Vgl. auch Kap. 15: Über Religion, S. 343–428, § 174, bes. S. 356–357.

[193] Vgl. zu der notwendigen Forderung des Glaubens, ein *Einzelner* zu werden, S. KIERKEGAARD: Furcht und Zittern, Problem II, S. 74: «Der wahre Glaubensritter ist immer in der absoluten Isolation, der unechte ist sektiererisch... Der tragische Held drückt das Allgemeine aus und opfert sich für dieses. Statt dessen hat der sektiererische Hanswurst ein Privattheater... Des Glaubens Ritter dagegen, er ist das Paradox, er ist der Einzelne, absolut nur der Einzelne ohne alle Verbindungen und Weitläufigkeiten. Das ist das Entsetzliche, was

der sektiererische Attrappenmensch nicht aushalten kann. Anstatt nämlich daraus zu lernen, daß er nicht imstande ist, das Große zu vollbringen,... meint der Stümper, daß er es können wird, wenn er sich mit einigen anderen Stümpern vereinigt. Aber... in der Welt des Geistes wird keine Schwindelei geduldet... Die Sektierer übertäuben einander mit Radau und Lärm, halten die Angst fort durch ihr Geschrei, und eine solche krakeelende Herrenpartie meint, den Himmel zu stürmen.» In diesem Sinne ist das ganze Kirchenchristentum eine bloße Sektiererei mit der entsprechenden Sozialpsychologie: einer Sekte!

[194] S. FREUD: Massenpsychologie und Ich-Analyse, XIII 139–143, über die Hypnose als Regression zu der Auslieferung des kindlichen Ichs an die Mutter (begütigend) oder den Vater (drohend); S. 132–134 deutet FREUD den *Herdentrieb* als Ersetzung der Rivalität durch ein Massengefühl: «Man denke an die Schar von schwärmerisch verliebten... Mädchen, die den Sänger oder Pianisten nach seiner Produktion umdrängen. Gewiß läge es jeder von ihnen nahe, auf die andere eifersüchtig zu sein, allein angesichts ihrer Anzahl... verzichten sie darauf, und anstatt sich gegenseitig die Haare auszuraufen, handeln sie wie eine einheitliche Masse.» Zur Parallelisierung von Verliebtheit und Hypnose vgl. a.a.O., 126–128. Vgl. auch S. FERENCZI: Introjektion und Übertragung (1909), in: Schriften zur Psychoanalyse, Ausw. in 2 Bden., hrsg. v. M. Balint, 1.Bd., Frankfurt 1970, 12–47.

[195] TH. REIK: Dogma und Zwangsidee, 104–105.

[196] B. MALINOWSKI: Magie. Wissenschaft und Religion (1948), in: Magie, Wissenschaft und Religion. Und andere Schriften, übers. v. E. Krafft-Bassermann, Frankfurt 1973, 1–74.

[197] Zur Psychologie des *Opfers* vgl. G. VAN DER LEEUW: Phänomenologie der Religion, 393–406; M. MAUSS: Die Gabe. Form und Funktion des Austauschs in archaischen Gesellschaften (1950), eingel. v. E.E. Evans-Pritchard, übers. v. E. Moldenhauer, Frank-

furt 1968, 20–26: Leistung. Gabe und Potlatsch, der die «totale Leistung vom agonistischen Typ» (25) beschreibt.

[198] Vgl. E. ZOLA: Germinal, übers. v. J. Schlaf, Berlin 1952; München (Goldmann Tb. 7605) 1982, 1.Teil, 4.Kap., S. 41–54; 5.Teil, 2.Kap., S. 305–318; bes. 5.Teil, 6.Kap., S. 356–372, die Kastrationsszene.

[199] K. KOLLWITZ: Aus meinem Leben. Ein Testament des Herzens, mit Zeichnungen von Käthe Kollwitz und einem Vorwort von Hans Kollwitz, Freiburg–Basel–Wien (Herder Spektrum 4105) 1992, 97–98: «Es ist genug gestorben. Keiner darf mehr fallen. Ich berufe mich gegen Richard Dehmel auf einen Größeren, welcher sagt: ‹Saatfrüchte sollen nicht vermahlen werden.›» (Abgedruckt im *Vorwärts* vom 22. Okt. 1918)

[200] A. DE SAINT-EXUPÉRY: Nachtflug (1931), übers. v. H. Reisiger, in: Ges. Schriften, Düsseldorf 1959; München (dtv 5959) 1978, 1.Bd., 105–174; Kap. XIV, S. 154.

## 5. Eine neue Synthese von Erfahrung und Poesie oder: Die Suche nach dem Medikament

(Seite 192 bis 267)

[1] Vgl. DVK 223–295: Pastoralkonstitution über «Die Kirche in der Welt von heute», 7. Dez. 1965; es war das – damals! – wohl am meisten «Hoffnung» versprechende Dokument des 2. Vaticanischen Konzils.

[2] Der Titel dafür ist: «Neuevangelisation», und das Konzept dafür: die Bildung elitärer Kleingruppen nach Art des «Opus Dei» oder der Integrierten Gemeinde (München, Hagen). Vgl. G. LOHFINK: Zur Figur der Zwölf im Neuen Testament, in: Mit Jesus sein – von ihm gesandt. Dokumentation zum Priestertag am 3.5. 93 anläßlich des silbernen Bischofsjubiläums von Erzbischof J. J. Degenhardt, 20–34, wo dieser – neben R. PESCH – maßgebende Exeget der Integrierten Gemeinde den Priestern des Erzbistums Paderborn in der Feierstunde ihres Erzbischofs geradeheraus das Konzept – der Integrierten Gemeinde in München als verpflichtendes Gotteswort einzureden sucht. Die Abwehr jeder persönlichen Reflexion klingt bei ihm so (S. 23): «Die Zwölf sind nicht deshalb die Mitte, weil sie heiliger oder vollkommener wären als das Volk; sie sind in nichts besser. Sie bilden die Mitte, weil Jesus sie erwählt hat und weil sie sich zur Verfügung gestellt haben. Niemals geht es um sie selbst, sondern immer um das ganze Gottesvolk.» Da war es also schon ein Fehler, daß die Kirche die Apostel als einzelne «heilig» gesprochen und für einen jeden von ihnen allmonatlich eine Feierstunde eingerichtet hat. «Du bist nichts – dein Volk ist alles» – an diese Massenpsychologie zu glauben, ist da immer noch theologische Pflicht. Denn: «Die Welt sehnt sich schon lange danach (sc. nach einer solchen pfingstlichen Gemeinde, d. V.) – die Welt, die wir Christen zuerst aufgeklärt haben und der wir dann die gelebte Erlösung schuldig geblieben sind.» (34) Die seit eh und je *verweigerte* Aufklärung der kath. Kirche wird da als geistdurchwirkte Zukunft gepriesen – und der Erzbischof steht dazu! Recht hat G. LOHFINK freilich, wenn er dem Theologenstand vorwirft, die Nachfolge Jesu zu verweigern; nur: die «Lösung» liegt nicht unterhalb, sondern *oberhalb* des theologischen und vor allem: des philosophischen und psychologischen Reflexionsniveaus unserer Zeit.

[3] Vgl. F. HEILER: Der Katholizismus, 475–555: Der mystische Gottesumgang, der vor allem den Einfluß der Mystik auf die Eucharistiefrömmigkeit der Kirche hervorhebt. HEILER hat recht und unrecht zugleich, wenn er erklärt, daß die Mystiker «allezeit... treue Kinder der Kirche gewesen (sind), die ihre Mutter war», und fortfährt: «Diese Kirchenliebe... beruht nicht auf... Schwäche, sondern auf einer unendlichen Weite. Sie sind wahrhaft freie Menschen, ihre herrliche Freiheit ist für sie unverlierbar, darum können sie sich allen äußeren Kirchenordnungen und Kirchengesetzen fügen, von denen ihre innerste Gottesgemeinschaft unberührt bleibt. Sie sind elastische Menschen...» (S. 538) Wohl wahr; aber es verkennt den wahren Ansatzpunkt jeder wirklichen Kirchenkritik: die seelsorgliche Misère der Kirche! Dem Mystiker mag es ja für gering erscheinen, wenn die Kirche z. B. die Wiederverheiratung Geschiedener verbietet; aber wenn mehr als 30 % der Bevölkerung das direkte *Opfer* des kirchlichen Unverstandes sind – wie will da ein Priester, ein «normaler» Mensch leben, *ohne* dem kirchlichen Lehramt entgegenzutreten? Nicht «Elastizität», sondern Rückgrat ist hier vonnöten.

[4] Vgl. R. PANIKKAR: Der Weisheit eine Wohnung bereiten, hrsg. v. Ch. Bochinger, München o. J. (1991?), 66, der Meister ECKHART zitiert: «das Wesen der Seele ist ferne vom Reich der Welt, weil es in einer anderen Welt oberhalb der Seelenvermögen, oberhalb des Intellekts und des Willens ist... In das Wesen der Seele aber dringt niemals ein Geschaffenes ein und Gott selbst nur ohne irgendwelche Hilfe.» «Wesen» der Seele oder «Seelenfünklein» (scintilla animae) meint dasselbe. Vgl. dazu auch D. T. SUZUKI: Der westliche und der östliche Weg (1957), übers. v. L. u. W. Hilsbecher, Frankfurt (Ullstein Tb. 299) 1960, 76–90: Ein

«Pünktlein» und Satori – zur Interpretation von Meister ECKHARTS Lehre «Gott habe ein ‹Pünktlein› gelassen, um uns... zu erinnern, daß wir alle endliche Wesen sind.» (78)

⁵ Vgl. K. JASPERS: Der philosophische Glaube, München 1948; Frankfurt (Fischer Tb. 249), 1958, 17–23: Die Weisen des Umgreifenden und der Glaube.

⁶ Vgl. MECHTHILD VON MAGDEBURG: «Ich tanze, wenn du mich führst.» Ein Höhepunkt deutscher Mystik, ausgew., übers. u. eingel. v. M. Schmidt, Freiburg (Herder 1549) 1988, 57: «‹Woraus bist du erschaffen, o Seele, daß du so hoch steigst über alle Kreaturen und dich mengst in die Heilige Dreifaltigkeit und doch ganz in dir selber bleibst?› – ‹... mich erschuf die Liebe an dem selben Ort. Darum kann kein Geschöpf meiner adeligen Natur weder Zuversicht geben noch etwas wegnehmen denn allein die Liebe.» M. SCHMIDT, a. a. O., 23 sagt in der Einleitung, was von allen «mystischen» Büchern in der kath. Kirche bis heute gilt: «Ihr Buch steht zwischen Scheiterhaufen und Verehrung.»

⁷ Papst JOHANNES XXII: Constitutio «In agro dominico» vom 27. 3. 1329 verurteilte die «Irrtümer» Eckharts in bezug auf das Verhältnis Gottes zur Welt und zum Menschen (DS 950–980), darunter Sätze wie: «Gott selbst – sogar wer ihn lästert, lobpreist ihn!» (DS 956) Oder: «Gott liebt die Seelen, nichts Äußerliches» (DS 969), oder: «Ein guter Mensch ist Gottes eingeborener Sohn» (DS 970), oder: «Gott ist nicht gut noch besser noch am besten; so spreche ich (im Grunde) fälschlich, wann immer ich Gott gut nenne, so wie wenn ich weiß schwarz nennen würde.» (DS 978)

⁸ Vgl. J. TAULER: Gotteserfahrung und Weg in die Welt, hrsg., eingel. u. übers. v. L. Gnädinger, Olten-Freiburg 1983, 53–57: Die Gottesgeburt im Menschen. – Es scheint unmöglich, daß diese Auslegung des Weihnachtsevangeliums selbst 650 Jahre später noch «Fragen» zulassen könnte wie die von Erzbischof J. J. DEGENHARDT: «Ist der Schoß der Jungfrau Maria nur ein... Symbol?» Vgl. P. EICHER (Hrsg.): Der Klerikerstreit. Die Auseinandersetzung um Eugen Drewermann,

München 1990, 231: Erzbischof Degenhardt an E. Drewermann vom 5. 1. 1987. – Als TAULER in Straßburg lehrte, stand die Stadt von 1329–1353 unter päpstlichem Edikt; als am 6. August 1338 Ludwig der Bayer den Befehl erließ, der Klerus habe das päpstliche Interdikt zu mißachten, löste der Dominikanerkonvent sich auf; 1342–43 lehrte TAULER in Basel. Allein schon seine Nähe zu Meister Eckhart war eine «Gefahr». 1346–47 kehrte TAULER nach Straßburg zurück; er verstarb 1361.

⁹ Vgl. T. VON AVILA: Die Seelenburg, Sämtl. Schriften, Bd. V, übers. u. bearb. v. A. Alkofer, München–Kempten 1960.

¹⁰ Vgl. TERESA VON AVILA: Ya no durmais, ya no durmais, que no hay paz en la tierra» – «Schlaft nicht, schlaft nicht! Es ist kein Friede auf der Welt!» R. SCHNEIDER: Philipp der Zweite, 117; 144: «Überall sieht sie Satan am Werk, ist die Schlacht im Gang, deren Preis die Seelen sind.»

¹¹ Vgl. R. SCHNEIDER: A. a. O., 147–164: Die Gründungen.

¹² Vgl. L. VON RANKE: Deutsche Geschichte im Zeitalter der Reformation (1839–1847), Wiesbaden (Vollmer V.) o. J., 2. Buch, 1. Kap., 130–133, über den Einfluß von Mystik und Scholastik auf M. Luther.

¹³ Vgl. R. SCHNEIDER: Philipp der Zweite, 164–175: Der König und die Heilige.

¹⁴ Vgl. E. DREWERMANN: Worum es eigentlich geht, 56–67: Sakramente und Erlösung – die Problematik der Abtreibung zum Beispiel.

¹⁵ Vgl. Mt 10,26–31!

¹⁶ F. KLUGE: Etymologisches Wörterbuch der deutschen Sprache, Berlin–New York ²¹1975, 263–264 führt das Wort «Gnade» auf mittelhochdeutsch g(e)nade = «Ruhe, Behagen, Freude, helfende Geneigtheit, Gunst» zurück; die Wurzel scheint gotisch nifan = helfen bzw. altfriesisch nethe = «Ruhe, Schutz, Sorgfalt, Nutzen» zu sein.

¹⁷ Vgl. S. CORBUCCI (Regisseur): Django, Italien – Spanien 1966: «Ehemaliger Nordstaatensoldat im Kampf zwischen zwei unerbittlichen Banden im Grenzgebiet zwischen Mexiko und Texas. Atmosphärisch dichter europäischer

Western mit krassen Roheiten.» Katholisches Filmwerk. Spielfilmkatalog 1975–76.

[18] Vor allem durch K. GRAF DÜRCKHEIM hat die Zenmeditation, beginnend in Benediktinerklöstern Ende der 60er Jahre, eine starke Ausstrahlung auf die Spiritualität von Ordensgemeinschaften genommen. Vgl. z. B. K. GRAF DÜRCKHEIM: Übung des Leibes, München 1981; DERS.: Der Alltag als Übung, Bern–Stuttgart–Wien ⁵1974; DERS.: Zen und Wir, München ⁶1973.

[19] Vgl. H. J. HUGOT – M. BRUGGMANN: Zehntausend Jahre Sahara. Bericht über ein verlorenes Paradies, München–Luzern 1976, 96–129: Der Alltag der Neolithiker.

[20] Zur Einheit von Symbol und Mythos vgl. E. CASSIRER: Die Begriffsform des mythischen Denkens, 1922; DERS.: Philosophie der symbolischen Formen, 3 Bde., (1929), Darmstadt 1954, 2. Bd.: Das mythische Denken, bes. 3. Abschn.: Der Mythos als Lebensform, 185–277.

[21] Vgl. K. BETH: Religion und Magie, ²1927; E. CASSIRER: A. a. O., II 262–277: Kultus und Opfer.

[22] Vgl. H. ZIMMERMANN: Neutestamentliche Methodenlehre. Darstellung der historisch-kritischen Methode, Stuttgart ⁷(neubearb. v. K. Kliesch) 1982, der selber stets betonte, es müsse neben den vier klassischen Verfahren der historisch-kritischen Exegese (Textkritik, Literarkritik, Formgeschichte, Redaktionsgeschichte) noch eine fünfte, eine «religiöse» Methode zur Erschließung der Texte geben. Genau besehen, wird der Ausfall religiöser Erfahrung bei der heute obligatorischen Form der Bibelauslegung einfach vom biblischen Dogma kompensiert: «Wissenschaft» hat hier nichts mit «Glauben» zu tun und der Kirchenglauben nichts mit Denken; beide, die Fachtheologie und die Kirchenverwaltung, erhalten sich so wechselseitig in feierlicher Reverenz und existentieller Hohlheit.

[23] Vgl. 2. Vatic. Konzil: Dogmatische Konstitution über die Kirche, § 25, DVK 57: «Die Einzelbischöfe genießen zwar nicht das Vorrecht der Unfehlbarkeit, wenn sie jedoch, über den Erdkreis verstreut, aber das Band der Gemeinschaft untereinander und mit dem Nachfolger Petri wahrend, bei ihrem authentischen Lehren in Glaubens- und Sittensachen eine bestimmte Sentenz übereinstimmend als definitiv gültig vortragen, so verkünden sie die Lehre Christi unfehlbar.»

[24] Vgl. F. HEILER: Der Katholizismus, 343–344, der zu Recht fragt: «Kann man sich einen größeren Gegensatz denken als die episkopale Volkskirche der alten Zeit und die sazerdotalistisch-papalistische Kirche des Mittelalters und der neueren Zeit? ... Warum sollte das aus den zeitgeschichtlichen Notwendigkeiten des frühen Mittelalters hervorgegangene Papalsystem die ewig gültige Verfassung der Kirche sein?» «Es ist ein schweres Unrecht, daß heute der Papst von dem Kardinalskollegium erwählt wird, das er selbst auserkoren hat und das zur größeren Hälfte aus Kurialisten besteht. Das heutige Papstwahlgesetz sichert der römischen Kurie für alle Zeit die Herrschaft über die gesamte Kirche und hindert jede Neugestaltung der kirchlichen Verfassung.» Das alles ließe sich erörtern, wenn nicht der päpstliche und episkopale Machtanspruch längst schon in den Rang eines Glaubenssatzes erhoben worden wäre!

[25] Vgl. dagegen: O. PFISTER: Das Christentum und die Angst, 180: «Psychologisch und hygienisch betrachtet, besteht die weltgeschichtliche Tat Jesu darin, daß er die angst- und zwangbildende strenge Strafinstanz des Gewissens durch eine mildere und gütige Liebesinstanz ersetzt hat.» «Er unterstellt die Gerechtigkeit Gottes seiner Liebe, wie es die Propheten getan hatten, und kann daher die zwangsneurotische Wortklauberei durch das schlichte Liebes‹gebot› ersetzen. Es ist eine gewaltige Vereinfachung und Laisierung der Religion, ein Zurück zur Natur, weil es ein Zurück zum Gott der Liebe ist.» Und dagegen S. 273: «Die von Jesus zur Zentralmacht seiner Jünger erhobene Liebe wurde durch die Vorherrschaft des dogmatischen Denkens und kultischen Handelns entthront.» S. 272: «durch Aufstellung strenger sittlicher und religiöser Gebote und Verbote, durch Einprägung grauenhafter Schreckvor-

stellungen von früher Kindheit an, durch Überleitung des Lebensdranges in zwangsneurotische Bahnen unter Schädigung der von Christus allein als maßgeblich gekennzeichneten Liebe schuf sie (sc. die Kirche) Lebensbedingungen, die notwendig neue, schwere Angst zur Folge hatten, daher eine unaufhörliche symbolische, kultische Angstabwehr hervorrufen mußten.» Eben daran liegt es, daß dieser Teufelskreis aus Angst und Amt gar nicht unterbrochen werden kann noch darf, weil anders die gesamte Kirchenmacht dahinschwinden würde. Ein neurotisierendes System lebt am Ende von der Neurose wie ein Virus von der Krankheit.

²⁶ So erklärt WK 498 einfachhin, daß z. B. das *Symbol* der jungfräulichen Geburt «nicht durch die heidnische Mythologie oder durch gewisse Adaptionen an zeitgenössische Ideen motiviert» war; nein, es war die Jungfrauengeburt eine biologische Tatsache. Gegenüber diesem «Denken» kann man an religionsgeschichtlichen und psychologischen Einsichten anführen, was man will, – es hat nicht wahr zu sein, weil sonst die kath. Kirche – die Unwahrheit wäre.

²⁷ Also: WK 497: «Die jungfräuliche Empfängnis (war) ein göttliches Werk, das alles Begreifen und alle Menschenmöglichkeit hinter sich läßt.» Unbegreifbar ist das kirchliche Dogma an sich selbst: die Tatsache solcher «Lehren» im 20. Jh. ist schlechtweg nicht zu fassen und menschlich unmöglich bzw. nur möglich durch Unmenschlichkeit: durch Zerstörung jeder Form eigenständigen Fühlens und Denkens. – Nebenbei: es geht weder hier noch an den anderen Stellen um die Lehre der Jungfrauengeburt an sich; es eignet sich diese Lehre aber als ein besonders gutes Beispiel für das zentrale Mißverständnis des Kirchenglaubens selber.

²⁸ Vgl. 2. Vatic. Konzil: Dogmatische Konstitution über die Offenbarung, 18. Nov. 65, § 4, DVK 185: «Er (sc. Christus, d. V.) ist es darum, der ... durch Sendung des Geistes der Wahrheit die Offenbarung vollendet und erfüllt und durch sein göttliches Zeugnis befestigt.»

²⁹ Vgl. a. a. O., DVK 186: «Das christliche Heilswerk also, der neue und endgültige Bund, wird nie vergehen, und keine neue öffentliche Offenbarung ist zu erwarten vor der herrlichen Ankunft unseres Herrn Jesus Christus.» Daraus folgt: § 5, DVK 186: «Dem offenbarenden Gott ist Glaubensgehorsam zu leisten, durch den der Mensch in Freiheit sich ganz Gott überantwortet, indem er sich dem offenbarenden Gott mit Verstand und Willen völlig unterwirft und der von ihm gewährten Offenbarung freiwillig zustimmt.» Bei Texten, die von «völliger Unterwerfung» und von «Freiheit» gleichzeitig reden, kann man sicher sein, daß sie lediglich die *Dialektik* einer absolutistischen Partei formulieren: weil das Zentralkomitee der kommunistischen Partei die Wahrheit ist, besteht die Freiheit des Menschen in der Geschichte darin, sich den Beschlüssen des ZK zu unterwerfen... Nicht anders, nein, schlimmer die kath. Kirche! Von «Gott» ist da nur die Rede, um die Kirchenmacht ideologisch zu rechtfertigen. Die Formulierung vom «Glaubensgehorsam» stammt im übrigen von Tertullian: Die Prozeßeinrede gegen die Häretiker, Kap. 11, Schriften, II 318–319: «Ungestraft ... schweift nur derjenige umher, welcher nichts zu verlieren hat. Dagegen, wenn ich glaube, *was ich glauben mußte*, und dann von neuem meine, etwas anderes suchen zu müssen, ... (so zeigt sich, daß) ich entweder gar keinen Glauben hatte... oder... den Glauben aufgegeben habe... Folglich gibt es ein Ende für das Suchen.» F. Heiler: Der Katholizismus, 241 sieht richtig, wenn er sagt: «Weil das Objekt des Glaubens (sc. in der kath. Lehre, d. V.) in gedanklichen Wahrheiten besteht, darum ist der Glaube selbst eine gedankliche Zustimmung zu den von der Kirche gelehrten Offenbarungswahrheiten, ist ein verstandesmäßiges Fürwahrhalten dessen, was Gott zum Heil der Menschen offenbart und durch seine Kirche zu glauben vorstellt. Jede emotionale Fassung des Glaubensbegriffs, wie sie *Luther* und *Schleiermacher* vornahmen, ist in der römischen Kirche streng verpönt.»

³⁰ Ganz richtig konnte noch Tertullian: Über die Taufe, Kap. 18, Schriften I 297 gegen *die Kindertaufe* einwenden: «sie (sc. die Kin-

der, die Jesus einlädt, Mt 19,14, d. V.) sollen kommen, wenn sie gelernt haben..., wohin sie gehen sollen; sie mögen Christen werden, sobald sie imstande sind, Christum zu kennen. Aus welchem Grunde hat das Alter der Unschuld es so eilig mit der Nachlassung der Sünden?» Die Antwort wußte AMBROSIUS: Lukaskommentar, I 37, Schriften, II 39: Die «Wasserfluten» des Jordan «deuten auf die künftigen Geheimnisse des Heilsbades hin, durch welche die getauften Kinder vom Sündenzustand in den Urstand ihrer Natur zurückversetzt werden. Und wie? Hat nicht der Herr selbst seinen Aposteln verheißen, daß ihnen die Kraft des Geistes verliehen werden soll?» Bereits CYPRIAN: 64. Brief, Kap. 2–3, Schriften, II 272–274 hatte die Kindertaufe gefordert, mit dem abenteuerlichen «Argument», daß auf diese Weise «eben göttliche und geistliche Gleichheit» zum Ausdruck gebracht werde: vor Gott sind alle Menschen gleich, und auch die Kinder sind als Geschöpfe Gottes «vollkommen». Doch natürlich konnte es bei diesem «demokratischen» Scheinargument nicht bleiben. Die *wahre* Rechtfertigung der Kindertaufe gab im Kampf gegen die Pelagianer AUGUSTINUS: Vorträge über das Johannesevangelium, 38. Vortrag, Kap. 6, Schriften, V 166: «Wir alle... sind mit der Sünde geboren... deshalb wird der Säugling von der Mutter weg durch fromme Hände zur Kirche gebracht, damit er nicht ohne die Taufe dahinscheide und in der Sünde, in welcher er geboren ist, sterbe. O unglückseliger Zustand.» – Auch M. LUTHER: Der Große Katechismus 1529, in: Werke in Auswahl, hrsg. v. K. Aland, Bd. 3, Stuttgart ⁴(erw.) 1983, 11–150, S. 127 verteidigte die Kindertaufe gegen die «Schwärmergeister», weil sie «die Taufe und Obrigkeit (!) nicht weiter ansehen als wie Wasser im Bach und Topf.»
³¹ Vgl. AUGUSTINUS: Bekenntnisse, 1. Buch, 1. Kap., Schriften, VII 1: «denn geschaffen hast du uns im Hinblick auf dich, und unruhig ist unser Herz, bis es ruhet in dir.»
³² Vgl. N. VON CUES: Vom Gottsuchen, in: Vom verborgenen Gott, eingel. u. übers. v. J.

Peters, Freiburg 1956, 30–54, S. 53: «Freuen wirst du dich, ihn (Gott) gefunden zu haben über allem, was dir im Innern zu eigen ist; gleichsam als die Quelle des Guten, aus der dir alles strömt, was du besitzest. Ihm wendest du dich täglich zu. Tag um Tag gehst du tiefer in dich, alles zurücklassend, was äußerlich ist.»
³³ Vgl. P. BROWN: Der heilige Augustinus. Lehrer der Kirche und Erneuerer der Geistesgeschichte (1967), übers. v. J. Bernard, München (Heyne Biogr. 18) 1975, 137–159: Die «Bekenntnisse».
³⁴ So schon CYPRIAN: 66. Brief, Kap. 4–5, Schriften, II 284–285: da sind die Bischöfe «Nachfolger der Apostel»; und die Folge: «Welch schwülstiger Hochmut, welch anmaßender Geist, welch aufgeblasener Sinn gehört doch dazu, ... Bischöfe zur Untersuchung vorzuladen!» Und IRENÄUS: Gegen die Häresien, IV 26,2, Schriften, II 84 erklärte: «Deswegen muß man auch den Priestern der Kirche gehorchen, die... Nachfolger der Apostel sind. Sie haben mit der Nachfolge des Episkopats das sichere Charisma der Wahrheit nach dem Wohlgefallen des Vaters empfangen.» Vgl. A. VON HARNACK: Lehrbuch der Dogmatik, I 399–425: Die Umprägung des bischöflichen Amtes in der Kirche zu dem apostolischen Amt, bes. 407: «Die Kirche... wurde zu einer auf der wahren Lehre ruhenden und an ihr sichtbaren Vereinigung... Die Verengung und Veräußerlichung des Begriffs der Kirche wurde verdeckt durch die Thatsache, daß sich im Gegensatz zum Staat und zur ‹Häresie› die Gemeinden allerorts in der Welt seit der 2. Hälfte des 2. Jahrhunderts wirklich zusammenschlossen und an dem Bewußtsein, einen ökumenischen internationalen Verband zu bilden, sich für den beginnenden Ausfall der ursprünglichen hohen Gedanken und praktischen Verpflichtungen entschädigten. Der Anspruch, daß sich in diesem die Welt umfassenden Verbande desselben Glaubens die wahre Kirche darstelle, kam in der Bezeichnung ‹katholische Kirche› zum Ausdruck.» Zu *Augustinus* als *Bischof* vgl. P. BROWN: Der heilige Augustinus, 119–125: Priester der Katholischen

Kirche: Hippo; S. 163–175: Hippo Regius; 184–196: Wo ist Kirche?; 197–202: Drängende Gegenwart (der Donatistenstreit); 203–212: Disciplina.

[35] Die entscheidende Verfälschung liegt darin, aus der Person und Botschaft Jesu, die wesentlich in der Erfahrung der *Liebe* bzw. der *Nähe* Gottes besteht (bzw. die in der *Entdeckung* gründet, Angst und Haß *überwinden* zu können durch Vertrauen und Güte), ein kompliziertes Lehrgebäude dozierbarer Inhalte gemacht zu haben, die sich wirklich nur durch ein autoritär verwaltetes, unfehlbares Lehramt überliefern und absichern lassen. Vgl. F. ROSENZWEIG: Das Büchlein vom gesunden und kranken Menschenverstand, hrsg. u. eingel. v. N. N. Glatzer, Düsseldorf 1964; Frankfurt 1992, Kap. 10, S. 113: «Was haben wir gelernt? Nur dies, daß wir uns nicht mehr irre machen lassen, daß wir nicht mehr innehalten, daß wir nicht mehr stillestehen, uns nicht mehr seitab stellen. Das soll uns unverloren bleiben. Aber ist das alles, was das Leben fordert? Brauchts nicht mehr? – Es braucht nicht mehr.»

[36] Zur Stelle vgl. E. DREWERMANN: Das Markusevangelium, II 73–85.

[37] Vgl. AUGUSTINUS: Johannesevangelium, 67. Vortrag, Kap. 3, Schriften, VI 61: «Darum muß ein christliches Herz diejenigen von sich weisen, welche meinen, es sei deshalb von vielen Wohnungen die Rede (sc. in Joh 14,2, d. V.), weil es außer dem Himmelreich noch etwas gebe, wo die ohne die Taufe aus diesem Leben abgeschiedenen unschuldigen Kleinen wohnen sollen, weil sie ohne diese in das Himmelreich nicht werden eingehen können. Dieser Glaube ist kein Glaube, weil es nicht der wahre und katholische Glaube ist.» (Vgl. AUGUSTINUS: Brief an Sixtus, X 43–44, in: Schriften, X 226–227, wo AUGUSTIN den «altüberlieferten… Ritus» der Kindertaufe damit rechtfertigt, es werde hier zwar «nicht sogleich die Makel der Begierlichkeit des Fleisches», wohl aber «ihre Schuldbarkeit» getilgt.

[38] CIC Can. 867 § 1; 1125: «Der katholische Partner hat sich bereitzuerklären…, alles zu tun, daß alle seine Kinder in der katholischen Kirche getauft werden.»

[39] DS 1609, Trident. Konzil 1547: *Decretum de sacramentis* schließt jeden aus, der sagt, es werde in der Taufe der Seelen nicht ein «Charakter, das heißt ein geistliches und unauslöschliches Merkmal» eingeprägt. Mit was für psychologiefernen Konstrukten man dieses Dogma theologisch «rechtfertigen» kann, zeigt H. MÜHLEN: Una mystica persona. Die Kirche als das Mysterium der Identität des Heiligen Geistes in Christus und den Christen: Eine Person in vielen Personen, München–Paderborn–Wien 1964, 342–353: Der sakramentale Charakter als konsekratorische Salbung: «Der Vorgang… ist ein durch und durch personales Verhältnis von Person zu Person, und diese Struktur bleibt bei der weiteren traditio des messianischen Amtes Jesu durch die Apostel und ihre Nachfolger deutlich erhalten. Der eigentlich Tradierende ist und bleibt immer Christus selbst, so daß der Empfänger der konsekratorischen Gnade es immer zunächst und primär mit Christus selbst zu tun hat.» (346) Das ist so «christologisch» und «personologisch», daß es mit keiner denkbaren Erfahrung unter menschlichen Personen mehr etwas zu tun hat; doch eben damit begründet sich der Ursprung der Kirche!

[40] Nach DS 1777, dem Trident. Konzil, sind die Bischöfe den Priestern überlegen; nach dieser Vorstellung sind «Priester» eigentlich nur die lokalen Stellvertreter des Bischofs, von dem sie ihre Weihe erhalten haben.

[41] A. FRANCE: Die Insel der Pinguine, 32.

[42] A. a. O., 33.

[43] A. a. O.

[44] A. a. O.

[45] G. W. F. HEGEL: Vorlesungen über die Philosophie der Religion, II 339.

[46] G. W. F. HEGEL: «Der Geist des Christentums». Schriften 1796–1800. Mit bislang unveröffentlichten Texten, hrsg. u. eigel. v. W. Hamacher, Frankfurt–Berlin–Wien (Ullstein 3360) 1978, 224.

[47] F. NIETZSCHE: Der Antichrist, Nr. 54, S. 60–61.

[48] A. a. O., Nr. 52, S. 57.

[49] A. a. O., Nr. 39, S. 41.

[59] TAGORE: Flüstern der Seele, 86–91.

Eine neue Synthese von Erfahrung und Poesie 597

body⁵¹ Vgl. J. Calvin: Unterricht in der christlichen Religion. Institutio Christianae Religionis, nach der letzten Ausgabe übers. u. bearb. v. O. Weber, Neukirchen 1955/1988, I 5,13, S. 17–18: «Hierbei (sc. bei der Suche nach Gott, d. V.) müssen wir nun auch festhalten, daß alle die, welche die reine Gottesverehrung (religio) verfälschen – und das widerfährt notwendig allen, die ihrer eigenen Meinung folgen! – von Gott abfallen. Sie werden einwerfen, ganz etwas anderes zu wollen. Aber was sie beabsichtigen und was sie im Sinn haben, das tut nicht viel zur Sache; denn der heilige Geist erklärt alle für Abtrünnige, die in der Verfinsterung ihres Herzens Götzen (Dämonen) an Gottes Stelle setzen... Deshalb kann es nicht wundernehmen, daß der Heilige Geist alle vom menschlichen Wollen erdachten Religionsübungen als entartet verwirft. Denn gegenüber den himmlischen Geheimnissen ist die vom Menschen ausgehende Meinung, auch wenn sie nicht immer eine Menge von Irrtümern gebiert, doch die Mutter des Irrtums... Woher haben denn sterbliche Menschen das Recht, mit ihrer Autorität festzulegen, was doch höher ist als alle Welt?» Noch deutlicher erklärte K. Barth: Die kirchliche Dogmatik, I.: Die Lehre vom Worte Gottes, 2. Teil, Zürich ⁴1948, 327: «Religion ist *Unglaube;* Religion ist eine Angelegenheit, man muß geradezu sagen: *die* Angelegenheit des *gottlosen* Menschen... Dieser Satz kann... nichts zu tun haben mit einem negativen Werturteil. Er enthüllt kein religionswissenschaftliches und auch kein religionsphilosophisches Urteil, das in irgendeinem negativen Vorurteil über das Wesen der Religion seinen Grund hätte. Er soll nicht nur irgendwelche andere mit ihrer Religion, sondern er soll auch und vor allem uns selbst als Angehörige der christlichen Religion treffen. Er formuliert das Urteil der göttlichen Offenbarung über alle Religion. Er kann darum wohl erklärt und erläutert, aber er weder aus einem höheren Prinzip als eben aus der Offenbarung abgeleitet, noch an Hand einer Phänomenologie oder Geschichte der Religion bewiesen werden. Er bedeutet, gerade weil er nur das Urteil Gottes wiedergeben wollen kann, kein

menschliches Absprechen über menschliche Werte, keine Bestreitung des Wahren, Guten und Schönen, das wir bei näherem Zusehen in fast allen Religionen entdecken können.» Da ist das Christentum, weil von Gott geoffenbart, die *Verurteilung* aller anderen Religionen; dieses Urteil aber ist nicht unmenschlich, weil es überhaupt nicht menschlich, sondern rein göttlich ist! – Es ist klar, daß hier keinerlei Vermittlung mehr, weder zum Menschen noch zwischen den Menschen, möglich ist und im Grunde nichts anderes mehr bleibt als die konfrontative «Ergriffenheit» von *der* Wahrheit: auch die Juden haben ihre Offenbarung, auch die Muslime; und soll es wirklich dabei bleiben, daß ihre ‹Theologen› Gott um so mehr zu dienen meinen, als sie allen anderen Religionen im Namen Gottes «Gottlosigkeit» zusprechen?
⁵² Noch einmal K. Barth: A. a. O., II: Die Lehre von Gott, 1. Teil, Zürich ³1948, 499–500: «Erkenntnis dieses Gottes zwingt... in eine nicht aufzuhebende Isolierung, in eine durch nichts zu mildernde Exklusivität... Gottes Erkenntnis... bedeutete... radikalste Götterdämmerung... die Entgötterung der ‹schönen› Welt... Zerstörung gerade des religiösen Aufschwungs, Lebens, Reichtums und Friedens... Die Figuren jeder religiösen Welt werden dann notwendig profan, verflüchtigen sich dann zusehends, müssen dann als bloße Ideen, als Symbole, als Gespenster... verfallen. Kein gefährlicherer, kein revolutionärerer Satz als dieser: daß Gott Einer, daß Keiner ihm gleich ist! Alles Bestehende, aber auch alle Veränderung in der Welt lebt ja von Ideologien und Mythologien, von verkappten oder auch offenen Religionen... Wird dieser Satz so ausgesprochen, daß er gehört und begriffen wird, dann pflegt es immer gleich 450 Baalspfaffen miteinander an den Leib zu gehen. Gerade das, was die Neuzeit Toleranz nennt, kann dann gar keinen Raum mehr haben. Neben Gott gibt es nur seine Geschöpfe oder eben falsche Götter und also neben dem Glauben an ihn Religionen nur als Religionen des Aberglaubens, des Irrglaubens und letztlich des Unglaubens.» Genau so und nicht anders steht es schon im Koran, der aber, «christlich» gele-

sen, eben nur als «Religion», also als «Unwahrheit» verstanden werden darf! Es war der große Muslim AL GHAZALI, der im 12. Jh. erklärte: «Das Gesetz ist das tägliche Brot für jeden Gläubigen, während die Lehre und das Dogma nur Arznei für den geistig Kranken sind.» Zit. nach N. Söderblom: Vater, Sohn und Geist, Tübingen 1909, 34. Doch um das «Dogma» relativieren zu können, muß man es als Menschenwerk erkennen (was BARTH gegenüber der *Theologie* großartig getan hat (a. a. O., I 1, S. 2!); man darf nicht die eigenen Projektionen als «Gotteswort» verkennen. Die einzige «Offenbarung» Gottes an den Menschen besteht in der Erfahrung menschlicher Liebe; sie ist die Kraft der Befreiung von Angst und Schuld, und sie zeigt sogar, daß es die *Gnade* eines Schöpfers, nicht Fluch oder Schicksal ist, auf Erden zu sein; die *Bilder* zur Beschreibung dieser Einsicht aber liegen im Menschen durch den ganzen Gang der Evolution seit Jahrmillionen bereit und sprechen sich in allen Religionsformen aus. Nicht das Dogma, einzig die Liebe ist das Vergleichsmoment der Wahrheit einer Religion (oder zwischen «Offenbarung» und leerem kultischem und dogmatischem Gemächte).

[53] K. BARTH: A. a. O., III.: Die Lehre von der Schöpfung, 3. Teil, Zürich 1950, 407–409: «Was Gott *nicht* will, und also verneint und verwirft …, ist ein seiner Gnade sich entziehendes und widerstehendes und also ihrer entbehrendes Sein. Dieses gnadenfremde, gnadenwidrige, gnadenlose Sein ist das Sein des Nichtigen. Diese *Negation seiner Gnade* ist das Chaos … Und eben das heißt im christlichen Sinn *böse:* gnadenfremd, gnadenwidrig, gnadenlos … Darum kann und darf es in seiner Gestalt als Sünde nur als *Schuld* und in seiner Gestalt als Übel und Tod nur als *Strafe* und *Not* begriffen werden: nie als Naturgeschehen, nie als Naturzustand, nie als eine Sache, mit der man sich systematisch – und wäre es in einer dialektischen Systematik! (sc. wie bei HEGEL, d. V.) – zurechtfinden könnte.»

[54] Vgl. K. BARTH: A. a. O., IV.: Die Lehre von der Versöhnung, 1. Teil, Zürich 1953, 241–245: «Die Macht Gottes waltet auch da und über ihm (sc. dem verlorenen Menschen, d. V.), wo er ist, aber nun als das ihn verbrennende, zerstörende, vernichtende Feuer seines Zornes. Gott lebt auch da und auch für ihn, aber eben Gottes Leben kann ihm, der sein Feind ist, nur Tod bedeuten. Da und so existiert der Mensch, der sein eigener Richter sein, sich selbst gerechtsprechen will, der eben darin in nuce alle Sünden begeht und eben darum von Gott als Unrechttäter gerichtet, verneint und verurteilt ist.»

[55] Zu dem Begriff von dem «Narzißmus der Ausnahme» vgl. schon S. FREUD: Einige Charaktertypen aus der psychoanalytischen Arbeit (1915), Ges. Werke X, London 1946, 364–391, S. 365–370: Ausnahmen: «Sie sagen, sie haben genug gelitten und entbehrt, sie haben Anspruch darauf, von weiteren Anforderungen verschont zu werden, sie unterwerfen sich keiner unliebsamen Notwendigkeit mehr, denn sie seien Ausnahmen und gedenken es auch zu bleiben.» (366) Die Psycho-Logik des barthianischen Narzißmus lautet: zwar bin ich ein «schlechter» Mensch (schon infolge des unvermeidbaren Hasses auf den Vater!), aber eben: ich *weiß*, daß es so ist, und darum bin ich allen anderen überlegen; denn ich akzeptiere den Schuldspruch des Vaters, auf daß ich von der Mutter für meine Unterwerfung geliebt werde – und erspare mir die psychoanalytische Durcharbeitung der Kindheit, indem ich jede Beschäftigung mit mir selbst schon für «Sünde» erkläre. Man kann diese Einstellung in gewissem Sinne verstehen, doch das alte Problem des *verdrängten* bzw. in Selbsthaß verwandelten Widerspruchs gegen den Vater muß erneut sich zu Wort melden und die einzige gewonnene Kompensationsleistung wieder hinwegnehmen: zumindest als *einsichtiger* Sünder jede «Selbstrechtfertigung» gegenüber dem Vater sich selbst und allen anderen *verboten* zu haben.

[56] Vgl. noch einmal K. BARTH: A. a. O., III.: Die Lehre von der Schöpfung, 4. Teil, Zürich ²1957, 579–582: «Das opus proprium (sc. der Wesensauftrag, d. V.) der christlichen Gemeinde: … der Welt das Evangelium zu verkündigen … Die Gemeinde hat der Welt Got-

tes freie *Gnade* anzuzeigen..., daß Jesus Christus, wahrer Gott und wahrer Mensch, als ihr Heiland *gekommen* ist und *wieder*kommen wird.» «Sie weiß..., daß sie mit allen Menschen selbst unter dem Gericht steht... Sie hat ihnen (sc. den Menschen, d. V.) weder das göttliche Nein noch auch ein neues christlich verbessertes menschliches Ja, sondern das *Göttliche Ja* zu bezeugen, das dann allerdings auch... das göttliche Gericht in sich schließt.» Und a. a. O., I.: Die Lehre vom Worte Gottes, 2. Teil, Zürich ⁴1948, 846: «Die Inanspruchnahme des Menschen in der Kirche... ist geradezu unermeßlich... Denn auf keine menschliche Unvollkommenheit kann man sich da berufen... Indem ihm die Flucht in den Hochmut abgeschnitten ist, ist ihm auch die Flucht in den Kleinmut und also in die Faulheit abgeschnitten.» Da gibt es also doch wieder ein «Zeugnis» unerachtet der menschlichen Persönlichkeit, einen *objektiven* Auftrag gegenüber einer statuarischen göttlichen Wahrheit, da gibt es die Formel, die alle Menschen «rettet», und es gibt die falsche Moralisierung psychischer Zustände: «Kleinmut» als «Faulheit». All das, gewiß, ist wesentlich ernster und ehrlicher als die katholische Verbeamtung der Wahrheit, aber es ist darum der Gefahr nur um so mehr ausgesetzt, durch *Vermeidung* der psychologischen Durcharbeitung ein Mittel der Verabsolutierung menschlicher Projektionen und damit ein Instrument kirchlicher Entfremdung zu werden.

⁵⁷ Vgl. WK 789, wo munter die «Leib-Christi-Theologie» dahin metaphysiziert wird: «die Einheit aller Glieder untereinander durch ihre Einheit mit Christus; Christus das Haupt des Leibes; die Braut Christi.» Kein Gedanke dabei, wie sehr diese Strukturbeschreibung auf FREUDS *Massenpsychologie* hinausläuft! Das, allerdings, klingt bei K. BARTH: A. a. O., IV: Die Lehre von der Versöhnung, 1. Teil; Zürich 1953, 807 anders: «Kirche ist apostolisch und damit katholisch, wenn und indem sie von der Schrift her und der Schrift gemäß existiert... Was zählt, ist dies, daß die Bibel redet und gehört wird.»

⁵⁸ Vgl. WK 280: «Die Schöpfung (sc. des Kosmos!, d. V.) ist das Fundament all der Heilsabsichten Gottes, der Beginn der Heilsgeschichte, die kulminiert in Christus.»

⁵⁹ Es war H. VON DITFURTH: Wir sind nicht nur von dieser Welt. Naturwissenschaft, Religion und die Zukunft des Menschen (1981), München (dtv 10290) 1984, 19–23, der darauf hinweis, daß sich die Theologen über die Historie des Jesus von Nazareth streiten mögen bis zum Jüngsten Tage – den Biologen ist klar, wer er war: ein Mitglied der Species des homo sapiens sapiens, also mit allem, was er war und sagte, so kurzlebig wie diese Species selbst.

⁶⁰ Zur Stelle vgl. E. DREWERMANN: Das Matthäus-Evangelium, I 633–641.

⁶¹ Mt 7,24–29; zur Stelle vgl. a. a. O., I 642–667.

⁶² Mt 5,45; zur Stelle vgl. a. a. O., I 500–509.

⁶³ G. E. LESSING: Nathan der Weise (1779), in: Werke, hrsg. v. P. Stapf, 1. Bd., Wiesbaden (Vollmer V.) o. J., 829–972; 3. Aufzug, 7. Auftritt, S. 890–896.

⁶⁴ S. KIERKEGAARD: Tagebücher, V 224: «Griechisch ist Glaube ein Begriff, der in den Bereich der Intellektualität gehört... Dann verhält Glaube sich zum Wahrscheinlichen, und wir bekommen eine Steigerung: Glaube – Wissen. Christlich gehört Glaube in das Existentielle – Gott ist nicht als Dozent aufgetreten, der einige Lehrsätze hat, die man zuerst glauben, dann begreifen muß. Nein, ‹Glaube› hat seinen Ort im Existentiellen, und hat in alle Ewigkeit nichts mit dem Wissen zu schaffen als einer Steigerung oder Höchststufe. Glaube ist der Ausdruck für: das Verhältnis von Person zu Person. Person ist nicht eine Summe von Lehrsätzen... In diesem rein persönlichen Verhältnis zwischen Gott als Person und dem Glaubenden als Person *im Existieren* liegt der Begriff Glaube.»

*1) Größe und Grenze im Denken*
*Karl Rahners*
*(Seite 213 bis 226)*

⁶⁵ Vgl. K. RAHNER: Geist in Welt. Zur Metaphysik der endlichen Erkenntnis bei Thomas

von Aquin, München [2](überarb. u. erg. v. J. B. Metz) 1957. Die Arbeit gibt sich formal als Interpretation von TH. VON AQUIN: Summa theologica I 84,7.

[66] G. W. F. HEGEL: Philosophie der Religion, 1. Bd., Einleitung, S. 95: «Indem er (sc. der Mensch, d. V.) sich in Gott weiß, weiß er damit sein unvergängliches Leben in Gott, er weiß von der Wahrheit seines Seyns, hier tritt also die Vorstellung von der Unsterblichkeit der Seele als ein wesentliches Moment in die Geschichte der Religion ein... wenn der Mensch wahrhaft von Gott weiß, so weiß er auch wahrhaft von sich: beide Seiten entsprechen einander.» S. 100: «Die offenbare Religion (sc. das «geoffenbarte» Christentum, d. V.)... ist Begriff der Sache, der göttliche Begriff, Begriff Gottes selbst.»

[67] M. HEIDEGGER: Über den «Humanismus». Brief an Jean Beaufret, Paris, in: Platons Lehre von der Wahrheit, Bern 1947, 53–119, S. 90: «Der Mensch ist nicht der Herr des Seienden. Der Mensch ist der Hirt des Seins... Der Mensch ist der Nachbar des Seins.»

[68] So sehr schön K. RAHNER: Über die Möglichkeit des Glaubens heute, in: Schriften zur Theologie, V., Einsiedeln–Zürich–Köln 1962, 11–32, S. 31: «Wenn also gesagt wird, man solle aus der Erfahrung des eigenen Daseins heraus erfahren, ob das Christentum die Wahrheit des Lebens sei, dann ist... nur gesagt: verbünde dich mit dem Echten, dem... nach dem Ganzen Verlangenden, dem Mut zum Geheimnis in dir... geh weiter, wo immer Du jetzt gerade auch stehen magst, folge dem Licht, auch wenn es jetzt noch klein ist, hüte das Feuer, auch wenn es jetzt noch nieder brennt, rufe das Geheimnis an, gerade weil es unfaßbar ist. Geh und Du wirst finden, hoffe, und Deine Hoffnung ist schon inwendig mit der Erfüllung begnadigt. Wer so sich aufmacht, mag weit vom amtlich verfaßten Christentum entfernt sein, er mag sich vorkommen wie ein Atheist, er mag bekümmert meinen, nicht an Gott zu glauben, die Konkretheit der christlichen Lehre und Lebensführung mag ihm seltsam und fast erdrückend vorkommen. Er soll weitergehen, seinem Licht im innersten Grund des Herzens

folgen. Dieser Weg ist schon inmitten des Zieles.» – Großartige, einladende Worte sind dafür die Außenstehenden! Denn: wer das «Pech» hat, als getaufter Katholik sich «im Amte» noch einmal auf «die Suche» zu begeben, wird notwendig scheitern an der «Konkretheit der christlichen Lehre», die mit der einfachen Botschaft Jesu durchaus nichts zu tun hat. Zur «Anthropologie» vgl. K. RAHNER: Hörer des Wortes. Zur Grundlegung einer Religionsphilosophie, München [2](bearb. v. J. B. Metz) 1963, 71–88: Der Mensch als Geist.

[69] K. RAHNER: Geist in Welt, 270: «daß... das Licht des *intellectus agens,* die apriorische Struktur des Geistes selbst ist.» Vgl. auch K. RAHNER: Die Einheit von Geist und Materie im christlichen Glaubensverständnis, in: Schriften zur Theologie, VI., Einsiedeln–Zürich–Köln 1965, 185–214, wo (S. 207) die Geschichte von Geist und Materie «christologisch» abgeleitet wird, indem «das Christentum... den Gottmenschen als Mitte und Höhepunkt der Geschichte... kennt». Kein Problem moderner Naturwissenschaften wird hier auch nur von ferne angesprochen.

[70] K. RAHNER: Geist in Welt, 392–399: Die Möglichkeit der Metaphysik: Der Grundakt des Menschen als Öffnung auf das Sein überhaupt (excessus).

[71] K. RAHNER: Weltgeschichte und Heilsgeschichte, in: Schriften zur Theologie, V., Einsiedeln–Zürich–Köln 1962, 115–135; DERS.: Das Christentum und die nichtchristlichen Religionen, in: Schriften zur Theologie, V., Einsiedeln–Zürich–Köln 1962, 136–158, wo (S. 137) unumwunden erklärt wird: «für das Christentum ist dieser religiöse Pluralismus eine größere Bedrohung... als für andere Religionen. Denn keine andere, nicht einmal der Islam, setzt sich selbst so absolut als *die* Religion, als die eine und einzig gültige Offenbarung des einen, lebendigen Gottes wie das Christentum.» Von daher ist die RAHNERsche «Toleranz» gebunden an den Integralismus seiner Theologie: die «anderen», die Nicht-Christen, «müssen» nicht erst zu «Christen» werden, sie sind «immer schon» und «eigentlich» Chri-

sten, die davon nur noch nicht «in Ausdrücklichkeit» wissen.
[72] AUGUSTINUS: Bekenntnisse, 1. Buch, 1.
Kap., Schriften, VII 1.
[73] Vgl. K. BARTH: Die kirchliche Dogmatik,
II.: Die Lehre von Gott, 1. Teil, Zürich
[7]1955, 189: «Natürliche Theologie ist die Lehre
von einer auch ohne Gottes Offenbarung in Jesus Christus bestehenden Gottverbundenheit
des Menschen.» RAHNERS Antwort darauf besteht in dem Verweis auf den *faktischen* Heilswillen Gottes, der den Menschen so gemacht
hat, daß er «immer schon» auf der Suche ist
nach dem Gott, der sich in Christus offenbart
hat.
[74] Vgl. H. U. VON BALTHASAR: Klarstellungen. Zur Prüfung der Geister, Freiburg (Herder Tb. 393) 1971, 158–169, der, ohne K. RAH-
NER mit Namen zu nennen, gegen die Lehre
vom «anonymen Christentum» und die Auflösung des Satzes «Außerhalb der Kirche ist kein
Heil» polemisiert (159), mit der Frage (an
RAHNER): «Soll also Sein in der Kirche christlich nichts anderes besagen als eine äußerliche
Kennmarke, weniger als einen staatlichen
Paß?» (160)
[75] Vgl. E. GILSON: Johannes Duns Scotus,
Düsseldorf 1959; W. PANNENBERG: Die Prädestinationslehre des Duns Scotus im Zusammenhang der scholastischen Lehrentwicklung,
Göttingen 1954.
[76] So auch T. DE CHARDIN: Der Mensch im
Kosmos, 293: «Einen Augenblick empfand der
Christ Furcht vor der Evolution, doch heute
erkennt er, daß sie ihm ganz einfach eine wunderbare Möglichkeit gibt, sich noch tiefer Gott
nahe zu fühlen... Wenn die Welt konvergent
ist, und wenn Christus ihr Zentrum einnimmt,
dann ist die Christogenese... Kosmogenese.
Christus umkleidet sich organisch mit der
ganzen Majestät seiner Schöpfung.» Vgl.
K. RAHNER: Die Christologie innerhalb einer
evolutiven Weltanschauung, in: Schriften zur
Theologie, V., Einsiedeln–Zürich–Köln 1962,
183–221.
[77] K. RAHNER: Natur und Gnade, in: Schriften
zur Theologie, IV., Einsiedeln–Zürich–Köln
[3]1962, 209–236, wo RAHNER den «Extrinse-

zismus» der «Gnadenlehre» zu überwinden
sucht durch eine «implizite und apriorisch
transzendentale Hingeordnetheit des Menschen auf Gott hin» (215). «Wer kann... streiten gegen den, der annimmt, die *Möglichkeit*
der Schöpfung beruhe auf der Möglichkeit der
Inkarnation»? (222) Dann aber ist «jeder sittlich gute Akt eines Menschen in der faktischen
(d. h. an sich nicht notwendigen, aber von Gott
so gewollten, d. V.) Heilsordnung auch faktisch ein übernatürlicher Heilsakt.» (227) Ein
solches «übernatürliches Apriori» der Gnade
hebt deren «Ungeschuldetheit» nicht auf, es ist
aber die «übernatürliche Erhebung des Menschen... die (wenn auch ungeschuldete) absolute Erfüllung eines Wesens», das, wie der
Mensch, in seiner Geistigkeit und Transzendenz auf das Sein und damit auch auf Gott bezogen ist – so wie die Schöpfung der «Natur»
auf die Offenbarung Gottes in Christus, also
auf die «Gnade». (231) Der Begriff vom *übernatürlichen Existential*» wird entfaltet bei
K. RAHNER: Über das Verhältnis von Natur
und Gnade, in: Schriften zur Theologie, I, Einsiedeln–Zürich–Köln [6]1962, 323–345.
[78] Vgl. K. RAHNER: Die anonymen Christen,
in: Schriften zur Theologie, VI, Einsiedeln-
Zürich-Köln 1965, 545–554: Es bleibt bei dem
Satz: Außerhalb der Kirche ist kein Heil
(545–546); aber dieser Satz darf nicht verstoßen gegen die Allgemeinheit des göttlichen
Heilswillens. «Positiv heißt das, daß der
Mensch in der Erfahrung seiner Transzendenz... auch schon das Angebot der Gnade erfährt – nicht notwendig reflex *als* Gnade, als ab-
hebbar übernatürlichen Anruf, aber wirklich
dem Inhalt nach. Dann aber ist die ausdrückli-
che Wortoffenbarung in Christus nicht etwas,
das als gänzlich Fremdes von außen an uns herantritt, sondern nur die Ausdrücklichkeit dessen, was wir immer schon aus Gnade sind und
wenigstens unthematisch in der Unendlichkeit
unserer Transzendenz erfahren.» (549)
[79] Vgl. K. RAHNER: Über das Verhältnis von
Natur und Gnade, in: Schriften zur Theologie,
I, Einsiedeln-Zürich-Köln [6]1962, 323–345.
Hier hilft RAHNER sich mit dem Begriff der
*potentia oboedientialis*, dem «Gehorsamsver-

mögen» des Menschen gegenüber der Offenbarung Gottes; RAHNER deutet diesen Begriff als die «geistige Natur» des Menschen, die so beschaffen ist, «daß sie eine Offenheit... für dieses übernatürliche Existential» besitzt, «ohne es darum von sich aus unbedingt zu fordern.» (342) «Von *da aus* kommt er (sc. der Mensch, d. V.) zu einer abgrenzenden Unterscheidung in dem, was er immer ist..., zwischen dem, was diese ungeschuldete reale Empfänglichkeit, das übernatürliche Existential ist, und dem, was als Rest bleibt..., seiner ‹Natur›.» (340)

[80] Vgl. K. RAHNER: Zur scholastischen Begrifflichkeit der ungeschaffenen Gnade, in: Schriften zur Theologie, I, Einsiedeln–Zürich–Köln [6]1962, 347–375: «sie (sc. die ungeschaffene Gnade, d. V.) ist der gleichartige, jetzt schon gegebene, wenn auch noch verborgene und zu entfaltende Anfang jener *in formaler Ursächlichkeit* geschehenden *Mitteilung* des göttlichen Seins an den geschaffenen Geist, die die *ontologische Voraussetzung* der visio (der Gottesschau, d. V.) ist.» Alle «Gnade» ist nur zu verstehen von der «visio», der Anschauung Gottes, her, aber eben darin ist sie nichts anderes als die personale Selbstmitteilung Gottes, um derentwillen alles, was ist, von Gott ins Dasein gesetzt wurde.

[81] K. RAHNER: Über das Verhältnis von Natur und Gnade, I 336–337: «Die Paradoxie einer natürlichen Begierde des Übernatürlichen als Band zwischen Natur und Gnade ist denkbar und notwendig, wenn man unter Begierde eine ‹Offenheit› für das Übernatürliche versteht.» «Gott will sich selbst mitteilen, seine Liebe, die er selbst ist, verschwenden. Das ist das Erste und das Letzte seiner wirklichen Pläne und darum auch seiner wirklichen Welt. Alles andere ist, damit dieses eine sein könne: das ewige Wunder der unendlichen Liebe. Und so schafft Gott den, den er so lieben könne: den Menschen. Er schafft ihn so, daß er diese Liebe, die Gott selbst ist, empfangen *könne* und daß er sich gleichzeitig aufnehmen könne und müsse als das, was sie ist: das ewig erstaunliche Wunder, das unerwartete, ungeschuldete Geschenk. Vergessen wir dabei nicht: was ‹unge-

schuldet› bedeutet, wissen wir letztlich, wenn wir wissen, was personale Liebe ist, nicht umgekehrt.» Damit grenzte RAHNER sich auch ab von H. U. VON BALTHASAR: Karl Barth. Darstellung und Deutung seiner Theologie, Köln 1951, 278–335; vgl. K. RAHNER, a. a. O., I 338, Anm. 1.

[82] Vgl. K. RAHNER: Die anonymen Christen, VI 545–554.

[83] K. RAHNER: Zur Theologie der Menschwerdung, in: Schriften zur Theologie, IV, Einsiedeln–Köln–Zürich [3]1962, 137–156: «Wer sein Menschsein ganz annimmt..., der hat den Menschensohn angenommen, weil in ihm Gott den Menschen angenommen hat.» (154) Und: «nur der Häretiker... kann apriori leugnen, daß einer an Christus auch dann noch glauben kann, wenn er die richtige Formel der Christologie ablehnt.» (153) Wie wahr! Aber was soll dann der Formelfetischismus des kath. Lehramtes?

[84] K. RAHNER: Zum theologischen Begriff der Konkupiszenz, in: Schriften zur Theologie, I, Einsiedeln–Zürich–Köln [6]1962, 377–414.

[85] AUGUSTINUS: Über die christliche Lehre, 3. Buch, 10. Kap., Nr. 16, in: Schriften VIII 122 definiert die (böse) Begierlichkeit als «das Streben des Geistes, sich, den Nächsten und jeden Körper nicht wegen Gott zu genießen.» Das Gegenstück ist für Augustin «Liebe», als «die Bewegung der Seele..., Gott wegen seiner selbst, sich und den Nächsten aber wegen Gott zu lieben.»

[86] K. RAHNER: Die ewige Bedeutung der Menschheit Jesu für unser Gottesverhältnis, in: Schriften zur Theologie, III, Einsiedeln–Köln–Zürich [5]1962, 47–60, S. 56: «Wir können über *das* Absolute *reden* ohne das nichtabsolute Fleisch des Sohnes, aber *den* Absoluten wirklich *finden* kann man nur in ihm, indem die Fülle der Gottheit in der irdenen Scherbe seiner Menschheit geborgen ist. Ohne ihn ist schließlich alles Absolute, von dem wir reden..., nur das nie erreichte objektive Korrelat zu jener leeren und hohlen, finstern und verzweifelt in sich selbst sich verzehrenden Unendlichkeit, die wir selber sind, die Unendlichkeit der unzufriedenen Endlichkeit, nicht aber die selige

Unendlichkeit wahrhaft schrankenloser Fülle.» Allerdings: wenn es *so* um den Menschen steht, welch ein Quälgeist müßte dann Gott sein, wenn er sich dem so verzweifelten Menschen nicht offenbaren *müßte*? Zudem gelten alle Ausführungen RAHNERS nur unter der *Voraussetzung* einer radikalen *Christozentrik* in der Deutung der Weltgeschichte. Vgl. K. RAHNER: Weltgeschichte und Heilsgeschichte, V 134.

[87] K. RAHNER: Zur Theologie des Todes. Mit einem Exkurs über das Martyrium, Freiburg-Basel-Wien (Quaestiones disputatae 2) 1958, 63: «so wird man ... entnehmen müssen, daß auch das wirkliche Sterben ... im Gerechtfertigten im Sterben in Christus ist ... Ja, wir können sagen, daß der Tod der Höhepunkt des Heilsempfanges und des Heilswirkens ist.»

[88] Seine umstrittene Lehre vom *«anonymen Christentum»* z. B. suchte K. RAHNER: Die anonymen Christen, VI 555 noch mit der *Kirchenkonstitution* des 2. Vatic. Konzils zu stützen.

[89] Vgl. K. RAHNER: Geist in Welt, 142 – ein typischer, aber beliebig herausgegriffener Satz: «Aber *menschliches* Erkennen ist zunächst Bei-der-Welt-Sein, ein Bei-einem-andern-Sein in der Sinnlichkeit, und Erkenntnis dieses anderen in seinem Ansich als des objectum proprium ist darum nur möglich in einem Gegensetzen des anderen und Hinbeziehen des Wissens auf dieses entgegengesetzte, an sich seiende andere.» Das soll heißen: Kein Mensch kann etwas erkennen ohne Vermittlung seiner Sinne; die Begriffe, in denen er denkt, sind zwar seine eigenen, doch was er denkt, ist nicht er selbst.

[90] Vgl. K. RAHNER: Hörer des Wortes, 50, einen Satz wie diesen: «Denn immer, wenn der Mensch seine eigene Existenz in ein solches Seiendes restlos hineinvergibt, erklärt er durch diese Absolutsetzung eines Seienden dieses zum Mittelpunkt alles dessen, was ihn umgibt und was er ist, und alles andere nur zu Hilfen und Äußerungen dieses einen.» Das soll ganz banal heißen: Wer irgend etwas in der Welt verabsolutiert, relativiert daraufhin alles andere.

[91] Man erfährt im *Klappentext* von *«Geist in Welt»*, diese «Philosophie» habe «in Thomas ihre Mitte, aber in Augustin ihre Breite und in der Fragestellung der modernen deutschen Philosophie des Idealismus und der Phänomenologie bis Heidegger ihre Aktualität.»

[92] Zum Beispiel *Geist in Welt*: «Nun ist es aber gerade aus dem Wesen der transeunten Kausalität so, daß die ausfließende Einwirkung sich in der materia des Leidenden hält.» Das ist die Sprache J. G. FICHTES vom «Wechseln, Tun und Leiden»; aber ohne jeden Kommentar – ohne jede Diskussion – sapienti sat! Wer es schon weiß, benötigt keine weitere Erklärung!

[93] Vgl. M. LUTHER: Ein Sendbrief vom Dolmetschen (1530), in: Die Werke Luthers in Auswahl, hrsg. v. K. Aland, V, Göttingen 1991, 79–92, bes. S. 85.

[94] Vgl. H. FRITZSCH: Quarks. Urstoff unserer Welt, München (SP 332) 1981, 271–282: Die einheitliche Theorie der elektromagnetischen und schwachen Prozesse; S. 283–301: Hat die Physik ein Ende?

[95] «Quod licet Jovi, non licet bovi.» Vgl. K. RAHNER: Über den Episkopat, in: Schriften zur Theologie, VI, Einsiedeln–Zürich–Köln 1965, 369–422, S. 420: «Rom kann sich gar nicht, selbst wenn es wollte, dem Einfluß des Gesamtlebens der Kirche entziehen.» Das kann es wohl nicht, aber es kann autoritär darauf reagieren!

[96] I. KANT: Prolegomena zu einer jeden künftigen Metaphysik, die als Wissenschaft wird auftreten können, Riga 1783, in: Werke in 12 Bden., hrsg. von W. Weischedel, Frankfurt 1968, V 109–264, S. 115–119.

[97] K. RAHNER: Zur «Situationsethik» aus ökumenischer Sicht, in: Schriften zur Theologie, VI, Einsiedeln–Zürich–Köln 1965, 537–544; DERS.: Über die Frage einer formalen Existentialethik, in: Schriften zur Theologie, II, Einsiedeln–Zürich–Köln ⁶1962, 227–246, wo RAHNER das «positiv Individuelle ... als Gegenstand eines verpflichtenden Willens Gottes» reklamiert (238).

[98] K. RAHNER: Die Freiheit in der Kirche, in: Schriften zur Theologie, II, Einsiedeln–Köln–Zürich ⁶1962, 95–114: «Es gibt den Einzelnen in der Kirche, der sich nie in die Anonymität ...

einer kirchlichen Masse hinein verstecken kann.» Ja; aber *wo* gibt es ihn?

[99] G. W. F. HEGEL: Wissenschaft der Logik, 1. Bd., Vorrede zur 2. Ausg. (1831), S. 16: «Der wichtigste Punkt für die Natur des Geistes ist das Verhältnis nicht nur dessen, was er *an sich* ist, zu dem, was er *wirklich* ist, sondern dessen, als was er *sich weiß*.» Weder die Wirklichkeit der kath. Kirche noch das Selbstbewußtsein ihrer Gläubigen haben etwas mit den humanen und freiheitlichen Bestimmungen zu tun, die RAHNER aus dem «Wesensbegriff» der Kirche ableitet, und auf tausenden von Druckseiten gibt es nicht einen Punkt, an dem er konkret die Widersprüche benennt und durcharbeitet, die sich zwischen der ideal und der real existierenden Kirche auftun.

[100] Vgl. K. RAHNER: Die Christologie innerhalb einer evolutiven Weltanschauung, in: Schriften zur Theologie, V, Einsiedeln–Zürich–Köln 1962, 183–221; auf S. 219 kann RAHNER «die abendländische Geschichte von Christus an» mit der «Botschaft... von der Welt als Schöpfung» sogar dafür anerkennen und legitimieren, daß sie «die Welt zu einem technisierbaren und manipulierbaren Material für den Menschen selbst gemacht hat, die Kosmozentrik in eine Anthropozentrik verwandelt hat.»

[101] Vgl. K. RAHNER: Zur Theologie des Todes, 26–30.

[102] M. HEIDEGGER: Sein und Zeit (1926), Tübingen ¹⁰1963, 2. Abschn., 1. Kap., § 46–53, S. 235–266: Das mögliche Ganzsein des Daseins und das Sein zum Tode.

[103] K. RAHNER: Zur Theologie des Todes, 30: «Der Tod muß also beides sein: das Ende des Menschen als Geistperson ist tätige Vollendung von innen, ein aktives Sich-zur-Vollendung-Bringen.» Erneut haben solche Beschreibungen nichts zu tun mit dem wirklichen Sterben von Menschen in Krankheit, Hunger und Krieg.

[104] J. P. SARTRE: Das Sein und das Nichts. Versuch einer phänomenologischen Ontologie (1943), übers. v. J. Streller, K. A. Ott, A. Wagner, Reinbek 1962, 216: vgl. E. DREWERMANN: Strukturen des Bösen, III 246–247.

[105] Vgl. E. DREWERMANN: Vom Problem des Selbstmordes oder von einer letzten Gnade der Natur, in: Psychoanalyse und Moraltheologie, 3. Bd.: An den Grenzen des Lebens, Mainz 1984, 98–173.

[106] K. RAHNER: Geist in Welt, 366: Die Ontologie der innerweltlichen Wirkursächlichkeit in ihrer Anwendung auf das Wesen der Sinnlichkeit und des intellectus agens.

[107] Vgl. z. B. G. HEBERER: Homo – unsere Ab- und Zukunft, Herkunft und Entwicklung des Menschen aus der Sicht der aktuellen Anthropologie, Stuttgart 1968.

[108] R. DECKER – B. DECKER: Vulkane. Abbild der Erddynamik (1981), übers. v. B. Klare, Heidelberg–Berlin–New York 1992.

[109] Vgl. I. ASIMOV: Die schwarzen Löcher (1977), übers. v. H. M. Hahn, Köln 1979; Bergisch Gladbach (Bastei/Lübbe 60083) 1979, 181–208.

[110] A. a. O., 146–180.

[111] A. a. O., 221–228.

[112] St. WEINBERG: Der Traum von der Einheit des Universums (1993), übers. v. F. Griese, München 1993, 219–237: Die Gestalt einer endgültigen Theorie.

[113] K. RAHNER: Zur Theologie der Menschwerdung, in: Schriften zur Theologie, IV, Einsiedeln–Zürich–Köln ⁵1962, 135–156, bes. S. 147. Vgl. auch P. EICHER: Offenbarung, 407–421: Die christologische Vermittlung.

[114] K. RAHNER: Theologisches zum Monogenismus, in: Schriften zur Theologie, I, Einsiedeln–Zürich–Köln ⁶1962, 253–322, S. 319: «Eine polygenistische Vorstellung vom Werden des Menschen ist entweder biologischer Materialismus... oder ... ein naiver Anthropomorphismus.» «In der Heilsgeschichte... tritt die transzendente Ursache hinter dem Vorhang von Raum und Zeit hervor.» Sonst aber herrscht «das Sparsamkeitsprinzip» als «nicht nur... methodisches..., sondern metaphysisches Prinzip» (318): Gott kann den Menschen nur ein einziges Mal geschaffen haben! Später hat RAHNER diese abenteuerliche Theorie aufgegeben und den *Polygenismus* theologisch postuliert; doch hat er im Grunde nur bewiesen, daß es mit seiner Denk-

weise möglich ist, jedes beliebige gewünschte Ergebnis theologisch zu begründen. Vgl. P. OVERHAGE – K. RAHNER: Das Problem der Hominisation. Über den biologischen Ursprung des Menschen, Frankfurt ³1965. Man muß bei all dem bedenken, daß PIUS XII.: Enzyklika *Humani generis* von 12. Aug. 1950 den Polygenismus aufgrund der kirchlichen Erbsündenlehre abgelehnt hatte (DS 3897).
[115] Vgl. G. W. F. HEGEL: Phänomenologie des Geistes, C. 5. A: Beobachtende Vernunft, 185–254, wo HEGEL sich über das Experiment und die Naturgesetze, das Organische, über die Gesetze der Logik und der Psychologie sowie über Physiognomik und Schädellehre äußert.
[116] G. W. F. HEGEL: Wissenschaft der Logik, I 177–335: 1. Bd., 1. Buch, Zweiter Abschnitt: Die Größe (Quantität), bietet eine vollständige mathematische Grundlagendiskussion; II 350–376, 2. Bd., 2. Abschn., 1. Kap.: Der Mechanismus; 376–383: 2. Kap.: Der Chemismus, nimmt, wenn auch spärlicher, zu Fragen der NEWTONschen Mechanik sowie der zeitgenössischen Chemie Stellung – I. KANT: Allgemeine Naturgeschichte und Theorie des Himmels, oder Versuch von der Verfassung und dem mechanischen Ursprung des ganzen Weltgebäudes nach Newtonschen Grundsätzen abgehandelt (1746), in: Werke in 12 Bden., hrsg. v. W. Weischedel, Frankfurt 1960, I 225–396 ist eine der wichtigsten Arbeiten der Astronomiegeschichte.
[117] F. W. J. SCHELLING: System des transzendentalen Idealismus, 3. Hauptabschnitt, D IV: Deduktion des Organischen, S. 156–167, S. 163 definiert den «Grundcharakter» des «organischen Individuums» als «die höhere Potenz der Kategorie der Wechselwirkung... Der Grundcharakter der Organisation ist..., daß sie mit sich selbst in Wechselwirkung, Produzierendes und Produkt zugleich ist.» Da wird zu Recht das Moment der «Organisation» bzw. der «Selbstorganisation» der Materie als das «geistige» Moment der Natur interpretiert und in eine allgemeine Entwicklungslehre, lange vor CH. DARWIN, einbezogen! *Heute* hingegen sind wir so weit, daß ST. WEINBERG: Der Traum von der Einheit des Universums,

174–175 mit gewisser Bitterkeit bemerkt: «eine Kenntnis der Philosophie scheint... für Physiker von keinerlei Nutzen zu sein, abgesehen davon, daß die Arbeit einiger Philosophen uns hilft, den Irrtümern anderer Philosophen aus dem Wege zu gehen»; «ich kenne *niemanden,* der in der Nachkriegszeit aktiv am Fortschritt der Physik beteiligt war und dessen Forschungsarbeit durch das Wirken von Philosophen nennenswert gefördert worden wäre.» Wenn man bedenkt, wie weit die heutige Theologie sich von der zeitgenössischen Philosophie (Existentialismus, Strukturalismus, Logistik etc.) entfernt zeigt, so kann man in etwa abschätzen, in welchem Umfang das ganze theologische Lehrgebäude nur noch um sich selbst kreist: die Bibel, Christus, die Kirche, die Tradition, «Nutzanwendung» – so oder ähnlich gehen selbst die theologischen Traktate über «Schöpfung» und «Eschatologie» daher. Die Wirklichkeitsausblendung und damit der Wahncharakter dieser Theologie ist augenfällig.
[118] Vgl. H. RAHNER: Griechische Mythen in christlicher Deutung, Zürich 1957; und daneben K. RAHNER: Zur Theologie des Symbols, in: Schriften zur Theologie, IV, Einsiedeln–Zürich–Köln ⁵1962, 275–311, S. 303: «Das Heilstun Gottes am Menschen vom Anfang seiner Grundlegung bis zu seiner Vollendung geschieht immer so, daß Gott selbst die Wirklichkeit des Heils *so* ist, daß sie gegeben und vom Menschen ergriffen wird im Symbol, daß jene Wirklichkeit nicht als abwesende (und nur versprochene) vertritt, sondern diese Wirklichkeit durch das von ihr gebildete Symbol selbst (exhibitiv) anwesend sein läßt.» Nach solchen Worten müßten jetzt lange Ausführungen erwartet werden dürfen, wie die «Grundlegung» des «Heilstuns» Gottes im Verlauf der Evolution psychologisch zum Aufbau symbolischer Ausdrucks- und Anschauungsformen näherhin beschaffen sei; doch davon kein Gedanke!
[119] K. RAHNER: Geist in Welt, ²1957 ist eine «Metaphysik der endlichen Erkenntnis» bzw. eine Uminterpretation der thomistischen Scholastik; «conversio ad phantasma», «species» und «intellectus agens» sind da die Schlüssel-

begriffe. Aber noch einmal: RAHNER selbst ist hier kein Vorwurf zu machen; er selbst hat immerhin auch Artikel geschrieben wie: Heilsmacht und Heilungskraft des Glaubens, in: Schriften zur Theologie, V, Einsiedeln–Zürich–Köln 1962, 518–526, auch wenn er seine Thesen tiefenpsychologisch nicht ausfüllen konnte. Vor allem aber: RAHNER sah die Dimension des *Einzelnen!* Es müßte alles, was dieser wegweisende Theologe gewollt hat, kirchenkritisch abgearbeitet werden, damit es in der Kirche Wirklichkeit würde, statt als Entschuldigung zu dienen.

[120] Vgl. K. RAHNER: Kirche und Sakramente, Freiburg-Basel-Wien (Quaestiones disputatae Nr. 10) 1960, 45, wo die «Einsetzung» der Priesterweihe entwickelt wird «aus der hier vorgeschlagenen Möglichkeit einer Stiftung eines Sakramentes durch Christus..., nämlich durch implizite Stiftung eines Sakramentes in der expliziten Stiftung der Kirche als der geschichtlichen Greifbarkeit der eschatologisch siegreichen Gnade.» Das soll heißen: selbst wenn Jesus von Nazareth kein Sakrament wie die Priesterweihe eingesetzt hat, so hat doch «Christus» (?) die Kirche (?) gestiftet (?) und damit «implizit» auch die Priesterweihe mitgewollt (?). Wie der Stand der «Diskussion» in solchen Fragen heute noch beschaffen ist, kann man nachlesen in E. DREWERMANN: Worum es eigentlich geht, 389–391; 402–403; 457–458; 467.

[121] K. RAHNER: Kirche und Sakramente, 22: «Weil wir also die Kirche als ‹Ursakrament› zunächst unabhängig vom üblichen Begriff des Sakramentes erreichen und das Sakrament im gewöhnlichen Sinn des Wortes als eine höchste Aktualitätsstufe des Wesens der Kirche als der Heilspräsenz der Gnade Christi für den einzelnen an der Wurzel fassen, können wir von da aus wirklich ein Verständnis für die Sakramente im allgemeinen gewinnen.«

[122] A. a. O., 15: «Christus ist die geschichtliche Realpräsenz des eschatologisch siegreichen Erbarmens Gottes in der Welt... Christus in seiner geschichtlichen Existenz ist in einem die Sache und ihr Zeichen... der erlösenden Gnade Gottes.»

[123] A. a. O., 21: «Das Aktuellwerden des in der Kirche der Welt eingestifteten und allen Menschen angebotenen eschatologisch siegreichen Heiles für den einzelnen Menschen geschieht also (dort, wo dieses Aktuellwerden seinen voll ausgereiften Wesensvollzug erreicht) in einer Tat der Kirche am Menschen selbst, wodurch sich die Gnadenhaftigkeit dieses Heils bekundet. Und diese Tat der Kirche am Menschen trägt notwendig die Struktur des Wesens der Kirche an sich. Sie ist sakramental, weil sie der Kirche als dem Ursakrament der Gnade entspricht.» Soll heißen: weil die Kirche dazu da ist, den Menschen «endgültig» in die Nähe Gottes zu führen, muß es so sein, daß sie das kann, und was sie tut, muß ihrem Auftrag, zumindest in den entscheidenden Augenblicken, entsprechen.

[124] E. LOHSE: Erschwerte Ökumene, in: Lutherische Monatshefte, 32. Jg., August 1993, 15–16 stellt zum *Weltkatechismus* fest: «Unzweideutig wird der Anspruch erhoben, daß die katholische Kirche die rechte Kirche Jesu Christi präsentiert... Luther und die Reformation werden nirgendwo erwähnt. Im Blick auf andere Kirchen und kirchliche Gemeinschaften wird lediglich vermerkt, ihre Kraft komme aus der Gnaden- und Wahrheitsfülle, die Christus der katholischen Kirche anvertraut hat. All diese Güter stammen von Christus, führen zu ihm und drängen von selbst auf die katholische Einheit hin.» Wie denn auch anders, wenn die kath. Kirche der «mystische Leib Christi» ist?

[125] Vgl. R. DESCARTES: Die Meditationen (1641), übers. v. A. Buchenau, Hamburg (Philos. Bibl. 27) 1954, II 8: «Und das Denken? Hier finde ich nun: Das Denken ist's, es allein kann von mir nicht getrennt werden: *Ich bin, ich existiere, das ist gewiß.*» Vgl. R. DESCARTES: Abhandlung über die Methode (1637), übers. v. K. Fischer, in: I. Frenzel (Hrsg.): R. Descartes, Frankfurt (Fischer Tb. 357) 1960, 47–91, S. 66 (4. Kap.).

[126] G. W. F. HEGEL: Glauben und Wissen oder die Reflexionsphilosophie der Subjektivität in der Vollständigkeit ihrer Formen als Kantische, Jacobische und Fichtesche Philosophie

(1802), hrsg. v. G. Lasson (1928), Hamburg (Philos. Bibl. 62.b.) 1962.

[127] Vgl. K. Rahner. Hörer des Wortes, 47–70: Die Gelichtetheit von Sein. Die Analogie der «Seinshabe».

[128] Vgl. K. Rahner: A. a. O., 150–160: Der Mensch als materielles Wesen, wo die «Seinshabe» des Erkennenden im Bei-sich-sein und in seiner «In-sich-Reflektiertheit» so definiert wird, daß «das Sein dieses Seienden Sein eines ‹anderen› sein muß.» Im Grunde wird hier der Versuch unternommen, die thomistische Erkenntnisdoktrin der Neuscholastik auf die Fragen des Deutschen Idealismus hin zu öffnen. Vgl. P. Eicher: Offenbarung, 361–368: Die Aufhebung in das Denken.

[129] M. Heidegger: Sein und Zeit, 2. Abschn., 3. Kap. §65, S. 323–331: Die Zeitlichkeit als der ontologische Sinn der Sorge.

[130] Vgl. z. B. die herausfordernden Fragen und Lösungsvorschläge eines «natürlichen Gottes» bei P. Davies: Gott und die moderne Physik (1986), übers. v. K. A. Klewer, München (Goldmann 11476) 1989, 280–294.

[131] P. Eicher: Die anthropologische Wende. Karl Rahners philosophischer Weg vom Wesen des Menschen zur persönlichen Existenz, Freiburg (Schweiz) 1970; Ders.: Offenbarung. Prinzip neuzeitlicher Theologie, München 1977, 369–421: Das Zu-uns-Kommen Gottes als das Zu-sich-selbst-Kommen des Menschen (in der Theologie Rahners).

[132] P. Teilhard de Chardin: Der Mensch im Kosmos, 290: «Durch eine immerwährende Aktion von Kommunion und Sublimation sammelt er (sc. Christus als Mensch, d. V.) die gesamte Seelenkraft der Erde in sich. Und wenn er so alles versammelt und alles umgeformt hat, wird seine letzte Tat die Rückkehr zu dem göttlichen Herd sein, den er nie verlassen hat.» Anthropozentrik und Christozentrik bilden hier die Achse der Weltbetrachtung, und aus den *Symbolen* des Glaubens werden mystische Begriffe einer «objektiv» sich gebenden Weltdeutung.

[133] Die Frage wird heute unter dem Stichwort von dem «anthropischen Prinzip» abgehandelt: die Welt muß so sein, wie sie ist, weil es anders uns selber nicht geben würde, die einzig zu fragen vermögen, warum die Welt so und nicht anders eingerichtet ist. Vgl. H. von Ditfurth – D. Zilligen: Das Gespräch, Düsseldorf ²1990, 82–100 – ein wirklich ergreifendes Dokument des Ringens und Suchens im Rahmen einer evolutiven Weltbetrachtung; zu den unglaublich scheinenden Ausgangsbedingungen, die exakt erfüllt sein mußten, damit diese Welt sich hat bilden können, vgl. St. Hawking: Ist das Ende der theoretischen Physik in Sicht? Eine Antrittsvorlesung, in: J. Boslough: Jenseits des Ereignishorizonts (1985), übers. v. H. Kober, Reinbek 1985, 129–150, S. 131–133.

[134] P. Teilhard de Chardin: Der Mensch im Kosmos, 296–307: Die Essenz des Phänomens Mensch.

[135] Vgl. J. C. Eccles – H. Zeier: Gehirn und Geist. Biologische Erkenntnisse über Vorgeschichte, Wesen und Zukunft des Menschen, München–Zürich 1980; Frankfurt (Fischer Tb. 42225) 1984.

[136] Vgl. K. Lorenz: Die Rückseite des Spiegels. Versuch einer Naturgeschichte menschlichen Erkennens, München 1973; (dtv 1249) 1977; H. R. Maturana – F. J. Varela: Der Baum der Erkenntnis. Die biologischen Wurzeln des menschlichen Erkennens (1984), übers. v. K. Ludewig, München–Bern–Wien 1987.

[137] K. Rahner: Mein Problem. Karl Rahner antwortet jungen Menschen, Freiburg 1982, 131–136: Ins Leben gerufen, um doch dem Tod zu verfallen.

[138] A. a. O., 37–41: Mein größter Widerhaken ist das Gebet, wo Rahner (S. 40) einem Jugendlichen praktischerweise den Rosenkranz empfiehlt; S. 87 wird die Mitgliedschaft im Opus Dei gelobt, usw.

[139] A. a. O., 92–99; vgl. auch K. Rahner: Beichtprobleme, in: Schriften zur Theologie, III, Einsiedeln–Köln–Zürich 1962, 227–245.

[140] Vgl. R. Descartes: Abhandlung über die Methode, Kap. 5, s. o. 125, S. 80–81, wo den Tieren sowohl Vernunft wie Seele abgesprochen wird; bes. Kap. 4, S. 66–70: «Denn zuletzt... dürfen wir doch nur der einleuchtenden Klarheit unserer Vernunft vertrauen.

Wohlgemerkt, ich sage unserer Vernunft und nicht unserer Einbildung oder unserer Sinne.»
[141] Vgl. H. VON BINGEN: Metaphysik der Seele, ausgew. v. St. Faber, München (Heyne 9545) 1989, 123–183: Die Wurzeln des Bösen. – H. VON BINGEN: Scivias – Wisse die Wege. Eine Schau von Gott und Mensch in Schöpfung und Zeit, übers. v. W. Storch, Freiburg–Basel–Wien (Herder Spektrum 4115) 1992, 3. Teil, 6. Vision, Nr. 13, S. 421 «rechtfertigt» auf mittelalterliche Weise das Kirchenamt mit der «Begründung»: «durch die äußere weltliche Herrschaft wird der Mensch an die innere und geistliche Macht der göttlichen Majestät gemahnt... da Gott nun einmal für die sterbliche Kreatur unsichtbar ist, lerne der Mensch wenigstens durch die sichtbare Obrigkeit den Allerhöchsten als den, der die Obrigkeit eingesetzt hat, zu fürchten und zu ehren.»
[142] F. NIETZSCHE: Der Antichrist. Versuch einer Kritik am Christentum (1888), in: Der Antichrist, Ecce Homo. Dionysos-Dithyramben, Nachw. v. B.H. Bonsels, München (Goldmann 1471) 1964, 5–73, Nr. 51, S. 56: «krank-machen ist die eigentliche Hinterabsicht des ganzen Heilsprozeduren-Systems der Kirche. Und die Kirche selbst – ist sie nicht das katholische Irrenhaus als letztes Ideal? – Die Erde überhaupt als Irrenhaus?... wie dürfen wir eine Religion verachten, die den Leib mißverstehen lehrte! die den Seelen-Aberglauben nicht loswerden will! die aus der unzureichenden Ernährung ein ‹Verdienst› macht! die in der Gesundheit eine Art Feind, Teufel, Versuchung bekämpft! die sich einredete, man könne eine ‹vollkommene Seele› in einem Kadaver von Leib herumtragen, und dazu nötig hatte, einen neuen Begriff der ‹Vollkommenheit› sich zurechtzumachen, ein bleiches, krankhaftes, idiotisch-schwärmerisches Wesen, die sogenannte ‹Heiligkeit›, – Heiligkeit, selbst bloß eine Symptomen-Reihe des verarmten, entnervten, unheilbar verdorbenen Leibes!»
[143] Vgl. A. a. O., Nr. 52, S. 57, wo NIETZSCHE den «vollkommenen Mangel an psychologischer Reinlichkeit» attackiert.
[144] Zur Stelle vgl. E. DREWERMANN: Das Markus-Evangelium, I 390–404.

[145] Vgl. A. VON HARNACK: Das Wesen des Christentums, 124; DERS.: Lehrbuch der Dogmengeschichte, I 550–637: Die Anfänge einer kirchlich-theologischen Explication und Bearbeitung der Glaubensregel im Gegensatz zum Gnosticismus.

*2) Die Problematik der Gnosis, vornehmlich am Beispiel Marcions*
*(Seite 227 bis 267)*

[1] Vgl. zu dem Themenkomplex A. VON HARNACK: Das Wesen des Christentums, 124–125; DERS.: Lehrbuch der Dogmengeschichte, I 243–292: Die Versuche der Gnostiker, eine apostolische Glaubenslehre und eine christliche Theologie zu schaffen oder: die acute Verweltlichung des Christenthums; W. SCHULTZ: Dokumente der Gnosis, München 1986; W. FOERSTER (Hrsg.): Die Gnosis, I. Bd.: Zeugnisse der Kirchenväter, München–Zürich [2](rev.) 1979; E. PAGELS: Adam, Eva und die Schlange. Die Theologie der Sünde (1988), übers. v. K. Neff, Hamburg 1991; DIES.: Versuchung durch Erkenntnis. Die gnostischen Evangelien (1979), übers. v. A. Schweikhart, Frankfurt (st 1456) 1987; R. BULTMANN: Theologie des Neuen Testamentes, 166–186; DERS.: Das Urchristentum im Rahmen der antiken Religionen, Reinbek (rde 157–158) 1962, 152–162; W. BOUSSET: Hauptprobleme der Gnosis, 1907; H. JONAS: Gnosis und spätantiker Geist, 1. Bd.: Die mythologische Gnosis, [2]1954; K. RUDOLPH: Die Gnosis, Göttingen 1978; K. W. TRÖGER: Gnosis und Neues Testament, Berlin–Gütersloh 1973.
[2] Vgl. E. BISER: Der Freund. Annäherungen an Jesus, München–Zürich (SP 981) [2]1989; vgl. auch E. BISER – E. DREWERMANN: Welches Credo?, Freiburg 1993, 111–132; J. JEREMIAS: Neutestamentliche Theologie, I 110–123: Die Frohbotschaft für die Armen.
[3] Vgl. zur Stelle E. DREWERMANN: Strukturen des Bösen, I 111–148.
[4] Vgl. E. DREWERMANN: Das Markus-Evangelium, I 11–25; DERS.: Das Matthäus-Evangelium, I 44–69: Von Zwang und Freiheit.

5 Zur Stelle vgl. J. JEREMIAS: Die Gleichnisse Jesu, 207–211.

6 Zur Stelle vgl. J. JEREMIAS: Die Gleichnisse Jesu, 132–135.

7 TERTULLIAN: Die Prozeßeinreden gegen die Häretiker, Kap. 7, Schriften, II 314.

8 Vgl. A. VON HARNACK: Lehrbuch der Dogmengeschichte, I 422–425: Der Begriff der Häresie.

9 TERTULLIAN: Die Prozeßeinreden, Kap. 17, II 323–324.

10 A. a. O., Kap. 12, II 319.

11 A. a. O., Kap. 21, II 326–327.

12 Vgl. A. VON HARNACK: Lehrbuch der Dogmengeschichte, I 425–459: Das alte Christenthum und die neue Kirche; über den *Montanismus* und seine Bekämpfung durch die kath. Bischöfe; bes. S. 435–439: «Der Geist (sc. nach *montanistischem* Glauben, d. V.) ... ist nicht übertragbar; der Geist ist der Gemeinde gegeben; er wirkt in den Propheten, zuletzt und aufs neue in den neuen Propheten ... Die Bischöfe (sc. demgegenüber, d. V.) waren entschlossen, den Besitzstand der Kirche, sei es auch auf Kosten der Christlichkeit, zu behaupten, resp. die Ausstattung der katholischen Kirche für die Gewähr der Christlichkeit auszugeben ... Tertullian behauptet in seinen letzten Schriften mit höchster Energie einen bereits verlorenen Posten und hat die alte Strenge kirchlicher Lebensordnung mit sich ins Grab genommen.» (435–437)

13 A. a. O., I 437–439: «Das Problem bestand darin, den Prozeß der Einbürgerung des Christenthums in der Welt besonnen weiter zu führen und dabei doch jeden Schein der Neuerung, die als solche dem Principe des Katholicismus widersprach, zu vermeiden. Die Bischöfe griffen daher die Form der neuen Prophetie (sc. im Montanismus, d. V.) als eine Neuerung an; sie suchten ihren Inhalt zu verdächtigen ..., als ceremonialgesetzlich (jüdisch), als mit der Schrift streitend, ja als aus dem Apis-, Isis- und dem Göttermutterdienst stammend ... Sie hielten dem Anspruche der Gegner, authentische Gottesorakel der Kirche zu bringen, den neu geschaffenen Kanon entgegen und erklärten, daß alles für die Kirche Maßgebende in den

Aussprüchen der ATlichen Propheten und der Apostel enthalten sei.» (Vgl. dazu die Ausführungen, oben S. 47–50; 62–95!) «Sie begannen endlich zwischen der Sittlichkeit, die dem Klerus, und einer anderen, die dem Laien gelte, zu unterscheiden ... Das wirksamste Mittel aber zur Legitimierung der kirchlichen Zustände war die mit der Kanonisirung altchristlicher Schriften eng zusammenhängende Aussonderung einer *Offenbarungsepoche* und demgemäß einer klassischen Zeit des Christenthums, unerreichbar für die Epigonen. Durch das N.T. und das apostolische Amt der Bischöfe ragte sie in die Gegenwart hinein: diese sollte sie sich als ein Ideal gelten lassen, aber sie durfte nicht mehr daran denken, sie wirklich zu erreichen, oder doch nur durch jene Vermittelung, welche die h.(eiligen) Schriften und das apostolische Amt, d. h. die Kirche, gewährten. An die Stelle der h.(eiligen) Christenheit, die den h.(eiligen) Geist in ihrer Mitte hat, trat die Kirchenanstalt, die das ... geistige Amt besitzt. Endlich ist noch eines Faktors zu gedenken, der diese Umwandelungen beschleunigt hat: es war die Theologie der christlichen Philosophen, die in dem Momente eine *kirchliche* Bedeutung erhielt, in welchem sich die Kirche an einem objektiven Besitze legitimierte und beruhigte.» Seit über 1800 Jahren also besteht diese *Einheit* von Kirchenamt und dogmatischer Theologie, die sich jeder Ernstnahme der Botschaft Jesu widersetzen *muß*, um sich selbst zu erhalten! Anders gesagt: es ist nicht möglich, mit den Mitteln der dogmatischen Theologie das Kirchenamt reformieren zu wollen, wie es geduldig und geistvoll K. RAHNER und bes. H. KÜNG: Strukturen der Kirche, 105–205 versucht haben; es ist unerläßlich, die gesamte beamtete Theologie aus ihrem verwalteten Wahrheitsanspruch herauszulösen, um neue Erfahrungen zuzulassen, eine neue Form des Ausdrucks herauszubilden und eine neue Sprache der Reflexion zu finden.

14 Vgl. A. VON HARNACK: Lehrbuch der Dogmengeschichte, I 292–309: Das Unternehmen des Marcion, die Kirche auf paulinischer Grundlage mit Beseitigung des A.T.'s zu reformieren; Zit. n. A. VON HARNACK:

Marcion. Das Evangelium vom fremden Gott. Eine Monographie zur Geschichte der Grundlegung der katholischen Kirche, Leipzig 1924; Darmstadt 1985, 228–229.

[15] Vgl. H. OLDENBERG: Buddha. Sein Leben. Seine Lehre. Seine Gemeinde (1881), hrsg. von H. von Glasenapp, München (Goldmann 708–709) 1961, 193–210: Der Satz vom Leiden; G. GRIMM: Die Lehre des Buddho. Die Religion der Vernunft und der Meditation (1915), hrsg. v. M. K. Keller-Grimm und M. Hoppe, Wiesbaden (Löwit) 1957, 27–149: Die hohe Wahrheit vom Leiden.

[16] Vgl. WK 391–395 zum Sündenfall der Engel – ein irrwitziges Beispiel der Metaphysizierung mythischer Bilder im dogmatisierten Kirchenglauben!

[17] Vgl. A. VON HARNACK: Marcion, 269–271: Der kleinliche und klägliche Schöpfergott; das Erbärmliche und Beschwerliche der Schöpfung; 271–274: Der Schöpfergott als schlimmbeschwerlich.

[18] A. SCHOPENHAUER: Die Welt als Wille und Vorstellung, 2 Bde. ('1818), hrsg. v. A. Hübscher; Sämtliche Werke, Bd. 2–3, Wiesbaden 1965; 1949, I 317–487: Bejahung und Verneinung des Willens (4. Buch, §§53–71), bes. S. 483–487.

[19] A. VON HARNACK: Marcion, 97–106: Der Weltschöpfer; 106–118: Der Weltschöpfer als der Judengott.

[20] Vgl. A. CAMUS: Der Mensch in der Revolte, übers. v. J. Streller, Reinbek 1953, 28–114: Die metaphysische Revolte.

[21] Vgl. A. CAMUS: Der Mythos von Sisyphos. Ein Versuch über das Absurde, komm. v. L. Richter, Hamburg (rde 90) 1959, 18–19: Die blutige Mathematik, die über uns herrscht.

[22] Vgl. J. DUCHESNE-GUILLEMIN: Zoroaster und das Abendland (1958), übers. v. U. Weisser, in: B. Schlerath (Hrsg.): Zarathustra, Darmstadt 1970, 217–252; F. C. BURKITT: Die Auffassung von dem Bösen Prinzip im manichäischen System und von seiner Übereinstimmung mit dem Christentum (1925), übers. v. R. Schmitt, in: G. Widengren (Hrsg.): Der Manichäismus, Darmstadt 1977, 31–36.

[23] M. NOEL: Erfahrungen mit Gott, übers. v. A. Heitzer, Vorw. v. K. Pfleger, Mainz 1961, 41–42.

[24] Die *jüdische* Bezeichnung des sog. «Alten Testamentes» ergibt sich aus den Abkürzungen Th(orah), N(ebijm), Kh(etubim): Gesetz, Propheten, Geschichtswerke; *Thanch*(umim) bedeutet «Tröstung». Statt von zwei Testamenten, einem (ver)alte(te)n und einem neuen, sollte man besser von den zwei Seiten ein und derselben «Tröstung» Gottes sprechen: der *Tröstung für die Juden* (TJ) und der *Tröstung für die Heiden* (TH).

[25] A. VON HARNACK: Marcion, 229.

[26] Vgl. B. PASCAL: Über die Religion, Nr. 278: «Es ist das Herz, das Gott spürt, nicht die Vernunft.» – Das «Memorial» von 1654, s. S. 248–249.

[27] Vgl. W. NIGG: Das Buch der Ketzer, 485–506.

[28] A. VON HARNACK: Marcion, 229.

[29] A. a. O., 229–230.

[30] A. a. O., 30.

[31] A. a. O., 31.

[32] Vgl. E. DREWERMANN: Das Matthäus-Evangelium, I 53–63.

[33] Vgl. U. SCHULTZ: Das Geschlechtliche in gnostischer Lehre und Übung (1910), in: U. Schultz (Hrsg.): Dokumente der Gnosis, München 1980, 57–83, der die Gnosis einfach als eine Art sexueller Verirrung (miß)versteht. – Man muß sich gegenüber solchen Urteilen klarmachen, daß die «christlichen» Theologen mit ihren Verdächtigungen gegenüber den Minderheitengruppen der gnostischen Kirchen denselben Obsessionen unterlagen wie ihre «heidnischen» Gegner zuvor; auch den Christen warf man Promiskuität und ödipodeische Unzucht vor. Das Problem des «Gesetzes» bei Marcion und der «Gnosis» ist existentiell viel zu ernst, um es auf die projizierte Triebangst der sexuellen Libertinage zu reduzieren.

[34] Zur Stelle vgl. E. DREWERMANN: Strukturen des Bösen, I 111–148.

[35] Vgl. a. a. O., I 53–110.

[36] Zur Stelle vgl. a. a. O., I 131–133.

[37] Vgl. E. BISER: Paulus. Zeuge, Mystiker, Vordenker, München–Zürich (SP 1477) 1992,

242–246: Ich unglücklicher Mensch!: «Auf die Frage, was ihm ‹Ethik› bedeute, hätte Paulus… sicher nicht im Sinne des aristotelischen Entwurfs, sondern eher mit HEIDEGGER geantwortet: dem Guten Raum geben… Nur hätte er das Gute nicht seinshaft, sondern konkret und prozessual, als gnadenbedingtes Heranreifen zur Gotteskindschaft, gedacht.» (245)

38 Vgl. AUGUSTINUS: Briefe, in: Schriften, 2. Bd., Brief an Paulinus, IX 32, S. 169–170, die Sammlung der PELAGIUS vorgeworfenen Sätze.

39 Vgl. M. LUTHER: Vom unfreien Willen (1525), in: Werke in Ausw., hrsg. v. K. Aland, III.: Der erneuerte Glaube, Göttingen ⁴(erw.) 1983, 151–334.

40 Vgl. B. PASCAL: Über die Religion, Fragment 425–555, S. 189–247.

41 S. KIERKEGAARD: Einübung im Christentum, Kopenhagen 1850, übers. v. E. Hirsch, Düsseldorf–Köln 1971; Werkausgabe, 2. Bd., 5–308 (=XII 1–239), S. 43–60 (XII 35–XII 51): Der Einladende.

42 Vgl. E. DREWERMANN: Von der Unmoral der Psychotherapie – oder von der Notwendigkeit einer Suspension des Ethischen im Religiösen, in: Psychoanalyse und Moraltheologie, 3 Bde., Mainz 1982–1984, 1. Bd., ¹¹1992, 79–104.

43 Vgl. JUSTIN: Dialog mit dem Juden Tryphon, CXXIII 3, S. 201: «Ihr (sc. die Juden!) habt euer Gesetz nicht erkannt. Sonst würdet ihr euch vor Gottes Zorn fürchten und wäret nicht die gesetzlosen, irrenden Söhne.» In der ganzen Debatte geht es nur noch um die Rechtfertigung der Kirche, das jüdische Gesetz an die Bedürfnisse der Heidenmission in dem «Neuen Bund» des «Messias» «angepaßt» zu haben; von dem paulinischen Problem ist keine Rede mehr.

44 Der Hirte des Hermas, in: Die apostolischen Väter, aus dem Griech. übers. v. F. Zeller, München (BKV 35) 1918, 171–289.

45 A. VON HARNACK: Marcion, 231.

46 Offenbar meint HARNACK hier F. M. DOSTOJEWSKIJ: Die Erniedrigten und Beleidigten (1861), übers. v. K. Nötzel, München (Goldmann 936–937) o. J.

47 Vgl. K. HAMBURGER: Tolstoi. Gestalt und Problem, Göttingen ²(neubearb.) 1963, 73–94: Der Kampf um den Glauben.

48 M. GORKI: Das Nachtasyl. Szenen aus der Tiefe (Petersburg 1903), übers. v. A. Scholz, Berlin 1903; Dramen, Frankfurt 1962; Stuttgart (reclam 7671) 1971.

49 A. VON HARNACK: Marcion, 232–233.

50 A. a. O., 233.

51 A. a. O., 235.

52 A. a. O., 235.

53 TERTULLIAN: Die Prozeßeinreden gegen die Häretiker, Kap. 41, Schriften, II 350–351; vgl. E. PAGELS: Versuchung durch Erkenntnis, 157–175: Wessen Kirche ist die «Wahre Kirche»? TERTULLIAN: Scorpiace oder Arznei gegen den Skorpionenstich (202 n. Chr.?), Schriften, II 183–229, verdammt die «Gnostiker», weil sie lehren, das Martyrium des Glaubens sei nicht nötig, um ein Christ zu bleiben; die Frage wurde von der «offiziellen» Kirche später durch eine Art Kollektivamnestie gelöst, – man trug der menschlichen Schwachheit Rechnung. Die Gnosis hingegen erkannte zu Recht den durch und durch synkretistischen Charakter der christlichen Glaubensbilder und fragte daher aus Überzeugung nach dem «Sinn» aller religiösen Intoleranz.

54 U. FOERSTER (Hrsg.): Die Gnosis, I 17.

55 A. a. O., I 17.

56 A. a. O., I 17–18.

57 Vgl. H. OLDENBERG: Buddha, s. o., Anm. 15, 211–266: Die Sätze von der Entstehung und Aufhebung des Leidens; G. GRIMM: Die Lehre des Buddho, s. o., Anm. 15, 231–277: Die hohe Wahrheit von der Leidensvernichtung – Nibbanam.

58 Vgl. E. PAGELS: Versuchung durch Erkenntnis, 176–201: Gnosis: Selbsterkenntnis als Gotteserkenntnis.

59 W. FOERSTER (Hrsg.): Die Gnosis, I 26.

60 Vgl. A. VON HARNACK: Lehrbuch der Dogmengeschichte, I 353–496: Die Aufstellung der apostolischen Normen für das kirchliche Christenthum. Die katholische Kirche. Hier lag vor allem die «Leistung» des IRENÄUS: Erweis der apostolischen Verkündigung, in: Schriften, 2 Bde., übers. v. E. Klebba, München (BKV

3–4) 1912, II 583–650, bes. 2. Hauptteil, 3. Abschnitt: Das Christentum in seiner inneren und äußeren Entfaltung als Erfüllung der messianischen Weissagungen. Der gesamte Aufbau dieser Schrift: Schöpfung, Sünde und Erlösung, Christologie, Ekklesiologie, Eschatologie dient noch heute dem «Weltkatechismus» zum Vorbild. IRENÄUS: Gegen die Häresien (um 190) enthält nicht nur die Haupteinwände gegen die «Gnostiker», sondern auch die Aufstellung des «Schrift- und Traditionsprinzips»: vgl. Gegen die Häresien, III 4, Bd. 1, S. 214–215: Allein in der Kirche ist die wahre Tradition, mit dem wahrhaft schlagenden Argument: «Vor Valentin nämlich gab es keine Valentinianer, vor Markion keine Markioniten.» III 4,3; 1. Bd., S. 215; III 6,1–5; Bd. 1, S. 218–222 «beweist» die Göttlichkeit des Vaters wie des Sohnes.

[61] IRENÄUS: Gegen die Häresien, III 6,2; Bd. 1, S. 220: «Durch den Sohn also, der im Vater ist und in sich den Vater hat, der da ist, hat sich Gott geoffenbart... In diesem Sinne spricht Isaias...» Jes 43,10? – an die Stelle von «Knecht» wird da «Sohn» gesetzt und der fehlübersetzte Begriff dann «christologisch» gedeutet; selbst die griechische Übersetzung der Stelle, die Septuaginta, sagt nicht «Sohn», sondern «Bursche»=Diener. Vgl. auch K. DESCHNER: Kriminalgeschichte des Christentums, I 143–181: «Die Verteufelung von Christen durch Christen beginnt», der die intolerante Hetze und enorme Aggressivität dieser Art des entstehenden Dogmatismus belegt. Es ist und bleibt eine gute Faustregel: je mehr die Rede geht von «Christus» und der «Kirche», welcher der «Geist» «alle Wahrheit» mitteilt, desto weniger hat all dieses Sprechen mit der wirklichen Botschaft Jesu und den religiösen Erfahrungen der Menschen zu tun; desto mehr hingegen verkommt die Theologie zur Ideologie kirchlicher Herrschaftsausübung.
[62] Zur Stelle vgl. R. BULTMANN: Das Johannesevangelium (1941), Göttingen [17]1962, 294–295: «in Jesus und nur in ihm begegnet Gott den Menschen. Die Schroffheit der Formulierung soll den Anstoß erregen, der dem Offenbarungsgeschehen als dem Angriff Got-

tes auf die Welt (sc. in joh. Sinne, d. V.) wesensmäßig eigen ist.» Anm. 1: «Selbstverständlich (!) ist der Satz... im Sinne des Offenbarungsgedankens und nicht als kosmologische Theorie zu verstehen... Wirkliche Analogien liegen in der durch den Offenbarungsgedanken bestimmten gnostischen Mythologie vor.» Zu denken ist da besonders an den iranischen Urmensch-Erlöser-Mythos; vgl. H. VON GLASENAPP: Die nichtchristlichen Religionen, Frankfurt (Fischer Lexikon 1) 1957, 288–300: Zarathustrische Religion, S. 295: «Angra Mainyu (sc. das Böse Prinzip, d. V.) dringt in die Welt ein, tötet den Urmenschen (sc. Gayomart, d. V.) und den Urstier, und die von ihm geschaffenen Dämonen verbreiten sich über die Erde. Aus dem Samen des Urmenschen entsteht das erste Menschenpaar, aus dem Samen des Urstiers das Vieh. In der Welt ist jetzt das Gute und das Böse vermischt... Um den Menschen zu helfen, sendet Ahura Mazda (sc. der Gute Gott, d. V.) den Zarathustra herab.» Vgl. F. ALTHEIM: Zarathustra (1952), in: B. Schlerath (Hrsg.): Zarathustra, Darmstadt 1970, 169–198, bes. S. 191, der – in der üblichen Dialektik der Wirkungsgeschichte zwischen Religionsstifter und Religionsform – die Ablehnung des arischen Mythos durch Zarathustra (im Unterschied zu Mani!) hervorhebt und (S. 194) in der Aufhebung des Kultus eine prophetische Tat sieht: «Der Prophet sammelt sich Anhänger, die ihrerseits zu einer Gemeinde mit festen Ordnungen werden können. Aber nach ihren Ursprüngen ist sie im Gegensatz zur bislang gültigen Gesellschaft entstanden: sie sucht eine Lösung von bisherigen Bindungen, wie die Gestalt des Propheten dies auch tut.»
[63] Vgl. A. VON HARNACK: Lehrbuch der Dogmengeschichte, I 550–637, bes. 550–567: Die theologische Stellung des IRENÄUS, S. 558: Gnostisch-antignostisches Gepräge seiner Theologie: Er (sc. Irenäus, d. V.) ist «der Überzeugung, daß das Christenthum reale Erlösung ist, und daß diese Erlösung einzig durch die Erscheinung Christi zu Stande gekommen ist... Der Schöpfergott und der eine Jesus Christus sind wirklich die Mittelpunkte seiner theologischen Betrachtung...

Seine Spekulation wurde von hier aus der gnostischen nahezu ebenbürtig... Hier ging man von einem ursprünglich gedachten Dualismus aus... und erkannte... in der Erlösung durch Christus die *Trennung* des widernatürlich Verbundenen; Irenäus dagegen ging von dem Gedanken der absoluten Causalität des Schöpfergottes aus, sah deshalb in der empirischen Welt fehlerhafte Entfremdung und Scheidung und erkannte demgemäß in der Erlösung durch Christus die *Wiedervereinigung* des widernatürlich Getrennten.» «Immerhin aber liegt der Schwerpunkt für Irenäus bereits in der Betrachtung, daß das Christenthum reale Erlösung ist, d. h. daß das im Christenthum dargereichte höchste Gut die Vergottung der menschlichen Natur durch die Gabe der Unvergänglichkeit sei, und daß diese Vergottung die volle Erkenntnis und den Genuß Gottes (visio dei) einschließe.» (I 557–560) Deutlich ist, wie hier aus der wesentlich *personalen* bzw. *existentiellen* Beziehung des Menschen zu Gott ein Verhältnis von Erkennendem und Erkanntem, von Erkenntnislehre («Gnosis») und Ontologie («Mythologie») wird. Kultische («sakramentale») Seinsidentität verdrängt hier, in Kirchenmitgliedschaft, die Spannung des Glaubens; was subjektiv von jedem Einzelnen in seinem Leben vollzogen werden müßte, hat «immer schon» eine «objektive», «an sich» in Gott bestehende Wirklichkeit. Vgl. Irenäus: Gegen die Häresien, III 16,6; Schriften, I 279: «Es ist also ein Gott Vater... und ein Christus Jesus, unser Herr, der durch die ganze Heilsordnung hindurch ging und alles in sich selbst zusammenfaßte. Zu diesem ‹allen› gehört aber auch der Mensch, das Geschöpf Gottes, also faßte er auch den Menschen in sich zusammen, indem er, der Unsichtbare, sichtbar wurde, der Unbegreifbare begreifbar, der Leidensunfähige leidensfähig, das Wort Mensch. So faßte er in sich das All zusammen, damit er, wie das Wort in den überhimmlischen und geistigen Dingen Herrscher ist, ebenso in den sichtbaren und körperlichen Dingen herrsche, indem er auf sich die Herrschaft nahm und sich zum Haupte der Kirche einsetzte, und damit er alles an sich

ziehe zu der passenden Zeit.» Man kann sagen, daß hier die «Gnosis» lediglich durch zwei Momente «überwunden» wird: zum einen wird die Fragwürdigkeit und Rätselhaftigkeit der Schöpfung simpel geleugnet durch einen «gereinigten» *Schöpfungsglauben,* der alle Weltübel der Sünde der Geschöpfe, des Teufels wie der Menschen, anlastet, und zum anderen durch den Herrschaftsanspruch der *Kirche,* die jetzt schon der Ort ist, an welchem die Weltvernunft («das Wort») begonnen hat, die «Weltherrschaft» zu verwirklichen, die «an sich» durch die Inkarnation in Christus bereits wirklich ist. Die «ontologische» Interpretation der «Inkarnation» und die ekklesiologische Interpretation der «Erlösung» stellen das eigentliche «Verdienst» des Irenäus dar; man kann auch sagen, mit Irenäus beginnt der dogmatische Zwang, die mythischen Bilder der neutestamentlichen Christologie zu historisieren und zu metaphysizieren, also von Gott her zu denken, was nur vom Menschen her erlebbar ist.

[64] Vgl. Irenäus: Erweis der apostolischen Verkündigung, I 3,41; Schriften, II 610–611: «An Seele und Leib heiligten sie (sc. die Apostel, d. V.) dieselben (sc. die Heiden, d. V.) durch die Taufe im Wasser und den Hl. Geist, den sie vom Herrn empfangen hatten. Indem sie diesen den einzelnen Gläubigen erteilten, begründeten sie die Kirche.»

[65] Vgl. Irenäus: Gegen die Häresien, III 24,1; Schriften, I 316–317: «Ihn (sc. den richtigen Glauben, d. V.) hat der Hl. Geist gleichsam in ein ganz kostbares Gefäß jugendfrisch hineingetan, und jugendfrisch erhält er das Gefäß, in dem er sich befindet.» «Die Predigt der Kirche... ist in jeder Hinsicht unveränderlich und gleichmäßig; sie hat für sich... das Zeugnis der Propheten und Apostel und aller Jünger, wie am Anfang der Zeiten, so in der Mitte und am Ende, die ganze Heilsordnung Gottes hindurch.» «Wo die Kirche, da ist auch der Geist Gottes; und wo der Geist Gottes, dort ist die Kirche und alle Gnade; der Geist aber ist Wahrheit. Die den Geist der Wahrheit nicht aufnehmen, empfangen von den Brüsten der Mutter keine Nahrung zum Leben, noch das von

dem Leibe Christi ausgehende hellsprudelnde Quellwasser (sc. der Taufe, d. V.; – die nahezu unverhüllte Sexualsymbolik dieser sonderbaren Bilder ist psychoanalytisch höchst interessant!), sondern... (sie) trinken aus Gruben faules Wasser. Um nicht widerlegt zu werden, fliehen sie vor dem Glauben der Kirche; um nicht belehrt zu werden, verwerfen sie den Hl. Geist.» Kult, Kirche und Gewalt sind hier bereits zu einer unauflöslichen Einheit in Geistbesitz und Heilsgewißheit verschmolzen. Alles, was der «neue» «Weltkatechismus» der Kirche im Jahre 1992 zu verkünden hat, steht Satz für Satz und Gedanke für Gedanke schon bei IRENÄUS VON LYON, – «unveränderlich und gleichmäßig», wirklich, quer durch 1800 Jahre.
66 Vgl. bes. E. PAGELS: Versuchung durch Erkenntnis, 176–201, die vor allem die *meditativen Techniken* schildert, mit denen die Gnostiker der «Erkenntnis» nahezukommen suchten. – Die *Phobie vor jeglicher Art von Selbsterkenntnis und Selbstbegegnung* ist das vorherrschende Merkmal «orthodoxer», d. h. kirchlich akzeptierter Theologie geblieben; sie kehrt z. T. auch wieder in der sog. *«politischen Theologie»* und klingt dann so: «Die Psychologie funktioniert als das Opium der Mittelklasse.» «Das Gebrauchtwerden von anderen wird unsichtbar gemacht... und so schreit das Ich nach sich selber, will sich verwirklichen, sich entdecken, sich lieben, sich akzeptieren und wie die Psychosprüche alle heißen. Diese Entwicklung, in der niemand uns braucht, wir aber Apparate jeder Art gebrauchen, hat theologisch gesprochen ihr Vorbild in einer falschen Vorstellung von Gott, der niemanden braucht..., der nicht weinen kann. Kurz gesagt: ein Männeridol.» D. SÖLLE: Wir sollen uns zuerst um die anderen sorgen, in: Publik Forum, 22. Jg., Nr. 15, 6. Aug. 93, 14–15. Es ist schwer vorstellbar, wie man die Angst vor sich selber und die Unfähigkeit, seelisches Leid (bei sich selbst und) – zumindest – bei anderen ernst zu nehmen, wüster wegrationalisieren kann. Der Kampf gegen den tyrannischen Vater (das «Männeridol») und das «Gebrauchtwerden» von der sozial schwachen Mutter, die immerhin «weinen» kann – diese Kinderwelt darf nicht einmal gesehen noch bearbeitet werden, damit ein bestimmtes «Christentum» der Selbstunterdrückung und der projektiven Selbstentfremdung weiterbestehen kann. Die Wahrheit ist ganz einfach: man «befreit» Menschen nicht mit unfreien Menschen, und *jedes* Leid muß in der Art bekämpft werden, in der es sich stellt. Die Verleugnung, ja, die Diffamierung der Psychotherapie ist an sich so albern – und infam –, wie wenn man theologisch die Beseitigung medizinischer Versorgung in Europa zugunsten eines Engagements gegen die Not der Dritten Welt verlangen wollte. Mit einer solchen Logik erreicht man nichts als die Moralisierung falscher Alternativen. Daß aber Menschen *seelisch* nicht minder krank sein können als *körperlich*, muß eine bestimmte Art von «Theologie» offenbar erst noch lernen, d. h., die *gesamte* Theologie muß es lernen; was D. SÖLLE sagt, zählt zweifellos zum Besten und Engagiertesten, was im Rahmen heutiger «Kirche» überhaupt noch zu hören ist. Um so wichtiger, daran zu erinnern, daß man Mitleid nicht aufspalten kann!
67 Vgl. A. VON HARNACK: Lehrbuch der Dogmengeschichte, I 277-291: Die wichtigsten gnostischen Lehren, bes. S. 278, A 1, zu dem «Unvermögen» der Gnostiker, «Gemeinden zu organisieren». «Mit der episcopalen Organisation der Gemeinden vermochte die gnostische Schul- und Mysterientradition nicht zu wetteifern.»
68 Vgl. E. PAGELS: Versuchung durch Erkenntnis, 70–93: «Ein Gott, ein Bischof»: Die Politik des Monotheismus; die Autorin setzt sehr deutlich den hierarchischen Machtwillen der frühen Kirche dem «geheimen Sakrament, genannt Erlösung» in der «Gnosis», gegenüber (S. 78–82): «Was würde geschehen, wenn jemand ihre Lehre von Gott – als dem Einen, der an der Spitze der göttlichen Hierarchie steht und die gesamte Struktur legitimiert – in Frage stellte?» Ein Mann wie VALENTINUS (um 140) war ein Dichter und geistlicher Lehrer – und schon deshalb ein geborener Feind der sich etablierenden Kirche der wahrheitsbesitzenden Ämter. Auch so wird man den Gedanken der «Gnosis» verstehen müssen: daß da ein Gott

ist, der eben nicht «über» der Welt steht, sondern von Anfang an in den Prozeß der Welt «verwickelt» ist – wie die «Kirchenleitung» in die Lebensvorgänge der Kirchenmitglieder. – Wir werden im 3. Bd. dieser Arbeit im Rahmen der «Schöpfungslehre» die Anfragen und ungelösten Probleme der «Gnosis» noch einmal aufgreifen und neu durchdenken müssen. Vgl. zu der Themenstellung hier auch F. HEILER: Der Katholizismus, 79–85: Der Kampf gegen den Gnostizismus und Marcionitismus: ein «Damm einer autoritativen Kirchenlehre», «eine starke Institution und Organisation..., imstande..., alle Neuerungen abzuwehren», das, in der Tat, ist seit dem Beginn des 3. Jh.s, schon 100 Jahre vor Konstantin (!), die kath. Kirche. Heute freilich ist diese Kirche das erste Opfer ihrer eigenen Erfolge.

⁶⁹ Zur «Einsetzung» der Sakramente vgl. H. J. KLAUCK: Die Sakramente und der historische Jesus, in: Pastoralblatt, 1/1992, 2–11. Man muß es, nach kirchlichem Selbstverständnis, gleichwohl immer noch für Wahrheit und Geistgeleitetheit halten, wenn ein Erzbischof wie J. J. DEGENHARDT (Paderborn) es für notwendig hält, «Häresie» zu statuieren, falls man erklärt, eine «historische» Einsetzung der Sakramente der Kirche durch Jesus von Nazareth sei mit historischen Mitteln nicht erweisbar; E. DREWERMANN: Worum es eigentlich geht. Protokoll einer Verurteilung, 185–194; 354–355; 389–391. – Zu den «Sakramenten» in den gnostischen *Mysteriengemeinden* vgl. R. BULTMANN: Das Urchristentum, 159–160. A. VON HARNACK: Marcion, 143–147. Zur Problematik der *Sakramente in der Kirche* vgl. schon R. BULTMANN: Theologie des Neuen Testamentes, 135–155; 306–315.

⁷⁰ Vgl. G. W. F. HEGEL: Vorlesungen über die Philosophie der Religion, I 144: «Das Gefühl ist... das, was der Mensch mit dem Thiere gemein hat, es ist die thierische, sinnliche Form... Gott ist wesentlich im Denken.» S. 145: «Die Religion ist so ins Herz zu bringen..., daß das Individuum religiös gebildet werde... Es ist daher Sache des Individuums, seinem Gefühl einen wahren Inhalt zu geben.»

⁷¹ Vgl. R. BULTMANN: Das Urchristentum, 155: «Hier ist die radikale Andersheit des menschlichen Ich von allem welthaften Sein entdeckt im Gegensatz zum griechischen Selbstverständnis; die radikale Andersheit und damit die Einsamkeit des Menschen in der Welt.»

⁷² Vgl. R. BULTMANN: Das Urchristentum, 156–157: «In seiner Einsamkeit ist der Mensch von einer furchtbaren Angst befallen, – Angst vor den sich ausdehnenden Welträumen, der sich erstreckenden Zeit, vor Lärm und List der Welt, das heißt der in ihr wirkenden dämonischen Mächte,... die ihn sich selbst entfremden wollen, – Angst auch vor sich selbst, da er sich den dämonischen Mächten ausgeliefert, *das eigene Innere als der eigenen Macht entzogen,* als Spielplatz der Dämonen empfindet.» Es geht in Gestalt der Gnosis m. a. W. um die Frage, wie die *neurotisierende* Entfremdung des Religiösen sich rückgängig machen läßt; und dieser Frage gilt es 1800 Jahre später sich zu stellen!

⁷³ JEAN PAUL: Wahrheit aus meinem Leben, in: Dichtungen, eingel. v. P. Requadt, Leipzig 1940, 29.

⁷⁴ JEAN PAUL: Siebenkäs, in: Sämtliche Werke, hrsg. v. E. Forster; Berlin ²1840–42, Bd. 11, 156–157.

⁷⁵ KH. GIBRAN: Eine Träne und ein Lächeln, 63–65: Besuch der Weisheit.

⁷⁶ Zur Stelle vgl. H. SCHLIER: Der Brief an die Galater, Göttingen ¹⁰(neubearb.) 1962.

⁷⁷ Vgl. R. BULTMANN: Theologie des Neuen Testamentes, Tübingen ⁴1961, 238–239.

⁷⁸ Zur Stelle vgl. H. CONZELMANN: Die Apostelgeschichte, Tübingen (Handbuch zum Neuen Testament 7) 1963, 56–59: «Die Absicht ist deutlich: Vor der ersten Bekehrung eines Heiden wird das Werkzeug der großen Heidenmission bereitgestellt.»

⁷⁹ Vgl. R. BULTMANN: Theologie des Neuen Testamentes, 166–186: Gnostische Motive.

⁸⁰ Vgl. A. VON HARNACK: Lehrbuch der Dogmengeschichte, I 299–300: Marcions Beurtheilung des guten Gottes in Christus.

⁸¹ Vgl. K. HOLLMANN: Existenz und Glaube. Entwicklung und Ergebnisse der Bultmann-

Diskussion in der katholischen Theologie, Paderborn 1972.
[82] Vgl. J. Jacobi: Die Psychologie von C. G. Jung. Eine Einführung in das Gesamtwerk. Mit einem Geleitwort von C. G. Jung, Olten 1971, Frankfurt (Fischer Tb. 6365) 1977.
[83] Vgl. E. Drewermann: Tiefenpsychologie und Exegese, I 302–310: Ritual und Ritus. – Es ist im Rahmen dieser Arbeit nicht möglich, das wichtige Thema der *Ritualisierung* noch einmal aufzugreifen. Vgl. aber V. Sommer: Feste, Mythen, Rituale. Warum die Völker feiern. Hamburg 1982.
[84] Vgl. A. von Harnack: Marcion, 223–235: Das Evangelium vom fremden Gott und der Panchristismus; vgl. auch: R. Bultmann: Das Urchristentum, 160.
[85] Vgl. R. Bultmann: Das Urchristentum, 158–159: «das heißt der Ruf, zu erwachen und sich vom Hiesigen zu lösen.»
[86] Vgl. E. Drewermann: Tiefenpsychologie und Exegese, II 105–114: Was im Fall der Krankheit heilen kann.
[87] H. Altner: Botenstoffe im Organismus: Hormone, in: D. Burkhardt – W. Schleidt – H. Altner (Hrsg.): Signale in der Tierwelt. Vom Vorsprung der Natur, München (dtv 853) 1972, 80–85; vgl. auch L. Nilsson: Eine Reise in das Innere unseres Körpers. Das Abwehrsystem des menschlichen Organismus (Stockholm 1985), übers. v. E. P. Fischer, Hamburg 1987, 20–33: Das Immunsystem.
[88] Vgl. Bild Nr. 2; M. Wheeler: Alt-Indien und Pakistan, bis zur Zeit des Königs Ashoka (1959), übers. v. G. Pfeiffer, Köln o. J., 81–102: Die Indus-Kultur.
[89] Vgl. E. Fahmüller: Die Götter und ihre Tempel, in: A. Eggebrecht: Das Alte Ägypten, München 1984, 227–285, S. 260–263.
[90] Vgl. W. Krickeberg: Altmexikanische Kulturen, Berlin 1975, 301–320.
[91] A. a. O., 336–369.
[92] Vgl. R. de Vaux: Die Patriarchenerzählungen und die Geschichte (1965), Stuttgart (SBS 3) 1965. Nachdem de Vaux buchstäblich ein ganzes Leben damit zugebracht hat, herauszufinden, ob die «Patriarchen» nun historisch gelebt

haben oder nicht, gelangt er – wie es historisch-kritisch nicht anders sein kann, wenn es um religiös wichtige Texte geht – zu dem Ergebnis, daß man diese Frage wohl nicht werde beantworten können.
[93] Vgl. E. Drewermann: Tiefenpsychologie und Exegese, II 782–787.
[94] Vgl. St. Schmitz: Weder Tiefenpsychologie noch Exegese. Eine Auseinandersetzung mit Gerhard Lohfink und Rudolf Pesch, in: E. Drewermann: An ihren Früchten sollt ihr sie erkennen, Olten 1988, 177–202.
[95] Das gilt gewiß in Richtung des *gnostischen Dualismus;* der *kirchliche Dogmatismus* aber, indem er die «Offenbarung Gottes aus der persönlichen Begegnung weg in eine rational dozierbare Doktrin verwandelt, reißt ebenfalls das, was der Mensch ist, und das, woran er glaubt, um wirklich zu *sein*, auseinander. Vgl. dagegen S. Kierkegaard: Die Krankheit zum Tode, 1. Abschnitt, Seite 28: «Das Selbst ist die bewußte Synthese von Endlichkeit und Unendlichkeit, die sich zu sich selbst verhält, deren Aufgabe es ist, sie selbst zu werden, welches sich nur verwirklichen läßt durch das Verhältnis zu Gott.»
[96] Vgl. J. Toland: Christianity as old as the creation, London 1730; dt.: Frankfurt 1741.
[97] Vgl. S. Nikhilananda: Der Hinduismus. Seine Bedeutung für die Befreiung des Geistes (1958), übers. v. L. Voelker, Berlin (Ullstein Tb. 291) 1960, 36–43; F. Spiegelberg: Die lebenden Weltreligionen (1956), übers. v. D. Fischer-Barnicol, Frankfurt 1977; Frankfurt (st 1305) 1986, 249–276: Späthinduismus.
[98] Vgl. Erzbischof J. J. Degenhardt: Vom christlichen Glauben an das ewige Leben 1, in: Der Dom, Nr. 44, 1.11.95, S. 5: «Demnach (sc. nach der Aufklärung, d. V.) können wir uns kaum noch vorstellen, daß Gott wirklich in der Welt und am Menschen etwas tut, daß er selbst in der Geschichte handelt, daß er eingreift... Deshalb verstehen manche ja die Wunder des Neuen Testamentes nicht als Eingreifen Gottes, sondern man führt sie auf zeitbedingte Vorstellungen zurück. Auch die Geburt Jesu aus der Jungfrau Maria und die wirkliche Auf-

erstehung Jesu, die seinen Leib der Verwesung entriß, werden vielfach geleugnet und bestenfalls als unerhebliche Randfragen abgetan... Vielen erscheint es störend, daß Gott in biologische oder physikalische Vorgänge eingegriffen haben soll, weil die Welt, wie sie ist, in sich feststeht und gar keinen Platz zu bieten scheint für ein Eingreifen und Handeln Gottes in unserer Welt, in der Geschichte und in der Historie. Gewiß, das Weltbild der modernen Physik kennt nicht mehr die abgeschlossenen Gewißheiten des vergangenen Jahrhunderts. Aber die Menschen von heute denken, das Geschehen in der Welt sei nur durch weltliche Faktoren erklärbar... Der Glaube an das ewige Leben kann nur dann wieder lebendig werden, wenn wir eine neue Beziehung zu Gott finden, wenn wir Gott wieder als den Handelnden in unserer Welt und in uns selbst verstehen können.» Da wird, wenn Worte einen Sinn machen, der Glaube der Christen an ein absolut abergläubisches Wunderverständnis gebunden; immer noch «greift» da Gott «ein»; immer noch erhält sich die Theologie parasitär in den Lücken des naturwissenschaftlichen Weltbildes; und es gibt Kirchenhierarchen, die nicht begreifen können oder wollen, daß die *Quantenmechanik* im Grunde weit deterministischer noch denkt als die Newtonsche Mechanik. Für irgendein Allotria ist da kein Platz. Vgl. St. WEINBERG: Der Traum von der Einheit des Universums, 251–270: Die Frage nach Gott; bes. S. 256–257: «Das einzig mögliche wissenschaftliche Verfahren besteht... in der Annahme, daß eine göttliche Intervention nicht stattfindet, um dann zu sehen, wie weit man mit dieser Annahme kommt.» (257) Vgl. auch J. SCHREINER: Anschauliche Quantenmechanik, Frankfurt 1978, 27–38: Die Heisenbergsche Unschärferelation.

[99] Es ist klar, daß der verordnete Wunderaberglaube der Kirche eine der Hauptquellen des *Atheismus* in der Neuzeit darstellt: Ein Gott, der alles kann, aber nichts tut, ist nicht länger glaubwürdig! Vgl. J. St. MILL: Drei Essays über Religion, 99–100, der auf den Widerspruch von Naturordnung und moralischer Ordnung hinweist: «so ist die Anbetung der Gottheit nicht mehr die Verehrung der abstrakten moralischen Vollkommenheit. Sie ist die Verbeugung vor einem gigantischen Bild von etwas, das nicht geeignet ist, von uns nachgeahmt zu werden. Sie ist nichts anderes als die Anbetung der Macht.»

[100] XENOPHANES: Die Fragmente, hrsg., übers. u. erl. v. E. Heitsch, München–Zürich 1983, Fr. 15, S. 43: «wenn Ochsen oder Löwen Hände hätten oder vielmehr malen könnten mit ihren Händen und Kunstwerke herstellen wie die Menschen, dann würden Pferde pferdeähnlich, Ochsen ochsenähnlich der Götter Gestalten malen und solche Körper bilden, wie jeder selbst gestaltet ist.»

[101] J. LACAN: Das Ich in der Theorie Freuds und in der Technik der Psychoanalyse (Das Seminar, Buch II 1954–1955), übers. v. H.-J. Metzger, Olten-Freiburg 1980, 373–390: Psychoanalyse und Kybernetik; vgl. dagg. R. A. SPITZ: Nein und Ja. Die Ursprünge der menschlichen Kommunikation, 102–127: Das Selbst und das Ich.

[102] R. TAGORE: Die Religion des Menschen (1956), übers. v. E. Engelhardt, Freiburg 1962, 73–75.

[103] A. a. O., 77.

# B. Die Bilder des Unbewußten

## (Seite 269 bis 502)

### 1. Sigmund Freud, C. G. Jung und die Verhaltensforschung

#### (Seite 269 bis 308)

[1] O. PFISTER: Das Christentum und die Angst, 104–110.

[2] Vgl. J. WOLPE: Praxis der Verhaltenstherapie, 15–28.

[3] L. BLÖSCHL: Grundlagen und Methoden der Verhaltenstherapie, 17–228: Die Anfänge der Verhaltenstherapie mit PAWLOW und WATSON.

[4] Vgl. K. DESCHNER: Die Politik der Päpste im 20. Jahrhundert, II 545–591, zum Pontifikat von JOHANNES PAUL II.

[5] KNA: Katholische Kirche fordert rasche wirtschaftliche Initiativen, in: Der Dom, Nr. 11, 14. 3. 93: «Bischof Lehmann sagte, die Kirche müsse sich erneut der Frage stellen, ‹ob es wirklich so etwas wie einen gerechten Krieg gibt.› Jahrzehntelang hätten Ehtiker und Moraltheologen diesbezüglich immer nur einen Nuklearkrieg in Erwägung gezogen (? dies nach Vietnam und dem Golfkrieg!); zu einem Krieg, wie er jetzt im ehemaligen Jugoslawien tobe, schwiegen sich deshalb Handbücher der Ethik aus.» (?) Auch die US-Bischöfe unter dem Vorsitz von Erzbischof JOHN ROBERT ROACH fordern Außenminister *Warren Christopher* auf, militärisch «gegen die Aggression und Barbarei» in Bosnien vorzugehen. *Der Dom*, Nr. 21, 23. 5. 93. Am 15. 8. 93 bei seinem USA-Besuch in Denver ermahnte der Papst, wie üblich, die Jugend der Welt, «das Leben zu achten», d. h. nach vatikanischer Logik: nicht abzutreiben und keine künstliche Empfängnisverhütung zu praktizieren. *Aber:* Derzeit warten 2600 Todeskandidaten in den USA auf ihre Hinrichtung; soeben will *B. Clinton* die Todesstrafe auf fast 50 weitere Verbrechenstatbestände ausdehnen und die Begnadigungsmög-lichkeit für nach Bundesrecht verurteilte Straftäter einschränken. (Neue Westfälische, 13. 8. 93, AP). Dazu kein Wort von Lebensschützer Johannes Paul II. Vgl. P. HAMANN (Reg.): Vierzehn Tag im Mai. Countdown einer Hinrichtung, England 1987, dt. bearb. v. C. H. Ibe, WDR III 20. 1. 89: zur Hinrichtung von *Edward Earl Johnson*, der am 20. Mai 1987 nach acht Jahren Warten und Bemühen um eine Revision des Todesurteils von 1979 hingerichtet wurde – für einen Polizistenmord, für den es keinen «Beweis» gab außer einem von ihm unterzeichneten Geständnis, das er in der Verhandlung widerrufen hatte. Vgl. auch J. GILARDI: Das Warten auf den Tod. USA: Der Staat richtet weiter Menschen hin, Reuter, 31. 8. 93: Seit 1982 sind allein in Texas 64 Menschen exekutiert worden, in Louisiana 31; in den texanischen Todeszellen «warten» noch 363 weitere Männer sowie vier Frauen auf ihre Hinrichtung. WK 2266 erklärt im Jahre 1993 die Todesstrafe für «legitim»!

[6] Vgl. J. HOFFMANN: Gentechnik und Theologie. Segen für Chemie? Was bewirkt bischöfliches Werben für die Industrie? in: Publik-Forum, Nr. 6, 22. Jg., 26. 3. 93, 28–29.

[7] JOHANNES PAUL II.: Mich dürstet (Joh. 19,28). Botschaft zur Fastenzeit 1993, in: Kirchliches Amtsblatt für die Erzdiözese Paderborn, 11. 2. 93, 136. Jg., S. 11–12.

[8] Vgl. P. DE ROSA: Der Vatikan – von Gott verlassen?, 89–103: Empfängnisverhütung und Aids: «Die meisten Menschen finden die Haltung des Vatikans (sc. in der Aids-Frage, d. V.) völlig unmoralisch... jeder Mensch mit einem Funken Anstand wird sagen, daß kein Mann riskieren darf, seine Frau... mit einer tödlichen Krankheit anzustecken.» (100)

[9] Vgl. R. TAGORE: Einheit der Menschheit, 281–286: Die Kulturkrise der Gegenwart, 285: «Der Geist der Gewalt, der vielleicht in der

Seele des Westens angelegt ist, hat sich erhoben und ist bereit, den Geist des Menschen zu schänden... Es war einmal eine Zeit, da glaubte ich noch, die Quellen einer wahren Kultur könnten im Herzen Europas entspringen. Heute da ich bald die Welt verlassen werde, ist dieser Glaube gescheitert... dennoch werde ich nicht die schwere Sünde begehen, den Glauben an den Menschen zu verlieren und seine augenblickliche Niederlage als endgültig anzusehen... Durch Ungerechtigkeit gewinnt der Mensch, was wünschenswert erscheint. Er besiegt seine Feinde, geht aber darüber in seinem Wesen zugrunde.» (285–286)

[10] Vgl. C. G. JUNG: Über den Archetypus mit besonderer Berücksichtigung des Animabegriffs (1936), in: Ges. Werke IX 1, Olten–Freiburg 1976, 67–87.

[11] Vgl. C. G. JUNG: Die Struktur der Seele (1928), in: Ges. Werke VIII, Olten–Freiburg 1971, 163–183.

[12] S. FREUD: Totem und Tabu, IX 123–194: Die infantile Wiederkehr des Totemismus.

[13] S. FREUD: Vorlesungen zur Einführung in die Psychoanalyse (1917), Ges. Werke XI, London 1944, 208–217; 341–350.

[14] S. FREUD: Der Untergang des Ödipuskomplexes (1924), Ges. Werke XIII, London 1940, 395–402. E. HÄCKEL: Die Welträthsel. Gemeinverständliche Studien über monistische Philosophie, Bonn 1899; Leipzig-Berlin 1924; DERS: Anthropogenie. Keimes- und Stammesgeschichte des Menschen, Leipzig 1874. Vgl. R. RIEDL: Die Ordnung des Lebendigen. Systembedingungen der Evolution, 1975; München (SP 1018) 1990, 378–380: Die Ursache des Gesetzes von HAECKEL.

[15] Vgl. B. MALINOWSKI: Geschlecht und Verdrängung in primitiven Gesellschaften, 163.

[16] Zu FREUDS Triebtheorie vgl. E. DREWERMANN: Strukturen des Bösen, II 178–202: Die Trieblehre Freuds.

[17] K. VON FRISCH: Aus dem Leben der Bienen, 4Berlin 1948; vgl. C. G. JUNG: Synchronizität als Prinzip akausaler Zusammenhänge (1950), Ges. Werke VIII, Olten-Freiburg 1971, 475–591, S. 567–568. Vgl. K. VON FRISCH:

Tanzsprache und Orientierung der Bienen, Berlin 1965; M. RENNER: Die Sprache der Bienen, in: D. BURCKHARDT – W. SCHLEIDT – H. ALTNER: Signale in der Tierwelt. Vom Vorsprung der Natur, München (dtv 853) 1972, 132–137.

[18] C. G. JUNG: Theoretische Überlegungen zum Wesen des Psychischen (1946), Ges. Werke VIII, Olten-Freiburg 1971, 187–267, S. 258.

[19] Vgl. T. H. WATERMAN: Der innere Kompaß – Sinnesleistungen wandernder Tiere (1989), übers. v. B. Achauer und U. Loos, Heidelberg 1990, 25–43: Migration von fliegenden Tieren.

[20] A. BASTIAN: Ethnische Elementargedanken in der Lehre vom Menschen, 2 Teile, Berlin 1895; A. BASTIAN: Zur naturwissenschaftlichen Behandlungsweise der Psychologie durch und für die Völkerkunde. Einige Abhandlungen, Berlin 1883; C. G. JUNG: Theoretische Überlegungen zum Wesen des Psychischen, VIII 194.

[21] C. G. JUNG: Das Wandlungssymbol in der Messe (1924), Ges. Werke XI, Olten–Freiburg 1963, 219–323.

[22] C. G. JUNG: Über die Psychologie des Unbewußten (1943), Ges. Werke VII, Olten–Freiburg 1964, 1–130, 88.

[23] Vgl. E. DREWERMANN: Dein Name ist wie der Geschmack des Lebens, 44–58.

[24] E. DREWERMANN: Ich steige hinab in die Barke der Sonne, 119–154.

[25] A. a. O., 80–95.

[26] Vgl. W. KRICKEBERG: Altmexikanische Kulturen, 170–171; 209–210; R. JOCKEL: Götter und Dämonen, Mythen der Völker, Darmstadt 1953, 359–361; E. SELER: Einige Kapitel aus dem Geschichtswerk des Fray Bernardino de Sahagun, Stuttgart 1927, 253–259.

[27] R. JOCKEL: A. a. O., 352–356; E. SELER: Einige Kapitel aus dem Geschichtswerk des Fray Bernardino de Sahagun, Stuttgart 1927, 268–292.

[28] Vgl. J. SCHARFENBERG – Y. SPIEGEL: Einführung zu: T. Reik: Dogma und Zwangsidee, Stuttgart (Urban, Tb. 601) 1973, 6–14.

[29] Vgl. E. FROMM: Die Entwicklung des Christusdogmas, VI 62–66.

[30] E. BLOCH: Das Prinzip Hoffnung

(1938–1947), Frankfurt 1959; Neudruck: Frankfurt (stw 3), 3 Bde., 1974, I 182.

<sup>31</sup> S. FREUD: Die Traumdeutung (1900), Ges. Werke II–III, London 1942, 147–150.

<sup>32</sup> Vgl. C. G. JUNG: Die Traumanalyse (1909), in: Ges. Werke IV, Olten–Freiburg 1971, 29–40; DERS.: Allgemeine Aspekte der Psychoanalyse (1913), in: Ges. Werke IV, Olten–Freiburg 1971, 259–273, bes. S. 271–272.

<sup>33</sup> C. G. JUNG: Instinkt und Unbewußtes (1919), in: Ges. Werke VIII, Olten–Freiburg 1971, 149–159, wo JUNG definiert: «Das kollektive Unbewußte besteht aus der Summe der Instinkte (sc. der Formen des Handelns, d. V.) und ihrer Korrelate, der Archetypen», als der «Formen des Auffassens». (158)

<sup>34</sup> C. G. JUNG: Über die Energetik der Seele (1928), Ges. Werke VIII, Olten–Freiburg 1971, 3–73, vgl. E. DREWERMANN: Strukturen des Bösen, I. Bd., S. XXXI–XLV.

<sup>35</sup> C. G. JUNG: Wotan (1936), in: Ges. Werke X, Olten–Freiburg 1974, 203–218; vgl. aber DERS.: Nach der Katastrophe, Ges. Werke X, 1974, 219–244.

<sup>36</sup> Zur Telepathie vgl. schon S. FREUD: Psychoanalyse und Telepathie (1921), Ges. Werke XVII, London 1941, 27–44 (postum); DERS.: Traum und Telepathie (1922), Ges. Werke XIII, London 1940, 163–191.

<sup>37</sup> Vgl. C. G. JUNG: Synchronizität als ein Prinzip akausaler Zusammenhänge, VIII, bes. 488–504 zu Psychokinese, sinngemäßer Koinzidenz und telepathischen Träumen; S. 513 f: Astrologie.

<sup>38</sup> Vgl. C. G. JUNG: Über den Archetypus mit besonderer Berücksichtigung des Animabegriffs, IX 1, 67–87; DERS.: Die Beziehungen zwischen dem Ich und dem Unbewußten, VII 207–232: Anima und Animus.

<sup>39</sup> C. G. JUNG: Die Beziehungen zwischen dem Ich und dem Unbewußten (1920), Ges. Werke VII, Olten-Freiburg 1971, 131–264, S. 171–185; 214–217; DERS.: Die Struktur des Unbewußten (1916), Ges. Werke VII, Olten–Freiburg 1971, 292–337, S. 311–316: Die persona als ein Ausschnitt aus der Kollektivpsyche.

<sup>40</sup> Vgl. C. G. JUNG: Die Beziehungen zwischen dem Ich und dem Unbewußten, VII 207–232: Anima und Animus.

<sup>41</sup> Vgl. W. W. BAUDISSIN: Adonis und Esmun. Eine Geschichte des Glaubens an Auferstehungsgötter und an Heilgötter, Leipzig 1911, 352–384: Adonis und Tammuz. Esmun und Tammuz.

<sup>42</sup> Zur Osiris-Mythe vgl. G. ROEDER: Urkunden zur Religion des Alten Ägypten, Jena 1915, 15–21.

<sup>43</sup> H. GESE: Die Religionen Altsyriens, in: H. GESE – M. HÖFNER – K. RUDOLPH: Die Religionen Altsyriens, Altarabiens und der Mandäer, Stuttgart–Berlin–Köln–Mainz (Die Religionen der Menschheit, 10,2) 1970, 3–232, S. 119–148: Baal und andere Götter; 149–165: Weibliche Gottheiten.

<sup>44</sup> Vgl. K. KERÉNYI: Pythagoras und Orpheus (1938), in: Humanistische Seelenforschung, Werke I, München–Wien 1966, 15–51.

<sup>45</sup> Vgl. EURIPIDES: Alkestis, in: Tragödien, übers. v. L. Wolde, München (Goldmann Tb. 536) 1964, 19–60.

<sup>46</sup> Vgl. E. DREWERMANN: Tiefenpsychologie und Exegese, I 413–428.

<sup>47</sup> Vgl. C. G. JUNG: Antwort an Martin Buber (1952), in: Ges. Werke XI, Olten–Freiburg 1971, 657–665.

<sup>48</sup> Vgl. dazu C. G. JUNG: Über die Beziehung der Psychotherapie zur Seelsorge (1932), Ges. Werke XI, Olten–Freiburg 1971, 355–376; vgl. DERS.: Psychoanalyse und Seelsorge (1928), Ges. Werke XI, 1971, 377–383, wo die Beichte der kath. Kirche als ein Mittel anerkannt wird, «auf das Unbewußte einzuwirken» (379).

<sup>49</sup> C. G. JUNG: Antwort auf Hiob (1952), Ges. Werke XI, 1971, a. a. O. 387–506, S. 439–442.

<sup>50</sup> Vgl. C. G. JUNG: Psychologie und Religion (1940), Ges. Werke XI, Olten–Freiburg 1971, 1–117, bes. S. 36–69: Dogma und natürliche Symbole; bes. S. 55–69, über die «Drei» des Dogmas und die Symbolik der Vier.

<sup>51</sup> Vgl. C. G. JUNG: Über die Psychologie des Unbewußten (1917), Ges. Werke VII, Olten–Freiburg 1971, 3–130, S. 98–123: Die Archetypen des kollektiven Unbewußten.

<sup>52</sup> C. G. JUNG: Nach der Katastrophe (1945), Ges. Werke X, Olten–Freiburg 1974, 219–244.

⁵³ C. G. JUNG: Der Kampf mit dem Schatten (1946), Ges. Werke X, Olten–Freiburg 1974, 245–254: «Die Psychopathologie der Massen ist in der Psychologie des Einzelnen verwurzelt.» (245)

⁵⁴ Vgl. E. DREWERMANN: An ihren Früchten sollt ihr sie erkennen, 114–115; 141–145.

⁵⁵ Vgl. A. BUCHER: Auf Felsen oder auf Sand gebaut?, in: H. J. Pottmeyer (Hrsg.): Anfragen an E. Drewermann, Düsseldorf (Schriften der kath. Akademie in Bayern) 1992, dessen kirchlicherseits stark unterstützte Kritik an dem Versuch einer Synthese von Tiefenpsychologie und Theologie in der simplen Behauptung gründet, daß die Psychoanalyse und insbesondere die «Archetypenlehre» JUNGS von unwissenschaftlichen und unbewiesenen Behauptungen ausgehe; A. BUCHER ist nicht einmal willens, zu erkennen oder gar anzuerkennen, daß die naturwissenschaftliche Methode der Psychologie sich grundlegend von der Verfahrensweise der Psychoanalyse unterscheidet; zudem macht er sich blind für die Tatsache, daß seine veralteten «Fragen» nur dazu behilflich sind, die Überalterung des Kirchengebäudes ideologisch abzustützen.

⁵⁶ Vgl. W. WICKLER: Die Stammesgeschichte des Verhaltens, in: K. Immelmann (Hrsg.): Verhaltensforschung, Zürich 1974, 571–582; I. EIBL-EIBESFELDT: Stammesgeschichtliche Anpassungen im menschlichen Verhalten, a. a. O., 604–617. Vgl. auch G. W. BARLOW: Fragen und Begriffe der Ethologie, a. a. O., 205–223. Vor allem P. R. MARLER – W. J. HAMILTON: Tierisches Verhalten (1966), übers. v. B. Flad-Schmorrenberg, München 1972, 580–614: Die Entwicklung des Verhaltens: Sensorische Mechanismen.

⁵⁷ Vgl. H. v. DITFURTH: Der Geist fiel nicht vom Himmel. Die Evolution unseres Bewußtseins, Hamburg 1976; München (dtv 1587), 1980, 87–90. Vgl. N. TINBERGEN: Instinktlehre. Vergleichende Erforschung angeborenen Verhaltens, Berlin–Hamburg 1972. P. R. MARLER – W. J. HAMILTON: A. a. O., 606.

⁵⁸ H. VON DITFURTH, 90–91. Vgl. W. M. SCHLEIDT: Die historische Entwicklung der Begriffe «Angeborenes auslösendes Schema» und «Angeborener Auslösemechanismus» in der Ethologie, in: Zeitschrift für Tierpsychologie, 19, 1962, 697–722.

⁵⁹ Worum es in Wahrheit geht, ist die Berücksichtigung der *Evolution* der menschlichen Psyche, entgegen den Vorstellungen, die PIUS XII.: Humani generis, 12. Aug. 1950, DS 3896, entwickelte: der Körper des Menschen könne aus «belebter Materie» entstanden sein, die Seele aber werde «unmittelbar geschaffen». Vgl. demgegenüber A. MANNING: Verhaltensforschung. Eine Einführung (³1979), übers. v. G. u. J. Ehret, Berlin–Heidelberg–New York 1979, 137–146: Die physiologische Grundlage von Motivation.

⁶⁰ Vgl. H. v. DITFURTH: Der Geist fiel nicht vom Himmel, 138–148; Abb. 11. Vgl. zum folgenden B. MARTENSEN: Neurophysiologische Aspekte der Dynamischen Psychiatrie, in: G. Ammon (Hrsg.): Handbuch der Dynamischen Psychiatrie II, München–Basel 1982, 123–210, S. 168–186: Die Rolle des limbischen Systems. Tierexperimente. Klinische Untersuchungen.

⁶¹ Zum folgenden vgl. K. WEZLER: Menschliches Leben in der Sicht des Physiologen, in: H.-G. Gadamer – P. Vogler (Hrsg.): Neue Anthropologie, Bd. 2: Biologische Anthropologie II, Stuttgart (dtv 4070) 1972, 292–385; S. 349.

⁶² A. a. O., 326.

⁶³ A. a. O., 316.

⁶⁴ A. a. O., 368–369: «Obwohl unser fundiertes Wissen (sc. über den limbischen Cortex) noch große Lücken zeigt, ist doch wohl so viel als gesichert anzusehen: 1) Das Gebiet empfängt Erregungen aus allen Eingeweiden und beeinflußt alle vegetativ innervierten Organe... Alle Effekte sind verständlich durch die Verbindung zum Hypothalamus. ... ‹viszerales Gehirn›... 2) Der limbische Cortex, besonders der Hippokampus spielt eine starke Rolle bei der Affektbetonung der Sinneseindrücke und für das affektive Gesamtverhalten, für Sicherheitsgefühle oder Angst, für Annahme oder Ablehnung, Furcht und Flucht oder Angriff. 3) Das Gebiet nimmt Teil an den Reaktionen der ‹Wachsamkeit›, der Aufmerksamkeit und des Sicherns, des Weckens. Diese

Funktion erklärt sich zwanglos aus der Verbindung zur Formatio reticularis. 4) Zerstörung der Teilstruktur der Area periformis auf beiden Seiten führt zu hemmungsloser Hyperaktivität und Hypersexualität. Insgesamt sind also im limbischen Kortex phylogenetisch sehr alte Funktionen des ZNS (Zentralnervensystems, d. V.) repräsentiert, über die schon Tiere verfügen. Beim Menschen scheint hauptsächlich seine Bedeutung für den Neuerwerb von Gedächtnisinhalten erheblich zuzunehmen.»

[65] Vgl. R. ORNSTEIN – R. F. THOMPSON: Unser Gehirn: das lebendige Labyrinth (1984), übers. v. H. Kober, Reinbek 1986, 33–36; E. B. KEVERNE: Neuronale Grundlagen des Geruchssinns, in: K. A. Klivington: Gehirn und Geist (1988), übers. v. P. Germroth, Heidelberg–Berlin–New York 1992, 125–127.

[66] R. ORNSTEIN – R. F. THOMPSON: Unser Gehirn, 34. Vgl. E. BLEULER: Lehrbuch der Psychiatrie, Berlin–Heidelberg–New York [11](umgearb. v. M. Bleuler) 1969, 92–93, zur Funktion von limbischem System und der Formatio reticularis. (Die Retikularformation ist ein Netzsystem, die sich vom «Streifenhügel», dem corpus striatum, durch das Zwischenhirn ins Rückenmark erstreckt.)

[67] Vgl. K. WEZLER: Menschliches Leben in der Sicht des Physiologen, in: Neue Anthropologie, II 342–369. Vgl. C. SAGAN: Die Drachen von Eden. Das Wunder der menschlichen Intelligenz (1977), übers. v. E. von Scheidt, München–Zürich 1978, 76–81: Das limbische System: «Elektrische Stimulation der Amygdala friedlicher Haustiere kann diese zu fast unglaublichen Zuständen von Angst und Raserei treiben. In einem Fall kauerte sich eine Hauskatze beim Anblick einer kleinen weißen Maus in panischer Angst zusammen. Andererseits werden von Natur aus wilde Tiere wie der Luchs fügsam und lassen sich streicheln und anfassen, wenn ihre Amygdala entfernt wurde.» (76)

[68] R. ORNSTEIN – R. F. THOMPSON: Unser Gehirn, 32.

[69] A. a. O.; 33. Vgl. A. ERMISCH: Gehirne und Gefühle. Naturwissenschaftliche Erkenntnisse über Evolutionen und Motivationen, Köln 1985, 33–45: In den Systemen von Be-

wertungen und Antrieben: «das limbische System ist keine Struktureinöde, sondern das heterogenste Gebiet des gesamten Gehirns.» (38)

[70] J. READER: Aufstieg des Lebens. Die ersten 3,5 Milliarden Jahre (1986), übers. v. C. Wiemken, Hamburg 1987, 112–127.

[71] W. R. HESS: The Functional Organization of the Diencephalon, New York 1957; J. D. DELIUS: Elektrische Hirnreizung – ein neuroethologisches Verfahren, in: K. Immelmann (Hrsg.): Verhaltensforschung, Zürich 1974, 263–275; E. v. HOLST – U. SAINT PAUL: Electrically Controlled Behaviour, in: Scientific American 206, 1962, 50–59; H. v. DITFURTH: Der Geist fiel nicht vom Himmel, 138–148: Erlebnisse auf Knopfdruck; S. 139.

[72] Vgl. H. v. DITFURTH: A. a. O., 140.

[73] A. a. O., 141.

[74] A. a. O., 142.

[75] A. a. O., 143.

[76] Vgl. zu dem *Instinkt*-Begriff bei C. G. JUNG und seiner Zuordnung zum Begriff des «Archetyps» C. G. JUNG: Instinkt und Unbewußtes (1919), Ges. Werke VIII, 149–159. Vgl. bes. K. LORENZ: Über die Bildung des Instinktbegriffes (1937), in: Über tierisches und menschliches Verhalten. Aus dem Werdegang der Verhaltenslehre, Bd. 1, München 1965, 283–342. Vgl. L. SZONDI: Ich-Analyse. Die Grundlage zur Vereinigung der Tiefenpsychologie, Bern-Stuttgart 1956, 57–58: «Archetypen sind... Triebgestalten... Jeder Trieb hat... die Gestalt einer Situation und erfüllt stets ein archaisches, ewiges Bild.» Vgl. auch G. TEMBROCK: Grundlagen der Tierpsychologie (1962), Reinbek (rororo 980) 1974, 50–90: Physiologische Grundlagen der Motorik und Sensorik.

[77] J. VON UEXKÜLL: Umwelt und Innenwelt der Tiere, Berlin 1909.

[78] Vgl. S. FREUD: Triebe und Triebschicksale (1915), Ges. Werke X, London 1946, 209–232; zu FREUDS Trieblehre vgl. E. DREWERMANN: Strukturen des Bösen, II 178–183.

[79] I. P. PAWLOW: Conditioned Reflexes, London 1953–1956; Sämtl. Werke Bd. 1–4, Berlin.

[80] Vgl. H. v. DITFURTH: Der Geist fiel nicht vom Himmel, 150.

[81] A. a. O., 150–151.

[82] A. a. O.

[83] A. a. O., 165.

[84] A. a. O., 166–167.

[85] A. a. O., 152.

[86] Vgl. C. G. JUNG: Gegenwart und Zukunft (1957), Ges. Werke X, Olten–Freiburg 1974, 275–336, bes. S. 284–291: Die Religion als Kompensation der Vermassung, wo JUNG die «Konfessionen» als «Kompromisse mit der weltlichen Wirklichkeit» bezeichnet.

[87] S. FREUD: Triebe und Triebschicksale (1915), X 209–239.

[88] Zu dem Begriff der Leerlaufhandlung vgl. G. W. BARLOW: Fragen und Begriffe der Ethologie, in: K. Immelmann (Hrsg.): Verhaltensforschung, 204–223, S. 214–216.

[89] Vgl. N. HARTMANN: Der Aufbau der realen Welt. Grundriß der allgemeinen Kategorienlehre, Berlin–New York 1950. Vgl. K. LORENZ: Die Rückseite des Spiegels. Versuch einer Naturgeschichte menschlichen Erkennens, München 1973; (dtv 1249) 1977, 56–64.

[90] Vgl. K. WEZLER: Menschliches Leben in der Sicht des Physiologen, in: Neue Anthropologie, II 306–308, zu den Blockschaltungen einfacher Regelkreise; H. VON DITFURTH: Der Geist fiel nicht vom Himmel, 285–286; P. R. MARLER – W. J. HAMILTON: Tierisches Verhalten (1966), übers. v. B. Flad-Schmorrenberg, München 1972, 31–74: Circadiane Rhythmen: Werden sie exogen oder endogen gesteuert?; S. 75–112: Hormone u. Verhalten.

[91] Vgl. H. VON DITFURTH: Der Geist fiel nicht vom Himmel, 287–288, zu dem Schlaf-Wach-Rhythmus; vgl. E. GWINNER: Innere Uhren, in: K. Immelmann (Hrsg.): Verhaltensforschung, Zürich 1974, 173–181.

[92] H. VON DITFURTH, 157.

[93] A. a. O., 156–160: Licht bindet an die Umwelt; vgl. auch H. ALTNER: Vom dritten Auge zur Hormondrüse: die Zirbeldrüse, in: D. Burckhardt – W. Schleidt – H. Altner: Signale in der Tierwelt. Vom Vorsprung der Natur, München (dtv 853) 1972, 86–91.

[94] H. VON DITFURTH: Der Geist fiel nicht vom Himmel, 157. Vgl. auch A. SOLLBERGER: Biologische Rhythmusforschung, in: H.-G. Ga-

damer – P. Vogler (Hrsg.): Neue Anthropologie, Bd. 1: Biologische Anthropologie, 1. Teil, Stuttgart (dtv 4069) 1972, 108–151.

[95] Vgl. K. LORENZ: Die Rückseite des Spiegels, 148–211: Die Wurzeln des begrifflichen Denkens.

[96] H. VON DITFURTH: Der Geist fiel nicht vom Himmel, 253.

[97] Vgl. S. FREUD: Die Traumdeutung, Werke II, 274–278: Der Egoismus der Träume.

[98] S. FREUD: Zur Psychopathologie des Alltagslebens. Über Vergessen, Versprechen, Vergreifen, Aberglaube und Irrtum (1901), Ges. Werke IV, London 1941.

[99] Vgl. I. EIBL-EIBESFELDT: Stammesgeschichtliche Anpassungen im Verhalten des Menschen, in: H.-G. Gadamer – P. Vogler: Neue Anthropologie, Bd. 2: Biol. Anthropologie, 2. Teil, Stuttgart (dtv 4070) 1972, 3–59.

[100] I. EIBL-EIBESFELDT: Das verbindende Erbe. Expeditionen zu den Wurzeln unseres Verhaltens, Köln 1991; DERS.: Der Vorprogrammierte Mensch. Das Ererbte als bestimmender Faktor im menschlichen Verhalten, Wien–München–Zürich 1973, 17–71. Vgl. auch W. WICKLER: Gruppenbindung bei Mensch und Tier, in: G. Altner (Hrsg.): Kreatur Mensch. Moderne Wissenschaft auf der Suche nach dem Humanum, München 1969; München (dtv 892) 1973, 205–232.

[101] Vgl. auch I. EIBL-EIBESFELDT: Menschenforschung auf neuen Wegen. Die naturwissenschaftliche Betrachtung kultureller Verhaltensweisen, Wien–München–Zürich 1976, 260–267: Das gemeinsame Erbe und der kulturelle Überbau.

[102] W. WICKLER: Stammesgeschichte und Ritualisierung. Zur Entstehung tierischer und menschlicher Verhaltensmuster, München 1970; München (dtv wr 4166) 1975.

[103] A. a. O., 258; vgl. R. ARDREY: Adam und sein Revier. Der Mensch im Zwang des Territoriums, Wien–München–Zürich 1966; München (dtv 881) 1972, 74; 104, zum Imponiergehabe bei Vögeln.

[104] W. WICKLER: Stammesgeschichte und Ritualisierung, 258–272; vgl. I. EIBL-EIBESFELDT: Menschenforschung auf neuen We-

gen, 253–259; DERS.: Der vorprogrammierte Mensch, 245–256; 257–269. Bes. O. KOENIG: Verhaltensforschung und Kultur, in: G. Altner (Hrsg.): Kreatur Mensch. Moderne Wissenschaft auf der Suche nach dem Humanum, München 1969; München (dtv 892) 1973, 102–159. Vgl. aber die Einwände bei E. NEUMANN: Herrschafts- und Sexualsymbolik. Grundlagen einer alternativen Symbolforschung, Stuttgart–Berlin–Köln–Mainz 1980, 126–147.

[105] Vgl. N. TINBERGEN: Von Krieg und Frieden bei Tier und Mensch, in: G. Altner (Hrsg.): Kreatur Mensch. Moderne Wissenschaft auf der Suche nach dem Humanum, München 1969; München (dtv 892) 1973, 324–354.

[106] Vgl. R. ARDREY: Adam und sein Revier, 50–85: Das Arenaverhalten; P. LEYHAUSEN: Vergleichendes über die Territorialität bei Tieren und den Raumanspruch des Menschen (1954), in: K. Lorenz – P. Leyhausen: Antriebe tierischen und menschlichen Verhaltens, München 1968, 118–130.

[107] Vgl. I. EIBL-EIBESFELDT: Krieg und Frieden aus der Sicht der Verhaltensforschung, München–Zürich 1975, 75–94: Territorialität und Aggressivität bei Menschenaffen; 153–223: Territorialität und Aggressivität bei Jägern und Sammlern.

[108] Vgl. I. EIBL-EIBESFELDT: Der vorprogrammierte Mensch, 202–204.

[109] A. a. O., 93–93: Die auslösenden Reizsituationen (Das Feindschema); 111–149: Die Aggression und ihre Sozialisierung bei Jäger- und Sammlervölkern. Vgl. N. TINBERGEN: Tiere untereinander. Formen sozialen Verhaltens (1955), übers. v. O. Koehler, Berlin–Hamburg [3]1975, 52–65: Kampf.

[110] Zum Begriff der Homologie vgl. J. LAMPRECHT: Aufgaben, Einteilung und Methoden der Verhaltensforschung, in: K. Immelmann (Hrsg.): Verhaltensforschung, Zürich 1974, 16–34, S. 23–24.

[111] Vgl. J. F. MASTERSON: Psychotherapie bei Borderline-Patienten (1976), übers. v. K. Schomburg u. S. Scherff, Stuttgart 1980, 38–60: Mißlingen der Separation/Individua-

tion: interpersonal; 61–72: Mißlingen der Separation/Individuation: intrapsychisch.

[112] Vgl. H. VON DITFURTH: Der Geist fiel nicht vom Himmel, 172–189: Die Welt vom Zwischenhirn aus betrachtet. – Zur Wirkung von Chlorpromazin (Megaphen, Largactil) vgl. E. BLEULER: Lehrbuch der Psychiatrie, Berlin–Heidelberg–New York [11](umgearb. v. M. Bleuler) 1969, 93–94; 155–156; 163–165; zur Wirkung des Haloperidol (Butyrophenonderivat) vgl. a. a. O., 156; 420. Bes. K. A. KLIVINGTON: Gehirn und Geist, Heidelberg–Berlin–New York 1992, 85–91: Bewußtseinsänderungen – Wenn der Geist sich abwendet.

[113] K. LORENZ: Psychologie und Stammesgeschichte (1954), in: Vom Weltbild des Verhaltensforschers, München (dtv 499) 1968, 35–95, S. 80: «Die wichtigste... (sc. Bedingung der Menschwerdung, d. V.) ist die von Bolk als Retardation bzw. Fötalisation bezeichnete Entwicklungshemmung, die Jugendmerkmale der Wildform als persistierende Charaktere fixiert.» Vgl. A. PORTMANN: Biologische Fragmente zu einer Lehre vom Menschen, Basel–Stuttgart [3](erw.) 1969, 33: «Der Vergleich unseres Geburtszustandes mit dem der Säugetiere muß von den Jugendformen ausgehen, wie sie uns die Primaten der neuen Welt und die Meerkatzen, Paviane und ihre Verwandten zeigen.» Vgl. L. BOLK: Vergleichende Untersuchungen an einem Fetus eines Gorilla und eines Schimpansen, Zeitschr. für Anatomie, 81, 1926.

[114] A. PORTMANN: A. a. O., 37–38: «Die Ähnlichkeit der Kinder von Menschenaffen mit unserer Jugendform sind besonders in der Frühphase... evident.» Vgl. auch P. OVERHAGE: Der Affe in dir. Vom menschlichen zum tierischen Verhalten, Frankfurt 1972, 162–179: Brutpflegeverhalten; 316–331: Evolution des Gehirns.

[115] A. GEHLEN: Der Mensch. Seine Natur und seine Stellung in der Welt, Frankfurt [8]1966, 57–61: Antriebsüberschuß und Führung; bes. S. 60; 332–338, wo der «Hiatus» als «Abtrennbarkeit der Handlung von den Antrieben» definiert wird.

[116] A. a. O., 188–192: Bewegungssymbolik.

[117] Vgl. W. WICKLER: Gruppenbildung bei

Mensch und Tier, in: G. Altner (Hrsg.): Kreatur Mensch. Moderne Wissenschaft auf der Suche nach dem Humanum, München 1969; München (dtv 892) 1973, 205–232, bes. S. 207–227: Mechanismen des tierischen Sozialverhaltens. – Rein historisch lesenswert, weil ein Musterbeispiel für ideologiebedingte Geschichtshypothesen, ist die Arbeit von F. ENGELS: Der Ursprung der Familie, des Privateigentums und des Staates. Im Anschluß an Lewis H. Morgans Forschungen (1892), Frankfurt (Verlag Marxistische Blätter) 1969.

[118] Zur Entwicklung der *Greifhand* vgl. K. LORENZ: Psychologie und Stammesgeschichte (1954), in: Vom Weltbild des Verhaltensforschers, München (dtv 499) 1968, 35–95, S. 61–69.

[119] Zum *Spracherwerb* vgl. O. KOEHLER: Tiersprachen und Menschensprachen, in: G. Altner (Hrsg.): Kreatur Mensch. Moderne Wissenschaft auf der Suche nach dem Humanum, München 1969; München (dtv 892) 1973, 233–264, der die Tiersprachen als «Vorstufen und Vorbedingungen unserer Sprache» (262) betrachtet; D. PLOOG: Kommunikation in Affengesellschaften und deren Bedeutung für die Verständigungsweisen des Menschen, in: H.-G. Gadamer – P. Vogler (Hrsg.): Neue Anthropologie, Bd. 2: Biologische Anthropologie, 2. Teil, Stuttgart (dtv 4070) 1972, 98–178; P. OVERHAGE: Der Affe in dir, 209–296. CH. F. HOCKETT: Der Ursprung der Sprache, in: I. Schwidetzky (Hrsg.): Über die Evolution der Sprache, Frankfurt 1973, 135–150; R. STOPA: Kann man eine Brücke schlagen zwischen der Kommunikation der Primaten und derjenigen der Urmenschen?, in: A. a. O., 151–162.

[120] Vgl. D. JOHANSON – M. EDEY: Lucy. Die Anfänge der Menschheit (1981), übers. von H. J. v. Koskull, Frankfurt–Berlin–Wien (Ullstein 34215) 1984, 383–425: Warum ging Lucy aufrecht – Ist Sexualität der Grund?

[121] E. W. COUNT: Kommunikation zwischen Tieren und die anthropologischen Wissenschaften. Versuch eines Ausblicks, in: I. Schwidetzky (Hrsg.): Über die Evolution der Sprache, Frankfurt 1973, 165–201, mit einer ausgezeichneten Darstellung der Zusammenarbeit der einzelnen Teile des Zentralnervensystems (188 ff.); R. E. LEAKEY – R. LEWIN: Wie der Mensch zum Menschen wurde, 179–205: Intelligenz, Sprache und Bewußtsein; s. Abb. auf S. 193. Vgl. S. P. SPRINGER – G. DEUTSCH: Linkes Rechtes Gehirn. Funktionelle Asymmetrien (1981), übers. v. G. Heister, C. Kolbert, B. Preilowski, Heidelberg-Berlin-New York ²(neubearb.) 1987, 134–143: Sprach- und Sprechstörungen. In der linken Hirnhälfte befinden sich drei Zentren, die für die menschliche Sprache entscheidend sind: vorn das motorische Sprachzentrum *(Brocasches Areal)*, das über das Bogenbündel *(Fasciculus arcuatus)* mit dem *Wenickeschen Areal* verbunden ist; hier, in dem sensorischen Sprachzentrum, liegen die Voraussetzungen des Begriffsvermögens; hinzukommt der Gyrus angularis, der Informationen des Gesichts-, Hör- und Tastsinnes zusammenfaßt und somit dem «Begriff» die «Anschauung» hinzufügt. Wichtig ist jedoch, sich stets die Verknüpfung mit den Prozessen des Zwischenhirns vor Augen zu halten; denn «keine Darstellung der intellektuellen Prozesse und ihrer Beziehung zum Hirn kann heute ernst genommen werden, die nicht das Hirnstamm-Erregungssystem berücksichtigt», also die Wechselwirkung zwischen Thalamus und Großhirnrinde. COUNT: A. a. O., 189. Vgl. bes. J. C. ECCLES: Das Gehirn des Menschen. Sechs Vorlesungen für Hörer aller Fakultäten (1973), übers. v. A. Hartung, München 1975, 242–289: Gehirn, Sprache und Bewußtsein, S. 258–274: Das Großhirn und die Sprache.

[122] Vgl. A. PORTMANN: Biologische Fragmente zu einer Lehre vom Menschen, 87–105: Das extrauterine Frühjahr; C. MEVES: Seelisch bedingte Verhaltensstörungen bei Kindern, ihre Ursachen und Therapie, in: W. Behler (Hrsg.): Das Kind – eine Anthropologie der Kindheit, München–Wien 1971; DIES.: Vergleichbare Strukturen von Verhaltensstörungen bei Kindern und Tieren, Praxis Kinderpsychologie 16 (1967) 237–281.

[123] B. HASSENSTEIN: Das spezifisch Menschliche nach den Resultaten der Verhaltensforschung, in: H. G. Gadamer – P. Vogler (Hrsg.): Neue Anthropologie, 2. Bd.: Biologische Anthropologie, 2. Teil, Stuttgart (dtv 4070) 1972, 60–97, bes. S. 60–66: Prägungsvorgänge in der kindlichen Entwicklung; K. IMMELMANN – C. MEVES: Prägung als frühkindliches Lernen, in: K. Immelmann (Hrsg.): Verhaltensforschung, Zürich 1974, 337–353; A. PORTMANN: Die Bedeutung des ersten Lebensjahres (1964), in: Zoologie aus vier Jahrzehnten. Ges. Abhandlungen, München 1967, 297–311. Vgl. auch G. TEMBROCK: Grundlagen der Tierpsychologie (1962), Reinbek (rororo 980) 1974, 151–162: Obligatorisches Lernen; P. LEYHAUSEN: Biologie von Ausdruck und Eindruck (1967), in: K. Lorenz – P. Leyhausen: Antriebe tierischen und menschlichen Verhaltens. Ges. Abhandlungen, München 1968, 297–407, S. 363–380: Erfahrung und Lernen. A. MANNING: Verhaltensforschung. Eine Einführung (1979), übers. v. G. u. J. Ehret, Heidelberg 1979, 31–39: Prägung; 221–249: Lernen.

[124] K. LORENZ: Der Kumpan in der Umwelt des Vogels. Der Artgenosse als auslösendes Moment sozialer Verhaltensweisen (1935), in: Über tierisches und menschliches Verhalten. Aus dem Werdegang der Verhaltenslehre, Bd. 1, München 1965, 115–282, bes. 139–148: Die Prägung des Objektes arteigener Triebhandlungen. Ausgehend von Triebdressurverschränkungen hob LORENZ beim *Prägungsvorgang* vor allem die Abhängigkeit von der «Prägungszeit» hervor sowie die Unmöglichkeit des Vergessens; S. 270–271: Die Prägung; vgl. H. VON DITFURTH: Der Geist fiel nicht vom Himmel, 202–206.

[125] W. H. THORPE: The learning of song patterns by birds with especial reference to the song of the chaffinch *Fringilla coelebs,* in: Ibis 100, 535–570; H. VON DITFURTH: Der Geist fiel nicht vom Himmel, 198.

[126] G. P. SACKETT – G. C. RUPPENTHAL, in: M. Lewis – L. A. Rosenblum (Hrsg.): The effect of the infant on its caregiver, New York 1974; H. VON DITFURTH: Der Geist fiel nicht

vom Himmel, 199–202; K. IMMELMANN – C. MEVES: Prägung als frühkindliches Lernen, in: K. Immelmann (Hrsg.): Verhaltensforschung, Zürich 1974, 337–353, S. 347–348.

[127] K. ABRAHAM: Versuch einer Entwicklungsgeschichte der Libido auf Grund der Psychoanalyse seelischer Störungen (1924), in: J. Cremerius (Hrsg.): Ges. Schriften in 2 Bden., 2. Bd., Frankfurt (Fischer 7320) 1982, 32–102.

[128] Vgl. a. a. O., II 36–45: Melancholie und Zwangsneurose. Zwei Stufen der sadistisch-analen Entwicklungsphase der Libido.

[129] A. a. O., 53–62: Der Introjektionsvorgang in der Melancholie. Zwei Stufen der oralen Entwicklungsphase der Libido.

[130] Vgl. R. A. SPITZ: Nein und Ja. Die Ursprünge der menschlichen Kommunikation (1957), übers. v. K. Hügel, Stuttgart o. J.

[131] Vgl. A. DÜHRSSEN: Psychogene Erkrankungen bei Kindern und Jugendlichen, Göttingen 1967, 58–65: Verdrängungsvorgänge in den verschiedenen Antriebsbereichen.

[132] S. FREUD: Vorlesungen zur Einführung in die Psychoanalyse (1917), Ges. Werke XI, London 1944, 330–350: Libidoentwicklung und Sexualorganisationen; DERS.: Neue Folge der Vorlesungen zur Einführung in die Psychoanalyse (1932), Ges. Werke XV, London 1944, 87–118: Angst und Triebleben.

[133] R. A. SPITZ: Vom Säugling zum Kleinkind. Naturgeschichte der Mutter-Kind-Beziehungen im ersten Lebensjahr (1965), übers. v. G. Theusner-Stampa, Stuttgart 1967, 104–106: Die Reaktion des Lächelns; R. E. LEAKEY – R. LEWIN: Wie der Mensch zum Menschen wurde; 210–212: zum Klammerreflex und Sauginstinkt.

[134] V. B. DRÖSCHER: Nestwärme. Wie Tiere Familienprobleme lösen, Düsseldorf–Wien 1982, 48–62: Verwirrt durch den Intellekt. Die Mutterliebe beim Menschen.

[135] L. SALK: The role of the heartbeat in the relations between mother and infant, Scientific American 228, May 1973, 24–29; H. VON DITFURTH: Der Geist fiel nicht vom Himmel, 216–219: Herzschläge stiften Vertrauen.

[136] Zum Spracherwerb des Kleinkindes vgl. R. A. SPITZ: Vom Säugling zum Kleinkind,

114–116: «etwa im dritten Lebensmonat merkt das Kind, daß es den Lauten, die es selbst hervorbringt, zuhören kann, und daß die Laute, die es selbst erzeugt, sich von den Lauten aus der Umwelt unterscheiden.» A. PORTMANN: Biologische Fragmente zu einer Lehre vom Menschen, 93–96: «Im 3.–4. Monat setzen die mannigfachen Bewegungsversuche ein, mit denen das Kind, besonders reichlich im 5. und 6. Monat, Laute erzeugt. Diese Übungen führen zum Lallen, zu eigentlichen Lallmonologen, mit denen das kleine Wesen ein wahres Arsenal von Lautgebilden produziert, darunter viele, die es in seiner späteren Muttersprache nie mehr verwenden wird... Diese Phase... enthält die Möglichkeit zum Erlernen jeder beliebigen menschlichen Sprache.» Mit 9–10 Monaten beginnt dann das Nachahmen und Nachsprechen. Vgl. auch V. V. BUNAK: Die Entwicklungsstadien des Denkens und des Sprachvermögens und die Wege ihrer Erforschung, in: I. Schwidetzky (Hrsg.): Über die Evolution der Sprache, Frankfurt 1973, 226–252, S. 240 ff.; P. OVERHAGE: Der Affe in dir, 209–250; J. PIAGET – B. INHELDER: Die Psychologie des Kindes (1966), übers. v. L. Häfliger, Olten 1972; Frankfurt (Fischer Tb. 6339) 1977, 65–70: Sprache. Zur *evolutiven Herleitung* der menschlichen Sprache vgl. bes. R. E. LEAKEY: Die Suche nach dem Menschen. Wie wir wurden, was wir sind (1981), übers. v. F. W. Gutbrod, Frankfurt 1981, 127–141: Die Entstehung der Sprache; P. OVERHAGE: Der Affe in dir. Vom tierischen zum menschlichen Verhalten, Frankfurt 1972, 209–250: Sprechen; L. S. WYGOTSKI: Denken und Sprechen. Mit einer Einleitung von Th. Luhmann; hrsg. v. J. Helm (1934), aus dem Russ. übers. v. G. Sewekow, Berlin 1964; Frankfurt (Fischer Tb. 6350) 1977, 74–103: Der entwicklungsgeschichtliche Ursprung des Denkens und Sprechens.

[137] N. CHOMSKY: Aspekte der Syntax-Theorie (1965), übers. v. E. Lang, Berlin 1969; Frankfurt (stw 42) 1973, 68–83: Sprach-Theorie und Spracherlernung. Zu den *Einwort-Sätzen* des kindlichen Spracherlernens vgl. K. BÜHLER: Sprachtheorie, Jena 1934; DERS.: Die geistige Entwicklung des Kindes, Jena 1924.

[138] N. CHOMSKY: Sprache und Geist (1969), übers. v. A. Kamp, Frankfurt (stw 19) 1973, 10–44. H. HALBE (Hrsg.): Psycholinguistik; Darmstadt (Wege der Forschung 191) 1977.

[139] Siehe oben Anm. 121 zu der Vernetzung der Sprachzentren mit den Prozessen im limbischen System und im Thalamus.

[140] H. VON DITFURTH: Der Geist fiel nicht vom Himmel, 234.

[141] K. LORENZ: Die Rückseite des Spiegels, 20–26: Hypothetischer Realismus und transzendentaler Idealismus; DERS.: Die angeborenen Formen möglicher Erfahrung, Zeitschr. f. Tierpsychologie, Bd. 5 (1943), 235–409. Vgl. R. RIEDL: Biologie der Erkenntnis. Die stammesgeschichtlichen Grundlagen der Vernunft, Berlin–Hamburg ³(durchges.) 1981, 38–79: Die Hypothese vom anscheinend Wahren.

[142] Vgl. H. VON DITFURTH: Der Geist fiel nicht vom Himmel, 237–242: Die «Zentren» der Hirnrinde, S. 237.

[143] A. a. O., 240–241.

[144] A. a. O., 241–242.

[145] A. a. O., 241. Vgl. N. YUAN – SHEN KIANG: Hören – eine gemeinsame Leistung von Ohren und Gehirn, in: K. A. Klivington: Gehirn und Geist (1988), übers. v. P. Germroth, Heidelberg–Berlin–New York 1992, 130–134; P. R. MARLER – W. J. HAMILTON: Tierisches Verhalten, 300–337: Physikalische Grundlagen des Sehens; 338–374: Die Funktionen des Gesichtssinns im Verhalten; 375–401: Reaktion auf mechanische Störung: Das Gehör.

[146] H. von Ditfurth, 242.

[147] A. a. O., 243–245.

[148] A. a. O., 246–254: Das Problem der «stummen Zonen»; vgl. bes. K. WEZLER: Menschliches Leben in der Sicht des Physiologen, in: H. G. Gadamer – P. Vogler (Hrsg.): Neue Anthropologie, Bd. 2: Biologische Anthropologie, 2. Teil, 292–385, S. 367–369: Sonderfunktionen von Stirnhirn und limbischem Kortex: «Heute sieht man die geistigen und ethischen Veränderungen nach Stirnhirnverletzungen ‹ganz überwiegend› als Folgen einer Mitschädigung von Strukturen des sog. *limbischen Kortex* an, der Gebiete der phylogenetisch ältesten Rinde (Archicortex) umfaßt.» (368)

[149] Vgl. R. E. LEAKEY: Die Suche nach dem Menschen. Wie wir wurden, was wir sind (1981), übers. v. F. W. Gutbrod, Frankfurt 1981, 55–75: Die ersten Hominiden.

[150] B. GRZIMEK: Familie Känguruhs, in: Grzimeks Tierleben 13 Bde., hrsg. v. B. Grzimek, Zürich 1970; München (dtv) 1979, X: Säugetiere 1, 128–164, S. 157–158.

[151] Vgl. R. KAUFMANN: Die Menschenmacher. Die Zukunft des Menschen in einer biologisch gesteuerten Welt, Hamburg 1964 – ein Bericht über ein berühmt gewordenes Symposium namhafter Gelehrter und Nobelpreisträger im Nov. 1962 (!) am Londoner Portland Place; bes. S. 82–96.

[152] Vgl. S. P. SPRINGER – G. DEUTSCH: Linkes Rechtes Gehirn, 221–247.

[153] Vgl. a. a. O., 219–220: Wissenschaft, Kultur und das Corpus callosum. Vgl. J. C. ECCLES: Das Gehirn des Menschen, 263–280: Die dominante und die untergeordnete Großhirnhemisphäre.

[154] J. W. VON GOETHE: Faust. Der Tragödie erster und zweiter Teil. Urfaust, hrsg. u. komm. v. E. Trunz, München 1980, Vers 1948–1963, S. 63–64, Mephistopheles' Rede über die Metaphysik; und Vers 1983–1992, S. 64 über die Theologie.

[155] A. a. O., Vers 1993–2000, S. 65.

[156] A. KOESTLER: Der Mensch – Irrläufer der Evolution. Die Kluft zwischen unserem Denken und Handeln – eine Anatomie menschlicher Vernunft und Unvernunft (1978), übers. v. J. Abel, München (Goldmann Tb. 11272) 1981, 9–32: Der neue Kalender, bes. S. 31; 93–117: Ad majorem gloriam, S. 116–117, zum «Zwiedenken» «zwischen den alten und neuen Hirnpartien». Vgl. I. EIBL-EIBESFELDT: Der Mensch – das riskierte Wesen. Zur Naturgeschichte menschlicher Unvernunft, München–Zürich 1988, 105–124: Gefährdung durch Angst.

[157] Vgl. a. a. O., 118–128: Eine Alternative zur Verzweiflung, wo KOESTLER «die Wiederversöhnung von Gefühl und Vernunft» als Ausweg aus dem Dilemma des menschlichen Daseins vorschlägt.

## 2. Die Angst der Tiere und die Angst des Menschen
### (Seite 309 bis 384)

[1] Vgl. P. LEYHAUSEN: Zur Naturgeschichte der Angst (1967), in: K. Lorenz – P. Leyhausen: Antriebe tierischen und menschlichen Verhaltens. Ges. Abhandlungen, München 1968, 272–296, der in der Angst einen «Instinkt» erblickt, «dessen Erregbarkeit rhythmisch-automatisch produziert wird.» (278) I. EIBL-EIBESFELDT: Der Mensch – das riskierte Wesen. Zur Naturgeschichte menschlicher Unvernunft, München–Zürich 1988, 105–124: Gefährdung durch Angst.

[2] W. B. CANNON: Bodily changes in pain, hunger, fear and rage, New York 1929. Vgl. W. u. W. VON BAEYER: Angst, Frankfurt 1971, 43–55: Zur Biologie und Physiologie der Angst.

[3] Vgl. R. BILZ: Der Vagus-Tod. Eine anthropologische Erörterung über die Situation der Ausweglosigkeit (1966), in: Die unbewältigte Vergangenheit des Menschengeschlechts. Beiträge zu einer Paläoanthropologie, Frankfurt 1967, 242–276, S. 243.

[4] Vgl. J. HIRSCHMANN: Primitivreaktionen, in: V. E. Frankl – V. E. v. Gebsattel – J. H. Schultz (Hrsg.): Handbuch der Neurosenlehre und Psychotherapie, 2. Bd., München–Berlin 1959, 92–101, der die «hypobulischen Reaktionen», also «Motilitätssyndrome» unterhalb der willentlichen Steuerung, um «Bewegungssturm» und «Totstellreflex» gruppiert (95). Beide Begriffe wurden eingeführt von E. KRETSCHMER: Medizinische Psychologie, Stuttgart 1955.

[5] Die folgende Darlegung geht zurück auf R. BILZ: Das Syndrom unserer Daseins-Angst (Existenz-Angst). Erörterungen über die Misère unseres In-der-Welt-Seins (1969), in: Paläoanthropologie. Der neue Mensch in der Sicht einer Verhaltensforschung, 1. Bd., Frankfurt 1971, 427–464; vgl. E. DREWERMANN. Strukturen des Bösen, II 221–235. R. BILZ nennt neben der Schuldangst, der Verhungerungsangst, der Segregationsangst und der Angst der Ausweglosigkeit noch die hypo-

chondrische Angst, die aber doch nichts weiter ist als ein *chronisches* Gefühl ständiger Bedrohtheit. Auch setzt R. BILZ die «Grundängste» der Verhaltensforschung nicht in Beziehung zu den «Grundängsten» der Psychoanalyse.

[6] Vgl. G. C. HOMANS: Theorie der sozialen Gruppe, 271–298: Soziale Kontrolle, bes. S. 294–297: Strafe als Ritual.

[7] So Bischof DYBA in einer Fernsehsendung auf WDR III 1986 über die Aids-Krankheit; nach Meinung des Bischofs ist schon das römische Reich an der «Sittenlosigkeit», an sexueller Ausschweifung also, zugrundegegangen, und ebenso ergeht es in seinen Augen *heute* den Hochburgen des Lasters in der westlichen Welt, Los Angeles an der Spitze.

[8] Vgl. R. BILZ: Das Syndrom unserer Daseins-Angst, s. o. Anm. 5, S. 442–447: Der Voodoo-Tod und die Daseins-Angst, wo das Übertreten eines Nahrungsverbotes, wie in Gen 3,1–7, mit Todesdrohung belegt ist. Vgl. auch P. OVERHAGE: Der Affe in dir, 121–140: Dominanzverhalten; bes. R. BILZ: Biologische Radikale. Eine Untersuchung über analogisch-emotional begründete Erlebens- und Verhaltensweisen des Menschen (1961), in: Paläoanthropologie. Der neue Mensch in der Sicht einer Verhaltensforschung, 1. Bd., Frankfurt 1971, 111–122, über die Exposition des «Schuldigen». DERS.: Über die menschliche Schuld-Angst. Erörterungen über die Tat und das Motiv-Objekt (1958), a. a. O., I 351–369.

[9] R. BILZ: Mensch und Tier. Biologische Radikale in unserem Dasein (1965), in: Paläoanthropologie. Der neue Mensch in der Sicht einer Verhaltensforschung, 1. Bd., Frankfurt 1971, 123–131, bes. S. 124–125, über die Sicherungsimpulse beim Essen. Ebenso R. BILZ: Rolle und Szene im menschlichen Dasein (1952), a. a. O., 1. Bd., 132–141, über die Erbkoordinaten von Essen und Machtgefühl.

[10] R. BILZ: Der Vagus-Tod, s. o. Anm. 3, S. 242–276, bes. S. 264–271.

[11] R. BILZ: Die Kuckucks-Terz. Eine paläoanthropologische Studie über die Disgregations-Angst (1956), in: Paläoanthropologie. Der neue Mensch in der Sicht einer Verhaltensforschung, 1. Bd., Frankfurt 1971, 332–350. Der bayrische Jodler erscheint als eine «Überkompensation des angstvollen Kongregationsrufes.» (348)

[12] K. LORENZ: Das sogenannte Böse. Zur Naturgeschichte der Aggression, Wien 1963, 293–294; 295.

[13] I. EIBL-EIBESFELDT: Der vorprogrammierte Mensch, 202–205; DERS.: Liebe und Haß. Zur Naturgeschichte elementarer Verhaltensweisen, München–Zürich 1970, 193–221: Der Gruß.

[14] E. M. REMARQUE: Im Westen nichts Neues, Frankfurt–Berlin–Wien (Ullstein Tb. 56) 1979, 190–191.

[15] A. a. O., 102.

[16] S. FREUD: Das Ich und das Es (1923), Ges. Werke XIII, London 1940, 235–289, S. 288. Zu FREUDS Angsttheorie vgl. im Überblick E. DREWERMANN: Strukturen des Bösen, II 153–155.

[17] S. FREUD: Hemmung, Symptom und Angst (1926), Ges. Werke XIV, London 1948, 111–205, S. 168.

[18] S. FREUD: A. a. O., XIV 168–169; vgl. DERS.: Neue Folge der Vorlesungen zur Einführung in die Psychoanalyse (1932), Ges. Werke XV, London 1944, S. 99: «Die neurotische Angst hat sich uns unter unseren Händen in Realangst verwandelt, in Angst vor bestimmten Gefahrensituationen.»

[19] D. TODT: Sozialverhalten: Wechselbeziehungen zwischen Individuen und Gruppen im Tierreich, in: D. Todt (Hrsg.): Biologie 2: Systeme des Lebendigen, Frankfurt (Fischer Tb. 6292) 1976, 293–334, S. 295–297. Vgl. auch E. SCHMALOHR: Frühe Mutterentbehrung bei Mensch und Tier. Entwicklungspsychologische Studie zur Psychohygiene der frühen Kindheit, München (Kindler Tb. 2092) 1980, 113–145: Tierexperimente, bes. S. 120–128: Mutterattrappen, zu den Rhesusaffen-Versuchen von H. F. HARLOW – A. DODSWORTH: Maternal behavior of rhesus monkeys deprived of mothering and peer associations in infancy, in: Proceedings of the American Philosophy Society 110 (1966) 58. Vgl. V. SOMMER: Die

Affen. Unsere wilde Verwandtschaft, Hamburg 1989, 240–241.

²⁰ Vgl. G. BALLY: Einführung in die Psychoanalyse Sigmund Freuds. Mit Originaltexten Freuds, Reinbek (rde 131–132) 1961, 136–144, zu dem Zusammenhang von «Objektverlust» und Angst.

²¹ Vgl. R. A. SPITZ: Vom Säugling zum Kleinkind, 106–114.

²² Vgl. zu diesem Kreislauf von Zurückweisung und Schuldgefühl E. DREWERMANN: Brüderchen und Schwesterchen. Märchen Nr. 11 aus der Grimmschen Sammlung, Olten–Freiburg 1990, 15–31. Vgl. bes. F. RENGGLI: Selbstzerstörung aus Verlassenheit. Die Pest als Ausbruch einer Massenpsychose im Mittelalter. Zur Geschichte der frühen Mutter-Kind-Beziehung, Hamburg 1992, 196–222: Erziehung zum Schreien.

²³ Zu der Aufspaltung zwischen der «guten» und der «bösen» Mutter und den entsprechenden Prozessen der Projektion und der Introjektion vgl. M. KLEIN: Zur Theorie von Angst und Schuldgefühl (1948), in: Das Seelenleben des Kleinkindes und andere Beiträge zur Psychoanalyse, hrsg. v. A. Thorner, Stuttgart 1962, 127–145; DIES.: Bemerkungen über einige schizoide Mechanismen (1946), in: A. a. O., 101–126.

²⁴ Vgl. N. DAVIES: Opfertod und Menschenopfer. Glaube, Liebe und Verzweiflung in der Geschichte der Menschheit (1981), übers. v. S. Kull, Düsseldorf–Wien 1981, 231–273: Der Topf und der Kessel.

²⁵ Vgl. T. C. McLUHAN: ... wie der Hauch eines Büffels im Winter. Indianische Selbstzeugnisse (1971), übers. v. E. Schnack, Hamburg 1979, 51–117: Der behaarte Mann aus dem Osten.

²⁶ Vgl. M. H. KLAUS – J. H. KENNELL: Mutter-Kind-Bindung. Über die Folgen einer frühen Trennung (1976), übers. v. K. H. Siber, München 1983; München (dtv 15033) 1987, 63–143: Mutter- und Vaterverhalten beim Menschen, bes. S. 96: «Diese Untersuchungen helfen mit, deutlich zu machen, auf welch feindselige Weise die Krankenhäuser in den Vereinigten Staaten in den ... Entwicklungs-

prozeß der frühen Mutter-Kind-Bindung eingreifen.»

²⁷ Vgl. F. RIEMANN: Grundformen der Angst. Eine tiefenpsychologische Studie über die Ängste des Menschen und ihre Überwindung, München–Basel 1961, 20–45: Die schizoiden Persönlichkeiten.

²⁸ Vgl. H. SCHULTZ-HENCKE: Der gehemmte Mensch. Entwurf eines Lehrbuches der Neo-Psychoanalyse (1940), Stuttgart 1965, 61–64: Die Haltungen.

²⁹ Vgl. F. RIEMANN: Grundformen der Angst, 34–35, zu dem wachsenden Autismus des Schizoiden.

³⁰ Zur Acht-Monats-Angst vgl. R. A. SPITZ: Vom Säugling zum Kleinkind, 167–173.

³¹ Zur Kennzeichnung der Oralität vgl. L. SZONDI: Lehrbuch des experimentellen Triebdiagnostik, Bd. 1: Textband, Bern–Stuttgart ²(völlig neu bearb.) 1960, 182.

³² Vgl. E. H. ERIKSON: Kindheit und Gesellschaft (1950), übers. v. M. von Eckardt-Jaffé, Stuttgart ²(erw.) 1965, 110–161: Jäger über der Prärie, bes. 130–137.

³³ Vgl. K. ABRAHAM: Untersuchungen über die früheste prägenitale Entwicklungsstufe der Libido (1916), in: J. Cremerius (Hrsg.): Gesammelte Schriften in zwei Bänden, 2. Bd., Frankfurt (Fischer 7320) 1982, 3–31, wo zum ersten Mal die Beziehung zwischen Oralität und der Verhungerungsangst in Depressionszuständen (S. 27) herausgearbeitet wurde.

³⁴ Vgl. M. KLEIN: Zur Psychogenese der manisch-depressiven Zustände (1935), in: Das Seelenleben des Kleinkindes und andere Beiträge zur Psychoanalyse, Stuttgart 1962, 44–71. Vgl. auch S. FREUD: Trauer und Melancholie (1916), Ges. Werke X, London 1946, 427–446.

³⁵ M. KLEIN: Die Trauer und ihre Beziehung zu manisch-depressiven Zuständen (1940), in: A. a. O., 72–100. Vgl. auch K. ABRAHAM: Beiträge der Oralerotik zur Charakterbildung (1925), in: J. Cremerius (Hrsg.): Ges. Schriften in 2 Bden., 2. Bd., Frankfurt 1982, 124–136.

³⁶ Vgl. E. DREWERMANN: Das Mädchen ohne Hände. Märchen Nr. 31 aus der Grimmschen Sammlung, Olten–Freiburg 1981.

[37] Vgl. A. FREUD: Wege und Irrwege in der Kinderentwicklung (1965), Stuttgart 1968, S. 25.

[38] Vgl. H. REMPLEIN: Die seelische Entwicklung des Menschen im Kindes- und Jugendalter. Grundlagen, Erkenntnisse und pädagogische Folgerungen der Kindes- und Jugendpsychologie, München–Basel [14](erg.) 1966, 220–241: Das erste Trotzalter. Vgl. auch K. ABRAHAM: Ergänzungen zur Lehre vom Analcharakter (1923), in: J. Cremerius (Hrsg.): Ges. Schriften in zwei Bänden, 2. Bd., Frankfurt 1982, 103–124. Vgl. S. FREUD: Charakter und Analerotik (1908), Ges. Werke VII, London 1941, 201–209.

[39] Vgl. R. A. SPITZ: Nein und Ja, 83–85: Das Nein als Abstraktion. Zur Thematik der *Zwangsneurose* vgl. G. BENEDETTI: Psychodynamik der Zwangsneurose, Darmstadt 1978, bes. 56–63: Aggressivität und Zwang.

[40] Vgl. K. ABRAHAM: Zur Charakterbildung auf der «genitalen» Entwicklungsstufe, in: J. Cremerius (Hrsg.): Ges. Schriften in 2 Bden., 2. Bd., Frankfurt 1982, 136–145. Zum Problem der *Hysterie* vgl. S. MENTZOS: Hysterie. Zur Psychodynamik unbewußter Inszenierungen, München (Kindler Tb. 2212) 1980, bes. 45–57: Hysterische Charakterbildung.

[41] Vgl. zum Problem der *Eifersucht* S. FREUD: Über einige neurotische Mechanismen bei Eifersucht, Paranoia und Homosexualität (1922), Ges. Werke XIII, London 1940, 195–207.

[42] Vgl. S. FREUD: Hemmung, Symptom und Angst (1926), Ges. Werke XIV, London 1948, 111–205, bes. S. 197–202 zu dem Zusammenhang von Realangst, Objektverlustangst und Triebangst.

[43] Vgl. bes. H. KOHUT: Die Heilung des Selbst (1977), übers. v. E. vom Scheidt, Frankfurt 1979, 230–251: Der Ödipuskomplex und die Psychologie des Selbst.

[44] Vgl. S. FREUD: Das Ich und das Es, Ges. Werke XIII, 256–276: Das Ich und das Überich; DERS.: Der Untergang des Ödipuskomplexes (1924), Ges. Werke XIII, London 1940, 395–402.

[45] Zu den *Tierphobien* vgl. schon S. FREUD:

Hemmung, Symptom und Angst, XIV 154–161.

[46] Vgl. den «Rotschock» in der Testpsychologie: E. BOHM: Lehrbuch der Rorschach-Psychodiagnostik für Psychologen, Ärzte und Pädagogen, Bern–Stuttgart [3](erw.) 1967, 121–122.

[47] Zur «Klaustrophobie» vgl. bes. O. RANK: Das Trauma der Geburt und seine Bedeutung für die Psychoanalyse, Leipzig–Wien–Zürich 1924. Zur Angst vor dem Liftfahren vgl. auch S. FREUD: Studien über Hysterie (1895), Ges. Werke I, London 1952, 75–312, S. 120.

[48] Zum Begriff der *Konversionshysterie* vgl. S. FREUD: Studien über Hysterie (1895), Ges. Werke I, London 1952, 75–312, S. 242–245: «Funktionsstörung durch Symbolisierung». Vgl. bes. O. FENICHEL: Psychoanalytische Neurosenlehre 3 Bde., übers. v. K. Laermann, 2. Bd., Olten 1975, 38–64: Die Konversion.

[49] Vgl. S. FREUD: Allgemeines über den hysterischen Anfall (1909), Ges. Werke VII, London 1941, 235–240, S. 236–237.

[50] Vgl. O. FENICHEL: Psychoanalytische Neurosenlehre, II 65–108: Die Organneurosen.

[51] H. SELYE: Stress (1974), übers. v. H. Th. Asbeck, München 1974; Reinbek (rororo 7072) 1977, 37–63: Stress beherrscht unser Leben; F. VESTER: Phänomen Streß. Wo liegt sein Ursprung, warum ist er lebenswichtig, wodurch ist er entartet, Stuttgart 1976; München (dtv 1396) 1978, der vor allem die Verschiedenartigkeit der Streßursachen in Beruf, Familie, Verkehr und Alter sehr einfühlend beschreibt; bes. S. 79–90 verdeutlicht den neurophysiologischen Ablauf des psychischen Streßerlebens.

[52] F. ALEXANDER: Psychosomatische Medizin, Berlin 1951.

[53] Vgl. F. VESTER: Phänomen Streß, 113–115; 249–250; vgl. P. CHRISTIAN: Herz und Kreislauf, in: V. E. Frankl – V. E. v. Gebsattel – J. H. Schultz: Handbuch der Neurosenlehre und Psychotherapie, 2. Bd., München–Berlin 1959, 495–516.

[54] Vgl. H. GLATZEL: Ernährung, in: V. E. Frankl – V. E. v. Gebsattel – J. H. Schultz:

Handbuch der Neurosenlehre und Psychotherapie, 2. Bd., München–Berlin 1959,
428–480.
⁵⁵ Vgl. L. NILSSON: Eine Reise in das Innere
unseres Körpers. Das Abwehrsystem des
menschlichen Organismus (1985), übers. v.
E. P. Fischer, Hamburg 1987, 20–31: Das
Immunsystem.
⁵⁶ Vgl. F. RENGGLI: Angst und Geborgenheit. Soziokulturelle Folgen der Mutter-
Kind-Beziehung im ersten Lebensjahr.
Ergebnisse aus Verhaltensforschung, Psychoanalyse und Ethnologie, Reinbek 1974;
Reinbek (rororo 6958) 1976, 82–98, der eine
hervorragende Übersicht über die Phasen-
gebundenheit der Kinderängste in den ersten
fünf Lebensjahren bietet und (S. 99–109) von
da aus die psychoanalytische Neurosenlehre
entwickelt. Besonders die Verknüpfung von
Verhaltensforschung (S. 56–81: Die Mutter-
Kind-Beziehung in der Evolution) mit Fragen der Tiefenpsychologie macht F. RENGG-
LIS Arbeit methodisch und inhaltlich zu einer
wegweisenden Studie.
⁵⁷ Vgl. S. FREUD: Neurose und Psychose
(1924), Ges. Werke XIII, London 1940,
387–391; DERS.: Der Realitätsverlust bei
Neurose und Psychose (1924), Ges. Werke
XIII, London 1940, 363–368. Vgl. auch P.
FEDERN: Ichpsychologie und die Psychosen
(1952, postum), übers. v. W. u. E. Federn,
(1956), Frankfurt 1978, 40–58: Narzißmus
im Ichgefüge. 59–83: Das Ichgefühl im
Traume; 198–213: Der Ich-Psychologische
Aspekt der Schizophrenie.
⁵⁸ S. FREUD: Über einen autobiographisch
beschriebenen Fall von Paranoia (1911), Ges.
Werke VIII, London 1945, 240–320, bes.
S. 295–316: Über den paranoischen Mechanismus.
⁵⁹ Vgl. E. JACOBSON: Depression. Eine vergleichende Untersuchung normaler, neurotischer und psychotisch-depressiver Zustände
(1971), übers. v. H. Deserno, Frankfurt 1977,
295–303: Die Entstehung des depressiven
Zustands, wo bes. die kindliche Überbeset-
zung des Liebesobjektes hervorgehoben
wird: «Der Manisch-Depressive kann die

Imago des Liebesobjekts nur dadurch anhal-
tend libidinös überbesetzen, indem er mit
ständiger Anstrengung sowohl seinen eigenen
inneren Wert wie auch die Schwächen des
realen Liebesobjektes verleugnet.» (296) «Der
Manisch-Depressive kann... eine Selbstbehauptung, die in der Abwertung seines
Liebesobjekts besteht, nicht ertragen und
trachtet, eine derartige Situation zu vermeiden, indem er das hochgeschätzte Liebes-
objekt auf Distanz hält, um es auf diese Weise
vor der Entwertung zu schützen.» (298) Vgl.
auch S. 354–376: Zur erschwerten Hand-
habung der Übertragung bei der psychoanalytischen Behandlung von Patienten mit
schweren Depressionen.
⁶⁰ Zu den apokalyptischen Visionen der Bibel
und ihrer tiefenpsychologischen Deutung
vgl. E. DREWERMANN: Tiefenpsychologie
und Exegese, II 467–591. Zur historisch-
kritischen Wertung der Höllenphantasien des
Neuen Testamentes vgl. H. HAAG: Abschied
vom Teufel, Einsiedeln 1969; vgl. H. KÜNG:
Ewiges Leben?, München (SP 364) 1982,
175–183. Und dann vergleiche man die zyni-
sche Selbstgewißheit des römischen Weltkatechismus: WK 1035!
⁶¹ Vgl. E. DREWERMANN: Tiefenpsychologie
und Exegese, II 486–511.
⁶² S. FREUD: Neue Folge der Vorlesungen
zur Einführung in die Psychoanalyse, Ges.
Werke XV, 87–118: 32. Vorlesung: Angst
und Triebleben, S. 91: «das Ich ist die
alleinige Angststätte, nur das Ich kann Angst
produzieren und verspüren»; «die Angst
steht im Dienst der Selbsterhaltung.»
⁶³ S. KIERKEGAARD: Die Krankheit zum
Tode, 1. Abschn. A, A, S. 13.
⁶⁴ A. a. O., 13.
⁶⁵ Vgl. G. W. F. HEGEL: Phänomenologie
des Geistes, DD VIII.: Das absolute Wissen,
S. 558–559: «der Geist... ist... die Verwandlung jenes Ansichs in das Fürsich, der
Substanz in das Subjekt, des Gegenstands des
Bewußtseins in Gegenstand des Selbstbewußtseins, d. h. in ebensosehr aufgehobnen
Gegenstand, oder in den Begriff. Sie (sc. diese
Verwandlung, d. V.) ist der in sich zurückge-

hende Kreis, der seinen Anfang voraussetzt, und ihn nur im Ende erreicht.»

[66] S. KIERKEGAARD: Die Krankheit zum Tode, 13.

[67] Zu HEGELS Religionsphilosophie vgl. W. JAESCHKE: Die Religionsphilosophie Hegels, Darmstadt 1983.

[68] Zu HEGELS Lehre vom *Bösen* und vom *Sündenfall* vgl. E. DREWERMANN: Strukturen des Bösen, III 76–96.

[69] Vgl. R. SCHNEIDER: Winter in Wien, 171: «Man muß aus diesen rotierenden Höllen aufblicken zum Vater der Liebe – und – Wer schlägt nicht die Hände vor's Gesicht?»

[70] S. KIERKEGAARD: Die Krankheit zum Tode, 13; 28.

[71] J. P. SARTRE: Der Ekel (1938), übers. v. H. Wallfisch, Stuttgart 1949; Reinbek (rororo 581) 1963, 136.

[72] A. a. O., 137.

[73] A. a. O., 137.

[74] Zur Existenzphilosophie J. P. SARTRES vgl. E. DREWERMANN: Strukturen des Bösen, III 198–278; 299–313.

[75] Vgl. J. P. SARTRE: Das Sein und das Nichts. Versuch einer phänomenologischen Ontologie (1943), übers. v. J. Streller, Reinbek 1962, 131; 139; 711 – zur Thematik von «Nullabstand», «Mangel» und «Seinsbegierde».

[76] Vgl. E. DREWERMANN: Strukturen des Bösen, III 207–209: Nacktheit, Scham und Ekel (in der Philosophie SARTRES); 238–245: Der Ekel.

[77] M. HEIDEGGER: Sein und Zeit, 1. Teil, 2. Abschn., 1. Kap., § 46–53, S. 235–267.

[78] K. RAHNER: Zur Theologie des Todes, 26–30: «Der Tod muß also beides sein: das Ende des Menschen als Geistperson ist tätige Vollendung von innen, ein aktives Sich-zur-Vollendung-Bringen, aufwachsende, das Ergebnis des Lebens bewährende Auszeugung und totales Sich-in-Besitz-Nehmen der Person.»

[79] E. DREWERMANN: Strukturen des Bösen, III 216–218; 245–251.

[80] Vgl. bes. J. P. SARTRE: Die Mauer (1939), übers. v. H. Reisiger, Reinbek (rororo 1569) 1973; 9–26.

[81] Zur «Unrealisierbarkeit» des Todes bei SARTRE vgl. E. DREWERMANN: Strukturen des Bösen, III 216–218: Die Unvollendbarkeit des Daseins und der Tod.

[82] Vgl. a. a. O., III 203–204.

[83] Vgl. a. a. O., 216–218. J. P. SARTRE: Das Sein und das Nichts, 686 erklärt den Tod geradewegs als den «Triumph des Anderen über mich.»

[84] Bes. G. W. F. HEGEL: Phänomenologie des Geistes, B IV A, S. 133–150: Die Wahrheit der Gewißheit seiner selbst; bes. S. 141–150: Selbständigkeit und Unselbständigkeit des Selbstbewußtseins.

[85] Vgl. E. DREWERMANN: Strukturen des Bösen, III 251–253; 263–278.

[86] J. G. FICHTE: Grundlagen der gesamten Wissenschaftslehre, 2. Teil § 4, S. 105–106: zur Entgegensetzung von Ich und Nicht-Ich; 3. Teil § 5, S. 198: «jene Wechselwirkung zwischen dem Ich und dem Nicht-Ich ist zugleich eine Wechselwirkung des Ich mit sich selbst.»

[87] Vgl. J. P. SARTRE: Das Sein und das Nichts, 341: «Die Erscheinung des Anderen in der Welt entspricht... einem regungslosen Entgleiten des ganzen Mikrokosmos, einer Dezentrierung der Welt.»

[88] J. P. SARTRE: Kritik der dialektischen Vernunft, 1. Bd.: Theorie der gesellschaftlichen Praxis (1960), übers. v. T. König, Reinbek 1967, 132 ff.

[89] Vgl. E. DREWERMANN: Strukturen des Bösen, III 209–213: der Sadomasochismus und das Wir.

[90] Zur Sozialphilosophie SARTRES vgl. E. DREWERMANN: Strukturen des Bösen, III 331–352.

[91] Zur existenzphilosophischen Interpretation der psychoanalytischen Neurosenlehre vgl. E. DREWERMANN: Strukturen des Bösen, III 460–479: Die Neurosenlehre der Psychoanalyse und «Die Krankheit zum Tode»; bes. S. 475–476 – zur Hysterie.

[92] Vgl. S. KIERKEGAARD: Der Begriff Angst. Eine simple psychologisch-hinweisende Erörterung in Richtung des dogmatischen Problems der Erbsünde (1844), übers. v. L. Richter, Reinbek (rk 71) 1960, 57: «Angst kann

man vergleichen mit Schwindligsein... So ist Angst der Schwindel der Freiheit.» Vgl. E. DREWERMANN: Strukturen des Bösen, III 436–460.

[93] Vgl. S. KIERKEGAARD: Der Begriff Angst, 68, wo das Anwachsen der Angst vor der *Möglichkeit*, vor der Freiheit, dahin führt, «daß die Angst vor der Sünde die Sünde hervorbringt.»

[94] B. PASCAL: Über die Religion, Nr. 131, S. 75: Über die Langeweile; Nr. 139, S. 77–83, S. 77: «daß alles Unglück der Menschen einem entstammt, nämlich daß sie unfähig sind, in Ruhe allein in ihrem Zimmer bleiben zu können.»

[95] F. M. DOSTOJEWSKIJ: Die Brüder Karamasoff (1880), übers. v. K. Noetzel, 2 Bde., München (Goldmann 478–479; 480–481) 1958, 2. Teil, 5. Buch, 5. Kap.: Der Großinquisitor, 1. Bd., S. 316.

[96] M. HEIDEGGER: Sein und Zeit, 2. Abschn., 2. Kap., § 56: Der Rufcharakter des Gewissens, S. 272–274. – Nebenbei: es ist interessant, daß die Erfahrung des Selbstseins in der Existenzphilosophie mit demselben Begriff beschrieben wird wie vor 1800 Jahren in der «Gnosis»: mit dem Begriff des «Rufes»; die gesamte dialogische Spannung zwischen Gott und Mensch, die in der «Gnosis» vermittelt werden sollte, ist in der Existenzphilosophie Heideggers «phänomenologisch» freilich nicht mehr thematisiert; *deshalb* der Rückgriff auf die psychologischen «Hinweisungen» S. KIERKEGAARDS im Rahmen der Problematik der *Angst*.

[97] S. KIERKEGAARD: Die Krankheit zum Tode, CBb: S. 48–65: Die Verzweiflung der Schwachheit.

[98] Vgl. E. DREWERMANN: Sünde und Neurose. Versuch einer Synthese von Dogmatik und Psychoanalyse, in: Psychoanalyse und Moraltheologie, 3 Bde., Mainz 1982–84, I 128–162, S. 136–148.

[99] Neue Westfälische, 13. 4. 93.

[100] F. HEBBEL: Maria Magdalene. Ein bürgerliches Trauerspiel in drei Akten (1844), in: Werke in 10 Teilen, hrsg. v. Th. Poppe, Berlin–Leipzig–Wien–Stuttgart, 3. Teil, o. J., 43–96.

[101] L. TOLSTOI: Anna Karenina (1878), übers. v. A. Scholz, München (Goldmann Tb.

692–694) 1961; vgl. auch E. DREWERMANN: Aus Schuld geschieden – verdammt zum Unglück? Von dem Recht auf Vergebung auch in der katholischen Kirche. Ein Plädoyer, in: Psychoanalyse und Moraltheologie, 3 Bde., Mainz 1982–1984, II 112–137, S. 133–135.

[102] F. HEBBEL: Marie Magdalene, s. o. Anm. 100, 3. Akt, 11. Szene, Werke III S. 96.

[103] Vgl. E. DREWERMANN: Sünde und Neurose, s. o. Anm. 98; 1. Bd., S. 149–155.

[104] A. a. O., I. Bd., S. 155–160. Vgl. S. KIERKEGAARD: Die Krankheit zum Tode, C. Die Gestalten dieser Krankheit, Aa $\alpha\,\beta$, S. 28–33.

[105] Vgl. Y. GOLL: Gedichte 1924–1950, ausgew. v. H. Bienek, Neuwied 1960; München (dtv 5437) 1976, 120–131: JOHANN OHNELAND.

[106] Zu dem Motiv «Wie-Gott-sein-Wollen» im Sinne der Sündenvorstellung von Gen 3,1–7 vgl. E. DREWERMANN: Strukturen des Bösen, III 540–562: Die Schuld an der Notwendigkeit der Sünde.

[107] S. KIERKEGAARD: Der Begriff Angst, Kap. 1, § 5: Der Begriff Angst, S. 40–43; Kap. 2, § 2: Subjektive Angst, S. 57–58; 3. Kap., § 1: Die Angst der Geistlosigkeit, S. 86–89: «In der Geistlosigkeit gibt es keine Angst, dazu ist sie zu glücklich und zufrieden und zu geistlos.» (88)

[108] Vgl. SWAMI NIKHILANANDA: Der Hinduismus. Seine Bedeutung für die Befreiung des Geistes (1958), übers. v. L. Voelker, Berlin (Ullstein Tb. 291) 1960, 24–45: Die Gottheit und die Schöpfung.

[109] Vgl. a. a. O., 45–65: Die Seele und ihre Bestimmung; im Sinne der Vedanta-Philosophie ist der Körper etwas Unwirkliches, das wirklich zu sein scheint, weil die Seele ihm Substrat verleiht (53). Das gesamte Schicksal der irdischen, der körperlichen Existenz ist radikal in Konsequenz der seelischen Einstellung zu betrachten. «Der Körper ist das Instrument, durch das Wünsche erfüllt werden, und dient nach ihrer Erfüllung keinem anderen Zweck mehr. Dies ist der Grund für das Sterben der Menschen in verschiedenen Lebensaltern.»

[110] Vgl. F. SPIEGELBERG: Die lebenden Weltreligionen (1956), übers. v. D. Fischer-Barni-

col, Frankfurt 1977; Frankfurt (st 1305) 1986, 155–247: Brahmanismus, bes. S. 167–195 zu den Begriffen *Samsara* (Vergeltungskreislauf) und *Karma* (Vergeltungskausalität).

[111] H. ZIMMER: Philosophie und Religion Indiens (1942), übers. v. L. H. Grote, Zürich 1961; Frankfurt (stw 26) 1976, 365–414: Der Vedanta.

[112] S. RADHAKRISHNAN: Die Bhagavadgita. Einleitung, Sanskrittext, Übersetzung, Kommentar, übers. v. S. Lienhard, Baden-Baden 1958, S. 275; IX 4: «Alle Wesen wohnen in mir.»

[113] Vgl. H. v. GLASENAPP: Die Philosophie der Inder. Eine Einführung in ihre Geschichte und ihre Lehren, Stuttgart 1958, 110–116: Shankara; 147–197: Der Vedanta; darunter bes. 185–193: Die Lehre Shankaras. Im Sinne dieser Lehre ist die «Welt» nichts anderes als ein Bewußtseinsphänomen. Vgl. auch J. GEBSER: Asienfibel. Zum Verständnis östlicher Wesensart, Frankfurt (Ullstein Tb. 650) 1962, 59–70: Nur das Schicksal ist wichtig; dort bes. die Gegenüberstellung von «Mutter Teresa» und der hinduistischen Mentalität.

[114] Vgl. D. T. SUZUKI: Der westliche und der östliche Weg (1957), übers. v. L. u. W. Hilsbecher, Frankfurt (Ullstein Tb. 299) 1960, 121–129: Kreuzigung und Erleuchtung, der (S. 128–129) darauf hinweist, daß «Christus aufrecht am Kreuz starb, während Buddha liegend verschied», und fortfährt: «‹Aufrecht› bedeutet Aktion, Streitbarkeit, Ausschließlichkeit, indes ‹waagerecht› Frieden, Duldsamkeit und Weiterzigkeit meint. In seiner Aktivität hat das Christentum etwas, das aufreizt, erregt und beunruhigt. In seiner Streitbarkeit und Ausschließlichkeit neigt es dazu, eine selbstherrliche und manchmal herrische Gewalt über andere auszuüben – trotz des erklärten Zieles der Christenheit: von Demokratie und allgemeiner Verbrüderung. – In dieser Hinsicht erweist der Buddhismus sich als das gerade Gegenteil des Christentums... Er weigert sich, streitbar und exklusiv... sein zu wollen. Er tritt im Gegenteil ein für Weiterzigkeit, allumfassende Toleranz und Sichfernhalten von weltlichen Streitigkeiten.»

[115] E. WALDSCHMIDT: Die Legende vom Leben des Buddha. In Auszügen aus den heiligen Texten. Aus dem Sanskrit, Pali und Chinesischen (1929), Graz 1982, 85–88. Vgl. S. 89–91, wo erzählt wird, wie der Bodhisattva, vom Leid der Kreaturen erschüttert, mißhandelte Ochsen freikauft. Vgl. P. DAHLKE (Übers.): Buddha. Die Lehre des Erhabenen. Aus dem Palikanon (1920), München (Goldmann Tb. 622–623) 1960, 61–86: Dighanikaya 16.

[116] A. a. O., 165–173: Der Bodhisattva kommt zu Erkenntnis und Erleuchtung.

[117] A. a. O., 185–198: Die erste Predigt; vgl. GAUTAMA BUDDHA: Die vier edlen Wahrheiten. Texte des ursprünglichen Buddhismus, hrsg. u. übers. v. K. Mylius: SUTTAPITAKA. *Dighanikaya* II 95: Geburtenkreislauf; II 97: Achtgliedriger Pfad der Erkenntnis; S. 89–91.

[118] Vgl. C. G. JUNG: Vorwort zu D. T. Suzuki: Die große Befreiung (1939), in: Ges. Werke XI, Olten-Freiburg 1971, 581–602; DERS.: zur Psychologie östlicher Meditation (1943), a. a. O., XI 603–621: «der Christ erreicht sein Ende in Christo, der Buddhist erkennt, daß er Buddha ist. Der Christ kommt eben aus der vergänglichen und ichhaften Bewußtseinswelt, der Buddhist aber ruht *noch* auf dem ewigen Grunde der inneren Natur, deren Einssein mit der Gottheit oder dem universalen Wesen uns auch in andern indischen Bekenntnissen entgegentritt» (XI 621). Vgl. auch SUTTAPITAKA. *Dighanikaya* XIII 20, in: GAUTAMA BUDDHA: Die vier edlen Wahrheiten, 99–100: «Wenn die ... Brahmanen zu einer Gemeinschaft mit jemand, den sie nicht kennen, den sie nicht sehen (sc. mit dem Gott Brahma, d. V.), den Weg zeigen wollen, (indem sie behaupten:) ‹Dies nur ist der gerade Weg, der direkt (aus dem Kreislauf der Wiedergeburten) hinausführt, den, der ihn nutzt, zur Gemeinschaft mit Brahma führt!›, so ist dieser Standpunkt nicht annehmbar.» M. a. W.: es gibt keine Erlösung durch «Gottgläubigkeit», sondern nur durch Selbsterkenntnis und Reinheit.

[119] Vgl. H. VON GLASENAPP: Die Philosophie der Inder, 312–314; bes. G. GRIMM: Die Lehre des Buddho. Die Religion der Vernunft und der Meditation, hrsg. v. M. Keller–

Grimm–M. Hoppe (1957), Wiesbaden (Löwit V.) o. J., 198–204: Die Bedingungen des Durstes.

[120] Vgl. H. VON GLASENAPP: Die Philosophie der Inder, 377–385: Das Gottesproblem; bes. S. 383–385: Das Göttliche in den atheistischen Systemen.

[121] A. a. O., 326–332: «Die Theravadins unterscheiden im ganzen 89 Zustände, in welchen sich das Bewußtsein infolge seiner Verbundenheit mit diesen psychischen Faktoren (sc. des karmischen Schicksals, d. V.) befinden kann. Diese 89 ‹Bewußtseine›... umspannen alle Stufen des Erlebens, von den untersten, in welchen ein Höllenwesen, Tier, Mensch oder Gott der Begierdenwelt (Kama-loka) noch unberührt von religiösen und ethischen Ideen dahinlebt, bis zu den geläuterten Stufen der Götter der Welt der reinen Formen (Rupa-loka) und der Welt der Nichtformen (Arupa-loka).» – Vgl. auch Anm. 118!

[122] Vgl. A. ALT: Das Gottesurteil auf dem Karmel (1935), in: Kleine Schriften zur Geschichte des Volkes Israel, 2. Bd., München 1953, 135–149.

[123] Zu der Kultfreiheit des Buddhismus vgl. H. OLDENBERG: Buddha. Sein Leben, seine Lehre, seine Gemeinde (1881), hrsg. v. H. v. Glasenapp, München (Goldmann Tb. 708–709), 1961, 336–343, der außer Fasten und Beichten keine weiteren «Riten» als «ursprünglich» anerkennt. Vgl. auch K. E. NEUMANN (Übers.): Also sprach der Erhabene. Eine Auswahl aus den Reden Gotamo Buddhos (1907), Zürich 1962; Zürich (Diogenes 21443) 1986, 306–317: Beider Seiten Anblick, bes. S. 315–316, zur Kritik an dem Götterglauben der Priester und Büßer.

[124] EPIKUR: Von der Überwindung der Furcht. Katechismus, Lehrbriefe, Spruchsammlung, Fragmente, übertr. v. O. Gigon, Zürich 1949; München (dtv 2164) 1983, 101 (Brief an Menoikkeus).

[125] A. a. O., 137 (Fragmente. Über die Götter, Nr. 64).

[126] A. a. O., 137 (Fragmente. Über die Götter, Nr. 66).

[127] A. a. O., 136 (Fragmente. Über die Götter, Nr. 59). Zur Philosophie EPIKURS vgl. K. MARX: Epikureische Philosophie. Hefte zur epikureischen, stoischen und skeptischen Philosophie, in: Karl Marx–Friedrich Engels Werke, Ergänzungsband, 1. Teil: Schriften, Manuskripte, Briefe bis 1844, Berlin 1973, 13–255; bes.: K. F. OTTO. Das Wort der Antike, hrsg. v. K. von Fritz, Darmstadt 1962, 293–333: Epikur: «Genau dieses ist der Gedanke Epikurs..., daß er das Göttliche, das, statt aktiv einzugreifen, durch sein bloßes Sein den Menschen emporhebt, radikal von aller Welt abtrennt, so daß... keine Beziehung zum Naturgeschehen mehr stattfinden kann, sondern nur dem Menschen gegeben ist, in Liebe zu ihm hingezogen zu werden.» (331)

[128] EUHEMEROS VON MESSENE: Hiera anagraphe (Heilige Aufzeichnungen in mindestens drei Büchern) (ca. 300 v. Chr.), hrsg. u. komm. v. G. Vallauri, Turin 1956. H. F. VAN DER MEER: Euhemeros van Messene, Amsterdam 1949.

[129] Vgl. L. FEUERBACH: Grundsätze der Philosophie der Zukunft (1843), in: Werke in 6 Bden., hrsg. v. E. Thies, Bd. 3: Kritiken und Abhandlungen II (1839–1843), Frankfurt 1975, 247–322, § 14–16, S. 264–271. Vgl. bes. § 8, S. 255: «der Mensch macht seine Gedanken und selbst Affekte zu Gedanken und Affekten Gottes, sein Wesen, seinen Standpunkt zum Wesen und Standpunkt Gottes. Die spekulative Theologie (sc. bei FICHTE und HEGEL, d. V.) aber kehrt diese um. Und diese Umkehrung ist vollkommen begründet und gerechtfertigt... Wenn Gott denkt wie oder vielmehr als ein Mensch, warum sollte der Mensch nicht denken wie oder als ein Gott?»

[130] Vgl. A. SCHOPENHAUER: Die Welt als Wille und Vorstellung, 2. Bd., welcher die Ergänzungen zu den vier Büchern des ersten Bandes enthält, hrsg. v. A. Hübscher; sämtliche Werke, Bd. 3, Wiesbaden 1949, 4. Buch, Kap. 48: Zur Lehre von der Verneinung des Willens zum Leben, 692–729, bes. S. 718–719: «Bei keiner Sache hat man so sehr den Kern von der Schaale zu unterscheiden, wie beim Christentum. Eben weil ich diesen Kern hoch schätze, mach ich mit der Schale bisweilen we-

nig Umstände.» SCHOPENHAUER sah das Christentum als eine Lehre der *Lebensverneinung* an, ähnlich dem Buddhismus und Hinduismus, und weit entfernt von dem «Optimismus» des Judentums: «In Wahrheit ist nicht das Judentum, mit seinem *panta kala lian* (sc. er sah, daß alles Gut war, Gen 1,31, d. V.), sondern Brahmanismus und Buddhaismus sind, dem Geiste und der ethischen Tendenz nach, dem Christentum verwandt.» (716) Alle Probleme des MARCION mit dem Gott der Schöpfung tauchen bei SCHOPENHAUER wieder auf.

131 Vgl. 1 Kg 18,1–46: Elia und die Baalspropheten auf dem Karmel.

132 I. KANT: Kritik der reinen Vernunft. I. Transzendentale Elementarlehre, 2. Teil, 1. Abteilung, 1. Buch, 2. Hauptstück, 2. Abschnitt, § 17: Von der ursprünglich-synthetischen Einheit der Apperzeption: «Das: Ich denke, muß alle meine Vorstellungen begleiten können; denn sonst würde etwas in mir vorgestellt werden, was gar nicht gedacht werden könnte.» Werke III: Kritik der reinen Vernunft I, S. 136.

133 R. DESCARTES: Die Meditationen (1641), II 3, übers. v. A. Buchenau, Hamburg (Philos. Bibl. 27) 1954.

134 Vgl. M. H. KLAUS–J. H. KENNELL: Mutter-Kind-Bindung, 63–143: Mutter- und Vaterverhalten beim Menschen; R. A. SPITZ: Vom Säugling zum Kleinkind, 140–166: Die Rolle der Mutter-Kind-Beziehungen in der Entwicklung des Kleinkindes.

135 Vgl. G. AMMON: Entwurf eines Dynamisch-Psychiatrischen Ich-Struktur-Konzepts. – Zur Integration von funktional-struktureller Ich-Psychologie, analytischer Gruppendynamik und Narzißmus-Theorie, in: G. Ammon (Hrsg.): Handbuch der Dynamischen Psychiatrie, 1. Bd., München 1979, 95–159, bes. S. 100–101; 111–114: Destruktiver und defizitärer Narzißmus; vgl. auch das Schema auf S. 117.

136 S. FREUD: Die Zukunft einer Illusion (1927), Ges. Werke XIV, London 1948, 323–380, S. 342–346. Vgl. auch P. SCHELLENBAUM: Gottesbilder. Religion, Psychoanalyse, Tiefenpsychologie, Stuttgart 1981; München

(dtv 15059) 1989, S. 69–76: Not der Theologie – nötige Tiefenpsychologie.

137 Vgl. R. A. SPITZ: Nein und Ja, 104–106: Die Entstehung des Selbst. Über das Verhältnis von *Ich* und *Es* vgl. S. FREUD: Die Frage der Laienanalyse (1926), Ges. Werke XIV, London 1948, 209–296, S. 222–226; 227–233; 253–254; DERS.: Das Ich und das Es (1923), Ges. Werke XIII, London 1940, 237–289, bes. 246–255; 277–289. DERS.: Neue Folge der Vorlesungen zur Einführung in die Psychoanalyse (1932), Ges. Werke XV, London 1944, 62–86: Die Zerlegung der psychischen Persönlichkeit, S. 86: «der Psychoanalyse... Absicht ist ja, das Ich zu stärken, es vom Über-Ich unabhängiger zu machen, sein Wahrnehmungsfeld zu erweitern und seine Organisation auszubauen, so daß es sich neue Stücke des Es aneignen kann. Wo Es war, soll Ich werden.»

138 Vgl. E. DREWERMANN: Die Spirale der Angst. Der Krieg und das Christentum, Freiburg–Basel–Wien (Herder Spektrum 4003) ³1992, 161–170: Die Konzeption vom Gleichgewicht des Schreckens zur Friedens«sicherung» und ihre Widersprüche.

139 Vgl. E. DREWERMANN: Der tödliche Fortschritt. Von der Zerstörung der Erde und des Menschen im Erbe des Christentums, Freiburg–Basel–Wien (Herder Spektrum 4032) ²1992, 9–45: Fakten, die Symptome sind.

140 Zur «Liebe» in der Therapie vgl. E. DREWERMANN: Kleriker, 723–729.

141 J. KLEPPER: Unter dem Schatten deiner Flügel. Aus den Tagebüchern der Jahre 1932–1942, hrsg. v. H. Klepper, gek. v. G. Wirth u. I. Zimmermann, Stuttgart 1972, S. 69: «Wir – Hanni und ich sind freilich, wo der Glaube beginnt, nach wie vor Getrennte, denn sie ist nur der Mensch dieser Welt... Aber wir wollen zusammen sterben. Und soweit ich Mensch bin, sage ich nun: Der Mensch, der mein Leben ist, soll auch die letzte Stunde meines Lebens bestimmen. Und dann ist nur noch Gott.» Vgl. auch S. 62: «meine ‹Lehre› vom ‹einzigen Menschen›, den man braucht und ohne den alles nichts gilt, gewinnt eine eigentümliche Bedeutung für mich.»

[142] Vgl. E. Drewermann: Suchtstrukturen, Süchte – und ihre fast unmögliche Behandlung, in: Psychoanalyse und Moraltheologie, 3 Bde., Mainz 1982–1984, III 85–97.

[143] S. Freud: Bemerkungen über die Übertragungsliebe (1915), Ges. Werke X, London 1946, 306–321, S. 318–319; vgl. ders.: Ratschläge für den Arzt bei der psychoanalytischen Behandlung (1912), Ges. Werke VIII, London 1943, 375–387, bes. S. 384; ders.: Zur Dynamik der Übertragung (1912), VIII 364–374.

[144] C. G. Jung: Die Psychologie der Übertragung (1946), Ges. Werke XVI, Olten 1971, 174–214.

[145] Vgl. C. G. Jung: Antwort an Martin Buber (1952), Ges. Werke XI, Olten 1971, 657–665.

[146] R. A. Spitz: Vom Säugling zum Kleinkind, 195– 209: Ursprung und Beginn der menschlichen Kommunikation: Der dritte Organisator der Psyche.

[147] Vgl. zu der gesamten Problematik A. Rascowsky: Die primitive Entwicklung des Individuums, in: A. Rascowsky (Hrsg.): Die vorgeburtliche Entwicklung. Psychoanalytische Untersuchungen zur pränatalen Psychologie (1973), übers. v. M. Dotzel de Hervás, München (Kindler Tb. 2191) 1978, 57–89, der (S. 78–80) vor allem die Polarität von Idealich und Ichideal durch den Geburtsvorgang herausstellt, den er als «Übergang vom Nirwanaprinzip zum Lustprinzip und zum Realitätsprinzip» deutet. (80–83) Vgl. bes. V. B. Dröscher: Nestwärme. Wie Tiere Familienprobleme lösen, Düsseldorf–Wien 1982, 90–92: Konzert im Mutterleib: der Herzschlag; vgl. auch S. 55–57!

[148] Vgl. R. A. Spitz: Vom Säugling zum Kleinkind, 230–233: zum Saugreflex; S. 88–90 zur «Hand-Mund-Kombination».

[149] A. a. O., 69–70, zum Blickkontakt beim Stillen.

[150] Vgl. V. B. Dröscher: Nestwärme, 11–12, die Szene von dem Weißohr-Seidenäffchen «Stella» im Zoo von San Diego, das, selbst als Waisenkind aufgewachsen, statt des neugeborenen Kindes – die Nachgeburt aufhob. Der Reflex selbst war noch erhalten, aber mit keinem passenden Erfahrungsschema verknüpft.

[151] Vgl. K. Heinroth: Die Geschichte der Verhaltensforschung, in: K. Immelmann (Hrsg.): Verhaltensforschung, Zürich 1974, 1–15; Abb. S. 13.

[152] Vgl. V. B. Dröscher: Nestwärme, 110–138: Die Bindung des Neugeborenen an die Mutter, S. 136–138: Keine Tiermutter läßt ihr Kind schreien. R. Bilz: Ammenschlafexperimente und Halluzinose. Beitrag zu einer biologisch orientierten Psychopathologie (1962), in: Paläoanthropologie. Der neue Mensch in der Sicht einer Verhaltensforschung, Frankfurt 1971, 211–233: von der «schlafkontinuierlichen Überwachung» eines Kindes während des Schlafs einer mütterlichen Frau.

[153] Vgl. M. H. Klaus–J. H. Kennell: Mutter-Kind-Bindung, 102–122 zu der wechselseitigen Interaktion zwischen Mutter und Kind, bes. 116–122, zum Blickkontakt, Schreien, Geruch usw. «Wenn das Kind saugt oder die Brustwarzen der Mutter leckt, führt dies bei ihr zur Freisetzung von Oxytozin, das die Kontraktion der Gebärmutter beschleunigt und die Nachblutung bremst. Auch hier sieht man wieder, wie eng Mutter und Säugling nach der Geburt durch komplexe motorische, psychische und physiologische Interaktionen in Wechselwirkung miteinander stehen... Wie (P. G. H.) Hwang und Mitarbeiter (1971) gezeigt haben, erhöht sich die Konzentration von Prolaktin im Blutserum während der Schwangerschaft und sinkt nach der Entbindung rasch ab. Dazu kommt, daß, wann immer die Brustwarze der Mutter, sei es von den Lippen des Säuglings oder von einem Finger, berührt wird, die Prolaktinkonzentration auf das vier- bis sechsfache hochschnellt, um dann, wenn das Baby mit dem Säugen begonnen hat, wieder abzunehmen.» – Über die Bedeutung der weiblichen Brüste als Sexualsignal während des Liebesspiels vgl. D. Morris: Der Mensch, mit dem wir leben. Ein Handbuch unseres Verhaltens (1977), übers. v. K. H. Siber und W. Wagmuth, Zürich–München (Knaur 3659) 1978, 348–354; ders.: Körpersignale (1985), übers.

v. M. Curths und U. Gnade, München 1986, 161–172; DERS.: Liebe geht durch den Magen. Die Naturgeschichte des Intimverhaltens (1971), übers. v. H. Fließbach, Zürich 1972; München (Knaur 399) 1975, 47–52.

[154] Vgl. R. A. SPITZ: Vom Säugling zum Kleinkind, 155–156: «Ich bin der Meinung, daß die Mutter während der Schwangerschaft und in der unmittelbar auf die Entbindung folgenden Zeit ihre potentielle Fähigkeit zur coenästhetischen (sc. ganzheitlichen, d. V.) Reaktion wieder aktiviert.» «Ich habe... auf die gleichsam telepathische Sensibilität der Mutter in bezug auf ihr Kind hingewiesen.» «Ich bin überzeugt, daß eine stillende Mutter Signale wahrnimmt, die wir nicht bemerken.» Vgl. S. 150–151 zu dem Unterschied von Zeichen, Symbolen, Signalen und Gesten in der Kommunikation zwischen Mutter und Kind. Vgl. auch R. A. SPITZ: Nein und Ja, 27–34: Zu dem *«Suchverhalten»* des Säuglings auf dem Hintergrund der Stammesgeschichte. – V. B. DRÖSCHER: Nestwärme, 14–17 verweist darauf, daß 1972 J. TERKEL und J. S. ROSENBLATT bei Rattenexperimenten ein Hormon isolieren konnten, das in dem Zeitraum der ersten 24 Stunden nach der Geburt, nicht früher und nicht später, den «Mutterinstinkt» auslöst: «Gegenwärtig noch rätselhafte Vorgänge lassen im Organismus der Mutter um den Zeitpunkt der Geburt herum Hormone entstehen, die sämtliche bislang noch brachliegenden Muttergefühle und -eigenschaften wecken, die nötig sind, um das Leben der Babys zu erhalten und zu schützen.» Versuche mit Taubenmännchen zeigten 1967 D. F. LOTT und S. COMERFORD, daß ein Täuberich durch die Injektion von Progesteron zum Bebrüten von Eiern, aber auch nur dazu, bewegt wird, während Prolaktin das Tier veranlaßt, die jungen Küken zu umsorgen. Progesteron bereitet beim Menschen die Aufnahme des Eies in die Gebärmutterschleimhaut vor, während Prolaktin die Milchdrüsen in den Brüsten aktiviert. – Vgl. vor diesem Hintergrund C. G. JUNG: Die psychologischen Aspekte des Mutterarchetypus (1938), Ges. Werke IX 1, Olten 1976, 89–123.

[155] Vgl. P. VEYNE (Hrsg.): Geschichte des pri-

vaten Lebens. 1. Bd.: Vom Römischen Imperium zum Byzantinischen Reich (1985), übers. v. H. Fliessbach, Frankfurt 1989, 45–60: Ehe im römischen Reich, S. 47–49: Monogamie und Ehepaar: «Die ältere Moral sagte: ‹Heiraten gehört zu den Pflichten des Bürgers›; die neue sagt: ‹Wenn man ein guter Mensch sein will, darf man nur miteinander schlafen, um Kinder in die Welt zu setzen; der Stand der Ehe dient nicht den Freuden der Venus.» (48) Hier, in der *stoischen* Eheauffassung, wurzelt noch heute die Sexualmoral der kath. Kirche!

[156] Vgl. L. LEAKY: Heirat und Verwandtschaft, in: E. Evans-Pritchard (Hrsg.): Bild der Völker. Die Brockhaus Völkerkunde in zehn Bänden, Bd. 2: Afrika zwischen Sahara und Sambesi. Südliches Afrika und Madagaskar, Wiesbaden 1974, 132–135. Wie weit die ideologische Intoleranz der kath. Moraltheologie geht, zeigt sich daran, daß nach römischer Vorstellung die Zerstörung der afrikanischen Eheform die *Voraussetzung* darstellt, um sich als Christ taufen zu lassen!

[157] Zur Rolle des *«Vaters»* vgl. B. MALINOWSKI: Baloma – Die Geister der Toten auf den Trobriand-Inseln (1916), in: Magie, Wissenschaft und Religion. Und andere Schriften (1948), übers. v. E. Krafft-Bassermann, Frankfurt 1973, 131–241, S. 214: «So ist für den Eingeborenen die enge Beziehung zwischen Mann und Frau der Grund für alles, was der Vater für sein Kind tut, und nicht irgendeine vage Vorstellung von der physischen Vaterschaft. Es muß deutlich festgehalten werden, daß sozial und psychologisch gesehen, die Vaterschaft (Inbegriff aller emotionalen, legalen und ökonomischen Bande) das Ergebnis von Verpflichtungen des Mannes gegenüber seiner Frau ist und daß die physiologische Vaterschaft für die Eingeborenen nicht existent ist.» – Zur Rolle des *«Mutterbruders»* vgl. DERS.: Mutterrechtliche Familie und Ödipuskomplex, Imago X, 1924. Vgl. auch J. J. BACHOFEN: Das Mutterrecht (1861), hrsg. v. K. Meuli, Basel 1948, 2 Bde., I 102 (§6), der als die «Grundidee des Mutterrechts» den Satz des PLAUTUS ansieht: «Der Vater ist stets eine juristische Fiktion, die Mutter dagegen eine physische Tatsache» –

«mater semper certa est, etiamsi vulgo conceperit, pater vero is tantum, quem nuptiae demonstrant.» Zu diesem «Theorem» sowie zum «Avunkulat» – zur Onkelschaft väterlicherseits – vgl. W. WICKLER–U. SEIBT: Männlich-Weiblich. Ein Naturgesetz und seine Folgen, München 1983; München (SP 546) 1990, 160–162.

[158] W. WICKLER–U. SEIBT: Das Prinzip Eigennutz. Ursachen und Konsequenzen sozialen Verhaltens, Hamburg 1977, 78–79: «Es geht... im Prinzip um den Eigenvorteil oder den Eigennutz – nur muß man betrachten, auf welche Einheit sich das Eigen- bezieht, wenn die natürliche Selektion am Werke ist. Diese Einheit ist nämlich weder das Individuum, was vor allem der Sozialdarwinist geglaubt hat, noch die Art, was immer noch viele Biologen glauben, sondern das Gen.» – Zum «Erkennen» der Verwandtschaft bei Tieren vgl. a. a. O., 142–143. Die «Unkenntnis» der «Vaterschaft» (Anm. 157) hindert nicht eine Verhaltenssteuerung, die der Durchsetzung der eigenen Gene günstig ist.

[159] A. a. O., 85–93: Soziobiologie des Löwen; vgl. auch V. B. DRÖSCHER: Nestwärme, 169–172: Stiefväter werden zu Mördern. Vgl. aber auch a. a. O., 213–230: Wozu sind Väter überhaupt gut?, bes. S. 214–217: Die Entdeckung des Vatertriebes. Vgl. W. WICKLER–U. SEIBT: Männlich – Weiblich, 169–170: Infantizid und Stiefeltern.

[160] Vgl. W. WICKLER–U. SEIBT: Männlich – Weiblich. Ein Naturgesetz und seine Folgen, München 1983; München (SP 546) 1990, 158–159: Männerrivalität: «Sobald in einer Sozietät Güter angesammelt werden, nutzt man sie zur Polygynie: Frauen werden gegen einen Brautpreis gekauft, Produktion wird in Reproduktion umgemünzt. Einen Brautpreis findet man in 23,7 % aller monogamen und in 68 % aller polygynen Kulturen. – Armut beeinträchtigt nicht den Fortpflanzungserfolg der Töchter, wohl aber den der Söhne.»

[161] W. WICKLER–U. SEIBT: Männlich – Weiblich, 175–178: «Insgesamt gewinnt man den Eindruck, daß der Mann seine – im Dienste der Rivalität mit anderen Männern stammesge-schichtlich erworbene – körperliche Überlegenheit sekundär dazu verwendet, sich von vielerlei Anstrengungen zu befreien, indem er sie der Frau aufzwingt.» Vgl. S. 184–187: Rollenklischees.

[162] A. a. O., 168: «Alle Menschen-Familien sind in sich hierarchisch geordnet; der Mann steht in der Regel im Rang über seiner Frau, beide stehen über ihren Kindern. Zusätzlich spielt das relative Alter für die Autorität eine Rolle. In den meisten Kulturen heiraten Männer später als Frauen; der Altersunterschied ist um so deutlicher ausgeprägt, je stärker polygyn die Sozietät angelegt ist.»

[163] Vgl. C. G. JUNG: Die Bedeutung des Vaters für das Schicksal des Einzelnen (1909), Ges. Werke IV, Olten 1971, 345–370: «Die schicksaldeterminierende Kraft des Vaterkomplexes entstammt dem Archetypus, und dies ist der wirkliche Grund, warum der consensus gentium (die übereinstimmende Meinung der Völker, d. V.) anstelle des Vaters eine göttliche oder dämonische Gestalt setzt, denn der individuelle Vater verkörpert unvermeidlicherweise den Archetypus, der dessen Bilde die faszinierende Kraft verleiht. Der Archetypus wirkt wie ein Resonator, der die vom Vater ausgehenden Wirkungen, insofern sie mit dem vererbten Typus übereinstimmen, ins Übermäßige steigert.» (370) Vgl. aber auch D. OHLMEIER: «Vaterlose Gesellschaft». Heutige Tendenzen der Psychoanalyse des Mannes und des Vaters, in: Ch. Rohde-Dachser (Hrsg.): Zerstörter Spiegel. Psychoanalytische Zeitdiagnosen, Göttingen 1992, 126–140, bes. S. 135–138: Flucht aus der Väterlichkeit – Vatersubstitute.

[164] S. KIERKEGAARD: Die Krankheit zum Tode, 1. Abschn., A, S. 14.

[165] Vgl. H. JASCHKE: Dunkle Gottesbilder. Therapeutische Wege der Heilung, Freiburg 1992, 134–149: Einübung ins Selbstvertrauen als Leben aus dem Geist Jesu; negativ: S. 17–40: Wie das krankmachende Gottesbild entsteht, nebst S. 40–65: Die religiöse Unterweisung kann das Bild des Richtergottes verfestigen.

[166] Vgl. WK 1996–2005: «Unsere Rechtferti-

gung kommt von der Gnade Gottes.» «Die Gnade ist eine Teilhabe am Leben Gottes, sie führt uns ein in das Innerste des dreifaltigen Lebens, durch die christliche Taufe...» usw.

[167] Vgl. C. G. Jung: Psychologie und Religion (1939), Ges. Werke XI, Olten 1971, 1–117, S. 89: «Sie kamen zu sich selber, sie konnten sich selber annehmen, sie waren imstande, sich mit sich selbst zu versöhnen, und dadurch wurden sie auch mit widrigen Umständen und Ereignissen ausgesöhnt. Das ist fast das gleiche, was man früher mit den Worten ausdrückte: ‹Er hat seinen Frieden mit Gott gemacht, er hat seinen eigenen Willen zum Opfer gebracht, indem er sich dem Willen Gottes unterwarf.»

[168] M. Buber: Ich und Du (1923), Werke, 1. Bd.: Schriften zur Philosophie, München–Heidelberg 1962, 77–170, S. 148; 150; 85.

[169] A. a. O., 85.

[170] Zur tiefenpsychologischen Deutung des «Christus»-Titels vgl. C. G. Jung: Das Wandlungssymbol in der Messe (1954), Ges. Werke XI, Olten 1971, 219–323, S. 299: «Psychologisch betrachtet stellt Christus als Urmensch (Menschensohn...) eine den gewöhnlichen Menschen überragende und umfassende Ganzheit dar, welche der bewußtseinstranszendenten totalen Persönlichkeit entspricht.»

[171] Vgl. E. Conze: Der Buddhismus. Wesen und Entwicklung (1951), Stuttgart (Urban Tb. 5/1953, 138–139: «Das Wort Avalokiteshvara ist aus *ishvara* (Herr, Herrscher) und *avalokita* zusammengesetzt; avalokita bezeichnet *den, der voll Mitleid herabsieht*, d. h. auf Wesen, die in dieser Welt leiden. Avalokiteshvara ist eine Personifikation des Mit-Leidens.» Näherhin ist er die zweite Person einer Dreieinigkeit zusammen mit Amitayus *(der Gottheit der unbegrenzten Zeit)* und Mahasthamaprapta *(Der große Kraft erworben hat)*. «Diese Dreieinigkeit hat viele Gegenbeispiele in der iranischen Religion, d. h. im Mithraskult und im Zervanismus.» Auch die Parallelen zur christlichen Trinitätslehre scheinen unübersehbar.

[172] G. E. Lessing: Eine Duplik (1778), in: Werke, hrsg. v. P. Stapf, 2 Bde., Wiesbaden (Vollmer Verlag) o. J., II 1180–1243, S. 1242: «Gott! Gott! worauf können Menschen einen

Glauben gründen, durch den sie ewig glücklich zu werden hoffen!» S. 1190 (Kap. 2): «Nein; so tiefe Wunden hat die scholastische Dogmatik der Religion nie geschlagen, als die historische Exegetik ihr itzt täglich schlägt.»

[173] M. Buber: Ich und Du, Werke, I 154–155.

[174] A. a. O., I 155.

[175] M. u. R. Kaiser: Ich mischte Sand und Sterne. Indianische Liebeslyrik, hrsg. u. übers., Gütersloh (GTB 796) 1992, 80–81: Lied der Suche (Aus dem Norden Kanadas).

## 3. Symbolische Felder der Geborgenheit

### (Seite 385 bis 502)

[1] Vgl. die Problematik bei M. DE UNAMUNO: San Manuel Bueno, Märtyrer (1932), span.-dt., übers. v. E. Brandenberger, Stuttgart (reclam 8437) 1987; vgl. dazu auch E. DREWERMANN: Kleriker, 136–139.

[2] R. MAGRITTE: La trahison des images (Der Verrat der Bilder), Huile sur toile 1928–1929, Los Angeles Country Museum of Art. Vgl. auch A. M. HAMMACHER: René Magritte, übers. v. W. Höck, Köln 1975.

[3] Vgl. SCHWARZER HIRSCH: Die heilige Pfeife. Das indianische Weisheitsbuch der sieben geheimen Riten, aufgeschrieben von J. E. Brown, Nachw. v. F. Schuon, Bericht v. H. Läng, übers. v. G. Hotz, Olten–Freiburg [2](erw.) 1978, 13–20: Die Herkunft der heiligen Pfeife; 21–46: Das Zurückhalten der Seele. – Die hier dokumentierten Gebete und Riten sind ein bewegendes Zeugnis der Menschlichkeit und ein bleibendes Denkmal der Trauer über die mutwillige Zerstörung einer Kultur von überragender mystischer Sensibilität.

[4] Vgl. M. LURKER: Götter und Symbole der Alten Ägypter, Bern–München 1974; München (Goldmann 680) o. J., 72; H. KEES: Der Götterglaube im Alten Ägypten, Leipzig 1956; Darmstadt 1980, 61–63, zur Symbolik des *Frosches*.

[5] Für die Federarbeiten aus dem Gefieder des Quetzalvogels z. B. wurden von den Azteken so viele Tiere gefangen, daß er so gut wie ausgerottet wurde. Vgl. E. SELER: Bericht über die Untersuchung des altmexikanischen Federschmuckes im k. k. Naturhistorischen Hofmuseum (1908), in: Gesammelte Abhandlungen zur amerikanischen Sprach- und Altertumskunde, 5. Bd., Graz 1961, 171–177: der Federschmuck, wohl eine Häuptlingskrone, «sollte augenscheinlich die Gestalt eines mythischen Vogels imitieren, aus dessen geöffnetem Schnabel das Gesicht des Trägers des Schmukkes hervorgesehen haben mußte, der damit als Abbild, als Verkleidung, als Inkarnation dieses mythischen Vogels... dem Volke sich darstellte.» (176) DERS.: Der altmexikanische Federschmuck des Wiener Hofmuseums (1893), Ges. Abhandlungen, 2. Bd. (1904), Graz 1960, 397–419 – zur Beziehung des Federschmuckes zu Quetzalcóatl, dem Gotte von Tollan. Zu den *Tributlisten* der Azteken vgl. K. ROSS: Codex Mendoza. Aztekische Handschrift, Fribourg 1978, 59, D, wo ausdrücklich «bunte Federn» gefordert werden. «Die Unmenge Federn, die von den Herrschern von Tonochtitlan für ihre Zeremonien und als Schmuck ständig gefordert werden, dürften der mexikanischen Vogelwelt schweren Schaden zugefügt haben.»

[6] Vgl. z. B. das *Krokodil* im Alten Ägypten, das als *Suchos*, als Sohn der Göttin Neith, in Arsinoe göttliche Ehren genoß und mit Brot und Wein gefüttert wurde; vgl. A. ERMAN: Die Religion der Ägypter. Ihr Werden und Vergehen in vier Jahrtausenden, Berlin–Leipzig 1934, 397–398. Zu dem krokodilsgestaltigen *Sobek* vgl. S. SCHOSKE–D. WILDUNG: Gott und Götter im Alten Ägypten, Mainz 1992, Abb. 17, S. 32–33: «Normalerweise ist das Krokodil die Erscheinungsform des Gottes Sobek, des in der Oase Fayum beheimateten Fruchtbarkeitsgottes... Schon im Mittleren Reich konnte Sobek seinerseits mit Re, dem Sonnengott, verschmelzen, später wird er als Schöpfergott auch mit Amun verbunden: So kann einerseits Amun als Krokodil, andererseits Sobek als Widder erscheinen.» Vgl. auch H. KEES: Totenglauben und Jenseitsvorstellungen der Alten Ägypter, Berlin 1977, 147: «Das Krokodil erscheint hier (sc. in *Busiris* in Verbindung mit Osiris, d. V.) als Fruchtbarkeitsbringer.»

[7] Das berühmteste – und wichtigste – Beispiel ist wohl der *Bärenkult*, dessen Spuren bis ins Paläolithikum reichen und der auch aus «dem rezent-völkerkundlichen Bereich... bei manchen Jägervölkern» noch bekannt ist. Vgl. H. MÜLLER-KARPE: Geschichte der Steinzeit, 263.

[8] Diese überlegene Distanz beginnt schon bei den frühchristlichen Apologeten, die zwar mit «Naturwissenschaft» nach Art der griechi-

schen Antike nichts im Sinne tragen, dafür aber aufgrund des (jüdischen) Monotheismus und aufgrund einer vermeintlich höheren Moral den «heidnischen» Mythen gegenüber sich unendlich überlegen vorkommen. Vgl. FIRMICUS MATERNUS: Vom Irrtum der heidnischen Religionen, in: Frühchristliche Apologeten, II 205–288. Es war dieselbe Einstellung, mit der man in den Tagen der *Aufklärung* die Religion insgesamt als eine falsche, auf Unkenntnis gegründete Einstellung des Menschen gegenüber der Natur betrachtete. Vgl. J. ST. MILL: Drei Essays über Religion, 3. Teil, S. 171–172: «In früheren Zeiten war die Grenze zwischen Einbildung und Wahrnehmung keineswegs fest gezogen; man hatte wenig oder nichts von dem Wissen über den wirklichen Lauf der Natur, das uns jetzt zu Gebote steht und uns mißtrauisch oder ungläubig gegen jede Erscheinung macht, die mit den bekannten Gesetzen im Widerspruch steht.»

⁹ Man vgl. z. B. die astrologischen Kalenderspekulationen bei den mittelamerikanischen Mayas und den mesopotamischen Babyloniern, denen (und zwar in Raum und Zeit völlig unabhängig voneinander) der Glaube gemeinsam ist, das Leben sei durch den Gang der Gestirne vorgezeichnet, deren Deutungen der einzelnen Gestirnskonstellationen indessen keinerlei Ähnlichkeit miteinander aufweisen. Vgl. J. E. S. THOMPSON: Die Maya. Aufstieg und Niedergang einer Indianerkultur (1954), übers. v. G. Kutscher, Essen 1975, 256–287: Die Philosophie der Zeit. Geistige Leistungen; vgl. auch K. A. NOWOTNY: Codex Borgia. Vollständige Faksimile-Ausgabe des Codex im Originalformat, Graz 1976, Kommentar; S. 23–35. Und daneben H. ZIMMER: Beiträge zur Kenntnis der babylonischen Religion. Die Beschwörungstafeln Surpu. Ritualtafeln für den Wahrsager, Beschwörer und Sänger, Leipzig 1901.

¹⁰ Zur strukturalistischen Sprachtheorie vgl. O. DUCROT: Der Strukturalismus in der Linguistik, in: F. Wahl (Hrsg.): Einführung in den Strukturalismus (1968), übers. v. E. Moldenhauer, Frankfurt (stw 10) 1973, 13–104. F. DE

SAUSSURE: Grundfragen der allgemeinen Sprachwissenschaft (1916), Berlin 1931.

¹¹ Vgl. A. ERMAN: Ägyptische Grammatik, Berlin ⁴1928. Bes. J. ASSMANN: Das kulturelle Gedächtnis. Schrift, Erinnerung und politische Identität in frühen Hochkulturen, München 1992, 167–195: Ägypten und die Erfindung des Staates.

¹² Vgl. H. KEES: Der Götterglauben im Alten Ägypten, Leipzig 1956; Darmstadt 1980, 60f.; 215–216: zum *Chepre-Käfer*.

¹³ Vgl. G. LUKÁCS: Die Zerstörung der Vernunft (1954), Darmstadt–Neuwied 1962; 3 Bde., Darmstadt–Neuwied (sl 133), 1973, Bd. 3: Irrationalismus und Soziologie, 155–195: Die «nationalsozialistische Weltanschauung» als demagogische Synthese der Philosophie des deutschen Imperialismus.

¹⁴ Vgl. T. E. LAWRENCE: Die sieben Säulen der Weisheit, übers. v. D. von Mikusch (1936), München (dtv 1456) 1979, 1. Buch, 8. Kap., S. 57: «der Prophet mit dem Schwert, der allein – wenn die Geschichte wahr spricht – Revolutionen zum Erfolg zu führen vermag.»

¹⁵ Vgl. TH. HERZL: Der Judenstaat. Versuch einer modernen Lösung der Judenfrage, Wien–Leipzig 1896; dazu ST. ZWEIG: Die Welt von Gestern. Erinnerungen eines Europäers (1944, postum), Frankfurt (Fischer Tb. 1152) 1970, 82–88, S. 84: «Ohne es zu ahnen, hatte Herzl mit seiner Broschüre den unter der Asche der Fremde glühenden Kern des Judentums zum Aufflammen gebracht, den tausendjährigen messianischen Traum der in den heiligen Büchern bekräftigten Verheißung der Rückkehr ins Gelobte Land.»

¹⁶ Vgl. bes. F. NIETZSCHE: Der Antichrist, Nr. 12, S. 15: «Wenn man heilige Aufgaben hat, zum Beispiel die Menschen zu bessern, zu retten, zu erlösen, – wenn man die Gottheit im Busen trägt, Mundstück jenseitiger Imperative ist, so steht man mit einer solchen Mission bereits außerhalb aller bloß verstandesmäßigen Wertungen, – selbst schon geheiligt durch eine solche Aufgabe ... Was geht einen Priester die Wissenschaft an! Er steht zu hoch dafür! – ... Er bestimmte den Begriff

‹wahr› und ‹unwahr›!» Nr. 13, S. 15–16: «wir selbst, wir freien Geister, sind bereits eine ‹Umwertung aller Werte›, eine leibhaftige Kriegs- und Siegs-Erklärung an alle alten Begriffe von ‹wahr› und ‹unwahr›... Alle Methoden, alle Voraussetzungen unserer jetzigen Wissenschaftlichkeit haben Jahrtausende lang die tiefste Verachtung gegen sich gehabt: auf sie hin war man aus dem Verkehre mit ‹honetten› Menschen ausgeschlossen, – man galt als ‹Feind Gottes›, als Verächter der Wahrheit, als ‹Besessener›.»

[17] Vgl. E. BRUNNER-TRAUT: Pharao und Jesus als Söhne Gottes (1961), in: Gelebte Mythen. Beiträge zum altägyptischen Mythos, Darmstadt 1981, 34–54.

[18] Vgl. WK 496–501.

[19] ZDF: Streitfall, 6.2.92, mit Bischof W. Kasper und E. Drewermann.

[20] Vgl. P. EICHER (Hrsg.): Der Klerikerstreit. Die Auseinandersetzung um Eugen Drewermann, München 1990, S. 231–232: Erzbischof Degenhardt an Eugen Drewermann vom 5.1.87: «Ist der Schoß der Jungfrau Maria nur ein Bild, nur ein archetypisch vorgegebenes, ein Symbol...?» (S. 231)

[21] So W. KASPER in KEK 174–178 in merkwürdiger Konfusion und Peinlichkeit. Auf S. 176 erklärt der heutige Bischof von Rottenburg: «Das Neue Testament bezeugt uns die jungfräuliche Geburt Jesu als von Gott gewirktes Wunder. Die eigentliche Frage ist also, ob man es Gott zutraut, daß er wirklich der allmächtige Vater ist.» Dann aber, S. 177 erklärt er: «Nicht der physiologische Vorgang der Geburt war anders; vielmehr war dieses Geschehen vom personalen Mitvollzug her ein Zeichen des Heils und des Geheiltseins (?) des Menschen.» Mit dieser Volte will W. KASPER offenbar das heute obsolet gewordene Dogma von der Jungfräulichkeit Mariens im Vorgang der Geburt uminterpretieren. Doch umsonst! WK 499 weiß ist klar und eindeutig – *ein* Grund mehr, einen *Weltkatechismus* herauszugeben, an dem alle künftigen Ortskatechismen sich werden messen lassen müssen! Vgl. demgegenüber G. BAUDLER: Einführung in symbolisch erzählende Theolo-

gie. Der Messias Jesus als Zentrum der christlichen Glaubenssymbole, Paderborn 1982, 251–256: Das Mariensymbol «Jungfrau».

[22] PAPST MARTIN I: 1. Laterankonzil, 5.–31. Okt. 649 lehrte, «daß Maria ohne Samen empfangen hat vom Hl. Geist, daß sie unzerstörterweise geboren hat in unauflöslicher fortgesetzter Jungfräulichkeit auch nach der Niederkunft verblieb»; just diese extreme Formulierung zitiert 1300 Jahre später WK 496!

[23] Vgl. KEK 209–211: «Sie (sc. die Himmelfahrt Jesu, d. V.) darf selbstverständlich (!) nicht nach Art einer Weltraumfahrt verstanden werden... Gemeint ist.., daß Jesus in die raum- und zeitübersteigende Welt Gottes, in die Herrlichkeit Gottes eingegangen ist. Die Himmelfahrt erfolgt nach Lukas in einer letzten Erscheinung des Auferstandenen, der bereits in die himmlische Welt eingegangen ist (vgl. Lk 24,26). Damit stellt die Himmelfahrt wie die Erhöhung kein von der Auferweckung gelöstes Geschehen dar, sondern hebt nur einen besonderen Aspekt hervor.» Demnach wäre «Himmelfahrt» nur symbolisches Interpretament von «Auferstehung». Über eine solche Auffassung ließe sich reden; dann aber lese man nach, wie der Paderborner Erzbischof, unter Androhung des Lehrverbotes, festlegt, wie man «katholisch» glauben muß: E. DREWERMANN: Worum es eigentlich geht, 91–101! Die *altägyptische* Vorstellung von der *Himmelfahrt des Gottkönigs* findet sich schon in den Pyramidentexten; vgl. A. ERMAN: Literatur der Ägypter, Leipzig 1923, 26–29.

[24] Vgl. E. DREWERMANN: Worum es eigentlich geht, 101–109, zum «Wunder» der Brotvermehrung z. B.

[25] J. B. METZ bei einem Vortrag in Frankfurt, mitgeteilt im Paderborner Ortsteil der Neuen Westfälischen vom 12. Dez. 92.

[26] Die Weichenstellung in diesen Fehler markiert bereits CELSUS um 170 n. Chr.: «meint ihr (sc. die Christen), was von den anderen erzählt wird, das sei Fabel und gelte auch dafür, von euch dagegen sei der Ausgang des Schicksals (sc. die Auferstehung Christi, d. V.) schicklich

oder glaubwürdig erfunden worden?» ORIGE-
NES: Gegen Celsus, Schriften 2–3, II 58, 2. Bd.,
S. 177. Um nicht selber als eine *mythische* Religion zu erscheinen, setzten die frühchristlichen
Apologeten das Wahrheitskriterium in die *Historizität* der biblischen Texte; sie übersahen
dabei nicht nur die Eigenart der biblischen Erzählweise, sie lösten auch die «Offenbarung»
Gottes von den psychischen Erfahrungen der
Menschen und zwangen sich selbst dazu, die
Schichten des Unbewußten der menschlichen
Psyche zu verleugnen, um ihre Inhalte hernach
(vergeblich!) als historische Tatsachenbehauptungen wiederzufinden.
[27] Vgl. E. DREWERMANN: Dein Name ist wie
der Geschmack des Lebens, 32–66.
[28] Zu den verschiedenen Namen des *Tut anch
amun* vgl. J. VON BECKERATH: Handbuch der
ägyptischen Königsnamen, 231–232.
[29] Vgl. E. NEUMANN: Herrschafts- und Sexualsymbolik. Grundlagen einer alternativen Symbolforschung, Stuttgart–Berlin–Köln–Mainz
1980, 206–212: Das Motiv des Erhöhens, der
himmlische Aufstieg und Flug (als Herr-
schaftssymbol). J. ASSMANN: Das kulturelle
Gedächtnis, 204–207: Religion als Widerstand, hebt als die besondere Leistung *Israels*
hervor, daß hier zum ersten Mal die Religion
von der eigenen Kultur getrennt werden
konnte. «Diese Dissoziation (sc. von Religion,
Kultur und politischer Herrschaft, d. V) ist
entscheidend... Damit ist die Grenze zwischen dem ‹Weltlichen› und dem ‹Geistlichen›
präfiguriert.» (205) Das ist wahr; aber es bekommt einen völlig anderen Gehalt, wenn
man, z. B. in der Tradition der «antiägypti-
schen» Haltung Israels, «der» Mythologie
insgesamt eine latente Anbetung der Macht
vorwirft. In Wirklichkeit kommt es zum
Verständnis der eigenen christlichen Symbol-
geschichte darauf an, die Fülle der *religiösen*
Bedeutungen kennenzulernen, die *Bilder*
wie «Gottessohnschaft», «Jungfrauengeburt»,
«Todesabstieg», «Auferstehung», «Himmelfahrt», u. ä. m. schon im Alten Ägypten beses-
sen haben; erst dann stellt sich die Frage, ob
man den Inhalt dieser Bilder weiter in die
Strukturen historischer Macht projizieren will

oder ob man sie, in der Schule des Juden Jesus
von Nazareth, verinnerlicht. Vgl. E. DREWER-
MANN: Dein Name ist wie der Geschmack des
Lebens, 59–66: Die Mächtigen des Reiches
und der König der Könige. Ganz absurd erscheint es, den Alten Ägyptern (im Abstand
von 4000 Jahren!) vorzuwerfen, in den Vorstellungen der «Gottessohnschaft» nichts als
die Tyrannei der Macht angebetet zu haben,
um dagegen die Gewaltfreiheit der eigenen
christlichen Symboldeutung anzupreisen –
ganz so, als ob das Christentum nicht selber mit
den Bildern von Christus als dem «Pantokra-
tor», dem Weltherrscher, jede Art von Macht-
gebrauch und -mißbrauch ideologisiert hätte,
und dies weit intoleranter und zerstörerischer,
als je die Pharaonen fremde Länder überfallen
und ausgebeutet haben! Vgl. M. ZEUSKE: Die
Conquista, Leipzig 1992, über die Eroberung
«Latein»-Amerikas.
[30] Vgl. L. MUMFORD: Die Stadt. Geschichte
und Ausblick, übers. v. H. Lindemann, Köln–
Berlin 1963; München (dtv wr 2 Bde., 4326)
1979, I 104, der die städtische, auf Eroberung
und Raub gegründete Kultur Mesopotamiens
der dörflichen, kooperativen Kultur Ägyptens
gegenüberstellt.
[31] Vgl. P. H. SCHULZE: Auf den Schwingen
des Horusfalken. Die Geburt der ägyptischen Hochkultur, Bergisch-Gladbach 1980,
122–135: Gottkönige der Vorzeit; 136–150:
War Menes der Erste?
[32] Vgl. G. GOTTSCHALK: Die großen Pharaonen. Ihr Leben. Ihre Zeit. Ihre Kunstwerke,
München 1979, 97–128: Die glorreichen Sieben; 161–192: Aufstieg und Fall der Ramessiden.
[33] Vgl. H. UND H. A. FRANKFORT: Mythos
und Wirklichkeit. Die Logik des mythischen
Denkens, in: H. Frankfort u. a.: Alter Orient –
Mythos und Wirklichkeit (1946), Stuttgart–
Berlin–Köln–Mainz (Urban 9) 1981, 9–36:
«Das Verfahren der mythopöischen Geistes-
haltung, eine Erscheinung mittels verschieden-
artigster, unabhängig voneinander gewonnener Bilder auszudrücken, entfernt sich eindeutig von unserem Postulat der Kausalität, anstatt
sich ihm anzunähern; denn dieses sucht überall

in der Welt der Erscheinungen identische Ursachen für identische Wirkungen zu entdek-
ken.» (29) Das ist richtig unter der Voraussetzung, daß der Mythos die Natur erklären will,
doch es wird falsch, sobald man in dem Mythos
den Versuch erkennt, auf die wesentliche Infragestellung des Menschen innerhalb der Natur
eine tragfähige Antwort zu geben.

[34] Vgl. P. ANDERSON: Von der Antike zum
Feudalismus. Spuren der Übergangsgesellschaft (1974), übers. v. A. Schweikhardt,
Frankfurt (sv 922) 1978, 22–23, zur Sklavenhalterei in Athen und Rom.

[35] L. MUMFORD: Mythos der Maschine. Kultur, Technik und Macht (1964; 1966), übers. v.
L. Nürenberger und A. Hälbig, Wien 1974;
Frankfurt (Fischer 4001) 1977, 561–597: Fortschritt als Science Fiction; der Autor hat gewiß
recht, wenn er das Maschinenzeitalter als die
«Freiheit... eines Soldaten auf Urlaub»
definiert (584) und die neue Sklaverei der Industrialisierung hervorhebt; das sollte aber
die Einsicht nicht verhindern, daß erst die
Mechanisierung und Industrialisierung die Versklavung des Menschen zu rein mechanischen
Dienstleistungen beseitigt und damit zur Sklavenbefreiung selbst mehr beigetragen hat als
alle moralischen Appelle oder als etwa der amerikanische Bürgerkrieg. – Die *Sklaverei* konnte
übrigens mit klarer biblischer Rechtfertigung
ausgeübt werden; vgl. ein so unglaublich scheinendes «Gesetz» wie Ex 21,20–21: «Wer seinen Sklaven oder seine Sklavin schlägt mit
einem Stock, daß sie unter seinen Händen sterben, der soll dafür bestraft werden. Bleiben sie
aber einen oder zwei Tage am Leben, so soll er
nicht bestraft werden; denn es ist sein Geld!»

[36] Vgl. WK 880–887; vgl. CIC, Can. 331: «Der
Bischof der Kirche von Rom, in dem das vom
Herrn einzig dem Petrus, dem Ersten der Apostel, übertragene und seinen Nachfolgern zu
vermittelnde Amt fortdauert, ist Haupt des Bischofskollegiums, Stellvertreter Christi (!) und
Hirte der Gesamtkirche hier auf Erden; deshalb verfügt er kraft seines Amtes in der Kirche
über höchste, volle, unmittelbare und universale ordentliche Gewalt, die er immer frei ausüben kann.» Es sollte klar sein, daß «die 12»,

wenn sie denn überhaupt von Jesus «berufen»
wurden, «als die eschatologischen Regenten»
der Urgemeinde (Mt 19,28) keinerlei «Fortsetzung» in einer «Institution» wie dem römischen Papsttum oder einem «Bischofsamt»
haben können; vgl. R. BULTMANN: Theologie
des Neuen Testaments, 39–40.

[37] Die entscheidende Frage hat im Angesicht
des faktischen Weges, den die Kirchengeschichte genommen hat, vor einem halben
Jahrtausend MARTIN LUTHER: Die Schmalkaldischen Artikel (1537), in: Die Werke in
Auswahl, hrsg. v. K. Aland, III, Göttingen
1983, 335–367, Vierter Artikel, S. 346–350:
Vom Papsttum, gestellt: «Daß der Papst nicht
aus göttlichem Recht oder aus Gottes Wort das
Haupt der ganzen Christenheit sei..., sondern
allein Bischof... der Kirche zu Rom... Jetzt
aber wagt kein Bischof den Papst Bruder zu
nennen... Denn da stehen alle seine Bullen und
Bücher, in denen er wie ein Löwe brüllt..., daß
kein Christ selig werden könne, er sei ihm denn
gehorsam und untertan in allen Dingen, was er
will, was er sagt, was er tut. Welches alles nichts
anderes ist, als allsoviel gesagt: Wenn du gleich
an Christus glaubst und alles an ihm hast, was
zur Seligkeit nötig ist, so ists doch nichts und
alles umsonst, wenn du mich nicht für deinen
Gott hältst, mir untertan und gehorsam bist...
die heilige christliche Kirche kann gut ohne ein
solches Haupt bleiben, und wäre es wohl besser
geblieben... gesetzt den Fall, daß der Papst
darauf verzichten wollte, daß er nicht auf
Grund göttlichen Rechtes oder aus Gottes Gebot der Oberste wäre, sondern nur deshalb,
damit die Einigkeit der Christen gegen die Rotten und Ketzer desto besser erhalten werde,
müßte man ein Oberhaupt haben, daran sich
die andern alle hielten. Solches Haupt würde
nun durch Menschen erwählt, und es stünde in
menschlicher Wahl und Gewalt, dieses Haupt
zu ändern und abzusetzen, wie das Konzil zu
Konstanz es ganz so mit den Päpsten hielt,
setzte derer drei ab und wählte den vierten.»
«Aber der Papst will nicht glauben lassen, sondern spricht: man solle ihm gehorsam sein, so
werde man selig. Das wollen wir nicht tun, oder
drüber sterben, in Gottes Namen. Das kommt

alles daher, daß er nach göttlichem Recht der Oberste über die christliche Kirche hat heißen sollen. Darum hat er sich Christus gleich und über Christus setzen müssen, sich das Oberhaupt, hernach einen Herrn der Kirche, zuletzt auch der ganzen Welt, und geradezu einen irdischen Gott rühmen lassen.»

[38] Zur Kapitulation *Japans* vgl. R. CARTIER: Der Zweite Weltkrieg (1965), übers. v. M. Harries-Kester, W. Bach, W. Thaler, München 1967; München-Zürich 1977, 1049–1060: «Am 15. August (1945) um 16 Uhr versammelte sich ganz Japan in den Ruinen der Städte, auf den Plätzen der Dörfer um die Lautsprecher. Niemand hatte je die Stimme des Kaisers vernommen... Die Stimme ertönte, seltsam tonlos, atemlos... Der Kaiser wünschte, daß der Kampf ein Ende finde... Unzählige Japaner wollten davon nichts wissen. In manchen Kasernen rann das Blut der Selbstmörder in Strömen über die Treppen... Ganze Gruppen kamen und warfen sich vor der Brücke Niju Bashi zu Boden... aber... Die blutige Romantik einiger Zehntausender Fanatiker war gegen den passiven Widerstand von 100 Millionen Menschen machtlos... die Resignation siegte. Das Leben behielt die Oberhand.» (1057–1058) Zum *Shintoismus* vgl. F. SPIEGELBERG: Die lebenden Weltreligionen, 443–458, der meint, «daß Shinto seinem Wesen nach nichts weiter als Ahnenverehrung sei. Die Abstammung des damaligen Kaisers wurde von (sc. der Sonnengöttin, d. V.) Amaterasu, Izanagi (sc. dem Gott, der die Welt formte, d. V.) und (sc. seiner Schwester, d. V.) Izanami zu Immo Tenno, dem legendären Begründer der Dynastie, zurückverfolgt... Heute tritt uns eine anormale Situation entgegen: Shinto ist ein zulässiges und traditionelles, patriotisches Ritual unter der Schirmherrschaft des Innenministeriums, enthält angeblich aber keines der religiösen Elemente, die ihm doch deutlich innewohnen.» Vgl. auch H. VON GLASENAPP: Die nichtchristlichen Religionen, 268–274, der zu Recht die Verknüpfung von Naturmythologie und Herrscherkult hervorhebt.

[39] Es ist die *mythische* Sprache des Christentums selber, die heute die Menschen polarisiert zwischen Fundamentalisten und «Ungläubigen», je nachdem, ob sie einen Begriff wie «Gottessohnschaft» noch als metaphysische Realität in ihr übriges, völlig heterogenes Weltbild durch den Zwang der religiösen Erziehung «einbauen» lassen oder nicht. Es ist deshalb *entscheidend*, ein Symbolverständnis zu entwickeln, das ohne Verlust an Inhalt die endgültig *vergangene* Sprache der Bibel bzw. der christlichen Dogmatik (und anderer Religionen) in die *Erfahrungen* rückübersetzt, die seinerzeit in den mythischen Bildern gedeutet wurden. Darin enthalten ist die «Zumutung» an den Kirchenglauben, die Projektionsformen der eigenen Bilder aus ihrer historisierten Vergegenständlichung wie aus ihrer metaphysizierten Verobjektivierung zu lösen und sie aus dem Innenraum des seelischen Erlebens *neu* zu begründen und in neuen Sprachformen zu interpretieren. – Wie Prinz Siddharta Gautama als «Buddha die 32 Zeichen eines Übermenschen» an sich trägt, ist beschrieben in: K. SCHMIDT (Übers.): Buddhas Reden. Majjhimanikaya. Die Sammlung der mittleren Texte des buddhistischen Pali-Kanons, Reinbek (rk 87–88) 1961, 241–245: X. Buch: Brahmanen – zu der Körperform und der Verhaltensweise des Herrn Gótama.

[40] Zum *Mahayana* (dem Großen Fahrzeug) vgl. E. CONZE: Im Zeichen Buddhas. Buddhistische Texte, Frankfurt (Fischer Tb. 144) 1957, 107–178, S. 118–122: Der Buddha. Vgl. auch DALAI LAMA: Das Buch der Freiheit. Die Autobiographie des Friedensnobelpreisträgers (1990), übers. v. G. Colonga, Bergisch-Gladbach 1990, 9–22: Der Träger der Weißen Lotosblüte; 23–57: Auf dem Löwenthron. – Es sind dies die wohl letzten Zeugnisse einer großen Menschheitskultur, in deren Zentrum eine inkarnierte Gottheit als «Herrscher» steht; doch jeder, der den Dalai Lama persönlich kennenzulernen Gelegenheit hatte, wird tief beeindruckt gewesen sein von der einfachen Menschlichkeit dieses Mannes, dem alles Prätentiöse wesensfremd ist. Ist es ungerecht, das geduldige Ringen dieses großen Tibeters um Frieden und Freiheit für sein Volk mit dem

Auftritt etwa des Papstes auf den Philippinen oder in Brasilien zu vergleichen? Vgl. DALAI LAMA – E. DREWERMANN: Der Weg des Herzens. Gewaltlosigkeit und Dialog zwischen den Religionen, hrsg. v. D. J. Krieger, Solothurn-Düsseldorf 1992.

[41] Zur Einheit Allahs, zur *Tauḥid*, vgl. Koran II 22: «Behauptet nicht, daß Gott (andere Götter) seinesgleichen (neben sich) habe, wo ihr doch wißt (daß er allein alles geschaffen hat)! Vgl. XIV 30; XLI 9; XXXIV 33.

[42] Wie diese «Neuevangelisation» aussieht, läßt sich in etwa an dem Auftritt des Papstes am 15. August 1993 in Denver vor dem sog. Jugendkongreß ersehen: keiner der Jugendlichen hatte irgendetwas zu sagen, alle hörten die «Botschaft» des Papstes: keine Abtreibung und keine künstliche Empfängnisverhütung – aber alle waren «begeistert» – eine perfekt organisierte Show. Daneben, im verborgenen, läßt die Kirche sich Tausende von Gebäuden in Ungarn und der Tschechei zurückgeben und tritt besonders in Polen als die geistige Nachfolgerin der Kommunistischen Partei auf. Man weiß heute, daß die als Selbstmord getarnte Ermordung *Calvis,* des Chefs der bankrotten Banco Ambrosiano, unter einer Londoner Brücke damit zu tun hatte, daß Papst *Johannes Paul II.* über 60 Millionen Dollar an die polnische Solidarnoc zur Destabilisierung der KP in Polen zahlen wollte – es war die Art, im vorhinein in Polen buchstäblich die Macht einzukaufen; und die Rechnung scheint (vorerst) aufzugehen: es gibt im polnischen Parlament, so korrupt es auch ist, keine rechtswirksame Mehrheit für ein Abtreibungsgesetz, das Frauen zumindest bei Vergewaltigung oder schweren Geburtsrisiken einen anderen Weg läßt, als «es» sich jenseits der Grenze in Rußland «machen» zu lassen. Zu den Machenschaften des Vatikans vgl. D. LINDLAU: Der Mob. Recherchen zum organisierten Verbrechen, Hamburg 1988, 165–188: München Connection.

[43] Vgl. E. WALDSCHMIDT: Die Legende vom Leben des Buddha, 29–38: Die Empfängnis; 39–47: Die Geburt; die Mutter *Mahamaya* empfing den Erhabenen von einem weißen Elefanten.

[44] Zur Geburt *Huitzilopochtlis* vgl. FRAY BERNARDINO DE SAHAGUN: Aus der Welt der Azteken, übers. v. L. Schultze-Jena, E. Seler, S. Dedenbach, ausgew. von C. Litterscheid, Frankfurt 1989, 53–58. Das 1. Kap., 1. Paragraph.

[45] *Platon* stammte von Ariston und Periktione; zu seiner Legende vgl. DIOGENES LAERTIOS: Leben und Meinungen berühmter Philosophen, 10 Bücher, übers. von O. Apelt, 2 Bde., Leipzig 1921, 3. Buch: Platon.

[46] Zur Geburt *Alexanders* von seiner Mutter Olympias, die ihn von einer Schlange empfing, vgl. Plutarch: Lebensbeschreibungen; Alexander 2; 3; übers. v. J. F. Kaltwasser, 6 Bde., München (Goldmann 1430/ 31–1440/41), Bd. IV 264–409: Alexandros – Caesar.

[47] Zur Geburt von *Romulus* und *Remus* vgl. LIVIUS: Römische Frühgeschichte, übers. u. ausgew. v. J. Feix, 2 Bde., München (Goldmann Tb. 675) o. J., 1. Bd. 16–17; 1. Buch, Kap. 4: «Die vergewaltigte Vestalin (sc. Rhea Silvia, d. V.) brachte Zwillinge zur Welt und bezeichnete Mars als Vater ihrer Kinder ohne Namen. Vielleicht tat sie es aus Überzeugung oder weil ein Gott als Geliebter ehrenvoller war.»

[48] Zur *Schlangensymbolik* vgl. M. LURKER: Adler und Schlange. Tiersymbolik im Glauben und Weltbild der Götter, Tübingen 1983, 197–218: Schlange, Tod und Teufel; 219–238: Symbol des Heils und der Erlösung; DERS.: Die Botschaft der Symbole. In Mythen, Kulturen und Religionen, München 1990, 179–191: Adler und Schlange als Pole des Seins; H. EGLI: Das Schlangensymbol. Geschichte, Märchen, Mythos; Olten 1982, 25–30.

[49] E. HORNUNG (Übers.): Das Totenbuch der Ägypter, Zürich-München 1979, Spruch 175, 35–40, S. 367: «Ich (sc. Atum, d. V.) werde alles, was ich geschaffen habe, (sc. nach Millionen und Abermillionen von Jahren, d. V.) zerstören. Diese Welt wird wieder in das Urgewässer zurückkehren, in die Urflut, wie bei ihrem Anbeginn. (Nur) ich bin es, der übrigbleibt, zusammen mit *Osiris*, nachdem

ich mich wieder in andere Schlangen verwandelt habe, welche die Menschen nicht kennen und die Götter nicht sehen.»

50 Vgl. H. KEES: Totenglauben und Jenseitsvorstellungen der Alten Ägypter. Grundlagen und Entwicklung bis zum Ende des Mittleren Reiches, Berlin 1977, 196–198 zu den chthonischen Schlangengöttern bzw. zu der Schlange als Horus-Auge. *Meretseger* («die das Schweigen liebt») «heißt eine Lokalgöttin des Felsengebietes über der Handwerkersiedlung von *Deir el-Medineh* in Westtheben, deren Bewohner die Königsgräber anlegten. Man stellte sie in Schlangengestalt dar, doch war sie eigentlich die Bergspitze, die sich über der Siedlung erhob. Sie war Schutzgöttin der Nekropolenarbeitersiedlung, in deren Leben sie aber auch strafend eingreifen konnte.» W. HELCK: Die Mythologie der alten Ägypter, in: H. W. Haussig (Hrsg.): Wörterbuch der Mythologie, 2. Bd.: Götter und Mythen im Vorderen Orient, Stuttgart 1965, 313–406, S. 375. E. HORNUNG: Das Totenbuch der Ägypter, 177, Spruch 87 beschreibt die Gestaltverwandlung in den «Sohn der Erde» – in die Schlange; vgl. E. ROSSITER: Die ägyptischen Totenbücher, Fribourg–Genève 1979–1984, S. 60, Abb. Mitte.

51 Vgl. C. S. COON: Die Geschichte des Menschen (1954), übers. v. M. zur Nedden Pferdekamp, Köln–Berlin 1970, 24; 30; auch S. FREUD: Vorlesungen zur Einführung in die Psychoanalyse, XI 413 betrachtete die Schlangenphobie als einen phylogenetisch verankerten Rest an Realangst. – Zu der komplexen Bedeutung des Schlangensymbols vgl. E. DREWERMANN: Strukturen des Bösen, II 69–152.

52 Zur Unwissenheit bezüglich der objektiven Natur der Zeugungsvorgänge vgl. B. MALINOWSKI: Baloma – Die Geister der Toten auf den Trobriand-Inseln, in: Magie, Wissenschaft und Religion. Und andere Schriften (1948), übers. v. E. Krafft-Bassermann, Frankfurt 1973, 133–241, S. 208–224: Unkenntnis der Physiologie der Fortpflanzung. Die Vorstellung der Eingeborenen war: «Die Frau muß sexuelle Erfahrung haben, bevor sie ein Kind gebären kann» (208; vgl. 216), die Schwangerschaft selbst aber kommt nicht von dem Vater, sondern: «der *baloma* hat es gebracht.» (209) «Der Samenfluß *(momona)* dient bloß dem Vergnügen und dem Schlüpfrigmachen, und es ist charakteristisch, daß das Wort *momona* sowohl männlichen wie weiblichen Erguß bezeichnet.» (211)

53 Vgl. a. a. O., 216–217, wo eine Frau ein Kind bekommt, von der man vermutet, «daß sie niemals Geschlechtsverkehr gehabt hatte». Die Erklärung lautete, «Schwangerschaft sei durch Ausdehnung der Vulva mit den Fingern möglich gemacht worden... Ihre (sc. der Eingeborenen, d. V.) Darstellung hinterließ nicht den geringsten Zweifel an ihrem festen Glauben an die Möglichkeit, daß Frauen ohne Geschlechtsverkehr schwanger werden.»

54 *Anschaulich* war das Geheimnis der «immerwährenden», weil stets sich *erneuernden* «Jungfräulichkeit» in der Gestalt des *Mondes.* Vgl. K. KERÉNYI: Die Mythologie der Griechen, 2 Bde; 1. Bd.: Die Götter- und Menschheitsgeschichten, München (dtv 1345) 1966, 77–79: Zeus und Hera; 121–122: Empfängnisse der Hera. S. 93–94: Beinamen des Zeus und der Hera: «Bei Hera drückten drei Beinamen, die ihr an einem und demselben Ort gegeben wurden, eine Dreifaltigkeit und eine Periodizität aus, die an die Mondphasen erinnert: Pais, ‹das Mädchen›, Teleia, ‹die Erfüllte›, und Chera, ‹die Einsame›.» Hera bedurfte nicht des Zeus, um zu gebären; den Ares und den Typhaon von Delphi z. B. gebar sie ganz von sich selbst. Die asketische Verformung der «Jungfräulichkeit» als eines Keuschheitsideals geht (von gewissen buddhistischen Vorformen abgesehen) im wesentlichen auf das Konto des Christentums. Vgl. E. BUONAIUTI: Die heilige Maria Immaculata in der christlichen Überlieferung, in: O. Fröbe-Kapteyn (Hrsg.): Eranos-Jahrbuch 1938; Bd. 6: Gestalt und Kult der «Großen Mutter», Zürich 1939, 364–402, S. 371–372.

55 Vgl. G. VAN DER LEEUW: Phänomenologie der Religion, 233–234, der in der «Hockerbestattung» «eine Vorbereitung der Wiedergeburt» vermutet; «der tote Mensch wird in der

Haltung des Embryo hingelegt, und damit wird beim Begräbnis das neue Leben schon wieder angefangen. Ein neugeborenes Kind gilt vielen primitiven Völkern als wiedergekommener Toter.» Vgl. aber dagegen H. KEES: Totenglauben und Jenseitsvorstellungen der Alten Ägypter, der in der «Hockerstellung» nur ein «Schlafen» sieht und sich gegen die «mystische» Deutung ausspricht.

[56] So wie die Erweiterung bei Mt und Lk-Apg gegenüber der Mk-Vorlage denn auch konsequenterweise nicht nur die Kindheitsgeschichte, sondern zugleich die Himmelfahrtsszene umfaßt.

[57] ST. GROF: Topographie des Unbewußten. LSD im Dienst der tiefenpsychologischen Forschung (1975), übers. v. G. H. Müller, Stuttgart [2]1983, 117–175: Perinatale Erfahrungen in LSD-Sitzungen.

[58] O. RANK: Das Trauma der Geburt und seine Bedeutung für die Psychoanalyse, Leipzig–Wien–Zürich 1924.

[59] Siehe oben S. 281 ff.

[60] Vgl. E. DREWERMANN: Tiefenpsychologie und Exegese, I 230–250: Die Ambivalenz archetypischer Bilder in der Regression.

[61] Zu dem Begriff der *Deflation* vgl. L. SZONDI: Ich-Analyse. Die Grundlage zur Vereinigung der Tiefenpsychologie, Bern-Stuttgart 1956, 278–279, Tabelle 9, wo als Ich-Bild der *Deflation* das «total narzißtische Ich (Introinflation) bzw. das «männliche, zwanghaft arbeitende, inflative Ich im Vordergrund erscheint, während im Hintergrund das Ich-Bild von Anpassung (Adaptation) bzw. projektiv-paranoischen Tendenzen geprägt ist.

[62] Zum Begriff der *Inflation* vgl. a. a. O., 180–181; 341. Zusammenfassend S. 342–346. Kennzeichnend ist hier: «die Person will alles sein und alles haben» (344); «Ambitendenz zwischen Satan ... oder Gott; Bisexualität oder Sublimierungsdrang» (bei totaler Inflation) bzw. die Ambitendenz zwischen sexueller Abstinenz oder Haltlosigkeit (bei Introinflation).

[63] Vgl. H. DÖRRIE: Platon, in: Der Kleine Pauly, Lexikon der Antike in fünf Bänden, hrsg. v. K. Ziegler und W. Sontheimer, Bd. IV,

München (dtv 5963) 1979, 894–903, der zu Recht auf die Bedeutung der *Mythen* in Platons Denken hinweist und dann meint: »P(laton) hat es vermieden, sich zum Kern und zum Herzstück seiner Philos(ophie) dogmatisch zu äußern. Der viel diskutierte Satz im 7. Brief, 341 C, besagt zweifellos, daß Platon weder in mündlicher Unterweisung noch in schriftlicher Darlegung das Eigentliche so dargestellt hat, daß andere es weitergeben, also tradieren konnten (der Satz bezeichnet daher alle, die das versuchten, als Fälscher). Denn da alles diskursiv Mitteilbare nur Andeutung oder Annäherung geben, die Sache selbst aber nicht treffen kann, ist es unnütz und unfromm, das Wissen vom Höchsten solcher Profanierung auszusetzen. Denn das Höchste ist das Göttliche; in ihrem wesentlichen Teil muß die Metaphysik Platons, und erst recht die der späteren Platoniker, als Theologie verstanden werden. Ein hierauf bezogenes Wissen ist ... nicht mitteilbar», im Sinne von «nicht-dozierbar». (900) Was wäre gewonnen, es gäbe in der kath. Kirche im 20. Jh. n. Chr. eine christliche «Theologie», die der Weisheit des «Heiden» Platon im 4. Jh. v. Chr. auch nur annähernd entspräche! Die Umwandlung des Göttlichen in satzhaftes «Wissen», dessen Formulierung auch nur zu ändern schon als «häretisch» verdächtigt und verdammt wird – das ist das ganze Bemühen, jedenfalls das reife Ergebnis der kath. «Dogmatik». Vgl. E. DREWERMANN: Worum es eigentlich geht, 218–223. F. HEILER: Der Katholizismus, 240–241 hat die *Geschichtslosigkeit* des dogmatischen Denkens und seine Unfähigkeit, Symbole symbolisch zu verstehen, wie jetzt wieder im «Weltkatechismus» zu ersehen ist, schon vor 70 Jahren richtig beschrieben: «Jeder einzelne Glaubenssatz – die Einsetzung der sieben Sakramente durch Christus, die Gegenwart Christi im Altarssakramente, die unbefleckte Empfängnis Mariens, die Unfehlbarkeit des Papstes – muß gläubig bejaht werden; die diesen Dogmen entgegengesetzten Lehren und Anschauungen müssen verneint und verworfen werden. Jedem ausdrücklichen Glaubensakt korrespondiert ein *anathema sit*», ein «der sei ausgeschlossen». – Zur *Herkunft der Philosophie aus dem Mythos* vgl. auch W. SCHADEWALDT: Die Anfänge der Philosophie bei den Griechen, 1. Bd, Kap. 10, S. 82–113: Hesiod.

[64] Vgl. J. WACH: Vergleichende Religionsforschung (1958). Mit einer Einführung von J. M. Kitagawa, übers. v. H. Holländer, Stuttgart (Urban Tb.52) 1962, 53–78: Das Wesen religiöser Erfahrung; Religion wird da bestimmt als «Antwort auf das, was als Letzte Wirklichkeit erfahren wird.» (56)

[65] Durch die *Säkularisation* geht ein Bruch durch das christliche Selbstverständnis, der durch Anpassung, Vergleichgültigung, Protest oder durch neue Rechristianisierungsprojekte gekennzeichnet ist. Vgl. V. DREHSEN: Neuzeitliche Konstitutionsbedingungen der Praktischen Theologie. Aspekte der theologischen Wende zur sozialkulturellen Lebenswelt der Religion, Gütersloh 1988, 222–287; J. MATTHES: Die Emigration der Kirche aus der Gesellschaft, Hamburg 1964. Entscheidend ist, daß die Loslösung der gesellschaftlichen Prozesse von den kirchlichen Machtansprüchen jahrhundertelang nur als «Glaubensverlust», als Schicksal von außen, statt als Pflicht zur Rükkerinnerung an das ehedem von Jesus Gemeinte verstanden wurde.

[66] Vgl. U. RUH: Säkularisation als Interpretationskategorie. Zur Bedeutung des christlichen Erbes in der modernen Geistesgeschichte, Freiburg–Basel–Wien 1980.

[67] Vgl. J.-C. BARREAU: Die unerbittlichen Erlöser, 114, der, statt fundamentalistischem Integralismus, speziell den islamischen Kulturen die Gleichstellung der Frau und die Wertschätzung der Landarbeit empfiehlt: «die beiden Grundpfeiler der Zivilisation, die sich im mediterranen Kult der ‹Mutter Erde›, der ‹guten Mutter› von Marseille und der ‹großen Artemis› von Ephesos verbinden.» Ein solches Umdenken hält er für möglich; denn: «Schließlich predigten im letzten Jahrhundert auch katholische Theologen den ‹Anschluß› an eine Republik, die aus einer gottlosen Revolution hervorging und von Freidenkern regiert wurde.» (119)

[68] Vgl. E. FROMM: Ihr werdet sein wie Gott.

Eine radikale Interpretation des Alten Testaments und seiner Tradition (1966), übers. v. L. u. E. Mickel, in: Gesamtausgabe, hrsg. v. R. Funk, VI, Stuttgart 1980, 83–226, S. 120–121: «Die Verehrung Gottes ist vor allem die Negation des Götzendienstes. Die Gottesvorstellung hat sich zunächst entsprechend der politischen und gesellschaftlichen Vorstellung von einem Stammeshäuptling oder Stammeskönig herausgebildet. Dann entwickelt sich das Bild eines konstitutionellen Monarchen, der verpflichtet ist, sich dem Menschen gegenüber an seine eigenen Prinzipien zu halten: an die von Liebe und Gerechtigkeit. Er wird zum namenlosen Gott, zu dem Gott, über den man keine Wesensattribute aussagen kann. Dieser Gott ohne Attribute wird ‹im Schweigen› verehrt. Er ist kein autoritärer Gott mehr. Der Mensch muß völlig unabhängig werden, und das heißt auch unabhängig von Gott. In der ‹negativen Theologie› wie auch in der Mystik finden wir den gleichen revolutionären Geist der Freiheit... Ich könnte diesem Geist keinen besseren Ausdruck verleihen als mit den Worten Meister Eckharts:

Daß ich ein Mensch bin,
Habe ich gemeinsam mit allen Menschen.
Daß ich sehe und höre
Und esse und trinke,
Ist mir gemeinsam mit allen Tieren.
Aber daß ich ich bin, ist nur mir eigen
Und gehört mir
Und niemand sonst,
Keinem anderen Menschen,
Noch einem Engel, noch Gott,
Außer daß ich eins bin mit ihm.»

[69] Vgl. E. DREWERMANN: Die Spirale der Angst, 320–323: Allmähliche Verinnerlichung als Achse der Religionsgeschichte.

[70] Vgl. J. VON BECKERATH: Handbuch der ägyptischen Königsnamen, 232, der Name Tut anch Amuns; vgl. auch G. GOTTSCHALK: Die großen Pharaonen. Die bedeutendsten Gottkönige Ägyptens in Bildern, Berichten und Dokumenten, Bern-München 1979, 136–139; R. KRAUSS: Tutanchamun, in: J. Settgast (Red.): Tutanchamun (Kestner Museum Hannover 1980) Mainz 1980, 28–55.

[71] Zu dem «Sonnensohnnamen» vgl. J. VON BECKERATH: A. a. O., 32–33. Vgl. auch W. BARTA: Untersuchungen zur Göttlichkeit des regierenden Königs, München (MÄS 32) 1976; zu dem *Inhalt* der Gottessohn-Vorstellung vgl. bes. D. Wildung: Imhotep und Amenhotep. Gottwerdung im alten Ägypten, München (MÄS 36) 1977, 298–302: «Ein faszinierender Aspekt der Gottwerdung des Imhotep und des Amenhotep liegt darin, daß sie in ihrem Wesen nicht ganz und gar außergewöhnlich ist; sie betont das Göttliche in jedem Menschen und das Menschliche im ägyptischen Gottesbegriff.«

[72] Vgl. DS 125: das Nicaenische Glaubensbekenntnis vom 19. Juni 325; die Formel «Licht vom Lichte» taucht ebenfalls auf bei EUSEB, dem Bischof von Caesarea, Brief an seine Gemeinde, 325 n. Chr.; sie wird dort ergänzt durch die Formeln: «Leben vom Leben, eingeborener Sohn, Erstgezeugter vor aller Schöpfung, vor allen Äonen aus dem Vater geworden, durch den alles ward.»

[73] Vgl. H. KEES: Totenglauben und Jenseitsvorstellungen der Alten Ägypter, 38–44. Bes. E. HORNUNG (Übers.): Das Totenbuch der Ägypter, Zürich–München 1979, Spruch 76–88, S. 156–178: Spruch, um jegliche Gestalt anzunehmen.

[74] Vgl. a. a. O., 275; R. BRIER: Zauber und Magie im alten Ägypten. Das geheime Wissen und die geheimnisvollen Praktiken, die das Leben im Pharaonenreich beherrschten (1980), übers. v. H. Drube, Bern-München 1981, 161–183: Das Geheimnis des Skarabäus.

[75] Zur indianischen «Philosophie» der Zeit vgl. J. E. S. THOMPSON: Die Maya. Aufstieg und Niedergang einer Indianerkultur (1954), übers. v. L. Voelker, Essen 1975, 256–269.

[76] Vgl. P. J. SCHMIDT: Der Sonnenstein der Azteken, Hamburg (Wegweiser zur Völkerkunde Heft 6) o. J.; vgl. auch FRAY BERNARDINO DE SAHAGUN: Aus der Welt der Azteken, Buch II, S. 31–49, zu den Menschenopfern der Azteken.

[77] Vgl. J. E. S. Thompson: A. a. O., 428–439; K. HELFRICH: Menschenopfer und Tötungsrituale im Kult der Maya, Berlin (Monumenta Americana IX) 1973, 119–125: Das Herzopfer-Ritual; 150–155: Das Jaguar-Adler-Ritual.

[78] Vgl. W. WESTPHAL: Der Adler auf dem Kaktus. Eine Geschichte der Azteken von den Anfängen bis zur Gegenwart, Braunschweig 1990, 86–100: Krieg der Blumen, bes. S. 88: «Indem man die Sonne fütterte, in ihrem täglichen Kampf gegen die Finsternis, die Nacht, die Unterwelt stärkte, würde man zum Fortbestehen des Universums beitragen... Am besten, man ‹stärkte› die Götter, sozusagen in einem Analogiezauber, indem man ihnen die Tapfersten der Tapferen zur Seite stellte: jene Krieger, die auf dem Schlachtfeld fielen oder die man gefangennahm.» – Das Bild der *Maya* hat sich entscheidend geändert durch die im wesentlichen jetzt vollzogene Entzifferung der Hieroglyphenschrift – eine Leistung, der Entzifferung der altägyptischen Schrift vergleichbar! Vgl. L. SCHELE–D. FREIDEL: Die unbekannte Welt der Maya. Das Geheimnis ihrer Kultur entschlüsselt (1990), übers. v. J. G. Scheffner, 1991, 150–156, wo der kriegerische und gewalttätige Aspekt der mesoamerikanischen Kultur historisch noch weit deutlicher in Erscheinung tritt als bisher: «Die Jagd nach Menschenopfern für die Götter und die damit verbundene Erprobung des persönlichen Mutes waren Teil der akzeptierten Weltordnung, und Gefangene zu opfern gehörte mit zu den selbstverständlichen Aufgaben, die Könige und Würdenträger in ihrer Rolle als Kultpriester zu erfüllen hatten. Denn die Götter brauchten Nahrung, und sie nährten sich... vom... Blut.» Daß man in Mittelamerika so dachte, wußte man seit langem; jetzt aber enthüllt z. B. die Stele 31 in Tikal einen Feldzug von «Groß-Jaguar-Tatze» am 16. Jan. 378 gegen Uaxactun, der auf nichts anderes gerichtet war als auf Vernichtung und Eroberung. Das verklärte Bild, das vor allem J. E. S. THOMPSON von den Maya als einem friedfertigen, sternenkundigen und sanften Volk gemalt hat, muß seit drei Jahren neu gezeichnet werden.

[79] Die Verklärung der Kaisermacht als des Gnadenorts der göttlichen Weltenlenkung beginnt mit EUSEB: Leben Konstantins, in:

Schriften, 1. Bd., übers. v. A. Bigelmair, München (BKV 9) 1913; vgl. IV. Buch, 15. Kap.: «Wie groß aber die Macht des göttlichen Glaubens (sc. bei dem Kaiser, d. V.) war, der in seiner Seele festgewurzelt war, kann man auch daraus erschließen, daß er auf den Goldmünzen sein eigenes Bild so darstellen ließ, daß es schien (!), er blicke nach oben wie einer, der innig zu Gott betet.» (1. Bd., S. 155) – 4. Buch, 20. Kap., (1. Bd., S. 157) schildert, wie Konstantin bei seinen Soldaten das Gebet für den Kaiser einführen ließ.

[80] Vgl. CH. ZENTNER: Illustrierte Geschichte des Ersten Weltkriegs, München 1980, 48, Ansprache von Prof. U. VON WILAMOWITZ-MOELLENDORF: «Herr Gott, du bist die Wahrheit, du bist die Gerechtigkeit. Wir bitten nicht für unsere Lieben draußen im Felde, wenn's nötig ist, so sei ihr Leben dahingegeben, aber für unser Deutschland bitten wir, für seine Rettung, für seine Freiheit, für seinen Sieg. Und du wirst ihn geben, denn du bist die Wahrheit und die Gerechtigkeit, und dein ist die Kraft und die Herrlichkeit in Ewigkeit.» Vgl. bes. B. POLLMANN (Hrsg.): Lesebuch zur deutschen Geschichte, III. Bd.: Vom Deutschen Reich bis zur Gegenwart, Dortmund 1984, 92–93: Kaiser Wilhelm II: Die deutsche Fahne ist beleidigt worden, wo der Kaiser schon am 2. Juli 1900 in Wilhelmshaven bei der Entsendung eines deutschen Expeditionskorps nach China zu den Soldaten sagt: «Wir denken auch noch an etwas Höheres (sc. als nur daran, ‹Unrecht zu rächen›, d. V.), an unsere Religion ... auch an unsere Waffenehre ... zieht hinaus mit dem alten Brandenburgischen Fahnenspruch: ‹Vertrau auf Gott, dich tapfer wehr›, daraus besteht dein' ganze Ehr'! Denn wer's auf Gott herzhaftig wagt, wird nimmer aus der Welt gejagt.›» Am 6. Aug. 1914 erklärte *Wilhelm II.* «So muß denn das Schwert entscheiden ... Nun auf zu den Waffen. Jedes Schwanken, jedes Zögern wäre Verrat am Vaterland ... Wir werden uns wehren bis zum letzten Hauch von Mann und Roß. Und wir werden diesen Kampf bestehen, auch gegen eine Welt von Feinden ... Vorwärts mit Gott, der mit uns sein wird, wie er mit den Vätern

war.» N. ZWÖLFER: Der Erste Weltkrieg, in: DERS.: (Hrsg.): Geschichte, München (Telekolleg II) 1. Bd., 1981, 121–135, S. 129.

[81] Vgl. R. SCHNEIDER: Die Hohenzollern, Frankfurt (Fischer Tb. 242) 1958, bes. S. 170–182: Der Einzige, zu Friedrich (dem «Großen»): «Da nichts Großes geschehn kann ohne den Willen Gottes: so hat Gott auch diesen König gesandt, der nicht seinesgleichen hat.»

[82] Vgl. J. FEST: Hitler, Frankfurt-Berlin-Wien 1973, 988–1024: Götterdämmerung.

[83] Vgl. G. CZIHAK – H. LANGER – H. ZIEGLER (Hrsg.): Biologie, Berlin-Heidelberg-New York ²(verb.) 1978, 88–94: Reaktionskinetik und enzymatische Katalyse.

[84] Vgl. F. J. KAISER – H. KAMINSKI: Volkswirtschaftslehre München (Telekolleg II) 1987, 99–110: Geldwert und Preisstabilität.

[85] Vgl. F. MALMBERG: Ein Leib – ein Geist. Vom Mysterium der Kirche (1959), übers. von Ruth-Elisabeth, Freiburg 1960, 43–54: Die Enzyklika (Pius' XII.) «Mystici Corporis».

[86] Was *Totalitarismus* ist, kommt wohl – neben DOSTOJEWSKIS Vision vom «Großinquisitor» – am besten zum Ausdruck in der Rede A. HITLERS vor deutschen Chefredakteuren: «Es (sc. das Volk, d. V.) muß erzogen werden zu dem absoluten, sturen, selbstverständlichen, zuversichtlichen Glauben: Am Ende werden wir alles das erreichen ... Dazu ist es auch notwendig, daß gerade die Presse sich ganz blind zu dem Grundsatz bekennt: Die Führung handelt richtig! ... Nur so werden wir das Volk, ich möchte sagen, von einem Zweifel befreien, der das Volk nur unglücklich macht. Die breite Masse will ja gar nicht damit belastet werden. Die breite Masse hat einen einzigen Wunsch: daß sie gut geführt wird, und daß sie der Führung vertrauen kann und daß die Führung selber nicht streitet, sondern daß diese Führung geschlossen vor sie hintritt ... Und die Menschen fühlen sich so geborgen bei dem Gedanken: die halten alle zusammen, die folgen alle dem Führer, und der Führer hält zu all diesen Männern, das sind unsere Idole. Vielleicht wird mancher Intellektuelle das gar nicht begreifen. Aber diese kleinen Menschen drau-

ßen, die... wollen das eben... Das Volk ist immer glücklich, wenn einige so zusammenhalten oben, das erleichtert auch dem Volk unten das Zusammenhalten.» J. Fest: Hitler, 781. Alles Wichtige zum Verständnis auch des *kirchlichen* Totalitarismus enthält dieser Passus: den Willen zum «blinden», bedingungslosen Glauben an die Unfehlbarkeit der «Führung», die absolut gesetzte Loyalitätspflicht der «Amtsträger», den penetranten Anti-Intellektualismus, die Dauerbegründung mit den «kleinen» Leuten, die eine «starke Führung» brauchen... Um es paradox zu sagen: selbst wenn es eine empirische Bestätigung für Hitlers Auffassung vom Menschen mit Blick auf die faktische Geschichte gäbe, so hätte eine «Kirche», die sich auf die Botschaft Jesu berufen will, im Blick auf Gott gerade erst recht die größte Pflicht zum *Widerspruch!* Und dann betrachte man sich die pompöse Herrschaftsideologie der kath. Lehre von dem Papst als Stellvertreter Christi, von den Bischöfen als «Nachfolgern» der Apostel, von dem «Volk» Gottes, dem diese Bischöfe «die ganze Wahrheit Christi» vorlegen müssen – und man ist es leid; man spürt das deutliche *Verbot* Gottes, noch länger zu sagen: «Ich glaube an die eine heilige (römisch!) katholische und apostolische Kirche»!

[87] Vgl. K. Marx: Das Kapital. Kritik der politischen Ökonomie, 3. Bd., (nach der 1. von F. Engels hrsg. Aufl. 1894) Berlin 1964 (MEW 25), 660–661.

[88] Vgl. F. J. Kaiser – H. Kaminski: Volkswirtschaftslehre, 53: «Das Bruttosozialprodukt ist der in Geld ausgedrückte Wert der von einer Volkswirtschaft in einem bestimmten Zeitraum... erzeugten und statistisch erfaßten Waren und Dienstleistungen abzüglich der Vorleistungen.»

[89] An dieses «Traditionsprinzip» liegt es, daß die kath. Kirche jede substantielle *Änderung* ihrer Institutionen und Dogmen abwehren muß, um nicht wie vor selbst ihren Anspruch auf göttliche Wahrheit preiszugeben. Vgl. F. Heiler: Der Katholizismus, 317–326: Die Sünden Roms: «Seitdem die Suprematie über die gesamte Kirche das höchste Ziel alles päpst-

lichen Strebens geworden war, hat Rom (samt seinen Trabanten) den Blick für die *Wahrheit* eingebüßt... Rom ist nie Trägerin der theologischen Forschung, sondern immer nur Verfechterin der Rechtsweisheit gewesen... Alle dogmatischen Lehrentscheidungen der römischen Oberbehörde tragen nicht bloß juridisches Gepräge, sie behandeln vielmehr die religiöse Wahrheitsfrage als äußere Rechtsfrage. Diese juridische Grundeinstellung kann jenen reinen Wahrheitssinn und Wahrheitswillen nicht aufkommen lassen, der die Grundvoraussetzung für ein religiöses ›Lehramt‹ bildet.» (317–318)

[90] Vgl. E. Drewermann: Der tödliche Fortschritt, 232–249: Das Abholzen der tropischen Regenwälder.

[91] Zum mythischen Kreislaufdenken vgl. E. Drewermann: Tiefenpsychologie und Exegese, II 596–605: Die psychologische Bedeutung der Entdeckung von Geschichte, bes. S. 598 ff.

[92] L. Feuerbach: Das Wesen des Christentums (1841), in: Werke in sechs Bänden, hrsg. v. E. Thies, 5. Bd., Frankfurt 1976.

[93] Vgl. a. a. O., Vorwort, S. 14–16, wo Feuerbach den Sinn seiner Schrift ironisch als «Belehrung über den Gebrauch und Nutzen des *kalten Wassers der natürlichen Vernunft*» bzw. als «Wiederherstellung der alten, einfachen jonischen Hydrologie» (gegen «die christliche Taufe») bezeichnet; vgl. S. 278–282; 378–379.

[94] Gleichwohl hört man diese «Erklärung» eines «aufgeklärten Rationalismus» unter westlichem Einfluß heute sehr oft in den Moscheen von Istanbul, Kairo oder Lahore.

[95] L. Feuerbach: Das Wesen des Christentums, 282–290; 379–381.

[96] Vgl. Tertullian: Apologetikum, Kap. 9–17; in: Schriften, Bd. 2, übers. v. G. Esser, München (BKV 24) 1915, 379–528, S. 424–425: «Man geht nach dem Kapitol wie nach dem Gemüsemarkt... Die göttliche Majestät wird zum Gegenstand des Schachers gemacht, die Religion geht bettelnd in den Schenken umher... man kann die Götter nicht ohne Bezahlung kennen lernen.» Und S. 414: «Fer-

ner, wer begeht mehr Blutschande als diejenigen, welche Jupiter selbst zum Lehrer hatten?»
[97] Vgl. E. DREWERMANN: Die Spirale der
Angst, 284–304.
[98] Vgl. H. VON DITFURTH: Im Anfang war der
Wasserstoff, Hamburg 1972, 267.
[99] Vgl. M. LUTHER: Der Große Katechismus
(1529), Werke in Ausw., hrsg. v. K. Aland, III,
Stuttgart ⁴(erw.) 1983, 11–150, 4. Teil,
S. 116–150, wo der Reformator unter die Sakramente nur *Taufe* und *Abendmahl* zählt und
zur *Beichte* kurz «vermahnt», daß sie frei sein
solle, «und haben des Papstes Tyrannei niedergelegt, so daß wir alle seines Zwanges los … befreit sind … Denn kein schwerer Ding ist bisher gewesen, wie wir alle erfahren haben, als
daß man jedermann bei Gefahr der höchsten
Todsünde zu beichten gezwungen hat … sie
(sc. die Papisten, d. V.) haben eitel Angst und
Höllenmarter daraus (sc. aus der Vergebung in
Christus) gemacht.» (146) Stattdessen soll das
allgemeine oder persönliche Bekenntnis auch
ohne priesterliche Vergebung wirksam sein;
denn: «Wo … ein Herz ist, das seine Sünde
fühlt…, hat es … eine sichere Zuflucht, wo es
Gottes Wort findet.» (147) Als ein eigentliches
«Sakrament» ist damit die Beichte abgeschafft.
Den wesentlich *psychologischen* Argumenten
LUTHERS fügte CALVIN: Unterricht in der
christlichen Religion, III 4,1–24, S. 398–418
eine Kette von kirchengeschichtlichen, bibel-
theologischen und dogmatischen Argumenten
zur Ablehnung der kath. Ohrenbeichte hinzu, ja, CALVIN behauptete, daß «die Priester
gar nicht die Platzhalter oder Nachfolger der
Apostel sind» (III 4,20) und deshalb auch nicht
die Gabe des Heiligen Geistes, zu binden und
zu lösen, für sich in Anspruch nehmen können.
Was bleibt, ist «die Barmherzigkeit des Herrn»
(III 4,18). Auch die *«Firmung»* ist für CALVIN
(in Übereinstimmung mit Augustinus) kein
Sakrament (IV 19,12, S. 1014); sie entwertet
vielmehr nur die Taufe (III 19, 8); zugestanden
wird lediglich eine «Konfirmation», als eine
«Lehrbefragung, in der die Kinder oder vielmehr die angehenden jungen Leute vor der Kirche über ihren Glauben Rechenschaft ablegen.» (III 19, 13; S. 1015)

[100] Zur Ablehnung der Priesterweihe vgl.
J. CALVIN: A. a. O., II 15,6; S. 312, der allein
den Opfertod Christi als «priesterliches Amt»
gelten läßt und meint: «Um so entsetzlicher ist
es …, wenn sich Menschen in ihrem Dünkel
mit Christi Priesteramt nicht zufrieden geben
wollen und sich dann selbst in törichter Einbildung alle Tage vermessen, ihn neu zu opfern;
dies versucht man heutzutage im Papsttum, wo
die Messe als Opferung Christi gilt!»
[101] Daß *die letzte Ölung* kein Sakrament sei,
erklärt J. CALVIN: A. a. O., IV 19,18;
S. 1019–1020, und fügt hinzu: «Die Zeremonie
hätte nur von solchen angewendet werden dürfen, die mit der Gnadengabe der Heilungen
ausgerüstet waren, nicht aber von diesen Hen-
kersknechten, die im Schlachten und Morden
mehr leisten als im Gesundmachen!» (IV 19,20)

## α) Die schizoide Angst und die Symbolik von Wasser und Höhle
### (Seite 425–443)

[1] So der Titel von K. ABRAHAM: Versuch
einer Entwicklungsgeschichte der Libido auf
Grund der Psychoanalyse seelischer Störungen (1924), in: Ges. Schriften, hrsg. v. J. Cremerius, 2. Bd., Frankfurt (FW 7319) 1982,
32–102.
[2] Vgl. S. FREUD: Jenseits des Lustprinzips
(1920), Ges. Werke XIII, London 1940, 3–69,
S. 62–69.
[3] A. a. O., XIII 47–61.
[4] Vgl. K. LORENZ: Das sogenannte Böse,
S. IX–XI.
[5] S. FREUD: Jenseits des Lustprinzips, XIII 38:
«Ein Trieb wäre also ein dem belebten Organischen innewohnender Drang zur Wiederherstellung eines früheren Zustandes.»
[6] O. RANK: Das Trauma der Geburt und seine
Bedeutung für die Psychoanalyse, Leipzig–
Wien–Zürich 1924, 31–45: Die sexuelle Befriedigung.
[7] H. VON DITFURTH: Der Geist fiel nicht vom
Himmel, 56–57.
[8] H. VON DITFURTH: Der Geist fiel nicht vom
Himmel, 57.

[9] H. von Ditfurth: A. a. O., 57.

[10] A. a. O., 59. Vgl. zu dem «inneren Milieu» des Körpers bes. K. Wezler: Menschliches Leben in der Sicht des Physiologen, in: H. G. Gadamer – P. Vogler (Hrsg.): Neue Antropologie, Bd. 2: Biologische Anthropologie, 2. Teil, München (dtv wr 4070) 1972, 292–385, S. 314–316: die *Isoionie* der Umgebung der Zellen.

[11] Vgl. E. Haeckel: Generelle Morphologie der Organismen, Bd. 2, Berlin 1866, mit der Formulierung der biogenetischen Grundregel. Vgl. auch O. H. Schindewolf: Phylogenie und Antropologie aus paläontologischer Sicht, in: H. G. Gadamer – P. Vogler (Hrsg.): Neue Anthropologie, Bd. 1: Biologische Anthropologie, 1. Teil, Stuttgart (dtv wr 4069) 1972, 230–292, S. 249–251.

[12] Vgl. G. Czihak – H. Langer – H. Ziegler: Biologie. Ein Lehrbuch, Berlin–Heidelberg–New York ²(verb.) 1978, 761–818: Evolution, S. 769.

[13] H. von Ditfurth: Im Anfang war der Wasserstoff, Hamburg 1972, 276.

[14] S. Ferenczi: Versuch einer Genitaltheorie (1924), in: Schriften zur Psychoanalyse, hrsg. v. M. Balint, 2. Bd., Stuttgart 1972, 317–400.

[15] A. a. O., 363–369.

[16] H. von Ditfurth: Im Anfang war der Wasserstoff, 273.

[17] A. a. O., 273. Bes. die Entwicklung der *Warmblütigkeit* bildete die Voraussetzung für den Aufbau komplexerer neuronaler Muster, vgl. a. a. O., S. 283–297. Vgl. A. S. Brink: Der Weg zur Warmblütigkeit, in: G. Heberer – H. Wendt (Hrsg.): Entwicklungsgeschichte der Lebewesen, Zürich 1972, 252–262.

[18] Vgl. J. Reader: Aufstieg des Lebens. Die ersten 3,5 Milliarden Jahre (1986), übers. v. C. Wiemken, Hamburg 1987, 67–85: Der Schritt an Land.

[19] H. von Ditfurth: Am Anfang war der Wasserstoff, 277–279.

[20] S. Ferenczi: Versuch einer Genitaltheorie, Schriften, II 363.

[21] A. a. O., 364.

[22] A. a. O., 364.

[23] A. a. O., 364.

[24] A. a. O., 365; 366.

[25] A. a. O., 368.

[26] Vgl. R. E. Leakey: Die Suche nach dem Menschen. Wie wir wurden, was wir sind (1981), übers. v. F. W. Gutbrod, Frankfurt 1981, 97–110: Das Leben der Jäger und Sammler; S. 100–103.

[27] Vgl. a. a. O., 107, wo bei den Wildbeutern der Kalahari eine Bevölkerungsdichte von durchschnittlich nur 25 Menschen auf 100 Quadratkilometer angenommen wird. Vgl. R. E. Leakey – R. Lewin: Wie der Mensch zum Menschen wurde, 147–177: Die Lebensweise der Jäger und Sammler.

[28] Zur Höhle von *Choukoutien* in China, wo zahlreiche Überreste des «Peking-Menschen» (Homo erectus) vor über 1 Millionen Jahren gefunden wurden, vgl. R. E. Leakey – R. Lewin: Wie der Mensch zum Menschen wurde. Neue Erkenntnisse über den Ursprung und die Zukunft des Menschen (1977), übers. v. A. Sussdorff, Hamburg 1978, 132; 134–135; 221. Vgl. auch G. Heberer: Der Mensch und seine Vorfahren, in: G. Heberer und H. Wendt (Hrsg.): Entwicklungsgeschichte der Lebewesen, Zürich 1972, 517–535, S. 521.

[29] Vgl. H. Müller-Karpe: Geschichte der Steinzeit, 96–98: Höhlen.

[30] A. Leroi-Gourhan: Prähistorische Kunst. Die Ursprünge der Kunst in Europa (1971), übers. v. W. Seipel, Freiburg-Basel-Wien 1971, 210.

[31] W. Krickeberg: Altmexikanische Kulturen, 58.

[32] A. a. O., 58–59.

[33] A. a. O., 59. – Zur Symbolik der «Höhle» vgl. J. Gebser: Asienfibel. Zum Verständnis östlicher Wesensart (1962), Frankfurt–Berlin (Ullstein Tb. 650) o. J., 97–101: Die Welt als Höhle. Arunachala, der Berg des Morgenrots. «Das Entscheidende an dem Phänomen Höhle ist, daß diese Höhlentradition heute noch, vor allem in Indien, eine hervorragende Rolle spielt.» (100) – Zu der Einheit von Mutterschoß und Höhle vgl. R. A. Spitz: Die Urhöhle, Stuttgart (Psyche XI), 1955–1956.

[34] A. Schimmel: Land und Leute am Indus, in: A. Ardeleanu – Jansen (Red.): Vergessene

Städte am Indus. Frühe Kulturen in Pakistan vom 8. bis 2. Jahrtausend (Aachen, 27.6.–6.9. 87), Mainz 1987, 17–33, S. 22, Abb. 5.

[35] Vgl. R. BULTMANN: Theologie des Neuen Testamentes, Tübingen 1958; [4]1961, 41–42, der in der Taufe ein eschatologisches Sakrament, ähnlich der Johannestaufe, sieht; die Verleihung des «Geistes» in der Taufe hält er für eine «erst hellenistisch-christliche Anschauung», die (S. 136–146) «die Gefahr» mit sich brachte, «die christliche Existenz ganz auf die hellenistische Sakramentsmagie aufzubauen, statt sie als eschatologische zu verstehen.» (146) Vgl. bes. die umstrittene Herleitung der Taufe bei R. REITZENSTEIN: Die Vorgeschichte der christlichen Taufe, 1929; DERS.: Zur Mandäerfrage (1927), in: G. Widengren (Hrsg.): Der Mandäismus, Darmstadt 1982, 338–371, bes. S. 356–395, der den Unterschied der Taufe im Christentum einzig in dem Anspruch des «Geistes» sieht, gegenüber der Ursprungsbedeutung des (freiwilligen) Todes in der Taufe.

[36] Vgl. A. OEPKE: *bapto* (taufen), in: G. Kittel (Hrsg.): Theologisches Wörterbuch zum Neuen Testament, 1. Bd., Stuttgart 1933, 527–544, bes. S. 541–543: Die Taufe als synkretistisches Mysterium. S. 536: «Jesus läßt sich von Johannes taufen, tauft aber selbst nicht (Mk 1,9 parr; J 3,22 ist unsicher, vgl. auch 4,2). Darin liegt nach zwei Seiten hin ein Problem... daß die Taufe ihm zur Messiasweihe wurde... entspricht... seiner von Anfang an an Deuterojesaja orientierten Messiasauffassung, daß er sich von den Sündern nicht absondert, sondern zu ihnen stellt.» H. L. STRACK – P. BILLERBECK: Kommentar zum Neuen Testament aus Talmud und Midrasch, 1. Bd., München (1926) [9]1986, 102–113 zur jüdischen *Proselytentaufe* und zum Tauchbad.

[37] Vgl. bes. G. WIDENGREN: Himmlische Inthronisation und Taufe. Studien zur mandäischen Taufe (1968), in: G. Widengren (Hrsg.): Der Mandäismus, Darmstadt 1982, 129–152, der zeigt, «daß die Seele... das gleiche Schicksal erleidet wie die Gottheit, die inthronisiert ist auf ihrem göttlichen Sitz in Macht und Glanz», (139) und «daß jeder Gläubige das Los

des Erlösers teilt, welcher sein wahres Vorbild ist... Der Gläubige, der die Taufe empfängt, mit welcher der Erlöser getauft wurde, soll ein Bewohner... seines Äons sein.» (144)

[38] Selbst M. LUTHER: Der Große Katechismus (1529), Werke III 117–130: Von der Taufe, nimmt die Kindertaufe gegen die «Schwärmergeister» in Schutz: «Da ist ein heimlicher, aufrührerischer Teufel, der gern die Krone von der Obrigkeit reißen wollte...» (127) Der Reformator gibt hier selber indirekt zu, daß die Taufe von *Kindern* in der Tat ein Herrschaftsinstrument der Obrigkeit darstellt. J. CALVIN: Unterricht in der christlichen Religion, IV 16, 1–32, S. 913–939, fügt den künstlichen Begründungen der Kindertaufe noch das «Argument» der Prädestination hinzu (IV 16, 17, S. 925).

[39] A. FRANCE: Die Insel der Pinguine, 1. Buch, Kap. 5, S. 28–30: Die Taufe der Pinguine. – Recht hat K. DESCHNER: Der gefälschte Glaube. Eine kritische Betrachtung kirchlicher Lehren und ihrer historischen Hintergründe, München 1988, 110: «Da die Taufe in Wahrheit nur ein Ritus ist, der nichts bewirkt, nichts als die verheerende Zwangsmitgliedschaft freilich in den Kirchen, muß möglichst viel in sie hineingeheimnist werden. Und weil keinerlei innere Wirkung vorhanden ist, bekommt alles Äußere ein übertriebenes Gewicht.» Wie man sich derzeit um eine «Vermittlung» des kirchlichen Sakramentalismus bemüht, zeigt G. KREPPOLD: Heilende Dimensionen in Liturgie und Kirchenjahr, in: J. Baumgartner (Hrsg.): Handbuch der Pastoraltheologie, Regensburg 1990, 565–588.

[40] Vgl. A. E. JENSEN: Die getötete Gottheit. Weltbild einer frühen Kultur, Stuttgart–Berlin–Mainz (Urban Tb. 90) 1966, 47–50; vgl. E. DREWERMANN: Strukturen des Bösen, II 602–612.

[41] F. M. DOSTOJEWSKIJ: Die Dämonen (1872), übers. v. G. Jarcho, München (Goldmann Tb. 575–577) 1959, 2. Teil, 1. Kap., 7., S. 263.

[42] K. GIBRAN: Der Prophet, Wegweiser zu einem sinnvollen Leben (1972), übers. v. C. Malignon, Olten-Freiburg [14]1982, 16–17.

[43] Zur Stelle vgl. R. Schnackenburg: Das Johannesevangelium, 1. Teil, Freiburg–Basel–Wien 1981, 382–384, der die Szene (vergeblich) als unzweifelhaft «historisch» zu retten sucht, selbst wenn er zugeben muß, daß die ganze Vorstellung von «Wiedergeburt» und «Geistverleihung» «eher eine Anschauung in... Sondergruppen» war (384).

[44] Wk 1256: «Im Notfall kann jeder, selbst ein Nichtgetaufter, wofern er die erforderliche Intention besitzt, die Taufe vornehmen.»

[45] H. Melville: Moby Dick (1851), übers. v. T. Mutzenbecher, Reinbeck (rororo 173–174) 1956, 8 (Die Kimm).

[46] A. a. O., 8. – Zur Symbolik von *Wasser* und *Taufe* vgl. auch M. Lurker: Die Botschaft der Symbole. In Mythen, Kulturen und Religionen, München 1990, 258–268.

[47] K. Ludwig: Flüstere zu dem Felsen. Die Botschaft der Ureinwohner unserer Erde zur Bewahrung der Schöpfung, Freiburg–Basel–Wien (Spektrum 4195) 1993, 131–132.

[48] A. a. O., 125–127.

*β) Die depressive Angst und die Symbolik von Baum und Berg, von (Totem)Mahl und Eucharistie*
*(Seite 443 bis 459)*

[1] Vgl. E. Drewermann: Strukturen des Bösen II 52–69: Der Baum und die orale Problematik; Ders.: Die Symbolik von Baum und Kreuz in religionsgeschichtlicher und tiefenpsychologischer Betrachtung, Schwerte (Akademie-Vorträge 2) 1979.

[2] Vgl. G. G. Simpson: Der Ursprung der Säugetiere, in: G. Heberer – H. Wendt (Hrsg.): Entwicklungsgeschichte der Lebewesen, Zürich 1972, 298–305: «Zusammenfassend kann man sagen, daß sich die Säugetiere in der Trias aus den säugetierähnlichen Kriechtieren entwickelt haben, wahrscheinlich aus den Raubtierzähnern (Unterordnung Theriodontia).» (304) E. Thenius – H. Wendt: Die Stammesgeschichte der Herrentiere (Primaten), in: A. a. O., 498–516, bes. S. 499–501: «In der Tat stimmen die Spitzhörnchen in mehreren Merkmalen mit den Primaten überein. Mit den Halbaffen teilen sie den Knochenring um die Augen, die elastische, teilweise knorpelige Unterzunge, das lemurenhafte Kämmen des Fells und das Duftmarkieren der Männchen; ebenso sind der ausgeprägte Farbensinn, das binokulare... Sehen, die Ausbildung der optischen Zentren im Gehirn und der Bau der weiblichen Geschlechtsorgane primatenhaft.» (449)

[3] Vgl. K. Lorenz: Psychologie und Stammesgeschichte (1954), in: Vom Weltbild des Verhaltensforschers. Drei Abhandlungen, München (dtv 499) 1968, 35–95, S. 61–69: Die zentrale Repräsentanz des Raumes und die Greifhand.

[4] A. a. O., 66.

[5] A. a. O., 69–78: Die Spezialisation auf Nichtspezialisiertsein und die Neugier.

[6] G. Heberer: Der Mensch und seine Vorfahren, in: G. Heberer – H. Wendt (Hrsg.): Entwicklungsgeschichte der Lebewesen, Zürich 1972, 517–535, S. 517: «Weitere tertiäre Vorfahren des Menschen hat man dann in den darauffolgenden Epochen des jüngsten Miozän und des ältesten Pliozän gefunden. Diese Ramapithecinen... zählen nach unseren heutigen Kenntnissen zu der Familie der Hominiden..., der auch wir angehören, und können als ‹Vormenschen› bezeichnet werden.» (517)

[7] R. E. Leakey: Die Suche nach dem Menschen. Wie wir wurden, was wir sind, 66–75.

[8] Vgl. G. Heberer: Homo – unsere Ab- und Zukunft. Herkunft und Entwicklung des Menschen aus der Sicht der aktuellen Anthropologie, Stuttgart 1968, 43–81.

[9] Vgl. R. Bilz: Probleme der Identität in paläoanthropologischer Sicht. Identische Exekutiven und Mythologeme (1969), in: Paläoanthropologie. Der neue Mensch in der Sicht einer Verhaltensforschung, Frankfurt 1971, 465–530, S. 505: «die paläoanthropologische resp. pithekanthropologische Katastrophe...: Ich bin mit Adrian Kortland der Meinung, daß das Dasein in der Baumlosigkeit, das uns die Flucht nach oben nahm, entscheidend bedeutungsvoll war.»

[10] Zum Anwachsen des *Gehirnvolumens* vgl.
G. HEBERER: Homo – unsere Ab- und Zukunft, 113–115.
[11] Zu den *Paradies-Erzählungen* der Völker
vgl. E. DREWERMANN: Strukturen des Bösen,
I 27–42.
[12] Zum «*Totstellreflex*» vgl. J. HIRSCHMANN:
Primitivreaktionen, in: V. E. Frankl – V. E.
von Gebsattel – J. H. Schultz (Hrsg.): Handbuch der Neurosenlehre und Psychotherapie,
2. Bd.: Spezielle Neurosenlehre, München–
Berlin 1959, 92–101, S. 95.
[13] Vgl. R. BILZ: Pole der Geborgenheit. Eine
paläoanthropologische Untersuchung über
raumbezogene Erlebnis- und Verhaltensbereitschaften (1957), in: Paläoanthropologie.
Der neue Mensch in der Sicht einer Verhaltensforschung, Frankfurt 1971, 395–417,
S. 400–405; DERS.: Die Intention zur motorischen Verkürzung und zur Elevation der Extremitäten im Angst-Erleben (1956), a. a. O.,
370–378.
[14] Zur Symbolik von *Weltenbaum* und *kosmi-
schem Berg* vgl. M. ELIADE: Schamanismus
und archaische Ekstasetechnik (1951), übers.
v. I. Köck, Frankfurt (stw 126) 1975, 255–263.
Vgl. auch M. LURKER: Die Botschaft der
Symbole. In Mythen, Kulturen und Religionen, München 1990, 279–289: Mysterium des
Kreuzes.
[15] Zur *Siebenzahl* vgl. M. ELIADE, a. a. O.,
263–267.
[16] Vgl. W. KRICKEBERG: Altmexikanische
Kulturen, 151–159; die mittelamerikanischen
Tempeltürme waren Symbole des Himmels,
«ein Berg, den die Sonne am Vormittag hinauf-
und am Nachmittag hinabsteigt.» «In einigen
Fällen zeigt sich die Beziehung der Stufenpyra-
mide zum Himmel darin, daß sie die neun Ab-
sätze erhielt, die den neun Schichten oder Stufen des Himmels im mythischen Weltbild ent-
sprachen. Neunstufig ist zum Beispiel der fast
vollständig erhaltene toltekische Haupttempel
Chichen Itzás, und auch in Tetzcoco stand
einst ein ‹Turm› mit neun Stockwerken, den
Nezahualcoyotl dem im obersten Himmel
thronenden ‹Unbekannten Gotte› errichten
ließ, worunter das von den Azteken Tonacate-

cutli genannte Höchste Wesen zu verstehen
ist.» (153; 155) Vgl. S. 196–197: «Den Him-
mels- und Unterweltstufen (sc. im mexikanischen Weltbild) entsprechen 13 Götter der Ta-
ges- und 9 Götter der Nachtstunden.» «Jeder
der 9 beziehungsweise 13 Himmel war der
Wirkungsbereich einer Himmelserschei-
nung.»
[17] Vgl. W. FIEDLER: Die Paviane, in: Grzimeks Tierleben. Enzyklopädie in 13 Bden., X:
Säugetiere 1, München (dtv) 1979, 408–427.
[18] Vgl. W. Y. EVANS-WENTZ: Cuchama. Heilige Berge der Welt (1981), übers. v. C. und
R. Taschner, Basel 1984, 59– 101.
[19] Vgl. D. MAZZEO – C. S. ANTONINI: Angkor (1972), übers. v. L. Marx, Wiesbaden 1972,
7–8; vgl. auch S. 58–59; 142.
[20] Vgl. G. GOLLWITZER: Bäume. Bilder und
Texte aus drei Jahrtausenden, München 1980,
39–72: Bäume in Mythos und Religion;
127–158: Bäume in den Jahreszeiten.
[21] J. G. FRAZER: Der Goldene Zweig. Das Geheimnis von Glauben und Sitten der Völker,
übers. v. H. v. Bauer. Abgek. Ausg., Leipzig
1928, 10. Kap., S. 175–197: Überreste von
Baumverehrung im modernen Europa.
[22] Zit. n. G. GOLLWITZER: Bäume, s. Anm. 20,
S. 144.
[23] Vgl. W. MANNHARDT: Germanische Mythen, Berlin 1858, 541–546; vgl. auch
J. GRIMM: Irmenstraße und Irmensäule,
Wien 1815, 40–44; vgl. bes. F. GENZMER
(Übers.): Edda, 2. Bd.: Götterdichtung und
Spruchdichtung, Düsseldorf–Köln 1962,
Nr. 5: Der Seherin Gedicht, S. 35, Str. 2;
S. 40; Str. 34.
[24] W. KRICKEBERG: Altmexikanische Kulturen, 197–198: «Im ‹Blumenland› *(xochitlalpan)*
stand ein Baum, an dessen Früchten sie (sc. die
früh verstorbenen Kinder, d. V.) wie an der
Mutterbrust saugten; dies Land ist natürlich
kein anderes als Tamohuanchan, der Nacht-
himmel, dessen Symbol in den Bilderhand-
schriften ein geborstener Baum war, weil die
Milchstraße mit ihrem dunklen Spalt zwischen
den Sternbildern des Skorpions und des
Schwans den mexikanischen Völkern wie ein
solcher Baum erschien.»

[25] Zit. n. G.GOLLWITZER: Bäume, s. o. Anm. 20, S. 47; vgl. S. RADHAKRISHNAN: Die Bhagavadgita, Kap. 15; S. 374–382.

[26] Vgl. E. DREWERMANN: Die Symbolik von Baum und Kreuz, s. o. Anm. 1.; W. MÜLLER: Die heilige Stadt. Roma quadrata, himmlisches Jerusalem und die Mythe vom Weltnabel, Stuttgart 1961; 46–51: Zur Herkunft der römischen Viererstadt.

[27] Vgl. E. DREWERMANN: Das Markus-Evangelium, II 648–670: Das Kreuz des Heils und: Von der Überwindung des Kreuzes.

[28] Zu den «vier Weltgegenden» vor allem in der indianischen Symbolik vgl. K. A. NOWOTNY: Codex Borbonicus. Vollständige Faksimile-Ausgabe, Graz 1974, 21–22, zu S. 31, zum Tanz der vier Regengötter in den Farben der vier Weltgegenden.

[29] Zum Swastika-Symbol vgl. E. NEUMANN: Herrschafts- und Sexualsymbolik, Stuttgart–Berlin–Köln–Mainz 1980, 150–163, der (S. 158) zu Recht davor warnt, das Swastika-Symbol ausschließlich mit dem «Sonnenrad» zu identifizieren, und meint: «Gleiche Formen können völlig verschiedene Bedeutungen und Funktionen haben, womit sich erneut die Notwendigkeit der Interpretation zunächst im eigenen kulturellen Kontext bestätigt. Die... Stereotypie einiger transkulturell zu beobachtenden Formen beruht zunächst einmal nicht auf gleicher Sinnidentität, es sei denn wir könnten dies einwandfrei empirisch nachweisen. Ganz im Gegenteil können wir behaupten, daß auf ein kleines Repertoire an Urgestalten, im Sinne der Gestaltpsychologie, ein oft unermeßlicher Vorrat an Bedeutungsmöglichkeiten entfällt, die gelegentlich transkulturelle Parallelen aufweisen, aber sich ebensogut auch widersprechen können.» Freilich, es gibt bei E. NEUMANNS Darlegungen nichts, was einer Psychologie der religiösen Fragestellungen ähnlich sähe; darin aber läge die Voraussetzung, die Antworten in den jeweiligen Kulturen miteinander vergleichen zu können; und dann erst ließe sich über die Ähnlichkeiten und die Unterschiede der verwendeten und oft miteinander verwandten Zeichen diskutieren. Anderenfalls muß die Religion selbst unvermeidbar als ein bloßes Gesellschaftsphänomen erscheinen, das im Grunde *weniger* bedeutet als Essen und Trinken, – Tätigkeiten, die zweifellos als «Grundgestalten» *allen* Menschen gemeinsam sind. Die *Bedürfnisse* sind früher als die *Formen* ihres Ausdrucks.

[30] Vgl. schon Phil 2,5–11; Eph 1,22. – Zur historischen Herkunft der *Mithras*-Religion vgl. R. MERKELBACH: Mithras, Königstein 1984, S. 18. Zur Gleichstellung von Mithras mit der (unbesiegbaren) Sonne und dem «Stier» (dem Mond), der geopfert wird, vgl. a. a. O., 201–206. Bes. M. J. VERMASEREN: Mithras. Geschichte eines Kultes (1959), übers. v. E. Schröter, Stuttgart (Urban Tb. 83) 1965, 54 verweist auf «die Tatsache..., daß Mithras eine Tat vollbrachte, die beides, Schöpfertat und Heilstat ist. Durch den Tod des Stieres entstand neues Leben. Damit dringen wir zum innersten Kern der antiken Mysterien vor. Diese kreisen letzten Endes alle um das zentrale Problem des Lebens, des Todes und der Auferstehung, so wie man es Jahr für Jahr im ewig wiederholten Zyklus der Natur vor Augen hat. Das Weizenkorn wird dem Schoß der Mutter Erde anvertraut, und bald darauf wird die goldene Ähre gemäht.» An dieser Stelle wird insbesondere die Einheit von «Tötung» (Opfer) und «Nahrung» deutlich, die in der christlichen «Eucharistie»-Lehre die größte Rolle spielt.

[31] E. LANGGÄSSER: Proserpina (1949), Berlin–Wien (Ullstein Tb. 37027) 1982, 38.

[32] Zit. n. G. Gollwitzer: Bäume, s. o. Anm. 20, S. 198; vgl. M. CLAUDIUS: Die Werke. Gedichte, Prosa, Briefe in Auswahl, hrsg. v. H. Geiger, München (Vollmer V.) o. J., 112–114 (Wandsbecker Bothe, 3. Teil, 1777).

[33] A. PORTMANN: Biologische Fragmente zu einer Lehre vom Menschen, Basel–Stuttgart ³(erw.) 1969, 42–44; 63–65.

[34] Vgl. G. GOLLWITZER: Bäume, s. o. Anm. 20, 73–94: Bäume in Legenden und Märchen, Sagen und Fabeln.

[35] Zu *heiligen Bäumen* bei den *Ägyptern* vgl. A. ERMAN: Die Religion der Ägypter. Ihr Werden und Vergehen in vier Jahrtausenden, Berlin-Leipzig 1934, 134; 153–154: «Eine andere Hinterlassenschaft uralter Zeit, die Verehrung einzelner Bäume, lebt auch im neuen Reich noch fort. Wir sahen schon..., daß das... Volk zu solchen betete. Und vollends in Memphis hatte man nie vergessen, jene Sykomore zu verehren, die südlich vom Ptahtempel stand... Auf ihr wohnte ja nach alter Vorstellung die Göttin Hathor, und da diese ja auch die Liebesgöttin war, so gibt man den Mädchen auch Namen, wie Enuchai, wie *die von der Sykomore.* Auch von anderen Bäumen, die am Wüstenrande stehen, heißt es, daß eine Göttin auf ihnen wohnt, Nut oder Hathor, und man hofft, daß die Toten, die dort bestattet sind, Wasser und Speise finden werden. Auch die offizielle Religion des neuen Reiches hat... einzelnen Bäumen der Tempel ein göttliches Wesen zugeschrieben.» Vgl. auch H. KEES: Der Götterglaube im Alten Ägypten, Leipzig 1956, 83–89.

[36] O. RANK: Das Trauma der Geburt und seine Bedeutung für die Psychoanalyse, Leipzig–Wien–Zürich 1924, 113–134: Die religiöse Sublimierung; S. 131–132.

[37] Vgl. D. M. FIELD: Die Mythologie der Griechen und Römer (1977), Übers. ungen., Zollikon 1977, 148 (Abb.).

[38] O. RANK: Das Trauma der Geburt, 128; 131.

[39] A. a. O., 128: «Für die Entwicklung des Strafbegriffs ist es bedeutsam, daß nicht nur alle Strafen, die die Menschheit in der Phantasie ersonnen, sondern die sie auch in die Tat umgesetzt hat, den Urzustand der Mutterleibssituation mit Betonung des Unlustcharakters darstellen.»

[40] C. G. JUNG: Das Wandlungssymbol in der Messe (1941), Ges. Werke XI, Olten 1971, 219–323, S. 290–298: Der Archetypus des Opfers.

[41] Vgl. E. DREWERMANN: Die Spirale der Angst, 331–334; vgl. auch M. LURKER: Die Botschaft der Symbole, 269–278: Das heilige Mahl.

[42] Vgl. E. DREWERMANN, 282–379; O. PFISTER: Das Christentum und die Angst, 260–263 verweist zu Recht auf die *Sakramentsmagie* der kath. Kirche im «Wandlungswunder der Messe, wo Brot in den Leib Christi und Wein in sein Blut verwandelt wird»; da «geschieht die Transsubstantiation mit *Notwendigkeit,* genau wie der Magier und Zauberer *unsichtbare übermenschliche Kräfte* in Bewegung setzt und nicht aus seiner eigenen Kraft die magische Wirkung herleitet. Es ist nicht dem Ermessen Christi anheimgestellt, ob er körperlich, oder mit himmlischem Leib, oder wie es sonst gedacht werden mag, in Brot und Wein einziehen wolle. Er hat... seine körperliche und seelische Anwesenheit ein für allemal vom Spruch des Priesters abhängig gemacht.» (262) Wie schwer es fällt, den kirchlich-dogmatischen Standpunkt «pastoral» zu vermitteln, dazu J. BAUMGARTNER: Von der heilenden Kraft der Sakramente, in: DERS. (Hrsg.): Handbuch der Pastoralpsychologie, Regensburg 1990, 547–563, S. 560 f.: Am Beispiel Eucharistie.

[43] Vgl. J. G. FRAZER: Der goldene Zweig, 541–543; bes. Kap. 53, S. 753–773: Die Versöhnung wilder Tiere durch Jäger; vgl. auch R. BILZ: Über die menschliche Schuld-Angst. Erörterungen über die Tat und das Motiv-Objekt (1958), in: Paläoanthropologie. Der neue Mensch in der Sicht einer Verhaltensforschung, Frankfurt 1971, 351–369, S. 360 zum «Tiertöter-Skrupulantismus».

[44] S. FREUD: Totem und Tabu, 161–163; 169–176.

[45] Zur Thyestes-Sage vgl. K. KERÉNYI: Die Mythologie der Griechen, 2. Bd.: Heroengeschichten, München (dtv 1346) 1966, 237–240: Atreus und seine Dynastie.

[46] Vgl. E. DREWERMANN: Die Spirale der Angst, 294–299.

[47] Vgl. a. a. O., S. 295, Anm. 17.

[48] A. a. O., 314–323.

γ) *Die zwangsneurotische Angst und die*
*Symbolik von Spiel und Initiation*
*(«Firmung» und «Konfirmation»)*
*(Seite 460 bis 479)*

[1] B. HASSENSTEIN: Instinkt, Lernen, Spielen, Einsicht. Einführung in die Verhaltensbiologie, München 1980, 121. Vgl. zu dem Themenkomplex auch P. OVERHAGE: Der Affe in dir, 194–206: Spielverhalten. Auch B. HASSENSTEIN: Lern- und Spielverhalten, in: K. Immelmann (Hrsg.): Verhaltensforschung, Zürich 1974, 302–319. Zum *Spiel* der Tiere vgl. auch N. TINBERGEN: Tiere untereinander. Formen sozialen Verhaltens (1955), übers. v. O. Koehler, Berlin–Hamburg 1975, 66–79: Analyse sozialer Zusammenarbeit; P. R. MARLER – W. J. HAMILTON: Tierisches Verhalten (1966), übers. v. B. Flad-Schnorrenberg, München 1972, 185–188; H. HEDIGER: Tiere verstehen. Erkenntnisse eines Tierpsychologen, München 1980, 316–368: Maschinen spielen nicht; – es ist das Beste und Einfühlsamste, was zum Spielen der Tiere bisher geschrieben wurde.

[2] B. HASSENSTEIN: Instinkt. Lernen, Spielen, Einsicht, 113–114.

[3] A. a. O., 114.

[4] A. a. O., 115.

[5] A. a. O., 115.

[6] A. a. O., 115–116.

[7] A. a. O., 116.

[8] A. a. O.

[9] A. a. O., 116.

[10] A. a. O., 116.

[11] A. a. O., 117.

[12] A. a. O., 117.

[13] A. a. O., 118.

[14] A. a. O., 119.

[15] A. a. O., 119–120.

[16] A. a. O., 120–121. – Zum «Totschütteln» beim Beutegreifen vgl. auch P. LEYHAUSEN: Über die Funktion der relativen Stimmungshierarchie, dargestellt am Beispiel der phylogenetischen und ontogenetischen Entwicklung des Beutefangs von Raubtieren (1965), in: K. Lorenz – P. Leyhausen: Antriebe tierischen und menschlichen Verhaltens, München 1968, 169–271, S. 224–266.

[17] B. HASSENSTEIN: Instinkt, 121.

[18] A. a. O., 121–122.

[19] A. a. O., 122.

[20] A. a. O., 122–123.

[21] A. a. O., 189.

[22] M. BURTON: Die Kindheit der Tiere, übers. v. F. Walter, Reinbek (rde 57) 1957, S. 82–83.

[23] B. HASSENSTEIN: Instinkt, Lernen, Spielen, Einsicht, s. o. Anm. 1, S. 190–191.

[24] A. a. O., 191.

[25] J. HUIZINGA: Homo Ludens. Vom Ursprung der Kultur im Spiel (1938), übers. v. H. Nachod, Reinbek (rde 21) 1956, 10.

[26] A. a. O., 11.

[27] Zu der Thematik vgl. K. LORENZ: Über das Töten von Artgenossen (1955), in: Das Wirkungsgefüge der Natur und das Schicksal des Menschen, hrsg. v. I. Eibl-Eibesfeldt, München (SP 309) 1978, 275–298. Vgl. jedoch z. B. die *rituellen* Kriege der *Dani* und *Jalé* in Neuguinea, die im Todesfalle eines Teilnehmers gleich unterbrochen werden müssen; zur Sühne des Gefallenen werden die Kämpfe indessen wieder aufgenommen. K. F. KOCH: Die Jalé im Hochland Neuguineas, in: E. Evans-Pritchard (Hrsg.): Bild der Völker, 1. Bd.: Australien und Ozeanien, 1. Teil: Australien und Melanesien (1974), übers. v. H. Werner, Wiesbaden 1974, 80–87; K. HEIDER: Dani Kurelu. Neuguinea, a. a. O., 1. Bd., 1. Teil, 92–99. Vgl. auch I. EIBL-EIBESFELDT: Menschenforschung auf neuen Wegen. Die naturwissenschaftliche Betrachtung kultureller Verhaltensweisen, Wien–München–Zürich 1976, 198–205, über die ständigen Kriege der *Eipos* in West-Irian. P. MARSH – D. MORRIS: Die Horde Mensch, S. 147 weisen darauf hin, daß generell die Kriege unter *Jägervölkern* nicht dem Töten, sondern dem Gewinn von Ruhm und Ansehen galten; sie weisen auch darauf hin, daß z. B. die Pfeilspitzen nordamerikanischer Indianer so gestellt waren, daß sie von oben nach unten in der Längsseite verliefen, parallel zur Stellung der Rippen eines Büffels; zum Töten von Menschen waren diese Pfeile ungeeignet.

[28] Vgl. K. LORENZ: Das sogenannte Böse. Zur Naturgeschichte der Aggression, Wien 1963,

373–374. Vgl. bes. P. Marsh – D. Morris: Die Horde Mensch. Individuum und Gruppenverhalten (1988), übers. v. H. Fliessbach, München 1989, 112–129; Sport und Spektakel; 130–155: Aggression und Krieg.

[29] Vgl. J. L. Moreno: Gruppenpsychotherapie und Psychodrama, Stuttgart 1959. – Religiös aufgegriffen hat die Anregungen S. Leuchli: Die Bühne des Unheils. Das Menschheitsdrama im mythischen Spiel, Stuttgart 1988, der sehr eindrucksvoll beschreibt, wie «Jeremia» oder «Kassandra», «Nikodemus» oder «Inanna», «Ereschkigal» oder «Judas» als Rollen eines thematisch angeregten «Ausagierens» sich gestalten lassen. Vgl. auch U. Bubenheimer: Bibliodrama – Selbsterfahrung und Bibelauslegung im Spiel, in: I. Baumgartner (Hrsg.): Handbuch der Pastoralpsychologie, Regensburg 1990, 534–545.

[30] S. Freud: Erinnern, Wiederholen und Durcharbeiten (1914), Ges. Werke X, London 1946, 125–136.

[31] J. Huizinga: Homo Ludens, 108.

[32] A. a. O., 108.

[33] A. a. O., 109.

[34] A. a. O., 126.

[35] A. a. O., 127.

[36] A. a. O., 127.

[37] Zum Spielcharakter der Liebe zählt vor allem das «Vorspiel», das zahlreiche Elemente der Kinderpflege regressiv wiederbelebt bzw., bezogen auf die spätere Rolle als Mutter und Vater, vorwegnimmt. – Zur Auslegung der Paradiesgeschichte vgl. E. Drewermann: Strukturen des Bösen, I. Bd., Nachw. zur 3. Aufl.: Von dem Geschenk des Lebens oder: das Welt- und Menschenbild der Paradieserzählung des Jahwisten (Gen 2,4b–25), 335–392, S. 368–387: Von der Geborgenheit im Ring der Liebe. – Psychologisch vgl. bes. R. Bilz: Schrittmacherphänomene (1948), in: Die unbewältigte Vergangenheit des Menschengeschlechts. Beiträge zu einer Paläoanthropologie, Frankfurt 1967, 7–38, bes. S. 22–23, zur Verbindung des Liebesspiels Erwachsener mit den Elementen «bergend-behütender Fürsorglichkeit», beim Kuß z. B.

[38] WK 404.

[39] WK 397; 399. WK 400 bekommt es sogar fertig, zu erklären, durch die Sünde Adamas habe «der Tod in die menschliche Geschichte seinen Einzug gehalten» und «die sichtbare Schöpfung» sei dadurch «dem Menschen fremd und feindlich geworden»; es ist, als wenn man im Vatikan von Paläontologie noch nie etwas gehört hätte! Die römische Unfähigkeit, die urgeschichtlichen Symbole der Bibel symbolisch zu interpretieren, führt nicht nur zu einem völlig abergläubischen Verhältnis zur Natur, sondern zugleich zu einem reaktiven Unglauben weiter Teile der Bevölkerung. W. Kapser, KEK 128–129 hat immerhin die Paradieserzählung als «Bildersprache» eingestuft, «den Mythen der damaligen Zeit» entlehnt, die man «nicht als eine Art historische Reportage über die Anfänge der Menschheitsgeschichte verstehen» dürfe; «keine paläontologische…, sondern eine theologische Aussage.» (129) Selbst mit diesem ersten Ansatz kirchlicher Vernunft scheint es jetzt (schon wieder) vorbei.

[40] D. h., der Streit um die «rechte» Abendmahlslehre hat bis heute nicht aufgehört. WK 1411 erklärt klar und unmißverständlich: «Nur die gültig (also durch einen Bischof der kath. Kirche) geweihten Priester können der Eucharistie vorstehen und das Brot und den Wein konsekrieren, so daß sie der Leib und das Blut des Herrn werden.» Alle protestantischen Pastöre – ja, was tun sie eigentlich des Sonntagmorgens?

[41] Vgl. Trident. Konzil, 11. Okt. 1551: Dekret über die Eucharistie, DS 1651; 1652, wo dem Anathem anheimfällt, wer sagt, die Substanz von Brot und Wein bleibe zusammen mit dem Leib und Blut unseres Herrn Jesus Christus erhalten. Unter den Reformatoren war es J. Calvin: Unterricht in der christlichen Religion, IV 17,14–16, der am klarsten die kath. Transsubstantiationslehre als «Gaukelei des Satans» bzw. als «Zauberbeschwörung» verwarf (S. 951). Das «ist» in den Einsetzungsworten deutete Calvin auf die Gemeinschaft mit dem Leibe Christi, die in Brot und Wein gewährt wird (IV 17,22).

[42] Vgl. E. Drewermann: Die Spirale der Angst, 349–379. Es ist religionspsychologisch

sehr wichtig, den *archetypischen* Charakter des gemeinsamen Essens *auf dem Hintergrund der alten Jägerkulturen* zu begreifen!

[43] Dabei kommt der *calvinische* Standpunkt der Sache am nächsten; vgl. J. CALVIN, IV 17, 15, S. 951–952, wo er mit Berufung auf 1 Kor 10,4 das Wasser in der Wüste als «geistlichen Trank» bezeichnet und dann argumentiert: «Dieses Wasser haben nun aber zusammen mit dem Volke auch seine Lasttiere und sein Vieh genossen. Daraus ergibt sich mit Leichtigkeit, daß bei den irdischen Elementen, wenn sie zu geistlichem Gebrauch angewendet werden, keine andere Verwandlung stattfindet als mit Bezug auf die Menschen, insofern diese Elemente für sie ja Siegel der Verheißungen sind.» *Verwandeln* also müßte sich etwas *im Menschen,* um einer «geistlichen Verwandlung» teilhaftig zu werden! An dieser Stelle zerbricht endgültig der römische «Objektivismus».

[44] H. MELVILLE: Moby Dick, 42.

[45] A. a. O., 45.

[46] Vgl. A. VON GENNEP: Les Rites de Passage. Etude Systématique des Rites, Paris 1909; Auszug in: C. A. Schmitz (Hrsg.): Religionsethnologie, Frankfurt 1964, 374–389, übers. von C. Bächlin, S. 1–18; 271–279. Vgl. auch P. MARSH – D. MORRIS: Die Horde Mensch, 34–49: Übergangsriten.

[47] Vgl. A. E. JENSEN: Mythos und Kult bei Naturvölkern. Religionswissenschaftliche Betrachtungen (1951), München (dtv 4567) 1992, 77: «Gerade für die Weitergabe der wesentlichsten Welterkenntnisse an die heranwachsende Jugend ist die gemeinsame Handlung im Kult von entscheidender Bedeutung. Hierfür legen die weitverbreiteten Reifezeremonien Zeugnis ab, die letzten Endes keinen anderen Sinn haben, als die Jugend in die in der jeweiligen Gemeinschaft geltende Ordnung einzuweihen und damit zu vollwertigen Stammesmitgliedern zu machen.» JENSEN verweist vor allem auf die Elemente der «Urzeiterinnerung» in den entsprechenden Riten, ganz so, wie wir es im Christentum bei der Zuordnung von «Taufe» und «Firmung» antreffen. Vgl. WK 1285, wo Taufe und Firmung als «Sakra-

mente der christlichen Initiation» bezeichnet werden. Vgl. auch WK 1290. Wie *pompös* dabei katholischerseits allerdings verfahren wird, zeigt das Vatic. II: Dogm. Konstitution über die Kirche (1964), Nr. 26, DVK 59: «So spenden die Bischöfe durch Gebet und Arbeit für das Volk von der Fülle der Heiligkeit Christi vielfältig und reichlich aus... Sie sind die eigentlichen Firmspender.»

[48] Zu den Wirrungen des «Filioque»-Streits, ob nun der Hl. Geist vom Vater *und* vom Sohne durch «Hauchung» hervorgeht, oder nur vom Vater, wie die Ostkirche lehrt, vgl. F. HEILER: Urkirche und Ostkirche, München 1937, 197, der in der Betonung des «Logos» in der westlichen Kirche eine übergroße Wertschätzung der Rationalität erkennt. Allerdings wurde das «filioque» (und vom Sohne) erst unter Papst Benedikt VIII. auf Bitten Kaiser Heinrichs II. im Jahre 1014 in die Meßliturgie aufgenommen. Vgl. J. BRINKTRINE: Die Lehre von Gott. 2. Bd.: Von der göttlichen Trinität, Paderborn 1954, 74; 89 f. Unter Gregor X. definierte das ökumenische Konzil von Lugdunum am 18. Mai 1274 in der *Constitutio de summa Trinitate et fide catholica,* «daß der Hl. Geist ewiglich aus Vater und Sohn, nicht aus zwei Prinzipien, sondern wie aus einem Prinzip, nicht aus zwei Hauchungen, sondern einer einzigen Hauchung hervorgeht.» DS 850. Damit war die Brücke zur orthodoxen Theologie endgültig abgebrochen.

[49] Gleichwohl hält den Worten nach die kath. Kirche an der Einsetzung *aller* sieben Sakramente durch Jesus Christus fest. Doch auch WK 1286 weiß zur «Begründung» dieser alten Fehlmeinung nichts anderes anzuführen, als daß, «empfangen vom Hl. Geist, sein (sc. Jesu) ganzes Leben und seine ganze Sendung sich realisieren in einer totalen Einheit mit dem Hl. Geist.» Mit dem «ganzen» wird «total» nichts ausgesagt über die spezielle Gründung besonderer Sakramente, abgesehen von der Tatsache, daß die Sprache vom Hl. Geist in der kath. Dogmatik wiederum eine symbolische Aussageform zur Deutung religiöser Erfahrungen *metaphysiziert,* statt existentialisiert, um sie dann als klare Gegebenheit göttlicher

Seinszustände «abzuhandeln». Wie *ohnmächtig* die heutige «Firmung» bzw. «Konfirmation» unter all dem Reden von der Macht des «Geistes» sich aufführt, wußte vor 150 Jahren schon S. KIERKEGAARD: Der Augenblick, XIV 257–259; Werkausgabe, II 463–466: Die Konfirmation... ein christliches Komödienspiel: «Die Konfirmation... ist ein viel tieferer Unsinn als die Kindtaufe, gerade weil die Konfirmation... ergänzen solle, was bei der Kindtaufe fehlt: eine wirkliche Persönlichkeit.» (465)

[50] zur Stelle vgl. E. DREWERMANN: Das Markus-Evangelium II 115–128.

[51] A. a. O., II 104–114.

[52] S. KIERKEGAARD: Die Krankheit zum Tode, S. 48–58: Verzweifelt nicht man selbst sein wollen, die Verzweiflung der Schwachheit; S. 65–72: Die Verzweiflung, verzweifelt man selbst sein zu wollen: Trotz.

[53] J. P. SARTRE: Das Sein und das Nichts, 712: «Mensch sein heißt, darauf abzielen, Gott zu werden;... der Mensch ist im Grunde genommen Begierde, Gott zu sein.»

[54] A. CAMUS: Der Mythos von Sisyphos, S. 68–72: Die Mission des Komödianten. Die Hölle wählen.

[55] H. HUIZINGA: Homo Ludens, 9–33: Wesen und Bedeutung des Spiels als Kulturerscheinung.

[56] Vgl. K. LORENZ: Er redete mit dem Vieh, den Vögeln und den Fischen, München (dtv 173) 1964, 84–95: Das Gänsekind Martina, S. 90–91, über die «Viehsgeduld» eines Tierbeobachters.

[57] M. EIGEN – R. WINKLER: Das Spiel. Naturgesetze steuern den Zufall, München–Zürich 1975, S. 17–19: Vom Ursprung des Spiels.

[58] Heraklit, Fr. 52: «Die Lebenszeit ist ein Knabe, der spielt», in: H. DIELS (Hrsg.): Die Fragmente der Vorsokratiker, Reinbek (rk 10) 1957, 21–31.

[59] Vgl. R. RIEDL: Die Ordnung des Lebendigen. Systembedingungen der Evolution, Berlin 1975; München (SP 1018) 1990, S. 393–413: Zur Erkenntnis der Natur, bes. 407–409 über «Zielbildung» und «Selbstordnung». Vgl. bes. K. LORENZ: Die Vorstellung einer zweckge-

richteten Weltordnung (1976), in: Das Wirkungsgefüge der Natur und das Schicksal des Menschen, hrsg. v. I. Eibl-Eibesfeldt, München (SP 309) 1978, 24–35.

[60] R. M. RILKE: Die frühen Gedichte (1909), in: Sämtliche Werke, hrsg. vom Rilke Archiv, 1. Bd., Frankfurt 1955, 143–200, S. 153.

[61] A. a. O., 155: Träume, die in deinen Tiefen wallen.

*δ) Die hysterische Angst und die Symbolik der Heiligen Hochzeit oder: Leben zwischen Individualität und Tod*
(Seite 479 bis 502)

[1] Zu dem Mythem der *Heiligen Hochzeit* vgl. E. DREWERMANN: Strukturen des Bösen, II 332–337; 337–348; 348–354.

[2] C. F. VON WEIZSÄCKER: Der Garten des Menschlichen. Beiträge zur geschichtlichen Anthropologie, Wien 1977, 144.

[3] A. a. O., 145–146.

[4] A. a. O., 146.

[5] A. a. O., 146.

[6] A. a. O., 147

[7] A. a. O., 147.

[8] G. CZIHAK – H. LANGER – H. ZIEGLER: Biologie. Ein Lehrbuch; Berlin-Heidelberg-New York[2] (verb.) 1978, S. 206–241: Geschlechtliche Vermehrung, S. 206.

[9] Vgl. H. VON DITFURTH: Kinder des Weltalls. Der Roman unserer Existenz, Hamburg 1970, 227.

[10] A. a. O., 227–228.

[11] A. a. O., 228.

[12] A. a. O., 229–230.

[13] A. a. O., 230.

[14] Vgl. N. BISCHOF: Das Rätsel Ödipus. Die biologischen Wurzeln des Urkonflikts von Intimität und Autonomie, München (SP 989) 1985, 28–37: Die universale Norm (des Inzestverbotes); und S. 116–136: Kindliche Begierden (zum «Ödipuskomplex»).

[15] P. W. SCHMIDT – P. W. KOPPERS: Völker und Kulturen, 1924 unterschieden zwischen einem exogam-geschlechtstotemistischen Kulturkreis (in Tasmanien und SO-Australien),

einem exogam-gleichrechtlichen Kulturkreis (in Sudan, Oberer Nil) und einem exogam-monogamistischen Kulturkreis (bei asiatischen und afrikanischen Pygmäen). Vgl. bes. S. FREUD: Totem und Tabu (1912), IX, London 1944, 145–194, zur Herkunft der Exogamie. FREUDS «Quelle» war J. G. FRAZER: Totemism and Exogamy, London 1910; und DERS.: The Beginnings of Religion and Totemism among the Australian Aborigines, Fortnightly Review 1905. *Totemismus, Inzestscheu und Exogamie* erschienen danach als die drei Merkmale ein und desselben Ensembles.

[16] H. VON DITFURTH: Kinder des Weltalls, 231.

[17] A. a. O., 231.

[18] A. a. O., 231–232.

[19] A. a. O., 232.

[20] R. RIEDL: Die Strategie der Genesis. Naturgeschichte der realen Welt, München (SP 290) 1976, 186–187.

[21] A. a. O., 187–188.

[22] S. FREUD: Jenseits des Lustprinzips (1920), Ges. Werke XIII, London 1940, 3–69, S. 46–66.

[23] Vgl. H. VON DITFURTH: Im Anfang war der Wasserstoff, Hamburg 1972, 252–271: Der Sprung zum Mehrzeller, S. 260–261, erste Algenkolonien; K. ZIMNIOK: Verliebte Tierwelt. Und der Mensch in ihrer Mitte, Hannover 1986, 242–245: Wesen und Entstehung der Geschlechtlichkeit; H. J. BOYLE (Hrsg.): Das Geheimnis des Lebens (1971), übers. v. A. Brakemeier, Gütersloh o. J., 63–78: Fortpflanzung, S. 66.

[24] H. J. BOYLE: A. a. O., 66–67.

[25] A. a. O., 67.

[26] A. a. O., 63.

[27] A. a. O., 63: «Plattwürmer können sich vermehren, indem sie das Schwanzende im Boden verankern; das vordere Stück kriecht weg; beide Teile ergänzen das Fehlende. Aus der Seite einer Hydra kann eine neue Hydra wachsen. Seeanemonen, die großen farbigen Verwandten der Hydra, haften gewöhnlich mit einem Fuß oder einer Gewebescheibe am Fels. Manchmal ziehen sie sich zusammen, ziehen die Fußscheibe ein, lassen aber einen Gewebering zurück. Unter günstigen Bedingungen kann aus dem zurückgebliebenen Gewebe in wenigen Wochen eine neue Anemone wachsen.»

[28] A. a. O., 63.

[29] A. a. O., 68.

[30] Vgl. bes. F. SCHALLER: Die biologische Bedeutung der Sexualität, in: K. IMMELMANN (Hrsg.): Verhaltensforschung, Zürich 1974, 392–405, der S. 395 bes. die «biologische Individualität» hervorhebt, die mit der geschlechtlichen Vermehrung gegeben ist: «Das Wesen der Sexualität äußert sich... auf diesen verschiedenen Stufen der biologischen Individualität (sc. der Gameten- und Zygoten-Zellen, der Einzeller bzw. Zellkolonien, der vielzelligen Lebewesen, der staatenbildenden Tierarten) dadurch, daß der Gegensatz Männlich–Weiblich nicht auf die Gametengenerationen beschränkt bleibt, sondern mehr und mehr auch das Aussehen, den Körperbau und das Verhalten der höheren Individualitätsstufen prägt.» Vgl. auch J. ŽĎ'ÁREK: Verständigung zwischen Tieren (1988), übers. v. G. Brehmer, Hanau 1988, 9–31: Verständigung zwischen den Tieren bei der Verteidigung ihres Lebensraumes: «Da der ursprüngliche Revierinhaber sich innerhalb seines Territoriums sicherer fühlt und stärker motiviert ist, gewinnt er auch für gewöhnlich den Kampf. Am aggressivsten ist der Revierverteidiger im Zentrum seines Reviers, während seine Angriffslust zum Rand hin abnimmt.» (10) Vgl. auch N. TINBERGEN: Tiere untereinander. Formen sozialen Verhaltens (1955), übers. von O. Koehler, Berlin–Hamburg 1975, 52–65.

[31] Vgl. I. EIBL-EIBESFELDT: Im Reich der tausend Atolle. Als Tierpsychologe in den Korallenriffen der Malediven und Nikobaren, München (dtv 769) 1971, 66–74: Wozu sind Fische bunt? Vgl. auch R. A. STAMM: Formen und Aufgaben der Balz, in: K. IMMELMANN (Hrsg.): Verhaltensforschung, Zürich 1974, 419–437, der (S. 435) auf die «Schwierigkeit» des territorialen Systems hinweist, «daß ein möglicher Geschlechtspartner Zugang zu dem Revier eines noch unverpaarten Tieres findet und zugleich andere Artgenossen ferngehalten werden. Der Revierbesitzer begegnet daher nicht selten einem Weibchen anfangs aggressiv.

Es darf sich nicht einschüchtern und vertreiben lassen, sondern muß das Männchen beschwichtigen. Deshalb ist im Paarbindungsverhalten folgende Lösung weitverbreitet: Drohverhalten, das Konkurrenten abschreckt, lockt den Geschlechtspartner geradezu an; es wird ihm gegenüber zum Lockverhalten, während es gegenüber anderen Signalempfängern seine ursprüngliche Funktion beibehält.»

[32] K. ZIMNIOK: Verliebte Tierwelt, 16–17.

[33] A. a. O., 17.

[34] J. ŽD'ÁREK: Verständigung zwischen Tieren, 72 ff.

[35] A. a. O., 72.

[36] A. a. O., 35.

[37] A. a. O., 34.

[38] K. ZIMNIOK: Verliebte Tierwelt, 162. – K. LORENZ: Das sogenannte Böse, 304–305, geht sogar so weit, den Zusammenhang von Aggressivität und Individualität *so* zu kennzeichnen: «Wie wir... wissen, gibt es Tiere, die der intraspezifischen Aggressivität völlig entbehren und lebenslang in festgefügten Scharen zuammenhalten. Man sollte meinen, solche Wesen seien prädestiniert für die Ausbildung dauernder Freundschaft und brüderlichen Zusammenhaltes einzelner Individuen, doch findet sich dergleichen gerade unter solchen friedlichen Herdentieren niemals, ihr Zusammenhalt ist stets völlig anonym. Ein persönliches Band, eine individuelle Freundschaft finden wir nur bei Tieren mit hoch entwickelter intraspezifischer Aggression, ja, dieses Band ist um so fester, je aggressiver die betreffende Tierart ist... Das sprichwörtlich aggressivste aller Säugetiere..., der Wolf, ist der treueste aller Freunde. Wenn Tiere jahreszeitlich abwechselnd einmal territorial und aggressiv sind, das andere Mal aber aggressionslos und gesellig, so beschränkt sich jede etwaige persönliche Bindung auf die Periode der Aggressivität.»

[39] Vgl. V. SOMMER: Die Affen. Unsere wilde Verwandtschaft, Hamburg 1989, 149–151, der das «Bitte-Bitte» «um Zuneigung... für ein Männchen mit Liebeshunger» für «erfolgversprechender als die Anwendung von Gewalt» hält. Vgl. D. R. GRIFFIN: Wie Tiere

denken. Ein Vorstoß ins Bewußtsein der Tiere (1984), übers. von E. M. Walther, München 1985; München (dtv 11182) 1990, 196–203: Weibliche Wahl und männliches Demonstrationsverhalten.

[40] K. ZIMNIOK: Verliebte Tierwelt, 162–163.

[41] W. L. WASHBURN – I. DE VORE: Social behavior of baboons and early man, in: Social life of early man, Chicago 1961, S. L. Washburn, S. 91–105. K. ZIMNIOK: Verliebte Tierwelt, 163.

[42] H. KUMMER: Weiße Affen am Roten Meer. Das soziale Leben der Wüstenpaviane, München–Zürich 1992, 46–54: Paschas Harem, S. 52. DERS.: Soziales Verhalten einer Mantelpaviangruppe, Bern-Stuttgart 1957. K. ZIMNIOK: Verliebte Tierwelt, 162. Vgl. bes. A. MANNING: Verhaltensforschung. Eine Einführung (1979), übers. v. G. u. I. Ehret, Berlin–Heidelberg–New York 1979, 250–291: Organisation des Sozialverhaltens, S. 287 ff.

[43] K. ZIMNIOK: A. a. O., 163–165. Zum Sexualverhalten der *Schimpansen* vgl. J. GOODALL: Ein Herz für Schimpansen. Meine 30 Jahre am Gombe-Strom (1990), übers. v. I. Strasmann, Reinbek 1991, 104–117, mit dem Resümee, «daß Schimpansen latent die Fähigkeit zur Entwicklung einer dauerhaften sexuellen Zweierbeziehung haben: zu einer Bindung, die der Struktur der Monogamie – oder doch periodischen Monogamie – ähnelt.» (116) Vgl. zu dem Themenkomplex: C. J. ERICKSON: Natur und Funktion der Paarbindung, in: K. Immelmann (Hrsg.): Verhaltensforschung, Zürich 1974, 438–448.

[44] Vgl. K. DESCHNER: Das Kreuz mit der Kirche. Eine Sexualgeschichte des Christentums, Düsseldorf–Wien 1974; München (Heyne 1280) 1989, 327–340: Onanie, Homosexualität u. a., bes. S. 331–335: Kastration oder Feuertod für Homosexuelle; die Ausrottung der Homosexuellen im «Dritten Reich» konnte sich unmittelbar auf die katholische Tradition berufen. Vgl. auch E. CHESSER: Liebe und Sex ohne Ehe, übers. v. G. Spitzer, München 1968.

[45] WK 2390.

[46] WK 1035. – Zur Ablehnung künstlicher

Empfängnisverhütung – einer *Bedingung*, um in der kath. Kirche im Jahre 1993 Bischof werden zu können! – vgl. K. DESCHNER: A. a. O., 286–307. – B. FRALING: Nichteheliche Lebensgemeinschaften, in: H. Rotter – G. Virt (Hrsg.): Neues Lexikon der christlichen Moral, Innsbruck–Wien 1990, 557–563 plädiert immerhin für eine differenzierte Beurteilung «außerehelicher» Sexualität.

[47] I. EIBL-EIBESFELDT: Liebe und Haß. Zur Naturgeschichte elementarer Verhaltensweisen, München–Zürich 1970, 177.

[48] Vgl. F. DE WAAL: Bonobos. Frieden durch Sex, in: Geo, Nr. 5/Mai 1993, 14–30.

[49] I. EIBL-EIBESFELDT: Liebe und Haß, 178.

[50] A. a. O., 179.

[51] A. a. O., 178–179.

[52] A. a. O., 181.

[53] A. a. O., 182.

[54] A. a. O., 183. Vgl. auch J. L.-C. G. GOULD: Partnerwahl im Tierreich. Sexualität als Evolutionsfaktor (1989), übers. v. K. H. Taake, Heidelberg 1990, 247–273: Partnerwahl beim Menschen, die vor allem die «Verwandtschaftsselektion» und den «reziproken Altruismus» schon auf der Stufe der Paviane für wesentliche Stufen auf dem Wege menschlicher Paarbindung herausstellen (247–252). Vgl. ferner N. TINBERGEN: Tiere untereinander. Formen sozialen Verhaltens (1955), übers. v. O. Koehler, Berlin–Hamburg 1975, 21–36: Paarungsverhalten.

[55] Vgl. K. ZIMNIOK: Verliebte Tierwelt, 246. Die «Volvox» besteht bereits aus einer Gitterkugel mit bis zu 20 000 doppelt begeißelter Zellen, «die durch Fortsätze ihres Zellplasmas miteinander verbunden sind.»

[56] A. a. O., 246. – Vgl. bes. J. L.-C. G. GOULD: Partnerwahl im Tierreich, 27–44: Was ist Sex? Vgl. auch V. B. DRÖSCHER: Wie menschlich sind Tiere, München (dtv 10442) 1985, 190–199: Wie die Liebe in die Welt gekommen ist, der (S. 196 f.) vor allem die Verknüpfung von Aggression und Paarbindung hervorhebt.

[57] C. F. SIEGFRIED: Hat das Tier eine Seele?, HR III, 20. 6. 93.

[58] Vgl. J. GOODALL: Ein Herz für Schimpansen, 134–146: Söhne und Mütter; S. 135 (S. 41–42: Flos Tod).

[59] Vgl. K. LORENZ: Das sogenannte Böse, 293–294, zur Trauerreaktion einer Graugans beim Verschwinden des Partners; bes. K. LORENZ: So kam der Mensch auf den Hund, München (dtv 329) 1965, 120–123: Die Treue und der Tod, zu der Trauer des *Menschen* beim Abschied von einem Hund, – «fast so schwer wie der Tod eines geliebten Menschen» (121); auf S. 15–22: Wurzeln der Herrentreue, schildert LORENZ die Trauer von Hunden und Wölfen beim Weggang ihres «Herrn».

[60] WK 1638; CIC Can 1134. – Die «List» der römischen Gesetzgebung liegt hier wieder im Detail: «in einer christlichen Ehe werden ... die Ehegatten durch ein besonderes Sakrament gestärkt», heißt es; aber die Frage lautet natürlich, was eine «christliche» Ehe ist –; eine *protestantische* Ehe, die kein Sakrament ist, gilt demnach nicht als «christlich»!

[61] Zum Beispiel Papst JOHANNES PAUL II.: Apostol. Konstitution *Fidei depositum*, zur Veröffentlichung des «Katechismus der kath. Kirche» nach dem 2. Vatik. Konzil, Kirchliches Amtsblatt Paderborn, 136. Jg., 24. 5. 93, § 3, S. 58: «Die Gnade, Frucht der Sakramente, ist die unabdingbare Voraussetzung des christlichen Tuns.» Wenn Worte einen Sinn machen, heißt das, es sei nur möglich, christlich zu leben, durch die Sakramente der Kirche. JOSEPH KARDINAL RATZINGER: Schreiben der Glaubenskongregation an die Bischöfe der kath. Kirche über einige Aspekte der Kirche als Communio, Kirchl. Amtsblatt Paderborn, 135. Jg., 3. Aug. 92, erklärt das so: «Die Einheit der Eucharistie und die Einheit des Episkopates sind nicht unabhängig voneinander Wurzel und Einheit der Kirche, denn Christus hat die Eucharistie und das Bischofsamt als wesentlich verbundene Wirklichkeiten gesetzt.» (Nr. 14, S. 74) Und ferner: «Der Primat des Bischofs von Rom und das Bischofskollegium sind Wesenselemente der Gesamtkirche ... Das Amt des Primats ist also vom Wesen her ausgestattet mit wahrer bischöflicher Gewalt – nicht nur

höchster, voller und universaler, sondern auch unmittelbarer Gewalt – über alle, sowohl über die Hirten als über die übrigen Gläubigen.» (Nr. 13, S. 74) Also: Christ wird man durch die Gnade, die Gnade kommt von den Sakramenten, die Sakramente kommen von den Bischöfen, und die Bischöfe kommen vom Papst; ergo: daß du ein Christ sein kannst, hast du dem Papst zu verdanken. Ärger kann die ideologisierte Arroganz eines Gottesstellvertretertums nicht gedeihen. Man muß sich diese *Denkform* merken für den Tag, der ja doch auch einmal kommt, da man selbst in der kath. Kirche begreifen wird, daß man eine lebensfähige Hierarchie nur *von unten* her begründen, nicht von oben her verordnen kann; an jenem Tage wird es heißen, dies sei «schon immer» die Meinung «der» Kirche gewesen; *heute* aber müssen wir *in der* Kirche *gegen* eine Kirche protestieren, die mit ihrem Papsttum und ihrem Bischofsamt sich selber, den Menschen und der Sache Jesu erkennbar im Wege steht.

[62] H. ZIMMER: Indische Mythen und Symbole (1946, postum), übers. v. E. W. Eschmann, Düsseldorf–Köln 1972, 196–197; bes. 152–165.

[63] A. a. O., 236–239. Vgl. auch M. PEMA-DORJE: Tara. Weiblichgöttliche Weisheitskraft im Menschen. Sinnbild, Meditationspraxis und Verwirklichung, Olten–Freiburg 1991, 18–21: Göttlichkeit und Weiblichkeit im Menschen.

[64] Vgl. R. PANIKKAR: Trinität. Über das Zentrum menschlicher Erfahrung (1973), übers. v. S. Schaup, München 1993, 67: «kann das Subjekt sich selbst erkennen, ohne sich in das Objekt seines eigenen Erkennens zu verwandeln? Nur eine trinitarische Antwort bietet einen Ausweg aus dieser Sackgasse.» S. 98: «Der Vater entspricht dem Sein; der Sohn der Erkenntnis; der Heilige Geist der Liebe.»

[65] Im Grunde wird in der christlichen Dreifaltigkeitslehre das Mythem von der *Gottessohnschaft* des Pharao verbunden mit dem Mythem heiliger Dreiheiten, wie sie im Alten Ägypten als Verhältnis von Vater, *Mutter* und Sohn geläufig waren; vgl. Amun – Mut – Chons in Karnak oder Ptah, Sechmet und Nefertem in Mem-

phis oder Osiris – Isis – Horus; vgl. K. PRÜMM: Der christliche Glaube und die altheidnische Welt, Leipzig 1935, Bd. 2, 157f.; S. SCHOSKE – D. WILDUNG: Gott und Götter im Alten Ägypten, Mainz 1992, 120–143: Götterfamilien. Entscheidend für das christliche Trinitätsdogma wird die Verwischung seiner Herkunft aus der *familiären* Erfahrungswelt: *Mut* z. B. heißt einfach Mutter, *Chons* heißt einfach Kind; Vater – Mutter – Kind, *diese* Dreiheit ist als Ausgangspunkt aller anderen (mythischen) Triaden zu betrachten. Vgl. auch H. KEES: Der Götterglaube im Alten Ägypten, 155–171: Einheit und Vielheit.

[66] So versucht es der Verf. des Epheserbriefes, 5,22–33: «Ihr Frauen seid untertan euren Männern wie dem Herrn. Denn der Mann ist das Haupt der Frau, wie auch Christus das Haupt der Kirche ist, der es als Erlöser seines Leibes ist.» Was hier aus dem *Erlösungsgeschehen* zwischen Christus und der Kirche auf das Verhältnis zwischen Mann und Frau gemünzt wird, setzt sich natürlich fort in den Kindern, die auf die Eltern hören müssen: «Ihr Kinder, seid euren Eltern gehorsam im Herrn» (Eph 6,1) – wie Christus seinem *Vater* gehorsam war, müßte man ergänzen; doch dann müßte der «Sohn» Gottes eben göttliche *Eltern* haben, die er nicht haben kann, da er selber zugleich mit dem Vater durch einen gemeinsamen Akt der «Hauchung» den hl. Geist hervorbringt, der wiederum als das eigentlich «Weibliche» in der Gottheit zu betrachten ist. Ursprünglich ein *aktives*, gestaltendes, schöpferisches Element, wird das weibliche Element in der christlichen Trinitätslehre gleich doppelt *männlich* determiniert. Zur Stelle Eph 5,22 ff. vgl. H. SCHLIER: Der Brief an die Epheser. Ein Kommentar, Düsseldorf 1957, 252–280: Frau und Mann, bes. S. 264–276: *Hieros Gamos* (Heilige Hochzeit).

[67] Vgl. F. NIETZSCHE: Also sprach Zarathustra, 2. Teil, Auf den glückseligen Inseln, S. 65–67: «wenn es Götter gäbe, wie hielte ich's aus, kein Gott zu sein! Also gibt es keine Götter.» (66)

[68] Vgl. E. DREWERMANN: Aschenputtel. Grimms Märchen tiefenpsychologisch gedeu-

tet, Solothurn–Düsseldorf 1993, 78–89: Die Suche nach der Identität.

[69] Vgl. C. G. JUNG: Die Beziehungen zwischen dem Ich und dem Unbewußten (1928), Werke VII, Olten 1964, 131–264, S. 207–232; DERS.: Einleitung in die religionspsychologische Problematik der Alchemie, Werke XII, Olten 1972, 15–54, S. 53, zur *Hl. Hochzeit*.

[70] Vgl. L. KLAGES: Vom kosmogonischen Eros (1921), Bonn 1963, 117–118: «Gab es... eine Menschheit, der es noch etwas Gewöhnliches war, mit der Welt um sich her in Verbindung zu treten durch befruchtende Schauung, dann mußte sie in den Zwischenzuständen der Nüchternheit darnach trachten, das nun Verflossene in ähnlicher Weise durch Zeichen für das Bewußtsein zu bannen, wie der Vernunftmensch mit Hilfe einer begrifflichen Sprache sein Wissen von Dingen bewahrt. Nun – diese Zeichen sind die Symbole. Sie sind Glyphen ekstatisch erschauter Bilder, also wahre Hieroglyphen... Wenn die Begriffssprache der Übermittlung des Urteils dient, so die Symbolsprache der Wiedererweckung des Schauens; und wenn der Begriff den Ausgangspunkt der wissenschaftlichen Forschung bildet, so das Symbol den Ursprung des Mythos.» Auf diese Weise ist die *Heilige Hochzeit* das *Symbol* eines ekstatischen Welterlebens, wie nur die Liebe es lehren und schenken kann.

[71] Zur Stelle vgl. E. DREWERMANN: Das Markusevangelium, II 284–294.

[72] H. HESSE: «Wer lieben kann, ist glücklich.» Über die Liebe, zusammengestellt von V. Michels, Frankfurt 1985. Geschrieben 1918; Teildruck von «Aus Martins Tagebuch», in: Kleine Freuden, Frankfurt 1977, 131 ff.; a. a. O., S. 205.

[73] H. HESSE: Wer lieben kann, ist glücklich, 205.

[74] A. a. O., 205.

[75] A. a. O., 206.

[76] A. a. O., 206–207.

[77] E. FRIED: Liebesgedichte, Berlin (Quartheft 103) 1979, 94.

# Glauben in Freiheit: Rückblick und Ausblick

(Seite 503 bis 517)

[1] R. CORK: Bacon: Drei Studien für eine Kreuzigung, in: W. von Bonin (Hrsg.): Hundert Meisterwerke aus den großen Museen der Welt, Bd. 2, Köln 1985, 162–168; vgl. auch A. LETTAU: Francis Bacon. Das Drama des verstörten Menschen, in: Pan. Zeitschrift für Kunst und Kultur 10/89, S. 38–41, Abb. S. 39. F. Bacon: Schreiender Papst, 1951, Städtische Kunsthalle Mannheim.

[2] H. KÜHNER: Lexikon der Päpste von Petrus bis Johannes XXIII., Zürich 1956; Frankfurt (Fischer Tb. 315) 1960, 145–147.

[3] H. KÜHNER: A. a. O., 147.

[4] R. CORK: s. o. Anm. 1, 167.

[5] Zwar ist die Enzyklika von JOHANNES PAUL II.: Splendor Veritatis (Glanz der Wahrheit) noch nicht veröffentlicht, Vorabdrucke aber sind unter der Hand bereits in Umlauf, und so weiß man, daß es sich hier (erneut!) um ein Lehrschreiben des «Heiligen Stuhles» für seine eigenen Oberhirten handelt, zum Zwecke «der klaren Unterscheidung und der Wertung dessen, was in der heutigen theologischen Auseinandersetzung der Kirche wirklich frommt.» Die Enzyklika beginnt mit der Frage des reichen Jünglings: «Meister, was muß ich Gutes tun, um das ewige Leben zu gewinnen?» (Mt 19,16) Die «christologisch» weit spannungsreichere Frage in der Vorlage von Mk 10,17–18 wird (bewußt?) ausgeblendet; auch ist es hier schon bezeichnend, daß die Enzyklika im folgenden nicht mit dem Evangelisten von Jesus, sondern von Christus spricht. Dieser Umgang mit der Bibel charakterisiert die ganze Argumentation: Mt 19,26 erklärt Jesus es ausdrücklich für «bei Menschen unmöglich», jene «Armut» zu lernen, die er (Mt 5,3) «selig» preist; der Papst aber läßt sich nicht abhalten, «die Sittenlehre der Heiligen Schrift» zu entwickeln, ohne die Bergpredigt auch nur mit dem Namen zu erwähnen! Die

fundamentalen Brechungen des «Unmöglich» nicht nur bei Mt, sondern schon in der Sündenfallerzählung von Gen 3,1–7 reduzieren sich für die neue Bischofsenzyklika auf einen bloßen «Ungehorsam» gegen Gott, der paradoxerweise in der Kindertaufe leicht behoben werden kann zugunsten des von Gott «geoffenbarten» und in der kirchlichen Lehre immer schon verkündeten Sittengesetzes. Für diese Art von «Theologie» hat es M. LUTHER, B. PASCAL oder auch S. KIERKEGAARD nie gegeben; genauso wenig natürlich DUNS SCOTUS! Die Menschen, zumindest als «getaufte», können, gut neuscholastisch, was sie müssen, und sie müssen, was der Papst als das Sprachrohr Gottes von ihnen (oder für sie) will. Da ist «Ungehorsam» in der Tat die richtige Kennzeichnung für die so verstandene «Sünde». Denn, so heißt es: «In der Kirche, dem Leib Christi, wachsen alle Glieder durch und mit dem Haupt, das Christus ist, zusammen und lieben alle Menschen in Demut... Der mit der Taufe empfangene Heilige Geist... ist Initiator dieser kindlichen und brüderlichen Liebe in Christus.» (Nr. 21) Wie nebenbei (Nr. 32) wird die Lehre von der unsterblichen Seele angemahnt, um auch schon mal «anthropologisch» für Klarheit darin zu sorgen, «daß der rationale Geist von sich aus wesentlich zum menschlichen Leib gehört» – zitiert wird da ungeniert aus dem Konzil von Vienne Papst CLEMENS V.: Constitutio Fidei catholicae vom 6. Mai 1312 (!), DS 902. Nicht nur das Bibelverständnis, auch das Menschenbild dieser unfehlbaren Kirche hat sich, wie man sieht, seit dem Mittelalter nicht geändert: die Seele als «rationaler Geist», den Gott dem «Leibe» als «Form der Materie» einsenkt! Daß sechs Siebtel der menschlichen Psyche dem Unbewußten zugehören könnten – kein Gedanke daran. Daß aufgrund der Herkunft aus der Tierreihe eine Fülle

von Verhaltensmustern dem Menschen vorgegeben sind – dieser Enzyklika scheint es einfach
*unbekannt!* Statt dessen wird mit größtem
Nachdruck ein «Naturgesetz» des Sittlichen
konstruiert, das all die veralteten Positionen
der Kirche bestätigen soll. Wie man sich den
«Beitrag der Humanwissenschaften» dabei
vorstellt, zeigt Nr. 35: «Wenn unwillentlich
die Anfechtbarkeit des Handelns und die Verantwortung geringer werden können, so bleibt
der klare Wille doch eine Eigenschaft des Wesens, das die Wahrheit sagen und das Gute tun
kann. Wenn der Mensch seinen Drang und
seine Begierde vernünftig ordnet, dann findet
er in diesen natürlichen Dynamismen ein Zeichen und eine Hilfe zur Erlangung seiner Vollkommenheit.» D. h., der Mensch ist «an sich
frei», und so gilt für ihn das «Naturgesetz», das
«selbst ewiges Gesetz ist, den vernunftbegab-
ten Wesen eingeprägt» (Nr. 44); allenfalls kann
es da gewisse *Einschränkungen* seiner Wil-
lensfreiheit geben, die aber für das «Gesetz»
selbst keinerlei Rückwirkungen haben können. Zudem sind die «menschlichen Wesen…
nicht unfehlbar», und so «beinhaltet» die Zustimmung zum «göttlichen Gesetz» «und dem
Naturgesetz» «eine Einladung zur Gemeinschaft mit der von Gott geoffenbarten Wahrheit. Der Mensch gelangt dahin im Heiligen
Geist durch seinen Glauben an das Wort Gottes und seine Fügsamkeit (sic!) gegenüber seiner (d. h. Christi, d. V.) Kirche». (Nr. 47) Es
mutet schlechterdings unglaublich an, wenn
man miterleben muß, wie auf dem Boden so
vieler selbstgeschaffener Ausblendungen der
Wirklichkeit des weiteren über «Freiheit und
Natur» räsoniert und die «Zeit der Renaissance
und der Reformation» durchgegangen wird
(Nr. 51), um dann endlich an das eigentliche
Ziel all dieser Um- und Irrwege des Geistes zu
gelangen: das sittliche «Naturgesetz», so die
Behauptung jetzt, ist «universal gültig», seine
«negativen Gebote… verpflichten alle und
jeden Einzelnen immer und überall». Sie gelten
objektiv und absolut, und es darf über ihre Gültigkeit kein Zweifel gelehrt werden (Nr. 53).
Das vatikanische Wunschbild ist mit diesen
Sätzen komplett: «Mit der Taufe erbitten die

Gläubigen den Glauben und das ewige Leben.
Dazu legt ihnen die Kirche die Beachtung der
Gebote auf. Mit der Gnade des Heiligen Geistes empfangen sie das Gesetz des Lebens, das
sie zum Guten führt und vor der Sünde
bewahrt. In der Kirche finden sie eine Lehrmei-
sterin der Wahrheit, namentlich über das sittlich Gute. Aufgrund ihrer Taufe sind die Gläubigen gehalten, alles in ihrer Kraft Stehende zu
tun, um ihr Gewissensurteil zu bekräftigen,
ihre Entscheidungen und konkreten Verhaltensweisen am göttlichen Gesetz auszurichten,
das ihnen die Kirche vorlegt und interpretiert… Die Würde ihres sittlichen Gewissens
und der Glaube an die Wahrheit fordern von
den Hirten, zur befreienden Kraft des von Gott
kommenden Gesetzes zurückzurufen.»
(Nr. 53) Der ganze Rest, den die Enzyklika
jetzt noch zu Ende formuliert, versteht sich
von da an wie von selbst. Da «Freiheit und Natur» (?) völlig undialektisch nebeneinander gestellt bzw. integralistisch als «Einheit» des «rationalen Geistes» gesehen werden, gibt es auch
kein eigentliches Erkenntnisprinzip, das eine
wirkliche Spannung zwischen «Subjekt» und
«Objekt», zwischen Person und Verhalten, zulassen würde. Statt dessen wird festgestellt, es
werde «die Person allein… nicht imstande
sein, die Wahrheit der von der Vernunft aufge-
stellten Regeln zu erkennen». (Nr. 54) «Sittlichkeit», wenn es so steht, sieht jetzt also fol-
gendermaßen aus: Gott hat gesagt, die Kirche
sagt (nach wie vor), und Du sagst es auch, wenn
Du «vernünftig» bist; doch ob Du «vernünftig» bist, kannst Du selbst nur wissen, wenn Du
auf die Kirche hörst, die Dir verbindlich auslegt, was Gott zu sagen hat. Denn *das* ist jetzt
entscheidend: man muß, um katholisch zu
sein, wieder voll und ganz zu dem irrtums-
freien Objektivismus der 50er Jahre zurückkehren! Da gibt es «an sich gute» und «in sich
böse Akte», und jede Einbeziehung «der Intention und der Umstände» in die sittliche Beurteilung «reicht nicht aus zur sittlichen Qualifika-
tion einer bewußten konkreten Handlung».
(Nr. 55) – Mit diesen Sätzen, endlich, ist die
Schießbahn freigegeben. Erste Zielattrappe:
die «Situationsethik». K. RAHNER: Über die

Frage einer formalen Existentialethik, Schriften II, Zürich–Einsiedeln–Köln 1962, 227–246 hat seinerzeit offenbar *vergeblich* geschrieben, die «Hierarchie» habe «die Pflicht», einen «von Gott inspirierten Individualimpuls» «von den Charismatikern» aufzunehmen (245), und man könne nicht das Lehramt adäquat mit dem Hirtenamt identifizieren (244). Es gilt *jetzt*, im Jahre 1993, der «Anmaßung» entgegenzutreten, «die Legitimität ‹pastoraler› Lösungen im Gegensatz zum Lehramt der Kirche zu begründen» (Nr. 57). Es geht auch nicht an, zwischen einer «transzendentalen» Freiheit und den «kategorischen (!, es soll wohl heißen: kategorialen) Umständen zu differenzieren (Nr. 58). Vielmehr: jede «Todsünde» zieht den Verlust der ewigen Seligkeit, also die Höllenstrafe, nach sich (Nr. 58). Entgegen all den Konzepten einer «autonomen Moral» bleibt es dabei: «diese Theorien» wollen lediglich «von den Zwängen einer Moral der Verpflichtung» befreien und «entsprechen... nicht der Lehre der Kirche». (Nr. 60) Vielmehr: «Die Objekt-Lehre als Quelle der Sittlichkeit erklärt authentisch die Sittenlehre des Bundes (Gottes mit dem Volk der Bibel, d. V.) und der Gebote... Deswegen weisen wir selbst (und bitten euch, – sc. die Bischöfe, d. V. –, dies auch zu tun) die Meinung als irrtümlich zurück, es sei unmöglich, gewisse Verhaltensweisen oder konkrete Akte gemäß der Art der Wahl als sittlich schlecht zu qualifizieren, indem man von der Intention, die zu der Wahl geführt hat, und/oder von der Gesamtheit der voraussichtlichen Folgen des Aktes für die Gemeinschaft der Menschen absieht.» (Nr. 60) Wie zum Überfluß folgen dann (Nr. 61–65) noch einmal erhabene Worte über die geistgeleitete, unfehlbare, göttliche Kirche und ihre Hirten, die dann aber doch wieder «praktisch» werden, nämlich: «der dem Lehramt des Papstes und der Bischöfe in Sitten- wie in Glaubensfragen geschuldete Gehorsam bezieht sich auch auf jene Lehraussagen, die nicht endgültig definiert sind. Die Zustimmung im Glauben, die religiöse Unterordnung des Willens und des Verstandes, die Ehrfurcht und Fügsamkeit des Geistes sind die erforderlichen Schritte zur Ge-

meinschaft der Kirche in der Wahrheit Christi.» (Nr. 69) Entsprechend müssen die Bischöfe künftig ihrer Aufsichtspflicht gegenüber den kath. Institutionen genügen! Denn (Nr. 72): «Die Sittenlehre ist eine bevorzugte Domäne unserer pastoralen Wachsamkeit.» Die Enzyklika endet mit der Mahnung: «Meine Brüder im Bischofsamt, es ist Teil eures bischöflichen Auftrags, über die Exaktheit der Sittenlehre zu wachen und angebrachte Maßnahmen zu ergreifen, damit die Gläubigen von gegensätzlichen Lehren bewahrt bleiben.» – Es ist noch nicht klar, wann und in welcher Endformulierung diese Enzyklika veröffentlicht werden wird; doch soviel ist längst klar: in einer Kirche mit diesem Anspruch, gestützt auf solche Bischöfe, im Rahmen dieses Welt- und Menschenbildes, kann es all das nicht geben, was den Schmerz und die Schönheit der Neuzeit ausmacht: den Abgrund der Tragik, die Rätselhaftigkeit des Daseins, das Paradox der Existenz, das Wissen um die Radikalität, mit der «Erlösung» nötig wäre, das Erwachen des Subjekts in seiner Angst, in seinem Mut, in seiner Nicht-Gehaltenheit in einer immer schon fertig erklärten Welt des Richtigen und Falschen, und vor allem: das deutliche Wissen darum, daß die Wirklichkeit viel zu komplex ist, um sie in die Schablonen einer zweiwertigen Logik von moralisch Gut und Böse einordnen zu können. Mit der Gehorsamsverordnung und dem Glaubensverständnis einer Kirche, die sich in einer solchen Enzyklika ausspricht, kann und darf man seinen Frieden nicht machen, oder man würde aufhören, als ein Mensch der Neuzeit den Spuren des Mannes aus Nazareth nachgehen zu wollen. – Wie sich die Zeiten geändert haben, dafür ein Beispiel. A. Holderegger: Autonomie, in: H. Rotter – G. Virt (Hrsg.): Neues Lexikon der christlichen Moral, Innsbruck–Wien 1990, 59–66 konnte (S. 64) noch stolz schreiben: «Die katholische Moraltheologie versucht seit den sechziger Jahren (immerhin! d. V.) das ethische Grundwort Autonomie aufzunehmen und inszeniert auf breiter Front (!) eine Auseinandersetzung mit der neuzeitlichen Freiheitsgeschichte.» Es ist klar: der «Intendant» hat diese

«Inszenierung» vom Programm des (Kirchen-) Theaters gestrichen. Statt dessen: Antreten zu Zweit im Pausenhof der «Volksschule».

[6] Vgl. F. SCHLEIERMACHER: Monologen. Eine Neujahrsausgabe (anonym, 1800), Darmstadt 1953, mit dem Bemühen, die «angeborene Mystik» in der Seele des Einzelnen wiederzuentdecken, der doch in seiner Eigentümlichkeit nur erfaßt werden kann im Verhältnis zur gesamten menschlichen Natur.

[7] Vgl. G. W. F. HEGEL: Glauben und Wissen, S. 124 – die Idee von der «absoluten Freiheit» oder dem «spekulativen Charfreitag»; DERS.: Phänomenologie des Geistes, BB Der Geist VI B II: Die Aufklärung, S. 383–413.

[8] Vgl. G. W. F. HEGEL: «Der Geist des Christentums». Schriften 1796–1800, mit bislang unveröffentlichten Texten hrsg. u. eingel. v. W. Hamacher, Frankfurt–Berlin–Wien (Ullstein Tb. 3360) 1978, wo HEGEL (S. 516) der christlichen Kirche vorhält, es sei «gegen ihren wesentlichen Charakter, in einer unpersönlichen lebendigen Schönheit Ruhe zu finden»; er fügt hinzu: «und es ist ihr Schicksal, daß Kirche und Staat, Gottesdienst und Leben, Frömmigkeit und Tugend, geistliches und weltliches Leben nie in Eins verschmelzen können». DERS.: Grundlinien der Philosophie des Rechts oder Naturrecht und Staatswissenschaft im Grundrisse (1821). Mit Hegels eigenhändigen Notizen in seinem Handexemplar und den mündlichen Zusätzen, hrsg. u. eingl. v. H. Reichelt, Frankfurt-Berlin-Wien (Ullstein Tb. 2929) 1972, § 270, S. 227–238, S. 237: Die Einheit des Staats und der Kirche: «Im orientalischen Despotismus ist jene so oft gewünschte Einheit der Kirche und des Staats... nicht die selbstbewußte, des Geistes allein würdige Gestaltung in Recht, freier Sittlichkeit und organischer Entwicklung.» «Damit... der Staat als die *sich wissende*, sittliche Wirklichkeit des Geistes zum Dasein komme, ist seine Unterscheidung von der Form der Autorität und des Glaubens notwendig; diese Unterscheidung tritt aber nur hervor, insofern die kirchliche Seite in sich selbst zur Trennung kommt.» Mithin ist die *Säkularisation* und die *Aufklärung* die eigentliche Wohltat, die der Kirche als dem Ort, da die

Wahrheit im Gemüte angeschaut («geglaubt»), aber eben nicht im Begriff «gewußt» wird, hat widerfahren können.

[9] Vgl. G. E. LESSING: Eine Duplik (1778), in: Werke, II 1180–1243.

[10] Vgl. F. SCHLEIERMACHER: Über die Religion. Reden an die Gebildeten unter ihren Verächtern (1799), Stuttgart (reclam 8313) 1969, 2. Rede, S. 36: «Religion ist Sinn und Geschmack fürs Unendliche.» S. 35: «Ihr Wesen ist weder Denken noch Handeln, sondern Anschauung und Gefühl. Anschauen will sie das Universum, in seinen eigenen Darstellungen und Handlungen will sie es andächtig belauschen, von seinen unmittelbaren Einflüssen will sie sich in kindlicher Passivität ergreifen und erfüllen lassen... Jene sehen im ganzen Universum nur den Menschen als Mittelpunkt aller Beziehungen, als Bedingung alles Seins und Ursach' alles Werdens; sie will im Menschen nicht weniger als in allen andern Einzelnen und Endlichen das Unendliche sehen, dessen Abdruck, dessen Darstellung.» Diese Bestimmung der Religion bei SCHLEIERMACHER ist das Ende der Aufspaltung von kirchlich verwaltetem Glaubenswissen (Wahrheit) und kirchlich angeleitetem Tun (Sittlichkeit); s. o. Anm. 5! Sie ist zugleich auch das Ende der unseligen Anthropozentrik der christlichen Weltsicht und Ethik. Den eigentlichen *Einwand* gegenüber «Schleichermachers Dogmatik» freilich formulierte S. KIERKEGAARD: Tagebücher, IV. Bd., übers. v. H. Gerdes, Düsseldorf–Köln 1970, 98–99: «daß die Religion für ihn stets ein Zustand ist, welcher besteht, er stellt alles im Sein dar, das Spinozistische». – Zur Ablehnung der natürlichen Theologie vgl. auch K. BARTH: Die kirchliche Dogmatik; 2. Bd.: Die Lehre von Gott, 1. Teil, Zürich–München 1948, 194–200.

[11] Vgl. L. FEUERBACH: Zur Kritik der Hegelschen Philosophie (1839), in: Werke in 6 Bden., hrsg. v. E. Thies, Bd. 3: Kritiken und Abhandlungen II (1839–1843), Frankfurt 1975, 7–53; auf S. 52 schreibt FEUERBACH die Sätze, die der genannten päpstlichen Enzyklika (s. o. Anm. 5) im Kern den Garaus machen müßten, wenn es Päpste gäbe, die FEUERBACH lesen

würden: «Die Rückkehr zur Natur ist allein die Quelle des Heils. Falsch ist es, die Natur im Widerspruch mit der ethischen Freiheit zu fassen. Die Natur hat nicht bloß die gemeine Werkstatt des Magens, sie hat auch den Tempel des Gehirns gebaut.»

[12] Vgl. K. MARX: Kritik der Hegelschen Dialektik und Philosophie überhaupt, in: Karl Marx – Friedrich Engels. Ergänzungsband. Schriften. Manuskripte. Briefe bis 1844, 1. Teil, Berlin 1973, 568–588, mit einer entsprechenden Würdigung für «Feuerbachs große Tat..., daß die Philosophie nichts anderes ist als die in Gedanken gebrachte und denkend ausgeführte Religion; eine andre Form und Daseinsweise der Entfremdung des menschlichen Wesens». (S. 569)

[13] Vgl. F. NIETZSCHE: Jenseits von Gut und Böse. Vorspiel einer Philosophie der Zukunft (1886), München (Goldmann Tb. 990), o. J., 3. Hauptstück: Das religiöse Wesen, Nr. 45–62, S. 45–59; Nr. 53, S. 51: «Warum heute Atheismus? – ‹Der Vater› in Gott ist gründlich widerlegt; ebenso ‹der Richter›, ‹der Belohner›. Insgleichen sein ‹freier Wille›: er hört nicht, – und wenn er hört, wüßte er trotzdem nicht zu helfen. Das Schlimmste ist: er scheint unfähig, sich deutlich mitzuteilen: ist er unklar? – Dies ist es, was ich, als Ursachen für den Niedergang des europäischen Theismus, aus vielerlei Gesprächen, fragend, hinhorchend, ausfindig gemacht habe; es scheint mir, daß zwar der religiöse Instinkt mächtig im Wachsen ist, – daß er aber gerade die theistische Befriedigung mit tiefem Mißtrauen ablehnt.» Nr. 47, S. 47: «Wo nur auf Erden bisher die religiöse Neurose aufgetreten ist, finden wir sie verknüpft mit drei gefährlichen Diät-Verordnungen: Einsamkeit, Fasten und geschlechtlicher Enthaltsamkeit».

[14] S. FREUD: Die Zukunft einer Illusion (1927), Ges. Werke XIV, London 1948, 325–380, S. 378: «auf die Dauer kann der Vernunft und der Erfahrung nichts widerstehen, und der Widerspruch der Religion gegen beide ist allzu greifbar.»

[15] Vgl. J. WELLHAUSEN: Die Composition des Hexateuchs (1876–77), Berlin ⁴1963;

DERS.: Grundrisse zum Alten Testament, München 1965, hrsg. v. R. Smend.

[16] Vgl. H. GUNKEL: Genesis (³1910), Göttingen ⁸1969.

[17] M. DIBELIUS: Die Formgeschichte des Evangeliums (1933 neu bearb.), hrsg. v. G. Bornkamm, Tübingen 1961.

[18] R. BULTMANN: Die Geschichte der synoptischen Tradition (1931), Göttingen 1957; DERS.: Das Evangelium des Johannes. Kritisch-exegetischer Kommentar über das Neue Testament, Göttingen 1941.

[19] A. VON HARNACK: Das Wesen des Christentums (1900), eingel. v. W. Trillhaas, Gütersloh (Siebenstern 227) 1977.

[20] Vgl. G. F. DALES: Die Indus-Zivilisation: eine der frühen Hochkulturen der Menschheit, in: Vergessene Städte am Indus. Frühe Kulturen in Pakistan vom 8.–2. Jahrtausend v. Chr., red. v. A. Ardeleanu-Jansen, Mainz 1987, 137–152, Abb. 113; M. JANSEN: Mohenjo-Daro – Stadt am Indus, in: A. a. O., 153–173, S. 153–155: Das Große Bad: «Hauptbestandteil der Anlage war ein ca. 7 x 12 m großes und 2,4 m tiefes Becken, in das zwei Treppen mit je 10 Stufen, im Norden und Süden, hinabführten. Ein Pfeilerumgang gewährte im Süden Zugang zum Innenhof und zum Becken.» (S. 153) «Eine ausgesprochene Wasserverehrung, wie man sie heute noch auf dem indischen Subkontinent vorfindet, mag... im Großen Bad stattgefunden haben, auch wenn es hierfür an direkten Beweisen mangelt...» (155)

[21] V. IONS: Indische Mythologie (1967), übers. v. E. Schindel, Wiesbaden (Vollmer V.) o. J., 80.

[22] A. a. O., 21.

[23] Vgl. E. DREWERMANN: Tiefenpsychologie und Exegese, II 598–605: Die «Ungeschichtlichkeit» des mythischen Zyklus als Paradies oder als Verhängnis der menschlichen Existenz.

[24] F. NIETZSCHE: Der Wille zur Macht. Versuch einer Umwertung aller Werte, ausgew. und geordnet von P. Gast, Stuttgart (Kröner Tb. 78) 1964, Viertes Buch III: Die ewige Wiederkehr, S. 689–697, Nr. 1053–1067: «Und wißt ihr auch, was mir ‹die Welt› ist?... Diese Welt: ein Ungeheuer von Kraft, ohne Anfang,

ohne Ende... ein Meer in sich selber stürmender und flutender Kräfte, ewig sich wandelnd, ewig zurücklaufend, mit ungeheueren Jahren der Wiederkehr, ... aus dem Spiel der Widersprüche zurück bis zur Lust des Einklangs... als ein Werden, das kein Sattwerden... kennt...: diese meine dionysische Welt des Ewig-sich-selber-Schaffens, des Ewig-sich-selber-Zerstörens, diese Geheimnis-Welt der doppelten Wollüste, dies mein ‹Jenseits von Gut und Böse›, ohne Ziel, wenn nicht im Glück des Kreises ein Ziel liegt... wollt ihr einen Namen für diese Welt? Eine Lösung für alle ihre Rätsel?... Diese Welt ist der Wille zur Macht – und nichts außerdem!» (Nr. 1067, S. 696–697)

[25] Vgl. R. METZGER: Paul Gauguin. Mythos des Ursprungs, in: Pan. Zeitschrift für Kunst und Kultur, 5/88, S. 20–33; R. GOLDWATER: Paul Gauguin, Köln 1957, 124–128.

[26] R. GOLDWATER: a. a. O., 124.

[27] A. a. O., 124.

[28] A. a. O., 128.

[29] Vgl. E. DREWERMANN: Ich steige hinab in die Barke der Sonne. Meditationen zu Tod und Auferstehung, Olten-Freiburg 1989, 80–95.

[30] P. EICHER: Offenbarung. Prinzip neuzeitlicher Theologie, München 1977, 581.

[31] A. a. O., 582.

[32] F. ROSENZWEIG: Der Stern der Erlösung (1930), Frankfurt (Bibliothek Suhrkamp 973), Nachwort von G. Scholem, S. 221.

[33] A. a. O., 196–197.

[34] A. a. O., 183.

[35] A. a. O., 183–184.

[36] G. FAHR–BECKER–STERNER (Red.): Edvard Munch. Aus dem Munch-Museum Oslo. Gemälde, Aquarelle, Zeichnungen, Druckgraphik, Fotografien, Villa Stuck München 1987, Nr. 60–61, S. 160–161: Zum Walde I 1897. Holzschnitt von zwei Platten. E. MUNCH: Zum Walde II 1915, Munch-Museum Oslo.

[37] Zit. v. J. G. HAMANN: Briefe, hrsg. v. F. Roth, VI 127.

[38] T. PAINE: The Age of Reason, Part II, preface, p. 6, zit. n. W. u. A. Durant: Kulturgeschichte der Menschheit, XVIII: Die Napoleonische Ära, 83.

# Verzeichnis der zitierten Literatur

(zitiert stets nach der letztgenannten Ausgabe)

# Abkürzungen

CIC: Codex Juris Canonici. Codex des kanonischen Rechtes, lat.-dt., Kevelaer 1983.
WK: «Weltkatechismus». Catéchisme de l'Église Catholique, Paris 1992.

## 1. Offizielle Verordnungen und Verlautbarungen

J. J. DEGENHARDT: Zur «Kölner Erklärung» der Theologen, Worte zur Zeit Nr. 21, hrsg. v. Erzbisch. Generalvikariat, Paderborn 1989.

Erzbischof J. J. DEGENHARDT (Paderborn): Der Zölibat macht den katholischen Priester nicht weltfremd, in: Der Dom, Nr. 44, 1. Nov. 92, 14.

Erzbischof J. J. DEGENHARDT: Vom christlichen Glauben an das ewige Leben 1, in: Der Dom, Nr. 44, 1. 11. 92, S. 5.

Erzbischof J. J. DEGENHARDT: Vergebung und Erneuerung. Die Kirche als Versöhnungsgemeinschaft, in: Der Dom, Nr. 29, 18. 7. 93, S. 5.

DS: H. DENZINGER – A. SCHÖNMETZER: Enchiridion Symbolorum, Definitionum et Declarationum de Rebus Fidei et Morum, Freiburg ³²1963.

DEUTSCHE BISCHOFSKONFERENZ: Lineamente zur Bischofssynode über *Die Priesterbildung unter den derzeitigen Verhältnissen*, 16. 5. 89

Bischof MICHAEL FAULHABER: Waffen des Lichtes. Gesammelte Kriegsreden, Freiburg ⁵(verm.) 1918.

Papst JOHANNES PAUL II.: Reconciliatio et Paenitentia, AAS 60, 2. Dez. 1984.

JOHANNES PAUL II.: Christifideles Laici. Über die Berufung und Sendung der Laien in Kirche und Welt. Nachsynodales Apostolisches Schreiben, AAS 87, hrsg. v. Sekretariat der Deutschen Bischofskonferenz.

JOHANNES PAUL II.: Sacrosanctum Concilium über die heilige Liturgie, 4. 12. 1988, hrsg. von der dt. Bischofskonferenz, Verlautbarungen des Apostolischen Stuhls 89.

JOHANNES PAUL II.: Mich dürstet (Joh. 19,28). Botschaft zur Fastenzeit 1993, in: Kirchliches Amtsblatt für die Erzdiözese Paderborn, 11. 2. 93, 136. Jg., S. 11–12.

PAPST JOHANNES PAUL II.: Apostolische Konstitution *Fidei Depositum* zur Veröffentlichung des «Katechismus der katholischen Kirche nach dem Zweiten Vatikanischen Konzil», in: Kirchliches Amtsblatt für die Erzdiözese Paderborn, 136. Jg., 24. 5. 93, S. 57–59.

JOHANNES PAUL II.: *Splendor Varitatis* (Glanz der Wahrheit), 1993?

KEK: Katholischer Erwachsenenkatechismus. Das Glaubensbekenntnis der Kirche, hrsg. von der Deutschen Bischofskonferenz, Bonn 1985 (nicht genannter Verfasser: W. KASPER, heute Bischof von Rottenburg).

Bischof K. LEHMANN: Nachfolge des Herrn in ungeteiltem Dienst. Brief an die Gemeinden über die Ehelosigkeit des Priesters, in: Offertenzeitung, Nr. 17–8, Juli–August 93, 5–6.

JOSEPH KARDINAL RATZINGER: Schreiben der Glaubenskongregation an die Bischöfe der kath. Kirche über einige Aspekte der Kirche als Communio, Kirchl. Amtsblatt Paderborn, 135. Jg., 3. Aug. 92.

DVK: H. REUTER (Hrsg.): Das II. Vatikanische Konzil. Vorgeschichte, Verlauf, Ergebnisse, dargestellt nach Dokumenten und Berichten; Köln ²(verb.) 1966.

## 2. Mystik, Dogmatik, Patristik und Pastoraltheologie

AMBROSIUS: Lukaskommentar, Schriften, II, übers. J. Niederhuber, München (BKV 21) 1915.

ARISTIDES: Apologie, in: Frühchristliche Apologeten I, übers. v. K. Julius, München (BKV 12) 1913, 1–54.

ATHENAGORAS: Über die Auferstehung der Toten, in: Frühchristliche Apologeten I, übers. v. A. Eberhard, München (BKV 12) 1913, 326–365.

AUGUSTINUS: Vorträge über das Johannesevangelium, Schriften, IV–V, übers. v. T. Specht, München (BKV 8; 11) 1913.

AUGUSTINUS: Über die christliche Lehre, in: Schriften VIII, übers. v. S. Mitterer, München (BKV 49) 1925, 1–225.

AUGUSTINUS: Enchiridion, d. h. Handbüchlein für den Laurentius oder Buch vom Glauben, von der Hoffnung und von der Liebe, Schriften VIII, übers. v. S. Mitterer, München (BKV 49) 1925, 387–502.

AUGUSTINUS: Ausgew. Briefe, Schriften X, übers. v. A. Hoffmann, München (BKV 30) 1917.

H. U. VON BALTHASAR: Karl Barth. Darstellung und Deutung seiner Theologie, Köln 1951.

H. U. VON BALTHASAR: Klarstellungen. Zur Prüfung der Geister, Freiburg (Herder Tb. 393) 1971.

H. U. VON BALTHASAR: Was dürfen wir hoffen? Einsiedeln 1989.

K. BARTH: Die kirchliche Dogmatik, II.: Die Lehre von Gott, 1. Teil, Zürich ³1948.

K. BARTH: Die kirchliche Dogmatik, I.: Die Lehre vom Worte Gottes, 2. Teil, ⁴1948.

K. BARTH: Die kirchliche Dogmatik, II.: Die Lehre von Gott, 1. Teil, Zürich ⁷1955.

K. BARTH: Die kirchliche Dogmatik, III.: Die Lehre von der Schöpfung, 3. Teil, Zürich 1950.

K. BARTH: Die kirchliche Dogmatik, III.: Die Lehre von der Schöpfung, 4. Teil, Zürich ²1957.

K. BARTH: Die kirchliche Dogmatik, IV.: Die Lehre von der Versöhnung, 1. Teil; Zürich 1953.

BASILIUS: Hexaemeron, in: Schriften II, übers. v. A. Stegmann, München (BKV 47) 1925, 3–153.

I. BAUMGARTNER: Von der heilenden Kraft der Sakramente, in: ders. (Hrsg.): Handbuch der Pastoralpsychologie, Regensburg 1990, 547–563.

E. BISER: Glaubensimpulse. Beiträge zur Glaubenstheorie und Religionsphilosophie, Würzburg 1988.

E. BISER – E. DREWERMANN: Welches Credo?, Freiburg 1993, hrsg. v. M. Albus (Herder Spektrum 4202).

J. BLANK: Priester/Bischof, in: P. Eicher (Hrsg.): Neues Handbuch theologischer Grundbegriffe, IV 269–286; Erweiterte Neuausgabe in 5 Bden., München 1991.

L. BOFF: Die Kirche als Sakrament im Horizont der Welterfahrung. Versuch einer Legitimation und einer struktur-funktionalistischen Grundlegung der Kirche im Anschluß an das II. Vatikanische Konzil, Paderborn 1972.

J. BRINKTRINE: Die Lehre von Gott, 1. Bd.: Von der Erkennbarkeit, vom Wesen und von bden Vollkommenheiten Gottes, Paderborn 1953; 2. Bd: Von der göttlichen Trinität, Paderborn 1954.

J. BRINKTRINE: Die Lehre von der Menschwerdung und Erlösung, Paderborn 1959.

J. BROSSEDER: Taufe/Firmung, in: P. Eicher (Hrsg.): Neues Handbuch theologischer Grundbegriffe, V 113–128, Erweiterte Neuausgabe in 5 Bden.; München 1991.

P. BROWN: Der heilige Augustinus. Lehrer der Kirche und Erneuerer der Geistesgeschichte (1967), übers. v. J. Bernard, München (Heyne Biogr. 18) 1975.

U. BUBENHEIMER: Bibliodrama – Selbsterfahrung und Bibelauslegung im Spiel, in: I. Baumgartner (Hrsg.): Handbuch der Pastoralpsychologie, Regensburg 1990, 534–545.

J. CALVIN: Unterricht in der christlichen Religion. Institutio Christianae Religionis, nach der letzten Ausgabe übers. u. bearb. v. O. Weber, Neukirchen 1955/1988.

CYPRIAN: Über die Einheit der katholischen Kriche, Schriften I, übers. v. J. Baer, München (BKV 34) 1918, 125–160.

CYPRIAN: Briefe, in: Schriften II, übers. v. J. Baer, München (BKV 60) 1928.

K. DESCHNER: Der gefälschte Glaube. Eine kritische Betrachtung kirchlicher Lehren und ihrer historischen Hintergründe, München 1988.

E. DREWERMANN: Strukturen des Bösen. Die jahwistische Urgeschichte in exegetischer, psychoanalytischer und philosophischer Sicht, Paderborn 1978, 3 Bde.

H. DÖRING: Papsttum, A. Katholisch-systematische Übersicht, in: P. Eicher (Hrsg.): Neues Handbuch theologischer Grundbegriffe, IV 167–181; Erweiterte Neuausgabe in 5 Bden., München 1991.

E. DREWERMANN: Ich steige hinab in die Barke der Sonne. Meditationen zu Tod und Auferstehung, Olten-Freiburg 1989.

E. DREWERMANN: Worum es eigentlich geht. Protokoll einer Verurteilung, München ³(aktualis.) 1992.

E. DREWERMANN: Daß alle eins seien. Predigten zwischen Himmelfahrt und Dreifaltigkeitsfest, hrsg. v. B. Marz, Düsseldorf ²1993.

E. DREWERMANN – J. JEZIOROWSKI: Gespräche über die Angst, Gütersloh ⁴(erg.) 1993.

P. EICHER: Die anthropologische Wende. Karl Rahners philosophischer Weg vom Wesen des Menschen zur persönlichen Existenz, Freiburg (Schweiz) 1970.

P. EICHER: Offenbarung. Prinzip neuzeitlicher Theologie, München 1977.

P. EICHER (Hrsg.): Der Klerikerstreit. Die Auseinandersetzung um Eugen Drewermann, München 1990.

EUSEB: Leben Konstantins, in: Schriften, 1. Bd., übers. v. A. Bigelmair, München (BKV 9) 1913.

EUSEB: Kirchengeschichte, Schriften II, aus dem Griech. übers. v. P. Haeuser, München (BKV, 2. Reihe, Bd. 1) 1932.

FIRMICUS MATERNUS: Vom Irrtum der heid-

nischen Religionen, übers. v. A. Müller, in: Frühchristliche Apologeten, I 205–288, München (BKV 14) 1913.

K. FÜSSEL: Theologie der Befreiung, in: P. Eicher (Hrsg.): Neues Handbuch theologischer Grundbegriffe, V 147–158; Erweiterte Neuausgabe in 5 Bänden, München 1991.

E. GILSON: Johannes Duns Scotus, Düsseldorf 1959.

H. GRUNDMANN: Studien über Joachim von Floris, Leipzig-Berlin 1927.

G. GUTIÉRREZ: Theologie der Befreiung (1971), München-Mainz 1973.

H. HAAG: Abschied vom Teufel, Einsiedeln 1969; ⁴1973.

H. HÄRING: Kirche/Ekklesiologie. Systematisch, in: P. Eicher (Hrsg.): Neues Handbuch theologischer Grundbegriffe, III 119–133. Erweiterte Neuausgabe in 5 Bden., München 1991.

A. VON HARNACK: Das Wesen des Christentums (Vorlesungen 1899–1900), mit einem Vorwort von W. Trillhaas, Gütersloh (Siebenstern Tb. 227) 1977.

A. VON HARNACK: Lehrbuch der Dogmengeschichte. 1. Bd.: Die Entstehung der kirchlichen Dogmas (1887), Darmstadt 1983.

A. VON HARNACK: Lehrbuch der Dogmengeschichte. 2.–3. Bd.: Die Entwicklung des kirchlichen Dogmas (⁴1910) 1983.

J. HASENFUSS: Hermann Schell als existentieller Denker und Theologe, Würzburg 1956.

G. HASENHÜTTL: Charisma – Ordnungsprinzip der Kirche, Freiburg 1969.

F. HEILER: Der Katholizismus. Seine Idee und seine Erscheinung, München 1923.

HIERONYMUS: Briefe an Augustinus, Schriften, 3. Bd., 2. Briefband, übers. v. L. Schade, München 1937, 419–472 (BKV 2. Reihe, Bd. XVIII).

B. J. HILBERATH – TH. SCHNEIDER: Opfer, in: P. Eicher (Hrsg.): Neues Handbuch theologischer Grundbegriffe, IV 116–127; erw. Neuausgabe in 5 Bden., München 1991.

HILDEGARD VON BINGEN: Metaphysik der Seele, ausgew. v. St. Faber, München (Heyne 9545) 1989.

HILDEGARD VON BINGEN: Scivias – Wisse die

Wege. Eine Schau von Gott und Mensch in Schöpfung und Zeit, übers. v. W. Storch, Freiburg-Basel-Wien (Herder Spektrum 4115) 1992.

*Der Hirte des Hermas*, in: Die apostolischen Väter, aus dem Griech. übers. v. F. Zeller, München (BKV 35) 1918, 171–289.

A. HOLL: In Gottes Ohr. 17 Übungen in Kirchenkritik, Düsseldorf 1993.

K. HOLLMANN: Existenz und Glaube. Entwicklung und Ergebnisse der Bultmann-Diskussion in der katholischen Theologie, Paderborn 1972.

P. HÜNERMANN: Mangel an Gegenwart. Der neue katholische Katechismus, in: Lutherische Monatshefte, 32. Jg., August 93, 13–15.

J. HUS: Auslegung des Glaubensbekenntnisses der Zehn Gebote und des Vaterunsers (verf. 1413; hrsg. 1520; Prag 1865), dt. Übers. v. W. Schamschuh, in: Schriften zur Glaubensreform und Briefe der Jahre 1414–1415; Frankfurt 1969, 94–102.

IRENÄUS: Gegen die Häresien, Schriften I–II, übers. v. E. Klebba, München (BKV 4) 1912.

IRENÄUS: Erweis der apostolischen Verkündigung, in: Schriften, 2. Bde., München (BKV 3–4) 1912, 583–649.

H. J. IWAND: Glaubensgerechtigkeit nach Luthers Lehre, München 1964.

JOACHIM VON FIORE: Das Reich des heiligen Geistes, übers. v. A. Rosenberg, München 1955.

W. KASPER: Primat und Episkopat nach dem Vaticanum I, in: Theologische Quartalschrift 142 (1962) 47–83.

W. KASPER: Theologie und Kirche, Mainz 1987.

W. KASPER: Dogma/Dogmenentwicklung, in: P. EICHER (Hrsg.): Neues Handbuch theologischer Grundbegriffe, I 292–309; Erweiterte Neuausgabe in 5 Bden., München 1991.

W. KASPER – K. LEHMANN (Hrsg.): Teufel, Dämonen, Besessenheit, Mainz 1978.

W. KERN (Hrsg.): Die Theologie und das Lehramt, Freiburg 1982.

W. KERN: Theologie, in P. Eicher (Hrsg.): Neues Handbuch theologischer Grundbegriffe, V 129–140. Erweiterte Neuausgabe in 5 Bden., München 1991.

K. KIENZLER: Gotteserkenntnis, in: P. Eicher (Hrsg.): Neues Handbuch theologischer Grundbegriffe, II 301–311; Erweiterte Neuausgabe in 5 Bden., München 1991.

G. KREPPOLD: Heilende Dimensionen in Liturgie und Kirchenjahr, in: I. Baumgartner (Hrsg.): Handbuch der Pastoraltheologie, Regensburg 1990, 565–588.

N. VON KUES: Vom Gottsuchenden, in: Vom verborgenen Gott, eingel. u. übers. v. J. Peters, Freiburg 1956.

N. VON KUES: De docta ignorantia – die belehrte Unwissenheit, 1. Buch, übers. u. hrsg. v. P. Wilpert, Hamburg 1964.

H. KÜHN: Strukturen der Kirche (Freiburg 1962), München (SP 762) 1987.

H. KÜNG: Unfehlbar? Eine Anfrage, Zürich–Einsiedeln–Köln 1970.

H. KÜNG: Die Kirche, Freiburg 1967; München (SP 161) 1977.

H. KÜNG: Ewiges Leben?, München (SP 364) 1982.

B. LANG: Hölle, in P. Eicher (Hrsg.): Neues Handbuch theologischer Grundbegriffe, II 362–373; Erweiterte Neuausgabe in 5 Bden., München 1991.

M. LANGER: «In Gesellschaft der Teufel»: Zur Pädagogisierung der Hölle in der katechetischen Literatur der Neuzeit. Katechetische Blätter 111 (1986), 782–785.

A. LÄPPLE (Hrsg.): Neues Meßbuch für Sonn- und Feiertage, Kirchenjahr A, Aschaffenburg 1971.

B. LAURET: Jesus, der Christus, in P. Eicher (Hrsg.): Neue Summe Theologie, 1. Bd.: Der lebendige Gott, übers. v. A. Himmelsbach, Freiburg 1988, 136–284.

S. LEUCHLI: Die Bühne des Unheils. Das Menschheitsdrama im mythischen Spiel, Stuttgart 1988.

E. LE ROY: Dogme et critique, 1906.

E. LE ROY: Introduction à l'étude du problème religieux, 1944.

E. LOHSE: Erschwerte Ökumene, in: Lutherische Monatshefte, 32. Jg., August 1992, 15–16.

A. Loisy: L'Evangile et l'Église 1902.

A. Loisy: Autour d'un petit livre, 1903.

K. H. Lütcke: Grundsätze und Probleme der Theologenausbildung in Deutschland, in: Zeitschrift für Theologie und Kirche 80 (1983) 103–118.

M. Luther: Disputation gegen die scholastische Theologie (1517), in Werke, hrsg. v. K. Aland, I: Die Anfänge, Göttingen 1991, 355–362.

M. Luther: Von der Freiheit eines Christenmenschen (1520), in: Werke in Auswahl, hrsg. v. K. Aland, II: Der Reformator, Göttingen (UTB 1656) 1991, 251–274.

M. Luther: Der Große Katechismus (1529), Werke in Ausw., hrsg. v. K. Aland, III, Stuttgart ⁴(erw.) 1983, 11–150.

M. Luther: Vom unfreien Willen (1525), in: Dererneuerte Glaube, Göttingen ⁴(erw.) 1983, 151–334.

Martin Luther: Die Schmalkaldischen Artikel (1537), in: Die Werke in Auswahl, hrsg. v. K. Aland, III, Göttingen 1983, 335–367.

M. Luther: Ein Sendbrief vom Dolmetschen (1530); in: Werke in Auswahl, hrsg. v. K. Aland, V: Die Schriftauslegung, Göttingen (UTB 1656) 1991, 79–92.

M. Luther: Ein kleiner Unterricht, was man in den Evangelien suchen und erwarten solle (1522), in: Werke in Auswahl, hrsg. v. K. Aland, V: Die Schriftauslegung, Göttingen (UTB 1656) 1991, 196–203.

M. Luther: Eine Heerpredigt wider den Türken (1530), in: Die Werke, hrsg. v. K. Aland, VII: Die Christen in der Welt, Göttingen 1991, 119–148.

F. Malmberg: Ein Leib – ein Geist. Vom Myterium der Kirche (1959), übers. von Ruth-Elisabeth, Freiburg 1960.

R. Mau: Programme und Praxis des Theologiestudiums im 17. und 18. Jh., in: Theol. Vers. 11 (1980) 71–91.

G. Mechels: Analogie bei Erich Przywara und Karl Barth. Das Verhältnis von Offenbarungstheologie und Metaphysik, Neukirchen – Vluyn 1974.

Mechthild von Magdeburg: «Ich tanze, wenn du mich führst.» Ein Höhepunkt deutscher Mystik, ausgew., übers. u. eingel. v. M. Schmidt, Freiburg (Herder 1549) 1988.

Minucius Felix: Dialog Octavius, in: Frühchristliche Apologeten, II, übers. v. A. Müller, München (BKV 14) 1913, 123–204.

H. Mühlen: Una mystica persona. Die Kirche als das Mysterium der Identität des Heiligen Geistes in Christus und den Christen: Eine Person in vielen Personen, München–Paderborn–Wien 1964.

P. Neuner: Charisma/Amt, in P. Eicher (Hrsg.): Neues Handbuch theologischer Grundbegriffe, I 239–244; Erweiterte Neuausgabe in 5 Bden., München 1992.

Origenes: Gegen Celsus, übers. v. P. Koetschau, Schriften 2–3, Kempten–München (BKV 52–53) 1926–1927.

R. Panikkar: Der Weisheit eine Wohnung bereiten, hrsg. v. Ch. Bochinger, München o. J. (1991?).

R. Panikkar: Trinität. Über das Zentrum menschlicher Erfahrung (1973), übers. v. S. Schaup, München 1993.

W. Pannenberg: Die Prädestinationslehre des Duns Scotus im Zusammenhang der scholastischen Lehrentwicklung, Göttingen 1954.

H. J. Pottmeyer: Petrusamt in der Spannung von Amt und Charisma, in: Una Sancta 31 (1976) 229–309.

E. Przywara: Analogia Entis. Metaphysik, Urstruktur und Allrhythmus, Einsiedeln 1962.

K. Rahner: Griechische Mythen in christlicher Deutung, Zürich 1957.

K. Rahner: Geist in Welt. Zur Metaphysik der endlichen Erkenntnis bei Thomas von Aquin, München ²(überarb. u. erg. v. J. B. Metz) 1957.

K. Rahner: Das Dynamische in der Kirche, Freiburg 1958.

K. Rahner: Zur Theologie des Todes. Mit einem Exkurs über das Martyrium, Freiburg–Basel–Wien (Quaestiones disputatae 2) 1958.

K. Rahner: Kirche und Sakramente, Freiburg–Basel–Wien (Quaestiones disputatae Nr. 10) 1960.

K. RAHNER: Hörer des Wortes. Zur Grundlegung einer Reiligionsphilosophie, München ²(bearb. v. J. B. Metz) 1963.

K. RAHNER: Mein Problem. Karl Rahner antwortete jungen Menschen, Freiburg 1982.

K. RAHNER: Zur Frage der Dogmenentwicklung, in: Schriften zur Theologie, 1. Bd., Einsiedeln–Zürich–Köln 1962, 49–90.

K. RAHNER: Zum Sinn des Assumpta-Dogmas, in: Schriften zur Theologie, 1. Bd., Einsiedeln–Zürich–Köln 1962, 239–252.

K. RAHNER: Über das Verhältnis von Natur und Gnade, in: Schriften zur Theologie, I, Einsiedeln–Zürich–Köln ⁶1962, 323–345.

K. RAHNER: Zur scholastischen Begrifflichkeit der ungeschaffenen Gnade, in: Schriften zur Theologie, I, Einsiedeln–Köln–Zürich ⁶1962, 347–375.

K. RAHNER: Zum theologischen Begriff der Konkupiszenz, in: Schriften zur Theologie, 1. Bd., Einsiedeln–Zürich–Köln 1962, 377–413.

K. RAHNER: Die Freiheit in der Kirche, in: Schriften zur Theologie, II, Einsiedeln–Köln–Zürich ⁶1962, 95–114.

K. RAHNER: Über die Frage einer formalen Existentialethik, in: Schriften zur Theologie, II, Einsiedeln–Zürich–Köln ⁶1962, 227–246.

K. RAHNER: Die ewige Bedeutung der MenschheitJesufürunserGottesverhältnis,in: Schriften zur Theologie, III, Einsiedeln–Köln–Zürich ⁵1962, 47–60.

K. RAHNER: Vom Sinn der häufigen Andachtsbeichte, in: Schriften zur Theologie, Bd. 3, Zürich–Köln 1962, 211–225.

K. RAHNER: Beichtprobleme, in: Schriften zur Theologie, III, Einsiedeln–Köln–Zürich 1962, 227–245.

K. RAHNER: Priesterliche Existenz, in: Schriften zur Theologie, 3. Bd., Zürich–Köln 1962, 285–312.

K. RAHNER: Zur Theologie der Menschwerdung, in: Schriften zur Theologie, IV, Einsiedeln–Köln–Zürich ³1962, 137–156.

K. RAHNER: Virginitas in partu. Ein Beitrag zum Problem der Dogmenentwicklung und Überlieferung, in: Schriften zur Theologie, IV, ebd. 1962, 173–205.

K. RAHNER: Natur und Gnade, in: Schriften zur Theologie, IV, Einsiedeln–Zürich–Köln ³1962, 209–236.

K. RAHNER: Zur Theologie des Symbols, in; Schriften zur Theologie, IV, Einsiedeln–Köln–Zürich ⁵1962, 275–311.

K. RAHNER: Über die Möglichkeit des Glaubens heute, in: Schriften zur Theologie, V, Einsiedeln–Zürich–Köln 1962, 11–32.

K. RAHNER: Was ist eine dogmatische Aussage?, in: Schriften zur Theologie, V, Zürich–Einsiedeln–Köln 1962, 54–81.

K. RAHNER: Weltgeschichte und Heilsgeschichte, in: Schriften zur Theologie, V, Einsiedeln–Köln–Zürich 1962, 115–135.

K. RAHNER: Das Christentum und die nichtchristlichen Religionen, in: Schriften zur Theologie, V., Einsiedeln–Zürich–Köln 1962, 136–158.

K. RAHNER: Die Christologie innerhalb einer evolutiven Weltanschauung, in: Schriften zur Theologie, V, Einsiedeln–Zürich–Köln 1962, 183–221.

K. RAHNER: Die Einheit von Geist und Materie im christlichen Glaubensverständnis, in: Schriften zur Theologie, IV., Einsiedeln–Zürich–Köln 1965, 185–214.

K. RAHNER: Über den Episkopat, in: Schriften zur Theologie, VI, Einsiedeln–Zürich–Köln 1965, 369–422.

K. RAHNER: Grenzen der Amtskirche, in: Schriften zur Theologie, VI, Einsiedeln–Zürich–Köln 1965, 499–520.

K. RAHNER: Zur «Situationsethik» aus ökumenischer Sicht, in: Schriften zur Theologie, VI, Einsiedeln–Zürich–Köln 1965, 537–544.

K. RAHNER: Die anonymen Christen, in: Schriften zur Theologie, VI, Einsiedeln–Zürich–Köln 1965, 545–554.

F. SAWICKI: Die Gottesbeweise, Paderborn 1925.

H. SCHAUF: Die Lehre von der nichtappropriierten Einwohnung des Heiligen Geistes, Freiburg 1941.

L. SCHEFFCZYK: Das Unwandelbare im Petrusamt, Berlin 1971.

L. SCHEFFCZYK: Die Theologie und die Wissenschaften, Aschaffenburg 1979.

H. SCHELL: Das Wirken des dreieinigen Gottes, Mainz 1885.

E. SCHILLEBEECKX: Das kirchliche Amt, Düsseldorf 1981.

A. SCHILSON: Vorsehung, in: P. Eicher (Hrsg.): Neues Handbuch theologischer Grundbegriffe, V 218–229, Erweiterte Neuausgabe in 5 Bden., München 1991.

M. SECKLER: Die schiefen Wände des Lehrhauses, Freiburg 1988.

M. SECKLER – CH. BERCHTOLD: Glaube, in: P. Eicher (Hrsg.): Neues Handbuch theologischer Grundbegriffe, II 232–252. Erweiterte Neuausgabe in 5 Bden., München 1991.

J. SEILER: Das Dasein Gottes als Denkaufgabe. Darlegung und Bewertung der Gottesbeweise, Luzern 1965.

B. SNELA: Priester/Bischof, in: P. Eicher (Hrsg.): Neues Handbuch theologischer Grundbegriffe, IV 286–300; Erweiterte Neuausgabe in 5 Bden., München 1991.

N. SÖDERBLOM: Vater, Sohn und Geist, Tübingen 1909.

E. STRAKOSCH (Übers.): Die Wolke des Nichtwissens. Ein anonymes englisches Werk des 14. Jahrhunderts, Einsiedeln 1958 (Sigillum 14).

J. TAULER: Gotteserfahrung und Weg in die Welt, hrsg., eingel. und übers. v. L. Gnädinger, Olten-Freiburg 1983.

TERTULLIAN: Über die Taufe, in: Schriften I, übers. v. H. Kellner, München (BKV 7) 1912, 274–299.

TERTULLIAN: Scorpiace oder Arznei gegen den Skorpionenstich, Schriften, II 183–229, übers. v. H. Kellner, München (BKV 24) 1915.

TERTULLIAN: Vom Kranze des Soldaten, in: Schriften II, übers. v. G. Esser, München (BKV 24) 1915, 230–263.

TERTULLIAN: Die Prozeßeinrede gegen die Häretiker; in: Schriften, II. Bd., übers. v. G. Esser, Kempten-München (BKV 24) 1915, 303–354.

TERTULLIAN: Apologetikum, in: Schriften,

Bd. 2, übers. v. G. Esser, München (BKV 24) 1915, 379–528.

THERESIA VON AVILA: Die Seelenburg. Sämtl. Schriften, Bd. V, übers. u. bearb. v. A. Alkofer, München-Kempten 1960.

THOMAS VON AQUIN: Summa theologica, Rom 1888–1906, in: Opera omnia 4–5, 9–12.

P. TILLICH: Systematische Theologie, (3 Bde., 1951–63), übers. v. R. Albrecht u. a., 3 Bde., Stuttgart 1966.

G. TYRRELL: Nova et vetera, London 1897.

G. TYRRELL, E. Le Roy, E. Dimnet, A. Houtin: La question biblique chez les catholiques de France au XIXe siécle, 1902.

G. TYRRELL: Oil and Wine, 1904.

G. TYRRELL: Lex credendi, 1906.

G. TYRRELL: Through Scylla and Charybdis, London 1907.

G. TYRRELL: The church and the Future, 1910.

H. VORGRIMMLER: Buße/Vergebung, in P. Eicher (Hrsg.): Neues Handbuch theologischer Grundbegriffe, I 219–233. Erweiterte Neuausgabe in 5 Bden., München 1991.

H. WAGNER – A. v. CAMPENHAUSEN: Synode – Konzil, in: P. Eicher (Hrsg.): Neues Handbuch theologischer Grundbegriffe, V 101–112, erw. Neuausgabe in 5 Bden., München 1991.

J. WITTIG: Höre – Gott. Ein Buch vom Geiste und vom Glauben, Gotha 1929.

### 3. Philosophie, Ethik, Anthropologie, Linguistik

W. ABENDROTH: Schopenhauer, Reinbek (rm 133) 1967.

W. BEIERWALTES: Das Denken des Einen, Frankfurt 1985.

J. BLATTNER: Toleranz als Strukturprinzip, Freiburg-Basel-Wien 1985.

E. BLOCH: Der verstaatlichte Gott und das Recht auf Gemeinde, in: Religion im Erbe. Eine Auswahl aus seinen religionsphilosophischen Schriften, hrsg. v. J. Moltmann, Frankfurt 1959; Hamburg (Siebenstern Tb. 103) 1970, 127–130.

E. BLOCH: Das Prinzip Hoffnung (1938– 1947), Frankfurt 1959; Neudruck: Frankfurt (stw 3), 3 Bde., 1974.

M. BLONDEL: L'action. Essai d'une critique de la vie et d'une science de la pratique, Paris (1893), 1949–1950.

F. BÖCKLE: Geschlechterbeziehung und Liebesfähigkeit, in: Christlicher Glaube in moderner Gesellschaft, 6. Teilband, Freiburg 1981, 109–153.

G. BRAKELMANN – K. PETERS: Karl Marx über Religion und Emanzipation, Gütersloh 1975.

E. BRAUNS: Die marxistische Kritik, in P. Eicher (Hrsg.): Neue Summe Theologie, Freiburg-Basel-Wien 1989, III 393–418.

G. VON BREDOW: Platonismus im Mittelalter, Freiburg 1972.

G. BRUNO: Zwiegespräch vom unendlichen All und den Welten (1584), hrsg. v. L. Kuhlenbeck, Jena – Leipzig 1904.

M. BUBER: Ich und Du (1923), Werke, 1. Bd.: Schriften zur Philosophie, München-Heidelberg 1962, 77–170.

K. BÜHLER: Sprachtheorie, Jena 1934.

V. V. BUNAK: Die Entwicklungsstadien des Denkens und des Sprachvermögens und die Wege ihrer Erforschung, in: I. Schwidetzky (Hrsg.): Über die Evolution der Sprache, Frankfurt 1973, 226–252.

E. CASSIRER: Die Begriffsform des mythischen Denkens, 1922.

E. CASSIRER: Philosophie der symbolischen Formen, 3 Bde., (1929), Darmstadt 1954.

A. CAMUS: Der Mythos von Sisyphos. Ein Versuch über das Absurde (1943), komm. v. L. Richter, Hamburg (rde 90) 1959.

A. CAMUS: Der Mensch in der Revolte, übers. v. J. Streller, Reinbek 1953.

E. CHESSER: Liebe und Sex ohne Ehe, übers. v. G. Spitzer, München 1968.

N. CHOMSKY: Aspekte der Syntax-Theorie (1965), übers. v. E. Lang, Berlin 1969; Frankfurt (stw 42) 1973.

N. CHOMSKY: Sprache und Geist (1969), übers. v. A. Kamp, Frankfurt (stw 19) 1973.

A. COMTE: Die Soziologie. Die positive Philosophie im Auszug, hrsg. v. F. Blaschke, Stuttgart (Kröner Tb. 107) 1974.

K. W. DAHM, V. Drehsen, G. Kehrer: Das Jenseits der Gesellschaft. Religion im Prozeß sozialwissenschaftlicher Kritik, München 1975.

R. DESCARTES: Abhandlung über die Methode (1637), über. v. K. Fischer, in: I. Frenzel (Hrsg.): R. Descartes, Frankfurt (Fischer Tb. 357) 1960, 47–91.

R. DESCARTES: Die Meditationen (1641), übers. v. A. Buchenau, Hamburg (Philos. Bibl. 27) 1954.

R. DESCARTES: Meditationen über die erste Philosophie (1641), in: I. Frenzel (Hrsg.): Descartes, Frankfurt (Fischer Tb. 357) 1960, 93–125.

K. DESCHNER: Das Kreuz mit der Kirche. Eine Sexualgeschichte des Christentums, Düsseldorf-Wien 1974; München (Heyne 1280) 1989.

H. DIELS (Hrsg.): Die Fragmente der Vorsokratiker, Reinbeck (rk 10) 1957.

W. DILTHEY: Ideen über eine beschreibende und zergliedernde Psychologie (1894), in: Ges. Schriften, Bdt. V: Die Geistige Welt. Einleitung in die Philosophie des Lebens. 1. Hälfte: Abhandlungen zur Grundlegung der Geisteswissenschaften, Göttingen 1975, 139–240.

W. DILTHEY: Das Wesen der Philosophie (1907), in: Die geistige Welt. Einleitung in die Philosophie des Lebens. 1. Hälfte: Abhandlungen zur Grundlegung der Geistes-wissenschaften. Ges. Schriften, V. Bd., Stuttgart-Göttingen, 339–416.

H. DOMBOIS – E. WILKENS: Macht und Recht. Beiträge zur lutherischen Staatslehre der Gegenwart, Berlin 1956.

E. DREWERMANN: Psychoanalyse und Moraltheologie, 1. Bd.: Angst und Schuld, Mainz 1982, 128–162: Sünde und Neurose.

E. DREWERMANN: Das Tragische und das Christliche; in: Psychoanalyse und Moraltheologie, 1. Bd.: Angst und Schuld, Mainz 1982, 19–78.

E. DREWERMANN: Psychoanalyse und Moraltheologie, 2. Bd.: Wege und Umwege der Liebe, Mainz 1983.

O. DUCROT: Der Strukturalismus in der Linguistik, in: F. Wahl (Hrsg.): Einführung in den Strukturalismus (1968), übers. v. E. Moldenhauer, Frankfurt (stw 10) 1973.

ERASMUS VON ROTTERDAM: Vertraute Gespräche (1518), übers. v. H. Schiel, Köln 1947.

G. ERMECKE: Zur ethischen Begründung der Todesstrafe heute. Vortrag beim Antritt des Rektorats 1958-59 der Philos.-Theolog. Akademie zu Paderborn, Paderborn 1959.

L. FEUERBACH: Zur Kritik der Hegelschen Philosophie (1839), in: Werke in 6 Bden., hrsg. v. E. Thies, Bd. 3: Kritiken und Abhandlungen II (1839–1843), Frankfurt 1975, 7–53.

L. FEUERBACH: Über den Marienkultus (1842), in: Werke in 6 Bden., hrsg. v. E. Thies, III: Kritiken und Abhandlungen II (1839–1842), Frankfurt 1975, 143–162.

L. FEUERBACH: Grundsätze der Philosophie der Zukunft (1843), in: Werke in 6 Bden., hrsg. v. E. Thies, Bd. 3: Kritiken und Abhandlungen II (1839–1843), Frankfurt 1975, 247–322.

L. FEUERBACH: Das Wesen der Religion (1846), in: Werke in 6 Bden., hrsg. v. E. Thies, IV, Frankfurt 1975, 81–153.

L. FEUERBACH: Das Wesen des Christentums (1841), in: Werke in sechs Bänden, hrsg. v. E. Thies, 5. Bd., Frankfurt 1976.

J. G. FICHTE: Grundlagen der gesamten Wissenschaftslehre (1794), hrsg. v. F. Medicus (1922), Hamburg (Philos. Bibl. 246) 1961.

B. FRALING: Nichteheliche Lebensgemeinschaften, in: H. Rotter – G. Virt (Hrsg.): Neues Lexikon der christlichen Moral, Innsbruck-Wien 1990, 557–563.

I. FRENZEL: Nietzsche, Reinbek (rm 115) 1966.

J. FROHSCHAMMER: Über die Freiheit der Wissenschaft, München 1861.

A. GEHLEN: Der Mensch. Seine Natur und seine Stellung in der Welt, Frankfurt 81966.

C. F. GEYER: Deontische Logik, in: H. Häring u. a. (Hrsg.): Wörterbuch des Christentums, hrsg. v. H. Häring (u. a.), Gütersloh-Zürich 1988, 235–236.

J. GRÜNDEL: Grundlinien einer christlichen Sexualmoral, in S. REHRL (Hrsg.): Christliche Verantwortung in der Welt der Gegenwart, München 1982, 157–177.

G. GUNDLACH: Die Lehre Pius' XII, vom modernen Krieg, in: Stimmen der Zeit, 4/1959, 1–14, Freiburg 1958–59, 164. Bd.

H. HALBE (Hrsg.): Psycholinguistik; Darmstadt (Wege der Forschung 191) 1977.

N. HARTMANN: Der Aufbau der realen Welt. Grundriß der allgemeinen Kategorienlehre, Berlin-New York 1950.

G. W. F. HEGEL: «Der Geist des Christentums». Schriften 1796–1800, mit bislang unveröffentlichten Texten hrsg. u. eingel. v. W. Hamacher, Frankfurt-Berlin-Wien (Ullstein Tb. 3360) 1978.

G. W. F. HEGEL: Glauben und Wissen oder die Reflexionsphilosophie der Subjektivität in der Vollständigkeit ihrer Formen als Kantische, Jacobische und Fichtesche Philosophie (1802), hrsg. v. G. Lasson (1928), Hamburg (Philos. Bibl. 62b.) 1962.

G. W. F. HEGEL: Phänomenologie des Geistes (1807), hrsg. v. J. Hoffmeister (1937), Hamburg (Philos. Bibl. 114) 61952.

G. W. F. HEGEL: Wissenschaft der Logik, Nürnberg 1816; hrsg. v. G. Lasson, 2 Bde., Hamburg (Philos. Bibl. 56/57) 1963.

G. W. F. HEGEL: Vorlesungen über die Philosophie der Religion (1821), hrsg. v. H. Glockner, Sämtl. Werke in 20 Bden., Bd. 15–16, Stuttgart-Bad Cannstatt ⁴1965.

G. W. F. HEGEL: Grundlinien der Philosophie des Rechts oder Naturrecht und Staatswissenschaft im Grundrisse (1821). Mit Hegels eigenhändigen Notizen in seinem Handexemplar und den mündlichen Zusätzen, hrsg. u. eingel. v. H. Reichelt, Frankfurt-Berlin-Wien (Ullstein Tb. 2929) 1972.

G. W. F. HEGEL: Vorlesung über die Philosophie der Geschichte, hrsg. v. F. Brunstäd, eingl. v. Th. Litt; Stuttgart (reclam 4881–85) 1961.

M. HEIDEGGER: Sein und Zeit (1926), Tübingen ¹⁰1963.

M. HEIDEGGER: Über den «Humanismus». Brief an Jean Beaufret, Paris, in: Platons Lehre von der Wahrheit, Bern 1947, 53–119.

TH. HOBBES: Leviathan (1642), übers. v. J. P. Mayer, Stuttgart (reclam 8348) 1970.

A. HOLDEREGGER: Autonomie, in: H. Rotter – G. Virt (Hrsg.): Neues Lexikon der christlichen Moral, Innsbruck-Wien 1990, 59–66.

J. HUIZINGA: Homo Ludens. Vom Ursprung der Kultur im Spiel (1938), übers. v. H. Nachod, Reinbek (rde 21) 1956.

K. HÜBNER: Die Wahrheit des Mythos, München 1985.

W. JAESCHKE: Die Religionsphilosophie Hegels, Darmstadt 1983.

K. JASPERS: Der philosophische Glaube, München 1948; Frankfurt (Fischer Tb. 249), 1958.

K. JASPERS: Über das Tragische, München 1958.

J. KADENBACH: Das Religionsverständnis von Karl Marx, Paderborn 1970.

I. KANT: Allgemeine Naturgeschichte und Theorie des Himmels, oder Versuch von der Verfassung und dem mechanischen Ursprung des ganzen Weltgebäudes nach Newtonschen Grundsätzen abgehandelt (1746), in: Werke in 12 Bden., hrsg. v. W. Weischedel, Frankfurt 1960, I 225–396.

I. KANT: Kritik der reinen Vernunft (1781), in: Werke in 12 Bden., hrsg. v. W. Weischedel, Frankfurt 1978, Bd. III–IV.

I. KANT: Prolegomena zu einer jeden künfti-gen Metaphysik, die als Wissenschaft wird auftreten können, Riga 1783, in: Werke in 12 Bden., hrsg. v. W. Weischedel, Frankfurt 1968, V 109–264.

I. KANT: Grundlegung zur Metaphysik der Sitten (1786), in: Werke, hrsg. v. W. Weischedel, Frankfurt 1968, VII 7–102.

S. KIERKEGAARD: Furcht und Zittern, Kopenhagen 1843; übers. v. L. Richter, Hamburg (rk 89) 1961; Werke III.

S. KIERKEGAARD: Der Begriff Angst. Eine simple psychologisch-hinweisende Erörterung in Richtung des dogmatischen Problems der Erbsünde (1844), übers. v. L. Richter, Reinbek (Werke I, rk 71) 1960.

S. KIEREGAARD: Philosophische Brosamen und Unwissenschaftliche Nachschrift (1844), hrsg. v. H. Diem und W. Rest, Köln 1959; München (dtv) 1976.

S. KIERKEGAARD: Die Krankheit zum Tode. Eine christliche psychologische Entwicklung zur Erweckung und Erbauung (1848), übers. v. L. Richter, Reinbek (Werke IV, rk 113) 1962.

S. KIERKEGAARD: Einübung im Christentum, Kopenhagen 1850, übers. v. E. Hirsch, Düsseldorf-Köln 1971; Werkausgabe, 2. Bd., 5–308 (= XII 1–239).

S. KIERKEGAARD: Der Augenblick. Aufsätze und Schriften des letzten Streits zwischen 1854–1855; übers. v. H. Gerdes, Werke XIV, Düsseldorf-Köln 1959; Werkausgabe in 2 Bden., II 309–567, Düsseldorf-Köln 1971.

S. KIERKEGAARD: Die Tagebücher, ausgew. u. übers. v. H. Gerdes, 5 Bde., Düsseldorf-Köln 1962–1974.

L. KLAGES: Vom kosmogonischen Eros (1921), Bonn 1963.

F. KLUGE: Etymologisches Wörterbuch der deutschen Sprache, Berlin-New York ²¹1975.

H. LENK (Hrsg.): Normenlogik. Grundprobleme der deontischen Logik, Pullach 1974.

G. E. LESSING: Eine Duplik (1778), in: Werke, hrsg. v. P. Stapf, 2 Bde., Wiesbaden (Vollmer Verlag) o. J., II 1180–1243.

J. LOCKE: A Letter concerning toleration, 1689.

G. Lukács: Die Zerstörung der Vernunft (1954), Darmstadt-Neuwied 1962; 3 Bde., Darmstadt-Neuwied (sl 133), 1973, Bd. 3: Irrationalismus und Soziologie.

K. Marx: Das Kapital. Kritik der politischen Ökonomie, 3 Bde., (nach der 1. von F. Engels hrsg. Aufl. 1894) Berlin (MEW 25) 1964.

K. Marx, F. Engels: Die deutsche Ideologie, MEW III, hrsg. vom ZK der SED, Berlin 1973, 104–221.

K. Marx: Kritik der Hegelschen Dialektik und Philophie überhaupt, in: Karl Marx – Friedrich Engels. Ergänzungsband. Schriften. Manuskripte. Briefe bis 1844, 1. Teil, Berlin 1973, 568–588.

J. St. Mill: Drei Essays über Religion (1850), übers. v. D. Birnbacher, Stuttgart (reclam 8237) 1984.

F. Nietzsche: Also sprach Zarathustra. Ein Buch für alle und keinen (1883–1884: Teil I–III; 1985: Teil IV), München (Goldmann Tb. 403) 1960.

F. Nietzsche: Jenseits von Gut und Böse. Vorspiel einer Philosophie der Zukunft (1885), München (Goldmann Tb. 990) o. J.

F. Nietzsche: Der Antichrist. Versuch einer Kritik am Christentum (1888), in: Der Antichrist, Ecce Homo. Dionysos-Dithyramben, Nachw. v. B. H. Bonsels, München (Goldmann 1471) 1964, 5–73.

F. Nietzsche: Der Wille zur Macht. Versuch einer Umwertung aller Werte, ausgew. und geordnet von P. Gast, Stuttgart (Kröner Tb. 78) 1964.

Tom Paine: The Age of Reason, New York o. J. (1793: 1. Teil).

B. Pascal: Über die Religion und über einige andere Gegenstände (1669, postum), übers. v. E. Wasmuth, Heidelberg 5(neu bearb.) 1954.

H. Popitz: Der entfremdete Mensch, Darmstadt 1973.

K. Rahner: Über die Frage einer formalen Existentialethik, Schriften II, Zürich-Einsiedeln-Köln 1962, 227–246.

P. P. Rohde: Sören Kierkegaard, Reinbek (rm 28) 1959.

P. de Rosa: Der Vatikan – von Gott verlassen? Kirche, Sex und Tod (1992), übers. v. M. Huber, München 1993.

J. P. Sartre: Das Sein und das Nichts. Versuch einer phänomenologischen Ontologie (1943), übers. v. J. Streller, K. A. Ott und A. Wagner, Reinbek 1962.

J. P. Sartre: Kritik der dialektischen Vernunft, 1. Bd.: Theorie der gesellschaftlichen Praxis (1960), übers. v. T. König, Reinbek 1967.

F. de Saussure: Grundfragen der allgemeinen Sprachwissenschaft (1916), Berlin 1931.

F. W. J. Schelling: System des transzendentalen Idealismus (1800), hrsg. v. R. E. Schulz, Hamburg (Philos. Bibl. 254) 1957.

F. W. J. Schelling: Philosophie der Offenbarung (1858), Bd. 1, Darmstadt 1983.

F. Schleiermacher: Monologen. Eine Neujahrsgabe (anonym, 1800), Darmstadt 1953.

F. Schleiermacher: Über die Religion. Reden an die Gebildeten unter ihren Verächtern (1799), Stuttgart (reclam 8313) 1969.

F. Schleiermacher: Hermeneutik und Kritik, hrsg. u. eingel. v. M. Frank, Frankfurt (stw 211) 1977.

C. Schmitt: Der Begriff des Politischen, München-Leipzig 1932.

R. Schneider: Der Friede der Welt, Wiesbaden 1956.

A. Schopenhauer: Die Welt als Wille und Vorstellung, 2 Bde. (¹1818), hrsg. v. A. Hübscher; Sämtliche Werke, Bd. 2–3, Wiesbaden 1965; 1949.

Schopenhauer: Die Welt als Wille und Vorstellung, 2. Bd., welcher die Ergänzungen zu den vier Büchern des ersten Bandes enthält, hrsg. v. A. Hübscher; sämtliche Werke Bd. 3, Wiesbaden 1949.

A. Schopenhauer: Parerga und Paralipomena, 2 Bde., Sämtliche Werke, hrsg. v. A. Hübscher, Bd. 5–6, Wiesbaden 1947.

A. Schopenhauer: Über die Universitätsphilosophie, Sämtl. Werke, V: Parerga und Paralipomena, I 147–210, hrsg. v. A. Hübscher, Wiesbaden 1946.

U. Schultz: Immanuel Kant in Selbstzeugnissen und Bilddokumenten, rm 101, Reinbek 1965.

W. SCHWEITZER: Der entmythologisierte Staat, Gütersloh 1968.

R. SPAEMANN: Zur philosophisch-theologischen Diskussion um die Atombombe, in: Atomare Kampfmittel und christliche Ethik, München 1960.

B. DE SPINOZA: Theologisch-Politischer Traktat (1660), übers. v. C. Gebhardt, Hamburg (Philos. Bibl. 93) ⁵1955.

M. STIRNER: Der Einzige und sein Eigentum (1844), Leipzig 1892.

R. TAGORE: Die Religion des Menschen (1956), übers. v. E. Engelhardt, Freiburg 1962.

R. TAGORE: Einheit der Menschheit, übers. v. E. Engelhardt, Freiburg 1961.

J. TOLAND: Christianity as old as the creation, London 1730; dt.: Frankfurt 1741.

M. DE UNAMUNO: Das tragische Lebensgefühl, München 1933.

M. DE UNAMUNO: Die Agonie des Christentums, übers. v. O. Buek, München 1928.

L. S. WYGOTSKI: Denken und Sprechen. Mit einer Einleitung v. Th. Luhmann; hrsg. v. J. Helm (1934), aus dem Russ. übers. v. G. Sewekow, Berlin 1964; Frankfurt (Fischer Tb. 6350) 1977.

D. WYSS: Marx und Freud, Göttingen 1969.

## 4. Biblische Theologie und Judentum

K. ALAND: Die Säuglingstaufe im Neuen Testament und in der alten Kirche. Eine Antwort an Joachim Jeremias, München 1961.

A. ALT: Das Gottesurteil auf dem Karmel (1935), in: Kleine Schriften zur Geschichte des Volkes Israel, 2. Bd., München 1953, 135–149.

A. ALT: Der Gott der Väter (1929), in: Kleine Schriften zur Geschichte des Volkes Israel, 3 Bde., München ³1963, I 1–78.

SCH. BEN CHORIN: Bruder Jesus, Der Nazarener in jüdischer Sicht, München 1967; München (dtv 1253) 1977.

E. BISER: Der Freund. Annäherungen an Jesus, München-Zürich (SP 981) ²1989.

E. BISER: Paulus. Zeuge, Mystiker, Vordenker, München-Zürich (SP 1477) 1992.

G. BORNKAMM: Jesus von Nazareth, Stuttgart (Urban Tb. 19) 1956.

H. BRAUN: Qumran und das Neue Testament II, Tübingen 1966.

M. BUBER: Zwei Glaubensweisen (1950), in: Werke, I. Bd., München 1962, 651–782.

M. BUBER: Moses (1945), Werke II 9–230, München-Heidelberg 1964.

M. BUBER: Der Glaube der Propheten (1940), Werke II, München-Heidelberg 1964, 231–484.

M. BUBER: Prophetie und Apokalyptik (1954), Werke II 925–942, München-Heidelberg 1964.

M. BUBER: Falsche Propheten (1940), Werke II 943–949; München-Heidelberg 1964.

R. BULTMANN: Jesus, Tübingen 1926; München-Hamburg (Siebenstern 17) 1964.

R. BULTMANN: Die Geschichte der synoptischen Tradition (1931), Göttingen 1957.

R. BULTMANN: Das Evangelium des Johannes. Kritisch-exegetischer Kommentar über das Neue Testament, Göttingen 1941.

R. BULTMANN: Theologie des Neuen Testamentes, Tübingen 1958; ⁴1961.

R. BULTMANN: *pisteuo* (glauben): Der Glaube im Judentum, in: Theologisches Wörterbuch zum Neuen Testament, IV 197–230, Stuttgart 1959.

H. CONZELMANN: Die Apostelgeschichte, Tübingen (Handbuch zum Neuen Testament 7) 1963.

M. DIBELIUS: Die urchristliche Überlieferung von Johannes dem Täufer, Göttingen 1911.

M. DIBELIUS: Die Formgeschichte des Evangeliums (1933 neu bearb.), hrsg. v. G. Bornkamm, Tübingen 1961.

M. DIBELIUS: Jesus (1939) Berlin (Göschen 1130) 1960.

E. DREWERMANN: Tiefenpsychologie und Exegese, 2 Bde., Olten-Freiburg 1984–1985.

E. DREWERMANN: Dein Name ist wie der Geschmack des Lebens. Tiefenpsychologische Deutung der Kindheitsgeschichte nach dem Lukasevangelium, Freiburg-Basel-Wien 1986.

E. DREWERMANN: Das Markus-Evangelium, 2 Bde., Olten-Freiburg 1987–1988.

E. DREWERMANN: An ihren Früchten sollt ihr sie erkennen. Antwort auf R. Peschs und G. Lohfinks «Tiefenpsychologie und keine Exegese». Mit einem Beitrag von St. Schmitz, Olten-Freiburg 1988.

E. DREWERMANN: Das Matthäusevangelium. Bilder der Erfüllung, 1. Bd., Olten-Freiburg 1992.

H. FRANKEMÖLLE: Eucharistie, in: P. Eicher (Hrsg.): Neues Handbuch theologischer Grundbegriffe, I 418–426; Erweiterte Neuausgabe in 5 Bden., München 1991.

G. FRIEDRICH: Propheten und Prophezeiungen im Neuen Testament, Theologisches Wörterbuch zum NT, VI 829–863, hrsg. v. G. Friedrich, Stuttgart 1959.

H. GUNKEL: Genesis (³1910), Göttingen ⁸1969.

M. HENGEL: Nachfolge und Charisma. Eine exegetisch-religionsgeschichtliche Studie zu Mt 8,21f. und Jesu Ruf in die Nachfolge, BZNW 34, Berlin 1968, 46–55.

J. JEREMIAS: Die Gleichnisse Jesu, ¹(1947), Göttingen ⁶(neu bearb.) 1962, 200–203.

J. JEREMIAS: Die Kindertaufe in den ersten vier Jahrhunderten, Göttingen 1958.

J. JEREMIAS: Nochmals: Die Anfänge der Kindertaufe. Eine Replik auf Kurt Alands Schrift:

‹Die Säuglingstaufe im Neuen Testament und in der alten Kirche›, München 1962.

J. JEREMIAS: Jerusalem zur Zeit Jesu. Eine kulturgeschichtliche Untersuchung zur neutestamentlichen Zeitgeschichte, Göttingen ³(neu bearb.) 1962.

J. JEREMIAS: Neutestamentliche Theologie, 1. Teil: Die Verkündigung Jesu, Gütersloh 1971.

O. KAISER: Der Prophet Jesaja, Kap. 1–12, ATD 17; Göttingen ²(verb.) 1963.

H. J. KLAUCK: Sie Sakramente und der historische Jesus, in: Pastoralblatt, 1/1991, 2–11.

B. LANG: Hölle, in: P. Eicher (Hrsg.): Neues Handbuch theologischer Grundbegriffe, II 362–373; Erweiterte Neuausgabe in 5 Bden., München 1991.

B. LANG: Prophetie, in: P. Eicher (Hrsg.): Neues Handbuch theologischer Grundbegriffe, IV 301–311; Erweiterte Neuausgabe in 5 Bden., München 1991.

G. LOHFINK: Zur Figur der Zwölf im Neuen Testament, in: Mit Jesus sein – von ihm gesandt. Dokumentation zum Priestertag am 3.5.93 anläßlich des silbernen Bischofsjubiläums von Erzbischof J. J. Degenhardt, Paderborn 1993, Generalvikariat, 20–34.

E. LOHSE: rabbi, rabbuni, in: Theologisches Wörterbuch zum Neuen Testament, VI 962–966, hrsg. v. G. Friedrich, Stuttgart 1959.

E. LOHSE: sabbaton, in: G. Friedrich (Hrsg.): Theologisches Wörterbuch zum Neuen Testament, VII, Stuttgart 1964.

M. LUTHER: Ein Sendbrief vom Dolmetschen (1530), in: Die Werke Luthers in Auswahl, hrsg. v. K. Aland, V, Göttingen 1991, 79–92.

U. LUZ: Das Evangelium nach Matthäus, Evangelisch-katholischer Kommentar zum Neuen Testament, 1. Teilband: Mt 1–7, Neukirchen-Vluyn ²(durchges.) 1989; 2. Teilband: Mt 8–17, 1990.

R. MAYER: Der babylonische Talmud. Ausgew., übers. u. erkl. v. R. Mayer, München (GG Tb. 1330–1332) 1963.

R. MEYER: Prophetentum und Propheten im Judentum der hellenistisch-römischen Zeit, in: Theologisches Wörterbuch zum Neuen

Testament, VI 813–828, hrsg. v. G. Friedrich, Stuttgart 1959.

R. MEYER: *saddoukaios* (Sadduzäer), in: Theologisches Wörterbuch zum Neuen Testament, Bd. VII, hrsg. v. G. Friedrich, Stuttgart 1964, 35–54.

O. MICHEL: *telonäs* (Zöllner) in: G. Friedrich (Hrsg.): Theologisches Wörterbuch zum Neuen Testament, VIII 88–106, Stuttgart 1965.

R. MORGENTHALER: Statistik des Neutestamentlichen Wortschatzes, Zürich 1958.

K. MÜLLER: Exegese/Bibelwissenschaft, in: P. Eicher (Hrsg.): Neues Handbuch theologischer Grundbegriffe, II 23–44; Erweiterte Neuausgabe in 5 Bden., München 1991.

M. NOTH: Das zweite Buch Mose (ATD 5), Göttingen ²1961.

A. OEPKE: bapto (taufen), in: G. Kittel (Hrsg.): Theologisches Wörterbuch zum Neuen Testament, 1. Bd., Stuttgart 1933, 527–544.

R. PESCH: Das Markusevangelium, 2 Bde., Freiburg-Basel-Wien 1982; 1984.

R. PESCH, G. Lohfink: Tiefenpsychologie und keine Exegese, Stuttgart (SBS 129) 1987.

G. QUELL: *agapao* (lieben): Die Lieben im AT, in: Theologisches Wörterbuch zum Neuen Testament, hrsg. von G. Kittel, 1. Bd., Stuttgart 1933, 20–34.

G. VON RAD: Theologie des Alten Testamentes, 2 Bde., München ⁴1957/1960.

R. RATZINGER (Hrsg.): Schriftauslegung im Widerstreit, in: Schriftauslegung im Widerstreit, Freiburg 1989, 15–44.

K. H. RENGSTORF: *dodeka* (Zwölf), in: G. Kittel (Hrsg.): Theologisches Wörterbuch zum Neuen Testament, II, Stuttgart 1935, 321–328.

R. RENDTORFF: *nabi* (Prophet) im Alten Testament, in: Theologisches Wörterbuch zum Neuen Testament, VI 796–813, hrsg. v. G. Friedrich, Stuttgart 1959.

H. W. ROBINSON: The Hebrew Conception of Corporate Personality, Bibl. Zeitschr. f. Alttestamentl. Wiss. 66, 1936, 49–62.

R. ROSENZWEIG: Der Stern der Erlösung (1930), Frankfurt (Bibliothek Suhrkamp 973), Nachwort von G. Scholem.

F. ROSENZWEIG: Das Büchlein vom gesunden und kranken Menschenverstand, hrsg. u. eingel. v. N. N. Glatzer, Düsseldorf 1964; Frankfurt 1992.

E. STAUFFER: Jesus. Gestalt und Geschichte, Bern-München (Dalp 332) 1957.

E. STAUFFER: *agapao* (lieben), in: Theologisches Wörterbuch zum Neuen Testament, hrsg. v. G. Kittel, 1. Bd., Stuttgart 1933, 34–55.

E. STAUFFER: Die Botschaft Jesu damals und heute, Bern-München (Dalp Tb. 333) 1959.

H. L. STRACK – P. BILLERBECK: Kommentar zum Neuen Testament aus Talmud und Midrasch, 6 Bde., München 1922–1961.

H. SCHLIER: Der Brief an die Epheser. Ein Kommentar, Düsseldorf 1957.

H. SCHLIER: Der Brief an die Galater, Göttingen ¹⁰(neubearb.) 1962.

ST. SCHMITZ: Weder Tiefenpsychologie noch Exegese. Eine Auseinandersetzung mit Gerhard Lohfink und Rudolf Pesch, in: E. DREWERMANN: An ihren Früchten sollt ihr sie erkennen, Olten 1988, 177–202.

R. SCHNACKENBURG: Die sittliche Botschaft des Neuen Testamentes, München ² 1962.

R. SCHNACKENBURG: Das Johannesevangelium, 4 Teile, Freiburg-Basel-Wien 1981–1984.

A. SCHWEITZER: Geschichte der Leben Jesu-Forschung, 1913; 1906 unter dem Titel: Von Reimarus zu Wrede; Neudruck: München-Hamburg (Siebenstern 77–80), 2 Bde., 1966.

E. SCHWEIZER: Jesus Christus im vielfältigen Zeugnis des Neuen Testaments, Hamburg (Siebenstern Tb. 126) 1968.

K. W. TRÖGER: Gnosis und Neues Testament, Berlin-Gütersloh 1973.

R. DE VAUX: Die Patriarchenerzählungen und die Geschichte (1965), Stuttgart (SB 3) 1965.

A. WEISER: Die Psalmen, 1. Bd.: Ps 1–60 (ATD 14), Göttingen 1950.

A. WEISER: Die Psalmen, 2. Bd.: Ps 61–150 (ATD 15), Göttingen 1950.

A. WEISER: Die Propheten (ATD 24) 1. Bd.: Hosea, Joel, Amos, Obadja, Jona, Micha, Göttingen 1950.

A. WEISER: Das Buch Hiob (ATD 13), Göttingen 1959.

A. Weiser: Der Prophet Jeremia, Kap. 1,1–25,14, ATD 20, Göttingen ⁴(neu bearb.) 1960.

A. Weiser: Der Prophet Jeremia, Kap. 25,15–52, ATD 21, Göttingen ³(neu bearb.) 1960.

J. Wellhausen: Die Composition des Hexateuchs (1876–77), Berlin ⁴1963.

J. Wellhausen: Grundrisse zum Alten Testament (1901), hrsg. v. R. Smend, München 1965.

J. Wellhausen: Einleitung in die ersten drei Evangelien, Berlin 1905.

H. Zimmermann: Neutestamentliche Methodenlehre. Darstellung der historisch-kritischen Methode, Stuttgart ⁷(neubearb. v. K. Kliesch) 1982.

## 5. Kirchengeschichte und Profangeschichte

B. Altaner: Zur Frage der Definibilität der Assumptio Beatae Mariae Virginis: Theolog. Rev. 1948, 129 ff; 1949, 129 ff; 1950, 5 ff.

P. Anderson: Von der Antike zum Feudalismus. Spuren der Übergangsgesellschaft (1974), übers. v. A. Schweikhardt, Frankfurt (sv 922) 1978.

C. Andresen – G. Denzler: Wörterbuch der Kirchengeschichte, München (dtv 3245) ²(überarb.) 1982.

H. D. Bamberg: Militärseelsorge in der Bundeswehr. Schule der Anpassung und des Unfriedens, 1970.

H. Boberski: Die Divisionäre des Papstes. Bischofserneuerungen unter Johannes Paul II., Salzburg 1992.

R. Cartier: Der Zweite Weltkrieg (1965), übers. v. M. Harries-Kester, W. Bach, W. Thaler, München 1967; München-Zürich 1977.

C. von Clausewitz: Vom Kriege (1832–34), Frankfurt-Berlin-Wien (Ullstein Tb. 35051) 1981.

J. Cornwell: Wie ein Dieb in der Nacht, Wien 1989.

V. Dedijer: Jasenovac. Das jugoslawische Auschwitz und der Vatican, hrsg. v. G. Niemietz, übers. v. D. Durkovic, Freiburg 1988.

G. Denzler (Hrsg.): Das Papsttum in der Diskussion, Regensburg 1974.

G. Denzler: Die verbotene Lust. 2000 Jahre christliche Sexualmoral, München-Zürich 1988.

K. Deschner: Die Politik der Päpste im 20. Jahrhundert. Erweiterte, aktualisierte Neuausgabe von «Ein Jahrhundert Heilsgeschichte» I und II, Reinbek 1991.

V. Drehsen: Neuzeitliche Konstitutionsbedingungen der Praktischen Theologie. Aspekte der theologischen Wende zur sozialkulturellen Lebenswelt der Religion, Gütersloh 1988, 222–287.

E. Drewermann: Der tödliche Fortschritt, Von der Zerstörung der Erde und des Menschen im Erbe des Christentums, Freiburg-Basel-Wien (Herder Spektrum 4032) ²1992.

H. P. Duerr: Obszönität und Gewalt. Der Mythos vom Zivilisationsprozeß, Frankfurt 1993.

W.-A. Durant: Kulturgeschichte der Menschheit, Bd. IX: Das Zeitalter der Reformation (1957), übers. v. E. Thorsch – M. Lang, München 1982.

W.-A. Durant: Kulturgeschichte der Menschheit, XII: Europa im Zeitalter der Könige (1963), übers. v. B. Juker, Frankfurt-Berlin-Wien 1982.

W.-A. Durant: Kulturgeschichte der Menschheit, XIII. Vom Aberglauben zur Wissenschaft (1963), übers. v. B. Juker – E. Lipper, Frankfurt-Berlin-Wien 1982.

W.-A. Durant: Kulturgeschichte der Menschheit, Bd. XVIII: Die Nepoleonische Ära, 265–268, München 1982, übers. v. H. R. Floerke – D. Türk.

F. Engels: Der Ursprung der Familie, des Privateigentums und des Staates. Im Anschluß an Lewis H. Morgans Forschungen (1892), Frankfurt (Verlag Marxistische Blätter) 1969.

C. Falconi: Das Schweigen des Papstes. Hat die Kirche kollaboriert? Eine Dokumentation (1965), übers. v. Ch. Birnbaum, München 1966.

J. Fest: Hitler, Frankfurt-Berlin-Wien 1973.

K. Földes-Papp: Vom Felsbild zum Alphabet. Die Geschichte der Schrift von ihren frühesten Vorstufen bis zur modernen lateinischen Schreibschrift, Stuttgart 1984.

F. X. Funk: Die Entstehung der heutigen Taufformel, in: Kirchengeschichtliche Abhandlungen, I, Paderborn 1897, 478 ff.

F. Gillmann: Taufe «im Namen Jesu» oder «im Namen Christi»?, Main 1913.

M. Greschat (Hrsg.): Die Schuld der Kirche. Dokumente und Reflexionen zur Stuttgarter Schulderklärung vom 18./19. Okt. 1945, München 1982.

F. Häring: Meine Erfahrung mit der Kirche. Einleitung und Fragen von G. Licheri, Freiburg-Basel-Wien 1989.

A. von Harnack: Das Wesen des Christentums (1900), eingel. v. W. Trillhaas, Gütersloh (Siebenstern 227) 1977.

A. von Harnack: Die Mission und Ausbreitung des Christentums in den ersten drei Jahrhunderten, ⁴(verb.) Leipzig 1924.

F. Heiler: Urkirche und Ostkirche, München 1937.

P. Hertel: «Ich verspreche Euch den Himmel.» Geistlicher Anspruch, gesellschaftliche Ziele und kirchliche Bedeutung des Opus Dei, Düsseldorf ³(erw.) 1991.

Th. Herzl: Der Judenstaat. Versuch einer modernen Lösung der Judenfrage, Wien-Leipzig 1896.

H. Jedin: Kleine Konziliengeschichte, Die 20 ökumenischen Konzilien im Rahmen der Kirchengeschichte, Freiburg (Herder Tb. 51) 1961.

H. Jedin: Bischöfliches Konzil oder Kirchenparlament, Basel 1963.

F.-J. Kaiser – H. Kaminski: Volkswirtschaftslehre, München (Telekolleg II) 1987.

F. Kampers: Vom Werdegang der abendländischen Kaisermystik, 1924.

L. Kaufmann: Ein ungelöster Kirchenkonflikt. Dokumente und zeitgeschichtliche Analysen, Freiburg (Schweiz) 1987.

F. Kern: Gottesgnadentum und Widerstandsrecht, 1914.

H. Kraft (Hrsg.): Konstantin der Große, Darmstadt 1974.

H. Kühn: Der Aufstieg der Menschheit, Frankfurt (Fischer Tb: 82) 1955.

H. Kühner: Lexikon der Päpste von Petrus bis Johannes XXIII., Zürich 1956; Frankfurt (Fischer Tb. 315) 1960.

T. E. Lawrence: Die sieben Säulen der Weisheit, übers. v. D. von Mikusch (1936), München (dtv 1456) 1979.

Ch. Lea: Geschichte der Inquisition im Mittelalter (3 Bde., 1887), übers. v. H. Wieck – M. Rachel, 3 Bde., Bonn 1905–1913; Nördlingen 1987, 3 Bde.

D. Lindlau: Der Mob. Recherchen zum organisierten Verbrechen, Hamburg 1988.

H. Maier: Katholizismus und Demokratie, Freiburg 1983.

H. Maier: Demokratie und Katholizismus,

in: H. Häring: Wörterbuch des Christentums, Gütersloh–Zürich 1988, 230–231.

H. MANN: Kaiserreich und Republik, Mai 1991, in: Der Untertan, Frankfurt (Fischer Tb. 10168) 1991, 600–609.

MARSILIUS VON PADUA: Defensor pacis, 1324; dt.: Der Verteidiger des Friedens, übers. v. W. Kunzmann, bearb. v. H. Kusch; ausgew. u. komm. v. H. Rausch, Stuttgart (reclam 7964) 1971.

J. MATTHES: Die Emigration der Kirche aus der Gesellschaft, Hamburg 1964.

P. MILGER: Krieg im Namen Gottes. Die Kreuzzüge, München 1988.

H. MISSALLA: Für Volk und Vaterland. Die kirchliche Kriegshilfe im Zweiten Weltkrieg, 1978.

G. MÜLLER-KARPE: Geschichte der Steinzeit, München ²(erg.) 1976.

L. MUMFORD: Die Stadt. Geschichte und Ausblick, übers. v. H. Lindemann, Köln–Berlin 1963; München (dtv wr 2 Bde., 4326) 1979.

L. MUMFORD: Mythos der Maschine. Kultur, Technik und Macht (1964; 1966), übers. v. L. Nürenberger und A. Hälbig, Wien 1974; Frankfurt (Fischer 4001) 1977.

H. MYNAREK: Eros und Klerus. Vom Elend des Zölibats, Wien–Düsseldorf 1978; Neudruck: München–Zürich (Knaur Tb. 3628) 1980.

W. NIGG: Das Buch der Ketzer, Zürich 1949; Zürich (detebe 21460) 1986.

B. POLLANN (Hrsg.): Lesebuch zur deutschen Geschichte, III. Bd.: Vom Deutschen Reich bis zur Gegenwart, Dortmund 1984.

ST. PFÜRTNER: Moral – Was gilt heute noch? Erwägungen am Beispiel der Sexualmoral, Zürich 1972.

S. H. PFÜRTNER: Kirche und Sexualität, Hamburg 1972.

L. VON RANKE: Deutsche Geschichte im Zeitalter der Reformation (1839–1847), Wiesbaden (Vollmer V.) o. j.

U. RANKE-HEINEMANN: Eunuchen für das Himmelreich. Katholische Kirche und Sexualität, Hamburg 1988.

T. RENDTORFF: Demokratie und Protestantismus, in: H. HÄRING (u. a. Hrsg.): Wörter-

buch des Christentums, Gütersloh–Zürich 1988, 231–233.

P. DE ROSA: Gottes erste Diener (1988), übers. v. M. Huber, München 1989.

U. RUH: Säkularisation als Interpretationskategorie. Zur Bedeutung des christlichen Erbes in der modernen Geistesgeschichte, Freiburg–Basel–Wien 1980.

G. RUHBACH: (Hrsg.): Die Kirche angesichts der konstantinischen Wende, Darmstadt 1976.

H. SCHNEIDER: Der Konziliarismus als Problem der neueren katholischen Theologie, Berlin 1976.

R. SCHNEIDER: Philipp der Zweite oder Religion und Macht (1949), Frankfurt (st 1412) 1987.

R. SCHNEIDER: Die Hohenzollern, Frankfurt (Fischer Tb. 242) 1958.

G. SCHWAIGER: Die konziliare Idee in der Geschichte der Kirche, in: Rottenburger Jahrbuch für Kirchengeschichte 5 (1986), 11–24.

A. VERDROSS: Die Entwicklung des Völkerrechts, in: G. Mann (Hrsg.): Propyläen Weltgeschichte, Berlin–Frankfurt 1986, VIII 671–701.

P. VEYNE (Hrsg.): Geschichte des privaten Lebens, 1. Bd.: Vom Römischen Imperium zum Byzantinischen Reich (1985), übers. v. H. Fliessbach, Frankfurt 1989.

D. A. YALLOP: Im Namen Gottes? Der mysteriöse Tod des 33-Tage-Papstes Johannes Paul I. Tatsachen und Hintergründe (1984), übers. v. K. H. Siber, München (Knaur 3812) 1988.

H. ZAHRNT: Martin Luther in seiner Zeit für unsere Zeit, München 1983.

CH. ZENTNER: Illustrierte Geschichte des Ersten Weltkrieges, München 1980.

M. ZEUSKE: Die Conquista, Leipzig 1992.

ST. ZWEIG: Triumph und Tragik des Erasmus von Rotterdam, Frankfurt 1950.

ST. ZWEIG: Die Welt von Gestern. Erinnerungen eines Europäers (1944, postum), Frankfurt (Fischer Tb. 1152) 1970.

N. ZWÖLFER: Der Erste Weltkrieg, in: DERS.: (Hrsg.): Geschichte, München (Telekolleg II) 1. Bd., 1981.

## 6. Religionsgeschichte und Ethnologie

F. ALTHEIM: Zarathustra (1952), in: B. Schlerath (Hrsg.): Zarathustra, Darmstadt 1970, 169–198.

E. ARBMAN: Seele und Mana (Archiv für Religionswissenschaft XXIX) 1931.

A. BASTIAN: Zur naturwissenschaftlichen Behandlungsweise der Psychologie durch und für die Völkerkunde. Einige Abhandlungen, Berlin 1883.

A. BASTIAN: Ethnische Elementargedanken in der Lehre vom Menschen, 2 Teile, Berlin 1895.

G. BAUDLER: Einführung in symbolisch erzählende Theologie. Der Messias Jesus als Zentrum der christlichen Glaubenssymbole, Paderborn 1982.

K. BETH: Religion und Magie, ²1927.

F. BOLL: Die Sonne im Glauben und in der Weltanschauung der alten Völker, 1922.

C. DE BROSSES: Du culte des dieux fétiches, 1760.

W. BOUSSET: Hauptprobleme der Gnosis, 1907.

R. BULTMANN: Das Urchristentum im Rahmen der antiken Religionen, Reinbek (rde 157–158) 1962.

E. BUONAIUTI: Die heilige Maria Immaculata in der christlichen Überlieferung, in: O. Fröbe-Kypteyn (Hrsg.): Eranos-Jahrbuch 1938; Bd. 6: Gestalt und Kult der «Großen Mutter», Zürich 1939, 364–402.

F. C. BURKITT: Die Auffassung von dem Bösen Prinzip im manichäischen System und von seiner Übereinstimmung mit dem Christentum (1925), übers. v. R. Schmitt, in: G. Widengren (Hrsg.): Der Manichäismus, Darmstadt 1977, 31–36.

H. CANCIK-LINDEMAIER: Gewissen, in: H. Cancik – B. Gladigow – K. K. Kohl (Hrsg.): Handbuch religionswissenschaftlicher Grundbegriffe, III, Stuttgart–Berlin–Köln 1993, 17–31.

E. DREWERMANN: Die Symbolik von Baum und Kreuz in religionsgeschichtlicher und tiefenpsychologischer Betrachtung, Schwerte (Akademie-Vorträge 2) 1979.

J. DUCHESNE-GUILLEMIN: Zoroaster und das Abendland (1958), übers. v. U. Weisser, in: B. Schlerath (Hrsg.): Zarathustra, Darmstadt 1970, 217–252.

H. EGLI: Das Schlangensymbol. Geschichte, Märchen, Mythos; Olten 1982.

M. ELIADE: Schamanismus und archaische Ekstasetechnik (1951), übers. v. I. Köck, Frankfurt (stw 126) 1975.

M. ELIADE: Geschichte der religiösen Ideen. Bd. 1–3.1 (1976–83); übers. v. C. Lanczkowski, Freiburg 1978–1983.

W. Y. EVANS-WENTZ: Cuchama. Heilige Berge der Welt (1981), übers. v. C. u. R. Taschner, Basel 1984.

W. FOERSTER (Hrsg.): Die Gnosis, I. Bd.: Zeugnisse der Kirchenväter, München–Zürich ²(rev.) 1979.

J. G. FRAZER: The Beginnings of Religion and Totemism among the Australian Aborigines, Fortnightly Review 1905.

J. G. FRAZER: Totemism and Exogamy, London 1910.

J. G. FRAZER: Der Goldene Zweig. Das Geheimnis von Glauben und Sitten der Völker, übers. v. H. v. Bauer, Abgek. Ausg., Leipzig 1928.

A. VON GENNEP: Les Rites de Passage. Etudes Systématique des Rites, Paris 1909; Auszug in: C. A. Schmitz (Hrsg.): Religionsethnologie, Frankfurt 1964, 374–389, übers. von C. Bächlin, S. 1–18; 271–279.

H. VON GLASENAPP (Verf. u. Hrsg.): Die nichtchristlichen Religionen, Frankfurt (Fischer Lexikon 1) 1957.

G. GOLLWITZER: Bäume. Bilder und Texte aus drei Jahrtausenden, München 1980.

A. VON HARNACK: Marcion. Das Evangelium vom fremden Gott. Eine Monographie zur Geschichte der Grundlegung der katholischen Kirche, Leipzig 1924; Darmstadt 1985.

K. HEIDER: Dani Kurelu. Neuguinea, in: E. Evans-Pritchard (Hrsg.): Bild der Völker, 1. Bd., 1. Teil, übers. v. H. Werner, Wiesbaden 1974, 92–99.

J. HERBIG: Nahrung für die Götter. Die kulturelle Neuerschaffung der Welt durch den Menschen, München–Wien 1988.

A. E. JENSEN: Mythos und Kult bei Naturvölkern. Religionswissenschaftliche Betrachtungen (1951), München (dtv 4567) 1992.

R. JOCKEL: Götter und Dämonen, Mythen der Völker, Darmstadt 1953.

B. JOHNSON: Die Große Mutter mit ihren Tieren. Göttinnen alter Kulturen (1988), übers. v. B. Siegel, Olten–Freiburg 1990.

H. JONAS: Gnosis und spätantiker Geist, 1. Bd.: Die mythologische Gnosis, ²1954.

K. F. KOCH: Die Jalé im Hochland Neuguineas, in: E. Evans-Pritchard (Hrsg.): Bild der Völker, 1. Bd.: Australien und Ozeanien, 1. Teil: Australien und Melanesien (1974), übers. v. H. Werner, Wiesbaden 1974, 80–87.

R. KRISS: Zum Problem der religiösen Magie und ihrer Rolle im volkstümlichen Opferbrauchtum und Sakramentalien-Wesen (1968), in: L. Petzoldt (Hrsg.): Magie und Religion, Darmstadt 1978, 385–403.

R. LANTIER: Keltische Mythologie, in: H. W. Haussig (Hrsg.): Wörterbuch der Mythologie, 2. Bd.: Götter und Mythen im Alten Europa, Stuttgart 1973, 99–162.

L. LEAKEY: Heirat und Verwandtschaft, in: E. Evans-Pritchard (Hrsg.): Bild der Völker. Die Brockhaus Völkerkunde in zehn Bänden, Bd. 2: Afrika zwischen Sahara und Sambesi. Südliches Afrika und Madagaskar, Wiesbaden 1974, 132–135.

R. LEHMANN: Mana, 1922.

R. LEHMANN: Die polynesische Tabusitte, 1930.

G. VAN DER LEEUW: Phänomenologie der Religion, Tübingen 1956.

A. LEROJ-GOURHAN: Die Religionen der Vorgeschichte (1964), übers. v. M. Bischoff, Frankfurt (sv 1073) 1981.

L. LÉVI-BRÜHL: Das Denken der Naturvölker (Paris 1912), übers. v. W. Jerusalem; Wien–Leipzig 1921.

C. LÉVI-STRAUSS: Traurige Tropen (1955), übers. v. S. Heintz, Köln–Berlin 1970.

K. LUDWIG: Flüstere zu dem Felsen. Die Botschaft der Ureinwohner unserer Erde zur Bewahrung der Schöpfung, Freiburg-Basel-Wien (Spektrum 4195) 1993.

M. LURKER: Götter und Symbole der Alten Ägypter, Bern–München 1974; München (Goldmann 680) o. J.

M. LURKER: Adler und Schlange. Tiersymbolik im Glauben und Weltbild der Götter, Tübingen 1983.

M. LURKER: Die Botschaft der Symbole. In Mythen, Kulturen und Religionen, München 1990.

B. MALINOWSKI: Magie. Wissenschaft und Religion (1948), in: Magie, Wissenschaft und Religion. Und andere Schriften, übers. v. E. Krafft-Bassermann, Frankfurt 1973, 1–74.

B. MALINOWSKI: Baloma – Die Geister der Toten auf den Trobriand-Inseln (1916), in: ebd. Frankfurt 1973, 131–241.

B. MALINOWSKI: Mutterrechtliche Familie und Ödipuskomplex, Imago X, 1924.

B. MALINOWSKI: Geschlecht und Verdrängung in primitiven Gesellschaften (1927), übers. v. H. Seinfeld, Reinbek (rde 139–140) 1962.

M. MAUSS: Die Gabe. Form und Funktion des Austauschs in archaischen Gesellschaften (1950), eingel. v. E. E. Evans-Pritchard, übers. v. E. Moldenhauer, Frankfurt 1968.

G. MENSCHING: Der Katholizismus. Sein Stirb und Werde, hersg. v. H. Mulert, 1937.

G. MENSCHING: Die Religion. Eine umfassende Darstellung ihrer Erscheinungsformen, Strukturtypen und Lebensgesetze, München (Goldmann Tb. 882–883), o. J.

R. MERKELBACH: Mithras, Königstein 1984.

H. MOHR: Hexe/Hexenmuster, in: H. Cancik, B. Gladigow, K. H. Kohl (Hrsg.): Handbuch religionswissenschaftlicher Grundbegriffe, III, Stuttgart–Berlin–Köln, 1993, 122–138.

W. MÜLLER: Die heilige Stadt. Roma quadrata, himmlisches Jerusalem und die Mythe vom Weltnabel, Stuttgart 1961.

H. MÜLLER-KARPE: Geschichte der Steinzeit, München ²(durchges.) 1974.

E. NEUMANN: Herrschafts- und Sexualsymbo-

lik. Grundlagen einer alternativen Symbolforschung, Stuttgart–Berlin–Mainz 1980.

M. NINCK: Die Bedeutung des Wassers im Kult
und Leben der Alten, 1921.

E. PAGELS: Versuchung durch Erkenntnis. Die
gnostischen Evangelien (1979), übers. v.
A. Schweikhart, Frankfurt (st 1456) 1987.

E. PAGELS: Adam, Eva und die Schlange. Die
Theologie der Sünde (1988); übers. v. K.
Neff, Hamburg 1991.

M. PEMA-DORJE: Tara. Weiblich-göttliche
Weisheitskraft im Menschen. Sinnbild,
Meditationspraxis und Verwirklichung,
Olten–Freiburg 1991.

K. PRÜMM: Der christliche Glaube und die altheidnische Welt, Leipzig 1935, Bd. 2.

R. REITZENSTEIN: Zur Mandäerfrage (1927),
in: G. Widengren (Hrsg.): Der Mandäismus, Darmstadt 1982, 338–371.

R. REITZENSTEIN: Die Vorgeschichte der
christlichen Taufe, 1929.

K. RUDOLPH: Die Gnosis, Göttingen 1978.

P. W. SCHMIDT – P. W. KOPPERS: Völker und
Kulturen, 1924.

U. SCHULTZ: Das Geschlechtliche in gnostischer Lehre und Übung (1910); in: U. Schultz
(Hrsg.): Dokumente der Gnosis, München
1980, 57–83.

W. SCHULTZ: Dokumente der Gnosis, München 1986.

N. SÖDERBLOM: Der lebendige Gott im Zeugnis der Religionsgeschichte. Nachgelassene
Gifford-Vorlesung, München 1966, erw.
durch ein Lebensbild v. Friedr. Heiler.

F. SPIEGELBERG: Die lebenden Weltreligionen
(1956), übers. v. D. Fischer-Barnicol, Frankfurt 1977; Frankfurt (st 1305) 1986.

M. J. VERMASEREN: Mithras. Geschichte eines
Kultes (1959), übers. v. E. Schröter, Stuttgart
(Urban Tb. 83) 1965.

J. WACH: Vergleichende Religionsforschung
(1958). Mit einer Einführung von J. M. Kitagawa, übers. v. H. Holländer, Stuttgart
(Urban Tb. 52) 1962.

G. WIDENGREN: Himmlische Inthronisation
und Taufe. Studien zur mandäischen Taufe
(1968), in: G. Widengren (Hrsg.): Der
Mandäismus, Darmstadt 1982, 129–152.

a) Ägyptologie und Alter Orient

J. ASSMAN: Akhanyati's Theology of Light
and Time, Jerusalem 1992; The Israel Academy of Sciences and Humanities Proceedings, vol. VII N° 4, 143–175.

J. ASSMANN: Ägypten. Theologie und Frömmigkeit einer frühen Hochkultur, Berlin–
Köln–Mainz (Urban Tb. 366) 1984.

J. ASSMANN: Stein und Zeit. Mensch und Gesellschaft im Alten Ägypten, München 1991.

J. ASSMANN: Das kulturelle Gedächtnis.
Schrift, Erinnerung und politische Identität in
frühen Hochkulturen, München 1992.

W. BARTA: Untersuchungen zum Götterkreis
der Neuheit, München (MÄS 28) 1973.

W. BARTA: Untersuchungen zur Göttlichkeit
des regierenden Königs, (MÄS 32) 1976.

W. W. BAUDISSIN: Adonis und Esmun. Eine
Geschichte des Glaubens an Auferstehungs-
götter und an Heilgötter, Leipzig 1911.

J. VON BECKERATH: Handbuch der ägyptischen Königsnamen, München (MÄS 20)
1984.

R. BRIER: Zauber und Magie im alten Ägypten. Das geheime Wissen und die geheimnisvollen Praktiken, die das Leben im Pharaonenreich beherrschten (1980), übers. v.
H. Drube, Bern–München 1981.

H. BRUNNER: Altägyptische Religion. Grundzüge, Darmstadt 1983.

E. BRUNNER-TRAUT: Altägyptische Märchen,
übers. u. bearb., Düsseldorf-Köln 1963.

E. BRUNNER-TRAUT: Pharao und Jesus als
Söhne Gottes (1961), in: Gelebte My-
then. Beiträge zum altägyptischen Mythos,
Darmstadt 1981, 34–54.

E. BRUNNER-TRAUT: Gelebte Mythen, Darmstadt 1981, 55–98: Altägyptische und mittelalterlich-christliche Vorstellungen von
Himmel und Hölle.

D. O. EDROROL: Die Mythologie der Sumerer
und Akkaderm, in: H. W. Haussig (Hrsg.):
Wörterbuch der Mythologie, Bd. 1: Götter
und Mythen im Vorderen Orient, Stuttgart
1965, 17–139.

A. ERMAN: Literatur der Ägypter, Leipzig
1923.

A. ERMAN: Ägyptische Grammatik, Berlin ⁴1928.

A. ERMAN: Die Religion der Ägypter. Ihr Werden und Vergehen in vier Jahrtausenden, Berlin–Leipzig 1934.

A. ERMAN – H. GRAPOW: Ägyptisches Handwörterbuch (Berlin 1921), Darmstadt 1981.

E. FAHMÜLLER: Die Götter und ihre Tempel, in: A. EGGEBRECHT: Das Alte Ägypten, München 1984, 227–285.

H. u. H. A. FRANKFORT: Mythos und Wirklichkeit. Die Logik des mythischen Denkens, in: H. Frankfort u. a.: Alter Orient – Mythos und Wirklichkeit (1946), Stuttgart–Berlin–Köln–Mainz (Urban 9) 1981.

A. GARDINER: Egyptian Grammar, being an Introduction to the Study of Hieroglyphs, Oxford ³(rev.) 1957.

H. GESE: Die Religionen Altsyriens, in: H. Gese – M. Höfner – K. Rudolph: Die Religionen Altsyriens, Altarabiens und der Mandäer, Stuttgart–Berlin–Köln–Mainz (Die Religionen der Menschheit, 10,2) 1970.

G. GOTTSCHALK: Die großen Pharaonen. Die bedeutendsten Gottkönige Ägyptens in Bildern, Berichten und Dokumenten, Bern–München 1979.

W. HELCK: Die Mythologie der alten Ägypter, in: H. W. Haussig (Hrsg.): Wörterbuch der Mythologie, 2. Bd.: Götter und Mythen im Vorderen Orient, Stuttgart 1965, 313–406.

E. HORNUNG (Übers.): Das Totenbuch der Ägypter, Zürich–München 1979.

H. JACOBSOHN: Die dogmatische Stellung des Königs in der Theologie der Alten Ägypter (Ägyptolog. Forschungen 8) 1939.

H. KEES: Der Götterglaube im Alten Ägypten, Leipzig 1956; Darmstadt 1980.

H. KEES: Totenglauben und Jenseitsvorstellungen der Alten Ägypter. Grundlagen und Entwicklung bis zum Ende des Mittleren Reiches, Berlin 1977.

R. KRAUSS: Tutanchamun, in: J. Settgast (Red.): Tutanchamun (Kestner Museum Hannover 1980) Mainz 1980, 28–55.

J. MELLAART: Çatal Hüyük. Stadt aus der Steinzeit (1967), übers. v. J. Rehork, Bergisch-Gladbach 1967.

K. MENDELSSOHN: Das Rätsel der Pyramiden (London 1974), übers. v. J. Rehork, Frankfurt (Fischer Tb. 1764) 1976.

A. PARROT: Assur. Die mesopotamische Kunst vom XIII. vorchristlichen Jahrhundert bis zum Tode Alexanders des Großen (1961), München ²(erw.) 1972.

G. ROEDER: Die Osirissage nach Plutarch, in: Urkunden zur Religion des Alten Ägypten, Zürich-Stuttgart 1960, 15–21.

E. ROSSITER: Die ägyptischen Totenbücher, Fribourg-Genève 1979–1984.

S. SCHOSKE – D. WILDUNG: Gott und Götter im Alten Ägypten, Mainz 1992–1993.

P. H. SCHULZE: Auf den Schwingen des Horusfalken. Die Geburt der ägyptischen Hochkultur, Bergisch-Gladbach 1980.

P. H. SCHULZE: Frauen im Alten Ägypten. Selbständigkeit und Gleichberechtigung im häuslichen und öffentlichen Leben; Bergisch-Gladbach 1987.

K. SETHE: Zur altägyptischen Sage vom Sonnenauge, das in der Fremde war, 1912.

D. WILDUNG: Imhotep und Amenhotep. Gottwerdung im alten Ägypten, München (MÄS 36) 1977.

H. ZIMMER: Beiträge zur Kenntnis der babylonischen Religion. Die Beschwörungstafeln Surpu. Ritualtafeln für den Wahrsager, Beschwörer und Sänger, Leipzig 1901.

*b) Griechen, Römer, Kelten und Germanen*

ARISTOTELES: Metaphysik. Schriften zur ersten Philosophie, übers. v. F. F. Schwarz, Stuttgart (reclam 7913) 1970.

DIOGENES LAERTIOS: Leben und Meinungen berühmter Philosophen, 10 Bücher, übers. v. O. Apelt, 2 Bde., Leipzig 1921, 3. Buch: Platon.

H. DÖRRIE: Platon, in: Der Kleine Pauly, Lexikon der Antike in fünf Bänden, hrsg. v. K. Ziegler und W. Sontheimer, Bd. IV, München (dtv 5963) 1979, 894–903.

EPIKUR: Von der Überwindung der Furcht.

Katechismus, Lehrbriefe, Spruchsammlung, Fragmente, übertr. v. O. Gigon, Zürich 1949; München (dtv 2164) 1983.

EUHEMEROS VON MESSENE: Hiera anagraphe (Heilige Aufzeichnungen in mindestens drei Büchern) (ca. 300 v. Chr.), hrsg. u. komm. v. G. Vallauri, Turin 1956.

EURIPIDES: Alkestis, in: Tragödien, übers. v. L. Wolde, München (Goldmann Tb. 536) 1964, 19–60.

D. M. FIELD: Die Mythologie der Griechen und Römer (1977), übers. ungen., Zollikon 1977.

F. GENZMER (Übers.): Edda, 2. Bd.: Götterdichtung und Spruchdichtung, Düsseldorf–Köln 1962.

J. GRIMM: Irmenstraße und Irmensäule, Wien 1815.

HERODOT: Historien. Gesamtausgabe in 5 Bden., übers. v. E. Richtsteig, München (Goldmann KL 3, 767, 777; 787; 797) o. J.

HORAZ: Ars Poetica. Die Dichtkunst, lat.-dt., übers. v. E. Schäfer, Stuttgart (reclam 9421) 1972.

K. KERÉNYI: Pythagoras und Orpheus (1938), in: Humanistische Seelenforschung, Werke I, München–Wien 1966.

K. KERÉNYI: Zeus und Hera. Urbild des Vaters, des Gatten und der Frau, Leiden 1972.

K. KERÉNYI: Die Mythologie der Griechen, 2 Bde.; 1. Bd.: Die Götter- und Menschheitsgeschichten, München (dtv 1345) 1966.

K. KERÉNYI: Die Mythologie der Griechen, 2. Bd.: Heroengeschichten, München (dtv 1346) 1966.

LIVIUS: Römische Frühgeschichte, übers. u. ausgew. v. J. Feix, 2 Bde., München (Goldmann Tb. 675) o. J.

W. MANNHARDT: Germanische Mythen, Berlin 1958.

K. MARX: Epikureische Philosphie. Hefte zur epikureischen, stoischen und skeptischen Philosophie, in: Karl Marx – Friedrich Engels Werke, Ergänzungsband, 1. Teil: Schriften, Manuskripte, Briefe bis 1844, Berlin 1973, 13–255.

H. F. VAN DER MEER: Euhemeros van Messene, Amsterdam 1949.

E. MENSCHING: Hirsch, in: dtv. Der Kleine Pauly, Lexikon der Antike in 5 Bden., hrsg. v. K. Ziegler – W. Sontheimer, II 1181–1182, München 1975; München (dtv 5963) 1979.

E. MEYER: Delos, in: dtv Der Kleine Pauly, I 1444–1448, Lexikon der Antike in 5 Bden., hrsg. v. K. Ziegler u. W. Sontheimer, München (dtv 5963) 1979.

W. F. OTTO: Das Wort der Antike, hrsg. v. K. von Fritz, Darmstadt 1962.

W. F. OTTO: Die Wirklichkeit der Götter. Von der Unzerstörbarkeit griechischer Weltsicht, Reinbek (rde 170) 1963.

PAUSANIAS: Beschreibung Griechenlands, übers. v. E. Meyer, Zürich 1954; München (dtv 6008–6009), 2 Bde., 1972.

P. PHILIPPSON: Griechische Götter in ihren Landschaften, 1939.

PLUTARCH: Lebensbeschreibungen; Alexander 2; 3; übers. v. J. F. Kaltwasser, 6 Bde., München (Goldmann 1430/31–1440/41), Bd. IV 264–409: Alexandros – Caesar.

W. SCHADEWALDT: Die Anfänge der Philosophie bei den Griechen. Die Vorsokratiker und ihre Voraussetzungen. Tübinger Vorlesungen, Bd. 1, hrsg. v. I. Schudoma, Frankfurt (sv 218) 1978.

SENECA: Trostschrift an Marcia, in: Philosophische Schriften, lat.-dt., 1. Bd., hrsg. u. übers. v. M. Rosenbach, Darmstadt 1980, 313–393.

E. SIMON: Die Götter der Griechen, München 1969.

TACITUS: Annalen, hrsg. v. C. Hoffmann, Wiesbaden (Vollmer V.) o. J.

THUKYDIDES: Geschichte des Peloponnesischen Krieges, übers. v. G. P. Landmann, Reinbek (rk 100–102) 1962.

XENOPHANES: Die Fragmente, hrsg., übers. u. erl. v. E. Heitsch, München–Zürich 1983.

## c) Indische Religionen und ostasiatische Weisheit

GAUTAMA BUDDHA: Die vier edlen Wahrheiten. Texte des ursprünglichen Buddhismus, hrsg. u. übertr. v. K. Mylius, Leipzig 1983; München (dtv 2166) 1985.

E. CONZE: Der Buddhismus. Wesen und Entwicklung (1951), Stuttgart (Urban Tb. 5) 1953.

E. CONZE: Im Zeichen Buddhas. Buddhistische Texte, (Fischer Tb. 144) 1957.

P. DAHLKE (Übers.): Buddha. Die Lehre des Erhabenen. Aus dem Palikanon (1920), München (Goldmann Tb. 622–623) 1960.

DALAI LAMA: Das Buch der Freiheit. Die Autobiographie des Friedensnobelpreisträgers (1990), übers. v. G. Colonga, Bergisch-Gladbach 1990.

DALAI LAMA, in: Dalai Lama – E. Drewermann; Der Weg des Herzens. Gewaltlosigkeit und Dialog zwischen den Religionen, hrsg. v. D. J. Krieger, Olten–Freiburg 1992.

G. F. DALES: Die Indus-Zivilisation: eine der frühen Hochkulturen der Menschheit, in: Vergessene Städte am Indus. Frühe Kulturen in Pakistan vom 8.–2. Jahrtausend v. Chr., red. v. A. Ardeleanu-Jansen, Mainz 1876, 137–152.

K. GRAF DÜRCKHEIM: Zen und wir, München ⁶1973.

K. GRAF DÜRCKHEIM: Der Alltag als Übung, Bern-Stuttgart-Wien ⁵1974.

K. GRAF DÜRCKHEIM: Übung des Leibes, München 1981.

J. GEBSER: Asienfibel. Zum Verständnis östlicher Wesensart, Frankfurt (Ullstein Tb. 650) 1962.

H. VON GLASENAPP: Die Philosophie der Inder. Eine Einführung in ihre Geschichte und ihre Lehren, Stuttgart 1958.

G. GRIMM: Die Lehre des Buddho. Die Religion der Vernunft und der Meditation (1915), hrsg. v. M. K. Keller-Grimm und M. Hoppe, Wiesbaden (Löwit) 1957.

V. IONS: Indische Mythologie (1967), übers. v. E. Schindel, Wiesbaden (Vollmer V.) o. J.

J. JANSEN: Mohenjo-Daro – Stadt am Indus, in: Vergessene Städte am Indus, Mainz 1987, 153–173.

LAOTSE: Tao te king. Das Buch des Alten vom Sinn und Leben, übers. v. R. Wilhelm (1910), Köln-Düsseldorf 1957.

D. MAZZEO – C. S. ANTONINI: Angkor (1972), übers. v. L. Marx, Wiesbaden 1972.

K. E. NEUMANN (Übers.): Also sprach der Erhabene. Eine Auswahl aus den Reden Gotamo Buddhos (1907), Zürich 1962; Zürich (Diogenes 21443) 1986.

SWAMI NIKHILANANDA: Der Hinduismus. Seine Bedeutung für die Befreiung des Geistes (1958), übers. v. L. Voelker, Berlin (Ullstein Tb. 291) 1960.

H. OLDENBERG: Buddha. Sein Leben. Seine Lehre. Seine Gemeinde (1881), hrsg. v. H. von Glasenapp, München (Goldmann 708–709) 1961.

S. RADHAKRISHNAN: Die Bhagavadgita. Einleitung, Sanskrittext, Übersetzung, Kommentar; mit dem indischen Urtext verglichen und ins Deutsche übers. v. S. Lienhardt, Baden-Baden 1958.

S. RADHAKRISHNAN: Weltanschauung der Hindu, übers. v. R. Jockel, Baden-Baden 1961.

A. SCHIMMEL: Land und Leute am Indus, in: A. Ardeleanu-Jansen (Red.): Vergessene Städte am Indus. Frühe Kulturen in Pakistan vom 8. bis 2. Jahrtausend (Aachen, 27. 6.– 6. 9. 87), Mainz 1977, 17–33.

K. SCHMIDT (Übers.): Buddhas Reden. Majjhimanikaya. Die Sammlung der mittleren Texte des buddhistischen Pali-Kanons, Reinbek (rk 87–88) 1961.

D. T. SUZUKI: Der westliche und der östliche Weg (1957), übers. v. L. u. W. Hilsbecher, Frankfurt (Ullstein Tb. 299) 1960.

E. WALDSCHMIDT: Die Legende vom Leben des Buddha. In Auszügen aus den heiligen Texten. Aus dem Sanskrit, Pali und Chinesischen (1929), Graz 1982.

M. WHEELER: Alt-Indien und Pakistan, bis zur Zeit des Königs Ashoka (1959), übers. v. G. Pfeiffer, Köln o. J.

H. ZIMMER: Indische Mythen und Symbole (1946, postum), übers. v. E. W. Eschmann, Düsseldorf-Köln 1972.

H. ZIMMER: Philosophie und Religion Indiens (1942), übers. v. L. H. Grote, Zürich 1961; Frankfurt (stw 26) 1976.

### d) Islamische Welt

H. M. T. AHMAD: Der Heilige Qur'an. Arabisch und Deutsch, Ahmadiyya Muslim Jamaat ⁵1989.

J.-C. BARREAU: Die unerbittlichen Erlöser. Vom Kamp des Islam gegen die moderne Welt (Paris 1991), übers. v. V. Vannahme, Reinbek 1992.

L. GARDET: Der Islam (1958), übers. v. H. Bauer, Aschaffenburg 1961.

S. HUNKE: Allahs Sonne über dem Abendland. Unser arabisches Erbe, Stuttgart 1960; Frankfurt (Fischer Tb. 3543) 1990.

DER KORAN: Übers. v. R. Paret, Stuttgart–Berlin–Köln 1979.

DER KORAN: Kommentar und Konkordanz, v. R. Paret, Stuttgart–Berlin–Köln 1980.

H. MYNAREK: Fundamentalismus in Christentum und Islam, München 1992.

H. ZIRKER: Christentum und Islam. Theologische Verwandtschaft und Konkurrenz, Düsseldorf 1989.

### e) Indianerkulturen

N. DAVIES: Opfertod und Menschenopfer. Glaube, Liebe und Verzweiflung in der Geschichte der Menschheit (1981), übers. v. S. Kull, Düsseldorf–Wien 1981.

E. DREWERMANN: Milomaki oder vom Geist der Musik. Eine Mythe der Yahuna-Indianer, Olten–Freiburg 1991.

K. HELFRICH: Menschenopfer und Tötungsrituale im Kult der Maya, Berlin (Monumenta Americana IX) 1973.

M. u. R. KAISER: Ich mischte Sand und Sterne. Indianische Liebeslyrik, hrsg. u. übers., Gütersloh (GTB 796) 1992.

R. KAISER: Indianischer Sonnengesang. Die Weisheit der Erde in der Spiritualität nordamerikanischer Indianer, Freiburg (Spektrum 4143) 1993.

W. KICKEBERG: Altmexikanische Kulturen, Berlin 1975.

T. C. MC LUHAN: ... wie der Hauch eines Büffels im Winter. Indianische Selbstzeugnisse (1971), übers. v. E. Schnack, Hamburg 1979.

K. A. NOWOTNY: Codex Borbonicus. Vollständige Faksimile-Ausgabe, Graz 1974.

K. A. NOWOTNY: Codex Borgia. Vollständige Faksimile-Ausgabe des Codex im Originalformat, Graz 1976, Kommentar.

FRAY BERNARDINO DE SAHAGUN: aus der Welt der Azteken, übers. v. L. Schultze-Jena, E. Seler, S. Dedenbach, ausgew. v. C. Litterscheid, Frankfurt 1989.

L. SCHELE – D. FREIDEL: Die unbekannte Welt der Maya. Das Geheimnis ihrer Kultur entschlüsselt (1990), übers. v. J. G. Scheffner, München 1991.

P. J. SCHMIDT: Der Sonnenstein der Azteken, Hamburg 1982 (Wegweiser zur Völkerkunde Heft 6) o. J.

SCHWARZER HIRSCH: Die heilige Pfeife. Das indianische Weisheitsbuch der sieben geheimen Riten, aufgeschrieben von J. E. Brown, Nachw. v. F. Schuon, Bericht v. H. Läng, übers. v. G. Hotz, Olten, Freiburg ²(erw.) 1978.

E. SELER: Der altmexikanische Federschmuck des Wiener Hofmuseums (1893), Ges. Abhandlungen, 2. Bd. (1904), Graz 1960, 397–419.

E. SELER: Bericht über die Untersuchung des altmexikanischen Federschmuckes im k. k. Naturhistorischen Hofmuseum (1908), in: Gesammelte Abhandlungen zur amerikanischen Sprach- und Altertumskunde, 5. Bd., Graz 1961, 171–177.

E. SELER: Einige Kapitel aus dem Geschichtswerk des Fray Bernardino de Sahagun, Stuttgart 1927.

J. E. S. THOMPSON: Die Maya. Aufstieg und Niedergang einer Indianerkultur (1954), übers. v. L. Voelker, Essen 1975.

W. WESTPHAL: Der Adler auf dem Kaktus. Eine Geschichte der Azteken von den Anfängen bis zur Gegenwart, Braunschweig 1990.

## 7. Naturwissenschaften (Astronomie, Physik, Geologie)

I. Asimov: Die schwarzen Löcher (1977), übers. v. H. M. Hahn, Köln 1979; Bergisch-Gladbach (Bastei/Lübbe 60083) 1979.

P. W. Atkins: Schöpfung ohne Schöpfer. Was war vor dem Urknall? (1981), Reinbek 1984; Reinbek (rororo sachbuch 8391) 1991.

J. Boslough: Jenseits des Ereignishorizonts. Stephen Hawking's Universum (1985), übers. v. H. Kober, Reinbek 1985.

P. Davies: Gott und die moderne Physik (1986), übers. v. K. A. Klewer, München (Goldmann 11476) 1989.

R. Decker – B. Decker: Vulkane. Abbild der Erddynamik (1981), übers. v. B. Klare, Heidelberg–Berlin–New York 1992.

H. von Ditfurth: Kinder des Weltalls. Der Roman unserer Existenz, Hamburg 1970.

H. von Ditfurth: Im Anfang war der Wasserstoff, Hamburg 1972.

H. von Ditfurth: Der Geist fiel nicht vom Himmel. Die Evolution unseres Bewußtseins (1976), München (dtv 1587) 1980.

H. von Ditfurth: Wir sind nicht nur von dieser Welt. Naturwissenschaft, Religion und die Zukunft des Menschen (1981), München (dtv 10290) 1984.

H. von Ditfurth – D. Zilligen: Das Gespräch, Düsseldorf ²1990.

A. Einstein – L. Infeld: Die Evolution der Physik – Relativitätstheorie und Quantentheorie dargestellt vom Konzept bis zur definitiven Fassung, Hamburg-Wien 1950.

H. Fritzsch: Quarks. Urstoff unserer Welt, München (SP 332) 1981.

G. Galilei: Dialogo, Florenz 1632; dt.: Dialog über die beiden hauptsächlichen Weltsysteme, das ptolemäische und das kopernikanische, übers. v. E. Strauß, Leipzig 1891.

H. Haken: Erfolgsgeheimnisse der Natur. Synergetik: Die Lehre vom Zusammenwirken, Stuttgart 1981; Frankfurt–Berlin (Ullstein 34220) 1988.

E. Huber: Physik. Bewegung und Energie, Telekolleg II, München ²(unverändert) 1985.

H. J. Hugot – M. Bruggmann: Zehntausend Jahre Sahara. Bericht über ein verlorenes Paradies, München-Luzern 1976.

N. Kopernikus: De revolutionibus orbium coelestium libri IV, Nürnberg 1543; Faksimile: Amsterdam 1943; dt.: Über die Kreisbewegungen der Weltkörper, übers. u. komm. v. C. L. Menzzer, Leipzig 1939.

J. Schreiner: Anschauliche Quantenmechanik, Frankfurt 1978.

St. Weinberg: Der Traum von der Einheit des Universums (1993), übers. v. F. Griese, München 1993.

C. F. von Weizsäcker: Der Garten des Menschlichen. Beiträge zur geschichtlichen Anthropologie, Wien 1977.

## 8. Biologie, Verhaltensforschung, Paläoanthropologie

H. ALTNER: Botenstoffe im Organismus: Hormone, in: D. Burkhardt – W. Schleidt – H. Altner (Hrsg.): Signale in der Tierwelt. Vom Vorsprung der Natur, München (dtv 853) 1972, 80–85.

H. ALTNER: Vom dritten Auge zur Hormondrüse: die Zirbeldrüse, in: D. Burckhardt – W. Schleidt – H. Altner: Signale in der Tierwelt. Vom Vorsprung der Natur, München (dtv 853) 1972, 86–91.

R. ARDREY: Adam und sein Revier. Der Mensch im Zwang des Territoriums, Wien–München–Zürich 1966; München (dtv 881) 1972.

G. W. BARLOW: Fragen und Begriffe der Ethologie, in: K. Immelmann (Hrsg.): Verhaltensforschung, Zürich 1974, 204–223.

H. BENESCH: Der Ursprung des Geistes. Wie entstand unser Bewußtsein – Wie wird Psychisches in uns hergestellt?, Stuttgart 1977; München (dtv 1542) 1980.

R. BILZ: Biologische Radikale. Eine Untersuchung über analogisch-emotional begründete Erlebens- und Verhaltensweisen des Menschen (1961), in: Paläoanthropologie. Der neue Mensch in der Sicht einer Verhaltensforschung, 1. Bd., Frankfurt 1971, 111–122.

R. BILZ: Mensch und Tier. Biologische Radikale in unserem Dasein (1965), in: Paläoanthropologie. Der neue Mensch in der Sicht einer Verhaltensforschung, 1. Bd., Frankfurt 1971, 123–131.

R. BILZ: Rolle und Szene im menschlichen Dasein(1952),Paläoanthropologie,1. Bd.,Frankfurt 1971, 132–141.

R. BILZ: Ammenschlafexperimente und Halluzinose. Beitrag zu einer biologisch orientierten Psychopathologie (1962), in: Paläoanthropologie. Der neue Mensch in der Sicht einer Verhaltensforschung, Frankfurt 1971, 211–233.

R. BILZ: Der Vagus-Tod. Eine anthropologische Erörterung über die Situation der Ausweglosigkeit (1966), in: Die unbewältigte Vergangenheit des Menschengeschlechts. Beiträge zu einer Paläoanthropologie, Frankfurt 1967, 242–276.

R. BILZ: Die Kuckucks-Terz. Eine paläoanthropologische Studie über die Disgregations-Angst (1956), in: Paläoanthropologie. Der neue Mensch in der Sicht einer Verhaltensforschung, 1. Bd., Frankfurt 1971, 332–350.

R. BILZ: Über die menschliche Schuld-Angst. Erörterungen über die Tat und das Motiv-Objekt (1958), in: Paläoanthropologie. Der neue Mensch in der Sicht einer Verhaltensforschung, Frankfurt 1971, 351–369.

R. BILZ: Die Intention zur motorischen Verkürzung und zur Elevation der Extremitäten im Angst-Erleben (1956), Paläoanthropologie, Frankfurt 1971, 370–378.

R. BILZ: Pole der Geborgenheit. Eine paläoanthropologische Untersuchung über raumbezogene Erlebnis- und Verhaltensbereitschaften (1957), in: Paläoanthropologie. Der neue Mensch in der Sicht einer Verhaltensforschung, Frankfurt 1971, 395–417.

R. BILZ: Das Syndrom unserer Daseins-Angst (Existenz-Angst). Erörterungen über die Misère unseres In-der-Welt-Seins (1969), in: Paläoanthropologie. Der neue Mensch in der Sicht einer Verhaltensforschung, 1. Bd., Frankfurt 1971, 427–464.

R. BILZ: Probleme der Identität in paläoanthropologischer Sicht. Identische Exekutiven und Mythologeme (1969), in: Paläoanthropologie. Der neue Mensch in der Sicht einer Verhaltensforschung, Frankfurt 1971, 465–530.

R. BILZ: Schrittmacherphänomene (1948), in: Die unbewältigte Vergangenheit des Menschengeschlechts. Beiträge zu einer Paläoanthropologie, Frankfurt 1967, 7–38.

N. BISCHOF: Das Rätsel Ödipus. Die biologischen Wurzeln des Urkonflikts von Intimität und Autonomie, München (SP 989) 1985.

L. BOLK: Vergleichende Untersuchungen an einem Fetus eines Gorilla und eines Schimpansen, Zeitschrift für Anatomie, 81, 1926.

H. J. BOYLE (Hrsg.): Das Geheimnis des Lebens (1971), Gütersloh o. J.

A. S. BRINK: Der Weg zur Warmblütigkeit, in: G. Heberer – H. Wendt (Hrsg.): Entwicklungsgeschichte der Lebewesen, Zürich 1972, 252–262.

M. BURTON: Die Kindheit der Tiere, übers. v. F. Walter, Reinbek (rde 57) 1957.

C. S. COON: Die Geschichte des Menschen (1954), übers. v. M. zur Nedden Pferdekamp, Köln–Berlin 1970.

E. W. COUNT: Kommunikation zwischen Tieren und die anthropologischen Wissenschaften. Versuch eines Ausblicks, in: I. Schwidetzky (Hrsg.): Über die Evolution der Sprache, Frankfurt 1973, 165–201.

G. CZIHAK – H. LANGER – H. ZIEGLER: Biologie. Ein Lehrbuch, Berlin–Heidelberg–New York ²(verb.) 1978.

CH. DARWIN: Die Entstehung der Arten durch natürliche Zuchtwahl (1859), übers. v. C. W. Neumann, Nachw. v. G. Heberer, Stuttgart (reclam 3071–80) 1974.

J. D. DELIUS: Elektrische Hirnreizung – ein neuroethologisches Verfahren, in: K. Immelmann (Hrsg.): Verhaltensforschung, Zürich 1974, 263–275.

H. v. DITFURTH: Der Geist fiel nicht vom Himmel. Die Evolution unseres Bewußtseins, Hamburg 1976; München (dtv 1587), 1980.

V. B. DRÖSCHER: Nestwärme. Wie Tiere Familienprobleme lösen, Düsseldorf–Wien 1982.

V. B. DRÖSCHER: Wie menschlich sind Tiere, München (dtv 10442) 1985.

J. C. ECCLES: Das Gehirn des Menschen. Sechs Vorlesungen für Hörer aller Fakultäten (1973), übers. v. A. Hartung, München 1975.

J. C. ECCLES – H. ZEIER: Gehirn und Geist. Biologische Erkenntnisse über Vorgeschichte, Wesen und Zukunft des Menschen, München–Zürich 1980; Frankfurt (Fischer Tb. 42225) 1984.

I. EIBL-EIBESFELDT: Liebe und Haß. Zur Naturgeschichte elementarer Verhaltensweisen, München–Zürich 1970.

I. EIBL-EIBESFELDT: Im Reich der tausend Atolle. Als Tierpsychologe in den Korallenriffen der Malediven und Nikobaren, München (dtv 769) 1971.

I. EIBL-EIBESFELDT: Stammesgeschichtliche Anpassungen im Verhalten des Menschen, in: H.-G. Gadamer – P. Vogler: Neue Anthropologie, Bd. 2: Biologische Anthropologie 2, Stuttgart (dtv 4070) 1972, 3–59.

I. EIBL-EIBESFELDT: Stammesgeschichtliche Anpassungen im menschlichen Verhalten, in: K. Immelmann (Hrsg.): Verhaltensforschung, Zürich 1974, 604–617.

I. EIBL-EIBESFELDT: Der vorprogrammierte Mensch. Das Ererbte als bestimmender Faktor im menschlichen Verhalten, Wien–München–Zürich 1973.

I. EIBL-EIBESFELDT: Krieg und Frieden aus der Sicht der Verhaltensforschung, München–Zürich 1975.

I. EIBL-EIBESFELDT: Menschenforschung auf neuen Wegen. Die naturwissenschaftliche Betrachtung kultureller Verhaltensweisen, Wien–München–Zürich 1976.

I. EIBL-EIBESFELDT: Der Mensch – das riskierte Wesen. Zur Naturgeschichte menschlicher Unvernunft, München–Zürich 1988.

I. EIBL-EIBESFELDT: Das verbindende Erbe. Expeditionen zu den Wurzeln unseres Verhaltens, Köln 1991.

M. EIGEN – R. WINKLER: Das Spiel. Naturgesetze steuern den Zufall, München–Zürich 1975.

C. J. ERICKSON: Natur und Funktion der Paarbindung, in: K. Immelmann (Hrsg.): Verhaltensforschung, Zürich 1974, 438–448.

A. ERMISCH: Gehirne und Gefühle. Naturwissenschaftliche Erkenntnisse über Emotionen und Motivationen, Köln 1985.

W. FIEDLER: Die Paviane, in: Grzimeks Tierleben. Enzyklopädie in 13 Bden., X: Säugetiere 1, München (dtv) 1979, 408–427.

K. VON FRISCH: Aus dem Leben der Bienen, ⁴Berlin 1948.

M. VON FRISCH: Tanzsprache und Orientierung der Bienen, Berlin 1965.

J. GOODALL: Ein Herz für Schimpansen. Meine 30 Jahre am Gombe-Strom (1990), übers. v. I. Strasmann, Reinbek 1991.

J. L. – C. G. GOULD: Partnerwahl im Tierreich. Sexualität als Evolutionsfaktor (1989), übers. v. K. H. Taake, Heidelberg 1990.

D. R. GRIFFIN: Wie Tiere denken. Ein Vorstoß ins Bewußtsein der Tiere (1984), übers. v. E. M. Walther, München 1985; München (dtv 11182) 1990.

B. GRZIMEK: Familie Känguruhs, in: Grzimeks Tierleben 13 Bde., hrsg. v. B. Grzimek, Zürich 1970; München (dtv) 1979, X: Säugetiere 1, 128–164.

E. GWINNER: Innere Uhren, in: K. Immelmann (Hrsg.): Verhaltensforschung, Zürich 1974, 173–181.

E. HAECKEL: Generelle Morphologie der Organismen, Bd. 2, Berlin 1866.

E. HÄCKEL: Anthropogenie. Keimes- und Stammesgeschichte des Menschen, Leipzig 1874.

E. HÄCKEL: Die Welträthsel. Gemeinverständliche Studien über monistische Philosophie, Bonn 1899; Leipzig–Berlin 1924.

H. F. HARLOW – A. DODSWORTH: Maternal behavior or rhesus monkeys deprived of mothering and peer associations in infancy, in: Proceedings of the American Philosophy Society 110 (1966) 58 f.

B. HASSENSTEIN: Erklären und Verstehen in den Naturwissenschaften, Freiburg, Dies Univ. 14 (1967) 100–122.

B. HASSENSTEIN: Das spezifisch Menschliche nach den Resultaten der Verhaltensforschung, in: H. G. Gadamer – P. Vogerl (Hrsg.): Neue Anthropologie, 2. Bd.: Biologische Anthropologie, 2. Teil, Stuttgart (dtv 4070) 1972, 60–97.

B. HASSENSTEIN: Lern- und Spielverhalten, in: K. Immelmann (Hrsg.): Verhaltensforschung, Zürich 1974, 302–319.

B. HASSENSTEIN: Instinkt, Lernen, Spielen, Einsicht. Einführung in die Verhaltensbiologie, München 1980.

G. HEBERER: Homo – unsere Ab- und Zukunft. Herkunft und Entwicklung des Menschen aus der Sicht der aktuellen Anthropologie, Stuttgart 1968.

G. HEBERER: Der Mensch und seine Vorfahren, in: G. Heberer – H. Wendt (Hrsg.): Entwicklungsgeschichte der Lebewesen, Zürich 1972, 517–535.

H. HEDIGER: Tiere verstehen. Erkenntnisse eines Tierpsychologen, München 1980.

K. HEINROTH: Die Geschichte der Verhaltensforschung, in: K. Immelmann (Hrsg.): Verhaltensforschung, Zürich 1974, 1–15.

W. R. HESS: The Functional Organization of the Diencephalon, New York 1957.

J. HIRSCHMANN: Primitivreaktionen, in: V. E. Frankl – V. E. von Gebsattel – J. H. Schultz (Hrsg.): Handbuch der Neurosenlehre und Psychotherapie, 2. Bd.: Spezielle Neurosenlehre, München–Berlin 1959, 92–101.

CH. F. HOCKETT: Der Ursprung der Sprache, in: I. Schwidetzky (Hrsg.): Über die Evolution der Sprache, Frankfurt 1973, 135–150.

E. v. HOLST – U. SAINT PAUL: Electrically Controlled Behaviour, in: Scientific American 206, 1962, 50–59.

K. IMMELMANN – C. MEVES: Prägung als frühkindliches Lernen, in: K. Immelmann (Hrsg.): Verhaltensforschung, Zürich 1974, 337–353.

E. JANTSCH: Die Selbstorganisation des Universums. Vom Urknall zum menschlichen Geist, München 1979; München (dtv 4397) 1982.

R. KAUFMANN: Die Menschenmacher. Die Zukunft des Menschen in einer biologisch gesteuerten Welt, Hamburg 1964.

E. B. KEVERNE: Neuronale Grundlagen des Geruchssinnes, in: K. A. Klivington: Gehirn und Geist (1988), übers. v. P. Germroth, Heidelberg–Berlin–New York 1992.

K. A. KLIVINGTON: Gehirn und Geist, Heidelberg-Berlin-New York 1992.

O. KOEHLER: Tiersprachen und Menschensprachen, in: G. Altner (Hrsg.): Kreatur Mensch. Moderne Wissenschaft auf der Suche nach dem Humanum, München 1969; München (dtv 892) 1973, 233–264.

O. KOENIG: Verhaltensforschung und Kultur, in: G. Altner (Hrsg.): Kreatur Mensch. Moderne Wissenschaft auf der Suche nach

dem Humanum, München 1969; München
(dtv 892) 1973, 102–159.

A. Koestler: Der Mensch – Irrläufer der
Evolution. Die Kluft zwischen unserem
Denken und Handeln – eine Anatomie
menschlicher Vernunft und Unvernunft
(1978), übers. v. J. Abel, München (Goldmann Tb. 11272) 1981.

H. Kummer: Soziales Verhalten einer Mantelpaviangruppe, Berlin–Stuttgart 1957.

H. Kummer: Weiße Affen am Roten Meer.
Das soziale Leben der Wüstenpaviane, München–Zürich 1992.

J. Lamprecht: Aufgaben, Einteilung und
Methoden der Verhaltensforschung, in:
K. Immelmann (Hrsg.): Verhaltensfor-
schung, Zürich 1974, 16–34.

R. E. Leakey – R. Lewin: Wie der Mensch
zum Menschen wurde. Neue Erkenntnisse
über den Ursprung und die Zukunft des
Menschen (1977), übers. v. A. Sussdorff,
Hamburg 1978.

R. Leakey – R. Lewin: Die Menschen vom
See. Neueste Entdeckungen zur Vorgeschichte der Menschheit, übers. v. A. Sussdorf, München 1980.

R. E. Leakey: Die Suche nach dem Menschen. Wie wir wurden, was wir sind (London 1981), übers. v. F. W. Gutbrod, Frankfurt 1981.

A. Leroi-Gourhan: Prähistorische Kunst.
Die Ursprünge der Kunst in Europa (1971),
übers. v. W. Seipel, Freiburg–Basel–Wien
1971.

P. Leyhausen: Vergleichendes über die Territorialität bei Tieren und den Raumanspruch
des Menschen (1954), in: K. Lorenz –
P. Leyhausen: Antriebe tierischen und
menschlichen Verhaltens, München 1968,
118–130.

P. Leyhausen: Über die Funktion der relativen Stimmungshierarchie, dargestellt am
Beispiel der phylogenetischen und ontogenetischen Entwicklung des Beutefangs
von Raubtieren (1965), in: K. Lorenz – P.
Leyhausen: Antriebe tierischen und
menschlichen Verhaltens, München 1968,
169–271.

P. Leyhausen: Zur Naturgeschichte der
Angst (1967), in: K. Lorenz – P. Leyhausen: Antriebe tierischen und menschlichen
Verhaltens. Ges. Abhandlungen, München
1968, 272–296.

P. Leyhausen: Biologie von Ausdruck und
Eindruck(1967)in:K. Lorenz–P. Leyhausen:
Antriebe tierischen und menschlichen Verhaltens. Ges. Abhandlungen, München
1968, 297–407.

K. Lorenz: Die angeborenen Formen möglicher Erfahrung, Zeitschr. f. Tierpsychologie,
Bd. 5 (1943), 235–409.

K. Lorenz: Das sogenannte Böse. Zur Naturgeschichte der Aggression, Wien 1963.

K. Lorenz: Er redete mit dem Vieh, den Vögeln und den Fischen, München (dtv 173) 1964.

K. Lorenz: So kam der Mensch auf den
Hund, München (dtv 329) 1965.

K. Lorenz: Der Kumpan in der Umwelt des
Vogels. Der Artgenosse als auslösendes Moment sozialer Verhaltensweisen (1935), in:
Über tierisches und menschliches Verhalten. Aus dem Werdegang der Verhaltenslehre, Bd. 1, München 1965, 115–282.

K. Lorenz: Über die Bildung des Instinktbegriffes (1937), in: Über tierisches und
menschliches Verhalten. Aus dem Werdegang der Verhaltenslehre, Bd. 1, München
1965, 283–342.

K. Lorenz: Psychologie und Stammesgeschichte (1954), in: Vom Weltbild des Verhaltensforschers. Drei Abhandlungen, München (dtv 499) 1968, 35–95.

K. Lorenz: Die Rückseite des Spiegels. Versuch einer Naturgeschichte menschlichen
Erkennens, München 1973; München
(dtv 1249) 1977.

K. Lorenz: Die Vorstellung einer zweckge-
richteten Weltordnung (1976), in: das Wirkungsgefüge der Natur und das Schicksal
des Menschen, hrsg. v. I. Eibl-Eibesfeldt,
München (SP 309) 1978, 24–35.

K. Lorenz: Über das Töten von Artgenossen
(1955),in:Das Wirkungsgefüge der Natur und
das Schicksal des Menschen, hrsg. v. I. Eibl-
Eibesfeldt, München (SP 309) 1978,
275–298.

A. Manning: Verhaltensforschung. Eine Einführung (1979) übers. v. G. u. I. Ehret, Berlin––Heidelberg–New York 1979.

P. R. Marl – W. J. Hamilton: Tierisches Verhalten (1966), übers. v. B. Flad-Schnorrenberg, München 1972.

P. R. Marler – W. J. Hamilton: Tierisches Verhalten (1966), übesr. v. B. Flad-Schnorrenberg, München 1972.

P. Marsh – D. Morris: Die Horde Mensch. Individuum und Gruppenverhalten (1988), übers. v. H. Fliessbach, München 1989.

B. Maternsen: Neurophysiologische Aspekte der Dynamischen Psychiatrie, in: G. Ammon (Hrsg.): Handbuch der Dynamischen Psychiatrie II, München–Basel 1982, 123–210.

H. R. Maturana – F. J. Varela: Der Baum der Erkenntnis. Die biologischen Wurzeln des menschlichen Erkennens (1984), übers. v. K. Ludewig, München–Bern–Wien 1987.

C. Meves: Vergleichbare Strukturen von Verhaltensstörungen bei Kindern und Tieren, Praxis Kinderpsychologie 16 (1967) 237–281.

D. Morris: Liebe geht durch den Magen. Die Naturgeschichte des Intimverhaltens (1971), übers. v. H. Fließbach, Zürich 1972; München (Knaur 399) 1975.

D. Morris: Der Mensch, mit dem wir leben. Ein Handbuch unseres Verhaltens (1977), übers. v. K. H. Silber und W. Wagmuth, Zürich-München (Knaur 3659) 1978.

D. Morris: Körpersignale (1985), übers. v. M. Curths und U. Gnade, München 1986.

L. Nilsson: Eine Reise in das Innere unseres Körpers. Das Abwehrsystem des menschlichen Organismus (Stockholm 1985), übers. v. E. P. Fischer, Hamburg 1987.

R. Ornstein – R. F. Thompson: Unser Gehirn: das lebendige Labyrinth (1984), übers. v. H. Kober, Reinbek 1986.

P. Overhage: Der Affe in dir. Vom menschlichen zum tierischen Verhalten, Frankfurt 1972.

P. Overhage – K. Rahner: Das Problem der Hominisation. Über den biologischen Ursprung des Menschen, Frankfurt ³1965.

I. P. Pawlow: Conditioned Reflexes, London 1953–1956; Sämtliche Werke Bd. 1–4, Berlin.

D. Ploog: Kommunikation in Affengesellschaften und deren Bedeutung für die Verständigungsweisen des Menschen, in: H. G. Gadamer – P. Vogler (Hrsg.): Neue Anthropologie, Bd. 2: Biologische Anthropologie, 2. Teil, Stuttgart (dtv 4070) 1972, 98–178.

A. Portmann: Die Bedeutung des ersten Lebensjahres (1964), in: Zoologie aus vier Jahreszeiten. Ges. Abhandlungen, München 1967, 297–311.

A. Portmann: Biologische Fragmente zu einer Lehre vom Menschen, Basel–Stuttgart ³(erw.) 1969.

K. Rahner: Theologisches zum Monogenismus, in: Schriften zur Theologie, I, Einsiedeln–Zürich–Köln ⁶1962, 253–322.

K. Rahner: Zur Theologie der Menschwerdung, in: Schriften zur Theologie, IV, Einsiedeln–Zürich–Köln ⁵1962, 135–156.

J. Reader: Aufstieg des Lebens. Die ersten 3,5 Milliarden Jahre (1986), übers. v. C. Wiemken, Hamburg 1987.

M. Renner: Die Sprache der Bienen, in: D. Burckhardt – W. Schleidt – H. Altner: Signale in der Tierwelt. Vom Vorsprung der Natur, München (dtv 853) 1972, 132–137.

R. Riedl: Die Strategie der Genesis. Naturgeschichte der realen Welt, München (SP 290) 1976.

R. Riedl: Biologie der Erkenntnis. Die stammesgeschichtlichen Grundlagen der Vernunft, Berlin–Hamburg ³(durchges.) 1981.

R. Riedl: Die Ordnung des Lebendigen. Systembedingungen der Evolution, Hamburg–Berlin 1975; München (SP 1018) 1990.

G. P. Sackett – G. C. Ruppenthal, in: M. Lewis – L. A. Rosenblum (Hrsg.): The effect of the infant on its caregiver, New York 1974.

C. Sagan: Die Drachen von Eden. Das Wunder der menschlichen Intelligenz (1977), übers. v. E. vom Scheidt, München–Zürich 1978.

L. Salk: The role of the heartbeat in the relations between mother and infant, Scientific American 228, May 1973, 24–29.

F. Schaller: Die biologische Bedeutung der

Sexualität, in: K. Immelmann (Hrsg.): Verhaltensforschung, Zürich 1974, 392–405.

O. H. SCHINDEWOLF: Phylogenie und Anthropologie aus paläontologischer Sicht, in: H. G. Gadamer – P. Vogler (Hrsg.): Neue Anthropologie, Bd. 1: Biologische Anthropologie, 1. Teil, Stuttgart (dtv wr 4069) 1972, 230–292.

W. M. SCHLEIDT: Die historische Entwicklung der Begriffe «Angeborenes auslösendes Schema» und «Angeborener Auslösemechanismus» in der Ethologie, in: Zeitschrift für Tierpsychologie, 19, 1962, 697–722.

G. G. SIMPSON: Der Ursprung der Säugetiere, in: G. Heberer–H. Wendt (Hrsg.): Entwicklungsgeschichte der Lebewesen, Zürich 1972, 298–305.

A. SOLLBERGER: Biologische Rhythmusforschung, in: H. G. Gadamer – P. Vogler (Hrsg.): Neue Anthropologie, Bd. 1: Biologische Anthropologie, 1. Teil, Stuttgart (dtv 4069) 1972, 108–151.

V. SOMMER: Feste, Mythen, Rituale. Warum die Völker feiern. Hamburg 1982.

V. SOMMER: Die Affen. Unsere wilde Verwandtschaft, Hamburg 1989.

S. P. SPRINGER – G. DEUTSCH: Linkes Rechtes Gehirn. Funktionelle Asymmetrien (1981), übers. v. G. Heister, C. Kolbert, B. Preilowski, Heidelberg–Berlin–New York ²(neubearb.) 1987.

R. A. STAMM: Formen und Aufgaben der Balz, in: K. Immelmann (Hrsg.): Verhaltensforschung, Zürich 1974, 419–437.

R. STOPA: Kann man eine Brücke schlagen zwischen der Kommunikation der Primaten und derjenigen der Urmenschen?, in: I. Schwidetzky (Hrsg.): Über die Evolution der Sprache, Frankfurt 1973, 151–162.

P. TEILHARD DE CHARDIN: Der Mensch im Kosmos (Le Phénomène humain, postum Paris 1959), übers. v. O. Marbach, München 1959.

G. TEMBROCK: Grundlagen der Tierpsychologie (1962), Reinbek (rororo 980) 1974.

E. THENIUS – H. WENDT: Die Stammesgeschichte der Herrentiere (Primaten), in: G. Heberer – H. Wendt (Hrsg.): Entwicklungsgeschichte der Lebewesen, Zürich 1972, 498–516.

W. H. THORPE: The learning of song patterns by birds with especial reference to the song of the chaffinch Fringilla coelebs, in: Ibis 100, 535–570.

N. TINBERGEN: Von Krieg und Frieden bei Tier und Mensch, in: G. Altner (Hrsg.): Kreatur Mensch. Moderne Wissenschaft auf der Suche nach dem Humanum, München 1969; (dtv 892) 1973, 324–354.

N. TINBERGEN: Instinktlehre. Vergleichende Erforschung angeborenen Verhaltens, Berlin–Hamburg 1972.

N. TINBERGEN: Tiere untereinander. Formen sozialen Verhaltens (1955), übers. v. O. Koehler, Berlin–Hamburg ³1975.

D. TODT: Sozialverhalten: Wechselbeziehungen zwischen Individuen und Gruppen im Tierreich, in: D. Todt (Hrsg.): Biologie 2: Systeme des Lebendigen, Frankfurt (Fischer Tb. 6292) 1976, 293–334.

J. VON UEXKÜLL: Umwelt und Innenwelt der Tiere, Berlin 1909.

F. DE WAAL: Bonobos. Frieden durch Sex, in: Geo, Nr. 5/Mai 1993, 14–30.

S. L. WASHBURN – I. DE VORE: Social behavior of baboons and early man, in: Social life of early man, Chicago 1961, S. L. Washburn, S. 91–105.

Vgl. T. H. WATERMAN: Der innere Kompaß – Sinnesleistungen wandernder Tiere (1989), übers. v. B. Achauer und U. Loos, Heidelberg 1990.

K. WEZLER: Menschliches Leben in der Sicht des Physiologen, in: H. G. Gadamer–P. Vogler (Hrsg.): Neue Anthropologie, Bd. 2: Biologische Anthropologie, 2. Teil, München (dtv wr 4070) 1972, 292–385.

W. WICKLER: Das Mißverständnis der Natur des ehelichen Aktes in der Moraltheologie, Stimmen der Zeit 182 (1968) 289–304.

W. WICKLER: Sind wir Sünder? Naturgesetze der Ehe, München 1969.

W. WICKLER: Stammesgeschichte und Ritualisierung. Zur Entstehung tierischer und menschlicher Verhaltensmuster, München 1970; München (dtv wr 4166) 1975.

W. WICKLER: Gruppenbildung bei Mensch und Tier, in: G. Altner (Hrsg.): Kreatur Mensch. Moderne Wissenschaft auf der Suche nach dem Humanum, München 1969; München (dtv 892) 1973, 205–232.

W. WICKLER: Die Stammesgeschichte des Verhaltens, in: K. Immelmann (Hrsg.): Verhaltensforschung, Zürich 1974, 571–582.

W. WICKLER – U. SEIBT: Das Prinzip Eigennutz. Ursachen und Konsequenzen sozialen Verhaltens, Hamburg 1977.

W. WICKLER – U. SEIBT: Männlich-Weiblich. Ein Naturgesetz und seine Folgen, München 1983; München (SP 546) 1990.

N. YUAN – SHEN KIANG: Hören – eine gemeinsame Leistung von Ohren und Gehirn, in: K. A. Klivington: Gehirn und Geist (1988), übers. v. P. Germroth, Heidelberg–Berlin––New York 1992, 130–134.

J. ŽD'ÁREK: Verständigung zwischen Tieren (1988), übers. v. G. Brehmer, Hanau 1988.

K. ZIMNIOK: Verliebte Tierwelt. Und der Mensch in ihrer Mitte, Hannover 1986.

## 9. Tiefenpsychologie, Religionspsychologie, Psychosomatik und Sozialpsychologie

K. ABRAHAM: Untersuchungen über die früheste prägenitale Entwicklungsstufe der Libido (1916), in: J. Cremerius (Hrsg.): Gesammelte Schriften in zwei Bänden, 2. Bd., Frankfurt (Fischer 7320) 1982, 3–31.

K. ABRAHAM: Versuch einer Entwicklungsgeschichte der Libido auf Grund der Psychoanalyse seelischer Störungen (1924), in: Ges. Schriften, hrsg. v. J. Cremerius, 2. Bd., Frankfurt (FW 7319) 1982, 32–102.

K. ABRAHAM: Ergänzungen zur Lehre vom Analcharakter (1923), in: J. Cremerius (Hrsg.): Ges. Schriften in zwei Bänden, 2. Bd., Frankfurt 1982, 103–124.

K. ABRAHAM: Beiträge der Oralerotik zur Charakterbildung (1925), in: J. Cremerius (Hrsg.): Ges. Schriften in 2 Bden, 2. Bd., Frankfurt 1982, 124–136.

K. ABRAHAM: Zur Charakterbildung auf der «genitalen» Entwicklungsstufe, in: J. Cremerius (Hrsg.): Ges. Schriften in 2 Bden., 2. Bd., Frankfurt 1982, 136–145.

F. ALEXANDER: Psychosomatische Medizin, Berlin 1951.

G. AMMON: Entwurf eines Dynamisch-Psychiatrischen Ich-Struktur-Konzepts. – Zur Integration von funktional-struktureller Ich-Psychologie, analytischer Gruppendynamik und Narzißmus-Theorie, in: G. Ammon (Hrsg.): Handbuch der Dynamischen Psychiatrie, 1. Bd., München 1979, 95–159.

J. J. BACHOFEN: Das Mutterrecht (1861), hrsg. v. K. Meuli, Basel 1948, 2 Bde.

W. u. W. VON BAEYER: Angst, Frankfurt 1971.

G. BALLY: Einführung in die Psychoanalyse Sigmund Freuds. Mit Originaltexten Freuds, Reinbek (rde 131–132) 1961.

G. BATESON, D. D. JACKSON, J. HALEY, J. H. WEAKLAND: Vorstudien zu einer Theorie der Schizophrenie, aus: G. Bateson: Ökologie des Geistes. Anthropologische, psychologische, biologische und epistemologische Perspektiven, übers. v. H. G. Holl, Frankfurt/ M. 1981, 271–301.

G. BENEDETTI: Psychodynamik der Zwangsneurose, Darmstadt 1978.

E. BLEULER: Lehrbuch der Psychiatrie, Berlin–Heidelberg–New York ¹¹(umgearb. v. M. Bleuler) 1969.

L. BLÖSCHL: Grundlagen und Methoden der Verhaltenstherapie, Bern–Stuttgart–Wien ³(erw.) 1972.

E. BOHM: Lehrbuch der Rorschach-Psychodiagnostik für Psychologen, Ärzte und Pädagogen, Bern–Stuttgart ³(erw.) 1967.

G. LE BON: Psychologie der Massen (1895), Stuttgart (Kröner Tb. 99) 1973, eingef. v. H. Dingeldey.

K. BÜHLER: Die geistige Entwicklung des Kindes, Jena 1924.

A. BUCHER: Auf Felsen oder auf Sand gebaut?, in: H. J. Pottmeyer (Hrsg.): Anfragen an E. Drewermann, Düsseldorf (Schriften der kath. Akademie in Bayern) 1992.

W. B. CANNON: Bodily changes in pain, hunger, fear and rage, New York 1929.

P. CHRISTIAN: Herz und Kreislauf, in: V. E. Frankl – V. E. v. Gebsattel – J. H. Schultz: Handbuch der Neurosenlehre und Psychotherapie, 2. Bd., München–Berlin 1959, 495–516.

E. DREWERMANN: Von der Unmoral der Psychotherapie – oder von der Notwendigkeit einer Suspension des Ethischen im Religiösen, in: Psychoanalyse und Moraltheologie, 3 Bde., Mainz 1982–1984, 1. Bd., ¹¹1992, 79–104.

E. DREWERMANN: Sünde und Neurose. Versuch einer Synthese von Dogmatik und Psychoanalyse, in: Psychoanalyse und Moraltheologie, 3 Bde., Mainz 1982–84, I 128–162.

E. DREWERMANN: Aus Schuld geschieden – verdammt zum Unglück? Von dem Recht auf Vergebung auch in der katholischen Kirche. Ein Plädoyer, in: Psychoanalyse und Moraltheologie, 3 Bde., Mainz 1982–1984, II 112–137.

E. DREWERMANN: Suchtstrukturen, Süchte – und ihre fast unmögliche Behandlung, in: Psychoanalyse und Moraltheologie, 3 Bde., Mainz 1982–1984, III 85–97.

E. DREWERMANN: Vom Problem des Selbstmordes oder von einer letzten Gande der Natur, in: Psychoanalyse und Moraltheologie, 3. Bd.: An den Grenzen des Lebens, Mainz 1984, 98–173.

E. DREWERMANN: Der Teufel im Märchen, in: Archiv für Religionspsychologie, Bd. 15, Göttingen 1982, 93–128.

E. DREWERMANN: Das Mädchen ohne Hände. Märchen Nr. 31 aus der Grimmschen Sammlung, Olten–Freiburg 1981.

E. DREWERMANN: Brüderchen und Schwesterchen. Märchen Nr. 11 aus der Grimmschen Sammlung, Olten-Freiburg 1990.

E. DREWERMANN: Rapunzel, in: Die kluge Else/Rapunzel, Olten 1986, 59–101.

E. DREWERMANN: Aschenputtel. Grimms Märchen tiefenpsychologisch gedeutet, Solothurn–Düsseldorf 1993.

E. DREWERMANN: Die Spirale der Angst. Der Krieg und das Christentum, Freiburg–Basel–Wien (Herder Spektrum 4003) ³1992.

E. DREWERMANN: Kleriker. Psychogramm eines Ideals, Olten–Freiburg 1989.

A. DÜHRSSEN: Psychogene Erkrankungen bei Kindern und Jugendlichen, Göttingen 1967.

E. H. ERIKSON: Kindheit und Gesellschaft (1950), übers. v. M. von Eckardt-Jaffé, Stuttgart ²(erw.) 1965).

P. FEDERN: Ichpsychologie und die Psychosen (1952, postum), übers. v. W. u. E. Federn (1956), Frankfurt 1978.

O. FENICHEL: Psychoanalytische Neurosenlehre, 3 Bde., übers. v. K. Laermann, 2. Bd., Olten 1975.

S. FERENCZI: Versuch einer Genitaltheorie (1924), in: Schriften zur Psychoanalyse, hrsg. v. M. Balint, 2. Bd., Stuttgart 1972, 317–400.

A. FREUD: Das Ich und die Abwehrmechanismen (1936), München (Kindler Tb. 2001) o. J.

A. FREUD: Wege und Irrwege in der Kinderentwicklung (1965), Stuttgart 1968.

S. FREUD: Studien über Hysterie (1895), Ges. Werke I, London 1952, 75–312.

S. FREUD: Über die Berechtigung, von der Neurasthenie einen bestimmten Symptomenkomplex als «Angst-Neurose» abzutrennen (1895), Werke I, London, 1952, 313–342.

S. FREUD: Die Traumdeutung (1900), Ges. Werke II–III, London 1942.

S. FREUD: Zur Psychopathologie des Alltagslebens. Über Vergessen, Versprechen, Vergreifen, Aberglaube und Irrtum (1901), Ges. Werke IV, London 1941.

S. FREUD: Drei Abhandlungen zur Sexualtheorie (1905), Ges. Werke V, London 1942, 27–145.

S. FREUD: Die «kulturelle Sexualmoral und die moderne Nervosität» (1908), Ges. Werke VII, London 1941, 141–167.

S. FREUD: Charakter und Analerotik (1908), Ges. Werke VII, London 1941, 201–209.

S. FREUD: Allgemeines über den hysterischen Anfall (1909), Ges. Werke VII, London 1941, 235–240.

S. FREUD: Über einen autobiographisch beschriebenen Fall von Paranoia (1911), Ges. Werke VIII, London 1945, 240–320.

S. FREUD: Zur Dynamik der Übertragung (1912), Ges. Werke VIII, London 1943, 364–374.

S. FREUD: Ratschläge für den Arzt bei der psychoanalytischen Behandlung (1912), Ges. Werke VIII, London 1943, 375–387.

S. FREUD: Totem und Tabu. Einige Übereinstimmungen im Seelenleben der Wilden und der Neurotiker (1912–1913), Ges. Werke IX, London 1940.

S. FREUD: Erinnern, Wiederholen und Durcharbeiten (1914), Ges. Werke X, London 1946, 125–136.

S. FREUD: Triebe und Triebschicksale (1915), Ges. Werke X, London 1946, 209–232.

S. FREUD: Bemerkungen über die Übertragungsliebe (1915), Ges. Werke X, London 1946, 306–321.

S. FREUD: Einige Charaktertypen aus der psychoanalytischen Arbeit (1915), Ges. Werke X, London 1946, 364–391.

S. FREUD: Trauer und Melancholie (1916), Ges. Werke X, London 1946, 427–446.

S. FREUD: Vorlesungen zur Einführung in die Psychoanalyse (1917), Ges. Werke XI, London 1944.

S. FREUD: Jenseits des Lustprinzips (1920), Ges. Werke XIII, London 1940, 3–69.

S. FREUD: Massenpsychologie und Ich-Analyse (1921), Ges. Werke XIII, London 1940, 71–161.

S. FREUD: Traum und Telepathie (1922), Ges. Werke XIII, London 1940, 163–191.

S. FREUD: Über einige neurotische Mechanismen bei Eifersucht, Paranoia und Homosexualität (1922), Ges. Werke XIII, London 1940, 195–207.

S. FREUD: Das Ich und das Es (1923), Ges. Werke XIII, London 1940, 235–289.

S. FREUD: Eine Teufelsneurose im siebzehnten Jahrhundert (1923), in: Ges. Werke, Bd. 13, London 1940, 315–353.

S. FREUD: Der Realitätsverlust bei Neurose und Psychose (1924), Ges. Werke XIII, London 1940, 363–368.

S. FREUD: Das ökonomische Problem des Masochismus (1924), Ges. Werke XIII, London 1940, 369–383.

S. FREUD: Neurose und Psychose (1924), Ges. Werke XIII, London 1940, 387–391.

S. FREUD: Der Untergang des Ödipuskomplexes (1924), Ges. Werke XIII, London 1940, 395–402.

S. FREUD: Eine psychische Folge des anatomischen Geschlechtsunterschiedes (1925), Ges. Werke XIV, London 1948, 17–30.

S. FREUD: Hemmung, Symptom und Angst (1926), Ges. Werke XIV, 1948, 111–205.

S. FREUD: Die Frage der Laienanalyse (1926), Ges. Werke XIV, London 1948, 209–296.

S. FREUD: Fetischismus (1927), Ges. Werke XIV, London 1948, 309–317.

S. FREUD: Die Zukunft einer Illusion (1927), Ges. Werke XIV, London 1948, 325–380.

S. FREUD: Neue Folge der Vorlesungen zur Einführung in die Psychoanalyse (1932), Ges. Werke XV, London 1944.

S. FREUD: Warum Krieg? (1933), Ges. Werke XVI, London 1950, 11–27.

S. FREUD: Der Mann Moses und die monotheistische Religion (1937), Ges. Werke XVI,
London 1950, 101–246.
S. FREUD: Psychoanalyse und Telepathie
(1921), Ges. Werke XVII, London 1941,
27–44 (postum).
S. FREUD: Briefe an Wilhelm Fließ 1887–1904.
Ungekürzte Ausgabe, hrsg. v. J. M. Masson, dt. v. M. Schröter, Frankfurt 1986.
E. FROMM: Die Entwicklung des Christusdogmas. Eine psychoanalytische Studie
zur sozialpsychologischen Funktion der
Religion (1930), in: Gesamtausgabe in
10 Bden., hrsg. v. R. Funk, Bd. VI, Stuttgart
1980, 11–68.
E. FROMM: Ihr werdet sein wie Gott. Eine ra-
dikale Interpretation des Alten Testaments
und seiner Tradition (1966), übers. v. L. u.
E. Mickel, in: Gesamtausgabe, hrsg. v.
R. Funk, VI, Stuttgart 1980, 83–226.
P. FÜRSTENAU: Soziologie der Kindheit (Ge-
sellschaft und Erziehung, III, Heidelberg
1967.
H. GLATZEL: Ernährung, in: V. E. Frankl –
V. E. v. Gebsattel – J. H. Schultz: Handbuch
der Neurosenlehre und Psychotherapie,
2. Bd., München-Berlin 1959, 428–480.
ST. GROF: Topographie des Unbewußten.
LSD im Dienst der tiefenpsychologischen
Forschung (1975), übers. v. G. H. Müller,
Stuttgart ²1983.
A. GRUEN: Der Wahnsinn der Normalität.
Realismus als Krankheit: eine grundlegende
Theorie zur menschlichen Destruktivität,
München 1987; München (dtv 35002) 1989.
J. HILLMAN: Am Anfang was das Bild. Un-
sere Träume – Brücke der Seele zu den My-
then (1979), übers. v. D. Engelke, München
1979.
J. HIRSCHMANN: Primitivreaktionen, in:
V. E. Frankl–V. E. v. Gebsattel–J. H. Schultz
(Hrsg.): Handbuch der Neurosenlehre und
Psychotherapie, 2. Bd., München–Berlin
1959, 92–101.
P. R. HOFSTÄTTER: Gruppendynamik. Die
Kritik der Massenpsychologie, Reinbek
(rde 38) 1957.
G. C. HOMANS: Theorie der sozialen Gruppe

(1950), übers. v. R. Gruner, Köln–Opladen
1960.
A. E. IMHOF: Die gewonnenen Jahre. Von der
Zunahme unserer Lebensspanne seit dreihundert Jahren oder von der Notwendigkeit einer neuen Einstellung zum Leben,
München 1981.
J. JACOBI: Die Psychologie von C. G. Jung.
Eine Einführung in das Gesamtwerk. Mit
einem Geleitwort von C. G. Jung, Olten
1971, Frankfurt (Fischer Tb. 6365) 1977.
E. JACOBSON: Depression. Eine verglei-
chende Untersuchung normaler, neurotischer
und psychotisch-depressiver Zustände
(1971), übers. v. H. Deserno, Frankfurt
1977.
H. JASCHKE: Dunkle Gottesbilder. Therapeu-
tische Wege der Heilung, Freiburg 1992.
C. G. JUNG: Die Traumanalyse (1909), in:
Ges. Werke IV, Olten-Freiburg 1971, 29–40.
C. G. JUNG: Allgemeine Aspekte der Psycho-
analyse (1913), in: Ges. Werke IV, Olten–
Freiburg 1971, 259–273.
C. G. JUNG: Die Bedeutung des Vaters für
das Schicksal des Einzelnen (1909), Ges.
Werke IV, Olten 1971, 345–370.
C. G. JUNG: Über die Psychologie des Unbe-
wußten (1943), Ges. Werke VII, Olten–Frei-
burg 1964, 1–130.
C. G. JUNG: Die Beziehungen zwischen dem
Ich und dem Unbewußten (1920), Ges.
Werke VII, Olten–Freiburg 1971, 131–264.
C. G. JUNG: Die Struktur des Unbewußten
(1916), Ges. Werke VII, Olten–Freiburg
1971, 292–337.
C. G. JUNG: Über die Energetik der Seele
(1928), Ges. Werke VIII, Olten–Freiburg
1971, 3–73.
C. G. JUNG: Instinkt und Unbewußtes (1919),
in: Ges. Werke VIII, Olten–Freiburg 1971,
149–159.
C. G. JUNG: Die Struktur der Seele (1928), in:
Ges. Werke VIII, Olten–Freiburg 1971,
163–183.
C. G. JUNG: Theoretische Überlegungen zum
Wesen des Psychischen (1946), Ges. Werke
VIII, Olten-Freiburg 1971, 187–267.
C. G. JUNG: Synchronizität als ein Prinzip

akausaler Zusammenhänge, Ges. Werke VIII, Olten–Freiburg 1971, 475–577.

C. G. Jung: Über den Archetypus mit besonderer Berücksichtigung des Animabegriffs (1936), in: Ges. Werke IX 1, Olten–Freiburg 1976, 67–87.

C. G. Jung: Die psychologischen Aspekte des Mutterarchetypus (1938), Ges. Werke IX 1, Olten 1976, 89–123.

C. G. Jung: Wotan (1936), in: Ges. Werke X, Olten–Freiburg 1974, 203–218.

C. G. Jung: Nach der Katastrophe (1945), Ges. Werke X, Olten–Freiburg 1974, 219–244.

C. G. Jung: Der Kampf mit dem Schatten (1946), Ges. Werke X, Olten–Freiburg 1974, 245–254.

C. G. Jung: Gegenwart und Zukunft (1957), Ges. Werke X, Olten–Freiburg 1974, 275–336.

C. G. Jung: Psychologie und Religion (1940), Ges. Werke XI, Olten–Freiburg 1971, 1–117.

C. G. Jung: Das Wandlungssymbol in der Messe (1954), Ges. Werke XI, Olten 1971, 219–323.

C. G. Jung: Über die Beziehung der Psychotherapie zur Seelsorge (1932), Ges. Werke XI, Olten–Freiburg 1971, 355–376.

C. G. Jung: Psychoanalyse und Seelsorge (1928), Ges. Werke XI, Olten 1971, 377–383.

C. G. Jung: Antwort auf Hiob (1952), Ges. Werke XI, Olten–Freiburg 1971, 387–506.

C. G. Jung: Vorwort zu D. T. Suzuki: Die große Befreiung (1939), in: Ges. Werke XI, Olten–Freiburg 1971, 581–602.

C. G. Jung: Zur Psychologie östlicher Meditation (1943), Ges. Werke XI, Olten–Freiburg 1971, 603–621.

C. G. Jung: Antwort an Martin Buber (1952), in: Ges. Werke XI, Olten-Freiburg 1971, 657–665.

C. G. Jung: Einleitung in die religionspsychologische Problematik der Alchemie, Werke XII, Olten 1972, 15–54.

C. G. Jung: Die Psychologie der Übertragung (1946), Ges. Werke XVI, Olten 1971, 174–214.

A. Kardiner: The concept of basic personality structure as an operational tool in the social sciences, in: R. Linton (Hrsg.): The science of man in the world crisis, New York 1945, 107–122.

M. H. Klaus – J. H. Kennell: Mutter-Kind-Bindung. Über die Folgen einer frühen Trennung (1976), übers. v. K. H. Siber, München 1983; (dtv 15033) 1987.

M. Klein: Zur Psychogenese der manisch-depressiven Zustände (1935), in: Das Seelenleben des Kleinkindes und andere Beiträge zur Psychoanalyse, hrsg. von A. Thorner, Stuttgart 1962, 44–71.

M. Klein: Die Trauer und ihre Beziehung zu manisch-depressiven Zuständen (1940), in: Das Seelenleben des Kleinkindes, hrsg. v. A. Thorner, Stuttgart 1962, 72–100.

M. Klein: Bemerkungen über einige schizoide Mechanismen (1946), in: Das Seelenleben des Kleinkindes, hrsg. v. A. Thorner, Stuttgart 1962, 101–126.

M. Klein: Zur Theorie von Angst und Schuldgefühl (1948), in: Das Seelenleben des Kleinkindes und andere Beiträge zur Psychoanalyse, hrsg. v. A. Thorner, Stuttgart 1962, 127–145.

H. Kohut: Die Heilung des Selbst (1977), übers. von E. vom Scheidt, Frankfurt 1979.

E. Kretschmer: Medizinische Psychologie, Stuttgart 1955.

J. Lacan: Das Ich in der Theorie Freuds und in der Technik der Psychoanalyse (Das Seminar, Buch II 1954–1955), übers. v. H.-J. Metzger, Olten–Freiburg 1980.

J. F. Masterson: Psychotherapie bei Borderline-Patienten (1976), übers. v. K. Schomburg u. S. Scherff, Stuttgart 1980.

S. Mentzos: Hysterie. Zur Psychodynamik unbewußter Inszenierungen, München (Kindler Tb. 2212) 1980.

C. Meves: Seelisch bedingte Verhaltensstörungen bei Kindern, ihre Ursachen und Therapie, in: W. Behler (Hrsg.): Das Kind – eine Anthropologie der Kindheit, München–Wien 1971.

J. L. Moreno: Gruppenpsychotherapie und Psychodrama, Stuttgart 1959.

E. NEUMANN: Die Große Mutter. Eine Phänomenologie der weiblichen Gestaltungen
des Unbewußten, Olten–Freiburg 1974.

H. NUNBERG: Allgemeine Neurosenlehre auf
psychoanalytischer Grundlage, mit einem
Geleitwort von S. Freud, Bern-Stuttgart
²(verm.) 1959.

D. OHLMEIER: «Vaterlose Gesellschaft».
Heutige Tendenzen der Psychoanalyse des
Mannes und des Vaters, in: Ch. Rohde-
Dachser (Hrsg.): Zerstörter Spiegel. Psy-
choanalytische Zeitdiagnosen, Göttingen
1992, 126–140.

F. S. PERLS: Das Ich, der Hunger und die
Aggression. Die Anfänge der Gestalt-Thera-
pie (1969, 1946), übers. v. G. Theusner-
Stampa, Stuttgart 1978; München
(dtv 15050) 1989.

O. PFISTER: Das Christentum und die Angst
(1944), Olten 1975; Frankfurt–Berlin–Wien
(Ullstein Tb. 35219) 1985.

J. PIAGET – B. INHELDER: Die Psychologie
des Kindes (1966), übers. v. L. Häfliger, Olten 1972; Frankfurt (Fischer Tb. 6339)
1977.

O. RANK: Das Trauma der Geburt und seine
Bedeutung für die Psychoanalyse, Leipzig–
Wien–Zürich 1924.

A. RASCOWSKY: Die primitive Entwicklung
des Individuums, in: A. Rascowsky (Hrsg.):
Die vorgeburtliche Entwicklung. Psychoanalytische Untersuchungen zur pränatalen Psychologie (1973), übers. v. M. Dotzel de Hervás, München (Kindler
Tb. 2191) 1978, 57–89.

TH. REIK: Dogma und Zwangsidee. Eine
psychoanalytische Studie zur Entwicklung
der Religion (1927), Stuttgart–Berlin–
Köln–Mainz (Urban Tb. 601) 1973, eingel.
v. Y. Spiegel u. J. Scharfenberg.

H. REMPLEIN: Die seelische Entwicklung des
Menschen im Kindes- und Jugendalter.
Grundlagen, Erkenntnisse und pädagogische Folgerungen der Kindes- und Jugendpsychologie, München–Basel ¹⁴(erg.) 1966.

F. RENGGLI: Angst und Geborgenheit. Soziokulturelle Folgen der Mutter-Kind-Beziehung im ersten Lebensjahr. Ergebnisse aus
Verhaltensforschung, Psychoanalyse und
Ethnologie, Reinbek 1974; Reinbek (rororo 6958) 1976.

F. RENGGLI: Selbstzerstörung aus Verlassenheit. Die Pest als Ausbruch einer Massenpsychose im Mittelalter. Zur Geschichte
der frühen Mutter-Kind-Beziehung, Hamburg 1992.

F. RIEMANN: Grundformen der Angst. Eine
tiefenpsychologische Studie über die Ängste
des Menschen und ihre Überwindung,
München–Basel 1961.

E. RINGEL – A. KIRCHMEYER: Religionsverlust durch religiöse Erziehung, Wien 1985.

M. ROKEACH: The Open and Closed Mind,
1960.

J. SCHARFENBERG – Y. SPIEGEL: Einführung
zu: T. Reik: Dogma und Zwangsidee,
Stuttgart (Urban Tb. 601) 1978³, 6–14.

P. SCHELLENBAUM: Gottesbilder. Religion,
Psychoanalyse, Tiefenpsychologie, Stuttgart
1981; München (dtv 15059) 1989.

E. SCHMALOHR: Frühe Mutterentbehrung
bei Mensch und Tier. Entwicklungspsychologische Studie zur Psychohygiene der frühen Kindheit, München (Kindler Tb. 2092)
1980.

W. SCHWIDDER: Hemmung, Haltung und
Symptom (1961), in: Fortschritte der Psy-
choanalyse. Internationales Jahrbuch zur
Weiterentwicklung der Psychoanalyse,
Bd. 1, Göttingen 1964, S. 115–128.

H. SCHULTZ-HENCKE: Der gehemmte
Mensch. Entwurf eines Lehrbuches der
Neo-Psychoanalyse (1940), Stuttgart 1965.

H. SCHULTZ-HENCKE: Lehrbuch der analytischen Psychotherapie, Stuttgart 1951.

H. SELYE: Stress (1974), übers. v. H. Th. Asbeck, München 1974; Reinbek (rororo 7072)
1977.

R. A. SPITZ: Die Urhöhle, Stuttgart (Psyche
X) 1955–1956.

R. A. SPITZ: Nein und Ja. Die Ursprünge
der menschlichen Kommunikation (1957),
übers. v. K. Hügel, Stuttgart o. J. (1959?).

R. A. SPITZ: Vom Säugling zum Kleinkind.
Naturgeschichte der Mutter-Kind-Beziehungen im ersten Lebensjahr (1965),

übers. v. G. Theusner-Stampa, Stuttgart 1967.

L. Szondi: Ich-Analyse. Die Grundlage zur Vereinigung der Tiefenpsychologie, Bern–Stuttgart 1956.

L. Szondi: Lehrbuch der experimentellen Triebdiagnostik; Bd. 1: Textband, Bern–Stuttgart ²(völlig neu bearb.) 1960.

F. Vester: Phänomen Streß. Wo liegt sein Ursprung, warum ist er lebenswichtig, wodurch ist er entartet, Stuttgart 1976; München (dtv 1396) 1978.

J. Wolpe: Praxis der Verhaltenstherapie (1969), übers. v. U. Allinger – K. L. Holtz, Bern–Stuttgart–Wien 1972.

## 10. Zeitungsartikel und Fernsehsendungen

J. Burggraf: «Freisein wie Maria» – ein Weg für den Christen nach dem seligen Josemaria Escrivá de Balaguer, in: Offerten Zeitung, Nr. 4, April 1993, Mariologisches, M 8–M 13.

B. Fründt – R. Thissen: Wunderbare Visionen auf dem Weg zur Hölle. Das Kino und die Kämpfe des Martin Scorsese, ZDF 17. 5. 89.

J. Gilardi: Das Warten auf den Tod. USA: Der Staat richtet weiter Menschen hin, Reuter, 31. 8. 93.

P. Hamann (Reg.): Vierzehn Tage im Mai. Countdown einer Hinrichtung, England 1987, dt. v. C. H. Ibe, WDR III 20. 1. 89.

W. Herles: Streitfall, ZDF 6. 2. 92, mit Bischof W. Kasper und E. Drewermann.

M. Herrmann: Feldzug gen Osten. In Berlin baut die katholische Geheimorganisation ein neues Zentrum auf – mit tatkräftiger Hilfe der Amtskirche, in: Publik Forum, Nr. 14, 23. 7. 93, 16.

J. Hoffmann: Segen für Chemie? Gentechnik und Theologie. Was bewirkt bischöfliches Werben für die Industrie, in: Publik Forum, Nr. 6, 26. 3. 93, 28–29.

K. Kratzinger: in: Deutsche Tagespost vom 24. 5. 1990: Die Wahrheit, ein Geschenk Gottes für sein Volk.

H. Küng: Neue Uniform für eine Kirche von vorgestern. Zentralismus und Kontrolle gegen die Vielfalt des lebendigen Glaubens: ein Produkt römischer Schultheologie, in: Publik Forum, Nr. 10, 21. 5. 93, S. 21.

Libération, 26. Oct. 1988, p. 18: D. le Guilledoux: Scorsese, le chemin de Croix de la police.

R. M. Müller: Fast ganz normal. In der französischen Diözese Evreux taufen die Laien, in: Publik Forum, Nr. 3, 12. 2. 93, S. 22–23.

Dan Petrie: Protokoll einer Hinrichtung, 1985, ausgestrahlt auf Tele 5 in 1993.

Profil, Nr. 27, 5. Juli 93, 24. Jg., S. 22–23: J. Votzki – E. Drewermann: Ein totalitäres System.

N. Scholl: Bollwerk gegen den Fortschritt. Der neue Weltkatechismus, in: Publik Forum, Nr. 13, 9. Juli 93, 19–20.

B. Schönau: Der Teufel hat sich in den Vatikan getraut, Neue Westfälische, 21. 7. 93.

Th. Seiterich-Kreuzkamp: Vormund im Vatikan. Wie Afrikas Katholiken mißachtet werden. Afrika-Synode in Rom, in: Publik Forum, Nr. 5, 12. 3. 93, S. 21–22.

C. F. Siegfried: Hat das Tier eine Seele? HR III, 20. 6. 93.

Spiegel, Nr. 12/46. Jg., 16. 3. 92, S. 58–75: Den Glauben abfragen wie Vokabeln? Erzbischof Johannes Joachim Degenhardt über seine Auseinandersetzung mit Eugen Drewermann.

Spiegel: Nr. 26, 46. Jg., 22. 6. 92. Das geht an das Mark, S. 38–50, Interview von W. Harenberg u. M. Müller mit Bischof K. Lehmann.

## 11. Malerei, Musik, Belletristik und Film

I. Bergman (Reg.): Das Schweigen, Schweden 1965.

B. Brecht: Kalendergeschichten, Reinbek (rororo 77) 1953.

M. Claudius: Die Werke. Gedichte, Prosa, Briefe in Auswahl, hrsg. v. H. Geiger, München (Vollmer V.), o. J., 112–114 (Wandsbecker Bothe, 3. Teil, 1777).

S. Corbucci (Regisseur): Django, Italien – Spanien 1966.

R. Cork: Bacon: Drei Studien für eine Kreuzigung, in: W. von Bonin (Hrsg.): Hundert Meisterwerke aus den großen Museen der Welt, Bd. 2, Köln 1985, 162–168.

F. M. Dostojewskij: Die Erniedrigten und Beleidigten (1861), übers. v. K. Nötzel, München (Goldmann 936–937) o. J.

F. M. Dostojewskij: Die Dämonen (1872), übers. v. G. Jarcho, München (Goldmann Tb. 575–577) 1989.

F. M. Dostojewskij: Die Brüder Karamasoff (1880), übers. v. K. Noetzel, 2 Bde., München (Goldmann 478–479; 480–481) 1958.

E. Drewermann: Giordano Bruno oder Der Spiegel des Unendlichen, München 1992.

G. Fahr-Becker-Sterner (Red.): Edvard Munch. Aus dem Munch-Museum Oslo. Gemälde, Aquarelle, Zeichnungen, Druckgraphik, Fotografien, Villa Stuck München 1987.

K. Fassmann (Hrsg.): Kindlers Malerei Lexikon, Bd. 13–15, München 1985.

G. von le Fort: Das Schweißtuch der Veronika, München 1928.

A. France: Die Insel der Pinguine (1908), übers. v. E. Werfel – P. Wiegler, Hamburg 1982; Frankfurt (Fischer Tb. 10393) 1991.

E. Fried: Liebesgedichte, Berlin (Quartheft 103) 1979.

K. Gibran: Der Prophet, Wegweiser zu einem sinnvollen Leben (1972), übers. v. C. Malignon, Olten–Freiburg [14]1982, 16–17.

Kh. Gibran: Eine Träne und ein Lächeln

(1914), übers. aus dem Arab. v. U. u. Y. Assaf, Olten 1992.

J. W. von Goethe: Maximen und Reflexionen, Text der Ausg. v. 1907, Nachw. v. I. Kuhn, Frankfurt (it 200) 1976.

J. W. von Goethe: Faust. Der Tragödie erster und zweiter Teil. Urfaust, hrsg. u. komm. v. E. Trunz, München 1980.

V. van Gogh: In seinen Briefen, Nachw. v. P. Nizon, Frankfurt (it 177) 1977.

R. Goldwater: Paul Gauguin, Köln 1957.

Y. Goll: Gedichte 1924–1950, ausgew. v. H. Bienek, Neuwied 1960; München (dtv 5437) 1976.

M. Gorki: Das Nachtasyl. Szenen aus der Tiefe (Petersburg 1903), übers. v. A. Scholz, Berlin 1903; Dramen, Frankfurt 1962; Stuttgart (reclam 7671) 1971.

G. Grass: Gesammelte Gedichte, Neuwied-Berlin 1971.

G. Greene: Die Kraft und die Herrlichkeit, übers. v. V. Mgad – W. Puchwein, Hamburg (rororo 91) 1953.

G. Greene: Der Honorarkonsul (1973), übers. v. S. Rademacher – H. W. Polak, Wien–Hamburg 1973; Reinbek (rororo 1911) 1976.

G. Greene: Fluchtwege, übers. v. U. Dülberg, H. W. Polak, G. Polak, B. Reiffenstein, Hamburg 1981.

K. Hamburger: Tolstoi. Gestalt und Problem, Göttingen ²(neubearb.) 1963.

A. M. Hammacher: René Magritte, übes. v. W. Höck. Köln 1975.

F. Hebbel: Maria Magdalene. Ein bürgerliches Trauerspiel in drei Akten (1844), in: Werke in 10 Teilen, hrsg. v. Th. Poppe, Berlin–Leipzig–Wien–Stuttgart, 3. Teil, o. J., 43–96.

H. Hesse: «Wer lieben kann, ist glücklich.» Über die Liebe, zusammengestellt von V. Michels, Frankfurt 1985. Geschrieben 1918; Teildruck von «Aus Martins Tagebuch», in: Kleine Freuden, Frankfurt 1977, 131 ff.

F. Kafka: Sämtliche Erzählungen, hrsg. v. P. Raabe (New York 1953), Frankfurt (Fischer Tb. 1078) 1970.

*Katholisches Filmwerk.* Spielfilmkatalog 1975.

N. Kazantzakis: Die letzte Versuchung, aus dem Griech. übers. v. W. Krebs, Reinbek (rororo 5464) 1984.

N. Kazantzakis: Einsame Freiheit. Biographie aus Briefen und Aufzeichnungen, von E. N. Katzantzaki (1968), übers. v. C. Plehn (griech.), J. u. T. Knust (franz.), Frankfurt-Berlin (Ullstein Tb. 22519) 1991.

J. Klepper: Unter dem Schatten deiner Flügel. Aus den Tagebüchern der Jahre 1932–1942, hrsg. v. H. Klepper, gek. v. G. Wirth u. I. Zimmermann, Stuttgart 1972.

K. Kollwitz: Aus meinem Leben. Ein Testament des Herzens, mit Zeichnungen von Käthe Kollwitz und einem Vorwort von Hans Kollwitz, Freiburg–Basel–Wien (Herder Spektrum 4105) 1992.

E. Langgässer: Proserpina (1949), Berlin-Wien (Ullstein Tb. 37027) 1982.

G. E. Lessing: Nathan der Weise (1779), in: Werke, hrsg. v. P. Stapf, 1. Bd., Wiesbaden (Vollmer V.) o. J., 829–972.

A. Lettau: Francis Bacon. Das Drama des verstörten Menschen, in: Pan. Zeitschrift für Kunst und Kultur 10/89, S. 38–41, Abb. S. 39.

A. Luciani (Papst Johannes Paul I.): Ihr ergebener Albino Luciani. Briefe an Persönlichkeiten (1976), übers. v. W. Bader – H. Heilkenbrinker, München 1983.

R. Magritte: La trahison des images (Der Verrat der Bilder), Huile sur toile 1928–1929, Los Angeles Country Museum of Art.

H. Mann: Der Untertan (1914), Berlin 1946; Neudruck: Frankfurt (Fischer Tb. 10168) 1991.

Th. Mann: Joseph und seine Brüder. Roman in 4 Teilen (1948), Frankfurt (Fischer Tb. 1183–1185) 1971.

A. de Mello: Warum der Vogel singt, Freiburg (Herder Spektrum) 1993.

H. Melville: Moby Dick (1851), übers. v. T. Mutzenbecher, Reinbek (rororo 173–174) 1956.

R. Metzger: Paul Gauguin. Mythos des Ursprungs, in: Pan. Zeitschrift für Kunst und Kultur, 5/88, S. 20–33.

H. Miller: Frühling in Paris, Briefe an einen

Freund, hrsg. v. G. Wickes (1944), dt. v. W. Schmitz, Reinbek (rororo 12954) 1991.

M. NOEL: Erfahrungen mit Gott. Eine Auswahl aus den Notes Intimes, übers. v. A. Heitzer, Mainz 1961.

G. ORWELL: 1984, übers. v. K. Wagenseil, Zürich ¹1950; Frankfurt–Wien–Berlin (Ullstein Tb. 3253) 1976.

JEAN PAUL: Siebenkäs, in: Sämtliche Werke, hrsg. v. E. Forstr; Berlin ²1840–42, Bd. 11.

JEAN PAUL: Wahrheit aus meinem Leben, in: Dichtungen, eingel. v. P. Requadt, Leipzig 1940.

E. M. REMARQUE: Im Westen nichts Neues, Frankfurt–Berlin–Wien (Ullstein Tb. 56) 1979.

R. M. RILKE: Die frühen Gedichte (1909), in: Sämtliche Werke, hrsg. v. Rilke-Archiv, 1. Bd., Frankfurt 1955, 143–200.

R. M. RILKE: Gedichte. 1906–1926. Sammlung der Verstreuten und Nachgelassenen Gedichte, in: Sämtliche Werke, Bd. 2, hrsg. v. Rilke-Archiv, Frankfurt 1956, 9–188: Vollendetes.

R. M. RILKE: Der Brief des jungen Arbeiters, in: Kleine Schriften aus den Jahren 1906–1926, Sämtl. Werke VI, herausg. v. Rilke-Archiv, Frankfurt 1966, 979–1127, S. 1111–1127.

R. M. RILKE: Rede über die Gegenliebe Gottes, in: Kleine Schriften aus den Jahren 1906–1926, Sämtl. Werke VI, hrsg. v. Rilke-Archiv, Frankfurt 1966, 979–1127, S. 1043–1044.

A. DE SAINT-EXUPÉRY: Nachtflug (1931), übers. v. H. Reisiger, in: Ges. Schriften, Düsseldorf 1959; München (dtv 5959) 1978, 1. Bd., 105–174.

A. DE SAINT-EXUPÉRY: Die Stadt in der Wüste, (1948 postum) in: Gesammelte Schriften, II, übers. v. O. v. Nostitz, München 1959; München (dtv 5959) 1978.

J. P. SARTRE: Der Ekel (1938), übers. v. H. Wallfisch, Stuttgart 1949; Reinbek (rororo 581) 1963.

J. P. SARTRE: Die Mauer (1939), übers. v. H. Reisiger, Reinbek (rororo 1569) 1973, 9–26.

W. SCHIKANEDER: Die Zauberflöte, Wien 1791; Stuttgart (RUB 2620) 1971.

R. SCHIRMER: Lancelot und Ginevra. Ein Liebesroman am Artushof, Zürich 1961.

R. SCHNEIDER: Verhüllter Tag (1954), Freiburg–Basel–Wien (Herder Tb. 42) 1961.

R. SCHNEIDER: Winter in Wien. Aus meinen Notizbüchern 1957–1958, Freiburg–Basel–Wien 1958.

I. SHAH: Die fabelhaften Heldentaten des vollendeten Narren und Meisters Mulla Nasrudin (1974), übers. (aus dem Engl.) v. I. v. Wedemeyer, Freiburg–Basel–Wien (Herder Spektrum 4164) 1992.

I. STONE: Vincent van Gogh: Ein Leben in Leidenschaft, Berlin 1936.

G. STRINDBERG: Plädoyer eines Irren, übers. v. H.-J. Maas, Köln 1977.

R. TAGORE: Flüstern der Seele, übers. v. H. Meyer-Franck, Freiburg o. J.

L. TOLSTOI: Anna Karenina (1878), übers. v. A. Scholz, München (Goldmann Tb. 692–694) 1961.

M. DE UNAMUNO: San Manuel Bueno, Märtyrer (1932), span.-dt., übers. v. E. Brandenberger, Stuttgart (reclam 8437) 1987.

VOLTAIRE: Candide oder Der Optimismus (1759), in: Sämtliche Romane und Erzählungen, übers. v. I. Lehmann, 1. Bd., Frankfurt (it 209) 1976, 283–390.

E. ZOLA: Germinal (1885: Les Rougon-Macquart, Bd. 13), übers. v. J. Schlaf, Berlin 1952; München (Goldmann Tb. 7605) 1982.

ST. ZWEIG: Drei Meister. Balzac – Dickens – Dostojewskij, Frankfurt 1951; Frankfurt (Fischer Tb. 192) 1958.